1993年4月8日，部分调查人员访问天津市静海县府君庙乡冯家村期间，在县城龙门宾馆前合影

1995年2月24日，部分调查人员访问河北省栾城县孟董庄乡寺北柴村时合影

南开大学"211 工程"重点建设项目
——"中国社会历史与文化"

"十一五"国家重点出版规划项目

二十世纪华北农村调查记录

第一卷

主编 魏宏运 三谷 孝

社会科学文献出版社
SOCIAL SCIENCES ACADEMIC PRESS (CHINA)

联合调查
资料共享

钱宏运题
壬辰年三月

1990年8月31日，中日华北农村调查团访问天津市静海县府君庙乡冯家村时合影

1992年4月5日，魏宏运教授（右一）、笠原十九司教授（左一）在访问山东省平原县十里铺乡后夏寨村小学时与教师、学生合影

调查参与者介绍

魏宏运（南开大学历史学院教授）

三谷 孝（日本一桥大学大学院社会学研究科名誉教授）

笠原 十九司（日本都留文科大学名誉教授）

顾琳（Linda Grove，日本上智大学名誉教授、哈佛大学燕京学社顾问）

浜口允子（日本放送大学教授）

内山雅生（日本宇都宫大学国际学部教授）

末次玲子（日本中央大学人文科学研究所客座研究员）

左志远（南开大学历史学院教授）

张洪祥（南开大学历史学院教授）

中生胜美（日本樱美林大学通才教育学部教授）

佐藤宏（日本一桥大学大学院经济学研究科教授）

李恩民（日本樱美林大学通才教育学部教授）

祁建民（日本长崎县立大学国际情报学部教授）

张利民（天津社会科学院历史研究所研究员）

小田则子（日本爱知学院大学非常勤讲师）

江沛（南开大学历史学院教授）

张思（南开大学历史学院教授）

总　序

魏宏运

这部前三卷本的《二十世纪华北农村调查记录》，是中日学者学术合作的结晶。

1990 年 8 月，经原国家教育委员会国际合作司的认可和批准，由我牵头的南开大学历史系中国近现代史专业部分教师和日本一桥大学社会学部三谷孝教授牵头的数校教师共同组成的"华北农村调查团"，先后到北京市房山县吴村店、顺义县沙井村，天津市静海县冯家村，河北省栾城县寺北柴村及山东省平原县后夏家寨村考察访问，这一学术调查活动从 1990 年 8 月开始到 1995 年 9 月为止，持续长达 5 年。由于调查团成员均是高等学校的教师，平时有教学任务，不可能集中一段时间专门调查，因此调查活动多安排在每年学校寒暑假期间进行。

我们之所以选择上述几个村为调查访问的对象，并不是其在华北区域农村中具有特殊的典型性，而是因为此前 1930～1940 年代日本"满洲铁路株式会社"在上述村庄实施了旨在为侵华战争提供资料准备的调查。抛开这些调查的宗旨，其所保留下来的华北区域农村经济与社会的调查访问纪录，现在已成为蜚声中外学界的华北农村研究的重要资料。在此基础上进行追踪式的调查访问，接续这些村庄在 1940－1990 年代间的发展与变化状况，可以形成对这些村庄近百年历史变迁轮廓的个案认识。譬如"满铁"调查中关于村中保甲制度、人口数量、宗族状态、耕种面积、工具使用、生活习俗都有较为具体的记载。半个多世纪后的今天，其状况又是如何呢？1949 年后当代中国社会变迁中，诸如"土改"、"大跃进"、"四清"、"文化大革命"及改革开放时期，这些乡村的变化是什么？透过这些村庄的资料，可以较完整地洞悉近百年来中国社会从传统向现代转变间的时代脉络，也可以看出历经数个朝代不同政治体制下华北乡村社会与国家层面间的关系，体认农民如何因应动荡时代的深刻影响，见证 20 世纪华北乡村社会的变与不变的发展特征。或许，这些想法可以称为我们进行华北农村调查活动的"问题意识"吧。

我们的调查活动取得了圆满的成果，日本学者先后出版了汇集吴店村调查访问记录的《农民口述的中国现代史》（三谷孝主编，日本内山书店 1993 年 3 月）；1999 年 2 月，又以《中国农村变革和家族·村落·国家——华北农村调查记录》（第 1 卷，日本汲古书院版）为书名，出版了我们在寺北柴村及沙井村的调查访问记录；2000 年 2 月，以同书名第 2 卷的形式，由汲古书院出版了后夏家寨和冯家村的访谈录。两卷调查记录都由三谷孝主编，我在每一册前写了序言。这三本调查记录的陆续问世，以口述资料的形式展现了中国近现代农村社会发展的历史画卷，在日本学界引起了巨大反响。有人称之为是继 1930 年代"满铁调查"资料编辑而成的《中国农村惯行调查》之后的又一项重大学术工程，通过中日学者的调查展现了 1930 年代以来华北农村的社会变动。1994 年我在欧洲几个国家讲学时，丹麦哥本哈根大学和德国特立尔大学都主动让我讲华北农村调查的方法和结果。

日文版调查记录的出版，带动了日本对华北农村研究的热潮，也引起了中国学术界要求出版中文版的呼声。2005年以后，我即带领几位博士生，着手整理调查记录中文版的编辑工作。内子王黎协助我，根据访问时的中文录音记录，参照日文版资料，对人名、时间和话语作了补充、核实和订正工作并完成了初稿。这一调查记录的编辑与出版工作，在南开大学历史学院刘泽华和张国刚、李治安教授的呼吁下，纳入了南开大学"211"工程项目，并商定由社会科学文献出版社出版。第1卷内容是当时在寺北柴村的调查访问纪录，第2卷是当时对沙井村和吴店村的调查记录，第3卷是当时在后夏家寨村和冯家村的调查访问记录，此外还有第4卷，侯家营村档案文献资料选辑及对其的初步解说。可以这样说，中文版比日文版内容更丰满，也更准确一些。

中日学者联合对华北农村进行调查访问的学术活动，是改革开放政策实施后的新鲜事物，也是中国学术走向国际化的标志性事件之一。有的部门对我们的学术考察不理解，他们说了不负责任的外行话。我则认为，农村调查是一件好事。20世纪中国农村发生了巨大变革，在中国历史上是空前的，将其记录下来，具有重要的历史意义和现实价值。这种学术寻求和文化积累，是理解中国近现代历史的重要视角之一，也是中华民族的精神和思想财富。正是出于学者的使命感，我们是满腔热情地参与这一工作并和日本学者合作的。日本学者严谨的治学态度和细腻的工作方法，是我们应该学习的。人的知识总是有限的，向他人学习，吸收国外学者的长处，融合到自己的研究工作中，这是中国学术前进所必需的。

调查之初，左志远、张洪祥、王黎和我四处奔走，和有关方面多次联系，获得了各方面朋友不少的帮助，所调查地区的县、乡、村各级政府也给予了大力支持和帮助，使此次农村调查活动得以获准并顺利完成。

进村之前，我们预先熟悉各个地区乡村的情况，查看了相关地图及旧县志。日本学者还印刷了当年"满铁"人员调查上述村庄的概况，包括谱系、住宅方位等极具体的材料，准备工作十分周到细致。及至我们进入县境，各级政府有关人员介绍该县的历史和现状，给予我们很多帮助。这是我们认识上述村庄自然地理、民众生活和社会现实的前提。我们以小学生的态度认真听取和记录。调查资料的根据：一是县档案馆的档案文献；二是县、乡、村政府领导的情况介绍和历次运动积累的材料；三是社会各领域人物的谈话记录。

我们所作的是历史人类学的考察，寻找记忆，寻找过去，将村民的经历和见闻如实记录下来。从1940年代"满铁调查"结束的抗日战争时期开始到1990年代初农村联产承包责任制的实施，时间跨度达半个多世纪。这期间，华北人民经历了日本的血腥侵略和残暴统治，这一事实根深蒂固地印在我们民族的记忆中。日本投降后又经历了国共内战、土地改革、集体化道路、"大跃进"、人民公社、三年困难时期、"四清"运动、"文化大革命"，改革开放后的联产承包到包产到户，现在正在接近小康生活的标准。从土地所有制来讲，土地改革是一次重大变革，将土地分配给农民，消灭了几千年来存在的地主阶级；集体化是另一次重大变革，将农民的土地所有权收回，重新转变为集体所有制。现在农村的土地仍是集体所有制，是以家庭生产为主的集体所有制，这和以往是不同的。从经济制度发展来看，1950 – 1980年代间，中国农村的经济生产被纳入了长期的计划经济体制，有成功之处，也有失败之处。现在则进入了市场经济体制，一切都发生了变化。我们观察的视点是，在这几次生产资料所有制的大变革中，政府政策是怎样影响基层农民的生产、生活的？农民的意识是怎样转变的？其生产和生活的起伏变化又是如何？在大量的访谈记录中，档案文件中无法看到的真实的农民心态，逐渐丰富和立体化起来了。

我们的调查内容极为广泛，包括各村的地理环境、人口政策的执行和人口状况、计划生育政策的执行、村政权理念，农业生产类包括种植面积、种植的品种、肥料、水利、农具、农产品的价格等，副业生产，销售渠道，家族延续和沉浮，婚姻状况，妇女在家庭和社会中的地位，中小学教育，人口流动，道德风俗习惯，以及村民生活等。用现在最普通的术语，是一种全方位的调查，而不是单一问题的调查，这样的调查可以构成一个村全面完整的历史画面。在采访中，如谈话投机，常常激起被调查者沉睡的回忆，他们的回答常常多于所提出的问题。我们多次发现农民手中保存着世代相传下来的地契、借贷契约之类，这是意想不到的收获。如在寺北柴村，我和滨口允子访问一位老农，他打了床头陈旧的小匣子，取出一张用布包裹的乾隆时期的地契；其他调查成员也看到了不少地契，其中有雍正年代的地契。吴店村村民保存有1936年6月河北省财政厅颁发的土地税执照和中华人民共和国成立后兄弟分家的证书。这些契约文书，对研究农村各个时代的经济、社会状况而言，都是非常珍贵的资料。

在村庄里，调查是挨家串户的，面对面的问答，被访者的叙述意识至关重要。我们总是预先告诉我们的来意、采访目的和内容，让他们心中有数。日本学者每到一村访问时，总是先讲道歉的话："日本过去侵略过中国，真对不起。"这么一句饱含真诚的话，拉近了双方的距离，为访谈扫清了障碍。在顺义县，我们访问一位曾在战时做过中学教师的老人，他因战争而对日本人极有成见。得知访问者有日本学者后，他说："怎么日本人又来了"，并拒绝接待。后来经过左志远耐心解释，老人心里的坚冰被打破，他不仅热情接待，双方谈得还很融洽。

村民们是否说了真话、心里话，要由大家判断。根据我们的接触，他们对过去所发生的事有清醒的认识，并且能够用一条叙述线索将其连贯起来，论人论事，直言不讳，毫不掩饰自己的观点和看法，对重大的历史事件也有着深刻的反思。

村民在涉及自己生存和生活相关的问题上，从不躲躲闪闪。譬如谈到1950年代的集体化时期，村民们都认为开始时大家满腔热血，很积极，产量增加了，生活改善了，对前途抱着强烈的期望。但到了公社化时期，社会上弥漫着说谎话、说大话、搞浮夸，报刊整天宣传"人民公社是天堂"，"人有多大胆，地有多大产"，搅浑了人们的意识，人们都被强制性地去大炼钢铁、烧焦煤、挖水库。青壮劳力的精力消磨殆尽，只有老弱妇女留守村庄，成熟的粮食扔在地里，无力收割，只能任其腐烂，结果弄得物质极度短缺，出现了严重灾荒。人们以瓜菜充饥，尚且不足，各村都出现了饿死人的现象，精神上备受痛苦。当时又被迫三缄其口，没法说的话，只能在心里翻滚着。他们回忆这一段历史时，心情是很沉重的，应该说也是真实的。1979年后，中共中央推动改革开放政策。中央连续颁布了有关农村改革5个"一号文件"，农村的生产方式发生变化，农民的收入逐年提高，思想和心态也在逐步变化中。

我们如实记录了这些年各村的变化实态，有的发展得快，有的慢一些，但相继都冲破了旧的束缚。任何运动总是有一部分人先行动起来，有一部分人则在等待观望，等时机完全成熟时才开始行动。1984年人民公社解体后，以农业生产为主导，出现了经营各异的个体户。譬如1990年访问沙井村时，该村两户农民承包全部土地，农闲时搞运输，收入大幅度增加。村中出现了一家私人医院和药铺，还有个人经营的涂料厂，原来的供销社也由私人经营了，80%的妇女都到设在该村的服装加工厂工作，服装销售至欧美和日本等国，生意兴旺。村中还设有汽车修配厂，专为北京市的中央民政部门做汽修配件。1994年重访该村时我们发现，村里耕地面积减少了，出现了由福建商人组成的"福建村"，全是经营木材的，出租土地成为村中的一大收入。村中盖起了村政府大楼和宽敞的幼儿园，开始实行养老保险金制度。

山东平原县后夏家寨村，距离大城市较远，原来村民生活较苦。几家农民做饭烧锅时所拉的风箱，还是几十年前我在农村见到的那样。农村新政策出台后，人们恢复了传统的手工业，用柳条编织筐笼之类和用麦秸秆编草帽，由天津外贸公司收购，运销海内外。贩运牲口特别是耕牛，也是该村的特长，不少农家又经营起这行业。我们还到附近的牲口市上去实地考察了一次。村中还种植茄子之类蔬菜远销日本，它是一种全新的植物种植技术，茄子大小均匀，全部采用人畜粪便施肥，减少了工业化肥的污染，农民们在掌握技术的同时，也对环保有了新认识。

栾城县寺北柴村的农业在河北省是很出名的，他们有一项稳定的收入，就是供应华北制药厂做原料用的玉米。1980年代后，该村大部分农户除了耕种土地外，还开展多种经营，有的经商，有的搞副业，有的搞服装加工，出现了养殖、种植、养鸡等专业户。搞运输在"文化大革命"时被视为投机的"二道贩子"，现在成为人们向往的行业。该村部分农户由山西运煤，制作煤球或蜂窝煤出售。蛋品销路广，河南客户定期收购。乡政府为了发展养鸡业，还请北京的农业专家来讲养鸡技术，各村居民从四面八方涌向乡政府所在地去听课，我们亲眼看到了这种场面。

我们访问时，各村均有民办公助小学。发动社会力量办学，这是办学的一种方法。小学教育是国民教育的根基和基础，有的村小学面貌整洁，教师精干，从表面上看，文化气氛是很浓的。寺北柴村的教室则是危房，参加访问的日本学者捐赠了2000元人民币，希望能够帮助他们改变一下学校环境。

村民可以公开议论村干部，何人好，为村里办实事，就得到尊敬；何人私心重，作风不好，群众中微词就颇多。不敢说话的时代已成为过去。

在调查中，我们发现各村都在根据自己的地理、经济条件扩大生产，创造财富，改善生活。农民的生产积极性被调动起来了，人的活力被挖掘出来了，社会各行业也充满了活力。这就是华北农村社会与经济变动的生动情景。

当然，在追求财富及美好生活的同时，华北各农村也出现了一些值得思考的现象。

一些商人，直言他们卖东西时，短斤短两，他们认为这没有什么大惊小怪的，不知道诚信败坏的巨大恶果。

在一些村，农民开始出现贫富的差距，富户拥有运输汽车和拖拉机。1994年寺北柴村就有各种拖拉机100多辆。富户还盖了新房，有的盖的是楼房。而穷户则仍然住在落败的旧房中。

人们的观念发生了变化。现在似乎一切都在以财富论英雄：看其农副产品在市场上销售量如何，拥有几台拖拉机。耕牛和骡马，不再作为财富的象征。现在人们都很注意信息，看哪一行能赚到钱，就趋向哪一行。

农村中重男轻女的现象还是比较普遍。他们愿意生男孩，一是传宗接代，二是增加家中劳力。计划生育政策的执行是很严格的，但有的农民宁愿接受罚款，也要多生一个孩子。妇女怀孕，生育儿女是重要的事情，生男孩受到家庭的尊重，否则就被看不起。从这一点上看，几千年的传统观念短期内很难转变。

一些不良风俗习惯又泛滥起来，如敬鬼神，迷信风水等。婚丧嫁娶也很铺张，村民讲，现在没有几万元给孩子是成不了亲的，必须盖新房，买电视机、洗衣机，家里还得有沙发之类摆设。

中国农村数十年来走过了曲折多艰的道路，农民贫穷痛苦的生活令人扼腕长叹，访谈中展现的种种场景，在每个调查者心中留下深深的烙印。农民讲出了实实在在的心声，反映了历史和时代的特点。这部书是记录性的，没有抽象的概括，没有理论的阐述，没有文学家的描写，没有华丽的辞藻，语言朴实无华，反映的正是普通村民的生活足迹，是华北地区农村历史沿革的缩影和农民生活与生产变化的实态，散发着浓重的乡村气息，也依稀可见乡村社会变革的历史脉络。

从社会发展的角度看，一切事件和人物都是历史的、暂时的，而历史的进程则是永恒的运动。我们的调查访问结束后的 10 年间，上述各村又有了许多新变化。如顺义县改为北京市属区，沙井村被纳入了市区，村中已无耕地，"福建村"面积扩大至 200 多亩，占该村土地 1/6，村中的面貌已城市化。原在服装厂打工的村民已不再去了，现在工厂的六七百人多是外地和外村的。天津市静海县冯家村也和 1993 年我们访问时大不一样。那时村民除种地以外，还给天津市一个工厂做配件，现在大部分青壮年到附近一个日资企业打工，月薪 1000 多元。留在村中的农民则种蔬菜供应天津，如茄子、西红柿、芹菜之类，秋冬都是大棚菜，用机井灌溉，村里有信息员，时刻掌握着天津的市场行情。我们最后一次去山东省平原县后夏家寨是 1994 年 8 月，如今也发生了诸多变化。原有的编织副业基本上没有了，几个木匠在村中创办了家具作坊，年产量约 2000 多件，获利在 2 万元以上。恩城镇的牲畜市场，比过去大得多，牲畜上市量在千头左右。后夏家寨村民有几百户养牛，繁殖小牛，每头可卖千元。有的用 300 多元买个小牛或驴、骡、马，喂一年长大了再卖，可以得到 1000～1200 元。村中增加了十多眼机井，85% 的农田得以灌溉，小麦、玉米亩产量约在 800～1000 斤间。30% 农户有了拖拉机，村民盖新房的多了，都是砖石结构。约 50% 的青年男女外出，到北京、天津、青岛等城市打工，月收入在 800～1200 元之间。

由于机械化的使用导致对劳动力依赖的减轻，养育孩子的负担日重，加上城市文化的影响等因素，农村的出生率开始降低了，各村小学校的孩子少了，如今几个村合并办一个小学校，学校的教学质量也有了很大的提高。

值得深思的是，各村村民"向钱看"的倾向较以前更加严重了，数十年来培养和形成的集体观念淡薄了，公德意识没有大的提高，很少有人再讲为集体和他人的奉献精神，这对建设社会主义新农村是非常不利的。

历史是一面镜子，可以鉴古知今，也可以启示未来。关于研究华北农村的著作，市场上已有不少，这部书则有自己独特的学术价值与文化形态，是认识、了解华北农村最好的素材，也会成为研究者心目中有价值的资料，可引起更多的思考，推动华北农村社会研究向前发展。今日中国农村的进步是付出了巨大代价而取得的，应该珍惜今日，使新农村建设迅速完成。不管中国社会的现代化进程如何延伸，只有农村获得革命性变革和农民生活得到彻底的改善及提高，中国才配得上现代强国的地位。

2006 年 8 月

本 卷 序

三 谷 孝

　　本书是中日两国的研究者，对河北省栾城县孟董庄乡寺北柴村和北京市顺义县城关镇沙井村近50年来的变迁与当地农民的生活史，进行共同采访调查的记录。这两个村虽然在华北平原看似极普通、规模很小，但是因为在20世纪40年代前半期，成为由日本研究者进行的《中国农村惯行调查》（以下简称《惯行调查》）的对象，并且由于留下了横跨村落社会整个方面的详细调查资料，所以在关注华北农村社会的中国研究者间极有名声。

　　以"居于中国社会的民众生活与法律意识的解析"为目的而进行的《惯行调查》，虽然受战时统治下的占领地农村调查的限制，但是调查员与农民及其他应答者的问答则被原原本本地记录下来，加之关于每个农家的家庭构成及家庭收支也有详细的记录，所以对革命前的中国农村社会的实情进行探讨时，可以说这个记录是其他资料无法比拟的珍贵文献。但是内容如此的文献资料，在战后的日本，因为以"纯学术调查"为目的的调查员的"主观意图"与在侵略战争下在当地军队当局的援助保护下进行调查的复杂背景，即所谓的与"客观现实"背离等，围绕调查的政治环境和调查员的研究心态相关的问题，这一调查结果成为被批判的对象，除了直接协助此调查计划的内田智雄、仁井田陞、旗田巍、山本斌等研究者的几本著作之外，没有被充分利用起来，后来的研究者也大多把这些资料当成没有呈现出"变革主体"姿态的过去中国研究的遗物，而对其加以冷淡对待。20世纪70年代以后，美国的研究者们（Reymon Mayers、Prasendit Douala 等）对《惯行调查》所拥有的资料价值给予高度评价，并运用其进行研究，正如在本书收录的《从研究史所看的寺北柴村、沙井村》一样。其中的一人即加利福尼亚大学的黄宗智（Philip Huang）评价《惯行调查》是"在二十世纪前半期，关于小农社会方面，从质和量上都是世界上最为优秀的资料"，并对调查村当中的沙井村进行了再调查，出版了大部头的论述华北农村社会特征的著作。而且在中国南开大学和山东大学等机构研究者，也以《惯行调查》作为参考，对调查村进行了再调查。令我们记忆犹新的是这次我们对寺北柴村进行调查前后，北美的调查团和韩国的研究者相继访问了该村，并进行了各种的调查。

　　参加本研究计划的日方成员，通过自1977年秋以来，经十数年仍在继续的《惯行调查》读书会，对关于华北农村社会的特征等进行了讨论。而且通过熟读此书，对村民的生活、村内的人际关系、县与村的关系、社会经济变化的倾向、祭祀和民间信仰的方式等进行了检讨，同时作为读书会成员共同关心的事，诸如通过此书而变得非常熟悉的村人及其家属如今是如何生活的？成为主要调查对象的六个村庄经过革命后又是如何变化的？这些问题时常让人思绪万千。

　　进行《惯行调查》以后至今的50年间，对于中国农村来说也是一个大动荡时期。对于中日战争、国共内战与"土改"、农业集体化、人民公社、"文化大革命"、大包干等一连串的变革，处于社会末端的农村是如何接受的？这一期间的变动，如果不从典型村落而从极平凡的村庄、极普通的农民生活视角去观察又是怎样的？通过对《惯行调查》的调查村进行再调查所得的成果，与50年前的《惯行调查》资料进行综合比较探讨分析，描绘出以村民生活变化为中心的村庄变迁史，并且借此考察华北农村社会变革特点的课题，在中国农村开放不断深化的20世纪80年代后，已经提到具体的日程上来。

1984年夏以后，带着同样兴趣访问中国的关西"中国农村经济学者学术友好访华团"（团长石田浩氏）和亚洲经济研究所的小林弘二氏，向我简要叙述了栾城县寺北柴村和历城县冷水沟庄的现况。而且，读书会成员之一的中生胜美，于同年冬在山东大学留学期间多次访问了冷水沟庄，开始着手准备此村历史再构成的工作。此后的1986年8月，读书会的主要成员访问了沙井村和寺北柴村，得到了与20世纪40年代的《惯行调查》里登场的张瑞、李广志、张仲寅等村里老人们谈话的机会。在1988年4月以后的两个月间，三谷孝逗留在南开大学，与以魏宏运教授为中心的南开大学历史系中国近现代史研究室的成员一道，策划制定共同研究计划。与此同时，得到南开大学外事处的协助，三谷孝等人访问了寺北柴村、后夏寨村、冷水沟庄、泥井镇（侯家营的邻镇），进行了预备调查。

由于文部省科学研究费补助金（国际学术研究、共同研究）的申请，从平成二年（1990）得到审批，数年来被搁置的对《惯行调查》的调查村的再调查计划进入实施阶段。1990年8月对沙井村与吴店村实施最初的农村实地调查以来，该现地调查计划进行至1995年9月，经过了足有6年的时间。在这期间实施的现地调查按年代顺序记载如下：

一、1990年8月，调查北京市顺义县城关镇沙井村、北京市房山区良乡镇吴店村

①沙井村（调查时间：1990年8月19~23日）听取调查（25人）

②吴店村（调查时间：1990年8月25~30日）听取调查（32人）

二、1991年8月，调查天津市静海县府君庙乡冯家村

③冯家村、上口子门村（调查时间：1991年8月12~16日）听取调查（42人）

三、1993年3~4月，调查冯家村、山东省平原县十里铺乡后夏寨村

④冯家村（调查时间：1993年3月25~29日）听取调查（53人）

⑤后夏寨村、前夏寨村（调查时间：1993年3月31~4月7日）听取调查（86人）

四、1994年8月，调查后夏寨村、沙井村

⑥后夏寨村、前夏寨村（调查时间：1994年8月13~19日）听取调查（57人）

⑦沙井村（调查时间：1994年8月22~28日）听取调查（52人）

五、1994年12月、1995年2月，调查河北省栾城县孟董庄乡寺北柴村

⑧寺北柴村（调查时间：1994年12月24~30日）听取调查（34人）

⑨寺北柴村（调查时间：1995年2月18~24日）听取调查（38人）

六、1995年9月，调查栾城县寺北柴村

⑩寺北柴村、北五里铺村（调查时间：1995年9月7~14日）听取调查（92人）

其中，1990年8月和1991年8月的调查，获文部省科学研究费补助金（课题名"中国农村变革的历史研究"）资助、1993年的调查获三菱财团人文科学研究助成金（课题名"中国农村

变革的历史研究"）资助、1994 年 8 月的调查获丰田财团研究助成金（课题名"从民众的视角看中国农村变革的研究——在华北的村与家庭五十年史"）资助、1994 年 12 月及 1995 年的调查获文部省科学研究费补助金（课题名"中国农村变革的综合性研究——最近五十年华北的家庭、宗教、社会结构"）资助，实施各种调查才成为可能。

在上述 6 年间的调查成果当中，1990 年 8 月的吴店村的调查记录，以《农民讲述的中国现代史——华北农村调查的记录》为题目，于 1993 年 3 月由内山书店出版。本书是第二本调查报告书，把寺北柴村与沙井村的调查记录合在一起，它的出版得到文部省科学研究费研究成果公开促进费的资助。冯家村、后夏寨村的调查记录，也将作为《中国农村变革：家庭·村落·国家——华北农村调查资料》的第二卷，预备与本书同样由汲古书院出版。

各个年度的调查计划如下。首先，实地访问调查以前，在日本根据《惯行调查》等的资料对这些村 50 年前的概况进行确认，同时着手准备制定调查参加者各自分担领域的调查项目表。到中国后，在南开大学从中方共同研究者手中拿到预备交涉的报告，就该年度的调查计划进行协商的同时，确定调查的具体细目。接着，亲赴所要调查村庄所属的县，从县政府相关人员、县志编纂者等处听取关于该县的历史概况的介绍，在县档案馆等方面则努力收集文献资料。之后，访问调查村，并用一周的时间同农民各阶层进行听取调查，同时分发、回收《家庭成员调查表》、《关于女性问题的抽样调查表》，期间为了明晰该村的特征，在邻近的村也进行了概况调查。现地调查完了之后，在南开大学与中方共同研究者一起，对调查成果与问题点进行了探讨，并协商了关于今后的共同计划。此时，还委托南开大学相关人员将听取调查的录音带整理成稿。回国后，举办了研究会，对调查的成果进行了整理和探讨，把数月后送到的问答记录原稿翻译成日语，撰写报告书草稿，以此为基础，对各题目进行整理以备第二年的调查。

综上这次调查的特征是，作为对《惯行调查》的调查村的再调查：（1）不是以典型村落而是以极普通的一般村为对象；（2）对老农、有干部经验者、村妇、农村教师、农民企业家等农村的诸多阶层进行听取调查；（3）追踪以 1940 年前后为起点的 50 余年间农村变革的历史过程；（4）以农民的问答记录，通过原原本本如实记录、展示农村社会的多个层面，并且试图站在村民的视角对家庭史、村落史进行重构。而且因为是对同村隔了 50 年进行的再调查，所以为了理解这一期间家庭与村内人际关系的特征与其变迁，在本书里对于村民的个人名字都予以公开。同时，虽然想努力得到关于村民委员会和档案馆的资料的阅览机会，但是由于资料未被整理或是没有进行保管等原因，而未能取得预期的成果。

从以上的调查特征来看，占本书大部分的、可以说是主要部分的正文当然就是问答记录。关于这一部分模仿了《惯行调查》，原则上不进行修改、删除而如实地进行记录。我们也承认，不是说由村民讲述的，其发言都反映了村的历史与农民生活的实情。这里也能够看到很多农民记忆中遗漏的事件，记错、不太愿意讲的问题，故意的粉饰，把传闻当成自己体验讲的情况，对于不知道的事件，因过于担心有失面子而硬是回答的地方。但是本书也确信通过对不同立场多种回答进行比较，对于那些没有认真回答的问题，如果对其原因进行设想而读下去的话，更接近于真实的面貌，从而进入读者的视野当中。

为了有助于读者理解，本书把通过此调查得到的关于村与农民生活加以注意的诸论点进行说明的"资料说明"与"从研究史角度看寺北柴村、沙井村"放在"序论编"里。同时，在资料篇里，作为本文的参考，收录了两村的住宅地图、家庭成员调查表的统计结果、女性问题抽样调查结果、经济统计资料、主要家系图。关于经济统计，由于寺北柴村的统计资料没能保存下来，而把邻村的北五里铺村的资料刊载出来。作为标志 50 年变革起点的资料，从《中国农村惯行调查》（岩波书店）转载了当年调查时两个村庄的概况。本书的刊行，若是能够提供关于《惯行调查》时没有进入调查员视野中的日军占领下农村的实情、展示华北农村的特质和社会构成以及这 50 年间农村变革意义等的基础资料，将是很荣幸的事。

回想起来，实施这个调查的 20 世纪 90 年代，是了解 1949 年前村里实情的村民人数年年减少的时期，同时也是随着改革开放，农村面貌急遽发生变化的时期，所以在这个时期能够实施现地访问调查，也可以说是非常幸运之事。

中日协同调查参加者分担如下：

日方：

三谷孝（一桥大学，课题负责人，【社会】社会集团、宗教）

浜口允子（放送大学，【政治】村落行政、干部）

顾琳（Linda·Grobe）（上智大学，【经济】农村工商业史、农村经济的现状）

内山雅生（宇都宫大学，【经济】农业史）

末次玲子（中央大学人文科学研究所，【社会】女性史）

笠原十九司（宇都宫大学，【社会】农村教育、日本的占领政策）

中生胜美（和光大学，【社会】家族、亲族、民间信仰）

佐藤宏（一桥大学，【经济】经济统计）

中方：

魏宏运（南开大学，中方负责人，【政治】抗日根据地）

左志远（南开大学，【政治】村落行政、"文化大革命"）

张洪祥（南开大学，【经济】"土地改革"、阶级构成）

此外，作为日方的研究协助者，参加现地调查的有小田则子（名古屋大学大学院研究生、中部大学非常勤讲师），张思（东京大学大学院博士生、现北京大学社会学人类学研究所研究员），李恩民（一桥大学大学院博士生、南开大学讲师），中方参加的有江沛（南开大学讲师，现为副教授），祁建民（南开大学副教授），张利民（天津社会科学院研究员）。

在这期间，1990 年邀请魏宏运教授（日本滞留时间：1990 年 10 月 20 日～11 月 18 日）、1991 年邀请左志远教授和张洪祥教授（日本滞留时间：1991 年 10 月 28 日～11 月 15 日），在东京、京都、大阪等地深入研究交流的同时，对调查计划进行了协商。1993 年邀请魏宏运教授（日本滞留时间：1993 年 9 月 28 日～10 月 14 日）、1994 年邀请左志远和张洪祥教授（日本滞留时间：1994 年 10 月 25 日～11 月 8 日），在东京、宇都宫等地进行研究交流的同时，为对日本农村进行研究，对山梨县、长野县的农村进行了考察。

在寺北柴村、沙井村进行听取调查之际，有劳宋志勇（南开大学历史研究所讲师）、寇曙春（南开大学研究生）、吴艳（南开大学研究生）、密萍（南开大学研究生）、齐秀茹（天津大学外文系副教授）、祁建民（南开大学历史系副教授）、王键（南开大学历史研究所研究生）、孙雪梅（南开大学历史研究所研究生）、王健娆（南开大学外文系研究生）、李萌（南开大学外文系研究生）等诸氏承担翻译。而且调查当时正在北京的三桥秀彦（当时一桥大学大学院生、现亚细亚大学讲师）、田原史起（当时一桥大学大学院生、现新潟产业大学讲师）两位对沙井村的调查提供了协助。关于应答录等的翻译则得到了田原史起、前田比吕子（当时一桥大学大学院生、现京都产业大学讲师）、饭岛典子（一桥大学大学院生）、山本真（一桥大学大学院生）、王红艳（一桥大学大学院生）、陈颂豪（一桥大学大学院外国人研究生）、笠原阳子（御茶水女子大学大学院生）等诸氏的协助（以上各位身份均为调查当时的身份）。

此外还借鉴了战前的《惯行调查》，两村概况的执笔人安藤镇正、旗田巍两位先生为我们提出了关于调查村的状况与现地调查的很多宝贵的建议。我们在调查实施的当年，把在现地拍的沙井村与吴店村的录像拿给两位先生观看，并且向两位先生汇报这两个村的现况，但是由于1992年和1993年两位先生相继去世，所以不能阅读此书，这实在是非常遗憾的事。

如前所述，本书是在文部省科学研究费补助金（国际学术研究共同研究、1990、1991、1994、1995年）、三菱财团人文科学研究助成金（1992、1993年）、丰田财团研究助成金（1993年）的援助下而进行的调查报告书，本书的刊行也得到了文部省科学研究费补助金研究成果公开促进费的资助。对于以上给予大力援助的各机关、团体表示衷心的感谢。

最后，向为实现现地调查，给予种种帮助的南开大学历史系以及外事处的诸位先生、协助调查的河北省人民政府外事办公室以及北京市人民政府外事办公室、栾城县及顺义县人民政府、孟董庄乡、城关镇人民政府、寺北柴村、北五里铺村、沙井村村民委员会及各位村民由衷地表示感谢。

1998 年 10 月 17 日

课题负责人　三谷　孝

目　录

序　论　编

第一部　寺北柴村编

寺北柴村访谈记录细目

（二）1995 年 2 月

（三）1995 年 9 月

·序 论 编·

一

调查村的概况

（一）寺北柴村调查资料解说

1. 政治

本书记录了过去 50 年间几经变迁的寺北柴村的历史和生活于此的人们的具体生活。主要包括日中战争和内战；新中国成立、"土改"及集体化、人民公社化以后的各种运动及集体劳动；80 年代后改革开放时期村里的诸多现象。记录形式是对农民进行问答。

这一期间的中国历史，常被以"激荡"二字来形容，其特征是变化波及全国各地，给全中国各地每家每户的生活带来了数次巨大变化。因此，要回顾这期间寺北柴村的 50 年历史，必须先了解变化是何种形态及其起因。究其根本，变化是由国内外重大政治动向引起的，同时，被调查村的实际情况又是各具特性的。因此，考察的问题点在于两者如何关联，就寺北柴村来说，要考察的是国家的基本政策是如何在这个基层村里实施的。

因此，从政治方面来解读访谈录时，特别需要留意以下几点。

其一，回答问题的都是在国家主流的价值观大转变时期，每天亲历这种转变的人们。农民通过回答问题回忆起生活在这种双重价值观时代产生的困惑和艰辛，或是获得新价值观带来的喜悦与振奋，一边追忆往事一边作答。收集这些率直的回答，能亲身感受到"激荡时代里的乡村"，他们是 50 年历史的体验者、当事者，这点意义重大。

其二，这一期间的事态，如前所述，是由中央的政治，特别是由毛泽东、邓小平等强有力的领袖所推动的，但也绝不是直线性地前进，而常常是在试行错误和政策摇摆不定中发展的。农民受这种摇摆的影响特别明显。而且，由于中央的政策传达经省、县、乡（镇）几个层次，程序复杂，影响就更大了。参与其中的各层政府人员和工作人员的"政策理解"，如何极大地作用于最末端的农民，从回答中能够窥见。对个人来说只有一次的经历，身不由己地受大时代的动向和与之相关的要素所左右。农民的回答是从个体角度的讲述。因此，有必要在了解这种多样性陈述话语背景的基础上来解读问答，描绘出整体的历史图像。

其三，如第一点中所述，回答者都是当事人，但在村里所处的地位不同，对各时期的重大事件的决定、进行理由、如何进行，有些人并不了解。而且，有不少案例中讲述的事件是传闻和推测。因此，从中提取历史本来的面目，可以说是从许多回答的积累中形成的总体的最重要的部分，即内在轮廓。

因此，在本节中，首先以访谈资料为基础，从村政主体及村政负责人做了些什么这个角度，简单整理寺北柴村的 50 年历史。这样能清楚看出问答录中讲述的一个个"事实"，在各个村的历史中处于什么位置。

而且，栾城县以及寺北柴村一带的行政位置，因建国前后几度经历了建制变更，该地又接近石家庄、区划变更越过县境，从而呈现了极为复杂的情况。在对村的历史进行概观之前，列出此期间行政区划上的变迁年表，谨作参考。

1938 年 12 月 ~ 1941 年 5 月，全县被划分成 5 区 165 个行政村。寺北柴村属于一区（39 村）。

1941 年，日本把栾城划分为 5 区 5 镇 17 大乡 166 村。寺北柴是一区西韩家庄乡寺北柴村。

1945 年 8 月，国民党县政府按照旧行政划分统治县城周边地区。

1947 年 4 月，栾城解放，5 区之外增加城厢区，其他没有变化。

1948 年 6 月，全县划分为 8 区，寺北柴村属于六区（以韩家庄为中心，共 20 个村）。

1950 年 1 月，全县划分为 4 区，寺北柴村属于一区 66 个村之一。

1953 年 7 月，全县划分为 4 区 51 乡。寺北柴村属于一区寺北柴村乡（北五里铺、孟董庄、朱家庄）。

1956 年 8 月，废止区，成立了 16 乡、23 联村社（78 个村）、108 高级合作社。寺北柴成为栾城县城关乡寺北柴高级合作社。

1957 年 9 月，废止联村社，一村为一高级合作社。

1958 年 8 月，全县分为 3 个人民公社（东风、红旗、卫星）、16 个管理区、172 个生产大队。寺北柴成为栾城县东风人民公社（6 个管理区、69 个生产大队）孟董庄管理区（10 个大队）寺北柴大队。

1958 年 11 月，栾城县与无极县共同编入藁城县，行政区划未动。寺北柴成为藁城县东风人民公社孟董庄管理区寺北柴大队。

1960 年 7 月，旧栾城县地域除了一大队都归属于石家庄市桥东区，寺北柴成为石家庄市桥东区东风人民公社孟董庄管理区寺北柴大队。

1961 年 4 月，改编成 14 个人民公社、177 个生产大队。寺北柴成为石家庄市桥东区孟董庄人民公社寺北柴大队。

1961 年 5 月，上述 14 个公社中，10 个公社归属赵县。寺北柴成为栾城县孟董庄人民公社寺北柴大队。

1962 年 1 月，栾城县制恢复，全县 15 个公社、181 个大队。寺北柴成为栾城县孟董庄人民公社寺北柴大队。

1965 年 1 月，全县 16 个公社、192 个大队。

1967 年 3 月，人民公社成立革命委员会。

1982 年，废止革命委员会，成立人民公社管理委员会。

1984 年，废止人民公社，全县成立 15 个乡（1985 年 4 月起 16 个乡）及城关镇。

1986 年 4 月，栾城县改属石家庄市。寺北柴成为石家庄市栾城县孟董庄乡寺北柴村至今。

（1）"土改"时期

满铁进行《惯行调查》时代的寺北柴村，与我们确定其为调查对象后的寺北柴村，决定性的差异在于村政的主体、村政的负责人的彻底转变。从国家主流来讲，这种变化就是中国革命，归结于中华人民共和国的成立。体现在寺北柴村的实例，就是历来拥有极大权力的富农张乐卿及其亲属张仲寅成为被严厉批判的对象，相反，一直被他们驱使的贫下中农则掌握了权力。引起这种大变化的直接原因就是"土地改革"。因此，要观察近50年来的村政基础，首先要看村里"土改"是以何种形式进行、推进"土改"的动力是什么。在以中国农村为对象的研究中，关于"土改"的研究、报告的积累比较丰厚。因此，与其他地域进行对比是有据的。对比时要注意，寺北柴村在抗日战争以前，农民丧失地权的情况就很严重，寺北柴村的"土改"是在1947年《中国土地法大纲》实施时期进行的。因为前一个特点，丧失土地的村民大部分极其贫困，作为短工（付日工资的临时工）受雇于地主和富农，对"土改"的要求也就越发强烈。后一个特点，令"土地改革"十分严格，村内出现了民兵组织，运动也表现得彻底。基于以上原因，寺北柴村的"土改"，给该村近50年的历史带来了巨大的变化。

（2）新中国成立与"集体化"时期

1949年10月1日，中华人民共和国一成立，寺北柴村就开始规划村政改革和提高生产力。首先由国家资助引入大小水车。但因土地零散、农具有限，从1951年开始，尝试几户协作，发展成互助组。

可以说这一时期的村政负责人就是那些在"土改"时期发起运动的人。但是，他们一直属于村里最贫穷的阶层，半数以上是长工出身，目不识丁，工作也完全是在工作队指导之下进行的。在考察中华人民共和国成立之后的农村社会面貌时，必须注意中央政策经过各级组织依次传递而执行，并存在着经常访问各村的"工作队"。特别是毛泽东时代，为了实现全国范围的政策目标，工作队、工作人员是不可缺少的。因此，要注意"问答录"里经常被提到的工作队作为媒介连接了村与上级的关系。而且这个时期，有些干部属于民兵组织，所以这一时期拥有武力对于领导权至关重要。接着50年代在全国范围内出现"集体化"的高潮，在寺北柴村，从1953年的互助组向55年的初级合作社化、1956年的高级合作社化、1958年的人民公社化迈进。不过，这一时期村政的负责人中，建国初期的干部基本上渐渐地被淘汰，新一代的加入者越来越多。在这次调查中被采访的徐侯、徐孟祥、徐小和、刘文生等就是从这时起开始接手村政的干部们。而且，关于这一期间的领导人，值得注意的是，他们有些会被上调到上级单位。对村来说，这有利于形成更广泛的关系网，但同时也意味着宝贵人才的流失。

1958年人民公社成立之后，寺北柴村成为东风人民公社69个生产大队之一。这一年最大的变化就是"大跃进"运动的开始。"集体"被尊崇，村里设立了大食堂，村民每餐拿着碗和筷子聚到食堂里吃饭。虽然如火如荼地进行了炼钢运动和深耕密植，但全归失败。由各村相互竞争引发的收获量的夸大报告，使村里的上缴负担过重，结果造成严重的粮食不足。农民们回忆说那时虽然知道实际情况，但也无能为力。因此，一旦遭遇自然灾害，村里的饥饿就会更加严重，包括由营养不良引发的病死、因粮食紧缺饿死的达40~50人。为了解决严峻的粮食困难，到1961年，实施了分割公社的"小社化"，进行了反映地域实际收益的分配，村民的积极性也稍微得到提高。今后再考察这一时期村里的实际状况是如何反映中央政策中的问题。当时是全国调整期，在栾城县一带对农民也进行了若干口粮田的分配。在这一时期，还要注意邻村北五里铺的经验。但是这样的政策调整，在之后的"四清"运动中受到批判，随后"文化大革命"的开始，包括寺北柴村的这一带农村迎来了新的激荡时期。

（3）"四清运动"和"文化大革命"时期

在寺北柴村的"四清"运动（肃清农村的政治、经济、组织、思想的运动，其形式主要是批判干部滥用权力和贪污渎职），分为"大四清"和"小四清"两次运动。笔者认为在农村，"四清运动"的意义比城市里的"文化大革命"运动的意义有过之而无不及。

"小四清运动"开始于1964年，因为邻近的赵县成为试验地，两三名工作人员也被派往村里，运动本身没有扩大规模就告终。但是，1966年2月，30人的工作队进驻村里，开始了"大四清运动"，给村里的领导机制带来了巨大的冲击和影响。工作队核查账簿，让所有的干部写自我检讨书，开全村大会对大队、小队的干部一一进行批斗，对其渎职进行揭发，从这一运动中产生出下一代的干部。贫协主席李领群、支部书记徐春梅、保管员郝同顺、团书记刘玉合等就在其中。徐春梅是20岁出头的年轻人，她开展了与过去干部们截然不同的新村政，也就是用赔偿的钱和组织义务劳动所得的钱建立了学校。为了有事时便于通知村民，还置买扩音器等。

接着进行的"文化大革命"也由这些干部继续负责，但村里的运动从整体上来看并不是很激烈。虽然也出现了"红卫兵"组织（"捍卫最高指示红卫兵"），但是在公社统一指导下由大队民兵组成的。因此，公社一下达动员，他们就前往孟董庄参加批判大会，剩下的主要活动是学习农业技术。"文化大革命"给寺北柴村等本地村庄带来的影响中更值得注意的是，作为"文化大革命"理念的反映，从"文化大革命"后期开始对干部的要求特别严格。"劳动时间一、二、三"（规定现场劳动时间为县级别的干部100天、公社干部200天、大队干部300天）和"三同"制度（与社员相同的住宿、相同的饮食、相同的劳动），则是这一时期村里面貌的反映。生产队的干部一整年要带头参加劳动，安排社员的劳动，处理生活中出现的各种问题，同时要努力完成上级下达的生产任务和劳动任务。可以说，这一时期对干部的要求特别严酷。村民们在具有这一时期特征的"政社合一"与"户籍登记条例"之下，生活在村这一生活圈之内。这一期间看不到生产力的增长，除了自然条件和地理条件的限制，还有生产技术、生产热情等方面的原因。

（4）改革开放时期

在寺北柴村，解散人民公社是在1981年末，正式废除公社制度是在1984年。结果，寺北柴村成为栾城县孟董庄乡寺北柴村，村的管理由书记、村长、会计、妇女主任、民兵队长等构成的村民委员会来进行。土地实行家庭承包责任制，以人均1.5亩的标准施行了分配，并组织了两三个"组"代替过去的小队，提供种子等。经过15年，现在看来，村里全部都是个体经营、个体事业，人人都以户为单位，专于经营自家之事。现在的村民之间，除了访问时正好赶上的倾巢而出的"看戏"等活动之外，共同关心的事很少，各家各户的未来计划都是自己制订。正如徐春梅所感叹的，觉得缺少了作为村的一体性，这与"公社时代"的共同劳作，形成鲜明的对比。

那么，村里就没有共同的课题了吗？以下是改革开放以后，这个村的历任干部抓的大事业。如果在不久的将来取得成功，就有可能打开村里的新局面。这就是以清理区划为中心的"村计划"的推进与新建日益衰败的小学校这两大事业。

首先，前者的计划是1977年，由当时担任书记的郝同顺，受其他村的触发在干部会上提起，并对该计划进行了立案。主要内容就是道路建设和宅地再分配，首先是清理村内的旧房子，在铺设的东西大街和南北大街的两侧，给村民分配新的宅地盖新房子，试图建造成规划井然的村。虽然到现在（1995 年）为止，取得了一定的成果，但是实际问题还未得到充分的解决，村内的道路依然泥泞不堪。这是由于资金不足，完成此计划需要 30～40 万元资金，村里筹集不上来，要向几个单位募款。第二个重建村小学校的计划也是当务之急，但是因为筹措资金不理想而被搁浅。作为村里的临时经费，现在从一亩地抽取 12 元，每人平均收取 18 元，除了一部分上缴乡里之外，在村里用作五保经费（五保就是五项保障制度，对没有劳动能力的人、无依无靠的人等提供生活保障）、烈军属费、民兵训练费、教育费等。以 1995 年为例，上缴乡 7300 元，留给村里 23000 元。寺北柴村没有自己的企业，除此收入之外，没有其他收入来源，阻碍了以村计划为首的村的事业的开展。从这种状况来看，村干部们似乎迫切感到，今后有必要成立村营企业。确实，就办企业来说，村里不乏有能力成功的人，但是越是有能力，越是倾向于追求个人财富，而不太愿意进行集体性活动。看起来，克服这些困难是今后亟待解决的问题。

不过，到了 1998 年，栾城县干部寄来的信中说，寺北柴村铺设了东西大街和南北大街，两侧种植了花草，二层楼的小学校业已建成。通过栽培作为医药原料的玉米，栾城一带的经济有了很大的改善，在此基础上才使计划得以实现。但是在此过程中，村民的意识有了怎样的变化，村营企业是否已建成，农业又是何种状况等，希望能再去寺北柴村看看。

浜口允子　一九九八年九月

2. 经济

（1）从宏观经济的视角来看

在有关华北农村经济的文献里，寺北柴村作为棉花栽培村的代表而久负盛名。近来学者利用该村的资料，调查了经济作物的引入对农村收入与土地所有形态带来了怎样的影响。根据《惯行调查》，20 世纪初，寺北柴村的农民热衷于扩大棉花的栽培。棉花栽培确保了更好的收入，但也有其弱点，棉花很容易受到恶劣气候和病虫害的影响，而且大丰收之后的一两年间的收获量会大幅度减少。

在 20 世纪初的华北，因为基本上还不存在所谓的"社会网络"（Social Net），一旦这种行情变动就会引起社会混乱。据《惯行调查》的统计，曾经自耕农很多的寺北柴村，到了 1940 年代变成了贫困村。村里七成的土地为村外地主所有，村民中的很多人为了生计，不得不沦落为短工或长工。

应注意的第一个问题是关于这个村的经济。我们以前只知道棉花是重要经济作物，夏天初访寺北柴村时，看到的竟然是玉米地而不是棉花地，着实把我们吓了一大跳。经调查才知道，从 40 年代后半期开始到 1984 年，村里的经济一直依赖植棉。到了 1985 年，棉花栽培开始急遽减少，进入 90 年代，除了根据国家指定的栽培义务份额栽培，即人均只栽培一分田棉花之外，不再栽培棉花。我们本来准备就经济以及经济变动进行采访，得知在村里的经济中棉花的作用发生了变化，就决定以这个问题为中心进行提问。"访谈录"包括了与村里的领导干部、年长的村民、县的农业技术员、县志办公室负责经济的领导等各路人士的谈话。在听了关于棉花栽培减少的多种说明之后，才知道是由于县的种植政策调整。1982 年 5 月，中国社会科学院农业现代化调查委员会，提名栾城县为医药品工业用农作物的种植试验地，进行了名为"形成农业与工业相结合的新型农村"的政策调整。在此之前，国家计划要求 1/3 的土地进行棉花栽培。两年间棉花生产降至最低程度，农地中玉米所占比例则以惊人的速度增长。从棉花栽培向玉米栽培的种植转换，虽说不是强制性的，但促使其变更的原因有以下几个。第一，棉花是劳动密集型要求很高的作物，而玉米则不是；第二，棉花由国家垄断收购，时常有以不抵生产成本的低价格进行收购的情况。对比之下，玉米则可以在自由市场出售。随着药厂规模的扩大，对玉米的需求量增大，价格上扬激发了农民更高的生产积极性。

随着从棉花向玉米栽培的转换，农民从农作物的束缚中解脱了出来。从宏观经济角度理解这一转换的时候，应注意的第二个问题就是要调查非农业雇佣的形态。村民的农业之外的就业有两个特征。第一，村里没有村营企业。村民中虽有个人办工厂的例子，也是在村外，同时避免雇佣村里的乡亲们。在采访时，谁都回答说自己的职业是"务农"（从事农业），但实际上基本看不到在田里干活的人，所以刚开始理解起来很困难。稍后才知道，按照当地的惯例，在国营企业没有正式职位的都被视为农民。第二，中青年的男子大都在外有赚钱的营生，大都是小商贩或与运输有关系。在村里，有几家数得上来的经营养猪和养鸡业的农户。

经济改革时期，没有村营企业的村就意味着基本上没有公共资金。公共资金的匮乏，一看小学校的破烂校舍和道路状况就一目了然，村里没有村公所等其他例子也不胜枚举。与此形成鲜明对照的是个人的富裕。围在住宅外的高大围墙里面，有很多都是新盖的房子，其中也不乏二层楼房，整洁的屋里配齐了电视、洗衣机和气派的家具等。一方面是当地小学校的公共投资缺乏，另一方面是有孩子的家庭又不惜花费高额代价，把子女送到提供昂贵训练的专门学校去学习。

第三个值得注意的问题是，调查村里的经济变化，就要收集统计资料。在考虑为什么进行棉花和其他作物的种植转换时，很需要村里的统计资料。阅读资料能知道单位面积的收获量、人口以及务农之外收入的变化、谷物消费和收入种类等，同时从中能够了解种植转换和技术变化。因此我们在采访当中努力尝试了再现村里的统计记录。

从 20 世纪 50 年代后半期到 80 年代前半期，中国的农业经济以集体为基础组织起来。在村里，生产大队（村）与生产队都有会计，由他们管理人力和物力资源投入状况、农作物的收成、每个人的劳动记录以及其他诸多的经济指标。因为有义务向上级机关定期进行汇报，所以在大部分村每年向地区政府（人民公社）提交的报告文件，由村公所乃至会计来保管。寺北柴村没有统计记录。无论是会计还是村委会，连最近的年报也没有留下，主要村干部的记忆也不确切，所以无法完全再现村的生产统计。虽然失望，我们还是继续了采访，并终于打消了再现宏观经济增长的念头，决定使用其他两个资料。一个是《栾城县志》中的统计资料，另一个是 1969～1994 年北五里铺村的资料（参照统计附录）。寺北柴村与北五里铺村是邻近的村子，两个村在生活环境、土壤、气候等方面没有多少差别，加上寺北柴村干部记得的生产量与北五里铺村年报的数字相近，所以可以认为两村的农业成果差不多。

在很多村，历任领导干部对丰收年和歉收年的记忆都很清晰，有的还基本准确地讲出了某一特定年份的生产量。这种情况却不适用于寺北柴村，辨别特别丰收的年份与特别歉收的年份也不容易。县的记录显示，寺北柴村生产量在稳步增长，土壤状态还算良好，没有极端异常的气候，洪水也不频繁。在社会主义体制下，为了应付干旱凿了水井，在村里，化肥等现代化养料的使用呈现出缓慢增加的倾向。集体农业时期，生产量的增长虽然缓慢，但稳定增长，所以无法回忆起何时村里的干部们进行了种植转换、特定年份的单位面积的生产量的准确数据信息等。

阅读寺北柴村的经济资料时，遇到的最大障碍就是本该很严密的统计不准确。即使是最近的生产量，村里的数字也是靠不住的。因为现在的耕作都是由各个农户承担，所以交给县政府的村的统计都是推算，不能一概相信。不仅中国，所有的国家都如此，人们不太情愿详细地讲出个人的事情和自家的收支，所以不能断言回答中完全没有谎言。因此，阅读此回答录的各位读者，在解读本书的统计数字时，需要十分谨慎。

在对历届干部的采访中记录了何时组织了哪件工作，以及一般意义上的生产力变化。因为各家各户都有各自独立的生产，对照阅读采访和各家的问答录，对现在村的经济活动状况的印象会更清晰。

顾琳执笔，笠原阳子译

（2）寺北柴村的农业、共同关系

①农业

A. 日本占领下的棉花栽培

寺北柴村是华北地区棉花生产盛行的地区之一。我们实施调查时，作为基础资料的战前调查资料《中国农村惯行调查》（以后简称《惯行调查》）里，与农业相关的调查项目中，有关棉花生产所占的比例很大。

但是，"卢沟桥事变"后，以北支那方面军为中心侵略华北的日军，建立了傀儡政权中华民国临时政府，更设立了推进占领政策的民政团体"中华民国新民会"（新民会）。

对日军统治下的栾城县农民来说，"新民会"的日本会员是最先与自己有直接联系的日本人。他们中的很多人都是特务机关里的人，但他们组成了一个叫"华北棉产改进会"的组织，为棉花栽培提供资金和技术指导。寺北柴村所属的栾城县，原本是一个盛产棉花的地方，但因中日战争而失去市场，农民不得不转向谷物栽培。针对此种情况，极需棉花为军需品的"新民会"，在无偿供给农药和化肥的同时，鼓励农民栽培棉花，因此"新民会"的会员，在当时农民眼里是"善良的日本人"，也不是不可理解。但当农民开始了棉花生产，这些"善良的日本人"就马上把农药和肥料的提供变为有偿，更将棉花从收购到贩卖，都归于日军的管理之下，实行防止棉花流入中国共产党的解放区的"经济封锁"。在这种状态下，农民被强制进行棉花生产。

事实上，在《栾城县志》的农业·棉花一项中（《栾城县志》273页），虽然记录了1941年日军和中华民国临时政府，把栾城县推举为"棉花施测重点县"中的一个，作为县里的数个特殊指导村之一，推广了美国种棉花，使用了以硫酸铵为主要成分的化学肥料"肥田粉"，但是没有更为详细的记述。

B.《惯行调查》与棉花栽培

没有明确的资料表明寺北柴村从何时起开始进行棉花栽培，但应该与华北其他地区同样，到18世纪止，市场上有棉花流通。但棉花作为真正的商品作物生产是从20世纪开始的。不久之后，1930年代，在华北地区，栾城县成为棉花栽培的一大中心地，可以说在寺北柴村，棉花生产促进了农民阶层的分化。

当然，棉花生产若受益于天气等气象条件，就会给农民带来高收入，但因无法预测的天气和灌溉失败导致收成不佳时，农民就要借款，不久就会陷入抵押的土地被村外地主夺去的窘境。《惯行调查》里记录，1940年代前半期，村里农地的2/3成为村外地主的所有地（《惯行调查》第三卷《河北省栾城县寺北柴村的概况》）。

记载于《惯行调查》中的农民回答，显示了作为中介人的"经纪"的巨大作用和作为棉花收购商的"轧花人"和"花房"的存在，由此能窥见棉花生产及贩卖的终端市场。但是仅凭《惯行调查》不能显示"轧花人"和"花房"的实态及其社会作用，可总结出以下几点。

首先，"经纪"不仅是限于棉花市场的"中介人"，而是处于围绕土地所有和佃耕关系等的社会关系的中心位置。其次，寺北柴村的棉花栽培，从原有的种子换为美国品种的种子，这种转换并非源于农民市场的独立发展过程中的社会性因素，而是以日本占领为契机。"华北棉产改进会"当初无偿提供种子、肥料和生产用具，推动农民转换品种，并从生产到收购对农民进行管理，也就是所谓的强制栽培型转换。

C. 建国后的棉花栽培

收录于本书的寺北柴村的调查，即《惯行调查》之后50年我们的调查，能够更详细地说明寺北柴村棉花栽培的状况。

虽然寺北柴村的棉花生产，建国后仍在进行，但是在农业集体化的过程中由人民公社进行统一的经济运营，更由于政府统一收购政策的影响，在农业生产的整体中所占比重相对较大，在农民收入中所占的比重却很小，没有直接导致农业生产的飞跃性增加。

不过，寺北柴村农村经济大变样是在"十一届三中全会"以后。栾城县诞生了7000多个乡镇企业。寺北柴村也出现了轻工业和商业性质的企业，农民的总收入增加了，但似乎在县里依然还是依赖农业收入的经济落后县。

如栾城县高级农艺师曹振家所说，技术员对县里农民的技术指导很积极，而农民主动努力学习农业技术的积极态度，从郝小六的回答中可以看出来。

D. 棉警

笔者在寺北柴村的再调查中，第一次听取关于棉花栽培的证言，是1994年郝全喜老人的回答。据郝老人说，日本统治时期，栾城县的棉警对棉花生产如何施化肥进行了技术指导，所以增加了棉花的生产。1994年调查时，从其他老人那里，没有充分得到关于棉花生产的证言，相应的棉警实态也不清楚。但是第二年，1995年9月，对寺北柴村进行再调查时，从其他老人那里得到了更为详细的关于日本统治下的棉花生产的描述。例如"满铁惯行班"熟悉的"博学村长"张乐卿的儿子张仲寅，也是《惯行调查》的回答者之一，他回答说：

> 棉警到处巡视，负责分发肥田粉即化肥、喷雾器等，巡视棉花是否有病虫害等。这个村里有重要农田"棉种圃"，也被叫作"试验田"或是"模范田"。棉警受雇于"棉产改进会"，拥有专业的必要品，还传达文书。据说"棉产改进会"有两个人，管理农药和化肥、喷雾器等。

虽然仅从以上回答中不能完全了解日本棉花栽培政策的实际状态，但是能窥见华北占领政策的实态。

②共同关系

A. 看青

关于看守耕地——"看青"，在建国前，如《惯行调查》所记载，"自己的土地自己看守"、"柴村由于贫穷不能雇人"（《惯行调查》第三卷，64 页），原则上农家各自负责。据"博学的村长"张乐卿说："大抵上由家里的长工看青，当长工很忙而人手不足之时，由家里的人负责。"据说"顶多是二三户人，不会更多"，但是"田陌相联时，也共同看青，大家依次看青"（《惯行调查》第三卷，42 页）。长工"看青"这一点，与我们进行再调查时郝老艳所说的"也有时派长工进行看守"的回答相一致。

关于"共同看青"，张乐卿回答说："棉花种植后，一块儿拿出经费进行看青"，"雇八人至十人看青，经费则根据棉花种植的面积来分摊"（《惯行调查》第三卷，32 页）。但是这个组织化了的"看青"案例，若与"华北棉产改进会"对棉花栽培进行技术指导相比来看，应该作为特殊案例来理解。

建国后的"看青"，在集体化的过程中，作为生产队的任务"看庄稼"组织进行。徐乐祥、赵喜凤的回答里描述了其面貌，承包责任制实施后，由农家各自进行看守，与其他村庄相同。只是在赵喜凤的回答里，"看庄稼"和"巡逻"同时被谈起，"看青"与"打更"有无明确划分还有待查证。

现在村里对果树园进行看守。与建国前的"看青"一样，由每户农家各自实行，但如先前介绍的郝小六回答中所显示，考虑到果树园农们在栽培技术、病虫害预防等方面有协作关系，很难理解为单个农家完全孤立的行为。因此果树园的"看青"，有可能是在有关果树栽培的协作关系下进行。

B. 打更

代表看守居住地的组织行为"打更"，在建国前存在村民轮流制和雇佣打更夫两种形态，建国后成为民兵巡逻任务，这一变化过程与其他调查村相同。如张乐卿回答的"协同进行冬季治安维持"所显示，与"看青"不同，"打更"从建国前就有组织。同样是共同关系，与深入参与农业生产阶段的"看青"不同，"打更"可以说是通过某种武装组织（如以后的民兵）来保护村民的收获物，其防卫村民财产的性质更为显著。相应地，在寺北柴村"看青"没有组织化，若与"看青"组织化的其他村进行比较，原因在于本村较低的农业生产力。关于这一点，也许应该与本村合作理念的稀薄即合作程度低相联系进行考虑。

C. 搭套

"搭套"在这一地区被称为"搭伙计"、"搭伙具"，简称为"借用"。在《惯行调查》里，家畜的共同饲养被称为"伙喂牲口"（《惯行调查》第三卷，52 页）。其对象广泛，有兄弟、亲戚、同族、邻人，双方的感情因素很重要。两方的关系虽然不直接导致建国后的互助组的成立，但成为其因素之一也是事实。

其他的共同关系有"帮忙"。在《惯行调查》中，张乐卿介绍说有帮忙修理房子的"帮忙修房子"、帮忙结婚仪式的"帮喜事的忙"、帮忙葬礼的"帮丧事的忙"等（《惯行调查》第三卷，52~53 页）。不过据徐小眼说，"帮忙"有农活和盖房子等各种情况。帮忙并不考虑劳动的多少，与此相对，"换工"则是一日对一日，以对等的劳动量的交换为前提的相互关系，因此并不限于农活。据说"帮忙"与"换工"有明确的区别。

③关于"互助组"的成立

在"互助组"的成立上，兄弟、亲戚、同族、邻里关系、伙伴意识、基本相同的农业生产条件、劳动力以及畜力交换的有无、围绕水井的关系等因素起了作用。

但是，"互助组"结成的第一原因，就是以提高农业生产力为目标的上级机关的政治指导。从徐孟祥和徐小和的回答中可以看出，农村干部作为贫农、作为政治先进分子的自觉性高涨，意气风发。被划为富农的张仲寅没能参加"互助组"，也说明了政治压力的存在。

"互助组"结成的第二个要因，是从其成立前，在农业生产方面就存在的合作关系。先前的"搭套"等的共同关系、水井以及水车的共同利用，应该考虑进去。特别是越是处于较低生产力阶段的贫农，为了经营由"土改"而重新获得分配的土地，就越是不得不依赖"搭套"、"换工"等基于农业惯例的合作关系。郝老艳从"搭伙具"的关系，说明了"互助组"的成立。而且，参加农户大都拥有骡子等家畜，在考察这个问题上是一个重要的启发。

一方面如郝老艳所说，就算是拥有生产用具的比较富裕的农户，也存在着农业劳动力不足的现实问题，相互利用劳动力与农具、家畜是必要的。

不过，与平原县后夏寨村进行比较，似乎中农的不满不多。是寺北柴村的政治压力较强吗？这也是今后研究的一个课题。"互助组"的成立与传统农民生活的联系，以前的专业研究极少，在寺北柴村的再调查中这一联系越来越明确。

内山雅生

3. 社会

寺北柴村位于河北省省府所在地石家庄市的东南25公里之处，距栾城县2公里，是这次调查的五个村庄中人口最多的村。从1986年8月进行第一次访问以来，包括这次的三次访问，我们共五次访问了这个村，亲眼目睹了这十多年的变化。

最初访问时，农民的回答似乎有些欲言又止。但是，随着访问次数的增多，双方的生疏感也随之消失，能够进行比较融洽的对话。除了经几次访问而与干部和村民相熟之外，这一期间改革开放政策的推行，村民的物质和精神两方面的丰富使得他们在回答问题时态度更自然，内容更丰满。每次都被采访的张仲寅老人等，可能是因为在"土改"时被划为"富农"而在历次的政治斗争中被批斗，在最初的访问中，似乎很不安，但在1994年以后就不再有这种表现，给我们讲了很多有价值的事。

1986年时，村里到处都在改建房屋，但住宅基本上都是平房。令我们至今还记忆犹新的是，因为当时还没有村民委员会办公室，所以我们在刚刚上屋梁的徐孟祥书记的家里对三个村民进行了采访。但到了1994年，村里建起了二层楼房，街道附近商店和炼炭工厂鳞次栉比，经营红火。在碰巧赶上的村里青年的结婚仪式上，我们看到新郎家周围停了几台进口轿车，院子里则摆满了华丽的被褥，前来祝贺的村民多得甚至要站到门外。

1994年12月，我们有幸参观了村民集资重建的老母庙。庙由村里的那些促成重建的笃信妇女们来看守，内墙上绘满了色彩鲜艳的诸神。1995年访问的时候，正好赶上从河南省邀请来的豫剧团演戏，很多村民带着欣喜的表情，聚到一起看剧的情景，很是感人。中华人民共和国成立之后，每个村里的很多庙和神像被作为迷信的象征破坏，庙里的祭拜活动也长年没有举行。据《惯行调查》记载，村里因为军阀混战等原因而造成贫困，演戏也无法照常进行，经过70余年的战乱和革命，终于在1991年重新得以恢复。这是因为随着改革开放政策的深化，处于社会末端的村庄经济复苏，村民的生活稍微宽裕，才有了这种由村民自发发起的传统活动的复活。

寺北柴村由于是《惯行调查》进行的所在地，受到国际社会的关注，在数年间，美国、加拿大、韩国等国的研究者来此进行了采访，呈现出再调查热。

以下，关于社会的各项目，人口、宗教、家族关系等由中生胜美执笔，女性史部分由末次玲子执笔，教育史部分由笠原十九司执笔。

（1）人口、家庭

①人口构成

据寺北柴村党支部书记说，这个村有352户，人口1409人。在我们的调查中，寺北柴村是唯一没有进行家庭成员调查的村庄。这是因为这个村没有自己的村民委员会办公所，本来应该由村管理的文书全部没有保存下来。在经济统计资料上，这个问题也同样存在，该村的经济、社会状况无法以统计数值的形式显示。

在对寺北柴村进行调查的时候，印象是村里的凝聚力比较弱。不仅体现在没有对户口簿进行整理上，宅地的整顿进展不顺利、村中的道路修整没有完成等也充分显示了这一点。

②宗族

寺北柴村的宗族有郝、赵、徐、刘姓。因为在这个村没有进行世代调查，所以每个姓的家庭户数不很清楚。根据《惯行调查》里的记载，寺北柴村的宗族有非常严整的组织，所以历来被认为是华北地区少有的宗族村。例如郝、赵、徐姓宗族有一个叫"寒食会"的清明节集会，特别是郝姓在清明节进行祖先祭拜，宗族间的土地先买权、族内的纷争调停、由宗族商讨选出村里理事的"董事"等，寺北柴村的宗族有井然的组织。但在我们的调查中不仅没有觉得族人间有很强的联络，相反，留下了村人各自为政、没有统一领导的强烈印象。难道《惯行调查》的视角——以祖先祭祀为目的而聚集的礼仪性的结合，不一定与社会的、政治的结合相连——出了错？还是因为革命以后社会发生了变化的缘故？这在调查过程中成为大家讨论的问题点。

宗族聚集的机会一般是"红白喜事"（婚礼、葬礼）和祖先祭拜。在寺北柴村有春节的拜年、清明节的"寒食会"、十月一日的"送寒会"扫墓等。其中，宗族全体聚集进行的仪式，有春节和清明节。建国前，郝姓的宗族有三四亩的共有"祖坟地"，由同族的贫困户或是其他族姓的人租种，由他们备办"寒食会"的饮食以抵地租。但是土改时，宗族的共有地也被分配，因无法承担在"寒食会"的馒头费用，"寒食会"被迫取消。也有人说1975年整编了生产队，防止了族姓抱团的弊病。人民公社化以后的生产、生活的基础是生产队，在生产队或是寺北柴村，共有水井的"组"作为社会结合的单位发挥了实质上的功能，导致族姓结合松散，这也是原因之一。

可以认为，作为社会单位的宗族组织在实际生活中所起的作用，仅仅限定于祖先祭祀等仪式，分家的调停，冠、婚、葬、祭的交际。也就是说，在寺北柴村作为政治单位的宗族，已经不起作用。

在寺北柴村曾经把村里的辈分关系称为"乡亲辈"，辈分关系很明确。寺北柴村被划分为三个街道，即村的空间被三分为北街、中街、南街。最近几年，很明确的"乡亲辈"仅限于同一街道之内。虽然同属一村，却搞不清楚邻街的"乡亲辈"，就像外村人一样，根据大概的年龄选择称呼。特别是年轻一代对辈分排序很模糊，以至于老人为年轻人不再以"乡亲辈"称呼而感慨万分。

③家族、婚姻

兄弟结婚后继续同住一屋檐的结合家族形态是此地传统。但若制作家谱，就会知道，有很多家族，由于贫困一辈子当光棍的男人很多，几个兄弟中只有一个人能够娶妻，这对夫妻生下的孩子成为"过继子"，照顾光棍弟兄的老后起居。从《惯行调查》中记录的寺北柴村的户口簿，可以看到很多家族因为家境贫困，长子没能结婚，这种家庭一般用长子干活赚来的钱，为弟弟娶妻。若是复原寺北柴村的宗谱，就会看到没有留下子孙就死去的男人很多。听说很多家庭因为穷得连结婚对象父母要求的叫做"聘财"、"财礼"的聘金都拿不出来，没办法结婚。因为贫困结不了婚，所以长子干活给二儿子娶亲，或是为了避免一辈子的光棍，从小就把小女孩接到家里来养，大了之后嫁给儿子的所谓"童养媳"，在调查的每个村子里都能看到。

在寺北柴村，据说到了1950年初期，在结婚仪式上彼此才第一次见面的习俗仍未改变。改变的发生与1950年代开展的"《婚姻法》贯彻运动"和1964年的"四清运动"，以及接下来的"文化大革命"中对"封建习惯"和"迷信"的批判有直接关系。

在寺北柴村，有制定新的"分家清单"的家庭。清单上不记录以往关于财产分割的内容，而是明确记录了子女们为了平等赡养父母，每月应支付的粮食和现金的数量。也就是说，因为家庭财产仅限于动产，所以"分家清单"的遗产分割的意义减少，代之以兄弟抚养父母的义务，成了为了平等分担各自责任的誓约书。经济制度在革命后发生了根本性的变化，与此相适应，"分家"的意义从土地分割向赡养父母的义务转变。

中生胜美

（2）女性史

在1940年开始进行的农村惯行调查中，日本调查员和寺北柴村的男性农民进行了这样的对话："我们去中国的农家，发现女人不仅不会递茶、递烟，连招呼也不打，这是什么缘故？""因为中国的女人除了做饭以外不能说话，所以不与其他人接触。这些由男人做。""从我们的角度来看似乎女性地位很高。""因女人不开通，所以还没有达到那种程度。"（《中国农村惯行调查》第三卷148页）在当时进行调查的河北省的乡村中，寺北柴村是传统的长子制（以家族为基础成立的，权力被男性以及长子优先分配的社会系统）特征最为浓厚的村庄。

例如，一旦男孩子出生，第12天全村的人都去祝贺，女孩子则没有这种待遇。女子的就学率为零，"男耕—女织（家事、育儿）"的分工严格，女性的农活主要限定在收获棉花。只有"刚嫁进来时和丈夫去世时两次"，女性才能够去夫家扫墓，宗族的聚会女性也不得出席。如果变成寡妇，孩子虽然小也是家长，就连村民大会女性也不能参加。在中国，1930年代，才由国民政府根本改变了以祖先崇拜以及由男性血统继承财产为原则的传统家族制度，但是其影响力完全没有波及村里。不过，谨慎地讲，在传统的长子制中，女性的作用很大，她们在家事、育儿方面的重要性得到承认，母亲对子女的权威很大。村庙老母庙的祭拜就是以女性为中心来进行的。

不过，《农村惯行调查》中记录了动摇寺北柴村长子制的事件。1941 年，一个未婚女性以财产继承上男女平等的法律条款为后盾，在村外把亡父的哥哥告上了县衙。结果在村长的调停下，伯父写了"分家证书"，把相当于千元的财物给了侄女。

在 40 年代初期的寺北柴村的调查中，看不到女性的受采访者（正如其他村，在达数百人的回答者中，女性不满十人）。所以很容易从男性角度，乃至男性农民的理想来谈论女性形象和男女关系，无法了解女性的意识、思想。要想了解 50 年来的女性生活，男女的社会关系的变化，有必要直接由女性之口来讲述 50 年前的状况和之后的历史。

在 1994 年的调查中，本应负责这一部分的末次玲子未能参加，由三谷、笠原、浜口、Linder Globe（顾琳）、李恩民、小田，听取了女性的讲述。1995 年除了末次之外，还有笠原、魏宏运、李恩民、Linder Globe（顾琳）、中生、小田与女性进行了谈话。女性生活舞台多以结婚为界，被划分为两部分，使用资料时有必要注意的是，革命前这个村基本上所有的女性都嫁到外村，要了解 50 年前的寺北柴村的女性状况，特别是未婚女性状况相当困难。只有魏宏运、李恩民从嫁到北五里铺村的刘小平的谈话中，了解到在寺北柴村何时取消了缠足、中日战争时情况等她婚前的状况。关于 1941 年的女性财产继承要求，1994 年张思从赫老艳那里听到了关于这次纷争的背景。40 年代初期，女子的就学率为零，但徐小和却谈到 1936 年、1937 年，在村里开办的免费授课的学校里也有女学生，在"卢沟桥事变"后，学校里教唱"可恨的日本兵像野兽"的歌，在日军占领之后被解散等。可以看出，在 1930 年代的"新生活运动"乃至"平民教育运动"中，这个村里也有女子就学。

关于革命后初期的女性运动，因为女性领导嫁到外村，所以不是很清楚。这次的女性回答者当时有小孩，未能参加女性运动。

这个村的"男耕—女织（家事、育儿）"的性别分工，是从实行工分制的高级合作社阶段开始才变为"男耕—女耕（家事、育儿）"。因为家事里包含了"女织"，所以对女性造成了很重的劳动负担。高级合作社阶段，也是女子教育普及的划时代时期，为 60 年代出现徐春梅等女性领袖推动村政奠定了基础。到了人民公社阶段，建立了纺织工厂，使"女织"的相当部分变得不再需要。在"批林批孔"运动中，男女地位差别极大的这个村，也达到了男女同工同酬的目标，这也促进了男女共同分担育儿的责任。但是在这一时期，就像"阴亲"（未婚男女死后的婚姻仪式，来源于结婚后才开始有作为祖灵被祭拜的资格的思想）继续存在一样，传统仍根深蒂固地存在着。

改革开放政策使家庭作为经营单位开始复活，男子们从事于运输和建筑业，性别分工普遍成为"男工—女耕（家事、育儿）"。妇女联合会奖励女性搞副业，普及养猪，但近几年，也开始进行承包服装业和制鞋等超出"女耕"范围的经济活动。另一方面，"开放政策"开放了被抑制的传统思想、习惯、信仰、娱乐，村里的老母庙也被重修起来，年轻人也去拜，祈求生男孩。"计划生育政策"正在缓和，缓和的倾向正在加速。

由政府主导来改变男女社会关系的时代一去不复返。在优先发展经济的过程中，虽然传统复活的倾向明显，但是并不等于回到原来的男女关系。徐春梅说"至今缺乏女性自身发展的主观努力，要加大村政的支持力度"，很具有说服力。

末次玲子

（3）教育史

我们走过满是泥水和泥泞的村道，穿过田陌，来到位于村西南角的寺北柴村小学校进行访问。残破不堪的砖瓦围墙中，有四方形的砖瓦平房，窗子小得像收容所，建筑的北侧有未经修整过的貌似空地的校园。从外面看不到学校，因为校舍是由"文化大革命"时期"下乡知青"的宿舍改成的。从东面入口进入四方形的校舍，正中间是没安电灯的昏暗的狭长走廊，南北两侧各有四个，共有八个教室。教员室是细长的狭小屋子，里面只有靠墙壁放置的桌子，桌子上连书和教材都没有。这里仅是教师在课间休息时坐在椅子上喘口气的地方。学校里没有办公人员。在寺北柴村小学校这个狭小的校舍里，挤满了从幼儿园到五年级的大约 250 名（1995 年 9 月）儿童。在 9 位老师中，正式教师只有 1 人，其余包括校长在内的 4 人是由村和乡负担工资的民办教师，4 人则是临时代课老师。

"中共中央关于教育体制改革的决定"（1983 年）提出了教育财政由各级行政单位"分级管理"的原则，规定小学校的设施和运营由村"发动广泛的大众教育热，确保教育财源"。因而对农村小学的运营，除了公办教师的工资以外，国家和省政府、县政府完全不提供预算。国家使用"国家审定教科书"、通过党组织对政治思想控制、通过"教员进修制度"对教育内容管制、通过彻底的统一考试对学习内容统一等，只是对教育内容进行严密管制，而学校的财政运营委托给村委员会。寺北柴村委员会没有设立专门负责学校教育的文教委员会，而是由党支部书记郝元增来负责。也就是说村政没有重视学校教育。因此，像寺北柴村这样没有实行"发动广泛的大众教育热，确保教育财源"的村政的村子，只能维持与周边的农村相比教育设施条件极其恶劣的小学校。

寺北柴村的教师有其他村子所没有的特征，就是避免任用本村人即居住在本村的教师。村里不给民办教师支付工资，基于以下想法：在土地承包责任制下，他们在村里分得农地，要靠农业收入度日。这是以本村人成为民办教师为前提，但是在寺北柴村的村民当中，有些人害怕教师因热衷于干自己的农活，会疏忽了教师的工作，因此同村的民办教师都去其他村的小学校上班。寺北柴村的村民不信任自己村里人的村民意识，也在学校教育里反映了出来。

在建国前的中国农村，村里学校的教师、村塾的教师作为村里的最高知识分子，受到村民的尊敬，由他们撰写过年的对联，代写书信等。在寺北柴村，在自己家里开办村塾的张乐卿就属于这种情况。但是，到了社会主义中国，"反右斗争"、"文化大革命"等运动把知识分子当成复辟资本主义社会为目的的"反革命分子"压制，在村里的教师地位变得很低，低工资又进一步决定了教师社会地位的低下。现在担任寺北柴村村长的徐玉身，一度辞掉了民办教师的工作，因为仅凭教师的收入无以维系全家的生活开支，所以村民中有学历的男性，不愿意留在村里当教师。其他村里有代代做教师的家庭，也有一辈子担任村里小学教师之职的老教师，但是在寺北柴村，没有一家或是没有一位老师能说起村里的教育史。虽然如此，赵书贵、杜秋姐夫妻两个，分别于寺北柴村的小学校工作 17 年和 25 年，对我们了解村里的学校史有了极大的帮助。现在两人都调到邻村的北五里铺小学校工作。

不仅限于寺北柴村小学校，大多数的中国农村小学校只有教室，而教室里也仅有老师授课所需的设施，下课后学校里没有一个老师和学生。与其说是小学校，还不如说更接近于村塾。不像日本的农村小学校，通过教育、文化、社会活动、小组活动等，起到形成村民的乡土意识的纽带作用。因此，在农村的小学校，没有保存文书形式的学生记录、学校记录。相当于教育行政的上级机关的乡政府教育委员会也没有考虑保存和保管这些资料。在省、市、县政府层面，这些记录会存进各个档案馆（公文书馆），以教育行政相关的资料为中心保存，在编撰和发行地方史和地方志时，就会用到这些资料。栾城县教育局编的《栾城县教育志》（河北教育出版社，1994 年）就是其中之一，成为了解栾城县的整体教育行政和教育史很有价值的资料。但是理解寺北柴村这一村级别的学校教育的现状和历史时，不得不依赖我们收集的口述资料。

为理清寺北柴村小学校历史和现状为目的而收集的口述资料，根据问答录的内容可以大致分为以下几个方面：①建国前的村的教育——张仲寅、郝老艳；②20 世纪 60 年代以后寺北柴村小学校的变迁——赵书贵、杜秋姐；③寺北柴村委员会和小学校——郝元增、徐玉身；④围绕寺北柴村小学校的教育行政——校云龙、范春路、范俊刚、范云雪；⑤小学校长的工作——常荣珍、郭宗路、檀凤菊；⑥民办教师、代课教师的现状——郭金花、宋荣格、赵会强。

虽是后话，但是在这里还是先提及，写作本稿的 1998 年 8 月，栾城县外事办公室主任寄来了一封信，信中再三邀请我再次访问寺北柴村，因为村中铺了水泥道路，寺北柴村小学校也建成了二层楼的新校舍。

笠原　十九司

（二）沙井村调查资料解说

1. 政治

沙井村靠近顺义县县城，顺义县距离首都北京约 30 公里。沙井村可以说是真正的大都市近郊农村。因此，这里在抗日战争时期以及解放战争时期虽然没有直接成为战场，但也都受到了日本军、国民党军、八路军之间相争的各种影响。中华人民共和国成立后，在推行集体化及人民公社时期，作为大都市的近郊并没有什么特殊的意义。可是从改革开放以来，这个地区就发生了非常大的变化，显示出了和其他农村不同的样态。特别是到了 20 世纪 90 年代中期，在村里从事农业生产的人已经很少了，大部分村民都从事其他产业以维持生计了，村里成了到县城上班的人们的住宅区。在阅读关于沙井村的问答录的时候，有必要了解，其中比其他的村讲述的更多的是哪一个时代。在考察政治方面的时候，所有应该留意的问题点都和寺北柴村相同，因此请参照寺北柴村的资料解说，可是有一点必须注意到，就是沙井村方面脱离农业的速度是很快的。再有一点关于沙井村的调查应该附带说一下，调查在 1990 年和 1994 年进行了两次，可是 1990 年度由于调查一方的不熟练，再加上中国当时的社会状况，也和"北京政治风波"相关，农民对于政治事项极为敏感，调查时可以看出他们拒绝回答我们提出的有关 60 年代"文化大革命"等问题的态度，因此，这次调查或许没能完全达到目的。到 1994 年调查时，这些情况已经明显消除了。这一点也说明应该留意被访者的政治态度。

以下我想简略整理一下沙井村将近 50 年的各个时期的状况。这样一来，就可以明确地知道在后面的问答记录中，村民们所讲述的一个个"事实"应该放在村史的哪一位置。

（1）"土地改革"时期

沙井村被解放是在 1948 年 12 月，从第二年秋天开始进行"土地改革"。这个改革是在《土地改革法》公布以前，作为新区土地改革的一环进行的。所谓新区土地改革，就是在拥有约1500万人口的华北解放区，由于其地理的、社会的、历史的地位，先于其他地区开始的运动土地改革，用了约半年时间完成。从这一点也可以知道，沙井村靠近首都北京，这一带的状况需要很快稳定下来。

这一时期"土地改革"的特征，反映了上述情况，完全实施的是"中间不动两头平"（中农等中间层不动，将地主和富农的多余的土地分给贫雇农，使土地均等化）的稳健的政策。事实上，沙井村在从区小队下来的工作队的指导之下，决定了每户的阶级成分，结果确定了有地主二户、富农三户。可是，据说之前的保长已经逃到了县城，所以村里没有出现大的斗争。运动自身也采取了可以称为大众路线的"三榜公布"（在决定阶级的时候，公开三次，听取意见）的方法，村里的人们也从中了解了自己的阶级成分以及改革的原委。真正的土地改革是在建国后进行的，建国初期的扫盲运动以及打破迷信等诸运动也是同时进行的，这些运动相辅相成，与否定旧体制、打破旧观念相联系，这一时期也是村民们了解新时代的学习时期。从50年代开始的宣传《婚姻法》运动就是在这样的基础上展开的。据说村里在黑板上写上《婚姻法》，让村里比较有知识的周永兴读出来，大家一起学习，在《婚姻法》公布的那一天，召开了社员大会。从那之后，村里的包办婚姻减少了，自由结婚增多了。

（2）集体化时期

50年代的沙井村，从互助组到合作社、高级合作社，然后向人民公社迈进，可以说其进程大致上是均衡平稳的。对于这个过程值得注目的地方是，从最早互助组形成的时候开始，就是比较贫穷的农户集中起来组成了一组（后来的一队），拥有农具等相对富裕的农户集中起来组成了二组（后来的二队），两组间的划分是很明确的，这影响到了其后各队的状况以及作为集体的性格。后来在分配土地的时候，两队虽然分到了大致相同的土地，但即使如此，两队也一直有一些微妙的差别，在"文化大革命"时期"红卫兵"的结成、公社时期队长更换的频率等方面也有显著的不同。

这个村在集体化过程中，使人很感兴趣的一点是，这一过程中的最大的难关即组建高级合作社时期进行的"作价工作"。代表们首先将除去土地以外的农具、家畜、推车、筛子、蓑衣、口袋等一一估价，并将估价公开，大家对此进行讨论，按最后决定的价钱付款购买，这是一种征购的方式。虽然也有人说，到后来付款的事就不了了之了，但这种做法应该是这个村集体化容易推行的因素之一。有关这个时期，还有一点应该看到，就是入党、入团的干部增加了。这一方面是从公社来的干部们劝说入党的结果，另一方面对村里来说，也借此整顿了村里的政治态势，同时也完善了使中央的意思向村这个基层社会渗透的体制。

在这期间，1957年开展了"反右派斗争"。因为"反右派斗争"的批判对象是知识分子，所以在农村只是一种形式而已。在沙井村，1958年4月，在附近的小学校当老师的本村村民周永兴被认定为是"右派"，遣返回村，并限制了其自由，让他和被认为是"黑五类"的人一起搬运猪粪等，进行劳动改造，所有的行动都被监视着。关于这一点，请参照教育一项。在接下来的"大跃进"期间，这个村组成了和其他村一样的集团，"不分昼夜、不眠不休"地劳动。虽然大炼钢铁运动在村子外进行，密植运动在村子内进行，可是二者都花费了大量劳动力，却没有取得好的成果。大食堂中的浪费现象也很多，办了两年就停止了。当时正值荒唐无稽的虚报风盛行的时期，再加上自然灾害，从 1960 年开始村里遭受了前所未有的粮食危机。

（3）"四清"和"文化大革命"时期

沙井村的 20 世纪 60~70 年代，由于"四清"运动和"文化大革命"的展开，也是很有特色的时期。运动本身虽然都不是那么激烈，可是作为政治运动，"土地改革"以来的阶级成分重新成了问题，过去被划为地主和富农的人和"旧保长"、"极右派"教师等一起再度成为批判的对象。首先是"四清"运动，1963 年开始"小四清"运动，1964~1965 年间开展了"大四清"运动。两者都是以干部检查和学习为主，可是"大四清"的时候从北京来了由十几个人组成的工作队，分别在各户住了约一年的时间开展大众工作，对成为批判对象的书记张麟炳等进行反复查问，最后对他作了留党监察处分的处理。干部中的一些人还不得不去牛栏山进行学习。这些运动给村里带来的变化，表面上看来是书记和大队长的更迭，可是人们在运动中对政治变得敏感了，还养成了批判干部的精神等，这些虽然难以说得很清楚，但确实是这一时期的特色。也可以说这些是和"文化大革命"相伴产生的事物。

在沙井村，"文化大革命"时期总体上来说还是平稳的，所有活动都限于村子内部进行。并且，据说完全没有出现打、骂之类的事。这个村的特色是当时所谓的"红卫兵"组成了两个集团，第一个集团是以第一大队的刘振海为中心的"红卫兵"，第二个集团是以第二大队的李景春为中心结成的"卫东造反军（团）"。有关这两个集团请参考问答录。据李景春自己说，尽管当时有"红卫兵"，但他还是组织了另外的团体，理由是为了重视生产。但就像前面所说过的，这好像是从建国以来两个队分立时就存在的内在因素在起作用，关于这一点有两种说法，一种认为两队间从一开始就有条件上的差别，另一种认为两队最开始几乎是同一起点，但渐渐地产生了差别。据前者的说法是，在最开始分土地的时候，由于存在有势力的干部，从而做了有利于二队的分配。这件事是否属实另当别论，之所以会出现这样的说法，说明了村里一直以来延续下来的微妙的但根深蒂固的两种势力的存在，在考虑村里政事的时候，这是不容忽视的。另外，"文化大革命"时村里还组建了"星火兵团"、"环球战斗队"等组织，可是都只有 2~3 个人，没什么大的影响。

如上所述，沙井村的"文化大革命"给其后的发展带来了什么样的影响呢？沙井村的"文化大革命"所带来的第一个影响，就是以此为契机，在村政中一批新的干部登上了舞台，一直到现在。现在的书记刘振海、70 年代的书记李景春、现在的副书记史庆芬等都是以"文化大革命"为契机成为干部的。从革命到建国时期，再到集体化时期负责村政的人们，在 60 年代激荡的政治潮流中隐退了，取而代之的是年轻干部的抬头。并且，由于这个村地处都市近郊，80 年代以来，年轻人总是到村外去寻求就业机会，不参与村政，结果"文化大革命"以来的干部们至今仍左右着村政。

第二个影响，可能是"文化大革命"中两个集团的存在，给之后的领导权的更替带来了影响。作为两个集团中心的两名干部，到了 70 年代后半期，虽然没发展为对立冲突，但显露出了对抗关系，不能同时担任村干部。因此上级以将其中的一方反复外派的形式来息事宁人。从那个时候开始，一旦村里围绕例如支书职位等产生了矛盾，为了解决问题，就将包含乡及县里的职位在内的更广泛的干部进行重新配置，可以起到调整作用。只是必须要注意的是，通过这种方式进行的干部交替实际上对村里企业的发展产生了负面影响。还有一点就是在和上级的关系中值得注意的是，那个时期工作队的存在。1977 年来村里的工作队，是从北京派来的，由四五个人组成，在村里待了一年多。在这期间，村里通过广泛使用化学肥料等方法确实提高了生产产量。这些工作队，因为抱着锻炼自身的目的承包一个村子，所以以提高生产力为目标，很热心于引进技术以及使用化学肥料等。可是问题是，随着工作队的离开这些工作也就结束了，难以继续下去。这种情况在沙井村也不例外。

（4）改革开放时期

进入20世纪80年代，在改革开放政策引导之下，沙井村的面貌发生了很大改变。一般在这个时期农村最大的变化就是人民公社的解体和家庭承包制的实施。可是在这个北京近郊的村庄，却让人看到了些许不一样的地方。纵观沙井村的这些经过，首先是1980年以组（队）为单位引入了承包制（蔬菜田归个人），1983年因为已经是"人心已散，生产队已经不成形了"，所以在第二年即1984年生产队也解体了，将土地分给了各户（只是水和肥还是依旧以生产队为单位进行分配）。可是在这个地方，干部们在公社制度的解体方面一点也不积极，从哪个方面说都是被时代潮流所迫而不得不进行的。并且，每个人分得的土地只有0.7亩，因为土地有优劣，考虑到要平等所以将每户的土地分别从两个地方分割出来，承包条件自身并不良好。再加上以户为单位的劳动很辛苦，又不能使用机械，甚至出现了放弃分到的田地的人家，还出现了为了增加耕作的劳动力而多要孩子的风潮。因此1986年又再度收回了土地，置于集体之下，1987年整个乡镇变成了农场制。近年来沙井村不断将土地卖给或租给工厂或木材厂等，保持村里的经济运营，耕地陆续减少到了300亩。这应该说是在利用位于大都市近郊的土地的价值，可是也有这样批判的说法，就是现在看来这好像是给村里带来了富裕，但就这样轻易地放开有限的土地资源，或许就没有自己在这块土地上兴办产业的积极性了。残留下来的300亩农场，其经营状况以1989年、1990年为顶峰，之后就开始呈下滑趋势了，并且，按照北京市及顺义县的发展计划及新的道路规划，沙井村可能会失去这些耕地，由于这种受外界支配的体制，干部们对改变现状并不积极。再就是村子里由于很多的村外人口的流入，其一体性减弱了。1995年时外来人口在200人以上，像这样外来人口增加的原因，据说是由于这个村现在的生活富裕了，没有什么负担。但也有可能是如上文所说的，是这个村的位置所带来的土地的价值的缘故。因此，想进入村子的人们，要利用各种各样的关系，但最终具有决定权的还是书记，这象征着现在的村政。

村政的三个主要支柱（依据村长杜江的回答）是党支部、村民委员会、经济合作社，可是由于现在是特别重视经济的时代，负责经济的书记的权限比过去任何一个时期都要强。村民委员会的构成成员也是书记、副书记、村长、治保主任、会计、妇女主任等，可是和公社时代不同，现在书记的权限是占压倒性的。在经济发展鼎盛时期，这个大都市近郊农村将如何发展，才真正是向这个领导层提出的问题。

浜口允子

2. 经济

（1）从宏观经济的观点出发

20世纪40年代初由满铁进行的农村惯行调查中，沙井村是调查的六个村中最穷的一个。它是离北京不太远的顺义县的一个村子，土地碱性极强，因为地处低地，经常遭洪水肆虐。村民们除了农业以外，主要是通过在村外做零工或被雇做长、短工等补充收入以维持生计。土地改革在村民间更公平地分配了土地，带来了很大变革，这之后进行的对灌溉设备及其他生产设备的完善，使农业生产稳定了下来。可是生活还是依旧没有变好，村民们开始意识到自身所处的这种环境是不是更适应以前的集体化农业。因此在经济改革政策开始的 70 年代后半期，仍然没有热心于变革。在黄宗智访问这个村的 1980 年，村里的家庭大部分依然是从事农业，日常生活也全部是集体化的。

在顺义县中实行集体化农业到最后的是沙井村，其在 1984 年也终于开始实行承包制，锄犁作业以及收获等共同进行，其他的则由每户农户单独进行，还存留着集体化的色彩。在其后不到两年的时间，顺义县成为作为新的生产方式即大规模农场的试验地，这被称为规模经营农业，使用农业机械。种植只要投入很少的劳动力的冬小麦和玉米等作物，由于实行了高度的机械化，将劳动力节省到了最小限度。接近北京的顺义县已经进入了经济的急剧成长时期，拥有农业以外的雇佣机会很多的劳动市场。就这样大规模农业的条件整备了，村里的田地再度被全部集中起来，成为大规模农场，工作委任给了监督，他管理着从事农业生产的一个小集团。

虽然规模经营农业是由农业团体的人们共同作业支撑的，但这种组织与其称作社会主义形式的集合体，不如说更接近于集体所有的事业体。耕地属于村里所有，由于村里进行农具及其他方面的资本投资，所以收益的一部分要归村里所有。农场有供给责任，使村民能以便宜的价格购入谷物。余下的谷物卖掉以后，从中除去生产经费及投资预算部分，剩下的分配给在农场劳动的人，这样一来他们能拿到的工资金额就和县营农场的劳动工资差不多了。因为机械化农业只要很少的劳动力就足够了，所以剩下的劳动力就可以从事非农业雇佣劳动，居民中的很多人都在县里的工厂或企业上班。沙井村的居民早上出去上班，傍晚的时候回到村内的家里。

现在村子的经济和十年前有了天壤之别。由于经济改革政策，沙井村从农村变为了城市的住宅区，急速地失去了农村社会的样态。在《惯行调查》所调查的六个村中，沙井村是这十年间变化最大的村子，很容易就能想象到将来用不了十年时间，它就会被大幅扩张的县城所吞没，农村社会形态就将消失。沙井村位于急速成长的首都圈，并且离作为北京主要的近郊卫星城的县城非常近，这对村里的发展起到了非常重要的作用。在我们调查的时候，只有耕地的半数仍在用作农业生产，剩下的一半已经成为县政府管理的木材市场了。在顺义县也有很多从其他地区来的外来劳动者，沙井村很多家庭将房屋出租给这些临时居住的人以收取租金。在调查的时候村里住有不下 200 名临时人口。

1994 年，沙井村拥有很多村营企业，最早的企业是 1982 年创设的服装制造工厂。这个工厂在 1987 年和县里的企业合并，从而急速地发展起来，1987 年有从业人员 50 人，到 1994 年已增加到 500 人。这个工厂和外国的衣料品公司签订合同，制造短外套及其他出口商品。服装工厂是村营企业的起点，另外也有两个由村外的人建立的工厂，将使用的场所和设备以及户口作为抵押获得村里同意，和村里互换利益。这两个小规模工厂是涂料工厂和汽车部件制造所，雇用的从业人员数量虽然很少，但实际上给村里的集体收入作出了很大贡献。因为储蓄了这些还元资金，村里才决定投资 50 万元建设包括屠杀、洗净、冷冻等一系列程序的鸡肉加工厂。这个工厂虽然有一个好的起点，但由于独占市场半数的大规模国营工厂的出现，而于 1994 年陷入了经营困境。现在村里的领导者正在摸索从那个时候以来就不再运转的这个工厂的转产方向。并且，党委书记设置了咨询委员会，专门对村里的新投资提出建议，任命村里的技术人员担任负责人。

现在的沙井村，集体企业及村营农场构成了村里经济的中坚力量。现在的经济构造使人联想到扬子江三角洲地带的"以通常苏南（江苏省南部）为开发模式"的发展，近似于集体经营模式。沙井村设立了许多村营企业，从这些企业及农场返还的资金，成为投资来源以及给全体村民的返利。作为村营企业第一号的小服装厂在 1982 年开业之时，是以创造就业机会为目的的。现在村营企业的工资比县营工厂要低，因此，实际上在村里的企业上班的村民非常少。他们大多数在县里的工厂及营利组织等地上班。可是，即使是这些没有在村营企业上班的人，也能够从村里投资所产生的收益中获益。即村里企业返还的资金，一部分用于完善公共设施，另一部分用于村民共有的物品。

沙井村在公共设施方面的第一次投资是在 1980 年。1983 年给每个家庭铺设了自来水道，1989 年铺设了到达村中心的 1 公里长的直线道路，1990 年安装了路灯。20 世纪 90 年代前半期，因为从村营企业所得的收益增加了，村政府修建了漂亮的新村政府建筑，做了室内装饰（有漂亮的枝形吊灯），并且冷暖设备齐全。这座建筑的旁边是寄放村里孩子的幼儿园。不只是本村村民，就是外村来的劳动者，只要交纳了费用之后，也可以把孩子放在幼儿园。另外还有三部公用车和车库，村里也在投资一些新的事业。

沙井村改革时期的统计记录比较完整地保存了下来（参照统计附录）。可是，这只是集体经济的统计，不能确切地知道个人及每个家庭的所得。个人所得是通过从村营企业及农场中所领取的收入为基础算出来的，实际上不包含作为家庭的主要收入来源的工资及其他收入。村民的个人所得长久以来都比县城的稍微低一点，这反映了村里事业发展速度是缓慢的，并不体现实际的家庭收入。如果加上村外雇佣和出租收入的话，实际上应该比村里的统计高几分。

顾琳执笔，笠原阳子译

（2）沙井村的共同关系的历史

①共同关系

A. 看青

沙井村在旗田巍的"看青"研究[①]中是作为主要地区被研究的，在我的作品《中国华北农村经济研究序说》中具体探讨了作为看守人的看青夫李注源，认为并不能将他简单地看成只是一个腕力强的贫农，他是代代都出会首的李家的一员。从作为看青夫的经验出发，要考虑他是否熟知村民的土地所有状况等，很明显地要由村公会即会首等支配村落的骨干中的一部分人来担任。

就像旗田所指出的那样，作为看青夫所必须具有的条件是，第一要穷人，第二即使打架也不怕的年轻人，我想在这些条件上再加上一条，第三要服从会首的支配之下。我论证了看青夫并不是单纯地作为被使唤人来承担这个工作，而是从一个侧面保证会首对村落的支配。

笔者对看青夫的这种评价，使笔者抱有这样的猜测，即中华人民共和国成立后，原来的看青夫李注源，也就是这个在旧有的支配构造中承担一翼的人肯定受到了批判，被从村落的行政中心疏离了出去。可是在 1994 年 8 月的调查中，从杨庆余的回答中了解到了以下情况，据他说，解放前的看青是每年春天一到，青苗会就商量雇用谁和用多少钱雇用，从而决定承担看青任务

---

① 旗田巍：《中国村落和共同体理论》。

的人，报酬在年底支付。看守的范围如果包括村外人的土地，那个村的青苗会也要付给看青夫报酬。李注源体形庞大，但不擅长农业劳动反而很喜欢游玩，胆子也很大。他从 1949 年开始到合作社成立为止，一直和以前一样负责看青并从村里领取报酬。之后是作为生产队的任务担任看青夫的工作，能够得到和干部几乎一样高的劳动工分。

据村里的干部张树德说，看青从 1949 年开始就改称护秋了，由建国前的看青夫李注源继续担任。从 1955 年开始，第一、二生产队的护秋由李注源、李德广分别担任，一直到 1966 年。1966 年因为两个人都年事已高，第一生产队替换为赵记，第二生产队替换为赵种田，两个人直到 1984 年实行生产责任制一直承担这个任务。

"共同化"的要素到底到了哪种程度另当别论，至少在农业集体化的过程中，看青被定位为生产队的任务是事实。

B. 打更

关于打更，好像和其他村一样是民兵的任务之一。

据张树德说，从旧历的腊月三十日开始到正月十五日之间，要进行春节保卫，每晚四人分成两组，两人一组，每个小组看守 5 个小时，加起来共 10 个小时。据李广明说，建国后的打更变成了民兵巡逻。沙井村有民兵约 20 余名，他们吃过晚饭就在大队的事务室集合，4 个人一组出去巡逻，一直到早上。因为这是民兵的任务，所以没有额外的报酬。据说这个村的民兵因为没有武器，所以巡逻的时候每个人拿一根两三尺长的棍子。

虽然打更的名称在建国后变成了保卫，但包括出勤方法等在内的组织形态都沿袭了下来，被民兵组织所继承。只是以会首、会头为中心的村公会被共产党的村支部取代了。中国革命是千真万确的历史事实，不能将会首、会头同中国共产党特别是基层干部等同视之。可是，就一般农民来说，他们在无意识之中、在自己的以沉默为前提的生活空间中承认了历史的转换，自己也得以加入到社会变革之中。

另一方面，从共产党的基层干部方面来看的话，其在作为自己存在基础的农村社会变革之中，也希望有更多的农民参加，同时也为了抑制社会矛盾的爆发，不得不采取了这样的手段，即在对旧时代过来的农民来说是必要的社会空间的"基于共同意识的框架"（竹内实）内进行变革。在那样的社会状况之下，采取了传统的形态，使惯行存续了下来。传统的惯行仍然有存在的理由，就是要用它来打开局面使农村社会自身能够适应新的状况。在这个过程之中给传统的惯行赋予了新的价值，并不是单纯的过去形态的延续。看青及打更在中华人民共和国成立后，一直到人民公社时期，虽然名称改变了，但实际情况是它们依然在发展并存续下来。之所以如此，大概是起因于上述社会理由吧。

C. 搭套和互助组

关于建国后互助组的成立，张德民回答说，对农民来说，讲不出互相帮助和互助组的区别。从他的回答中可以了解到：第一，搭套变成了互助组；第二，搭套中所体现的相互扶助的范围，到了互助组时扩大了；第三，搭套是以畜力交换使用为前提成立的，车和畜力的交换使用等也包含在合作的范围内，很重视作为结果的相互合作。

李广明对建国前后的搭套的理解是混乱的，但通过他的叙述可以知道，互助组中不仅有平民，连中农也参加了。在互助组和初级合作社阶段虽然也有没参加的人，但他们作为思想上的落后分子受到了批判，并通过利用粮食仓库的便利条件对他们加以压制。

村里的一个老人杨福主张：第一，搭套原封不动地变成了互助组；第二，相互合作的范围不仅限于畜力的交换了，而是扩大到了农忙期农活方面的合作。

另一个在我作品中出现的分析了其父亲和伯父们之间搭套关系的杨庆余，从他的叙述中知道：第一，关于搭套的印象应该不只限于畜力的交换；第二，杨庆余讲述了被拒绝参加互助组的地主、富农阶层的实际情况。

并且，在刚解放时担任干部的张麟炳明确强调，搭套和互助组的内容是没有什么变化的。

从以上的回答中可以理解，总的看来搭套被编成了互助组，相互合作的内容严格地说超过了搭套的范围，连换工也被理解为在搭套的范围内。

②华北农村共同关系的意义

A. 解放和"共同关系"

从村落防卫机能的看青和打更为主的"共同关系"来看，华北农村社会在从民国向中华人民共和国的转换中，旧有的惯行只是改变了名称，其实际内容却没有变，在共产党村落统治的范围内存续了下来。那些旧有惯行的继续存在之所以成为可能，是因为农民生活本身是依存于农村社会的各种关系中的。也就是说旧有的惯行在农村社会中被看成是连绵存续的"传统"，并得以存在、发展，但并不是一味地保持了这些传统中古老的、旧有的存在形式，而是在中国革命这个社会变革中，变成了对农民的一种新的对策。

也就是说农村社会底层存在的社会关系，对"近代化"这个社会整体来说，是在危机状况中，以保持这种社会关系及其构成成员为前提，而努力寻求新的对策。看青及打更等活动在村民中被组织起来，一方面就像旗田所指出的那样是所谓的"团体的共同事业"，在农村社会是作为农民共存的前提而存在的。另一方面，这种传统惯行的存续对不断发展的"近代化"中的农民来说也是维持和发展生活空间的必然。

具体到农业生产，如果整理一下围绕"共同关系"和互助组结成的诸因素的话，就不得不承认，上级机关的政治指导比作为防卫的"共同关系"的看青及打更的影响更大。

例如村民中有人回答，虽然中农很不情愿但也参加了。可是，不管是中农，还是作为"共同化"的推进主体并起到重要作用的贫民，为了确保自家经营的农业劳动力，都必须以在旧有的惯行搭套中体现出的相互扶助的方式推进集体化。

总之，在中国共产党强制推行集体化的事实中有这样的内情，对处于生产力极低阶段的农民来说，为了提高生产力而承认集体化，并且必须从中找到活路。

或许正因为是涉及农业生产的"共同关系"，对应每个地区及农民的实际情况，旧有的农业惯行被扩大解释了，即使是来自于共同使用畜力的"搭套"这一名称，也将表示人力交换的换工被包含了进去。这可以说是华北农民在自家经营范围内相互利用生产力及生产工具的"共同化"理念之下，理解共产党推行的农业集体化，从而接受这些政策的。也可以说，他们是在这种"共同化"之中，将新中国看成是实施共同利用畜力扩大生产力的旧有惯行的社会，而加以接受的。因此笔者认为，至少到互助组阶段，推行的是和农民的主观意愿相一致的集体化。

可是，在社会体制的转换之中，将旧有的惯习改变名称但仍使其得以存续的事并不少见。问题是从依据搭套等惯习结成互助组开始的农业集体化，实现了什么样的体制转换。

B. 现代中国农村和"共同关系"

下面我们将这些和"改革开放经济"下的现代中国农村合在一起考察。如果从农业生产力扩大的角度来看，由于机械化的导入，经营单位被细分，可是有效地利用机械的可能性由于种种天灾和人祸而被妨碍，在这种情况下，为了实现保全农村社会的紧急课题，农村社会中的"共同关系"很大程度上确定了下来。虽然"共同关系"是将共同事业以及共同劳动等因素组织起来，但共同的范围是由当时的社会状况和每个农家的生产力决定的。虽然农村成立了人民公社，但不久通过实行三级所有制，将事实上的生产基础单位从生产大队变为了生产队，由作为生活空间要保持的适当规模所决定的"共同关系"也收敛在适当的范围内。在这个限度之内，近代华北农村社会的实际情况，从其构造的特质来看，或许继续对应社会状况的变化而在改变着形态。

农业发展到现在，已经从以前以壮年男性劳动力为绝对主力，变成了在机械操作的前提下加上了妇女劳动及老人劳动的形态。这种变化使以前在集体中形成的农民间的关系发生了变化，"共同关系"也被规定在和以前不同的关系范围内，出现了以同族或亲属关系为中心的新的人的结合范围。这一变化在农村社会工业化过程中，具有和所有"村落共同体"的解体不同的意义，随着大规模的社会变动的展开，在农村社会也产生了以各种各样的形态出现的新的社会关系。

内山雅生

3. 社 会

沙井村位于北京市的东北近郊，靠近首都国际机场，紧接顺义县县城，村民从解放前开始就通过出去做工及做学徒等方式和北京有很深的关联。在我们访问的五个村内，它近年来急剧的变化给了我们很深的印象。这两次调查再加上 1986 年 8 月的参观，我们已经三次访问了这个村。

在 1986 年夏第一次访问这个村子的时候，村里还没有像样的乡镇企业，整个村子是一种悠闲的气氛，村里的道路上放养的瘦瘦的牛在吃草，并且我们还有这样的印象，就是宴会上县里的干部指名批评这个村在企业经营上是消极的。那个时候，听说芝加哥大学的杜赞奇偶然访问这个村子，我和他一起对张瑞、李广志两位老人进行了采访。

1990 年 8 月访问的时候，村里虽然正在努力推进企业经营，但并没有取得十分好的成绩，可以看到这个村还和以前一样平稳地发展着。4 年前在原种植小麦的村外的土地上开办了大规模的木材市场，在县里从事建筑工作的外来劳动者大多数住在这个村子里。村民们一边到周边的企业去上班，同时在自家住宅的院子里盖上供出租的房屋，靠向外来者收取租金获得收益。早晚上下班的时间能看到很多人在活动。通过从这些企业和木材市场获得的收益，村里富了起来，铺设了道路并安装了路灯，新建了带有冷暖设备的气派的村民委员会建筑，我们参观的二层的集会室里吊着枝形吊灯，装有卡拉 OK 设备。这种巨大的变化实在让人吃惊。在村干部们引以为荣的幼稚园的大门口，题有在村里的改革开放政策中起了很重要作用的刘振海书记的字："儿童是祖国的未来，教育是国家的根本。"

在村里走一走的话，就能看到，小卖店里供出租用的录像带和生活杂货摆在一起，也能看到两层的漂亮的住宅。在村外的洼地里，1991 年逝世的李广志老人的坟前树立着石头做的墓碑。并且，80 年代中期这里已经由土葬改为了火葬。

这种通过脱农化实现的经济发展状况使人瞠目，可是，大量的外来人口的涌入使村里的人际关系流动化了，就像在资料编中收录的"暂住人口管理规定"中所看到的那样，村里的干部们迫于这种形势正在思考新的对策。

和寺北柴村的情况一样，关于社会的各项目，人口、宗教、家族关系等由中生胜美执笔，女性史由末次玲子执笔，教育史由笠原十九司执笔。

三谷 孝

（1）人口、家族

①人口构成

以年龄区分的人口构成。依据从村里的书记那里拿到的沙井村概况说明，沙井村有 213 户，人口是 635 人（1994 年 8 月的调查）。我们的调查是将户口本连同上面记载的家庭成员一起进行的，依据这种方法得到的结果是，沙井村有 221 户，726 人。因为实际的家族形态和户籍上显示的家族成员数不同，所以才产生了这种数值上的差异。

年龄构成的特征。家庭调查是依据抄写村委会保管的户口簿做的调查。依据中国的户籍制度，和城市户口男性结婚的女性不能迁移农村户口，所以将户口留在农村的娘家。沙井村也可以散见这样的例子，户口本上没有记载丈夫的家庭很多。因此，20～50 岁的男性比女性要少。只是 21～30 岁间的男女比例在一定程度上取得了平衡，可是 11～20 岁的男性比女性要少得多。对于这种现象产生的原因，在回答中虽然也有若干种说法，但确实有这样的情况，就是沙井村位于北京近郊，又有工厂，与周边的村落及地区比起来经济条件是很好的，因此，女性即使结了婚，也不迁户口而是依旧将其留在娘家；并且还有这种情况，和居住在城市的"城市户口"的男性结婚，因为沙井村农村户口的女性及其子女不能迁入丈夫的户口，因此，虽然结了婚可是户口依然留在村里的娘家。由于这些社会因素，所以男女人口比例才被认为是失调了。10～20 岁的人口构成和 0～10 岁的年龄层以及 21～31 岁的年龄层比较起来，总有些不自然。10～20 岁的年龄层是实施了独生子女政策后的一代，可以推测户口登记中有一些事情没有登录。虽然我们也考虑到了有升入高校或高等专科学校的情况或到城市中工作而暂时将户口移往别处的情况，但在调查的时候对这些没能弄清楚。

外来人口的居住。很多从福建、河北、山东、四川等外地来的打工者，在办理了暂住手续后住在了沙井村，这成为 1993 年以来的特征。在 1994 年 8 月的时候登记的外来人口有 173 人。特别是从福建来村里的木材工厂工作的劳动者很多，很多连家人都带来了。另外还有建筑工以及在沙井村旁边的蔬菜批发市场工作的商贩等也在这里居住。现在在沙井村，向在乡镇企业服装工厂工作的劳动者以及其他外来劳动者出租房屋的家庭增多了，租金收入也成为一项比较大的额外收入。

②宗族

沙井村宗族的构成如下：张 51 户，李 35 户，杨 29 户，赵 20 户，吴 12 户，杜 12 户，孙 10 户，刘 8 户，王 5 户，马 4 户、周 4 户，程 4 户，宋 4 户，其他的姓都只有 1 户。因为这是将女性单身家庭刨除在外计算的，总共 199 户，与先前所说的户数不同。

沙井村的宗族以前有家谱，可是现在没有了。传说古代是从洪洞县迁来的。沙井村的村名据说来源于沙地上有一口井。族长被称为"当家子"，有新年向族长叩头等习惯。在当地的谚语中有"穷了不讲理，富了讲理"的说法，贫穷的话就不怎么重视习俗。族长的作用好像仅止于在分家的时候做调停工作，并没有具体的特权。清明节的时候，虽然一个宗族聚在一起上坟，但没有按辈分排列的特别仪式。李姓没有"清明会"。

在沙井村虽然以宗族为单位祭祀祖先，但并没有共同的墓地，使人感觉血缘集团的约束力并不那么强。在家系图方面，只有杨姓有族谱。这是因为，作为高校教师的杨庆忠，在看了美国电视剧《根》以后，对自己一族的历史产生了兴趣，是他自己做成的，因此并不是传统的族谱。杨庆忠在清明节上坟的时候，想到热心于仪式的族里的老人应该详细知道家系，因而向老人们询问了族人间的关系，从而做成了族谱。

对村里人像宗族一样附上辈分高低的习惯，即"街坊之辈"现在仍然有。如果本村有母亲的娘家，按母亲来算称呼街坊之辈，会产生亲切感。虽然宗族的辈分是不变的，可是街坊之辈是变动的。在邻村的石门村也称呼街坊之辈的名字。即使是遥远的外村人，有年龄差距的话，如果是比父亲年长的，出于尊重就叫"大爷"。街坊之辈在春节拜年时是有说道的。但在红事、白事的宴席及"帮忙"方面是没有限制的。问一下老人的话，就会听到这样的叹息，就是最近街坊之辈的称呼乱了。如果是干亲的"干爸爸"、"干妈妈"，一定不是同一族的，必须是其他的姓。这个时候要考虑街坊之辈。

③家族、婚姻

结婚通过媒人介绍对象的情况更多一些，结婚的年龄一般是男性 22～30 岁，女性 20～30 岁。一般以二十二三岁的男女青年为多。女性中结婚晚的，一般有较高学历。我自己认识的一个 29 岁结婚的女性，就是中专毕业。选择配偶的标准以人品为第一位，和收入、学历没有关系。土地改革时期被划定的阶级"成分"，在"文化大革命"中结婚的时候还要考虑，现在已经不考虑了。

中生胜美

（2）女性史

20 世纪 40 年代初期，"满铁"进行农村惯行调查时的沙井村，是一个贫穷而平凡的村子，可是关于男女关系有当时调查的其他村所没有的两点特征。第一，村民（调查时不在村里的人也作为家庭成员包含了进去）的性别人口比例为女性100∶男性 90，和其他村正好相反，女性相当多。第二点很少见的就是有 6 名女性接受了访问。其中有 2 名寡妇，其他是代表丈夫或儿子，回答了有关地目及税收的问题。

这好像并不能说这个村因为在北京近郊，传统的父系家长制发生了变化。在婚姻中当事者的意志并不被顾及，也只有男子有继承权。出生的庆祝也是男孩多女孩少，女孩子的就学（因回答者而有不同）在 1940 年时还是零。女性除了帮忙做一些除草、间苗、收获等临时性的辅助农活以外，还有少数人到北京去做老妈子，通过在春天做短工或做女仆等家务劳动还债的事也是很少见的。女性也参加村民的宗教集会（办五会），可是并不参加选举等。比起如果男性平时不出去做工就不能进行再生产的村子来，这个村大多数人只在农闲时出去做工，比较好地维持着传统的父系家长制。

在 1990 年的调查中，末次除了从女性那里听取了讲述以外，还从 20～70 岁的人中每代选出了 6 名，共对 36 名女性进行了问卷调查。1994 年负责这个工作的末次没能参加，浜口、格罗伯、内山、佐藤、笠原、小田等听取了女性们的回答。关于围绕性别（在社会、历史中形成的两性关系）的状况和意识，对31名女性和28名男性进行了问卷调查。

革命后在这个村子也开始了要主导政权的女性运动，身为革命烈士妻子的郭素兰成为第一代妇女队长。可是即使在1950年《婚姻法》实施后，新娘还和以前一样用花轿抬来，举行传统的结婚仪式。在1953年贯彻《婚姻法》的运动中女性们也没有积极活动，据说扭秧歌的是男性，女性则在识字班学习。但是包办婚姻（无视本人意志）还是成了风中之烛，到50年代后期也不再使用花轿了。

从高级合作社阶段开始，女性也参加了农耕，大跃进中更是彻夜劳动，还参加了修水库等水利工程。最开始的劳动工分女性是7分，据说因为将孩子寄放在托儿所的话要减掉2分，所以就带着孩子参加劳动。

到60年代自由结婚的潮流增强了，出现了像史庆芬那样没有聘礼，没有嫁妆，也没有迎娶，而是自己骑着自行车过来的新娘。在70年代的"批林批孔"运动中，女性在政治上的地位提高了，史庆芬就任了党支部书记。并且女性们要求男女同工同酬，和男人们进行搬运谷物的竞赛，成功地将劳动工分从当时的8分提高到了9分（1978年以后实现了同工同酬）。

改革开放后的沙井村，没有出现在一般农村中的男工—女耕的性别职业分工。在1994年，从事农业的女性劳动力也只不过占17%，80%是工人，2%从事商业。女性在政治上的发言权也没有退步，在10名村干部中，半数是女性。由于实行计划生育政策，在农村为了生男孩而将女孩引产的事很多，产生了男女比例的不平衡，可是在沙井村1980～1990年出生的125个人中，男女性别比例为76∶100（和40年代一样），显示了和其他村相反的倾向。

革命后沙井村的女性们随着国家的女性政策的发展，在婚姻自主、就学、就业、参与政治等方面的认识不断提高。改革开放政策实施后，要求主导政权的女性解放时代结束了，但得益于作为首都近郊农村的经济文化发展条件，女性的既得权利并没有损失。在1990年进行的问卷调查中，性别职业分工意识还是根深蒂固的，也远没有实现共同分担家务，可是在1994年的调查中，对村政拥有发言权的女性们开展了表彰支持妻子社会发展的"好丈夫"的活动。从1994年的问卷调查中，除了可以看出沙井村女性们的自信外，还可以知道在就业机会和财产继承等方面所具有的男女不平等问题并没有变小。也许正是因为拥有主动去解决问题的力量，在这50年历史中女性们才取得了一些珍贵的成果。

末次玲子

（3）教育史

现在沙井村没有小学校。沙井村的小学生（由于实行严格的计划生育政策，这个村的小学生每个年级不到10人）都到距离约1公里的顺义镇中心小学校上学。这个学校是由顺义县顺义镇管理，设有从一年级到六年级的全部班级，因学校所处位置，又被称作望泉寺中心小学校。所谓的中心小学校，就是包含沙井村在内的顺义镇的学校行政单位（在中国称学区）的样板学校，起示范校的作用。

1994年8月我们访问的顺义镇中心小学校，从有门卫开关的铁格子大门的正门开车进去，一进入混凝土铺设的校内，就可以看到呈"H"型排列的钢筋混凝土建的三层校舍，宽阔的中庭建设得像花园一样，有人行道和长椅。校舍的西南面是还没有整理好的野草丛生的宽阔运动场。

校舍中有校长室、事务室、教员室、教室、特别教室、图书室等，教育设施、设备等也很齐全，学校北面是学校经营的制造土木工程、水利工程用的混凝土管的工厂，是学校经费的主要来源。学校甚至购买了职工宿舍分配给教员居住。这个学校约有 790 名学生，6 个学年共计 19 个班，有教师 53 人（包括图书管理员、保健卫生员、物理化学实验员、警卫人员等在日本被称为职员的人员在内）。所有教师都是有国家经费保障工资和身份的公办教师，民办教师和代课老师一个也没有。中国的方针是实行按教育财政的行政单位分类的"分级管理"原则，彻底执行这个方针的结果就是使农村小学校的设施、运营、教育条件等因地域的不同而产生了极大差距，可以参照本书第一部收录的寺北柴村小学校和这里收录的顺义镇中心小学校的事例。

建国后沙井村小学校也还是存在的，由于学生减少、生产队管理学校的负担加重、校舍老化等原因，1979 年沙井村小学校和石门小学校合并了，之后沙井村就没有小学校校舍了。石门小学校只设到了三年级，四年级以上的学生要到望泉寺小学校上学。望泉寺小学校是由沙井、石门、望泉寺、梅沟营等四个村联合运营的，于 1991 年这个学校搬到了现在这个地方，改称顺义镇中心小学校，又加上了军营、沙坨两个村，成为顺义镇下面的大规模小学校，6 个村的学生在这里上学。由各个村代表村委会的支部书记或负责人作为委员，组成联合村教育委员会，解决教育经费、教育设施、设备等问题。由于"分级管理"的原则，由一个村支撑村小学运营的话，不仅村民们会为沉重的教育负担所苦，教师人才、教育设施也会陷于贫乏，为了解决这种教育行政的矛盾，采取几个村联合运营的方式是比较现实的，沙井村这个例子就显示了这一点。

沙井村的小学校在教育行政上应归上级的顺义镇管辖，因此村里需要独自解决的教育问题就是幼稚园教育。因为顺义镇中心小学没有附设幼儿班，所以关于学前教育，就由各村的村委会承担责任。在这些村中，沙井村的幼稚园教育是一种先进的实践。1988 年发起了由副书记史庆芬任校长的幼儿家长学校，作为社会教育的一种，实施以母亲为对象的有关育儿的学习和指导，这个学校还接受有关幼儿教育的建议。由于独生子女政策的实施，没有育儿经验的母亲们很欢迎村里的幼儿教育，大队也给予了全面的支持，免费发放"乳幼儿家庭报"到每户，赢得了大家的好评。

沙井村在 1993 年投资 60 万元兴建了村公所（大队办公用）和幼稚园，作为农村的幼稚园，我们在其他村还没有见到类似的，是真正设备齐全的宽敞的幼稚园。建设费从村里的企业收入及土地租金中拨出，不需要村民个人负担。在我们进行访问的 1994 年 8 月，包括园长李凤鸣在内共有三名具有幼教资格的教师，将孩子们分成三个班进行指导。

沙井村虽然现在没有小学校，可是在记录欠缺的中国农村小学校中，沙井村的小学从创立到现在，可以回溯将近 1 个世纪的历史，这是很珍贵的。之所以能知道建国前的历史，是由于在农村惯行调查班所访问的华北五村中，沙井村是最"治安良好"的村子，调查从 1940～1942 年共进行了 3 次，现在还留有当时沙井村小学校的教师赵斌、何权的回答记录。在我们调查的时候何权先生也还健在，我们有幸对他进行了采访，也采访了告诉我们建国后沙井村小学校历史的周永兴先生。就如在问答录中明确看到的，两位先生在社会主义中国都有体验"教师受难"的历史。

在"教师受难的时代"，学校教育中并没有系统的、基础的学科教育，毛泽东思想教育完全优先，提倡"教育必须要和生产劳动相结合"，所以过度强调学生要参加生产劳动，不问作为教师的学历和专业素质，所以这也是民办教师激增的时代，也是产生基础学历欠缺的时代。现在与那个时候相反，重视学历，农村教师们也在"统一考试"中显示自己的教学成绩。

我在沙井村听取的学校教育的历史和现状，内容可以分别参照以下人物的问答记录。

①民国以来的村里的教育——何权、周永兴、张麟炳。②1960 年以来沙井村的学校教育的变迁——杨庆忠、史庆芬。③沙井村的幼稚园教育——史庆芬、李凤鸣。④沙井村委员会和学校——史庆芬。⑤顺义镇中心小学校——高继福。⑥村、镇学校教育行政——程文忠、阎永旺。

笠原 十九司

（三） 研究史中所见的寺北柴村、沙井村

1. 日本的研究

在这里我将日本有关寺北柴村及沙井村的研究做一下简单的介绍，这两个村在《中国农村惯行调查》（以后简称《惯行调查》）中是主要的调查地。说起来也并不只限定于寺北柴村及沙井村，包含其他的调查村在内的研究很多，但和下面要说到的欧美的研究相比较，如果除去旗田巍的研究的话，系统的研究《惯行调查》的村子的成果是很少的。其他研究者都是在各自所关注的领域内，将寺北柴村和沙井村资料作为农村社会的实例来采用的，各种研究未必能说是看法一致的，这可能就是实情吧。

因此，首先将各种研究分类进行整理。第一是直接参与《惯行调查》的调查人员的研究；第二是《惯行调查》发表时，当时从各自的研究领域或所关心的问题出发对《惯行调查》所进行的分析研究；最后是到了战后，《惯行调查》作为农村社会的基础资料被使用，从而发表的研究。

首先是直接参与《惯行调查》的当事人发表的研究成果，关于寺北柴村以安藤镇正的研究为代表，关于沙井村以旗田巍的研究为代表。

旗田巍的《华北村落自治的一种形态——关于村公所的构成》（1941 年被收入《加藤博士六十岁纪念东洋史集说》，富山房出版；其后 1972 年又作为旗田的《中国村落和共同体理论》一书的第八章"村公所的构成"被收录了进去，岩波书店出版）一文，以沙井村为事例对作为中国农村自生的自治组织"村公所"进行了分析。另外在旗田的《村庄的土地和村庄的人》[①]以及《华北村落协同关系的历史性质——"看青"的发展过程》[②] 两篇文章中，不仅提到了沙井村和寺北柴村，还加入了其他的调查村的事例进行了论证。这些都可以说是华北农村研究的基点，是提出问题的研究，到今天也没有失去它的研究价值。

安藤镇正的《华北农村的金融机构——以河北栾城县的典小作为中心》[③]，作为"依据社会经济的条件，虽然旧的惯习维持了其原有形式，但内容已经发生了变化的事例"，分析了寺北柴村的"典小作"，在探讨农村金融及租佃制方面是非常珍贵的研究。

其他与调查有关的人的研究还有，监见金五郎的《关于北支农村不动产权利变动的公证制度》[④]；杉之原舜一的《典的法的性质》[⑤]；内田智雄《中国农村的家族和信仰》（弘文堂，1948

---

① 东京都立大学人文部：《人文学报》第 51 号，1996，后被收录在《中国村落和共同体研究》。

② 《历史学研究》第 139 号，1949，后被收录在《中国村落和共同体研究》。

③ 任井田陞博士追悼论文集第二卷《现代亚洲的革命和法》，劲草书房，1966。

④ 《满铁调查月报》第 22 卷 12 号，1942。

⑤ 《法律时报》第 19 卷 1 号，1947。

年），《中国的分家制度和"家"的性质》①；杉浦贯一的《寺北柴村的抵押》②，《栾城县寺北柴村的典》③，《华北农村的土地买卖惯行——买卖手续和"中人"的性质》④；小沼正的《关于河北省顺义县的官旗产清理对雍和宫香灯地的影响》⑤，《关于华北农村集市的"牙行"》⑥，《关于华北农村的田赋征收机构的考察》，《现代亚洲革命和法》；以及本田悦郎的《中国农村小作制度惯行调查》⑦。

《惯行调查》是调查资料的汇总，只誊写印刷了有限的部数，作为报告书大部分送到了从当地到东京的各研究机构。不久，也出现了没有直接参与在中国的调查活动，完全是将其作为文献资料而对报告书进行分析，并发表了关于华北农村研究的研究者。其中有代表性的是从法学领域探讨中国农村的平野义太郎和戒能孝通。

平野的《会、会首、村长》⑧一文，分析了前面提到的旗田的《北支村落自治的一种形态》中作为基础的沙井村的会首们，并得出了这样的结论，就是"许多同族构成了作为地缘团体的'会'，并且通过成为有实力的同族中心势力的会首，组织村里的'公会'，村长也是以有势力的会首为靠山选出的"，强调了作为"自然的生活协作形态"的"会"。对此，戒能孝通在他的《中国土地法惯行序说》中，在和日本农村比较的基础上，断定中国农民间并没有作为"组织伙伴"的团结，村长及会首只不过是单纯的村落统治者，并没有村民在内部的支持。围绕对中国农村社会如何把握，展开了所谓的"平野、戒能争论"，关于这个争论的经过及其对它的评价，在前面提到的旗田的《中国村落研究方法》中做了认真的汇总⑨。

和平野及戒能不同，任井田陞的《中国的农村家族》（东京大学出版会，1952 年）一书，从家族的角度利用《惯行调查》分析了农村社会。特别是关于同族的结合及同族规范，以分别包含寺北柴村和沙井村在内的栾城县和顺义县的资料为中心进行了分析。进而在关于"象征关键"的主妇地位的习惯法的研究中，也参考并汇总了安藤及杉之源的研究。另一方面，亲自调查了华中农村的福武直也将《惯行调查》作为资料使用，发表了关于华北农村研究的《中国农村社会的构造》（大雅堂，1946 年）一书。

战后开始利用《惯行调查》，是从 20 世纪 70 年代末、80 年代初开始的。石田浩的《旧中国农村的市场圈和通婚圈》（《史林》第 63 卷第 5 号，1980 年，后收录在石田的《中国农村社会经济构造的研究》一书中）一文，选取寺北柴村的事例进行研究，他主张的"生活共同体"的概念是真正的应该被提起的研究。石田还利用河北省邢台县的调查资料写了名为《关于解放前华北的水利共同体》⑩的文章。关于寺北柴村的通婚圈，我们在调查时的成员李恩民写了《华北

---

① 《同志社法学》第 17、18、19 号，1953。
② 《大阪经济大论集》第 6 号，1953。
③ 《大阪经济大论集》第 10 号，1954。
④ 《大阪经济大论集》五周年纪念论文集，1954。
⑤ 《加藤博士六十岁纪念东洋史集说》。
⑥ 《和田博士六十岁纪念东洋史论丛》，讲谈社，1951。
⑦ 《中国农村小作制度惯行调查》，近代文艺社，1990。
⑧ 《支那惯行调查汇报》，后被收入《大亚洲主义的历史基础》。
⑨ 原载前面提到的《现代亚洲的革命和法》。
⑩ 《亚洲经济》第 18 卷 21 号，1977，后收录在《中国农村社会经济构造的研究》一书中。

农村的近代化和通婚关系》① 一文，利用调查时的采访进行了探讨。他对寺北柴村的再调查的历史也进行了认真地汇总，探讨了婚姻关系中农村社会的传统和变革两个方面，在中国研究人员发表的成果中，这是值得注目的。

同样是作为再调查时成员的末次玲子的《探索〈中国农村惯行调查〉中的女性史》② 一文，除了沙井村和寺北柴村之外还加上了昌黎县侯家营和良乡县吴店村的事例，探讨了关于女性地位和作用的地区差别，进而以土地所有和分家为焦点，考察了清末以来的历史变化。末次的另一篇文章《民国初期的旗地政策和华北农村》③，提出了沙井村作为直隶省的旗地的实例，是提出问题的研究。

还是再调查时的成员中生胜美，在《中国农村的权力构造和社会变化》④ 一文中，以《惯行调查》中所记载的山东省历城县冷水沟庄的调查为基础，加上自己实施的现场调查的成果，探寻了农村社会基层部分的权力结构。中生还利用在寺北柴村和沙井村的再调查中所收集的资料，汇集整理成了《亲族称呼的扩张和地缘关系》⑤ 以及《村落共同体和世代拟制》⑥，称寺北柴村的"乡亲辈"、沙井村的"街坊之辈"为"家庭等级"，将地缘关系演变为拟制的血缘关系，和村落的统合性结合起来进行分析。

拙作《中国华北农村经济研究序说》（金泽大学经济学部，1990 年），继承了旗田的看青研究，从《惯行调查》记载的事例出发探讨了华北农村社会的"共同关系"的实态，并且利用了内山的再调查资料，通过处理新中国的"看青"及"打更"的资料，写作了《近代化和农村社会》（池田诚、上原一庆、安井三吉编《中国近代化的历史和展望》，法律文化社，1996 年），以及探讨"互助组"关系的《现代中国农业的集体化和"共同关系"》⑦，再次考察了"社会主义化"中的"集体化"的意义。

内山雅生

2. 欧美的研究

在满铁惯行调查资料的基础上的有关中国华北农村研究的英文书有三册，都是美国研究学者的作品。第一本书是经济学家马若孟（Ramon H. Myers）在 1970 年出版的《中国的农民经济：河北和山东的农业发展，1890～1949 年》⑧，在这本书中运用村庄的资料对华北农村经济做了广泛说明。马若孟叙述说，从《惯行调查》来看，华北农村经济是相当良好的，几乎预见不到生活水准长期低下的兆候。他认为只要有技术的进步的话，中国农业的主要问题就能得到解决。他看到在作为《惯行调查》对象的村落中，沙井村是最贫穷的，村里的土地所有非常不平等。尽管看到了村民的土地所有方面所发生的巨大变化，但在所有利润分配形式方面的变化他几乎都不认可。马若孟认为，生

---

① 《中国 21》第 2 号，1997。

② 《中国近代史研究会通信》第 15、16 合并号，1982。

③ 《日本大学经济学部经济科学研究所纪要》第 11 号，1985。

④ 亚洲政经学会，1990。

⑤ 《民族学研究》第 56 卷 3 号，1991。

⑥ 岩本田辉、大藤修编《家族和地域社会》，早稻田大学出版部，1996。

⑦ 《宇都宫大学国际学部研究论集》第 3 号，1997。

⑧ *The Chinese Peasant Economy：Agricultural Development in Hopei and Shantung，1890～1949*（Harvard University Press）.

活水准的提高得益于农业外所得和做短工的收入。

从他不认可华北农村生活水准变化的理论来看，寺北柴村可以说是一个很大的例外。在 20世纪的前 30 年中，村里的土地的 2/3 都在外乡地主的手里，村民们成为佃户。这个村在棉花栽培方面是很有名的，很多的研究者，包括很多外国学者、日本学者，都主张佃户的增加和农业商品化有密切的关系。马若孟不赞同这种看法。他认为佃农的增加是由于 20 年代和 30 年代农业歉收，结果农家不得不将土地抵押出去，歉收是由于抗旱用的水井不足和肥料不足造成的。如果技术问题解决了的话，棉花生产就应该能稳定下来。

第二本书是黄宗智（Philip Huang）的《华北的小农经济与社会变迁》[1]。他的研究强调华北农村经济和社会变化的关联。对这两个村他采取了和马若孟完全不同的写法。和马若孟相对照，他抓住了这两个村的生活水平长期低下这一点。华北农村很多都致力于解决无法增加的土地和不断增加的人口这一问题，由此产生了农地向少数农家集中和雇佣劳动的飞速发展，即黄宗智所说的走向无产化的过程。黄宗智主张经济的变化、农业的商品化与村庄的指导性有密切的关系。他还使用了《惯行调查》的对象村以外的由满铁调查部着手进行的其他村子的调查资料，将他所得到的 33 个事例分成了 7 种类型。通过这种分类，可以看到沙井村属于商品经济缓慢渗透的村子，寺北柴村已经进入了高度渗透的村子的行列。两个村都处在推进无产化的过程中，补充农业收入的雇佣劳动增加了，可是黄宗智指出寺北柴村方面表现得更为显著。寺北柴村无产化的重要因素就是作为商品作物的棉花栽培增加和由纳物契约（sharecropping rents）向固定种植契约（fixed rents in kind）的转化。马若孟看到固定种植契约在丰产的年头对生产农民是有利的。与此相反，黄宗智主张这种体系首先是要起到对土地所有者有利的作用，"像王赞周那样的仅仅在一代之内就获得了二、三倍的土地"。

第三本书是杜赞奇（Prasenjit Duara）的《文化、权力与国家——1900～1942》[2]。这本书虽然也触及了农村经济，但他分析的着眼点主要在于"权力的文化网络"，强调村落和国家的关系、人际关系的发展过程、基于血缘及宗教组织之上的村落的指导性、依赖人和被依赖人的关系网络。杜赞奇也给出了作为《惯行调查》对象的 6 个村的类型，按照是富有还是贫穷、接近还是远离城市中心、有没有血缘乃至宗教色彩的集团等特征进行了分类。按照这种分类方法，寺北柴村是比较贫穷的、远离城市中心的、血缘关系强的集团，沙井村是稍稍富裕的、接近城市的、宗教联系强的集团。杜赞奇分析认为沙井村是稍稍富裕的，这一点和马若孟、黄宗智以及很多日本学者的研究都不一致。可是他对这种分类没有附什么说明，关于 20 世纪初的沙井村，他的研究要侧重于社会生活的方面而不是经济生产。

他最关注的一点是村子的社会构成，他看到寺北柴村和沙井村在这方面有非常大的差异。前者的特征是血缘关系强。村子里有杜赞奇所谓的"宗族集住"，宗族很稳固地生活在一起。宗族定期举行的仪式，加强了同伴间的归属意识，起到了在种族等级中确认自己的位置的作用。与此相反，在沙井村血缘关系没有起到重要的作用，这个村是从和血缘毫无关系的村里香头会的会首中选出领导者。

[1] *The Peasant Economy and Social Change in North China* (Stanford University Press, 1983).
[2] *Culture, Power and the State: Rural North China, 1900～1942* (Stanford University Press, 1988).

将以上三者的主张，和以两个村过去 50 年为调查对象的本书资料相对照看的时候，就能够识别村子历史中的延续和断裂。延续性比较强的，恐怕是寺北柴村。三名研究者都指出了寺北柴村的指导力弱这一点。从本书的资料中也显示，这个村从 1949 年以后一直缺少强有力的领导层，后来很难出现能够集结成一个集团的具有权威的人物，"土地改革"和随之而来的经济发展使农村社会平均化了，黄宗智和杜赞奇都是这样认为的。"土地改革"以后，没有权威干部的村子是难以富裕起来的。在华北农村，新的领导者的选拔基准和战前有了很大不同。有的村子从以前开始就富有领导力，可是如果不是这样的村子，要选出主动致力于从事困难工作的有能力的人物是不容易的。寺北柴村就是这样的村子，管理的问题在建国后也一直是让人伤脑筋的。沙井村与此相反，不管经过了多少代，都有能推出村里会首的一个宗族存在，令人很感兴趣的是，现在的村长也出自这一宗族。

在我们调查的村子中，沙井村被公认为是在改革时期发生了最急剧的经济、社会变化的村子。可是 1980 年访问这个村的黄宗智，在知道了不少老人与外界很少接触这件事后非常吃惊。通过这样的体验，他指出了华北农村生活的"封闭性"。在他访问后的数年间，沙井村开始发生了变化。这个村接近首都北京，并且非常接近顺义县城，这极大地促进了其经济的发展。村子变成了"住宅区"。村里的青壮年几乎都到外面寻找工作，村里的很多家庭成为房主，向超过了200 人的外来人口出租房屋。就像黄宗智和杜赞奇指出的那样，战前要成为这个村的人在资格审查方面是很宽松的，所以现在也很容易接受新的村民吧。

现在这两个村，和 20 世纪 40 年代初期相比有了很大变化。沙井村大部分村民的几乎所有收入都来自于农业以外的工作。村里所属的农场和事业给村里的财政带来了资金，他们利用这些资金铺设了道路、安装了路灯并开始进行其他方面的集体投资。另一方面，虽然寺北柴村村民的收入也主要是从农业以外得来的，但每个家庭都在耕种分到的农田，农闲时的活动并不是用在农村工业上，而是有致力于小商品买卖的倾向。在生活水准方面两个村也好像没有很大差异，可是寺北柴村的集体投资非常少，村里的共同事业一个也没有，即使是个人兴办事业，也不愿意雇用村里的熟人。

现在的生活样式及选择的方式不同，当然是由于现在的行动和过去的经验结合起来产生的。在华北农村，小村落的社会构造及人际关系到底发生了什么样的变化呢？革命以及"土地改革"、集体化给新的社会形态到底产生了何种程度的影响呢？我想本书在解答这些疑问方面多少会起到一些作用。

顾琳执笔，笠原阳子译

二

调查活动说明

顾 琳

对寺北村和沙井村的调查采访经过如下：

动身前往中国以前，在日本国内研究会，调查计划参加者参照《中国农村惯行调查》就各自负责的部分分别设计问题，做成问题表。同时，还准备了题为《个人史（Life History）相关调查项目》的指导手册，时间跨度从 20 世纪 40 年代到 20 世纪 90 年代。

针对当地农村的调查采访，一次大体上进行 2 小时左右，只要没有特别障碍，一般都在被采访的村民家里举行。对某一村民进行初次采访时，根据上述指导手册，以该村民的个人史为中心听取调查。以同一村民为对象进行第二次及以后的采访时，调查组成员可以各自负责的调查项目为中心听取调查。但实际的调查采访受各种现实条件的制约，比如，被采访村民的意识和记忆状态、提问者关心的问题和汉语能力、现场的气氛和谈话的流畅程度、在场其他人的参与以及时间的限定等，因而不必严格按照指导手册的规定进行，应保留各自的特色。当日调查结束，晚饭后，调查组成员各自带来他们当日的采访纪要，用自备的复印机复印数份，召开总结会议，为第二天及以后的调查作参考。

1990 年 8 月对沙井村的调查，因调查组成员多半是初次参与此类调查（尽管在日本国内已经做了相应的准备工作，但仍要应付因不习惯而导致的各种不恰当行为或意外事件的发生），需要在实际调查过程中摸索更为有效的方法。再加上调查时间短，提问应答记录内容肯定不够充分。

所有的提问应答记录都是根据采访时的录音、南开大学相关人员根据录音整理的汉语草稿及提问者各自的笔记整理而成的。在整理过程中，将调查时应答者本人的年龄、简单的履历和家族关系首先记录下来，以方便读者理解接下来的正文部分的内容。之后，对于有关同一事实的相异回答、与提问旨趣相背离的回答以及无法获得一致回答的提问，以不对其内容进行删除或修改为原则；对于内容重复的部分，将其合并整理为一个部分。有关采访的顺序，请参照卷末的《采访一览表》。

采访记录除提问者本人整理、翻译之外，领导小组在翻译过程中还得到了中生胜美、饭岛典子、田原史起、陈颂豪、前田比吕子、山本真等人的帮助。

村民的回答尽可能地以原样收录为原则，度量衡也照原样表示。中国的度量衡各地方有偏差，要将其全部换算为日本使用的单位十分困难，所以大致参照以下标准：1 尺 =33.3 厘米、1 里（华里）=500 米；1 亩 =6.667 公亩、1 顷 =100 亩；1 斤 =0.5 千克、100 斤 =1 担 =50 千克；1 升 =1 公升、10 升 =1 斗 =10 公升。另外，中国的面积单位"亩"容易被混同为日本的面积单位"畝"，本书所使用的"畝"全部用"亩"表示。

　　提问应答记录中频繁出现的"老百姓"指的是不担任公职的庶民，"乡亲"是同村村民间的称呼。其他难懂的字词和语句，都在括号里添加了适当的说明。村民的名字用汉字书写的场合，因记录者或整理者不同而有所不同，用简化字表示的也很多（例如，張麟炳写成张林炳），这里统一作同一人物理解。

　　在对提问的问题和回答的内容进行翻译时，为了使文章简洁化，没有使用敬语。采访前的寒暄和采访结束后的谢词也一并省略。实际的采访大部分是在村民家中、在友好的氛围中进行的，不存在对被采访者进行追问或逼问的现象。

第一部

·寺北柴村编·

一

栾城县、孟董庄乡、寺北柴村、北五里铺村概况，栾城县集市贸易概况

（一）栾城县概况

（栾城县人民政府副县长陈建国 1995 年 2 月 18 日于县政府招待所会议室）

1. 主要情况简介

栾城县是石家庄市南郊的一个平原县，总面积 379 平方公里，耕地 47 万亩，人口 34 万人，下辖 3 镇、13 乡、193 个行政村。

解放前，栾城县工业条件差，基本上没有什么工业，农业又十分落后，人民生活贫困。

新中国成立后，栾城和全国各地一样，发生了翻天覆地的变化，特别是十一届三中全会以来，我县经济建设和各项事业取得了巨大成就。

2. 县经济发展

1994 年，全县完成国民生产总值 10.9 亿元，完成工农业总产值 20.82 亿元，分别比改革开放前后 1978 年增长 6 倍和 13 倍。完成工业产值 20 亿元，农业产值 6.2 亿元，分别增长 4.2 倍和 3 倍。完成财政收入 4612 万元，比 1978 年翻了 3 番。说明农业比较发达。栾城县以粮食稳产、高产闻名全国，盛产小麦、玉米。解放前，由于工业基础比较薄弱，粮食亩产不足 200 斤。解放后，粮食产量逐年提高，1992 年全县平均亩产过吨。全县农业基础条件较好，主要生产过程全部实现了机械化。畜牧业发展较快，产值已占到农业总产值的 40% 以上。1993 年间，肉、蛋、菜、乳制品产量分别达到了 27053 吨、3.5 万吨、17 万吨和 1.2 万吨。随着市场经济的不断发展，农业内部结构调整步伐加快，全县农业正向优质高效和生态农业的方向发展。

工业发展迅速。全县共有县办工业企业 38 家，初步形成了以医药、纺织、化工、机械、电子、建材、食品等 7 个行业为主的工业生产体系，产品近 200 种，其中 30 种产品获部优、省优称号。县制酒厂生产的羊羔美酒、冀峰酒分别获国际金奖。洁霉素、酪酐等 50 多种产品出口日、德、美等国家。以华北制药厂栾城分厂为龙头的医药生产基地初具规模，总投入已达 8.5 亿元，占地 106.72 万平方米，职工总人数达 5000 余人，共建有 10 个企业。这些项目全部投产后，医药基地的年产值可达 10 亿元，利税可以突破 1.5 亿元。现已基本形成抗生素、维生素、合成剂和添加剂四大医药系列。1994 年县办工业完成产值 4.3 亿元，实现利税 3640 万元。

再介绍乡镇企业情况。1994 年底全县乡镇企业已发展到 7000 多家，其中个体占 5910 家，

从业人数达 7 万余人。全县超过亿元的乡镇企业 9 个，其中达到 5 亿元乡镇企业 1 个，3 亿元乡镇企业 1 个。超过 5000 万元的有 5 个村，超过 4 万元的企业 7 个。全年完成总产值 23.71 亿元，实现利润 2.2 亿元，上缴税金 1449 万元，总产值比 1978 年增长 20 倍。到目前，全县乡镇企业已形成以纺织、化工、食品、铸造、造纸、机械六大行业为主体的生产格局。

3. 社会发展

我县近几年共投入近亿元，集中力量进行了旧城改造和新城区的开发。原来县城规模小，各项条件较差，现在新城区新建两条大街，在西南部建立医药基地，并完成了治理旧护城河、建县医院门诊大楼、城区交通网络改建等工程，大型水厂、购物中心、医药大厦、广播电视大楼等十大市政建设工程正在谋划并准备实施。教育事业发展很快，全县有各类学校 201 所，其中中学 29 所，小学 172 所，在校学生总数达到 81726 人，已经普及九年制义务教育。全县有 80% 的乡村建起了标准比较高、设施比较齐全的教学楼。全县科技网络健全，拥有中高级科技人员 1300 多名，民办科研机构发展到 64 家。全县拥有县办医院 12 所，乡镇办卫生院 16 所，农村卫生室 345 个。每个乡镇都建有较高标准的敬老院，全县五保户供养率达到 100%。全县社会治安秩序比较稳定，重大刑事案件发案率连续五年控制在 3 件/万人以内。交通、通讯电力等基础设施建设有了较快发展。全县已实现了乡乡通柏油路，村村通公路，80% 的村通柏油路。还投资 300 多万元，新上了 8500 门程控电话和无线寻呼系统，家庭电话发展到 1600 多部。全县有 3.5 万~11 万伏变电站 11 座，县办热电厂 1 座，县城居民已基本实现集中供热供气（沼气）。1994 年成为全省首家农村电气化达标县。供电、用电达到国家要求标准。县建有广播电台、电视台和有线电视台，建有标准较高、设施齐全的剧场、影院、舞厅、文化馆、图书馆、体育馆，乡乡建有文化站，部分村有综合性文体活动场所，人民群众的文化生活日益丰富。

4. 人民生活

1994 年全县人均占有粮食 880 公斤，农民人均纯收入达到 1381 元。1994 年全县个人存款余额达到 8.1 亿元，人均存款 2400 元，户均存款 9500 多元。全县有 90% 以上的农户普遍建起了较高标准的新房，其中农民有楼房 2.1 万多座，占全县农户的 27%，农村人均居住面积达到了 33 平方米，城镇居住面积人均达到 21 平方米。全县 193 个村全部用上了自来水，并有 1/4 的农户用上了液化气、沼气、太阳能，有 1.1 万多农户购买了拖拉机和汽车，电视机、收录机、洗衣机等家用电器在全县农村已经普及，电冰箱、空调等高档设施开始进入农民家庭。全县人均寿命达到了 71.3 岁。

总的看来，在国家改革开放大政方针指导下，经过全县人民的努力，栾城面貌日新月异，发生了很大变化，经济形势一年比一年好，各方面发展比较快。但同发达地区比，我县的差距还不小。为了进一步扩大开放，加快发展，县委县政府提出了以小康建设、建立小康县为目标总揽工作全局，以富县、富乡、富村、富民工作为重点，争取到 1996 年全县建成小康县，到 2000 年全县人均国民生产总值超过 1 万元，经过几年的努力，把我县建成经济繁荣、社会进步、人民生活富足的经济强县。

（二）栾城县概况二

（栾城县县志办公室主任杨梅山 1995 年 9 月 7 日上午于县招待所）

这次座谈，请大家提一提，在一起商榷商榷。

第一，30、40 年代农村民风民俗，红枪会、大刀会的情况。

这次重点，我想把大刀会和红枪会的情况谈一谈。上次谈得比较粗，上次只讲佛教会的情况，这次将有关大刀会、红枪会、佛教会三个组织的情况，以及在栾城的活动情况作一介绍。

栾城是一个道会门比较兴盛的地方。从历史上讲曾经出现过白莲教、义和团起义。我们的学术比较浅，从简单的研究看，它可能属于信奉佛教的民间团体。在元朝末年，白莲教曾经组织过红巾起义。八国联军战争时，这里的义和团有过活动，但不太严重。19 世纪 20 年代，1917 年曾经出现过大刀会劫狱事件。

大刀会主要是藁城县人，本县有没有不清楚。

红枪会，是民间自发的群众团体组织，它以练武术为组织形式，平时在地方上起自卫的作用，是松散性的群众组织。

日本侵华以后，为了巩固日本在地方上的治安，组织了佛教会，佛教会维持地方治安。将红枪会众和一般群众组织起来，形成了佛教会。

佛教会又叫冀南佛教会，又名先天道会，成立于民国 28 年，是日军在冀南一手操纵成立的反动组织之一。会址设在原获鹿县的镇头，即石家庄市的镇头村。总会会长叫谷钧。总会设会长、副会长、文书、书记、情报员、披发师、顾问。顾问由石门日军宪兵队队长兼任。以上人员各一名，还有卫士、画符员各 4 名（卫士，在录音上又有人讲是卫生员——整理者注）。下设 16 个分会，分会下设村分会，每个村分会包括 7、8 个村庄。

当时栾城是第八和第九分会，第八分会设在东营村，第九分会在汪家庄，后第九分会迁到栾城县县城活动。栾城县的佛教会从石门宪兵队领枪 107 支。除此以外，各分会还有大刀、长矛等武器。分会的活动经费由各区各村分担。

佛教会通常有钟声、锣鼓声和礼炮声作为联络信号。佛教会的主要任务是执行防共和"剿共"。

1943 年底这个组织已名存实亡。1950 年 2 月，被县人民政府下令取缔。

关于三四十年代的民风民俗，这个问题上次简单介绍了一些，因为这个问题比较大，它包括衣、食、住、行各个方面。

（三谷孝：现在问可以吗？答：可以）

我掌握的资料有限，也不系统，而它是一门民族学，我们对档案资料尚未进行认真整理，在编辑过程中也知道一些东西，可能有些东西不知道，所以希望进行探讨，希望你们指教指教。

三谷孝：红枪会一般是成年男子参加的，佛教会是不是和红枪会一样？

杨梅山：一样，都是 16 岁以上参加。

三谷孝：在佛教会中干部和一般会员有什么区别？

杨梅山：区别在于佛教会的主要骨干，好像祭师一样。他是专门装神弄鬼的。一般的会员就是作战。他能上天致意，而且他能画符，据说画符以后烧了以后能刀枪不入，而且要举行一个仪式，在行动以前，像天地祭祀鬼神一样，这就是骨干的人员。

顾琳：他们的刀枪不入是不是和义和团差不多一样吗？

杨梅山：和义和团的性质不一样，义和团的口号是"扶清灭洋"，但在仪式上有很多相同的地方，他们都是以封建迷信做基础的。

末次玲子：佛教会里也有女的吗？

杨梅山：佛教会里没有女的。

末次玲子：巫师呢？

杨梅山：巫师是男的，也不是女的。

三谷孝：搞仪式的人和教武术的人一样的人吗？

杨梅山：不一样。一开头组织形式以武术组织形式起来的，但是成为政治组织形式武术在里面基本上不起作用。

三谷孝：巫师是不是从来不做农业活动？

杨梅山：也不一样，组织起来以后，在一个很短的时间内，他是一个脱产人员，但是经常失败以后，该回家也回家，从事农业。

三谷孝：他们的生活是依靠宗教活动来维持吗？

杨梅山：不，他们有一部分会费，不过他们的主要生活来源在家里参加生产劳动。

顾琳：它是日本军进来以后组织，还是先自发的然后才……

杨梅山：原来是自发的，后来是日本人组织的。

顾琳：不一定一开始就是侵略者搞的吧？

杨梅山：当时政治目的很不明确。

三谷孝：日本的顾问的名字有吗？

杨梅山：日本宪兵队队长兼任。总顾问不知道，查资料没有查到。

中生胜美：会员还活着？

杨梅山：活着还多呢。

中生胜美：他们不知道日本人的名字呀？

杨梅山：他们不知。

顾琳：他们是不是参加新民会？

杨梅山：佛教会和新民会不是一回事，有的可能参加，有的可能不参加。

中生胜美：巫师做仪式和庙会或起义有没有关系？

杨梅山：和那没有什么关系。它本身仪式如披发下神，会员有留长头发的，它的巫师披发以后，神降下来跑到每个人身上，然后作战就可刀枪不入。另外画符，将符烧成灰，然后放到水里喝下去，也可刀枪不入，实际上经过作战死伤不少。都是骗人的。

中生胜美：东岳庙和佛教会有没有关系？

杨梅山：没有关系。从宗教上讲它是道家的一个系统。

三谷孝：刚才你说谷钧，他是地主吗？

杨梅山：详细情况不知道，解放后他被镇压了。是反动会道门头头，地方恶霸。

顾琳：解放战争时还有吗？

杨梅山：没有了。当时这个组织已全部不存在了，1943年，开始时佛教会权力很大，自己可以执行杀人，地方有人揭发某某不规，佛教会就可组织一部分人，晚上将其抓起来，当场就处决了。所以，老百姓比较害怕。

中生胜美：栾城县的两个分会的建筑物还在吗？

杨梅山：没有，位置我们还没有调查清楚。

顾琳：是伪军上面的一个组织吗？

杨梅山：它和伪军不是一回事，它是不穿军装的民众组织，相当于现在的民兵。伪军是警备队，是正规部队。

三谷孝：佛教会在栾城县外，在别的地方还有分会吗？

杨梅山：在获鹿县、元氏县，主要是这几个县。

顾琳：藁城有吗？

杨梅山：没有。

顾琳：参加这个组织的人是不是比较穷的？

杨梅山：这个不好说，参加的比较富的人，一般都是骨干，穷的一般都是会员。

末次玲子：佛教会解散了，红枪会还有吗？

杨梅山：没有了。

三谷孝：共产党对会道门在抗日战争时有没有什么政策？

杨梅山：当时，对有组织的武装会道门采取不同意他们成立的态度。因为当时是民族战争，能团结的团结，对极少数的反动组织和分子都采取了武装镇压的措施。

中生胜美：最后的会员一共有多少人？

杨梅山：这个没有统计数字。

中生胜美：巫师有多少人？

杨梅山：也没有统计数字。

中生胜美：规模呢？

杨梅山：规模是相当不小的。洽接到的村庄，16岁以上的男的基本上都参加了，除了有的参加了八路军和国民党游击队的以外。真正有武装的不大，主要是以大刀、长矛、棍棒作为武器。

三谷孝：他们所信奉的是什么神？

杨梅山：他们崇拜的神，实际上就是民间的……我们的研究尚未得到专家们的认可，我们认为是多神教。

顾琳：在抗日战争时，有的村庄也有地下党呀？

杨梅山：有。

顾琳：普通的佛教会要是在一个村势力比较强，共产党能不能进去？

杨梅山：这个地下党也可进去，佛教会的组织是迷信的反动组织，它终究不得人心的。地下党的活动隐蔽，但深得民心，所以它能无孔不入。他们对地下党也是采取镇压的态度。

内山：有例子吗？

杨梅山：有一个村叫石板桥徐家营，有强大的佛教会组织。地下党先向他们做争取工作，但他们顽固，后来抗日游击队将他们缴械了，对他们的头头和会员均采取团结的政策，经过教育都释放了，转向抗日。

中生胜美：孟董乡有佛教会的材料吗？

杨梅山：他们没有。

中生胜美：他们那里也有佛教会吧？

杨梅山：他们那里波及的比较小，有少量的村进行活动。

中生胜美：他们主要活动在县城？

杨梅山：县城是分会会场。

中生胜美：在农村？

杨梅山：据说也是集中吃住，集中训练，集中进行宗教仪式，然后再集中出动，对八路军和国民党游击队，发现后以放炮为信号。

张利民：县志里写了这一些吗？

扬梅山：写了这一段。

三谷孝：（磁带由 A 面换 B 面，没有录下，似乎问的是作者的文章）

左志远：栾城县 1990 年《文史资料》第一辑，作者人很多，说明是一本书。

顾琳：他们还在搞吗？

杨梅山：还在搞。

顾琳：他们已经出版了多少？

杨梅山：出版了第三期。不过，搞的这个人，由于他的角度和调查的资料很不全面，可信性很差，有许多是不准确的。将来栾城的资料要以县志为准。

张利民：佛教会和八路军交锋过吗？

杨梅山：没有正面交锋过，就是施家营和寺北桥（音）这一次。和国民党游击队正面交锋过。

末次玲子：1928 年解除缠足，后来战争又有解放缠足运动，栾城县从什么时候开始解放缠足的？

杨梅山：栾城正式解除缠足是 1928 年。

末次玲子：是县城，还是人们自发的起来？

杨梅山：县城。当时这里不同南方。在辛亥革命以后，孙中山提倡放足，男剪发辫，而当时北方属北洋军阀统治。1928 年蒋介石北伐成功以后，这个地方才由国民党统治起来。这以后放足运动才搞得比较彻底，当时成立天足会，人应有天然的脚。

（三谷孝、琳达交换意见）

——现在请你接着讲下去——

杨梅山：第二个问题，解放前后农村教育问题。（没有讲）

第三个问题，日本帝国主义侵华问题，新县志有"日本侵华罪行录"。我讲几个突出的例子。

日军是 1937 年（民国 26 年）10 月 13 日侵入栾城的，八年当中初步统计，日军杀死无辜的平民 380 多人，这是不完全统计，好多没有姓名，烧房几千间，奸污妇女无数，有些村不愿意统计；抓走苦工（劳工）到日本去的近200人，现在活着的劳工可能还有10多人。

全县16个乡镇，几乎每个乡镇、村庄都有被杀死的人和抢去的东西。我们通过到现场调查整理"侵栾日军罪行录"，初步统计了日本的暴行。根据资料看，杀人最多的是在入侵栾城的头几天，即1937年10月11日、11日、12日这三天杀人最多。可以举几个例子。

1937年10月11日这一天，日军入侵栾城，在东关开利兴号杂货铺的聂家庄人叫聂成德（音），在东大桥南开河烙馆的聂家庄人叫何心（音），日军碰上，当场用刺刀将其捅死了；

还有，东关有个何德玉（音），他开个肉铺，在墙上贴有炮打日本的图画，日军发现后立即将其伙计刘二小（音）、冯小章（音）和何德玉的岳母抓到肉铺后面，用东洋刀将两个伙计刺死，老人吓成终身瘫痪。

在西关杀死了几个人。日军来时，老百姓没有见过，一见之后就四处奔逃，而日军见人就杀。当时，开枪打死的有邓士六（音）、田玉保（音）、邓小卫（音）、邓沙成（音）、聂风格（音）、郭祥（音）等。

11日这一天，在乏马村捉住好几个老百姓当民工。有一个人在栾城给日军杀猪，杀死以后煮好肉回家，回家由于身上有血，认为不是好人，当场抓住放到火里烧死了。

1939年日军翻译强占一个女教师叫于文（音），女教师不从，日军将其弄到医院解剖，一块一块地搞死了，同时还解剖了一个八路军，才19岁。解剖八路军时，照相馆人被叫去照相，八路军进去是一个很壮的小伙子，然后打一针就躺在那里了，马上解剖，将肠子拿出来，照个相，心脏拿出来照个相，这个老头吓坏了，到现在还在，今年76岁，他叫张宝英（音）。他听说写县志，找我们去了。

在栾城死人比较多的，有几个惨案。

南高惨案：当时有一个自发的抗日武装，叫抗日义勇军第五路军，在南高与日军进行了一次遭遇战。日军伤亡很惨重，部队打完撤走了。第二天日军进入南高村，杀死南高村30多人，烧毁480多间房子。

方寸乡的胶城惨案：日军去吃西瓜，不给钱，还打了西瓜园的主人。此时去了几个伪军看不惯，当场杀死一个日军，跑走一个。日军找不到人了，到周围村找，找到南胶村，杀死30多人。现在这个村建立了一个纪念碑。

方寸乡南李村，有日军一个弹药库，后勤仓库，是在地下，四周有铁丝网，叫中国人到里面当劳力（苦力），每天在里面打死人，埋在公路边，埋到南李村，这个坑至少埋有几百人。当时狗扒人吃，吃死人吃红了眼，见活人也咬。当时电网电死好多人。这些死的人是战俘还是劳工弄不清，因他们封锁特别严。1945年，美国飞机将仓库炸了。死人情况难以统计。是一个相当大的仓库，每次轰炸都要炸它。

左志远：请你谈第五个和第六个问题。

杨梅山：第五个问题是改革开放后的农村。

从人均收入上看，1956年全县人均收入只有48元（一年），1980年人均收入180元，1983年人均421元，1993年猛增到950元（按1993年的可比价）。

从平均粮食占有看，1953年全县人均占有粮食241公斤，1954年～1957年，人均占有207公斤。1954、1956年栾城遭受两次水灾。1962年人均占有粮食182.5公斤，因为三年自然灾害，困难时期。1970 年情况开始好转，1972 年人均占有粮食 246.5 公斤，改革开放后 1983 年人均占有 460.5 公斤，1990 年猛增到 730 公斤，1993 年人均占有 713.31 公斤。

顾琳： 县志里都有数字？

杨梅山： 每年数字都有，粮食亩产、粮食总产都有，棉花、油料都有。

从储蓄看人民生活变化，1953 年全县农村储蓄款为 2 万元，1957 年达到 158 万元，1962 年 439 万元，1973 年达到 577 万元，1980 年达到 1423 万元，1993 年达到 3 亿 2157 万元。比 1980 年增加了 21.52 倍（1993 年可比价格）。

从生活用品上看，普遍从衣、食、住、行、吃水、照明、烧饭取暖等方面都有了大的提高。

解放初到 20 世纪 70 年代初，人们还穿土布衣，以后人工机织布占大的比重，到改革开放后衣着普遍更新。过去人们穿布底鞋，现在是皮、胶鞋，普遍穿皮衣和化纤衣服。到 60 年代夏天，老百姓穿不上单衣，还是用一块布披在身上，现在是背心、外衣，应有尽有。人们现在开始讲究，过去对门衣和圪塔头，现在青年小伙计普遍有了西服，妇女们有了旗袍、长裙、短裙、连衣裙，花样繁多。

计时也发生变化，解放初期看太阳，区分早、中、晚，早上听鸡叫，现在普遍有手表，手表的销售，50 年代卖马蹄钟，70 年代农村部分人戴手表。1972 年全县销售 184 块表，80 年代普及手表。1982 年每 100 户有手表 82 块，1993 年每 100 户 214 块。

吃水，栾城县吃的是打井水。70 年代开始打水压机，80 年代绝大部分农村建起了水塔。

从娱乐上讲，解放前栾城是到庙会上听听小戏，解放后 1950 年还比较落后，开始建立俱乐部，70 年代收音机普及，80 年代普及电视，90 年代收录机、彩电相继进入农家。1993 年底统计，农村每 100 户拥有电视机 117 台，彩电现在占 60% 多，黑白不足 40%，与国外比，我们还相当落后；1993 年底，全县 1200 户看上有线电视。

照明上，20 世纪 50 年代用棉、煤油灯，60 年代开始用电灯，70 年代普及电灯，改革开放后兼有美化室内的灯具。

取暖烧饭上看，50 年代，农村普遍烧柴火（高粱、玉米、豆秆一类）。既烧饭也取暖（冬天）；60 年代以煤为主，市场销售，按户供应；80 年代煤炭放开供应，普遍烧上了蜂窝煤；90 年代液化石油罐进入农家，但初以烧煤为主，少量还有烧柴火的。

交通搬运上看，有摩托车、农用机车进入农家，还有自行车。1993 年底平均每百户有自行车 220 辆，1992 年抽样调查，每百户有摩托车 7 辆。

住房变化，1950 年普遍是土坯房，毛草顶，一到下雨就漏水，60 年代有了砖房，旧式建筑，70 年，砖房开始更新，80 年代以后向楼房发展，主要是二层、三层的。1993 年统计，新房的楼与平房比为 1.1:1.3（不包括县城的房子）。

第六个问题，农村互助合作运动。

它的特点是参加互助组的固定，长年在一起劳动，有简单的制度、有少量的共同财产、有大的农具和牲口等。不同（等）的投工不齐，以工值补齐，土地收入仍归各户所有，打破了几千年土地个体经营的束缚，走上集体经营道路。1948 ~ 1952 年，是栾城互助组发展阶段，1952 年全县共成立 3801 个互助组，其中长年的 2814，临时 987 个，另外还有托儿互助组 44 个。

互助合作运动第二阶段——农业生产合作社，分初级社和高级社 2 个阶段。1952 年春栾城前庄村首先办了农业生产合作社，入社农民 8 户，其中贫农 6 户，中农 2 户，共 42 人。入社耕地 137.5 亩，合作形式，土地按前三年平均产量入股，按 5 劳 5 分红，各占一半。牲口、农具、肥料、种子折价入社，收益后还本，另在总收益中提取 3% 的公积金，2% 的公益金，作为公共积累，农业税由各户分担。由于自愿自由集合，土地发挥了效益，增加了产量。

同时，还有 7 户农民带头办起农业社，统称"八户"，都是自发，但政府加以指导，加以推广。八户共入社 107 户，576 人，劳动力 148 个，耕地 3646.4 亩。八个农业社开辟典型以后，县委县政府根据中共中央关于发展农业生产合作社的决议，发放农业贷款 36 万 5 千元（旧币），以农药、肥料、农具、种子奖励农业生产合作社，互助合作运动出现高潮。1954 年底全县初级社达 631 个，入社农户 13098 户，占农户的 36.69%；1955 年 1 月全县农业生产合作社达 659 个。由于当时不适当强调速度，要求过高过快，加上有些入户不是自愿和缺乏管理经验，有一部分经营不善，效益不好。县委县政府进行了统一整顿，保留 568 个，以后又改组为 475 个，入户数 15392，占总农户 42.02%。通过互助合作运动，比单干户的产量都比较高（有表）。

左志远：由于时间的关系，以上讲的内容县志里都有，9 月底可出版，所以不再讲了。下面由三谷教授讲一讲。

三谷孝：今天得到杨主任的好多介绍，为我们调查的参考。去年也得到您的很多关照，今年又是介绍这么多详细的资料，对我们帮助很大。日本也有一些关于栾城县的资料，对照日本的资料和中国研究的成果再进行研究，我们从心内期待着你们栾城县的县志出版。刚才听到您的介绍，感觉到你们这本县志是一本内容非常充实的县志。非常感谢！

（以下为座谈会问答记录）

问：本县、乡什么时候开始分土地、搞农业责任制的？

答：我们县现在搞的不是分土地，而是农业责任制，土地所有权还是国家和集体的，同分田地不是一回事。搞农业责任田是 1981 年。

问：在这以前，农村亩产有多少？

答：小麦可以达到 700 余斤，玉米达到 800 余斤，这是 1982 年左右的情况，是粮食高产县。解放初期小麦亩产只有 200 多斤，后来发展到 300～400 多斤，1975 年以后就达到 700 来斤。700 斤以后再往上增产，困难就多了，不容易了。

问：生产变化主要原因是什么？

答：一是肥料足，二是种子好，另外本县水利条件好。

问：20 世纪 70 年代产量同解放前比较，怎样？

答：提高多了。解放前产量听老人说，一亩地麦子收"一布袋"，也就是 100 来斤。另外过去杂粮多，主要为小米、豆类等。那时，没有化肥，不懂得科学种田、科学管理，灌溉设施也差。在水利方面，解放前打井用辘轳浇水；解放初期有了洋水车（用胶皮水管抽水浇地）；1958 年开始用柴油机抽水；1960 年用电动机抽水，后来就普遍了。

问：现在小麦单产情况怎样？

答：亩产可达 800 多斤，加上玉米，一年粮食可达 2000 斤，这就是吨产田。栾城土质是黑夹土，适合于种小麦、玉米、花生，地瓜也可以。

问：种棉花行不行？

答：按土质说，不适合种棉花。解放前有种的，产量低，有些户种一些紫棉，棉桃小，收获后，自己弹，自己纺，自己织成土布，为自家使用。解放后，50年代号召过种棉花，皮棉也只有80～100斤左右。后来由于土质变化，越来越不适合种棉花，加上病虫害多，效益不好，所以种棉花的越来越少。现在都讲究市场经济，种棉花就不如种粮食了。

问：本县种菜的多吗？

答：不少。种大白菜和大棚细菜（如黄瓜、柿子等）的很多，收益也比较可观。政府号召支持农村搞多种经营。但比较起来，农民种小麦、玉米的多。尤其玉米在我县用途很广，需要量很大。譬如药用工业的主要原料是玉米（制造抗菌素），酒精原料也是玉米，市场销量好，所以农民种粮食的多。我县办医药工业基地，主要是为了消化粮食。

问：本县粮食价格怎样？

答：最近粮价上涨了，农民很高兴，1斤玉米已卖到0.7元多，创历史最高价了。玉米秸可以用来加工农家肥，有一部分加工饲料，喂牲口。

问：农村结婚盖房，一间新房需要多少钱？

答：标准不一样，一般说一平方米带装修需要200～300元，1家住房面积是13×8米，也就是104平方米，总花费在2万～3万之间。

问：盖房需要花费这么多钱，年轻人负担得起吗？

答：中国农村老习惯，未结婚的青年同父母住在一起，收入全家也集中在一起。等年轻人结婚需要盖房时，是全家人拿钱盖，不是年轻人个人负担。

问：本县农民有到外地打工的吗？

答：有，主要到县城、石家庄和周围地方打工的，到远处的很少，个别的。

问：有没有外地到本县打工的？

答：有，还不少呢，主要在乡镇企业中干活。具体有多少，管第三企业的人知道，查一下告诉你们。很多打工的是从四川、安徽来的，在城北很多个体企业雇外地打工的。

问：为什么要雇外地人打工？

答：主要是本地劳动力不够。如翻砂厂、织布厂、建筑队等单位需要量大。

问：打工者的年龄情况怎样？

答：大部分是年轻人，有少部分有技术的，年岁大些。

问：这些外地工人怎么招进来的？

答：两个渠道，一是派人去外地直接到农村去招人，二是到石家庄劳务市场去招工，也有少数自己跑到县内各企业来找工作的。

问：我想了解一下从合作化、人民公社到现在农村行政机构是怎样变化的？

答：变化很大，也很复杂，会上说不清，会后请乡长给你们写个文字的东西，也可以去访问过去的乡干部。

问：全县小学升初中，初中升高中的比率占多少？

答：现在我县初中是普及的，应该说全部即百分之百升初中；初中升高中的，约占30%～40%，如果把职业中学算上达到40%。高中升大学的，包括大专、中专的也有40%左右。

问：升学率中女的多还是男的多？

答：升初中是一半一半，有时女的多于男生；升高中，女的占 25% ~ 30%，男的比率要高些。

问：我看旧县城地图，全县范围没有现在大，从什么地方扩大来的？

答：解放前，面积比较小，是解放后扩大的，主要从获鹿县划来一些村庄。（指地图）东部出现了一个新建村，是修岗南北水库从平山县迁移来的库区农民。

问：县内妇女工作是怎样开展的？

答：（县妇联主任回答）县内有妇女联合会组织，设有妇联主任、副主任和几名干事，共 7 人，专门负责全县妇女儿童工作。各乡有脱产的妇女主任 1 名，以上是由全县妇女代表大会选举产生的，也是国家干部的编制，是属于群众团体。妇联的主要任务，根据县委、县政府对全局的安排，动员全县妇女积极参加社会主义建设和各项工作。做好妇女工作，是妇女本身的任务。它的奋斗目标，在农村要做好"双学"、"双比"工作，也就是号召妇女学文化、学技术，比成绩、比贡献。

问：计划生育工作由妇联管理吗？

答：计划生育工作由县政府计划生育办公室负责，妇联是协助搞好此项工作，动员妇女搞好计划生育的宣传、教育和落实政策的工作。妇联主要是组织、宣传、发动工作，落实计划生育的措施。

问：妇女工作最难办的事是什么？

答：我县妇女工作做得比较好，是全省妇女工作的先进县，有女县长、女乡长，各级机构中都有妇女干部，歧视妇女的现象很少，妇女地位有明显提高。比较难办的事是，现在妇女有了文盲现象，所以现在在全县范围内对 16 ~ 45 岁之间的妇女开展扫盲活动。过去栾城县文化教育比较发达，45 岁以上的妇女文盲的很少。

问：农村中现在青年婚姻自主吗？

答：是这样的，提倡婚姻自主，反对包办婚姻，保护妇女合法权益。在本县很少发生包办、买卖婚姻的现象，现在都是自由恋爱，婚姻自主。

问：本村人可以结婚吗？

答：可以，但本族之间不行，如发现血缘近的，立即做好思想动员工作。

问：在结婚年龄上还有什么规定？

答：女方要求 20 周岁，男方要求 22 周岁，才能结婚，提倡晚婚，反对早婚。

问：过去旧社会结婚，男方年龄大，还是女方年龄大？

答：旧社会栾城县农村比较穷，贫困农民结婚比较晚，男方年龄大的占多数，也有女方年龄大的，但总的来说是男方年龄大。

问：现在农村结婚需要花多少钱？是否还需要给女方钱财？

答：花钱多少，各家不一样，由家庭经济条件决定。是否给女方一些钱？一般不允许女方要彩礼，但是男方经济条件好，给女方买点衣服等东西，也是常有的事，这些都是由男女双方协商解决的。一般说男方花钱要多些，要盖房，要买家具，要请客吃饭等，这些都由男方准备。现在有些女方经济条件好的，陪嫁的东西多，花钱也不少。

问：对老年人生活有什么样的安排和照顾？

答：为了安置好老人生活，县内和乡内都设有敬老院。县敬老院，是一些过去的老干部、老退伍军人，没有亲戚的住进去，由国家负责照顾他们晚年生活；乡敬老院，也叫福利院，是安排本乡孤寡老人；一般有子女的老人，都在自家生活，由子女赡养。中国有这样的传统美德，子女赡养老人，如果不管，视为"不孝"，是"天理难容"的，会受到社会各界谴责。"五保户"，除乡内给粮食外，每季度每人发 100 元左右，作为医疗费、生活费和烤火费。

问：孟董庄原来就是乡政府所在地吗？

答：原来是两个村，孟李庄和董庄，1958 年"大跃进"时合并为一个村，叫孟董庄，是公社所在地，公社撤销后，成为乡政府所在地。

问：过去孟董庄有教堂吗？

答：有，很小，是天主教堂，解放后没有了。这一带大的教堂是藁城天主教堂。

问：保护儿童权益有什么规定吗？

答：儿童保健是大事，县内由儿童保健所负责，各乡也设有儿童保健机构。全县规定儿童免疫保险到 7 岁，每个儿童家长交 20 元钱，7 岁之内儿童防疫工作，由县、乡包下来。（是自愿保险吗？）是自愿的，但儿童家长都积极拥护。

问：县内集市贸易情况怎样？

答：县内是大集市，各乡也都有小集市，集市贸易比较活跃，群众很方便。县内集市，每逢阴历初一、初六、十一、十六、二十一、二十六，是大集；逢二、八是小集；其他乡内的集市也有一、六的，二、八的，三、七的，等等，所以从全县来看，天天有集。过去我县只有城关、南高、西营，方村、冶河、七羊 6 个集市，这是 1975 年以前的事，都是一、六的集，统一时间。

问：全县有名的集市是哪些？

答：全县最大的集市还是城关，其他都是小集市，著名的集市有 8~9 个，比较活跃的还是原来的 6 个集市。

问：城关大集市有多少人赶集？

答：一般是 1 万~2 万人左右，赶上春节和其他节日的大集，赶集人数达 10 万人上下。

问：集市中有几大行业？

答：主要有粮食市、服装百货市、牲口市、农具市、肉类市、蔬菜市、蛋禽市等。赶集的以本县人为多，另外其他如赵县、藁城等外县人来赶集的也不少。

问：本县有什么庙会？

答：按传统习惯，每年一次庙会，时间是阴历十月初一，本县庙会，即物资交流大会。

问："文化大革命"期间集市贸易停止了吗？

答：没有，集市贸易还照常进行，但规模很小，商品交流不多。

问：庙会有文化活动的内容吗？

答：有，有演戏、电影、杂技等，一共 6 天时间，每天达 5 万~6 万人之多。从集市来看，腊月二十六日是全年最大的集市，人数多达 10 万人以上。

问：外县人来赶集能占到一半人吗？

答：没有，占的比率很小，主要是做买卖的。本县农具市场规模也较大，外县人来交易的不少，主要是旧拖拉机交易。

问：解放前妇女赶集吗？

答：解放前妇女就赶集，连老年妇女都赶集，除出卖一些土产品外，还有专门来看热闹的。有些老人，指男的，每逢集都来，也不买东西，专门来逛逛，吃点东西就回去，了解一些信息。

问：现在集上有茶馆吗？

答：过去有，50 年代还有，现在没有了，被饭馆代替了。

问：本县什么时候人们还穿土布衣服？

答：1970 年以前，还有穿土布的，都是农村妇女们自己纺线自己织的布。后来布票取消了，布随便买，就看不到穿土布的了。

问：现在农村农民还穿自己做的鞋吗？

答：过去很普遍，现在都是买鞋穿，没有自己做鞋穿的。也有，就是给老人或小孩做些鞋，但也很少了。1978 年以后基本上是买鞋穿。做的鞋，样子不好看，但穿着舒服，不得脚气病。

问：土布颜色都是一样吗？

答：不一样，有各种颜色的，都是由染坊给染的。过去有些村都有染坊，另外有些人自己买染料，自己染。

问：村内农民什么时候有了汽车？

答：改革开放以后，有些运输专业户购买了汽车，村内有汽车的还是比较少，有拖拉机的多。

问：村内自行车什么时候普及的？

答：比较早，50 年代各村自行车就不少。1957 年以后，自行车就很多了，各家都买辆"飞鸽"牌自行车。

问：解放前村内有自行车吗？

答：也有，很少，一个村只有几辆，而且还是日本造的车，称之为"东洋车"。60 年代自行车就普及了，一家都有几辆车了。现在年轻人不骑自行车了，都骑摩托车。

问：购买汽油方便吗？有加油站吗？

答：有加油站，购买汽油很方便，不用油票，给钱就行。单位的汽车加油用油票，那是公家集体购买，发给司机，使用方便。个体汽车就不用油票了。

问：近期听说物价上涨厉害，尤其粮价上涨，本县是粮产区，是否粮价要便宜些？

答：粮价上涨，全国是一致的。我县主要是农民，粮价上涨对农民有利，农民高兴；县城职工干部生活上要受到影响，但国家对职工采取补贴的方法，来解决这个问题。价格上涨下降，有时是由市场来决定的，例如春节前，猪肉一斤开始卖 8 元，到后来卖不出去，就降到 4 元、3 元一斤。现在又有所回升，大约 6 ~ 7 元一斤。

问：什么粮食涨价比较明显？

答：如玉米，1993 年是 0.35 元一斤，最高 0.38 元、0.39 元，1994 年到现在已涨到 0.72 元一斤，几乎涨了一倍。

问：这是国家价格，还是市场价格？

答：是国家价格，市场也是这样的价格，上下浮动不大。

问：国家收购价格是多少？

答：玉米收购价 0.5 元，差 0.2 元。去年国家收购价高于市场价格。

（三）孟董乡概况

（孟董乡副乡长范俊刚 1995 年 2 月 18 日于栾城县招待所会议室）

孟董庄乡位于栾城县中部，距县城 4 公里，总面积 19.96 平方公里，耕地 125650 亩，辖 12 个行政村，共计 4427 户，17779 人。乡政府驻地为孟董庄村。

1958 年为孟董庄管理区，辖 10 个生产大队。1961 年成立孟董庄人民公社，辖 12 个生产大队，实行了"三级所有，队为基础"的核算体制，生产有了较大发展，集体有了积累。主要农作物有小麦、玉米、棉花等，改善了生产条件。耕地、播种、灌溉等农田作业实现了半机械化。随着生产的发展，农民生活逐步提高，初步解决了温饱问题。之后，各村相继办起了学校，建立了代销点和卫生所、院。大部分农民购买了一些家用电器及劳动工具。

十一届三中全会以后，实行了以家庭经营为主的农业生产责任制，调动了农民的生产积极性。到 1992 年，粮食亩产过吨，农民人均收入达到 862 元。党的改革开放政策，为农民致富开辟了广阔的天地，大部分农民开展多种经营：商业、建筑、运输、服装加工、养殖、种植业等，为共同富裕打下了良好的基础。乡镇企业也有较大发展，主要有铸造、化工、磷肥等行业。乡内还成立了农业科技推广服务站，乡政府投资购置了大型拖拉机 28 台以及其他农机具，农忙季节统一使用，使农田作业水平进一步提高。

农民富裕了，生活条件有了明显的提高，80% 的户盖了新房，还有的盖了楼房，安上了电话，还有些购置了高档家具和家用电器。全乡文教卫生事业也有了进一步发展，现有乡办中学 1 所，小学 12 所，全部实行了九年制义务教育，适龄儿童入学率达到 100%，教育质量有了显著提高。医疗卫生事业也有了较大发展，全乡现有卫生院 2 所、卫生所 12 个，初级卫生保健普及。

总之，经过几年的努力，我乡确实有了很大变化，但是同县政府的要求和兄弟乡比较，还有差距，有待于今后的继续努力，力争各项工作尽快达到预期的目标。

（四）寺北柴村概况

（寺北柴村党支部书记郝元增 1995 年 2 月 18 日于栾城县招待所会议室）

寺北柴村位于省会石家庄市东南 25 公里，县城东北 2 公里，属孟董庄乡。全村现有 352 户，1409 人，耕地 2079 亩，主要作物有小麦、玉米、棉花等。

1947 年 2 月，这里获得解放，农民分得了土地。1955 年成立互助组，次年成立合作社，逐步走上集体化道路。农民合伙买了水车，粮食亩产达到 200 多斤。1958 年成立人民公社，实行"三级所有，队为基础"的核算体制，生产有了较大发展。集体有了积累，购买了水泵、电动机、拖拉机等农业机械，改善了生产条件，耕地、播种、灌溉等农田作业实现了半机械化。随着生产的发展，农民生活水平逐步提高，人均收入达到 200 多元，初步解决了温饱问题。之后，村里又办起了学校、建立了代销点和卫生站，大部分农民购买了人力车、自行车、缝纫机、手表等劳动工具和生活用品。

十一届三中全会以后，实行了以家庭经营为主的农业生产责任制，调动了农民的生产积极性，到 1992 年，粮食亩产猛增，每年向国家提供商品粮 60 多万斤，农民人均纯收入达到 855 元。95% 以上的农户有存款，家里有余粮。

党的改革开放政策为农民致富开辟了广阔天地。现在，除耕种土地外，大部分农户还开展多种经营，有的经商，有的搞运输，有的搞服装加工，还出现了一批养殖专业户、种菜专业户。村里成立了科技推广站并购置了两台 55 马力拖拉机，一台大型联合收割机，为农民提供服务。

农民富裕了，在吃、穿、住等方面也开始讲究起来。目前，已有 80% 的户盖了新房，有的还建了楼房。村里有汽车 4 部，各种拖拉机 100 多辆。农业生产实现了机械化，农民的温饱问题已经解决。

村里现有 4 个教学班，学生 200 多名，实行了义务教育，适龄儿童入学率达 100%。初高中在校学生 90 多名，大中专 20 多名，1 名在美国留学。

医疗卫生事业有了发展。初级卫生保健的普及提高了人们的健康水平。

我们这个村正在发展中，自己和自己比，现在和过去比，确实发生了很大变化，但与其他村特别是先进村相比，差距还很大，发展较慢。我们决心在今后几年里，经过努力，在发展经济的同时，搞好村庄规划，力争尽快达到小康水平。

（五）北五里铺村概况

（村支部书记刘叶茂）

北五里铺村位于省会石家庄市东南 20 公里，栾城县北 2 公里，离寺北柴村 1 公里，属孟董庄乡，是一个小村。全村户数 450 户，人口 1030 人，耕地面积 1240 亩。1994 年全村工农业总收入为 723 万元，人均收入达到 1414 元，预计到今年年底，我村可以达到小康水平。

解放以前，本村只有 100 多户，400 多人，耕地 300 余亩，全村 90% 以上的人靠扛活、打短工维持生活，农民生活非常贫困。（录音不清）1947 年 2 月，这里获得解放，王庄、十里铺、王家庄、北庄等的农民都分到了土地，生产热情空前高涨，产量逐年提高。1955 年实行了合作化，使广大农民走上了社会主义集体化道路。1958 年又成立了人民公社，使集体经济逐渐壮大。集体有了积累，购置了各种农业机械、水利机械、米面加工机械等，大办农田水利事业，改善了生产条件，使多年的"点灯不用油，耕地不用牛"的梦想得以实现，产量年年成倍增长，人民生活进一步得到了提高，基本上解决了温饱问题。之后，村内又建起了学校、保健站、代销点，使学龄儿童都得到良好教育，村民一般疾病不用出门，就得到及时治疗。大部分农民都添置了农用车、缝纫机、自行车、手表等等劳动工具和生活用品。

十一届三中全会以后，由于国家实行改革开放政策，大大提高了农民生产积极性，使我村农业、村办工业迅速发展，粮食亩产猛增，每年向国家提供商品粮 60 多万斤。另外，个体企业如雨后春笋般出现，现有 20 多家，如镀锌厂、冶炼厂、塑料厂、化工厂、建筑队等。去年，集体和个体企业收入达到 570 万元，占全村总收入的 76.5%。我们还全年上缴国家利税 2.5 万元。

现在全村有一半以上的劳力，通过办厂、经商或搞建筑队来增加收入。目前工业企业的收入已大大超过了农业收入。随着经济的发展，农民生活也大大改善，全村80%以上住户都盖上了新房，楼房也越来越多，户内彩电、录像机、电冰箱、洗衣机、摩托车、程控电话等，应有尽有。人们的吃、穿也不断提高标准，文化娱乐也开展起来。

近年来，本村教育事业也有了较大发展。解放初期，村内学校只有一间小屋，一位老师，20~30个学生。全村30多年以来，还没有一位大学生。改革开放后，村内目前已建立教学楼，有5个教学班，学生人数达到180多名，有7位教师，现已培养出大专学生达140多人，已参加各项工作。现有初、高中学生40多人。

按照村内发展计划，重新规划村子建设，整修道路，争取明年从道路、信息、动力等方面下工夫，为以后发展增加后劲。我们一定要抓住当前机遇，贯彻党的方针政策，坚持开放改革，搞活经济，树立良好风气，争取早日跨入这一行列。我简要介绍到这，下面大家有什么问题，可以提出。

问：你们同寺北柴村是一个乡吗？

答：是一个乡，都属于孟董庄乡，过去也是一个公社。

问：全村有多少男性，多少女性？

答：全村1300多人，女性占50%以上。

问：现在学生有180多人，女生有多少？

答：不太清楚，约1/2以上是女生。

问：80%以上劳力从事工副业了，还有多少劳力从事农业呢？

答：20%的劳力是妇女、老人，从事平时的农业生产，到农忙季节，工副业中的男劳力都回到村内搞农业，不影响农业生产。

问：村内姓刘的是大姓，占多大比例？

答：占全村40%，姓冯的占35%，其他是姓张的、姓陈的户了。

问：村办工业是从个体开始的吗？

答：从个体开始，但走向了联合体。

问：学校有多少公办教师？

答：2名公办教师。

问：新校舍是什么时候建立的？

答：1991年建立的。

问：解放前村内有多少水井？

答：有几十个，说不清，现在都改成机井了。

问：解放初，村内有多少互助组？

答：有6个互助组。

问：从寺北柴村嫁进来的女的有多少？

答：有7、8个，没有多少。

问：你们同寺北柴村一直是一个乡吗？

答：是这样，我们两个村近，关系一直很密切，过去两村之间隔着一条小河。

问：什么时候有了水浇地？

答：1958 年人民公社以后，村内有了水浇地，上面有水库，1964 年普遍有了水浇地。

问：村干部有几位？

答：有 5 个，村支书、村长、副书记兼会计、民兵队长和治保主任。

（六）栾城县集市贸易概况

（县工商局局长裴景新 1995 年 2 月 22 日于县招待所会议室）

1980 年以前全县农贸市场有 6 个。改革开放以后，政府政策不断放开。本县市场比较集中，到 1993 年底，全县市场增加了 5～6 倍，各类市场已有 30 多个，经济越发展，农村市场越活跃。如方村乡经济比较发达，已形成了 8 个市场，占地 15 万平方米。当地群众购买力高，市场也就繁荣。专业市场也形成得快，如木材、建材、禽蛋等专业市场比较大，木材市场占地 10 多万平方米，其木材远销山东、河北、河南各地。

县城市场发展较快，1970 年以前，只有一条街，现在已发展到几个专业市场。还有"早市"（8 点以前），产品比较齐全，方便了群众生活。过去来赶集的，赵县、藁城的人很多，现在主要是当地群众。农贸市场发展快的主要原因是：（1）国家政策放宽，除了违禁商品不能出售外，一般商品都可以投入市场；而且规定谁投资谁建设、谁收益，推动了农贸市场的发展。（2）当地政府的重视和支持。为了发展商品经济，县政府提供 100 多亩地用来建设比较完善的商品市场。政府提供条件，由民间自建。现准备盖一条路的市场。

方村准备建大市场，因为距石家庄市比较近，乡政府为了发展、培育、完善市场，投资、拨地。今年 5 月方村商贸城就投入经营。整个市场占地 100 多亩，投资 2500 多万元，约有 200 多商户首批参加经营。

1970 年以前，本县六大集市是：城关、方村、豆姬、郄马、冶河、西营等。集市开放时间是：城关（1、6 日，后来又加上 3、8 日），方村（1、6 日），豆姬（2、7 日），郄马（2、7日），冶河（4、9 日），西营（2、7 日）。

（以下为座谈会问题记录）

问：过去也是这些时间有集市吗？

答：在改革开放前，河北省有文件，全省赶集统一在 1、6 日。

问：各集市在商品上有什么特点？

答：城关是综合市场，方村突出的是木材市场，窦姬是牲口市场突出。城关市场最大，冶河市场规模小。

问：这 6 个市场"文化大革命"时还有吗？

答：这 6 个集还都有。

问：市场管理费怎么收？

答：收成交额的百分之几，指牲口、木材、粮食等大件、大宗物品的交易额，对群众中自己种的菜、鸡蛋、树苗、山芋秧、种子等都不征收管理费。总之对种植业和养殖业不收费。

问：牲口市场有经纪人吗？

答：有，不仅牲口市场，木材市场、卖子猪的地方都有经纪人，即中间人。他们懂得技术，会经营，给买卖双方提供服务。经纪人都是由市场组织起来的，不是个体经营，他们的报酬是固定的，由市场管理所发给。

问：是否农村用的水管、锄头，都在农具市场买？

答：城关有铁货市场，是个体户搞起来的，卖一些铁制品和原材料。岗头村生产的铝锅，比较有名。

问：集市贸易什么时候是旺季，什么时候是淡季？

答：旺季是头麦收和10月以后，赶集买东西的比较多；淡季是正月、6月（忙麦收）和秋收大忙时，这三个时期是淡季。关于营业额，旺季时，一天成交额可达30万元左右，一般为10多万元。牲口市最忙是7~8月份。

问：10月以后为什么是旺季？

答：农村秋收完了，麦子也种上了，村内很多人没有事，出去跑买卖；另外想购货的人，也有了钱和时间，所以集市繁荣。赶集的人每次约7万~8万人，最高也不过10万人左右，这都是估计数。

问：最近几年有新建的集市吗？

答：1990年新开辟有通村农贸市场。是因为当地群众普遍要求，也有一定基础，县内同意了，就出现了集市。

问：木材都是当地的吗？

答：不是。当地没有木材，大部分是从东北运来的，也有从石家庄木材市场批发来的，销往山东、河南等地。有东北来人卖木材的，也有当地商人去东北采购来的。方村市场还专门收购石家庄等市的旧门、旧窗户，近几年城市旧房改造，旧木料很多，农村很需要。另外，禽蛋销往郑州、广州等地，都是用汽车运送。

二

寺北柴村访谈记录

（一）1994 年 12 月

张仲寅（82 岁）

时　　间：1994 年 12 月 24 日下午
访 问 者：三谷 孝
翻　　译：王　键
访问场所：徐孟祥家

【家族、父张乐卿的经历】

问：日本人来这个村调查的事，你知道吗？

答：杉之原舜一年年来。北京成立经济调查所，属外交部日本大使馆管。我在那里住了两个星期，是我的老朋友。

问：杉之原舜一今年 1 月去世了。

答：他可是好人。

问：他是日本共产党成员。你的年龄大了，身体好像变矮了，1988 年我见到你时，你比现在好像高点。

答：我现在腰弯了。你的面容没有改，比 1988 年胖了。

问：你是哪年出生的？

答：甲寅年生人，即民国三年，1914 年，属虎的。

问：你是这个村出生的吗？

答：是。上次调查过，我们是明朝以后迁到这里来的。俺这个村叫寺北柴村，是因为这里有个寺院，村子在寺院的北边得名的，现在寺院没有了，只有一个土台子。

问：你的名字？

答：中国的中，带立人，寅虎卯兔的寅。

问：你父亲活到多大岁数？

答：51 岁去世的。

问：你父亲的名字？

答：张乐卿。

问：你父亲的名字很多日本人知道，写进书里了，你父亲的知识很丰富，当年很多日本人来访过他，他们都很钦佩他。

你父亲除叫张乐卿以外，还有其他名字吗？

答：他的小名叫黑丑，学名叫张茚。

问：你父亲还叫张丑子吧？

答：张丑子就是黑丑，农民的名字。

问：你父亲小的时候叫黑丑，上学叫张茚，成年以后叫什么？

答：他有号，号是张乐卿。中国人有名、字、号，名字叫张茚，号是乐卿。

问：你父亲懂得的事情很多，他是从学校知道的吗？

答：他念的书很多。后来他又当了十多年的村长。他爱学习，看书，看中国的《三国志》、《列国志》。他念过私塾。

问：你父亲是得病去世的吗？

答：是，因痢疾病而死。

问：是在战争时期吗？

答：不是战争时期，是和平时期。

问：你母亲的名字？

答：叫刘小夏。

问：你母亲多大岁数去世的？

答：73 岁时，1961 年得肝脏病去世的。

问：你母亲是从哪个村嫁到这里来的？

答：康家庄。

问：你是老大？

答：对，我是老大。我们兄弟三个，大弟叫张雪梅，二弟叫张云生，一个妹妹叫张小洁。

问：你刚才讲不是兄弟三个吗？

答：兄弟三个，一个妹妹，共四个。

问：你两个弟弟还健在吗？

答：大弟弟已死，二弟在北京。他原来在北京上学，后来调到承德，是承德市教育局教导主任。

问：你小弟多大啦？

答：属大龙的，今年 60 多岁。我 82 岁啦，比我小 14 岁。他今年 67 岁，退休了。

问：你妹妹还在吗？

答：在。她嫁到高家庄。

问：过去你家有几口人？

答：十二三口人。

问：有你父母和兄弟姐妹 6 人，还有谁？

答：还有我大伯，大伯家三个闺女。

问：你大伯还在世吗？

答：早不在了。

问：你父亲除在村里种地，还干过别的事吗？

答：在乡里当过乡长。后来成立保甲制度，有乡，叫栾武乡，地址在韩庄。保甲制度是日本占领中国的时候建立的。

问：你父亲当了多长时间乡长？

答：两三年。

问：你父亲是怎么当村长、乡长的？是选举出来的吗？

答：选出来的。

问：怎么选举？是男女都参加吗？有年龄限制吗？

答：一个乡的保甲长选出乡长。保甲长们代表参加选举。

问：你父亲为什么后来不当乡长了？

答：后来到解放时期了。

问：你父亲会打枪吗？

答：不会打枪，是文职。

【土匪袭击】

问：你父亲当乡长时，土匪来村抢东西，打过你父亲，你还记得吗？

答：我记得，我已十几岁了。土匪来了，要粮要柴，混打一气。

问：打过你父亲？

答：打过一回，后来跑了，没有被捉住。

问：日本有本书说，土匪进村，你父亲拿枪把土匪打跑了。

答：那是我，我拿着枪打的。

问：你们家是有钱人家吧，不然土匪为什么来你家？

答：我得罪了人，那家的家属是土匪，报仇来了。因为她在我们家洗衣裳，我牵着牲口不能过，她挡着道，我着急，我对她说："你为什么不到树荫底下洗？"她说："我就在这里洗！"我就把盆踢了。她婆家是土匪，晚上报复来了。我父亲打了两枪，我把我父亲赶走了，我父亲上年纪了，不能与他们打。

问：你一个人还是与你的兄弟？

答：与我小弟弟。

问：这些土匪是一般的农民吗？

答：对，一般农民。他们是离我们这里三里地的一个村的人。

问：他们来了很多人吗？

答：十来个人。他们没进我家，在墙外边。他们打了二十多枪，我打了三十多枪。

问：你会武术吗？

答：不会。他们在地上，我在房上。

问：你讲的这些人不是专门的土匪，有

没有专干土匪的？

答：他们也当土匪，因为家属的盆被我踢了，他们来报仇。也有专门的土匪，他们也抢物件。

问：土匪经常来这村吗？

答：日本军在时，天天黑夜来。

问：山东农村为保护自己组织过"红枪会"，这个村有吗？

答：没有。

问：有农民保卫自己的组织吗？

答：没有。

问：有"佛教会"吗？

答：有"佛教会"。我们住的这条街里没有。

问：当时有没有村里有什么事情把农民召集起来，有这样的组织吗？

答：没有。栾城县没有。

问：战争的时候有农民自己的组织吗？

答：没有。

问：郝姓人中经常搞宴会互相来往，张姓中有吗？

答：有红白喜事和过年过节时有来往，别的没有。

问：山东省农村过年时农民经常赌博，这里有吗？

答：没有。

问：你父亲当时有多少土地？

答：一百一二十亩。

问：从书上看到你父亲把土地都典给别人了，一百多亩典给别人多少亩？

答：都典出去了。我们县城北关有个王乐子，西关有户林家，都给他们了。你们记载上都有，那回他们来调查说过，当时没钱把地都典出去了，日本人都问了。我父亲在日本大使馆住了两个星期或三个星期。日本人问我父亲，怎么苦了？怎么好过了？

问：在这个村你父亲的土地最多了吧？

答：是，柴村是个苦村子、穷村子。都是王乐子的地，有典当给他的，有卖给他的。

【教育、青年时代】

问：你上过学吗？

答：上过私塾。

问：在这个村吗？

答：是。

问：你的先生？

答：先生是南客村的，叫殷佐霖。

问：学生多吗？

答：20 多人，在我家里，我家就是学校。

问：有女孩子吗？

答：没有，中国不许男女合班。

问：你上了几年私塾？

答：9～13 岁，4 年多。

问：你上私塾后一直在村里？

答：做了一年买卖。

问：什么买卖？

答：做黄酒，卖酒。

问：干了几年？

答：四五年。

问：你的酒坊在哪里？

答：县城东门里。

问：是你的作坊吗？

答：是我自己的，我当老板。

问：当时你还年轻吧？

答：20 岁上下。

问：请了技术员和帮忙的人，共几个人？

答：8 个人。

问：是你父亲的钱作资本吧？

答：是，我才 20 岁左右。

问：后来为什么不干了，生意不好吗？

答：不发达，又卖出去了。

问：你是战争的时候回来的吧？

答：没有战争，很和平，当时还没有打仗，我 1928 年去的，1932 年回来的，中日战争还没有开始。

问：是酒卖不出去，还是其他的原因，生意不好？

答：1934 年时，中国的经济恐慌，各种买卖倒闭，东西卖不出去，我的酒也卖不出去。

【结婚和子女】

问：你什么时候成的家？

答：我 15 岁。

问：你夫人还健康吧？

答：我又换了一个，第一个结婚 10 年去世了，又娶了一个，27 岁第二次结婚。

问：你第一个夫人的名字？

答：张春子。

问：她是哪村的人？

答：南柴村。

问：同她有几个孩子？

答：两个。一个男孩，一个女孩。

问：现在两个孩子都健康吗？

答：儿子已没啦，女儿还在。

问：你儿子叫什么？

答：张平文。

问：女儿叫什么？

答：张妮儿。

问：她嫁到哪里？

答：康家庄。

问：你同张春子结婚是经人介绍的吧？

答：介绍的，俺这里都是别人介绍。

问：是亲戚介绍的吗？

答：一个乡亲，不是亲戚。

问：介绍人的名字？

答：徐老保。

问：徐老保同你父亲的关系很好？

答：不错。关系好的才介绍。

问：你第二位夫人叫什么？

答：温小桂。

问：她多大了？

答：78 岁。

问：她是哪村人？

答：柴赵村，离这里 5 里。

问：你同温小桂几个孩子？

答：两个，都是男孩。

问：都在这个村吗？

答：是。

问：你两个孩子的名字？

答：一个叫文英，一个叫文寿。

问：他们在村种田吗？

答：就是种田，不干别的。

问：他们多大了？

答：文英 51，文寿 49。

问：文寿是老三？

答：对。是男孩子中的老三。

问：你小时候的朋友现在还有几位？

答：没有啦。

【军阀战争】

问：抗战以前有军阀混战，你还记得什么事情？当时河北是哪个军阀？

答：宋哲元、石友三和晋军。一会儿晋军来了挖战壕，一会儿其他军又来了。

问：他们在这里打过仗吗？

答：打仗，挖战壕。在滹沱河打过，离这里 60 里。

问：打得大吗？

答：不大，石友三同国民党军打，石友三的军队全军覆没了。

问：当时你多大岁数？

答：我 20 岁左右，1930 年。

【抗日战争、日军暴行】

问：日军来这村时你记得吗？

答：记得。

问：什么时候到这村来的？

答：卢沟桥事变的那年秋后，1937 年。

问：大概是几月？

答：9 月。

问：日军与国民党军在这里打过仗吗？

答：没有。

问：日本军来过这村吗？

答：少数军队，30～50 人来过，不是大批部队，日军与国民党军队在梅花村打得厉害。

问：什么时候？

答：日军进中国的时候，9 月份。

问：是国民党军还是八路军？

答：吕正操的部队。与日军打得厉害，日军烧了梅花村，有梅花惨案。

问：吕正操的部队是国民党军还是共产党的军队？

答：挂什么牌子咱不知道。梅花村有几百户人家受难。梅花村离这里 20 多里地。

问：这个村有没有被日本人打伤或杀害的？

答：这村没有。

问：有没有被日本人打过、抓过或抢过东西的？

答：没有被打伤的。打过，没有被打中。

问：什么事？

答：我听说有两个日本人带着枪到老百姓家捉鸡，把枪放在地上了，有个人看到日本人捉鸡就拿了他们的枪。后来日本人用枪打他，他跑了，没有被打中。

问：日本人有没有在周围的村打过人、抢过东西？

答：附近也没有。

【劳工】

问：有拉人干活的吗？

答：有。郝春被抓去当劳工了，就是我们村的。

问：几个人？

答：一个人，被抓到日本去了，是我的大伯。

问：你的大伯？

答：是，到现在没音信。

问：你大伯的名字？

答：郝春。

问：怎么抓走的？

答：他在邢台倒卖布匹，当时布匹很紧张，被抓住带到日本去了。从邢台抓走的，现在还在日本，有人说柴村有个人姓郝，不知道叫什么名字。

问：这个人在什么地方？

答：金山的娘去日本看儿子，与别人闲谈时，他说他是柴村的。返回来后，金山的娘到这村来问，有没有这个人，只知道姓郝，不知道名。就是刚才那位办公室副主任的母亲到日本去看儿子，回来说的。金山的娘看到柴村姓郝的这个人了。

问：你大伯被带到日本多大年龄？

答：40 多岁。

问：比你小几岁？

答：比我大，不在一条街住，闹不清几岁。

问：这村有没有被日本抓去在中国干苦工的？

答：有人给日本人做工，是他自愿去的，不是强迫的，时间长了弄不清了。日本人在中国时，从石家庄抓走了我们村的人，卖到东北去了。

【满铁调查】

问：1950 年前日本人到这个村来调查，你还记得吗？

答：我 30 多岁时，日本人来调查，叫满铁经济调查所，我还记得那几位日本人，有山本斌、杉之原舜一、佐野利一。他们给了我名片，每年来两次。

问：他们是骑辆自行车还是坐汽车来的？

答：他们住在栾城的盐店，走过来的，属北京大使馆。栾城县武装保卫团来十个人保卫他们，有十来个日本人。

问：当时参加满铁调查的有二三十个人，基本上都去世了，最后一个今年也去世了。

答：我去过日本大使馆，在灯市口，我住了两星期，日本大使馆在灯市口路西。

问：日本人也向你做过调查吗？

答：问得很多。

问：问你还是问你父亲？

答：先问我父亲，我父亲去世后叫我去了。

问：你父亲哪年去世的？

答：我31岁时，已50多年了。他们就是问到华北这儿是怎么来的，和村的来由。如家里有了小孩，谁给起名，什么是一家子，什么人当家子。华北人是从山西洪洞县过来的，明朝永乐年间燕王扫北时，人们都逃走了，咱们这才从洪洞县迁来的。调查团还到过山西洪洞县调查过，看看有根据没有。山西洪洞县有记载，是什么年月迁出的。

问：你家有家谱吗？

答：我们家没有，我们村也没有。王村有。原来就没有。

问：我到山东农村去，家里有家堂，家里都贴着，这里有吗？

答：没有。

问：山东省有家堂，"文化大革命"时都烧了，后来老人们又回忆出来重新写的。这里自古以来就没有吗？

答：历来没有。

问：你父亲对几代人记得很清楚。

答：对。他能记四五辈，再向上就记不清了。王庄有家谱，我们村没有。

问：你小的时候玩什么？

答：打皮牛。就是木头刻的，用鞭子打它，可以转。

张仲寅

第二次访谈时间：12月25日上午

【村长郝国樑经历】

问：我姓王，也是河北人，保定人。

中日战争时与你父亲挺要好的郝国樑的事你还记得吗？他当过村长？

答：记得。他当过村长。

问：郝国樑的地不多，钱也不多，他是在什么情况下当村长的？

答：选举的。当时是保甲制度，大家选举的。

问：郝国樑是不是特别聪明？他的人缘怎样？

答：人缘不错，他做过买卖，也聪明，办事也不错，大家选了他。那时不叫村长，叫保长，因是保甲制度。

问：当保长的人不一定都是有钱的人吧？

答：对，不一定是有钱人，大家赞成他就行。

问：郝国樑哪年去世的？

答：解放后。

问：当时他岁数还不大吧？

答：50来岁。

问：什么病？

答：胃癌。

问：郝国樑的儿女在这吗？

答：在。

问：叫什么名字？

答：郝小寿，是郝国樑的三儿子。

问：老大和老二叫什么？

答：都死了。就剩下郝小寿和老四郝

丑了。

问：郝小寿多大？

答：50 岁左右。

问：郝丑呢？

答：50 来岁。

问：除郝国樑之外，你父亲的好朋友还有谁？

答：乡亲们都不错。

【村内争吵】

问：你昨天讲的与土匪一个家属吵架，那个女的是这村的吗？

答：是。

问：她从哪里嫁来的？

答：她是这村的姑娘。

问：她嫁到哪里了？

答：嫁到大周村了。

问：是你还是你父亲跟她吵架？

答：我。

问：为什么？

答：我牵着牲口从门口过，她正在路上洗衣服，我说："你不要挡着道。"她说："就是挡着你。"我踢了她的盆，吵架后，她回家向她娘哭，她说我打她了。其实我没打她，只踢了盆，盆还是我家的。她娘骂了我一顿。我们是同姓，比我辈大。她婆家是土匪，她丈夫和她丈夫的弟弟黑夜到我家来报仇。

问：是当天的晚上？

答：不。迟了几天以后，是 5 月里。

问：那女的叫什么？

答：张新子。

问：没有动手吗？

答：没有。不算吵架，她挡了我的道。

问：这村里吵架的多吗？

答：不多。

问：那件事最后怎么解决的？不是你用枪打跑他们了吗？

答：当时很乱，天天黑夜小偷砸明火，我们村闹了好几回。我们在小房上执警，他们从墙上过。听到土一响，我问谁？他答话了，并用枪打开了。他们打了七八枪，他们是洋枪。我用火枪也打了七八枪，我又用土造手榴弹打他们，他们就跑了。

问：打完之后事就完了吗？

答：吵架之后，就互不来往了，谁也不理谁。

问：张新子不是嫁到大周庄了吗？她为什么回这来？

答：这里是她娘家，回娘家了。

问：你与那女的不说话，与她父母说话吗？

答：也不说话了。

问：现在有来往吗？

答：有。

问：从什么时候又有来往了？

答：事情过后五六年。

问：有中间人说合吗？

答：没有。那闺女的娘死后，我们是一个姓，她家有红白喜事就来往了。

【八路军】

问：八路军什么时候来这个村，你还记得吗？你见过吗？什么时候来的？

答：区小队不断来。

问：八路军的正式部队你什么时候见到的？

答：打元氏的时候见过，他们在这里住过。

问：是晚上来还是白天来？

答：晚上来，要点干柴，要点米，小米。

问：干柴干什么？

答：做饭吃。

问：什么时候来的？

答：日本已降服了，对了，还没降服，

"七七事变"后。这离城近，一般不来。

问：八路军来这里大约是什么时候？

答：打完元氏县以后来过，离城近，八路军不在这里住。

问：区小队是哪年来这里？

答：大约 1945～1946 年、1942～1943 年就来过。

问：区小队来了先找谁？

答：找村长郝国檩。

问：与郝国檩商量好以后，才给区小队干柴和米。

答：他们要，不是商量，征粮。

问：白要吗？

答：白要，征粮。不给钱，是公粮，供部队吃。

问：郝村长向大家要吗？

答：按人口和地亩征粮。

问：他们来过多少次？

答：秋天来，黑夜来。

问：来的次数很多吗？

答：不少。征干柴，征粮、布匹。

问：是共产党的区小队吗？

答：是。

问：除共产党的区小队，伪政权有吧？即投降日本的？

答：有。

问：他们也要粮，要钱吗？

答：要。

问：当时你们很苦吧？

答：还有一个头呢，还有国民党，还有县里的"假民军"。当时不能活。

问：哪年的事？日军在时国民党军还在吗？

答：国民党跑了，还有国民党的地方军 27 团，打着国民党的旗帜，也要。日本的皇协军也要。共产党也要。没法过，还有土匪，日子没法过。没有名义的也要。

【土匪、国民党军、民军】

问：土匪也要东西吗？

答：土匪，"红枪会"，"假民军"。

问：土匪是"红枪会"吗？

答：不是。土匪天天黑夜砸明火，抢粮食。把人绑走要钱，叫绑票。

问：这村里有钱的人不多吧？把穷人绑去要钱没有怎么办？

答：没钱。我们村闹过好几回。扛长活的他们不绑，绑的还是富裕的。

问：谁家？

答：人都没了。

问：叫什么名字？

答：郝傻小的父亲被绑去做人质了。

问：他父亲叫什么名字？

答：郝老思。小名叫狗成，郝老随是他孙子。

问：不太有钱？

答：他做买卖，买卖粮食，他们知道他有钱。绑票有几种，如有仇也被绑。

问：他家里人给土匪钱了没有？

答：给了。绑票的要 300 元，最后给了 100 元算完了。

问：土匪拿着什么武器？

答：拿着一支枪，其他武器也有。有的枪只装一个子弹，一杆大枪，其他是短枪。

问：是土枪吗？

答：不是，也是枪，有的只装一个子，叫独冲。

问：他们来了多少人？

答：五六个人，夜里来的。

问：这些土匪是附近村的人吗？

答：后来抄了他们，是大中村的，也有马庄的，栾城县子庄的。

问：国民党 27 团是晚上来还是白天来？

答：晚上来的时候多，也是要干柴，要

米和馒头。

问：他们来了也是找村长吗？

答：找村长。

问：村长很不好当。

答：是啊。

问：民军是皇协军吗？

答：民军就是地方上的，说土匪也不是，也不是伪政权的军队，也不属国民党管，也不属共产党管。

【村长的差使、报酬】

问：都不愿当村长吧？

答：都不敢干，还有别的土匪呢，当村长的不敢在家住。这里离城里近，住在城里。

问：郝国樑也跑到城里住吗？

答：他在家，不敢在自己家住，住在别人家。

问：当村长有好处吗？

答：一年给点工资。

问：谁给？

答：村里人摊，国家不给。

问：给他多少钱？

答：400 ~ 500 斤米，一年。各村不等，有多有少。

问：没有别的收入？

答：他一年的收入等于两个长工的收入。他辛苦，谁也不敢干，上边头太多。

【日军投降】

问：日本投降的事你记得吗？

答：记得。日本投降的那年，派来了一个官，姓张。国民党派来的，到县里来了。

问：日军投降时你见过日本兵吗？

答：日本投降时住在后营的兵不敢出来了，站着岗不敢出门了。

问：国民党的军队来了吗？

答：没有来，国民党的官来了，派来一些行政干部。

问：日本投降后国民党军什么时候来这里的？

答：记不清了。有些兵在这里住了几个月，后来都开走了。

问：八路军什么时候来到这里的？日本投降以后？

答：日本投降后共产党的队伍还没来。

问：解放军的事你还记得吗？

答：记得一点。

【土地改革】

问：土地改革是从什么时候搞的？

答：1947 ~ 1950 年。

问：有工作组吧？从哪里派来的工作组？

答：有工作组，从县里派来的。

问：来了几个人？

答："土改"时街里有宣传队，大约五六个人，详细数记不清。

问：都很年轻吧？

答：有老的，也有年轻的，还有妇女。

问："土改"时有农会吧？

答：有农会、妇女会、贫民团、武卫会。

问：武卫会是村里的组织吗？

答：是。

问："土改"是在这些组织领导下进行的吗？

答：是。

问："土改"时村里的干部是谁？

答：郝吉祥是村长。

问：共产党的村长？

答：是。

问：郝老四呢？

答：村公所的会计。他也死了。

问："土改"时的干部还有吗？

答：没有了，都百十来岁了。

问：这个村第一个共产党员是谁？

答：村长第一个入了共产党，徐孟祥同他一起入的党。

问：李老高、张歪子还在吗？

答：都不在了。他们都当过村长，李老高当过武卫会的主任、公安员，张歪子当过村长。

问：李老高当公安员是在"土改"时吗？

答：对。

问："土改"时你是什么成分？

答：富农。

问：有多少土地？

答：一百多亩。

问：家里有几口人？

答：十二三口人。

问：你的地"土改"时被分了多少亩？

答：平分了。按全村人口平分。

问：1人3亩吗？

答：我们村3亩。

问：你家12口人就36亩？

答：30多点。

问：你家当时的生活怎样？

答：凑合着过。

问：你家是12个人还是13个人？

答：13口人。共39亩地。

问：这村有地主没有？

答：没有。

问：还有其他富农吗？

答：有。连我5户，有郝老开、徐老起、赵老继、赵宽子和我。

问：郝老开有字吗？

答：没有。

问："土改"时开会了吗？然后宣布谁是富农？

答：家里的东西都被拿走了。

问：谁是富农贴出来了没有？

答：贴榜了。

问：贴在什么地方？

答：贴在街里，贴在南北街黑旦家的墙上。

问：你父亲当时住在南北街？

答：在这块。在武帝庙南边，这里还贴了，道北的墙上，赵宽子家的墙上，十字路口这边。

问：昨天去的那家住的位置在哪里？

答：在这儿。现在在村东住，过去这儿的房子搬到这里来了。因为他家人多了，在这地方盖了房子，原来的地方还是他家的人住。

问：当时土地都给谁了？有顺序吗？

答：分给你，分给他，都分了。

【互助组、初级社】

问："土改"后什么时候有互助组？

答：1953年。1956年成立社。

问：你当时与谁互助？

答：我成分高，没有人与我互助。

问：初级社是哪年有？你加入合作社了吧？

答：加入了。

问：这村有几个初级社？

答：三个。分一、二、三社。

问：你加入的社叫什么名字？

答：我是第三合作社，共5个队。

【拆庙盖房】

问：什么时候在这里开始盖房子？

答：1980年。"文化大革命"以后，盖这批房子是第一批，后边是第二批。

问：关帝庙是哪年被推倒的？

答："土改"以前，解放以后。

问：为什么被推倒了，是因为迷信吗？

答：关帝庙和老母庙都是破旧的，在关帝庙处盖学校了。1952 年扫盲，办识字班就在新盖的房里。

问：观音庙何时被拆？

答：都坏了，没有管，都是废土了。

问：请介绍一下现在身体很好的老人的名字？

答：郝吉祥还在，比我大一岁，他腿不行，但头脑清楚。还有刘西林、赵二丑，他们的头脑都行。赵二丑有病，可能不行。

赫吉祥（82 岁）

时　　间：1994 年 12 月 25 日下午
访 问 者：三谷 孝
翻　　译：王　键
访问场所：郝吉祥家

【家族和少年时代】

问：身体怎样？

答：腿不好，身体还行，走路要有人跟着。

问：你今年高寿？

答：82 岁。

问：哪年出生的？

答：1913 年。

问：属什么的？

答：属牛的。

问：你父亲的名字叫什么？

答：郝和子。

问：有号吗？

答：我没听说过他有号。

问：他还有别的名字吗？

答：不知道，我很小就离开这村了，还没有 10 岁就离开村了。

问：当时你家在哪条街？

答：在这儿吧？七八岁就离开家了，70 年的事记不住了。

问：他是你儿子？

答：是。

问：儿子还有别的名字吗？

答：可能没有别的名字。

问：你几岁离开这村？

答：记不太清，7 岁离开这村了。到东客村。

问：是这个县吧？

答：是。

问：到东客村干什么去了？

答：给人家了。做人家的养子了。

问：你的养父母是你的亲戚吗？

答：不是。

问：你有几个兄弟？

答：我就一个哥哥。我哥哥 15 岁去当兵没回来。

问：有弟弟、妹妹吗？

答：没有。

问：你哥哥叫什么？

答：郝敖子。

问：你哥哥当兵了？谁的兵？

答：何柱国的兵。

问：是东北张学良的部队，在山海关吧？

答：当号兵。跟着部队走了，到上海。上海打仗后就没有音信了，是死是活不知道。

问：上海哪年打仗？

答：俺不知道。俺爹没在家，还没有我。

问：你哥哥哪年当的兵？

答：他 15 岁当的兵，今年 89 岁了。

问：你到东客村主要是种田吗？

答：才几岁，还不会种田呢。

问：你小时上过学吗？

答：上过几天学。小学。上了一年，11 岁时上的。

问：不上学后干什么啦？

答：到元氏县给别人放羊。

问：你东客村的养父母叫什么名字？

答：我不知道，时间不长又换人家了，在东客村待了不到一年。

问：又送给别人家当养子了？

答：对。

问：又送到哪里？

答：小周村。

问：在小周村待了几年？

答：两年。两年以后又到城里去了。

问：到城里干什么？

答：又给另外一家人了。

问：为什么到处给人？

答：我小，不知道。

问：是不是因为东客村和小周村养不起你？

答：养起了。我不愿在他们家，我跑了。

问：像你这种情况的人多吗？

答：我家里贫寒，养不了我，送给人家后，我又跑回家，可家里又养活不起，就又找了另外的户，又给了人，是这种情况。像我这种情况的人不多。

问：在城里上的小学？

答：是。

问：上完学后到元氏放羊去了？

答：对。

问：你在城里给人当养子，这家人姓什么？

答：姓刘，叫刘来城。

问：刘来城做什么事？

答：看守，管犯人。

问：他穿制服吗？

答：不穿。

问：放了几年羊？

答：从 13 岁一直放到 30 岁。

问：你放羊收入好吗？

答：不挣钱，只混碗饭吃。

问：30 岁以后到哪里去了？

答：回到老家了，快解放啦。

问：不放羊就回家了？

答：回到十里铺我老姑夫家，贩卖牛。

问：在十里铺几年？

答：两年。

问：在十里铺干什么？

答：给我姑夫帮忙。

问：回这个村是解放后还是解放前回来的？

答：解放前。

问：是与日本人打仗时回来的吗？

答：我回到老家两年，共产党才解放的栾城。

【加入共产党、"土地改革"】

问：你哪年入的共产党？

答："土改"的那年入的党。

问：入党有介绍人吧？谁介绍的？

答：有。县城的干部，模范班的人介绍的。忘了叫什么名字，只知道是男的。

问：你为什么入共产党？

答：我家里什么都没有，有人劝我就入了。

问：是自己想加入吗？

答：经别人劝说。

问：你入党后这村才搞"土改"吗？

答：对。

问："土改"时你做什么工作？

答：当上村长啦。

问：当时叫村长？

答：是。

问：是解放的那年吧？1947 年。

答：是。

问：当了几年村长？

答：3 年。

问：是选举的吗？

答：选举的。

问：全村人都参加吗？

答：都参加。

问：男女都有吗？

答：都有。

问："土改"时你是什么成分？

答：家里什么都没有，连房屋都没有，贫农。

问：当时你结婚了吗？

答：没有。

问：你分了几亩地？

答：我分了五六亩，当时有的人不敢要。

问："土地改革"时哪些人负责搞"土改"？

答：现在只剩下我和张歪子、郝四妮了。

问：郝四妮是女的？

答：男的。

问：他们身体还好吗？

答：张歪子不行，不能说话，四妮还听到说话。

问：四妮多大？

答：70 多岁。

问："土改"时这个村有几家富农？

答：两家。这两家若在别的村只能是中农，这村穷，没有地主。

问：当时是怎样平分土地，定成分？

答：大家商量。有工作队在村里，他们与我们讨论。

问：工作队是从哪里来的？

答：县里。有的来两天就走啦，经常换。

问：与你一起入党的还有谁？

答：还有四妮。

【结婚和子女】

问："土改"后你哪年成的家？

答：只记得是"土改"后。

问：你妻子的名字叫什么？

答：郝香兰。今年 65 岁。

（以下问郝吉祥的儿子）

问：你是老大吗？

答：是。

问：你今年多大啦？

答：我属虎，45 岁。

问：你叫什么名字？

答：郝大顺。

问：有几个兄弟姐妹？

答：6 个。我是老大，老二是弟弟，老三、老四、老五是妹妹。

问：兄弟 6 人都在这村吗？

答：3 个妹妹都出嫁了，兄弟三人在这村。

问：老二叫什么？

答：老二弟户口没在家，叫郝喜顺。

问：老三弟叫什么？

答：郝瑞庭。

问：你母亲是哪村的？

答：也是这村的。

问：是别人介绍的吧？

答：她父亲是党员。

问：她父亲的名字？

答：郝老黄。

（问郝吉祥）

问："土改"后你分了地，结了婚，就一直在这个村吗？

答：是。

问：初级社的事你还记得吗？

答：记不太清了。

问：你与谁在一起的？

答：我和李老高一副一正。

问：你和李老高管合作社的吗？

答：我们管党支部。

问：你当过支书吗？

答：我没当过。

问：支部谁负责？

答：王补子是书记，他已死了。

问：这村有姓王的吗？

答：有。

问：王补子是这村的人吗？

答：是。还有王老胖。

问：这个村第一个当书记的就是王补子？

答：是。

问：他之后是谁？

答：张歪子。

问：你是共产党员，现在有收入没有？

答：没有。这村的党员们都没有收入。现在的干部有收入。

问：你老两口让儿子们养着呢？

答：是，他们兄弟三个，我老两口一家跟一年。

问：这是老二的家吧？

答：是。

问：老三做什么？

答：做木材加工。

问：老二、老三的收入怎样？

答：差不多，收入不少，老三也可以。

【承包制】

问：这里哪年开始实行土地承包？

答：1983年吧，土地分给户了，到现在11年了。

问：一个人承包多少土地？

答：1.5亩。队与队不一样，地多的队承包的土地多。

问：现在还是1.5亩吧？没变吧？

答：没变。签了16年的合同。

问：你们十来亩吧？

答：是。

问：包括老二的地吗？

答：不包括。

【个人履历】

问：你当过3年村长，还当什么啦？

答：农会、贫民团都离不了我，当过生产队长。

问：什么时候当过生产队长？

答：上上下下当了十几年队长。干几年不干了，后来又干。

问：什么时候不干工作了？

答：大儿子19岁那年，因岁数大了，不干啦。

问：村长和队长哪个不好当？

答：队长不好当，村长也不好当。

问：为什么都不好当？

答：当村长时，山上冲击过来啦，他们找干部，当时元氏解放啦，我们这里还没解放，形势变化很大，栾城解放啦，还有的县没解放，没解放的县国民党的军队又突击过来啦，当干部的很着急，村长也不好当。

问：谁接你当村长？

答：张歪子。张歪子当了一年或两年就不干了。张歪子不当之后徐孟祥当。

问：你80多了吧？最苦的是什么时候？

答：最苦的时候是吃树叶的那些年。1960年。

问：山东省当时也没有吃的，有的人就跑到外边谋生了，这里有吗？

答：不多，有。

问：公社的事你还记得吗？

答：记得不多。

问：公社食堂你还记得吗？

答：记得。

问：是不是全村的人一起吃饭？

答：是。

问：食堂在什么地方？

答：西院街。徐白子家也做过。

问：食堂成立了多长时间？

答：2年不到。

问：大炼钢铁在这村炼了吗？

答：炼啦。

问：在院子里炼吗？

答：对。

问：你参加过人民公社？

答：参加过。

问：你认为人民公社好还是不好？

答：好。

问：有不好的地方吗？

答：我认为很好。

问：哪些方面好？

答：人民公社让吃饱饭，想办法解决困难，我岁数大了很多好事都忘了。

问：你这一生中生活最好的是什么时候？

答：平分地的那年最好。

问：1976年毛主席死你知道吗？

答：听说过。

问：你听说毛主席去世了，是怎么想的？

答：锄地时听人说的，已经很老啦。

问：谢谢您，对我很有帮助。希望您更长寿！

郝小寿（53岁）

时　　间：1994年12月27日上午

访问者：三谷孝

翻　　译：王　键

访问场所：郝小寿家

【家族】

问：你是哪年出生的？

答：1941年。今年53岁，属马的。

问：你父亲是郝国檩吗？

答：是。

问：你父亲当年当过村长吧？他当村长时的事，你还记得吗？

答：我听说过。

问：你父亲是多大岁数去世的？

答：60岁。1955年。

问：得的什么病？

答：癌症。

问：你父亲除种田外，还干过什么？

答：还卖煤，卖粮食，干商业。

问："土改"时你父亲多少土地？

答："土改"以后18亩。

问："土改"前呢？

答：2.5亩。

问：当时家里几口人。

答：6口人。

问：你母亲、父亲和你以外还有谁？

答：一个姐姐，三个哥哥。

问：不对呀？

答：我三哥到我舅舅家了，除了他还有6口人。

问：你母亲叫什么名字？

答：聂村子。

问：你母亲还在吗？

答：1985年死了。

问：她从哪儿嫁过来的？

答：聂家庄。

问：你大哥叫什么？

答：郝成林。

问：二哥？

答：郝庚林。

问：老三呢？

答：他跟我舅舅了，姓聂了，叫聂新。

问：你舅舅在聂家庄？

答：对，是我母亲的弟弟。

问：你是老四？

答：对。

问：你姐姐叫什么？

答：郝香荣。

问：老大、老二在村吗？

答：老大去世了，老二在河南。

问：在河南干什么？

答：在平顶山矿务局。

问：你姐姐呢？

答：她嫁到平山县了。

【父郝国樑的轶事】

问：土改前你家 2.5 亩地，养不活一家人，所以你父亲做买卖了，是这么回事吗？

答：是。

问：是到市场上卖煤、卖粮吗？

答：卖煤在煤店，粮食到市场去卖。

问：拉回村里来卖？

答：不。煤在煤场卖，粮食在市场卖，有个摊位，粜米，批发商式的。

问：你父亲属于哪个类型的性格？

答：他属于马虎人，没有心计，"四清"时村里说他是绵性人。

问：全村人都信任他吧？

答：是。

问：解放后你父亲当过村干部吗？

答：没有。

问：你父亲曾在一家日本料理店当过小伙计，你还记得吗？

答：时间长，再靠前的事我不记得。

问：同你父亲要好的朋友有谁？

答：张老乐同他不错，郝玉生也不错。

问：这两个人还在吗？

答：都不在了。

问：张老乐的事你不记得吗？

答：不记得。

问：解放那年的事你不记得吗？

答：当时我 6 岁。打栾城的时候八路军要粮车，我母亲告诉他们家里有车，我还记得。

问：为什么你母亲干这事，你父亲呢？

答：解放的时候我父亲不在家，八路军来了找保长，保长不在（我父亲是保长）。

问：你父亲去哪里啦？

答：当时是夜里，我不记得去哪里了。

问：是躲起来了吗？

答：还不是躲，听说他在城里没回来。

问：你父亲做生意到哪年？

答：记不清了。

【"土地改革"、合作社】

问：6 口人，一人 3 亩地，共 18 亩，是贫农吧？

答：我家是贫农。

问：分了土地以后，家里人种田，你父亲做生意，你父亲还种田吗？

答：种田，一边种田，一边做生意。

问：做生意的收入还行吗？

答：不行。

问：合作社是哪年？

答：1955 年互助组，我家自愿加入互助组了。

问：你父亲同谁是一个互助组？

答：郝芹子、郝四妮，还有一户加我父亲共四户。

问：这几个人组成一个组是因为关系好还是地近？

答：国家提倡，关系又好，不是邻居。

问：这四户都姓郝，是亲戚吧？

答：不算亲戚，都是同族的人。

问：互助组什么地方好？

答：一户有困难，大家都支援，这就是互助组好的地方。

问：还有什么好处？

答：比如说你有农具人手不够，我有人农具不足，可以互相调剂，收的东西归个人。

问：这四户人家都有马、驴、骡吗？

答：都有。有有马的，有有驴的，每家都有一头。

问：有骡子吗？

答：没有。

问：你家有什么？

答：有一头驴。

问：其他家呢？

答：有两户有马，一户有驴。

问：比如说我有毛驴借给你了，不白用吧？

答：白用，互相白用，不给钱，互相支援。

问：你们的互助组与其他互助组的关系怎样？

答：我不了解。

问：土改时有几家富农？

答：三户，有赵黑子、张仲寅。

问：还有谁？

答：赵良印。

问：土改时的干部都有谁？

答：记不太清。

问：批斗富农的过程你清楚吗？

答：分地记不清，从富农家里弄破衣服、桌椅板凳的事我记得。只看了现象，本质的事记不清。

问：你父亲得到什么家具了？

答：记不清啦。

问：你分了 18 亩地吧？

答：连自己的 2.5 亩共 18 亩地。

问：增加的土地原来是谁家的？

答：王老骆（乐）的，也有王赞周家的地。

问：有地契吗？

答：有，没在我这里，在我大哥那里。我大哥去世啦，在他孩子们的手里拿着。

问：北京地区农民的地契"文化大革命"中都烧掉了，你们的没烧掉？

答：没有烧掉，这个村的都没有烧。

问：你们家有家谱吗？

答：没有。

问：过去就没有？

答：没有。

问：你们郝姓大家族变迁的过程你知道吗？

答：我不知道，时间很长了。

问：据记载，你们郝家有郝家会，逢年过节聚餐，你知道吗？

答：知道，现在没有了。

问：什么时候就没啦？

答：1956、1957 年就没了。

问：这村的合作社就是那年创办的？

答：初级社就是一九五几年。

问：全村几个初级社？

答：10 个。

问：你们家入的哪个社？

答：建中社。

【学 校】

问：你上过小学吗？

答：上过。

问：从几岁上到几岁？

答：上到 17 岁。从 10 岁上学。

问：哪村的小学？

答：栾城西街。

问：是小学吗？

答：是。高小。

问：县立学校？

答：是。

问：初级小学上了几年？

答：4 年。在村里小学上的。

问：解放后小孩都上学了吗？

答：也有不上的。

问：为什么不上？

答：当时家里不重视学习。

问：是交不起学费吗？

答：当时主要还不是交不起学费，主要是家里缺少劳动力，从小就在家里干活，解放后分的地多，劳动力少。

问：你还记得这个小学老师的名字吗？

答：记得，叫李秀身（男）。

问：是这个村的人吗？

答：不是，大李庄的。

问：他教什么？

答：一个人什么都教。

问：几个班？

答：4个班。也就是4个年级。

问：有多少学生？

答：40多人。

问：县小学老师的名字？

答：董西林。

问：他教什么？

答：语文。

问：董老师很严厉吧？

答：很严厉。

问：哪方面很严厉？

答：管理很严。

问：你上县城小学走着去吗？

答：是。

问：走多长时间？

答：20分钟。

问：这村去上学的人很多吧？

答：不多，共四五个人。

问：村的小学不是有很多学生吗？

答：他们考不上高小。

问：你成绩很好上了高小，是你父亲让你去的吧？

答：考上以后我父亲得病了，我上高小时我父亲就殁啦。

问：你父亲去世啦，你上学啦，支撑这个家的是你大哥吧？

答：是。

问：县城小学毕业后？

答：毕业后到石家庄去了。

问：干什么去啦？

答：石家庄技校把我要去啦，实际上也没上学，直接进工厂了。开始是技校，到那里就变啦。

【工厂劳动者】

问：什么工厂？

答：拖拉机配件厂。

问：哪年？

答：1958年"大跃进"的那年。

问：在工厂干了几年？

答：4年。

问：每月挣多少钱？

答：开始是徒工，每月给18元。

问：正式工人吗？

答：正式工人。

问：转正以后挣多少钱？

答：32元，后又挣到37.70元。

问：4年以后，自愿回来的？

答：自愿回来的。1962年回来的。

问：你从石家庄回来的原因主要是你们家太苦，还有其他原因吗？

答：没有。

问：刚才说的那年自己吃不饱，也没钱帮家？

答：是。

问：1961、1962年这村很穷吧？

答：对。

问：自然灾害，粮食基本上没有收成吗？

答：是。

问：山东的农村1960年很困难，到外地去的人很多，这村有吗？

答：有，多啦。

问：到哪里去啦？

答：到东北、西北、包头那边，到哪里的都有。

问：他们干什么呀？

答：临时工，也就是壮工。干什么的都有，为了混饭吃。

问：三年灾害时有没有人饿死？

答：有，那年死的人比较多。

问：这个村死了多少人？

答：不记得。

问：你这家族中有死的人吗？

答：有。

问：谁呀？

答：两个大娘。我父亲的嫂嫂。

问：1962 年你回到村就种地了？

答：刚回来当会计。

问：干了几年？

答：3 年。"四清"时不干了，共 3 年。

问：大队会计？

答：对。1969 年下来不干会计了。

问：人民公社从哪年开始？

答：1958 年。

问：你当小队会计是人民公社吧？

答：1958 年还在石家庄。

问：你对人民公社有什么看法？好还是不好？

答：人民公社管理上出勤不出力的多，人去了做的工很少，发挥不出人们的积极性来。地的收入低，人的生活比较贫困。

问：初级社这个村有 10 个，高级社几个？

答：7 个。

问：人民公社时？

答：人民公社时就变成一个大队了。

问：当时的村长是谁？大队长？

答：大队长是刘文生，徐孟祥是书记，会计是赵球。

问：代替你当会计了吧？

答：不是，我当时还在石家庄。

问：刘文生还活着吗？

答：活着。

【"四清"运动、"文化大革命"】

问："四清"是一个什么样的运动？

答：清账、清仓、清理阶级队伍，还有清财产吧？忘了。

问：工作队来村了吗？

答：来了。

问：工作队从哪里来的？

答：我们这里是第二批搞"四清"，县里组织的工作队。

问：来了几个人？

答：多啦。

问：北京有"大四清"、"小四清"？

答：我们这里是"粗四清"、"细四清"。

问："粗四清"是哪年搞的？

答：1964 年。"细四清"是 1966 年。

问："细四清"到"文化大革命"了吧？

答："细四清"的后期是"文化大革命"。"四清"工作队没撤走，"文化大革命"就开始了。

问："文化大革命"时这个村是怎样的情况？

答："文化大革命"期间没什么派性。

问：外地"红卫兵"来这个村了吗？

答：没有，本村人组织的红卫兵。

问：几个组织？

答：两个：一个是捍卫最高指示红卫兵；一个是火炬红卫兵。

问：都是村里年轻人组织的吗？

答：是。

问："红卫兵"的领导人是谁？

答：我。

问：你是哪个组织的？

答：捍卫最高指示红卫兵。

问：火炬呢？

答：赵金贵。

问：你们这两个组织有什么不同？

答：没什么大的不同，组织之间没有争辩。没有什么事，属于平稳的村，村里没乱。

问：村里的富农受批判了吗？

答：批判啦。

问：除富农外还有什么人受批判？

答：戴帽的"黑四类"——地富反坏。

问：不是"黑五类"吗？

答：村里没有地主和"右派"。

问：哪些人受批判了？

答："坏分子"刘小水。郝十八是"反革命"，他解放前是国民党兵，杀过人。富农张仲寅。

【民办教师】

问：你不干会计后干什么啦？

答：到学校当民办教师。

问：从1969年开始吗？

答：是。

问：收入不多吧？

答：不多，一个月补助4元钱，其他给工分，这是刚开始的时候，给了一年。后来给4元、6元、8元。

问：干了几年民办教师？

答：13年。干到1984年。

问：教什么？

答：语文、算术。

问：你没干过农业？

答：对。

问：1984年以后你干什么？

答：1984年以后到石家庄学电焊技术。

问：自己办了个店？

答：是。办了个加工部，给别人加工，干点零活。

问：店在村里吗？

答：在村北边。

【结婚和子女】

问：你多大结婚？

答：26岁，1967年或1966年。

问：你夫人叫什么？

答：王淑芝。

问：是这个村的吗？

答：不是。白佛赵村人，本县人。

问：你们是通过别人介绍的吗？

答：介绍的。

问：谁介绍的？

答：郝贵。是乡亲。

问：你有几个孩子？

答：两个，一个叫郝丽萍，女儿，27岁。儿子叫郝备战，26岁。

问：都在村里吗？

答：都在石家庄，合同工。

问：女儿结婚了吗？

答：已婚。

问：他们都住在石家庄了吗？

答：都住在石家庄工厂的房子了。

问：他们的户口在哪里？

答：在家。

问：儿子也是？

答：对。

问：儿子做什么工作？

答：石家庄医疗保健品总公司供销科长。

问：女儿呢？

答：也在这个公司，当管库员。

【承包制以后】

问：土地承包责任制是哪年开始的？

答：记不太清了。

问：一个人多少地？

答：一亩半。

问：你承包了多少？

答：4口人6亩。

问：种什么？

答：主要种小麦和玉米。

问：现在还种吗？

答：种。

问：你种田有收入，小店也有收入，这两部分一年各收入多少钱？

答：种庄稼收入不多，小店收入 1 万元。

问：小店是你一个人干，还是与别人合伙？

答：去年我的小孩到城里去了，现在还剩下我一个人干。我们一家的店。

问：为什么在店里不干了？

答：比较累。

问：你现在在石家庄干什么？

答：我现在在城里，在栾城办了个塑料厂。

问：自己的工厂？

答：对。

问：这房子是什么时候盖的？

答：1985 年。

问：现在谁种田？

答：我和我爱人。

问：你每天回村吗？

答：有时候不回来。

问：你怎么到县城去？

答：骑自行车。骑摩托车岁数大了。

问：儿子有摩托车？

答：儿子有汽车。

问：你这一生中什么时候最苦？

答：两个时期：解放前最苦，1960 年也最苦。

问：生活最好是哪段时间？

答：我当民办教师时，生活比较安定，没有什么开支，现在生活最好。

问：现在生活不安定吗？

答：现在有赔有赚呀。

问：你挂毛主席的像是对毛主席崇拜吗？

答：崇拜。

问：在日本有种说法：毛主席当然伟大，邓小平更有能力。

答：有的说法不一定正确，现在多数人说邓小平不是这种情况，我认为这种说法不对。

问：你认为毛主席好是吗？

答：对。毛主席好。困难时期俺不知道是怎么造成的。毛主席干了几十年，邓小平时期农村发展得快，这点也不能不承认，这两个人不能说谁更有能力，不能这么比较。从农村说，毛主席领导干了那么多年，过去不自由，现在自由。没有邓小平就没有今天，咱们说的是事实。

刘文生（65 岁）

时　　间：1994 年 12 月 27 日下午
访 问 者：三谷 孝
访问场所：刘文生家

【满铁调查】

问：1950 年前日本人来这里调查过，你记得吗？

答：记得。1950 年前在日本占领时来这里调查过，日本有个宪兵顾问叫林铁，在这村调查过几次。

问：是宪兵的顾问吗？

答：不是宪兵，是三平顾问，叫林铁。

问：林铁是干什么的？

答：林铁也是日本人，日本占领时在县里，穿军装。当时我十二三岁。在村里座谈的有张老乐（张仲寅的父亲）、赵老凤、刘老达（我的爷爷）、刘元德。

问：是日本人三平和林铁找他们座谈吗？

答：三平顾问和林铁带着穿便衣的日本人找我上边说的这些人座谈调查。有没有国民党我就不知道了。

问：三平和林铁穿军装吗？

答：记不清了，给这个人一把糖，那个人一把糖。

问：给小孩糖吗？

答：日本人觉得小孩可爱，照样给糖。

问：日本人来后找这几个人是吗？

答：是。日本人来一次找他们座谈一次，在东头，开始人们害怕日本人，实际上不怕，座谈后给工钱，所以人们就不怕了。

问：地图上有刘老达的名字，这是刘老大呀，是一个人吗？

答：是一个人，他们写错了，不是大小的大，是达到的达。

【家族】

问：你父亲的名字叫什么？

答：刘英。

问：你父亲去世了吗？

答：去世了。

问：哪年？

答：我65岁啦，在我45岁时我父亲去世的，他当时69岁。

问：你母亲？

答：我母亲在日本进攻中国的那年去世的，常年有病。日本还没有进来，1937年去世的。

问：你母亲的名字？

答：张爱吧，我记不清了，过去小孩们不经常说父母的名字，叫刘张氏吧。

问：你哪年出生？

答：我65岁了，属马的，1930年。

问：你有几个兄弟？

答：一个哥哥一个姐姐。姊妹3人。

问：你是老二（排序时女孩不算）？

答：对。

问：你哥哥的名字叫什么？

答：刘喜毛。

问：还健在吗？

答：在。今年69岁。

问：你姐姐呢？

答：72岁。

问：叫什么？

答：刘新姐。

问：她嫁到哪里了？

答：朱家庄。

【私塾和洋学校】

问：你上过学吗？

答：我上的私塾比较多，还上过一年初小。

问：几岁上私塾？

答：6年私塾，上到16岁。

问：私塾是这个村的吗？

答：这村的。两个老师，本村一个，外村一个。

问：两个老师的名字？

答：本村这个叫赵大眼。

问：主要学什么？

答：《三字经》，《百家姓》，《论语》，《孟子》。

问：有没有算术？

答：没有。学毛笔字。

问：学打算盘吗？

答：学得很少，主要攻读日本话。

问：你上的私塾有多少学生？

答：最多没超过20人。13~17人之间。

问：有女孩吗？

答：没有。

问：有其他村的孩子吧？

答：没有。

问：上完私塾后又干什么啦？

答：又在南客村上了两年洋学校。

问：中学吗？

答：初小还是初中，小学吧。在南客村上的。

问：你们几个人上洋学校？

答：上的人很多，那个村大，也比我们村富。

问：你这个村有几个人？

答：这个村就我一个人上洋学校，南客村是我姥姥家，我住在那里。

问：学的什么？

答：语文、算术、算盘。

问：住在你姥姥家了？

答：对。

问：上了 2 年洋学校后到哪里去了？

答：又回到我村里来了。

问：当时你家有多少土地？

答：12 亩多地。

【找工】

问：当时几口人？

答：6 口人。有我父亲、爷爷、奶奶和我们姐弟三个，我母亲已去世。

问：你回村后你母亲去世的吗？

答：早去世了。

问：你母亲去世后上的洋学校？

答：不。我在村上私塾时母亲就死了。1937 年我母亲去世的，我开始在村里上私塾。

问：从学校回村后除种地还干过别的事吗？

答：到城里的地主王老乐家打小工，短工。我们叫找工，干一天算一天，一天一算账，与短工还不完全相同。

问：农忙的时候去吗？

答：对。当时工业不发达，地主也没有工厂。农忙了去找工，农闲了在家里拾柴火。

问：找工一天挣多少钱？

答：管三顿饭，给点钱，以混饭为主。

问：王老乐是个大地主吗？

答：大地主。

问：王老乐自己不管事吧？

答：王老乐整天不出门，他下边有人管具体事。

问：你们村还有别人给王老乐打工吗？

答：太多了，我们村有 90% 以上的人给他打过工。

问：你父亲除了种田还干别的事吗？

答：除了种田，也找工，有时卖谷糠，一、六、三、八集在县里卖。

【日本暴行】

问：日本军来中国的事你知道吗？

答：知道，那年我 28 岁了。

问：日本军来这里干过什么不好的事情没有？

答：抢鸡蛋，捉鸡。十户一个甲长，甲长捉鸡，日军一来赶快敛鸡蛋，送给日本人。

问：有没有被日本人打的，抓走的，杀害的？

答：这个村没有，就是有一回抓鸡，日本人追，那个人就跑。那个人叫赵老凤，日本人开枪打他，没有打中。

问：为什么跑？

答：他见到日本人带着枪，惊慌失措就跑，日本军开枪打他。

问：有没有被日本抓去挖战壕的？

答：有！经常有。够年龄的差不多都得去，老头就不去了。

问：给钱吗？

答：不给钱。

【八路军、区小队】

问：八路军什么时候来这村的？

答：日本 1945 年投降，1947 年八路军来的。

问：有区小队吧？

答：有。日本投降后城里住着皇协军，经常有三五个区小队的人出没。日本在时来的不多。

问：日本占领时没来过？

答：来过，不多，夜里有两三个人来的，

大部队没有。

问：听说过"佛教会"的事吗？

答：听说过，我当时岁数小。日军在这初期有。

问：这个村有吗？

答：不知道。

问：国民党军来过这村吗？

答：来过，经常来，离城近，经常有三五个，十个八个的来。

问：哪年来的？

答：记不清，经常有人来，县城有宪民队，他们骑着车经常来。

问：是抗日战争时候？

答：抗日时期才有宪兵队呢！

问：抗日前国民党军也来过这里？

答：也来，不是大批的。

【"土地改革"】

问："土改"哪年开始？"土改"时间很长吗？

答：不长，由贫下中农分土地。我们村分的主要是王老乐的土地，我们村没地主。

问："土改"时怎么处理的王老乐？

答：跑了。他一个人跑了。

问：跑到哪里去了？

答：不知道。斗争他时去的人很多，我也去了，把他家的东西平分了。

问：你父亲什么成分？

答：下中农。

问：分了多少地？

答：我们自己12亩，又分了3亩，共15亩地。一个人平均3亩地，当时人少，全村600人。

问："土改"是从什么事情开始的？

答："土改"首先组织村的贫下中农斗地主，没收地主的东西，回来就选出贫下中农代表搞土改，把地主的东西分给贫下中农。

八路军是人民的军队，为人民造福，分田地。我们村没有地主，主要是分城里王老乐的地。

问：选什么代表？

答：贫协委员会。

问：贫协主任是谁？

答：王补子是贫协主席。

问：这村地富是谁？

答：没有地主。富农有郝中林、赵黑子。

问：还有谁？

答：张老乐。就这几户。

问：张老乐还有一个名字吧？

答：张黑丑。

问：张老乐是张仲寅的父亲吧？

答：是。

问：那时候张老乐去世了吧？

答：早去世了。"土改"以前就死了。

【联络员、警卫员、技术站站长】

问：解放后在村里你当过干部吗？

答：1947年，解放栾城的那年我到县里去了，1948年入党到县政府干过。

问：在县政府干什么工作？干了几年？

答：当交通员，干了三年。

问：入党以后学习过马克思、列宁、毛泽东写的东西？

答：经常学习，学习得太多了。

问：去过干部培养学校吗？

答：进学校，培训，开党员会，多啦，去过党校学习。

问：当了三年交通员以后呢？

答：以后当警卫员，县长的警卫员。

问：干了几年？

答：干了两年后到山区（三区）去了。

问：你会武术吗？

答：不会。

问：为什么让你当警卫员？是不是你身体好？

答：是，身体好。忠诚老实能干。

问：干了两年以后又干什么啦？

答：到三区当技术站的站长。县技术站站长。

问：什么三区？

答：全县分为四个区：豆姁区为三区。

问：干了几年？

答：1948 年走的，共干了七年，1958 年退职回来的，我有病。

问：回到这个村了？

答：回来当干部。

问：什么病？

答：胃溃疡。

【村干部】

问：当什么干部？

答：在大队党支部当组织委员，当时病没好。

问：当了几年？

答：病好以后，第二年当生产大队队长。

问：哪年？

答：1959 年。

问：工作很辛苦吧？

答：对。

问：大队长是选出来的吗？

答：全村人选出来的。

问：当时的党支部书记是谁？

答：徐孟祥。

问：郝腊月在他之前还是他之后？

答：在徐之前当书记。

问：这村就一个大队吗？

答：一个行政村一个大队。

问：你认为最辛苦的工作是什么？

答：当大队长时最辛苦。

问：当大队长时哪件事最不容易？

答：种田。

问：大队长当了几年？

答：共干了两段，毛主席去世的那年我调入县农场，当农场场长。当队长从 1959～1974 年，1974 年调入的县农场。

问：农场在什么地方？

答：公社孟董庄。

问：农场场长当了几年？

答：9 年。1983 年就回来了。因为开始实行承包，我岁数大了，没有承包，就回家了。

【结婚和子女】

问：现在你家里有几口人？

答：我有两个儿子，都成家了，他们都有妻子和一个小孩，都分家了。

问：你多大岁数结婚？

答：19 岁结婚。当时在县城。

问：你老婆的名字？

答：次景珍。

问：你两个儿子的名字叫什么？

答：大的叫刘书宾，今年 29 岁，现在在县里工厂。老二叫刘书忠，今年 24 岁，单干开汽车。

问：现在你两口依靠什么生活？

答：儿子们给钱，他们很孝顺。

问：这个村知道解放前后事情的老人都有谁？请告诉我们。

答：郝狼子岁数不小了，平分土地时他是第一、二把手，知道得较多。

问：他是不是叫郝吉祥？

答：对，是郝吉祥。

王淑芝（郝小寿之妻）（47 岁）

时　　间：1994 年 12 月 28 日上午

访 问 者：三谷孝

翻　　译：王　健

访问场所：郝小寿家

【个人经历】

问：你叫王什么？

答：王淑芝。

问：哪年出生？

答：1947 年。

问：你娘家是哪里？

答：本县孟董庄乡白佛赵村。

问：当时日本人来中国在白佛赵村有没有杀掠？

答：我记不清。不知道是什么兵到村来过。

问：听老人说过吗？

答：没有。

问：你多大岁数上学？

答：9 岁在本村上小学，在东牛村上高小。

问：在本村上了几年？

答：4 年。在东牛村上了两年高小。

问：学什么课程？

答：语文、算术、地理、自然。

问：那时像你这么大的孩子都上学吗？

答：不都上。

问：你高小毕业后干什么？

答：在村里当青年团支部书记。

问：白佛村吗？

答：对。

问：你父亲叫什么？什么成分？

答：下中农，叫王老精。

【结婚】

问：你来这个村是哪年？

答：1967 年。

问：是结婚来的？

答：对。

问：你俩是怎么认识的？

答：别人介绍的。

问：是郝贵介绍的吗？

答：对。

问：郝贵同你们是什么关系？

答：乡亲关系。

问：你与郝贵是怎么认识的？

答：郝贵的夫人是白佛赵村的人。

问：他给你们介绍后，你们见面之后再判断行不行吧？

答：是。

问：有没有介绍之后，两个人不同意的事？

答：有。

【妇女主任】

问：你来这村后当了几年妇女主任？

答：1973～1984 年。11 年。

问：这个村最早有妇女主任是"土改"时吧？

答：对。

问：历届妇女主任都是谁？

答：以前的我不知道，我之前是徐春月。徐春月之前是郝云秀。1984 年以后是赵金娥。

问：赵金娥从 1984 年干到哪一年？

答：她从 1984 年当妇女主任，中间有两年没有妇女主任，后来赵金娥又接着干，一直干到今年。

问：现在的主任叫什么？

答：张菊婷。

问：你是被选的还是指定的？

答：公社指定的。公社让这村的下乡干部与大队干部商量让我干的。

问：让你当妇女主任是不是因为你团支部干得好？

答：我不知道为什么。

问：他们认为你能干老实吧？又当过团支书？

答：他们可能是那么想的。

问：县里是叫妇联吧？有几个人？

答：对。妇联有三个人。

问：你当主任，那两个叫委员吧？

答：我是委员，县妇联委员，有董银兰、赵云姐是委员。

问：委员会就你们三个吧？

答：下边有 7 个生产小队，每个生产队有一个妇女队长。

问：现在有村委会，当时的妇女主任相当于大队的什么？是副队长吗？

答：我本身是大队党支部的委员。

问：所有妇女都参加妇联？

答：对。

问：妇联做什么工作？

答：妇联的主要工作是动员妇女管理好棉花。妇联的工作是从上边下达的。

问：你在任妇女主任期间的工作主要就管好种棉花？

答：主要是管棉花，有妇女植棉组。

问：其他还干什么？

答：当时开会多，上边召集我们开会，我们召集妇女开会，当时有妇女植棉组、五好家庭等，比现在的事情多。

问：五好家庭在这个村占多少比例？

答：有七八十户五好家庭。

问：全村有多少户？

答：200 户人家，1300 多口人。

问：除植棉外，像青年妇女结婚、生育、照看孩子、家务等事管吗？

答：这些事都有。离婚的吵架的我们也调解。农忙时组织妇女管理棉花，农闲了组织妇女做针线活。

问：什么针线活？

答：做衣服自己穿。

问：解放前妇女纺线，现在还纺吗？

答：不纺。农闲时组织妇女做鞋，做衣服。

问：自家的老人病了谁照顾？

答：儿媳妇照管，妇联监督管理。

问：你当妇女主任给补助吗？

答：记工分，与大队其他干部一样，没给过现金。

问：你家的收入主要是种田吗？

答：工分也能分钱。

问：你当妇女主任最不好干的是什么工作？

答：计划生育。

问：为什么？

答：那时计划生育刚开始，农村有多儿多女多富贵的思想，工作不好做。

问：除计划生育之外还有不好干的吗？

答：别的还可以。

问：如果夫妻半夜吵架，你半夜也去吗？

答：找我就得去。

问：你在白佛赵村当团支书时学了很多东西吧？

答：也学习。学习报纸、杂志。有三会一课，三会就是支部会、党员会、团员会，一课就是上党课、上团课。

问：你认为妇女的生活解放前后有哪些变化？

答：各方面变化都不一样。变化最大的是妇女有地位啦，男女都一样啦。解放前妇女不让出门，没有地位，现在的妇女什么都可以干。

问：在日本男女干同一种活，但女的比男的收入低，这是不合理的。在中国这种情况有吗？

答：有。过去锄地，你锄一垄，我锄一垄，但你挣 10 分，我挣 8 分，因为你是男的，我是女的，待遇不一样。现在都一样了，按劳取酬。

问：在日本经常有夫妇打架的事，女的

被男的打，中国夫妇打架时女的被男的打得多吗？

答：也有。

问：女的打男的有吗？

答：也有。

问：日本男女吵架，有的男的把桌子都推翻了。男的厉害。你俩谁打谁？

答：俺俩没打过架。

问：女的被打后是不是跑到你那儿去告状？

答：有这种事，我给他们调解调解。

问：在日本婆媳关系总处不好，中国的婆媳关系怎样？

答：多种多样，有好的，有不好的。

问：在日本经常因干家务或用钱方面婆媳关系处理不好，这村有吗？

答：也有。也不一样。

问：你当妇女主任为什么1984年不干了？

答：有病啦，心脏不好。

问：还担负村的其他职责吗？

答：都不干了。

问：回来干农活？

答：是。

【现在的家族、家计】

问：心脏不好种田行吗？

答：在家看孩子、做饭，他们种地。

问：你家多少亩地？

答：6.5亩。

问：主要种植什么？

答：玉米、小麦。

问：收获的粮食除自己吃，交公粮吗？

答：交公粮。

问：卖粮吗？

答：满足自己吃的，交够征购之外，就卖粮食。

问：到什么地方卖粮食？

答：在村里卖。

问：除种地外还养猪养鸡吗？

答：养一头猪自己吃，养几只鸡为的吃蛋。

问：不是养鸡专业户吧？

答：不是，不卖。

问：你家种田的收入占全年总收入的多少？

答：除了吃、用以外，卖粮收入3000元。

问：其他收入多少？

答：一年8000～9000元。

问：你丈夫到外边挣钱吧？

答：是。

问：你丈夫当民办教师时家里生活很苦吧？

答：也差不多，他也挣工分，我在大队也挣工分，在村里属上中等。

问：他主要种田吗？

答：对，种田。他一个人种田，我看孩子，现在都是机械化了，收麦子有联合收割机，机器打场，播种也是机械化，只是锄地里的草用人工，用化肥，地里的草很少，一个人也不忙。

问：借用别人的拖拉机付钱吗？

答：付加工费。

问：用拖拉机付多少钱？

答：耕一亩地6元，割一亩地连打场25元。

问：有用人工割的吗？

答：很少。人工割的地方是不能使用拖拉机的边角地段。

问：人工割麦雇人吧？

答：雇人的不多，都是自己割。

问：你家的地是连在一起的还是分开的？

答：两块。

问：你家6.5亩地，5口人，有小孩的地吗？

答：没有。

问：新生儿给地吗？老人去世后的地怎么办？

答：我们村规定在 2000 年前地不变，增人不增地，减人不去地，等 2000 年合同满后再变动。

问：过去这个村用水车灌溉，现在还有吗？

答：没有了。

问：灌地用什么？

答：用水泵。

问：你见过水车吗？

答：见过。

问：水车有一人高吗？

答：没有。有水轮和水斗，水斗很长，浇水很慢。

【子女结婚】

问：你儿子哪年结婚的？

答：1989 年。

问：姑娘结婚早吧？

答：姑娘大，她早一年，1988 年。

问：姑娘出嫁花了很多钱吧？

答：花了 5000~6000 元。

问：儿子娶媳妇花多少钱？

答：也是 5000~6000 元。

问：干什么花这么多钱？

答：办酒席、买家具。姑娘没有办酒席，都是花在家具上，有台彩电。

问：在家里办的吧？

答：我去年在山东，山东人娶儿媳妇先盖好房，买电视机、录音机、洗衣机，如果这些东西不准备好，媳妇不进门。

问：这里也是这样吗？

答：准备也行，不准备也行，自愿。我也盖房了，两个孩子没意见就行。

问：儿子办了几桌宴席？

答：40 人。双方的亲友都在内，女方来了 20 多人。

问：山东省平原县结婚的时候，村干部和亲戚坐在一桌吃，小孩和女人到别的地方吃，咱们这里男女都在一起吃吗？

答：男女不在一起，男的一桌，女的一桌。

问：山东省有专门为办喜事的户组织的碗社，借给他们碗筷，这里有吗？

答：有。大队有。

问：他们叫碗社，你们叫什么？

答：有办这件事的，不叫这名字。我们村东、西头都有管这个的。

问：厨师是请来的吗？

答：请来的，本村有厨子。也有请外村的。

问：本村的厨师是男的吧？

答：是。

问：年轻的吧？

答：不老。

问：山东的碗社一个人做饭，一个人端盘。

答：这里也是。有个做饭的，有几个端盘的，自己人端盘。

问：山东的碗社专门负责做饭端盘。

答：这里端盘的是自家人。

问：办婚宴吃几个小时？

答：中午开始吃，吃到下午两点多。2~3 小时。

问：吃完婚宴就完啦？

答：完了。

问：日本的习惯是喝酒喝到晚上，从上午开始。这里晚上闹洞房吗？

答：闹洞房。

问：日本人结婚时新婚夫妇跪在佛前说几句话，如两个人一辈子合好啦，发发誓，中国有吗？

答：没有。

问：咱们这里办完结婚证，请一请亲友就行了吧？

答：对。

问：什么样的才是理想的家庭？

答：有吃有住，有钱花，儿女双全就行了。

问：日本也喜欢有儿有女，希望老大是女孩，老二是男孩，中国是这样吗？

答：中国也是。

问：中国不是计划生育只生一个吗？

答：提倡一个，如果生了两个罚款。

问：多生一个罚多少钱？

答：3500 元。生第三个罚 6000 元，生三个的很少。

问：你儿子和女儿几个孩子？

答：都是一个。

问：你这房子是哪年盖的？花了多少钱？

答：1 万多元。

问：土暖气何时装的？

答：去年冬天装的。

问：这房子很高，夏天也凉快吧？

答：是。

郝小六（40 岁）

时　　间：1994 年 12 月 29 日上午
访问者：三谷孝
翻　　译：王　健
访问场所：郝小六家

【家族】

问：五六年前我来这村时，你当副村长？

答：村长，不是副村长。

问：郝同顺是书记？

答：对。

问：你是哪年出生的？

答：今年 40 岁，属羊的，1954 年出生。

问：你父亲是郝老（洛）艳，你母亲叫什么？

答：我母亲叫方春姐。

问：你对过去的事记得比较清楚？

答：看什么事。

【学校】

问：你在这村上的小学吗？

答：上过。

问：几岁到几岁？

答：9～19 岁。

问：在本村小学上了几年？

答：7 年。

问：另外几年在哪里？

答：在孟董庄上中学，2 年。

问：这才 9 年，不够 10 年。

答：当时的中学正是"文化大革命"时期，在村里上了 7 年，在孟董庄上了 2 年，其中有 1 年停课，共 10 年。

问：你是在"文化大革命"时期上小学吧？

答：开始时没有，哪年上小学记不清了。上小学时"四清"，后来才有"文化大革命"。

问：中学毕业后干什么？

答：回村在生产队种地，当了一年生产小队长。

问：在孟董庄上中学每天来回跑还是住校？

答：每天来回跑，不住校。

问：你同龄的孩子都上学吗？

答：100% 的上学。

问：你们俩一块上学吗？

答：小学中学都在一起上，他比我大两岁。

问：你叫什么？（指另一人）

答：郝同江。

问：你是村的什么干部？

答：会计。

问：小学都学什么课程？

答：语文，算术，主要是这两门，还有政治。

问：小学老师的名字？

答：刘一心。

问：本村人吗？还健在吗？

答：本村人，现在在栾城子弟学校。

问：今年多大？

答：50 多岁。我们对他印象很好。

问：7 年都是这个老师教你们吗？

答：是。还有一个老师，前 4 年刘老师一个人教，全校 4 个年级，后两年两个老师共同教。

问：上小学时哪些事情你最高兴？

答：我喜欢上算术课。

问：你们搞旅游、拉练吗？

答：没有。"文化大革命"时串连。

问：小学几点上课，几点下课？

答：上午 8 点上课，12 点放学，下午 2～4 点。

问：小学毕业后有多少人升中学？

答：基本上都升中学，当时考试不严。

问：孟董庄离这多远？

答：5 里地。我们走着去，我俩经常做伴。

问：中学增加了什么学习内容？

答：历史、地理、体育。

【"文化大革命"】

问：上中学时"文化大革命"就开始了吧？

答：小学时就有了。前四年上高小也停了一年，到孟董庄上高小时，"文化大革命"就开始了。没上几天。

问：我当时在日本上大学，在书店买了本《毛主席语录》。

答：我有《毛泽东选集》。

问：上小学时搞"文化大革命"了吧？

答：基本上搞这个。

问：你们怎么参加？

答：破"四旧"，有时参加批斗富农，还有立"四新"。

问：哪"四旧"？

答：家里贴的神佛都烧了，拆庙。

问：当时有庙吗？

答：有简易小庙。

问：什么庙？关帝庙吗？

答：不是，这是关帝庙，拆的是老母庙。

问：现在又盖老母庙啦？

答：盖的简易的。

问：哪年盖的？

答：1991 年。

问：怎么批判地主？

答：开会，上边来的工作人员开大会，批斗富农，村里没有地主。让他戴帽子，有富农、"反革命"。

问：几个"反革命"？

答：两户富农，一个"反革命"，"坏分子"两个。地主、"右派"没有。

问：给他们戴高帽吗？

答：戴过。我们还小，没干过。赵球戴过。他以前当干部，"四清"时说他贪污、窃盗，游街，没戴帽。

问：他是"坏分子"吗？

答：不是。

问：徐孟祥？

答：也挨整了，没见批判他。干部大部分受过整。

问：这村有"红卫兵"吗？

答：有。

问：是这村年轻人自己组织的"红卫兵"吗？

答：是。

问：有几个"红卫兵"组织？

答：基本上没有组织，这村没有大的事情。有几个"红卫兵"是工作队组织的，大家开会。

问："文化大革命"在这个村持续的时间不长？

答：不长。只有一年闹得凶点，我们上学的那年。

【生产小队长、参军、建筑公司】

问：你当小队长是几队？

答：一队。

问：第一小队有多少人？

答：中学毕业后是二队的队长。

问：那一队是什么意思？

答：原来7个生产队，后来调整为5个队，二队就没有了，我成了一队。

问：你当小队长的时候很年轻，其他队的队长也年轻吗？

答：不。一个小队有几个队长，正队长，两个副队长，有政治队长，保管、会计。

问：大队长是谁？你当队长时。

答：张二贵。

问：到哪年改变为5个小队了？

答：我当兵回来就变了，不知道哪年。

问：你哪年当的兵？

答：1975～1977年。

问：当的什么兵？

答：新疆乌鲁木齐当陆军步兵。

问：什么兵？

答：新疆军区军政干校的勤务兵，现在叫步兵学校。步校有个勤务连，我在连里。

问：那里很冷吧？

答：冷。

问：从部队回来干什么？

答：搞建筑，在石家庄市第二建筑公司

两年，1977年上唐山。

问：两年后呢？

答：回来后搞个体建筑，从1980年开始搞个体。

问：在村里盖房吗？

答：在山西省榆次干了一年，回来后在村里干。

问：在山西干个体？

答：跟着别人干，我会瓦工。

问：是栾城建筑队吗？

答：是。

问：是国家的建筑队？

答：不是。原来跟着牛庄建筑队，牛庄建筑队不行了才去。

【村长的工作】

问：1981年以后？

答：1981年这村土地承包，家里没有劳力我就回家了。1981、1982、1983年当了3年小队队长，第一小队队长。

问：你是共产党员吧？

答：是。在部队入的党。

问：1983年以后呢？

答：1984年当了大队长。

问：干了几年？

答：1983～1994年，整10年。

问：村长是谁？

答：大队就是村，村就是大队。

问：村长的工作中什么工作最不好做？

答：住房基地和计划生育。

问：生多了就罚款吧？

答：对。第二胎罚夫妇双方生活费的3倍，这是国家的规定。

问：多少钱？

答：按国家规定罚400多元，按生活水平的3～5倍罚。咱们这里穷，一般都罚不够数，执行数是1200元或1300元。

问：承包土地到 2000 年不变？

答：对，有契约，添、去人口地不变。

问：村长的补贴多少？

答：1 年给 1200 元。前几年才 800 元，1988 年时 800 ~ 1000 元，徐孟祥知道。

问：除了当村干部自己还做其他事吗？

答：有一台拖拉机，搞运输。

问：你家有钱呀？

答：没钱。

问：村里有个工厂做粉条吧？

答：我自己开的工厂。

问：家里谁种田？

答：我夫人。

问：你夫人叫什么？

答：赵秋芹。

问：你父亲不干活了吧？

答：不干田里的活，在家扫院子，看孩子。

问：你做粉条一年收入多少钱？

答：2000 元。

问：拖拉机呢？

答：也收入 2000 元。

问：种田呢？

答：去年除种我的地外，还种了亲戚的地，共 13 亩，其中 9 亩小麦、玉米，3 亩果树。收 6000 ~ 7000 斤玉米，玉米收入 4000元。

问：小麦呢？

答：小麦除缴公粮外，自己吃。

问：果树？

答：收入不多，小树。卖 1000 元。

问：什么果树？

答：苹果树。

问：现在家里几口人？

答：5 口人。我父亲，我们两口，还有两个孩子，我母亲去年去世。

问：村长是怎么产生的？

答：我是上级指定的。今年是选举的，选上我了，我不愿干啦，干的时间长了，精力不行了。家里事多，家里盖房子，没有精力管村里的事。

问：什么时候盖的房？

答：1992 年。

问：花了多少钱？

答：4 万元。

问：你母亲的葬礼在哪儿办的？

答：也在这里。花了 2000 元。

问：土葬吧？

答：火葬。骨灰埋啦。

问：埋在自己地里？

答：埋在郝家坟了。郝家有坟，一辈一辈地排列着。

刘得元（78 岁）

时　　间：1994 年 12 月 29 日下午

访 问 者：三谷　孝

翻　　译：王　键

访问场所：刘得元家

【家族】

问：你是哪年出生的？

答：78 岁，属小龙的，就是蛇。1917年生。

问：你父亲叫什么？

答：刘老景。

问：你母亲叫什么？

答：我六七岁时她就死了，我记不清。

问：你父亲是哪年去世的？

答：走了就没回来。

问：是怎么回事？

答：他出走了就没回来。

问：为什么出走？

答：我当时只有六岁，不知道。

问：干什么去啦？

答：听说他到归化去了，归化是东北的一个省。

问：是内蒙古吧？

答：大概是。以后就没有音信了。是归化省还是归化城我也不清楚。

问：你有几个兄弟姐妹？

答：两个姐姐，没有兄弟。

问：你姐姐叫什么？

答：大姐叫刘新，二姐叫刘俊。

问：两个姐姐都在吗？

答：都没了。我大姐比我大20岁，她80多岁去世的。大姐属鸡的，二姐属牛的。

问：二姐什么时候去世的？

答：十几年了，记不清哪年了。

问：解放后吗？

答：解放后。1960年饿死的。

问：两个姐姐都是饿死的吗？

答：大姐不是，她是病死的，现在村长的奶奶就是我大姐。你们今天上午见到的玉身就是现在的村长。

问：大姐先去世还是二姐先去世？

答：大姐。

【少年时代】

问：你上过学吗？

答：没有。

问：你自小就干农活？

答：15岁就开始当木匠，这家具都是我做的。

问：当木匠前跟师傅学过吗？

答：学过。15岁开始学，日本进攻中国时我才学成，共学了6年。

问：你师傅叫什么名字？

答：叫赵傻子，号叫赵老八。

【军阀战争、抗日战争】

问：日本人来中国以前军阀混战的事你知道吗？

答：时间长了，当时我还小。自小干活，15岁学木工，日军在时我在石家庄干活，几年不在家。

问：你学6年后就回家不干了？

答：当时日军来了，就不能干了。

问：为什么？

答：日军来中国后，人们都跑了。

问：在哪里学木匠？

答：高家庄，在东关以东。

问：回村以后还干木匠活吗？

答：我到石家庄干活去啦。

问：在村里待了几年？

答：日本人来后石家庄也有干木工活的，给日本人干。

问：你认识的日本人叫什么名字？

答：玛司达。玛司达就是松田。

问：你的家当时地多吗？

答：2.7亩地。

问：谁种地？

答：租给别人种了。

问：你当木匠和干农活，哪种挣钱多？

答：木匠比种地强点，干农活一天才三五毛钱。

问：在石家庄干了几年？

答：3年。

问：给叫玛司达的日本人干什么活？

答：他们也是包活，做窗户门、家具。

问：是玛司达直接找你们干，还是有中间人介绍？

答：石家庄有人。日本人直接找的我们。

问：给钱吗？

答：给。

问：像你这样的人有没有被日本人抓走的？

答：没有。谁愿干就干，不干也行。

问：在石家庄干 3 年后又去哪里啦？

答：回家了，上岁数就不愿干了，今年 78 岁啦。

问：你从石家庄回来又干什么啦？

答：那时 30 多岁。从石家庄回来在家，还干木匠活。

问：从石家庄回来多大岁数？

答：30 岁上下。

问：结婚了吗？

答：已婚。分了地以后，我不干了，把工具都卖啦，上岁数了。

问：从石家庄回村后日本人投降了吗？

答：平分土地后我回来的。

问：一九四几年日本人来过这村，你知道吗？

答：我不在家，经常出去干活。

问：你在石家庄干活经常回来吗？

答：有时候回来，有活干就不回来了。在那里干活户口也走了。

问：你的户口也开走了？日本人在时你的户口在石家庄？

答：不，那时户口在家。后来我在石家庄南马路住了两年，带去的是临时户口，回来时又带来了。不是临时户口是城市户口。

问：城市户口？

答：对，那几年是城市户口，回来就不是了。

【结婚和养子】

问：你哪年结婚？

答：40 多年了，46 年了，32 岁结的婚。1949 年。

问：你叫什么？（问刘得元妻）

答：沈春花。

问：你是哪个村的人？

答：榆林道村的。

问：几个孩子？

答：没孩子。

问：这个？

答：这不是我的亲孩子，是本家的邻居。

问：没有养一个吗？

答：养了一个，没在家。养子是承德人。

问：这孩子是怎么来的？

答：承德那边有灾，生活困难，逃到这里要饭来的，我们收留他了。

问：叫你们爹娘吗？

答：叫。

问：在这结的婚还是在哪里结的婚？

答：他带来一个小孩。

问：来的时候已结婚了？

答：是，已有小孩了，一周岁零两月。到这里又添了一个孩子。

问：他有老婆有孩子？

答：是。两个儿子。

问：你是儿子孙子都有？

答：对。

问：你养子叫什么？

答：刘兴祥，在这里的名字。过去的名字改啦。

问：今年多大了？

答：31 岁，属大龙的。

问：他来你家时多大？

答：来 8 年啦。22 岁来的。

问：哪年来的？

答：1985 年。

问：他们的户口来了吗？

答：来这里上的户口。

问：1985 年你多大？

答：69 岁。

问：他们当时是 3 口人一起来的？

答：对，3 口人，没有别人。1985 年 7 月来的。

问：1985 年？肯定是要饭来的？

答：是要饭来的，他们很穷，家乡有灾。

【土地改革】

问：你回这个村是"土改"前还是"土改"后。

答："土改"前，我回来才"土改"。

问：回来时成家了吗？

答：成家了，离今年已46年了，婚后才平分。

问："土改"时你是什么成分？

答：贫农。

问：分了多少土地？

答：一个人1.3亩，我家共4口人，分了5亩地。

问：4口人都有谁？

答：从前我还要了3个孩子。有我、老伴和养子、儿媳。

问：你以前还要了一个孩子？

答：是，从小时候要的，养大他了，也结婚了，他走啦。

问：也有儿媳吗？

答：有。

问：儿媳多大？

答：那时20多岁。

问："土改"时你的养子多大？

答：20多岁，23岁结的婚。他30多岁走的，他走了之后这个才来的。第一个养子娶媳妇后回他生母家了。

问：本县人吗？

答：是。

问：多大来的？

答：3岁。我养了他30多年。他有亲爹，他娘死了。

问："土改"时你养子多大？

答："土改"后才要的他，他结婚后8年不生孩子，与其妻离了婚，又结了婚，走了。

赵　球（69岁）

时　　间：1994年12月24日
访 问 者：内山雅生
翻　　译：祁建民
访问场所：赵球家

【家族】

问：我1986年来过，见过您，您还记得吗？

答：记得。

问：您的名字是赵球？

答：赵球。

问：您今年多大了？哪年出生的？

答：69岁，哪年出生，记不清了。

问：您属什么的？

答：属虎。

问：是本村生人吗？

答：是。

问：您的父亲叫什么名字？

答：叫赵各影。

问：您母亲叫什么名字？

答：不知道。

问：你父亲是干什么的？

答：农民。

问：您兄弟姐妹共几个人？

答：4个人。

问：您是老几？

答：我是老二。

问：您的哥哥叫什么？多大岁数？

答：叫赵黑小，74岁，早已没了。

问：您弟弟叫什么名字？

答：叫赵东叫，比我小四岁。

问：妹妹叫什么名字？

答：记不住了。

问：您父亲那时有多少亩土地？

答：有 18 亩地。

问：您这 18 亩地雇人种吗？

答：不雇人，就自己种。

问：你家 18 亩地，哥三个，解放前分家，还是解放后分的家？

答：是解放后分的家。

问：您家的 18 亩地哥三个怎么分的？

答：那时候哥哥已经死了，我们哥俩每人分 9 亩地。

问：解放后你们兄弟俩是什么成分？

答：都是中农。

问：是上中农还是下中农？

答：上中农。

问：您老伴叫什么名？比您大比您小？

答：叫孟小为，比我大一岁，70 岁。

问：您几个孩子？

答：六个孩子。

问：老大是男，是女？

答：是男孩，叫赵明月，40 岁左右。

问：老二是男孩，是女孩？

答：是男孩，叫赵明孝；老三是男孩叫赵明太，老四是男孩叫赵明云；大女孩叫赵明书，在明月的上边；还有个女孩赵明秀，在明云的上边。

问：年龄都记得吗？

答：记不清。

问：您这几个孩子，都干什么？

答：男孩都在村务农。

问：女孩都干什么？

答：赵明秀在本村，明书在井陉矿。

问：都上过学吗？

答：都上过。赵明书小学，明月高小，赵明孝高中，赵明太没上学，明云初小，明秀初小。

问：您孩子多，挺有福气。

答：也累呀！

问：您念过书吗？几岁上的学？

答：念过书，12 岁上的学。

问：念几年？在哪上的？

答：就在本村念 3 年私塾，后来就在家务农了。

问：那时候老师叫什么名字？

答：记不清。

【农 业】

问：你念完书以后，是给家里干农活，还是给别人干？

答：给自己家干。

问：当时 18 亩地都种什么？

答：种麦子、棒子、豆子、棉花。

问：你家种这 18 亩地怎么分工？

答：那时父亲还在世，大伙一块干，比方今天干什么活，都去。

问：您家当时有多少农具？多少牲畜？

答：有水车一台，大车一台，还有犁、耙、耧，牲畜有一头驴。

问：一头驴够用吗？

答：够用。

问：农具够用吗？

答：农具也可能找别人借用，记不清。

问：干活时是不是用人帮忙呢？

答：干活不用人帮忙，就是用水车时，抬车挪车时用人帮忙。

问：找亲戚还是找邻居帮助？

答：找邻居帮忙。

问：邻居帮忙是亲戚吗？

答：不是亲戚，就是找邻居帮忙，你家有水车我家也有水车，谁家需要帮忙，到时喊一声，就都来帮忙。

问：当时你们住的地方，是一个姓的住一起，还是有什么关系住在一起？

答：不一定是有什么关系，姓什么的都有。

【地主】

问：咱村有土地很多的地主吗？

答：咱们村没有地主，土地最多的是富农，叫张仲寅。

问：王赞周您知道吗？

答：知道，他是北关的，在县城住。

问：王赞周您知道他的情况吗？

答：他是地主，咱村也有他的地，有多少，弄不清，他家在北关，住城南，城南有他的地，也有他的门市部。

问：解放后王赞周干什么啦？

答：斗争他了。

问：他什么时候去世的？

答：弄不清。

问：给王赞周种地的，是佃户，王赞周定为地主后，土地是不是归佃户了？

答：不是，土地村里统一分配了。

问：给王赞周一家种地的，这个人名字您还记得吗？

答：我记不清。

问：有几户？

答：不知道。

【日军、满铁调查】

问：抗日战争时日本人来村的情况，您还记得吗？

答：记得来过，有穿军装的。

问：没穿军装的日本人来村调查的，你见过没？

答：来过，开始时有人来，后来每天叫4～5人去栾城盐店谈。

问：现在盐店是干什么的？

答：都拆了，原来就在县城里中间。

问：盐店解放后干什么啦？

答：弄不清。

问：去盐店的人是村里组织他们去，还是县里来人叫？

答：村长组织去的。

【村长】

问：当时村长叫什么名字？

答：叫张老乐。

问：张老乐干过什么？

答：他是富农成分，除种地，没干别的。

问：张老乐组织人去盐店，解放后是不是挨批了。

答：他已经死了，具体是哪年死的记不清了。

问：怎么死的？

答：病死的。

问：日本人投降了，国民党来过村子吗？

答：国民党兵在县里，路过咱村。

问：那个时候八路军来吗？

答：来，来一两个，是当年的八路军，叫模范班。

问：白天来，还是晚上来？

答：晚上来。

问：当时咱们村有没有参加八路军或者给八路军干事的？

答：有，当时王小保参加八路军了。帮助八路军干事的，有郝国樑，他是村长，白天帮助国民党，夜间帮助八路军。

问：咱村的村长张老乐以后是不是郝国樑？

答：张老乐在先，他去世后是郝国樑。

问：晚上八路军来他帮什么忙？

答：具体帮什么，咱不知道，他们要什么就给什么。

【共产党势力】

问：咱村解放前有没有党员？

答：不知道。

问：咱村解放后什么时候建的党支部？

答：弄不清。

问：您解放后是不是当过干部？您是党员吗？

答：当过，我不是党员。

问：咱村从什么时起由党支部领导工作？

答："土改"以后有党支部。

问：咱村 1947 年解放的，解放后国民党来过吗？

答：来过，哪年来的记不清了。

问：国民党、八路军拉锯时，在咱村打仗没有？

答：国民党军从石家庄过来时，在咱村打了几下，没伤着人。

【土地改革】

问：咱村"土改"情况您还记得吗？

答：记不很清。

问：咱村除张仲寅是富农，还有其他人吗？

答：有郝仲林、赵假妮。

问：郝仲林为什么定富农？

答：因为土地多。

问：他有多少土地？

答：因为他是后街的，闹不清他有多少地。

问：赵假妮是女的吗？

答：不是女的，是男的。

问：他为什么叫妮？

答：他家父辈弟兄三个，守着他一个。

问：他家土地多吗？

答：有几十亩，记不清。

【互助组、合作社】

问：土改时有什么组织吗？您参加互助组了吗？

答：参加了。

问：您和谁是一个互助组？

答：记不清。

问："搭套"这个词你知道吗？

答：不知道。

问：咱村解放前种地有没有你帮我、我帮你这种事？

答：解放前你帮我干活，我帮你干活，不需要钱。这种事有，没有什么词。

问：合作社的情况你知道吗？你加入社了么？

答：入社了。

问：当时咱村有几个社？

答：有五个社叫中、华、民、国、立。

问：你当时加入哪个合作社？

答：记不清了。

问：您什么时候在村里当过干部？

答：人民公社时我当干部，是帮忙。

问：当时是队里让你帮忙吗？

答：是大队支配的。

问：你在队里帮忙时给什么？

答：给工分。

问：叫你帮忙时，是哪个干部？叫什么名字？

答：叫徐孟祥，是负责人。

问：徐孟祥前边的干部是谁？

答：弄不清。

问：日本人来时村长是张老乐，以后是谁？

答：以后是郝国檩；解放以后就选代表了，代表是谁，我记不住了。

问：徐孟祥什么时候当的干部？

答：徐孟祥成立互助组后就当干部，到 1964 年"四清"下来的。

问：徐孟祥是不是"四清"后又当干部了？

答：从 1982 年起又当干部了。

【"大跃进"】

问：1958 年"大跃进"时候的事，您记得吗？

答："大跃进"就是咱村劳力去外边干活，也有的劳动力拉土积肥。

问：1960年困难时期，咱村有食堂吗？有饿死的吗？

答：困难时期缺粮吃棉花皮、山芋干。食堂还有。饿死不少人。死多少人，记不清。

问：您家里和邻居有没有饿死的？

答：有，弄不清。

问：困难时期以后村里有什么运动没有？

答：就是"四清"运动，没有别的运动。

问：徐孟祥当干部时你是不是一直当干部？

答：是，"四清"时我就不干了。

问："四清"时你和徐孟祥一起被停职了，被批判没有？

答：我没受批判。

问：村里会计都干什么工作？

答：管理村里的财务工作。

问：你还种地吗？

答：不种地，一天管账都管不过来，忙时还得找帮忙的。

问：当时村干部都选贫农，您是中农为什么选您？

答：我弄不清，村里用咱，咱就去，不能不去。

【看青】

问：解放前咱们村有专门找人看青的吗？

答：咱这也叫看青，也叫看地，个人看个人的？

问：看地邻居互助帮忙吗？

答：都是个人看个人的。

问：解放前您看过自己地吗？

答：看过。

问：白天看还是晚上看？

答：主要是黑天，每天晚上去看地。

问：几个人去？

答：一个人去。

问：您家搭棚子？

答：搭个小棚子，不在那儿住。

问：咱村解放前有打更的吗？

答：没有打更的。

问：冬天快过年时，村里是不是组织人转转？解放前有么？

答：解放前没有，成立公社后冬天组织人转两三个月。

问：以前冬天没有，成立公社才有，是不是公社的一项工作？

答：是一项工作。

【农业的发展】

问：解放后农业发展变化有什么？

答：成立人民公社后，拖拉机耕地，农业机械化了，在种植品种上也单一了。现在种玉米、麦子，过去种点这个，种点那个。

问：生产责任制以后和公社比有什么变化？

答：那时干活，有队长支配，到时就得去；现在自己愿意什么时候干，就什么时候干，现在产量高，品种棉花少了，棒子多了。

问：生产责任制以后，你干什么呢？

答：种地。

问：种多少地？

答：7~8亩地，自己种。

问：您种7~8亩地，粮食还卖一部分吗？

答：吃一部分，卖一部分。

问：您都种什么品种？

答：棉花、麦子。麦子卖给国家一部分，剩下自己吃；棉花自己用；还种些菜自己吃。

郝同顺（52 岁）

时　　间：1994 年 12 月 25 日

访 问 者：内山雅生

翻　　译：祁建民

访问场所：郝同顺家

【家族、学校】

问：请问您叫什么名字？

答：郝同顺。

问：今年多大年纪？哪年生人？

答：今年 52 岁，属羊。

问：是本村生人吗？

答：是，对。

问：你父亲叫什么名字？

答：叫郝全喜。

问：母亲叫什么名字？

答：叫王二妮。

问：你兄弟姊妹几人？你排行第几？

答：我姊妹四个，我排行老二。

问：你上面是哥哥，还是姐姐。

答：我上面是姐姐，还有两个弟弟。

问：姐姐叫什么名？

答：郝小密，今年 56 岁。

问：弟弟叫什么名？多大年岁？

答：大弟弟叫郝同海，今年 48 岁；小弟弟叫郝同义，今年 44 岁。

问：父母都健在吧？

答：都健在，父亲 79 岁，母亲 77 岁。

问：你父亲说话和脑子还清楚吗？如果有时间访问他行吗？

答：还可以，脑子清楚。

问：你上过学吗？在什么地方上的学？

答：我 9 岁上学，在本村上过 4 年，在县城小学上过 2 年，一共 6 年。

问：小学毕业后干什么？

答：在本村务农。

【入党】

问：你什么时候当干部和入党的？

答：我 1968 年当大队会计，1969 年入党，1973 年 12 月 31 日担任党支部书记。

问：你当干部时，正是"文化大革命"时期，村内是否正乱的时候？

答：不乱，已经是"文化大革命"后期了。

问：你什么时候要求入党的？

答：我小学一毕业就加入了共青团，在入党前三年（大约是 1966 年）我就提出入党申请了。

问："文化大革命"开始阶段村内是否乱了？

答：没有乱，就是批判"四类分子"。

问：你家是什么成分？

答：中农。

【解放前拥有土地】

问：解放前，你家有多少土地？

答：30 亩地。

问：解放前，本村贫农多，还是中农多？

答：还是贫农多，这个村在解放前是有名的穷村。全村没有地主，只有三户富农。

问：三户富农叫什么名字？

答：张仲寅、赵妮、郝大兴三户。

【解放前共产党势力】

问：解放前，日本军来过这村吧？

答：我记不得了，听说来过。

问：本村什么时候成立党支部的？

答：1949 年本村就有党员，1951 年建立了党支部。

问：本村最早党员叫什么名字？

答：一是郝老黄，二是王普之。

问：这两个人在解放前是否同八路军有联系？

答：可能有联系，详情不知道。

问：本村最早同八路军有联系的是谁？

答：是保长，叫郝贵亮。

问：1951年成立党支部，谁负责？

答：是王普之。郝老黄也是干部。

【土地改革、合作化】

问：本村"土改"时有工作队吗？

答：有工作队，可能是县内、区内派人来的，详情不清楚。

问："土改"时定成分是怎么定的？

答：不清楚。

问：本村互助组是什么时候成立的？

答：1953、1954年成立的，1955年新建立了合作社。

问：你们参加的互助组有多少户？都是邻居吗？

答：大约四五户，都是关系不错的邻居。

问：参加互助组的都叫什么名字？

答：我记不清了。

问：初级社是怎样建立的？有多少社？

答：由村内统一组织的，有7个初级社。

问：这7个社的名字叫什么？

答：我记不清了，当时徐孟祥正管事，他记忆比较好，一问他就都知道了。

【困难时期、看青】

问：困难时期村内情况怎样？

答：1960年左右，我刚入团，村内生活非常困难，没有吃的，有些家吃野菜、树叶充饥，有饿死人的情况。

问：困难时期团组织有什么活动？

答：没有什么活动。

问：困难时期有没有外村人来本村偷庄稼的？团员、民兵是否担负保卫护秋任务？

答：这种情况有，困难以前和以后都有这种情况，护秋主要在晚上，每小队派两个

人值班。偷庄稼的不一定都是外村的，也有本村家庭困难没有吃的，到地里去拿的。这种情况，1960年多一些。

问：民兵和团员都是一回事吗？

答：不是一回事，民兵人多，不都是团员，其作用和任务也不一样。

问：解放前，村内有看庄稼的吗？

答：有，各户看各户的地。

【公共食堂】

问：大跃进时，本村有食堂吗？

答：有食堂，开始大队一个，后来5个小队，各小队一个。

问：大队食堂设在什么地方？

答：在村南面大队办公室的地方。

问：是老庙的地方吗？

答：不是，原来是地，后来盖的房子。

问：5个小队的食堂，是否也都设在小队办公室呢？

答：不是，都是在本小队找一户作为食堂。

问：是找队长家，还是找有闲房子的家？

答：不是找队长家，主要是找有闲房的家，没有人住。

问：5个生产队是怎样建立的？

答：按片划分，全村划为5个片，一片就是一个生产队，少数户也有"插当"的，也是住在这一片的户，划到另一片的生产队，这种情况不多，基本上是按片划分的。

【同族】

问：住在一片的，是按姓什么划分的吗？

答：是历史上自然形成的，好比兄弟几个，分家另过，都在父母房子周围盖的房；各家都是如此，慢慢就形成一片。

问：如果住在这一片关系不好，是否可以搬到别的片盖房子？

答：不可以，因为房宅地都归各小队，都划分到各户去了，没有办法调换。

问：住在一片的主要是同族关系吗？

答：有些家庭宅基地大，兄弟分家盖房够用了。有的家宅基地少，兄弟多，分家没有地盖房子。过去是拿钱买宅基地；现在由大队分配，所以一个姓也不一定住在一片。

问：本村同族住在一片，在解放前是比较明显的吗？

答：对，比较明显。本村是东西走向，最东面的是姓郝的（大姓），挨着姓郝有姓李的二三户、姓张的六七户，村中间是姓徐的（大姓），最西边是姓赵的（大姓），还是三四户姓王的。

问：现在也是这样吗？

答：不是，现在已经打乱了，从 1977 年农村开始规划，就打乱了，同从前不一样了。

问：规划是乡内统一搞的吗？

答：是村内搞的，报乡内批准，因为宅基地扩大了，要占耕地，必须得到乡内批准。

问：1977 年规划以后，新盖房是否还考虑同族关系？

答：一般不考虑，主要听大队安排，让你到哪个地方盖，就到哪儿盖房；另外也听盖房住户意见，认为盖房周围邻居关系不错，就同意去盖了。一般来说考虑邻居关系的比较多。新规划，全村东西长 550 米，南北宽 280 米，新盖房宅基地主要在东南角和西北角两块空地。

【看青】

问：过去村内护秋的是叫"看青"吗？

答：叫看庄稼的，也叫保卫。

问：你看过庄稼吗？抓到过小偷吗？

答：看庄稼是小队指派的，我没有看过。看庄稼抓到小偷的，是有的，主要是偷地里几个棒子，有本村的，也有外村的。

问：偷庄稼的人都是什么样的人？

答：一般都是家内没有吃的，才到地里偷几个棒子。这种情况，主要发生在 1960～1962 年的困难时期，其他年景很少发生这样的事。

【"四类"分子】

问："本村"四类"分子什么时期定的？

答：不清楚。

问：本村"四类"分子指哪些人？

答：有张仲寅、郝大兴、郝中林（以上是富农）。还有郝八十，是"反革命分子"；刘小水是"坏分子"。

问："反革命分子"是怎么定的？

答：郝八十当过国民党兵，干过坏事。

问："坏分子"是怎么定的？

答：刘小水主要是偷盗，搞男女关系，不干好事，被定为"坏分子"。他原来是大队干部，担任民兵连长，时间不长，在"四清"后期定为"坏分子"。

问：为什么选他当民兵连长？

答：刘小水在解放后当过兵，复员回村当干部。

问：以上"四类"分子还有活着的吗？

答：没有了，前几年就都死了。

【"四清"运动和干部】

问："四清"时，大队干部都调整吗？

答："四清"时，村内来了工作队，有贫农代表管事，大队干部都靠边站了。批判书记徐孟祥时间较长。

问：工作队从什么地方来的？

答：从井陉县来的，也有本县来的人。

问：1968 年你当会计时，书记是谁？

答：郝锁真。

问：徐孟祥以后的书记就是郝锁真？

答：不是，是徐春梅。

问：你当会计以前谁是会计？

答：是郝锁真会计，在这以前会计是赵球子。

问：你当会计以后，又干什么工作？

答：1969年当民兵连长，1972年当村委会主任，1973年当书记。

问：你当大队干部时，一直同郝锁真在一起？

答：我是1973年接的书记工作。

问：你当书记到什么时候？

答：到1985年，后来是徐孟祥接的，我调到乡内工作两年，又回来了。

问：你当书记，谁当村长？

答：1973年我当书记时，张二贵当村长；1985年我调到乡内工作，郝小六是村长。

【"文化大革命"】

问："文化大革命"时期村内情况怎样？

答：始终比较平稳，没有乱，也没有发生武斗。

问：有"红卫兵"组织吗？

答：有，是公社让组织的，叫什么名称，记不清了。头头好像是郝全福、刘玉合。

问：是自发组织的吗？

答：不是自发的，乡内统一组织的，"红卫兵"头头是工作队指定的。

问：在搞政治运动时，对本村农业有影响吗？

答：那几年农业生产不错，比较发展。

问：别的地方，"四清"、"文化大革命"以后，生产都下降了，你们村内情况为什么比过去还好呢？

答：我们村产量最低是困难时期，"四清"以后，一年比一年好。"四清"时，不光搞运动，还要抓生产，那时候没有人到外边做活、做生意的，都在队里搞生产。

【承包制后的工场经营】

问：听说你在县内办厂，什么时候建厂的？

答：去年10月搞设备建厂的。

问：什么时候就计划建厂呢？

答：去年四五月份。

问：建厂资金怎么解决的。

答：自己凑一部分，向乡内信用社贷一部分款。从投资到投产，共花费10万元。

问：是来料加工吗？

答：是来料加工，商家给支票，买他的原料，加工成汞，再卖出去，我们挣一些加工费。

问：厂内雇多少工人？

答：11～12人，都是邻村农民。

问：同你合伙干的，是本村人吗？

答：一个是本村的，还有一个是赵村的，离这儿10多里地。

问：赵村的那个人是亲戚呢？还是过去认识的？

答：过去就认识，不是亲戚。

问：你们三人是怎样筹款的呢？

答：三人一共凑了5万元，不是平均摊的，我多拿出一点，大体上，三人差不多。

问：生产效益怎样？

答：效益不错，估计年底，我们三人每人能分到1万多元。

问：同石家庄厂子关系是怎样建立的？

答：是亲戚关系。

问：别的村也要办这样厂，有竞争怎么办？

答：别的村办不起来的，因为我有固定的厂家挂钩，他只能扶植我一家，不可能再买别的家的加工产品。

问：你办厂了，不当书记，新书记是怎样选的？

答：我厂内很忙，要求辞去书记职务，

乡内同意了。新选的年轻党员，原来是民兵连长也是接班人。正赶上乡内换届，村内召开党员会，就选了新书记了。

问：本村除了你办企业外，还有人搞企业吗？

答：有。有 2 家服装加工厂，有 4 ~ 5 家蜂窝煤加工厂，还有搞运输的，还有 3 ~ 4 家养鸡的，还有养猪场，是合办的，100 多头猪。

问：村内企业发展了，农业怎么办？

答：农业由各户自己种，基本上是机械化了，水利条件好，大队有拖拉机，也为各户服务。另外很多家自己有农业机器，方便很多。

问：村内青壮劳力都外出干活了，农业上主要是靠妇女和老人劳动了？

答：农忙时，外出劳力都回来种地和收割，平时地里活主要靠妇女和老人了。另外企业职工早晚也可以到地里干活。

郝全喜（78 岁）

时　　间：1994 年 12 月 25 日下午
访 问 者：内山雅生
翻　　译：祁建民
访问场所：郝全喜家

【家族】

问：今天下午想跟您谈谈解放前一些事，您的名字叫郝全喜是吗？今年多大岁数了？

答：我是叫郝全喜，今年 80 岁。

问：您哪年生的？

答：记不清是民国多少年。

问：您属什么的？

答：属大龙的。

问：您的父亲叫什么名字？

答：郝假妮。

问：您的母亲叫什么？

答：母亲叫徐新。

问：您的父亲是干什么的，当时有多少土地？

答：父亲务农，父亲兄弟三个有 28 亩地。

问：您兄弟几个？

答：兄弟两个，一个姐姐，一个妹妹，一个弟弟，我是老大。

问：您的姐姐叫什么名字？

答：叫郝盼。

问：您的弟弟叫什么名字？

答：郝河喜。

问：您的妹妹叫什么名字？

答：叫郝对。

问：您有几个孩子？

答：四个孩子。

问：都叫什么名字？

答：大女孩叫郝小密，56 岁；二孩子是男孩，叫郝同顺，52 岁；三孩子叫郝同海，是男孩，48 岁；四孩子男孩，叫郝同羲，今年 44 岁。

问：您老伴叫什么名字？

答：叫王二妮，今年 79 岁。

问：您兄妹四个身体都好吗？

答：姐姐、妹妹都去世了，就还有一个弟弟，今年 77 岁，比我小三岁，我今年 80 岁。

【学校】

问：您念过书吗？

答：我 17 岁时念一年私塾。

问：咱这有学校吗？私塾在哪儿念？

答：那时没有学校，私塾就在本村念。

问：为什么 17 岁才念书？

答：因为我父亲弟兄 3 个，在我 12 岁那年就分家了，刚刚分家得下地干活，顾不得上学念书。

问：分家时你父亲分多少地？

答：分 10 亩地。

问：当时您家 28 亩地，分给您父亲 10 亩，您父亲是老几？

答：父亲是老大。

问：您叔叔分多少？

答：他们一个人分 9 亩。

问：您多大结的婚？

答：19 岁结的婚。

问：您结婚是自己找的，还是别人介绍的？

答：我姑姑的老公公介绍的。

问：您的姑姑在哪个村住？

答：在北长村。

问：您老伴是北长村的吗？

答：是北长村人。

问：您解放前去过外地干活吗？

答：没去过外地，一直在咱村。

【日军、满铁调查】

问：解放前，日本侵占中国时来过咱村吗？

答：来过。

问：是日本军队吗？

答：是，我见过。

问：日本军住咱们村吗？

答：没住咱村，路过这，住哪咱不知道。有一次是日军从北边来，走错路了。路过咱村。

问：有多少人？

答：有一个排，40 多人。

问：日军路过村时，杀人、烧房子没有？

答：没有。

问：满铁日本人来调查，你见过没有？

答：听说满铁日本人来村，我没见过。

问：您去过盐店跟日本人谈话没有？

答：没去过。

【村长张乐卿】

问：那时咱村村长是叫张乐卿吧？

答：叫张老乐。

问：张老乐当时是什么成分？

答：是富农。

问：他有多少土地？

答：他有 40 多亩土地当给别人了。

问：张老乐怎么当的村长？

答：是村民选的。

问：咱村最了解张老乐情况的是谁？

答：了解他的人，在世的没有什么人啦，我都 80 多岁了，他比我还大两岁。

问：张老乐的事您还记得吗？

答：张老乐当村长时，是日本统治时期，栾城县棉警给的化肥，让施肥，我们用肥料后，棉花长的特别强。

【棉警】

问：棉警是日本人吗？

答：不是日本人，是岗头人，叫徐孟其。

问：棉警是干什么的，他的工钱谁给？

答：棉警是给日本人干事，日本人给化肥通过他给。他每天都在棉花地里，保护棉花，他的工钱是日本人给。

问：他早晨来吗？晚上来吗？是怕棉花丢吗？

答：早晨、晚上都去棉花地，棉花没开花时来，开花就不来了，不是怕丢，是为让棉花长得强。

问：棉警，日本人来之前有吗？

答：没有。

问：棉花收成后，是不是都卖给日本人？

答：都卖给日本人。

问：他们来收购吗？

答：我们把棉花送到栾城县加工厂，加

工厂是日本人开的。

问：日本人投降后，还有棉警吗？

答：没有棉警了。

问：为什么让徐孟其当棉警呢？

答：因为他有技术，比别人棉花种得好，他自己也有地。

问：他当棉警，日本人是不是给他钱呢？

答：给他钱。

问：他解放前给日本干事，解放后是不是受批判了？

答：没有，因为他地少，是贫民，他批斗别人。

【村长郝国樑】

问：张老乐当村长时，还有个叫郝国樑的，也是村长？

答：郝国樑在张老乐以后。

问：郝国樑当村长时，张老乐干什么了？

答：张老乐种地，不帮郝国樑。

问：郝国樑当村长时，八路军来过咱们村，您知道吗？

答：弄不清。

问：解放前，咱村来过土匪吗？

答：来过，一般冬天来。

问：土匪来村抓人，有这事吗？

答：土匪把徐狗金抓去了，他家有钱。

【解放】

问：解放时，解放军偷偷来村，您知道吗？

答：晚上来村不知道，打栾城时，八路军住咱村有一连人，拿着梯子。

问：有多少人？

答：看不清，有一连人。

问：一连人有多少？

答：有百十来人。

问：八路军在咱村住多长时间？

答：没住，就把梯子放这，就走了。

问：梯子放这做什么？

答：攻城时用，就取走了。

问：打栾城时从咱村叫老百姓没有？

答：没叫老百姓。

问：咱村最早什么时候建立的党支部？

答：1947年建立的党支部。

【土地改革】

问："土改"时的事您还记得吗？

答：记不很清。

问：那时来工作队没？有贫农团吗？

答：来工作队了，村里有贫民团。

问：怎样分土地？

答：全村土地平分，按人分。

问：中农土地分吗？

答：比方说我有4亩地，家中5口人，每人3亩地，村里再分给我5亩地（平分土地）。主要是分富农的土地。

问：咱村当时每人平均多少土地？

答：每人按3亩地分。

【解放前的农业、雇工】

问：解放前农业主要种什么？

答：种谷子、高粱、棉花、麦子。

问：农忙时还求人帮助种地吗？

答：有的种地忙不过来，也找人帮忙。

问：帮忙叫什么？

答：叫串串忙。

问：您家解放前有10亩地，自己种忙过来吗？

答：自己家能种，不用找人帮忙，活忙光了，我还可以去城里"人市"找活干，锄苗，干一天，管一天饭，还给钱。

问："人市"是雇长工、短工的吗？

答：就干一天。

问：干什么活，一天给多少钱？

答：一般是锄地、挖苗、拔麦子，干一天活给15个铜子。

问：干活是拿自己的工具吗？

答：拿自己的工具。

问：为什么去那儿干活，拿自己的工具呢？

答：给"人市"干活都得自己带工具，"人市"不给准备工具。

问：干活带工具是不是工钱多点，不带工具的工钱就少点，是不？

答：给"人市"干活，都得带工具，没有不带工具的，有不带工具的也是少数。

问：串串忙带工具吗？给钱不？

答：串串忙也有不带工具的时候，因为他家有工具就不带了。串串忙是两家不错，相好的，你帮我，我帮你，都不给钱。

问：当时咱们这有没有"搭套"，你家有个骡子，我家有个车子，你帮我，我帮你，有这种情况没？这叫什么？

答：这种情况有，这都是两家不错，你帮我，我帮你，说不上钱的事，这就叫互相帮忙。

【合作化】

问：您参加互助组没有？和谁是一个互助组？

答：参加了，我和郝狼子一个互助组。

问：后来扩大没有？

答：我和郝狼子一起种棉花，有十几年，后来就分开了，直接参加合作社了。

问：咱村还有别人组织互助组织吗？

答：不知道别人组织没组织。

问：合作社是哪年组织的？

答：1948年成立的合作社，共有五个社，有建中、建华、建民、建国、建立。

问：有工作队没有？

答：有，叫住林工作组，是从县里来的，由他们组织的，叫马建的组织的。

问：是1948年还是1958年？

答：刚解放。1947年解放，1948年建立的队。

问：合作社有多久？

答：有一二年。

问：后来呢？

答：5个社又改成5个大队，后来又改成7个队，后来又变成3个队，后来又变成人民公社。

问：7个队时间长吗？

答：时间也不长。

问：3个队以后又变成什么了？

答：3个队以后变成人民公社，又变成5个队了。

【共产党】

问：您入党没有？申请没有？

答：没有入党，也没申请过，咱年岁也大了。

问：你的儿子郝同顺很早就参加了共青团了，怎么参加的？

答：我不知道。

问：他是不是先入团，后当干部然后入的党，是不是？

答：他学校毕业后很活跃，带大队活动。后来入团，当干部后入了党。

问：您儿子当干部您高兴吗？

答：高兴。他愿意干，别人也拥护，叫干什么干什么。

问：您这几个孩子，有几个当干部的？

答：就是同顺当干部，别的孩子没当干部。

问：是不是同顺最能干？

答：就是干点事，也不强，马马虎虎干点事。

【破除迷信】

问：解放后搞过破除迷信没有？

答：搞过。

问：迷信活动都是什么？

答：破除迷信就是不让烧香磕头，把庙也拆了，原来有老母庙。

问：这个庙在村子哪边？

答：现在水塔的地方就是原来老母庙的位置。

问：咱村解放前有几座庙？

答：有关帝庙、五道庙、三关庙、真武庙。

问：五道庙是干什么的？

答：有牛王、武道、土地，人老了（去世）交给他。

问：三关庙是干什么的？

答：不知道。

问：真武庙干什么的？

答：管破灾的。

问：这些庙都是解放前的？

答：是。

【私塾】

问：念私塾有在庙里念的吗？

答：没有。

问：念书是同族在一起念吗？

答：个人念个人的。

问：张老乐是不是当过私塾老师？

答：就跟他念一年。

问：张老乐教学生管得严吗？

答：不严，不闹也不管，有的老师拿板子打，他不拿板子。

问：都谁跟张老乐念书？

答：有 20 多人，都是村里的。

问：他教你们内容是什么？

答：《三字经》、《百家姓》、《千字文》、《庄子》、《论语》、《大学》、《中庸》、《孟子》。

问：当时念书时怎么交学费？

答：一年一个人交给他三两个银元。

问：年节给老师送东西吗？

答：平时不送，就是每年伏天学生请老师吃顿饭，叫喝伏饭，家长不参加。

问：张老乐有好多书吗？

答：书多。

问：他的书在哪儿放着？

答：都在教室放着，解放后八路军来了把书全给烧了。

问：八路军为什么烧他的书了？

答：斗争他时烧的，因为他是富农给他烧了，是群众给烧的。因为他的书没有用了。

问：当时没有人看，他的书还有用，拿几本给孩子看。

答：这样的事也有。

问：是不是像《孟子》这一类书没有用就给烧了？

答：是，没有用就烧了。

赵歪子（74 岁）

时　　间：1994 年 12 月 27 日

访 问 者：内山雅生

翻　　译：祁建民

访问场所：赵歪子家

【家族】

问：您当过干部吗？

答：没当过干部，1958 年当过队长。

问：您是哪年出生的？

答：1921 年出生，属鸡的。

问：您是在哪个村出生的？

答：就在这个村出生的。

问：您父亲叫什么名字？

答：小名叫印子，大名叫赵老际。

问：您的母亲叫什么？

答：我从小没娘，我说不清。

问：您兄弟几个？

答：我有个哥哥，有个妹妹，我是老二。

问：你哥哥叫什么名字？

答：哥哥叫赵春子。

问：您哥哥多大了？

答：比我大24岁，早去世了。

问：您妹妹叫什么？

答：赵田，今年20岁，在北店村。

问：您父亲叫赵老际，还有别的名字吗？

答：小名叫印子。

问：您念过书吗？念过几年？

答：念过私塾3年。

问：几岁念书？

答：10岁上学。

问：您的老师叫什么名字？

答：叫张老乐。

问：念完私塾干什么啦？

答：就在本村务农，什么也没干过。

问：您老伴叫什么名字？

答：叫徐书姐，76岁。

问：身体好吗？

答：身体好。

问：您几个孩子？

答：两个男孩，两个女孩。

问：老大叫什么名字？

答：赵明顺，54岁，是大儿子。

问：二儿子叫什么名字？

答：二儿子叫赵明德，42岁。

问：按顺序排第一个先是男孩还是女孩？

答：按顺序排第一个是男孩，第二个是女孩，第三个是男孩，第四个是女孩。

问：女孩子叫什么名字？

答：叫赵明琴，51岁，老四叫赵明双，

38岁。

【日军侵略】

问：你念完私塾后一直在村里，日本人来的时候的事，您还记得吗？

答：日军到滦城是1937年9月8日。

问：到滦城就来咱村吗？

答：当时没来，到以后来村转转，没住咱村。

问：您见过日本人吗？

答：见过。

问：日军来咱村干过什么坏事没有？

答：没有。

问：日军来村要粮食吗？

答：没来过，伪军要粮食。

问：日军来过，国民党、八路军是不是也来过？

答：没来过，也没见过，咱村离县城近。

【雇佣劳动】

问：你父亲解放前有多少土地？

答：有40多亩土地。

问：您家是什么成分？

答：上中农。

问：解放前咱们村有没有"连刀会"，"红枪会"？

答：没有，咱村离城近，"红枪会"，乱七八糟的会，都不会来这地方。

问：解放前咱村农民互相帮助，这样的组织有没有？

答：没有。

问：解放前有没有"公看庄稼"？

答：那个时候都是个人看个人的。

问：您家雇过长工、短工吗？

答：长工雇过一个，短工没有雇，苗长出来就找几个短工。

问：你家雇的长工是本村的还是外村的？

答：本村的少，也有外村的，一般雇老人多。雇老人花钱少，好劳力钱多。

问：雇工是不是去"人市"上雇？

答：雇工都是去县城"人市"上雇佣。

问：雇长工是不是用中间人介绍？

答："人市"上有中人，他专门看谁要雇什么样的人，就来找你。比方你要雇老人，他就给介绍一个靠得住的，保证不出问题。

问：找中人介绍，是不是给中人钱？

答：什么也不要。

问：长工一般怎样开工钱，开多少钱？

答：雇年轻的一年要给 30 块银元；雇老人一年给一半银元。雇短工，一天管三顿饭，给 5~6 分钱（注：恐为铜板——整理者）。

问：雇短工，晚饭是不是喝酒？

答：不喝酒，就给平常饭吃。

问："人市"是不是叫"招工市"？

答：不叫"招工市"，也没听说过。

问："秋班儿"，您听说过没有？

答：咱这没有叫"秋班儿"的，到秋天了，有雇一个月或雇两个月工的，不叫"秋班儿"，叫"秋包儿"。就是包工，包一个月，包秋。

【满铁调查】

问：解放前，日本人叫满铁的调查团来过，您听说过没有？

答：来过。

问：找过您吗？

答：·没有。

问：找过您父亲吗？

答：我不知道。

问：你亲眼见过吗？

答：见过，那时候我小呢！

问：他们是穿军装吗，有多少人？

答：穿一般衣服，有四五个人。

问：当时有日本军队来吗？

答：没有。

问：他们是骑自行车吗？

答：没有骑车，就看村长领他们在村子里走。

问：当时村长是谁？

答：是郝国樑。

【八路军】

问：日本军战领栾城时，八路军晚上来吗？

答：听说晚上来，没见过。

问：晚上来是什么人？

答：听说是共产党，咱没见过。

问：日本人来时听说挖沟，不让人们过，叫"惠民壕"，有没有？

答：没有，也没听说过。

问：日本战败时，你们怎么知道的？

答：听说日本败仗了，城里换了国民党兵。

问：日本军败后，国民党和八路军在咱村打过仗没？

答：没有。

问：八路军来时你见过没有？

答：见过，我亲自把八路军伤员抬到马庄。

问：什么时候八路军来的，来了多少人？

答：解放那年 2 月 15 日，八路军来看地势，黑夜打起来了，16 日回城了，栾城解放了，当时打伤了一个八路军，我给抬到马庄。

【土地改革】

问：栾城解放了，咱这是不是开始"土改"了？

答：很快就"土改"了。

问：当时咱村负责"土改"的是谁？

答：有郝狼子、张脏羊、郝八十他们几个人负责。

问：他们几个人是叫农协吗？

答：那个时候就知道他们是干部。

问：土改时，县里来没来人？

答：县里来两个工作队员，搞平分土地。

问：咱村土地平分没？

答：平分了。

问：按人口平分的吗？

答：按全村人口平均分配，每人分 3 亩地，过了一年以后，因为第一次分的不合理，有多有少，第二次又分一次。

问：第一次分地有多有少，第二次是不是每人都 3 亩了？

答：第二次分，上下差不多了。

问：第一次分地，差别比较大，都是什么样人多？是不是贫民多点，中农少点？

答：跟这个没关系，就是赶上哪块，多点。

【干部】

问：那时候为什么郝狼子、张脏羊、郝八十当干部？

答：那时有人叫他干，他还不干？

问：他们都是什么成分，为什么让他干？

答：都是贫农。也不是因为他们是贫农就让他们干，反正村里得有个负责的。

问：是因为他们年轻吗？

答：当时他们都有 40 岁了。

问：为什么有的人不愿干？

答：有的人想法不一样。现在当书记，也是一样，选上了不干的也有，有人愿意干，有人不愿干。

问：解放前当村长，有没有钱？

答：那时候村长没有钱，从户里要粮食还得上交。

问：解放前村长从户里摊钱，是不是村里用？

答：说不清。

【地主、富农】

问："土改"时这个村有地主吗？

答：没有地主。

问：村里有几个富农？

答：就三户富农，平分土地，主要是分土地。

问：这三家富农都叫什么名字？

答：有赵假妮、张仲寅、郝老开（小名叫狗子）。

问：他们为什么是富农？

答：赵假妮有 40 多亩土地，雇人多，自己家老人在外边搞买卖；张仲寅有几十亩地，他爹是乡长，在外边干事人多；郝老开家有 50 多亩土地，两个儿子，一个在家，一个在外边。

问：赵假妮父亲在外经商吗？

答：他爷爷在外经商。

问：您家也有 40 多亩地，也雇长工的，就是中农，是不是因为劳动力多，雇人少？

答：是。

问："土改"时根据什么标准定的富农？

答：根据剥削量。

问：是工作队来以前，就定了咱村几户富农，还是进村后定的富农？

答：说不清。那时候有工作队，由县里给定。

【破除迷信】

问：解放后咱们村搞过破除迷信吗？

答：搞过破除迷信，主要是不让到庙里烧香磕头。

问：解放前咱村有几个庙？

答：有五个庙，观音庙，武道庙，三关庙，老母庙，真武庙。

问：破除迷信时这五个庙都在吗？

答：观音庙解放前就拆了，盖了学校；

三关庙也是解放前拆的；武道庙是解放后拆的；老母庙解放后拆的，庙砖修公路了；真武庙是 1966 年 "四清" 运动时拆的。

问：为什么 "四清" 运动时拆的真武庙？

答：除 "四旧"。

问：真武庙是最后一个拆的吧？

答：是最后一个。

【合作化、大跃进】

问：您参加过互助组吗？

答：没有，直接参加初级社。

问：您是哪年参加的初级社？

答：1958 年，我们村里共有 5 个初级社。

问：您那个社叫什么名字？

答：都是带什么字的。

问：咱这反 "右派" 运动您记得吗？

答：咱这没反过 "右派"。

问："大跃进" 您记得吗？

答："大跃进" 时成立人民公社。

问："大跃进" 时建食堂没有？

答：开始一个初级社一个食堂，后来 1958 年成立人民公社就变成一个大食堂了。

问：1960 年困难时期您还记得吗？

答：1960 年时全村一个食堂，吃瓜菜，主要吃红薯、白薯干、野菜，那时候困难时期，营养不够，加上有病，全村死有 60 ～ 70 人。

问：1960 年以后采取什么政策没有？

答：后来食堂解散了，每个人给不到半亩口粮地，自己种自己吃，两年左右又归集体了。

问：您当时口粮地种什么？

答：种麦子、棒子、菜。

问：口粮地什么时间种？

答：白天给集体干活，中午给自己干活，种口粮地。

问：咱这口粮田什么时候收回去的？

答：1966 年 "四清" 运动时收回去的。栾城县是 1965 年，咱村是 1966 年。

【"四清" 运动】

问："四清" 时来工作队没有？

答：县里派来的工作队，有几十人。

问：带队是什么人？

答：带队的是军人，也有县机关的干部。

问：来这么多，工作队主要干什么工作？

答：都到生产队去，每个队有 5 个人，也有 3 个人。

问：当时村里有几个生产队？

答：不是 7 个就是 5 个，记不清了。

问：工作队到生产队干什么？

答：开会，有时开大会。

问：一天开一个会吗？

答：不一定。

问：开会批判干部吗？

答：少不了批。

问：当时徐孟祥是书记，除批判他还批判别人不？

答：批判徐孟祥书记，赵球书记，刘宝贵一般干部，刘生玉保管，主要是这些人。

问：这批干部受批判了，是不是又找了一些新干部？

答：没有，由工作队代办。

问：工作队走后又选新干部了吧？

答：选了，徐春梅书记（女），有刘玉和干部，徐小和会计，有张二贵干部。

问：徐春梅是外村人吗？

答：是本村人。

问：为什么选徐春梅当干部？

答：她出身好，有文化，她父亲当过会计，她本人有威信。

问：她当时有多大年纪？

答：她刚毕业，也就有 20 多岁。

问：她那么年轻当书记，大伙能接受吗？

大家同意吗？

答：她刚毕业，脑子快，大家都同意，有一个人不同意也干不了。

问：女的当书记在咱村是第一个吧？

答：第一个。

问：女的当干部，男的有没有想法，怎么叫妇女当干部？

答：没有想法，党员都同意，老百姓也没有意见。

问：徐孟祥受批判以后干什么啦？

答：他有手艺，会做木活。

问：徐春梅干几年书记？

答：干有两三年。

问：以后谁是书记？

答：徐春梅以后，刘玉和当书记，刘以后郝锁珍，郝以后郝全福，郝全福之后是郝同顺书记。

问：郝全福是咱村"红卫兵"队长吗？

答：是。

问：干部为什么老换？是不是和政治运动有关系？

答：弄不清。

问：徐孟祥后来又当书记了，是吗？

答：是。

问：他当书记时，郝同顺是村长吗？

答：他当干部，谁干什么，我们弄不清。

【生产责任制】

问：搞生产责任制以后，您家有变化吗？

答：比以前生活强了，现在主要是种麦子、棒子，现在都吃面、细粮，收入也高了。

问：您现在最大的希望是什么？

答：希望多收粮食，吃得好，不打仗，过和平生活，好好享受，以享受为乐。

刘宝（保）贵（63岁）

时　　间：1994年12月27日下午
访 问 者：内山雅生
翻　　译：祁建民
访问场所：刘宝（保）贵家

【家族和学校】

问：你是叫刘宝贵吗？

答：是叫刘宝贵，有时也用这个"保"字。

问：您是哪年出生的？

答：哪年出生我记不清了。

问：今年多大了，属什么的？

答：今年63岁，属猴的。

问：您是在咱村出生的吗？

答：是。

问：您的父母现在还都健康吗？

答：都去世了。

问：你父亲叫什么名字？

答：刘发祥。

问：你母亲叫什么？

答：叫王小辫。

问：您弟兄姊妹几个？

答：弟兄4个。

问：您是老几？

答：我是老二。

问：您大哥叫什么名字？多大了？

答：大哥叫刘大贵，今年65岁。

问：您弟弟叫什么？多大了？

答：叫刘全贵，今年58岁。

问：您有姐妹吗？

答：没有啦。

问：您老伴叫什么？多大了？

答：叫郝云秀，56岁。

问：您的老伴是咱村出生的吗？

答：是。

问：郝云秀的父母亲都叫什么名字？

答：父亲郝四妮，母亲叫聂秀荣。

问：您几个孩子？

答：4 个孩子，老大女孩，叫刘素韦，36 岁；老二是女孩叫刘素敏，今年 31 岁；老三是女孩叫刘素丽，今年 28 岁；老四是男孩，叫刘平义，今年 24 岁。

问：您父亲是农民吗？

答：是农民。

问：您父亲解放前有多少土地？

答：有 3 亩地。

问：您父亲什么成分？

答：贫农。

问：您小时念过书吗？

答：念了几个月私塾。

问：当时私塾在哪儿上的？

答：就在村里。

问：老师叫什么名字？

答：姓闫。

问：您多大念私塾？

答：13 岁。

问：你一直是农民吗？

答：农民。

【满铁调查】

问：您小时候听说过满铁来咱村调查的事没有？

答：听刘老二说过，我们没见过。

问：当时他离你家近吗？

答：是邻居，刘二小早没了。

问：满铁访问过您父亲吗？

答：没有，我父亲去世早。

【佣工】

问：您父亲去世后，主要靠你母亲干活吧？

答：还有爷爷。

问：您爷爷叫什么？

答：叫刘玉德。

问：你父亲有 3 亩土地，你爷爷有多少亩地？

答：都在一起过，共有 3 亩土地。

问：您那时生活不够用，去没去"人市"上当长工或短工？

答：我爷爷去过，我也去过，长工、短工都干过。

问：您去"人市"怎么去？

答：早晨起来拿锄头去"人市"打短工，一天管三顿饭，给三毛钱等于 1 碗小米，晚上回家。

问：去哪干？

答：去"人市"，外村用人就领走了，干一天，晚上回来。

问：您去"人市"找工作，是人家找你还是你找人家？

答：到"人市"就在一边站着，雇人的就说，我用个人谁去，就跟去了。

问：讲价钱吗？

答：他说锄地三毛一天，谁去？那个说两毛一天谁去？谁愿意去，谁就跟着走了。

问：招工人来了，如果要 5 个人，有 10 个人要去怎么办？是不是价钱要降低？

答：不是。要 5 个人，就去 5 个人。

问：地主、富农招短工，是他们亲自去吗？

答：不亲自去，叫长工去。

问：您干过长工吗？

答：我干过两次长工，有一年的，也有几个月的时候。

问：干长工要中人介绍吗？

答：不用介绍，他看你干得好就用你，通过长工说的。

问：通过长工说什么？

答：也是介绍说，这户不错，对人不错，你去干吧，这种情况也有。一般的是原先在地主家干过短工，他看你干活好，就让长工来找你去，介绍也不给介绍人钱。

【互助组】

问：您跟您爷爷参加过互助组吗？

答：解放以后，我们先参加互助组，后参加合作社。

问：您的互助组有几家？

答：我们6家是一个互助组，都挨着，这六家有刘喜毛、刘建祥、刘大脏、刘老丑、刘连生。

问：您这几家是地挨着还是住的挨着？

答：地挨着，井也挨着，这几户用一个水井浇地。

问：水井是原来就有，还是你们几家一起挖的？

答：原来有一个，解放前地里就有这个井。

问：建互助组时这个井属于谁的？

答：这个井是大伙共同所有。

问：互助组以前这个井都是哪几家用的？

答：以前有了，4家用。有刘喜毛、刘连生、刘老丑他们几家用。

问：水井现在还能用吗？井有多粗？

答：早就不用了。当年井口有六尺粗，是用水车浇地。

问：水井什么时候不用的？

答：互助以后，打钢管井，就不用了，现在那口井已经没有了。

问：当时你们互助组里组长是谁？

答：组长是刘连生哥哥叫刘世杰（已死）。

问：当时你们这6家使用一个水井，如果离这个水井近的人想入这个互助组还可以吗？

答：别人找你也可以入。

问：水井水够用吗？

答：黑天也可以浇地，够用。

问：刘喜毛多大岁数？

答：刘喜毛70岁，刘建祥已死，80岁，刘大脏已死，70岁，刘老丑50多岁，刘连生60多岁。

问：刘喜毛有多少地？

答：刘喜毛10.5亩。

问：刘建祥多少亩地？

答：10亩地。

问：刘大脏多少亩地？

答：不到3亩地。

问：刘老丑多少亩地？

答：记不清了。

问：刘连生多少亩地？

答：记不清。

问：您多少亩地？

答：我10亩地。

问：土改后您分多少地？

答：平分地后有14亩地。

问：当时您家人口是不是比较多？

答：5口人。

问：互助组后您是不是参加了合作社？

答：参加了，当时村是成立了5个初级社。

问：您参加哪个社了？

答：记不清。

问：您哪年当的干部？

答：高级社时当的干部，是社长。

问：全村有几个高级社？

答：有5个社。

【公共食堂、大跃进】

问：1960年困难时期咱村建食堂没有？

答：建食堂了，开始建5~6个大食堂。

问：您在食堂吃饭吗？

答：都在食堂吃。

问：食堂那时吃什么？粮食够吗？

答：吃棒子面、白薯面，开始够吃，后来到1960年不够吃了，就定量了。

问：饿死的有吗？

答：没听说因为没饭吃饿死的，那个时候都吃定量了，你四勺，他也四勺，都四勺，都一样，病死的有。

问：那时村里死的人多吗？

答：比平时死的人多，有点病，肚子再饿点就死了。

问：咱村搞炼铁、炼钢没有？

答：咱村没有，别的村子有，离这有 20 多里地。

问：为什么那么炼呢？

答：是县里组织的。

问：咱村去人没有？

答：去劳力扛煤。

问：那村子叫什么名字？

答：叫豆妪村。

问：您 1958 年当社长，什么时候不干的？

答：1960 年不干的。

问：后来又什么时候当干部了？

答："文化大革命"后在生产队当政工员，以前 1958 年当过支部副书记，当过生产小队长。

问：什么时候喂猪的？

答：1960 年不当干部，就在生产队喂猪。

【政工员、"四清"运动】

问：政工员是"文化大革命"前有的，还是"文化大革命"后有的？

答：人民公社时就有政工员。

问：你不干政工员，是不是"四清"运动时不干的？

答："四清"运动不干了，"四清"运动后又干了两年。

问：您什么时候入的党？

答：1955 年入党。

问：您 1960 年不当干部，后来喂猪，是不是承包猪场？

答：没承包。

问：您在生产队喂猪记工分吗？

答：记工分。

问："四清"运动后你又当政工员了，当时工作队在吗？

答：那时"四清"工作队还在，不是工作队安排的，是党支部说的，党员投票。

问：政工员工作是干什么的？

答：管社员学习，到地里干活前，先向毛主席宣誓，喊"毛主席万岁"，就管学习，还管社员打架的事，不管生产。

问："文化大革命"时您还当政工员吗？

答：干两年就不当政工员了，以后在大队管理苹果园。

问：是您一个人管苹果园吗？

答：我和治保主任两个人管苹果园。

问：管苹果园是哪一年？

答：是 1977 年不当干部时，管果园了。

问：当时您承包苹果园吗？

答：没承包。

问："文化大革命"时咱村混乱吗？

答：不混乱。

问：有"红卫兵"吗？

答：没有。

问：看几年苹果园？

答：看两年后，就把果树都砍了，把地盖学校了，因为学校近得很，也不结果了，没有收成，就砍了。

问：是苹果树吗？

答：是苹果树。

【看青、保卫】

问：您管果园，是不是怕偷，是白天看还是晚上看？

答：秋天时白天晚上都住在果园，在果园搭棚子。

问：在果园住多长时间？

答：住两个多月。

问：解放前咱村有看青吗？

答：解放前个人看个人的，解放后抽人看。

问："解放前有"公看庄稼"这个词吗？

答：没听说过。

问：咱这儿解放前冬天有没有打更的？

答：没有。

问：解放后冬天是不是有保卫，查夜的？

答：有，我干过两年。

问：从什么时候开始干的？当时几个人？

答：我从 1979 年开始巡逻，当时全村 4 个人。每年冬天晚上在村子里转转。

问：晚上巡逻是民兵吗？

答：不是民兵，叫巡逻队，每年冬天巡逻三个月。

问：干几年巡逻队？

答：干两年。

问：两个人看村子怎么看？

答：每天晚上 4 个人都先到办公室坐一会，然后，两个人往东转，两个人往西转，转回来碰头。

问：每天晚上睡觉吗？

答：不睡觉，有个本子，每天都得记。

问：看夜干几年？

答：两年，1979～1981 年。

【民间信仰】

问：进大门时，看见您家大门影壁供一个佛像，是什么时候有的？

答：解放前就有佛像，"文化大革命"时，拆下来放到院子里藏起来，后来又收拾一下，放那了。

问：解放前的东西保存下来很珍贵。供的是什么神？

答：叫土地神。

问：一般的都是一张纸贴在那儿是吗？

答：一般都是印的，市场上有卖的，每年换一次，贴上。

问：您家过年还贴吗？

答：不贴了。

刘继晨（72 岁）

时　　间：1994 年 12 月 28 日上午

访问者：内山雅生

翻　　译：祁建民

访问场所：刘继晨家

【家族】

问：请问您叫什么名字？

答：刘继晨。

问：哪年生人？属什么？

答：今年 72 岁，属猪，哪年生的不记得了，我是本村生人。

问：你父亲叫什么名字？

答：叫刘老乐，小名叫二胖。

问：你母亲叫什么名？

答：俞小妮。

问：你父亲有多少地，土改时什么成分？

答：有 14～15 亩地，成分下中农。

问：你家兄弟姊妹几个人？

答：我家兄妹 7 人，我是老大，有一个弟弟。

问：老二是妹妹吗？叫什么名字？

答：大妹妹叫刘继姐，今年 69 岁；二妹妹叫刘二姐，今年 66 岁；三妹妹叫刘蜜子，今年 62 岁；四妹妹叫刘凤儿，今年 61 岁；五妹妹刘群儿，今年 55 岁；最后是小弟弟，叫刘丑（富臣），今年 51 岁。他们都住在本村西头。

问：你老伴叫什么名字？多大年岁？

答：郭二莲，今年 70 岁。

问：你有几个孩子？都叫什么名字？

答：有七个孩子，第一个是女儿，叫刘俊，今年 46 岁；第二个是男孩，叫刘宝进，44 岁；老三叫刘书进，是男孩，41 岁；老四是女孩，叫刘书燕，39 岁；老五是男孩，叫刘书增，34 岁；老六是男孩，叫刘增利，31 岁；最小的是女孩，叫刘俊燕，今年 27 岁。

问：大娘是什么村人？

答：北面岗头村人。

问：你们什么时候结婚的？

答：19 岁时结的婚。

问：你小时候上过学吗？

答：12 岁那年上的私塾，也就是一年半载。

问：老师叫什么名字？

答：叫张老乐。

问：上完小学以后干什么活？

答：在本村务农。

问：你家地自己种得过来吗？

答：种得过来。

【佣工】

问：你给人家扛过活吗？

答：给人家打过短工，没有干过长工。

问：在本村打短工，还是到外村干活？去过"人市"吗？

答：在本村打短工，没有到过外村，也没有去过"人市"。农忙时，就给别人干几天。

问：给本村哪家打短工？

答：给本村赵丑子家和赵黑子家打过短工。

问：是别人介绍去的，还是你自己联系的？

答：是他们来找我，问我有空吗？帮助他们干点活。

问：他们家都有多少地？

答：都有 40~50 亩地。

问：你和赵家有亲戚关系吗？

答：没有，都是本村邻居，关系不错，又很近，所以帮助干点活。

【当地】

问：你租过别人地种吗？当过佃农吗？

答：没有，我们家的地曾经"当"给别人，给我们一部分钱，秋收后，"当"的地收成各分一半。

问："当"给谁？"当"多少地？

答："当"给县内的叫王老岳的（不是很大的地主，只当几亩地，年景好转时，就赎回来自己种）。

问：王老岳是叫王赞周吗？

答：不是，是两个人。

问：当地和典地是一个意思吗？

答：叫法不同，内容是一个意思。当地是"活口"，有能力时，就收回来了。

问：有一个词叫"五尺行"，你听说过没有？

答：不清楚。

问：当地时是否要丈量一下？是否有中间人介绍？

答：不需要丈量，自己报个数，人家也不来看地。有中间人担保。

问：你当地时，中间担保的是谁？

答：中间人是赵丑子。

问：赵丑子是专门干中间人吗？还是因为同你关系好，才当中间担保的？

答：他不是专门干这个的，赵丑子和我关系好，又和王老岳认识，所以才当中间人的。

【日军侵略】

问：日本侵略中国时，你还记得吗？

答：记得，我已 15 岁了。日军经常路过本村，但没有住过本村。

问：本村遭到日军破坏、烧杀吗？

答：本村没有遭到烧杀，也没有死人；后来皇协军来了，经常来村要粮、要钱。

【满铁调查】

问：日本满铁来村内调查的事，你还记得吗？

答：记得，那时村内维持会专门接待，我小，有时到跟前听听。

问：来多少人？穿什么衣服？

答：有时来4~5人，有时来5~6人，都穿的普通衣服。找人谈话的地点，是在村维持会。

问：叫你父亲去谈过话吗？

答：没有，主要找村内年纪大的去谈。

问：满铁人员下来调查，有军队跟下来吗？

答：没有军队跟着。

问：满铁调查是怎么来村的？

答：这里离县城近，有骑自行车来的。

问：维持会叫什么名字，是叫治安维持会吗？

答：就叫维持会，由村内上年岁的人管着。

【土地改革】

问：解放后土改每人分到多少地？

答：每人平均3亩地左右。

问：土改时，张老乐是富农，他的地分了没有？

答：张老乐家地不多，但分掉了一部分，房子也分掉了一部分，家具也分了。

问：他家的书很多，是怎么分掉的？

答：不记得了。

问：你家分到土地了吗？

答：分到10亩土地，但不是张老乐的。

问：张老乐的房子分给谁了？

答：他的房子是献出的，作了大队办公室。

问：土地改革时，村干部是徐孟祥吗？

答：成立互助组时，徐孟祥当了干部。

问：是村民选举的吗？

答：当时村内有工作队，组织全村会议，工作队提名，全村通过产生的。

问：为什么选徐孟祥当干部？

答：他是贫农，有工作能力，有信用。

【"四清"运动】

问："四清"运动中为什么又不让徐孟祥当干部了。

答：村内事很复杂，村内人愿意把干部换换。那时干部没有补贴，经济上不清，所以被撤换了。

问："四清"以后，村干部频繁更换，是什么原因？

答：村内人多，意见不一致，有的愿意这个人当干部，有的愿意那个人当干部。另外当干部少不了得罪人，被得罪的人，就希望换上自己拥护的干部。

【同族】

问：换干部是否同村内宗族意见不一致有关系？

答：有关系，但不是主要的，因为大队干部有好几位，每次都照顾到各姓氏大户。譬如书记是姓郝的，村长可能是姓徐的，会计可能是姓赵的。这个村派别不大，村干部得罪人，不光是外姓的，也经常得罪本姓的同族，所以说干部经常更换，主要是得罪人造成的。

问：本村姓刘的是大户吗？

答：有20~30户，不是大户，但也不是小户，中等吧！姓郝的户多，是大姓。

【"文化大革命"】

问：解放后，村内搞过反"右派"运动吗？

答：没有搞过，农村不搞反"右派"，县内搞"反右"运动。

问："文化大革命"期间，村内有"红卫兵"运动吗？

答：有，不多，就是村内俱乐部那帮人，是工作队组织的。

问：当时"红卫兵"负责人是谁？

答：赵增晨组织的俱乐部，可能是他。

问：郝小寿组织过"红卫兵"吗？

答：记不清了，郝小寿当过一段时间干部。

【困难时期】

问：1960年困难时期村内有食堂吗？

答：1959年以前本村就有食堂，那时5个生产队，一个生产队一个食堂，共5个食堂。1959~1960年合并为大队一个食堂。1960年以后又分成3个食堂。1962年，分开了，食堂也就解散了。

问：1960年食堂吃什么粮食？

答：那时粮食和棉花都拉到县内去了，没有粮食吃，食堂吃的山药面和红薯。

问：村内有饿死人的情况？

答：有，困难时期村内饿死、病死的有30多人。

问：大食堂有多长时间？

答：一年左右时间。

问：1960年左右大协作时，你村劳力到别的村劳动过吗？

答：劳动过，记得那是1959年腊月间，全村劳力都去东面的聂家庄劳动，主要搞"三拆四挖"，也就是拆老房、旧土坑，挖猪圈、粪坑，搞积肥等。

问：大协作劳动多长时间？

答：十多天就回来。

【外出东北劳动】

问：困难时期本村有外出劳动的吗？

答：有，有两户姓郝的去东北沈阳谋生。

问：这两户叫什么名字？

答：一户是郝丙晨，另一户是郝小奎、郝中奎兄弟俩。他们是在"文化大革命"前后走的，不是困难时期。困难时期，这村没有外出的。

问：郝中奎兄弟去沈阳，是怎样去的？工作队同意吗？

答：那时村内没有人管事，都是全家去的，是为了谋生，没有其他原因。

问：后来村内还有人去东北吗？

答：没有，这个村外流的人不多，生产还可以，一般都不愿到外地谋生。

问：到沈阳后，他们回来过吗？

答：就是郝小奎回来过一次，其他人一直没有回来，因为家内没有什么人了。

问：这两户去东北，共有多少人？

答：郝小奎兄弟俩，没有成家，就带着老母亲去的；郝丙晨全家3口人去了。

问：郝中奎父亲叫什么名？家内有多少地？

答：他父亲叫郝同喜，家内没有多少地，是贫农。

问：兄弟俩是通过别人介绍去的吗？

答：不是，郝中奎在解放前就去过东北，有认识人。中奎的年龄比我还要大两岁。

【"文化大革命"中的混乱】

问："文化大革命"期间，干部都不起作用了，村内治安情况是否混乱？

答：乱是有点乱，不严重，就是暗地里有派性，这派攻那派，那一派说这一派，意见不一致。

【治安和看青】

问：解放后村内有打更的吗？

答：有，主要是"文化大革命"以后，村内每晚派几个人在村里转转，有时是派民兵，有时找一些年老的人值值班。值班的，晚上住在办公室。冬季值班 2~3 个月。

问：解放前，村内有值班的吗？

答：没有。

问：解放前，村内有看青的吗？

答：有，各户看各户的。

问：是否雇短工或长工去看青？

答：短工不管，都是由长工去看青。

问：富农家的地看青，由长工看，住在地里吗？

答：秋天，长工看青住在场上（打粮食的场上有小房），夏天，一般长工到地里转转回家睡觉。也有在地里盖小棚的，少数。有的长工在家喂牲口，本人去地里看青。

问：有没有专门雇一个短工或长工去看青的？

答：没有，这个村没有太大的户，都是自己种自己的地，没有专门看青的。

【水井】

问：你参加互助组了吗？有多少户？有水井吗？

答：参加了，我们互助组有十几户，有 3 口水井。

问：那时全村有多少井？是否一口井就可以组织一个互助组？

答：那时一口井只能浇十多亩地，全村大约有五十多口井，一口井的少，一个互助组都有几口井，因为地虽然靠近，但也不是连在一起的，所以井少了，浇水就成问题。

问：组织互助组是否同姓的在一起？

答：是地靠近的，关系好的，都是个人自愿找在一起，不一定是一姓的。也有一家人参加两个互助组的。

【同族】

问：解放前，村内住户，都是同姓的住一片，地是否也是同姓在一起？

答：大部分是这样。

问：土地改革以后，变化大吗？

答：变化不大，比较集中。姓徐的住处和土地都比较集中，他们之间关系也比较好。

问：姓徐的同族是否比较团结？

答：是这样的，他们之间互相帮助，比较团结。姓郝的，也是这样，都差不多。

【宅神】

问：本村有各姓的家祠吗？

答：没有。

问：我看到村内各家门口都供有"宅神"，你家有吗？

答：解放前家家都有，解放后旧房子还有"宅神"，"文化大革命"扫"四旧"时就没有了。我是新盖的房子，在门口买了一张"宅神"像贴上，没有过去的"佛龛"了。

问：每年什么时候贴？

答：每年春节买一张贴上，这是"宅神"，给看门的。

问："宅神"像从什么地方买的？

答：从县内集市上买来。

问：今后你希望是什么？

答：希望生活好些，我老了，有几亩地种种就行了，别的干不了。现在孩子都大了，一个在城内工作，一个在村内修理电器，都很好，很满足。

刘玉合（48 岁）

时　　间：1994 年 12 月 29 日上午
访 问 者：内山雅生
翻　　译：祁建民
访问场所：刘玉合家

【家族、少年时代】

问：你叫刘玉合吗？今年多大岁数了？

答：我叫刘玉合，今年 48 岁，属狗的。

问：您父亲叫什么名字？多大了？

答：刘喜林，85 岁。

问：您母亲叫什么？多大了？

答：母亲叫温晶子，80 岁。

问：你父亲解放前有多少土地，什么成分？

答：我父亲那时有 13 亩地，"土改"时贫农，"四清"时说咱家人口少，土地多，又划为下中农。

问：您兄弟姐妹几个人？

答：我三个妹妹，我是老大。

问：您的妹妹叫什么？

答：大妹妹叫刘玉珍，46 岁；二妹妹叫刘玉兰，44 岁；三妹妹叫刘香珍，42 岁。

问：你老伴叫什么名字？

答：老伴叫檀秀荣，46 岁。

问：您几个孩子？

答：我四个孩子。

问：都叫什么名字，多大了？

答：老大男孩叫刘增光，27 岁；老二男孩叫刘增坤，26 岁；老三女孩叫刘会丽，24 岁；老四男孩叫刘增乐，19 岁。

问：你念过书吗？

答：念过 5 年学。

问：几岁念的，哪年入学？

答：13 岁念完，9 岁入学。

问：在哪儿上小学？

答：小学一直是在石家庄小学。

问：您小学毕业后，干什么了？

答：一直在村务农。

问：您当时在哪个生产队？

答：老五队，生产队。

问：你当过保管吗？

答：1963～1964 年当保管。

问：是不是大家很信任的人才能当保管？

答：毕业在村里干了一年，当保管群众也公认。

【"四清"运动和干部】

问：在山东平原调查过，在北京顺义县调查过，听说农村"四清"运动搞得很热闹？

答：农村比城市搞得还热闹。

问：当时咱村来工作队没有？从哪儿来的？

答：来啦！是从石家庄市桥东区、县干部组织的工作团，有 40 多人，来咱村有 40 多人。

问：带队的是哪些人？

答：队长是桥东区的干部，姓鲍，名叫鲍士弟，还有一个县社干部。

问：大队干部都有谁停职了？

答：有徐孟祥书记，刘文生大队长，刘宝贵书记，就停职这几个人。

问："四清"整什么问题？

答：一开始清经济问题，就是多吃、多占、多拿的四不清问题。后来是清政治，清历史遗留问题。

问：召开大会批判吗？

答：工作队召开全村大会，让干部上台检查，让群众代表揭发问题。刘宝贵挨批比较厉害，别的干部就是靠边站了。

问：整了多少时间？

答：大约有多半年时间。

问：工作队从哪儿来的？

答：他们先在范台村搞"四清"，搞完了

才到我村搞"四清",我们搞完了,工作队又转移到五里堡村。

问:为什么对团支部书记整得厉害?

答:刘宝贵主要是得罪人多,困难时期管过食堂,别人生活困难,他家生活不困难,动不动不让社员到食堂吃饭,以此惩罚社员。困难时期,有些没吃饭的社员到地里偷点棒子或红薯,他抓到了就绑起来吊到树上打,所以社员对他很恨,"四清"时,就整他。应该说,整他作风问题也是对的。

问:徐孟祥是书记,整得厉害吗?

答:徐孟祥整得不厉害,得罪人少,也没有大问题,就是多吃多占的问题,说说也就行了。他作风比较好。大队会计赵球子整的比较厉害,他有经济问题。因为困难时期,很多社员没吃没喝,有的吃野菜、树皮,他家有吃、有喝,因为队里粮库就在他家里。群众反映说,他还把粮食拿到外边卖去,所以"四清"整他。

问:听说"四清"时村里有改成分的,这是怎么回事?

答:改成分是"四清"后期的事,这个村改成分的不少,赵歪子原来是上中农,改为富农,具体有多少家改成分,我也不清楚。

问:为什么要把赵歪子改为富农呢?

答:工作队认为土地改革时,把他家地计算少了,所以重新计算时,赵家够富了。譬如原来他家地出租出去,没有算;现在"四清"时,就把出租的地也算进去,成分就高了。

问:你家成分改了没有?

答:改了,由贫农改为下中农。

问:村里有没有把原来成分高的,降下来的。

答:不清楚,我没有具体搞,也没有听说过。总之,"四清"时思想很"左",总是把低的往上调。

问:改成分由谁来主持搞?

答:由工作队主持搞的,大队贫农协会参加。

问:"四清"搞完之后,谁当村内书记?

答:徐春梅,是工作队培养和安排的。

问:徐春梅当时很年轻,为什么选她当书记?

答:因为徐有文化,又是积极分子,脑子比较精,也当过会计,又是妇女,所以工作队看中了,推荐她当书记。

问:"四清"时,除了徐春梅是积极分子,还有别的积极分子吗?

答:有,其他积极分子条件都不如徐春梅。

问:徐春梅当书记时,大队长是谁?

答:大队长是刘小喜,没有能力;会计是郝小寿,30来岁;大队保管员是郝同顺;大队副队长徐小任;我是团支部书记。都年轻,我还不到20岁。

问:你是什么时候入的党?

答:我是1969年10月入的党,那是清理阶级队伍的时候,是在"文化大革命"中入的党。

问:所说的徐春梅后来调出去当干部了?

答:徐当书记不到一年,就调到公社当妇女主任了,后来又调到县公粮库当主任,一直到现在。

问:徐春梅调走后,谁当书记?

答:由我担任书记工作,当时我19岁,入党才20多天,是干部中最年轻的了。

【"文化大革命"、"红卫兵"】

问:你当书记,正是"文化大革命"期间,是否村内很乱,工作好开展吗?

答:工作很困难,那时村内姓张是一派,姓王是一派,赵姓派性更大。赵姓自己内部分两派。

问：你当书记时，最难办的事是什么？

答：清理阶级队伍，我把过去挨整的干部都解放了。

问：那时村内有"红卫兵"运动吗？

答：有。是自发组织，有四五组。

问：这四五组"红卫兵"都叫什么名字？

答：记不清了，县内"红卫兵"也来过村，串连组织人。

问：当时"红卫兵"领导人是谁呢？

答：赵增晨、赵尾巴、赵银亮，其他不记得。

问：他们之间是一伙的吗？

答：不是一伙的，是对立观点。现在关系也不好，造成家族间矛盾的对立。直到现在，赵银亮同赵秀路还对立得很厉害。

【村支部书记】

问：你当了几年书记？后来又干什么工作？

答：从 1970 年当到 1973 年。后来又任民兵连长、大队副书记。后来就不干了。因为家内人少，需要劳力，所以就干不了，另外怕得罪人。1976 年我调公社公副业办公室工作。我离开村，书记工作交给郝锁珍。我在公社一直干到 1986 年。

问：从公社又回村了？

答：没有，又到县内第二建筑公司干了三四年，后来回村搞了几年运输，又办了蜂窝煤厂一直到现在。

问：郝锁珍当"书记"，他比你小，比你大？

答：他比我大五岁，有文化，村内弟兄们多，好办事。他原来是大队会计。

问：郝锁珍干了几年？

答：干了一年，就交给郝全福，后来又交给郝同顺。

问：郝全福是怎样选上的？

答：郝锁珍不要干了，大家一商量，就让郝全福干了。另外他当过民兵连长。

问：前任书记不干了，一般都由民兵连长或会计接替，是这样的吗？

答：不是这样的，是根据工作需要。

【承包制】

问：你什么时候买的车，花了多少钱？

答：1984 年买的，买的是石家庄生产的卡车，花了 3.6 万元。

问：跑几年运输，买车钱赚回来没有？

答：这是一件苦恼事，不便于讲，是合伙干的，内部出了矛盾，现在总算把事解决了。虽然没有赚钱，但也没有赔钱。

问：你买蜂窝机花了多少钱？

答：是买的旧设备，花钱不多，花了 3000 多元，现在赚了 1 万多元。今年看来能赚回 2 万多元。

问：煤厂还雇人没有？

答：雇了 3 个人，都是外村的，另外我家两个孩子加上老伴，都在煤厂干活。

问：雇工工资怎么开？

答：工资每人每天 10 元，管中午一顿饭。

问：现在书记很年轻，你是老干部，是否还帮助他们？

答：现在书记很年轻，帮助是应该的，现在书记和其他干部和我关系都很好。

问：你今后发展有什么打算？

答：想建个大蜂窝煤厂，因为盖楼房的多了，要烧土暖气，要大蜂窝煤。我想再买套机器，再干它两年。

问：你对自己的子女有什么打算？

答：中国农村还是很穷，不敢有其他的空想。我大孩子已分家另过活，独立地生活了。身边小儿子，准备给他成个家。另外，我有两位老人，也要准备后事。我身体又不好，前几年因运输打官司，赔本，思想上受了一些刺激。现在把厂办好，把家内事安排好，就心满意足了。

刘凤书（68 岁）

时　　　间：1994 年 12 月 29 日下午
访 问 者：内山雅生
翻　　　译：祁建民
访问场所：刘凤书家

【家族、少年时代】

问：您叫什么名字？今年多大了？

答：我叫刘凤书，今年 68 岁。

问：哪年出生？属什么的？

答：哪年出生推算不出来，我属兔的。

问：您是在本村出生的吗？

答：是。

问：您的父亲叫什么名字？您母亲叫什么？

答：父亲叫刘老清，母亲叫赵月。

问：您父亲解放前有多少土地？

答：解放前我父亲弟兄 3 人共 10 亩地。

问：您的爷爷叫什么名字？

答：叫刘成德。

问：土改时你家是什么成分？

答：贫农。

问：平分土地时你家有多少亩地？

答：我家 7 口人，每人 3 亩地，正好是 21 亩地。

问：您兄弟几个？

答：兄弟 5 个，我是老大。

问：您下面是弟弟还是妹妹？

答：我下边是妹妹叫刘文子，今年 65 岁；老三是弟弟刘凤林，今年 63 岁；老四是弟弟叫刘凤琴，今年 58 岁；老五是弟弟叫刘明琴，今年 50 多岁。

问：您老伴叫什么？是本村出生的吗？多大了？

答：刘瑞，是五里铺人，今年 56 岁。

问：您几个孩子？叫什么名字？

答：6 个孩子。老大是女孩子叫刘季英，三十四五岁；老二也是女孩，叫刘季兰，31 岁；老三是男孩叫刘国军，29 岁；老四是男孩叫刘国庆，今年 28 岁；老五是男孩叫刘庆会，25 岁；老六叫刘会敏是女孩，24 岁。

问：你念过书吗？

答：8 岁上到 10 岁，念两年私塾。

问：教书先生叫什么？在哪里念书？

答：先生是河庄的，叫张茂。就在本村念。

问：念完书是一直在村务农吗？

答：在村种地，解放后在工厂工作几年。

问：在工厂是正式工吗？

答：也不算正式工，干时间不长，在石家庄车辆厂，1958 年去的，1961 年回来的。

问：工厂的名字叫什么？

答：石家庄市车辆厂。

问：为什么 1961 年又回来了？

答：因为家里有小孩，顾不过来，回家务农了。

问：你 1958 年怎么去的石家庄？

答：1958 年大炼钢铁，招工去的。

问：您 1961 年回来时，村子里还有树吗？

答：砍了一部分树。

【"大跃进"与水利建设】

问：你回村后，在第几生产队？

答：我在第四生产队干活。

问：当时你们队里有几眼井？

答：我回来时队里有一口机井。

问：解放后您参加过互助组没有？

答：参加了互助组织。

问：你这个互助组有几户？

答：开始有三四户，以后就多了。时间不长就改了合作社了。

问：互助组时有水井吗？

答：有两口井。

问：你们这几户地是不是都离井近呢？

答：离得远，都在一块。

问：开始三四户，后来多少户了？

答：后来增加到八九户。

问：互助组刚开始时有几口井？

答：刚开始有一口井，没明确这口井归我们组。

问：解放前咱村井是怎样使用？

答：自己有能力的就自己打井，自己没能力的，就两家子不错的合伙打井。

问：那时候自己打井的多还是合伙打井的多？

答：一般都是合伙打井，自己打不起。

问：如果在您地里打井，占您的地是否要给补偿？

答：都不错才在一块打井，什么也不给，是情愿的。

问：解放前打一口井要多少钱？

答：按小麦计算打一口井需要 3000 ~ 4000 斤。

问：合伙打井怎样摊钱，是平均摊吗？

答：是按实际土地面积，均摊钱。

问：解放前有多少大口井？

答：全村大概有 40 眼井。

问：解放后大口井增加没有？

答：解放后又新增加有 10 口井，全村共有 50 眼大口井。

问：解放前是不是用水车提水？

答：用水车提水。

问：水车有合伙买的吗？

答：水车一般都是自己买，合伙买的少。

问：水车一般需要多少钱？

答：按小麦计算合 2000 ~ 3000 斤。

问：借用水车给什么吗？

答：我们俩家不错，你有水车等你用完借我用，就拿去用了，什么也不给。

问：借水车的人是不是一块打井的人？

答：不是，谁借都借。

问：水车有多大，重吗？

答：年轻的要两个人才能抬动。

问：有没有这种情况，这个井没有水车，把那个井的水车拿到这个井来？

答：这种情况也有，少，一般都是在一起打井的。

问：解放前有 40 眼井，有多少水车？

答：有 30 台水车。

问：没打机井前是不是也用过抽水机抽水？

答：用过，时间不长，不到一年就打机井了。

问：那时用电动机抽水吗？

答：用柴油机抽。

问：用机井抽水是哪年？

答：1958 年前后用柴油机抽水，1959 年用机井。

问：互助组时，水井属于本组使用，合作社时怎样使用？

答：合作社时，在生产队范围内的井，就可以用。

问：解放后互助组之间借水车、借农具，这种情况有吗？

答：互助组时，农具少，有借的，合作社时也有借的，少了。

问：解放前有没有几家经常性地一起用水车，一起农具，一起用井，互助合作的情况有没有？

答：经常性地借用不行，比方说你不浇地就吃不上饭了，借一天行，借两天行，第三天就不借了，常借不行。

问：有没有今年你借我的水车用，我借你的大车用，这种情况有吗？

答：有也是少数，弄不好就翻了。

问：您回来时，1960年村里是不是比较困难？访问别人时说，粮食很少，农民饿得特别狠，受不了，有的人上地里拿点玉米、白薯，被干部看见了，就打一顿，这种情况有没有？

答：这种情况有，少数，比方说我拿了，你看见了，说说算了，走吧；有的人拿了，不认识，那就得打他。

问：刘宝贵跟您是亲戚吗？

答：都姓刘，是一个姓，一家子。

问：听说1960年困难时期，刘宝贵当干部时，对农民管得比较严，有的人偷东西了，他就打人一顿，整人一顿，是吗？

答：他那时候年轻，说话硬，得罪人多，"四清"时把他的干部撤了，也受批判了。

【"四清"运动、"文化大革命"】

问：像刘宝贵这样的人，得罪人多，"四清"时受批判的年轻人多吗？

答：还有我亲兄弟刘凤林受批判了，他也得罪人了。集体化、吃食堂时，他把人家锅端来了。"四清"批判了，批判他比较轻，因为他态度好，比较接受意见。那时他是大队民兵干部。

问："四清"时是工作队来批判还是本村人批判呢？

答：工作队掌握开会，到会的群众谁有意见谁就提。

问：提意见的人是不是都被他们管束过的？

答：不都是被管束过的，什么也不干的人，也提。

问：工作队在咱村是不是住好长时间？

答："四清"工作队在村住有一年。

问：老的干部停职了，是不是又培养一批新干部？

答：会开好了以后，批判也批判好了，工作做好了。犯错误的，不犯错误的，会上都揭发了，算开好了。以后，发票选举谁能当新干部。

问：新选上的干部都有谁？

答：新选的干部有郝全福、刘文生、刘玉合。

问：选举时，是不是工作队先提的名？为什么他当干部？

答：因为他们有工作能力，能领导村生产，能解决村里事。上边事也给办了，下边事也能给办，才选他们。

问：徐春梅那么年轻当书记，当时对咱村管理的是不是比较好，工作怎么样？

答：生产差不多，咱村的工作在公社居第二位，产量高，大伙收入不少，群众都拥护。

问：徐春梅是不是因为在咱村工作领导得好，才调到公社当干部去了？

答：是这个问题。

问：她调到公社后，咱们村是不是常换干部，今天他当书记，明天他当书记？

答：是这样。

问："文化大革命"时，咱们村有没有"红卫兵"？当时有几个组织？

答：有"红卫兵"，那时参加"红卫兵"的叫刘生银。他串连比较多，他是学生，"红卫兵"组织，由学校代替，上边有什么精神，学校贴出大标语口号。

问："四清"时，有贫农协会吗？贫协主任是谁？

答：有贫农协会，主席是刘孟山，有副主席记不清是谁。

问：他原来是干部吗？

答：他当三年兵，从部队复员刚回来后，

当贫协主席。

问：他一直是贫协主席？

答：一直是。

问：干多长时间？

答：干有一年，后来就没了。"四清"运动有什么都说出来，以前干的好坏事，都说出来，宽大政策。

问：你弟弟"四清"时，群众提完意见，也就没事了，是吗？

答：是，因为他接受意见。

问：后来又当干部吗？

答：不当干部了，后来去栾城县文教局食堂做饭。一直到现在，在县文教局看门。

问：他们的成分没变吧？

答：没变。

问：徐孟祥那时是书记，受批判没有？

答：也受批判了，干了几年，办事不强，犯点错误，大伙提点意见，就下去了。

问：咱们村的干部除徐孟祥、郝同顺当干部时间比较长，是比较好的，是吗？

答：比较好。

问："四清"到"文化大革命"时，上来的干部是不是管事特别多，特别严？

答：都差不多。

问："文化大革命"时咱村有几大姓，有赵家、郝家、刘家，分成几大派，互相之间都有矛盾，没有不说话的吧？

答：农村文化低，见识短，比方你有什么事，我没帮忙，就记仇了。赵家有几个人，不严重。

【生产责任制】

问：生产责任制以后，你干点副业没有？

答：我一直务农，没干别的。

问：您家里现在有多少亩地？

答：现在 8 口人，12 亩地。

问：咱村什么时候开始分地的？

答：我也记不清。

问：您这几年种什么多？

答：种小麦、棒子，以这为主。

问：你家有拖拉机吗？

答：有个小拖拉机。

问：现在您务农，一年纯收入多少？

答：纯收入一年能有 2000 元。

问：总的收入多少？

答：没计算过。

【民间信仰】

问：您院里贴土地神没有？

答：贴。

问：您这盖新房时是不是也要供神？

答：在旧社会时要写"上梁大吉"，"姜太公在此，诸神退位"。

问：咱村要建老母庙，是不是要烧香？

答：不信就不去，男的不去，女的去。

问：老母庙建好您去吗？

答：我不去。

问：老母像做好吗？

答：就画一张佛像。

问：过去老母庙也是画像吗？

答：以前是用泥做的，现在就用纸画一张像。

问：您院里贴土地神，您还烧香吗？

答：贴的时候，烧香时说"好事来家领"、"赖事往外推"。

郝孟辰（28 岁）

时　　间：1994 年 12 月 24 日下午

访 问 者：笠原 十九司　左志远

翻　　译：王　键

访问场所：郝孟辰家

【出身家庭】

问：你是哪年出生的？

答：1966 年出生。

问：正是"文化大革命"开始的时候？

答：是的。

问：你属什么？

答：属马。

问：你现在担任什么职务？

答：我就是村民，务农。

问：你的祖父叫什么？

答：我说不出来。

问：你父亲的名字？

答：叫郝连俊。

问：你母亲叫什么？

答：叫侯妮。

问：你的父亲还在吗？今年多大岁数？

答：在，今年 60 岁。

问：他也是务农吗？

答：也是务农。

问：你的母亲呢？

答：她 59 岁。

问：她的老家在哪里？

答：她是北十里铺人。

问：你有多少兄弟姐妹？

答：一个姐姐，一个弟弟。

问：姐姐叫什么名字？

答：叫荣芬。

问：现在在哪里？

答：已出嫁了，在西羊市村，离这里有 25 华里。

问：弟弟呢？

答：他叫永辰，今年 25 岁。

问：他干什么工作？

答：他搞维修工作，修理家电，就在本村。

问：他是工人吗？

答：他是个体户。

问：你的弟弟和你住在一起吗？

答：不住在一起，已分家了。

问：你出生在本村吗？

答：是的。

【小学】

问：你是哪一年上小学？

答：我 8 岁上学，即 1974 年。

问：你们当时小学有没有叫学前班？

答：那时没有，现在有。

问：你出生于"文化大革命"时，你有印象吗？

答：记不清了，当时我小。

问：你父亲在"土改"时是什么成分？

答：是贫农。

问：你在什么地方上小学？

答：在本村，即寺北柴村小学。

问：小学建于什么时候？

答：建立很早，但具体说不上。

问：你上学时，小学有几个班？

答：共五个学习班，一个年级一个班。

问：没有六年级？

答：没有，小学就是 1～5 年级。

问：你同班同学有多少人？

答：40 余人。

问：你们老师名字还记得吗？

答：叫徐玉身，是现在的村长。

问：今年他多大？

答：42 岁。

问：你同学中的男女比例？

答：女同学多，约占 2/3。

【小学的授课】

问：你还记得你一年级时学些什么课？

答：语文、数学、音乐、体育、美术。

问：你最喜欢什么课？

答：语文课。

问：当时有没有培养思想品质的课？

答：有，当时叫思想品德课。

问：你还记得讲些什么内容？

答：记不清了，就是关于热爱祖国等，没有课本。所有的课程是一个老师讲。

问：你对徐玉身老师的印象？

答：他是我的启蒙老师，印象不错。

问：他什么时候就不当老师了？

答：我记不清了。他 1992 年当村长，1992 年以前在家里务农。

问：他教育的方法严格不严格？

答：要求严格。

问：徐老师有没有批评过你？

答：有。

问：二年级的老师是谁？

答：1～5 年级都由徐老师教。

问：当时寺北柴村小学有多少老师？

答：有六七位老师，具体也说不清。至少有五位。

问：校长是谁？

答：叫王新英。

问：他是本村人吗？

答：不是本村的，是北长村人。

问：北长村离这里有多远？

答：3 里地。

问：他还在吗？

答：还在，可能有 60 多岁。

问：徐老师教你们，每年的课都在变化吧？

答：是的。

问：你刚才说没有课本？

答：是指音乐，主要的课程有课本。

问：小学你哪一年毕业？

答：1979 年毕业。

【毕业典礼、活动】

问：你毕业时有没有举行毕业仪式？

答：举行了毕业典礼。

问：请介绍一下。

答：印象不太深，当时老师将同学组织在一起，指出考上学以后要好好学习，要听老师的话。

所谓仪式，没有那么隆重，就是由徐老师将大家组织到一块。

问：有没有唱歌的活动？

答：记得没有。典礼很简单。

问：在你上小学的时候，你感到最愉快的事是什么？

答：最高兴的事是老师带着大家到外边去活动，如参加生产队的劳动。

问：有没有旅游的活动？

答：没有，不离开本村。

问：有没有运动会？

答：有。内容是打球、拔河，主要是篮球。

问：你小学中的同学，现在与你是好朋友有没有？

答：有，都是本村的，如郝建冈、郝入（文）辉、郝书青。

问：在日本，小学毕业以后，经常开同学会，你们有没有？

答：在小学没有，在中学有。

问：小学毕业后，访问老师的习惯有没有？

答：有，毕业以后去看过老师。

问：一般什么时候去看？

答：毕业那年去看过，以后也就没有单独去过，因为在本村常见面，见面时问个好。

问：你在小学，到外边去除参加劳动还有什么活动？

答：帮助生产队干点事，还有植树。

问：劳动的具体内容？

答：拾麦穗、除草。

【假期】

问：在小学你们有多少假？

答：有暑假和寒假，还有秋假和麦假。一年是暑假、麦假、秋假（麦假是阳历五六月）、寒假。麦假、秋假时间短，寒假和暑假时间长。

问：农忙时，你们帮助家里劳动吧？

答：是的。

问：一般说暑假放多少天？

答：20多天。

问：麦假？

答：十来天，一周左右。

【初级中学】

问：你小学毕业后在什么地方上中学？

答：在孟董庄中小学区，叫孟董庄中学，现在叫孟董庄中心学校。

问：孟董庄离这里有多远？

答：三四华里。

问：中学有多少学习班？

答：有6个学习班。

问：一年级有几个学习班？

答：初一、初二、初三都是两个学习班，没有高中。

问：一个学习班有多少学生？

答：30多人。

问：你的老师是谁？

答：换了好几个，班主任是张群生。

问：当时他多大岁数？

答：35岁。

【初级中学的课程】

问：中学每门课都有老师吧？

答：班主任也兼课，其余语文、数学、几何、英语都有专门老师讲。

问：那时你学习什么课？

答：语文、几何、数学、英语、地理、历史、政治、体育、音乐、生物、化学、物理。

问：这些课中你成绩最好的是哪一门？

答：最好是语文。

问：那时政治你学习什么内容？

答：国内时势，还有国际的事。

问：你对政治深感兴趣吗？

答：一般。

问：小学毕业后，你们同学中上中学的有多少？

答：大约占90%。

【家长会】

问：你们在上小学时，有没有开过家长会？

答：有过两次，一般在学期的开始。

问：什么内容？

答：主要是老师督促家长，叫家长督促自己的子女要好好学习，并告诉学生一学期的表现。

问：家长会上对老师提出什么要求？

答：这没有，当然也有向老师要求好好严格管教学生的。

问：在中学里有没有家长会？

答：我记得没有，因为我们都离开村了。

【初级中学、绘画才能】

问：你是1982年初中毕业吧？

答：是的。

问：孟董中学有多少老师？

答：不少呢，有十五六位。

问：你初中毕业后干什么？

答：毕业后就回家务农了，考高中没有考上。

问：你毕业后和你父亲在一起务农吧？

答：是的。

问：务农的具体内容？

答：当时已承包了。承包从1982年开始。

问：你在中学除在课堂外还有什么课外活动？

答：不在生产队劳动，每年有植树活动。

问：你在中学期间，你感到最高兴的事是什么？

答：很多，如爱好书写和绘画，我墙上的镜框都是自己搞的，大部分时间都投入到这方面去了。

问：你有这样的天才，为什么不上专门的学校呢？

答：天才不敢说，只是爱好，而且县城也没有艺术学校，曾经找过一些师傅请教过，主要靠自学。遇到新技术，就去请教老师傅，我主要指的是制镜绘画。

问：你上小学时，1976 年"文化大革命"已结束你有印象吗？

答：印象不深。

【毛泽东逝世】

问：1976 年，毛泽东逝世，你还记得吗？

答：我还记得，因为学校搞过追悼会，到县城献过花圈。

问：当时你的感觉是怎么样？

答：我感到很悲痛，因为自小家长和老师都灌输这方面的内容，一解放就接触这些，是国家头一个领导人。

问：你们学校有这方面的活动，请介绍一下当时的场面？

答：学校组织，每人佩戴一个小白花，并做一个花圈，到县政府去献花圈，开追悼会。

【少先队、青年团】

问：你参加过少先队？

答：在小学参加过。

问：少先队有什么活动？

答：没有什么活动，只要思想品德好、成绩好，就可以入队了。到中学以后才入团的。

问：你什么时候入团的？

答：1981 年 5 月 23 日。

问：那时是中学几年级？

答：二年级。

问：在中学青年团有什么活动？

答：入团一年多就毕业了，也没有什么大的活动，只有团组织要求团员起模范带头作用。

问：入团的比例？

答：95% 的学生都加入团。

问：你是党员吗？

答：不是。

问：你为什么不入党？

答：由于我不够格，党员要求标准高。

【"文化大革命"前后教育的变化】

问："文化大革命"前后的教育有什么变化？

答：教育上主要是老师做的比较严格，抓得很紧，在前后都差不多，我感觉不出"文化大革命"前后有什么重大变化，只是感觉"文化大革命"以后抓得紧了，抽查考试多了，教学质量比以前有了提高。

问：学生对老师的态度有什么变化？

答：我在初中的印象深，以前小学不太记事，在中学老师抓得紧。

问：中学毕业有多少升入高中？

答：大体 20% 。

问：高中在什么地方？

答：栾城县城内的栾城中学。

【副业绘画】

问：1982 年毕业以后一直在务农吗？

答：也不是。1982 年以后大部分时间在务农，其中有两年搞制镜（玻璃画）。

问：你是一面务农一面搞玻璃画吧？

答：是的，玻璃画主要是在农闲时搞，现在有个门市部，做小买卖，是从 1991 年开始的。

问：你搞玻璃画有什么场地吗？

答：就在家里搞，当时有我的姐姐和父亲参加，一家人在搞。

问：你的父亲教你还是别人教你？

答：不是我父亲，他是搞镜框子安装和裁玻璃的。

问：你们怎么学到这样技术的？

答：主要是找石家庄市内的玻璃制镜厂退下来的老师傅，还有同行之间交流技术。

问：老师傅在什么地方？

答：老师傅在石家庄市内，我们将他请到家里来教，也得花一笔学费。

问：你搞这个不影响你务农？

答：不影响，主要是在农闲时搞。现在制镜画不时兴，只有在农闲时才有人来买，农忙时也没有人买。

【村小商店】

问：你经商的门市部在什么地方？

答：就在村的马路旁。我的门市部是卖食品的，不是卖镜画的。

问：你搞镜画不是为了卖吗？

答：是为了卖，但现在不搞这个了，由于不兴了。1980 ~ 1982 年间还行，现在过时了。

问：我在集市上还看到有。

答：不兴了。不是没有人买了，只是买的人少了，加上我姐姐出嫁后，人手也单薄了，所以也就不搞这个了。

问：你经常去门市部吗？

答：门市部是我个人的，是个体，我是老板，门面也不大。

问：到你门市部来买东西的是什么人？

答：主要是本村人，他们买日常用品，如酱油、醋、糖、烟、酒等。还有来往过路的人。

问：你现在门市部的效益怎样？

答：不错，比出门打工不差。

问：你到什么地方批发？

答：到栾城县城，我自己去。

问：这个工作忙不忙？

答：还可以。

问：你怎么运过来？

答：我有一辆机动三轮，也可脚蹬。车是我找人装的。

问：你的门市部叫什么？

答：没有正经的名字，就是小卖部。

问：1 个月能收入多少？

答：按全年流水账算是 4 万元，利润按 20%，1 年约 8000 元。去年没有这么多。

【结婚】

问：你什么时候结婚的？

答：1986 年。

问：你爱人是什么地方人？

答：端古村人。

问：离这儿有多远？

答：约 6 华里。

问：你们怎么认识的？

答：是介绍的。

问：结婚前见过吗？

答：没有见过。

问：叫什么名字？

答：叫段素国。

问：结婚前干什么？

答：也是务农。

问：有几个孩子。

答：一个女儿，叫郝业薇，一个儿子，叫郝凌飞。女儿 8 岁，儿子 5 岁。

问：中国规定一对夫妇只生一个，为什么你生两个，你生女孩时有没有这样的规定？

答：不太清楚。

【结婚仪式】

问：你们结婚的仪式？

答：一般是男方骑车子接女方，女方的当家的跟着，到男方时举行结婚典礼，吃喝一下。

问：请具体讲一讲？

答：来到村口，男方去迎接。男方专门有两个人去接，新郎在家里等着。

结婚这一天早晨，男方先到女方去看一看，询问女方还有什么事没有。男的回来以后，才派人接新娘，新娘由两个小孩陪着来。

问：你结婚时请什么人来？

答：请亲戚朋友、同学，一共约四五十人，还有叔叔伯伯，加在一起100多人。

问：你结婚时有舞会吗？

答：跳舞没有，主要是喝酒吃饭。

问：你一共花了多少钱？

答：当时物价还便宜，共花去4000多元。

问：结婚时有放电影的习惯吗？

答：有，但不是每户都有。我结婚时没有。

【农作物】

问：你一年务农的情况？

答：一开春管理小麦，施肥、浇水、喷洒农药、锄草，收割小麦；收完小麦播种玉米，也是施肥、浇水、喷洒农药、锄草、秋收；秋收后耕地，耕完后再种上小麦，冬天就不管了。收玉米时是农历八月，收完20天后就种上小麦，此时已阴历十月。

问：你种的什么？

答：主要是玉米、小麦。承包后，棉花、蔬菜由我父亲种。棉花有国家任务，由我父亲去完成。

【农业承包制】

问：你们承包多少土地？

答：我承包2亩，是从我父亲处分出来的，我父亲共承包7.5亩。

问：你们村有农场吗？

答：没有，土地都承包了。

问：你家里有什么农具？

答：铁锨，钯子，簸箕，小平车（也叫平板车）。

问：可机械化？

答：我只有2亩地，没有必要，买一辆小四轮手扶拖拉机需4000多元，我没有必要花这笔钱。

问：承包的土地，是你和你爱人一起种吧？

答：是的。

问：农业收入一年大约多少？

答：小麦是自种自吃，玉米除留一部分作饲料外，其余的交粮库，纯收入300元左右。

问：你还有其他收入？

答：有，但不经常，如搞一些零星的加工活。

郝老艳（78岁）

时　　间：1994年12月25日上午、下午

访 问 者：笠原 十九司、左志远

访问场所：郝老艳家

【出身家庭】

问：你贵姓？

答：姓郝，名叫老艳。我的奶名叫祥群。

问：你今多大岁数？

答：今年79岁，属龙。出生于民国5年，即1916年。

问：你父亲的名字？

答：叫郝老端，他务农。我父亲的小名

叫郝老臣。

问：父亲的出身？

答：下中农。

问：你父亲那时有多少土地？

答：有 80 多亩地，兄弟 4 人分开各约 20 多亩地。

问：你母亲的名字？

答：我母亲姓冯，死的早，他们对我说叫香子。

问：你母亲从什么地方来？

答：她是尽阳村人，离这里有 8 里地。

问：你父亲什么时候去世？

答：我 26 岁时，1942 年去世；母亲去世还早，我都记不清了。

问：你有多少兄弟姐妹？

答：有三个妹妹，都出嫁了，没有哥哥弟弟，我是老大。

大妹叫春梅，二妹叫喜梅，三妹叫冬梅。

问：你妹妹在哪里？

答：大的春梅已去世，二妹在十里铺，三妹在大周村。

问：你父亲有没有当过短工或长工？

答：在家里干，没有给别人干活。

【私塾】

问：你上过小学吗？

答：那时咱们这儿兴私塾，我上过私塾。

问：你多大岁数上私塾？

答：10 岁。

问：私塾在什么地方？

答：在道南的南屋，现在都拆了。在郝物件（音）我叔叔家，在道南。

问：私塾的老师是谁？

答：叫郝昌路（音），是本村人，是郝仲魁的爷爷。现在考大学考中学，那时考秀才。当上秀才就有功名，打官司就不下跪了。

问：那时郝昌路多大？

答：那时教我们已六十二三了。

问：郝昌路当时生活水平怎样？

答：不是很富裕，但他文化高，有人打官司请他写状子，生活水平一般化。

问：郝昌路是传统的有文化的家庭吗？

答：记不清了，当时他已 60 多岁了。

问：当时上私塾的人有多少？

答：有 20 多人，后来到郝老更家就有 40 多人。

问：他家比较宽敞吧？

答：他家比较大。

问：去郝老更家老师还是张老乐（乐卿）吧？

答：是的。

问：私塾中有女的？

答：那时没有女的，还封建。

问：有没有别村的人来读私塾？

答：有朱家庄、五里铺、岗头、何庄。咱村多，其他村 3～5 人。

问：你上私塾的目的是什么？

答：能认上字，为家里算个账。

问：在私塾上什么课？

答：不上什么课，开头念《三字经》、《百家姓》、《千字文》，以后念《小学》、《四书》、《论语》、《大学》、《中庸》、上下《孟子》。

问：那时私塾什么时候去什么时候回家？

答：吃过早饭去，到中午 12 点回来吃饭，再去，到天黑才回家。

问：40 多人坐在一起学吗？

答：一个桌上两个人，有念这个，也有念那个的，因为有来早来迟，所以念的书不一样。

问：你对郝昌路老师的印象如何？

答：他不错，很精心教。

问：他教学的方法严格吧？

答：他给我们讲，不是一样的书怎么办

呢？先给他讲，后给他讲，一拨一拨，即一批一批。

问：私塾的学费？

答：每年 5 元。

问：你给的是实物还是货币？

答：给的是钱。

问：你在私塾上了多少年？

答：七八年。

问：你上到十七八岁，在上学时有没有被惩罚？

答：不好好念就用木尺打手心，听话的不打。

【军阀进村】

问：那时你知道有军阀？

答：农村不驻军队，有时打仗经过这儿住一宿，我家住过好几回呢。当时从这儿过的有石友三。当时很少飞机，有飞机经过，老百姓感到很稀奇呢。石友三经过时有飞机飞过。日本过来飞机就多了。

【蝗灾和水灾】

问：你小的时候，这儿有没有自然灾害？

答：解放前闹过蝗虫，蝗虫过来，你的谷子都被吃了。

问：是什么时候？

答：日本人来了，1942～1943 年，这一带蝗虫很多。

问：1936 年发过水吗？

答：我小时发过大水，解放后 1963 年又发过一次大水。

【县城的杂货店员】

问：你念完私塾干什么？

答：做买卖。

问：在什么地方？

答：在栾城衙门前开个杂货铺。

问：是你开的，还是给人家当徒弟呀？

答：给人家干，也不叫徒弟，一年给我多少钱，就是店员。

问：谁介绍你的？

答：是郝老群介绍的，也叫郝老正。

问：那时一个月给你多少钱？

答：那时一年给 10 元。

问：你住在杂货铺吗？

答：住在那里，不让回家。

问：做买卖的工作对你来说很辛苦吧？

答：那时我做点心。杂货铺什么都有，我做点心（蛋糕）还有面酱、醋，是作坊性质。

【日军占领统治】

问：你什么时候到杂货铺？

答：我 19 岁去，干了两年，日本人来了我就不干了，城门不让老百姓走了，必须有良民证才能通过。因此，没有人买了。

问：日军进来以后，你就不做了？

答：不做了，我就回家了。

问：你对日军的印象怎么样？

答：日军来这儿也没有向老百姓要嘛，老百姓那时也没有见过日军，主要是怕他们。

问：日本人你见过吗？

答：见过，他来村，人们怕他就走了。

问：他来村干什么？

答：皇协军和日本人一起来。他们经常来，他们是步行来，因为这里离城里近。他们来时，村里上岁数的有点文化的接待他们，一般像我这样年岁往上的念书的人少，也听不懂话。接待日本有张仲寅的父亲（张乐卿），有李老聚，李万顺，他们这几个人文化高，说话不懂就写写。

【棉花栽培的指导和统制】

问：你见过满铁调查员吗？

答：日本人来时，咱村种的是小花，日本人来了，满铁给的棉花种，结成的桃就大了。日本人和张老乐研究种这棉花，在咱村推广开来。当时给的化肥，又不要钱，老百姓脑筋死，不懂，不知道往棉花地里上这化肥，偷偷将它倒了。张老乐一用以后，比别人的长得好，这样老百姓知道才用。

问：日军经常来这里有没有掠夺粮食、猪、鸡、羊？

答：没有，只是到了后来，棉花产量少了，日本人要过棉套，因为没有棉花。没有要过吃的。日本人刚进中国，当时棉花不值钱，1斤才3分钱，后来棉花种的少了，公家收不上来，这样就到村里要过棉花套。

问：日军进村的目的是什么？

答：来是为了看看，到人家里很少。他们是巡逻队，到这里看一看就回去了。

【栾城县日军暴行】

问：当时在栾城有多少日本军队？

答：开始有一二百人，后来就多了，军队驻在文庙，大约在1943年。

问：你听说过日本人在这一带的残暴行为吗？

答：没听人说过。他们来了，老百姓又没有文化，见到当兵人就跑了，跑进地窖，藏起来了，剩下有文化的接待他们。

问：没有杀害人吗？烧房子吗？

答：没有，只有在东边的南北高村有，离这里20多里路，去那儿打听。当时南北高村有二、七团，民军，由闫吉路领导，他们几百人叫民军，日军在城内，他们在城外，要粮食，无所不为。

【民军、土匪】

问：民军是国民党留下来的军队？

答：也不是国民党军队，他们是当地的土匪性质。日军和他们打，有栾城、赵县和藁城的皇协军去打他们（指民军），结果民军跑了，从地道跑掉，日军走后他们又回来。还有二团甄元恒，七团杨群彦。

问：民军有没有到过寺北柴村？

答：来过，要东西。

问：你们村有没有"红枪会"、互助组等组织来自卫？

答：他们是各占一方，向所占地盘老百姓要东西。咱村没有"红枪会"，没有什么组织。

问：闫吉路就是民军的头头吗？

答：是的。

问：他是什么地方人？

答：是藁城县坻上村人。

问：他有多少部下？

答：他有六七百人。二、七团又是一支，他们互相打，日本人一出来他们就跑了。二团甄元恒，七团是杨群彦。二、七团也是本地人，一共二三百人。

【劳工、"新民会"】

问：你们村和附近村有没有被日本人拉去当劳工的？

答：我记不清了。日本人在时有下煤窑去的，向村里要人，县里向村里要，咱村有郝连元、刘物件。

问：他们去什么地方？

答：井陉煤矿，在石家庄西边。

问：在栾城有"新民会"你知道吗？

答："新民会"在城里，不出城。

问：新民会有什么活动？

答：日本人来了，我们离开县城，不知道具体情况。

问：日本人在时，你们有许多人去挖壕，你知道吗？

答：有，挖深一丈五尺，宽也是一丈五尺。村里的人除女人外都去，我也去了，挖了好多天，一丈五尺深的土挖上来，壕深就不是一丈五尺，超过一丈五尺。挖时，一层一层接上去。

问：壕沟离这儿有多远？

答：离咱村一里路，现在没有了，都种上地了。

问：这个村有多少人参加？

答：有几百人，面积大，人就很多，有去的，也有不去，到那里按人分段，全村约300 多人。

问：挖壕沟共用了多长时间？

答：挖了有 20 多天，每天都得去。

问：日本人给你们饭吃和钱吗？

答：有没有给村里咱不知道，反正没有给老百姓，吃饭在家里吃，离的远的，村里拉锅去做饭。挖时分组，采取包干。

【村长张乐卿】

问：满铁调查员，在你二十五六岁时，来过 4 次，你有印象吗？

答：当时主要是张仲寅的爹叫张老乐（丑子），即张乐卿与他们联系。来了又不与咱说，只知道种棉花，别的事不和咱说，因此就不知道了。人家当村长的（指张乐卿）和他们接头，知道的人也都死了。有张老乐（乐卿）、郝国樑、郝老思、郝世珍、李老聚。他们识字多，有文化，他们接待多。

问：张乐卿是什么样人？

答：是村长，他家富裕，有 150 亩土地，文化也高。

问：你对他的印象？

答：人也不错，后来当大乡的乡长，当时在焦家庄乡当乡长。

问：什么时候？

答：日本人已来了。

问：你们村民对村长尊敬吗？

答：尊重他，有一个当官的，老百姓听他话。

问：满铁调查员的材料说他家里有私塾？

答：张乐卿教过我，他家也有私塾，我也到他家私塾念书，是在郝昌路死了以后由张乐卿教的。

问：郝昌路什么时候死的？

答：郝昌路教我们四五年死的，张乐卿教了我们两年。

【婚姻和子女】

问：你什么时候结婚？

答：我 15 虚岁就结婚了。

问：在你上私塾时就结婚了？

答：是的。我的原配妻子生的女孩，今年已 64 岁了。我的原配在我 18 岁时去世了。

问：原配叫什么名字？

答：叫梁栾子，第二个夫人叫李群子，第三个夫人叫方春姐。

问：梁栾子是什么村人？

答：朱家庄人，李群子是西董铺人，方春姐是小周村人。

问：你有多少个孩子？

答：一共六个孩子，两个男孩，四个女孩。

问：老大是谁？

答：老大叫郝子姐（女），现在 64 岁；老二叫郝双芝（女），老三叫郝云芝（女），老四叫郝付芝（女），老五叫郝小六，老六郝小七。郝小六现在 40 岁。

问：怎么不见老五呢？

答：死了，就不记了。

问：你（转向郝小六）现在干什么工作？

答：我现在种地，同时搞点副业，什么都干。

问：你种多少亩土地？

答：7.5 亩，其中 3 亩果树园。

问：你弟弟做什么？

答：他也是种地，他比我地多，有 8 亩。

问：你弟弟多大？

答：37 岁。

问：你从栾城回来一直务农吗？（问郝老艳）

答：回来以后干小买卖种点地，解放以后我在生产队上干了 22 年，也是务农。

问：在什么地方做买卖？

答：主要是赶集，什么都干，如卖烟，是日本烟，我卖的咖啡是美国货。

【日军投降】

问：满铁调查员的名字你还记得吗？

答：记不清了，因为他没有和咱谈过。

问：你 30 岁时，日本投降的情况记得吗？

答：咱弄不清，当时也没有打，日本人去石家庄，当时有公路了，从公路上走的。"七七事变"前，就有公路，听说日本人投降，老百姓弄不清。

【国民党的统治】

问：日本人投降国民党来了？

答：从南边来的周丙乾，做县长。日本人在时皇协军是东北人，日本人走皇协军没有走，周丙乾接了县长，和徐连俊（东北人皇协军的团长）发生矛盾，周在县府，徐在大街文庙。周刚来人少，穿黑衣服，徐人多穿灰衣服，两人一起开会，没有商量好，下面人说和。徐将兵分一份，给了周，徐一部分向石家庄走，一部分不愿跟徐连俊走，跑了，徐个人向石家庄走了，兵就跟了周丙乾，徐到了石家庄被关起来，自消自灭。

日军蹲了 8 年，国民党蹲了 4 年。一解放，周丙乾被崩（枪毙）了。

问：日军和国民党军占领时，有什么不一样？

答：没有什么变化，日军没有向老百姓要什么。国民党军队来了，在街上横行，周丙乾伤害人不少，所以解放后将他崩（枪毙）了。同时还小偷小摸。

【八路军】

问：八路军什么时候来？

答：在周丙乾做县长时也少不了来。

问：八路军在抗战时来过？

答：不是正式军队，而是县中队、区小队，黑夜来。

问：县中队、区小队来过吗？

答：黑夜来，要粮、布，什么也要。他们就住在村四周。

问：八路军的工作人员来，是谁接待？

答：我村村长，就是郝国檩。

问：郝国檩白天迎接日本人，黑夜迎接八路军？

答：是的。

问：八路军来的目的？

答：就是要东西，别的没有什么。

【村的解放】

问：1947 年解放，你 30 岁？

答：我 32 岁。

问：当时你住在这个村？

答：就住在这儿。

问：你们解放时有没有打仗？

答：是和平解放。咱们这一带打仗展不开，打也在南北高村打，八路军和杂牌军打。

【庙和庙会】

问：这里的庙有多少？

答：有三关庙、关公庙、五道庙、老母庙、真武庙。

问：最大的庙是什么庙？

答：是老母庙，送子老母，求得子。

问：有庙会吗？

答：关公庙是五月十三日，老母庙是二月十九日和十月十五日，五道庙是死了人去烧纸，真武庙记得也不过，庙小。

问：有放神的神社？

答：关公放在庙里，有一个大座，放着关公像。老母庙特别大。

问：庙里面有和尚吗？

答：没有。

问：请介绍关公庙庙会的情况。

答：五月十三日庙会，当时有说书的，耍戏的，黑夜里各家送饭，在那吃点饭。

一开始，上午到庙里烧香，耍大刀，说书的，外村也有来的。

问：老母庙呢？

答：二月十九有老母庙会，村里都信这个会，有会头，家家拿出 2～3 斤麦子，过庙会这一天上午吃一顿饭，谁拿庙谁去吃饭，负责的人有大头和小头，是轮流推举的，第二次吃饭时，大伙就推出了大头和小头。十月十五日和二月十九日一样，就是不收各家的麦子了。

问：庙解放后什么时候破坏了的？

答：解放后破除迷信，就将庙拆了，过了一段，大约十多年后，又叫重修这些庙，拆是八路军叫的，重修也是八路军叫的。解放军不叫修，谁敢修。

问：修好后，什么时候又没有了？

答：后来没人管了，将庙又拆了，只知道地方在哪儿，但没有庙了。

【土地改革】

问：你 32 岁时这个地方解放的，什么时候进行土地改革？

答：解放后将占有土地多的就没收了，按人分，每人分 3 亩地。又过了好几年才将土地证发下来。真正平均分配是在 1951 年左右。

1955 年入的社，我在队干了队长，干了 22 年，当时分成 5 个队，我们是第一个队，200 多人，分了 400 多亩地，后来觉得大，又将一个队分成两个队，共 10 个小队，过了两三年又变了，分成 7 个队，后来又变成 5 个队，"文化大革命"以后成了 5 个队。

问：土改时村里地主是谁？

答：地主就是张乐卿，还有的地稍少些的，叫富裕中农。就他家 150 亩地，其余人家就是几十亩地。有两户富农，一户叫赵黑子。

问：还有呢？

答：这村是苦村，没有什么富农。

问：张老乐有多少土地？

答：150 亩。

问：除张老乐外还有地主吗？

答：没有，别人就是富农，赵黑子地也不多，只是他能干事，家里喂的牲口，碾米，开粮食店，他做活了，富了。

【地主王赞周】

问：王赞周？

答：南头（指村南头）的地都当给了他，过了秋给人家五斗谷子，没有谷子一亩地给 20 斤棉花，咱村差不多人家都将地押在他那，只是当而不是卖，你没有粮食往回买回来，人家算成钱，慢慢土地就被他占有了，他有 200 多亩土地。他是别的村的，不是咱村的。土地改革，斗争他时，叫咱村的人都去了，土地又要了回来当时叫作土地回老家。

问：怎么斗王赞周？

答：人家北关斗的，那天叫他坦白，咱村都去参加，喊口号，没有杀害他，以后是他小子被带到看守所关了多少年，也没有要他命。

【土地改革的领导者】

问："土改"时这个村有农会吗？

答：没有。

问："土改"时谁来领导？

答：来的干部，有姓郝的，名叫郝吉祥，还有徐晚。赵德山被崩了，县大队、区小队将他枪毙了。

问：这个村"土改"时领导人是郝吉祥、徐晚、赵德山。

答：还有张歪子。

问：他们出身？

答：郝吉祥的父亲不正经，将土地卖了，他爹又将他娘卖到山里去了；到解放时，他娘回来了，没有土地不就是贫农了嘛。

徐晚也是贫农，赵德山也是贫农，张歪子也是贫农。郝吉祥和张歪子都还活着呢。张歪子不能动了，还能说话。徐晚死了，赵德山已被枪毙了。

【村的共产党员】

问：他们谁是共产党员？

答：张歪子是共产党员，郝吉祥大概也是共产党员，李老更已死也是共产党员。

问：这个村许多共产党员，为什么没有农会？

答：说的这些人都不识字，没有文化，有人帮忙，指引他们怎么办，他们也说不上。农会也没有听说。解放后我在生产队干了22年，我不干了，我儿子又干到现在，他刚刚不干。

问：郝吉祥、张歪子、徐晚、赵德山都是共产党员？

答：徐晚、赵德山不是共产党员，党员就是郝吉祥、张歪子、李老高，最早是张歪子和李老高，后来有郝吉祥。

问：这些党员领导人是谁？

答：现在是党支部书记是领导，那时是张歪子。

问：张歪子是不是支部书记？

答：那时共产党还没有公开。

【"土改"工作队】

问："土改"时有工作队？

答：有，什么区小队、县大队，区小队派人来住在村上。

问：工作队是什么人，从哪里来？

答：他们是流动的，没有一定的地方，不好说他从哪里来的？

问：名字还知道吗？

答：张固，小名叫二傻子。

问：除了他还有谁？

答：还有王小宝。

问：那时区小队有多少人？

答：每次来一二人，多少人说不清。

问："土改"时这个村有什么活动？

答：那时没有，这个村顶穷，不少干小买卖的，没有什么活动。

【批判地主富农】

问：对张老乐地主不开会批判吗？

答：批判，区小队来人，叫张歪子召集人去开会，一般都是黑夜里，叫他坦白坦白，别的没有什么。

斗了张仲寅，因为张老乐已经死了，斗的是张老乐的儿子。

斗的人除张仲寅外还有郝大兴、郝中林、刘小水、张桂子（女）。

问：他们又不是地主，为什么被批判？

答：南边没有地主，就张老乐一家，像郝中林呀，郝大兴干过伪军，郝中林地少人多，刘小水是"坏分子"，张桂子是张仲寅的弟妹。

问：郝中林呢？

答：郝中林地多些，但也够不上地主，他比别人高一点。

问：赵黑子是富农？

答：他地并不多，人家能管理，实际上在其他村也够不上富农。咱村穷，在矮子中拔将军，所以将他搞成富农。

问：后来没有给他平反吗？

答：到那时他已死了，儿子也走了，一家没有人了。

问：张桂子还在吗？

答：也不在了。

【张乐卿之子张仲寅】

问：张仲寅在吗？

答：张仲寅和张歪子在。

问：请介绍怎样批判他们？

答：叫他们站在哪里，干部让他们说说，谁是地主、富农、伪军、"坏分子"，然后大家就批判他们，喊口号。后来也批判他们，叫他们"牛鬼蛇神"。

问：在什么地方开会？

答：在张仲寅的家，即在张乐卿家的大院子里，有时也在街上。

问：张仲寅他们也分了土地吗？

答：给别人多少也给他多少，他多余的房子分了，同时也给他房子。

问：除张仲寅外，别的人的房子和农具有没有被分的？

答：有分的，如郝中林，分了他毛驴和小家具。他根本够不上富农，他有一个儿子叫郝三头，将分他家的东西都记下来。后来有一位到栾城工作的武装部长，到村里来找了郝三头，又斗争了他，给他带上脚镣，送到看守所押起来。斗他因为他记下账来，批他想反攻倒算。

问：批郝三头是什么时候？

答：在"文化大革命"以后，后来放他回来，已疯傻了，不久死了。

问："土改"时你分了土地吗？

答：我没有分到土地，也没有拿出土地。

我家人多，只有 20 多亩土地。我家 7 口人，分地时每人 3 亩，我正好。

问：这里解放后的 1947 年，国民党军队还来过吗？

答：栾城解放，石家庄解放还晚一点，军队撤到石家庄。张仲寅他们跑到石家庄，石家庄解放后他们才回来。

现在我想起来，抓郝三头的是杜健，转业到栾城县当武装部部长，现在离休了。

问：1949 年中华人民共和国成立，你们的心情怎么样？

答：有嘛说嘛，谁管老百姓也行，对哪一头也没有什么隔阂，谁坐了给谁拿粮，咱没吃亏也不占光，所以，我们无所谓。

郝中林是富裕中农。

问：郝三头没有当过干部吗？

答：没有。

【互助组】

问：你们什么时候开始互助组？

答：平分土地后两年，1953、1954 年搞互助组。我们是寺北柴村第一个互助组，当时我们组有张歪子。张没有牲口，我有，我们互相帮助，还有刘瓜子、郝沙小、郝黑蛋。我有牲口、车，但我人少，他们没有牲口，我们互相帮助。1955 年就入社了，我当队长，是第一队的队长。共分 5 个队。1955 年是高级社，土地不分红了。

问：1949 年共产党公开了，这个村的支部书记是谁？

答：是徐孟祥任书记（第一任书记），他下来是因"四清"整下来的，接他的是刘玉合；刘玉合现在卖蜂窝煤，他是第三任，接徐孟祥的是徐春梅（女），她以后是刘玉合。

徐春梅现在栾城县粮食局工作，她有 40 多岁。

问：互助组开始时农会主任是谁？

答：是刘文申。他还在，他做小买卖，卖菜。

问：妇女主任是谁？

答：她以后去三门峡，记不清她名字，接她是畔子，姓郝，叫郝畔，此人还在。她以后是赵金娥，她以后就是现在的妇女主任张菊婷。

【合作社】

问：互助组时你的生活与以前比有什么变化？

答：互助组时，地里收的，谁的还是谁的，互助组第二年就入社，没有什么体会。因为只有一年多的时间。

1954 年动员收余粮，1955 年入合作社。1954 年冬叫我们去开会，叫着名字问你们拿多少，你说 500 斤，他说拿 1000 斤。有的心眼小，受刺激就死了，我的心眼想得开，没有粮想别的办法。干部知道谁有谁没有，有的人家都藏了。没有的拿不出来，问你给多少，第二天就将粮食拿去了，因此觉得吃亏，心眼想不开，来的人也是武装部的，不是杜健，他的名字忘了。

一亩地能打 500 斤。而县问的是干部，干部报 1000 斤。按总产量给你村人口留下口粮，其余都得拿走，实际上没有那么多粮食，1960 年饿死人了。

问：这个村高级合作社的名字？

答：叫寺北柴村农业生产合作社，领导人是徐孟祥。

【人民公社】

问：哪一年建立人民公社？

答：1958 年建立，叫孟董庄人民公社，我们村是个大队，下面 5 个队，后又变成 10 个队，后来又变成 7 个队，最后还是 5 个队。

问：人民公社时有集体食堂？

答：有，一个大队一个食堂，不对，是一个小队一个食堂，有 200 多人。

问：食堂对你家方便吗？

答：方便，按每户人口，整劳力吃的数量和半劳力不一样，将他一家加到一起，再按每顿发放粮票。当时叫我当管理员，由我来发放。以后不吃食堂，我又当队长。

【"大跃进"】

问："大跃进"时村里有什么活动？

答：大炼钢铁，向我们村要人到豆姤车站，离这里 30 里路，男女老少都去了。在那里起的炉子，那地方有煤。

1958 年冬下大雪，黑夜白日干。到外村去干，拉着大车，拉着山芋，叫大家吃山芋。把人家粪拉出去，放到地里，光着膀子干，比赛谁的干劲大。

问：你们搞密植了吗？

答：搞了，一亩地叫你种棉花几千颗，玉米叫你种 5000 多颗（一亩）。

问：有什么收获？

答：产量不高，结的棒子小。小麦一亩地不到 200 斤。打的粮食还不够种子。因为太密了，长不大。现在的种子是国家配的，现在小麦一亩地好的打七八百斤，棒子一亩地好的打 1000 斤以上。国家为此费了不少心。

【困难时期】

问：1960 年困难时期，这个村有没有饿死人？

答：有，咱村 1960 年死了 200 多人，没有吃的。地亩产 500 斤，干部们报了 1000 斤，国家给你算了账，口粮留下来，实际上没有那么多。也不怨国家，他不知道你收多少，是你报的多。你报的多，我比你报的还多，干部一仰头就报个数，吹得厉害。干部不挨饿，社员挨饿。

问：饿死有这么多？

答：饿死有这么多。有的躺在街上，车子来要轧过去他也不动。因为饿得动不了。

问：饿死人的时间是多长？

答：就是一年，没有粮食吃。

常荣珍（51 岁）

时　　间：1994 年 12 月 27 日下午

访 问 者：笠原十九司　左志远

访问场所：徐五子、常荣珍的亲戚家

【寺北柴村小学校长】

问：贵姓？

答：常荣珍。

问：什么时候出生？

答：1943 年 8 月 25 日，51 虚岁。

问：我属猴，你属什么？

答：我也属猴，我的档案一直写 1943 年，应该是 1944 年。

问：你现在在小学担任什么职务？

答：我是校长。

问：还有其他老师？

答：加上幼儿班老师共 7 位。1～4 年级 6 位老师，幼儿班 1 位。

一年级是甲乙两班，二年级也是甲乙班，三、四年级各一个班。

【寺北柴村小学的教师】

问：幼儿园老师是谁？

答：宋荣格（女），32 岁，高中毕业，代课教师。

问：一年级老师？

答：两位老师：甲班是杜秋姐（女），47 岁，中师，公办教师；乙班是赵会强（男），23 岁，高中毕业，代课教师。

二年级教师：甲班是我兼，公办教师；乙班是郭金华（女），32 岁，高中毕业，民办，进修成为中师同等学力。

三年级老师：赵巧芬（女），33 岁，进修为中师学历，民办。

四年级老师：张秀杰（女），20 岁，高中毕业，代课教师。

【学生人数】

问：幼儿班多少人？

答：55 人。男女比例为 21：34。

一年级甲班 28 人，女生 14 名，男生 14 名；乙班 28 人，女生 19 名，男生 9 名。

二年级甲班 26 人，女生 16 名，男生 10 名；乙班 35 人，女生 18 名，男生 17 名。

三年级 23 人，女生 8 名，男生 15 名。四年级 24 人，女生 11 名，男生 13 名。

【五、六年级的就学】

问：学完四年级，升五年级到什么地方？

答：到外村。

问：是中心小学？

答：不是，乡里成立了 4 个点，到了六年级毕业考初中，咱们有一个中学。5～6 年级全乡分成 8 个点，一个点是初中。

问：请讲 8 个点？

答：北十里铺、岗头、河庄、孟董庄、东牛村、北长、圪塔头、乡中。

问：你们学生学完四年后到什么地方去？

答：到河庄，就近学习，离这里有二三华里。

问：上初中在什么地方？

答：到孟董庄的孟董乡中学上学。

问：高中到什么地方？

答：到栾城县中，县里分 1～4 个中学。

问：小学毕业后上初中有多大比例？

答：全部上初中。

问：高中呢？

答：大约考生的 50%～60% 能上高中。

问：学校中本村人有谁？

答：都是本村人。

【教师工资】

问：你的工资有多少钱？

答：我是高级职称，全部算在一起 500 元。

问：公办教师杜秋姐？

答：她 480 多元。她也是高级职称，市里下达 3 个高级职称，县里聘任了才与工资挂钩，否则与工资不挂钩。

问：民办教师的工资？

答：130 元。代课老师 100 元。代课老师刚刚上班，叫代课。

【民办教师和公办教师】

问：代课老师和国办教师有什么区别？

答：代课的教师要经过考核、考试，才能成为民办教师，由民办才能转为公办。

问：如果他是中师毕业了还要经过民办阶段吗？

答：县里承认的中师，还要经过考试才能转为公办。进修中师需要考试，如果是正式的中师毕业分配，无须考试，就是公办教师。

问：你什么时候当小学教师？

答：1964 年。

【小学校长的任务】

问：什么时候到这个村当小学教师？

答：1994 年暑假到这个村来的。

问：寺北柴村小学什么时候建立？

答：我不清楚。

问：请介绍校长的任务？

答：指导小学的一切工作，外出买书、开会都是我的任务，填表、升级、评定职称等都是校长的事，还要指导他们备课及听课。同时还兼一个班的班主任。语文、数学、自然等都是我一个人教。我是校长兼班主任。

问：校长上级是什么机构？

答：是中心学区，孟董庄中心领导我们，还有教育局教育中心领导我们，孟董庄中心学区领导我。

【村委会和学校的关系】

问：村委会与学校是什么关系？

答：有什么小事和他们联系，需要他们帮忙的请他们帮忙，如房子漏、桌椅板凳需要买的，和他们联系。

问：村委会专门负责教育的是谁？

答：村支部书记负责，有事找他。我来时和我这么说的，他们这里没有明确支部哪一个委员负责。

【家长会】

问：你们学校有家长会吗？

答：一个学期开两次。

问：家长会的内容？

答：给老师提一些宝贵的意见，找出下一步的改进建议；互相通通气，督促孩子们学习。

问：最近家长对学校的意见是什么？

答：叫管严一点，叫孩子多学一点。

【统一考试】

问：你们学校有统一考试吗？

答：有，期中刚考完，是抽测。

问：怎么抽法？

答：往年是抽一、二年级，每个年级 10 个人，今年期中全部都参加考试了。这一次特殊，一、二年级不是新的教材吗？由于他抽的太晚了，说一起考考，是县教育局统一命题，统一考试，也想摸一个底。

问：统一考试，是一个县还是一个乡？

答：期末是县里统一考，期中是乡里抽我们两个村考。

问：县里是一年一次？

答：县里一个学期一次，期末。乡里是一次，期中。

问：考什么课程？

答：所上的课全部都考，有语文、数学、自然、历史、地理。

问：考试评完有奖学金吗？

答：期末有。奖励床单、肥皂，今年给的是石英钟，挂在墙上的。

问：老师有没有？

答：一、二、三名次的有，上面说的就是对老师的奖励。

问：有没有罚款？

答：说有，但没有执行，光批评批评。

【小学学费】

问：小学生的学习经费？

答：每个学生半年12元。

【学校经费】

问：学校一年的经费有多少？

答：我们全部靠学生交的12元。县、乡不拨给我们钱。民办教师，由乡里统筹，向民办、代课教师发工资。公办教师是县财政拨。公办到县里领，民办和代课老师到乡里领。乡里经常拖欠老师的工资，现在还拖欠两个月的工资。

问：老师的工资发放并不那么好。学校的教材从哪来？

答：也是那12元。课本费由学生家长交。订阅《河北教育》、《人民教育》以12元内出。

【教师进修】

问：现在老师们进修的情况？

答：在县里进修，叫中等师范进修学校，有的公办教师可到市里进修。

问：你们小学老师都进修过吗？

答：进修过，光剩下代课的老师没有进修。

问：他们是没有课时，暑寒假去进修吗？

答：不是。是每周有一个半天，一起去。

【学年】

问：新学期开始在9月？

答：8月20日开始。

问：农忙时放假吗？

答：有麦假和秋假。

问：暑假？

答：7~8月，有一个月的时间。秋假是9月以后半个月，麦假是6月，也是10~15天；寒假是旧历腊月24日，放假半个月。

问：这次县乡统一考试中，你们处于上等还是中下等？

答：我们处于中上等。

【出身家庭】

问：我问一问你个人的经历。你是哪个村出生的？

答：出生于西安庄，离这里20多华里。

问：你母亲叫什么名字？

答：母亲叫康凤梅。

问：父亲叫什么名字？

答：叫常春芳，1986年去世，原来在棉麻公司任主任，现在棉麻公司属县供销社。

问：你多少兄弟姐妹？

答：我最大，还有2个妹妹和2个弟弟。老二是个弟弟，叫常保京，现在是大队电工；老三是个妹妹，叫常凤珍；老四是个妹妹，叫常雪珍；老五是个弟弟，叫常保卫，在家务农。

问：你在什么地方上小学？

答：在西安上学，离这 20 多里，在栾城正南偏东，与赵县交界。

问：你出生时西安庄还没有解放，1947 年解放你记得吗？

答：记不清了。

问：毕业于哪年？

答：我 8 岁上学（1952），上了 4 年。

问：抗美援朝你知道吗？

答：知道一点，我们拿着旗子去游行。

问：什么时候毕业？

答：1957 年毕业，曾留过一年级。

【小学教师】

问：毕业后上什么学校？

答：1957 年上到四年级，五年级到南朱村上的高小，1959 年高小毕业，到陈村上中学，1962 年初中毕业。以后在家务农，1964 年当老师。1964 ~ 1972 年，在西安小学任教；1972 年 8 月嫁到岗头，仍然当小学教师，一直到 1984 年，又到河庄教到今年暑假，8 月到寺北柴村。

【结婚】

问：你是哪一年结婚的？

答：1965 年结婚。

问：你的对象做什么工作？

答：务农，叫徐书胜。

问：他是西安庄人？

答：他是岗头人。我现在住在岗头，天天回去，离这里 1 公里。

【劳动教育】

问：你在南牛村时，是小学生，你们参加什么活动？

答：去劳动，学生们都要去。当时叫"教育与生产劳动相结合"，在这种情况下去劳动。

问：劳动干什么活？

答：除草、背土、积肥。

【困难时期】

问：1960 年，中国是困难时期，你遇到什么困难？

答：当时我在学校，比家里情况还要好些，当时棒子面加树叶，还给一点粮食，比社员们强。

问：你自己有没有饿的体会？

答：哪还能没有，从学校回来，家里蒸的饼子咽不下，怎能不饿呢。当时将棉花皮磨成面，棒子心磨成面，掺一点玉米面，摊成饼子吃，这就叫瓜菜代。好多学校不能上课了，吃不饱。许多人患了水肿病，超过 50 岁以上的人 80% ~ 90% 都患水肿病。医疗条件也不行。不光这个村，全国性的。

问：1964 年当教师，是谁叫你干的？

答：大队叫我干的，当时是耕读，即半天上课半天劳动，我是半耕半教。

问：那时你是民办教师。

答：开始还不是民办，以后转成民办。

问：半耕半教干了多长时间？

答：一二年。

问：那时小学的情况？

答：那时条件差了，房子也差，漏雨，特别艰苦，只有两间教室，还是向社员家借的，后来才慢慢好转。1967 年以后，每村才盖了小学，不论条件好坏，但有了校舍。

【公办教师】

问：你什么时候当公办教师？

答：1985 年。

问：你是不是要去进修学校？

答：20 年以上的教龄，不管学历，就不用去进修。

【农村教育的变化】

问：1964 年到现在一直当教师，你觉得农村教育在什么时候变化比较大？

答：1972 年往后，从 9 年义务教育到 12 年，后又改为 9 年。由于财力达不到，国家重新制定为 9 年义务教育。

问：还有什么变化？

答：到 1984 年变化更大，教师不要在本村，要到外村去教书，不论是公办、民办、代课的。因为在本村当教师怕他回家去干活，影响教学质量。下次你们再访问访问教育局。

1986 年对老师重视，这一年教师转正共 80 名指标。

【农村教育的关键问题】

问：1964 年到现在一直当教师 30 多年，你回忆你当教师对农村的教育体会最深是什么，怎样改进农村教育？

答：在教学方法上要敢于创新，必须改革，老一套吃不开，需要启发式，吸取人家的经验也得结合自己情况加以创新。学生好差不一，要注意大多数人的发展，不能拉大距离，两极分化。教师应全心教授学生，不能留一手。

问：提高农村教学质量的关键？

答：要增强老师的师资队伍，提高素质。县里重视，要进修提高，否则教学质量不可能提高。

郝元增（36 岁）

时　　　间：1994 年 12 月 28 日上午

访 问 者：笠原十九司　左志远

翻　　　译：王　键

访问场所：徐孟祥家

【出身家庭】

问：请写下你的名字？

答：郝元增。

问：你是哪一年出生的？

答：1958 年 8 月 10 日（阴历）。

问：你属什么？

答：我属狗。

问：你父亲叫什么名字？

答：叫郝老（疑为"洛"）公，乳名黑小。

问：哪年去世？

答：1992 年去世。

问：去世时多大？

答：78 岁。

问：你母亲的名字？

答：苏小为，她是苏家油坊人，离这里 5 里多路。

问：你祖父的名字知道吗？

答：记不清了。

问：你有多少兄弟姐妹？

答：两个弟弟，一个哥，还有姐妹三人。老大，郝生元（男），他 47 岁，在县外贸当工人；老二，是我本人，36 岁；老三，郝田增，我弟弟，他 34 岁，在医康派出所工作，是县医药基地，在县城西边，规模比较大；老四，郝增旗，弟弟，他 32 岁，在县税务局工作。

姐妹排行：大姐，郝新芝，她 49 岁，出嫁到南客村；二姐，郝喜芝，她 42 岁，出嫁到西董铺；老七，是妹妹，郝影芝，她 26 岁，出嫁到孟家园。

【村支部书记】

问：你哪一年当支部书记？

答：今年当的，1992 ~ 1994 当副书记。以前书记是郝同顺，村长是郝小六。

问：郝同顺前任书记是谁？

答：他接的是徐孟祥，徐孟祥接的是郝同顺。中间有一段郝同顺又没有干，徐孟祥干了一段。

问：你当副书记前有没有副书记？

答：有，他叫刘书京，他现在卫生所当医生，村卫生所。

问：他今年多大？

答：42岁左右。

【村干部】

问：现在这个村的干部，书记是你，村长是谁？

答：徐玉身。还有一个会计，叫郝小江，今年他42岁。村长也是42岁。

问：妇女主任？

答：叫张菊婷，34岁。

问：村委会由哪些人组成？

答：我们总共就这些人。

问：民兵连长呢？

答：民兵连长不干了，由书记来兼，以前我就是副书记兼民兵连长。

问：你们就四名村干部。

答：还有副村长，叫徐军恒，他今年38岁。共5个干部。

【村委会】

问：是不是你们5个人组成村委会？

答：5人组成支部和村委会，他们四人属村委会，主任是徐玉身。

问：村委会办公在什么地方？

答：和小学在一起，占用一间房。原来房子大，现在不能用了。

问：你是党支部书记，副书记没有。

答：是的。现在没有委员，不需设那么多人，只能设书记、副书记，减轻公民的负担，事情也不多，有事我们5个人研究。

问：这个村有多少党员？

答：62人。

问：你又要领导党支部，又要参加村委会。

答：是的。

问：一般说来，村委会委员有专人负责文教卫生。

答：现在由我负责，没有专门的委员。

【支部书记的收入】

问：现在你的工资？

答：每年乡里批，一年一千多元，到年终结账。

问：你的工资生活是不够，你还兼干别的搞收入？

答：种田和喂猪，有时也去搞点小买卖。

问：你承包多少土地？

答：5亩。

问：种什么？

答：玉米和小麦。

【支部书记的任务】

问：请简单介绍你书记的任务。

答：一是抓组织，整个村的全面工作都负责，如村庄规划、学习和治保。

问：这个村有固定的组织？

答：党支部、青年团。治保由副村长管。

问：副村长还抓什么？

答：他还抓农业机械。

【村委员的选举】

问：你们村委会通过选举吗？

答：通过选举，由乡里领导，村民代表到大队选举。凡满18岁村民均张榜公布，推出代表，由小组选出代表。

问：投票在什么地方？

答：在大队（小学校里）。

问：投票有候选人吗？

答：有候选人，差额选举，差一个人。选四人，候选人为五人。今年是 4 月份进行的。

问：候选人是由谁推选？

答：由上两任的党支部指定，再经过乡党委批准，然后才选举呢。

问：村民代表如何选呢？

答：由乡里印好的选票，同意划"○"，不同意划"×"。先选支部，后选村委会。

问：你们村干部经常开会吗？

答：经常开，但不是每天开会。乡里有任务和村里发生问题，就开会。

问：每月开多少次？

答：不一定，多少次不好说，事情多就多开，少则少开。

问：在什么地方开？

答：在办公室。

问：你们有没有农场？

答：没有。

问：有没有企业？

答：没有。

【政治、文化、娱乐活动】

问：请介绍这个村政治学习方法。

答：学习报纸。

问：还有集会，全体村民参加？

答：现在没有，有事通过喇叭广播，农民干活的比较多，召集开会不容易。

问：有什么文化娱乐活动？

答：看电视，其他没有什么。过去组织看电影，现在也不组织了，有放映机，但没人看。有红白事时，向县里租片子。承包土地后，就不放电影了，大家忙，晚上看看电视。

问：你们村有剧团吗？

答：没有，在集体时有锣鼓，现在没有了。

【庙会】

问：你们有庙会和节日活动吗？

答：庙会有，是老母庙。现在盖了一个老母庙，不过没有过去那么大。

问：什么时候盖的？

答：有 4 年了。

问：庙会是一年一次吗？

答：是的，是阴历十月十五日。

问：现在庙会的情况？

答：每年一次，有几个上了岁数的农民，烧香上供，每个村民拿 2 元，搭个戏台，今年没有唱起来。因雪雾路不好走，推迟至正月十八日。那时要跳扇鼓舞，由妇女跳，并且是岁数大的妇女。

【村小学】

问：这个村的学校是什么时候建立的？

答：现在这个学校是从前的大队办公室，原先那个学校建立很早了，记不清了。

问：什么时候占用了大队办公室？

答：1984 年，原来旧学校地址作为宅基地了。

问：你什么时候由部队回来？

答：我是 1981 年回来，当时还没有搬呢。在 1981～1984 年之间搬来的。

问：现在这个地方不是原来的学校？

答：不是原来的，原来的学校在路南，现在搬到了路北，那边房子也旧了。

问：原来的学校在哪里？

答：这里（看图指出当时的位置）。

问：你上小学就在这个地方？

答：是的。

问：请你画一画当时学校的形状。

答：（画了当时学校的形状，东边有四个教室，西边有四个教室……）共 13 间教室，还有 3 间是办公室、教师宿舍和厨房，房子有的能用有的不能用。学校搬了三次，第一次从北面搬到南面。

问：在北面你还记得当时的形状吗？

答：（画当时小学的形状）记得不太清楚了。

问：北面大体的位置？

答：这里（看图指出位置）。

【村委员会和学校的关系】

问：现在村委会领导学校是你专门负责？

答：学校一般工作由乡里领导，一些具体事我也管管，房屋修理、桌椅板凳村里管。他们和我说了，我布置找人修就行了，不是固定的。

问：有没有村干部领导学校的事？

答：没有。

问：村委会和学校的关系？假如他们要求修房怎么办？

答：我们满足他们，我们是帮忙的关系，大力支持，不是领导。

问：最近你们有没有这样的事情？

答：有，补补窗户，修修黑板，修修桌子。

问：学校的经费，你们村有没有给他们买图书、体育器材等？

答：学校买，大队不管。

【村小学的指导机关】

问：乡里什么单位管他们？

答：乡教育中心，乡教委领导他们。乡教育中心学区管各村小学。

问：统一考试的结果，如果你村小学没有考好，你们对老师要不要批评？

答：我们不批评，有时可以问问，但不批评人家，因为我们不是一个系统。

问：你们可有建议权？

答：可以过问。

问：我专门研究中国农村的教育，假如问这个村小学的历史，谁了解这方面情况？

答：找老师。这个村换了几任校长。过去有校长，现在乡中心学区的校长以前在本村。还有个大老王，明天我问问徐玉身，他知道。

问：杜秋姐她知道本村的教育吗？

答：可以，她任职时间比较长。

问：明天我访问徐玉身。

答：可以。

【五、六年级的就学】

问：小学四年级学完后，五、六年级到什么地方去学？

答：有的到河庄，有的到岗头，有的到北长。

问：小学生学完四年后，是不是都能读五、六年级？

答：五、六年级到河庄、岗头，上完以后到北长去上初中。

小学毕业后考上初中的都去学习，有考不上的要退班，再读六年级，第二年再考，如果再考不上回家务农，一般都能考得上。

问：河庄和岗头有没有区别？

答：没有区别，谁去河庄、岗头由学校决定。河庄离这里二里地，岗头和河庄靠在一起，一个在东一个在西。

【初级中学】

问：北长初中的名字？

答：孟董庄中学，离乡政府所在地不远。

问：现在大约 80% 能上初中？

答：大部分都能上，几乎 100%。

【高级中学】

问：毕业后上县高中，最好的是哪所中学？

答：栾城县一中最好，二中也差不多。

问：栾城县就是有一至四中学吗？

答：就是 4 个。

问：上高中的比例？

答：上高中的比例不大，大约 40% 左右。

问：你村现在上高中的，有多少人？

答：没有统计这个数字，我们不掌握。

【考取大学、专门学校的学生数】

问：今年上大学有多少？

答：5 个人，因为他们要从大队开户口信。

问：1988 年三谷孝先生访问时，说有 16 人上大专？

答：现在有 20 多个。

问：今年他们考上的大专是什么学校？

答：有一个在苏州，有一个在井陉（是中专）。

【村留学生】

问：去美国的学生他的名字你知道吗？

答：他叫徐月书（男）。

问：他父亲叫什么名字？

答：徐锁成，还在村里。他儿子还在美国。徐月书原来在国防二机部，他去美国时我已当兵去了。

【农村教育的问题】

问：你是支部书记，你是领导人，对你村小学情况评价评价。

答：最近几年差不多，还可以。前几天问校长，我们考试成绩由第 15 名上升到第 5 名。

问：你对他们有什么要求？

答：我要求他们把学生教育好，文化程度提高。都能考上大学，使社员们满意。我们要关心下一代的成长。对他们管严一点。

老师们对学生仍要管教严一点，从功课上要把住教学质量关。

问：你看当前小学教育有问题的话，主要问题是什么？

答：没有什么问题。老师对工资少了一点，也有看法。校舍不强，老师也有些看法。对民办转公办，正在发展，我们乡民办教师占 60%。

【小学】

问：我问一问你个人的经历。你几岁上学？

答：8 岁上学，1966 年，在寺北柴村。

问：一年级的老师是谁？

答：记不太清了。

问：同班同学有多少人？

答：20 多人。

问：现在这个村的幼儿班和一、二年级学生大大多于三、四年级，为什么呢？

答：从幼儿班上一年级，上一年没有上好，一年级上二年级没有上好，还要继续上一、二年级，加上退班的就多了。既有分数不合格问题，也有岁数小的问题，家长愿意让孩子多上一段时间。

问：你一至四年级在本村上吗？

答：我一直上到六年级。

问：二年级三年级的老师？

答：有两个老师，一个叫郝密子（女），她是本村人，嫁出去了；一个叫徐珍（女）；还有一位是这村的，叫赵三，学名书贵。

问：郝密子当时多大？

答：大约 20 多岁，出嫁比较晚，有二十七八了。徐珍 30 多岁，赵三 20 多岁。

问：这个学校刚刚建立起来？

答：我们到的这儿是新建的，原来学校做了大队办公室。

问：你们学校搬到新校舍很高兴吧？

答：是的。

问：三位老师中，你印象最深刻的是谁？

答：是赵三，他教的不错，现在五里铺教书，当校长，是杜秋姐的丈夫。

问：你最喜欢的课是什么？

答：语文，我算术不行。

问：你在小学时最高兴的事是什么？

答：我爱好乒乓球，所以学习不行。

问：那时有运动会吗？

答：有运动会，我还到乡里比赛过。

【初级中学】

问：你毕业后上初中了吧？

答：我上了一年初中，在岗头。

问：当时你上学正好"文化大革命"时，有印象吗？

答：我小，没有什么印象。

问：在岗头你们班有多少人？

答：有40多人，是咱村和岗头合在一起的。

问：初一有多少班？

答：一个班。小学一至六年级也是各一个班。

问：在岗头学了多长时间？

答：一年就不上了，我就回家了，学习都不行，老师也管不严。学生也不听，不上了，1973年毕业，初中就上一年。

问：这一年中你上课了吗？

答：上课，有语文、算术、政治、历史、体育。

问：学一年是学制规定的吗？

答：规定一年，读完小学6年，再上一年就初中毕业，然后考高中。在复习考高中时，我没有考。我们这一代受"文化大革命"影响，学习都不强。

【大队拖拉机手】

问：毕业后你回家务农到什么时候？

答：从1973年开始，当了3年机手，柴油机的机手。1976年到寺北柴村大队开大拖拉机。

问：当时大队长是谁？

答：张二贵，他还在本村，他今年50多岁。我开到1978年，以后我入伍了。

【参军、入党】

问：你当兵的动机？

答：是义务，兄弟多，出去锻炼锻炼，保卫祖国。

问：什么部队？

答：195师炮团，在张家口孔家庄师部。到1982年复员。

问：你会开炮吗？

答：我不是炮手，是电话班长。

问：你1982年复员，回家以后干什么？

答：我自己买了拖拉机，搞运输。

问：你什么时候入青年团？

答：入伍前在村里入团，是1976年。

问：什么时候入党？

答：在部队入党，1980年。

【当村干部的动机】

问：搞运输多少年？

答：搞了四五年，中间没有搞，卖了拖拉机。1988～1996年开汽车，是货车。开到1991年，1992年当的干部。

问：谁推荐你当干部？

答：郝同顺。

问：如果继续开货车你可能发财，当干部你发财机会少了。

答：是的。

问：你选择当干部的路，怎么想的？

答：那时干了几年，将车卖了，也不想干了，以前副书记到卫生所，叫我干这个了，我想，干就干吧，顶不错的，为了村里的工作，干一番事业，年轻，不光为发财。

问：一般说，中国农村的青年想发财，而当干部事情比较多、麻烦，你是怎么想的？

答：没有什么干了，干干这也不错。原来的车是旧的，车没有了，也没有找到别的工作，先在村里干干，原打算为别人开车。搞运输也顶麻烦，在村里干大伙信任，把村里搞搞好。干几年以后开车。

【结婚和家族】

问：你什么时候结婚？

答：1981 年。

问：你的对象是什么人？

答：她是南客村人。我爱人的名字叫张素英，今年 37 岁。

问：你们怎么认识的？

答：我姐姐嫁给南客村，是我姐姐介绍的。

问：结婚以前见过面吗？

答：我从部队回家探亲时见过。

问：她现在干什么？

答：务农。

问：你有几个孩子？

答：两个孩子。老大叫郝丽娜（女），老二叫郝丽克（男）。老大 13 岁，现上小学，在河庄，老二 8 岁，在本村上一年级。

【村的姓】

问：你们村人最多的姓是姓什么？

答：最多是郝姓，其次徐、刘、赵，差不太多；还有王、张、李，他们人少。

问：郝姓占全村人口有多少？

答：不到一半，大约 40%。

问：你是这个村的领导人，你们今后发展的目标？

答：准备在今后几年，将村的道路建设好，学校建好，搞好村的规划，一排一排打

通。争取最近几年，将村民的生活搞得更好，在两三年以内，达到小康水平。

徐玉身　村长

时　　间：1994 年 12 月 29 日上午
访 问 者：笠原十九司　左志远
访问场所：徐孟祥家

【出身家庭】

问：你贵姓？

答：我姓徐，叫玉身。

问：哪年出生？

答：1953 年出生，属蛇。

问：你的父亲名字？

答：叫徐宽子，去世了，他是 1990 年去世，当时他 70 多岁。

问：你知道你的祖父吗？

答：不知道。

问：你母亲的名字？

答：她叫王桂荣。

问：她从哪个村来？

答：她从龙化村来，离这儿 13 里地，还在，今年 71 岁。

问：你父亲干什么工作？

答：务农。

问：你多少个兄弟姐妹？

答：四个。老大叫徐振祥，54 岁，务农；老二叫徐丑，47 岁（属猪），务农；老三是我；老四，妹妹，徐秀金，38 岁，嫁到栾县城北关。

【村长】

问：你什么时候当村长？

答：今年四月当村长。

问：以前当什么干部？

答：副村长。

问：副村长以前呢？

答：务农一年，以前当教师。

问：什么时候当教师？

答：从 1976 年当教师，当了 9 年，干到 1985 年。

问：1985 年以后呢？

答：在小队当会计，干了 1 年，到 1986 年。

问：1986 年以后呢？

答：当小队队长，当到 1987 年。

问：1987 年以后呢？

答：在大队当技术员，干了 3 年，到 1990 年。

问：1990 年以后呢？

答：务农。

问：现在你村干部是村长？

答：对。

问：支部书记是郝元增？

答：对。

问：现在有副村长吗？

答：有，叫徐军恒；妇女主任是张菊婷。

问：村委会就这四人吗？

答：还有会计，叫郝小江。

问：以前的村长是谁？

答：郝小六，副村长是我。

问：妇女主任是谁？

答：由我兼。

问：你管计划生育？

答：是的。

问：郝小江以前的会计是谁？

答：赵球子。

问：郝小六以前村长是谁？

答：以前是张二贵，副村长记不清了，会计还是赵球子。

【小学】

问：这个村的小学解放后哪年建立的？

答：记不清。

问：关于你个人的经历。你知道你父亲是什么成分？

答：是贫农。

问：你上小学是几岁？

答：11 岁，由于家境差，所以上学晚了。

问：你上小学时，是处于困难时期，你有体会吗？

答：还记得。当时吃的困难，一个村一个大食堂，大人们干活回来叫你吃点，小孩给的少，我个子大有体会。

问：困难时期，这个村有没有饿死人？

答：记不清了。

问：小学在什么地方？

答：就在现在小学的南边。我上学时在中心街，在张乐卿家。

问：你还记得你上学时小学的状况吗？

答：记得。（画当时小学的形状）

问：你上学时同班同学有多少人？

答：30 多人。

问：男女比例？

答：记不清了。

问：一年级老师的名字？

答：叫刘玉新，他还在，在县城西街子弟学校当会计。

问：他多大岁数？

答：50 多岁。

问：二年级？

答：他一直教到五年级。

问：你上学时还有其他老师？

答：一共两位。还有一位叫李修身，去世了。我上学时他 30 多岁。

【小学授课】

问：怎么教学？

答：在一个教室有一、二年级，三、四、五年级一个教室。

问：讲课比较麻烦？

答：先讲一年级，布置作业后，再给二年级讲。

问：老师都是男的？

答：是的。

问：你最喜欢的课程是什么课？

答：算术。

问：当时中国发生"文化大革命"，对你们有没有影响？

答：有，老师搞串连，不好好教。大一点学生去串连，上课也马马虎虎。

问：有"红卫兵"吗？

答：有，破"四旧"，斗成分高的人。

问：你上小学时最愉快的事是什么？

答：我喜欢美术。

问：你对刘玉新老师的印象？

答：相当不错的，他严格要求我们。一般上课准时到，讲课认真，认真批改作业，我喜欢他这样。

问：你毕业于本村小学是在你刚才画的地方？

答：已搬到村南，哪一年级时搬的，我记不清了。

问：毕业时已搬过来了吧？

答：是的。

问：请画一画南边小学的形状。

答：好的。（画小学的形状）

问：是新建的吗？

答：是的。

【初级中学】

问：你毕业后上什么中学？

答：在孟董庄中学，1968 年去的。

问：初一年级有几个班？

答：有 3 个班，一个班有 40 多人。

问：你上学时的班主任是谁？

答：侯二兰（女），20 多岁，二十六七岁。

问：学到什么时候？

答：学到 1971 年。

问："文化大革命"对初中多大影响？

答：没有什么影响。

问：你在中学最喜欢的课程？

答：数学。

问：有没有外语？

答：没有。

【高级中学】

问：你是 1971 年初中毕业后上高中了吗？

答：上高中还在孟董庄。上高中是公社办的。上初中在村西，上高中在村东。

问：你们这村的同学上初中有多少人？

答：基本上不少，30 多人都去了。

问：初中毕业，你本村的同学中有多少升高中？

答：大约有一半多。

问：在孟董庄高中上多长时间？

答：一年，高中二、三年级到栾城一中上了。

问：你是优秀的学生。你在高中学了外语？

答：学了外语，是英语。

问：你栾城一中毕业是 1975 年？

答：不是 1975 年，那时高中只有两年，是 1974 年毕业，毕业后在村大队搞收发。

【大学入学考试取消】

问：那时没有大学考试？

答：没有。当时是推荐批准后上大学。

问：如果可以考的话你要考的吧？

答：当然考。

问：一中教育的特色？

答：比乡里条件好，教学设备比孟董庄好多了，我也住校，老师对学生要求高了。

问："文化大革命"有没有影响？

答：老师敢管了，没有什么影响。

问：1974年回农村，当时村大队长是谁？

答：是张二贵。对了，不是张二贵，是刘文生。

问：你哪一年入党？

答：我不是党员。

问：入过青年团吗？

答：入过，在孟董庄中学时入的团。

【大队公文信件收发】

问：你担任收发的任务？

答：向小队发放报纸和信件。邮局送到大队，大队向小队由我发放。

【村生产队】

问：这个村有多少小队？

答：五个队，分一、二、三、四、五队。

问：那时的队长你还记得吗？

答：一队队长郝成林；二队队长郝振海（可能是）；三队队长徐丑小；四队队长郝老丑；五队队长，记不清是谁了。

【小学教师】

问：1974～1975年在大队办公室，1976年当教师在什么村？

答：寺北柴村小学。

问：你当小学教师的动机？

答：是党支部和村里决定我去的，教书是支部书记郝全福决定。我也愿意当。

问：你为什么愿当教师？

答：找个安身地方，在大队当收发是临时性的。

问：你当时是民办还是公办教师？

答：是民办。

问：你当教师时有多少个班？

答：一至五年级共5个班。

问：当时的老师是谁？

答：我是一年级教师；二年级是王新英兼校长（男）；三年级是郝秀化（女）；四年级是赵瑞化（女）；五年级是张秀发（男），还有刘春娥（女）。

问：王新英是从哪一年到哪一年当校长？

答：记不清了，我在时他也在，走是什么时候记不清了。时间比较长了。

问：听说他住在北长？

答：是的。

问：今年他多大岁数？

答：60多了，已经退休了。

问：北长离这里多远？

答：5里地。

问：当时你教的班有多少学生？

答：30多人。

问：一开始你遇到过困难？

答：没有什么困难。

问：你讲课用课本，教育的方法是什么？

答：将课本的解释写在教案上。

问：一年级的学生难管理？

答：是的。

【民办教师】

问：你开始的工资？

答：当时民办给补助费，每月5元，同时参加大队分配。我们拿稍高于社员的平均数。

问：除了你是民办，还有谁是民办？

答：除校长外都是民办。

问：你一直在这个村做老师吗？

答：是的。

问：你当教师时你们的老师有没有变化？

答：有变化。女老师出嫁时就要走了，如刘春娥。她走后是徐月华（女），民办都是从村里出。别的老师没有变化。

【小学建筑】

问：什么时候小学搬到现在这个地方？

答：我已不当教师。现在这个地方，不是盖的学校，原是知青住的地方，知青走后变成小学。先做小学，后来大队办公室也到这里。

问：哪一年？

答：记不清了，可能是 1978 年。

问：为什么要搬到这边来？

答：当时盖的质量差，而且按村规划这里不做学校了，所以搬过来。这里要变为住宅区。

问：你当教师 10 年中，教育有什么变化？

答：没有大的变化。

问：你们老师都年轻吗？

答：都是青年，20 多岁。

问：王新英以后谁是校长？

答：也是姓王，是许营人，是王付真（男）。

问：你教的学生很多？

答：是的。

问：1985 年你的工资？

答：始终是这样的，记不清了。

【承包制的实施、教师辞职】

问：你当小队的会计，为什么不当教师？

答：1985 年分的地，家里没有劳力，共分了 8 亩地，就我一个人，没有办法继续当教师。

问：这很遗憾！你在哪一个队当会计？

答：三队，队长是徐文江（正）、徐喜子（副）。

问：那时大队长是谁？

答：换成二贵了，即张二贵。

问：谁推荐你当副队长？

答：是村长，郝小六推荐的。

问：村长的工资有多少？

答：一年有 1500 元。

【村长的选举】

问：你当村长是选举的吗？

答：是选举的。每个队发给选票，你选谁划勾。

问：现在还有队吗？

答：没有队，现在有 23 个组，以一个井作为一个组，共有 23 眼井。

问：和以前的小队没有关系了吧？

答：是的。

问：是不是 23 个组推出代表选的？

答：是的。

问：是不是村下面就是组，是长期保留的吧？

答：是长期的，有组长。有长期任组长的，也有轮流当组长的。

【村长的任务】

问：你现在当村长，你的任务是什么？

答：完成上面下达的种植计划，粮食征购，还有其他任务，如计划生育等。

【村委会和党支部】

问：你和党支部的关系？

答：村委会和党支部是平等，虽属他领导，但级别是一样的。

问：村委会谁管学校？

答：按理说应由副书记管，但现在没有副书记，故由书记管。

问：你们的分工情况？

答：副村长管机械电器，妇女主任管计划生育。村民小组由村委会领导。

问：一个组有多少户数？

答：不一定。

问：有没有这样的情况，他既要用这个

井也要用那个井，这怎么办？

答：不一定是一个井一个组，也有使用两个井的，两个井一个组的情况少。

问：村委会有事传达是不是经过组？

答：不一定，通过喇叭来传达，组长不一定是永久性的。

【村长的收入和生活】

问：你村长的工资多少？

答：还不知道，到年终乡里批下来才知道。

问：那你现在生活靠什么？

答：靠种地，我们是不脱产的干部。

【村长面临的问题】

问：村的未来发展目标是什么？

答：有是有，但很困难，首先要修理街道和学校，将办公室建一建，但需要资金，需要一个长的时间才能实现。

问：你村长一届多长时间？

答：3 年。

问：你在任期间能实现吗？

答：努力争取。

张仲寅（82 岁）

时　　间：1994 年 12 月 29 日下午

访 问 者：笠原十九司　左志远

访问场所：张仲寅家

【私塾教师、张乐卿】

问：您今年 80 岁？

答：82 岁了。

问：解放前你的父亲张乐卿，在这个地方开过私塾。你父亲在什么地方读书？

答：在村里，那时还没有学堂，请的老师在家念《论语》、《四书》、《五经》。请的姓郝的叫长露，念《论语》、《孟子》。

【张乐卿的藏书】

问：听说你父亲有很多书？

答：是的，有《论语》、《孟子》、《礼记》、《春秋》、《五经》、《四书》，他们都念过，还有很多医学书，我看见过他看的《本草纲目》。

问：你的祖父是不是也是有文化的人？

答：我记不得，没有见过面。

问：为什么你父亲有那么多书？

答：我父亲兄弟三，我二大伯是一名秀才，他很有学问，他叫张藻。

问：他住在什么地方？

答：也住的很小，那时还没有分家，我也记不得。

问：张藻对你的父亲有影响吗？

答：有影响，我二伯父去世时，我父亲才十四五岁，家没有分。

【张乐卿的学问】

问：1942 年，满铁在这个村调查，他们很尊敬你父亲是有文化的人。

答：他在这个村是学问最大的人。

问：你父亲在哪里学到这样丰富的文化知识？

答：听父亲说，七八岁上学，上了 10 年学，跟郝老师学的。

问：你父亲主要靠自学？

答：是的。

【私塾】

问：你本人小时在别村上私塾吗？

答：在本村。

问：你的老师是谁？

答：南客村的尹作林。

问：你的老师在南客村教你，还是在寺北柴村教你？

答：是我的舅舅请他来本村，在道东边，村里的人也在这儿学，一共有二三十人，教了十来年。

问：满铁调查时，是你父亲在你家里开的私塾吗？

答：是的。

问：你父亲也是你老师？

答：我没有赶上，而是跟尹作林学的。

问：尹作林是什么样的人？

答：他也没有上过学，但他学问很好，也是在家务农，自学成才的。

问：除你家外，你们村还有别的私塾吗？

答：就这一个。

问：解放前你家里就一个学校？

答：是的。

【张乐卿去世】

问：你父亲什么时候去世？

答：我 31 岁他去世的。

问：你父亲是日本投降前还是投降后去世的？

答：日本人还没有投降，不是 1943 年就是 1944 年去世。

问：你是民国几年出生？

答：是 1915 年出生。我父亲死时日本人还没有投降。

问：你父亲去世时多大？

答：51 岁，患的痢疾。

【张乐卿的葬仪】

问：你父亲去世时，由于你父亲的名望，丧葬一定很隆重吧？

答：人们送了不少挽联（用布写的字）。送殡时，用的棺架，是 32 人抬，送葬的有家人和亲戚、朋友。送葬时，抬着棺在街里转了一圈，才去埋葬的。

问：是在什么时候进行的？

答：就是在埋葬的时候，是在阴历九月，秋天。

【日军投降】

问：你对日本投降有什么印象？

答：那是国家大事，没有什么印象。我是从城里人家说知道的。

【私塾和小学】

问：你父亲去世后私塾老师由谁当？

答：没有人了，学就散了。

问：解放后，什么时候建立小学？

答：解放两三年建立的，是 1950 年。

问：听说学校开始在你父亲住的地方？

答：是的。

【土地改革】

问：这个村 1947 年解放，什么时候进行"土改"？

答：解放后开始平分，第二回来工作组按人口分，平分是秋后平分，一来将土地划分，你种几亩，我种几亩。到平分时发了地契，这是在秋后，一直到冬天。1947 年 2 月解放，夏天开始平分，一直到冬天才发了土地证。

问：听说你们家有 120 亩土地？

答：110 多亩土地。

问："土改"时你家被分的东西？

答：房子，都分了，光留下临街的。给我们留下了东半块，有房子。

问：那时这个村有哪些富农？

答：郝中林、赵宽子，还有我家。

问："土改"运动领导人是谁？

答：共产党领导，有工作组，有十多人，记不清什么人了。

问："土改"时你难受了？

答：那还能好受，没办法。

【地主、富农批判会】

问：当时有批判会吗？

答：有斗争。因为剥削，批斗我。说我剥削，雇长工、短工都是剥削。我没有放高利贷。贫民团好些人，他们喊打倒张仲寅。我剥削贫下中农，叫我立在那里。

问：对你批判的内容是什么？

答：我剥削劳动力，雇长工、雇短工，不劳而食。应该把你打倒。我是劳力剥削，说我不劳动。

问：1948 年冬天结束？

答：1947 年冬天结束。

【农民协会】

问：这个村有农会吗？

答：有，先有农会，后有贫农团。经常换的，一个运动换一回干部。

问：农会的主席你还记得吗？

答：记不清了。

问：指的是"土改"时的农会。

答："土改"时农会负责人叫王补子，已死了。

问：贫民团呢？

答：新旧交替的时候，记不清了，农会一改就是贫农团，人没有变。

问：土改后还保留给你多少土地？

答：给我留下 20 多亩。

问：你家原来院子的情况，请你画一下。

答：好的。（画原有院子的形状）

问：留下 20 亩地谁种？

答：我们兄弟两人。

【互助组】

问：你参加了互助组吗？

答：没有参加，不要富农。

问："土改"以后你种 20 多亩土地，生活怎么样？

答：有得吃，生活还可以，有饭吃。

问：那时你家有什么农具？

答：有一头牲口，是骡子，和郝中林两家合用一个水车，是用牲口拉的，用水车浇地，还有耠子，用来耕地。

问：种什么粮食？

答：谷子、棉花、麦子。

【合作社】

问：初级社加入了没有？

答：加入了。

问：你们合作社叫什么名字？

答：村里分的队，我是三队。初级社没有稳固就进入高级社。

问：你们高级社的名称是什么？

答：我们是"东风社"，叫聂家庄公社东风社第三生产队。

【反"右派"斗争】

问：1957 年，你们村有反"右"运动吗？

答：农村没有此事，光听说。

【人民公社】

问：人民公社建立于哪一年？

答：1958 年建立的。

问：在人民公社时你干什么工作？

答：种地，搞过经商，小买卖，做黄酒，干了两三年。

问：小买卖是自己做吗还是公社里的？

答：是解放前的事，我以为你问我小的时候干什么工作的。

【困难时期】

问：1960 年困难时期，你们遇到了吗？

答：遇到了，吃的少，一天一斤粮，后来供不上，一天八两，相当现在的半斤。

问：你家有没有饿死人？

答：没有。

问：那时这个村有多少人饿死？

答：不多，干个小买卖，弄点吃的。

问：在困难时期，有没有去东北和山西的？

答：没有，一般去石家庄干临时工。曾有两个人去关东，那是在日本人在时跟日本人走的，不是困难时期。

【"文化大革命"】

问：1964 年开始搞粗线条"四清"运动，1966 年搞"文化大革命"，你们这里搞地、富、反、坏、右，你们又要被批斗吧？

答：我们这里比较平稳。

问："文化大革命"时有批判会吗？

答：有批判，批判工商界厉害，批出去搞买卖的人，所谓"干资本主义"。

问："文化大革命"最激烈在什么时候？

答：记不清。

【1963 年的大水】

问：1963 年有大水，请介绍当时的情况？

答：咱们这儿灾情不大，道沟有一米多深水，流了好几天，有倒房子的，约 1/3 的房子倒了。

问：你家从什么时候搬到这儿来的？

答：是 1976 年。搬来十多年了。

问：1963 年大水对你们家有没有影响？

答：没有影响。

【"批林批孔"】

问：1972 年"批林批孔"，你还有印象吗？

答：农村没有怎么搞，主要在机关里。

问："文化大革命"中的"黑五类"，除了你们还有谁？

答：一共有五个：郝中林、郝大兴、刘小水、张群（女），还有我。

【制造和贩卖黄酒】

问：你刚才说解放前卖过黄酒，请介绍做小买卖的情况？

答：用黄米做，在城里东门里路北，我当技术员，开了一个店铺，字号叫义泉居，一共雇了五六个人，我也在那里。

问：什么时候？

答：我从 15 岁开始，一直干到 20 岁，即 1930～1935 年。

问：这个买卖有多少本钱？

答：800 银元。

问：一年能赚多少钱？

答：除去开支，能赚 100 多元。销路小，主要在本地卖。

问：1937 年以后，你干什么？

答：还是种地，我是 1935 年回家的，我种地，日本人来了以后，我还是种地。

问：为什么不干了？

答：店铺倒闭了。

问：那时你家有短工和长工吗？

答：有 2～3 个长工，短工是临时需要就来。栾城有"人市"，你需要去找他，他就来，干一天给一天钱，长工是一年。

问：解放前你家有多少长工？

答：长工有 2 个，短工没有准数，一般一年需 200 多个工作日，一天算一个工作日。

【承包制】

问：你家承包了多少土地？

答：9 亩地。

问：谁种？

答：我种，还有三儿子。农业什么活我

也能干。老二老三都在一起过，大儿和我们分开了。

【家族】

问：老大什么时候去世的？

答："文化大革命"以后，70年代末去世，生病死的，是一个小学教员。

问：在本村当小学教师？

答：不是，在河庄当教师。

问：老二？

答：老二在原来的地方住。

问：地里种什么？

答：小麦、玉米，还种蔬菜。

问：现在一年收入有多少？

答：除去消费，一年可以收入2000多元。

问：土改后，你家生活最困难是在什么时候？

答：就是1960年，当时没有吃的，挣的工分也少，地里不出产，工分就不顶数，吃的不足，钱就更没有了。当时，全体群众都困难。

问：老大在什么学校毕业？

答：在栾城一中，毕业后又进栾城师范学校学习，栾城师范专门培养老师。

问：老大叫什么？

答：叫张平文。毕业后在河庄当教师。

问：去世时多大岁数？

答：50出头。

问：老二叫什么？

答：叫张文英，现在务农，50岁。

问：老三叫什么？

答：叫张文寿。

【现在的生活】

问：现在你的生活还可以吗？

答：生活不错。三顿都吃的细粮。

问：对你的名誉有恢复吗？

答：恢复了，前几年，将富农帽子摘了，改为上中农。

问：哪一年？

答："文化大革命"以后，大儿子还没有去世时，70年代末期，具体哪一年记不清了。

刘书增（33岁）

时　　间：1994年12月24日下午
访问者：张　思
访问场所：刘书增家

【家族】

问：我是中国人，叫张思，随日本调查访问团来了解这村的情况，特别是从40年代到现在这个村的变化，农业生产、人民生活、社会等各方面的变化。你修理电器的情况及你家庭的情况，都想了解。我问的问题涉及各个方面，其中包括一些不好说的问题，请多包涵。

你今年多大？

答：刘书增，今年33岁，属牛，1961年11、12月出生。

问：你夫人叫什么？

答：叫宋荣格，今年35岁，属狗，1958年出生。

问：你父母一直都在这个村吗？

答：对。

问：宋荣格的娘家是哪个村？

答：马家庄乡柴庄村的。

问：你爷爷和你父母的姓名？

答：爷爷叫刘二胖。1960年去世。60岁左右死的。

问：那时你还小？

答：没有见过爷爷，我1961年出生。

问：奶奶呢？

答：还健在，今年 90 多岁。奶奶的名字我不知道。

问：这地图《中国农村惯行调查》上你们家当时住在这里。这块有你家二亩地，看看其他地方还有吗？

答：这个方向好像还有地，听老人们讲过河这边有块地。

问：这儿有十亩地，这儿有三亩地，其他地方有吗？

答：没听说过。

问：那时你家，还有印象吗？

答：家一直在这里。奶奶叫于小妮，今年 92 岁。奶奶身体挺好。

问：这是村的两头？

答：对，我们原来就在这个方向，在刘家胡同。这个刘老大指的是我爷爷，这个方向对，这是刘三喜，这是刘老乐，这是三成，这位置应该是俺家的位置。

问：这一大片还有这大片也是你们家？

答：可能都是俺家，道南也是俺家的。这个图很细。

问：这个图原来是这个地方，你们看一看，这是复印下来的，日本人 1940 ~ 1941 年来过中国，这图已有 50 年了。

父母名字？

答：我父亲叫刘吉晨，属猪的，72 岁。我爷爷，1904 年（1906 年）生。奶奶属马的，1902 年出生。奶奶在这村是最高年龄啦。身体还壮，吃的也多，耳不聋，眼不花，记忆力也好，过去的事也记得。

问：我们去访问她。

你母亲叫什么？

答：郭二莲。今年 71 岁，属牛的。

问：你母亲是这村的人吗？

答：不是，冈头村人，本乡的。

问：你有兄弟姐妹几个？

答：我姐弟 7 个。上辈姐妹 8 个。

问：你爷爷的祖辈也在这村住着？

答：对。

问：你祖先是从哪里来的？

答：不知道。

问：解放前你家有多少地？

答：这图上有一些，太详细的情况我也不清楚。

问：你爷爷有几个兄弟？

答：没有兄弟，就他一个。

问：你父亲的兄弟都在这村吗？

答：他们就兄弟俩，有 6 个妹妹，我父亲是老大。

问：你叔在这村吧？

答：在。

问：你叔叔的名字？

答：刘老（洛）丑。我叔叔还有一个名，我不知道，刘洛丑是他常用名。

问：你父亲还有别的名字吗？

答：外号叫小人。

问：你叔叔行二？

答：在姐妹八个中倒数第二，比我父亲小 20 岁，我叔叔五十四五岁。

【学校和就职】

问：你在哪里上小学？

答：在本村。

问：中学呢？

答：中学在孟董乡中学，包括初中和高中都在孟董乡中学。

问：高中毕业是哪年？

答：1977 ~ 1978 年。

问：你中学毕业后做过哪些工作？

答：刚毕业时在县精神病医院待过一段时间，不到一年，然后到县建筑公司一年，回来后在乡政府开了两年车。在乡不干了就在家修理无线电，直到现在。

问：从哪年搞无线电？

答：1987 年开始，到现在八年多了。

问：你的技术是自学的吗？

答：给人家帮忙中学习的。

【结婚和妻子的工作】

问：你们哪年结婚的？

答：1982 年。我 22 岁时，妻了 24 岁时结婚。

问：怎么认识的？

答：经人介绍。

问：以前认识吗？

答：不认识。

问：你爱人原来做什么？

答：在马家庄造纸厂上班，是乡的造纸厂。

问：到村以后马上就当教师吗？

答：隔了二年才当教师。

问：没当教师前干什么？

答：带孩子。

问：是怎么当教师的？

答：正好我们村有位教师走了。也算通过关系吧，有人提供了线索。搞幼教，在育红班——学前班。

问：你认为在这村工作怎么样？

答：基本上可以吧。

问：收入情况？

答：我一年收入 6000～7000 元，全家收入 10000 元。

问：除了你的收入外都是夫人的收入？

答：有种地的收入，她一年收入 1000 多元，地里收 1000 元。

【农作物和承包制】

问：谁种地？

答：我们抽空管，如地里有活就不在门市上干了，门市上的活不经常有。农村里农忙时修理的活就不多了，大家都忙。

问：你的收入是指维修吧？

答：是。

问：地里的收入？

答：往年地里收不了多少钱，今年粮食涨价了，主要是玉米的收入。小麦不卖，自己用，今年算不错。

问：你的地是分给的？

答：自己承包的地一直没动，承包地 15 年不变。

问：你家有多少地？

答：四五亩。

问：你家几口人？

答：4 口人。只有 1 个小孩有地，另一个孩子还没地，他出生的晚。1 个人平均 1.5 亩。

问：村里每人都 1.5 亩吗？

答：都在这个范围，有 1.3 的、1.4 的、1.5 亩的。

问：你这么多事忙得过来吗？

答：行。

问：你们生第二个孩子不给地？

答：不是不给，我们村规定地 15 年不变，在 15 年内去人不减，增人不加。别的村大部分都变了。我们村还没有变。

问：从哪年开始承包？

答：到今年 11 年了，1982 年开始吧。

问：再过两三年怎么办？你想过这事吗？

答：想，谁敢估这事啊，估不透，走到哪儿算哪儿。

问：村里干部和乡里干部想过过了 15 年怎么办吗？

答：地得动，增人、减人很多了，再不动麻烦事就多了，不能说了不算。

（以下问刘书增的妻子）

问：大嫂你一年干多少农活？

答：农活没有多少，都用机器了，就是锄几遍草。一年干十多天农活，掰棒子掰几天。

问：干些什么活呀？

答：除几天草，运肥、浇地、耕地。

问：播种、收割都用机器吧？

答：是。村里统一播种、耕地、收割，大队有机器。

问：向大队交钱吗？

答：给油钱。

问：播种呢？

答：谁是谁的，统一播，地之间有界线，到谁家地了谁放种子。

问：播种机呢？

答：播种机是个人的，河北 12 型四轮拖拉机。

问：付钱吗？

答：付给人家钱。

问：看看你的机器？

答：我家没有。我家有机动三轮。村里人大部分都有河北 12 型四轮拖拉机。

问：耕地和播种都用"河北 12"吗？

答：耕地统一用大拖拉机，大队的。

问：村长，你认为统一耕地比一户一户的好吧？

答：好。大队的机器统一耕，耕完这块地，耕那块。只交油钱，其他钱不交。

问：一亩地花多少钱？

答：五六元钱。过去每亩 3 元，现在又贵了。

问：大队怎么给各户统一收割？

答：收完一户的就倒出来，再收另一户的。如收麦子，用机器收割完以后，自己拉回家。收完就很干了，收完就入库啦。

问：四五亩地收割用多少时间？

答：半小时。一趟就完。收完以后就装在布袋里自己拉回来。

问：是连杆带穗还是麦粒？

答：是麦粒。是联合收割机。

问：自己拉用多少时间？

答：装在拖拉机上拉回来，也不费劲。收玉米时把玉米秸秆也打碎在地里。

问：粉碎机也是大队的吗？

答：对。

问：够全村人用吗？

答：两台大 55 粉碎机，一台耕地，一台粉碎机。两台机器就够用了。

问：联合收割机一台也够用？

答：够用。

问：收割全村的地需要多少天？

答：五六天。

问：大嫂主要的工作就是教学前班啦？

答：对。干农活最多 10 天。

问：还干其他工作吗？

答：干家务，看孩子、做饭、洗衣服。

【村教师】

问：教学前班，用多长时间？

答：上午 8 ~ 11 点，下午 2 ~ 4 点，共六七小时。

问：有星期日吗？

答：有。一周休息一天半，星期六下午和星期日。

问：谁给工资？

答：乡里。乡里从下边筹集的。

问：乡里办的班吗？每个村都有吗？

答：乡里办的，每个村都有学前班。

问：几个老师？

答：七个老师。六个教年级的，一个教学前的。我自己是学前班的，六个是小学教师。

问：你的工资是固定的吗？

答：是。工资不多，一个月 100 元，全年 1200 元。公办教师 400 多元。

问：这村有公办教师吗？

答：有，两个。还有两个民办教师，两

个代课教师。

问：民办老师挣 100 多元？

答：每月 130～140 元。

问：你还做过其他工作吗？

答：没结婚之前在造纸厂干了六七年。

【电器修理业】

（以下问刘书增）

问：找你修理电器的是哪里人？

答：主要是这村的人，外村的人少。

问：都修什么电器？

答：彩电、黑白电视、录音机，主要是这些，活多了洗衣机、收音机什么的就不愿修了，很费事。所有家电都能修。

问：能修冰箱吗？

答：我没有经营这项业务。

问：外村最远的离这里多少里？

答：30 里以外的也有来的，客户不少。

问：修这些电器有价格表吗？

答：基本上有个价格表，我收费低，出活快，一般的立等可取。

问：找你的人你都认识吗？

答：少部分人认识，多数不认识，我不认识他，他认识我。我干的时间长了。

问：这些元件从哪里来？

答：石家庄有个大的电器元件批发市场，主要从那里弄来。一小部分从外地邮购。

问：怎么知道的信息？

答：我订了无线电杂志，从杂志上知道信息，比较可靠，现在有邮购信息网，出了问题可以追查。

问：你担心产品质量吗？

答：自己买的和邮购的都比较担心。市场较混乱，大的零件都得测试。

问：主要的工具是什么？

答：主要是一块万能表，其他就是钳子、改锥。

问：1987 年也是这些工具吗？值多少钱？

答：对。当时的万能表 85 元，共 150 元左右，一套工具才 50 元。这几年新置备了备电机和照相机。

【子女】

问：你这俩孩子都是儿子？

答：老大是女儿，老二是儿子。儿子 11 岁了。1984 年春生的女儿，现在已 4 年级了。

问：你女儿叫什么？

答：刘晓玲。

问：儿子哪年生？

答：1989 年生，今年 6 岁，叫刘晓梦。在学前班上学。上一年育红班，一年学前班，再上就是小学一年级。

问：育红班与学前班是怎么回事？

答：是一回事，叫什么都行。

问：几岁上小学？

答：7 周岁上小学。6 周岁上育红班。

问：有时间到你店里看看？

答：可以。多伦多大学教授到我门市部看过。

问：他们搞什么？

答：搞经济调查，把家庭经济状况弄得特别详细。主要是现在的经济情况，如今年的收入开支。

【分田到户和村人的反映】

问：分地是哪年？

答：1984 年秋天种麦子的时候。有户口的人头分地。

问：你们与父母在一起吗？

答：分开单过了，就是分地的那年分的家。

问：分地时你是怎么想的？

答：当时想不通，咱们这年纪过集体生活惯了，突然分地不习惯。也有高兴的，老一点的人喜欢分地，他们是从单干过来的。年轻人不愿分，过集体生活高兴。我当时在队里正当会计。

问：小队还是大队？

答：小队。也当过生产队长，干了一年。我中学刚毕业，不能掌握农活，不愿干了。农活大致懂点，生产队长得打钟派活，比较麻烦，年轻管不了人家，就不干了。

问：那时你感觉怎样？

答：很累。

问：自有生产队以后一直是派活吧？

答：对。生产队长打钟集合人，人都到齐了，用十来分钟的时间派活。

问：有不愿去的吗？

答：当时没有。得挣工分，不干活哪行。我干了五个月队长就不干了。我刚毕业，当会计还可以，有一个人也愿当干部，我们俩拧了，后来我就不干啦，到山西去了，不到一年就回来啦。我还学过打针，在精神病医院主要学习行针，也就是扎银针。我怕，学了一段时间就不干了。遇到厉害的精神病患者，几个人都弄不住。

【职业经历】

问：中学毕业回村后马上就当会计了？

答：先当记工员，后来当会计 1 年多，又当会计队长，之后到山西搞建筑。

问：从山西回来到精神病医院吗？

答：到精神病医院在前，中学刚毕业时去的。在招待所待过一段时间，回来后到村。

问：县招待所？

答：县招待所当服务员。我走的地方多了，干一行烦一行，从县招待所回村当记工员、会计、队长，后又去山西，是县二建公司的临时工。

问：不是正式工人？

答：公司属县，工人们大部分是临时工，当时刚组建。

问：山西什么地方？

答：榆次、太原，两个地方共干了不到一年，我管原材料。

问：在乡政府开三轮是哪年？

答：1984 年秋，8 月份去的，1987 年 9 月份回家的。

问：开三轮收入怎样？

答：开始挣 70 多元，加出车补助才 78 元，到回来时才挣 130 元，当时收入低。

问：搞建筑呢？

答：搞建筑收入也不高，过去工资低，一天 3 元。

问：你为什么换这些工作？

答：我喜欢当兵，爱好电力，爱好开车这三件事，其他事不想干。

问：没有当上兵？

答：我血压高，征兵体检时激动，越激动血压越高，越高就越验不上。按当时的情况，想出门不好出，最大的愿望是当兵。我毕业时还没有考学一说，愿意当兵到外边转转，没有去成，就学开车，学无线电。

问：其他年轻人也同你的想法一样吗？

答：不一样。前几年，年轻人都愿当兵，当时是唯一的出门渠道，最近几年差点了。

问：你家的收入在村里算什么水平？

答：从表面看算上中等。实际上谁也不知道谁，都弄不清别人收入多少。

问：村长，一个四口之家，处于什么水平？你介绍村里平均 800～900 元。四口人就 4000～5000 元？

答：这是平均收入数，有几百元的，也有 1000 多的。

问：这是缝纫机，那是包边机？

答：是包边机就是锁边机，也是包缝机。

问：这是电扇？

答：我有四个电扇，其中一个吊扇，在旁边房里，这是睡觉的房子。

问：这是电视？

答：这是给别人修的，我有黑白电视。这是收录机。

问：其他电器呢？

答：有洗衣机。还有小收音机一台，有一辆机动三轮。

问：几间房？

答：这是 4 间，那边还有 4 间，共 8 间房。

【计划生育和家具】

问：到门市上看看。你们还想要第三个孩子吗？

答：已做绝育手术了，不要了。女方做的，农村一般女方做。

问：如果让你生，你还想要吗？

答：让要也不要了，开支多，负担大，想要也不能再要了，儿女双全的一般都不要了。

问：如果是两个女儿还想要吗？

答：估计还得要，农村现在还有封建思想，如果两个女儿，肯定还会要。

问：不考虑负担吧？

答：考虑是考虑，肯定还要。不过这几年比前几年好多了，有一个儿子就行了。

问：如果第一个是儿子还要第二个孩子吗？

答：要。要个给孩子做伴的。农村普遍是两个人。如果只有一个孩子，将来他们会负担 4 个老人。

问：你们结婚的时候花多少钱？

答：700～800 元。也没买什么，买了一个写字台，一个立柜，一个门桌，有一辆自行车，一台缝纫机。

问：现在有几辆自行车？

答：两辆。

问：你家大件值钱的是什么东西？

答：有个热水器，最大的机动三轮车。花了 4000 元。

问：不买三轮车可以买彩电了吧？当然不如这更有用？

答：对，用处大了。我们不用买彩电，有看的。

问：你感到最受限制的是什么？

答：很多。一个是家庭状况，家里人不愿让开车，开车危险。

问：在农业生产技术改变以后，很多地方与过去不一样了，刚才说大嫂一年干十来天农活，你一年干多少？

答：一年干一个月。她平时也不大干农活，收秋和收麦时很忙，她帮着干，平常她不管。

问：现在种棒子怎么除草？

答：都用除草剂。玉米和小麦打一次药就行了。

问：玉米和小麦用的药品种相同吗？

答：不同。都用除草剂。

问：没有人工除草的任务了？

答：有的地方还有，像今年有的地里的虫用药杀不下去，得人工除。

【土地灌溉和机井管理】

问：灌溉呢？

答：自己干。每到浇地时推着浇，浇完了他的浇你的，他的浇完了浇我的，轮着浇。

问：为什么轮着浇？

答：因为一块地里只有一眼机井，没有次序不行。

问：全村共有多少机井？

答：29 眼机井。平均 40～50 亩或 60～70 亩一眼。

问：自己有水泵吗？

答：自己没有，都是集体的，生产队合买的。

问：全村有多少水泵？

答：现在是浅水井，一眼井一台泵，都是固定的。

问：有活动水泵吗？

答：没有。

问：解放前用水车？

答：用水车的时候有，现在水车也没了。

问：是自己打机井吗？

答：自己打不了，都是大家出钱集体打井。

问：水泵也是大家出钱买？

答：是。

问：按顺序浇地是大家商量的吗？

答：抓阄，谁抓到一号谁先浇。按抓阄的顺序，还有一种办法是推着浇，先从边上开始。

问：哪种办法好？

答：大部分是推着浇，不影响别人，抓阄的办法比较乱，因为抓到的号不一定地都挨着。

问：浇地是大家商量的？

答：现在分小组，10 户为一组，10 户商量的，如果一组是 8 户，8 户商量。过去以小队为单位浇，没队了，就分成了组，一个组一眼井。

问：过去是 5 个小队？

答：最早是 7 个，以后又是 5 个小队了。

问：小队是怎么分的？

答：按片分的。

问：小组呢？

答：也按居住片分，按户分。一眼机井周围有多少户，这些户为一个组。在生产小队的基础上分组，又以井为中心，一眼井能浇 50 亩地，这 50 亩地属于多少户，是这么分的，大队给分的组。

问：小组是自愿结合的吗？

答：个别的是自愿结合的，基本上是用井周围的户组成的小组。

问：当时考虑是为浇地方便分的组吗？

答：是。土地承包以后，大单位不好管理，一片组成一个组，有什么事情好商量。

问：有小组长吗？

答：不是固定的，轮流当。

问：这种生产方式，你适应了吗？

答：基本适应了，不适应也不行。

问：现在的生产方式与过去比你认为好吗？

答：有利有弊。从个人讲方便点，不利的方面是管理上有些漏洞，如机井坏了，人出不齐，就不好办。再有就是有个别户自己耕种，影响了别人。

问：个人耕种为什么影响别人？

答：如这块地正好在中间，我自己有车，自己种，这样就影响了两边的户集体耕种，对集体耕种不利。

问：两边这些户不能用机器种吗？

答：也能，但会轧地头，就会出现麻烦事了。

问：用机井浇地交钱吗？

答：交钱。电费和机器的磨损费，户里交，如浇水用了 500 元，共十户，按地平均分。像我四五亩地浇一次交 30 元。

问：还交机器维修费？

答：维修费有限，机器不坏不交。

问：承包以后不利的方面还有吗？

答：主要是这些。

问：到你们院里看看去，照张相。

答：好的。

郝秋福（74 岁）

时　　间：1994 年 12 月 25 日上午

访问者：张　思
译　者：王　键
访问场所：郝国顺家

【家族、亲戚】

问：你的名字？

答：郝秋福。

问：你今年多大岁数？

答：74 岁，属鸡的。

问：你父亲叫什么名字？

答：郝黑小，号老六。

问：姓郝的多吗？

答：在村里不少。

问：你家的住址在哪里？（指村图）

答：我叔叔叫郝顺成。他们住在这边。

问：你父亲哪年去世？

答：74 岁时死的。

问：你父亲有几个兄弟？

答：就两个。

问：你叔叔还在吗？

答：不在了。

问：你父亲哪年生呢？你父亲多大岁数时有的你？

答：说不准。他属羊的，20 多岁有了我。

问：你叔叔属什么？

答：属狗。

问：你知道郝白子吧？

答：知道。

问：他家的事你知道吗？

答：他家过得不错，他有个弟弟叫混子。

问：他弟弟死后，弟媳改嫁了，书里写着，他弟弟的女儿在分家时又要了些财产，当时村里允许这样做吗？

答：那时不允许。白子没有娶过媳妇，没有孩子。

问：他弟弟结过婚，有个女儿。

答：他还有个弟弟叫横子，也结婚了，生了一个女儿，他的闺女还有，在朱家庄。白子弟媳姓王。

问：郝白子有几个兄弟？

答：原来三个，死了一个，还有两个。

问：白子的弟弟死的早，女儿要分家产，不允许，她打官司到县里，最后判给她一部分财产。

答：以前，女的不分家产，不知道这事是怎么回事。闺女吃喝分衣服都行，家产不允许分走，现在有倒插门的，女方可以继承家产。

问：郝黑小住在哪里？

答：这就是（指村图）。郝里东，郝顺成，狗头都在这里。

问：狗头与你是什么关系？

答：弟兄，是"当子"弟兄，比我大得多。

问：你们兄弟几人？

答：三个，两个弟弟都死了。我是老大。

问：你弟弟叫什么？

答：大弟叫郝连福，他比我小两岁，他属猪的，已死去 20 年了。二弟叫郝福深，他属虎，比我小 4 岁。

问：比你小 5 岁。他什么时候死的？

答：十来年了。

问：你有姐妹吗？

答：有个姐姐很小就死了。

问：你姐姐叫什么？

答：姜子，她 10 岁死的。那时我七八岁，还记不清呢。

问：有妹妹吗？

答：没有。

【结婚和子女】

问：你有几个孩子？

答：一个闺女，要了一个儿子。

问：要的谁家的孩子？

答：段各庄的。

问：他家与你什么关系？

答：没有关系，那年生活苦，他家养不起了，他家孩子多，给了我一个。

问：认识吗？

答：不认识，别人介绍的。

问：哪年要的？

答：1960 年，那年生活困难。人们正受苦呢，我听说苏联要债，还苏联债。

问：你的孩子多大？

答：当时两岁多。现在 30 多岁，也属狗，36 岁。

问：叫什么名字？

答：郝同和。

问：你女儿叫什么？

答：郝姐。

问：她多大了？

答：50 多岁，属猴的。

问：你老伴身体好吗？

答：好。

问：你老伴叫什么名字？

答：肖海妮。

问：多大岁数？

答：比我小 2 岁，属猪的。

问：你老伴是哪村人？

答：北张村人。

问：你多大岁数结婚？

答：我 17 岁，她 15 岁。日本过来的那年，正慌乱呢。

【解放前的家计】

问：日本人在时你家有多少地？

答：没什么地，只有 2 亩坟地。

问：埋人了吗？

答：没有，当给人啦，北关王老乐家要了。他是大地主，这村的地大部分都给王老乐了。

问：你父亲这里有 3 亩地，这是什么地？

答：大概就是坟地。

问：这还有 5 亩，旁边是李老耕和郝老本。

答：这是我们平分时分的地主的地，八路军来后分的地。

问：解放前这地是谁的？

答：李老耕的地，郝老本也没地。

问：李老耕是富农吗？

答：栾城城里的富农。

问：跟郝顺成连着的这块地是坟地呀？两亩地？

答：是。卖给王老乐了，平分时又给我了。

问：日本来时你有多少地？

答：那时没地，平分土地后才有。当时我家最苦了。我这姐妹三，叔家也姐妹三，苦得很。

问：没地生活怎么办？

答：当小工，推小车挣点钱，顾生活。

问：你父亲干什么？

答：他在城里当棉花经纪人，为买卖双方做中间人。

问：干了多久？

答：时间不短，日本过来，一解放就不行啦。不兴做买卖了就不行了，日本在时还行。

问：你干过吗？

答：我跟着他们跑过。

问：买卖棉花是这么商量吗？一手拿着棉花，一手这样讲价钱，一个说行，一个说不合适。

答：不是，卖牲口是这样，一摸一摸的在袖口里藏着，买卖棉花不用，是公开的讲价钱。现在卖牲口还是不说，暗底下讲价钱。

问：你跟着干了多长时间？

答：十年八年的，有时送棉花。

问：做经纪人收入够用吗？

答：不够，家里还有几亩地。

问：除坟地外还有地？

答：平分土地后还种王老乐的地，他不敢来了。

问：平分地以后有多少地？

答：一人3亩地。

问：你家几口人？有你两个弟弟，你母亲也分地了吗？

答：分地时还有我母亲、父亲呢，日本过来时他们还在。都有地。

问：你结婚后分家了吗？

答：日本没来时我叔叔与我父亲分了家。我与我父亲还没分家。

问：你什么时候与你父亲分的家？

答：解放后分的家。

【捎地】

问：刚才说捎地，谁的？

答：王赞周的地。

问：几亩？

答：10亩。

问：别人的地有吗？

答：我姥姥家也是本村，也有三四亩地，是王老乐（王赞周）的，我也种着。

问：种的地收入一半归你一半归王老乐吧？

答：一亩地收200斤粮，他100斤，种地的100斤。

问：剩下的呢？

答：如收300斤，那100斤给捎地的主，他一般不要。

问：这叫捎地吗？

答：种地主的地，讲定一亩收200斤，如收了300斤多余的地主也不要，只要100斤，他不多要。

问：别人家也这样吗？

答：有的是活的，不包，收获两家分，即平分。

问：你家的是包地？

答：是。我们是包地。不包活的对半分。我们种王赞周的地是死的，如种棉花，一亩地收40斤，每家分20斤。如一亩地收了60斤，多余的他们不要，还是要20斤。

问：你种的什么庄稼？

答：种棉花多，也种谷子。

问：那时的麦子一亩地打多少？

答：一亩地收不了200斤麦子，没有肥。

问：谷子呢？

答：打200斤。当时包庄稼都按200斤说。

问：过去100斤与现在的斤重量一样吗？

答：过去一斤16两。秤不一样，斤的重量一样，两不一样。

问：你是苦户，富户打多少斤粮食？

答：富户一亩地收300麦子，谷子300～400斤。那时我们苦，我当壮工，给人家打坯，日本人给我照了好几次相，带走了。在地里浇园，没有水车。

问：给别人干吗？

答：是。

问：浇园，浇一亩地给多少钱？

答：按壮工说，我给王老乐种的几亩地没有水车，得自己浇园，人家有的户有水车浇地。

问：现在还有水车吗？

答：没有了，都砸了。前几年还有。我自己家没有地，得给人家干活，有地也是捎的地，我就是这样过的。

问：你在村里算什么水平？

答：苦户，刚能糊口。

问："土改"时你家什么成分？

答：贫农。这村没有很富的户，只有几户富农，如在别的村连富农都到不了。张仲寅算村的富户。

【张仲寅的家计】

问：他也给人家捎地。

答：他地多，也给人家捎点地。那时他家不一定有 100 亩地。

问：张仲寅这 100 亩地中有多少捎地？

答：日本过来时，他卖的地也不少。日本过来后他兄弟在城里宪兵队干。张仲寅的媳妇死了，后来娶的这个媳妇是丹醮的，也有财产。我记得日本人过来他的日子好过了。日本人没过来时他的日子也不强。

问：为什么日本来后他的日子好啦？

答：以前他的媳妇死了，后又娶的媳妇，沾了媳妇的光，媳妇家有个弟弟在城里干公事，家里过得不错。

问：日本在时张仲寅的父亲还在吗？

答：解放的时候死了。

【现在的家计】

问：平时你还干家里的活吗？

答：干。家里也没什么活，我同儿子分家了，因同儿媳妇和不来，就俺老两口种着 3 亩地。

问：村里给耕地？你给村里钱？

答：村里给耕地，给钱。

问：村里对老人有照顾吗？

答：对五保户有照顾，有后代的村里不照顾，儿女们不好看。咱们村里不太富裕，都是儿女照顾。

问：村里有五保户吗？

答：一户。

问：你种 3 亩地忙过来了吗？

答：行。我身体好，儿子们也帮点忙。吃饭分着，有活儿子们还帮助干。有两个外甥也帮着做活。

问：解放前有使用牲口相互帮忙的事吗？

答：没有。借别人的牲口使用的时候也有。

问：使用拖拉机的费用谁交？

答：我自己交。买化肥，耕、种、浇、施肥都是我个人负担。

问：一年拿多少钱？

答：平时我还干点小买卖。过年时兴贴天地画我到市上去卖，赚点钱。本钱小。

问：你自己会剪吗？

答：从别处贩来的，从京北和尚和庄两个村买回来，再到集市上去卖。用 1 毛钱买的，可以卖到 1.5 毛或 2 毛，赚 5 分或 1 毛。

问：到哪里去卖？

答：到城里集市上或村里都行。

问：你现在的生活怎样？

答：够用，还剩点，省着花。

问：做小买卖赚多少钱？

答：不常干，农忙时还得种地。春天在地里种点小葱，也卖掉，卖点菜。冬天卖天地、灶马。

问：有小动物一类的剪纸吗？

答：有时也有。

问：现在还有吗？

答：有的户有，京北用毛草纸印的，再上色。

问：这里有灶王爷吗？

答：天地、灶王算神货，财神、夜叉在街里吊，过年看着新鲜。我们这里叫财神，城西叫夜叉。

问：收的粮食卖吗？

答：留足吃的，缴完公粮，多余的就卖掉。小麦卖的不多，玉米大部分都卖掉。

问：一年收入多少钱？够村的平均数吧？

答：今年玉米卖 1000 元，每斤 7 毛。

问：卖给谁？

答：卖给私人，华药也收。

问：国家的价钱多少？

答：一样。私人收购的也交给华药，有车的到市上去卖。华药（石家庄华北制药厂）收购 0.78 元，人家赚几分。没车的 0.68 ~ 0.69 元卖给私人。

【日本军、便衣队】

问：日本军来过这村吗？做过什么坏事没有？

答：日本人来后没有打人，给小孩子糖，后来日本人打人是因中国的便衣队，便衣队打几枪就跑了，日本人打老百姓。

问：便衣队是谁？

答：便衣队就是中国的军队，他们脱了军装换上老百姓的衣服。便衣队打日本人，日本人急了打中国的老百姓，就这样不好，打日本人打不过就穿老百姓的衣服。

问：是八路军的人吗？

答：不是，是国民党军队，冒充八路军。后来八路军过来也有穿便衣的，这是以后。日本人过来时还没有八路军呢。蒋介石国民党的军队，让老百姓给他们做饭，做得不好，把锅都踹了，这是国民党办的事。

【八 路 军】

问：日军在时你们听说过八路军的事吗？

答：没听说过。

问：八路军什么时候来的？

答：日本军走的时候才来。

问：你见过吗？

答：见过。日本快投降的时候八路军就多了。栾城县没有，藁城县八路军有大批队伍。

问：日本人在时，咱村秘密来过八路军吗？

答：穿便衣的"模范班"来过。日本军不在时八路军就来啦。

问：模范班是怎么回事？

答：穿便衣的，来村催粮。这是八路军，当时的村长，城里来了挡城里，八路来了挡八路军，两头挡。

问：村长倾向谁？

答：谁来了挡谁，庄稼人谁来了应对谁，庄稼人是墙头草，谁来了就向谁倒，都拿着枪很横。

问：你见过"模范班"吗？

答：见过在街里要粮的、要钱的。

问：是八路军吗？

答：是八路，不是日本人也不是国民党。

问：他们白天还是晚上来？

答：傍晚来。白天不来，夜里来做工作。

问：你认识他们吗？

答：不认识，俺村有个人叫张顾，干的早，是八路，日本人在城里时他就干了。后来犯错误了也回来了。没在这村住过，在他岳父家住。在豆妞庄。

问：是你听说他当八路吗？

答：听说的。

问：别人知道他吗？

答：不知道，他不说别人怎知道。他娘死在这村啦，他还给他娘来上坟。他娘曾改嫁到小城。

问：这人还在吗？

答：他不住在这个村，没见过。如不犯错误，当县长没问题，他们都是高粱地的干部，在高粱地里办公，很不容易。

问：村里其他人也知道有八路吗？

答：都是秘密的，知道也不敢说，没人敢说。

问：为什么不敢说？怕日本人知道？

答：说出来就暴露了，有生命危险。

问：八路军到这里来还做工作吗？

答：只是要点什么，城里还没解放。城里解放了，大批干部就下来啦，干工作。

问：日本人经常来吗？

答：不经常来。日本人少，不怎么下村。

问：伪军呢？

答：皇协军经常来，要东西。

【井户、水车】

问：解放前有借井浇地的吗？

答：有。我家坟地有井，郝白子没井，用我的井浇地。他有水车，我没有，我也借他的水车用。有时候他使我的井用水车浇地，他浇完地就把水车拆走了，不让我用他的水车，为这个我们吵过。

问：他使你的井要钱吗？

答：不要钱，互相支援。你有井没车，他有车没井，关系好的时候互相用，关系不好，就都不让使了。

问：你家没水车怎么浇地？

答：用辘轳浇地，一天只能浇一亩地。

问：这叫浇园？

答：用水车也是浇园，不过快，用辘轳浇园慢，一个人浇，一个人看水，得两个人。

【水井水车】

问：借过别的水车用吗？

答：借过。

问：借谁家的？

答：邻居家。离我家地近，离白子家住的不近。

问：都借谁家的水车？

答：因为与白子家吵架，他不用我的井了，我也不用他的水车。

问：那他借谁家的井用？

答：别人家没有井，他当旱地种，下雨就种，能种什么种什么。

问：你以后借谁的水车用？

答：借西头我舅舅家的水车，西头也有个白子。村里有两个白子，那个白子岁数小，这个岁数大。那个白子姓赵。

问：水车能挪动？

答：能挪动，水车大轮 200 多斤。大的轮子 500 斤，我年轻时经常抬水车轮子。过去井水，大口井多。

问：没井怎么浇地？

答：凭天下雨。旱地多，粮食收的少。肥也少，现在施化肥，美国二氨。

问：合伙打井的多吗？

答：有。我家的井是与我叔叔合打的。一个人打不起，一般是本家人共同打井，因为地都挨着，浇地方便。

问：不是亲戚的有合伙打的吗？

答：有，地都挨着，有十亩八亩地打一眼井。

问：多少地打一口井？

答：情况不一，经济条件许可的一亩地也有打井的。穷人打不起。

问：城东伙井有吗？

答：也一样。

【劳动互助、农具共用】

问：工换工的事有吗？

答：有。家里缺人，收割麦子需要找人帮忙。又如你家男的多，他家女的多，男的可帮助干农活，女的帮男的家做衣服。土改以后有互助组，你家有水车，他家没有，合着干活，也是工换工。种地有的不会种，不会用耧，得找别人帮忙，不能白帮忙，就得工换工，各村都有。

问：你过去种地找别人吗？

答：不找别人，自己种，有时还得给别人干，打短工挣一毛两毛的。

问：你家有牲口吗？

答：养一头小驴。

问：驴拉耩子行吗？

答：驴拉不动，两个人帮着拉，就是犁地。

问：有耧吗？

答：有，专门种地用的。

问：耕地连播种的东西有吗？

答：耕地叫犁，播种叫耧。两种不能一起用。

问：你家有犁和耧吗？

答：有犁没耕耧，借别人的耧用，都让用，不用给东西，乡亲不讲客气，当时耧少，大车也少。

问：没有大车吗？

答：没有。我不用大车，都是用独轮小车，一般不借大车。

问：你借别人的牲口吗？

答：不借。小驴耧地行。

问：有借你的牲口的吗？

答：有。两个小驴凑到一起耕地，不用人帮了。这叫搭伙计，互相帮忙。

问：日本人在时搭伙的多吗？

答：多。解放后就是互助组合作社了。

问：与互助组一样吗？

答：不一样，互助组是有组织的，搭伙是自发的。

问：有三五家一起搭秋的吗？

答：一般两家，没有更多的。

问：除农活，干别的活也搭伙吗？

答：一样。

问：收庄稼呢？

答：自己收自己的，不用搭伙了。

问：搭伙的是总在一起吗？

答：耕地的事，时间不长，三五天。农忙的时候兄弟之间可以帮忙，也有这种情况。

问：连续几年的有吗？

答：兄弟之间时间长，邻家搭伙的时间少。

问：乡亲们有吗？

答：少。遇到事可能搭伙。

问：长时间的搭伙有吗？

答：干一年算一年。兄弟、父子搭伙时间长，其他是有事就搭。富户农具多，穷苦户农具少，搭伙计的多。

问：都有犁的户搭伙计吗？

答：少。搭伙的都是穷户。有牲口的没水车，有水车的没牲口，就搭伙。解放后，供销社贷给水车。

问：这村有多少搭伙的？

答：不多，刚分地时有三家、五家的互助组。

问：解放前有吗？

答：没法统计，肯定有，互相借的有。借犁借耧的不少。

问：有牲口借的吗？

答：有牲口的户占一半，没牲口的借着用，用完了还牲口时给点粮，给点黑豆、玉米。借的时间只有一天半天，我的小驴供给别人挣10斤小米。

问：给什么粮食？

答：给高粱，不给小米和黑豆，这些价钱高。如给小米给20斤，高粱15斤。

问：借牲口什么也不给的有吗？

答：没有。多少给点草料。超不过15斤一天。

问：三四亩地得耩几天？

答：一天半到两天。浇地得一天，大牲口一天耩5亩地。

问：用辘轳浇地怎么浇？

答：有个柳条斗（一斗水相当于一桶水），往上提。

问：用水车浇多少？

答：一天最多浇五六亩地。

问：浇地也用牲口？

答：用牲口拉水车，围着水车转。

问：水车把井里的水提上来，放在牲口上，是怎样的？

答：水车上有水盘，水斗把水提上来，

流入水盘，再浇地。

问：给我画一下水车和驴的事。

答：好。一个斗盛五升水。

徐小眼（67 岁）

时　　间：1994 年 12 月 25 日上午

访 问 者：张　思

访问场所：徐小眼家

【家族】

问：你姓徐？叫徐小眼？

答：对。

问：你还有别的名字吗？

答：没有。

问：有小名吗？

答：有个小名，没人叫。叫梦云，一般谁也不知道。

问：你今年多大？

答：67 岁，属大龙。

问：现任村长是你的什么？

答：我侄子，叫徐玉身。

问：你有几个兄弟？

答：弟兄 4 个，我是老三，玉身是二哥的。

问：你父亲弟兄几个？

答：5 个。

问：你父亲叫徐什么？

答：号叫徐老生。这图上没有他，那时他已没了，有我大哥的名字，大哥叫徐晚。

问：你父亲已死了？

答：日本人来的那年死的。我父亲死后日本过来的。

问：你大哥比你大多少？

答：大 30 岁。

问：徐玉身是你二哥的孩子？你是老三？

答：对。还有个弟弟。

问：你弟弟还在吗？

答：在。

问：你大哥还在吗？

答：大哥不在了。

问：你家的户主是你大哥吧？

答：对。

问：你二哥还在吗？

答：也不在了。

问：你弟弟的身体怎样？

答：很好。

问：日本人在时你多大岁数？

答：十六七岁。我 18 岁时日本投降的。

问：日本投降的事你记得吧？

答：记得。

问：解放前你家多少地？

答：三四亩地。

问：是你兄弟 4 人的吗？

答：是。

问：你们分家了吗？

答：日本人在时还没有分家，我和我弟弟都小。

问：你二哥什么时候结婚？

答：解放以后。

问：你大哥有 40 岁了？

答：是。

【解放前的家计】

问：你租别人的地种吗？

答：没有。

问：这 3 亩地够吃吗？

答：不够吃！给别人打工。

问：给本村人打工还是给外村人？

答：我出过村。我弟弟在本村。

问：你从多大岁数打工？

答：时间长了，十三四岁就给别人干活，混饭吃。

问：长工还是短工？

答：我 14 岁干长工，工钱很少。这时在本村，十五六岁时才出本村。

问：给本村谁家打工？

答：西边赵家。

问：赵家是富户吗？

答：他家也不富，种了几亩地是给别人捎的地。俺村城里的地多，俺村的地卖给城里啦，但他不能种，我们村的人还种着，秋后给他多少粮食。这村没有地主。俺村的富户到了好村还够不上中农呢。俺村穷、苦。

问：比周围的村苦吧？

答：比哪个村都差。

问：有句顺口溜叫"米饭汤子灌死人"？

答：有。"有闺女不来柴村寻（嫁），寻了柴村米饭汤灌死人，糖饼子噎死人，辘轳把儿拧死人"。

问：你家的地在哪个方向？

答：村的西北角。

问：看到了。徐晚这儿有二亩地，旁边是徐得的地，那边是徐黑蛋的地。还有其他地吗？

答：就这一块地。

问：地图上写的是二亩？

答：对，就是这点地。

问：你家有捎地吗？

答：日本没来的那时候给别人种着点地。日本人来了就不敢种了。我父亲也没啦，就不种了。

问：为什么不种了？

答：是人家的地我们就不要了。

问：这上边写着，你哥哥叫徐晚，71 号。你家的番号是 71 号，保甲是 8－1 号，干农活，是老户。那时你爷爷还在？

答：不在了。

问：你父亲那辈兄弟 5 人，分家的时候是 5.5 亩地，男工，女工，你母亲还在吗？

答：在。

问：另一位女的是谁？你哥哥结婚了？

答：没有。另一个女的是我的姐妹吧。

问：你兄弟几人？4 人？

答：对，有一个妹妹，妹妹是最小的。

问：你妹妹叫什么？

答：徐莲。

问：日本人调查时这上边有你的名字：三弟徐小眼。你家与城里警察什么关系？

答：我二哥当警察。

问：干了多长时间？

答：2 年。日本投降以后就不干了。

问：你二哥什么时候过去的？

答：时间不长，死四五年了。

问：这 2 亩地是你家的吗？

答：是。没有租别人的地。

问：你家的日子？

答：够呛，很紧张。

问：有农具和牲口吗？

答：没有。过去我们种别人家几十亩地，有头大牲口。日本过来时国民党退的时候出关车送兵，我二哥去的，到南边以后把牲口丢在外面回不来啦，只有二哥回来了，牲口被人家抢了，再买牲口也买不起啦，把地也扔啦。

问：你家原来有骡子？

答：是。

【家畜和农具的借贷】

问：你家没牲口种地怎么办？

答：借当家子的牲口用。

问：好借吗？

答：只要借就让用。估计不借给的户我们也不找。我父亲他们弟兄 5 个，借谁的都行。

问：有固定的吗？

答：不固定借谁的牲口。

问：有农具吗？

答：没有。也是借当家子的用。

问：借完牲口还给料吗？

答：不给。当家子不用给，我们也没有，他们也不要。

问：郝秋福讲借牲口得给点料？

答：有给的，也有不给的。有要的，也有不要的。要的不是当家子，是乡亲，当家子都不要。什么人都有。

问：这村没牲口的有多少？

答：那时候多啦。

问：不用牲口能耕地吗？

答：没牲口不行。

问：都是借吗？

答：是。我们这个村地少，地多就养牲口了。有三亩二亩地喂不起，也不需要喂一头牲口。

问：为什么喂不起？

答：人还不够吃，哪有草料喂牲口？

问：牲口都吃什么？

答：高粱、豆子、玉米。豆子好，吃了豆子牲口壮。

问：有牲口搭伙的吗？

答：有。如你有一头毛驴，我有一头毛驴，一头牲口拉犁拉不动，得两头牲口，这样两头牲口凑到一起，耕了你的耕我的。

问：耕地时一头驴好，还是两驴好？

答：两头驴好。拉得轻走得快，耕得也快也好，耕得也越深越好，拉得慢了土翻不过去。

问：这种办法叫什么？

答：搭伙计。

问：你家这么干过吗？

答：没有。

问：你要借是借大牲口吗？

答：对，大牲口拉犁拉得动，小牲口拉不动。

问：搭伙计的有大牲口吗？

答：有。骡子再挂个驴。

问：一头骡子不是够了吗？为什么还挂？

答：挂上驴骡子省点劲，耕地耕得好，耕得深耕得透。现在拖拉机耕的地就好。

问：村里有多少户搭伙干？

答：有几户。这村地少，有三五亩地喂不起牲口，有的喂头牲口也是小牲口，只有采取这种办法，我们村 30～50 亩地的户就算好的了。这村临城近，把地都卖给城里了。生活紧少吃缺穿，没办法只有卖地。

问：我想找一家过去搭伙计的，了解他们怎么干的。

答：这种人可能不在了，图上的人名 90% 人都没有了。70 岁以上还有不少。

问：其他 70 多岁，记忆力好的还有谁？

答：咱们这个队，有五六个，东头西头弄不清。过去村不大，现在发展了村大起来。

问：这是压面机？

答：压面条吃，不少人家有，100 多元，当时我买 70 多元。

问：听说过去牲口有伙着喂，您见过吗？

答：解放后，我们和人家伙着喂一头牲口；解放前也有。

问：怎么伙着喂？

答：不一样，有的固定一家，另一家给料；有的分开，你喂几天我喂几天。咱村不多。

问：像这种我家没有牲口，借您家的牲口去耕地干活的，有没有？

答：有，这叫工换工，我用你牲口，我给你去干活；还有我干的活你们给 100 元，我要 80 元，你给我干一天活。干活带点地。

问：工换工的两家是什么关系？

答：关系不错，互相帮助，不是斤斤计较的。不是我使用你的牲口我一定要给你干活的。

问：搭伙计，人和牲口一起来吗？

答：一块来。你帮我干完，我帮你干。

问：工换工，借你的牲口，人来不来？

答：那就不一定，如我能使就不来了，如我使不了那就来。

问：有没有这样，今天我帮你几天，你帮我干几天？

答：搭伙计就有，叫帮助，不是工换工。帮忙什么活也有，有农活，有盖房子。帮忙就不说多少了。

工换工是你家有活干不了，我给你去干，我的活你来干，不一定是农活。

帮忙是你给我干一天，我给你干两天，不计多少。

问：这两种哪一种关系近？

答：帮忙的关系近，通常关系好。工换工的在本村并不多，两家也是不错的。

工换工，大多数是农活。

问：工换工还有什么？

答：耕地、收割、种地也有。

问：如我用你们农具，还要换工吗？

答：不用了。

问：借牲口呢？

答：借牲口也没有。两家都是不错的，才向你借呢。

问：借牲口，给草料是什么呢？

答：我借了你牲口过意不去，给你的牲口料吃吃。如果不要就算了。这不叫工换工。

问：我借你的牲口，我给你干活，这叫不叫工换工？

答：也可叫，也可不叫。真正的工换工，你给我干多少，我给你干多少。

问：搭伙计，你和我的土地不一样，怎么办？

答：有的，不说吃亏占光了，也差不了多少，也说不清。亲戚、朋友、邻居都可以。地在一块，而我们两家不住在一起，也有搭

伙计的。

问：周围几个村有没有搭伙计的？

答：都有，有叫搭伙计，有叫工换工。

问：叫搭伙也行吧？

答：咱们这儿叫搭知道，叫搭具就弄不清了。

问：收割时也搞搭伙计吗？

答：也有，两家割麦子，割了需要帮，你帮我，我帮你。

问：穷和富在一起搭伙计有没有？

答：人家有，还和你穷的搭什么伙计！这样就被伤了。被伤我是吃亏了。

问：本村和外村搭伙计有没有？

答：除亲戚外，一般没有，主要是不方便。

问：搭伙计多长时间？

答：是农忙时有，到明年再商量。一般是一年半年，没有定几年。两家好下年再定。明年伙干不伙干还不知道呢。

问：什么时候商量？

答：到春耕的时候，干活的时候才商量。说一说就行了。搭伙计前无须吃一顿。

问：如果没有事，能干长吧？

答：没有长的，原来我人少，现在人多了，也可能我干别的事，添了牲口了，就不需要了。定死了不可能。地都差不多，都是按人头分的。

问：解放前，村里土地变化大不大？

答：变化大，如孩子多，地里收得少，而我地里收得好，我没有钱花，要卖点地，这样不就差开了吗。所以，解放前，哪一年都有卖地的。

问：搭伙计不长还有什么原因？

答：搭伙计就是不长。干得好的长一点也有，换的也不多。

问：有没有同时找两家的？

答：也有，但少。这是搭伙一两天。

问：有没有闹翻的？

答：也有。

问：想找找不到的也有吧，好找不好找？

答：一般能找到。

问：有没有抢的，好几家打一家的？

答：也有。

问：你找我，我不想给你干怎么办？

答：不想干就不干吧。

问：干一半不干的有没有？（以下回答的声音太低）

答：也有，吵架不干了。一般好坏干到秋收。

问：有三家在一起吗？

答：也有，三四家在一起，麦收忙而搭伙，耕地没有。

问：种麦子只耕地吗？

答：耕完后平，平后再种。明铁耙子平，无须压。播了种后，需要耙一下。种完后要浇水。

（以下声音太低，听不清）

问：村里搭伙的有多少户？

答：没有多少户，有这事。

问：一般怎么干农活？

答：自己干自己的。

问：牲口怎么办？解放前？

答：那时搭伙的也不多，自己干自己的活。

问：怎么干活呀？

答：一户两亩地，使用辘轳，有桶，向上提。耕地人耕，我一般不找牲口，一家几口人挖犁耕地。

问：人耕的有多少户？

答：不多，多数牲口耕。

问：搭伙计的有多少户？

答：不多，家里一般都有小毛驴配个人，凑合着就干了。

问：很费劲吧？

答：很费劲，捉犁的即掌犁人还推着。

问：搭伙快点吧？

答：快点，因为两头牲口拉着。

问：那为什么不这么干呀？

答：有吃亏沾光的矛盾，还不如自己费点劲干，其他原因没有。

问：你家地里有井吗？

答：有。

问：有用你家井浇地的吗？

答：有几家合打井的。我有 3 亩，你有 5 亩，他还有几亩，十来亩地合打一眼井。不是三亩一井五亩一井，富户三四十亩自己打一眼井，苦户几家一眼井。

问：大家出钱一样吗？

答：按地的多少出钱。

问：井放在地多的人家吗？

答：看地形，放在适中的地方，我有 2 亩地，你有 8 亩地，可 2 亩地的地形高，就放在 2 亩这家的地里了。

问：地高挖的井就深了？

答：高也只有几公分，高不太多。

问：几家合打一井？

答：两三户。

问：喝水井怎么办？

答：喝水的井放在街里，有的在村中间，有钱的户自己有打井的。大家都吃他家的井水。

问：用谢他吗？

答：不用谢。

问：伙着打的井，如果卖地，这井属于谁？

答：谁买了地就是谁的。

问：三户一眼先浇谁的地？

答：大家商量。过去种的不一样，有该浇的有不该浇的，与现在都种同一样品种不同，过去种谷、高粱、棉花都有，浇的时间不同。

问：郝秋福说有借水车的？

答：你的水车不用，我个人借着浇地，这事多着呢，也不用换工。

问：其他村用换工吗？

答：借水车不换工。

问：有水车的户多吗？

答：不少，种十来亩地的户就有水车。

问：买辆水车贵吗？

答：按粮食说不少，按小米算，一年 16 斤，一元钱上下，一毛钱一斤，买水车得几百斤小米。

问：按钱算呢？

答：得 80～100 块现洋。

问：比驴贵吗？

答：差不多。

问：一亩地用辘轳浇几天？

答：一个人浇得好几天，两人浇还快点。辘轳有两种：一种是桶上来又下去，一个桶；一种是两个桶，这个上去啦那个下来啦。后边这个快。

问：水桶绞上来倒到地里去吗？

答：水桶上来就地倒，有水渠。

问：一个桶的辘轳浇一亩地用多长时间？

答：两三天。两个桶的浇两天。水车能一天浇两亩。

问：几个人看着？

答：不用看。一个人看水流到那里，叫看畦。一个畦一个畦的浇地，一个人看着到时候改水道。

问：用辘轳浇地得几个人？

答：两个人，一个人浇，一个人看畦。

问：水车有好几百斤重？

答：对，有好几件呢，可以拆开抬。

徐军恒（37 岁）

时　　间：1994 年 12 月 27 日上午
访 问 者：张　思
访问场所：徐军恒家

【家族和少年时代】

问：你今年多大年纪？

答：周岁 37，属鸡，1957 年生。

问：过去有人采访过你吗？

答：我干的时间不长，没有人采访我。

问：你中学在什么地方上的？

答：在岗头中学。

问：毕业以后干什么？

答：一直在家，没有干什么。

问：小学在哪里上的？

答：在本村小学。

问：老师叫什么名字？

答：刘景新，赵三。

问：刚才进来的年轻人是谁？

答：是我弟弟，叫徐军波，今年 24 岁，属狗。

问：你有几个小孩？

答：有两个女孩，叫徐亚男，徐亚旭。

问：你弟弟有几个孩子？

答：有一个女孩，叫徐琳。（中间录音断，听不见音声）

问：你爱人叫什么名字？多大年纪？

答：朱珍秀，和我一样大，属鸡的，是何庄人。

问：什么时候结婚的？

答：23 岁那年结婚，1981 年。

问：你父亲叫什么名字，多大年纪？

答：叫徐领群，今年 67 岁，属龙。

问：爷爷叫什么？奶奶叫什么？多大年纪？

答：爷爷叫徐喜民，78 岁那年去世的，今年应该是 91 岁，奶奶叫张顺姐，今年 81

岁，还健在。

问：你母亲叫什么名字？

答：叫王俊玲，57 岁，属虎。

问：你爷爷还有名字吗？

答：叫徐老仙。

【解放前的家计】

问：过去家里有多少地？

答：有 40 多亩，那时小，记不清了。

问：有捎地种吗？

答：有，还不少，有捎地 40 亩，是捎的裴家的地（县城），那时兄弟一起种。

问：你爷爷哥儿几个？

答：哥儿俩，爷爷的弟弟叫徐物件，哥俩住在徐老七那（指地面）。现在还活着，今年 72 岁。

（以下问徐军恒父亲）

问：徐领群，你兄弟几个？

答：我兄弟 5 个，我是老大，有 3 个妹妹。老二是徐胖，老三徐发子，老四徐东发，老五徐发生，大妹徐珍，二妹徐又珍，三妹徐秀。

问：你和你父亲除了种地，还干什么？

答：就是种地，没干别的。

问：种什么庄稼？

答：谷子、玉米、小麦、棉花，还有山药等。

问：解放前你家生活怎样？

答：不很富裕，但差不多，还可以，因为家里人多。另外，徐物件家有 6 个孩子。

问：你的祖父叫什么名？

答：徐老善，小名叫狗儿，解放以后 76 岁去世了。

问：爷爷哥儿几个？

答：哥儿三个，他是老三。

问：你父亲同叔叔是什么时候分家了？

答：解放以后分的家。

【私塾】

问：你小时上过学吗？

答：在本村上过私塾，读过上下《论语》。

问：老师是谁？

答：本村张老师。

问：你上学时多大年岁？

答：12～13 岁，上了两三年不上了。

问：什么时候干农活的？

答：13 岁就下地干农活，后来不上学，一直干农活。

问：到外地干过活吗？

答：没有。

问：日本人来时你还记得吗？

答：那时小，记不清了。

问："土改"时定的什么成分？

答：上中农。

问：成分对你家有影响吗？

答：没有，我还当过兵呢。

【人民解放军和抗美援朝战争】

问：什么时候当兵的？

答：1949 年春当兵，当了 8 年兵。去过唐山、秦皇岛，然后上朝鲜，村内就去我一个。

问：是什么部队？

答：1967 年，毛主席直属部队。

问：为什么叫你参军？

答：家内弟兄多，我就去了。

问：什么时候去朝鲜，什么兵种？

答：1951 年去朝鲜战场，是炮兵团的通讯员。

问：什么时候从朝鲜回来的？

答：1953 年回来的，那时已经停战。

问：参加过重大战役吗？

答：参加过最大的追击战，其他战役也

参加过。我们炮团离前沿阵地 10～30 里不等。

问：从朝鲜回来去哪？

答：去山东周村，1956 年回到家乡。

问：担任过什么职务？

答：通讯员、通讯班长、副排长，回村后，担任生产队的队长。

【土地改革和合作社】

问：那时村内是合作社吗？

答：已经是高级社了，有 5～7 个小队，我干了 10 多年小队长，一直干到地分了（1984 年）。

问："土改"时，村内上中农多吗？

答：不多，赵歪子家是上中农。

问：本村贫下中农多吗？

答：本村比较穷，贫农、下中农多。

问：你什么时候入党的？

答：1952 年在朝鲜战场，地道里入的党，我那时给营教导员当通信员，是营教导员介绍入党的。

问：平分土地你还记得吗？

答：那时我还小，记不清。

问：你参军时，村长是谁？

答：郝吉祥（小名狼子）。

问：高级社时，村长是谁？

答：徐孟祥。

问：什么时候成立人民公社？

答：1958 年。

问：你在第几小队？

答：第四小队。

问：高级社时村内党员有多少？

答：30 多名党员，具体记不清了。

问：你当生产队长管哪些工作？

答：所有生产上的事都管。

问：高级社麦子产量多少？

答：每亩地 600～700 斤，现在每亩地可以达到 700～800 斤，好的达到 1000 来斤。谷子每亩 300～400 斤。

【农作物收成和化学肥料】

问：什么时候种谷子？

答：麦子收了种谷子，谷子收了种麦子，都在一块地。玉米、谷子 90 天就可以收了。

问：种棉花的地，还可以种别的吗？

答：不种别的。棉花地一年一换茬，老种，地里就长虫子。

问：1960～1970 年，产量和以前比怎么样？

答：差不多，麦子亩产 500～600 斤，谷子亩产 300～400 斤。一直到分地，产量没有多大变化。

问：玉米什么时候大批种的？

答：高级社时，每亩 700～800 斤。解放前种得少。

问：解放前，为什么不种两茬，种一茬？

答：人们不知道，弄不清，不知道科学种田的道理。解放前，也有 60 天就熟的麦种，很少，产量很低，人们都不种。现在 90 天熟的麦种，产量高。高级社时，上级宣传，才开始种两茬。

问：什么时候使用化肥？

答：我回来当队长时已使用化肥，具体什么时候开始的弄不清。

问：那时化肥同现在化肥一样吗？

答：一样，都是尿素，人民公社时开始用硝胺氢胺，都是化肥。

问：现在一亩地用多少化肥？

答：一亩地用 40～50 斤尿素，合作社时才施 20 来斤，如果氢胺一亩地施 100 斤，硝胺只需 30 斤。

问：全村统计数字有吗？

答：有，在大队会计手里。现在氢胺用量还很大，棒子地要 150 斤，麦子地 120 斤。如果用尿素，棒子地 50 斤就行。还有用二胺的，是美国产的，使用量少。

问：化肥价格怎样？

答：二胺每袋 100 斤，约 120 元。一亩地麦子约要 20～30 斤，多了不行，棒子不需要。二胺上底肥用，磷也是底肥，到庄稼长起来后，追肥时用氢胺、尿素。

【承包制】

问：什么时候开始承包的？

答：1980～1982 年就搞口粮田了，那时还有生产小队，各户除了口粮田外，所承包的地要交公粮。1984 年，把地正式分到各户，小队解散了。口粮地也叫消费地，每户每人只有几分地。

问：1984 年分地是否收回口粮田，怎样分法？

答：全部收回，然后按每户人口，每人 1.5 亩地，分到各户。

问：刚分地时，群众干部是怎么想的？

答：刚开始，感到变化大，有的持怀疑态度。到了夏、秋收成时，产量很好，大家感到还是分开好，不吃大锅饭了，真是多劳多得，反对了出工不出力的做法。分了地，产量高了，收入多了。

问：分地了比合作时，为什么产量高了？

答：合作时窝工，有不出力的，另外化肥跟上去了；分田后加强管理责任心，自己种，出力就不一样了。

【副村长的工作】

问：你什么时候当的副村长？以前干什么？

答：当年春天当的副村长，以前是干活的。

问：是党员吗？

答：不是。

问：主要任务是什么？

答：主要负责村内农业技术和农场指导，配合村长干点事。

问：大队有多少台农机？

答：过去有两台拖拉机，一个 28 马力，一个 55 马力，可以耕地，也可以播种。55 马力主要用于耕地。现在大队有两个 55 的，其他农机是个人家的。全村 12 马力的有 200 多台。

问：大队两台 55 马力的拖拉机，负责全村耕地行吗？

答：没有问题，农忙时日夜耕地，保证各家不误农时。

问：耕一亩地，户内给多少钱？

答：耕一亩地 5 元。播种自己管。户里交大队钱够机手的工资，油料和机器损耗的钱。

问：机手干一次拿多少钱？

答：一期活干完，能拿 200 元（10 多天），我 1978 年就当机手，开始挣工分，1984 年开始就拿 200 元，十年不变。

问：有几个机手？

答：一个车两人管，共 4 个机手。

问：队里有收割机吗？

答：去年才有的。一台，也有 4 个人，以前借外村的。

问：收割一亩麦子，收费多少？

答：20 元，过去借外边，收费 30 元。

郝老艳（78 岁）

时　　间：1994 年 12 月 27 日下午
访 问 者：张　思
访问场所：郝老艳家

【农具、农作物产量的变化】

问：互助组时，村里有统计吗？

答：村里有账，入了土地才有，没有入

各管各。现在承包了，各户打多少，也没有准确数。通常是估计数。

问：想了解每家单产，有这样的统计数吗？

答：没有了。公社里的你要多少，可能有，但户产多少，可能没有了。

问：现在的数字哪里来的？

答：估产数。过去小队到秋收时，由大队将小队长召集去，到地里看看，估计一下数字，这就是产量数。说的多要的多，在评议时，小队长估得少，大队就估得多一些。

问：做小队长不容易呀！

答：当时都说大话，上面也没有见过，你说一千，我说一千五，上级按报数要粮，这样社员就挨饿了。上级又不知道，是你多报造成的嘛！

问：人民公社时，你觉得与以前有什么变化？

答：有变化，从前没有电，水斗按在井里，人力推水。后来地里收不上东西了，收的少了。4个人推一水斗，几个人一组，浇一亩地给多少分。

问：解放前两个人一天能浇多少地？

答：一人一天浇一亩多地，两个人浇就多了，快了。那时用辘轳浇，一个人浇的慢，两个人浇的快。

问：水车是不是浇的快？

答：水车浇得快，一天十多亩。

问：小队一天浇多少？

答：那就多了，一个小队十多个水车。

问：十多个水车够用了吗？

答：够用了，到入社时都用水车了。从前是转一圈倒桶水。

问：有几个人看着？

答：一个人看着。

问：你刚才说日本人时是什么车？

答：抽水车，是用链子挂着，转一转将水抽上。从前的大水车少，日本人来了贷给你抽水车，到秋天还给粮食。

问：解放后还用抽水车吗？

答：有，一直用到公社时。使电的用得晚，是在1961年。

问：水车什么时候不用？

答：入社后，换成柴油机带水泵，现在浇地用电了，没人使用那个了。

问：入社一两年，就有柴油机了？

答：是的，有柴油机，就不使用水车了，几分钱一升油，就用柴油机。

问：柴油机属小队还是属大队？

答：小队，各队都有。这个地方穷，你不买就得使用水车，那就受罪了。大队不管，光向小队要。

问：五六个牲口，浇地够不够用？

答：一个水车4个人推，包给你，给你定工分。浇完了给分，浇不完不给分。

问：那时小队有多少柴油机？

答：有三四个。水泵和柴油机是配套的。

问：柴油机光抽水用吗？

答：光抽水用，它又不能干别的。

问：有柴油机浇地就快了？

答：是的，白天和黑夜可浇20多亩。

问："文化大革命"时，一亩地能产多少小麦？

答：那时产量少，"四清"和"文化大革命"在一起。60年代一亩产三四百斤，产量小，没有化肥，就是土肥不顶事，现在是化肥、尿素亩产才多。谷子亩产四五百斤，那时谷子不如其他产物产量，当时天上飞的麻雀多，被它们吃掉不少，所以要除"四害"。一亩地谷子能磨成小米一两百斤。

问：你卸下小队长时，产量有没有增加？

答：增加了，四五百斤、五六百斤。现在才七八百斤。

问：70年代种棒子了吗？亩产多少？

答：种棒子，亩产三四百斤，现在收到千斤。

问：70年代有化肥吗？

答：有，没有钱买。

【解放前的家族和家计】

问：那时做伙计的也叫长工吗？

答：也叫长工。

问：你家有牲口吗？

答：在我父亲时，咱们家不种地，西院哥哥家种着地，所以，不喂牲口了。

问：你哥哥给种地，也是你们分吧？

答：是的，一亩地打200斤，一家100斤，不管种什么，地里收上来一家一半。

问：西家院哥哥叫什么？

答：叫郝老西。

问：郝老洛（音）是你什么？

答：是我二哥哥，郝老宏（音）是我三哥哥。

问：郝老西住在哪里？

答：靠着我那一片，从中间分开的。

问：郝老西住在郝老宏的北面。郝嘉银呢？

答：郝嘉银（音）就是我哥哥，写的小名不是大名。他们是我亲叔叔大伯家的孩子。有的死的早，就没有写他们的名字了。他们是秀成的孩子。

问：你家那时一共14亩地全不种，你父亲干什么？

答：那时姐妹仨，郝苟成、郝宝成、郝物件，弟兄磨面。

问：解放前你们家生活怎么样？

答：生活差不多，和别人相比还可以，我们磨面弄点吃的。

问：郝白子你认识吗？

答：他们有混子、赖子、横子，他们是弟兄四个，住在路南，和郝希林靠着。

问：听说他们解放前家里过的顶不错的。

答：他家不错。

问：郝白子老几？

答：他是老大，有兄弟四人，珍子和他们没有关系。郝珍子他家也没有人，他媳妇走得早，上河南了，跟着别人走了，两个闺女，带走一个，他家没有小子。解放后，他跑走了，他不干正经事。

问：他们都住的近吗？

答：他们没有分家，在一起。

【遗产的纷争】

问：过去日本人写的，和郝珍子有点像，但可能不是他，可能是郝白子家的事。说他弟弟死了。弟弟老婆准备去嫁人，说郝白子的女儿叫香芝，说她要分财产，由于她是女的不能继承财产。

答：她母亲死了，再嫁出去带走香芝（香芝的父亲是赖子）。当时香芝十多岁被带走，后来找人要财产，进城打官司。香芝后来嫁到南芳村。弄兵时，香芝的母亲嫁的这一家有本事，所以闹着要财产，打官司。

郝大兴跟着日本人当皇协军，有一个徐家训是东北人，在这当团长，郝大兴当小队长，所以引起打官司。

问：香芝她妈嫁的这个团长是什么团？

答：是二、七团，二团是郑元恒，七团长杨春艳。他们找郝大兴来搞这件事的。（以上录音的声音小而乱，内容也乱）

问：你刚才说香芝他妈嫁的这个人势力比较大，跟日本人干？

答：他不是跟日本人。日本人占领县城，郝大兴在城里跟日本人干，这样发生矛盾，叫他回来要分财产。

问：郝大兴帮忙了吗？

答：他出面了，是皇协军，给日本人干的。香芝她后爹宝黑在城外，他们是两派。

问：大兴之外，他们家还有人在皇协军中干的吗？

答：没有。

问：大兴他参与进去了吗？

答：他已死了，在打官司时他当然参加了，告就是他告的，他们是两派。

问：财产是赖子的，和郝大兴有什么关系？

答：赖子死了，她回来分他的财产，不给她，所以找了郝大兴。

问：材料上说香芝打赢了，给了她点钱。

答：给了她点钱。

问：您记得当时官司的结果如何？

答：后来就没听说了。你问问别人知不知道。我和大兴不错，所以我知道一点。

问：当时白子不想给，香芝想要600元，3石谷子，100斤棉花，还有棒子和箱子，不知道给没给？

答：没给。

问：最后说要田16亩，要钱1000元，最后说给了她970元。

答：给钱了。

问：郝大兴是皇协军，为什么没有把官司打赢呢？

答：他当小队长，为什么找郝大兴，因为白子，混子、赖子、横子人家没有分家，赖子一死，香芝母再嫁，家里没有人了。以后她成人长大，又来找这事，白子是她大伯，打她大伯，白子也没有老婆和孩子，指望郝大兴帮助。白子没有娶过媳妇，原来他家不好过，给别人扛长活，所以不好娶媳妇。干到他有点土地，年龄已老了，也就没有娶媳妇。混子四个孩子。郝大兴死了，郝元生也死了，老三郝元珍还在。老四叫五生，还在。他有50来岁。郝元珍有50多了。

问：香芝您知道她现在在哪里？

答：不知道。

问：这官司是香芝赢了？

答：以后外边和里边合伙了，县里将外边人收到城里了，一到城里，所以打赢了。

【搭伙具】

问：解放前搭伙具的事怎样？

答：两家不错。1952年，土地分到户，有的家没有工具，有的没有或缺少劳力，我们开始成立了个互助组，有张歪子、郝蛋、郝傻小、郝爪子共五家。

问：解放前搭伙具怎么干？

答：解放前咱村穷，就是张老乐好些，有的不很多，因为地少。

问：搭伙具怎么干？

答：各吃各的饭，在一起干，收后是谁的还是谁的，我当组长，我有牲口、车、楼，但我缺劳力，他们缺工具，这样互助到一起。1955年入的高级社，初级社在1954年，先成立互助组。

【互助组、合作社】

问：互助组干了一两年，就成立初级社？

答：干了一两年就成立初级社，一年多就进入高级社。

问：1955年进入高级社，您有什么印象？

答：1955年入高级社，将土地合到一块了，村里分成队，1000多人分成5个队，我们东头是第一队。1955年前半年是初级社，7月底种麦子时转成高级社，成立5个队。一有社我就当队长，一干干到1977年，老了，我下来了。一个队200多人。

问：有人说1956年成立的？

答：不可能，是1955年麦收后，全村100多头牲口，我们分了25头牲口。全村1000多人。我们队人多，400多亩地。

问：您当队长，干到1977年？

答：其中有两年没当，1960～1962年，困难时期，村里有介绍我到栾城车站当服务员两年多，支援农业第一线，后我又回来当上队长。

问：互助组之前怎么干活？

答：各干各的。

问：您划成什么成分？

答：下中农。

问：什么时候划的成分？

答：到"四清"时。以前是村里干部划的，到"四清"时贴出榜来公布。

问：划出富农是什么？

答：在解放时，咱村穷，就是张仲寅地多，就咱们村穷。

问：寺北柴村为什么最穷呢？

答：这个村地少，没有大户，干些小买卖。

【土地分配的标准】

问：解放后什么时候分地？

答：一解放就分地了。

问：您家分地了吗？

答：咱家没有分地，我家土地已够分的标准了，所以就不分了。有的稍多一点，也不拿出来。以后入社都交到社，又按人口分了，归小队。当时 200 人 400 多亩土地。井、沟、路就不算了。解放前井、沟、路都算在地里。所以入社时地就少了。

问：解放前一顷地是多少亩？

答：一顷是 100 亩，全村 24 顷地，小队是 4 顷地。将井、沟、路去了，地分就不够了，到户里只有一亩半，盖房占、公路占。

问：解放前后亩大小一样吗？

答：一样。解放前一亩是"长×宽×15=亩数"。现在也是"长×宽×15"。过去是长 60 丈宽 1 丈就等于 1 亩。过去 9.5 尺等于 1 丈。

【收割机的共同购买人】

问：现在浇地也是用机井吗？

答：用机井。

问：联合收割机放在什么地方？

答：放在屋里，堵住了，看不见。孟祥是 85 马力，是合伙，共四家。一般门进不了。

问：村里有吗？

答：村里有拖拉机，55 马力的两台。

问：请说一说买联合收割机的四家姓名？

答：孟祥的小子宝群、我一家郝小六、祥群、徐书海、徐均恒。

问：联合收割机多少钱？

答：3 万多元，四家平分的。一家合 8000 元。割麦、割豆都可以用，维修费大家分担。

问：要是割自己家的怎么办？

答：都拿钱。谁也不吃亏，谁也不赔偿。

问：大爷当年的家谱还有吗？

答：没有家谱，咱们姓郝的在王村有，当时是兄弟两个。寺北柴村原有一户有，1963 年大水房倒了，家谱没有了。原来是柱鹤楼里面放的牌位，现在都没有了。

问：王村现在家里还留没留？

答：那里留。

问：联合收割机干活收的费用交给谁？

答：有管财务的人，最后结算。给谁家干活谁家给钱。

问：联合收割机够用吗？

答：不够用，还有小机子，小机子麻烦点。大小一起用，有的地方没有那么宽的地，还得用小机子。

【生产小队、组的区分】

问：一家的地分几块还是在一块呢？

答：一个队一个样，咱们这个队分两块地，一块离村近，一块离村远。谁也不愿要远的地，只好分成三个组，地分六块，一组两块，一块远的一块近的。

问：各组叫什么名字？

答：也没有起名，就叫一、二、三组。

问：一小队有多少人？

答：后来增加人不少，地少了，5个队，一个队400多亩地，到后来5个队变成10个队，又变成7个队。1955年是5个队，1955年过了麦收后，村将土地收回分成5个队，一个队土地400多亩，成立高级社是1956年，地归大队。

问：1956年还有什么大事？

答：别的没有。

问：10个队在什么时候分的？

答：变成10个队在1958年，觉得队大不好领导，才变成10个队。

问：到什么时候又变成7个队？

答：两三年后又变成7个队，两三年后又变成5个队。一队又分成3个组，现在还是一个组。每组有多有少，分的时候一个组90多人，上下差不了多少。

【承包制与土地分配】

问：1984年承包时有二百七八十人？

答：是分地的人数，现在这个队人多了，生了孩子不增加土地，死了人不减，不分地就多了。地20年才动，现在分了20多年。

问：20年不动是怎么知道的？

答：分地开全村大会上讲的，一般人不知道。先叫咱们小队长开会，然后才开全村大会。

问：20年不动是不是上面定的？

答：上面没有规定，是咱们自己研究的，现在有的村已动了，咱还没有动。

问：定的长短县里会有意见？

答：县里不干涉。我们定20年，是县干部商定，然后开全村会，大家提意见，没有提就定下来。

问：最早提20年的是谁？

答：是村里头头，徐孟祥。

问：有没有人反对？

答：当时没有人反对，现在有人有意见。如原来郝桂山刚刚分的时候一个孩子，后来又生了三个孩子。后来生的没有土地，他有意见了。

问：计划生育他没有遵守。

答：公社一来人，他跑了。现在生得越多罚得越多，一过春节就搞计划生育运动。

问：徐孟祥提出20年，大家有没有意见？

答：大家没有提出什么意见，是大伙商量的，20年比较合适。动一次地不是玩的，动的时候暂时不能种，所以不易动，故定了20年。一动地得算好了，才能给你，种地就晚了，庄稼一晚，第二年就要减产了。

问：1984年也是这样吗？

答：那是春天，还是在队里，叫户里承包，一人合多少地，看你愿意不愿意，不愿意就不种，愿种的也可多种，地定下后，上面的庄稼你收了将地交给人家，收后空地就换了。以后怎么搞，谁知道呀！

问：村里对承包当时怎么想的？

答：集体时不如分到户，分到户收的多，大家都愿意分。

问：队里的干部怎么想的？

答：割一个麦收，30多万斤粮食，个人收个人，干部不是省心了嘛，粮库里要不要都是个人的事。

问：我听说1982年时先分了口粮地，干了一会将地又全收回来，到1984年将所有队里的地都分了，是怎么回事？

答：当初说口粮地，后来也没有这样实行开。所以小队都没有实行，所有地都在小队里。

问：有人说给了半亩地？

答：光说过，但没有推行下去。

问：分地到底是哪一年？

答：1982 年分的地，咱们分了 13 年了。

问：1982 年一分地就个人干个人了？

答：是的。

问：从 1977～1982 年有没有小的变化？

答：还是 5 个队，分了地，你种几亩，我种几亩。

问：分地之前，有没有承包到队里的事？

答：1980～1981 年，有的户种多一点，有的户种少一点，有的没有承包地，后来一分地，咱将路东的多的地交了，麦子收了以后归大队了。当时是将队里地分到户里。你有多少地，交到队多少粮食，按吃粮数分给你口粮，其余打下来的粮食都得上交。

问：这种干法干了多长时间？

答：干了两年，在这以前都是集体。

问：承包前还有小的变化吗？

答：没有。

【分地的季节和农作物】

问：1982 年分地是什么时候？

答：春天，正月开的会。用了 20 多天分好的。在麦子收之前分的，麦子收了以后，是谁的地就给谁了。

问：分地完了以后，有没有影响种地？

答：没有大的影响。

问：对棒子有影响吗？

答：棒子耱在麦地里，麦子割了以后，棒子留下来。有的地收后，还不知谁的呢，这时对种地有点影响。

【农业机械化】

问：分地时牲口怎么办？

答：初级社入社时有 120 多头牲口（全大队）。在分地之前牲口就没有了，耕地浇地都用机器了，牲口没有用了。

问：分地时机器怎么分？

答：先分到小队，再分到组，水泵有一个有两个的。

问：你说的播种机，在分的时候是不是小组都有？

答：播种机就是大队有一台，后来有小播种机。

问：什么时候有小播种机？

答：有了 10 年，机在户里了。小播种机一台七八百元，加上拖拉机共 4000 多元。

问：当时有播种机的户多不多？

答：有几户，共 10 多个，最早香玉、保权有，现在有 10 多个。

问：10 多个播种机全村够用了吧？

答：够用，谁家用谁家给钱。

问：我家如有拖拉机向你借可不可以？

答：不可以，谁用谁交钱。

问：种一亩多少钱？

答：过去两三元，现在要五六元。

问：有借外村来播种吗？

答：亲戚之间有，就不要钱了。本村亲戚之间也不要钱了。汽油就要，不给就不要了。一般人都要钱。特别好的朋友，用了就用了，给钱也有。

问：要钱一般要谁的钱？

答：乡亲们一般都要钱，不是沾亲带故的。

问：联合收割机什么时候买的？

答：今年春天买的。

问：用联合收割机需要多少钱？

答：一亩地 26 元，对谁一样，我们四家人也是一样。钱收完了以后四家再分。一年下来，由于技术不高，耕的地少，技术高的一天割 100 多亩，他们 80 来亩。一天赚 2000 多元，除去消耗外，一年能得几千元。我们买的是半新的，新的 9 万元。新的不出毛病，赚钱多。

问：你说还有一家买了联合收割机的是谁？

答：不是咱村的，别村人家买的新的，一年能赚几万元。人家还要到山西去。他们是伙着的，是朱家庄和大庄两家合着的。

问：收完本村再出去，还是不管？

答：我们这边麦子收的早，人家收的晚，不影响。山西割完到东北割。去山西两天就到了，与拖拉机速度差不多。新旧型号一样，是佳木斯生产的。

联合收割机，一下就都下来了，省事，所以，一亩地要26元。这个小收割机虽然便宜，一亩地七八元，但费事，还得过手。

小收割机1985年才有，一年比一年多，你买我也买，现在有10多台。干完本村向外村割。一般割个七八天就割完了，现在大联合收割机也七八天就割完了，外村找也出去，今年没有向远处去，以后什么地方能赚钱就到哪里去吧。

问：牲口不多，怎么分法？

答：卖了，拖拉机、牲口、牲口棚都卖了。水泵、电机没有卖，分到组里。

问：谁要就谁买吧？

答：当时是拍卖，谁出的多就卖给谁。钱归队里，还了贷款，余款分给户里，不够每户平均拿钱，什么东西都卖或分了。

问：当时抢手货是什么？

答：牲口，我们买了一头马，350元，也是谁出的钱多就卖给谁。也有采取暗投的办法，用纸条写上姓名和出价，谁写的出价高就给谁，这是一次性就完了。

问：当时老百姓抢不抢？

答：不抢，秩序很好。大队没有什么财产。成立乡政府就叫村委会，后来叫寺北柴村管理委员会，后又改称寺北柴村村民委员会。有村长和书记。

问：拖拉机没有平均分给小队？

答：没有，一是不够，二是要还贷款。

【小组的构成】

问：小组是自由结合，还是队里划分的？

答：大部分是按井划分，为了方便浇地。如果关系不好，就自由结合，如三队。

问：三队长是谁？

答：那时三队长是徐从小，他有60多岁。自由结合还是按井来结合。咱们分是按井分成三块，将地调好，采取抓阄的办法。

问：远的地方和近的地方不是一个井了吧？

答：是的，不是一个井。一块近地，一块远地。一个小组130多亩地。先将地和井搭配好，谁还不知道在什么地，然后抓阄，抓后才知道谁和谁在一个组。天天开会，有的愿分一块地，也有愿分两块地，愿分一块地的人少，愿分两块地的人多。

【水井和灌溉】

问：解放前也有伙着打井的吧？

答：在日本人来之前，一家打不起，几家合着打一口井，按亩计算，以后就没有了。

问：先浇谁后浇谁怎么解决？

答：那是浇过来了，井多，那时是水车，三四米就有水，现在35米才有水。

问：什么时候不用水车？

答：没有初级社高级社时就不用了。

问：现在还要新打井吗？

答：不够，重打时移个地方。打眼井得花2000多元。现在天旱浇水能保证，就是供电紧张些。现在人懒，白天没有电晚上不浇。现在不关心地，因投资大收入小，是业余种地。不种不行，要缴公粮和吃粮，个别的也有不种的，让别人种，缴公粮和口粮自己拿钱买。一亩地给十元钱。十元钱是种地人拿，还有公益钱也是种地人拿，还有公积钱、五保户、烈军属、民兵训练费都是种地人拿。

国家现在提税，不超过上年人均收入的 5%。

问：种地户这样还赚不赚钱？

答：赚。这样发展也是一种趋势。

徐小和（68 岁）

时　　间：1994 年 12 月 29 日上午

访 问 者：张　思

访问场所：徐小和家

【家族】

问：您叫徐小和吗？

答：对。

问：今年多大年纪？属什么的？

答：68 岁，属兔，1926 年生人。

问：你父亲叫什么名字？

答：小名叫二白，叔叔叫连子。我父亲兄弟四人，我大伯叫徐老坏（小名叫白子），我父亲徐老冠（二白），我三叔叫徐老仙（连子）。我小叔叫徐老增（小名徐臭）。

问：你老伴叫什么名字？

答：刘小训。

问：我们这次访问的目的，是了解农村生活情况、农村的历史。另外解放前，日本人统治时期，日本人在村内搞了调查，不知你知道不知道？

答：知道，那时日本人调查，问我叔叔徐老仙好几次，都叫到县内去问的。

问：这几十年又过来了，村内有什么变化，有什么改善，这是我们访问的目的。你老伴多大年纪？是什么村的？

答：按现在说 71 岁，属鼠，在六年前已去世了。她是西边王里堡人。

问：你母亲叫什么名字？

答：不知道，因为我五六岁时，母亲就去世了。

问：那是你父亲住在那栋房子？（指地图）

答：我父亲和三叔就住在徐白子（指地图），我大伯住在徐老增换着徐老固的房（指地图），我四叔住一间房。

问：你父亲属什么？多大年纪？

答：记不清，可能是属羊的。

问：你父亲什么时候去世的？

答：是 1960 年去世的，当时不是 82 岁，就是 83 岁。

问：你兄弟姐妹几个人？

答：三个，我是最小的。

问：你哥哥叫什么名？

答：徐锁成，比我大五岁。今年 73 岁，属狗的，身体还可以，眼失明了，说话还可以。还有一个姐姐，叫徐妮子，今年 71 岁，属鼠，身体很好。

问：你有多少儿女？

答：我有 5 个女儿，4 个小子，都结婚了。

大女叫春梅，50 岁（她有一男孩，一女孩）。

二女叫滦梅，47 岁（她有两个男孩）。

三女叫冬梅，45 岁（有一男孩，一女孩）。

四女叫秋梅，43 岁（有一男孩，一女孩）。

五女叫春花，41 岁（有两个女孩）。

大儿叫建民，38 岁（有一男孩，一女孩）。

二儿叫建立，35 岁（有一男孩，一女孩）。

三儿叫胜利，32 岁（有一男孩，一女孩）。

四儿叫建洲，28 岁（有一男孩）。

【解放前的家计】

问：解放前，你家人口多，生活怎么过来的？

答：艰苦点，富裕不了，也过来了。

问：你父亲有多少地？

答：弟兄四人合在一起有34亩地。

问：你大伯（谷子）有多少地？

答：有9亩。

【村学校和私塾】

问：你什么时候上学？

答：日本过来头一年，上了一年半。日本来了，乱了，也就散了，学校把桌子、椅子和家具都放在一口井里。听说日本人不让学习，都害怕，说日本人反对学校，连黑板、算盘、砚台都藏在枯井里，封起来。

问：村内是私塾，还是学校？

答：我上的是洋校，学校内设备是县内给的；村里还有一所私塾（在村西头）。

问：洋校有校长、老师吗？

答：没有校长，校长归县里；有老师，叫引庭贵，是非常好的老师，爱护学生，教学认真，是模范老师，村内一致公认。

问：这位老师后来干什么了？

答：日本人打进来，他回家了。过了几年村内又办学了，他又回到这个村来教书。

问：学校恢复后，你又上学了吗？

答：我又上了一年，就退学了。

问：为什么？

答：家内劳动力紧张，需要到地里干活。

问：那时上学，要交学费吗？

答：不交钱，由国家补贴，老师工资由县内给，私塾要交学费。

问：学校在什么位置上？（指地图）

答：在五道庙南，郝小红家西（指地图）。日本人来后，学校搬到关帝庙里去上（村东头）。

问：私塾老师是谁？

答：有一个叫赵老翠的，后来是王连书教的。

【课本与教育内容】

问：你上学时有课本吗？

答：有，是县内编的小学课本。记得语文课本第一课："今年你几岁啦！"第二课："你是中国人，我是中国人，大家都是中国人。"

问：你记得最有意思的内容是什么？

答：譬如课本内容有："中国许多人，只会说土话；你说我不懂，常常闹笑话；要是学国语，同说一种话；你懂我也懂，一国像一家。"

问：日本人来以前，你在学校知道国家大事吗？

答：那时候小，老师不讲，但从社会上也知道一些。尤其是"卢沟桥事变"后，我们县来了不少国民党军队，知道日本人打进来了。那时有首歌，大家都会唱，歌词内容大意是这样的"可恨日本兵，野兽一般同，卢沟桥前来逞凶，你拿大刀砍，我拿'勃郎宁'，29军真文明"。（唱起来）还有一首歌，记不全了。大意是："大炮轰隆隆，民房扫地平，害我百姓真无情……"

问：这首歌是日本人来以前学校教唱的吗？

答：是的，日本还没有到这里，学校还没有解散，教得挺及时。

问：日本人什么时候来到这里？

答：开始29军打得挺好，后来宋哲元犯错误了，蒋介石让29军撤军，记得那年秋天，日本人呼啦一下都过来了，来时很快，具体日子记不清了。

问：当时学校老师干什么呢？

答：我记得他当时教我们唱歌，歌本是

上面发的，别的事我记不得了。

【村的同学】

问：当时和你一起上学的同学有多少，你还记得吗？

答：记得，还不少呢！有郝傻小（比我大 4 岁）、郝黑蛋、郝金堂（大 2 岁）、郝修林、郝胖子、郝老丑（大 2 岁）、郝冬鼓（大 2 岁）、郝喜、张双贵（小 1 岁）、徐积结、徐栾祥、徐丑祥、徐孟祥、刘凤书、刘同增、刘喜茂、赵球子，以上是活的，还有已去世的也不少，还有女的上学的，还有五星堡来上学的，有 20 人左右，都是男生，加在一起，我们班有 40 ~ 50 人左右。

问：分年级吗？

答：没有，统一教科书。

问：当时女生的名字还记得吗？

答：东头的有：郝兰儿、郝祥芝、郝小苏、郝百妮、郝小莲、张幸子、李仙梅、徐芮子、徐琴、徐妮子（我姐）、徐秀；西头的有：赵红妮、赵因子、赵小定、赵群、赵婴子、赵冬姐、刘小平、刘群等。

问：后来同学聚过会吗？

答：没有，见面了打打招呼，随便说说。过去见面很少，住东头，地在东面，住西头的，地在西面，所以见面少，现在见面，但都老了。

问：我下午准备访问过去的妇女主任郝云秀，你知道这个人吗？

答：东头的，有 50 多岁。

问：在郝云秀以前的妇女主任还记得吗？

答：都嫁到外村去了。有一个叫赵四姐的，入社时当妇女主任，可能在 1955 ~ 1957 年时，后来嫁到石家庄村。郝云秀是“文化大革命”时期的妇女主任。

【合作社】

问：高级社是那一年成立？

答：1956 ~ 1957 年，那时县内有三个大班：叫东风社、红旗社、卫星社。当时说：东风吹，红旗飘，卫星上天。

问：你在村内当干部吗？

答：在初期时，我在第三社当过会计。我村当时有 5 个生产社。

问：都叫什么名吗？

答：有建中社、建华社，还有什么名，记不清了。生产社的名字是当时工作队马建给起的，这个人现在还在，在韩庄落户的。（上午访问就到这里）

（1994 年 12 月 29 日，下午继续访问）

【种地的类别】

问：上午说到解放前你家有 9 ~ 10 亩地，还有租人家地种，叫“捎地”，同“包地”是一样吗？

答：不一样，“捎地”有两个条件：一是“包社”，开始就谈妥，不管人景好坏，每年每亩给东家多少粮食，不变化。一是“活租”，到秋后，根据收成多少，自己留一半，给东家一半。另外，如果是水浇地的“包地”（地里的井是东家打的），规定每年棉田每亩交 20 斤棉花，粮地每年每亩交谷子 5 斗。

问：你家有自己的地，加上“捎种”地，每年生产状况怎样？

答：生活不高，处于下等地位。

【长工和短工】

问：你们家有出去当长工的吗？

答：都出去过，我父亲、大伯和三叔都当了好几年的长工，小叔也出去当过短工。长工一干就是一年。

问：出去当长工，家里地怎么办？

答：家里地少，没有农具，没有牲口，也没有水车，收成不好。别人家有水车，一年浇地四五次，我家只能浇两次，完全靠人工。后来，当了几年长工，弟兄们积了一些钱，买了牲口，买了水车，也置了几亩地，才开始自己种地为主。

问：自己有地，有水车，还出去打长工吗？

答：不出去打长工了，主要在家种地。

问：都到什么地方打长工？

答：也有在本村的，还有在张村、藁城县的狄上村当长工。

问：长工的工钱是多少？

答：一年给小米 1000 斤左右。

问：农村计量，过去有大秤和小秤之说，是怎么回事？

答：小秤 32 勺为一斤，大秤 16 勺为一斤，相当于我们的公斤和市斤的说法。如果是大秤一斤，就等于小斤的 2 斤了。

问：现在的一市斤同大秤一样，还是同小秤一样？

过去说亩产多少斤，是指大秤，还是小秤？

答：过去盛粮食都是用斗计算，几斗粮食。棉花论的是斤，是大秤。

问：粮食用斗，能折合成斤吗？

答：能，一斗谷子折合 24 斤，指小秤。捎地一亩交 5 斗，等于 120 斤谷子（指小秤）。

问：你父亲、大伯父打长工是在一起吗？

答：不是，在两个地方干。兄弟俩在一起干，人家不放心。

问：你叔叔当短工是怎样联系的？

答：到县城"人市"上去找活干，每天一早到"人市"就像集市一样，需要短工的就到"人市"上去找，双方商量好价钱，就去打短工。在我村好办，哪家需要短工帮忙，一说就行，也有找上门的。

问：你小叔在本村给谁家打过短工？

答：那时我小，不记得了，我记事后，我叔叔已在家内种地和捎地了。

问：你父亲在哪家当长工？

答：他在藁城狄上当长工，在那干好几年，那家有好几百亩，是大户，雇了好几年农工，有五六个牲口。这家是个富户，是个好主。

问：好主，是否这家地主比较好？

答：不是，好主是指他家富裕，地多、牲口多；不好的主，也称富主，不太富裕。

问：你父亲在本村当过长工吗？

答：在西头刘老宽家干过活。

问：你什么时候结的婚？

答：17 岁那年结的婚。

问：你们家什么时候分的家？

答：我哥哥结婚时，全家还合着的，等我结婚时，由我父亲做主，全家分开了。

【满铁调查】

问：日本兵访问你叔叔时，你还记得些什么事吗？

答：访问那年走后，第二年、第三年，又来访问。我记得每访问一次，一天就给我叔叔一块银元。那时一块银元能买 20 多斤小米。

问：那时候打短工，一天能挣多少工钱？

答：很少，3～5 斤小米。

【日军进村与村民态度】

问：日本兵来过本村吗？

答：来过。日本兵刚到滦城时，大家不了解，开始还有人出去看看。后来日本军队宣布"自由活动七天"，日本兵就没人管了，三三五五到县城及附近村庄抢东西，烧房子，干坏事，人们都吓得躲藏起来。日本兵里好像有"蒙古人"，肉半生不熟的就吃了，野蛮得很。

问：群众敢不敢反抗？

答：群众不敢说话，因为日本人来以后，很快在各村安插了他们的汉奸，专门了解村内情况，每天到县城向日本宪兵队汇报。日本宪兵队根据汇报，就派兵到村内抓人。凡是进了日本宪兵队的中国人，是"走着进去，躺着出来"，也就是抓一个，打死一个。

问：城内日本人有什么组织？

答：有宪兵队、特务队、"旋风班"等，"旋风班"也就是新宪兵队，一样性质。不过头头是日本人，当兵的是中国人，专门干抓人逮人的事。

问：日本人来了，群众有什么办法对付？

答：农民还是种田吃饭，公开场合不敢说话，就是亲戚、朋友在一起，也很少议论日本人的事，怕有人知道去汇报。

【村"维持会"】

问：日本人进村干什么事？

答：成立"维持会"，要山药和红薯吃。村东头徐栾祥爷爷，叫徐老威，有文化，见到日本兵到他家要东西，他拿出两个咸鸡蛋给他们吃，结果日本兵剥开一个，蛋黄是黑的，日本人以为放毒药，说老威"良心大大的坏"，用刺刀要刺死他。老威很机灵，马上拿黑鸡蛋吃了，说明不是毒药，这才免了一死。这是我亲眼看见的。在五里堡，日本兵把过路的一个青年给打死了。在我们村，有个郝××（所列者），日本兵叫他去抓鸡，他不敢去。但抓鸡时，鸡要飞，日本兵拿枪打，郝××一回头，打中了郝××，当场被打死了。

问："维持会"设在什么地方？

答：在村中间，徐家街与南北街的交叉口（指地图），门口放一口锅，日本人来时给烧山药和红薯。门口没有挂牌子，但插了两面日本国旗。

问："维持会"有头头吗？

答：没有头头，村内临时组织几个人，等日本人来时，好应付应付，东头徐老威，西头赵老凤等都在"维持会"里。

问："维持会"什么时候成立的？

答：日本人刚来时，宣布"自由七天"时村内组织的，后来日本人也不常出来，"维持会"也没有事干了。

【村民被杀害】

问：日本人在村内还有什么事吗？

答：村内郝丑群被日本人打死，当时没满 30 岁，他家没人了。他有四个弟弟：二弟叫二丑，有两个儿子；三弟叫鸭子，有两个儿子；四弟叫福子，有两个儿子；五弟叫五子，没有后代，和我年龄一般大。

二丑家两个孩子，大的叫傻子，小的叫炳海；鸭子后来参加皇协军，给八路军打死了；五子给蒋介石队打死了。

问：郝丑群是怎样被日本人打死的？

答：日本人来了以后，郝丑群正在北关当长工，当时北关有个庙，庙内有个戏楼，日本人在楼顶架了机枪。郝丑群在棉花地干活，被日本机枪打死。

问：二丑的孩子都在村内吗？

答：郝傻子在外地工作，郝炳海在县公安局工作，鸭子的大儿子叫炳彦，二儿子叫厚子，都在本村。福子的两个孩子，一个叫郝宝勤，一个叫郝宝全，也都在村内。

问：你听说过"新民会"吗？

答：县内有"新民会"，村内也有。

【八路军、革命烈士】

问：当时八路军的情况你知道吗？

答：八路军正规部队在山里，当地有地

方部队叫"模范班",黑夜到村流动,主要催粮、布匹,给打收条。他们来时找村长。日本人问村内要粮、要东西是白天来,公开的。八路军是暗的,晚上来要,由村长到各户去捡。那时村长都有钱,群众不敢过问,村长从中捞好处。

问:村长给八路军筹粮筹布,是公开向群众讲明吗?

答:到各户暗地里说,是给八路军筹军需。

问:村长后来怎样?

答:他吃喝玩乐,把钱挥霍掉,到解放时,已很穷,家内没有什么东西。

问:村内有参加八路军的吗?

答:西头有个叫王小宝,在八路军"模范班"工作,是他来找村长催粮、催款、催车。王小宝同村内郝国楔还有亲戚关系。王小宝经常来,有人就告密了,结果皇协军从郝国楔家把王小宝连郝国楔一起抓走了。有300多皇协军押着王小宝在县城游街,一直游到村内,然后在村东头地里给枪毙了。同时被枪杀的还有桥庄李万春,也是八路军。

问:这是什么时间发生的事?

答:日本投降前一年。

问:解放后王小宝应该是烈士?

答:他家没人了,王小宝死后,这一门绝了。可能在县内算是烈士,这不是小事。他家父母就这个儿子,也没有结婚,没有孩子,父母一死,绝门了。那时八路军都在农村活动,是毛泽东的战略战术,农村包围城市,在日本统治时候,日本人也是躲在城里,周围农村都有八路军。日本统治时,县城周围挖了很宽很深的水沟,日本兵营在县内一个大庙里,在庙的周围又挖了大沟,不让别人靠近,连皇协军也不能进日本兵营。快到日本投降前夕,日本人都不敢出兵营,吃饭都成了问题,说明日本人很害怕。

问:解放前后,你家生产情况怎样?

答:我家原来有几亩地,又买了几亩地,买了一头小驴,买了一套小水车(大水车是斗的,小水车是桶的,用胶皮圈一节一节的往外抽水)。

问:结婚后干什么呢?

答:结婚后就在家种地。

【互助组和土地改革】

问:解放后你参加互助组吗?

答:参加了,从互助组、初级班、高级社一直到人民公社,都参加了。参加根治海河工程,到过黄骅、宁番、献县、任丘、文安、杨柳青等地挖河工程。

问:土地改革时还记得吗?

答:那时家里有8亩地,又分到3亩地。每人平均3亩地,开始有些户不去要分到的地和房子,怕以后反攻倒算。因为县城解放早,石家庄还没有解放,所以平分土地时农民比较害怕。事实上,那时候蒋介石的军队和地主还乡团经常到村内反攻倒算,不过,贫民还是就要分到的地。

【还乡团的反击】

问:被分掉土地的地主、富农敢威胁农民吗?

答:不敢公开,也有威胁的。有的说,"谁分了我的地,以后还要退给","谁种我的地,得给粮食",譬如岗头村,地主还乡团回村杀了农会干部。因为地主李老表是乡长,两个儿子都在国民党内做事,一个是县委员,一个是副县长,所以回村后就搞反动反攻倒算。

问:地主武装从什么地方调来的?

答:那时岗头已经解放,石家庄没有解放,国民党的兵是从石家庄调来的,是晚上来的。我们村比较平稳,也没有太大的户口。

我们捎地的那家叫王洛，是县城的大地主，家有 6000 多亩地，金银财宝好几箱，快解放时跑到北京，"文化大革命"时从北京赶回来了，大队会计事先曾开了假证明，说王洛是"贫农"，后来北京查出来，把王洛遣送回来，大队会计害怕，自杀了。

【大地主王洛】

问：王洛回来以后怎样？

答：在县城北王洛住马棚，后来有了房子，自己交代问题，说哪儿埋了银元，哪儿埋了金条，结果大队都挖出来了。后来队上给他几亩地，自己种自己的地，听说现在还活着呢！

问：你在大队干过什么工作？

答：互助组改为初级社时，徐孟祥为书记，我当会计，到了高级，全村一个社，徐孟祥是书记，我仍然是会计。初级社时，郝腊月当过一段书记，后为徐顺猴也当过书记，徐孟祥当主任。

问：你干会计多少年？

答：从初级社直到"文化大革命"。"四清"时就不干了。后来还选我，我还是不干。

徐小眼（67 岁）

时　　间：1994 年 12 月 25 日上午

访 问 者：李恩民

同 席 者：徐玉身（现村长，徐小眼之侄）

访问场所：徐小眼家

问：我们这次和日本专家一起到你们村来，主要是想和上了年纪的村民交谈。想通过了解你们每个人的生活经历，来了解这个村 50 年间发展的历史，也就是说从抗日战争时期的 40 年代开始到现在，了解你们村历史

的目的就是想以你们村为例，来了解中国农村，特别是华北农村在经历了战争、革命和改革开放以后，究竟发生了哪些变化，获得了怎样的发展，这是我们这次访问的最主要的目的，我想你不会有什么顾虑，我们自由地交谈。

【家庭状况】

问：请问你叫什么名字？

答：徐小眼。

问：今年多大年纪了？哪年生人？

答：今年 67 了，记不得是哪年生人。

问：你说的是虚岁还是周岁？

答：虚岁，这里人不说周岁。

问：你就出生在这个村吗？

答：是的。

问：你父亲叫什么名字？

答：奶名叫徐老生。

问：有多大年纪了，还健在吗？

答：早死了，日本人没来之前就病死了，现在要活着有 100 多岁了。

问：你母亲叫什么名字？哪村人？

答：母亲姓刘，叫刘新，也是本村人。

问：你们兄弟有几人，你排行老几？

答：弟兄 4 人，我是老三。

问：你大哥叫什么名字？多大年纪了，还健在吗？

答：老大叫徐晚，比我大得多，记不清多大了，反正 1960 年去世的。

问：你大哥是 1960 年去世的，正是三年自然灾害挨饿的时候，是不是饿死的？

答：不是，是病死的。

问：你二哥叫什么名字，还健在吗？

答：老二叫徐宽，也去世了，1990 年病逝的。

问：你是老三，你弟弟叫什么，多大年纪了？

答：老四叫徐候，今年 65 岁。

问：你有姐姐妹妹吗？

答：有，有两个姐姐一个妹妹。

问：请你介绍一下她们的情况好吗？

答：大姐叫徐静，嫁到东关村，二姐叫徐云，嫁到石家庄，妹妹叫徐莲，嫁到内营村。

问：你们兄弟姐妹在家里怎么排行的？

答：排行女的不算，对我来说，一共姐妹 7 人，光指男的 4 个说谁是老大，谁是老二，女的另外排。七个人一起算的话是大姐徐静，大哥徐晚，二哥徐宽，二姐徐云，我本人，弟弟徐候，最后是妹妹徐莲。

【叔伯亲戚】

问：你这个村最大的姓是郝姓吧？

答：郝姓最大，徐姓和赵姓差不多，徐姓能排第二位，也是大家族。

问：你父亲兄弟几个人？

答：弟兄 5 个。

问：你父亲排老几？

答：排行老三。

问：你叔叔伯伯的名字你还记得吗？还健在吗？

答：我记得他们的号、奶名。大伯父叫徐混仗，战争时期去世的；二伯父叫徐老姑，也去世了；我四叔叫徐义群，五叔叫徐老弯，都去世了。

问：这个村里，你们叔伯亲兄弟不少吧？

答：连在的不在的，一共 16 人。

问：解放前家境怎么样？富不富？

答：不富，是最穷的，没有地，是贫农。

问：你们兄弟几个上过学吗？

答：没有，弟兄几个都没上过学。

问：不过你的说话还挺有逻辑的。

答：我一个字也不识。

【扛活】

问：你一辈子就在这个村里干农活？

答：是的，也没有出去干过活。

问：村里原来有地主吗？给他干过活吗？

答：干过，解放前给富农干过。我们这个村是个穷村，在我们村是富农的，到别的村中农都不是。我自己家没地，就给人家扛活，有时也到外村去扛活。

问：给地主富农扛活时他们对你怎么样？以前搞忆苦思甜教育时我们总是说地主老不给吃，不给喝。

答：不是那样，按老百姓话说就是家常饭，随便吃，不是太克扣。基本上是和他们吃的喝的一样。

问：吃饭的时候你是跟他们在一起吃，还是他们另外单吃？

答：那是特殊的时候。比如掌柜的在屋子里面吃，他还有孩子们，我们就和孩子们一起在外面吃。

【婚姻习俗】

问：你什么时候结婚的？

答：我没结过婚。

问：为什么呢？

答：没那个条件，没人嫁给我。

问：那你大哥、二哥呢？结过婚吗？

答：他（指同席的村长徐玉身）是我二哥的孩子，我大哥也结过婚，没生孩子就去世了。老四也结婚了，有两个男孩、三个女孩。

（转向徐玉身直接提问）

问：徐宽就是你父亲？你兄弟几个？

答：兄弟三个。

问：有姐姐妹妹吗？

答：有一个妹妹。

（再转向徐小眼提问）

问：我想了解了解你们这里的风俗习惯，

比如婚丧嫁娶，都有什么活动？结婚，这里送不送彩礼？

答：有彩礼。定婚期以后，男方要给女方一笔钱买东西，这个钱这里叫礼押钱。

问：对于男方来说，结婚要花多少钱？

答：标准不一样，富的花得多，穷的花得少。

问：大致多的需要多少？少的需要多少？

答：多的得一万多，少的得四五千元。

问：这些费用包括盖房子的钱吗？

答：不包括。

问：为孩子结婚盖房子需要多少钱？

答：盖房子也有好坏，一般也得一万多。

问：上面我们说的是男方人家，女方需要花多少钱？

答：女方要陪嫁妆，一般也得四五千元，少的也得一两千元。

问：结婚的当天有什么隆重的仪式？

答：这块儿比较俭朴，结婚不兴放炮、不吹喇叭，只是双方人来吃点、喝点东西。

问：新郎去迎新娘时，过去是用轿子，现在用自行车还是汽车？

答：现在都用小汽车啦。

问：有没有结婚典礼这个仪式？

答：有典礼仪式，请老年人念个祝词之类的，但现在都简化了，只要人来了就行了。

问：当天男方应该宴请客人，一般请多少人？女方的亲戚是不是都来？

答：女方的亲戚不来，只有女方当家的人来，请客一般就是五六桌。

问：都给客人吃些什么呢？有没有鸡鸭鱼肉？

答：饭不太讲究，没有鸡鸭鱼肉的。结婚当天不太花钱。

问：这里有没有闹洞房的习惯？

答：过去年轻人都喜欢闹洞房，凑热闹，现在也有这个习惯，但人们忙了，好像顾不上了。

【丧事习俗】

问：上面我们说的是喜事，办丧事都有什么程序？

答：家里死了人，马上就放炮。

问：为什么放炮？不是喜事才放炮吗？

答：我们这块儿不一样，刚才我说这里结婚不放炮。放了炮，乡亲们就知道了，然后就都来吊丧，给过世的人磕头。

问：给外村的亲戚如何报丧呢？

答：给别村的亲戚报丧时，骑车去说一下，亲戚就都会来的。

问：这里实行的是土葬还是火葬？

答：以前是土葬，现在已实行火葬了。

问：我知道火葬在农村是很难推行的，这里什么时候开始实行火葬的？

答：10年前就开始火葬了，当初人们都挺害怕的，是政府推行的，现在已不害怕了。

问：火葬完了，骨灰盒怎么办？在城市里，有专门放骨灰盒的地方。这里呢？

答：火葬完了，骨灰盒就拿回来了，比如今天火葬，明天就埋在自家地里。

问：办丧事需要花多少钱？

答：花销也得两三千元。

【民间信仰】

问：这村里有庙会吗？

答：有。

问：庙会时最主要的活动是什么？

答：是唱戏。唱四五天戏，这几天人们就去庙里磕磕头，烧烧香。

问：这里的庙会是什么时候？

答：每年阴历10月15日。

问：你村的庙在哪里？

答：村里的庙就在西边。过去的庙很多，后来都没了。现在的庙是新盖的，供的是老母，叫老母庙。

问：这里的人都信仰什么？

答：老天爷。还有专门的像土地爷、财神爷、灶王爷。

问：你们怎么敬老天爷呢？

答：平时就烧香、磕头，过年时贴个对联，说些吉祥话。

问：这里有没有信仰西洋宗教的，如基督教、天主教？

答：这个村没有。

问：附近的村有吗？

答：附近也没有。

【日军印象】

问：你第一次看见日本兵是在什么时候？

答：那是在战争时期，我十几岁的时候，记得那时我在岗头给人家扛活，亲眼看见日本军进栾城。

问：你给日本人干过活吗？

答：给日本人干过活，人家给村里要人干活，我就去了。

问：有没有给钱？

答：不给钱，是做苦力的。

问：日本人打人吗？比如你干得慢了？

答：不打，当时还不是那么坏。一般的日本人待两年了，会说些中国话，对小孩挺好，给点钱，给点糖。

问：你有没有看见过或听说过日本军人在这个村里干过坏事，如欺辱女人、杀人放火之类的事？

答：在这个村里没有。

问：日本人来时你们跑吗？

答：刚一来的那几天跑，害怕得很。

问：都往哪里跑呢？

答：这个村跑到那个村，那个村跑到这个村，乱跑，也有往地里跑的，藏在棉花地里。日本人来前传说得厉害，说是要杀人了，

所以都跑，后来就不要紧了。

问：这一带解放前有土匪吗？

答：没有。

问：有"红枪会"、"连庄会"这样的民间武装组织吗？

答：没有，没听说过。

问：在 1942~1944 年间，日本满铁的一些调查员对这个村做过调查，主要是把一些老年人叫到县城里问一些情况。有印象吗？

答：我记不得了。

问：当时的村长叫什么，你记得吗？

答：开始的时候是张老乐，后来改成了郝国樑。

问：村里那时有没有"新民会"？

答：没听说过。

问：1945 年 8 月，日本投降的消息你是怎么知道的，听广播还是街上有标语？

答：是听人说的。

问：当时村里搞过什么庆祝活动吗？

答：没有，都是老百姓。

【国共内战】

问：日本兵撤走之后，是国民党的军队来了，还是八路军来了？

答：日本走了后，先是国民党过来，国民党是明的过来接收，八路军是暗的。

问：国民党进村时的情况还记得吗？进村后都干了些什么？

答：要粮食，向家里要。

问：国共两党在这里有过大的斗争吗？

答：日本投降后，换了国民党，过了两年就解放了。

问：1949 年 10 月共产党在北京建立了人民政府，新中国成立的消息你是怎么知道的？

答：那时又没电视，又没收音机，就是听人说。

问：村里搞过庆祝活动吗？

答：都是老百姓，没有那些活动。

【土地改革】

问：这个地方是 1947 年解放的，你记得"土改"是什么时候进行的吗？

答：解放后土地就平分了，把富农的地给大家分了。

问：那个时候是按人分还是按户分，有没有什么标准？

答：是按户分，没地的给几亩地，没房子的给你几间房子，没有标准。

问：农具也分吧。

答：农具也分，但不是完全平均，给你个犁，给我个牛，就行了。

问：平分富农土地时，有没有担心？

答：那个时候刚开始还是不敢要，怕人家回来要，还怕台湾再返回大陆。

问：当时给你们家评的是什么成分？

答：是贫农。

问：你家分到了些什么？

答：分了五六亩地，也分了几间房子。

问：在分了富农的房子后，平时相互见了面还说话吗？

答：平时见了面还说话，打招呼，这是政策决定的，与我们个人之间没有关系。

【社会变革】

问：1950 年中央颁布了新婚姻法，不让买卖婚姻，提倡婚姻自由，当时你知道吗？

答：知道。

问：你也没找一个？

答：连生活都顾不了，哪顾得上找对象。

问：村里搞过宣传吧？

答：做过，不让包办婚姻，要婚姻自由。

问：1950 年和 1957 年为了解决工人、农民中文盲过多的问题，中央发动了识字扫盲运动，这个村搞过吗？

答：搞过，就是办夜校识字。

问：当时你们都学些什么。

答：汉字、拼音。先学拼音，只学了几天，时间不长。

【互助组】

问：土地改革没几年，在 1951 年 12 月，中央又号召在农村开展互助合作运动，要求建立互助组，你们村也搞了吧？

答：搞了，那是上边让搞的，能不搞么。

问：那时候你们家和谁家是一个组？

答：一开始有四五户，记得有老书记徐孟祥、崔长胜家。其他的都想不起来了。

问：互助组的时候，你们是怎么个互助法？

答：那时地还是各家的，干活一起干，今天给你干，明天给他干，人多力量大。

问：那收入呢？

答：收入也是谁家地里的归谁家，除了给国家交完了粮食、棉花之外，都是自己的。

问：那时家家都种棉花吗？

答：那时种，现在都不种了。

问：你们上交给国家的粮食、棉花能占你们收成的几成？

答：记不得了，大概两成左右吧。

问：当时生活没问题吧？

答：生活没问题。粮食、棉花交给国家后，国家还给钱呢。

【反"右"、"大跃进"】

问：1957 年中央在城市开展反"右"斗争，随后被扩大化了。请问这个村里当时有没有人被打成右派？

答：这个村没有。有一个小学老师是这个村的人，在别的村教书，后来被打成"右派"，回来务农。

问：后来平反了没有？

答：平反了，还当老师。不久就死了。

问：那人叫什么名字？多大年纪了？

答：叫张平文，年龄比我小几岁。

问：1958 年 8 月，中央在北戴河开了一个会，这是解放后党的农村政策的一个转折点。当时提出了一个目标就是 1959 年钢产量要翻一番。这样各地就开始了大炼钢铁、大跃进。那时这个村也搞过吧？

答：没在这个村搞过大炼钢铁，都出去了，到别的村去搞了。

问：到哪个村去了？

答：到豆妪村、沙庄，都在那里炼钢铁。

问：当时是怎么个炼法？

答：把家里铁东西都抠出来，拿到别村去炼，当时有土炉、铁炉，把东西放进去，就烧成水，然后做成铁块。

问：这些铁块做什么用呢？

答：把铁块交上去，上交国家。

问：干了有多长时间？

答：过了冬天就停了。

问：大炼钢铁前，1956 年春，全国各地一窝蜂在农村成立了高级农业社，就是常说的高级社，大炼钢铁之后又组织人民公社了。咱们这里高级社是什么时候成立的？

答：就是大炼钢铁的前一两年。

问：组织高级社就意味着把土改时分的土地无代价地上交集体，归集体所有，你当时愿意交地吗？

答：不愿意，但不敢说。晚上开会说明天开始入社，把地交了，人们也不能不交。

问：当时的村干部是谁呢？

答：当时叫寺北柴村大队，我弟弟徐候是书记，村长是徐孟祥。

【“四清”与“文革”】

问：1963 年全国先在城市开展“四清”运动，后来又扩展到农村，咱们这里搞过

“四清”吗？

答：搞过。

问：在这里“四清”主要是清什么？

答：主要是清经济。

问：当时这个村里来过工作组吗？

答：来过。

问：都是些什么人？

答：有一个女的叫王美英，还有部队下来的，姓修，还有郝喜唐，是栾城人。听说王美英是北京来的干部。

问：根据你的理解，“文革”的目的是什么？

答：就是搞干部。

问：村里有没有造反派组织？

答：没有造反派。

问：也没有出现大的混乱？

答：没有。

【联产承包】

问：“文化大革命”后，农村实行生产责任制，这里是什么时候分的地？

答：先给的是口粮地，后来地全给了。

问：这次分地是按人还是按户？

答：这次分地是按人头算，不管男女，每人一亩半，小孩也一样。

问：当时的心情怎么样？

答：觉得自由一些。

问：这次分地是不是又担心，怕收回去？

答：当时没想过。

问：现在的感想是什么？

答：分地后，觉得生活自由，种植也自由。每年每人给国家交 200 多斤小麦，规定也交棉花。但现在不种棉花了，出钱也行。

【生活状态】

问：听说现在农民的税特别多，是不是？

答：农民现在税是多了。

问：都有什么税？

答：主要是农业税，我也说不来。

问：农业税交多少？

答：年年都不一样，今年三十多块，以前是十一二块，十五六块。

问：有没有其他的税，比如土地税？

答：我也弄不清。

问：这个村做买卖的人多不多？

答：这个村做买卖的少，都靠地生活，指地吃饭哩。

问：把现在的生活和以前相比，你觉得怎么样？

答：现在的生活比以前好多了，比如以前是 50 分的话，现在 100 分也多。

问：这里的主要农作物是玉米还是小麦？

答：小麦。

问：你刚才说没有多少人种棉花了，是什么原因呢？

答：收成不好。

【儿孙情况】

问：你一辈子没有结婚，那你现在和谁一起生活呢？

答：和儿子、孙子一起生活。

问：你有儿子？

答：是老四的孩子，过继给我的。

问：叫什么名字，今年多大了？

答：徐景身，三十五六了，1960 年生人。

问：在村里务农吗？

答：是的。

问：儿媳妇叫什么名字，是哪个村的？

答：是李家庄的，叫韩云芝。

问：今年多大了？

答：也 30 多岁了。

问：他们有几个孩子？

答：就一个。

问：就是你刚才说的孙子吧，叫什么？

答：叫徐红浩。

问：今年多大了？

答：5 岁了。

【五保户】

问：如果你不要这个孩子的话，你就该入五保户了，五保户都保什么？

答：保吃、保喝、保穿、保用。

问：还有呢？

答：说不上来。

问：这个村现在有五保户吗？

答：有一户，叫徐双亭，两口子没孩子。

问：他们今年多大年纪了？

答：有七十一二了吧。

（面对村长徐玉身提问）

问：像他们五保户也有地吗？

答：有，租给别人了，自己种不了了。

问：他们现在住在这个村吗？

答：不，在乡敬老院。

问：敬老院的生活费是村里出吧？

答：是的。

问：大致一年得多少钱？

答：一个人一年 200 块钱左右。

问：今天谢谢你们了。

答：不客气。

苏小为（70 岁）

时　间：1994 年 12 月 25 日下午

访问者：李恩民

同席者：郝元增（苏之次子，现村书记）

访问场所：郝元增家

问：大娘，今天能够访问你，我感到非常高兴，因为你是我们这次访问中的第一位妇女，这也得感谢书记（指在座的郝元增）

的介绍。我们这次访问的重点是个人的生活经历，目的是想透过一个人的多半辈子的经历，来了解咱们这个村 50 年间发生了什么样的变化。首先请教一下你的名字？

【家庭情况】

答：苏小为。

问：今年多大年纪了？

答：我今年整 70。

问：你是哪年生的？

答：我记不清了，我是腊月二十三生的。

（面对郝元增直接提问）

问：你知道吗？

答：我也不知道。

（再转向苏本人提问）

问：书记他爸爸叫什么名字？

答：郝老公。

问：我听书记说他爸爸已经去世了，是什么时候去世的？当时有多大年纪？

答：1992 年死的，有 70 多了，78 岁吧。

问：你娘家是哪里的？

答：油坊村。

问：你还记得你什么时候结的婚吗？

答：17 岁结婚。那会儿结婚结得早。

问：我稍微问得远一点，你还记得你父母的名字吗？

答：还得说那个？

问：不记得就算了。你一共有几个孩子，包括男的女的。

答：他（指郝元增）有一个哥哥，两姐姐，两个弟弟，一个妹妹。

（对郝元增提问）

问：就是说有四个儿子，三个女儿。请书记给我介绍一下你兄弟姐妹的情况吧。

答：大姐叫郝新芝，比我大十来岁，今年有 47 岁了，嫁到南科村；二姐郝喜芝，今年 42 岁，属龙的，嫁到西东铺村；妹妹郝景

芝，27 岁，嫁到孟家园村。

问：这是你的姐姐妹妹，下面该是你们兄弟四个了。

答：大哥郝生原，属虎的，四十五六岁，在栾城县外贸局工作。

问：是干部还是工人？

答：一般的工作人员。

问：这是你家老大，老二就是书记你了，请问你今年多大了？

答：37 岁。

问：哪年生的？

答：1958 年。

问：两个弟弟的情况呢？

答：老三郝天增，县医药局派出所干警，属虎的，34 岁。老四郝增区，属大龙的，三十一二岁，在栾城县税务局当缉查员。

（再面向苏本人提问）

问：大娘上过学吗？识字吗？

答：没上过学，不识字。

问：结婚后一直在村里务农吗？

答：是，一直在农业社。

问：解放前你们家的家境怎么样？

答：挺穷，是贫农。

问：家里没有地吗？

答：有地。

问：有多少亩地，你知道吗？

答：有十来亩地，后来穷得不行，卖了。剩了五六亩地。

问：他（指郝元增）爸爸给人扛活吧？

答：做木工活。

问：（郝元增插话）人家问给别人扛过活吗？

答：没有，在城里给别人当过学徒。

问：他父亲兄弟有几个人？

答：三个，他是最小的。

问：老大叫什么名字，还健在吗？

答：叫郝新和，早就不在了。咱还没过

门就不在了。说是当兵去了，再没回来。

问：老二叫什么呢？

答：郝春，也许是郝春和，我们都叫春。

问：（郝元增插话说），可能是叫郝春。这上面（指 1941 年制《栾城县寺北柴村所有土地区划详图》①）写的是郝春，这块地是我家的老地，挨着我家的有郝金合、郝银合，（对其母亲说）：你知道金合、银合是谁吗？

答：金合、银合是我们亲当家的。

（接着是采访人的提问）

问：当家的是什么意思？

答：是婶子，大娘家的。

【做劳工】

问：现在我们就好好谈一谈郝春的事，今天上午书记给我说他二伯父在日本人在这里的时候去了日本，做劳工去了，以后再也没有音讯。我给了他几份 40 年代满铁调查这个村时画的地图，结果他找到了你们家的位置和郝春的名字。正好去年在日本的华侨总会上发现了一批劳工档案，里面有当时到日本做劳工的中国人的名单。我回去以后立即替你们查一查，看有没有他，后来怎么样了。为查找方便，请你给我多提供一些线索。首先，郝春去日本的时候有多大？

答：现在活着的话，有八九十岁了。

问：他是在家里走的，还是在城里或别的地方走的？

答：在家里走的。

问：是招工走的还是在家里干活时被日本人抓走的？

答：不是抓走的。说是给村里要夫，去煤炭窑，在那里说要去日本，但还不一定。

（郝元增插话）我听我父亲讲过那个事，当时他是跟村里走的，到井陉、山西一带去挖煤。挖煤完事了以后，说是去日本。

问：有没有契约书之类的东西？比如说写着日本人让郝春去日本干什么，有什么待遇，给多少钱，去多长时间等文字性的材料？

答：那个，咱就闹不清了，光知道走了。

问：这个村去日本的就他一个人？还有别人吗？

答：就他一个。

问：反正就是说，他不是日本兵进咱们家强行把他绑走的。

答：不是，不是。就是说干活哩，当夫哩，给村里要人哩，就走了。

问：那时去日本的劳工有两种，一种是说到日本以后干活给钱，这是少数；大部分是第二种情况，就是不说给钱不给钱，也没说去哪里，就强行把人绑走了或骗走了。

答：没给钱，一个钱也没给咱。

问：他走了以后给家里来过信吗？

答：走前，回来看了看，说是那里要人。走了就没见来过信。后来人家给捎来信了，说是往回走哩，在火轮船上生病了，又说生了病还没事，到了火轮船上头看看，路太远，说在火轮船上死了。也不知道是在上火轮船前就生的病还是在火轮船上生的病。我们还说人呢？人家说人在火轮船上死的，人家还让他在那上头？估计是给扔了。

问：这是有什么人告诉你们的，是吧？

答：嗯。

问：是什么人？

答：也是在那里的人。

问：也是和他一走去日本的人？

答：嗯，那人和他一起回来的，人家回来了，他死了。

问：那人还在吗？

答：那人也死了。

问：就是说那个人在日本待了几年，后

①　此图载中国农村惯行调查刊行会编《中国农村惯行调查》第 3 卷，岩波书店，1955。

来回来了？

答：嗯。

问：有关郝春生病了，在轮船上病死的消息都是他传过来的吗？

答：嗯。

问：那人叫什么名字？是哪村的？

答：咱不知道人家叫啥，说是东客村的。

问：这样看来，郝春可能是在日本待了几年，日本投降后在回国的路上病死的？

答：他们一个是东客村，一个是寺北柴村，这么近，人家都回来了，他能不回来？家里又有人，地方他也知道，他要不回来，也能捎个信吧，十有八九是死了。

问：郝春走前没有结婚吗？

答：没有，他走前没媳妇没儿。

问：他走前没和你们告别吗？

答：没。先走了，挖煤去了。他走了以后俺有了个孩子，他回来看孩子来了，还给孩子买了个胡琴，那时说是要走啦，回来看看。

问：那是生他大姐郝新芝的时候吗？

答：不是，那时还没有他们呢。他大姐前头还有一个大的，那孩子没成人，扔了。

问：你还有郝春什么线索吗？

答：都不记得了。前几年，县里派人来追究过这个事，也没结果。这么久了，也没音讯，我们一个农民，没能力追究了。

问：有你提供的这些情况，我想我回日本以后可以帮你们查出来，如他是什么时候去的日本，到日本后到哪个矿上做劳工去了，后来又怎么样等。我尽快把结果告诉你们，下面再谈点别的事。大娘，你第一次见日本兵是什么时候？

答：日本人来我们村的时候，那时还小。

【日伪统治】

问：就是说你还在油访村，还没到这个村。

答：还没有到这个村。

问：日本兵进村前，你们不害怕吗？有没有躲一躲？

答：妇女也是藏，害怕。日本人见了鸡就捉，吓得人们那会儿把鸡都杀了。人们说日本人捉住鸡就吃，生的就吃了。

问：日本人来的时候，你们往哪儿藏呢？这里是平原，山和沟都没有。

答：在农村里就都藏到山药窖了，把上面一蒙，日本人也看不出来。还有的藏到棉花地里，趴在棉花地里也看不出来。

问：这是刚开始，后来就不躲不藏了？

答：熟了，时间长了，就不怕了。刚开始都怕，他也不懂咱这儿的事，咱也不懂他那儿的事。

问：你有没有听说过咱们这块儿谁家有人被日本人杀了？

答：那时候，俺们还小哩。人家来村里的时候，有迎接的人，女的都让走了。

问：你记得那个时候这块儿有土匪吗？

答：有皇协。

问：它的头头的名字你知道吗？

答：不记得了。那时还小哩。他爸要是活着的话，知道得多。听他说过，有一次他和村里的谁呢，名字记不起来了，被日本人抓去干活去了，他们偷着往回跑，人家追呢，用枪打，他们跑到了庄稼地里，没被抓住。

问：他父亲也给日本人干过苦力？

答：干的时间不长，总偷着往回跑。

问：1945 年 8 月，日本战败投降，日本投降的消息你是怎么知道的？

答：日本人来咱这儿住了好几年，后来人家都回去了，回他老家去了。

问：你不知道是日本投降了？

答：也弄不很清。都说人家走了，回他日本国去了。

【八路军】

问：日本兵走了以后，国民党的队伍来过咱这个村吗？

答：没见过，我们这个村小。

问：八路军的队伍来过吗？

答：来过。八路军来了以后就攻城，我们村南就是城（县城），那年正月里，八路军正攻城哩，人死了很多，一车一车地拉哩。

问：当时守城的兵是哪个部队？

答：城里头的人是皇协。

问：1949年10月，新中国成立，这个消息你是怎么知道的？

答：记不清了。

问：这里有没有搞过庆祝活动？

答：你说的是赶集呀，闹过。

【土地改革】

问：这个村解放前有地主吗？

答：有富农、中农、贫农。这个村没有特别富的，没有大地主，有一个富农。

问：谁家是富农呢？

答：这个村总的来说是穷，有水车、有地、喂头猪，就算富农了。

问：解放前，你们家有几亩地？解放后搞"土改"的时候，你们家的地交不交？

答：都交了，然后再分。

问：当时你们家分了多少地？

答：分的也不多。那个时候大家都不说多啦少啦的。

问：那时分地是按户分还是按人分？

答：按人分的。

问：大人小孩男的女的都一样？

答：嗯。谁家人多，谁家分的地就多。

问：你和他爸结婚是介绍的吧？

答：介绍的，那会儿都是父母包办的。

问：为改变包办婚姻的习俗，新中国

1950年5月颁布了新《婚姻法》，反对买卖婚姻，提倡婚姻自主，这事，村里宣传过吗？

答：我知道有这事。

问：后来中央要求各地都办夜校，帮农民识字，扫盲，你参加过这种学习没有？

答：没，那时孩子小，顾不上，我一个字也不识。

问：自己的名字写得了吗？

答：写不了。

问：1956年左右，全国都在发展高级社，入高级社就要求农民把"土改"时分到的土地都无偿地交回去，当时你们愿不愿意？

答：人家让你交，你不愿意交也得交，这是政策。就像1958年让交铁锅一样，明知道交了没法做饭，人家让交也得交，政策就是这么规定的。

【"大跃进"】

问：刚才，你说起了交铁锅的事，1958年大跃进大炼钢铁的事，你肯定记得吧？

答：那忘不了。那个时候都让入社了，队里支了两个大锅，办食堂，到了吃饭的时候，我们都去领。

问：听说，大炼钢铁的时候，主要是用农民家的铁东西作原料。

答：家里的铜铁东西都给抠下来了，连铁锅都交了，没法做饭，你非去大食堂吃饭不可。谁知道炼不炼，人家要就给人家。

问：炼铁的时候，你和他爸爸谁去了？

答：他也没去，村里有管事的。我们把东西都交给村里，村里有村长。

问：不是全村人都去炼铁吗？

答：不是。

问：村里办公共食堂的时候，能给你们吃到些什么？

答：到吃饭的时候，自己拿上碗和筷子去领一点饼子和山药。

问：有菜吗？

答：饼子都吃不饱哪有菜。一个人半块饼子，根本就吃不饱。还有用花籽做的粥，现在连猪都不吃，那个时候让人吃呢。

问：那时候家里没有存一点点粮食吗？

答：粮食都入库了，有人保管着，说是村长管着，到时候领出来，让食堂做。那时候，饿得不行了，到了地里，嚼着吃生地瓜、生玉豆、生萝卜、生黍子、生山药。你不吃，饿得慌，还要叫干活呢。就这也不让吃，看见了不行，都是偷偷地吃。

【人民公社】

问：公社时，村里分几个生产队呢？

答：有 13 个小队。

问：那个时候，你除了干家务管孩子之外，也干农活吗？

答：白天黑夜干，不干孩子吃什么！

问：每天早晨大致几点开始干活？

答：队里一敲钟就去了。去了之后，队长派活，让干啥就干啥。

问：你说晚上也干活？

答：忙的时候晚上也敲钟，割麦子、收棒子、扛粪、挖地、剥棒子，经常干活。

【工分】

问：那时干一天是多少工分？

答：有六分的，有七分的，女的少，男的多，男的有十分的。

问：一个劳动日能有多少钱？

答：有两三毛的，也有七八毛的。

问：你们家就你和他爸两个人劳动，养 7 个孩子，每年到年底分红的时候，除了扣除粮、油、棉花钱之外，不欠队里的钱吗？

答：我家倒是没有欠过，天天干哩。谁不想多挣几个工分？你挣够了粮食钱，还得挣别的钱，谁不花钱呢。

【分家】

问：实行生产责任制后，你这几个孩子都分家了吧。

答：分了地以后，他们就在家种地。

问：他们什么时候分的家？

答：先是他大哥分出去了，后来他们才分出去。

问：分家的时候，你给他们分了些什么，是钱还是债？

答：也没给他们钱，也没给他们腾下窟窿，你问他们，没给他们腾下一个钱的窟窿。

问：他们结婚要花多少钱？

答：那个时候花钱比这个时候少，那个时候有个箱子、立柜，对方再陪上点就行了。

问：你们家的经济是你管还是他爸爸管？

答：我管。他爹没受过苦，就是在外头给人家做木工活、做家具，种地不行。

问：解放后他爸爸一直就给人做家具吗？

答：那个时候不让上集，在家做的家具也没法卖。给别人干，都是偷偷地干。

【儿女养老】

问：现在这几个孩子都结婚成家了，你是自己单独生活还是和谁一块生活？

答：我是四个孩子，一个孩子那里住一年，轮流着住，住在谁家，吃喝就是谁管。

问：不去三个女儿家也住上一年？

答：不去，让外人笑话。

问：生病时，花费大，医疗费怎么办？

答：他们几个合伙摊。

问：今年住在书记家？

答：是。

问：今天谢谢你，也谢谢书记。

答：不客气。

郝吉辰

时　　间：1994 年 12 月 27 日上午
访 问 者：李恩民
同 席 者：赵淑英（郝之妻）
　　　　　聂秋枝（赵之友人）
访问场所：郝吉辰家

问：听村支部书记介绍，你一直在信用社工作，对农村的经济工作比较熟悉。我今天想请教的主要是农村的金融、税制等方面的一些问题。这次调查主要是围绕村民的生活经历展开，目的是想透过村民的生活史来看寺北柴村发展的历史，特别是华北农村的发展和变化的情况。以你们村为例，是因为 50 年前，日本的满铁组织曾派人来你们村做过调查，留下了许多有关你们村情况的资料，使我们的研究有了一个可信的参照系数。这是我们搞调查的主要目的。

【家庭情况】

问：请问你的名字叫什么？
答：郝吉辰。
问：你是哪年出生的？
答：1952 年 10 月 8 日。
问：属龙的？
答：属龙的。
问：你有兄弟几个？
答：就我一个。
问：没有姐姐妹妹吗？
答：有一个妹妹。
问：你妹妹叫什么名字？
答：郝荣兰。
问：今年多大了？结婚了没有？
答：27 岁了，嫁到段干村去了。
问：段干村也属于孟董庄乡吗？离这里有几里路？

答：有 10 里路左右，属于郊马乡。
问：你妹妹是在农村务农吗？
答：是。
问：你父亲的名字叫什么？
答：父亲叫郝傻子。
问：今年有多大年纪了，还健在吗？
答：71 岁，健在。
问：在本村务农吗？
答：对。
问：你母亲叫什么？
答：朱妮。
问：今年多大年纪了？还健在吗？
答：70 岁了，还健在。
问：这位是你爱人吧？
答：是的。
（面向其妻直接提问）
问：你叫什么名字？哪年出生的？
答：赵淑荣，1951 年生人，比他大一岁。
问：娘家是这个村吗？
答：不是，是孟董庄的。
（再转向郝吉辰本人提问）
问：你们是哪年结婚的？
答：1974 年。
问：现在有几个孩子？
答：两个，一儿一女。
问：儿子叫什么名字，多大了？
答：叫郝国政，1975 年生的。
问：现在还上着学吧？
答：在栾城中学上学。
问：是初中生还是高中生？
答：高中生了。
问：你女儿叫什么？哪年出生的？
答：女儿叫郝国丽，1977 年生的。
问：也在上学吧？
答：在冶河乡信用社上班。
问：是初中毕业上的班？
答：对。

【叔伯亲戚】

问：你父亲有兄弟几个？

答：有兄弟三个，我父亲是老大。

问：你二叔叫什么？

答：郝二丑。

问：今年有多大年纪了，还健在吗？

答：65 岁了，还在。

问：他有几个子女？

答：四个，一个男的，三个女的。其实我二叔是我亲生父亲。

问：这么说你给你伯父顶了门了？

答：是的。

问：你三叔叫什么？

答：郝连俊。

问：今年多大年纪了，还健在吧？

答：60 岁了，还在。

问：有几个子女？

答：三个，两个男的，一个女的。

问：你有没有听你父亲说过，解放前你家有没有地？

答：我家是贫农，听说过去是租别人的地过活的，有没有地，我不知道。

【个人经历】

问：你们家的情况就了解到这里，下面谈谈你的经历。你是什么时候开始上学的？在什么地方上学？

答：我是八岁的时候上的学，先在本村上到四年级，然后到河庄高级小学上了两年，一共 6 年。在孟董庄乡，当时还叫公社，上了五年，初中高中都在那里。

问：高中毕业是哪一年？

答：1970 年。

问：高中毕业后就回村务农了吗？

答：高中毕业后，我到公社办的农机修造厂上班了。

问：在那里你做什么工作？

答：当过保管、会计、出纳。

问：你还记得你上小学、中学时的老师的名字吗？

答：记得。

问：比如在小学，你印象最深的老师叫什么？

答：小学的有李修身，高小的有付顺谦、张胜贵。

问：中学的呢？

答：初中的有王振坤，高中的有纽蒸。

问：在学校时你喜欢数学？

答：我没有什么偏好，喜欢数学、语文。

（其妻赵淑荣插话：他高中毕业时考第一）

【信用社工作】

问：要不然为什么你一毕业就让你管钱呢！你在农机修造厂干了几年？

答：干了 4 年，后来到了孟董乡信用社。

问：就是说是 1974 年？

答：1974 年。

问：到信用社后，你最初干什么工作？

答：先当两年会计，又当两年农金员。

问：农金员是负责什么工作的？

答：是管贷款收款的。干了两年之后，改成为负责人。

问：具体是什么职务？

答：先是叫负责人，也没有正式任命，反正就是负责。后来才开始叫主任。

问：具体是从哪年开始的？

答：当负责人是从 1978 年开始的，干了 6 年。主任是从 1984 年开始的。

问：直到现在吗？

答：直到现在，现在还干着呢。

问：你当主任，主管信用社的工作？

答：对，当负责人的时候，也是全面抓。

问：党和政一起抓？

答：我不是党员，但工作都兼着哩。社里有一个党员，他是副主任。

问：你为什么没有入党？是没申请还是没被批准？

答：入不入，工作一样干。

【日军凌辱妇女】

问：你有没有听老人说过日军烧杀抢掠、欺负妇女的事？

答：杀人的事没听说过，欺负妇女的事曾听说过。我是听我奶奶说的，我们的一个姑姑，七八年前去世了，当时有十几岁，长得挺漂亮，被日本人欺负过，这事家里人都不愿意说。当时，日本人来的时候，女孩子都把脸抹黑，有的还装成男的。

问：你姑姑叫什么名字？

答：叫郝淑琴。

问：后来结婚了吗？

答：结了。

问：有几个孩子？

答：有两个女的，一个男的。

问：在哪个村？

答：圪塔头村，离这里有 6 公里。

【“大跃进”】

问：“大跃进”时你六七岁，对“大跃进”的事你可能不记得吧？

答：不记得。但记得 1960 年吃食堂的事。刚开始还能吃饱，1959 年后半年就开始挨饿了。那个时候什么都吃，吃过花籽饼、棒子面、山药根（红薯）、野菜、山药渣子。

问：那时候你刚上小学吧？

答：对，中午从学校回来，就去食堂领饭，每人只给半块饼。有时要参加劳动，下午摘棉花，这时中午先给一半的饼，下午到地里再发剩下的那一半。

【“大串连”】

问：1966 年“文化大革命”开始时，你正好是上中学，你们学校受到影响了吗？

答：那时候赶上串连。我们有两个班，八九十人不上课了，老师领着去串连，只有 8 个学生没去，男的就我没去，奶奶不让我去。

问：你们班同学都去哪儿串连去了？

答：北京和天津这两个地方，都是初中生，还小，不敢跑得太远。

问：高中毕业后你到农机修造厂上班了，那时厂里有没有停产闹革命？

答：我去了以后，没见过厂里停工。

问：忘了一个很重要的问题，现在你的户口是农业户口还是城镇户口？

答：我 1975 年当会计的时候转了户口。

【信用社情况】

问：你在农村的信用社干了这么多年，又是领导，现在我们的问题就进入你的专业。请问信用社的主要业务是什么？有什么作用？

答：信用社主要是吸收存款、放出贷款。在农村，乡里的金融活动都在信用社。

问：信用社属于哪个银行系统？

答：乡信用社的上司是信用联社，从属于农业银行。

问：是国营企业？

答：不是。农业银行属于国营企业，信用社属于集体企业，不过待遇上没有区别。

问：孟董庄乡信用社有多大规模？

答：（从抽屉里取出工作笔记本打开回答）职工有 13 人，其中正式工人 11 个，现在都叫合同制工人，另外还有两个人，一个是做饭的，一个是退休后回聘回来的。

问：资金的情况呢？

答：资金的情况，这能说吗？

问：我想没问题，日本专家来调查的目

的，只是客观地了解情况。

答：那我就说了。今年我们有各项存款1878万元，各项贷款1123万元。

问：吸收存款的办法是什么呢？

答：信用社储蓄的政策原则是"存款自愿，取款自由，存款有息，为储户保密"。

问：从信用社贷款，没熟人不行？

答：过去我们贷款给个人，前提条件必须是熟悉的人，因为只有熟人，才了解他们的情况，知道他们有没有偿还能力，这叫信用贷款。现在不一样了，不认识的人也行，但要全面抵押，抵押支票，国库券等有价证券。信用贷款越来越少了。

问：信用社贷款的主要对象是以个人为主还是以企业为主？

答：现在贷款还是以个人为主，大概占2/3，乡镇企业占1/3。

问：信用社的利润主要来自哪里？

答：主要来自贷款的利息及存入银行的一部分利息。

问：现在许多企业都面临亏损，金融系统是不是好一些？

答：现在金融系统也不保险。我们今年也可能面临亏损。

问：为什么呢？

答：因为现在国家实行存款保值，而贷款的利率一直是一分四厘六四，没有往上调，给出去的多，要回来的少，利率倒挂。这是一；二是前几年放出去的贷款，有的收不回来。如有的个体户赔了，还不起贷款，我们也不能去把他家的房子拆了，他一家子还要生活。还有，有的乡镇企业一亏损或者一下马，我们连本息都收不回来。另一方面，信用社自主权少一点，贷不贷款给谁，有时不能自己做主，要受各级党政领导的干涉。

问：根据你的看法，农民有了钱以后，是愿意把钱存入银行存款生息，还是愿意用于扩大农业再生产或投入商业做买卖？

答：农民有了钱后，一般都是先存起来。钱的主要用途是盖房子，红白喜事，儿子多的主要花在娶儿媳妇上，还有买拖拉机。

问：这么说，随着这几年农民收入的增加，你们信用社的存款数目也在增加？

答：是的。信用社的存款户一般都是农民，存款率每年都在增加，这几年基本上是每年递增20%。

问：这20%大致有多大的数额？

答：去年我们吸收存款200多万元，今年是300多万元。年初我们社的存款数是1589万元，到11月底是1878万元，纯增300多万元，估计到年底能达到1900万元。

问：贷款和存款相比较，是不是存款的数目要大于贷款？

答：当然还是存款的数目大，这是受宏观调控的影响。比如我们还有能力放出100万元的贷款，要不然利润受影响，但上面不允许，贷款规模是受限制的。

【税费问题】

问：听说农民现在要交的税特别多，前一段时间仅中央明令要求减的就有20多种，那么，农民的税究竟有多少？

答：农民的税并不多，中央要求减的是各种各样的费，不是税。农民要交的税，主要是农业税，还有一种特产税，如种西瓜、种果树的，要交这种税。一般来说，农民每年交的税不过30元。

【土地转包】

问：据说有的地方开始搞土地买卖，这里有这种情况吗？

答：地是国家的，按规定不可以买卖，但可以转包给别人，就是租给别人。

问：有人转包吗？

答：我家就这么干了。我们共有 9 亩地，租给别人 5 亩，剩下 4 亩，我们自己种。

问：你把地租给别人都有哪些条件？

答：我们这 4 亩地的农业税和各种费如国家的和大队的各种提留，他给挡了，那 5 亩地他种他收，收入多少，都是他的。替我们交公粮的钱也是他的，我们什么也不要。其实他给我们负担的，每亩地也就是 20 来块钱。

问：这个租让条件太优惠了。

答：是。现在人们都不愿意种地了，又脏又累的，不如做买卖挣钱。

问：可以告诉一下租户的名字吗？

答：郝小六，租了三四年。现在种果树了，太忙了，不租了。

问：郝小六有多大？地多了，他就不能搞副业了吧？

答：大概有 39 岁了，人家也搞副业，冬天磨粉，农忙的时候种田。

问：他家有几口人？除了他家自己的地，还租了你家的地，他种得了吗？

答：有两个孩子，一个老人，一共五口人。现在都是机械化，种田用不了多少劳力。

问：在你们村，像你家这样往外租地的大概有多少户？

答：西头的不太清楚，这一片有五六户。

问：像你家这种生活水平，在村里属于什么水平？

答：中上等吧。

【做买卖】

问：从你家的情况看，你觉得什么时候生活最困难？

答：从 1974 年结婚开始，生活逐年好转。责任制以后富得较快，生活好多了。她们（指在座的其妻与聂秋枝）还做服装生意呢。

（面对赵淑荣和聂秋枝提问）

问：你们主要做什么服装生意？童装还是成人衣服？

赵答：成人衣服，男式半大衣。

问：从做到卖都是你们俩吗？

聂答：我们俩合伙干。主要是裁剪，剪好后托别人去做。自己也卖，也让别人卖。

问：请问你叫什么名字？

聂答：聂秋枝。

问：今年有三十几了？

聂答：46 啦，属牛的。

问：也是这个村的？

聂答：是。

（再面对郝吉辰提问）

【计划生育】

问：你爱人也挺能干的。你们家有了大事的话，是谁做主？

答：我们家的事，大事小事都一样，男女平等，人家也出主意，也做主。我觉得，咱们国家在这一点上女的真的顶半边天，好多男的不如女的，有一半女的都不次于男的。

问：你们两个孩子都是 70 年代后期出生的，那个时候已经开始提倡计划生育了吧？

答：那时已经提倡了，不过没有硬性规定就只能生一个。

问：有了两个孩子后，没计划再生一个？

答：不行了，后来严了。有了两个孩子，年龄在 45 岁以下的妇女就都得做结扎手术了。

问：你爱人也做了吗？

答：做了。

问：是在什么时候？

答：我那第二个孩子 6 岁的时候，大概是 1982 年左右。不过，咱们国家人口太多，确实应该实行计划生育。

【婚俗】

问：今天时间还有富余，请你介绍一下这里的风俗习惯吧。首先是办喜事的基本程序,现在农村谈恋爱的人多不多?

答:这里现在有自由恋爱的,但按农村来说,还是介绍的多。先介绍后恋爱。两人认识后就开始恋爱了,如一起到石家庄玩一玩,平时来往的也多了,慢慢就加深感情了。

问:订婚时给不给定情礼物?

(在座的聂秋枝回答)

答:两人都没意见了,换"回身礼"。

问:"回身礼"是什么呢?

聂答:就是男女互相给对方买四种物件。

问:具体是指哪四种。

聂答:各人的爱好不同。书、本、衣服,什么都行。

问:买这"回身礼"一般都花多少钱?

聂答:一般男的给女的买的礼物重点,女的买的轻点。

(面对郝吉辰本人提问)

问:定亲后,一般多长时间就结婚了?

答:有一年的,有半年的。一般在当年之内就结婚了。

问:结婚前还有什么活动吗?

答:结婚前,一般都要让女的到家里来玩一两次,比如春天介绍的,夏天让女的来两次,来了后,家里给买些礼物。

问:结婚用品的准备有什么讲究吗?

答:男的先要准备好房子,然后是家具、被褥之类的。女方也准备一些床上用品,如枕巾、床单等日常用品。

问:送彩礼吗?

答:一般男的都要送些彩礼,两三千的不等。女的用彩礼钱买成东西又都带回来了。

问:结婚的仪式怎样?

答:结婚的当天,男方开上轿车或面包车去迎接新娘,车上绑上红花。一般早上9点出发,11点左右接回来。这里的讲究是中午12点以前必须到家。到了以后,新郎新娘给老的敬个礼,夫妇双方互相敬个礼,一般就结束了,挺简单的。

问:没有结婚典礼吗?

答:一般院子里都贴一个典礼程序,但不按程序办了,都简化了。

问:这里有没有闹洞房这一习俗?

答:有,也叫"听房"。给新媳妇脸上抹黑,晚上偷听人家说话之类的,闹着玩哩。现在都忙了,不怎么闹了。

问:第二天新郎新娘有什么活动吗?

答:第二天早上,家里的嫂子或婶子领着新娘去拜当家的,去的时候拿个褥子,说是磕头时用的,现在都不兴了,做个样子。中午吃完饭,娘家就来人把新娘叫回去了。到了晚上,新郎再去把新娘接回来。

问:第三天还有什么活动吗?

答:第三天就没什么事了。现在人们思想都变化了,特别简单。

【丧 俗】

问:这确实是很简朴的。办丧事都有什么程序呢?

答:人死了以后赶紧放炮,村里的人就知道了。俺们这块儿是喜事不放炮,丧事放炮,和别处不一样。村里的人听到放炮声,就都来帮忙,如帮着给外村的亲戚报丧。

问:不是家里的长子去报丧吗?

答:不是,让乡亲们去就行了。

问:报丧时穿不穿孝服?

答:不穿,但是有穿的时候。比如女的娘家父亲或母亲去世了,女的要亲自给公公婆婆报丧,那时就得穿孝服。穿着孝服,到婆家后,一句话不说,磕个头就往回走,婆家的人就知道是你的亲生父亲或母亲去世了。

问:如果男方的父亲或母亲去世了,要去给丈人、丈母娘报丧的话,也这样吗?

答:那就不用了,让乡亲们去就行。

问:人去世后,是否马上得买棺材?

答：这里都实行火葬了，不用棺材。

问：那人去世后放在哪里呢？

答：就放在床上，给身上盖一块布，我们叫"扇单"，也叫"盖单"，白的、黄的、蓝的，只要不是红的就行。家里设灵堂、灵牌、贴白联，让乡亲们和亲戚来吊唁。过两三天就火葬了。

问：这里哪儿有火葬场？

答：县里有一个，离这儿有十几里路，在县城西边。

问：去之前，是不是需要提前预约？

答：不用。当天去，一会儿就化完了。

问：一到那儿就火化吗？

答：现在一般先美容，有的还搞个遗体告别仪式，然后火化。

问：火葬需要花多少钱？

答：连骨灰盒，一般都得五六百块钱。

问：火葬完之后骨灰放在哪里呢？

答：当天把骨灰拿回家，还放在灵位那里，第二天就埋了。

问：有没有出殡仪式？

答：有。一般都请人到家里唱戏，吹喇叭，放炮。乡亲们和亲戚都要来，送些帐子、炮什么的。如果是女婿的话，拿些鸡、鱼、肉、馍馍等吃的东西来。

问：出殡的时候是什么样子呢？

答：几个乡亲抬着骨灰、子女抬着花圈出门。出门后，人们要围着骨灰转三圈，男的正时针转，女的逆时针转，然后在村里绕一圈。一边唱，一边吹，一边放炮。最后去地里，把骨灰埋到事先挖好的坑里，堆个坟堆，把花圈插在上边就行了。

问：这样送葬仪式就算完了吧？

答：埋完人后，儿媳妇要赶快往家里跑，在我们这儿，这叫"抢福"，意思是谁先跑到家谁有福。对了，这里还有一个讲究，就是女婿给丈人送殡的时候，不去地里，送到村

口磕个头就行了。

问：从这以后，还有什么纪念活动吗？

答：打那以后要每七天烧一次纸，共烧七次，七七四十九天，到了百天那天再烧一次纸。然后，每年清明节和阴历十月一日寒食前的任意一天，再烧一次纸，连续三年。这样基本上就算完了。

问：你们这块儿红白喜事的许多讲究，都很有特点。时间也不早了，再问最后一个问题，在我今天采访你之前，还有别的人来采访过你吗？

答：有三四次了，有农业部的还有美国的，家里还有他们的照片呢？

问：能给我看看吗？

答：可以。

（取出影集，共同观看）

问：他们的问题和我提的问题一样吗？

答：不一样。

问：他们都提了些什么问题呢？

答：都是和吃、穿、住有关的问题。如家里有几亩地，土地的投入，粮食的消耗、卖出买进、金融往来，家里的收入和开支的详细情况等，都是现在的经济方面的。你们的调查侧重于过去。

李：你说的对。今天就到这里，谢谢你。

郝二丑（郝志强）

时　　间：1994 年 12 月 27 日下午

访 问 者：李恩民

访问场所：郝二丑家

【家庭简况】

问：请问您叫什么名字？

答：小名郝二丑，大名郝志强，这个名字有的知道，有的不知道。

问：您是哪年出生的？

答：我今年65岁了，属马的，记不清是哪年出生的。[①]

问：你的出生地是这个村吗？

答：是的。

问：你老伴还健在吗？

答：刚才带孙子出去了。

问：你老伴叫什么名字，多大年纪了？

答：叫郭梅格，比我小11岁，今年54岁了吧。

问：你们什么时候结的婚？

答：我32岁时结的婚，不记得哪一年了。

问：你们一共有几个孩子？

答：五个，两个男的三个女的。

问：请介绍一下他们的年龄和工作好吗？

答：老大叫郝吉辰，是县信用社主任；老二叫郝庚辰，28岁，在家里干活。

问：这是两个儿子，女儿呢？

答：庚辰上面有个姐姐，叫郝春英，今年30岁了，嫁到京北村，离这里有25里地。

问：二女儿呢？

答：二女儿叫郝春霞，22岁了，现在乏马村，离这里有12里地。

问：三女儿呢？

答：三女儿叫郝春娇，19岁了，给了她姑姑了，现在在北关。

问：结婚后去的北关？

答：不，给了她姑姑了，名义上是她姑姑的孩子，也常来我这儿。

问：你这几个孩子的名字起得都挺好，你上过学吧？

答：没有，我没上过学，不识字。吉辰的名字是他爷爷起的，因为他属龙。其他几个孩子的名字都是我起的，那时他爷爷已不在了。

问：你兄弟几个？

答：三个，我老二。

问：你大哥叫什么，多大年纪了？

答：我大哥叫郝傻小，比我大6岁，今年71岁。也在这个村里。

问：你弟弟叫什么，今年多大年纪了？

答：弟弟叫郝连俊，今年60整。

问：你没上过学，这一辈子就一直在村里劳动吗？

答：就在村里受苦，也没当过兵什么的。

问：你做过买卖吗？

答：没做过买卖，就是在家里干个小件，卖个菜子、枣什么的，老老实实的农民，不识字，什么也干不了。

问：大爷，上午我访问你儿子郝吉辰时，他说他母亲叫朱妮，今年70岁了，与你说的他妈妈的名字，年龄不一样。

答：你一提这，话就长了。我这个是后续的，前面我那个媳妇是高家庄的，叫周琴，比我小4岁，她生了吉辰。28岁的时候在月子里病死了，后来我才张罗着娶了这个，生了一个小子，三个女儿。

问：就是庚辰、春英、春霞和春娇吧。

答：是的，所以说，吉辰是一个娘，他们三个是一个娘。吉辰后来给了我大哥郝傻小了，朱妮是我大嫂。

问：日本军队来咱们这块的时候，你还不到10岁，你对日本人的印象是什么？

【抗战记忆】

答：我8岁时，日本人来的。记得当时人家进村的时候是大前晌儿，我们都出去看，日本兵都骑着马，挎着大刀，穿着大皮鞋。

问：大家没有害怕得跑吗？

答：说实在的，日本兵还没到这个村的时候，俺们怕，俺们还逃过哩。在地里挖一个洞，黑夜就钻洞里，觉得这还不牢靠，就

---

① 据推算，其出生于1930年庚午年。

逃到南柴村，到南柴村觉得离城还是近，又听说日本人杀人杀得很厉害，见人就打。在那里停了一宿，第二天就又逃到范田，这我都挺记得，8 岁了嘛。在范田呆了没有一宿，又听说要打梅花了，梅花村里有中央军，国民党的哪个部队，当时说是要作战，让老百姓逃，结果有逃的，有不逃的。梅花村打完以后，村里跑了 18 户，死了很多人呢。现在在村门口还有烈士塔。后来我们又逃回村里，结果到村里也没事，日本兵不是见人就杀。

问：那时大家都感到害怕？

答：打仗嘛，就是害怕。别说是外国人进来了。我们村离城挺近的，没听说被日本人毁过一个。就有一个人在城里被毁了。那人叫郝二丑，和我同名，当时在城里哪家店里做买卖，掌柜的说你走吧，这里不能干了，这个人说你们走吧，我看着门，结果把他糟蹋了，后来被抬回来了，我还去看了呢。

问：听说过日本兵欺负村里女人的？

答：没，没听说日本兵把哪家女的怎么的了。

问：你有妹妹吗？

答：我有三个妹妹。

问：日本兵来时，你妹妹往哪儿躲？

答：当时她们还没出生。日本兵来的时候，最大的妹妹刚出生 12 天，我们在棉花地里挖了一个洞，让她们娘俩钻在洞里，黑夜里给端去饭让吃。当时我那个妹妹才 12 天，在那里待了一个黑夜，我娘看没什么事就回来了，第二天就逃到南柴村。

问：为什么都往那个地方跑呢？

答：躲一点是一点，离这里有五六里地，我娘的娘家是那里的，逃到人家家里。

【红枪会】

问：请问当地有没有"联庄会"、"红枪会"这样的农民武装组织？

答：当地有"红枪会"，和当兵的一样，带着红兜子，拿着这么长的大片刀，这我都记得，是日本来了以后的事。

问：他们主要干些什么，这个村有没有？

答：他们是一个组织，有四五百人，参加的人各村都有，不过这个村没有，他们主要和阎纪录阎司令打。

问：阎纪录是个什么人？

答：人们都说他是团里的，具体也不知道他是什么部队，他的人比"红枪会"的人还多，还厉害，打"红枪会"、日本人、国民党和八路军。

问：你见过"红枪会"的人吗？听人说过有关他们的事吗？

答：我见过"红枪会"的人排着队、拿着刀、穿着红兜兜从村边走过。传说他们在和阎司令打仗之前，喝点灰水，就刀枪不进了。

问：红兜兜就是红色的吗？

答：对，是红色的，但镶着白边。

问：冬天他们也戴红兜兜吗？

答：冬天夏天都是那样。

问：你知道"红枪会"的头头是谁吗？

答：好像是叫成小弟？

问：成小弟是个什么人？

答：他是狄家庄人，老是和阎司令打，后来"红枪会"失散了。接着阎司令的人也散了。听说成小弟后来投降了日本，没正式干几天日本人就走了，他也就回家了。大约是解放前后死的。

【满铁调查】

问：1942～1944 年日本满铁的调查员曾来过这个村搞过调查，也访问了许多人，你父亲被访问过吗？

答：被访问过，我还记得呢。

问：你父亲叫什么名字，还健在吗？

答：叫何老四。"四清"那年就死了，当时 64 岁。

问：你记不记得满铁调查员访问你父亲时，是来你家还是在别的地方？访问完了以后给不给钱？

答：人家没来家里，把我爹叫到栾城盐店访问的，完了之后还给钱，大概是五块钱吧，中午还管吃饭。

问：盐店在什么地方？

答：早没了，那块地方现在是县邮政局。

问：你敢肯定是邮政局那块地方吗？

答：肯定，那时我去过盐店。

问：你父亲当时是干什么的，解放后做什么？

答：日本人在时，他给村里保长当会计，解放后也一直是会计。后来还当过税务委员。我爹是个热心人，村里的分家、打架、红白喜事，人们都愿让他管。

问：关于满铁调查，你父亲没给你说过什么吗？

答：说日本人细致得很，问的问题都特别细。如这里的风俗习惯，红白喜事，小孩子们说什么话，玩什么东西。

问：你母亲叫什么名字，多大年纪了？

答：叫冯真子，比俺爹大一岁。

问：什么时候去世的？

答：我爹去世近 8 年后，我娘才去世的。

问：1945 年 8 月，日本人战败投降的消息你是怎么知道的？

答：不知道，日本人撤走后，我们还奇怪，怎么不见日本人了，后来才知道回国了。

问：日本军队撤走之后，共产党和国民党军队都来过这里吗？

答：来过。大概是十一二月份，区小队的人写了好多标语，说是国共合作。我还记得区小队的人有 13 个，在老百姓家吃一顿饭给一斤粮票，一毛钱。

问：后来呢？

答：第二年就解放了。

【土地改革】

问：解放前，你家有没有地？

答：只有 11 亩地。这个村的地有一半以上都卖给了北关的王骡子了，他是个地主。

问：解放后搞"土改"，你们家分了多少地？除了地之外还分了些什么东西吗？

答：刚开始分地时，没人要，没牛和水车也没法干。后来我家分到 16 亩地，大概还有点钱、布什么的。

问：当时分地是怎么分的？是以户为单位还是按人头分？

答：不记得了。我记得当时分三等九级，如一等给十元，二等给八元，三等给六元的。

问：这三等九级是哪三等哪九级？

答：记不清了。反正是根据你家里有还是没有划分的，比如都是贫农，我家最穷占一级，他家有点办法占二级，还有点办法的占三级，就是这样分的。

问：土地改革不到十年，中央又要求农村组织高级社，1958 年建立人民公社。这样，农民分到的地，又得无偿地交回去。你家那时愿不愿意入社？

答：我家的态度是中立。那时我家有一个水车、一头牛、有大车，地也有二三十亩，入也行，不入也行，照我说不入比入了强。

（以下因录音出现故障，无法整理）

赵傻子（赵栓柱）（65 岁）

时　　间：1994 年 12 月 28 日上午

访 问 者：李恩民

同 　席 者：乔正姐（赵之妻）

　　　　　赵瑞河（赵之三子）

访问场所：赵傻子家

【家庭简况】

问：今天访问你，主要是想了解你个人和家庭的情况。

答：你问吧。

问：请问你叫什么？

答：赵傻子，这是大家知道的名字，还有一个正式的名字叫栓柱。

问：你是哪年出生的？

答：哪年出生不记得了，前几天阴历十一月二十日，我刚过完生日，今年 65 岁了。

问：你属什么？

答：属羊。①

（面向其妻直接提问）

问：大娘，请问你今年多大年纪了，属什么的？

答：属羊，同岁。

问：生日是什么时候？

答：腊月 28 日。②

问：是哪个村的，离这里有多远？

答：乔里庄的，离这村有 8 里路。

（再面对赵本人）

问：你们一共有几个孩子？

答：5 个，4 个儿子，1 个女儿。

问：请介绍一下孩子们的情况吧，包括名字、年龄和工作。

答：老大叫赵瑞生，42 岁，当过兵，现在县公安局西安庄派出所当所长；老二叫赵瑞海，38 岁，17～25 岁在部队当通信兵，1985 年复员回来，现在搞建筑；老三赵瑞河，就是他，33 岁，属牛的，开货车，搞运输，主要是拉建筑材料；老四赵海晨，30 岁，在县城经商，自己开了个店，卖服装。

问：你姑娘叫什么名字？在家里排行第几？现在哪里？

答：女儿最大叫赵英，43 岁，嫁到岗头村，离这里有两里地。

问：请问你还记得你爷爷的名字吗？

答：我有三个爷爷，二爷赵德群，三爷赵丑德，另一个是我亲爷爷赵德子。

问：你还记得你爷爷的事吗？

答：我亲爷爷去世的早，不记得了。二爷德群给日本人服过两年务，后来死了。当时他当的组长，在村里帮日本人办事。

问：他会说日语吗？

答：不会，有翻译，来了催要什么物件，要什么粮食、鸡子啦，多少斤等，他就帮着给办。

问：日本人给什么报酬吗？

答：从日本运来化肥分给大家，那个时候，我八九岁了，知道那个东西叫尿素，但大家都不敢用。还分给大家棉花种，那时咱们这里是小棉花，人家拿来的是洋棉花。我们家当时很大，有两亩多地大，东西都放在我家然后分。大家来来往往的，所以我记得。

问：你父亲叫什么名字，多大年纪了？

答：我父亲叫赵清子，大概是日本人回国的那年去世的，1945 年吧。当时 40 岁左右，他是属大龙的。③

问：你母亲叫什么名字？多大年纪了？

答：母亲叫白妮，比父亲去世得更早，她是田家庄人，离这里有 4 里地。这是听老人说的，我太小，不记得了。

问：请问你兄弟姐妹有几个人？

答：有 3 人。

问：请介绍一下名字、年龄及现在在哪里。

答：大姐叫赵丑妮，比我大两岁，今年

---

① 据此推算，其出生于 1931 年 12 月 31 日（阴历十一月二十三日）辛未。

② 据此推算知其出生于阴历十二月二十八日辛未，公历 1932 年 2 月 4 日。

③ 据此推算，其父亲应是 1904 年甲辰年出生的。

67 岁了，嫁到孟董庄去了。妹妹叫赵荣贵，比我小五六岁，今年有 60 岁了吧，现在南留村，离这里有 8 里路。

问：请问你上过学吗？

答：刚上了几天学，就退了，家里太穷。

问：你家是什么成分？

答：贫农。

【父亲扛活】

问：你父亲以前主要是以什么养家糊口？

答：主要是给人做长工，有时也做短工。

问：做短工的话，钱是怎么给的？

答：当天给钱。

问：你父亲是给谁家做长工，你还记得吗？

答：记得，是给傅老玉做长工。

问：傅老玉是哪个村的人，家里是什么成分，地主还是富农？

答：他是栾城东关人，是我父亲的亲姑夫，成分大概是上中农。

问：上中农的话，他家并不很富，那你父亲为什么到他家去扛活呢？

答：他家不富，两口子十几亩地，没有孩子，我从小在他家长大，父亲给人家扛活，就是图报个恩，给钱不给钱都行，给碗饭吃就行了。

问：傅老玉去世了吧？

答：解放前就去世了。

【日军印象】

问：请问你见过日本人吗？

答：见过，我 7 岁时日本人进中国，八九来岁时常和日本小孩在一起玩。我在东关，与县城挨着，常在城墙上和日本孩子玩，日本人见了还给水果糖吃，记得日本的糖不大，但很甜。

问：你是否见过或听说过日本兵在这块搞过大屠杀，或烧房子、强奸妇女的事？

答：没听说过，我在城里长到十来岁，日本兵在城里正规得很，村里的事不太清楚，那时城门口都有把门的，你只要带上良民证，给日本人敬个礼，就可以进城了。

【红枪会】

问：请问咱们这块有"红枪会"吗？

答：有。我见过。"红枪会"的人扛着枪，拿着大刀走过去了。

问：他们的穿戴是什么样的？

答：和普通老百姓一样。

问：有没有穿着统一的服装？

答：没有，这我记得清。

问：传说他们刀枪不入，你听说过吗？见过他们打仗吗？

答：没有，我只见过他们走过路，别的不太清楚。

问：昨天我采访时，听说这块有个叫阎司令的人，你听说过吗？

答：叫阎纪录，他是藁城狄上村人，是杂牌军。

问：你见过他的部队吗？

答：他在北关扎了老营，北关的四周都是寨墙，你到北关一去访问，就知道他的详细情况了。

问：日本占领期间，满铁曾派调查员到这里搞调查，也有调查记录，跟我们这种形式差不多，请问那时他们访问过你父亲吗？

答：我父亲死的早。

问：他们是 1942 年来的，从 1942～1944 年共来过 4 次，是你父亲去世前来的，你没听说过他们访问过你父亲，是吗？

答：没听说过。

【解放栾城】

问：听说解放栾城时战斗挺激烈？

答：是。栾城有两道沟不好攻。在攻城头两三天，解放军就在这一带转，可能是准备。当时我从东关往地里送粪就能够看到，那时我就十六七岁了。

问：那是什么时候？

答：1947年8~10月份，已种麦子了。

问：在做攻城准备时，解放军是否都住在周围的村子里。

答：侦察是由"模范班"干的，"模范班"也就是村里的基干民兵。解放军白天不敢来村里，到傍晚才来，他们是从马庄、下梁、梅花一带过来的。

问：村里的人帮助攻城，有报酬吗？

答：村民们主要是帮助用担架运送伤员，送的地点就是马庄、下梁、梅花，那里是后方，有医院。到了那里之后就让住下，给饭吃，不记得给什么报酬，也不让回去，因为不知道你是不是伪军，怕走漏了风声。

问：日本是1945年8月战败的，日本投降的消息你当时知道吗？

【日军拉夫】

答：我7岁时日本军进中国，十四五岁时日本兵回国了，用我的岁数就能算出日本在中国待了七八年吧。日本投降前，我给日本人当苦力，挖防空洞，除马圈的粪之类的。

问：干活给钱吗？

答：不给钱，算是要的夫。那时我在东关，成分高的人家得天天出人给人家干活。我是中农，隔天去一次。

问：你给日本人干活算是服役，不给钱，但管不管饭？

答：也不管饭。也就是在城里城外干活，离家不远，都回家吃饭，挖地堡（碉堡）时，有时候让带饭来，不让回家。日本人也在离我们不远的地方吃饭，我们能够看到。日本妇女都穿着裙裙道道的衣服，和咱们的衣裳也不一样。脚上穿光大板鞋，与咱的凉鞋差不多，穿白袜子，冬天也不觉着冷。人家不管吃什么饭，都要有汤，爱喝汤。这些人和老百姓很熟，有说有笑的，有的懂人家的话，有的不懂。

【日本战败】

问：日本战败投降的事，你当时知道吗？

答：那时光知道日本人撤走了，不知道为什么走了，还小哩，不经那个心。

问：日本侵略我们国家，给我们造成了很大的损害，根据国际法规，日本应当赔偿我们的损失，关于这事，你当时知道吗？

答：那更不知道了，咱没文化，那时又小，不知道这个事。

问：日本投降第二天，蒋介石发表声明，说对日本要"以德报怨"，你听说过吗？

答：这也不知道。有文化的人可能知道，我整天在地里干活，听不到什么消息。

问：关于日本投降之后，国民党军队和共产党军队在栾城的情况，你知道吗？

答：只知道经常打仗，别的就不清楚了。

问：1949年10月，中华人民共和国成立时你在哪里，这里有没有搞过庆典活动？

【土改】

答：那时我回到了村里，新中国成立前，在北关已经开始斗地主了，分他们的地，拿他们的物件。我们这个村穷，干生活要紧，不记得搞过什么庆祝活动。

问：请问解放前你家有多少地，"土改"时又分了多少地？

答：我家原有8亩地，后分了14亩地。

问：你得到的土地是好地还是一般的地？

答：我家的土地都不赖。

问：三四十年代，农作物以什么为主？

答：吃的以谷子为主，以后种洋花，洋

棉花，也种玉米，不过收成小，那时玉米不是杂交种，一亩地只打一两百斤。这个穷村，春天就接不上嘴了，种玉米是为了能接上嘴。

问：土地改革时，全国有的地方农民不敢要地主、富农的地，担心害怕，这个村有这种情况吗？

答：谁不害怕？那时石家庄还没解放哩。村里好几户都不敢要，怕万一反过来了不得了，也有敢要的，像我家穷，什么也不怕。

问：除了土地外，还分过房子吗？

答：我们这个村分不了房子，我们这村给种地的大户都在北关，如王骡子、王老要都是地主，还有一部分是北门连李家的地。

问：这些人的地和你们村的地连在一起吗？

答：我们村的地大部分都是人家的。有的把地卖给了人家，有的当给人家，时间长了，花钱太多，还不起了，就把地给人家了，我们村人几乎都没地了。

问：你们家的成分是什么？

答：下中农。

问：划分下中农和贫农的标准是什么？

答：具体不太清楚。反正下中农比贫农生活好点，种的地多点。

【婚姻】

问：请问你们是什么时候结的婚？

答：记不清哪一年了，旧社会结婚早，我们是16岁时结的婚。

问：是介绍的吧？

答：那时都是包办婚姻，和现在不一样。

问：刚解放不久，颁布了《婚姻法》，提倡自由恋爱，婚姻自主，这里宣传过吗？

答：宣传过，那时包办婚姻离婚的也不少，过去是"嫁鸡随鸡，嫁狗随狗，嫁给木头抱着走"，女的不能提离婚，有了婚姻法后，两人不对脾气就散了。特别是有钱有势

的人家，孩子有缺陷，包办个穷人家的孩子，这离婚的比较多。

【反迷信】

问：这里有没有开展过破迷信运动？

答：毛主席在世时，把庙都毁坏了。

问：这个村里以前都有什么庙，你还记得吗？

答：记得，有关爷庙、老母庙、镇武庙、武道庙等四五个庙。

问：武道庙供的是什么神仙？

答：人死了以后，家里人先不说别的，最主要的是先到武道庙烧纸，意思是把魂送走了，烧完纸回来，再讨论办丧事之类的事。

问：这些庙是什么时候、被谁拆掉的？

答：破迷信时，全被民兵拆掉了。拆下的木头、砖，都归队上，盖了马房啦。

【扫盲活动】

问：1950年号召各地农村开展识字运动，办夜校、认字班等，你们参加过吗？

答：那时叫扫盲哩，让年龄大一点的人上"民校"，基本上都是冬天办的，农忙的时候就不办了。

问：是晚上上课，还是白天上课？

答：晚上上课，白天不上课。

问：给你们上课的老师还记得吗？

答：有郝秀珍，是妇女主任。

问：现在学生上学都有课本，你们那时用的是什么课本？

答：我想起来了，那时没课本，就在小黑板上写上字，让大家念，练习写。第二天黑板擦了，大家也就忘了，没法学，就是为了扫文盲，搞了两个冬天就不搞了。

问：不管怎么说，你还学了两个冬天，总能写自己的名字吧？

答：写不好，别人写我的名字，我能认

得，没什么效果，去了就打瞌睡，不好好学。

（面向其妻乔正姐直接提问）

问：大娘，你那时参加学习了没有？

答：我没去，孩子多，我得在家看孩子。

（再转向赵本人提问）

【互助组】

问：1951年底，中央曾要求各地在农业生产中实行互助合作，当时互助组的情况你还记得吗？你家和谁家是一个组？

答：互助组的标准是十家一组，其实达不到，有两三户的。和我家一组的有两户，一是赵秀路，61～62岁，现在有病，说话已说不清。二是我叔叔赵二红，小名赵红子，死了有几年了，户少了，干活还快点。

问：从心情上说是愿意各干各的，还是愿意在互助组一起干？

答：从心情上说愿意各干各的，不过有工作队住在村里，让走这条线，也没办法。

【政治运动】

问：1955年4月，全国各地开展镇压"反革命"运动，这个村有没有被镇压的人？

答："镇反"那两年，栾城杀了许多，如给国民党当过兵的，当过大官的。这个村没有"反革命"。

问：1957年"反右"的时候，这个村有没有人被打成"右派"，或有没有城里的"右派"分子被送到这个村接受改造？

答：没有。

【"大跃进"】

问：1958年8月，中央北戴河会议之后，全国各地开始"大跃进"，请你给我介绍一下这里大炼钢铁和办公共食堂的详细情况。

答："大跃进"讲的就是大干，平整土地，大炼钢铁，白天黑夜都干。冬天主要是盘炉子，大炼钢铁，那时都吃食堂，家里所有烂铁、铁锅都得交上去。

【人民公社】

问：进入高级社后，你们村分几个大队，你是几队？

答：分7个大队，我们是六队。

问：请问你当过队长吗？

答：当过，我是正好在他（指赵瑞河）出生的前后当的队长，干了三四年。

问：你当过队长，当然对人民公社时的劳动作息时间比较熟悉，请介绍一下当时你是如何派活的，工分是多少？

答：我们那时是一天三派活，农忙时是一天四派活，晚上还干哩。早晨起床后不吃饭就敲钟，队员集中到一起后派活，你去干这，他去干那的，大约从7点开始干活，8点半左右回家吃早饭。早上是给2个工分。

吃完早饭后再敲钟派活，从10点到12点左右在地里劳动，给4个工分。

12点多回来吃午饭，下午2点敲钟派活，从3点干到7点左右，给4个工分。

夏天中午适当午休，下午上工时间晚点。冬天晚上有时要平整土地，拿着灯笼火把在地里干活，晚上加工算2～4个工分。

这时间都是大概的，那时没有表，都是看太阳估计时间。

问：这样算下来，一个劳动力一天能挣10个工分或稍多点。请问你当队长的一个劳动日是多少钱？

答：10个工分算一个工。年底分红是按工算的，我们队比别的队好，每个工是八毛钱。不过由于孩子小，光是和孩子她娘干活，挣的工分不多，每年都超支，欠队里的钱。

问：解放后经过土地改革，农民分到了土地。但不到十年，中央又号召组织高级社，1958年又要求在农村建立人民公社，这就要求农民把"土改"时分到的土地，又无偿地交上去，归集体所有。请问当时你们愿不愿意交地，想不想加入高级社？

答：不愿意入社。工作队一直在村里做工作，两三年才入了社。大部分入社后，还有不入的，最后看不入不行了，就都入了。

问：工作队如何劝人们入社？

答：说入社有好处。那时人们吃不够，粮食困难。断食时国家会给拔点玉米、大米之类的，你不入社就不给你。给的大米比不上一般的大米好吃，但咱这块不种大米，觉得还挺难得。

【"四清"】

问：1963 年开始的"四清"运动，当时来这个村的工作队的人，你还记得吗？

答：记得，来了不少人，管我们队的叫李凤喜，石家庄师大的大学生，20 来岁，比你还小，据说红卫兵造反时死了。

问：工作队在村里都干了些什么呢？

答：主要是定成分，这事不容易，要召集老年人座谈，了解各家情况。他们还常常下户吃饭。村里有食堂也不去，在老百姓家里吃完饭，总给钱和粮票，但有的人家不要。

问：咱这块发生过大的自然灾害吗？

答：1963 年连续半个月下大雨，发生大水灾，红薯泡在水里都不能吃了，房子都倒塌了。那时，国家给救济，送来了木材、蔬菜等。我们这个村地势比别的村高，受灾算轻的。

【"文革"】

问："文化大革命"期间，请问这个村有没有造反派组织？搞过什么活动吗？

答：当时就是组织一伙子人砸庙，没听说过有正式的组织，还批斗"五类"分子。

问：请问当时的"五类"分子都是谁？

答：刘小水是"坏分子"，他当了几天民兵连长，无恶不作，敲诈勒索，给定成了坏分子；富农分子有张群，是个女的，还有张仲寅；"反革命分子"是郝大兴，他是日本人走后当的三青团大队长。这些人那时经常受到批判，现在大都死了，只有张仲寅还在，有 80 多岁了。

问：当时对这些人如何教育管理呢？

答：开大会时，怕他们搞破坏活动，治保主任就把他们叫到一起控制起来了，不让他们随便走动。刷标语、扫雪都是他们干的。

问：这些人子女的婚姻受不受影响？

答：那时叫划清界限，不分敌我不行，我们都不敢和他们共事，见了面都不愿意说话。孩子如果和他们定了亲，就不能参军了。

【分家】

问："文化大革命"后，实行生产责任制，当时分地时孩子们的地是分给你了还是直接分给孩子们？

答：那时都分家了，所以都直接把地分给他们了。

问：那么，你老俩口的地呢？

答：都给他们匀下去了，一个人六分地。

问：那你不用干活了。

答：不干活，孩子们都挺孝顺的。

问：他们每年应该给你们交多少钱、粮、油，这些都有规定吗？

答：规定着呢。分家时都立了字据，不怕他们不给我。

问：具体是怎么规定的呢？

答：一个人一个月交 10 块钱，共 40 块钱，粮食是一年每人 250 斤麦子，共 1000 斤；100 斤玉米，共 400 斤；棉花每人半斤，共 2 斤，另外每人每年再交油和肉各 5 斤。

问：这些能够你们老两口生活吗？

答：基本上够了，没什么花销，我也不

喝酒，就是他娘吃点药。不过也不富裕。

问：能不能让我看一看你们的分家单？

答：分单我不保存，他们那里每人一份。瑞河去把你的拿来让他看看。

（拿来看完后）

问：这是真正的分家单啊，我想借一天回去好好看，明天还给你，行吗？

答：行。

问：分家单是谁来主持写？

答：我们都是当家的给写的，立个字据，准当点，怕以后有不孝顺的，不给老的了，拿出字据来，给他们要。

（赵瑞河插话：空口无凭，立字为证）

口说无凭，立字为证。你在日本留学，像这个（指手里的香烟）日本语叫什么？

李：日语叫"夕ハコ"。

赵：就是这，我从小就记得这洋名叫"打八狗"。还有他们有时给我们让饭时说"米西，米西"吧。

【土地转租】

李：对，日语叫"めし"。在村里有的人自己不种地了，把地租给别人，然后自己去干别的事，如跑买卖。

答：有本事有资本的人这么干，大部分人还是和我一样守着农业。

问：你家瑞海、瑞河搞建筑和运输，也没有放弃农业？

答：没有，我们家地少。像这些孩子（指在场的几个孙子）都是分地后才生的，没有地。地的多少不等，有的不愿意种了，如家有好几个丫头，过门走了，他的地就多了，地多了种不过来，有让给别人种的。

问：按道理讲，姑娘出嫁后，应该把地交回队里，队里再把这些地分给新出生的孩子或嫁过来的新人？

答：这里最初规定的是 15 年不动。

【生活评价】

问：你经过了解放初的"土改"，1958 年的大炼钢铁以及人民公社这么几个时期，如果把你现在的生活与前面几个时期相比，你认为哪个时期更好一些？

答：这会儿的生活比那时高级得多了，强得多了，可以说比当时地主的生活水平还要高，现在一年四季都吃小麦，那个时候轻易摸不着白面。

问：也就是说，你对现在比较满意。

答：满意得很，家家满意，不是我一家。

问：由此可以说，改革开放政策没错。

答：没错，改革开放后，人们都好了。

问：在你看来，农村政策如何经过再改革，农民的生活比现在还能提高一步吗？有没有比现在这种办法更好的办法。

答：商业发展了，生活也能幸福，但一般人干不了。在农村，无非就是把地种好一点，多收一点吧。种好地，主要是多用化肥，可现在化肥价贵，只好少上点了。国家如果能把化肥贱一点卖给农民，就好了。庄稼长好了，农民生活就能提高一点，别的还有什么招，没别的招了。地种不好，你就得受屈。俺说平分土地那个时候，为什么均有 3 亩地生活还受屈？地不上肥料！这当儿每亩地小麦能收八九百斤，玉米千来斤，那时二三百斤也就不沾了。

问：请问你家电视机什么时候买的？

答：这是分了家后孩子们给我买的。

问：什么时候分的家？这分单（指刚才借来的）上有吧，（查看之后）分单上没写哪年哪月，光写了一个"阴历三月初一搬家"。

答：那是指我搬家，分单是在分了家以后才写的。

问：孩子们都孝顺吧？

答：孝顺得很。儿子、儿媳妇都孝顺得

很。这不是我当着他们的面才说的。你在这个村访问访问，我们家是个和睦家庭。历史上没吵没嚷过，这个村的人都知道。

问：请问家里的经济，大叔是你抓着还是大娘掌着？

答：都下放给孩子们了，我们什么也不管，这样省心。我花的钱没有了，什么时候给他们要他们什么时候给。

【结婚费用】

问：你这几个孩子结婚要花多少钱？

答：那就不等了，差得多了。

问：你给我介绍一下老大瑞生和老四海晨的结婚费用吧。

答：老大过事时，根本还没兴电视机，没要什么物件，花了三四百块钱，不花什么钱。老四结婚时已兴起要电视机、洗衣机之类的东西了，花了不到一千块钱（其妻乔正姐插说话，有七八百吧）。他们结婚时要的物件多，但娘家花得也多。

问：这些费用都不包括盖房子的吧。

答：我家里是，孩子们结婚之前，都有一处装货，房子都差不多。以后他们再要盖房子，就是自己花钱了，我就不管了。

问：在四个孩子结婚之前，你得准备四套房子，这对你来说，是不是花钱太多？

答：花钱多是多，但也没花多少。像盖房子的砖，我们就自己刻坯子，用柴火沤，费点力气，省点钱。冬天没事了，就刻坯子烧窑，那时我家和她家（指其妻家）合伙烧。像那会儿盖一栋房子超不过八九百块钱，那会儿盖房子不花工钱，都是乡亲们你给我盖，我给你盖，互相帮忙。

问：现在还有自己烧砖自己盖房子的吗？

答：现在都是承包给建筑队盖了，像我家老二现在的房子就是建筑队盖的，说好一

栋房子多少钱，中午管一顿饭，省事。

问：承包给建筑队盖就贵多了吧，如盖三间房子需要多少钱？

答：今年和往年比就差多了，我们这里说的都是平房，往年盖一平米不到 10 块钱，今年 20 多块钱了，一个劲地往上涨。

问：这样，在农村有手艺的人，如会盖房子的，就会很快富裕起来吧。

答：盖得快了，他们一天可以挣个二三十块钱，一个月弄个五六百块钱。

问：今天通过和你谈话，了解了许多新的东西，真是太感谢你们了。

郝锁子（57 岁）

时　　间：1994 年 12 月 29 日下午

访问者：李恩民

同席者：李　东（郝之妻）

　　　　郝丽霞（郝之三女）

访问场所：郝锁子家

问：我们这次与日本专家一起来到寺北柴村访问，主要是想以你们村为例，通过了解你们村的情况，来把握中国农村，特别是华北农村的情况。时间范围是从抗日战争时期的 40 年代开始，直到现在。也就是说，经过了这 50 多年的风风雨雨，中国农村究竟发生了什么样的变化，获得了怎样的发展，可以说这是我们这次访问的最主要的目的。今天，想就你个人的人生经历，做一番了解，当然也包括你见过和听说过的事。我想通过了解你个人的历史，我们可以看到寺北柴村历史的一个侧面，希望你不要有什么顾虑，我们自由地交谈。

答：好的。

【家庭简况】

问：请问你叫什么名字？

答：郝锁子。

问：你是哪年出生的？

答：大概是 1937 年吧。

问：你今年多大年纪了？

答：57 虚岁。

问：属什么的？

答：属虎。①

问：你是本村土生土长还是从外地迁来的？

答：是本村人。

问：这是你的孙子？

答：是的。

问：她奶奶的名字是什么？

答：叫李东。

（转向其妻李东直接提问）

问：你今年多大年纪了？

答：51 岁。

问：是属什么的？

答：属猴的。②

问：你娘家是哪个村的？

答：南里村的。

问：离这个村有多远？

答：有七八里路。

（再面向郝锁子）

问：你们是什么时候结婚的还记得吗？

答：我们是 1960 年腊月结的婚。

问：你们共有几个孩子？

答：有 5 个。

问：男女都算在内吗？

答：都算在内。

问：请你按顺序给我介绍一下孩子们的情况，好吗？

答：好。大女儿叫郝珍利，今年 30 整。在栾城县中国银行工作。

问：是干部还是工人？

答：是个干部。

问：她是如何找到工作的？是大学毕业后分配去的吗？

答：是的，她是上学后出去的。

问：是哪年上的哪个大学？

答：上的是中专，河北供销学校，在石家庄市，哪年上的学记不清了。

问：她毕业后就分配到中国银行了吗？

答：毕业后在县棉麻公司工作，后调到中国银行的。

问：结婚了没有？

答：结婚了，一家都住在县城里。

问：对象叫什么名字？在哪里工作？

答：对象叫刘永安，在栾城县制剂厂工作，是主管厂里第三产业的一个干部。

问：制剂厂是制造什么的？

答：是制造药的外壳的。

问：他今年也是 30 岁吗？是哪个村的？

答：他今年 32 岁了，是西宫村人。

问：你的第二个孩子是？

答：第二个孩子也是姑娘，叫郝丽娟。

问：今年多大了，是干什么工作的？

答：28 岁了，在农村务农。

问：结婚了吧，嫁到哪个村去了？

答：结婚了，嫁到西羊市（是栾城县的一个村名），离这里有 25 里路。

问：你的第三个孩子是个男孩吧？

答：是的，叫郝丽波，26 岁，也结婚了。

问：是哪年结婚的？

答：是 1988 年吧。

问：儿媳妇是什么名字，是哪个村的？

答：叫赵锡兰，是东关村人。

问：是刚刚走的那位吧。

答：是的。

---

① 据此推断其出生年是 1938 年戊寅。

② 据此推其出生于 1944 年甲申。

问：你的二儿子叫什么名字？多大了？

答：叫郝红波，今年 24 岁了。

问：结婚了没有？

答：结婚了。

问：媳妇叫什么？是哪个村的，离这儿有多远？

答：叫王凤格，是王家庄的，离这里有十里路。

问：这位（指在座的一位）也是你的孩子吧！

答：是我的三女儿，叫郝丽霞。

（面向郝丽霞直接提问）

问：你今年多大了？

答：20 岁了。

问：哪年出生的？属什么？

答：1976 年出生，属兔的。

问：高中毕业了？

答：没有，初中毕业。

问：初中毕业可以考师范学校，你没考？

答：没有考。

问：现在干什么工作呢？

答：在家里干活。

问：有对象了吗？

答：没有，早着哩。

（再转向郝锁子）

问：以上了解你家里的情况，请问你父母还健在吗？

答：都去世了。

问：你父亲哪年去世的或去世时多大年纪了？

答：1973 年去世的，当时 63 岁，要是活着，今年该有 85 岁了吧。

问：你父亲叫什么名字？

答：叫郝治群。

问：他是属什么的？

答：属狗的。[①]

问：你父亲也是当了一辈子农民？

答：我父亲从小就在饮食上做买卖，1951年后到石家庄市建筑公司工作，当工人。

问：后来呢？

答：后来退休了。

问：你父亲户口在城里，是非农业人口？

答：是的。

问：你母亲叫什么名字？何时去世的？

答：母亲叫张秀兰，64 岁时去世的，今年该有 81 岁了。[②]

问：是哪个村的人？

答：大周村。

问：离这里有多远？

答：有三里路吧。

【兄弟姐妹】

问：请问你兄弟几人？

答：兄弟三人，我有两个弟弟。

问：有无姐妹？

答：有。

问：请问你姐姐叫什么名字？

答：叫郝荣。

问：今年多大年纪了？现在哪个村里？

答：今年 59 岁了，在北五里铺。

问：北五里铺离这里有两三里路，对吧？

答：对。

问：姐姐下面是你，你是长子了。

答：对，对。

问：你下面是弟弟还是妹妹？

答：是弟弟，叫郝发锁。

问：今年多大了，在哪里工作？

答：今年 49 岁了，在河北省二机厂工作。

问：二机厂主要是制造什么的？

答：是个兵工厂。

问：是干部还是工人？

---

① 据此推算其父亲出生于 1910 年庚戌。

② 据此推算其母亲出生于 1914 年甲寅。

答：咱也不太清楚，分家后不常回来，接触挺少，他是从部队上转业到工厂的。

问：发锁还有一个弟弟，叫什么呢？

答：叫郝基锁。

问：今年多大，在哪里工作。

答：45 岁吧，属虎的，在家务农。

问：你有几个妹妹？

答：有三个妹妹。

问：可以介绍一下她们的情况吗？包括名字、年龄、现在何处等？

答：大妹子叫郝凤，55 岁，在西许营村，离这儿 25 里路。二妹子叫郝娥，52 岁，在河庄村，离这儿一里多地。最小的妹妹叫郝秀花，40 岁，在北十里铺，离这儿五里地。

问：这么说来，你父母共有七个孩子，排行顺序是：

长女郝荣（59 岁）、长子你本人（57 岁）、次女郝凤（55 岁）、三女郝娥（52 岁）、次子郝发锁（49 岁）、三子郝基锁（45 岁）、四女郝秀花（40 岁），对吧？

答：对。

问：你今年 57 岁，50 年前正好七八岁。关于日本人在咱们这块的活动，你还记得吗？

答：我是日本进中国的第二年才出生的，那时太小，当时的事，记得不太清楚。

问：你见过日本人吧？

答：见过。

问：40 年代，曾有满铁的一部分调查员来这个村搞过调查，你有没有印象？

答：可能是来过，不过人家不是通过咱，咱也不清楚。

【上私塾】

问：请问你上过学吗？

答：和没上过一样，我上学的时间很短。

问：你什么时候、在什么地方上的学，上了多长时间？

答：上小学有两三年，就在这个村里。

问：你认识字？

答：认识几个字，字不沾。

问：一般的报纸能看懂吧？

答：看得懂。

问：那时的小学有多大的规模？

答：我开始上的学校是私塾，上了两年。

问：私塾在什么地方？

答：私塾在许双庭家。

问：许双庭当时是个读书人还是富农，私塾是他办的吗？

答：私塾好像是这个村办的，借的是人家的地方。

问：当时给你们上课的老师的名字还记得吗？

答：老师是南宫村的人，姓阎，名字不记得了。

问：后来，你就转到一个更好的学校上学去了吗？

答：后来没有私塾了，也解放了，我就不上学了。

问：这个村解放前没有一座公办的正式的学校？

答：没有。

问：听说解放前，张老乐家办过学校，对吗？

答：可能是办过，我不记得了。

【日军战败与赔偿】

问：1945 年 8 月 15 日日本宣布投降，随后，日本军队就撤离中国了，关于日本战败投降的事，你当时知道吗？

答：那时不知道。

问：那你是什么时候才知道日本是战败投降了呢？

答：好几年后长大了才知道的。

问：是在新中国成立之后吗？

答：是。

问：那时有没有看到说日本投降了，我们胜利了之类的标语或听到这类内容的广播？

答：没有。

问：日本军队侵入我国后，造成了很多损害，如杀人放火抢夺东西，连当时的国民政府也被迫从南京迁到了重庆，日本战败之后，根据国际惯例应该赔偿我们国家和个人损失，关于这一点，你当时知道不知道？

答：日本兵进中国后，杀人放火的事当时传得很厉害，赔偿的事，我不知道。

问：在日本宣布投降后的第二天，当时的蒋介石委员长发表了一个声明，其主要意思是对日本要"以德报怨"，就是你日本对我再不好，我今后也要善待你，其中也包括有放弃对日要求赔偿的意思，关于蒋介石的声明，你当时听说过没有？

答：没听说过。

问：那么现在看来，你认为蒋介石的这个对日政策是对还是不对，或者是他决定的太仓促了，应该由全国性的国民大会开会讨论决定？

答：总的来说，中国受的损失这么大，为什么不要求赔偿呢？应该让赔。

问：1949 年新中国成立时，咱们这里已经解放了，这个村里举行过庆祝活动吗？

答：有是有。当时敲锣打鼓地到各村游行，学生也拿着小旗。不过当时交通、信息都不方便，不像现在信息传来的快，能够轰动。

【土改】

问：解放前你家有没有地，有几亩地？

答：有是有，没多少。俺们村那时有土地的人特别少，主要是租别人的地，自己种的地大部分都是北关王骡子的。

问：划分成分时，你是什么成分？

答：贫农。

问：土改时，你们家分到多少土地、牲口和房子？

答：土改时，我家没有牲口，房子也没有分到。

问：分了多少地？

答：连给别人种的地，共有十来亩，不准确，也相差不多。

问：你家保存了当时发的土地证吗？

答：没有。

问：你记不记得当时分地是以什么为标准来分的，是以户为单位，还是以人为单位？

答：那时按人分。地分为一、二、三等。我们村的地有河地和埝地，河地和埝地都是旱地，浇不上水，田给的就多。

问：那么在这两种地之外，还有水浇地？

答：是的，水浇地是好地，给的就少。

问：这水浇地的水是从哪里来的？

答：是地下水，也就是井水。用牲口拉水车，水就可以抽上来。

问：请问现在哪里还有水车，我们想看看实物。

答：现在水车这个物件已经都消失了，以前用水车，入社后就不用水车了。1958 年大炼钢铁时，把水车都炼了铁啦。

问：现在浇地仍用地下水吧，用什么把水抽上来呢？

答：用潜水泵。一个泵可以浇百十亩地呢，我们村有三十几个泵。

问：听说咱们这个村没有地主，是不是？

答：没有地主。

问：那解放后，开批斗会，忆苦思甜时，都批斗谁呀？

答：批张仲寅。他家是富农，我们这个村比较穷，他家算是最富的。

问：张仲寅还健在么？

答：还在，今年八十一二了吧。你应该

去访问他，他有经历。

【婚姻法与民间信仰】

问：1950 年政府颁布了新《婚姻法》，提倡自由恋爱，这里有没有搞过宣传？

答：搞过。是在 1950、1951 年左右，说是要婚姻自主，婚姻自由，自由恋爱。

问：这样的宣传起了什么作用没有？比如有没有人通过自由恋爱结婚？

答：没有。

问：基本上还是通过中间人介绍吗？

答：是通过中间人介绍。

问：当时还提倡破除迷信，不让信奉什么鬼呀，神呀的，这里搞过什么活动没有？

答：当时不让信会道门，不让信鬼神，不让烧香磕头。

问：烧香磕头风俗什么时候消失的？

答：大概是"文化大革命"时期，那时庙都拆了，管得也比较严。

问：磕头这一风俗一直没有恢复吗？

答：现在倒是恢复了。

问：咱们村有没有信仰耶稣或天主教的？

答：没有。

问：有信仰佛教的吗？

答：少得很。即使有，也不是公开的。

【识字运动】

问：在 1950 年和 1957 年全国还搞过识字运动，如办夜校和文化补习班，帮大家识字、扫盲，你认识字，没有问题，请问孩子他妈识字吗？上过这类夜校吗？

答：你问她本人吧。

（面向其妻李东直接提问）

问：你上过这类学校吗？

答：我上过夜大，识几个字。

问：上了多长时间？

答：时间不长。

问：老师都教你们些什么呢？

答：好像最先教的是写自己的名字。

（再转向郝锁子）

【互助组】

问：1951 年 12 月中央号召在农村开展农业生产的互助合作运动，请问当时你家和谁家是一个互助组？

答：那时可乱了，几天和这个一个组，几天和那个一个组，不是一两年不变。

问：为什么老要换呢？

答：因为社会一直往前迈步走着，在改进着，这个组不先进了，别的组先进，就换了。当时，有的有水车的，有的有牲口的，有的有大车的，大家互相合到一块，生产工具就都有了，正好干活。这就叫互助组。今年是这样的，明年就不一样了，就换样了。

问：我明白了，你们的互助组都是临时性的和季节性的，不是当年的，没有固定的互助组。

答：没有固定的。

【"大跃进"】

问：1958 年中央开了北戴河会议，重点一是钢产量翻番，二是建立人民公社。请介绍一下当时这个村大炼钢铁的具体情况以及你们当时的生活。

答：大炼钢铁是全民性的，凡是家里属于铁器的东西都得交上去。

问：你亲自去炼过铁吗？

答：去过。

问：当时在哪里炼铁，如何炼呢？

答：在豆姬镇炼。炼铁炉是用泥和砖垒起来的，有一人多高，叫土高炉，先把铁的东西放入炉里，用炭火烧，最后做成铁锭，然后就运走了。

问：据说 1958 年农业是个好年成，但因为全民出动大炼钢铁，农活无人管，落了个丰年不丰产的结局。农村土地荒了，庄稼熟了也没人收割，都烂在地里是这样吗？

答：不是。当时是一部分人去炼铁，一部分人留在村里干农活。

问：没有庄稼烂在地里的现象？

答：没有这种情况。

【入社】

问：解放后，搞"土改"，农民分到了土地，你家是贫农，也分到了土地。但 1956 年中央又要求组织高级社，1958 年又要求建立人民公社，这就要求农民把土地无偿地交上去，转归集体所有。请问，当时你愿不愿意交地，想不想加入高级社？

答：那时，一开始叫入社的时候，人们思想上是想不通，村里开会动员，1953 年开始初级化，有的人入了，有的人没入。后来到 1955 年基本上就都入了。因为光剩你一两户，不入活都没法干了。1956 年进入高级社，大家有活一起干了。

问：当时没入社的人都是什么人？

答：没入社的人是极个别的，如家里有工具的，有家底的，有点经济条件的，人家不愿意入，还有成分高的，成分高的人是想入也不让入。

问：当时全国许多农村都出现过打击单干农民，强迫农民入社的情况。这个村有没有？对于没有入社的人，村干部有没有指责说他们思想落后？

答：没有那样的事。那时全是自愿的，有几户不愿入的，经做工作也就都入了。再说，不入社的人的收入一年不如一年，比入社人的收入低，不得不入了。

问：那么，当时号召大家都加入人民公社的理由是什么呢？

答："人民公社大家庭"，它有个过程，即从互助组到初级社，再到高级社。高级社是什么"以队为基础，三级所有"，初级社时还不是这样。

问："以队为基础，三级所有"是 1961年《农业 60 条（草案）》中提出来的，稍晚一点。另外，听说咱们这一带发生过大水灾，是 1963 年吗？

答：1956 年和 1963 年发了两次水灾。当时国家对灾区的帮助可大了，是国家救济着过生活。

问：当时受灾的情况是什么样的？

答：房子倒塌了许多，我家的房子也坏了。

问：国家救济了些什么呢？

答：给一部分钱，另有木材、白灰、苇子，都是供盖房子用的。

【"四清"】

问：从 1963 年开始，全国各地开展了"四清"运动，主要是解决干部作风和经济管理方面的问题。"四清"时咱这个村的情况能不能给我介绍一下？

答："四清"时徐孟祥下台了，他干的时间长了，避免不了有一两个不对脾气的。

问：请问当时村里的书记、村长、治保主任、民兵连长都是谁呀？

答：当时刘保贵、刘小水是大队干部，说不上谁担任什么职务。

问：他们受到过处分没有？如被免职或批判。

答：保贵在党内受到了处分。

问：为什么呢？

答：因为他工作作风上比较硬，我们村还没有打群众的事。

【"文革"】

问："文化大革命"时村里有没有发生打

砸抢事件，有没有造反派和发生武斗的事？

答：没有。"文化大革命"主要是在城里进行的，这个村比较平稳，没有造反派。

问：那时候讲以阶级斗争为纲，这个村里如何开展阶级斗争呢？

答：讲究阶级斗争，主要是批判"牛鬼蛇神"、地主、富农、"坏分子"。像刘小水是"坏分子"，张仲寅是富农，都受到了批判。

问：有没有让他们戴上高帽子，对他们进行批判？

答：戴的是纸帽子，批判会不是很激烈。

【包产到户】

问："文化大革命"后，实行生产责任制，当时分地时是如何分的？

答：分责任田时是按劳力分，按整劳力算，不分男女，18 岁以上的就可以分地，小孩不算。后来是按人口分的。

问：像你三姑娘，郝丽霞，当时没分上地吧？

答：那时她才几岁，没赶上。

问：分地时你们是什么心情？

答：刚开始也觉得惊慌失措的，不是那么痛痛快快地分了，人们还是不愿意分，因为生产队，除了自家盖房子之外，别的事咱都不用操心，一敲钟就干活，队长让干啥就干啥，生活消闲自在得很。另外，土改时也分过土地，知道单干不容易，农活要自己操心，牲口、农具也得自己买。这个村大部分人都不愿意分地，那个时候。

问：人们常说，人民公社时是"干多干少一个样，干和不干一个样"。因此，大家劳动没有积极性，产量也低。分了地等于是给自己干，所以大家都特别高兴，特别欢迎这种生产责任制。没有这个事吗？

答：没有这个事。从生产队到责任制还是有一个过程的。

问：你的地自己种还是租给别人种？

答：自己种。

问：除了种地之外，你还做过别的事吗？

答：没做过别的事。家里 5 个孩子，加上两个大人七口人，有十几亩地，一个人一亩半，孩子们都上班，我就在家里给孩子们种地。我不做买卖，在家里收点粮食，生活上也过得去。

【生活评价】

问：你现在的生活跟"文化大革命"期间，以及初级社时期相比，你觉得哪个时期比较好一点？

答：应该说现在这个时期比较好，我们一年吃的都是白面，粗粮已淘汰了。"文化大革命"期间生活不行，是分一部分小麦，分一部分粗粮，配合着吃，小麦占一半。粗粮主要是玉米，高粱比较少，交国家和给牲口用。红薯也算口粮，一般 3～5 斤红薯顶一斤口粮。

问：初级社时期也能吃饱吗？

答：可以吃饱，1960 年后半年开始到 1961、1962 两年间生活比较低落。那时是低指标、瓜菜代。此外，生活都差不太多，当然不能说很满足。那时凭工分分粮食，按人口也分一部分，劳力多的生活就富裕。像我家孩子多，劳力少，在生产队生活就差一些，但也过得去，不是说过不去，紧紧巴巴。

问：在咱们这块，60 年代大饥荒具体是哪一年？

答：是 1961 年吧，1960 年还吃食堂。

问：你们结婚时还是吃食堂吗？

答：是的。1960 年后半年食堂就撤了，1961 年后半年开始就受饿了。

问：你在村里当过干部吗？

答：没有。

【介绍对象】

问：请问你们家遇到大事如孩子找对象、结婚等，是谁来做主？

答：是我来做主。不过也得全家统一商量，但总的来说还是我拿主意。

问：孩子们的对象都是介绍的吗？

答：是的。

问：这里介绍对象的具体程序是怎样的？

答：一般都是介绍人（这里叫媒人，或说媒的）先到女方家给女方父母说，女方父母要打听对方是个什么人家，是好人家还是其他人家，如是好人家，就算有诚意了。然后媒人再给男方父母说，两家老人都没意见的话，再让孩子见见面，先是男方到女方家，然后是女方到男方家看看，两个人都没意见了，这事就算成。

【彩礼】

问：接着就该定彩礼的事了吧？

答：这里三四十年代有一个风俗，就是女方陪许多嫁妆，男方不掏彩礼，只要女方有诚意，费用全部由女方负担。现在结婚费用基本上是男女方各一半。不过，如果女方家经济条件好，有愿意全部负担的，为的是使自己的姑娘嫁到婆家后不受罪，不受抱怨。现在的结婚费用负担很重，一般都是两家分担，男的家多负担一点，女的家少负担一点。

问：你家的两个儿子都结婚了，请问娶一个媳妇需要多少钱？

答：一年一个情况。今年需要1万多。

问：包括为孩子盖房子的费用吗？

答：不，光结婚就得1万多元，比如请客、买家具、生活用品等，今年我的二儿子结婚花了8000元，亲家也花了4000多元钱。

问：孩子要娶媳妇之前，你得给孩子把房子盖好，是吧？

答：是的，不盖房子不成，没房子找对象都困难，没有姑娘愿意嫁过来。一般来说，一个小子得三间房。

问：这对你来说，有点负担过重吧？

答：大家都这样。

问：这里是你老两口住的屋吧，你们没有电视？

答：我现在还没有电视。

问：孩子们都是彩电了吧？

答：是的，到了这个时候，老两口就不沾了。经济条件还不是很充足。

问：但你们家盖了房子挺不少嘛，两个孩子娶媳妇都够用了吧？

答：都够了。

【宅基地】

问：根据农村的宅基地法规定，你是否还有权再申请要一块宅基地呢？

答：不行，我这个已经够数了。我有两个男孩，这两块宅基地就够了。

问：你这是两块宅基地合在一起的呀，我就感到你们家的院子比别人家的大。这块宅基地有一亩没有？

答：没有一亩。长是19.5米，宽是13米，一个是4分半，两个大约是9分地。

问：按统一规定，一个宅基地的面积是4分半吗？

答：一个村一个样。有的村比这小，有的村比这大，河庄就是五分。

【家族】

问：这个村姓郝的很多，是一大姓，除了兄弟姐妹之外，你家和谁家是亲戚？

答：郝成群是我的堂叔伯叔叔，他家兄弟六个，还有郝小群家，我们是一大家子，不是亲戚。

问：请问你这个大家族里，现健在的谁的辈分年龄最大？

答：郝小群最大，前几天刚去世了，现在就是我叔叔郝成群最大，他属猴的，今年有 63 岁了吧，就住在本村。

【分家】

问：请问你和孩子分家了吗？

答：分了。

问：分家时有没有写分家单？

答：俺们这个家庭没写分单，不兴了。因为宅基地是统一规划后分的，宽是 13 米，长是 19.5 米，大小都一样。

问：过去你们兄弟分家时有无分单？

答：以前，老家的分单都有，"文化大革命"以后都丢了。

问：请问郝家有没有家谱？

答：听说上几辈的时候，郝家有家谱，后来就没了。

李：今天想了解的有关你个人的生活经历，大致就是这些，谢谢你。

答：不客气。

（二）1995 年 2 月

刘文生

时　　间：1995 年 2 月 18 日下午
访 问 者：浜口允子
翻　　译：齐秀茹
访问场所：刘文生家

问：她是搞历史的，想让你给谈一谈村历史问题。

答：我知道多少谈多少。从什么时候起？是从解放前还是从解放后说？

【村中人口及土地】

问：从你在南克林上洋学堂两年回来说起。那是哪一年？

答：我从洋学堂回村时是 1944 年，当时村里人口不到 700 人，有 600 多人；地不到 300 亩。这 300 亩地涉及有的户特别穷，没钱花，在城里帮忙，把地"当"了。

问：地当给谁了？

答：当给地主。一亩地给五斗高粱或五斗小米。

【地主和贫农的土地分配】

问：你们村有几户地主？

答：我们村总共有 300 亩地，没有地主，有三户富农。北关有一个大地主，姓王，人不在我们村，土地在我们村。我们底子薄，这三户富农要在外村，也是贫农。因为我们村穷，所以划他们富农。张仲寅 70 亩土地，划富农，张群才 50 亩地，划富农；何中林才 40 亩地，也划富农。其他大多数都是贫下中农，这个一亩，那个两亩。

问：这个村 300 亩地，包括地主王赞周的地吗？

答：不包括王赞周的地，包括张仲寅、张群、何中林的地。其他贫下中农也就有一两亩地，也有的三四亩地，还有没有土地的户。除 300 亩地以外的地，都是地主的地。有的贫户租地主地种地，种一亩地麦收给五斗谷子，一斗合 25 斤粮。

【租地交租】

问：租地种是不是开始就说好给五斗？

答：开始就讲好，种一亩地给五斗粮，比方你收一担粮食，自己留五斗，交地主五斗。

【自家当地】

问：你家有几亩地？

答：我家有 9 亩地。

问：你家多少人？

答：有 7 口人，有父母、姊兄、祖父、祖母和我。家里有 9 亩地，看来地也不算少。但

9亩地生活过不去，就把9亩地都当出去了，当一亩地给一担粮，一斗谷子合25斤粮，一担合250斤谷子。

问：9亩地都在一块吗？

答：三块地，都在村子周围。

【田地收入、租地交息】

问：你这9亩地每年收入多少？

答：很难说。家里没有水车，雨水多，就多收点，过不去了，就当出去了，一亩地给个三五斗的，到三年了，不收回地，找你要利息。

问：你给他地，应该你找他要利息，为什么他还找你要呢？

答：我的地当给他了，他先给你粮了，到时要赎回来，就是这个意思。

问：你的地当给谁了？

答：当给咱县二号大地主王赞周（王骡子），在北关住。

【土地的所有权】

问：你家有9亩地当了，土地所有权是不是你的？

答：土地所有权还是我的，当地就是自己种不起了，当了以后，地还归我种，但秋收收成各分一半。

【利息】

问：如果到时赎不回来，每年给多少利息？

答：不一样。如果当时每亩地给两担谷子，利息就要高一些。

问：你们家当地时，一亩地当多少粮？

答：那时我年龄小，我记得一亩当了两担小米，合同是三年归还。

问：三年还不起怎么办？

答：还不起，就要加利息，每年每亩加

五斗谷子。

【决定权】

问：你们家谁决定的？

答：我父亲不当家，爷爷说了算。我家当时有7口人，有父亲、母亲、姐姐、哥哥、爷爷、奶奶和我。

【当地情况】

问：当地当了多少地？

答：全当出去了，但不是一次当出去的，有时年景不好，就当出去一两亩，以后生活困难再当出去两亩。年景好时，也赎回来两亩，等我上学回来，9亩地就全当出去了。

【辍学打工】

问：你回来后还上学吗？

答：不上学了，回来后就外出打短工去。

问：怎么打法？

答："找工"去，拿着镰刀或扛着锄头，到县内"人市"上找工去，干一天给一天钱。农忙时才能找到短工活干，冬天农闲时，没有短工活，就给家里拾点柴火（草）。

问：跟谁一块去打短工？

答：跟着叔叔外出打短工，能吃饱肚子，还能挣个五六毛的（指一天工钱）。

【"人市"情况】

问：到什么地方找工去？

答：到城内南关大槐树地方，那是"人市"（现在是县城南关的一个村，叫榆林道，就是当年的"人市"），天黑黑的，早晨五点就有人去了。

问：离村内多远？

答：有4里地。

问：每天都有人市吗？

答：每天都有，冬天没有。每天早晨五

六点，找工的人就很多。

问：本村出去打短工的有多少人？

答：咱村最穷，每天有 50 多人出去找工的。

问：每天都去"人市"一次吗？

答：有时家里有活，就不去了；家里没活才去"人市"找工。也有给东家干活，看干得不错，就说第二天还来，这样就继续给他家干活，就不去"人市"了。

问：如果找不到活怎么办？

答：一般都能找到活，除非你去"人市"晚了，人家都走了，找不到活就回来。

问：全县有多少"人市"？

答：我就知道南关有"人市"，别的不清楚。

问：到县城"人市"找活干的有哪些村庄？

答：有岗头、朱家庄、北五里铺、寺北柴村、南五里铺、焦家庄、韩家庄、马家庄、内营等。围绕县城周围的村庄的人，都到南关"人市"上去找工，按现在来说，是全县最大的劳务市场。

问：用人的地主家是谁到人市去找短工？

答：由地主家的工头去"人市"找人干活。

【县城的地主】

问：县城内的大地主是哪几家？

答：有北关的王赞周（外号王骡子），北门里的王老岳，北门内的李七，都是大地主。

问：这三个地主还活着吗？

答：都死了，但都有后代。王骡子的亲戚在北京干事，住在和平里。

问：都是怎么死的？

答：都是病死的。王骡子解放后住在北京，"文化大革命"时被弄回来，住在县城，后来三五年就病死了。

【"土改"时地主家产被分】

问："土改"时斗地主，他们在县内吗？

答：王骡子已迁到北京去了，没有批斗上。他势力很大，在全国各大城市都有他的买卖。"土改"时，他跑到城里去了。"土改"时，把他家的地分了，把他的牲口、水车、农具也都分了。他家地在我们村最多，所以土地、牲口、水车，咱们村分得也最多，这是 1948 年的事。

问：王赞周是"土改"时跑的吗？

答："土改"以前就跑了，他是 1947 年解放栾城时就跑了。以前我村只有 300 多亩地，解放后有 2000 多亩地，其中增加部分，大部分是王骡子的土地。我当干部时，全村有地 2103 亩。原来村内的土地还要多，解放后，东关的村子没有地，通过政府出面，从我们村调出一部分地给他们。

【"土改"后村庄土地增加】

问："土改"时村内有多少地？

答：拨给东关有 200 亩地，这样推算，"土改"时咱村的土地有 2300 多亩。

问："土改"前，寺北柴村的地大部分卖给城内地主了，"土改"后，为什么这些地还算村内的地？

答：土地是卖给地主了，根据协议，这些地仍归咱村农民种，所以土改时，农民又从地主手中收回了土地。另外，"土改"时，像王骡子一家就拥有千亩以上土地，根据国家平分政策，每人平均 3 亩土地，所以我们村分得两千多亩地。

问：土改时村内实际土地没有两千多亩？

答：过去土地归私人所有，没有村子土地的概念，都是一家一户的土地。土改时，农民种谁家地主的地，自然要分配给原种地的农民，所以寺北柴村的土地就多了起来。

问：明白了，经过土地改革，本村土地扩大了。

答：对！

【政府有划地权】

问：划给东村土地是什么时间？

答：初级社时划出去200多亩地。

问：为什么从本村划出去地？是谁决定的？

答：东关村子没有地种，咱村距离东关村近，加上咱村土地多，所以从咱村划出一部分土地。划出土地，是县政府作出的决定。

【从互助组到高级社】

问：初级社是在哪一年？

答：可能是在1953～1954年，以前是互助组，以后是高级社。从互助组到初级社大约不到一年时间；从初级社转到高级社大约用一年半时间。

问：互助组成立是哪一年？

答：具体说不清了，是在初级社的前一年。

【贫协会的组织】

问：请讲讲"土改"时的情况。

答：那时我十六七岁，一开始村内组织贫协会，是区内来人组织的。参加贫协会的有王补子（已死）、李老高、张歪子、徐婉、郝八十、郝吉祥（还活着，今年83岁，脑子还清楚）。

问：怎么组织起来的？

答：当时周围还有国民党随时来破坏，所以村内贫下中农要求参加贫协组织的积极性很高，区里在村内住着人，由他们组织起来。

问：解放了，怎么还有国民党？

答：解放前，国民党、大地主，对咱们村压迫、剥削得厉害，所以大家参加贫协会。

问："土改"时村内还有什么组织？

答：就是贫协会。

问：贫协会以前，村内有什么组织？

答：有伪保长。

问：1947年2月一解放，村内有什么组织？

答：一解放，没有什么组织，区里来人管事，后来成立了贫协会。

【解放初村中的党员情况】

问：刚解放，村内谁是头？

答：第一任书记是王补子，那时不到40岁。

问：王补子是怎样的一个人？

答：是党员，解放后区内在咱村发展的最早的党员，同时张歪子、李老高也是党员。但是那时党员不公开。

问：这几个党员有文化吗？

答：没有，都不识字，这三个人是村内最穷的人，都是当长工、短工出身的。

问：党支部是什么时候成立的？

答：先成立贫协会，后来成立的党支部。

【"土改"分地】

问："土改"开始怎样进行的？

答：我1948年入党，土改开始，我调到县里工作了。1948年6月1日走的，在县武装部工作，在县内入的党，介绍人是区内的赵向连，所以村内"土改"的事不太清楚。后来到县党校学习6个月，分配到县政府当交通员，后来给县长当警卫员。

问：1948年你还当过短工吗？

答：1947年一解放，就分到地了，自己种地，不当短工了。1948年我去县内工作，家内没有劳力，叫西头赵家给代耕土地。

问：你分到多少地？

答：原来的9亩地还退回我家，按每人3

亩，我家 7 口人，共 21 亩地，这是 1947 年冬天分到的地。

问：你什么时候又回村了？

答：1957 年回来的。

【婚姻状况】

问：你什么时候结婚的？

答：第一次结婚是在解放那一年前后，快解放了。结婚时已不让坐轿了。因快解放了，家里叫赶紧结婚。

问：对象是自己找的吗？

答：不是，家内包办。结婚以前，没有见过面。

问：什么时候离的婚？什么原因？

答：1952 年离的婚，主要原因感情不和。

问：那时有《婚姻法》吗？是否受到影响？

答：有《婚姻法》了，反正感情不和，就办了离婚。

问：是谁先提出离婚？

答：我先提出离婚。

问：女方同意吗？

答：开始不同意，后来也同意了，是经过法院办的离婚手续，那时没有孩子。

问：第二次结婚是哪一年？

答：1953 年。

问：去法院几次？

答：去了两次法院，是县法院。

问：两人同时去法院吗？

答：我就在县内工作，去法院是两人同时去的。

问：那时离婚的多吗？

答：那时离婚的比较多，都是包办婚姻，感情不和。因为有《婚姻法》，法院很快同意了。

【回村任职】

问：1957 年你为什么要求回来？

答：身体不好，得胃溃疡，是我要求回来的。

问：回来后村内情况怎样？

答：我是高级社转人民公社时回来的，当时村内还有工作队。村内干部见我回来，要我在党支部工作，担任组织委员工作。

【村中干部】

问：当时支部书记是谁？

答：是郝腊月。我干工作没有多长时间，胃病就好了。

问：那时大队干部有谁？

答：大队书记郝腊月，大队长徐孟祥，大队会计赵球子，我是支部组织委员，没有别的干部了。

问：有妇女主任吗？

答：有，叫芦莲妮。

【高级社时的机构】

问：高级社时机构怎样？

答：分了 7 个生产队。

问：怎么分的队？每队有多少户？

答：按居住远近划的小队，每队人数不等，基本上按居住片划分的。三队、四队最大，人数也多，小队土地是按人数多少划给的。

【土地按队分配】

问：原来土地不是归个人所有吗？

答：入社以后，归集体了。

问：哪个队土地最好？

答：一队、六队的土地最好，五队的地也可以，不好的地是三队的地。（地不平，浇水困难）

【对土地好坏的意见】

问：三队地不好，社员有意见吧？

答：有意见是有意见，但也没有办法，因为编入三队的，是把原三队住户的地划进来的，是他们原来的地，也就没有什么意见了。这是历史上留下来的。在土地平分时，好地一亩顶一亩，次地一亩半顶一亩，所以那时大家没有意见。

问：三队土地不好，有意见，干部是怎样工作的？

答：高级社以后，很快就人民公社了，吃大锅饭，无所谓土地好坏，都是挣工分吃饭，没有听到什么意见。

问：成立公社后，你又干什么工作？

答：当过大队长，一直干到"四清"运动。1972 年我调到公社当厂长，我干了10 年。

【"大跃进"】

问："大跃进"村内是怎么情况？

答："大跃进"那年，从公社到村内，都有说大话、说假话的现象，不实事求是。到公社开会时，有的村干部说高产 10 万斤，有的就说 20 万斤，领导也不调查，对虚报 20 万斤的队就奖励。另外生产瞎指挥，地里很多山药还没有收上来，就下令耕地，把粮食都浪费了。

【村民吃不饱饭】

问：村内有大食堂吗？

答：有，1958 年成立的，村内有五六个食堂。

问：吃食堂大约多长时间？群众欢迎吗？

答：大约有两年时间。群众不欢迎，吃食堂吃不饱，当时群众反映：叫我们怎么干就怎么干，但要让我们吃饱饭。

问：1958 年"大跃进"丰收了，怎么吃不饱？

答：粮食保管不好，都坏了，丢了，所以粮食少了，大家吃不饱。那时粮食所谓多了，有些是虚报的。如果不虚报，公社就开现场会，批判你思想保守。

问：如果把粮食分到各户保管，就没有这个问题了吧？

答：对，各户保管肯定要好。

问："大跃进"那年是真的丰收吗？

答：1958 年年景真好，是丰收了。但由于瞎指挥，把粮食都糟蹋了。

【说大话浮夸风】

问：村内有说大话的吗？

答：村内也有，不是实事求是，所以社员挨苦了。

问：上缴公粮是不是按照虚报的数字上缴？

答：上缴公粮也有虚报的，交多少，也没有确切统计。那时县内管理不严，上缴的棉花、粮食都堆在仓库外边，浪费很大，社员看了痛心。

问：村内是怎么浮夸呢？

答：提出口号叫做"千斤粮，万斤薯，百斤皮棉"，实际上那时小麦亩产不过 500 斤，山药亩产也只 3000～4000 斤，皮棉只有 50～60 斤。其他村也是这个样。那时当干部很难办，你要当先进，就要说瞎话。有些干部就说"不骑马，不骑牛，骑上毛驴赶中游"。也就是，不争上游，不作落后，中游最保险，不挨批。

【众人心情难言】

问：村内有反对虚报的吗？

答：都反对，干部也反对，但都不敢公开反对，反对的就要挨批斗，开会时叫你"站起来"。所以大家都不说。因为 1957 年"反右"斗争刚过去不久，大家有些害怕，怕挨整。所以社员也没有干劲了。

问：谢谢您！听了您的介绍，知道了很多情况。

答：不客气。

徐孟祥

时　　间：1995 年 2 月 19 日上午

访 问 者：浜口允子

翻　　译：齐秀茹

访问场所：徐孟祥家

【住房位置】

问：从沟泥地到公路有多远？

答：从地图上看有 200 多米（这是看 1940 年地图）。

问：你家在这一带？靠马路？

答：是。

【修路动房】

问：昨天我们去刘文生家，是不是路过你们老房子？

答：刘文生前边就是原来我们住的老房子，现在规划了。

问：整个村子的老房子都变了吧？

答：都变了。

【统一规划动房】

问：修哪条路动你的房子了？

答：修东西路时动用我们的房子。

问：因为修路占你们房子，可是修路没占的地方，如郝小人的房子是不是也动了，徐老四是不是也动了？

答：徐老四在我南边，也翻盖了。

问：宅基地动没？他家是不是还在那？

答：宅基地也扩大了，他家还在那。徐老四房子没动。

问：修路没占的地方即使是翻盖了，宅基是不是也没动？

答：南边也被别人占了，因为统一规划，我们搬这边住了，那边的地方给别人了。

问：从东到西，穿过那条道就是你们门前？

答：这条道有的地方还没通，这仅是规划。

问：经过路的房子是不是都动了，如郝抓子、郝二妮。

答：都动了，就是郝狗妮还有点房子（看地图），这边是空地。

问：什么时间开始建的这条路？

答：1978 年规划的这条路，1986 年村规划又加宽了。

问：什么时候有的这条街？

答：1978 年就有这个形状，因为是地，一点一点地开通，到 1986 年就动了 100 户。

问：像这个地图上原来有个徐家街，是不是以他们为主？

答：徐家街是靠南边，成不了街。

问：卫生院在什么地方？

答：在宅基地南边。

问：卫生院是徐老曾旧宅一部分？

答：地图上那不有一块空地方吗？

问：1978 年规划的？

答：1978 年规划的，1986 年动的房子。

问：整个这些房子都动了？徐老曾、郝二妮、徐四、徐老顾都动了吗？

答：徐老顾有的没动，到卫生院这一带，有的还没拆，所以还没修通。

问：1986 年修的路，1986 年以前宅基地有没有变化？

答：有变化的不多，有的是 1978 年动的，有的是 1986 年动的。

问：这个村是不是没有扩大，一直保留原来房地基面积？

答：1986 年以前有变的，变的少。

问：1986 年你搬新家来的？

答：1986 年我搬这来的，这里有 3 个儿子，有个儿子在郝狗妮庄稼地南边盖一间房子，还有两个儿子也是在那一片盖的。

问：现在 3 个儿子都在哪住？

答：大儿子在这（指地图），二儿子在这（地图），三儿子在这（地图），这三处都是 1986 年盖的。

【规划程序】

问：你 1986 年从老房子搬到新房子是谁决定的？

答：村里统一规划，谁搬由村干部决定。3 个儿子给三处，两个儿子给两处，每家 13 米。

问：村干部当时都有谁？

答：1986 年有我，郝小六是村长，我是书记。刘树京是民兵队长，赵金娥是妇女主任，赵球子是会计，共 5 个干部。

问：决定你搬家，这个规划是由谁定的？

答：5 个干部开会一起定的。

问：这个规划争取社员意见吗？怎样争取？

答：争取，先开社员代表会，然后开社员大会，规划怎么动迁。

问：社员代表是怎么产生的？

答：代表是社员选的。

问：定规划开多少次会？

答：先开党支部会，然后开管委员会，通过了。

问：支委会都有谁？

答：支委会也都是这几个人，有郝小六，刘树京，我们三个人是支部委员，赵金娥是党员，不是支部委员。

【代表选举方式】

问：开党总支委员会又开管委会，然后又开代表会，代表有多少人？

答：代表有 40 多人。

问：有多少女的？

答：1/3 女的。

问：代表是怎么产生的？

答：代表也是各组几户选的，今年是代表，也许明年就走了。

问：各组选代表是所有人都参加，还是每家一个人？

答：每家一个人。

问：每家一个人是不是都是男的去？

答：也有女的，因为规定代表是两男一女。女的比例是 1/3。

问：产生代表是年轻的多，还是年老的多？

答：有老的，也有年轻的，找能发言的人，也不一定是家长。

问：当代表是推选你儿子，还是推选你？

答：谁能办事选谁。

问：代表会有没有规定，一年开多少次？

答：没有规定，农村有事就开代表会。

问：一般一年开多少次代表会？

答：有时两三次，有时事多了，一年能开七八次。

【1986 年开会情势】

问：1986 年你们开多少次？

答：一年开七八次。

问：开七八次会大家都同意吗？有没有反对意见？

答：代表都同意，就是下边有的考虑，我有 3 个儿子，是一起搬，一次给还是不搬走，还有点分歧。

【方案决策者】

问：这个规定最早是谁提出来的方案？

答：党委书记提出，别的村都规划了，咱村也应该搞个规划，然后村主任、支委、管委会人，一起商量。

问：你提出的这个方案，家正好在这条路上，影响你的家，你考虑过没有？谁定的这个位置？

答：村长和我定的，那时也没想碰不碰我家，没想过。

问：在徐家街原来的地方修路，碰不到你家了，为什么要在这儿呢？是不是想带动别人？

答：我没有那种想法，因为 1978 年就定了，不是我定的，是郝同顺，他是书记。

问：郝同顺那时定的原则是什么？

答：郝同顺定时也开过会，我也去过，那时也说南边北边。

【修路规划方案】

问：1986 年你当书记时就开始修路了，把那时开代表会的情况说说。

答：开会就是说，修路要放一部分庄稼地，扒断一个南北街一个大街。

问：规划后有多少个东西街，有多少个南北街？

答：南北街有五道。

【修路搬家费用】

问：修路搬家这些费用由谁来出？

答：搬家、盖房都由自己负担。有的家人多，需要盖房翻修都是自愿的。如我有 3 个儿子，给你 3 段你自己筹资盖房。

问：李刀德他们同意搬吗？

答：李刀德在药房旁东边盖了一个，他四个孩子，还有一个儿子还没盖呢。

问：比如徐金泽有两个儿子在这盖一处，想到别处再盖一处给吗？

答：给。

问：那就不单纯是属于规划地方，不规划地方谁要也可以？

答：可以。

问：旧房子推倒了，需要修路，工钱谁出？

答：有时忙了村里出点钱，不忙时号召义务劳动。

问：修路需要多少工？

答：1986 年规划的路还没有正式修呢，现在哪不平就拉车土垫垫。

问：村里的福利是不是每户都要钱集资？

答：1983 年每人交 5 元，我记不清了，也可能是 10 元，按人头交。1994 年每人交 50 元，包括效益费。这钱交到乡里，五保户、敬老院、烈军补贴、干部补贴，都是用这个钱。

问：你交多少？

答：我一共 7 个人，儿子交三个半人，我交三个半人。

问：收 50 元钱时有什么说法？

答：说收农业税、效益费、优属费、教育费和干部补贴。

问：总的叫什么？交 50 元钱叫什么？

答：总的叫提留费，每年交一次，不能乱收费。

【代表会开会事宜】

问：还有什么事开代表会？

答：有大的事比方买拖拉机、变压器，需要摊钱，就把代表、组长找来，开个会。

问：还有什么事？

答：比方上边增购粮食，一亩地摊多少斤，把代表找来讲清道理。

问：还有什么？像唱戏也得收钱吧？

答：这个不用规定到户，每人收 2 元或者几元，都能拿出来，都富裕了。

问：唱戏谁决定？

答：群众提意见，干部同意就唱呗。

问：还有什么事开代表会？

答：这几年地都分户了，没有大事了。

问：修路、修水利是不是要开会？

答：去年开会说修路一个人拿 100 元，大家说拿不出来。

问：你们组织庙会、唱戏这个钱修路多好？

答：有的人愿意唱戏。

问：有不交钱的吗？

答：没听说谁不交钱。

问：修路每人拿 100 元开会了吗？

答：开组长会了。

问：组长会和代表会不一样吧？

答：名称不一样，实际一回事。

问：组长会就把方案否了？

答：不是否了，说交不上来钱。

问：组长会有多少人？

答：有 20 多人。

问：你觉得 100 元多不多？

答：不少。

【村干部的更换】

问：你当干部时想没想要修路？

答：我没想修路。

问：你担任支部书记是哪年？

答：我是 1982～1986 年当书记。

问：1986 年以后是谁？

答：是郝同顺。

问：你当书记时除规划街道还有其他方面的设想吗？

答：其他规划没有。

问：你以为村里还需搞什么？

答：技术管理，推广新品种，组织社员到种子站看一看。

问：郝同顺当书记时村里干部还有哪些变化？

答：民兵连长刘树京不干了换郝元增，妇女主任赵金娥不干了换张菊婷。

问：你之前书记是谁？

答：1982 年以前是郝同顺，我 1982 年当书记时郝同顺说他年轻，当村长管生产，这也是乡里意思。

问：郝元增当书记之前谁是书记？

答：是郝同顺。

问：郝同顺当书记时，谁是村长？

答：是郝小六。

问：郝小六一直从 1985 年担任到去年？

答：是。现在的干部是去年选的。

问：1986 年开始一直是郝同顺书记，郝小六村长，郝元增民兵连长，张菊婷妇女主任，赵球子会计。1994 年谁是支书？

答：赫元增书记。

问：1986 年为什么不当书记了？

答：年岁大了。我 60 多了，眼花了，看文件也不行了。

问：多大算大了？

答：没有规定。

【当村长的条件】

问：什么条件能选出书记村长呢？

答：思想进步、工作积极、立场坚定。

【村中党员情况】

问：现在村里有多少党员？

答：有五六十人，其中女的有五六人。

问：党员最大岁数是谁？最年轻是谁？

答：岁数最大是我，最年轻的是谁我弄不清名字。

问：党员都多大岁数的多？

答：50 岁以上的占一半。

【干部工作】

问：做干部工作花费精力大不大？

答：有时工作多，有时工作少，比方每年催粮食，搞计划生育，说是妇女主任抓，这个抓，那个抓，实际都下力量，播种时工作量不算大，种麦子时量大点，拖拉机耕地这个量大。

问：计划生育不是有分工吗？哪项工作花费精力大？

答：计划生育最难。有的有姑娘还愿意要个小子。你不叫她生她愿意生，这就得动员。

问：书记做工作有办公地点吗？

答：有时在办公室办公（地点看地图）。

问：四五十人代表会在哪开？

答：在小学开，有时也在小学院子里开。

【"组"的划分】

问：你们村分23个组，按什么分？

答：按地片分组，咱村5个生产队分成23个组，有的队分成6个组，有的队分成了3个组不一样（看地图）。

问：跟家族有关系没有？

答：没关系。

问：按地分组有的户是不是有意见？

答：比方一队分成3片3个组，自由结合，这片地需要80人，你们几户自由结合，那片也需要80人你们结合，都是自由结合，这就没有意见了。

问：为什么有的80人，有的组40人，由谁来定？

答：由小队长分，根据地块，比方这块地80亩需80人，这块地40亩就需40个人，为了方便。

问：你们这个组是算什么单位？

答：是算生产协作单位。

问：组是哪个单位？

答：每个组有一个井，一个井能浇80亩地。

问：今天上午就到这里，如果你身体允许的话，有时间下午还想跟你谈过去的历史情况。

答：可以，什么时候来什么时候接待。

徐孟祥

时　　间：1995年2月19日下午
访 问 者：浜口允子
翻　　译：齐秀茹
访问场所：徐孟祥家

【回忆"土改"情形】

问：上午说给我们从头说说，新中国成立时有什么活动？

答：记不清，当时村里开个会，人们都很高兴，"土改"时都分到了房子，分到了土地。

问：当时你是村干部吗？

答：不是。

问："土改"时的事你记得吗？

答：有的事记得，有的事记不清，那时每人分3亩多地。

问：你家那时多少人，分多少地？

答：我家5口人分15亩多地，因为从前我家有两亩半地。

【互助组的成立】

问：你讲讲互助组时的情况？互助组是哪年成立的？

答：1955年成立的互助组。

问：你什么时候组织的互助组？

答：1955年春季。

问：有几户？都叫什么名字？

答：有五六户。徐小和、徐小眼、徐锁成、徐群山、徐振山。

问：为什么都是姓徐的？

答：因为都在那一块，都挨着住，一家

一户都不错。

问：这几家生活水平都差不多吗？

答：都差不多，互助组就是互助干活。

问：怎么这几家凑一块了呢？

答：上级号召互助起来，人多力量大，做完你的，做我的，互助合作。

问：你们这几户谁先提出来成立互助组？

答：上级号召，我和小和俩提出来的。

问：那时候你才20多岁，你提出成立互助组，你父亲同意吗？

答：同意。

问：那个时候你家谁是一家之长？

答：有事谁都说了算，入互助组以我的名义。

问：那时候你父亲和你们在一起吗？

答：在一起，我参加互助组了。

问：你们村里当时有多少个互助组？

答：记不清。

问：你们这个组是最早的吗？

答：最早也是最先。

问：有不入组的吗？

答：有，也有单干的。

问：你能记得谁没入组？

答：记不太清了。

问：那时候村里是不是大部分都入组了？

答：大部分都入了，有两户的也有三户的，有多有少。

【互助组的成效】

问：成立互助组以后产量怎么样，丰收没有？

答：产量一年比一年高，因为互助组以后合干，活细致了，上级贷款，没有农具买农具，没水车上级给水车，水利解决了，粮食也增产了。

问：你们组有几头牲口？

答：一户一头，共有6头。

问：都有什么牲口？有马吗？

答：都是驴，没有马，买大牲口买不起。

问：1955年时，村里谁是头？

答：王补子、郝吉祥、张歪子、李老高，可能是这几个人，记不清了。

问：互助组持续多长时间？

答：1955～1956年一年多。1956年就成立初级社了。

【初级社的状况】

问：这个村有几个初级社？

答：有5个社。建中社，建华社，建民社，建国社，建立社。我们在中间，叫建民社。

问：你那时在建民社当什么头？

答：我当主任，相当于社长，那时没有书记。

问：其他那4个社主任是谁？

答：我记不清。

问：社里你是主任，还有其他干部吗？

答：开始就我和徐小和两个人，他是会计，我是主任。

问：其他都有什么干部？

答：忘记了。

问：你们建民社有多少户？

答：有30多户。

问：初级社有没有不入社的？

答：记不清。

问：你们村3户富农，张仲寅入了吗？

答：他们自己要求的，也入了。

【高级社的成立】

问：什么时候入高级社？

答：1956年冬天入高级社。

问：成立的高级社叫什么名字？全村是一个社吗？

答：全村一个社，叫什么名字忘记了，

原来的 5 个社改成 5 个队。

问：高级社是怎么组织起来的？

答：县里来人，叫马建，住在村里，是他把五个初级社组成一个高级社。

问：就他一个吗？

答：就一个人。

问：成立高级社后谁是社长？

答：我是社长，徐小和是会计，郝腊月是书记。

【对"除四害"和《婚姻法》的遗忘】

问：1950 年代搞过"除四害"活动吗？

答：记不清。

问：颁布《婚姻法》后，全村有什么反应？

答：记不清，就像"除四害"，老记住有这个事，不知是什么意思。

问："除四害"在我上小学时就搞了，消灭蚊子、老鼠等。

答：对，有这个事，不记得怎么搞的。

【村里参军情形】

问：1950 年"抗美援朝"时，咱村有没有参军的？

答：有徐领群，原来是被国民党抓去的，后来改编八路军，徐侯 47 年参的军，徐连祥解放那年参的军，这三个人都到过朝鲜，参加"抗美援朝"。

问：你参过军吗？

答：我没参军，徐连祥是我兄弟，他参军了，我在家。他 1963 年转业，现在家里，在村里。

问：徐连祥哪年参的军？他参加的是什么部队？

答：他 1947 年从家里走的，我也不知道他参加的是什么部队。解放后他当民兵，后来参加"抗美援朝"。

【成立人民公社】

问：什么时候成立人民公社？

答：1958 年成立人民公社叫东风人民公社，社长叫刘玉民，是栾城县人。

问：东风公社有多少个村？

答：一下子想不起来，全栾城县有了个公社。我们村是一个大队，我是大队长，郝腊月是书记，徐小和是会计，芦莲妮是妇女主任，张歪子是治保主任。李老高是生产技术员，刘宝贵是青年委员，还有两个委员，记不住了，大队管委会共 9 人。

问：东风人民公社有好几个大队，你们叫寺北柴村大队是吗？

答：是。

问：大队下边有几个小队长？

答：有 5 个小队长。其中有两个是大队管委会委员。

【从互助组到人民公社的生产状况】

问：互助组到人民公社，生产怎么样？提高多大幅度？

答：单干时收成粮食多少我记不清了，高级社时亩产 250 斤就算丰收了。

问：互助组时收成多少？

答：那时候各家弄各家的，也不过秤，不知收多少。

问：互助组时比高级社是低是高？

答：产量低。

问：1957、1958 年收成怎么样？为什么？

答：一年比一年收成好。因为生产管理细致。

问：1959 年产量怎么样？

答：1959 年人民公社后产量打的不少，都糟蹋地了，收不回来。1960 年因为虚报粮多，上边增购粮多，吃不饱干劲小，社员们不愿干活。

【虚报产量多交粮】

问：1956 年初级社时、高级社时都上交多少粮？1959、1960 年人民公社时上交多少？

答：记不清。

问：人民公社时交粮比以前多一倍吗？

答：1957 年交粮不多，1958 年以后交粮多一倍还多。

问：你那时当大队长，上交多，你同意吗？

答：不同意不行。

问：你多报吗？

答：不多报就挨批，抓典型批，批了以后别的队粮食就上去了。都多报，我们也得多报。为什么人家队亩产 700 斤，你为什么打 500 斤？都多报。

问：多报多少？

答：记不清，虚报不少，超不过一倍。

【自然灾害】

问：1960 年代有自然灾害吗？

答：1963 年闹大水。

问：洪水是从什么地方过来的。

答：主要是雨水多，从上边水库下来的水，那时候没有防水沟。一下子水就从那边下来了。

问：那时候你家住的土房还是砖房？

答：一半土墙，一半砖房。水来时，塌两间，别的房漏雨了。我们这个村地势高，塌房子不多。

问：你们村受害面积有多大？

答：房子塌有一部分，有 20% 的房屋倒塌了。因为地势高，房子损失不大，主要是庄稼损失大，红薯过水就不长了。

问：1963 年闹大水，1964 年收成怎样？生活是不是有好转？

答：1964 年收成不错，生活有好转。

问：1964 年产量有多少？

答：1963 年闹自然灾害，1964 年产量不错，多少记不清。

问：生产产量最差是哪一年？

答：那几年产量都差不多，就是自然灾害那年不行。后来几年我记不清了。

问：产量最差的年担心吃不饱饭吗？

答：产量下降那年吃不饱饭，就是 1960 年、1961 年人民公社以后"大跃进"、大炼钢铁、深翻土地吃食堂时吃不饱饭。

【大炼钢铁】

问：你搞大炼钢铁了吗？

答：搞了，盘个土炉子，用旧铁，吹风也化不开，人们也弄不清。

问：村里有多少个土炉子？

答：有 11 个。

问：村里有多少人参加土炉子炼钢？

答：村里有部分人，还有一部分人出去了，到石家庄以北，去几天就回来了。

问：那时村里是你领导的，你带头参加吗？

答：参加了，村里有几十人参加。

问：怎么搞的？

答：用砖砌个筒，不大，上边放上干柴，再放上旧乱铁，旁边放个风箱吹风，也吹不开，干柴烧完了，铁也烧不红。

问：什么原料炼？

答：用户里的乱铁、碎铁，不是用矿石。

问：用什么锡？

答：不用锡，就在干柴上边放碎铁，也有住户的锅。

问：搞多长时间？

答：实际只搞三五天，大炼钢铁运动组织有十几天。

【搞生产密植】

问：生产密植情况怎么搞的？

答：深翻土地，多下工夫，在我们这没翻特别深。原来一犁深，密植后，翻二犁深，下种，现在下 20 斤麦子，密植下 30 斤，特密也不行。不太科学，没增产。

问：哪年搞深翻？

答：1958 年搞大炼钢铁，1959～1960 年搞深翻土地，大跃进。

问："大跃进"时你们成立突击队没有？

答：成立起来了，有一伙人，上边来检查，这伙人就干，不来检查就休息，实际效果不强。各村互相支援。

【搞"四清"运动】

问：咱村哪年搞的"四清"运动？

答：1966 年 2 月搞"四清"，就搞一次，后来就转"文化大革命"了。

问："四清"怎么搞的？

答：开始来了县工作队，是由平山调来的，清账、清库，叫群众给干部提意见，当时成立了贫农协会，有十多个人，贫协主席是李领群，还有郝分成。

【贫协产生及参加条件】

问：贫农协会是怎么产生的？什么样的人可以参加？

答：由工作队找群众座谈，谁积极选谁。

问：李领群那时多大岁数，郝分成多大岁数？

答：李领群当时 60 多岁，郝分成 30 多岁。

问：根据什么条件当贫协？

答：谁对干部意见大选谁。

问：什么样的意见？

答：知道干部多吃多占，贪污浪费。

【贫协的活动】

问：贫协产生后，搞什么活动？

答：清账、清库，找干部谈话，你有什么毛病。人家都有问题，你为什么没有？"四清"口号是抓党内走资本主义道路的当权派。

【"四清"工作队】

问："四清"工作队来了以后，别的村都是贫协主持工作，干部一个一个检查，你们村是怎么搞的？

答：也是开座谈会，找谈话，叫你自己检查过去，写检查材料。

问：工作队是哪儿派来的？

答：是从地区抽的人，到县里，然后再到区里。

问：来多少工作队？

答：这个村来的不少，有十二三人。

问：都住哪儿？

答：每个生产队住两人。

问：住多少个点？

答：五个小队每个小队住两三人，住哪就管哪个队，也有管大队的。

问：工作队在村多长时间？

答：二月份来的，秋后走的。

问：工作队和贫协是怎么个工作关系？

答：贫协也都分在小队和工作队一起工作。

【批判干部】

问：被批判的干部有几个？

答：大、小队干部都作检查了，大队干部在全村大会上作检查，小队干部在小队检查，我是在大会上检查，开大会最多。

问：你检查多长时间？

答：从二月份起到秋天，不是每天写检查，有时到地里干活，有时开大会检查，群众批判。

问：开大会由谁来主持？谁当头？

答：工作队主持。

问："四清"都搞了哪些活动？

答：重新建立了组织，老干部有靠边的。

问：都谁靠边了？

答：记不清。

问："四清"干部批判时戴高帽了没有？

答：都没戴高帽子。

问："四清"后又搞什么了？

答：1966 年秋"四清"还没结束，"文化大革命"就开始了。"四清"积极分子刘得元挨整了。

【"文化大革命"】

问：他为什么挨整？

答：因为他参加过伪军。

问："文化大革命"时还有谁挨斗了？

答：记不清。

问：你们村"文化大革命"时有"红卫兵"、"造反派"吗？

答：没有。

问：谁组织批斗刘得元？

答：上边来的人也有贫协组织，我记不清。

问：那时的干部是谁？

答：我不干以后是徐春梅，她干两年不干了，以后是郝锁珍。

问："文化大革命"中咱村搞没搞"批林批孔"活动？

答：没见过这个活动。

【对"四清"和"文化大革命"的感受】

问：解放后你遇到的运动哪个最大？

答：1966 年"四清"和"文化大革命"最大。贴大字报贴在街里指定地点，内容就是贪污浪费，不留名不知是谁写的。

问：贴出的大字报都真实吗？

答：有真实的也有不真实的。

问：给你写的大字报真实吗？

答：有真实的，也有不真实的。比如说困难时期吃点喝点，这有；大队干部分点粮，这有；说贪污多少钱就不真。

问：提的不真实你着急不着急？

答：着急也没有用，像栾县有的会计跳井自杀了，没有的事硬说你有，生气也没办法，他想整你，你有什么办法？

问：你没有贪污说你贪污，你也不向上边反映？

答：是上边来的人，你反映什么？

问：最后给你定的什么？

答：定的贪污犯，贪污 3000 多元。

问：你有那么多么？你签字了吗？

答：没有那么多，不签字不行，批评你，一站就是几个钟头。比如有点油卖给社员了，600 元钱，账上都有，硬说你贪污了，你不承认就批评你，向上边反映没有用。

问：什么时候定你贪污犯？

答："四清"秋后定的。

问：你还当干部吗？

答：不当了。

【退赔情况】

问：退赔了没有？

答：退的树木、猪、桌、椅，合成几百元钱。

问：你们村还有谁？

答：我是头我退的，其他大、小队干部都有退赔，有多有少，有退物的，也有退 10 元 20 元的。在村里当干部年头多，得罪人就多。

问：有没有没赔的。

答：就张歪子没赔，其他人都有。

问：你是 1982～1986 年当书记，在你前边是郝同顺，最早书记是谁？你是 1954 年入党的？你入党时书记是谁？

答：我入党时没有书记，有村长，当时党员有赵歪子、王补子，郝腊月是转业回来的党员。

问：1973 年和日本人建交村里有什么反应？

答：记不清。

【村里对三大领袖去世的反应】

问：1976 年三大领袖毛泽东、周恩来、朱德先后去世，村里有什么反应？有什么活动？

答：毛主席去世时开的追悼会，在药房西边、李刀德房后大院开的，全村人都参加了，男女老幼去的不少。

问：你怎么心情？

答：痛苦。

问：周总理去世时活动没？

答：都活动了，在哪忘记了。

问：村里人去世了，开不开追悼会？

答：开始火葬时开过追悼会，以后就不开了。

问：这么多年干工作，你觉得哪件事最顺心？

答：最高兴的是我平反，最高兴。

【工作成绩】

问：你的工作哪件成绩最大？

答：1962 年引电进村最突出。

问：水塔是哪年建的？

答：可能是 1973 年左右建的，是知识青年给建的，因为石家庄铁路职工的子女在咱村是知识青年，他们的父母通过铁路给知青找的活，淘沙子、淘土，赚的几万元钱交大队，大队给他们记工分，用这个钱建的水塔。

问：全村有多少眼井？

答：一个小队 6 眼井，共有 30 眼左右。

王淑芝　郝小寿

时　　间：1995 年 2 月 20 日上午
访 问 者：浜口允子
翻　　译：齐秀茹
访问场所：王淑芝家

【王、郝基本情况】

问：我知道你是 1973～1984 年当妇女主任？

答：是，我都说过了。

问：今天是从你们结婚时开始问你，可以吗？

答：可以。

问：你没结婚之前在北赵村当共青团支部书记，对吗？

答：对。

问：你的爱人在村里是做什么的？

答：大队会计。

问：你当大队会计是哪年到哪年？

答："四清"后期到 1969 年。

问：那时谁是大队长？

答：徐春梅当书记。

【交往经历】

问：你和你爱人没结婚之前都是村干部，就认识吗？

答：不认识，是通过别人介绍的。

问：你们见过几次面？

答：在栾城县我干活，家里见过一次面，就成了。

问：都说些什么？

答：他说他家，我说我家，互相没意见，就算定了。

问：当时就定了吗？

答：当时没定，回去和老人商量没意见

才定了。

问：你们除介绍两个家的情况，还谈不谈两个村的发展情况，展望未来吗？

答：也讲，那不是主要的。

问：你们认识半年就结婚了，中间有什么来往吗？

答：定了以后，去一趟石家庄玩玩，去公园玩。

问：你们是哪年结的婚？

答："四清"后期结婚，那时我还是"四不清"干部呢。被关了半个月就出来了，出来后，帮助别的干部交代问题，因为我年轻，是第一批出来的，当时所有的干部都是"四不清"干部。

问：你爱人也受批判了吗？

答：他，我不知道，不是一个村的，那时候大、小队干部都受批判。（郝小寿插话：我也受批了。）

问：你们见面谈检查的事吗？

答：不谈，因为都是过去的事了。

【结婚时间及基本情形】

问：你们1967年哪个月结的婚？

答：我们是1967年旧历二月十六日结婚。

问：怎么个结婚形式？

答：那时候号召，一不要彩礼，二要喜事新办。我是骑自行车来的。

问：你讲讲结婚时的具体情况好吗？

答：结婚时，男方娶亲有男有女，四五个人骑自行车来接女方，女方家送亲有十个人，有男的，也有女的，又有个小孩，叫"包包袱"，也是骑自行车送亲到男方家，摆酒席，吃完饭就回来。

问：这房子是什么时间盖的？

答：那房是1977年第二次盖的，这房子是1982年盖的。

问：你们结婚时是这个房子吗？

答：不是。结婚时是在老庄户，老宅。

问：结婚时男方家有多少人？

答：母亲，大娘（她没儿女），兄弟姐妹（录音不清）10个人。

问：结婚时家里有几间房？

答：8间房子，10个人8间房。

【婚后大家庭的生活】

问：你结婚后在这个家里分担什么工作？

答：我不经常在这住，仍在娘家担任团书记，有时来往两三天，9口人的饭合着，一起干活，一起生活。

问：这10口人由谁管理家庭财产？

答：有娘和大哥哥管，没父亲了。

问：每天买粮买菜都找大哥要钱吗？

答：那时候不买菜，分菜，生产队什么菜都种，什么菜都分。

问：那你一点钱也没有？

答：没有钱，也不花钱。

问：你买衣服怎么办？

答：婆婆给买。

问：你如果想买双鞋怎么办？

答：想买什么就和婆婆提出来，她就给买。

问：婆婆钱从哪里来？

答：全家人都到生产队劳动，赚工分，分钱，婆婆拿来钱和大哥掌握，向大哥要钱不好意思，就向婆婆要。有了小孩以后，和他们分家了。在一起时，春节大哥出钱给大伙买衣服，谁都给买。

问：你哥哥有妻子吗？

答：大哥没有。大哥、二哥小时候给日本人做饭。二哥有媳妇、孩子，一家人都在河南。

问：大哥没结婚？

答：没有。

问：你们夫妻一点钱也没有？

答：没有，我在生产队干活赚的钱也交大哥，春节大哥出钱给买衣服。

【分家后的工作生活】

问：什么时候分的家？

答：1967 年结的婚，1969 年分的家。

问：分家时你们又盖房了？

答：没有盖房。原来 8 间房子就是两处，我们住一处三间。

问：分家时你 3 口人吗？

答：分家时 4 口人，有了第二个孩子才分家。两个孩子差一岁，一个男孩，一个女孩。

问：分家后你们赚的钱就不交他们了吧？

答：每年给老人（母亲）500 工分。

问：那时候 1 工分多少钱？

答：10 工分是一个劳动日。

问：一年有多少工分？

答：没有实数，日工活男女都一样，干一天 10 分，老年和小孩半劳力，包工活就不一定是 10 分，有多有少，一年一个劳力大约 3000 多个工分。

问：你赚的钱也给他母亲？

答：我们俩合一起每年给 500 工分。

问：分家时定的规矩吗？

答：分家时也没定，因为他母亲老了，赚不了工分，我们每年夏天、冬天给买衣服，每年给 500 工分，其他我们不管了，都是他们管。

问：其他姊妹给老人钱吗？

答：也给。

【分家前的家庭生活】

问：没分家前，10 个人谁最管事？

答：大哥第一主事，婆婆第二，大姐第三主事。

问：你在这 10 个人中占几位？

答：其他人都一样。地里有活干活，家里事都人家说了算。

问：你是团书记，到这个家以后想没想把这个家改变一下。

答：有这个心，作不了主。人家不听你的。

问：你提过建议吗？

答：提过，比方说家里什么都是老一套，吃饭总是按老规矩。比方过春节，你想吃什么不行，必须是老一套，初一吃饺子，初五吃饺子，谁也不能改变。还有就是地里干活，买农具也是老一套，不接受新鲜事物，我想买大联铲，他们不买，分家以后我买了。

【村妇联组织机构】

问：1973 年你当妇联主任是谁推荐的？

答：公社下乡工作组叫我当妇女主任，我说我没有能力。工作队说："不行，你应该好好干，要有勇气，为妇女工作做出贡献。"我说："试试干吧！"就这样当了妇女主任。

问：村妇女会有什么机构？

答：有 3 个委员，我是妇女会主任，又是支部委员。（什么时候当的支部委员？）也是那时候，村内支部一共 7 个委员，我是其中一个。另外还有两名妇女会委员，每个生产小队都有妇女队长。

问：另外两名妇女委员是谁？

答：一个叫董银兰，她还是县妇联委员，另一个叫赵云姐。5 个生产队都有妇女队长，我们妇联会干部一共 8 人。

问：什么人参加妇联会组织？

答：全村 18 岁以上的成年妇女都参加妇联组织。

【妇联的活动】

问：每年开展几次活动？

答："三·八"妇女节是一次活动，每年

都搞庆祝活动；另外上级布置重大运动，妇女会也开会进行贯彻，时间没有固定的。

问：配合重大运动，妇女开展哪些活动？

答：例如妇女组织学技术活动，学会赶大车、棉花加工、做衣服鞋等。赵云姐就学赶大车、下地种田、拉肥送粪，都能干，成绩最突出。

问：现在赵云姐多大年纪？

答：60多岁，快70岁了。

【争取男女平等】

问：为什么要学技术？跟谁学？

答：体现男女平等，男人能做的事，妇女也能做。主要向男同志学农业技术，到小队去学。如赵云姐开始赶马车，胆子也小，尤其赶车到县城，困难很多。但是庄稼人学得快，一看就会，怎么牵牲口，怎么喂水喂料，怎么套车，慢慢都学会了。

问：妇女还做哪些活？

答：摘棉花，农闲时做针线活，做衣服，做鞋等。

问：妇女都会技术活吗？

答：都会，但会赶马车的是少数，大部分都会地里庄稼活。

问：妇女现在还做鞋吗？

答：现在买鞋的多，做鞋的少了，也就是给老人、小孩做点鞋，中青年的鞋都是买的。

问：自己做鞋穿上舒服还是买鞋舒服？

答：买的鞋好看，自己做的鞋穿上舒服。

问：你穿的衣服是自己做的吗？

答：自己做。我会做棉袄棉裤。

问：你穿的鞋是自己做的吗？

答：是我自己做的。

问：你们家的活都你做吗？

答：过去我做，现在女儿做，儿媳妇做。

问：那个时候妇女学"三会"，学哪"三会"？

答：学会做鞋、棉衣、棉裤。天冷了，到时候都得穿上棉衣，男的在地里干活没鞋穿不行。

问：提倡男女平等，你作为妇女主任，和男干部共事时有没有不同意见为妇女争论？

答：有，就拿报酬来说吧，妇女不少出力，不少出工，报酬不一样，女的8分，男的10分，都是争出来的才平等，男女都10分。

问：从哪年开始男女都拿10分？

答：从1974年以后才男女同工同酬，都拿10分，可我在大队里就不一样。大队书记、队长都拿第一位、第二位，我拿第五位，我没意见，因民兵连长、大队会计都拿第五位，我和他们一样，不是我一个人拿第五位。工作我没少干，报酬不一样。

问：当时书记、村长是谁？

答：书记是郝同顺，村长张二贵，他们俩拿工分最高。

问：男的拿10分，女的拿8分，你怎么提的？

答：我在支部会上提的。铲地一天，男的铲五垄，女的也铲五垄，不比男的少干，为什么给男的10分女的8分，我提了意见才解决的。

【支部会的反应】

问：你在支部会上提意见他们都同意吗？

答：开始不同意，以后同意了。

问：有多少人同意，有多少人不同意？

答：多数人同意，因为在会下我也经常和队长提，男女推小车一样，应该一样报酬，开一次会就解决了。

问：从你提出工分不合理到解决，有多长时间？

答：有一段时间。

【丈夫支持】

问：你争取男女平等，提出的意见你男的支持吗？

答：支持。

问：他那时候干什么？

答：民办教师，教学。

【所遇困难】

问：你提出男女平等拿工分，什么样人不支持？

答：家中没有妇女的不支持。这个茶壶你们看看，是满铁来我村调查时送给我爱人的父亲的，我爱人的父亲叫郝国樑，当时他是村长。

问：上次三谷先生来，他知道吗？

答：不知道，他没问，我也没说。

问：你为什么要做妇女工作？这几条你占哪条？

答：这几条都占点。

问：你对工作报酬、劳动强度、工作自主性、符合自己的兴趣，这几条哪条满意。

答：都基本满意。

徐春梅

时　　间：1995 年 2 月 21 日下午

访 问 者：浜口允子

翻　　译：齐秀茹

访问场所：徐春梅家

【20 岁被选为支书】

问：我是搞历史的，对华北农村历史比较感兴趣，解放前也有日本人访问过你们村，看看你们村的巨大变化。你在村内当过一段时间的干部，了解一下你在村担任工作那一段时间情况怎样。1966 年，咱村"四清"情况，你那时当书记，多大岁数？

答：我那时 20 岁。

问：你 20 岁就当党支部书记，很年轻吧？

答：咱村一是穷，过去"四清"，有历史问题的人多，上来干部，要成分好，历史没问题，要有文化，所以把我选上来，原来的书记不是我，是贫协的。

问：你当书记是上边提名，还是党员选举的？

答："四清"时，我还不是党员，刚从学校回来后，"四清"时培养的积极分子，组织开会，写发言稿。

问：你是哪年入的党？

答：1966 年 1 月入党。

【弃学回村】

问：哪年高中毕业？

答：应该 1966 年 7 月毕业，因为"文化大革命"开始，同学们都出去串连，我没去，回村了。

问：1966 年 1 月入党，说明你 1 月以前就回村了？

答：1965 年底搞"四清"时我就回村了，因为那时我父亲是会计，我回村帮我父亲整账。后来我参加村里粗"四清"自查工作，自查时工作队也派人来，村内先查"四不清"、查账、查物、查政治、查经济、查社会关系，凡是有不清方面的，都在进行清理。

问：你在哪儿上学？

答：在城里上高中。

问：你 1965 年回村？

答：1965 年冬天回村。

问：你没毕业，也发毕业证书了？

答：发给了，因为三年"文化大革命"，当时都没发证，后来补的。

问：高中那个时候，是不是都回来了？

答：没有，就是个别人回来了，因为家庭生活特别困难，母亲闹病，奶奶半身不遂，我又是老大，家里不愿让我念了，所以就回来了。

【回村与"四清"无关】

问：你不念书回村了，和"四清"有什么关系？

答：没有关系，我回来是因为家庭困难、无法生活才回村。回村后，村里用上我了。"四清"开始也没用我，因为我父亲是会计，后来看我父亲账没问题了才用我。

问：那时你那么小，对于"四清"、政治你关心吗？

答：关心不大，我愿意上学。因为家里困难不让我上学，回来后，因为我年轻，愿意参加一些活动。

【任职夜校】

问：参加什么活动？

答：我回村后，1966年初把村里的青年、妇女、夜校、小学校都组织起来了。

问：都什么样人上夜校？

答：把不识字的文盲和识字的人都组织学习。

问：您教他们吗？

答：因为我识字，我教他们。

问：你为什么要这样？

答：因为我上进心特别强，我在学校里也是班干部，回村后晚上拿着提灯给上课。

问：在什么地方上课？

答：在小学，晚上用小学的教室。

【大队同意】

问：你搞夜校和大队商量了吗？

答：当时国家号召人们学习，咱们大队没人搞，我就给承担起来了，有不识字的教他们识字，识字的教他们再提高提高，大家也都挺满意。

问：当时徐孟祥认字不？

答：他认字，当时他是书记，他们都同意。

问：当时这个村一定有年轻的男同志，你为什么和他们在一起？

答：因为他们也愿意参加学习，搞一些活动，如唱歌。

【成绩显著赢得尊重】

问：你为什么愿意和一些男同志在一起工作？

答：我当书记时，下边都是男的，都很尊重我。我对谁都一样，对就对，错就错，实事求是。我们村有几个烈属，拿我当女儿看，大家对我印象都不错。

问：你干夜校，是你想怎么干就怎么干？

答：我做计划，大队同意了，就干，他们都很支持。我搞的夜校，乡里常在这开现场，在公社评上先进了，对我们也是个鼓励。

问：夜校就你一个人教吗？

答：后来两个人了，是个媳妇，她也是初中毕业，她担任一个班，我担任一个班。她叫岳秀梅，后来她当了妇女主任。

【勤学苦读文化程度较高】

问：你上高中时，这个村有没有女的和你一块上学？

答：没有。女的就我自己。由初小考上初中，咱们班就有6个人，由初中考入高中的，咱们班有11个人，咱村就有我自己。上初中时，咱村有徐素珍，她现在汽车制造厂。

问：考高中是你想考，还是你父亲让你考的？

答：我考高中考上了，家里不让上，我就不吃饭、不出门、闹气，还是去上了。

问：为什么要上高中？

答：因为别人想上，考不上，我考上了，为什么不让上？

问：你学习成绩好吗？

答：因为家里条件不好，拼命好好学。

问：哪门课程好？

答：我数理化这方面课好。

【夜校基本情况】

问：夜校时大约有多少人？

答：有 100 多人，男、女都有。

问：分几个班？

答：两三个班。

问：都教什么？

答：上边发的书，有扫盲书，识字书，教拼音字母。

问：男女各有多少？都多大岁数？

答：男的多，女的少，因为女的家务事多。男的一般岁数大，女的岁数小。

问：夜校持续多长时间？

答："粗四清"开始到"细四清"停止了，大约半年时间，也就是 1966 年 1~7 月。

问：上夜校交钱吗？给你报酬吗？

答：不交钱，也不给报酬。

问：给你记工分吗？

答：不给记工分，是义务。

问：白天你干什么？

答：该干么干么，上地干活。

【搞"粗四清"】

问："粗四清"咱村都怎么搞的。

答：清理账目，固定资产，干部多吃多占、贪污，都清理。用退赔的钱买了一台扩音器。

问：一个人要退多少钱？

答：不一定，有多有少，吃一顿饭也退钱。"粗四清"、"细四清"退回来的钱，是我用这个钱组织盖的这个学校。

【工作队的活动】

问：工作队什么时候走的？

答：1966 年下半年工作队走的。工作队走后，我组织村民义务劳动，盖的学校。

问：共退赔多少钱？

答：我记不清，因为钱由贫协掌握。我那时入党，预备期三个月就转正了，一般都是半年才转正，都说我没有私心。

问：工作队什么时候来的？

答：1965 年冬天来的，1966 年秋天走的。

问：你入党是工作队来以后吧？

答：是工作队来以后入的党。

问：你办夜校是什么时候办的？

答：我高中三年也上了几天，后来就不上了，那是 1965 年冬天，回村后就办夜校了。

问：夜校办起多长时间，工作队来的？

答：时间我也记不那么具体。

问：工作队来了，一开始做些什么？

答：开始也是清理账，他也利用咱帮他清账。

问：来几个人？

答：来七个人，当时七个队，一个队一个人。

问：工作队来了主要是搞"四清"、搞干部，和社员没关系？

答：每天晚上都组织社员学习文件，清什么对象，怎么个清法，每天晚上都有活动。"四清"时也学文化，学识字，学唱歌。

【退赔】

问：退赔是"粗四清"时，还是"细四清"时？

答："粗四清"时退赔由我掌握，"细四清"退赔由贫协掌握。

问：为什么交到你那？

答：谁交来公债券、钱都由我暂时管，

得需要有个人管。

问："粗四清"退赔是钱是物？

答：有公债券，钱很少，也有物，交来以后由我记账保管，公布谁交什么，交多少，钱买扩音器了，物交"细四清"了。

【当选支书】

问：你什么时候当支部书记？

答：1966年五六月份，我当的书记。

问：谁决定你当书记？

答：党员选的。

问：有多少个党员？

答：有20多个。

问：你父亲是党员吗？

答：他党龄比我短，他是以后入的党。

问：20多个党员，有多少女的？

答：有两三个女党员。

问：为什么能选上你呢？

答：人们从素质上看我，咱村不难领导，文化低，基础差，冒尖人不太多。再一个，我过去经常主持开会，批斗人我也大会发言。

问：有多少人投票选举？

答：有的人对女的当书记有点不相信，没投满票，个别人担心。因为全乡就我一个女的当书记，后来当上了，也就都相信了。

【当支书时的工作】

问：1966年五六月份你当书记，以后书记的生活是怎么样的？

答：书记工作不好干，忙得很，过去的工作就是，上边布置，下边赶紧落实。比方说，今天开会不管白天黑夜，开完会后就得雷厉风行，传达落实。另外每天早晨起，得喊叫干活，书记也得和社员一起参加劳动，还得检查。咱村面积大，检查半天才能转到，晚上也有干活的，书记和大队长也得去检查人们怎么干活的。另外还有干部之间矛盾，

社员之间矛盾，家庭矛盾，那时什么事都是书记说了算，什么事都找书记。

【解决矛盾】

问：什么样是矛盾？

答：比方一个生产队有5个干部，一个正队长，两个副队长，会计，保管，这五个人之间或者个人利益上有矛盾，户与户之间有矛盾，家庭有矛盾，都得书记来解决。

问：为什么队长不去解决家庭问题呢？

答：队长之间有矛盾也都推上来。

问：这些问题你都解决了？

答：我都给解决了。大事、小事，没上推，也没下推过。

问：大的矛盾你都解决了哪些？

答：户与户之间为分房地盘，都妥善解决了。

问：户与户之间为分地盘闹矛盾你怎么解决的？

答：家庭纠纷，一般给说说也就解决了，那时候没有什么分房事。

问：别人怎么不解决非得到书记这来？

答：队长一般抓生产，不管这些事。

问：你采取哪些措施解决？

答：抓矛盾焦点，比方有一户哥俩闹矛盾，谁都不要他父亲了（录音不清），我给做主了，群众都支持。我解决问题不掺个人感情，应该怎么办就怎么办。

【对"男女平等"的看法】

问：男女平等这方面你是怎么认识？

答：男女平等在咱们党的政策上来说，对咱中国妇女确实提的不低，但是在咱村或者是在党政机关，女的工作使出120%的劲，男的使出90%的劲，可是成绩记在男的身上，记不到女的身上。

【任职公社副书记】

问：你当了 3 年书记，后来为什么不当了？

答：公社把我选走了，到城郎公社当副书记、副主任，我分到城郎人民公社。

问：是村里书记好当，还是公社书记好当？

答：村里书记面对千家万户，吃喝拉睡都管，家庭生活都得管。

问：公社书记工作不难吗？

答：也难，比较村里工作好些，越基层工作越难。

问：村里书记和公社书记是什么关系？

答：是领导被领导关系。

问：你们城郎公社有多少个大队？

答：有 10 个大队。我在城郎公社工作 4 年，后来又调到聂家庄公社当副书记 9 年。

问：你到城郎公社是哪年？

答：1969 年 1 月到 1973 年在城郎公社，1973～1981 年在聂家庄。

问：你在城郎公社有 10 个大队，10 个大队的成绩不一样吧？和你们村比较各有什么特点？

答：成绩不一样。城郎公社离城远，还不如咱村，更落后，不过什么事说透了，还是真干，不说透了硬顶。

【本村综合素质差】

问：你们这个村子在这一带属于好村，还是较差的村？

答：咱们村是中等。

问：现在看？

答：咱村是较差的村。

【干部素质差】

问：从哪看？

答：干部素质差，没有雄心，男子汉得想办法把村搞好，创造物质财富，这是最大

问题。

问：怎么样改革好？

答：上边政策给你开了，你怎么往道上走，想办法把业余时间利用起来搞副业。尽打扑克、打麻将，把时间都浪费了。

问：干部不打麻将吧？

答：村民你不组织，他没事干，就打麻将呗。你把村民组织起来，修路、养鸡、养兔、养鸭，干什么不好，讲点技术，怎样养猪，打打预防针，都可以。

问：你是这个村的老书记，给出出点子。

答：现在人的关系都比较复杂，我 1968 年离开这个村，是出嫁闺女。

【集体观念差】

问：干部素质差以外，还有哪些差的？

答：集体观念差得多了，号召力也不行了，现在一家一户，集体观念特差，过去公社开大会，几百人都去了，现在不行，党的政策，有的人离心离德劲可大了，深入不到一家一户，就知道一家人看电视。

【干部办厂失败】

问：大队干部有人才的人有没有出去了？

答：现在有人才的，私心大了，都想自己搞。

问：怎么一个也搞不起来？

答：头几年搞个雕刻厂，由于管理不好，赔了，当时是原来的会计，也当过书记，叫郝锁珍（男的），是他搞的。

问：有多少人？

答：不知有多少人。

问：办这个厂叫什么名字？

答：叫雕刻厂。过去我们处处听党的话，对自己要求可严了，结婚了，也就松了。

问：你几个孩子？

答：两个孩子，大孩 20 岁了，上高三，

二孩在石家庄上粮校。

【任书记时的功绩】

问：你当书记时怎么建的小学？

答：过去小学一个教室有 4 个年级，容纳不下，一个老师上 4 个年级的课。后来我做个计划，全村 7 个小队，每队抽几个人义务劳动，用退赔钱建的小学校。

问：大约花多少钱？

答：那时便宜，一个老师教四个年级，没办法才盖的学校。

问：花多少钱？

答：盖了 4 个教室，各小队抽的人在小队记工分，花多少钱，我也弄不清。

问：现在用的小学，是那时盖的吗？

答：不是。已经拆了，重新盖的。

问：你当书记时还干什么大事了？

答：引电进村，把电线引到咱村。

问：是干部商量的吗？

答：干部商量后安变压器，各队买电动机。

问：你当书记时，还买了一件扩音器？

答：那时买了个扩音器。

【"文革"挨批】

问：那时是"文化大革命"吗？

答：咱村也分两派，一个叫毛泽东思想宣传队，批判我两次，说我是"当权派"，批判资产阶级反动路线，写我大字报，具体也没有什么东西。

问：谁写的？

答：村里红卫兵有两派，两派都批我，也没批出什么事。

问：干部除你以外还有谁受批？

答：有徐孟祥受批，时间较长，他戴帽，他是"走资派"。

问：为什么他受批？

答：他是会计，工作队看他的账，说他是假账。

问："文化大革命"时批判你们是谁领导？

答：是红卫兵头，叫赵修身，王老胖。

问："文化大革命"后这个村发生什么大的变化？

答：没有什么大的变化。

【怎样做妇女工作】

问：你当书记时妇女工作是怎么搞的？

答：我们村对妇女干部还是很重用的，会计、保管都是女的，每个队都有妇女队长、妇女主任，青年团书记都是女的。女的胆子小，工作认真。

郝同顺（前书记）

时　　间：1995 年 2 月 22 日下午

访 问 者：浜口允子

翻　　译：齐秀茹

访问场所：郝同顺家

【任职经历】

问：以前已有两位日本人了解过你，今天浜口教授也是从日本来的，他是研究历史的，了解一下华北农村一些真实情况，想调查一下 1960 年代你当干部时亲身经历的一些情况。

答：我是 1966～1967 年在第二生产小队当队长，到 1968 年冬天到大队当出纳，会计，管账；出纳，管钱。

【被任命为出纳】

问：你是怎么当的出纳？

答：大队任命的，当时书记是郝锁珍，

他说叫我到大队管出纳，出纳不算干部，只管钱，不参加大队干部会，也不兼小队长了。

问：出纳不用选举吗？

答：出纳不算大队干部，不用选举，直接任命就行了。

问：谁让你当的出纳？

答：郝锁珍让我当的。

【讲述"文化大革命"情况】

问：那个时候"文化大革命"开始了吗？

答："文化大革命"已经开始了，那时候"文化大革命"和"四清"运动结合起来搞的。

问："文化大革命"情况给讲讲。

答："文化大革命"中搞批判斗争，不断掀起新高潮。

【成立民兵组织】

问：有几个民兵组织？

答：当时以公社统一领导下成立"红卫兵"，大队以大队为主，大队民兵连组织的"红卫兵"，有 100 多人，民兵连长管。赵金贵组织了叫火炬红卫兵，人数很少，几个人。

问：开始是怎么搞起来的"红卫兵"？

答：公社召开民兵会议，会后由民兵连长郝全福组织起来的"红卫兵"，民兵都参加了。

问：怎么个形式组织起来的？

答：每个人发一个袖标。

【民兵组织的活动】

问：成立组织以后，搞哪些活动？

答：没搞什么活动，就是公社开批斗会，批斗公社干部，批斗戴帽、"四类分子"，都去。

【批判对象】

问：当时都批判谁？

答：批公社书记，是平山县人，在公社当书记，还有公社主任李清华也受批判了。后来他下放到县粮食局粮库当主任。

问：光到外边活动，村里没有什么活动？

答：村里也批斗"四类分子"，两派之间没有什么辩论？

问：村内批"四类分子"，村外主要是批公社书记和公社主任？

答：是。

【"红卫兵"开会】

问：每天都出去吗？

答：不每天都去，公社通知开"红卫兵"会，就都去了。

问：100 多个"红卫兵"都去吗？

答：都去。

问：开会在公社什么地方开？

答：在公社所在地孟董庄开会。

问：各大队人都去公社吗？

答：都去。

问：你去吗？

答：我也参加过。

问：你是"红卫兵"？

答：是，因为我也是民兵。

问：有没有不去的？

答：有事就不去，也不是强调必须去。

问：有没有不去不行？

答：没有。

【民兵年龄】

问：民兵多大到多大年龄？

答：民兵 18～25 岁是基干民兵，40 岁以上是普通民兵。

问：普通民兵有参加"红卫兵"的没有？40 岁以上有参加的吗？

答：也有参加的。40 岁以上参加就少了。

问："红卫兵"除参加会社活动以外，在

村里还搞什么活动?

答:民兵、"红卫兵"都是骨干,在村里除批判"四类分子",没有什么活动。

【民兵、"红卫兵"参加农业技术学习】

问:民兵、"红卫兵"除参加政治学习,参加批斗会以外,还参加一些农业技术学习?

答:到地里喷农药都是民兵干,大队有民兵连长组织活动,小队有民兵排长组织,农业技术有技术员组织指导。

【指导方式】

问:怎么指导?

答:在地里开现场会,技术员讲讲,比如棉花管理方面。也有时下地前开会,干部给讲讲。

问:怎样培养的技术员?

答:大队技术员是由大队选出有文化、能讲的人来担任。有时公社开技术员会,也有时大队开技术员会,逐级培养。学习毛泽东思想,学农业,学大寨,学习棉花整枝、打叉、治虫,使用什么样的农药,治什么虫,虫子不一样,有牙虫。

问:民兵、"红卫兵"学习农业技术和批斗会,哪个占的比重大?

答:搞生产、学技术多点,还是以生产为主。

问:"文化大革命"以前,民兵搞生产活动吗?

答:也搞,"文化大革命"以后搞得更热火些。

问:"文化大革命"以后,这个村是不是更活跃了?

答:好人好事多了,无名英雄。生产队想搭圈,民兵排长领民兵把活干了,大队还不知是谁干的好事。

【"文化大革命"时的村内矛盾】

问:"文化大革命"时,家与家、户与户有没有什么矛盾?

答:咱村两派组织没有什么矛盾,没闹起来,咱们公社就是康家庄搞的厉害。

问:你们村小的矛盾有没有?

答:小的矛盾有,但不明显,也没有针锋相对地搞起来。都是捍卫毛泽东思想,想法不一样,你有你的想法,我有我的想法。

【赵家的矛盾】

问:赵家是不是有矛盾?

答:赵家矛盾是家庭矛盾,他们是一个族,两家吵起是两户的事,和"红卫兵"组织有关系,他们是私人成见。

问:他们两家是什么矛盾?

答:是因为一些小事打架,到现在有20多年,还没说话。

问:都叫什么名字?为什么不说话?

答:赵金亮、赵修禄他们两家是一个家族,住得不远,红白喜事都没有来往。

问:怎么样的架?什么原因?在什么时候动的手?

答:因为一点小事就打起来,打得很厉害,拿棍子打,有些事你对不起我,我对不起你,记仇了,就打起来。在1973年真的动手,就这一次,有的都住院了,打得不重,也住院了,吵架数次。

问:两家住的近吗?

答:不远。

问:打架在什么地方?

答:就在家门口。

问:姓赵的,其他户参与吗?

答:不参与,这两家人口较多,都是兄弟五六个,那次打架有十几个人打。

【提出修路计划】

问：1978 年你当书记时，计划修路吗？

答：是 1977 年我提出的规划。我是 1973 年 12 月 30 日当书记。

问：你为什么提出修路规划？

答：因为村里地比较混乱，这一块，那一块，每一块是一个形状。

问：当时是谁考虑提出来的？

答：是以我为主。当时县里有个简报，上写南赵台村搞规划了。我看完了以后，找大队干部商量，按着南赵台村的办法商量后画个规划图，给社员看，召开过两次社员大会，社员都通过了，没意见。

问：规划图还有吗？

答：徐孟祥那有，现在的书记可能翻印了。听说去年三谷来也要了，不知找到没有。

问：村里所有社员全部都参加会议同意了？

答：在会上把图挂墙上给社员看，都同意了。现在盖新房，标准都按规划面积盖，13 米宽，195 米长。

问：原来的老庄户就行了，为什么按老庄户？

答：地势不一样，位置不一样。

【根据儿子的多少划地】

问：我原来的宅基地大，现在给我划小了，我同意吗？

答：看你有几个儿子，有两个儿子给划两块宅基地，一个儿子划一块。

问：有两个女儿是不是也给划两块？

答：不管有几个女儿都划一块，因为女儿迟早要出嫁。

问：是不是每户都动了？

答：动的多了，凡是翻盖，都是按规划办。

问：新盖房子谁拿钱？

答：自己拿钱。

问：修路怎么办？

答：集资。

问：这条路从东到西有多宽？

答：从东到西 17 米宽，600 米长。

问：东西有几条路？

答：其他都是小路，就这一条大路，在我庄户前有条 5 米长小路，从图上看我在路北，这有个 19.5 米，一个 5 米一个庄户，这又一个 19.5 米，一个 5 米。现在还有两三户没搬家。

【修路的困难】

问：为什么没动？

答：有的户没动，房子还没盖。

问：为什么没有动？

答：个人需要。还有个南北大街 15 米宽，400 余米长（录音不清），有孩子小不盖，等两年孩子大了盖，有钱了就盖。

问：什么时候能完成？

答：就靠大家努力，我去年十月不干的，在那以前就想完成，没完，现在的书记仍然使劲，就差这两三户了，他们想要一块地，接中间，在就近地方盖，让别人搬走，不合适。

问：原来徐孟祥的老庄地还有地方？

答：现在也动工了，别人占了。

问：在大会上都同意这个计划，为什么不听，当干部的怎么办？

答：这个问题，当干部的有难题，他有个人想法，想在就近地方盖，去年干部也给他做工作，其他地方让他挑，你认为哪好在哪盖，他不同意。他想让旁边那户搬走，那户孩子小，盖不起房。他还有这个因素，他有 3 个儿子，两个儿子上大学，都给房基地了，现在家里只有一个孩子。按道理说，户口在家给房，户口不在家的不给房，可是以前男的在外边，女的和孩子在家，现在女的和孩子户口都转走了，你说宅基地应不应该收回？农村事情很复杂。当干部不好当，现在有三大难，宅基地是一个难，计划生育是一难，教育修路集资也是一难。

问：道路什么时候能通？

答：今年村长把房子盖了，这边这两户都拆了，就剩一户了，做他的工作，去年乡里也找他做工作了，剩一户不动，就得采取措施。

问：村长叫什么名？

答：叫徐玉山，他盖房子比较晚，搬进去就拆了，他没问题。

问：剩下一户没搬的是谁家？

答：是一户姓郝的家（看村内地图，指郝抓子家东南边一家），这一家没搬的原因是他家原来的房宅地，在生产队时就给占了（指村内住房图——郝三妮家，在郝四妮的两边，是我们原来的住房）。

【修路时人均摊钱】

问：修路需每人摊 100 元钱，是这样的吗？

答：原来有这个设想，也作了预算，修一条东西长 600 米，宽 8 米的大道，需要 7 万元，修通后，按人头摊派、收款。现在没有修通，也没有收钱。作计划时，每平方米 14 元。

问：要摊到每人身上是多少钱？

答：五六十元钱，按分责任田时的人口摊。村内曾开大会讨论过这件事，党员也开了会，都支持这件事（组长们不同意？）组长们也不反对。

问：南北大街修通了吗？

答：也正在进行，还没有修通。

【计划生育工作困难】

问：除了修路以外，干部工作还有什么最头痛的？

答：计划生育工作难。

问：怎么个难？

答：主要是人的思想的习惯传统，重男轻女，多儿多福，孩子多，老了有人管。工作有阻力，上边中央精神，一对夫妻只生一个好，下边工作难，既要应付上边，也要应付下边。

问：干部遇到什么问题？

答：比如这家有一个姑娘，又怀孕了，动员做人工流产，不能动硬的，只能讲道理说服，讲政策。

问：除了说服外，还有什么办法？

答：方法就是罚款，村里定 600 元，乡里定 1000 元。

问：罚的款交哪里？

答：交乡里。

问：第二胎罚 600 元，第三胎罚多少？

答：第三胎加倍罚，罚 2000 元，咱村没有生第三胎的，刚一怀孕就做工作了。

【比较公社和现在的干部工作】

问：公社时的干部和现在的干部工作哪个难？

答：现在难。难就难在宅基地、计划生育、提留、教育集资。

问：什么叫提留？

答：就是向社员要钱，包括教育经费、大队干部工资。村里搞点其他建设，找社员要钱不愿给。

问：人民公社时的干部和现在的干部哪个时期有威信？

答：我个人看法差不多，因为干部要给群众办好事，压迫社员不行，欺侮社员也不行。

问：人民公社时的干部和现在的干部哪个时期地位高？

答：公社时干部不直接接触社员，有事找小队长办。现在有事大队干部都得直接找社员。

问：小队长没有了，是不是有小组长？

答：看需要，小组长只能管管浇地、管井、管电费，其他什么也不管，现在队长的性质不一样，过去是集体，现在是分散一家一户，不用干部我自己能干，过去不管是分配，都是队长说了算，你离不开生产队，你没有地。

问：现在干部有什么希望？

答：上边布置工作完成，想办法搞点企业又没钱。

问：现在改革开放搞点企业，赚点钱，修路也有钱了？

答：现在人的思想比较散了，个人有点本事，自己出去赚钱。

问：村干部也可以组织吗？过去建水塔就是在外边赚的钱？

答：过去大队控制，必须向大队交钱，现在要是个人组织几个人当工头，有人干，大队组织，没人干。公社时搞集体事业好搞，现在难了。

【村民集体意识逐渐薄弱】

问：从什么时候起村民没有积极性了？

答：从分地以后，思想变了，想搞个人发家致富。

问：以前搞没搞过集体工作？

答：搞过，比方农田建设、平整土地，生产队时年年冬天搞，这是公社时期。

问：现在有没有？

答：现在没有了，过去是大块土地，现在分成小块了。

问：现在你们村有没有集体性的企业？

答：没有了。

问：你们都有爱国心，每个家庭、每个人也有爱国心、爱村心？

答：都有爱集体心，有大的利益和小的利益，拿整体说，都爱集体的。现在咱村生活水平就不一样，有的一年赚七八万元，有的人一年才赚两三千元，差距很大，他自己干，能捞着，干集体就捞不着了。

问：村干部怎样才能把社员发动起来？

答：有想法，但不好组织，思想散了。离石家庄近的乡，如房山乡、楼底乡就搞了不少企业，他们离省会比较近。

问：他们乡和你们乡有什么不一样？

答：地理条件不一样，他们和城里有联系。

【社员靠个体经营致富】

问：村内的集体经济应该怎样富裕起来？

答：村内没有集体村办企业，但是村内经济收入不低，有搞运输的，有拖拉机的很多，汽车也有六七辆，卖布匹、小百货的也不少，还有种菜的、养鸡户也不少，社员搞个体经济是富裕了。集体观念淡薄了，但个人经济搞得不错。

【集体意识淡漠】

问：集体经济搞不起来，是群众思想问题，还是干部不愿组织的问题？

答：是思想问题，也包括干部的思想问题。要办村办企业，干部带头很困难，再说村内也没有这样的能人，真正有点本事的人，都愿意自己干。

【农村的集体经济】

问：土地是集体的，是否还是集体经济是主要的？

答：土地是国家的，现在分到户内管理，农民有使用权，发了"使用证"，收成好坏归自己，但要向大队上缴一部分钱，一年全村上缴一万多元钱，这是集体收入。另外，大队有大型拖拉机，每年耕地可收入一部分钱。

【现在的干部水平】

问：你看现在村干部水平怎样？

答：都差不多，现在的干部，过去都同我一起当干部的，一起干过工作，后来就是我不干了，他们还继续干。譬如我当书记时，现在的书记就是副书记。

问：在你当书记时，副书记就是他吗？

答：开始不是他，是刘书英，1992年不干了，就换上现在的书记当副书记了。在刘书英以前，徐孟祥当书记，我当村长兼副书记（1983年开始的），1985年我调到乡内工作，刘书英接我的工作。

问：在乡内干什么工作？什么时候回村的？

答：在乡负责过一段农机工作管理，还管理过乡办工业和副业，1987年又回到村内，接徐孟祥书记工作。我当书记时，郝丙海还当过两年副书记，记得是在刘书英前面，徐春梅为书记时，我也当过一段村长。

问：你当书记时，哪些干部你最喜欢？或有事找他们商量？

答：都不错，工作都很好。丙海是县内组织部指名调走的，刘书英是那年违反计划生育下来的，工作都行。

问：当一个好干部，需要有哪些条件？

答：最主要的是大公无私，办事公道，办事认真负责。我当几年工作，坚持这一条，村内基本上是团结的，没有什么对立面，也很少发生吵架的事。

赵歪子　赵明顺（长子）

时　间：1995年2月23日下午

访问者：浜口允子

翻　译：刘秀茹

访问场所：赵歪子家

【解放后工作队进入】

问：想请你谈谈"土改"时的情况，你们这儿，什么时候解放的，"土改"时进工作队没有？

答：1947年阴历2月28日（闰二月，是后二月）栾城解放。

问：工作队什么时间来的？来几个人？是男的是女的？

答：解放不长时间工作队就来了，来了三四个，都是男的，没有女的。

问：住你家没有？都住谁家？住多长时间？

答：没住我家，往谁家说不清，住了不到一年。

【工作队开批斗会】

问：工作队来了开始干什么？

答：平分土地，在栾城县北门里开批斗会，批斗了大地主李七、王骡子，我们都参加了。

问：那时贫协主席是谁？

答：叫张亮，已没了。

问：参加批斗会是谁组织的？

答：工作队和村干部，把村里人集合起来参加批斗会，那时村里干部有张歪子、张长扬。

问：在栾城什么地方开批斗会，谁主持会？

答：在栾城县西街开的会，由县里主持会。

【工作队的活动】

问：工作队进村都搞些什么活动？

答：搞宣传，在老母庙院，扭秧歌、敲锣和唱歌。

【"土改"时自家情形及感受】

问：你家有多少亩地？多少口人？

答：有 30 亩左右地，十口人，有父母，我们夫妻俩，两个妹妹，两个儿子，两个女儿。

问："土改"时你家什么成分？

答：中农，也没分地。

问："土改"时你高兴吗？

答：人家都高兴，我为什么不高兴呢？我没分到土地，人家分了土地，我照样高兴。

问：分到土地的人担心地主、富农报复不？

答：咱村才三户富农，咱哪知道怕不怕报复。

问：你村刚解放时，有个叫赵老侯？

答：二月份解放，赵老侯七月份被杀，是区小队来人开大会。

【"土改"情形】

问：咱村搞几次"土改"？

答：刚解放时就搞一次"土改"。

问：上次内山来过吗？

答：头年来过。

问：头一次每人分多少地？

答：头一次每人分 3 亩地。

（以下问赵明顺）

【赵明顺述"土改"时的情况】

问：赵明顺，咱村搞几次"土改"？

答：搞两次，第一次土改是 1947 年刚解放时，工作队在老母庙搞宣传活动，敲锣打鼓扭秧歌，搞大生产活动，口号是种大洋花（棉花），估计有八九百人，是工作队领来的人，这是 1947 年 2 月份。

【工作队居住及活动】

问：你家住过工作队吗？

答：1948 年时住过三个工作队，姓杨的，姓高的，三个男的。

问：多大岁数？在你们家住多长时间？

答：两人有 50 岁上下，住不到十天。

问：来干什么？是每天都搞吗？

答：搞宣传，扭秧歌，说书。有时开会搞宣传。

问：在哪开会？

答：在镇武庙开会搞宣传。

问："土改"时你还小，哪年的事你记得最清？

答：1958 年到现在都记得。1958 年"大跃进"，三面红旗，大炼钢铁。

【大炼钢铁】

问：怎么搞大炼钢铁？

答："钢铁长帐"这是运动，各队套车去拉料，各家废铁都献出来，送到小土窑去炼钢，本村也搞了小土窑，为了多生产钢，铁锅、铁壶都拿走了。

问：没有铁锅怎么做饭？

答：那时在食堂吃饭，不让各家冒烟，谁家做饭，谁就是批判典型。

问：有不上缴铁锅的吗？

答：那是运动，谁也不敢不交。

问：没有锅，不方便吧？

答：是不方便。

问：食堂解散以后怎么办？

答：国家又开始卖锅，各户去买锅，买壶。

【"大跃进"】

问："大跃进"在农村是怎么搞的？

答：一起干活，全体劳力同吃同住。那

时，我上初中，不在家，村内组织生产突击队，我不太清楚。

（以下问赵明顺妻子）

【妇女参加劳动】

问：大娘，"大跃进"时你们也下地干活吗？

答：也下地干活，拉车、种地，什么活都干。

问：妇女干活有单独的组织吗？

答：都有队内干部，有队长领着，有时妇女单独一起干农活；有时同男社员混合干活。

问："大跃进"时，别的村有"穆桂英队"，你们有吗？

答：我们没有，别的村有。

问：妇女全部下地干活吗？

答：是妇女劳力的，全下地干活，摘棉花全是妇女干的，男劳力不干。

（问赵明顺）

【1960 年左右生活困难时期】

问：什么时候生活最困难？

答：1960 年左右，苏联催我国还债，那时生活最困难。开始喝玉米粥，吃野菜，后来榆树叶也吃光了，就吃槐树叶。

【困难原因】

问：困难的原因是什么？

答：苏联催着还债，另外大队粮食都上交了，户内又没有粮食，所以生活困难。

问：有其他原因吗？

答：干部虚报产量，结果粮食都上交了，各村都是这样。

问：怎么虚报的？

答：上面要求一亩要达到多少产量，干部就虚报多少，根据虚报数，向村内征购粮食。

问：多征购粮食同还外债有关系吗？

答：有关系，要还债，当然要多收购粮食了，具体事情闹不清。自己最清楚的，是粮食少，吃瓜、菜叶，其他是听说的。

问：究竟村内多征购多少粮食，知道吗？

答：不清楚，那时粮食都归队里，社员到食堂吃饭，各户不分粮食，所以多征购多少粮，社员不知道。我知道的就是粮食少，吃不饱。

【饿死人的现象】

问：困难时期有饿死人的现象吗？

答：有，咱村那几年饿死的达百余人，有的是饿死的，有的是病死的。我们一家在困难时期去世的有爷爷（80 多岁）、小爷爷赵各影（70 多岁）、大伯赵春子（60 多岁），都在一年中去世的。

【吃不饱饭】

问：都是饿死的吗？

答：好几方面的原因，爷爷是老了，过去就有病，加上没有粮食吃，所以去世了。小爷爷和大伯也是体弱多病，生活条件不好去世了。

问：你那时够吃吗？

答：我那时在县城铸造厂学徒，重体力劳动，吃饭定量比农村多，但也吃不饱，但生活条件要比农村好得多。

问：定量多少？

答：开始定量每月 43 斤，后来涨到 53 斤，还是不够吃。

问：不够吃的情况，有多长时间？

答：时间不长，1963 年情况就好转了。

【自然灾害】

问：这个时期遇到自然灾害了吗？

答：1963 年大水灾，雨下了七天七夜，把一些房子都淹塌了。

问：什么时间闹大水的？

答：1963 年阴历六月十三日开始下大雨，全村百分之八九十的房子倒塌了。

【庄稼的损失及原因】

问：地里有什么损失？

答：地里种上庄稼（如玉米）都淹了，秋天麦子也种不上，因为水下去很晚，大水平了水沟，地下水也往上冒，所以秋天种不上麦子。只有高处的地里种上了麦子。

问：为什么七月的大雨影响到秋天种麦子？

答：因为运河（栾城一条主要河流）里都是洪水，排不出去。地里都是水，渐渐排下去的，时间很长。

【国家拨救济粮】

问：1964 年有粮食吃吗？

答：有，国家拨下救济粮，各户粮本上有粮，也能买到粮。

问：地都淹了，大队还有粮食往下分配吗？

答：有，夏收有一部分粮食，秋收遭水灾，但高地还是收了一少部分，所以冬季分配时，还是分到了一些粮食。

【大队组织干部】

问：闹大水时，大队有几个小队？

答：7 个小队，我们属五队，队长叫郝老丑。

问：小队其他干部是谁？

答：干部多得很，一年一换班，记不清了。

问：1963 年大队干部是谁？

答：大队长刘文生，会计郝小合，其他小队干部记不清了。

【参加根治海河工程】

问：你当过干部吗？

答：没有，我一直在外边工作，1962 年回村后，就赶上闹大水，不久响应政府号召，参加根治海河工程，一去就是四五年。我记得 1964 年、1965 年左右去的，到 1969 年才回来的。

问：全年都在海河工地吗？

答：一年两季，夏天看水泵，冬天挖土方工程。

问：本村 1973 年两个赵家打架是怎么回事？

答：不是一个村的，不清楚。

问：有张妇女报上出了一些问答题，我想请你答一下可以吗？

答：可以。

【务农原因】

问：你为什么要务农？

答：为了维持家庭生活和为社会主义做贡献，达到"国强民富"的目的。

问：现在改革开放了，你不出去干点活？

答：身体不好，就留下干点农活。

【年轻女孩的职业】

问：（指年轻的女孩）在哪儿上班，挣钱为了干什么？

答：在市内上班，干美容业，挣的零花钱，为以后结婚用。

问：工资满意吗？

答：满意。

问：劳动强度大吗？

答：还可以，不累。

问：合乎你的兴趣吗？

答：还可以。

问：明顺，你工作满意吗？劳动强度大吗？

答：还可以，比较满意。

【家庭的经济权力分配】

问：家里经济问题谁说了算？

答：我做主（明顺），买菜、买衣服我不管，由老伴决定；孩子们挣钱也都交给我一部分，给他们留一些零花钱，交给我的钱，最后也都花在他们身上。

问：老伴花钱还跟你要？

答：男女平等，有事商量，需要花钱，商量好就拿钱花。

（问赵明顺妻子）

【赵明顺妻子在家的地位】

问：大嫂，你在家的地位怎么样？

答：我在家地位不低，有事商量办。

【婆媳关系】

问：在日本，媳妇和公婆间总要产生一些矛盾，你们怎么样？

答：我们处得很好，没有矛盾。

问：你为什么那么喜欢你的儿媳妇？

答：儿媳对我好，尊敬老人。

问：你们希望孩子将来都干什么工作？

答：将来看需要，务农就务农，需要干嘛就干嘛。干啥工作都一样。

（问赵明顺）

【家庭成员情况】

问：你几个孩子？

答：两个儿子，一个女儿。

问：你大儿子几个孩子？

答：一男一女。

问：有孙子吗？多大了？

答：孙子8岁，上小学了。

问：孙子长大干什么？

答：考上学就上学，参军也行，保卫祖国，保卫家乡。务农也行，需要干什么就干什么。

问：你二儿子有几个小孩？

答：一个女孩。

问：如果不搞计划生育，还要孩子吗？

答：一男一女正好。

问：你兄妹几个？

答：兄妹4个，哥俩个，姐妹俩个。

问：你女儿结婚没？

答：没结婚。

问：如果女儿结婚，女婿到你家来过可以吗？

答：不可以，有男孩就不许可。

问：你现在分家了，以后再有东西还给他们吗？

答：不给，他们有，给我点，因为我有老人。我现在也不需要他们的东西。

【对男女平等的看法】

问：社会上有一种说法，男的以社会为主，女人以家为主，你是怎么看的？

答：这种说法不对，男女平等，女的能做饭，男的也能做饭。（问赵明顺妻子：你觉得怎么样？）赵明顺妻子说：一般都是男的出外，女的管家。赵明顺说：女的也能出外，古来是这样，男的以社会为主，女的以家为主，现在男女平等，女的也能出外。

问：还有一种说法，男人能力天生就比女人强？

答：不一定，有的女的比男的还强。

问：如果你的媳妇比你强，她当队长，你当社员，你怎么样？

答：这也没啥，谁有能力谁就干，谁能担任什么就担任什么。

问：女的超过自己，男的有没有压力？

需要避免女的超过男的？

答：什么样人都有，有的怕女人超过自己就离婚，实际上女人在城里能干的多的是，用不着避免，谁能干就干，一个人一个想法。

问：丈夫的成功就是妻子的成功，妻子应该支持丈夫，你同意这种说法不？

答：同意。

问：如果反过来说，妻子的成功就是丈夫的成功，同意吗？

答：同意。

问：妇女在我国政治经济生活上有没有起到半边天作用？

答：已经起到了，现在不少女的能上大学了。

问：寡妇再婚东西应留给孩子和家里？

答：两种说法，也应该带走一半，她到那边也得吃粮。

【对村领导的工作的期望】

问：现在地都分配到户了，村里的领导班子工作怎么样？

答：地都分户了，干部们的工作和别的村比都差不多，希望他们把街道搞好，完成上级任务。

问：街道不早就规划了吗？

答：干部们的工作也有困难，不干不知道。

【对集体活动的认识】

问：你村明天唱戏，你们怎么看？需要钱吗？

答：唱戏热闹热闹，每个人拿 2.5 元，现在都富了，也不在乎这几个钱。

问：我发现你们村里个人有钱，集体没钱？

答：村上有副业，没钱。

问：摊钱合适不？

答：合适。

问：修路每人收 100 元，你同意吗？

答：同意，我没有钱借钱也得给，修路是办好事，现在下雨就无法走路。

问：别人不拿钱，也就修不成了？

答：这不好说，一个人一个想法。我想 80% 以上的户都同意，干部也不是把钱浪费了，这就像过日子一样。

徐小和（公社时代会计）

时　　间：1995 年 2 月 21 日上午
访 问 者：浜口允子
翻　　译：齐秀茹
访问场所：徐小和家

问：你过去当过大队会计，了解情况也比较多，所以访问你。

答：可以。

问：新中国成立前后的事，你还记得吗？

答：记得。

【平分土地支援生产】

问：新中国成立时村内有哪些活动？

答：一开始就搞平分土地，每人平均 3 亩。我们县 1947 年就解放了。新中国成立是 1949 年 10 月，那时村内生产还很落后，上级抓发展生产，给村内支援大小水车。

【村庄会议】

问：新中国成立时，村内开会吗？

答：开会是经常开，开过不少会。那时村内有领导班子，由他们召集会议。开会地点在村内有个办公室，人多时，就在村内找个宽敞地方开会，全村男女老少都参加。

问：谁主持会议？

答：有工作队，村内干部。

问：参加会有多少人？

答：全村有七八百人，参加会的有三四百人。

问：主持会议的干部叫什么名字？

答：有徐晚、郝八十。那时他们是村内的民兵。

【民兵成员】

问：有多少民兵？

答：有 20 多人。

问：谁是民兵队长？

答：民兵的头是郝小魁。

问：这个人还在村里吗？

答：已去世，死在东北。

【民兵职责】

问：那时村内民兵有哪些活动？

答：保卫村庄，保卫干部。

问：在什么时间活动？

答：白天没有活动，主要是晚上活动。每趟街有两个民兵值勤。

【民兵的武器】

问：民兵有武器吗？

答：开始没有武器，每人给两个土造的手榴弹。后来平分了县城的几户大地主，把分到的东西给卖掉，买了 10 支老式枪，也就是打一枪，上一粒子弹。

问：从什么地方买的枪？

答：不清楚。可能是从八路军工厂买来的，当时八路军已经不用老式枪了，就放到农村去了。

【自己使用枪的情况】

问：你打过枪吗？

答：打过，那时民兵队长带我们上村外，

说子弹有富余，让我们试试枪，看好使不。开始我打第一枪没有打响，因为只扣一下，没有响，后来扣了两下，就打响了。

问：在什么正式场合打过枪？

答：正式场合没有使用过枪，因为值勤中没有发生过问题，这是 1949 年以后的情况。1947 年、1948 年还是很乱的，民兵有枪，还是有用的。

【新中国成立后的变化】

问：新中国成立后村内变化最大的是什么？

答：开始搞生产，国家给了小水车、大水车，号召搞生产，增加丰收。

【干部更选】

问：村内行政机构有变化吗？

答：村内干部经常更换。过去一些干部，是旧社会过来的，守旧，思想保守，对解放后新中国的形势跟不上，对国家政策、精神领会不了，跟不上发展，所以更换。

问：更换干部同村内家族有关系吗？

答：没有关系，本村虽然有几姓大户，但没有家谱。不像别的村的大姓都有家谱，家族势力大，内部比较团结。本村情况不是这样。

问：什么原因要换干部呢？

答：主要是形势跟不上，工作能力差，工作不称职。

问：谁来决定更换干部？都任职多长时间一换？

答：是上级决定的，开始本村干部一般一年就更换一次。也不是所有干部都换掉，称职的，比较好的干部，通过选举，还可以继续当干部，不称职的，自然就选掉了。

【50 年代干部的情况】

问：50 年代村干部是谁？

答：选举了 8 个代表。

问：那是贫农协会吧？

答：不是贫农协会，是解放初期的事。

问：那时村长是谁？

答：是郝老奋，李老阁，这是 1952 年的阶段干部。8 个代表，是刚解放不久，是第二任村干部，比李老阁他们早。

问：8 个代表是谁？

答：有郝老一、郝老随、郝老敬、张老牛、张脏羊、徐老善、徐老友、刘老凤。

问：8 个人怎么分工的？

答：没有分工，其中 6 个人当过长工，不识字，村内工作有工作队办。

问：为什么选 8 个？

答：那是村内工作队决定，人多些好办事。

问：当时这些人多大年纪，现在有活着的吗？

答：当时年纪就很大，现在没有活着的。

问：在这以前，村干部是谁？

答：有徐婉、郝八十、郝小魁。

问：第三任干部是谁？

答：有郝老奋、李老阁。

问：后来又换上谁了？

答：有徐侯、徐孟祥。

问：有郝腊月吗？

答：郝腊月当干部要晚些。

问：有赵球子吗？

答：比较晚，在我当干部以后，赵球子才当干部。

问：王补子、张歪子是什么时候当干部的？

答：是在 8 个代表以后当干部的。

问：徐侯、徐孟祥当干部是什么时候？

答：互助组时候，1953～1954 年时候，1955 年就初级社了。

问：徐侯、徐孟祥当干部一直坚持到什么时候？

答：到郝腊月。

【贯彻《婚姻法》】

问：本村贯彻《婚姻法》是什么时候？

答：我是 1944 年结婚的，那时没有《婚姻法》。解放公布《婚姻法》，村内开会宣传过。

【解放初村庄的变化】

问：从解放到第三任干部时，村内面貌有变化吗？

答：有很大变化，在生活上过去吃糠咽菜；平分土地后，生活有了保障，生活上好起来了。

问：在农具使用上有变化吗？

答：有，过去我家地不多，没有水车，一头小驴还是同人家合伙的。解放后，自己种地，喂了牲口，也置了水车，生产上也变化了。

问：在吃的方面有什么变化？

答：解放以前主要是吃高粱、谷子，掺野菜、吃粉渣，吃不饱；解放后，能吃饱，不吃粉渣了。

【组织互助组】

问：互助组时你和谁一个组？

答：同徐孟祥一个组，因为我们地挨着。

问：互助组有几家？

答：有五六家，住得很近，都姓徐。

问：你们住的这里有别的姓吗？

答：姓徐的地在一起，东头的地是姓郝的、姓张的；西头的地是姓赵的、姓刘的。

问：其他互助组内有异姓人参加吗？

答：有，有的关系好，地又挨着很近，就自由组织起来。

【单干的情况】

问：组织互助组时，还有单干的吗？

答：有，有一户一直单户，到初级社时还是单干，他叫赵老能。

问：他为什么要单干？

答：脾气个别，另外他想为自己种地，也不比互助组弱。他还是贫农，解放前没有多少地，干一辈子长工，没有什么农具。

问：没有什么农具，为什么还坚持单干呢？

答：个别人，他想不通，同别人合不来，就是不愿参加互助组，实际上他家产量不高。后来高级社时，他成了单干典型，产量又不高，所以经过动员才入高级社。

问：从互助组到初级社时有多少单干？

答：大约20%左右。

【互助组的宣传成立及好处】

问：村内成立的最早互助组是哪一个？

答：是我们互助组，1953年成立的。

问：是谁先提出的？

答：徐孟祥。

问：为什么他提出互助组？

答：上级号召。

问：徐孟祥怎么知道上级精神的？

答：村内有工作组，县里也派人来宣传互助组，宣传互相帮助的好处，牲口、劳力、农具等调剂使用，提高产量，方便得多。

问：那时你家几口人？

答：4口人。

问：你参加互助组体会到好处吗？

答：体会到好处。

【初级社的活动】

问：初级社时，村内有几个？

答：有五个初级社，有建中社、建华社、建民社、建国社、建立社。我参加的是建民社。

问：初级社有什么大的活动？

答：土地归社，牲口、水车归社统一使用。种子、草料（牲口吃的）也入社，作为投资，算股。

【单干困难加入高级社】

问：高级社时，赵老能为什么入社呢？

答：他不进社，种地就困难了，有地没有井（原来的井坏了），浇地很困难。

【当会计的情况】

问：你什么时候当会计的？

答：初级社时就当会计了，1955年。

问：当会计都有哪些工作？

答：管收入分配。

问：那时生产上有哪些变化？

答：国家给农药、化肥等，单干户不给。

问：你干会计到哪一年？

答：一直干到1965年。

问：1965年为什么不干了？

答：那时上级有指示，为了防止贪污，各村原来的会计，要调动别村去当会计。我调到小周村当会计，我村的会计是外村西街来的，叫范进跃，我把工作交给他。调我到小周村，我始终没有去，因为我家有80多岁的老人，需要我照顾，所以就不去。后来管理区的会计辅导员调到小周，要我到管理区工作，我也拒绝了，我愿意留在村内当社员，参加劳动。

问：后来你干什么工作？

答：后来我调到黄壁庄水库工地上当会计，那是1965年秋季，每年春秋两次，每次两个月左右，时间短，所以我同意去。

问：干了多长时间？

答：1966年春又去水库工地，不到一个月，"四清"运动开始了，村内三次去人催我回来参加"四清"，工地领导不同意，正是劳动高潮时，后来高潮过去了，我才回来。"四清"开始先在赵县搞，1965 年就开始；1966 年转到我们村搞"四清"。回来我又在大队当会计，一直到 1977 年。我在水库干了 6 年会计，1971 年回村又干了 6 年会计，到 1977 年。

问：外村来的会计什么时候不干的？

答：外村来的会计干了不到一年就不干了，连分配都没有赶上，后来换上了赵球子。

问：你什么时候不当会计的？

答：1977 年以后，我在大队干了两年副业，1979 年不干了。

问：为什么不干了？

答：老了，另外各队人员多，要精减人员。

【大队账目的保存】

问：你当会计时，大队账目资料还保存吗？

答："四清"以前的账目都被工作队拿走了，"四清"以后的都保存在大队办公室，个人手里不保存，我不当会计了，也就不管了。

问：在你以后，谁当会计了？

答：刘淑芹。

问：他干了几年？

答：干了两三年，又交给吕月芳（小名芳子），也干了两三年。后来就是赵球子当会计。

【虚报浮夸】

问：那几年生产最好年景是哪一年？

答：1975、1976 年生产比较好，小麦、玉米都丰收，实际产量亩产八九百斤，往上报就虚报一千多斤。

问：为什么要多报？

答：干部们为了"露脸"。那时候乡内干部要下面虚报，认为乡干部工作有成绩，好

提拔到县内当领导干部。如乡干部任真子，就是靠浮夸虚报当上了县内的副县长。

问：年年搞浮夸吗？

答：那几年，年年搞浮夸，虚报产量，结果村内每年要多上缴粮食 30 万斤。我不同意，乡内干部批评我"你当干部为谁干？"每年粮食打下来都交了征购粮，库里空了。

问：当时村内干部是谁？

答：有郝同顺、刘文生。

【吃返销粮】

问：村内什么时候吃过返销粮？

答：初级社，村内吃过返销粮，我要了 200 斤大米，200 斤白面，自己购买。到了后来国家也不要钱了。

徐小和（68 岁）

时　　间：1995 年 2 月 23 日上午
访 问 者：浜口允子
翻　　译：齐秀茹
访问场所：徐小和家

【"土改"时的家庭情况】

问："土改"时你家情况怎样？

答：我父亲弟兄 4 个，我父亲在外打长工，在藁城堤上村地主家当长工，地主家叫倪老便。

问：倪家有多少地？

答：有 300 多亩地。

问：打短工给哪一家？

答：多了，记不清。那时打短工就到县内"人市"上找活，有需找短工的，到"人市"找人。干几天，给几天钱，都是临时的。

问：当时你们家有多少地？有几口人？

答：有 7 亩地，八九口人。

【父亲外出打长工】

问：你父亲打长工，每天回来吗？

答：不回来，每年只回来一次，吃住都在地主家。有时下雨了，不干活了，也可以回来看看。

问：怎样回来？

答：步行走回来，有半天就到了。

问：一年长工给多少工资？

答：一年给三担米，八九百斤，家庭困难时先给一半。

问：全家够吃一年吗？

答：一人挣米不够全家吃，还需要种点地。

问：米怎么背回来？

答：挣点米，变换成钱拿回来。

【"当"地糊口】

问：这些钱用在什么地方？

答：主要是买吃的、穿的。不够吃，又把家内地"当"出去，是"活契"，换来钱，补充生活。当地7亩，"当"给了岗头村郭麻户家。

问：郭家是地主吗？

答：不是地主，也不是富农，他家人口多，是富裕户，评成分时，是富裕中农。

问：你家地"当"了，怎么种地？

答：没有地种了，因为岗头村郭家劳力多，把"当"来的地他们自己种。县城内的大地主一般没有劳力，往往把"当"来的地，仍交给原农户耕种，到秋收按规定收租子。

问：你们家当时有几口人？怎么生活？

答：有我大伯、父亲、两个叔叔、两个婶子、我哥哥、我自己共8口人。我母亲在我5岁时就去世了。我大伯当长工，把眼睛弄瞎了，没有结婚。我们家生活，就靠我父亲、大伯（眼睛没瞎时）、三叔当长工挣钱来

维持。

问：那时你做什么？

答：那时我还小呢，不到10岁。今年我68岁，1927年生。"土改"以前，我们家地就赎回来自己种了，我六七岁时自己有地了。

问：花了多少钱才赎回地？

答："当"出的时候收了多少钱，赎回的时候仍旧还多少钱，具体花了多少钱，我记不清，我还小呢！

问：你们家有了地，怎么生活？

答：那时家内没有牲口，没有水车，完全靠劳力种地，产量低。我父亲、叔叔都不当长工了，除了种地外，就去打短工。在村内，我家生活处于最下等的第二位，比没有地的户，略好一些。

【靠自己而非他人维持生计】

问：村内最穷的户是哪家？

答：是西头郝二堂家。

问：哪个家族最穷？

答：哪个家族中都有穷的或富有的，没有一个家族中都普遍穷的。

问：郝二堂的家族们是否帮助他呢？

答：不帮助，那时各家管各家的，怕帮助别人影响自己的生活。

问：本村富裕户有帮助他的吗？

答：这个村没有太富裕的户，都是穷苦人家，没有办法帮助别人。

问：在村内互相帮助，都是同姓的吗？

答：不见得，不一定。

问：在村内有些困难户无法生活，找谁帮忙？

答：一般来说，出卖劳力，去打短工；有些地的，就去当地，来维持生活。找别人借债，村内人穷，都没有钱往外借。也有个别的，能借到少量的钱，都是村内忠实、厚道、人缘好的穷人，有人愿意帮助；表现不

好，不老实的人，无人帮助。

【如何借钱】

问：在村内借钱怎样借法？

答：需要急钱花，而且有偿还能力的人，可以通过中间人，向放高利贷的人借钱，利息一般三分，是高利贷。放高利贷者都是有钱的。在日本进攻中国以前，农村高利贷更厉害，借一斗米，返二斗米；借一元钱，返二元钱。

问：期间是多长时间？

答：一般是一年还本还息。

【租地耕种生活好转】

问：你们家把当出去的地赎回以后，你干什么活？

答：我才十几岁，不上学了，在家锄草，干点杂活。我长大能下地干活时，我家又租了十多亩地来种，我 15 岁时（1942 年），家内租地种达 43 亩，加上自己家的 7 亩地，共种地 50 余亩。

问：当时你们家有多少劳力？

答：有 5 个劳力，我父亲、大伯、叔叔、哥哥和我。

问：种什么庄稼？

答：棉花、谷子、高粱等，以棉花为主。

问：这个阶段家庭生活好吗？

答：比较好些，种的地多了，收入多了。

【租地来源】

问：地从那里租来的？

答：从北关地主王骡子租来的，地在咱村东口从公路边至北头的那块地。

问：租地多长时间？

答：租地以后一直由我家耕种。

问：租地的条件是什么？

答：租一亩地，交给王骡子五斗谷子。

那时年景好时一亩地可收十斗谷子，一半交给地主；年景不好时只能收七八斗谷子，60% 以上交给了地主。

【本村租地情况】

问：本村租地种的有多少户？

答：当时本村 1200 多亩地，有 600 亩地是王骡子的，有 200 多亩是王老岳的（北关地主）、有 100 多亩是李七（北关地主）的，剩下的是本村农民自己的地。

【"土改"平分土地；村中地扩大】

问："土改"时村内有多少地？

答：把当出的地，也收回了，加在一起，共有 2000 多亩地。实际上本村原有的地，约 500 余亩，其余是租来的地。

问："土改"前村内有 1200 亩地，"土改"时扩大到 2000 亩地，这些地从哪儿划来的？

答：平分土地，根据规定，每人平均 3 亩地，根据我村人口数，需要 2000 余亩地，不足部分，由县内从周围村庄划过来的。因为周围有些村的地多，平均超过 4 亩，这样就互相拉平了，都平均 3 亩地，这就叫平分土地。从县城北关、东关划来了一部分地。

问："土地改革"后你村的地扩大了？

答：对！

【"土改"如何进行】

问："土地改革"当时是怎样进行的？

答：首先是土地分配，每人平均 3 亩，贫下中农家平均不够 3 亩地的，就分给他地达到人平均 3 亩，使人人有地种。在分配土地时，有些人不敢要分配来的地，胆子小，怕地主反攻倒算。

问：本村什么时候解放的？

答：1947 年阴历二月二十日，栾城解放。

八路军组织工作队进入各村，每村去四五名工作队员，发动群众，组织贫农协会，选举村干部，搞平分土地。工作队进村大约在二月二十二日左右，记得栾城解放两三天就来了。工作队是从八路军后方来的，有些是20来岁的中学生，也是八路军后方学校的。工作队来村，组织扭秧歌，搞讲演，宣传活动，宣传"贫下中农是一家"、"不要怕蒋介石"等。工作队员还让村长汇报本村土地情况，深入到各户访问调查，为土地平分作准备。

【工作队的情况】

问：工作队中有年纪大的人吗？穿军装还是穿便服？

答：有年岁大的老师和干部，都穿便服。

问：村长同工作队是什么关系？

答：村长是原来的，他了解村内情况，工作队利用他，让他介绍本村基本情况，使工作队掌握各户的情况；然后工作队就深入到各户访问，发展积极分子，选择干部。

问：工作队在村内多长时间？住在哪儿？

答：在村内有一年多，等村内干部培养起来，平分了土地，各项工作都开展起来了，工作队才撤走。住在哪家，不好说，不固定，因为当时刚解放，社会还不稳定，工作队住所是保密的，一般人不知道。

问：你们家住过工作队吗？

答：住过，住了四五天，住在我家是两名女队员，十八九岁，很年轻，文化挺好。队内还有3个男的，没有住我家。女队员胆子小。

【刚解放时村内的形势仍危险】

问：为什么胆子小？

答：因为栾城解放了，石家庄还没有解放，县城的大地主、国民党官员都跑到石家庄去了。经常和伪军一起，晚上来偷袭八路军的村庄，搞反攻倒算，杀害村干部，抢粮食，所以群众害怕，年轻的队员也害怕。

问：王骡子等几户地主跑了没有？

答：王骡子一家都跑到北京去了，本村张乐卿不是地主，是富农，也跑到石家庄，住在旅馆内，同伪军的头头都认识。记得石家庄解放前夕，张乐卿同伪军一起来到本村，向贫农收租子，实际上是"反攻倒算"。

问：什么时候来的？什么时候走的？

答：伪军和张乐卿是1947年冬天来的，那时粮食已经收回来了。张乐卿的地已分给贫民耕种，所以他向贫农要租，另外他家东西也平分掉了，张乐卿都记上账，哪样东西被谁拿走的，他都记得，这就是"反攻倒算"。

问：伪军来时，村内民兵是否抵抗？

答：村内民兵刚建立，没有武器，所以都躲藏起来，干部也躲起来，所以解放第一年村内形势还是很危险的。到了1949年形势稳定了，大家就放心了，不害怕了。

问：工作队抵抗了吗？

答：工作队也没有武器，人数少，也躲藏起来。伪军是晚上来，早晨就撤走了。伪军也不敢住下来，怕八路军知道来包围。那时八路军的县大队和区小队有武器，区小队有四五十人，是专门对付伪军的。

问：区小队来过村内吗？

答：全县有四个区小队，一般住在县城，到各村开展游击活动，驻扎地点不固定，是保密的。区小队有时也派人到村内了解情况，1948～1949年区小队来了很多人，枪决了一个公安员。这个公安员叫赵老侯，当了干部后报私仇，杀了人家。被害家族联合起来告到县内，区小队来村抓了赵老侯，给枪毙了。

问：这件事同"土改"有关吗？

答：没有关系，土地平分已经完了。

徐孟祥（68 岁）

时　　间：1995 年 2 月 18 日下午

访 问 者：顾　琳　张利民

访问场所：徐孟祥家

【家庭状况】

问：你父亲叫什么名字？

答：我父亲的小名叫徐小茂，号徐老节。

问：你兄弟几个？

答：我兄弟两个。我是老大，老二叫徐连祥。

问：你今年多大岁数？

答：虚岁 69，周岁 68 岁。

问：你小时上过学吗？

答：11 岁时上过一年学，日本进中国后就不上了。以后是自学的，再没有上过学。

问：上的什么学校？

答：小学校。

问：不上学后在哪里？

答：在家干活，没到外地去过。我小时候家里地少，给外人打短工。

问：你家有多少地？

答：两亩多地。

问：当时几口人？

答：5 口人。有我父母、一个姐姐、一个弟弟。还有一个姐姐已出嫁了，不包括在内。

问：当时生活很苦吧？

答：是。

问：除你干活之外，你弟弟干吗？

答：也干点，我们地少，没有水车。

【打短工】

问：在哪里打短工？

答：有时在本村，有时在外村。今天在这家，明天在那家打工。

问：你怎么知道谁家用工？

答：互相告诉一声，今天在这家干，明天不干了，另外一家就知道了。

问：有劳动市场吗？

答：栾城有市场，村里没有。

问：你到栾城市场去找过工作吗？

答：没有。本村里干得多，在栾城孟家院干过两天。

问：那时一天挣多少钱？

答：我当时很小，给不了多少钱。

问：管吃的吗？

答：管吃饭。

问：钱是当天给，还是秋后给？

答：干完活就给了。

问：你把钱给家里吗？

答：是给家里。

问：打短工的人多吗？

答：不少，这个村不少，也有做长工的，栾城地主多，我们村地少，到栾城去打长工。

问：你当过长工吗？

答：没有。

问：你打短工到什么时候？

答：十六七岁。我 11 岁上学，后在家干活，十三四岁时才打短工，十五六岁开始干生意，推一个小车。

【做生意】

问：车是你自己的吗？

答：是自己的，小木轮车，独轮车。

问：是替别人拉车吗？

答：不是。推着小车做生意。

问：做什么生意？

答：卖煤炭，倒卖粮食，从栾城买粮食到石家庄去卖，再从石家庄买煤回来卖。

问：一个月能赚多少钱？

答：赚不多，能维持生活。

问：当时你还没结婚吧？

答：没有。

问：从这里到石家庄需要多长时间？

答：一天打来回。推着小车去把东西卖了，再拉回东西来。得走六七个钟头，一个钟头走十来里地。

问：赚的钱多吗？

答：不多。当时生意不好做。

问：做生意多少年？

答：一直做到1947年解放，二十一二岁，做了五六年。

问：结婚了吗？

答：解放后才结婚。解放后分了地就结婚了。

【土改、弟弟参军】

问：土改时的成分？

答：贫农。

问：那时候一个人分多少地？

答：一个人平均3亩，共十几亩地。

问：你分土地时与你父亲在一起吗？

答：在一起。

问：结婚后分家了吗？

答：我们始终没分家。解放后老二就走了，解放前我弟弟当兵，他参加过"抗美援朝"。

问：他几岁参军？

答：十七八岁参军。

问：什么时候？

答：解放前两年，打败日本人之后参加的解放军，不是八路军。

问：他回农村来了吗？

答：1963年转业回来在栾城粮食部门工作，去年退休在家。

问：你弟弟走后你与你父亲一直住在一起吧？

答：是。我们原来不住在这边，后来才搬来的。

【结婚、子孙】

问：你老伴是本村的吗？

答：不是，是栾城高家庄的。

问：她叫什么名字？

答：董冬姐。

问：她比你大还是小？

答：小。她今年62岁。

问：你们哪年结婚？

答：这是第二个老伴。

问：第一个呢？

答：第一个是乔李庄的，叫乔芝卫，她1953年去世。我们是1948年结婚的。

问：有孩子吗？

答：有3个孩子，一个男孩两个女孩。

问：他们的名字？

答：儿子叫徐保金，在药店，是村医。

问：今年多大？

答：属虎的，今年45岁。

问：另外两个女孩呢？

答：一个叫金荣，一个叫兰荣。

问：第二个老伴几个孩子？

答：兰荣是第二个老伴生的，前妻也有三个孩子，一个女的，两个男的，除保金和金荣外，还有一个男孩，叫徐保群，今年41岁，金荣出嫁了。

问：在本村吗？

答：不在，嫁到孟董庄了，农民。

问：保群呢？

答：在本村当农民。

问：前妻是生病死的吗？不是因为生小孩？

答：病死的。

问：第二个老伴哪年结婚？

答：1957年。当时我父母还活着。

问：第二个老伴几个孩子？

答：6个。

问：孩子们的名字？

答：老大是女儿叫秀荣，1958 年出生，今年 37 岁，已嫁，在青岛市当工人；老二叫保玉，男孩，1961 年出生，在村里当农民；老三是女孩，叫兰荣，1963 年生，在栾城县农机厂；老四是男的，叫保刚，1965 年出生，本村农民；老五是男孩，叫保身，1967 年生人，本村农民；老六男孩，叫保星，1976 年出生，在栾城药厂当工人。共六个男孩，三个女孩。

问：有几个孙子？

答：6 个孙子。老三两个，老大一个，老二一个，老四一个，老五一个，老六一个。（注：实际是七个——整理者）

问：几个孙女？

答：5 个。

问：过年都来啦？

答：来了三十多口人。

【互助组和初级社】

问："土改"后你是怎么当干部的？

答：1955 年入社是干部。

问：入社前你是积极分子吧？

答：不是。我父亲在贫协，是贫协委员。

问：你入社前是干部、团员吗？

答：不是。1954 年入的党。入党前是村里的积极分子。

问：什么时候入社？

答：1956 年入初级社。我当初级社主任。

问：初级社有多少人？

答：40 户。

问：都是本村人吗？

答：对。

问：这村有几个社？

答：5 个。

问：是 1955 年入社还是 1956 年？

答：1956 年。入社前是互助组。

问：互助组时你干什么？

答：我当组长。

问：村里有多少组？

答：记不清了。

问：你这个组有多少人？

答：十几户。

问：你们社有 40 户人，有多少地？

答：平均一人 3 亩地。

问：初级社有多少人多少地？

答：大概有 400 多亩地。全村 5 个初级社，全村 2000 亩地。

问：有多少牲口、大车？

答：有几十头，具体数记不清了。分得土地后每户都有牲口，都入社了。

问：有水车吗？

答：水车很多。

问：当时的生活水平怎样？能吃饱吗？

答：生活不强，能吃饱。分了地以后生活好些，收了粮食归自己，土改前收了粮食还得给地主一部分。

问：那时有耕种技术和肥料吗？

答：没有技术。肥料也是家畜粪。

问：亩产多少？

答："土改"后麦子产 250 斤左右。1957 年丰收才 250 多斤。

问：种棉花吗？

答：种一点。

问：种棉花赚钱吗？

答：赚钱，因为投资少，上点农家肥，浇浇水就行了，不用电费，农药用得也少。收入小投资也少。

问：当时棉花单产多少？

答：籽棉五六十斤。

问：小社时怎么分配？

答：人五、劳五。人、地各分一半。

问：你自己家收入多少？

答：记不清了。

问：收入够用吗？

答：够用。那时开支小，穿的衣服都是自己纺织的布，自己种棉花。鞋和衣服都是自己做的，很少买东西。吃的油是棉花籽换的，自己种菜吃，不用买。

【高级社和大跃进】

问：小社到哪年？

答：1958年就成了高级社。全村成为一个社了。

问：叫什么名字？

答：柴村高级社。

问：你担当什么干部？

答：还是当社主任。

问：这个社有多少人？多少地？

答：2000多亩地，5个小社的地都合在一起了。

问：高级社是按人分配吗？

答：1958年初是高级社，下半年就成立人民公社了。秋后就成立人民公社了，高级社没有分配。

问：哪时候村里人有没有意见？

答：那时候还没有意见，1958年风调雨顺，庄稼长得很好，后来大炼钢铁把东西都砸啦，到1960年人们生活受了委屈。1958年大丰收，皮棉可收七八十斤，遍地都是粮食，一大炼钢铁把东西都糟蹋了。

问：1958年"大跃进"秋后粮食少了，人们有意见吧？

答：人们都闹不清，我们当主任的也弄不清，说成立人民公社就成立啦，秋后成立食堂就成立了，在食堂吃饭，老百姓都弄不清是怎么回事，再高级的领导也弄不清是怎么回事。

问：高级社的第一年大丰收吧？

答：对，那年丰收，又办了人民公社，地里的棉花粮食到处都是，没人管，有很大浪费，人们又不知道是怎么回事。连县里的干部也不知道，大家跟着干。1960年就不行了。

【人民公社的干部】

问：哪时你是人民公社的什么干部？

答：成立人民公社后这个村是一个大队，我是大队长。

问：谁是书记？

答：郝腊月。

问：他是哪年当书记的？

答：高级社时当的，当了两年。

问：初级社时的书记是谁？

答：初级社时没有书记，高级社时才有书记，就是郝腊月。

问：你什么时候当大队书记？

答：大概1960年或1963年。

问：谁接郝腊月当书记？

答：徐侯。

问：他干了几年？

答：干到1962年，之后我当书记了。

问：1962年以后你还当大队长吗？

答：不当了，只当书记。

【困难时期】

问：困难以后你当书记是吗？

答：是。困难以前我是大队长。

问：困难时候你们村的生活怎样？

答：从1959年、1960年人们就吃不饱了。

问：1960年死人了吗？

答：1959~1960年死了四五十人。

问：是病死的还是饿死的？

答：人们生活受屈就有病了，医疗也跟不上就死了。

问：老人多还是小孩多？

答：老人多。

问：你父母什么时候去世的？

答：我父亲 1961 年去世，母亲死的早。

问：那时生的孩子少吗？

答：少。

问：这个村有到外地谋生的吗？

答：有，不多。有出去几天就回来的。

【统计村、会计更替】

问：当时村里有人口统计吗？

答：每年都有。在会计那里。

问：在大队保存着吗？

答：没有了，1966 年"文化大革命"和"四清"时都扔啦。"四清"时整我时我还见到过，扔在那里没人管，现在已没有了。大队会计原来有一份分配土地的表，现在不知道在何处。

问：现在谁管这事？

答：原来的会计不干了，已换过许多代会计了，不好找啦，"四清"时整我，我把县里分配土地的表和土地证都交出去啦，后来我也见过。

问：你第二次当书记时你找过这东西吗？

答：没有。

问：你第二次当书记时的统计表有吗？

答：没有注意过。

问：账本有吗？

答：没啦。

问："文化大革命"以后的账有吗？

答：有。在会计处。会计岁数大了，今年不干了。他也没有，1962 年他接会计时清理过一次。

问：这个会计叫什么名字？

答：赵球子。

问：有没有他知道吧？

答："文化大革命"前我俩就在一起干。干了许多年。1982 年以后的统计都全。

问：1982 年以后的会计还是赵球子吗？

答：1982~1994 年的会计都是赵球子。

问：账在他那里吗？

答：由他保存着。"文化大革命"前的东西原来都有，"文化大革命"时损失了。

问：咱们村什么时候亩产增加了，人口变化、村里的发展变化的情况，除了听听你介绍外，还想看看账目统计资料。

答：对。这村还有一个会计也干了几年。从"四清"、"文化大革命"以后会计经常换。

【困难时期的农业生产和工作队】

问：这里最困难的时候是哪几年？

答：1960~1961 年。

问：气候怎么样？

答：也行，没有 1958 年好。1958 年大丰收，以后人们干劲小了，产量下来了，生活也差。

问：1958 年搞过深翻土地吗？

答：1958 年秋后就开始深翻土地。

问：有好处吗？

答：不行，把生土翻上来了。

问：有工作队到村里来吗？

答：有。经常有。

问：哪年来的？

答：1956~1958 年工作队来的时间长。

问：从哪里来的？

答：从县里来的。

问：住在村吗？

答：住。

问：人员固定吗？

答：那时的工作队住的时间长。

问：他们来干什么？管生产吗？

答：什么都管，跟我们一起干。

问：他们懂生产吗？

答：也懂点，学习吧。他们都年轻，比我岁数还小。

问：是工人还是干部？

答：有一个叫马杰，现在还在栾城。

问：以后的工作队都是短期的？

答：对。有住十天八天的，一个月两个月的，经常换。最长的不超过半年。

问：你当主任他们的话你听吗？

答：大家在一起研究。

问：1959～1960年社员不愿干活，你们怎么办？

答：我们看着他们，该干时干，该歇时歇，各小队有队长管理。

问：1958年以前妇女下地干活吗？

答：下地。种自己的地。

问：1958年组织什么队的形式了吗？

答：有生产队。

问：你母亲下地吗？

答：我母亲老了不下地。

问：你小时她下地吗？

答：我小时候家里地少，不用她干。

【大公社分小公社】

问：1960年困难，从什么时候开始好了？

答：1962年以后就好了。

问：是政策好了，还是天气好了？

答：大公社解散了，成立了小公社。

问：大公社有多大？

答：栾城县共三个社，马路以东叫东风社，马路以西叫什么记不清了，还有一个红旗社。

问：他们叫什么社？

答：东风社。1963年以这三个大社都解散了，这里成立了孟董社。

问：你们村是一个生产大队吧？

答：对。

问：大社分小社对你们有什么好处？

答：小社好一点，按劳分配，1963年分一部分粮食，还分一部分钱，东西自己也可以卖了。大公社时，东西都被公社拉走了，

生产队没有支配权，小社以后，生产队收入多分得多，收入少分得少，按劳分配，社员劳动积极性有了。

问：大公社时怎样分配？

答：大公社不分配，全村一个大库，都吃啦！一部分上缴了，吃大食堂。

【大食堂】

问：什么时候吃食堂？

答：1958年秋后就开始吃食堂。

问：到哪年结束？

答：1962年。吃了两年多食堂。

问：各家还有吃的吗？

答：没有。过年时分给每户一点面、小米、豆子，或拾点麦穗什么的磨面吃，或买一点吃的，或谁家有事开个条多领一点，借一点。

问：穿衣服怎么办？

答：一个人三斤皮棉，纺织成布做衣穿。

问：各户都没有粮食吗？

答：1958年有粮食，没有人要，大家都弄不清是怎么回事，后来困难了，什么都没有了。

【"大跃进"中报高产】

问：我听说有的地方1958年报大丰收，政府多征购了粮食，后来大家就没有粮食了，这里有这种情况吗？

答：有，报的多，上缴的多。从1959年开始谁上缴的多谁是积极分子。实际亩产没那么多。

问：上级要求你们多报产量吗？

答：我们到栾城开批判会，说人家打800～1000斤，你为什么打500～600斤呀？实际是要下边多报产量。

问：栾城县批判谁呀？

答：谁报的少了就批谁，找一个典型，

为的是让大家报高产，多上缴。上交之后剩下的粮食都在一个库里，人们不够吃。

问：一个人一天最少给多少？

答：七八两。七八两粮食与现在的粮食不同，山药干、带皮的原粮也算粮食。再说那时也没有油没有菜。

问：最困难的时期有几年？

答：一年。

问：报高产有几年？

答：1959～1961 年夏，两年半。小公社时就好了。

问：不敢报实际产量吧？

答：不敢，怕挨批判。

问：人们都知道吗？

答：知道，县长和老百姓都知道，知道也没办法。

问：上级下来看看社员吗？

答：他们都知道，看看也是那样，大家都吃红薯干、棉花籽壳。

问：县城的人也吃这个吗？

答：县城没地更得吃。

问：到 1962 年好了吧？

答：1962～1963 年就好了。

【自留地】

问：什么时候有自留地？

答：小公社的时候有自留地。

问：每个人有多少自留地？

答：每人一分多地。

问：你们的自留地种什么？

答：夏季种麦子，秋季种玉米，还种点菜。

问：1963 年以后交公粮少了吗？

答：按实际产量交，比虚报高产的时候少了。

问：村里交多少？

答：记不清了。每年交粮是会计的事，

我记不清了。

问：1963 年以后上报的产量是实数吧？

答：基本上是实数。后来定购，产量多少都是交定购的数。不按报的数交。激发人们的干劲。

问：哪年实行定购的？

答：记不清了。

【农业技术、电力】

问：种田讲科学技术吗？

答：有治虫，选用优良品种的事还没有。1958 年以后化肥就多了，1958 年以前少。

问：什么时候开始机耕？

答：1958、1959、1960 年就开始了，县里有拖拉机站。

问：给他们钱吗？

答：给钱。1958 年不给钱，拖拉机也少。1959、1960 年拖拉机就多了，也给钱了，一亩地多少钱。

问：那时村里有义务工吗？如治水等。

答：打机井，1958 年是大口的，1959～1960 年开始打现在用的这种管井了，安装水泵。

问：是村里出钱让别人打，还是自己打？

答：大口机井自己村里人打。

问：水渠谁挖？

答：队里自己挖。没有大水渠。

问：都是井水，河与你们没有关系？

答：对。

问：电什么时候有了？

答：1962 年以后村里有电的。

问：向大队拉高压线，大队出钱吗？

答：不出钱。进村进户的线要钱。

问：进村的线多少钱？拉一条线就行了吧？

答：小队出钱。

问：进各户的线怎么办？

答：拉到户里的电线自己出钱，低压以下的线都是集体出钱。

问：刚开始怎么用？

答：每个房间一个灯泡，为了照明。当时没有电器、电视、洗衣机、电扇都是 80 年代以后才有电。

问：除了农用机井用电外，还有什么用？

答：电磨，别的没有。

问：在本村磨面吗？

答：每个小队都有电磨。

问：没有电之前都是石磨磨面吗？

答：是，都是用人工和牲口磨面。

问：村里什么时候有有线广播的？

答：1963 年，"四清"前就有。

【"四清"、工作队】

问："四清"时有工作队来村吗？

答：有。

问：从哪里来的？

答：外县的，也有栾城的。

问：是工人还是干部？

答：弄不清。

问：来了多长时间？

答：从二月份到秋后，半年多。

问：来了几个人？

答：一个队有五六人，共 5 个队，有几十人。

问：有女的吗？

答：有。

问：他们住在村吗？

答：住。

问：他们管生产吗？

答：管生产，管运动，什么都管。

问：你还管事吗？

答：不管。

问：为什么批判你？

答：贪污浪费，多吃多占。

问：你退赔了吗？

答：退赔。

问：多少钱？

答：没有钱，挖树，要猪。

问：给你定了多少钱？

答：3000 多元。

问：那么多呀？

答：不到这个数不算完。

问：那时村里的干部都挨批评了吗？

答：都挨批了，就是我重，我干的年头长，得罪的人多。

问：村里经常开会吗？

答：开会，有时开大会，有时开小队长会。

问：小队长挨批了吗？

答：有。

问：会计挨批了吗？

答：也有挨批的。

问：给你定的什么罪？

答：贪污犯。

问：到队里劳动去了？

答：是。

问：有人管你吗？

答：没有，很自由，跟四类分子不一样，没人管。

【恢复名誉】

问：什么时候给你摘了帽子？

答：平反的那年。1980 年以前，1978 年或 1979 年。

问：从哪年开始？

答：1966 年村里搞"四清"时定的，与"文化大革命"一个时间。1964 年石家庄地区搞"四清"试点，在赵县，这里没有搞。这里"四清"与"文化大革命"连在一起搞的。

问：你戴帽子时对你的生活有什么影响？受管制吗？

答：不受管制，也不强制劳动。

问："文化大革命"挨批了吗？

答："四清"与"文化大革命"一起搞的。1966 年底给我戴的帽子。

问："红卫兵"批斗你了吗？

答：批斗，1966 年批斗。

问：在本村批斗？

答：是。没到外村去过。

问：批斗你几次？

答：次数不少，记不清了。站着挨批、游街。

问：没有关起来？

答：没有。

问：你还算社员吗？

答：算社员，也参加大会。

问：村民们有没有看不起你的？

答：没有。

问：对你的孩子们有影响吗？

答：孩子们没有受歧视。

问：党籍呢？

答：开除党籍了，平反时又恢复党籍。

问：你是村里被批斗的最厉害的吧？

答：对。

问：村里有四类分子吗？

答：有。

问：3000 元你还了吗？

答：以实物抵债，还了二三百元。

问：平反是你申请的还是上边来人指示的？

答：乡里来人给平反。以前有材料，不是事实的部分就否啦！

问：都平反了吗？

答：没有受处分的就不平反了。

问：平反的就你一人吧？

答：是。

问：你哪年又当书记？

答：1982 年春。

问：是指定的还是选举的？

答：乡里来人通过选举当书记的。

【改革、分田到户】

问：哪年分田到户？

答：1982 年以前就分了。在我当书记之前就分地啦。

问：最开始是公社来人包干到户，后才分田到户吧？

答：包干到户与分田到户差不多，按人分地，上交公粮。

问：1981 年初或 1981 年秋包产到户？

答：1981 年分田包户，由生产队统一管理，统一耕种，1982 年初实行了生产责任制。

问：当时社员们愿意分田到户吗？

答：愿意。

问：为什么愿意？

答：社员们可以增加收入啊。上边也有政策。

问：分田到户县里有试点吗？

答：本县没有，其他县有。

问：1980 年小麦亩产多少？

答：不清楚。

问：1982 年呢？

答：我也记不清了。

问：分田到户之后亩产是否高了？

答：肯定高。

【生产组】

问：你第二次当书记时没有生产队了吧？

答：对，还有组。各队分的组数不同，一队分成 3 个组，二队分为 6 个组，按地块分组。

问：是自愿分的组吗？

答：自由结合。

问：组有什么作用？

答：耕地可以用拖拉机，种地各种各的，

各施各的肥，收割时也各收各的。1982年还统一播种呢，大家按地数提供种子，因为播种机大。

问：也有一块一块的地呀？

答：那是小畦，便于灌溉。

问：现在还有小畦吗？

答：有。

问：现在的组主要是为了便于农业耕种。

答：是。

【大队干部分工】

问：现在还有大队管什么吗？

答：有大队，管小组组长。

问：大队的干部都有什么？

答：书记、大队长、会计、民兵连长、妇女主任5个干部。民兵连长管青年。

问：全村有多少组？

答：23个。

问：一个组最大的有多少人，最小的有多少人？

答：最大的组有八九十人，最小的四五十人。

问：村里有选举吗？

答：书记由党员选举，大队长由社员代表选。

问：社员代表是由组产生的吗？

答：是。

问：一般组长是代表吗？

答：不一定。有组长，也有社员。

问：几年选一次？

答：有一年的，也有两年的不等，根据代表的意见决定，书记根据党员的意见，没有多少意见就还继续干，有的不愿干了就另选举。

问：组长是选的吗？

答：推举的。

问：一个组长当多久？

答：有长有短。现在都不愿干，你干一年，我干一年，轮流干。原来有报酬，现在组长都没有报酬了。

问：组长的事多吗？

答：不多。交公粮时社员都主动交，浇水、收电费、修理家具等，事情不多。

问：以前给多少报酬？

答：有生产队时也不给钱，给记工分。给多少由社员讨论定。有一段也给组长点钱，也由社员讨论给多少，大队不管。

问：这钱由谁出？

答：组里出。

问：小队时有组吗？

答：没有组。

问：你第一次和第二次当书记的工作内容一样吧？

答：都差不多。第一次当书记时还没有机械化，还有小队，小队里有集体的财产，如牲口、一部分粮食，小队长有报酬，有一部分资金，现在都没有了。现在当书记省事多了。

问：公社时谁管生产？书记管什么？

答：大队长管生产队长，队长管社员，书记也管生产、包队。

问：有的地方改革以前书记管政治，改革后书记管经济，生产由村长管。你们村的计划生育谁管？

答：书记抓，妇女主任管，大队长管生产。

问：你第二次当书记还管生产吗？

答：管，农村主要是生产，书记什么都管，但事少多了。过去上交、留、分给社员的粮都管。

问：现在乡里抓你们也少了吧？

答：现在乡里也下来抓工作。

问：现在没运动了。

答：对，我第一次当书记时有"四清"

运动，"反右"。

问：村里有集体副业吗？

答：我不干的时候，"文化大革命"时有，村里有在石家庄干装卸的，有装卸队。

问：有几年？

答：三四年。其他副业没有。

问：有养猪的吗？

答：没有，技术不行。

问：改革后搞副业了吗？

答：没有。大队没有钱。

问：大队开支怎么办？

答：社员提留，开支不多。

问：一年大队花多少钱？

答：会计知道。

问：教育开支多吗？

答：教育由国家开支。我干的时候民办教师给记工分，另一部分社员提留。

问：医疗费谁负担？

答：个人负担。

赵球子

时　　间：1995 年 2 月 19 日上午

访 问 者：顾　琳　张利民

访问场所：赵球子家

【会计账簿】

问：你一直当大队会计，我们想了解一下这村生产和社员生活的情况及其变化。你还有报表吗？

答：没有了。原来都在我家保管，没用了，都扔啦。现在都承包给社员了，产量等情况也没有。

问：上报的底账还有吗？

答：我去找找。第一次"四清"时，"四清"工作队把底账都烧了。

问：你哪年第一次当会计的？

答：1960 年以后，高级社的时候。

问：那时候会计记什么账？

答：也是这个账。

【人口的变化】

问：那时村里有多少户多少人？

答：1200～1300 口人。

问：困难的时候人口减少了吗？

答：那时候人口少，现在实行计划生育，近几年人口也没有怎么增。增加的人也没有上户口。

问：夫妇俩生两个孩子的都不给上户口？

答：也有上了的。

问：1960 年有多少人口？

答：1200 多人。现在有 1400～1500 口人。

问：困难时期这村死的人多吗？

答：1960 年死的人多。光我们家就死了六口。他爷爷、奶奶、大伯都是那年死的。

问：有数吗？老书记说有四五十人。

答：比这个数还多。记得抬棺材的人都少，大都女的抬（妇女插话），顾不过来啦。

问：这是哪年的？1982 年的吧？（看村人口资料）那时生小孩马上登记吗？

答：村里根据在公社登记的卡片登记人口，先在公社登记。登记以后就报户口了。

问：当时还没有强调计划生育，都登记上了吗？

答：有登的，也有不登的。积极地去登记，不积极的不登记。

问：刚生下的孩子就登记还是一两岁才登记？

答：没有，那时事少。

问：公社的时候生的小孩多吗？

答：1960 年时很少有生孩子的，困难，以后富起来了。

问：1960年人们的口粮有多少？

答：五六两一天，一年一口人210～220斤。

【公社时期、食堂、分配】

问：分点钱吗？

答：基本上没有钱，一个队100多人分不到一千元，最多10元，平均数。

问：除分这点钱还分别的吗？

答：分粮食、柴火，包括口粮。

问：一般吃什么？

答：就是吃菜。

问：在食堂吃吗？

答：1960年的食堂就不行了。1963年食堂就散啦。

问：就在食堂吃，不拿东西吧？

答：不拿东西，到食堂吃饭，回家就干活。

问：能吃饱吗？

答：吃不饱，过完秋就吃饱了。

问：回家有吃的吗？

答：没有。

问：刚开始实行公社时也记工分吗？

答：记工分，干活记工分，不干活不挣工分。

问：工分跟口粮有关系吗？

答：有关系。工分合成钱，从钱里再减去口粮、柴等，剩下的才给点钱。

问：小孩怎么算？

答：小孩不管，只算大人挣的工分。

问：小孩吃的怎么办？

答：吃自己家的粮，小孩多了，就超支了，不仅分不到钱，还得欠生产队的钱。

【返销粮、自留地】

问：困难时期吃返销粮吗？

答：有。每年都有，不多。1960～1962年都有返销粮。

问：返销粮占多大比例？有一半吗？

答：没有，全村只有几千斤，不到一万斤。

问：吃了几年？

答：从1960～1962年，以后收成好了，就没有返销粮啦。

问：那时有自留地吗？

答：没有。

问：什么时候有自留地了？

答：记不清了。

问：一个人有多少自留地？

答：1981年或1982年才有自留地。

问：跟分田到户同一时间吗？

答：1981年分田到户。

【会计工作】

问：你当会计最忙的是什么事？

答：户里分粮的时候最忙，麦熟后就忙了。

问：忙时找人帮忙吗？

答：找人。

问：找小队会计？

答：是。

问：谁记工分？

答：大队用工大队记，小队用工小队记。

问：核算单位是小队还是大队？

答：以大队为单位，大队算到小队，不算到户，小队再向各户算。

问：各小队的收入一样吗？

答：不一样。差不多。

问：你是哪个小队的？

答：我忘了。

【劳动、工分】

问：你队一个整劳力一天挣多少钱？有一两元吗？

答：没那么多，只有几角钱。

问：这是 1982 年以前吗？

答：对。

问：困难时期一个整劳力一天有几毛钱？

答：6 ~ 7 毛。

问："四清"时一个整劳力多少钱？

答：记不清啦。

问：到过一元钱吗？

答：到不了。到一元钱的时候不多。

问：分田到户的时候能到一元钱吗？

答：也到不了。七八毛钱。

问：一个整劳力一年挣多少钱？

答：一百来元，每天合七八毛钱。我全家分的最多那年才 140 元，七八个劳力。

问：这是哪年？

答：记不清哪年啦。

问：算完工分后再怎么计算口粮等？

答：口粮、菜、柴等都合在一起，共多少钱，一年的工分合成钱，从工分的钱中减去口粮、菜、柴等的钱，余下的部分，才分现金。

【生活水平】

问：分的口粮刚够吃？

答：对。

问：吃的都是高粱、玉米吧？

答：没有高粱，有玉米、山药。

问：这是哪年？

答：1963 年以后。

问：你们从什么时候开始全吃白面？

答：就这几年。

问：公社的时候有白面吗？

答：过年的时候吃一点。1960 年吃不到白面。

问："四清"的时候的生活怎样？

答：1964 年我就不干了，记不清。

问：1964 年你家能吃白面吗？

答：吃不到。

问：1965 年也差不多吧？

答：差不多。

问：你当时家里劳动力多，在村里算过得好的户吧？

答：对。我劳动力多。

问：你说 7 个劳力分 100 多元是哪年呢？

答：1975 年。

问：什么时候开始生活好一点？

答："文化大革命"以后生活就好了。

问：现在都吃白面了吧？

答：现在是全部白面，想吃玉米了。1982 年以后就逐渐好了。

【会计统计、账簿】

问：你第二次当会计的 1982 年开始计划生育吗？

答：1982 年开始有计划生育啦，生的孩子少了。

问：每年人口统计吗？

答：统计，但也不准确。

问：1982 年的会计工作与以前有什么不同？这是总数吧？"文化大革命"时会计有账吗？

答：就有一年的账。

问：郝同顺那里有资料吗？

答：他也没有。他是村的老支书。

问：他当过会计吗？

答：没当过。

问：你从 1982 年干到 1993 年？

答：是。

问：你第一次什么时候当会计？

答：从 1962 ~ 1964 年。

问：1960 年以前的会计是谁，还记得当时的名吗？

答：不行了。1960 年我是会计的帮办，不是正会计。当时的账也没有啦。

问：小队的会计有资料吗？

答：没有，都是大队核算，小队反映不了全村的情况。

问：1986～1989 年的有，1989 年以后的有吗？

答：找找看吧。

【私塾】

问：你上过几年学？

答：上过三四年私塾。

问：学什么？

答：《三字经》、《百家姓》。

问：与你同龄人有比你学问高的吗？

答：现在不多了。

问：你当会计，你的学问是最高的了吧？

答：不是，还有比我高的。

问：在本村上学吗？老师是谁？

答：在本村上学。老师叫张老乐。

问：与你同时上学的人多吗？

答：不多，六七个人。

问：有女的吗？

答：没有，都是男的。

问：交学费吗？

答：交钱，一年二三十元。

问：白天上学吗？

答：是。

问：都学什么？

答：只念书，不算珠算。

问：你还记得《三字经》、《百家姓》的内容吗？

答：记不清了。

问：学到《大学》、《中庸》了吗？

答：学啦。

问：再往后呢，《论语》学了吗？

答：学啦。

问：再往后呢，学什么啦？

答：没再学。

问：珠算是怎么会的？

答：自学的，在学校没学过。

问：你父亲会吗？

答：会一点。

问：是他教的你吗？

答：家里也教一点，自己也自学。

问：老太太会吗？

答：不会。

【老母庙、庙会】

问：建老母庙是怎么搞起来的？

答：老母庙是两个老妇女建起来的，其中有郝二丑的媳妇。

问：她为什么建庙？

答：她家里总出事，他们想求佛保佑，所以她筹办建庙。

问：谁出钱？

答：她敛的钱。

问：一家出多少钱？

答：盖好庙以后连唱戏，每户收两三元。盖的时候没收钱，是他们自己盖的。

问：每年都敛吗？

答：每年都敛。

问：还是郝二丑的媳妇敛的吗？

答：不是，徐小眼敛的，他办的庙会。

问：每年都办庙会吗？

答：有两三年啦。

问：你去听戏吗？

答：去。外村也有一两千人来看戏。

问：邻村演戏你也去吗？

答：去。

问：你喜欢看什么戏？

答：有什么看什么，看热闹呗。

问：郝二丑家里出了什么事？

答：有病。没有死人，是迷信。

问：解放前有这庙吗？

答：这地方就是原来的庙。

问："文化大革命"前唱戏吗？

答：五年一台戏，现在是每年一台戏。

问："文革"中唱戏吗？

答：不让唱。

问："文革"前唱戏敛钱吗？

答：敛。

问：这次一家敛多少钱？

答：按分田到户的人口，每人 2.5 元。

【村民负担、村财政】

问：除唱戏敛钱外，水电费敛吗？

答：去年每人 50 元。

问：那是干什么的钱？

答：村里的开支，包括村干部补贴都在里边。

问：一年收一次吗？包括教育费吗？

答：一年一次，都包括在里边了。

问：按分田到户时的人口算，1982 年以后出生的人不算？

答：是。

问：出嫁的，外出的人都算？

答：算。实际是按地算。也就是按分地时的人算。

问：你当会计后每年都敛吗？

答：只有去年敛了 50 元，其他年没有。在广播里广播，让大家交钱，说明交什么钱，有 10 元的，也有 5 元的。去年交 50 元不是我干的。

问：你当会计时交几次钱？

答：一次。

问：一年敛多少钱？

答：敛社员的一万多元，不够用。

问：大队支出用吧？大队开支怎么也得一万元。

问：是。不够用。

问：唱戏是另外的钱吧？

答：对，唱戏是自愿交的钱。

问：除唱戏自愿交钱外，还有自愿交钱的事吗？

答：没有。

问：一年一人 50 元，多不多？

答：咱不知道，咱不干。

问：你认为呢？

答：大队的事，敛的多富裕点，敛的少紧张点。去年全乡统一试点，全年一次收 50 元。

问：目的是不要超过这个数吧？

答：对，如果超过这个数了，人们可以不交，因为全乡每个村都是这么多。

问：电费另敛吧？

答：对。

问：教育费呢？

答：在 50 元内，向乡里交。

【乡的建房基金】

问：除这些外，还向乡里交别的钱吗？

答：如盖房交钱，那是另一码事啦。每年都要。

问：怎么算法？

答：一处房一处房的算，盖一处房要一次钱。

问：1983 年要你们多少钱？

答：五六千元。

问：是乡里盖房吗？

答：不是。户口盖房要拿钱，给乡里钱，叫建房基金。如我盖房要 600～800 元。

问：是盖房户交钱？与大队没关系吗？

答：户里交钱，户里向大队交，乡里向大队要。大队向户里敛钱。如盖房要押金 1000 元左右，交完钱户里愿意怎么盖就怎么盖，没有人管。

问：你说 500～600 元是村里共交这么多，不是一个户的吧？

答：一共乡里要这么多钱。户里交的钱

比这还多。

【房基地、耕地面积计算】

问：建房基金村里还留点？留多少？

答：留。留一半。

问：这是占土地的钱吗？

答：是。

问：按多少平方米算？

答：规划好的尺寸，按一块地计算，宽13米，长24.5米。这是房基地。

问：每户都这么多地？

答：是。都一样。

问：这样，村里减少多少土地？

答：闹不清。

问：你报的2079亩地，实际有这么多吗？

答：这是种植面积，全村共2079亩地。

问：房基地占了多少？

答：50亩。

问：报的时候还报2079亩吗？

答：永远是这个数。

问：有黑地吗？

答：没有。

问：河地有那么多，算在里边了吗？

答：算上啦。

问：有坟地吗？

答：坟地也算在这里面了，没有另外的坟地。

问：坟地有多少？有50亩吗？

答：多，比50亩多。

问：有100亩吗？

答：没有。

问：分土地的时候坟地也在内吗？

答：在内。

问：那不吃亏了吗？

答：是啊。

问：不要行吗？

答：没有不要的。

问：有一族的坟地吗？

答：没有。都是一个坟地里只有三四个坟头，不多，最多的七八个坟头。

【大队支出】

问：你当大队会计时，大队都有哪些支出？

答：干部管理费，农业税，农业收入，农业支出，其他收入，其他支出。

问：最大的支出是哪一项？

答：其他支出最多。应酬费等都包括在内。

问：村干部的管理费多少？

答：1993年一年1500元。

问：几个人？

答：5个人，每人1500元。

问：按去年每人交50元就多了？

答：50元还包括向乡里交的钱，一切开支都在内。

问：全村每年收入一万元，大队干部支出占50%以上，并不多吧？

答：差不多。

问：有开支计划吗？如办公室，建街道的开支？

答：没有。

问：学校用多少钱？

答：不知道。

问：大队给学校钱吗？

答：不给。乡里给他们钱。

问：盖学校房子的是谁？

答：学校盖的早了，是村里的钱。

问：哪年盖的？

答："文化大革命"以后，1978年吧。

问："文化大革命"时上山下乡这里有些知青，都回去了吗？

答：都回去了。

问：从哪儿来的？

答：石家庄市。

问：在这里待了几年？

答：两三年。

问：他们住在哪里？

答：都住在户里，没有住过我家。

郝小红（42 岁）

时　间：1995 年 2 月 19 日下午

访问者：顾　琳　张利民

访问场所：郝小红家

【家族、学历】

问：你贵姓？

答：姓郝，叫郝小红。

问：你多大？

答：周岁 42 岁，属小龙。

问：你从哪年开始当会计？

答：从 1994 年 4 月开始任会计。

问：你父亲叫什么名字？

答：郝合马。

问：你兄弟几个？

答：两个，我是弟弟，哥哥叫郝小锁，他今年 48 岁。

问：他在村里吗？

答：在县粮食局上班。

问：他是怎么到粮食局工作的？

答：1969 年招工去的。

问：你有姐妹吗？

答：有个姐姐，叫郝小田，今年 46 岁。

问：她家在哪里？

答：本乡岗头村，出嫁到岗头了。

问：你多大上学？

答：11 岁时我上的学，在本村上小学。

问：共上了几年学？

答：9 年，一直上到高中。

问：在本村上几年？

答：6 年，小学。

问：你以后到哪里上学？

答：孟董乡中学。

问：初中上了几年？

答：在村里上的 6 年中包括初中，高中在乡里上的。

问：你哪年高中毕业？

答：1972 年。

问：毕业后呢？

答：回家干活。

【生产队的组成】

问：回家时有公社吗？

答：有。

问：你家属哪个队？

答：第一队，老二队。

问：那时你当过干部吗？

答：当过小队会计。1972 年当过一年多。后来村里又由 7 个小队划分为 5 个小队，我又到第一队去啦，二队没有啦。

问：什么时候变为五个队了？

答：1975 年。二队和七队分到各队去了，所以还剩下 5 个队。

问：为什么？

答：这两个队搞的差。

问：比别的队少多少？

答：那时一队也比较差，一个整劳力一天挣七八毛，二队才五六毛钱。

问：合并后你们队的队长、会计怎么办啦？

答：都不当干部了，一队的干部还在。

问：分队时能自愿并入哪个队吗？

答：不能，参加哪个队是大队分的。

问：为什么把你分到一队，其他人分到别的队？

答：按住的远近分，我住的靠近一队。

问：原来二队姓什么的多？

答：姓郝的多，现在一队也都是姓郝的。

问：是一个族吗？

答：是。都是一家子。

问：七队姓什么的多？

答：姓刘的多，合并后的队有姓刘的，也有姓赵的。

问：有姓郝的吗？

答：没有。当街住的有姓郝的，在四队。

问：按住的地方分配队，跟亲属没关系吗？

答：没有，就是按住的地方分队。

问：原来的二队有多少户？

答：30多户。

问：原来的一队呢？

答：也是30多户，差不多。

问：你在二队解散后一直没有当过会计吗？

答：没有。去年才当大队会计，一直在家干活。

【外出打工】

问：出去干过活吗？

答：出去当过小工。给人家盖房。

问：是队里组织的吗？

答：不是，跟着本村的人出去干的，我们关系都不错。

问：你哪年出去干活？

答：七八年前。干了两年。

问：赚了钱吗？

答：没赚多少，一天才四五元钱。

问：在哪里干？

答：给化工厂盖房子。化工厂是本县的，有时给户里干。

问：你们的头是谁？

答：郝晨山。我们村的人。

问：比你大吗？

答：一样大。

问：你现在还干吗？

答：不干了。在家种苹果树。

【结婚、家庭】

问：你什么时候结婚的？

答：1974年，23岁时结婚。

问：你爱人叫什么名字？

答：黄秀英。

问：她是哪里人？

答：聂家庄乡，胡家寨村人。

问：离这里多远？

答：9里地，在县城南。

问：你怎么认识她的？

答：有介绍人介绍的。

问：谁介绍的？

答：郝振玉。

问：郝是本村人吗？

答：是。他是我本家叔叔。

问：他是这村的人吗？比你大吗？

答：大。

问：你爱人呢？

答：她比我小一岁。今年42岁，属马的。

问：那时的婚礼怎么样？

答：不如现在，现在坐汽车，那时用的马车。

问：家里盖了几间房？

答：没有盖，还是老房。

问：办酒席吗？

答：办了5桌。

问：她带来什么嫁妆吗？

答：带来不少东西，有立柜，箱子。

问：你给手表吗？

答：没有表。

问：穿的红衣服？

答：对。

问：你们有几个孩子？

答：两个男孩：大的叫郝伟涛，今年 18 岁，现在在正定县小西丈村学医学。

问：上几年？

答：两年。

问：怎么上的？

答：初中毕业后开始上，自费。

问：什么时候毕业？

答：1994 年 9 月去的，明年毕业。

问：回家来开医院吗？

答：到时候看吧，找个厂去干，18 岁出来独立不了。

问：第二个孩子？

答：叫伟波，今年 11 岁，小学三年级，属牛的。大的属马。

问：你爱人有工作吗？

答：没有。在家。

【承包土地、果树】

问：你们承包了多少土地？

答：6 亩，一个人一亩半，4 口人。

问：都种粮食吗？

答：两亩半种粮食，三亩半种的苹果树。

问：苹果树种几年啦？

答：6 年了，今年刚结果，管理不到，长得不好。

问：去年结了多少果？

答：300 斤，还不够药钱。

问：你估计今年怎样？

答：树弱，地力不强，也不会修理，今年找技术员剪了枝，可能会好一点。

问：你买苹果树苗花了多少钱？

答：300 元，这几年没有什么收成。

问：两亩半粮田的收成够吃吗？

答：差不多。

【栽培蘑菇】

问：你们有另外的收入吗？

答：我们每年都种点蘑菇。

问：从哪年开始？

答：每年十月份种。收入还可以。已种五年啦。

问：怎么种？

答：搭塑料棚。

问：收入如何？

答：一年三四千元。

问：用多少劳力？

答：用的多，天天管。经常埋土、喷水，主要我家里人干，用人也不算很多。我天天出去卖。

问：种的什么样的蘑菇？

答：平菇，不是真菌菇，圆的。

问：谁教给你的技术？

答：我村西头有个王秀菊，她教给我的。她种得早。

问：她种得多吗？

答：也不多，种得早。

问：这个村种蘑菇的人多吗？

答：有十来户。

问：投资多吗？

答：今年投资多。棉花籽皮现在五六毛钱一斤，现在投资大了，过去才一两毛钱一斤。

问：销路在什么地方？

答：石家庄，我骑自行车去，早晨三四点，有时下午一二点就去了，晚上回来。

问：卖给谁？

答：卖菜摊上的小菜贩子。我不在那里零卖，怕花费工夫。

问：有批发市场吗？

答：有。我们不到那里去，那里市场价格低。我与小菜贩已建立了联系，定期供给他。

问：给现钱吗？

答：给现钱。

问：一次卖多少斤？

答：一次百十来斤，一百多斤不等。

问：一年之内都可以种蘑菇吗？

答：天气热就不能种了，冬天，从九月到第二年二三月。

问：现在很忙吗？

答：已不忙了，二月份基本过去了。

问：你几天跑一次石家庄？

答：忙的时候每天都骑自行车去，有时候隔两天去一次。

【家庭收入、开支】

问：你的收入主要是蘑菇，粮食自己吃啦？

答：对。没有卖过粮食。

问：小孩上学花钱多吗？你的老二一个学期花多少钱？

答：一个学期五六十元，包括学费、书本费，吃穿不在内。

问：老大一学期多少？

答：他自费，两年2700元，一次交齐，这是学费。

问：他住在那儿吧？

答：住在那儿，一个月连吃带住100多元。现在是我最困难的时期。

问：你父母与你住在一起吗？

答：我母亲已不在了，父亲在我大哥那里，我没有这方面的负担。

问：你大哥在外地工作，住在村里吗？

答：住在村里，我嫂子也住在村里。

问：二层楼是他的吗？

答：不是。

【会计工作、账簿】

问：前几年的账目你还有吗？

答：我没有，刚开始干，我有很多事情闹不清。

问：大队上有账吗？

答：没有。

问：去年的账有吗？

答：有现金账、粮食产量的账没有。户里有。

问：乡里不要种植面积、总产、单产数吗？

答：我干的这段时间没有人要。

问：收支账向上报吗？

答：也不报。上级不要统计数。年报要，我还没有弄清。

问：去年是你做的吗？

答：我没有做，乡里来人给做的。

问：你有留底吗？

答：没有。刚开始做这工作时我做不了。

问：村里去年种多少小麦？

答：全村耕地面积2079亩，除每人一分的棉花地之外，余下的都种小麦。

问：全村多少人口？

答：1409人，减去140亩地种棉花，1900多亩种冬小麦。

问：果树地呢？

答：全村有30亩水果地，还得减去这些。

问：报了多少亩？

答：30来亩果树地，1700~1800亩冬小麦地。

问：亩产多少？

答：小麦单产800斤。总产量已记不清了，没有留账底。按1800亩计算就可得出总产数；玉米亩产1200斤，总亩数与小麦相同。麦秋两季合计单产一吨。

问：30亩林业，140亩棉田。棉田亩产多少？

答：去年大概四五十斤皮棉，有虫害。上级要求种这么多棉花，实际达不到这个数字。

问：每户都种棉花吗？

答：乡里、村里都要求种棉花，有的户不种。上级要求一个人种一分棉花地。

问：亩产你是怎么算出来的？

答：估算，不是实数。

问：村里一年交多少公粮？

答：征购小麦 13 万斤多，玉米不收。

问：一斤麦子多少钱？

答：五毛钱。

问：市场价多少？

答：八毛多。

问：去年人口是多少？

答：分地时的人口是 1283 人。

问：从老会计那里知道有 20 人没有登记，这个数是哪儿来的？

问：我弄不清。

问：现在生小孩向会计登记吗？

答：没有登记的。

问：那怎么上户口？

答：在大队开个条，村里交点钱往乡里报。

问：会计都有什么工作？

答：现在的会计工作有麦子、玉米的征购催收，管理大队的各项开支，现金收入账目。

问：你每天到大队上班吗？

答：征购的时候天天去，现在不忙不天天去。

问：现在一胎不也报户口吗？

答：我刚干会计工作，不清楚。

问：这次你报了多少人？有 1500 人吗？

答：1400 多人，具体数闹不清。

问：男女各多少人的数有吗？

答：没有统计。

问：在外地工作的人数有吗？

答：没有。

问：报表上分工业、农业、运输、副业等人数，你怎么填的表？

答：也报过。今年刚干填不了，让乡里的人给填的。

问：你当会计时有培训吗？

答：没有。

问：老会计也没有教过你？

答：没有。刚接这工作时，我思想不太通。

问：人均收入你怎么填？

答：生活水平这块呢？生活水平 800 多元，大概是 890 元。

问：怎么算的？

答：这也算不了，闹不清，估计的。

问：税金数是多少？

答：7900 元。这是农业税，这个数不变。

问：原来是 6900 元，现在可能长了？

答：对。全村的农业税。

问：这是怎么收来的？

答：交粮食时就从户里的钱扣啦。夏季交粮时就扣啦。一个人交 107.6 斤麦子，把交农业税的钱数折成麦子了，要的麦子，没要钱。

问：有其他税吗？

答：没有。

【乡收费用】

问：教育费呢？

答：乡里从大队抽，从各户交粮的数中抽。社员们一个人交 107.6 斤小麦合 50 多元钱，每斤 0.5 元。这钱交到乡里，乡里从这些钱中扣教育经费、民兵训练费、计划生育、烈军属优抚费、统筹基建费，剩余的就是农业税。

问：老会计说今年每人收 50 元钱，就是这个数吗？

答：是。

问：不是年底每人向大队交 50 元钱？

答：不是，都交给乡里了。

问：50元钱不是农业税吧？

答：不完全是农业税，包括农业税。

问：你算的还是别人算的？

答：我算的。每斤麦子0.5元，50元钱是107.6斤小麦。

问：都给乡里了吧？

答：都给乡里了，乡里扣除各项费用后剩下一点返还给村。

问：返还多少？

答：两万多。这就是大队全年的收入，村里没有副业。

【征购公粮、卖余粮】

问：13万斤公粮不包括每人107斤6两吧？

答：全村1200多人，每人一百多斤，合计13万斤，107.6乘以人口数就是13万斤。

问：这是征购数吗？

答：是。这13万斤粮食不给社员钱。

问：除这13万斤外，社员其他还交吗？

答：这是社员的义务数，超过任务的粮数给钱，如一个社员一百斤的任务，他交了一百二十斤，给他20斤的钱。

问：超出的部分多少钱一斤？

答：四角多钱，比征购粮的价格还低。

问：是自愿交的粮食吗？

答：自愿的。

问：超过任务部分的粮食交给国家吗？

答：有交的，也有不交的，可以到市场去卖。

【征购粮、计算】

问：乡里告诉你一年所需费用数吗？怎么个程序？

答：告诉。他告诉我总数后平均到每个人头上。如我村征购任务13万斤麦子，有1200多口人，13万斤除以人口数，每人等于107斤，社员每人交107斤麦子，乡里不给钱，顶征购任务了。

问：社员交粮不给钱吗？

答：给钱。这钱就是每人承担的教育费、民兵训练费、计划生育费、植树造林费、烈军属抚恤费等，就不再收钱了，107斤麦子的钱全顶了。

问：社员交粮国家给钱，社员不另交各项费用，是这样吗？

答：今年没收钱，要了107斤麦子，也等于是钱。这107斤麦子的钱就是各项费用的钱。

问：是不是社员107斤粮食交给粮站，粮站给公社钱，公社再从这钱中扣除各项费用后剩的钱又返还给大队，作为大队的开支？

答：对。返还的两万多元，开支大队干部的工资等。

问：为什么这样？

答：这是乡里公粮制度的改革。

问：除这之外，公社不再另收钱吗？

答：是，不再另收钱。

问：返还给大队多少？

答：两万八千元。

问：超过每人50元钱吗？

答：超不过。共13.5万多斤粮食，不是13万斤。

问：大队的二万八千元都用完了吗？

答：用完了。

问：够吗？

答：差不多，现在不敢开支。

问：征购与摊派合在一起了吧？

答：是。往年需要什么经费都逐项到社员家中去收，今年改变了以往的做法，不一项一项的收了，也不用交钱，一次交粮就行了。

问：对你的工作有利了吧？

答：对，公粮制改革弄好了不错。

【年报、统计】

问：年报与这没关系吗？

答：没关系。

问：年报的样子与以前一样吗？

答：可能一样。我没有报表。

问：看看你还有什么账？

答：有户口册和一些其他的东西，没有总的。

问：你有亩产、总产等数字吗？

答：大队不掌握这个，乡里有。

问：没有这些数字看不出村的发展水平。有些村有留底。

答：我刚干，还不到一年，老会计那里有吧。

问：有几份，不全。分田前后的数字找不到。人均收入去年 890 元。最好要 1976～1985 年的数。看看分田前后村里的变化，要总产单产小麦、玉米、棉花的数字；分田之后劳力分配的情况；工、农、运输、装卸等。这是 1986～1989 的。从老会计球子那里找的。

答：他那里没有别的？我们到乡里说一下，到乡里看看。

问：这里原来亩产 200 斤，现在超过了一吨，不知是什么时候开始变化的？

答：1973 年开始小麦产量上升了。上纲要是 600 斤。1968 年订的农业发展纲要，要求达到 600 斤。关键在种子和肥料，水问题不大，自然灾害很少，地的环境比较好，旱涝保丰收。

【村中支出】

问：村里的支出，去年是怎样的？

答：修水塔，修水泵，花 2500 元；村干部的补贴平均每人 1900 元，共五个人。

问：干部补贴是你们决定的，还是乡里定的？

答：乡里有批示。

问：每个干部都一样吗？

答：村长、书记高一点。平均 1900 元。村长、书记高 15%。

问：还有什么开支？

答：用工，修理电线，全年支出一千多元。

问：有义务工吗？

答：没有。

问：有修路吗？

答：没有。

问：有民办教师费吗？

答：由乡里支出，村里不管。

问：还有大的开支吗？

答：农忙时农机具维修由村中开支。

问：耕地浇地社员不交钱吗？

答：交一部分，不够，大队还要补贴，每年要花两千元。

问：水泵呢？

答：水泵是自己的。

问：脱粒机是大队的吗？

答：不是。是各户的或小组买的。

问：大队有拖拉机？

答：有两台。

问：有司机吗？

答：没有。用的时候雇人，大队开工资。

问：村里有很多人会开拖拉机吧？

答：是。

问：小组有固定资产吗？

答：几户社员买水泵，摊钱买的。

【生产小组】

问：你是哪个组的？

答：一个小队分成 3 个小组，有的队分为 6 个，共 23 个组。

问：小组还有生产资料吗？

答：没有了，分地的时候都分了。水泵

是几户合买的，不是小组的。

问：怎么摊钱买东西？

答：一户该多少钱摊多少钱，大伙用。平均摊钱。

问：组里最多的是什么东西？

答：脱粒机和水泵。没有别的东西了。

问：有拖拉机吗？

答：没有。

问：小组本身有存款吗？

答：没有。如果小组想买一件东西，几户一商量，按人或按地摊钱。按地按人都一样。

问：有车吗？

答：没有。

问：有开会的地方吗？

答：没有。有什么事几个人找个地方一商量就行，地都在一起。

问：住在一起吗？

答：住的不在一起，地在一起。

【包产到户】

问：1982 年包产到户的时候，地是怎么分的？

答：我没在家，不清楚。

问：是抓阄吗？

答：不是。

问：有好坏地之分吗？

答：有远近之分，地都差不多。当时小队调整了，每个队多少人。

问：地不在一起？有远的，有近的？

答：对。

问：原来都是一队的土地吗？

答：是。

问：有的地方抓阄，因为地有好坏远近之分。

答：我们是先把地搭配好了再分给户。队长安排的，没有抓阄。

问：从分地以后有没有因为有生有死而变化？

答：没有动。

问：你的老二有地吗？

答：没有。

问：老大有吗？

答：有。

问：你母亲有地吗？

答：有。我们还是四口人的地。

问：有少到两三个人的吗？

答：都差不多。

【代种地、外出打工】

问：有没有自己不种地，把地转给别人种的？

答：有，不多。自己到外地打工，不种地了。

问：那怎么办？

答：他的地不种，代种地的户每年给他十元八元的钱。交公粮、提留等谁种地谁拿。

问：有几户？有十户、二十户吗？

答：一队有两户。没有那么多。

问：一队有多少人出去干活？

答：刚过完年，没有人出去。

问：长期在外干活的多吗？

答：不多，有盖房的，出去也是几天。在家种菜的多，外出的少。

问：你两口种地种菜又种果树，特别忙吗？

答：忙，闲不住。

问：这里劳动力不是特别多，不需要到外地干吧？

答：是。

问：如果男人外出干活，只剩下女人种地不行吧？

答：是。

问：让别人种地的户，女人靠男人养

活吧？

答：是。这样的户不多。在外边上班的农忙时就回家来啦，没有到很远的地方干活的，最远到石家庄，大都在县城，中午吃饭回家。在基层工作的干部，农忙时都放假回家抢收抢种，人数也很少。

【年轻人的计划】

问：年轻人在家干活的多吗？

答：多，在家种菜。

问：你的孩子毕业后是在家干活，还是在外边工作？

答：毕业后想在外边工作，家里的活不多，用不着他们干。

问：其他家也是这样吧？

答：也是这样。

问：你的二孩子可能的话，想让他上到什么水平？

答：上到高中，最好在外边找个工作。

问：婚后的男孩子在家还是在外干活的多？

答：差不多都在家里，在外地干活的不多，少数人出去。

问：老支书的儿子在外边开车？不是在外边吗？

答：他 30 多岁。他在城里。

问：你当初高中毕业后，你打算回家吗？

答：当时是"文化大革命"后期，都在家，当时普及高中，差不多都是高中生，整天劳动。

问：农村的高中也劳动吗？

答：劳动。过礼拜得劳动。

问：你们学校有"红卫兵"吗？你是不是？

答：没有"红卫兵"，我没有当过。

问：中学有"红卫兵"吗？

答：有几天"红卫兵"，我在村的中学。

【栽培蘑菇、果树】

问：你除种蘑菇外还干点别的吗？

答：没有。

问：你爱人给你帮忙吗？

答：帮忙，种蘑菇。

问：你种果树时村里还不多吧？

答：不多。

问：现在有多少？

答：有十几户，30 多亩地。

问：是苹果吗？

答：是。

问：什么品种？

答：红玫瑰，白龙，有少数印度苹果。

问：县里有指导种树的技术人员吗？

答：县里有人来指导，要八毛钱。

问：一亩地八毛钱？

答：不是，一棵树八毛。

问：一棵树八毛钱，他保证你这树结多少果吗？

答：他不保证，只给剪剪。

问：你有多少树？

答：250 棵。一百多元。

问：技术员是本村人吗？

答：不是，是县农林局的技术员，是农艺师。

问：去年你的果树花了多少钱？

答：连治虫共花 600 元。本都没有收回来，我们管理不到，树长得不好，地弱。

问：往年收成好的最多能收入多少钱？

答：2000 多元。

问：连买树的本钱收回来了吧？

答：对。

问：果树有发展吗？

答：不准有了。别人不准再种了，很麻烦。

问：果树结果时要在棚子里看守吗？

答：看。果快熟的时候白天晚上都看守，共几天时间。偷果子的人很少，小孩们淘气，果子不熟就摘，糟蹋了。

问：有的地方种果树发了家？

答：咱们是个体的，有的地方生产队里有大片果园，有专门人管，收入很多。

郝国顺（53岁）

时 间：1995年2月20日上午

访 问 者：顾 琳 张利民

访问场所：郝国顺家

【"文革"时农业生产、村机构】

问：这次我们主要想了解村里的粮食产量情况。听说你当过会计？

答：当会计的时间很短。半年的时间。

问：为什么那么短？

答：工作的需要。开始我在队当出纳，管现金，接着当会计，之后又当民兵连长。

问：你当会计时多大岁数？是1968年？

答：1968年我当出纳，今年53岁，当时20多岁。

问：当时你结婚了吗？

答：结婚了。

问：那时村里的经济情况怎样？

答：不行。

问：有什么大的问题吗？

答：我干的时候比1960、1961、1963年强点，是上升的时候。1968年在大队当出纳一年，当会计半年，然后当民兵连长，后又管生产，先是副主任，1973年当书记。这么多年我没有离开过大队。

问：1973年什么时候当书记？

答：1973年12月30日，我记得比较清。

问：当到哪年？

答：到1985年。1985~1986年我在乡里干了两年。1987年又回村当书记，直到去年的四月他（郝元增）接的我。他当书记前是副书记兼连长。

问：连长是什么？

答：民兵连的连长。连长都是兼职的。

问：你当干部时粮食的单产、总产是多少？

答：当时的小麦亩产已达五百多斤，1968年。

问：1968年以前是多少？

答：三四百斤。

问：为什么1968年产量提高？

答：产量逐年提高，与经济形势好转有关，工业学大庆，农业学大寨，经济逐步发展。

问：种子有关吗？

答：也有关系。但当时还不太重视，如杂交玉米今年种了，第二年还需要换，那时候生产队经济还差，不是每年都换良种，两年换一次种子，产量就差点。

问：那时候的产量是一年好，一年坏吗？

答：也不完全是这样，第二年稍差点。一个生产队有二百亩地，一百亩地用去年的种子，另一百亩用新种子，所以不明显。公社提倡经常换种子，可生产队没有钱，不是每年都换，宁可少收成一点，也不愿拿现钱去换种子。

问：水和化肥都没问题？

答：没问题。

问：供给你们多少化肥？

答：每个队不一样，有的上30斤，有的上20斤，想法不同。

问：那时候的投入以队为主吗？

答：是。以小队为单位。投入和收入各管各的，谁也不管谁。大队掌握总合方案。

问：分配也在小队？

答：对。

【生产队之间的差别】

问：队与队之间的差别大吗？

答：有差别，一队好点，最差的是二队和七队。

问：按工分值计算差多少？

答：也不一定按工分值计算，有的用工分多，有的用工分少。如二队一个工分12分，另外的队工分低于10分，工分值也不同，记分不一样。

问：一年一队一个整劳力能得多少钱？

答：如五六口人，有两三个劳力，年终分300元，我当时在二队，二队才分100多元。

问：原因是什么？

答：管理不当是个原因，有的不愿出勤。

问：劳动不好是因为领导不好吗？

答：也不完全怨队长，制度不行，你敲钟了他不出来，怎么怨队长呀。

问：为什么不愿出勤呀？

答：家里有事或天热啦、天冷啦，不愿出来。

问：一队里都姓郝吧？

答：基本上姓郝，二队里姓郝的也多，有几户姓张的。分队不是按姓分，是按片分的。

问：二队主要是劳动积极性不高？

答：对。出工不出力。始终是二队和七队出工少，劳力也少，造成比别的队差。1974年或1975年把这两个队分啦，社员们分红少，只好分啦。

【生产队的组成】

问：哪些人到哪个队是怎么决定的？

答：大队决定的。二队的社员分到一队、三队、四队，七队的社员分到五队、六队了。

问：怎么分的？

答：比如说他兄弟五个，就分到五个队了，弟兄两个的分到两个队啦。兄弟们不能在一个队，防止形成派，把他们分开后，一个人在一个队给队造不成影响。

问：跟住有关系吗？

答：住在一起的，各队都有跟住有关系的。

问：原来的队是按住的地方分的吧？

答：是。基本上按住的地方分的。后来二、七队就打乱了，不让兄弟们在一个队。

问：1978年你在大队时，小麦亩产400~500斤？

答：是。

【种植棉花】

问：那时种棉花吗？

答：种。1983年分的地，当时不是固定的，是承包性质的，联产到户，后来把地固定给户了。分地之前都种棉花，分地后就不种了。1985年种得多，棉站收了棉花不给钱，欠着。社员们为交棉花，头天夜里就去排队，不然交不上。

问：那是1985~1986年？

答：对。

问：亩产多少？

答：140斤或150斤皮棉。一般的达到100斤以上。

问：那时户里种棉多少？

答：达到地的1/3，村里2000多亩地，棉花面积就有几百亩地，上边分下来的任务是1/3，种也能达到1/3。

问：解放前这里种棉花多？

答：解放前棉花产量不高，面积不小。

问：哪年棉花产量提高啦？

答：1973~1974年有个技术员在村里住，所以1973~1975年这村的棉花产量都居全县

的第三位。最高达到 147 斤皮棉，这是 1975
年。这几年都是亩产 130～140、140～150 斤。
这是技术员指导的结果。

问：棉花品种有变吗？

答：有，那时候的种子已换啦，鲁棉在
这里种。通过种子公司调来的。

问：那时候你们愿意种棉花吗？

答：不少种，也不多种，每年都差不多。
得掌握平衡。种棉多了，粮食就不够吃啦。
种粮多又影响经济收入，没有钱。

问：1982 年分田到户后种棉多了还是
少了？

答：差不多，还基本上是那个数。

问：包产到户后上边有计划吗？

答：有计划，一个人五分地，还是 1/3。

问：种棉花收入高点吗？

答：高。1982 年以后产量比较高，感觉
到比较富裕，买电视机、洗衣机的户多起
来。

问：户里的钱都是卖棉花来的吗？

答：是。粮食一般不卖，都吃啦。

问：你家的棉花收入多少？

答：2000～3000 元，一年。

【种植棉花的减少】

问：为什么现在不种了？

答：棉花产量有两个高潮，1975～1976
年以前棉花产量高，后来技术员走啦，不光
我们大队产量低，其他大队的产量也低了，
技术也差了，虫害也多，气候不适，一是不
开花，一是开了花，棉花只有一个瓣，不像
馒头似的。分田以后，由于社员个人管理周
到，单产又增加了。

问：恢复到最高水平吗？

答：对。这两年种的也不少，长得也好，
就是棉桃不开。这与地力有关系，这几年地
力增强，施肥比较多，棉花喜欢弱一点的地，
不喜欢大肥、壮地。

问：不施肥料行吗？

答：不施肥也不行，肥多了，棉花就长
疯了，猛长，叶子很大，也很高，就是棉
桃少。

问：棉花价比粮价高吧？

答：现在粮食价也不低，粮食省工省力，
棉花费工，社员不愿种棉花。

问：这与粮价提高有关系吗？

答：棉花提价也不少，这不是主要的。
棉花增产一直上不去，粮食产量较高，一亩
粮食的价钱不比一亩棉花的价钱少。小麦平
均亩产 800 斤，高的 1000 斤，每斤 0.5 元，
可收入 400 元。玉米按 3 毛多计算也能达到
300 多元，两季的粮食共收入 700～800 元；
而棉花产量低，上边给任务社员也不愿种，
完不成任务，上边也就不催多种棉花了。（大
娘插话：公社的时候上边要求每人种半亩棉，
完不成任务不行，宁肯把小麦拔掉也得种棉
花，现在不这样了，每人种一分棉也行。）

问：1985、1986 年丰收，棉站不及时收
购，对种棉有影响吗？

答：上级当时也要求多种，但棉站收不
过来，收了也不给现钱。影响也不大，因为
当时棉花价钱高，人们为了挣点钱，上级不
让种，社员们也种。

问：一亩棉花多少钱？

答：当时一亩棉花……一斤皮棉 1.50～
1.60 元，后来长到 2.00 元。皮棉一斤 1.60～
1.70 元的时候，小麦一斤也不到 0.50 元，市
场 0.20 元。玉米一毛五六。1985 年亩产皮棉
120 斤，才 200 元。

问：棉花地不复种吗？

答：一般只产一季。棉花的生长期最长，
四月份种十月份收。所以粮食比棉花单产收
入高。

问：粮食不能全部卖掉，一部分交公粮，
一部分自己吃？棉花都去卖？

答：对。社员的钱都是棉花收入。

问：征购的粮食也给点钱？

答：国家征购的粮食与市场价一斤小麦差几分钱，差不多，玉米差一分钱。

问：一亩的棉花比一亩地粮食费多少工？

答：棉花的用工较多，如整枝打尖、打药，比粮食用工多一倍。粮食除草、浇水就行了。棉花与粮食浇水次数差不多。

问：种棉种粮男女投入的力量谁大？

答：除摘棉花是女同志外，其他差不多。男的摘棉花没有女同志快。

问：谁轧棉花？

答：棉站轧棉，我们给他们籽棉，向国家交皮棉。每个乡都有棉站。

【生产技术、产量】

问：粮食什么时间由 400～500 斤提高到 600 多斤了？

答：1973 年粮食就达到 600 多斤了。

问：什么原因？

答：投入的多了，化肥用得多，劳力也投入的多，到 1975 年小麦就达到 700 多斤了。

问：能到 750 斤吗？

答：到不了。近几年一般麦子能到 800 斤，再也高不上去了。

问：分地以后都投入化肥吗？

答：都投入。富裕的户更多一点。一亩地投入氨水 100～150 斤，尿素 30～40 斤（市斤）。

问：耕播用机器统一吗？

答：统一耕，户里用小机器自己播。

问：播种机是大队的吗？

答：户里的。有小队的时候是小队的，耕地的机器是大队的。

问：现在不是有组吗？

答：组是按井分的。机井周围有地的户为一组。

问：播种机是人力的吗？

答：拖拉机的。

问：没有用马耕地吗？

答：现在没有，刚分地的时候户里买牲口耕地。后来就都用拖拉机了，牲口还得喂，麻烦，拖拉机平时不用管，用的时候加点油，省事。现在有个别户用牲口种。

【家畜饲养】

问：哪年卖牲口比较多？

答：1988 年、1989 年卖牲口的多。

问：老会计的账上 1989 年有牧业收入，指的什么？

答：户里的猪，也包括卖牲口的收入。

问：现在户里养猪吗？

答：养，这是户里收入的一部分。每户一年交两三头猪。一头猪卖 200～300 元。一户卖猪平均 400 元，全村一年收入 13 万元。平均每户养一头半猪，有的户养三头，有的户养一头。

问：饲料怎么办？

答：户里有粮食，也喂一部分草。

问：有猪饲料吗？

答：没有。

问：猪粪做肥料吗？

答：做肥料。

【劳动力减少、外出】

问：分地以后粮食没有很大提高？

答：没有。

问：分地后劳力减少了吗？

答：比生产队时劳力少了，出工也出力了，一个人顶生产队时的三个人干。现在地里看不到人，生产队的时候现在已开始平地积肥啦！现在工效高。

问：现在下地的人少了，村的劳力转到什么地方？

答：有搞建筑的，有经商的：布、服装、小百货、菜都有人经营了，另外搞运输的，光拖拉机就有 30 多辆，汽车也有六七辆。年轻人在家里的很少。过去家里盖几间房都是村里互相帮忙，现在找不到人，就得包出去。

问：现在农业劳力多吗？

答：多，但都在外地挣钱，不是在家待着。

问：年轻人吗？

答：年轻人多。结婚以后出去的多，再小的还上学。

【村办汽水厂】

问：过去大队有汽水厂吗？请介绍一下。

答：1980 年左右，开始干的时候卖得比较快，当时干这个的少，后来干的多了就不好卖了。头一年赚了一点，第二年就不赚了，基本上没赚钱，还赔了点。旧玻璃瓶特别贵，二角多钱一个收的，都赔在玻璃瓶上了，赔在投资上了。

问：开始投资多少？

答：学技术费 2000 元，连设备一万五六千元。

问：工人是本村的吗？

答：是，共 20 多人。

问：产量？

答：最多生产 1000 多瓶。

问：技术人员是哪里的？

答：本村人到汽水厂学习成的，给厂里 2000 元的学习费。

问：厂长是谁？

答：赵福京和赵金贵。

问：他们当时年轻吧？

答：年轻。

问：他们现在干什么？

答：赵福京当信贷员，在村里的信用站。乡里有信用社，村里有信用站。

问：赵福京是职工吗？

答：不是，是农民兼着。信用社干部是职工。

问：你们有办村办企业的计划吗？

答：没有。汽水厂赔了钱。

问：赔了多少钱？

答：赔了玻璃瓶钱，两毛多钱收购的，几分就卖了。赔了大约有七八千元，设备也没用啦，卖也不值钱。所以以后不愿干了。村里干了两次副业，第一次赚了点钱。

【村副业——装卸队】

问：第一次干什么？

答：在铁路上卸货车，经常保持 50 人，这是 1975、1976 年的事。一个下乡知识青年的父亲在火车站当站长，他给介绍的这项工作。第一年就拿了 11 万多元，当时的钱还值钱。大队买了大拖拉机，7 个小队各买一台小拖拉机。大队还盖了水塔，用上了自来水，年底一个小队又分了 1000 元，共分了 7000 元。

问：以后就没有这事啦？

答：以后盖了汽水厂。

问：第一年装卸 11 万，第二年多少？

答：六七万元。这些钱干了几项大事。以后知识青年走了，也不行啦。石家庄火车南站工程也完啦。咱们的活也没有了。那时大队的钱不少，个人得的钱也不少，四、六分，大队是六，个人得四，包括吃住的钱在内。这是那位知青帮忙，他父亲是火车站长，正赶上南站开工，需要有人装卸车，我们去了 50 人整天干。

【村收入、修路】

问：那时候是村收入最多的时候？

答：是。现在副业收入很少。现在主要靠提留和部分宅基地的钱，其他没有。现在村里的规划搞成了，1976 年搞的，修路，从这儿到西头 600 多米长，17 米宽，涉及不少户，基本用水泥垫。去年秋天涉及的这些户费劲不小，现在也快解决了，他们别的条件也没有，就是向大队要块好宅基地，临街，干事方便，可他要盖房的地方还有人住着，他要就必须把别人赶走，这是比较麻烦的。

问：你估计近两年就能把路修好吧？

答：今年还要干，去年乡里帮忙不小，但没有弄成。

【支书的难题——宅基地、计划生育】

问：你当书记最难的工作是什么？

答：最难的这是一项，盖房子宅基地是一项，计划生育是一项，还有提留：提多了社员不同意，提少了不够用。计划生育涉及千家万户，抓狠了得罪人，抓不狠完不成任务。宅基地村里有规定，男孩子 18 岁以后需要结婚啦，给一块房基地。

问：给女的吗？

答：不给女的，只给男的。18 岁以上的男孩的宅基地基本都给了。岁数不够的不给他，他就经常找，给了他又涉及其他户。这是比较难的。宅基地还有一项难办的是，给了他还要挑好地方，达不到他的要求，他还是不高兴，对你不满意。达到他的要求之后又不腾旧宅基地，旧的又不拆了，如果都不拆也不行，这项工作难。计划生育上级要求一对夫妇生一个孩，可他第一胎是女孩，又想生个男孩，不让他生，他有意见，让他生上级批评，也边也有影响，也不好办。

问：如果第一胎是男孩，还要生第二胎吗？

答：这就好多了。

问：第一胎是女孩，第二胎又是女孩，他们还要生吗？

答：有的还想生，有生产队的时候计划生育不太明显，分地之后就明显了。如浇地，夜间男孩看水家里比较放心，让女孩去看水，她胆子比较小不敢去，家里也不放心。有生产队的时候全队可以排着干，一个人不行两个人或三个人。现在不行，家里只有一个女孩子，就不好办了。

问：你们采取什么措施管理计划生育？

答：农村情况特殊，光采取硬措施也不行。

问：有的农村大队收入的一部分是超计划生育罚款。

答：我们罚款不多，第二胎罚款 500～600 元，两三年出现一次第三胎。第一胎是女孩，第二胎又是女孩，他就不好意思再申请第三胎了。罚款不给大队，交给乡里计划生育组织，作为计划生育经费。

【宅基地的分配】

问：超生罚款不给大队一点？

答：不给。计划生育和宅基地款大队留的少，向乡里交的多。其他大队的宅基地收的多，咱村一块宅基地要 1200 元，包括给乡里的钱，别的村 2000 元。1200 元中给乡里 600～700 元。乡里有土地管理所。

问：宅基地给多少是上边定的，还是村里定的？

答：上边有规定。根据人均占有土地的面积定的。上边规定一处宅基地不能超过二分半。我们村每处宅基地三分多。

问：多出钱可以给大的吗？

答：不行，这村不行。

问：老的宅基地大吗？

答：不翻盖房可以在旧宅子住，重新要宅基地不允许给大的。老宅子大。

问：在原来老房子处重新盖房可以大吗？

答：也要按规划，统一面积，不允许再大，与其他户一样大：13 米宽、19.5 米长。

问：如老人给孩子在原来的住宅再盖一处房可以吗？

答：可以，也必须按规划的大小盖。规定一个男孩一处，如我兄弟三个，我是老大在这里，老二、老三各一处，老人就不再给了，按下一代人给。

问：老人住在哪里？

答：跟儿子们住，没有单独给老人的房基地。儿子们应该养老人，谁养老人是家庭内部的事，大队不给宅基地。

【私营工厂】

问：你为什么不当书记啦？

答：我在栾城县西关有两台压塑机。西关的电供应好。

问：是自己建的厂子吗？

答：租的房，设备是自己的。8间房每年给他3200元租金。

问：何时开始的？

答：1993年12月，到现在一年零两个月了。

问：开始是你自己办的吗？

答：3个人。两个我们村的（包括我），另一个人是本乡赵村的。

问：本村的叫什么名字？

答：郝小寿。

问：你怎么认识赵村人的？

答：他与郝小寿是亲戚。

问：你们有合同吗？

答：没有合同，我们商议三人平分。投资也是三个人。

问：投资多少？

答：从上机器到开工共投资10万多。

问：你们怎么学的技术？

答：从塑机厂包的技术，买机器时包学技术。机器不坏生产就行了。

问：什么产品？

答：给石家庄医疗保健品总公司生产。

问：这是你伙计吗？

答：这是郝小寿的儿子。他在那里开车。

问：销路没问题吧？

答：公司给我们计划，计划多少，我们生产多少。

问：原料呢？

答：原料不缺。聚乙烯不缺，价钱高，每吨9600元，去年才5700元/吨。

问：投产和效益还行吗？

答：去年的收益与投资拉平了，略有盈余。

问：赚一万吗？

答：一万多。

问：工人是哪里的？是本村人吗？

答：不是，附近村的。共八九个工人。

问：为什么不招本村人？

答：都是乡亲不好管理。外村的人好管理。

问：你是厂长吗？

答：我们3个人谁说了都算数。

问：你们干活吗？

答：管管料，送送货，还干些零碎活。现在塑机都不太景气，关键是产品有销路。

问：你们是加工吗？

答：不是加工，自己买原料，生产产品。

问：从哪里买原料？

答：石家庄。从去年起我不干村里的书记了，在那里干得多了，村里人有意见，在村里干得多了，对那里有影响。

问：村里还有人做这样的事吗？

答：没有办工厂的，都是单干。我们这也不叫工厂，干其他的事挣钱也不少。搞运输的，搞其他的。

【村民收入的差别】

问：村里人收入差别大吗？

答：差别不小。像前边盖的二层楼，投资 6 万多元。

问：还有什么差别？

答：生活水平也不同，吃穿零花钱都不一样。有的人现在什么也不干，搞建筑挣了些钱。有的只靠种几亩地卖点粮食收入点钱。有的做买卖一年挣七八万元，这是极少数。

问：最差的一年能收入千八百吗？

答：能收入。

问：分地之前这些户都差不多吗？

答：那时差不多。市场开放之前差距不大，市场开放后差距就大啦。

【工厂收入】

问：你的工厂赚钱吗？

答：去年拿了七八万。

问：是实数吗？

答：差不多。我们厂去年的收入 20 多万元，除去固定资产投资还赚 10 来万，每人分三万多元，这还不算最好的。

问：村里有相互借钱的吗？

答：有，关系不错的，可以借几千元。可是关系不好的一分钱也借不出来。

【合会】

问：合会有吗？

答：没有。

问：借的时候讲清什么时候还吗？

答：可能讲清，也可能不说，关系好有困难相互帮助。

问：关系好的是不是同姓？

答：不是。姓郝的也可能同姓赵的关系好，不一定都是姓郝的。

【账簿、会计】

问：你知道以前的账都在哪里吗？

答：大都毁啦，我干的时间不长。我当书记时的账在会计徐小眼那里。徐小眼当的时间短，刘淑芹当会计的时间长。刘淑芹已结婚了，不在这个村。

问：那她的账在谁手里？

答：谁当会计谁保管。

问：刘淑芹的父亲叫什么名字？

答：刘连生。

问：她是哪年当的会计？

答：大概 1974 年，到 1983 年就不当了。（大娘插话：我当过小队的会计，淑琴是大队会计，我们小队的账我保管过一段，后来也没了，她们的账也可能没有了。）

问：她父母还在吗？

答：她父亲还在，她母亲不在了。

【书记任内的产量、收入】

问：你当书记时亩产多少斤？

答：1968 年亩产 300 多斤。

问：上纲要是 400 斤吗？

答：300 多斤时还差得很，上报表是 360 斤。

问：到什么时候又上去啦？

答：1973 年粮食就多了。表上报 450 斤。

问：人均收入什么时候有个大的发展？

答：1968 年最多 400～500 元，1986 年 500 元，现在达到 900 多了。

问：不到 900 元，840 元。

答：现在算起来不是这个数了，按四队计算全家才 3600 元。这是估计数。

问：下午要到安国去，今天就到这里吧，下次另找时间访问你。

张菊婷（34 岁）

时　间：1995 年 2 月 27 日上午

访问者：顾　琳　张利民

访问场所：张菊婷家

【家庭】

问：你是哪个村的人？

答：城郎。

问：你今年多大？

答：34 岁（周岁）。

问：城郎离这里多远？

答：15 里地（华里）。

问：你父母都在吗？

答：都在。

问：有兄弟姐妹吗？

答：我最小，上边有两个哥哥，一个姐姐。

问：你多大岁数结婚的？

答：23 岁。

问：你丈夫叫什么名字？

答：李栾秋。

问：他多大？

答：与我同岁。

问：他父亲叫什么？

答：李领群。

【订婚】

问：你们是怎么认识的？

答：他表姐介绍的。

问：他表姐是你村的吗？

答：不是，是孟董庄的。

问：她是怎么介绍的？

答：介绍人介绍两个人见一次面。见面后两个人认为合得来就行，合不来就分手。

问：她不是你们村的人怎么认识你？

答：他表姐与我婶子认识。

问：婶子是什么？

答：我叔叔的妻子就是我的婶子。

问：你们当时多大？

答：23 岁。

问：你们结婚的前一年吧？

答：是。

问：你认识他前上过学吗？

答：我已高中毕业啦。

问：你爱人也是高中毕业吗？

答：他是初中。

问：你们在哪里见的面？

答：城郎，我们村，在我婶子家。

问：你第一次见面对他印象怎样？

答：第一次见面后还得同老人们商量，对他印象不好就不能结婚了。我对他的印象是忠厚老实。

问：第一次见面时介绍人还在场？

答：在。各介绍各的事。

问：这以前给你看过照片吗？

答：他在军队里当兵，邮照片回来让我们看过。

问：你的照片也给他了吗？

答：给了。

问：这与日本人一样。日本人也是互相看照片，互相介绍家庭成员和经济情况，然后再决定见不见面。

答：中国也是这样。

问：见面之后是当时定下来还是过几天再定？

答：见面后各自与家里老人们商量，同意后就算定了。

问：定婚时他给你礼物吗？

答：互相给点衣服，我给他一件，他给我一件。

问：你们结婚之前见过几次面？

答：第一次见面后他就回部队了，第二次见面就结婚了。

问：常常通信吗？

答：通信。

问：你们结婚前你见过他父母吗？

答：见过。

问：那时候他兄弟姐妹都结婚了吗？

答：他大哥没结婚。我们是老二。他兄妹六个，一个姐姐结婚了。两个弟弟，一个妹妹。

【婚礼】

问：你们结婚时与家人都住在一起吗？

答：在一起。

问：现在分家了吗？

答：分啦。有小孩以后就分家了。

问：他哥哥还没结婚？

答：现在结婚了。我们头一年结婚，第二年他就结婚了。

问：给你房子了吗？

答：还住在一起，分给我们两间房，两厢房。

问：你们结婚仪式是怎样的？

答：结婚时女方家里来人送到婆婆家。

问：是男方接你，还是你自己来？

答：男方去接。

问：骑自行车还是去汽车接？

答：骑自行车，那时还不兴汽车。他骑自行车，我坐马车来的。

问：大马车挂红的东西吗？

答：马脑袋上挂红的。车像小马车（注：俗称轿车）一样，上边有棚子。

问：你穿的什么衣服？

答：鲜艳的红棉袄，是冬天结婚的。

问：接你来时到洞房，是不是脚不能落地？

答：这里不兴那个，直接走到屋里。

问：放炮吗？

答：也不兴放炮，发喜糖，娘家的人来了就向地下撒喜糖，观看的人们抢一块糖，吃了吉利。

问：有吹喇叭的吗？

答：没有。这里的习惯是人死了放炮、吹喇叭，结婚不兴。我们县北边兴放炮吹喇叭。

问：你几点到他家？

答：上午 11 点左右。

问：他接你到你们家还是在路途中等？

答：到我们家之后走一圈，老人们看到他来了，我才坐着车往婆家走。

问：你家里谁陪你来婆家？

答：我嫂子陪我来。

问：你们来之后拜天地和向老人磕头吗？

答：没有，这里不兴这个。

问：不向老人鞠躬吗？

答：不。老人们坐在那里点点头，第二天才认老人呢。结婚仪式上写着向老人拜，实际不拜。第二天认老人，认家里人和亲戚，然后就回娘家了。

问：头一天你还见不到婆婆公公？

答：能见到，他们不到新房里去，第二天才进屋。

问：你住西厢房，不与你公婆住在一起？

答：在一起，我们的房间都是西房。

问：在你新房里朋友们祝贺吗？

答：有朋友来祝贺。

问：中午也在这里吃饭吗？

答：吃。

问：请了多少席？

答：男方请，有六七桌。

问：来的这些人是谁？

答：娘家人和当家子的人（即本家人）。娘家人送我连同嫁妆到婆家来，中午在男方家里吃饭。也有男方的亲友。

问：晚上还在这儿吃吗？

答：不吃。

问：你的嫁妆是谁送来的？

答：我带来的。结婚的那天带来的。

问：带来的什么东西？

答：花瓶、头箱等，那时还兴带立柜。

问：有电视、缝纫机、自行车吗？

答：没有电视，缝纫机和自行车有。

问：被子呢？

答：男方也做，我也带来了。

问：带了多少衣服？

答：有几件。以后随穿随买。

问：你来的那天带来多少？

答：就是随身穿的衣服，第二天换换就走了，回娘家。

问：住在娘家吗？

答：住了一天，第三天就回来了。

问：结婚的那天晚上闹新房吗？

答：闹！年轻人来，与他同辈的除哥哥外都来，还有比他辈小的也来。

问：你的感觉怎样？

答：第一次我不愿跟他们闹，还害羞。

问：他们怎么闹？让你们两个人吃同一个食物吗？

答：不吃。我们是他坐在一个地方，我坐在一个地方，大家开玩笑。

问：闹到几点？

答：第二天早晨的两三点钟。

问：第二天你很早起来吗？

答：是很早起来。

问：你第二天认本家人吗？

答：对。我婶子领着我认公婆和本家亲友。

问：每家都去吗？

答：是。每家都去，吃完中午饭就回我娘家了，我爱人不去，娘家人来接。这叫回亲。

问：回家放心吗？

答：放心。

问：这与你爱人见面就结婚害羞吗？

答：不是第一次见面，第二次见面结婚的。

问：你当时心理怎么样？

答：不自在，不自然。

【婚后生活】

问：经过多长时间你就认为男方是你的家啦？

答：没小孩时我不怎么在他家住，有了小孩分家后，我们另过日子了，不适应也得适应，男的到地里干活，我得在家做饭。

问：你们结婚时你爱人从军队转业回来了吗？

答：回来了。

问：你爱人在村务农吗？

答：是。现在还是。

问：你婆婆家与你娘家的生活习惯一样吗？

答：一样。

问：你与你爱人的生活习惯不同，吵架吗？

答：也吵。

问：你父母在不好办吧？

答：在父母面前避免吵架。

问：你与他的弟弟妹妹的关系怎样？

答：他们都还小，不错。

【生子、认干爸】

问：你第二年就生小孩了？

答：是。

问：你现在有几个小孩？

答：两个。

问：他们是哪年生的？叫什么名字？

答：1984 年 12 月生的，叫李伟，男孩。小的是女孩，叫李娜，1987 年生。

问：你在哪里生小孩的？

答：在婆家。

问：你生男孩时全家祝贺了吧？

答：祝贺。给孩子认干爸。小孩生后十二天庆贺，同时认干爸，给孩子讨外姓。

问：这是普遍的吗？

答：也有不认干爸爸的，不都是这样。孩子姓李，认个姓刘的就留住啦。

问：你孩子的干爸姓什么？

答：三个呢，一个姓徐，两个姓郝的。

问：是你爱人的朋友吗？

答：不是，是这边的老人给找的。

问：不是你们自己找的？

答：我们当时还不知道找这干什么。

问：他们都叫什么名字？

答：一个叫徐娃子，一个叫郝全福，另一个叫郝锁芹。

问：当干爸爸的送给孩子礼物，还是你们送礼物给他？

答：孩子满月那天认干爸爸去，干娘给孩子点礼物——衣服、毯子或小东西。

问：你们送给他们吗？

答：不送。

问：干娘（妈）就是干爸爸的爱人吗？

答：对。

问：以后他们与孩子有什么关系？

答：正月初一和小孩生日到干爸家去一趟，给他们送点礼物、拜年。

问：孩子长大后结婚时干爸爸对孩子有什么表示？

答：干爸爸们送给孩子礼物。给一条毛毯，或送一块幛子。

问：你女儿有干爸干妈吗？

答：没有。第一个孩子是男孩的有。

问：女孩子都没有干爸干妈吗？

答：有的女孩也有认的。

问：这村一般都是两个孩子？有三个的吗？

答：三个的很少。

【超生罚款】

问：你生第二个孩子罚款吗？

答：罚的少，1987 年已开始罚款了。大约罚三四百元。

问：是你们要两个孩子，还是老人们要？

答：一般都想要两个孩子，一个孩子孤单，如果都是一个孩子，将来结婚后得负担四个老人。

问：本村人对生男孩和女孩的看法一样吗？

答：一样。但生了男孩更高兴。与市里不同，一般都希望生女孩。

问：如果生的都是女的，觉得可怜吗？

答：按我的想法男女孩一样，有男孩好像好一点。市里都喜欢闺女。

【贺喜、送礼】

问：本村送礼物都一样吗？

答：都一样，都是送点布什么的，有关系特别好的，条件也比较好的送个童车。送礼物不分男孩女孩，都一样。

问：你们刚才说小孩到 12 天要庆祝，男女孩庆祝有区别吗？

答：女孩子也过 12 天，男孩女孩都一样，没有区别。有个别的两胎都生的女孩，第三胎偷着生后，正好是个男孩，就大摆宴席，请亲戚朋友。亲友们都来道喜。一般情况下不那么办，都是小孩生后第 12 天亲友们送块布，在孩子家吃顿饭，女男孩都一样。

问：生小孩后有送鸡蛋的吗？

答：送鸡蛋、挂面和布给小孩家。

问：你们给别人送红鸡蛋吗？

答：没有。

问：小孩的名字是怎么起的？

答：奶奶给起名。

【计划生育】

问：这里是不是可以生两个孩子，生三个不行，是这种看法吗？

答：生两个挨罚。都想生两个孩子，有男有女就行了。

问：国家不是号召生一个吗？

答：国家控制是控制，但又得考虑农村的情况，农村经济还不行，这里习惯上都生两个。生一个的也有，都是文化程度比较高的。

问：生第二胎也罚款？

答：对，提倡生一个。

问：不都生两个吗？

答：都罚款。

问：生第三个，你们采取什么措施？

答：罚得更多！罚得日子都不好过了。所以一般都是生两个就不生了，生两个闺女也不再生了。女孩也不错。生第三个孩子违反规定，村里总找，生活也过不好，躲躲藏藏的，对孩子也不好。

问：要实行流产吧？

答：生第二个孩子后，一般都避孕了。

问：这是计划生育条例规定，实际上你们也做不到吧？

答：我们正向条例过渡，基本上执行了。生了二胎的现在也不好过，比过去严啦。

问：第一胎生的女孩还可以生第二胎吧？

答：河北省下的条例有规定，必须符合条件的才允许生第二胎。如上年生育的指标达到了，没有超生的。可以照顾独女户，而且夫妇双方年龄在28岁以上，第一胎小孩达到了四周岁的才允许生第二胎。前提是村里上年度没有超生。

问：你们做这项工作？怎么样？

答：公社这样要求，我们也执行。

问：北京顺义县不允许生第二胎，定期给育龄妇女体检。

答：我们这里也是三个月给她们检查一次。

【避孕措施】

问：你们要求他们采取什么避孕措施？

答：一胎的上避育环，二胎的结扎。

问：生了第二胎的都结扎了吗？

答：都结扎了，因为互相攀比，谁不结扎都有影响。现在生了第二胎的人都自觉做结扎，这对她后半生也是一个解脱。

问：第二胎生的还是女儿，不想再生一个吗？

答：也有想再生的，不多，有时候管理不到。

问：男的避孕不多吗？

答：农村里一般是女的。有的结婚后不愿意生，男的用避孕套。大都是上环和结扎。

问：检查的费用谁出？

答：乡里出。有时候到乡里检查，有时候乡里也下来人检查。

问：结扎的费用不用个人拿吧？

答：县里有计划生育站，到县里去做，费用村里出。凭发票报销。

问：你生第二胎时还好办，现在生第二胎也不好办？

答：是，不好办。第二胎生的也很少。

【新生儿上户口】

问：小孩户口怎么办？

答：第一胎符合条件，自然就上户口了，大队向乡里报就上完了。第二胎的必须结扎后交完罚款，手续都办完了，才可以上户口。

问：要什么证明？

答：结扎和罚款证明。拿着这些证明给上户口。

问：从报表上看出1990年人口普查，120多人是新增加的，这是原来没有户口的孩子吗？

答：有那样的情况。1990年人口普查时的人口数多，没有上户口的就都上户了。有嫁过来的媳妇从娘家迁来的户口，有刚出生的小孩，刚上的户口。1990 年人口普查时增加的 120 多口人不一定都是一年增加的。国家搞人口统计不是每年都搞，隔四五年搞一次，两三年一次，是前次统计以来的数，这里也有新结婚迁入的。这种情况，是这个村增加了，别的村减少了，全县的人口数字基本持平，另外，出生的多，死亡的少，所以增加了。

问：村里的小孩没有户口，自己有什么损失？

答：村里的土地分到户十年、二十年不变，不分土地对个人没有什么影响，上了户口也不分给田。户口对孩子将来结婚有影响，上了户口就不是"黑人"了，上学就业有户口的好办。所以，小的时候没有户口没关系，长大了就得有户口。

问：你第二胎什么时候上的户口？

答：我的两个孩子一起上的户口。生了第二个孩子才上的户口。

问：那时候也要罚款证明什么的吗？

答：有罚款。

问：为什么生了第一个没上户口？

答：上了户口也分不了地，也不减少公粮。

【妇女的工作】

问：冬天妇女在家干什么？

答：冬天在家养鸡、养猪，种点东西，服装加工。

问：妇女下地干活吗？

答：干，地里的活都是女的干，男的外出挣钱。做买卖，搞建筑都是男的干，家务和农活全是妇女干。

问：忙吗？

答：熟练了也不算忙，地里的活不多，浇地就行了，收麦子用大联合收割机。

问：男的也帮忙吗？

答：农忙时男的就都回来啦。

问：这种情况是你刚结婚时开始的吗？

答：刚结婚就是这样的。

问：你爱人在外边工作吗？

答：他经营钢管。从石家庄买回来，在栾城县卖，栾城县有铁市场。

问：你们有门市部吗？

答：没有，集上有市场。

问：每天都去吗？

答：不，五天两个集，一、六、三、八。

问：他白天不在家，晚上回来？

答：是。

问：家务你做，他帮忙吗？

答：白天他不在，家务都是我干。

问：回来他帮忙吗？

答：钢管很重，用个小车运，比较辛苦，再说他回来天黑了，也不用他做什么。吃完饭休息一会儿。

问：一般都是这样吗？

答：是，也有搞建筑的。

【外出打工】

问：搞建筑的不能每天都回来吧？

答：回来，每天晚上回来。

问：妇女干这么多活是在分地之后吧？

答：是。分地之前有生产队，分地之后搞承包，妇女才家务和地里的活都干啦。

问：说男的务农不一定是搞农业吧？

答：务农不一定是下地干活。我们所说的务农是，不是国家正式职工的，不上班的都算务农。地里的这点活妇女都干啦，不用男的再干。

问：家务忙吗？

答：不忙，做饭、洗衣、养猪，活儿不多。一般只养两头猪。村里也有养鸡养猪多的，有的户养上千只鸡，百十来头猪。这是以营业为目的，也能赚钱。

【家庭收支、管理】

问：你爱人一年赚多少钱？

答：5000~6000 元。

问：农业呢？

答：能收入 3000 元。夏秋两季收入都在内。

问：够不够呀？

答：够，平均 2000 多元。

问：谁管钱？

答：女的在家，我管。他不在我管。

问：他赚了钱给你，他花钱再向你要吗？

答：赚了钱给我，他身上也带着钱，买大件东西我们商量。

问：你们最大的花项是什么？

答：盖房子花费最大啦。我们住的大哥的房子。

问：你们的房子盖了吗？

答：还没有盖。

问：盖房要多少钱？

答：看盖什么房，好房子花钱多，像楼房。平房花钱少。我们准备盖楼房。

问：盖楼房需要多少钱？

答：3 万~4 万，不包括装修费。

问：平时把钱存起来？

答：是。

问：向亲友们借钱吗？

答：提前给他们打个招呼，到时候用着了就借，用不着就算了。向兄弟姐妹们借。

问：小孩有自己的屋子吗？

答：再盖房就有他们的屋子了。

【子女的教育】

问：你的孩子都上学吗？

答：都上小学。

问：你想让他们上到什么水平？

答：看他们的学习情况，学习好就多上几年，学习不好就回家来，我希望他们都上大学，他们爱玩，恐怕上不了大学。

问：女孩子呢？

答：女孩子还好点。

问：上高中的男女比例差不多吗？

答：差不多。

问：初中是普及的，升高中的男女比例差不多吗？

答：差不多，男孩女孩家里都支持上学。女的初中时事就多了，智力比男生差些，升学时略低于男生，基本上差不多。升大学时女的少。

【妇女会】

问：农村妇女开会多吗？

答：不多。

问：什么时候开会多？

答：乡里有事通知就开，说不上什么时候多。

问：1994 年开过多少次会？

答：定期不定期开会，有时研究计划生育。

问：多半都是开计划生育会吗？

答：不一定。如"三八"节前开会，主要布置怎样庆祝自己的节日，乡、县的女企业家、女状元等交流经验。

问：你们在哪里开会？

答：小学有开会的地方，比较艰苦。

问：晚上开会吗？

答：晚上开。

问：玩的时候多吗？

答：不多，"三八"节聚聚会，另外开人大会时女代表们在一块聚聚。

【妇女的娱乐】

问：中青年妇女玩什么？

答：玩麻将和纸牌，上岁数的玩纸牌，老太太们玩。中青年妇女打麻将，也有玩扑克的。

问：不忙的时候玩？

答：对。

问：在什么地方玩？

答：集中到一人家里，如在我家，都是说得来的。

问：玩麻将和朋友是固定的吗？

答：不是。谁爱玩就找谁，谁愿意玩就玩，有时间的玩，没有时间的像家里有事或地里有活的就不玩了。

问：一般在一起玩的是要好的吧？

答：对，大家都高兴玩，开心。

问：不一定是亲戚朋友在一起玩吗？

答：亲友们离得远，他们来了也玩，一般都是本村的人。

问：用什么时间玩的多？

答：下午，吃完中午饭没事了在一起玩，上午家里有事，晚上干活。

问：过年的时候玩吗？

答：玩。过年是玩的高潮，农忙时顾不上玩。

问：跳舞怎么样？

答：我们都不会跳。

问：没有结婚的跳吗？

答：农村的妇女都不会跳，没人教。每家都有厅，厅里可以跳。跳舞比打麻将更不错，锻炼身体又开心，就是不会跳。

问：年轻人看电影的多吗？

答：家里都有电视，看电影的人不多。

【旅游、庙会】

问：有旅游的吗？

答：有旅游的。

问：到什么地方去？

答：苍岩山有庙，离这里不远。

问：是一家人去吗？

答：有一家人去的，有几个人租车去的。个人出钱。

问：包车吗？

答：包车，村里去的人不少。苍岩山不远。

问：谁组织？

答：没人组织，自发地找，大家商量办。正定有荣国府，也有人去。

问：你去过苍岩山吗？

答：我没去过，老人们去的多，那里有庙，信佛教的人去的多。

问：什么时间去？

答：三月十五日是正庙，三月三就开始了，直到三月十五日。老年人烧香磕头去。

问：年轻人呢？

答：年轻人到石家庄大佛寺去。

问：也是包车吗？

答：石家庄到这里有汽车——公共汽车，来去很方便。

问：还有到别的地方去的吗？

答：赵县有赵州桥。我们骑自行车去。

刘连生（65 岁）

时　　间：1995 年 2 月 21 日下午
访 问 者：三谷孝
访问场所：刘连生家

【家族】

问：你今年多大岁数？

答：65 岁，属羊的。

问：你父亲的名字？

答：刘老贵。去年去世的，85 岁时去世。

问：你母亲的名字？

答：吴爱子。

问：你们兄弟几人？

答：兄弟五个。没有妹妹和姐姐。

问：你大哥叫什么名字？

答：我大哥参过军，到过朝鲜，一直有病，在承德疗养院住了些时间，也没有看好，他愿意回来，在栾城县医院和省医院都看过，也没看好，死了。

问：他工作在哪里？

答：我也闹不清。1948 年参军的。

问：叫什么名字？

答：刘士杰。他比我大 5 岁，属虎的。

问：他参军复员在什么地方？

答：在农村。当过几年生产队长。后来得病啦，在县医院看了一年多，没好，县民政局把他弄到承德两年多，也没好，就回来了。

问：他病与参军有关系吗？

答：没关系，他没有受过伤，但他有立功证。立了几次功。县民政局负责给他看病。

问：他是老大，你是老二，老三呢？

答：他叫刘三秃。他比我小七八岁。老三和我之间有个女孩，小时候死啦。

问：老四和老五？

答：老四是大队的电工，叫刘福生，今年五十二三岁。

问：大队给他补贴吗？

答：给点。

问：第五个？

答：也在家，叫刘元生，48 岁。

问：你父亲有多少土地？

答：有十四五亩地，当给了两三个人种着。

【青少年时代】

问：你小的时候生活怎样？

答：小时候生活不好，不如现在，到春天就没有吃的了，借别人的粮食吃，麦收后再还。

问：你上过学吗？

答：上过私塾。

问：你当时的老师？

答：本村有一个，叫赵老崔。

问：你上了几年？

答：上了两年。到 15 岁时我又上学，那时的老师是南宫村的。

问：不是在本村吧？

答：栾城县南宫村。

问：上了多久？

答：上了半年，家里很困难，当时还没有解放，征兵，有钱的出钱，没钱的出人，我哥哥比我大，把我征去了，留在城里啦。当时我还正上学。当了一年兵，栾城就解放了。

【当兵】

问：是八路军征兵吗？

答：不是，是国民党。

问：在哪里当兵？

答：栾城县。1947 年二月解放，我又当了八路军，连当国民军共一年多，我还参加过解放石家庄。石家庄解放后又回到村里来了。

问：是八路军收编吗？

答：是。

问：当国民兵怎么样？

答：我是八月份去的，当了几个月国民党兵。我是从农村去的，也是挨打受气的，与八路军不同。二月栾城县解放了，我就到八路军里啦，在八路军里就没有事啦。

问：你当兵与国民党的正规军不一样吗？

答：不一样，地方兵，也发军装。

问：两种军队有区别吗？

答：有。

问：发过饷吗？

答：到八路军中没有发过饷，发点烟草吸。

问：在国民党军中有饷吗？

答：我当了几个月兵也没什么，没有饷，只管吃。

问：本村有别人吗？

答：我们村去了五六个人，村里盖楼的这家，要他哥哥，他弟弟去了，可他弟弟腿上长着疮，缠着纱布，拄着拐，没有验上，就验上了我一个人。城里不答应，又要人。

问：村长带着你们？

答：是。不去不行，国民党来到我家，打了我爹一顿，没有办法，只好去了。

问：村长是谁？

答：郝国樑。已死了。

问：是因为你们兄弟们多吗？

答：是。人家有钱的出点钱雇个人去也行。我家没钱，只好去。

问：回到你村时解放了吧？

答：解放了。

问：你算复员吗？

答：不算复员。我打过保定北。保定解放后，北京、天津和平解放，我就回家啦。之后又把我哥哥要走啦。因为我们兄弟多。

问：你打过保定吗？

答：没打过保定市，打过保定北。北京、天津和平解放，部队又南下，到石家庄时我回来看家时，部队已离开石家庄南下啦，没有人找我，我就不去了。我没带着枪。所以我不算复员。

问：你哥哥参军时，也是问村里要人，去几个人吗？

答：是。这个村去了八个。这是1948年。

问：村里怎么选这些人？

答：兄弟们多的户去。派谁去谁去。

问：八路军的时候，谁不愿去就算了吗？

答：是，不愿去就算了，不强迫。

【"土改"、小队会计】

问：你回村时快"土改"了吧？

答：已经平分过了。1947年解放的，1948年我回来土地已平分过了。

问：有你的地？

答：有。

问：当时家里的人口？

答：父母还有我们弟兄五人，共七口人。连家里的地有20亩。

问：你回来就开始干活吗？

答：干活。当过小队干部，还当过一年村民兵连长。我文化不高，但靠得住，当过小队会计。

问：哪年当会计？

答：成立高级社后，1958年。初级社我们村分3片，3个小队，我在西头小队当会计，也就是第三队。

【结婚】

问：你哪年结婚？

答：1951年。

问：你爱人叫什么名字？

答：焦二栾。

问：她是哪个村的？

答：马家庄乡彪忠村人。

问：她多大？

答：她比我小一岁。我21岁，她20岁我们结婚的。

问：你怎么认识她？

答：经人介绍的。介绍人是我爱人的姐姐。

问：结婚前见过面吗？

答：没有。结婚前领结婚证时第一次见面。

问：是老式结婚吗？

答：是。有花桥。男的戴礼帽，上身是

马褂，下穿袍子。我们用的一个轿，去时我坐，回来她坐。有钱人用几顶轿。去的时候轿不能空着，男的先坐着接亲去。

问：那顶轿谁坐？

答：我们是一顶。我回来时坐用幕搭的棚车——马车。

问：那顶轿呢？

答：有抬轿夫抬回来，新娘坐在里边。

问：她戴的什么？

答：头上戴花。

问：带衣服来了吗？

答：衣服和被子家里做好了。衣服是她自己带来的，有箱子、镜子。

问：她家的经济情况与你家差不多吗？

答：差不多。

问：她上过学吗？

答：没有。

问：你结婚时你们分家了吗？

答：没有。

【子女状况】

问：你们生了几个孩子？

答：生了9个孩子。死了两个女孩，一个男孩，共9个。

问：生下来就死了吗？

答：大孩子已八岁了，家里生活困难，没钱看病死了。那两个小孩死在月子里。

问：现在几个？

答：还有7个。

问：你的第一个孩子死在困难时期吗？

答：是。当时生活困难，挣工分没钱治病，若是现在就死不了啦，那时孩子也多。1961年吃的也困难。

问：现在孩子的名字和他们的工作？

答：老大叫刘淑芹，今年40岁，属鸡。她当过几年小队和大队会计，结婚后走啦。她丈夫在县交通局工作，因车祸受重伤，对

方给（赔）了两三万元，现在也没好。

问：他不是正式工人？

答：不是。到现在已七八年啦，还在跟交通局交涉转正问题。

问：现在在农村生活有问题吗？

答：在农村种几亩地还凑合。

问：脑子还清楚吗？

答：不如以前，脑袋碰了几个洞。

问：你大闺女几个孩子？

答：两个，一男一女。

问：老二呢？

答：老二是男孩，叫刘书军，38岁。在栾城县马家庄中学当校长。

问：他毕业于什么学校？

答：最早是民办教师，后考到师范专科学校，又回到县城中学当教师，后又带着工资考入石家庄上了五年大学。大学毕业后又回到马家庄中学当校长。

问：在什么大学？

答：可能是师范学院，他不住在家，我也不问。哪年毕业我闹不清。

问：他结婚了吗？

答：已婚，已有两个孩子，一男一女。

问：他住在哪里？

答：他爱人在栾城县城当工人。他在栾城。

问：老三呢？

答：刘雪芹，女孩。今年三十三四岁。她现在在石家庄妇产科医院当大夫。她上了五年大学，在承德上的大学。已婚，生有一个女孩。她爱人也是在石家庄当医生。

问：下一个孩子呢？

答：再一个叫刘同军，男孩，今年26岁，因为上边死了两个女孩。同军在邯郸工作。他在沈阳上的大学。分配在邯郸当技术工人或干部，我闹不清了。他在邯钢总厂工作。已婚，去年结的婚。在邯郸结婚后回家看

看我。

问：最小的呢？

答：最小的叫刘淑果，女孩，二十三四岁。她在石家庄国际大厦工作。初中毕业后上班的，没有上高中。在书军那里上的学。她原来在棉纺厂上班，上夜班不习惯，经常头痛，就到大厦去了。

问：结婚了吗？

答：没有，也没有订婚，现在婚姻自主。

问：你老伴呢？

答：死啦。1984 年死的。死于癌症。

问：你这孩子是怎么教育出来的？有三个大学生。

答：我和孩子们的母亲给孩子们腾出时间来上学，活我们干。我过过苦日子，孩子们也听话。

问：老大带头吧？

答：老大不容易。

问：淑芹是高中毕业？你大儿子上了大学，带了个好头，他帮了你不少忙吧？

答：他知道家里困难，上学的人多。

问：最小的是他供的上学吧？

答：最小的没有上大学。

问：在他那里上学，是不是都是他管？

答：那时候学费不多，在他那里吃住，家里有粮食。

问：你就靠种地供这几个学生吗？干过其他事吗？

答：是，没有干过别的，没有做过买卖，在队里挣工分，起早贪黑。孩子们知道我不容易。

【“四清”运动】

问：你是哪个队？

答：五队。

问：你当过队长吗？

答：没有当过队长，一直当小队会计。

问：有小队的账本吗？

答：“四清”的时候查过账，查过后不用它了，就扔了。

问：“四清”时你没问题吧？

答：没有。但是我当了多年的会计，得罪过人，所以“四清”时查我的账，查我的工分，咱忠厚老实，没有任何问题，没有贪污。当时也关在家里不让出门挣工分，让交代问题。

问：最后没事吧？

答：罚了我 100 多元钱，叫退赔。退了一头猪和一点衣服，顶上 100 元钱了。

问：“四清”是怎么开始的？

答：有工作队来到村后，发动贫下中农，开始发动不起来，我当了那么多年干部，短不了得罪个人，让与自己不对头的人提意见，查账，最后也没有查出问题来，但他们认为你干了这么多年，可能多记了工分。最后还是说我多占了工分，你怎么解释他们也得这么做，最后合了 100 多元钱。赔了这些钱才让我去干活。

问：挨批斗了吗？

答：小队里没有批斗，只关在屋里让交代问题。

问：放出你来后还让你当会计吗？

答：我不愿干了，也不愿让孩子们干了，就去当河工。后来队里又让我大闺女当小队会计、大队会计。

【大队会计账簿】

问：你女儿当大队的会计账还有吗？

答：她出嫁这么多年，没有了。我曾看到过在办公室的柜里放着。我不愿让她干，也不管她的事。

问：她拿回家了吗？

答：交账后可能拿回来了，我不知道，问我大闺女吧。三五年之后的账就可以处理给收废品的啦。家里没有。

【出河工】

问：你出河工是大队组织的吧？

答：当时还有小队。到天津挖海河。这个村叫马岱，离天津市 30 多里地，天津北边。

问：哪年去的？

答：我 42 岁时那年去的，1973 年左右去的。

问：每年都去吗？

答：挖河挣工分多，小队还给几元钱，3 个月给了 7 元钱，管吃。比生产队干活挣的分多。可能在 12 ~ 15 分之间。

问：你去了几次？

答：3 次。我在外挣工分，小孩他妈在家，为了挣点吃的，省了家里一个人吃的，当时粮食少，要是现在咱不去。

问：村里还有其他人去吗？

答：有。每个队都有，一个队两三个人。春秋两季出去当河工。

问：你出 3 次是连在一起去的吗？

答：隔了一年。

问：一个大队算一个组织吧？

答：一个公社一个队。这个村出 12 ~ 13 个人。每次都出这么多。

问：想去的人多吗？

答：多，抓阄去，都是为了省家里点吃的，多挣点工分。小队想给每人 10 元，给 7 元我也去。最后要 7 元的去，要 10 元的去不了。

问：这些钱公社统一给大队？

答：公社给大队，大队下放到小队，小队管这事。

问：不是给 10 元吗？多出来的钱大队不给了？

答：大队不给钱，小队给，因为挣的小队的工分。

问：每天给工分吗？

答：给。生产队每天给 10 ~ 12 分，出河工的给 12 ~ 15 分，最大工分。

问：每年都有河工吗？

答：那几年每年都有。根治海河从 1960 年代开始。大概是 1962 年天津发大水的那年以后，每年都去。毛泽东有"一定要根治海河"的号召。"四人帮"倒台以后就不出河工了。

问：农业学大寨的时候还有根治海河吗？

答：有。

【社员的学习】

问：你们村是怎样学大寨的？

答：白天开会，夜里干。生产队敲钟大家都出去干活啦。有时候晚上不干活就开会。

问：晚上也干活？

答：农忙的时候晚上干，不忙就学习。

问：学习什么？

答：学毛主席语录。

问：经常学习吗？

答："四清"以后晚上经常学。如果算工分每家不只去一个人，去的还多。不记工分时一家去一个代表。

问：学习也记工分吗？

答：白天晚上都在一起记工分，如一天 10 分，晚上不学习扣工分。

问：怎么学习？大队小队在一起学习吗？

答：以小队为单位，队长组织学习。大队布置给小队，小队社员学习，有时学报纸，有时学文件。队长念，大家听。有听的也有睡觉的。

问：在什么地方？

答：生产队的牲口棚里。牲口棚就是养牲口的地方。牲口也在那里。

问：可以进去多少人？

答：所谓牲口棚也盖了好几间房，人们

可以进去，还有库房，有队部办公的地方。

问：现在还有小队的队部吗？

答：现在没有了。

【分家、兄弟送人】

问：你家现在有 5 亩地？

答：是。有小闺女的，有二小儿子的，有我父亲的一半。

问：你父亲哪年去世？

答：去年。没去世前他在我家和我弟弟家各住 10 天。

问：你们什么时候分家的？

答：已几十年了，哪年记不清了。我当时已有 3 个孩子。我弟弟没有小孩，他愿意分家。

问：分土地以前分家了吧？

答：1961 年左右分的家，正在困难时期。

问：老五结婚了吗？

答：我们家孩子多，生活困难，把老五送给一户没有小孩的人家了。他养父母死后，他又回我家来。

问：什么时候给别人的？

答：一周岁多一点就送人了。

问：是你本家吗？

答：不是本家，姓王的。

问：王什么？

答：王庆芝。

问：老五姓王吗？

答：他养父母生前姓王，他们死后，又姓刘了。

问：这是你最小的弟弟吗？

答：是。我四弟弟送给我叔伯叔叔啦。我叔叔也没有孩子。

问：你叔叔叫什么名字？

答：刘生兰（小名叫老帽）。

问：几岁给的？

答：四五岁时。

问：你们就弟兄仨分的家？老大、老二和老三。

答：是。

问：你们的土地怎么分的？

答：没有土地，大家都挣工分。

问：有分单吗？

答：有。我给你们找找。只分房子，没有土地啦。这房子是我新翻盖的。

问：房子是怎么分的？

答：抓的纸阄。我大哥分的南屋。

问：几间房子？

答：11 间：南房两三间，北房四间，西房三间，还有一个门洞。

问：就在一个院里？

答：是，就在这个院。原来有西屋，已拆了，正房四间，西屋三间，东屋连门洞四间。我大哥分的南房，加半个门洞，县民政局又给的他木头另盖的房，因为他是复员军人。

问：你分得正房四间，东西厢房给老三啦？

答：是。分家是抓阄，他们先抓，剩下的是我的。他们的房都拆走了。不住老房的人，要另盖新房，分得的房子多，在老宅住的人得房少，不用另盖了。

问：你母亲还在吗？

答：当时还在。

问：他们住在哪里？

答：两个老人住在老房里，自己过。

问：你哥哥和你两弟弟还给他们粮食吗？

答：他们自己还能种地挣工分，弟兄也给他们点，一年给 20 斤粮食。

问：分家时立字据了吗？

答：立了字据。

【赡养父亲】

问：你母亲死后你父亲如何生活？

答：我们兄弟两个轮流养老人，每家待10天。

问：你母亲哪年死的？

答：1966年，生活困难，我又因"四清"被审查。她死的时候才60多岁。

问："四清"时也困难吗？

答：是，靠挣工分吃饭。我工分少，因为不让我下地干活，所以工分少，分粮食就少。

问：是饿死的吗？

答：生病了，吃的又不好，都有关系。我母亲死后父亲很艰苦，一个人不能做饭，我们就轮流着养他。

问：这也写了字据吗？

答：没有，我们兄弟俩商量的。

问：住在哪里？

答：开始来回住，后来就住在我家啦，我老伴对他也好，让他吃完饭就住在我们这儿，遇有刮风下雨天，也方便。

问：有多住几天少住几天的时候吗？

答：有。老人认为哪里好就在哪里多住几天，有时候还没到日子就回来了，回来也行，多吃一顿饭也没事。

问：衣服呢？

答：我老伴在时她做，老伴死后我大闺女也做，我弟妹也做。

问：有零花钱吗？

答：原来每月给他10元，后来增加到15元。我的孩子们回来都给他爷爷钱，我们就不给他了，他也不要啦。

【50年代盖房】

问：这房子什么时候盖的？

答：我1951年结婚，1952年重新翻盖的房子，东屋盖得还晚，孩子们长大了住不开啦，才盖的东屋。

问：那时候是怎么盖的？

答：找点木料，让人帮忙盖的。为盖这房我和我大女儿淑芹，每人拉一辆小车到石家庄拉石炭——白炭。

问：现在这房是什么时候翻盖的？

答：1952年。

问：墙是土坯的吗？

答：内墙都是土坯的。

问：这算村里的老房了吧？没看出这是老房。

答：对。

【养老生活】

问：现在你孩子们给你钱吗？

答：我不向他们要钱。我种着五亩地，一斤粮食好几毛钱，一年也挣2000～3000元。孩子们给我，我没要。去年我二闺女给她妈妈烧纸没有来，女婿来了，要给我600元钱，我没要。我一个人吃的花的都有。

问：你种的五亩地每年可收入2000元？

答：是。除这以外，我还外出打工，挣1000来元。

问：你干什么呀？

答：这离栾城近，包点活，如挖沟等。孩子们不让我干。

问：干什么？

答：栾城水塔和无极盖商场我都去过，一天挣20多元。我当壮工，我身体好，从栾城拉电线杆，一根1000斤，他们两个人抬一根，我一个人就拉回来了。

问：给多少钱？

答：我拉了一次一根，大队给了五元钱。拉的多了可挣20元。

问：是你找他们还是他们找你？

答：有时候我找他们，也有他们找我的时候。我一年挣2000～3000元，够用。

问：喝点酒什么的吧？

答：喝酒有条件，我儿媳妇在栾城酒厂，

大儿媳妇。

问：做饭自己做吗？

答：自己做。孩子的妈死后我学会做家常饭了。

问：过年小孩们都回来了吗？

答：都回来，大儿子离的近，在家住一天。

问：雪芹呢？

答：她在石家庄家里有孩子，今年没有回来，过去每年都回来。我生日他们也回来。孩子们不让我种地了，让我跟着他们过，我谁也不跟着。

问：到石家庄住过吗？

答：住过。住的时间不长，去年正月十一去过。我有疝气，雪芹让我做了手术。她是妇产科医院，单独给我腾了一间房，妇产科出了个男病号。那次住的时间长。住了半个月。在医院住了四五天，其他日子在女儿家里住。

问：在县城的书军家住过吗？

答：没住过。经常去，儿子是亲的，有儿媳。我这人耿直，不愿跟他们住，像女儿是亲的，女婿不是啊，我考虑这个事。

问：大女儿那里去过吗？

答：去过，没住过，离这儿只有四五里地。

问：孩子们过年回来住的时间长吗？

答：不长，住两天。

问：本村像你这样的人多吗？

答：有。我们经常在一起，看电视，在一起聊聊天。

问：你这电视？

答：10 元钱。在沈阳上学的儿子的，谁也不要，我给了他 10 元钱。

问：村里有没有给老人服务的组织？

答：没有。

问：老太太喜欢打麻将，你们呢？

答：我现在不打。1962 年还有我老伴，家里有 100 元，我要钱，输啦，我老伴对我有意见，还了好几年才还完，从此我决心再也不要钱啦。

问：现在老人们有玩的吗？

答：有打麻将的，为开心。我也不学那个啦。

【庙会】

问：你去赶庙会吗？

答：去。我喜欢看古装戏，看电视剧。

问：到另外的村去看吗？

答：十里二十里之内的地方有戏，我骑着自行车去看，看老戏。

问：你怎么知道外村演戏？

答：我喜欢赶集，听别人说的，好看戏爱打听。我们村 8 月 25 日唱戏，周围村的人早就知道了，有亲戚朋友也告诉。

【赶集】

问：你经常赶集吗？

答：经常去，孩子们不来，我一个人没事就去赶集，看热闹，解闷。

问：怎么去？

答：骑车。

问：买东西吗？

答：有买的时候，也有不买的时候，在集上转悠。

问：集上有茶馆吗？

答：没有。我不好喝茶。

问：吃顿饭吗？

答：不吃饭，离着近，一会儿就回来了。

问：你的亲友本村多吗？

答：都不多了。部队有个朋友在栾城县工作，来往不多。亲戚也不多，老伴死了，也没有来往了。

【民兵】

问：解放初期你参加过民兵吗？

答：没有，国民党要兵我参军了，没在村里当民兵。以后在村里当过一年民兵连长。

问：多大岁数就不是民兵啦？

答：没有规定。20多岁的青年都是民兵，30岁左右的人也是民兵。

问：民兵有活动吗？

答：县乡有时召集开会。

问：有训练吗？

答：冬天农闲时训练。练习步伐，射击的时候不多。

问：村里有枪吗？

答：我干的时候村里有三支枪，每只枪给一排子弹。有的四五枚子弹。

问：枪放在自己家吗？

答：个人保存。

问：像你这样一家出三个大学生的多吗？

答：有。张文秀家也出了三个大学生。

【困难时期生活】

问：困难时期这村特别困难吗？

答：普遍都是这样。

问：一个人吃多少白面？

答：困难时期吃不到白面。过年一个人给一两斤麦子。其他时间吃粗粮和红薯、北瓜和南瓜。小麦和谷子皮跟玉米面混合在一起做主食。

问：穿的衣服？

答：自己纺织的土布衣服。我老伴纺织的布，做成衣服。现在我家还有织布机呢，在我三弟弟家。穿的是布鞋。

问：从什么时候不穿布鞋了？

答：小孩们有工作之后，我老伴也死了，就买鞋穿，衣服也好了，不像过去的补丁衣服。

问：分地那时候还穿布鞋吗？

答：1982年以后就不穿了。

问：布鞋好还是现在的鞋好？

答：布鞋舒服。

问：困难时期死了多少人？

答：估计几十个人。两三年之内死了四五十人。身体不好的吃的也不行就死啦。我的大儿子就是那时死的。

【刘氏家族】

问：你们刘家人多吗？

答：多。

问：都是一个族的吗？

答：我这一辈刘家有40人。比我大的刘喜毛今年70岁，比我大几岁。刘喜毛与我是亲叔伯兄弟，我大伯的儿子，是刘文生的亲哥哥。

问：你上一辈的人还有吗？

答：远门的还有，亲的没有了，不属于我们一支。

问："支"怎么分？

答：出五服就算另一支了。按出五服分吧。连出五服的我们这一辈人共40人，不出服的没有那么多。

问：这40个人分几支？

连生、文生这是一支，喜毛他们又是一支，还有吗？

答：我和喜毛是一个爷爷。

问：你爷爷那辈几个兄弟？

答：4个。我爷爷，文生的爷爷，福生的爷爷，另外还有一个爷爷。

问：你父亲兄弟几个？

答：两个，我大伯和我爹。

问：你们有家谱吗？

答：没有。我有一个这个，给你们拿来看看。

徐玉身　村长（42岁）

时　　间：1995年2月22日下午

访 问 者：顾　琳　张利民

访问场所：徐玉身家

【农业生产和管理】

问：请你介绍一下大队的生产管理情况，尤其是分田到户以后的生产和人口是怎么管理的？

答：地都分到户里了，只管统一耕地。

问：是怎么统一的？

答：大队有拖拉机，统一耕。机器是大队的固定资产。

问：耕地时是大队组织还是你组织？

答：大队统一安排，共9个组。分为一号、二号、三号……抓阄，今天一号耕，明天二号耕，挨着耕，以小组为单位抓阄。

问：一个小组耕几天？

答：不一样，地有多少之分，一个小时耕四五亩地。

问：一个小组的地一个星期能耕完吗？

答：差不多，一周耕200多亩。这是一般情况，如果机器出了故障就不好说了。

问：耕地的时候小组的人在吗？

答：小组长跟着。

问：播种也统一吗？

答：不是。个人有播种机的就不用统一播了，个人播。

问：个人播种是人工吗？

答：不是，是小型播种机。

问：种什么有统一要求吗？

答：有要求，不种也行。棉花有统一要求，一人一分棉花地，县里规定的。乡里落实到村。

问：不种也可以吗？

答：不种也可以，但必须交棉花钱代替。

问：要付多少钱？

答：每人付四斤二两，每斤8元。也是一分地的应交数。

问：一分地的产量能超过四斤二两吗？

答：能超过。

问：这种情况的多吗？

答：一般都付钱。因为种棉费工，少了管理不好，产量低，虫害严重。

问：浇水管吗？农业除了统一耕种外大队还管什么？

答：不管。

问：浇水用电管吗？

答：不管。

问：电线拉到机井边啦？

答：对。你这个地应浇了，他那块地不该浇，不统一。

问：是依井划分小组？

答：对。

问：有因为浇水闹意见的吗？

答：没有。水是地下水。一般以井为单位轮流浇地。

【承包土地】

问：哪年承包土地的？1978年吗？

答：1982年。

问：小孩也分地吗？

答：小孩也包括在内，有户口的。

问：以后生的就不给了？

答：不给。规定土地20年不变，添不给，去不减。

问：别的村有变的吗？

答：有。

问：变不变是村里决定的？

答：是。

问：20年不变是怎么定的？

答：那时候我还没干，我知道这事，村里找代表商量的。

【计划生育】

问：计划生育如何管理？

答：第一胎是女孩的，过6年可以再生一胎，如果第二胎还是女孩，就不能再生了。

问：第二胎生了个男孩，还想生吗？

答：有一种情况可以再生。如兄弟两个，哥哥没有孩子，弟弟已有一男一女，可以再生一个过继给哥哥，作为哥哥的养子。不过，这种情况很少。

问：是真过继吗？

答：真的，不然不行。

问：一般家里都是两个孩子吧？

答：是。

问：如果生了两个男孩，还想生女孩吗？

答：我就是两个男孩，我不想再生女孩。两个女孩也不能再生啦，不允许生，国家有规定，可以招女婿。

问：从外姓招来的女婿姓谁的姓？

答：这不一样。有的来了他不姓外姓，还姓自己的姓，下一代要随母亲姓；有的来了就姓女方的姓。

问：不按计划生的你们罚多少钱？

答：不按计划生的很少。

问：罚款不是大队要吧？

答：乡里要。

问：超计划生的，乡里找他要钱？

答：对。大队不管，不要钱。

问：也不是你们的收入？

答：对。

问：市里有的厂多生一个，从厂长、医生和本人都要受处罚，这里是不是这样？

答：这与市里不同，市里能卡住，农村难卡。工厂里有几个头管着，多生不了。

【户籍管理】

问：怎么上户口？

答：大队出证明，到乡派出所上户口。

问：户口卡在大队？

答：大队一份，乡派出所一份，两份。

问：什么时候上户口，有规定吗？

答：没有，土地20年不变，户口关系不大。

问：没有户口可以上学吗？

答：不行。上学前要上户口。

问：上学时学校看户口吗？

答：大队开证明信。

问：没有户口也能上学吗？

答：有。很少。

问：是因为计划外生的吗？

答：是。

问：有10个吗？

答：没有。

问：没户口怎么办？

答：乡里批准了再上户口。很少，村里只有一两个。

问：从大队来讲还是想办法给他们上户口吧？

答：对。还得让孩子上学。

问：得接受罚款吧？

答：对。

问：有落实的吗？

答：很少，几乎没有。

问：本村人在外地生了孩子回来怎么办？

答：不会出现这种情况，南方或边远的地方有，咱们这里不会出现这种情况。这村的人们也体会到国家计划生育的好处。如果多要一个男孩，结婚得花两三万元，还得盖房。男孩是负担。

问：男孩子得让他上学。上学后结婚花一大笔钱，婚后又跟你分家另过。城里也这样？

答：城里把孩子养大也不容易，比农村更困难。

问：大队每年的工作：一是生产，二是计划生育，三是房基地。调解也是你们管吗？

答：是。

【调解纠纷】

问：为什么吵架？

答：主要是婆媳不合，别的不吵架，谁种谁的地，没有吵架的。

问：邻里之间吵架的多吗？

答：不多。

问：婆媳关系没法解决的是不是分家？给房基地吗？

答：有。分家的有，不给房基地。

问：分家需要立字据吗？

答：需要。

问：大队干部出面吗？

答：不用，他们自己解决。由他们族的长辈主持办。村的干部与他们没有血缘关系，而长辈就不同了，这辈是他们的长辈，下一辈还是他们的长辈。

问：吵架的时候是你调解得多，还是书记、妇女主任调解得多？

答：一般情况下，我和书记都去，妇女主任不管。

问：婆媳的事，妇女主任为什么不管？

答：一村之长去，书记去解决，一般农村都是这样。

问：谁叫你们去？

答：吵架的人来叫。不找就不管了，找来必须去。

问：一般说通理就能解决吗？

答：能解决。解决不了的就分家吧！

问：在一个院里住中间垒墙吗？

答：有个别的垒墙，不多。

【外来者】

问：村里有离婚的吗？

答：有极少的人离婚，不多。

问：谁离婚了？

答：有一个外地的，倒插门，男的离婚后走啦，女的还在村里，两人还没有孩子。刚结婚两年。

问：男的户口也带走啦？

答：带回老家了，他是山东的。

问：他是怎么来的？

答：通过亲戚关系。

问：还年轻吗？

答：二十七八岁。

问：山东那儿也不错，怎么来到这里啦？

答：那就不清楚了。

问：村里怎么调解的？

答：我们没有调解，因为没有孩子，也没有财产。双方同意离，到乡里办完手续就行了。人家没有找我们调解。双方同意离婚不用调解，如果有一方不同意离婚就需要调解了。就这一户离婚的。

问：内蒙古、围场来的人有地吗？

答：有。到这边来得找一个依靠，比方说这里只有一个老婆或只有一个老头，没有子女，他就落户在这里啦。

问：他为什么落户在这儿？是因为这比他家富吗？

答：大概是。

问：也干能活？在本村打工吗？

答：干。在本村打工，打麦子。

问：像这样的人，来多长时间就算本村人呀？

答：来后就算。来的时候把户口带来啦。

问：这一家迁到这里后改姓了吗？

答：改啦。就算咱村人，因为他有户口。

问：村里几户这样的？

答：就这一户。原来有一户已走了。

问：山东那个也这样吗？

答：山东那个是倒插门来的，与这情况

不同。

问：山东那个不是同女的一起来的吗？

答：不是。女方是本村人，男的是招来的女婿，嫁给女方了。

问：这样的女的再婚困难吗？找对象好找吗？

答：不好找，一般离婚不能怨一个人，名誉不好了，找对象就困难了。

【未婚者】

问：老姑娘有吗？

答：有。有一个 50 多岁没结过婚。

问：为什么没结婚？

答：不知道。

问：她母亲还在？

答：没有母亲，还有一个弟弟，没有别人了。弟弟也没结婚。像这样的情况稀少。

问：她家特别穷吗？

答：不是因为穷，再穷的姑娘也能嫁出去。她弟弟为什么不结婚也不清楚。

问：他俩住在一起？

答：对。

问：姓什么？

答：郝。

问：她的长辈不说他们吗？

答：说也没有用，给她说婆家的多了。有的快成啦她又不同意了，反复来反复去人们就不管她了。她弟弟也同样。

问：村长和书记常常做媒吗？

答：不。没有时间。

问：村里人结婚，村长和书记都去参加吗？

答：有的去，有的不去，多数去。

问：白事去吗？

答：白事不去，白事都是一家人办。谁家老了人，一般在晚上书记村长到家里坐坐，看有什么困难，办事的那天就不去了。

问：村长和书记一块去吗？

答：一块去。

【盖新房】

问：这里盖房子的时候有什么庆贺？在日本盖房，第一天把架子搭起来邻居们来吃饭，这里有吗？

答：这里没有。

问：上梁放鞭放炮吃饭吗？

答：这里上梁时也放鞭炮，不吃饭。

问：日本房子上梁后，家里人拿年糕从上边扔下来，人们就拿这个吃。

答：这里没有。这里梁上放张条，写着："姜太公在此，诸神退位"，"上梁大吉"。这张条贴在那里。

问：用红纸吗？

答：是，写在红纸上。

问：除上边说的事还有难办的事吗？

答：没有啦。

【村中的团结】

问：在我们访问的村中，这个村最大，是不是不好团结？

答：这村团结还可以。

问：是通过小组还是通过什么形式团结的？

答：村里有 5 个干部，基本上一个人一个点，就是原来 5 个队，一个队一个人。为了方便工作。

问：现在没有队了，还有队的感情吗？

答：有。

问：比族的感情深吗？

答：比族的感情深。现在人们还说自己原来是几队的，不说是几组的。

问：现在的小组没有感情吗？

答：现在的小组都是自愿结合的，没有感情就不参加这个小组了。

问：他们的耕地在一起，住的地方不在一起？

答：对。

问：来往多吗？

答：不太多。小队时住在一起，劳动在一起，感情深，现在没有，小组共用农具。

问：浇地在一起吗？

答：不一起，你浇地，我在家。你浇完了我再浇。

问：如果家里没人，能找别人替浇吗？

答：可以。

【宗族】

问：一个姓里都有族长吗？

答：有长辈。

问：他们管什么？起什么作用？

答：家里有人吵架，有红白喜事，他出面安排调解。

问：小家里吵架先找长辈吧？

答：是，长辈解决不了就找村干部，村干部还解决不了就找上边了。

问：有没有吵架打官司的？

答：没有。

问：一个家族里有共同的财产吗？

答：没有。

问：坟地在一起吗？

答：有的在一起，有的不在一起。

问：一族的人过年拜年吗？

答：都得拜。

问：在一起吃饭吗？

答：不吃。

问：同姓本家的人都知道自己排的辈分吗？

答：一般人都知道，如我，拜年时先到我叔叔辈家，我就告诉我的孩子，他们是他爷爷。这样孩子们就知道了。太远的就不知道了。

问：姓郝的与姓徐的不是同辈人有结婚的吗？

答：没有，都是同辈人结婚。

问：本村有不同姓的人结婚的吗？

答：没有。基本上都与外村人结婚。

问：不同姓的人与同姓的人称呼一样吗？如称叔叔、爷爷等。

答：与同姓人一样的按辈分称呼。

问：名字前称姓吗？

答：不称姓，直叫叔叔、爷爷。有的带名叫，如二丑叔、大山爷。

问：同姓的人称呼时带名吗？

答：不带，直接称大叔、二叔。

问：辈与年龄不一样吗？

答：不一样。

问：那怎么称呼？

答：该怎么称呼怎么称呼，岁数小的可能辈分大，也得称呼人家。

【生活水平、劳动力】

问：这个村人们生活水平提高的速度变化缓慢，看不出阶段性来。你们村外出打工的壮劳力收入多吗？

答：不少。壮劳力一般都在外边干事，再有农业产量较高。除了农业以外，有在家搞养殖业，有在外打工的。这是挣钱的主要来源。

问：这部分收入占多少？如全家一年收入 5000 元，能占 3000 吗？

答：差不多。

问：4000 呢？

答：达不到 4000 元。

问：五六亩地收入 2000 元左右？

答：是。

问：下地干活的多半是女的？

答：对。农忙时男的也都回来了。

问：是做买卖的？

答：做买卖的有，不多。有卖布匹的和小百货的。

问：这村过去的整劳力有多少？

答：生产队的时候闹不清。

问：现在人口中16~59岁的人多吗？

答：多。

问：现在比八十年代的年轻人多吗？

答：多。

问：年轻人在工厂上班的多吗？

答：有正式工人，也有打工的。

问：有多少合同工？临时工？

答：上百人吧。合同工和临时工是指在厂里上班的人，不包括经商的和个人工厂里的人。去年90人，今年可能更多了，没有详细统计。

问：你们帮助找工作吗？

答：不管，靠自己的亲朋好友找工作。过去到外边找工作大队开介绍信，现在不用了。

问：高中毕业结婚后，大部分都去当临时工人吗？

答：不一样，家里人口多的到外边找点事做，也有找不到的在家里搞副业。

问：刘连生的最小的女儿的户口在村里吗？

答：在村里。她算临时工。

问：像她这样的多吗？

答：不少。石家庄国棉厂在这里招工不少，有十几个人。

问：从户口上能看出到外地工作的有多少人吗？

答：看不出来。临时工、合同工的户口还在农村。因为他们的工作不固定，详细数字我们不知道。

【村民副业】

问：干小买卖的有多少人？

答：卖菜的，卖菜籽的，卖布的等，多啦。

问：建筑上有多少人？1989年30多人。

答：以前有三个建筑队，一个建筑队十几个人，大约四五十人。还有不在建筑队的呢。大约有100人。

问：运输业呢？

答：不多。搞正常运输的不多，今天搞明天不搞的人多，凡有小拖拉机的都搞。村里有几个拖拉机几辆汽车，大约有50人搞运输。

问：养殖业呢？

答：有专业户，规模不大。养鸡的有十几户。

问：一家有多少只鸡？

答：鸡现在还小呢。

问：肉鸡还是蛋鸡？

答：蛋鸡。

问：养多少？

答：最少的300只，最多的有1000多只。

问：家里忙得过来吗？

答：忙过来，是专门干这个的，专业户。

问：鸡蛋运输怎么办？

答：有专人运，他们也送，大多数是收购人来取。

问：蘑菇算养殖吗？

答：是种植。

问：有十来户吗？

答：有。

问：养猪多少？

答：有多有少。有养猪专业户，有养十多头的、几十头的，普遍养两三头，三四头。

问：养殖户最多的能养多少头猪？

答：100多头。赵锁元养的最多。

问：在哪里养？

答：在村北的承包地里。

问：收入多吗？

答：物价不稳定，自己配的饲料。

问：他年纪大吗？

答：不大。40 多岁。

问：像他这样的户算不错的吧？

答：不错，上中等水平。

问：最富的是干什么的？

答：经商。

问：经营煤厂的富吗？

答：也不错。

【劳力和人口构成】

问：全村整劳力 700 人，真正干农活的有 200 人吗？

答：农闲的时候地里不需要人，农忙时就都回来了。

问：农忙的时间一年有两次吧？一次需要几周？

答：两次，麦收，秋收。一次需要两三个星期。收小麦的时间短，秋季连收和种时间长。

问：700 个劳力，估计有 200 人干农活吧？

答：对。

问：这多半是女的吗？

答：对。

问：女的壮劳力比男的多吗？

答：差不多。

问：老人中女的比男的多吗？

答：不一定。

问：老人多还是小孩多？

答：小孩多。60 岁以上的老人和 18 岁以下的小孩相比，小孩还是多，差不太多。

问：村里岁数最大的多少岁？

答：94 岁。

问：脑子还行吗？

答：不算太清楚。

问：叫什么？

答：不知道。刘淑秀的奶奶。还有一个岁数大的也 90 多岁了，是六儿的奶奶。

问：90 岁以上的老太太脑子还清楚吗？

答：不太清楚。

问：80 多岁的多吗？

答：有几个。赵美玉的爸 80 多岁了。戛子他爷也 80 多了。还有一个壮的，也 80 多了。

【土地和人口】

问：你们不是 5 个小队吗？

答：开始 7 个，后来 5 个队，分田以后是 9 个小队。

问：这是分地以后分为 9 个小队吧？

答：对。承包地到分田到户之间，由 5 个队分成 9 个组。9 个组又分成 23 个组。合作化时村里还分过 3 个小队。没有多少天就分成 5 个啦，后来又分成 7 个。

问：分地的时候是不是 2079 亩地都分啦？

答：全部分了。

问：这上边写着 1900 亩。还有 100 亩没分。

答：2079 亩包括村落。现在已没有 2079 啦。原来的耕地面积是 2079 亩，因盖房占用已不够啦。分地是按 1900 亩分的。现在咱们站的这地方原来（这里都是耕地）。

问：现在有 350 户吗？

答：有，现在 352 户。到今年户更多了。明年我的三个小子分了家，一户变为四户了。

问：分家后立户口本吗？

答：立户口。这表上 305 户（1989 年）。

问：有多少人呀？

答：1289 人。多少年的统计都是一户 4 口人，平均一户 4 口人。

问：现在的人均数是估的吧？

答：对。

问：哪里还有年报表？

答：球子那里找不到就没啦，这村的会计经常换，细致的人可能保留，不细致的人3年就没啦，认为没用了。

郝小六（44岁）

时　　间：1995年2月23日下午

访 问 者：顾　琳　张利民

翻　　译：王　键

访问场所：郝小六家

【改革、土地分配】

问：这次我们想了解你当大队长时的情况。你当大队长是1981年吗？

答：是。

问：是你当兵回来之后吗？

答：不是。当兵回来后我在建筑队。

问：分土地的时候你在村吗？

答：在。

问：分地时是怎么个情况？

答：分土地时我在小队当生产队长，一队队长。

问：你们小队有多少户？

答：61户。

问：整劳力一年工分是多少？

答：一天10分，一个整劳力一年挣3000~4000多分。有时候加工，晚上加班，可以挣12分，如起肥，浇水另加分，所以一年可挣4000多分。

问：一个整劳力一天挣多少钱？

答：一天0.7元。这是最好的时候。

问：哪年最好？

答：1981年和1982年，那年棉花大丰收，队里还种了西瓜。还没有分地，是大包干儿。当时还有"大队"。

问：承包与分地不一样吧？

答：不一样。

问：什么时候承包的？

答：1981~1983年，1984年分的地。1984年分地按人口分，一下分到户里。1983年还是生产队承包，不是户里承包。如我们家有4个劳力，就要4个人的地，不是按人头分。包干儿与分到人形式不一样。

问：你当小队长时还是集体的，不是大包干儿？

答：开始还没有大包干儿。

问：你在大包干儿之前当了几年队长？

答：我当队长时就是大包干儿啦。

问：你说最好的时候是在大包干儿之前？

答：大包干儿期间。大包干儿期间收的粮食是集体的，不让弄到户里。

问：大包干儿什么时候开始的？

答：从1981~1983年，共3年。1984年分田到户以后，我去的大队。

问：开始是自己干的还是上级要求？

答：上级有精神。大包干儿就是你包这点地，收多少粮食，给你记多少分。

问：以大队核算还是以小队核算？

答：都是以小队为核算单位。公社的时候也是由小队为核算单位。

问：跟公社制有什么区别？

答：一样。

问：地重新划了吗？

答：没有。

问：一队劳力多吧？

答：一个人一亩半地。

问：大包干儿不是按整劳力分地吗？

答：不是分，是承包。如家里有4个劳力，要4个人的地。小队上的地永远是小队的，不管小队的人多少，都是这样。

问：是责任制吗？

答：个人的责任制。收获之后都抓到家里，按承包的数量交给队里，留下的是自己的。

问：大包干儿前后一队的地有变化吗？

答：基本上没有变化。我在小队当了3年队长，没什么变化。

问：大包干儿前是多少地？

答：437亩。大包干儿后也没变化，还是这点地。90多个整劳力。把地平均之后，谁家要承包多少就给多少。

问：各家都有劳力吗？

答：有。没有整劳力的，有半劳力的，3个人可以干4个人的活就要4个人的地，原则是谁家要几个人的地就给几个人的。地还是一队的那些地。

问：是小队决定还是大队决定？

答：小队长决定。

问：有国家种植计划吗？国家管吗？

答：管。一队种了87亩棉花。乡里通知必须得种，那年棉花丰收，我得了一台播种机。

问：小队把责任分到各户吗？

答：是，分到各户。

问：棉花是小队统一种还是各户种？

答：一块地。

问：地不是各户的吗？

答：是各户的，这块地不让种别的庄稼，只能种棉花，统一播种。

问：玉米小麦也是这样吗？

答：种是集体种，管理分到各户，如浇水、施肥、摘棉花都是由户里管。种好的棉田一小块一小块的分到各户了。麦子和玉米也是这样。

问：统一浇水吗？

答：统一浇，从头开始，一户一户的浇。

问：那时小队的劳力多半是投入农业吗？

答：主要是农业。

问：各户管棉田的水平一样吗？

答：不一样，有好坏的区别。

问：队长都做什么？

答：请技术员讲技术、开会，生产队有时买药分到各户。农药当时是上级分配的。公社分到村，村分到小队，小队再分到各户，各户不够用时，自己买高价农药。有平价和高价的药。

问：分农药怎么分法？

答：上边也分下来，村里也分下去。

问：有没有把一部分放到一边不分的？

答：有。

问：地各户轮流着换吗？

答：不换。3年没有换。

问：那时的生产比集体时怎么样？

答：大包干儿后生产积极性很高，追肥施肥都多。

问：人均口粮怎样？

答：大包干儿时不分口粮，庄稼都收到自己家里了，除上交国家的以外，余下的都归自己。生产队集体生产时，上边有统一规定，平分，人均360斤，到队以后就不按人口分啦，按劳三分配，即按人口分七成，三成按工分。大包干儿时都收归自己，所以劳动劲头很大。

问：亩产多啦？

答：比生产队时亩产多多啦，原来小队时亩产500多斤，大包干儿后600~700斤了。最高的达到800多斤，平均700斤，比生产队多200斤产量。积极性高多了。浇水施肥，用农药管理都好多了，关键是责任心强多啦，多打粮食归自己的缘故。

问：大包干儿非常成功？

答：非常成功！

【分地到户】

问：那为什么又把地分到户里啦？

答：按人口承包土地，开始人们不愿意，愿意大包干儿，可上边有精神，外边也都分了。所以我们也就分啦。1984 年八月分的地，种麦子之前分的。

问：玉米收了吗？

答：玉米还没收的时候就分啦，收完玉米，地就归个人了。

问：上边派工作队来吗？

答：没有，我们自己分的。

问：那时候你还有小队？

答：我就在小队，一队 430 亩地都是我分下去的。我们队有 6 块地，调成 3 个组，户里抓阄，抓到哪块算哪块。

问：大队不管？

答：不管，都是各小队自己分的。

问：一队的地还是原来一队的人种吗？

答：是，现在的地还是一队的地界。

问：各队地的多少有区别吗？

答：有区别，5 队地少。一队一人一亩半地，5 队人均一亩三分地。哪个队的地永远是哪个队的，不变化。

问：分成几个小组吗？

答：3 个。

问：是怎么分的？

答：分地很复杂，那点地我分了十几天。先把地划成小块。我们队的地有六眼机井，六块地，离家两块近的，两块远的，不远不近的就两块。一近一远算一个组，这个近的这个远的又一个组，不远不近的算一个组，共 3 个组。

问：分成小块吗？

答：组的亩数除以人口数，就是每户的地数。

问：组是你定的吗？

答：不是。全队 60 多户，270 多人，一户拿一阄，我按户做了 60 多个阄。先分组，按组再分地。抓两次阄。每户先知道他在哪个组，后又知道他在哪个组的哪一块地，两步走。

问：是每个人都抓阄吗？

答：不是，以户为单位。每个组都是两块地。一、二组的两块地离得远，三组也是两块，但中间只隔着一条道。

问：每户怎么分的地？

答：这块地是平均分的。我们组 92 人，把这块地划分为 92 小块。如我家五个人，1～5 块地就是我的了。另一户三个人，这 1～3 块是这户的。这样类推。

问：顺着垅分吗？

答：是。分成等份以后，咱们三户再抓阄。我抓一号，你抓二号，他抓三号。先分我的。再分他的。最后是你的。

问：这是按户分的，如有 20 户，有 20 个条，我有 6 口人？

答：6 块地。

问：能自己挑地吗？

答：不行。你抓到哪里就要哪里。

问：这地多少年不变？

答：20 年不变。1984 年到现在没变。规定到 2000 年不变，像我家添了两口人没添地。

问：你家生了两个小孩？

答：生了一个。老大有，老二没有赶上分地。

【结婚】

问：你什么时候结婚的？

答：我今年 41 岁，属羊的。我儿子虚岁 17 岁，也是属羊的。我 24 虚岁结婚的。1977 年复员当年结的婚。

问：你爱人叫什么？

答：赵秋芹。

问：她是哪村人？

答：东台村人。

问：谁大？

答：一样大。

问：你怎么认识她？

答：我的一个亲戚介绍的。

问：东台村是哪个乡的？

答：聂家庄乡。离这里六里地。

问：你当兵时给你介绍的？

答：是。

问：你回家看了吗？

答：没看过。他们介绍的。介绍后中间也没有回来过。

问：看过照片吗？

答：没有，只介绍还没有定。我回来以后才定的。定完见一次就结婚了，家里老人们做主，又是亲戚介绍的，人也差不多，就定了，与现在不同，现在人开放。

问：那时村里人都是这样吗？

答：都是这样，亲戚介绍，两边的情况都知道。

问：当时结婚的形式怎样？

答：与现在差不多。比现在稍差一点，形式差不多。我坐马车去接她。

问：有自行车吗？

答：有。女的坐马车，男的骑自行车。现在只是交通工具不同，形式都一样。

问：办了几桌酒席？

答：她们家那边来了 20 多人，办了 3 桌。我这边本家不用。

问：本家送礼吗？

答：送。当时送礼很简单，送一床十几元钱的被面。

【分家、子女】

问：你与你父母住在一起吗？

答：住在一起，还有个弟弟，我是老大。现在我与我父亲还住在一起。

问：你与你弟弟分家了吗？

答：我结婚三年后我弟弟才结婚，他婚后又在一起住了两年才分家。

问：有分家单吗？

答：我们没有。老人们给分的。

问：谁给谁钱啦？

答：我弟兄两个比较和睦，他要的新房，我住老房，我们只把粮食平分了。不和睦的家庭立分单。我在大队时，有很多家庭分家立分单。

问：立分单你管吗？

答：我管。

问：你大儿子哪年生的？

答：1978 年八月（阴历）。

问：叫什么名字？

答：科峰。男孩。

问：他上学吗？

答：初中二年级。

问：老二呢？

答：老二叫郝科伟。女孩。今年 11 岁，上三年级。

问：你想让他们上到什么时候？

答：能上到什么学校就上到什么学校。他们学习不太好，初中毕业可能考不上，他能考上就上。

问：小孩们干农活吗？

答：不干。

问：在家住？

答：对。

问：他们有时间干农活吗？

答：有，不干。

问：你写分单是当小队长的时候吗？

答：在大队的时候。

【生产大队长】

问：你什么时候当大队长的？

答：1984 年分了土地以后上来的。

问：你升为大队长是因为你能干吧？

答：也不是，我当小队长的时候就有让当大队长的意思，我不愿干，乡里找我好几次。

问：孟祥是老书记？

答：孟祥比他（赫同顺）还老，60 年代就不干了。

问：一般说老书记就是指同顺？

答：实际上孟祥当书记的时间长，孟祥与他搭了几年伙计。同顺不干了，我顶替同顺，又与孟祥搭伙计。

问：当大队长还就他（孟祥）时间最长？

答：对。

问：你当了 11 年。

答：在大队干了 11 年在小队干了 3 年。今年还让我（干），我不干了。

【生产组织构成】

问：你当大队长 11 年，这 11 年的变化怎样？

答：刚承包到户的时候，耕、种、收等还是小队长们管，大队配合。

问：那时有小队吗？

答：有。承包到户以后就没有小队了，有组，也召集组长们开会。如种麦时耕地找组长们开会。大队里有拖拉机，先给谁耕，后给谁耕，抓纸条。

问：集体生产的时候也有拿条的事吗？

答：有。生产小队也到大队里去抓条，谁先耕谁后耕，按条安排。

问：9 个小组是什么？是 9 个队吗？

答：是 9 个队。原来有 5 个队，后来两个队又分成 3 个队。

问：我了解是原来有 5 个队，后把二、七队合并了，变成 5 个队。包产到户的时候是 5 个队，怎么又有 9 个队？

答：队与组实际上一样。5 个队，又把两队分成 3 个队。

问：那是什么时候？

答：记不清了。大包干儿以前。

问：是因为有问题吗？

答：主要因为生产队不团结，搞家族势力，把他们分开了。分队之后还是原来那么多地。

问：由 7 个队变成 5 个队，名称也换了吗？

答：换啦，变成一、二、三、四、五队啦。

问：二队后来又分了吗？

答：分啦，分成二、六、七；把五队分成五、八、九。

问：二队归到一队啦？

答：是。

问：二队又分成六、七队是什么原因？与原合队有关吗？

答：没有。分队以后这些人成为一个队，另一些人又成为一个队。地还是原来的，没有变化，叫法不同而已。

问：二、七队合并时，原来的土地怎么办？

答：人分到哪个队，地也带到哪个队。如到一队去了 50 人，就把 50 人的地带过去了。到五队去了 10 人，就把 10 人的地带到去了。二队不存在了。

问：分成 9 个队时你在大队还是在小队？包产到户了吗？

答：还没有包产到户。我原在小队干，习惯上称二、六、七队，共 9 个队。

问：大包干儿的时候就分 9 个队啦？

答：是。

问：9 个队有多久？

答：记不清了。分田到户就没有队啦。

问：大包干儿的时候是 9 个队？

答：对。

问：大包干儿之前也是 9 个队吗？

答：闹不清。

问：一队没有变化吗？为什么？

答：没有。一队搞的较好，比较团结。

问：本村有团结好的，也有不好的，什么原因？

答：有的管理不好，队长素质不高，有的家族势力，不团结。这样队里生产不好，收入不高。

问：谁决定的？

答：大队决定。

问：你们第一队都姓郝吗？

答：都姓郝，没有外姓。

问：团结好与这有关系吗？

答：没有关系。

问：与辈分有关系吗？像分组的时候？

答：没有关系。

【队的团结与人际关系】

问：家里有了矛盾先找谁？

答：找大队。一般小事先找本家人解决，解决不了就找大队调解。小队不管。

问：小队为什么不管？是因为关系密切吗？

答：不是因为关系密切。是因为他们没有能力，另外也没有权力。

问：你们原来一队的人的关系比与外队人的关系好吗？

答：一队人的关系好点，其他都差不多。

问：比如说一队有的人孩子结婚，一队的人参加的多吧？

答：一队的多。我们是一家子的多。一个家族在一队的多，二队也有。家里有事先找家族，再找一队的人。

问：谁家办事除本家人帮忙外，一队的其他人呢？

答：叫他们也来。也形成习惯了，我家有事你帮忙，你家有事我帮忙，互相帮忙，找一队的人多。

问：办红白事的礼单有吗？

答：没有。

问：谁家送礼登记吗？

答：记。都是自己记，将来还人家，别人有事时也送礼。

问：这是什么时候的？（指礼单）

答：前年的，1993 年 12 月的。这是管事的人记的，这是自己抄的，共 116 家送的礼。

问：办白事都是送白布吗？

答：亲戚们也有送别的东西的。有帐子、食物、鞭炮、白布都记在这上面，将来好还给人家。看这上边还记着别人送的四碗熟菜。这就是礼单。

问：这些人与你们是什么关系？

答：郝姓的都是乡亲，外姓的有朋友和亲戚。等别人有事的时候还给人家，这是村里的习惯。

【统计账簿】

问：你有大队的年底报表吗？

答：会计那儿有，我没有。

问：这表上记着这年增加了 124 人，这是人口普查时搞的。怎么一年增加这么多人？

答：这数我不记得。这些人不是一年增加的。这就涉及计划生育了，原来超生的不给上户口，罚款，后来政策放宽了，就都上户口啦。这是 1993 年的。

问：农村交售粮食登记本，每户都一本吗？

答：每户一本。

问：每年都发吗？

答：每年都发。

问：今年发了吗？

答：今年粮食改革了，不发这个啦。今年一个人 100 斤麦子就完了。

问：这表上 1992 年和 1993 年的数没变？

答：这是应付上边的。这户数不太好掌握，如我与我父亲分家成两户了，后来又合在一起成一户了。

问：耕地面积是怎么填的？

答：这是包括村庄路等公用占地，不是纯耕地面积。

【计划生育、亩产计算】

问：（念表格内数字）计生是什么？

答：这都是计划生育，组里填的，不准确。

问：这是人口普查时放宽政策的吧？

答：是吧。

问：无户口人数是超计划生育的人口吗？

答：新婚妇女的户口还在娘家，没有迁来的，也有计划外生育没有报户口的。计划内也有不报户口的，有人认为报户口没用，没好处。有的报了，超计划生育还罚款，不报也就算了。村里执行计划外罚款的少，如罚，就是700~800元。

问：罚几次？

答：罚一次。有时候村里也罚，款交不上来就降低标准。

问：村里的款不也上交吗？

答：上交，村里可以少交几户的。如今年实际生了三四个，村里才向乡里报两个或一个，罚款数就出来啦。

问：这亩产600多公斤是估计的数吗？

答：不是估计的，有时候上边让找几户，从他们的产量计算出来的，有时候统计局也来统计，这数字比较准确。大队报的数是根据户里报的数字，不是根据统计局的统计数报。

问：这一年小麦平均800多斤。

答：实际达不到，别的村都800多斤了，你这里还亩产600斤，交代不了，就往多里报，不实。

【大队工作和难点】

问：大队的工作最难的是什么？

答：最难的一个是计划生育，一个是宅基地。我干的这几年上了变压器，买了拖拉机，这是村里的变化。

问：变压器要多少钱？

答：25000元。

问：变压器有什么用？

答：变压器用途是把高压电变为低压电才能作为家用。

问：哪年买的？

答：1985年。原来有三台，容量小，不够用了，我们又买了一台，增加容量。

问：钱是哪里来的？

答：从户里敛一部分，大队也有一部分钱。

问：怎么敛的？

答：一个人1.50元。大队也有点钱，大队卖了一台拖拉机，把钱买变压器了。

问：大队不也买了拖拉机吗？

答：把旧的卖了，又买了一台新的。

问：你们要决定买什么是不是要开会讨论？

答：大队开会就行啦。支部里也商量。

【党支部的作用】

问：支部也商量？

答：村委会和支部都是那些人，两个牌子一套人马。也有分工，书记和村长是分着的，会计和村妇女主任属于村委会的班子。他们如果是党员的也是支部干部。不是党员的只任村委会干部。

问：党员多吗？

答：68个。

问：党员也开会吗？

答：上级规定一个月开一次会，实际上开不起来。

问：一年能开一次吗？

答：上级要求时开会，一般不开会。

问：你什么时候入党的？

答：在部队。

问：分地之前常开会吗？

答：挣分的时候开会多，干活挣工分，开会也挣工分，不开会不挣工分，所以都去开会，分地之后开会就少了。现在很多外出干活的，经商的，没有办法开会。

问：老支部开大会也挣工分吗？

答：挣工分。普通党员开会也挣工分。参加学习就算出工啦。

问：刚分田时开大会吗？

答：给队长们开会。各队长再给社员开会传达精神。不开社员大会。搞政治运动时常开大会。

问：最后一次大会是什么时间？

答：记不得了。大包干儿时没有开过大会，我当兵走之前开过大会，分地以后就不开啦。1966 ~ 1970 年左右开大会，有时开全乡大会，那是搞"文化大革命"。

【农副业生产】

问：由大队回来后你干什么？

答：我有台拖拉机，去年搞点运输。我自己开。

问：拖拉机有多大？

答：12 马力。去年又买了收割机，麦熟时给户里割麦子。

问：你一个人种了两户的地？

答：现在只种一户的，郝吉辰的地不种了，我种了三亩果树需要管理，劳力不够用。

问：为什么给另一户种地？

答：他（郝吉辰）经商——做服装，我种他的地。吉辰本人是信用社主任。他本人没地，他有两个老人两个孩子和他爱人及其妹妹他们都有地。我给他种了一半，他家人种一半。

问：今年你不种转给别人了吗？

答：他说转给别人啦。今年地里种的

西瓜。

问：他是乡里的信用社主任？

答：是，他一直是当主任。

问：果树结果了吗？

答：去年开始结果，收的不多，已栽 5 年啦，去年是第一次结果，收入 2000 斤。

问：不错，你们新会计才收几百斤。

答：他果树底下种着菜，菜不少卖钱。我的果园里什么都没有种，我的树邻家收了 5000 斤。

问：他也是 3 亩地？

答：他 4 亩地。我的树今年估计收得多点。去年我盖了新房，开始做粉条——山芋粉条。

问：山芋哪来的？

答：从元氏、赞皇那里买来的，有人送。我就搞了运输、收割机，做粉条、种果树和种地几件事。

问：给户里收割收多少费用？

答：割一亩地 27 元。机器、油和人工都是我开支。今年也做这事，是旧机器，农忙时干农活，不忙时搞运输，人和机器整年有事干。

问：平时你不在家吗？

答：在家吃饭，如果在外地搞运输中午回不来，晚上就回来了，都在家。

问：你的收入哪方面多？

答：地里收入多吧。

问：不会吧？粮食收入才 1000 ~ 2000 元吧？

答：粮食。养着五头猪，一年能收入 1500 元，粮食一亩地收入 300 元，7 亩地 2000 多元，粉房只开两个月，山芋不能放，也挣点钱。粉房常年干也没有时间，还得种地管着树。做粉条正是好时候，麦子也种上了，山芋也收下来了，树也不用管了，开两个月粉房就过年，年后又开始种地，就农忙啦，结合着跑运输，交替着干。

问：运输多一点吗？

答：也不多。地里收入 2000 多元，运输 2000 多，收割机也挣 2000 多，果树也挣点。

问：你还管播种吗？

答：播一两天就完了，收时用的时间长。

问：你干农活的时间多，还是干其他的时间多？

答：干其他的时间多，干农活的时间短，收入也少。如地里收的粮食，除口粮和上交公粮外，卖不了多少钱。钱的收入还是靠运输、果树、粉条、收割机。

问：差不多了，感谢你。

刘淑珍（43 岁）

时　　间：1995 年 2 月 23 日下午

访 问 者：顾 琳　张利民

翻　　译：王 键

访问场所：刘淑珍家

【婚姻、家庭】

问：你叫什么名字？

答：刘淑珍。

问：你哪年出生？

答：1952 年 8 月。属大龙的。

问：出生于哪个村？

答：北五里铺。

问：哪年结婚来到这里？

答：1973 年。

问：你爱人叫什么名字？

答：赵锁元。

问：他比你小还是大？

答：他大我三岁。

问：你们是怎么认识的？

答：经人介绍的。介绍人叫刘脏杨。（另外有"脏羊"出现，整理者注）

问：你什么学校毕业？

答：初中二年。

问：你爱人呢？

答：也是初中。

问：你们结婚前见过几次面？

答：记不清了。当时他在天津某派出所工作，回来就到我家。后来才转回来的。

问：他怎么会到天津工作？

答：他当兵转业在天津，转业到天津当公安民警。现在在县公安局。

问：他哪年回来的？

答：结婚后大孩子三岁那年回来的，1976 年回来的。1971 年订婚，1973 年结婚，唐山地震的第二年，那是 1977 年吧，1976 年不去天津了。

问：你们有几个小孩？

答：两个，大的叫刘勇斌，今年虚岁 23 岁。在县法院开汽车。他是从部队转业安排在法院的。

问：他什么学校毕业？

答：初中。老二是高中。

问：他参军前是农业户口吗？

答：是。原来俺娘儿三个都是农业户口，后来转为非农业户口了。

问：你大儿子住在城县？

答：在家住。

问：结婚了吗？

答：去年结婚的。

问：有孩子吗？

答：有。

问：第二个孩子叫什么？

答：赵勇。原来老大叫赵斌，参军的时候改的。

问：两个男孩？

答：是。

问：多大岁数？

答：21 岁。

问：上学吗？

答：在上海当兵。

问：村里参军的多吗？

答：全村五户。

问：参军走后门吧？他不经过村里吧？

答：是。

问：是他爸爸办的？

答：不。他们是城镇户口，县政府办的。

【非农业户口】

问：你们是哪年转成非农业户口了？

答：1993 年。两个孩子转得早，我最后转的。

问：你是怎么转的？

答：公安局照顾，办了好多年才行。

问：非农业户口能承包地吗？

答：现在还有，还没有收回去。现在承包的是我们娘儿三个的地。四亩半。

问：原来是哪个队？

答：四队。

问：你爱人没有地？

答：没有。

问：再分地就没有你们的了吧？

答：没有啦。

问：你们成为非农业户口有什么好处？

答：孩子们找工作有些好处，国家有待遇。

问：你有副食补贴吗？

答：没有。不工作没有。

【住房、买房】

问：你爱人每天都回来吗？

答：除值班都回来。县城有集体宿舍，花 27000 元买的房，共 75 平方米。

问：哪年买的？

答：交钱早，去年刚分给，城里有房住。

问：你愿意住在哪里？

答：我自己愿意住在家里，有养猪场，方便。孩子们上班愿住在那里。

问：你住过吗？

答：没有，孩子们还住在家里呢。

问：你们以后打算住在那里吗？

答：近期去不了，去了家里没人管。

问：老大的房子是法院的房吗？

答：过去的旧房。我们在这住，还有一处旧房老大住。都在这村里。我们共 3 处房。

问：像这样的房，村里给房基地吗？

答：我这儿给得早，现在就不给了。

问：法院给房吗？

答：说给，给了以后再说吧。

问：你的老大结婚后还与你住在一起吗？

答：都在家里住，在一块。

问：什么时候搬到县城？

答：天暖和后就搬走了。

问：他爱人在县里工作吗？

答：在华药上班。

问：他们平时不在家吗？

答：他爸爸回来了，他们不在家。儿媳三班倒。

【养猪专业户】

问：你什么时候开始大批养猪？

答：从去年开始，第一批还没有出圈。最早我一个人养十几头，后来两家合着养，一年出售 100 多头。

问：那家是谁？

答：郝增旗，就是书记的弟弟。

问：你们是合资办的？

答：他出得多，我孩子结婚用钱，出得少。

问：投资多少？

答：十来万。他出点钱，我出点钱，又

贷了款。从信用社贷的款，因为投资多，饲料贵，资金周转不过来又贷的款。

问：这10万包括贷款吗？

答：包括。贷了3万元。账在他那里，他还年轻点。

问：他也是四队的？

答：是。

问：他养了多少猪。

答：他没有养过。

问：为什么你们两个合办呢？

答：关系不错。

问：你有经验？

答：靠书上的资料。

问：怎么分工吗？

答：不分工，我们都抢着干。增旗在税务局上班。两个孩子上学，就以我们两个妇女为主养猪。我爱人和增旗也在外边找饲料，帮帮忙。还雇着一个人，吃喝住都在那里。他家离这儿比较远，在那里住方便。是东村人。

问：雇的这个人叫什么名字？

答：刘创子。

问：他多大？

答：50多岁。男的。

问：没结婚？

答：结婚了，他的孩子们都大了，成家啦。

【合作者】

问：郝增旗的爱人叫什么名字？

答：聂玉芬。

问：你与聂原来是一个村的吗？

答：不是，她是聂家庄的，我是五里铺的，都嫁到这村来了，关系不错。

问：她结婚比你早还是晚？

答：晚。她比我小10岁。

问：她有几个孩子？

答：两个男孩。大的上小学一、二年级，今年9岁，老二7岁。

问：谁决定合作开猪场的？

答：两位男的决定的，给我俩妇女找点事干。男的决定，女的干活。

【收益计算】

问：现在有多少头猪？

答：共128头，卖了4头，还剩124头。

问：养猪为了卖吧？

答：是。

问：一头猪卖多少钱？

答：过去市场上一头猪卖200多元，现在物价不稳定，不知道卖多少钱，还没有出圈。现在饲料贵，如果肉价下降，赚的就少了。赔不了。

问：卖了几头？

答：4头。1000一头。按个卖的。

问：卖1000元？怎么这么贵？

答：年前肉贵，他就出这个价。肉当时八、九元一斤。

问：一头猪能出300斤肉吗？

答：最大的226斤，毛猪平均201斤。我这猪还不到出圈的时候，他一定要买，4头猪4000元，不知道现在的价钱多少。他们不要太大的猪，大猪肥肉多。

问：你们买小猪养？

答：买小猪养大了卖。

问：小猪多少钱一斤？

答：我们买的时候4.1～4.2元一斤。

问：卖出去多少钱一斤？

答：毛猪年前4.7元一斤。

问：买卖猪的事谁干？

答：两个男人干。

问：雇的人给多少钱？

答：一个月300元。不管吃，只管住。在那里我们给他生了火，他自己带饭吃。

问：他会喂猪吗？

答：会。我们三个人都会喂，都管喂。

【猪饲养】

问：你每天都去吗？

答：除了配料外，我早晨 8 点去，中午 1 点去，下午 5 点去，一天喂三次料。我俩都去。丈夫们下班早了也去帮忙。

问：起粪怎么办？

答：雇的人干，如果他有事，我俩干。

问：肥是你们自己用吗？

答：40 元一车肥都卖了，剩不下。（拖拉机装粪。）

问：一小车 40 元？

答：一拖拉机。

问：是你们本村人用吗？

答：哪里的都有，谁用谁买。

问：这个收入多吗？

答：有给钱的，也有欠着钱的。

问：一个月出多少肥？

答：大猪出肥多，小猪少。大概从喂到现在出了三十多车粪。从去年八月十三日（阴历）开始喂。

问：干这活累吗？

答：累。猪越大越累。

问：你们配料还是买成品料？

答：把原料买回来，我们自己配。

问：喂猪草吗？

答：冬天没有喂草，以料为主。麦糠、豆饼、玉米、骨粉、粮食的下脚料配着吃。有青草更好，猪长得快。

问：上保险了吗？

答：我们喂的时候，保险公司还没这项业务，如果有了就入保险。

问：请兽医吗？

答：没有，我们看书解决。猪一头也没有损失，去年买了药，经常给猪量体温，现

象不好时打一针，没出事。猪要防疫，我们在家养了很多年猪。

【土地出让】

问：你的地还种吗？

答：去年秋天只剩下一亩半地了，其他地让别人种了，忙不过来。一亩半地种粮食吃。

问：谁种地？

答：一家人干。

问：那 3 亩呢？

答：给锁元的亲哥哥大元种了。

问：他给你多少东西？

答：让他种了，什么也不要他的。

问：一亩半地产的粮除吃之外还够交公粮吗？

答：够。去年四亩半地都种着，除吃外还卖。今年怎么样不知道。

问：你丈夫在机关有粮食吃吗？

答：有粮，但贵，没有在机关吃，都吃家里的粮食。儿子和媳妇都吃家里的粮。

问：锁元的父亲叫什么？

答：赵付子。

问：他还活着吗？

答：死啦。1979 年死的。

问：锁元弟兄几个？

答：三个。过继给别人一个。锁元的爸爸跟着他舅舅，他舅舅姓赵，他原来姓郝，随他舅舅姓赵。可是郝家又没有后代，赵付子的二儿子又回到郝家了，这是借子还孙。现在还剩下他们哥儿俩，锁元是老三，大元是老大。

【猪的出售和繁殖】

问：猪的生长期多长？

答：5 个月。

问：卖给市场还是食品站？

答：卖给肉联厂。

问：食品站向你们提供饲料吗？

答：不给。有认识的人给一点。

问：肉联厂比食品站价格高吗？

答：肉联厂整批着买，市场上只买一、二头。

问：什么时间卖？

答：二月二以后卖，价钱可能高一点。

问：你的猪有大有小吗？

答：差不多，同一时间上的。

问：卖出这些猪以后再买小猪来养吗？

答：对。留下一个母猪。

问：一年能出两栏吗？

答：可以。留点老母猪，生小猪，自繁自养。

问：有几个母猪？

答：五个。

问：一年生多少？

答：生两窝。一头母猪一次平均生十头小猪。五头母猪有的还没到配种的时间。

问：还准备买小猪吗？

答：从猪繁殖点，再买点。

问：你估计这一圈能净赚多少钱？

答：过去一头能赚 250 元，现在按 100 元计算，5 个月 100 多头猪赚一万元。如果行市好每头猪纯利润 200 元就更好了，一户一万元。现在市场价格波动大，还没有卖。不知道最后结果，现在是估计。

【男女分工、收入】

问：现在 3 个人干得过来吗？连种地。

答：现在不行，聂玉芬的地自己还种着，她丈夫是合同制还没有转正，是农业户口。

问：你估计包括地里的活和养猪的活，男的干的和女的干的各占多少？

答：当然是我们干得多，男的都在上班，他们能占 20%。节假时，如过年他们更忙，经常值班，平时休息礼拜，帮着干。

问：你们的收入比他们高？

答：要能成功，比他们高。一年出两圈挣两万元，遇到好环境还可能翻番。他每月挣 500 元，一年 6000 元。

问：谁管钱管账？

答：郝增旗的夫人记账，她年轻。我们的账好记，买多少料，花多少钱，猪每天吃多少都比较清楚，每月结一次账。

问：还没有收回钱？

答：那也得有账，花多少有数，收入点钱也记上。

问：每月收入多少？

答：不按月计算。钱存在信用社，用时取。一个月花费一万元。

问：这是 10 万以内的吗？

答：是，包括建房、设备、买猪，饲料大概用了近 10 万元。如果都卖了可赚投资的钱——10 万元。

问：建圈花了多少钱？

答：两万。

问：买猪仔花多少？

答：记着账。

问：你们两家有字据吗？

答：没有，协商着办。这是账，建圈的 4000 多，药 300 多元。买猪用了 34000 千元。9 月 27 号记的账，正式建圈养猪。建厂 48478 元。从建厂到现在估计共花费 10 万元。为了不闹意见我们两家都记账，月底共同结账。这上边记着：从 9 月 27 号正式建圈养猪，到十月底 22 号不到一个月的时间共进猪 108 头，34009 元。平均一斤 5.1～5.2 元，最贵的 5.4 元一斤。

问：一头小猪多少斤？

答：60 多斤。太小的猪不买，养不活。从建厂到 1994 年 10 月 3 日实际用款 48478.32 元。后来又上猪了。

问：还买了粉碎机？

答：买啦。还打了井。

问：你们商量需要等你爱人回来吗？

答：俺俩商量，他们什么也不懂。

问：十一月份又花了一万多元？

答：是。

问：十一月份以后进猪了吗？

答：有总数。最后共买了 128 头。买猪共花了 6 万元。

问：最近没有大的开支吗？

答：主要是饲料和药费，每月花一万元。固定资产加上流动资金大约共用 10 万元。

问：这批猪卖完后再买第二批吗？

答：是。

问：第一批卖完本钱收不回来？

答：收不回来。估计一年卖两批，赚 4 万元，两年就收回本钱了。干什么都是开头难。租的别人的地，地的产量我们付。租了一亩多地。一季 500 元，两季 1000 元。

问：谁的土地？

答：本村人叫徐脏仁（人）。

问：为什么不用你们的地？

答：租的这块地适合养猪。地旁边有个水坑，便于给猪洗澡。

【家庭生活】

问：你 1973 年结婚时你们与你婆家的人住在一起吗？

答：我来时已没有婆婆啦，跟他哥哥住在一起。他父亲也在一起。

问：什么时候分的家？

答：我老二一周岁时分的家，今年他 21 岁。1975 年分的家。当时我丈夫还在天津。

问：分家后他父亲跟谁住？

答：一家待一个月，轮流住。

问：有分单吗？

答：没有。

问：住在新房还是旧房？

答：都住在旧房。分家之后村里都给了房基地就都搬出来了。

问：你们在一起住关系怎样？

答：关系都不错。

问：你结婚后你爱人在天津，他常常回来吗？

答：一年回来一趟。

问：你到天津去吗？

答：当时孩子还小，我每年都在天津住半年。

问：去哪里住？

答：河东大王庄派出所。

问：你为什么没有迁到天津去？

答：因为他父亲得了瘫痪病，我的两个孩子小，他就回来了。

问：在两地各住半年是生孩子前，还是以后？

答：生孩子之后。

问：你在哪里生的孩子？

答：在这里。

问：谁照顾你？

答：我母亲和我嫂子他们俩。我母亲来到这村。

问：如果你婆婆在她管吗？

答：有婆婆母亲不来，婆婆管。这里没人，光让嫂子照顾，不合适。

问：你生小孩后半年在天津，半年在家？

答：我老大出生三个月时才回来。

问：你生孩子后跟嫂子住在一起吗？

答：在我娘家住着。老大孩子一周岁多，才把户口迁来啦，原来户口还在娘家。户口来之后，基本上在天津和家各半年。

问：原因是你没有婆婆帮忙吗？

答：有小孩我干不了活。

问：你迁到这里是第四队，也记工分吗？

答：记工分。有小孩队里照顾干点轻活。

【赤脚医生】

问：在你娘家也劳动挣工分吗？

答：我当赤脚医生。1970 年一个村抽两个人学医生，我学习了一冬天，回村当了赤脚医生，村里成立了保健站。

问：几个人？

答：原来有一个人，连我们俩共 3 人。到这来就不干了。

问：到这里为什么不干啦？

答：我有小孩，这村原来也有赤脚医生。

问：所以你会给猪看病打针。谁家的猪病了请你看吗？

答：不看，给他们打防疫针。

问：到这里来后你当过干部吗？

答：没有。在四队当过出纳，管管账，管管钱。干了两年，后来队解体了。

【人口流动与人际关系】

问：你娘家村里的女人有嫁到这村的吗？你介绍过吗？

答：前年介绍了一个。刚生小孩，岁数还小。

问：你们村还有嫁到这村的吗？

答：有，岁数都大啦。

问：有亲戚关系吗？

答：没有。

问：你来这里是怎么交朋友的？

答：都很好。住的时间长了，共事与交往时通情达理，有事互相帮助，慢慢就熟了。

问：周围这些人你是怎么认识的？

答：有小孩的爷爷和俺嫂他们先介绍，我就认识了。再有我结婚时我爱人在家也认识些人。以后认识的人就多了，有生产队，在队里干活大家就认识了。

问：你还同你娘家的朋友来往吗？

答：有。我小孩结婚时，与我关系不错的人都来了。

问：来了多少人？

答：不少。有坐汽车来的，有骑车来的，二三十人吧。

问：你常回家吗？

答：过去回的多，现在忙，不多了。

问：你刚结婚时常回娘家吧？

答：回的多，没事就走了。两头住。

【户籍迁移】

问：70 年代，你结婚后几天开始干活的？

答：户口不在这里，队里不让干，户口来后才让干。

问：为什么那么晚才迁户口？

答：都是那样。结婚后两三年才迁户口呢？

问：与小孩的户口同时上吗？

答：不是。小孩生下之后就上户口了，我的户口后来才迁。

问：这里不记工分，口粮怎么办？

答：分粮随着户口，户口在哪里就在哪里分口粮。

问：是从娘家带来的粮食吗？

答：不带。住在哪儿吃在哪儿。

问：你来后年轻妇女有活动吗？

答：没有。

问：你当出纳，孩子谁看？

答：他爷爷。出纳到地里去的少。

【妇女队长、开会】

问：妇女队长组织妇女活动吗？

答：不管。

问：妇女主任管计划生育吗？

答：那时候不大管，生两个孩子就不错了。当时提倡计划生育，管得不紧。

问：妇女基本没有活动？

答：没有，那几年有演节目的，到别的

村汇演。

问：80 年代《婚姻法》改变了，有宣传吗？

答：不记得。

问：你刚来的时候开会吗？

答：开会，比"文化大革命"时开得少。分地时最后开过一次会。

问：你是团员吗？

答：是。

问：青年团有活动吗？

答：我不记得有活动。团员也开会，我有孩子就不开啦。

问：年轻时你们玩吗？

答：刚才说有汇演，那些年兴这个。

问："四人帮"倒之前？

答：对。村里派两人去参加汇演，后来就没事了。

问：汇演？

答：就是汇报演出。村里出人到公社演出。

问：你参加过吗？

答：去过一次。在岗上村，是公社组织的。一个村出几个节目，有说快板的，有演三句半的。

问：谁都可以看吗？

答：可以。

【开会记工分、下放知识青年】

问：看的人记分吗？

答：记分，唱的更记分了。在村里汇演。

问：记工分时，活干得好吗？

答：那时候干活找不到人，活干好了，不知道谁干的，无名英雄。这是"文化大革命"中的事。

问：哪个村？

答：哪个村都是这样，搞义务劳动。

问：都是年轻人？

答：也有老人。

问：是爱玩吗？

答：爱玩。那时候比现在爱玩。

问：那时本村有下放知识青年吗？

答：有。俺姐姐家就住着。

问：这村有多少？

答：不知道。

问：住在一般人家吗？

答：谁有闲着的房就住在谁家。

问：有在你们家住的吗？

答：俺家房子少。邻居家有，我们家没有。

问：你与他们来往吗？

答：在一起干活，又是邻居经常来往，他们不会做活，就到我们这里来问。有人回城工作后还有来往呢。

问：现在有吗？

答：现在没来。

问：他们都来自石家庄吗？

答：是。

【儿子恋爱结婚】

问：你老大结婚的时候也是介绍的吗？

答：介绍的。就是织毛衣的那个人介绍的，刚才还站在这里。金黄介绍的。

问：你的孩子长大需要结婚的时候，是你与你的朋友问问有认识的人吗？

答：人家看着孩子长大了，就主动介绍来了，关系都不错的。不是我找别人。

问：找谁商量的？是先找女的，还是先找男的？

答：先找女的，女的再向她家男的商量，之后再给儿女们商量。

问：他们俩认识吗？

答：不认识。介绍见面后三年才结婚。

问：有订婚仪式吗？

答：都没有意见了，到家里玩一天。

问：介绍见面后，两个人在一起去看电影，一起玩吗？

答：去。看电影，看歌舞。

问：过了多久就订婚？

答：订婚后，他们互相来往。介绍人介绍后，双方没有意见就算订婚了。之后都到对方家里去看看。他们订婚时岁数小，两年后才结婚，这之间他们自己来往。

问：是大人看还是孩子看？

答：主要是孩子们相互看，我儿子参军回来。

问：你的儿子不是才19岁吗？

答：对。

问：给你儿子介绍过几个朋友？

答：好几个。介绍的女方都正在上学。我儿子认为找一个比自己条件低的好。那些女孩子毕业后都工作了，没有再继续介绍。

问：这里允许介绍几个，直到双方满意吗？

答：是。

问：是大人不同意还是孩子不同意找条件比他优越的？

答：孩子！大人说了不算数。我儿子怕找个条件比他高的受气。

问：孩子关心的是女孩漂亮还是工作好？

答：我儿子不看工作怎么样。孩子品质好的就行。儿媳与儿子同岁。先介绍的那些都比他大，他不愿意，希望找个一般工人。

问：订婚时送礼物了吗？

答：有订婚时交换礼品或给女方钱的。我们没有，订婚后来我家玩了一天，我给了110元。

问：为什么不给100，而给110呢？

答：110好。看，这是110。100%好，110%还要好。

问：他们结婚时用的电器谁买的？

答：结婚时女方什么都没要，我们给他

们买了一台彩电，关系不错的人送的钱买的组合柜，我买的床，其他是女方带来的。

问：女方带来的多吗？

答：她带来了冰箱、洗衣机、自行车、组合音响，她还有被子什么的。她花了一万多。我家也花了一万多，还买了房子。

问：老二也这样吗？

答：他哥哥这样了，他也得这样。

问：还没人给他介绍吗？

答：有人介绍他不干，他愿意自己搞对象。他已21岁了，上班后再说吧。

问：21岁没结婚，家里着急吗？

答：不着急。

问：他当兵还有几年？

答：今年就回来了。安排工作再说吧。

问：工作安排好了吗？

答：安排了就好，安排不了回来后再找。他是城镇户口，国家可能安排。若安排的不理想，自己再活动活动。

问：当兵期间他回家吗？

答：已回来3次了，他哥哥结婚时他回来了，他休探亲假。

问：过年回来吗？

答：去年回来啦，今年没回来，他哥哥结婚时回来的。

问：当兵他有收入吗？

答：有津贴。民政局给家里300元，一年300元。

问：家里给他钱吗？

答：他挣的钱不够用，家里给他，在上海市花费大。

问：当兵去的地方很远吧？

答：去的地方不同，让到哪里就得到哪里，是分配的。全国各地都有。

问：不是只到河北吗？

答：不是。

问：自己能选吗？

答：不能选。

问：你孩子去的地方不错。

答：不错。让我们去看看，我们没人去。他经常向家里打电话，也想家。

郝全喜（80 岁）

时　　间：1995 年 2 月 19 日上午

访 问 者：中生胜美

访问场所：郝全喜家

【家族】

问：您今年多大年龄？属什么的？

答：今年 80 岁，属龙（民国六年生人）。

问：你父亲叫什么名？

答：郝假妮，这是小名，大号叫洛熙熙。

问：母亲叫什么名？

答：徐氏。

问：你弟兄几个？

答：弟兄俩，有个弟弟，小名叫合马，大名叫老焦。

问：弟弟还在吗？

答：健在，我们已分家，他过他的，我过我的。

问：你的小名叫什么？

答：小名叫全喜，大号叫老冕，也叫冕婴。

问：你父亲兄弟几个？

答：哥儿三个，我父亲老大，二叔叫抓子，三叔叫毛子。

问：他们的大号叫什么？

答：二叔叫老（恐为"洛"）溶，三叔叫老孔。

问：过去记载，老孔有 10 亩地，对吗？

答：有，但是是兄弟三个的地。

问：二叔有孩子吗？

答：有，叫进堂。

问：三叔有几个孩子？

答：有 5 个男孩，老大叫福瑞，老二叫丙子，老三叫为新，老四叫新生，老五叫五生。

问：你爷爷叫什么名？

答：叫修成。

问：进堂有几个孩子。

答：就一个孩子，叫同立，是外村要来的（养子）。

问：同立原来亲生父母的姓名叫什么？

答：不清楚。

问：同立还在吗？

答：在，在县城银行工作。

问：你有几个孩子？

答：三个，老大叫同顺，老二叫同海，老三叫同义。

问：老焦有几个孩子？

答：两个，老大叫小锁，老二叫小江。

问：小锁有几个孩子？

答：一个，叫红伟。

问：小江有几个孩子？

答：两个，一个叫伟涛，另一个叫伟波。

问：福瑞家有几个孩子？

答：没有孩子，也没有结婚，已经不在了。

问：丙子有几个小孩？

答：一个，叫连胜。

问：为新有几个小孩？

答：一个，叫胜利。

问：新生有几个孩子？

答：两个，一个叫贵发，另一个叫连发。

问：五生有几个孩子？

答：也是两个，叫贵廷、贵超。

问：同顺有孩子吗？

答：没有，要了一个，是老三同义的孩子，过继过来的，老三同义有两个孩子，自己留一个。老二同海，有一个女儿。

问：孩子们都分家吗？

答：都分家另过了。

问：过去郝的家族最大户是哪家？

答：过去哪一户都有一二十人，我这户就到过 18 人。

【家族住址】

问：郝姓家族过去分南、北、西三大院吧？

答：分南院和北院，这是郝家两大门。

问：你家是哪个院的？

答：我家属北院。南院又分 6 个头（支），北院又分 2 个头。

问：哪个院户数多？

答：北院有 40 多户，南院也有 40 多户，差不多。

问：郝国樏是哪个院的？

答：是南院。

问：郝清俊是哪个院？他的孩子叫苟成？

答：是北院的。

问：过年磕头是一个院的才磕吧？

答：对。（看村内居住图）

问：你父亲什么时候分家的？

答：我十岁时，父亲分的家。

【分家】

问：分家时，抓子和毛子都有孩子吗？

答：有福瑞了，进堂才一岁多。

问：分家时，爷爷还活着吗？

答：已去世，原来的奶奶也已去世，有个后奶奶。

问：分家是什么原因？

答：我才 10 岁，弄不清。

问：分家时，有老焦吗？

答：有，我比他大 3 岁。

问：你几岁开始干活？

答：我 8 岁就下地看水，后来就下地干活了。

问：小时候你家生活怎样？一亩地能收多少粮食？

答：生活不行，地里收成少，一亩地收好了有七八斗，好谷子能收两布袋（一袋 5 斗），收到 3 布袋的，太少了。

问：种棉花吗？

答：种棉花，地里一半种粮食，一半种棉花。那时棉花值钱。

【打工】

问：你外出打过工吗？

答：打过工，我弟兄俩都出去打过短工，家内活不忙时，就外出打短工。

问：到什么地方找活干？

答：到县城南面有个"人市"，找活干，开始干一天能挣 5 个铜子，后来干锄草活，一天能挣 16 个铜子。

问：16 个铜子能买多少粮食？

答：那时粮食就是谷子、高粱，16 个铜子能买 8～10 斤粮食。

问：东家管饭吗？

答：管饭。

问：你奶奶什么时候死的？

答：我小时候死的，什么时间记不清了。

问：你什么时候结婚的？

答：19 岁那年（1934 年）结婚，老伴是北扬村人。

问：什么时候有孩子的？

答：日本人打进中国那年生的老大；八路军解放栾城的那一年生的老二同海。

【日军侵略】

问：日本人进攻栾城时，你在本村吗？

答：在本村。

问：当时村内情况怎样？

答：听说日军来了，大家都跑了，躲在

村东的一个洞里。

问：什么样的洞？

答：是一个废了干枯井，在井下挖了洞，以便躲藏。那时胆子小，一看日本飞机来了，就往洞里钻。

问：栾城驻扎日本军队？村内人进城方便吗？

答：有日本军队，开始进城不方便，后来发了"良民证"，进城就可以。

问：日军来过本村吗？

答：来过，是日军一个小分队一个排，找错了道（迷路）走到本村了。当时村长郝国樑，要农民烧水、烤山药（白薯）给日军吃。还派了农民给日军喂马。我就给日本马饮过水。

问：日军住在本村吗？

答：没有住，吃了山芋、喂了马就走了，是路过本村的。

问：村内有没有被日本军迫害的？

答：村内没有，本村在外面工作的，有被日军打死的。如郝丑顺（郝老更的长子），在县城一家铺子当伙计，往外送货，身上系了皮带，被日军看见，说他是国民党军队，实际上丑顺没有当过兵，就在城西给打死了。

问：这件事发生在什么时间？

答：是日本进攻中国那一年（1937 年）。

问：丑顺父亲是谁？是哪一门的？

答：他父亲郝老更，小名合三，是南院的，丑顺是老更的大儿子。

问：听说村内还有姓王的，被日本军杀害了？

答：有，叫王小保，是八路军"模范班"的战士，身上有枪，经常晚上来到村里，住在伪村长郝国樑家里，结果被皇协军（伪军）抓住杀了。

问：王小保父亲是谁？

答：叫傻牛，王老同是他一家子。

问：还有打死的人吗？

答：没有了，有一次日军在村西头放了枪，没有打中人，只是把赵老分的衣服打破了，没有伤到人。

问：日本军来时，你还到县城打短工吗？

答：有一次，日军在县城文庙修筑兵营，要各村去人，我也被抓去修兵营。修完后，给了几个铜子放回来了。后来又给日本人当杂工，修拾院子、打扫卫生，都时间不长。

问：当时在县城有多少日本人？

答：一个连，有 100 多人，都住在文庙。

问：伪军住在什么地方？

答：皇协军驻扎在书院。

【日本投降】

问：日本投降的事你还记得吗？

答：不记得了，是后来听说日本投降了。

问：日本投降后，郝国樑怎么处理？

答：没有处理，还是村长，是解放后去世的。土改时，他家只有 2 亩地，也没有斗他。

问：日本投降后，国民党来了吗？

答：来了，住在县城。

问：国民党同八路军在这里打过仗吗？

答：没有，记得吕正操部队在藁城梅花镇同日军打过仗。

问：伤亡大吗？

答：日本人死了不少，吕正操部队伤亡也很大。

问：还有大仗吗？

答：在赞皇打过大仗，离这里 60 里，具体就不清楚了。

问：栾城是什么时间解放的？

答：1947 年 2 月 17 日，我们家老二就是那时生的。

问：八路军是什么时候来本村的？

答：经常来，不住在村，如果要军需，

给了就走，当时郝国樑仍是村长。

【八路军、斗地主】

问：八路军住过村内吗？

答：不记得，但有个叫闫纪录的一支队，住过我村。

问：解放时，村内百姓对八路军是什么态度？

答：贫下中农、穷人都欢迎；富农不欢迎。

问：解放后怎样斗争地主？

答：斗争县城大地主王骡子时，我参加了，给了我一块洋钱。在斗争大地主李七时，从他家门角地下挖出了 7 个元宝和 837 块大洋，我亲眼看见的。

问：地下埋着钱是怎么知道的？

答：是李七自己交代的，在那儿埋了多少，斗争中都说了。

【"土改"】

问：本村什么时候进行"土改"的？

答：解放栾城不久就"土改"了（1947～1948 年），记得公布了土地法大纲，我家划为中农。

问："土改"时你家有多少地？

答：原来分家时有 10 亩地，后来又买了郝老更 21 亩地，买的地又当给王骡子家，解放后又归还我家，所以地不少。

问：郝老更家有几个孩子？

答：有 5 个儿子，都去世了。抗战时大儿子被打死，其他 4 个儿子也都在外边干事，也都死了，郝老更家内地多，没有人种，都荒芜了，所以我们买了 21 亩。

问：郝老更原有多少地？

答：老弟兄俩有一顷多地（100 亩），种不了都典当出去，为了赎回一部分地，所以就卖给我家 21 亩，用这部分钱去赎地。

问：当时买地需花多少钱？

答：一亩地要 100 多元。我家合共出了 1000 多元，又把地典出去得了 1000 多元，共 2000 多元给了郝老更。

问：你家当了多少地？

答：当出去 14 亩地，得了 300 多元，当期一年，又归还我们了。

问：地当给谁家？有中间人吗？

答：当给外村叫白假妮的，中间人是郝国樑。所以"土改"时，我家有 30 多亩地，划为中农，土地"不进不出"不划给我家地，我家地也不分出去。

问："土改"时你家有牲口吗？

答：有，有小驴，也有水车，都不强。

问："土改"时你家有多少人？

答：有 7 口人，有父母、我和老伴，两个儿子，一个女儿。老叔已分家另过了。

问：立分单了吗？

答：有，是郝国樑写的，现在没有了。（看村内土地图）

问：村外地有地名吗？

答：原来都有地名，（指地图）一块叫"小南海"，郝老岳的地叫"孟董庄道"，郝小人的地叫"户东坟"，张老乐的地（36 亩）叫"道东地"，郝老开的地叫"柯庄道东"，另外也有叫"窑北地"等。

郝小六 （41 岁）

时　　间：1995 年 2 月 23 日下午

访 问 者：中生胜美

访问场所：郝小六家

【家庭】

问：你爱人叫什么名字？

答：赵秋琴。

问：你爱人娘家在哪村？

答：东柴村。

问：你弟弟的爱人叫什么名字？

答：倪慧芬。

问：你爱人兄弟姐妹几个人？

答：兄弟姐妹 8 个，4 个女的，4 个男的。

问：你父亲叫什么名？

答：郝祥群。

【丧葬风俗】

问：亲属去世时，谁去外村报丧？

答：村内派人去报丧。

问：亲戚有是外村的，什么时间串门？

答：一般是过年去拜年，平常也有去的。

问：今年春节你到哪去拜年？

答：先去我母亲的娘家去拜年，然后到我爱人家内去拜年。

问：正月初三你到哪儿去拜年？

答：到朱家庄梁大身、梁小身家去拜年，因为都是表兄弟。

问：你母亲去世时，亲戚送来的礼物中，有"炉食"、"荤转"是什么？

答："炉食"，就是烤的小饼；"荤转"，是四碗菜，有白菜、豆腐、粉条、肉。以上各一桌。

问：蒸食是什么？

答：馒头，也是一桌（是小桌，放几个盘的）。

问：什么是"素转"？

答："荤转"是有肉的菜，"素转"是四碗素菜。

问：这些东西怎么送来？

答：用自行车带来。

问：还有送什么的？

答：送花圈，一个 40～50 元。

问：有送"孝布"、"明帐"的，是什么东西？

答："孝布"、"明帐"，都是白布；"孝布"七尺，"明帐"一丈五尺。

问：炉食、蒸食各送多少？

答：炉食四包，蒸食 16 个小馒头。

问："大幡"是什么？

答：是由 9 个小花圈做成的。

问：什么叫"油食"？

答：油炸的果子，即油条。

问：送几个"油食"？

答：15 个油条。

问：肉送多少？

答：一刀肉，大约五六斤。

问：谁带"孝布"来？

答：不是所有亲戚送"孝布"，只有我爱人的弟弟、我弟弟爱人家的亲戚才送"孝布"。其他亲戚送"明帐"。

问：有花炮、双响的，是不是一样？

答：不一样，花炮是小鞭炮，一挂的；双响是大炮，不是所有亲戚都送。

问：大炮送多少？

答：9 个。

问：你母亲去世时，有没有吹吹打打的？

答：找了几个吹喇叭的，本村没有，都是外村的。

问：吹喇叭是哪个村的？

答：是外地的，专门干这一行的，住在县城北关一个村内，各村有白事的就去找他们。

问：找了几个？

答：找了 8 个，有吹的，有拉的，有唱的。

问：他们从什么地方来的，给报酬吗？

答：从河南来的，给报酬，还管饭、管烟。

问："文化大革命"时有吹喇叭的吗？

答：没有，那时反对搞"四旧"。从改革开放后，就又允许搞白事了。

问：你是什么时候当村长的？

答：1984～1985年时当的村长。

问：那时有火葬吗？

答：有火葬。

问：什么时候开始的？

答：具体记不清，70年代以前就有了火葬。开始群众不习惯，县内宣布免费火葬；后来群众慢慢习惯了，另外上级也管得严格，不让搞土葬，现在死人都火葬。

问：你母亲去世时，除了亲戚来，朋友来吗？

答：来，朋友大部分是本村的。

问：帮助你家操办丧事的人是谁？

答：郝傻小，是村内管白事的，有事都找他。

问：死了老人，当年过年还贴对联吗？

答：不贴，我家不贴，别人家都可以贴。

问：人死后，家内有什么规矩？

答：守灵半个月，儿子、亲属，尤其族内年纪大的都来，出殡以后办几桌席，以喝酒酬谢守灵的，帮助办事的人。

问：办喜事时，这些亲戚都来了吗？

答：都来，办喜事时，我爱人家内所有亲戚都来，办白事时，她们家只派代表来。

问：办喜事时，你母亲老家亲戚来吗？

答：不来了，因为我母亲去世了；和我有关系的亲戚如姐夫、表兄弟等都来。

问：你母亲去世了，娘家亲戚过年还来吗？

答：还来。

问：你姐姐的孩子过年来拜年吗？

答：都来，没有结婚的，来了不带礼品；结了婚的，来拜年都带礼品。

问：你大姐郝芝有几个孩子？

答：两个儿子，三个女儿。

问：你母亲出殡那天，有多少亲戚朋友？

答：有100多人。

问：你母亲去世时花了多少钱？火化多少钱？

答：共花了2400元，主要花在吃饭上，火化钱不多，具体记不清了。

【辈分】

问：郝全喜同你谁辈分高？

答：同辈人。

问：赵家同你们辈分一致吗？

答：同姓的辈分很清楚，不乱；不同姓的辈分就说不清了。如我叫赵球子"叔叔"，全喜儿子称我"叔叔"，但叫赵球子也叫"叔叔"。不同姓的称呼，不严格，没有什么原则，往往看年纪大小来称呼。咱们，姓郝的同姓张的、姓李的辈分一直没有乱，同其他姓的就乱了。

问：姓张姓李的为什么没有乱？

答：户数少，辈分是老一辈流传下来，所以没有乱。其他姓，户数多，人多了，就记不清了。

问：同姓徐的辈分乱吗？

答：一般不乱，但现在年轻也往往根据年纪来称呼了。

问：村内拜年是按辈分拜年吗？

答：是的，辈分低的给辈分高的拜年，不分年纪大小。年纪大的，辈分比我低，就得给我拜年。有时年纪大的，也不来，让儿子们来给我拜年就代表了。

问：村内辈分最大的是谁？

答：我奶奶辈分最大，还活着；其次是我父亲。

问：你父亲辈分大，村内纠纷是否由他去调解？

答：我当村长时，由我去解决。一般家庭不和，婆媳之间矛盾，先找一家的族长出面，然后找村干部协调解决。多数是分家的矛盾，都由村干部出面去调解。

【分家】

问：分家都是什么原因造成的？

答：一般都是弟兄大了，成家立业了，要求自己过，才分家的。所以村内户数每年都增加，统计没有准。

问：分家另过，老人由谁负担照顾？

答：有两种办法，一是由兄弟们共同给粮、给棉花，给零花钱，由老人自己过。另一种办法，父母不能做饭了，由兄弟轮流负担照顾。比如我家有 3 个老人，我父亲、母亲、奶奶，我家管父亲、母亲，我弟弟管奶奶。

问：兄弟轮流负担照顾，时间怎么订？

答：有一年的，半年的，或两三个月。

【郝小六的父亲】

郝小六的父亲说：我们姓郝的有家谱，你们见到吗？在本县王家村，那个村多数也姓郝，老祖先姓郝的，来到本县，分成两支；王家庄一支，寺北柴村一支。现在王家庄姓郝的比咱村姓郝的人还要多。听说有家谱。

问：你见过吗？

答：有老家谱，姓郝的祖坟还在，那个祖坟同我村的祖坟是亲兄弟俩。过去清明节，我去上过坟，还在会上吃过饭。

问：本村有会吗？

答：过去有，会上一个大头，四个小头，吃会（宴会）就在这个 5 个头家内轮流。郝勾成是我亲叔叔，郝老丑、郝国檩有点文化，能干点事。（看村内地图）我们姓郝的有 700～800 多人，分成东南西北四院，我家属于北院。

问：吃会是一个院一个会吗？

答：吃会就一个，四个院人都来。

问：哪个院人多？哪个院人少？

答：最多是北院，西院人最少，南院人也少。

问：四个院是怎么出现的？

答：老祖先来到寺北柴村，有四个儿子，一分家分成四院，一直延续到今天。现在姓郝的有岁数比我大的，从辈分来说，我最高，我是族长。

问：郝国檩给日本人干事吗？

答：是他 3 个儿子，一个郝成林，一个叫郝树林的，在日本人开的饭馆做事，在邯郸、石家庄干过事。

赵瑞海 （33 岁运输专业户）

时　　间：1995 年 2 月 19 日下午

访 问 者：中生胜美

翻　　译：王　键

访问场所：赵瑞海家

【分家单】

问：关于你们家的一张"分家单"上有几个内容想问一下，可以吗？

答：可以。

问：分家单中提到子女各家给老人油、粉条等物品，是否老人自己做饭？

答：是这样的，老人身体好，自己单独过，但我们兄弟几个负责给粮、油、粉条还有其他东西。如果老了，不能自己做饭时，由我们兄弟几家轮流扶养，一般各管一年。

问：分单中还有给棉花几斤，这是什么意思？

答：给老人做棉衣、棉被用。

问：现在各家都不种棉花了？

答：村内还是有种的，种的少了，如没有棉花，给老人钱也行。

问：你起草分家单以前，见过别人家的分家单吗？

答：见过。过去村内就有这个习惯，分家时，"空口无凭，以此为证"，一般家都有"分家单"。

问：形式、内容都一样吗？

答：格式不一样，有横写的，也有竖写的，过去老人们都用毛笔竖写。

问：为什么要写一个分家单呢？

答：兄弟们多，又都成家了，兄弟之间、妯娌之间关系好的，什么都好办；如果关系不好，有了"分家单"，以此为证，谁也不能推脱赡养老人的责任。

【个人经历】

问：你今年多大年纪？

答：33 周岁，1962 年生人。

问：你排行第几？什么时候上的学？

答：我是老三，8 岁上学，上了 5 年小学，在本村上的，后来又去何庄上一年学。

问：初中、高中在什么地方上的学？

答：初中两年，高中两年，初中在孟董庄中学上的，高中在北张庄中学。

问：高中毕业后干什么工作？

答：在本村当会计和保管，一直干到1984 年。农村分地搞家庭承包时，我还当会计，地是经我手分配的。

问：你在哪个队当会计？队长是谁？

答：八队，即过去的老五队，队长是刘老丑。

【婚姻习俗】

问：你什么时候结的婚？有新房子吗？

答：1982 年的结的婚，现在已有 13 年了，那时还没盖新房，同父母住在一起。

问：你结婚时花了多少钱？

答：不多，一共花了 300 多元，买衣服花去 150 元。

问：给送彩礼花多少？

答：那时女方不要彩礼，现在结婚有要彩礼的，那时还不兴这个。

问：现在结婚花钱多吧，一万元够吗？

答：一万元下不来，现在结婚摆酒席，客人朋友多的，请客吃饭，就得有这个数。

问：你爱人叫什么名？是那个村人？

答：叫李香芝，和我同年，是县城里的人。

问：是同学吗？怎么认识的？

答：不是同学，是媒人介绍的。

问：媒人叫什么名字，是男的还是女的？

答：媒人是位老人叫赵新枝，是男的，现在已去世了。

问：媒人都是老年人吗？

答：不一样，过去老年媒人多，现在自由恋爱，很多青年朋友当介绍人。

问：找对象是否考虑"门当户对"？

答：考虑"门当户对"，农民家庭一般找农民家庭的多。

问：是指父母们条件相等，还是指本人条件相等？

答：主要指家庭条件、经济条件大体差不多。农村嫁给城内人，或城内人嫁给农村人，这种情况都有，"门当户对"不是指这个。

问：你结婚时有亲戚朋友送礼吗？有登记单吗？

答：有送礼的，一般不登记；结婚那天送礼的，登记写在本上，现在时间长了，单就没有了。

问：你结婚时办了多少酒席，有多少客人？

答：办了 8 桌酒席，有客 60 多人，大部分是本家族的人，她娘家人和亲戚来的不算。

问：你是什么时候学开拖拉机的？

答：在小队当会计时，那时队内有拖拉机，就学着开，一学就会，村内年轻人都会开。后来也到县拖拉机站培训过，考试过。在结婚前，我已有了驾驶证。

问：你上中学时一个班有多少同学，本村同学有多少？

答：一个班五六十人，本村同学十多人。

问：你当兵没有？

答：没有，因为我大哥去当兵了。班内有同学去当兵的，现在都复员回来了。有一个回村自己办工厂了。

问：媒人给你介绍对象，你们在哪儿见面？父亲都同意吗？

答：在亲戚家见面，来往三年后结的婚，父母都同意，当好顾问。

问：农村结婚多数在什么时间？

答：在腊月结婚的比较多，具体日子，都请人选择吉日结婚，这是风俗习惯，现在还是这样。

问：你迎亲时是骑自行车，还是坐汽车去的？

答：是用汽车去接新娘的。本村在 70 年代迎新一般用拖拉车，也不骑自行车。都是朋友开的车。

【结婚手续、婚检】

问：办理结婚证需要什么手续？

答：先到村委会开封介绍信，由我们俩一起去乡政府找秘书办结婚证，乡秘书还问一下"双方是否愿意"，我们回答"愿意"，就给办了。

问：结婚前检查身体吗？

答：要求检查身体，防止传染病和性病之类的，城市里要求比较严格，农村中不严格，五六年以前还没有要求。

问：你弟弟什么时候结婚的？什么时候分的家？

答：我弟弟是 1984 年结的婚，1985 年分的家。

问：所说的"门当户对"，是否考虑成分问题？

答：50、60 年代结婚时考虑成分，主要考虑是不是富农、地主家庭出身的，一般农民之间无论是中农、贫农都不考虑这个问题。70 年代还有考虑的，80 年代就不考虑成分了，因为农村地主、富农都取消了。

问：你们八队原有多少地？

答：126 亩地，共有 25 户，91 口人。

问：你有几个小孩？

答：两个女孩，老大赵晓茹，1984 年生；老二赵晓妮，1986 年生。

问：生第二胎罚款没有？

答：没有罚款，但是给做绝育手术。

【承包土地】

问：你家承包多少地？签订合同多少年？

答：承包土地三亩，承包合同是 16 年。

问：在承包期间，增加人口或减少人口，土地有变动吗？

答：一律不变动，减少人口地不减，增加人口地也不增加。因为现在各户对土地多少并不重视，有劳力可以搞买卖、办工厂、搞建筑、搞运输，都能挣到钱，不种地的也有发财的。

问：承包地当时是怎么分配的？

答：由队长、会计和其他小队干部一起商量，把队内所有土地编成号，然后由村民每户抽号，抽到哪一号，就是承包哪块地，比较公平合理。

问：你一年最忙的时候是什么时候？能挣多少钱？

答：最忙的时期是夏收和秋收农忙季节，能挣到 1500~1600 元左右。

问：油费在内吗？

答：在内，每公斤柴油两元三角多。

问：你把地都耕出来，拖拉机需要多

少油？

答：150 公斤左右。

问：你开拖拉机自己会修理吗？

答：会修理，自己边干边学的。

问：你搞运输时，国家收你税吗？

答：缴税，一年一次，包括营运税、工商管理费、养路费等，一年 900 元左右。

问：办个营业执照多少钱？

答：7 元钱。

问：你搞运输主要在本县范围内吧？

答：也跑外地，跑石家庄，白天不让拖拉机进城，晚上可以。

郝全喜（79 岁）

时　　间：1995 年 2 月 20 日上午
访 问 者：中生胜美
访问场所：郝全喜家

问：郝家北院家族中与你同辈中有个叫玉成的，有后代吗？

答：他从小过继给舅舅家了，不在本村，在宋家庄，已改为姓张的了。他有两个兄弟在本村，一个叫玉生，一个叫玉德都已去世。

【清明节】

问：姓郝的家族，清明节有什么活动？

答：过去在清明节这一天，姓郝的家族都"吃会"，叫"寒食会"，无论是南院的、北院的，够 15 岁的都去吃会。不够 15 岁的，去上坟的，也给馒头吃。

问："吃会"的粮食从哪儿来的？

答："寒食会"有三四亩地，出租给别人种，收回来的租子卖掉，再买吃的东西。

问：这三四亩地叫什么地？

答：原来在村内有一片乱坟地，后来由姓郝的开辟成一块田地，作为郝氏家族共有的"祖坟地"，每年"吃会"，就用这块地的收成来供给。

问：三四亩的收成用来吃会够用吗？

答：够了。

问：北院有"祖坟地"，南院是否也有"祖坟地"？

答：南北院姓郝的就一个"祖坟地"，"吃会"在一起，上坟上一个坟。

问：姓赵的家族有"祖坟地"吗？也搞"吃会"吗？

答：他们也有"寒食会"，每年也"吃会"，有没有"祖坟地"不知道。

问："祖坟地"租给谁种，每年能收多少粮食？

答：由朱家庄的常东租种，每年每亩地给 4 布袋粮食。

问：栾城解放那年，"吃会"有多少人？

答：大概有 100 多人。

问："寒食会"解放后还"吃会"吗？

答：土地平分时，"祖坟地"也分掉了，从此就没有吃会了。每年正月初一和清明节这一天，姓郝的家族还照常去上坟。

问：妇女去上坟吗？

答：有去的，也有不去的。妇女上坟，一般都是自己父母去世"七七"四十九天这一天，还有去世一周年这一天，女儿都回娘家来上坟。

问："吃会"在什么地方搞？

答："寒食会"中有大头和小头共同负责组织，大头是一人，小头是四人，大头每年轮换一次，从小头中产生，"吃会"就在大头家进行。

问：你当过会头吗？

答：当过小头，苟成也当小头，我记得在苟成家吃过一次会。

问："吃会"需要饭碗、盘子等炊事用具

怎么解决？

答：寒食会有一套设备，碗、盘、筷子都有，装在一个大木箱里，每年用一次，用完还放在箱内。

问：郝国樑当过会头吗？

答：没有，他那时在石家庄、栾城做买卖，开茶叶店。谁当过大头？记不清了。

问：有个叫三胖的是什么人？

答：也是姓郝的，"祖坟地"就是他挖出来的，他把乱坟地的树根都挖了，然后平整土地，把这块地交给了"寒食会"。

问："寒食会"活动有吹吹打打的吗？

答：有，吹喇叭的，外村请来的。

问：寒食会的三四亩地，"土改"时分给哪一家了？

答：记不清了，后来都合作化了，集体所有了。

问：郝国樑一家同你家关系是否近些？

答：不近，他家是南院，我家是北院，但两家关系还是不错的。他在旧社会当过村长，我们办事就方便些。

问：现在家族之间的关系同过去相比有什么变化？

答：没有什么变化，家族之间有什么事需要帮助的，大家还是互相帮助，过去也是这样。

【村长】

问：旧社会的村长同新社会的村长相比，在工作上有哪些不一样？

答：不一样，过去村长主要为日本人收粮、收钱，到各户去搞摊派，事情少些；现在村长为社员办事，事情特别多。

问：过去你们家一年要摊派多少次，拿出多少粮？

答：反正经常有摊派，县城下来人要粮，村长就到各户摊派一次，具体多少次，记不

清了。另外，那时候国民党军队和八路军也要粮食，也是由村长下来摊派。

问：要粮食给钱吗？

答：老百姓没有拿到钱，是否给村长钱就不知道了。

问：过去当村长有报酬吗？

答：没有听说给工资，具体县内给他们多少钱，老百姓不知道，另外他们从摊派中可以捞到好处，这儿抽一点，那儿抽一点。

问：郝国樑当过伪保长，"土改"时划为什么成分？

答：他过去做买卖，后来当伪保长，他家没有多少地，"土改"时定为贫农。

【"土改"】

问："土改"时本村有工作队吗？

答：有三个队员，经常主持召开群众大会。

问：当时村内有那些干部？

答：有贫农协会，贫协主任，由党支部书记李领群兼任，贫协干部还有郝老敬、张老牛、郝顺成、郝八云等。村内还有武委会组织。

问："土改"时村内有多少党员？

答：当时党员不公开。

问："土改"时你家定为什么成分？

答：定为中农，没有分出去土地，也没有分进来土地。过去当出去的土地，在"土改"以前就赎回来了。

问："土改"以后，家内劳力少，是否可以当地或卖地？

答：本村没有卖地和当地的，劳力少，种不了地的户有，都是请人帮忙，秋后给些粮食就行。

问：过去你家土地都种什么庄稼？

答：种棉花占 1/3，种粮食占 1/3，种其他杂粮占 1/3。

【解放前后家庭生活】

问：解放后同解放前相比，你家生活有什么变化？

答：有很大变化，生活比过去好。过去种一年麦子，只吃 26 天面食，其他是吃杂粮和菜，舍不得吃面。那时收了麦子，讲究吃四大顿，即所谓蒸一顿、煮一顿、擀一顿、包一顿。蒸，就是蒸一顿馒头；煮，就煮一顿面条；擀，擀一顿大饼；包，包一顿饺子。吃完四大顿，就舍不得再吃面食了。现在是随便吃。解放初期生活也比过去强。

问：解放后在生产上有什么变化？

答："土改"以后，村内有了互助组。

问：你参加互助组没有？

答：参加了，就两户，另一户是贫农郝狼子，他家劳力少，就在一起合种棉花。

问：种棉花收益怎样？

答：种棉花收益较好，当时国家号召，比种粮食收入多，高家庄有个棉花集市，专门收购棉花。但是当时我们还留出一半土地种粮食。

问：你和郝狼子合伙干了几年？

答：干了两年，我家又单干了，对初级社印象不深，直接参加了高级社。

问：困难时期的情况还记得吗？

答：记得，1960～1961 年是最困难的时候，村内饿死、病死的人有 60 多人，我的三叔叔和郝宪（宠）子都是这一年死去的。

问：1963 年闹大水你在家吗？

答：在家，地里都是水，我家被水淹了两天，东屋、西屋都被水泡塌了，大水退去后又重新盖的。村内中间没有进去水。

赵歪子 赵明顺（57 岁）

时　　间：1995 年 2 月 21 日上午
访 问 者：中生胜美
访问场所：赵歪子家

【寒食会】

问：赵傻子家同你们是否在五服之内？

答：出了五服户，关系比较远些。

问：同你们关系比较近是哪一户？

答：赵球子家关系近些。

问：明顺，你有几个孩子？

答：两个，大的叫文寄，小的叫文会。

问：明德有几个孩子？

答：一个，叫伟伟。

问：过去赵氏家族有没有"寒食会"？

答：有。"土改"以后，把地分掉了就没有了。

问："寒食会"内有头头吧？

答：有，大小头头 5 人。

问：你当过大头吗？

答：没有，那时我还小呢，大小头是按辈分排的，辈分高的是大头。

问：最后一次"寒食会"，大头是谁？

答：赵小后。

问：有后代吗？

答：有两个儿子，一个叫赵五十，一个叫赵八十。

问："寒食会"、"吃会"，粮食从那儿来？

答：那个时候围绕祖坟有三亩公地，出租给别人种，每年收成主要供"寒食会"使用。具体每年收多少粮食，大小会头知道，我们不知道。

问：种祖坟地，必须是姓赵的吗？

答："吃会"必须是姓赵的家族，种祖坟地不一定是姓赵的，别的姓也可以，只要保证每年供"寒食会"的粮食就行。

【祖坟】

问：赵家祖坟地在什么地方？

答：在村外西北方向。

问：祖坟就一个吧？

答：两个祖坟，先祖有兄弟两个，形成两股，我们这一股是先祖老大留下的；五队、八队姓赵的是老二的后代。上坟时，两股各上各的祖坟，"寒食会"在一起"吃会"。

问：解放前，赵家有当过村长的吗？

答：有，我父亲（赵老际）当过村长。

问：解放后，赵家有当干部的吗？

答：有，赵球子当大队会计十多年。

问：你（明顺）和赵球子是同辈吗？

答：不是，赵球子是我叔叔，他和父亲是堂兄弟。

问：村内的土地都有地名吗？

答：过去有，我不记得了；现在都叫"村南的地"、"村北的地"了。

问：你（歪子）认识张老乐吗？

答：认识，我十岁跟他上学，上了两年学。开始村内的老师是郝长路，后来死了，就是张老乐当老师的。跟郝长路也念了两年，一共上了三四年学。

问：念的什么书？

答：我上的是私塾，念的是《四书》、《大学》、《上下论语》、《三字经》、《百家姓》、《千字文》之类的书。

【兄弟及子侄】

问：你兄弟几个？

答：兄弟俩，哥哥叫赵春子。他有三个孩子，老大叫胜子，老二叫麻产，老三叫八月。

问：春子的几个儿子干什么工作？

答：胜子是在日本侵略中国时，被日本军队拉走了，据说在日本后勤部队管管财务工作，后来下落不明，直到解放，也没有任

何消息。八月是当八路军时牺牲的烈士，解放后，他娘（王梅子）一直领抚恤金。

问：八月原来干什么工作？

（明顺）答：八月比我大三四岁，原来在村内打短工，家庭贫穷，参加了八路军，牺牲时间在 1946 年或者是 1947 年。

问：本村还有革命烈士吗？

答：有，东头的郝小五，也是牺牲的烈士。

问：麻产有后代吗？

答：有，麻产还活着，他有三个小子，老大叫福庆，老二福京，老三福顺。

问：明顺，你什么时候出生的？什么时候上的学？

答：1939 年出生，今年 57 岁，6 岁上的学。

问：上几年学？

答：前后上了四五年，断断续续的上学，家内经济好时，就上学；不好时就不上学。

问：你什么时候工作的？

答：1959 年就学徒去了，在县内学铸造工。1962 年下放，回本村劳动。

问：困难时期你们生活怎样？

答：都很困难，我叔叔春子就是困难时期病死的，我在县城工作也困难，粮食少，吃不饱，村内社员也同样。

【村长的工作】

问：郝国樑是怎么样的人？

答：在旧社会当过村长，但其家庭很贫穷，"土改"时划为贫农，他家人口也多，他当村长，既给日本人工作，又给八路军工作。

问：歪子，你上完学干什么工作？

答：在本村种地，种粮食，也种棉花，品种不好，种的是小棉花，日本人来了，开始种大棉花。

问：大棉花和小棉花有什么区别？

答：品种不一样，小棉花桃小，产量很低，每亩只有几十斤棉花；大棉花，桃大，每亩达到百斤以上，解放后都种大棉花，产量就更高了。

问：大棉花是怎样推广的？

答：那时县城有日本的新民会，号召种大棉花，给化肥，给贷款（即奖励）。

问：歪子的父亲是什么时候去世的？

答：60 年困难时期死的，当时有 80 多岁。

【分家】

问：你同春子是什么时候分的家？

答：日本人来的时候，大约是 1937 年秋天分的家。

问：什么原因分的家？

答：主要是兄弟、妯娌之间，为了和睦相处，不发生矛盾才分家的，在一起过总是会有矛盾的，这同现在的情况是一样的。

问：分家时土地是怎么分的？

答：一共分成三股，一股 20 亩，我兄弟俩各 20 亩，留下 20 亩给老人作养老地。

问：分家时有中间人在场吗？

答：有，一般都请本族辈分大、年岁大的人来主持分家，具体是谁，记不清了。

问："土改"时，你们家定为什么成分？

答：我家定为中农，大哥家人多，定为贫农，我父亲也定为中农。另外分家后，大哥生活困难时，卖掉了一部土地卖给城内地主家，到"土改"时，他家实际上没有 20 亩地了。

问：春子卖地先征求你的意见吗？

答：先问我买不买，然后问邻居买不买，都说买不起，就卖给县内地主了。也有人家卖地时，不问邻居和亲戚，直给卖给地主的。

赵傻子（66 岁）

时　　间：1995 年 2 月 18 日下午
访 问 者：中生胜美
访问场所：赵傻子家

【家族状况】

问：解放前你家就住在这里吗？

答：一直住在这里，没有动。

问：你父亲叫什么名字？

答：赵程子。

问：1942 年日本人来调查，说赵家家族分三门，是这样的吗？

答：这个情况我知道，当时我们赵家有两个老坟。

问：你兄弟几个？

答：就我自己，还有一个姐姐、一个妹子。姐姐叫丑妮，妹妹叫荣贵。

问：赵丑德是谁？

答：是我爷爷，在日本统治时期，他帮助村长郝国樑跑腿、倒茶。

问：日本统治时期有个叫赵青山的，是你祖辈吗？

答：那是另一股姓赵的。我家坟在北面，他家坟在西边。

问：过去你家的地在什么地方？

答：咱们家穷，种的是城内王骡子（地主）的地，咱们自己的地只有祖坟地两三亩。（看过去村内土地图）

问：你父亲兄弟几个？

答：老兄弟俩，我父亲是老大。

问：你叔叔叫什么名字？

答：二红。

问：你爷爷兄弟几个？

答：兄弟四个，老大歹德，是我爷爷；老二春德，老三丑德，老四小黑。

问：几个爷爷都有后代吗？

答：就我爷爷有后代，二爷、三爷、四爷都没有后代。

问：你叔叔二红有几个孩？

答：生了两个都死了。

问：赵家分三股是怎么分的？

答：我爷爷分家时，分成三股，我父亲是第一股，也叫第一门，我叔叔二红是第二股。

问：赵歪子是哪一股？

答：他已经出了"五服"，就不是咱股内的户了，也是一个家族。

问：赵歪子兄弟几个？他父亲叫什么名？

答：弟兄两个，他父亲叫赵二印。

问：你们家有家谱吗？

答：没有，整个村内都没有家谱，别的村内有家谱。北面岗头村有家谱，还有家庙。

【上坟、火葬】

问：过去村内有上祖坟的习惯吗？

答：有，清明上坟，全体姓赵的都去上坟；春节初一早晨也去上坟。1958年以后，老坟平了，都不去上坟了，但自己的家的坟、父母的新坟还是去上。

问：根据过去的村图，这儿有个小庙？

答：叫真武庙，现在还有。

问：本村的地大部分是王赞周的吧？

答：他叫王骡子。

问：你家坟离王骡子地近吗？

答：不近，离村外地主李家的地近。

问：老坟地有多少地？

答：十几亩地。

问："土地改革"时，还有坟地吧？

答：有，"大跃进"时取消了。现在没有老坟地了，地都平了。新坟地，都在自家管理的地上。

问：过去坟地种树吗？有园子吗？

答：种一些柏树，合作化以后，用拖拉机耕地，就把柏树砍掉了。

问：本村什么时候实行火化的？

答：已有十余年了。本县火化场建立时，第一名火化的是本村的刘小水，当时不收火化费用，是免费的。

问：推行火化很困难吗？

答：开始很困难，群众不愿火化老人。有些村死了人，名义用车往火化场拉，实际到村外转了几圈，又拉到地里埋了。后来县内抓得紧，发现有埋葬的，立即通知村内挖出来火化。现在思想都通了，死人就火化，没有土葬了。

问：死人买棺材，需要多少钱？

答：现在没有棺材卖，死人火化，殡仪馆有骨灰盒卖，有80的、100的、200的、300的四种。现在有这样的，把骨灰盒拿回来，加个小棺材，木材钉的，比较小，再埋到地里。

问：现在姓赵的有多少户？

答：四五十户，我一家就分成4户。

问：哪一股人多？

答：我们第一股人多。

问：第一股同第二股的人能通婚吗？

答：不行，是一个家族的，不能通婚。

问：如果是外村姓赵的同本村赵家通婚可以吗？

答：同姓没有关系，只要不是一个家族的，可以通婚。

问：初一上坟是什么时间？

答：是早晨吃饭以前，上完坟回来吃饭。一般男的上坟，女的不去。

问：在什么地方集合去上坟？

答：在真武庙集合。

问：你们族长是谁？

答：有两个族长，一个叫赵泽筐，辈分最大，另一个叫赵二筐。现在都已经死了。泽筐的儿子叫赵成群，辈分大，小名叫小黑子。

问：过去族内发生纠纷，找他解决吗？

答：过去是这样，族内人有事都找他商量决定。

问：他当过保长吗？

答：没有。

问：族长都有什么事？

答：分家时，都请他出面主持；族内有纠纷，他出面给调解；上坟时，他走在最前面。

问：上坟带什么东西？

答：带酒、馒头、烧纸等，到坟上磕头、烧纸就算上坟了。

【拜年】

问：什么时候互相拜年呢？

答：早晨五点半就出门拜年，给长辈们拜年，先给父母拜年，然后给其他长辈拜年。

问：二红的妻子叫什么名？

答：姓刘，现在没有了。

问：同你父亲同辈的人，也给他们拜年吗？

答：都拜，是长辈，就去拜年。

问：不是一股的长辈给拜年吗？

答：也去拜年。

问：赵歪子同你同辈吗？

答：不是，我称他叔叔。

问：邻居之间，不同姓的，拜不拜年？

答：也拜，因为辈分是一致的，不乱，也拜年。都是在上坟以前，就把年拜完了。

问：不同姓之间的辈分要乱吧？

答：不乱，都是父亲那一辈传下来的，也都有辈分。

【过继、入赘】

问：过继的，或者"倒插门"的，要改姓吧？

答：男的到女家，要改姓；过继的，一般不改姓，因为过继的都是同族的人多。如有一个蒙古族人过继给我们赵家，他本人没有改姓，他生下的孩子改姓赵了。

问：过去是这样吗？

答：过去就是这样，"倒插门"就改姓。

问：如果上辈兄弟俩，只有一个男孩，能不能过继？

答：可以过继，这里的习惯叫"一门二不绝"。也就是兄弟各家都给这个儿娶媳妇，使两家都不绝后。本村没有，外村有这样的事。

问：过继的要立字据吗？

答：要写过继书，请村内有文化的人写。过去我们村有位老先生，专门给人家写字据的，这个人已经死了。

问：现在要写字据，请谁写？

答：现在识字、能写的人多了，譬如我家分家的"单子"，就是我儿子写的。

（看分家的"分单"）

问：过去分单上要写上养老地吧？

答：过去写，现在地是国家的，不用写，写上给粮食、给钱就行了。

问：这个单子谁写的？

答：我不认识字，这咱家老三（瑞河）写的。

问：瑞河干什么工作？

答：开拖拉机，搞运输的。

问：赵青山兄弟几个？有几个孩子？

答：就他一个，有两个孩子。

问：两个儿子叫什么名？

答：一个叫二白，另一个叫丑德。二白有三个孩子，叫修福、修身、银五。丑德是过继给青山，他有一个孩子，叫修路，也是二白的孩子，过继给丑德的。（家谱表略）

问：过继的当地有习惯的语言吗？

答：也写字据，就写上"小儿无能，随

继改姓，白头到老，立字为证"。

问：过继要考虑辈分吧？

答：对，同辈人不能过继，必须是晚辈的。

问：过继找什么样的合适？

答：兄弟的孩子最合适，娘家孩子也可以，也有找同族的孩子，但是必须辈分要合适，不能乱。

问：最近几年村内有过继的吗？

答：最近几年没有孩子的，都是从外地要孩子养，过继的不多了。前几年有买来孩子的，最近政府打击人口贩子，卖孩子的没有了。头五年有。

问：外村、外姓过继的，还分辈吗？

答：不分辈了。

【居住地点与生产队划分】

问：村内住房是怎么划分的？

答：根据过去延续下来的，东头、中间、西头三大片，东头是郝家，西头赵家、刘家，中间是徐家、张家。

问：你和郝家人来往，有辈分吗？

答：有，住的近的严格，居住的远，来往少，就不严格了。

问：现在村内人谁见到谁，辈分不会错吧？

答：现在人多了，把辈分搞错了的多得很，特别是来往少，又居住得远，只好按年龄来论辈分了。

问：过年磕头、全村的晚辈都要给全村长辈们磕头吗？

答：解放前，全村要磕头，解放后，村子扩大了，就分成东头、中间、西头 3 片之间磕头，不全村磕头了。

问：划分生产队同 3 大片有关吗？

答：有关，东头一、二队，中间三队，两头四、五队。一、二队姓郝的多，三队姓徐的多，四队姓赵的多，五队姓赵、刘，还有其他姓的。姓赵的四队、五队差不多。我们家一股在四队。

问：四队有多少户？

答：十八九户，不到 20 户。

问：生产比较好的是那个队？

答：好的是四队，差的是一、五队。

郝元增（59 岁）

时　　间：1995 年 2 月 27 日下午

访 问 者：中生胜美

访问场所：郝元增家

【家庭情况】

问：您今年多大年纪？属什么的？

答：今年 59 岁，属牛。

问：你家几口人？父亲叫什么名字？

答：原来全家 14 口人，住在村东头，父亲叫郝浑子，大号叫郝老林，已经去世了。

问：母亲叫什么名字？

答：姓张，名字叫番子，简称张氏。

问：你父亲兄弟几个？

答：兄弟 4 个，我父亲是老三，大伯叫郝白子，二伯叫郝老克，小叔叫什么记不清了。

问：你祖父叫什么名？兄弟几个？

答：不清楚。

问：你兄弟几个？

答：也是兄弟 4 个，我是老三，大哥叫郝兴，二哥叫郝元生，弟弟叫郝生。

问：你有几个孩子？

答：有 4 个孩子，大女儿叫素峰，已出嫁；长子叫建钢，次子建力，三子建峰。

问：郝兴有几个孩子？

答：有两个女孩都出嫁了。

问：元生有几个孩子？

答：一个男孩，叫富贵，30 余岁。

问：无生有几个孩子

答：有两个男孩，大的叫爱军，22 岁；小的叫建军，原来还有个女儿，去世了。

【幼年时代】

问：你几岁上学？

答：10 岁上的本村小学，那时已经解放了。

问：土地改革时你家有多少地？什么成分？

答：土改时，家内 30～40 亩地，定为中农。

问：你上过几年学？老师是谁？

答：上过三四年学，老师是八里庄的赵秀申，30 岁左右，他教的时间长。还有两个女老师叫李春喜、李凤清，都住在县城，教的时间不长。

问：上课教的什么内容？

答：有关"中国共产党万岁"和"毛主席万岁"的一些内容，上过语文和算术。

问：你什么时候下地干活？

答：从小学一出来就下地干活了，1955年就去当兵了。

【工作经历】

问：是义务兵吗？

答：是第一批义务兵，我村去了 4 个人。

问：当兵都到过什么地方？什么时候回来的？

答：天津、唐山、山西都去过，1958 年大跃进时复员回来的。

问：当兵回来，在哪儿工作？

答：先回村参加大炼钢铁，不久我就到石家庄机车车辆厂工作。

问：全家都到石家庄去了吗？

答：家内还在本村，就我一个人在石家庄工作。

问：经常回来吗？交通方便吗？

答：每星期回来一次，交通方便，我骑自行车回来。

问：村内那时有自行车的不多吧？

答：也不少。

问：在石家庄每月工资多少？

答：四五十元钱。

问：买一辆自行车当时需要多少钱？

答：100 多元就行。

问：在石家庄工作几年？

答：在石家庄工作 3 年，就调到内蒙古大兴安岭铁路上去工作，搞木材运输。

问：你什么时候结的婚？

答：1958 年回村后就结婚了。

问：你是什么时候回村的？

答：在大兴安岭工作了一年，于 1962 年回村的，那时村内食堂已经解散了。

问：回村后干什么工作？在哪个小队？

答：当社员种地，在一小队。当时一小队比较大，有三四十户，土地不到 300 亩。

问：困难时期你家生活怎样？

答：吃的粮食很紧张，我在石家庄节省一些粮票给家内。

【生产队长、民兵连长】

问：在队上当过干部吗？

答：在小队当过一年队长。

问：什么时间当队长的？主要任务是什么？

答：在"文化大革命"以前当的队长。主要工作任务安排好生产，领着社员干活，比如下地浇水，分配社员工作任务，都是队长的事。社员生活问题也要管。

问：你当队长时，那个队的工分值高？听说一队、五队不行，四队最好，是这样吗？

答：都差不多，我们队不低于别的队。

问：队长最辛苦的活是什么？

答：农忙时，就怕机器坏。比如正在浇水，机器坏了，就影响生产，这是队长最操心的事。

问：队长是任命的吗？

答：不是，群众投票选的，一人一票，15 岁以上的社员都有选举权。

问：文盲不识字怎样投票？

答：可以请人代笔写。

问：后来你为什么不干了？

答：我到外地干活去了。

问：你什么时候有孩子的？

答：1964 年就有了大小子，在这以前有了大女儿。

问：1963 年闹洪水，你在家吗？

答：在家，地里进了水，村内没有进水。

【"文化大革命" 时的情况】

问：本村搞 "文化大革命" 吗？

答：也搞，就是开会搞宣传。

问：是批判会吗？你有没有挨批判？

答：有批评会，我只干了一年队长，没有什么事，也没有挨批判。

问：本村有 "红卫兵" 吗？

答：也有，都是学校里的学生。

问：村内的关帝庙是扫 "四旧" 扫掉的吗？

答：在这以前很早的时候就拆掉了，扫 "四旧" 时扫掉了真武庙。

问：小队有办公室和场地吗？

答：小队没有办公室，一般开会在会计家，大队有办公室。场地每个队都有。

问："文革" 时期粮食够吃吗？

答：够吃，每年分配粮食时，都够吃，但是没有现在这样充足。

问：你看现在同过去生产队比较，有些什么问题？

答：现在粮食多了，浪费粮食的现象也严重。青年们学到的东西、知道的事比较多，比我们过去强，对发展生产有利。譬如我的几个孩子，都是初中毕业后来参加工作的。在旧社会做不到。

问：你父亲什么时候去世的？

答：1964 年去世的。

问："文化大革命" 后你当过干部吗？

答：没有。

问：你当过民兵吗？

答：当过，我还当过民兵连长。

问：70 年代，你家人口多，生活过得去吗？

答：粮食够吃，生活紧张些，省吃俭用就能过得去。

问：1976 年毛主席去世时你有什么想法？

答：我是在县城听到广播说毛主席去世的消息，所有人都很悲痛，我也是一样悲痛。当时村内人还不知道，后来知道了，村内也有广播。

问：村内生活什么时候开始富裕起来？

答：改革开放这些年富裕起来了，具体说是承包以后，生活好起来了。

【分家】

问：你家是什么时候分家的？

答：有四五年了，老二是 1985 年结的婚，盖了新房，就分家了。老大结婚早，1983 年结婚，那时全家还住在一起，老三是 1989 年结的婚。

问：女儿嫁到什么村去了？花了多少钱？

答：婆家是大白村的，出嫁时花了 500 元左右。

问：三个儿子结婚时，花了多少钱？

答：老大花钱少，花了 2000 元左右；老二结婚时花了 5000 元；老三多些，也就是 8000 元左右。

问：村内有送礼的吗？有礼单子吗？

答：有送礼的，礼单子没有了，没有保存。

问：分家时有"分家单"吗？谁主持分家？

答：分家时，儿子、儿媳都在场，加上我们老两口，我主持，请来当家的叔叔。没有"分家单"，但分家内容都记在本子上了。因为没有矛盾，所以也不需要"分家单"了。

问：分家时，有没有找舅舅来分家的？

答：本村这种情况极少，都是找当家的。

问：你兄弟几个是什么时候分家的，都有些什么说法？

答：我兄弟几个是 60 年代初分家，那时很简单，请族长来一说就分了，各家分多少东西也不计较，我在外面工作，也不在乎。

问：分家后父母跟谁过？

答：跟我过，原因是我经济条件稍好些，管理能力比其他兄弟强，再则婆媳关系好，我弟弟还小，所以父母跟我过。

问：你吃过"会"吗？

答：我那时小，赶上最后一次。吃会是在每年清明节，也叫"寒食会"。那一天，会上蒸大馒头，大人每人发一个；小孩给一个小馒头。

问：你同郝全喜在辈分上谁大？

答：同辈，我叫他大哥。

问：对姓赵的，按辈分排吗？

答：不严格了，一般按年纪称呼了。

问：你称赵傻子什么？

答：他的岁数比我大，称叔叔。

问：你叫徐孟祥什么？

答：叫哥哥。

【认干亲】

问：村内有认干兄弟的吗？结拜兄弟？

答：没有，因为辈分很严格；结拜兄弟都是不同村、不同姓的人才搞，本村不需要。但是村内有认干亲的，称干爷、干娘。

问：你的孙子、孙女辈内有认干亲的吗？

答：有，我老二的小孩认郝同顺为干爷。认干亲，同姓的可以，不同姓的也可以，但是辈分不能乱。

问：农村为什么要给小孩认干亲呢？

答：两家关系不错，都喜欢小孩，热闹热闹，是老风俗习惯。

问：认干亲举行什么仪式？

答：两家在一起热闹一番。

问：男孩认干亲多，还是女孩认干亲多？

答：男孩认干亲多。

【结婚风俗】

问：现在结婚，女方陪送什么嫁妆？

答：一般是洗衣机、电扇、床上铺的盖的。电视机根据条件，女方经济好，也有陪电视的。经济条件不行，也有由男方买的。男方准备的是：房子、组装柜、床。

问：结婚时是女方花钱多，还是男方花钱多？

答：主要看经济条件，现在有些女方家庭条件好的，有陪电视、录像机等。一般说，男方花钱多。

问：你 50 年代结婚还拜天地吗？

答：举行结婚典礼，先向毛主席像行礼，完全是新式结婚。

问：现在年轻人搞对象有媒人吗？

答：没有，有介绍人，都是年轻人中的好朋友给介绍，也有自己搞对象的，搞成了，再找个介绍人，同过去媒婆说媒不一样。

问：现在接新娘同过去有什么不同？

答：过去用马车去接，现在都是用汽车去接，上午就把新娘接回来。

问：村内老母庙唱戏，户内摊钱吗？

答：摊钱，我们出了 10 元钱。

问：群众喜欢看戏吗？有外村人来没有？

答：都喜欢，有外村人来看戏的。

问：附近还有大庙吗？

答：有，县城有个东岳庙，是大庙。

问：本村有信仰天主教和其他教的吗？

答：没有，都是信佛教的。

问：信佛教的是男的多，还是女的多？

答：女的多。

【老母庙】

问：老母庙是什么时候拆掉的？

答：很早以前，我当兵那年，就没有老母庙和真武庙了。

问：现在重修的老母庙是在什么时候？

答：1989 年修的。

问：新建老母庙，群众有意见吗？

答：现在是宗教信仰自由，没有意见。

问：什么时间给老母庙烧香磕头。

答：每月初一、初五，给老母庙烧纸、烧香。

问：谁提议盖老母庙的？

答：自发搞的，谁提议不知道。

问：修庙占地，地是哪儿的？

答：那块地原来就是老母庙的旧址。

徐丑小（60 岁）　　李俊德（65 岁）

时　　间：1995 年 2 月 22 日下午

访 问 者：中生胜美

访问场所：徐丑小家

【自然情况】

问：你们两位今年多大年儿？

答：徐丑小属鼠，60 岁，1936 年生；李俊德属羊，65 岁，1931 年生。

【徐丑小的经历】

问：你这间新房什么时候盖的？原来住在哪儿？

答：新房是 1986 年盖的，原来住在西头。

问：西头姓徐的多吗？

答：比较多。

问：你在哪个队？

答：在原来的三队，这个队姓徐的多。

问：你什么时候上的学？

答：8 岁就上学，念了三年，毕业后就回家种地。是在本村小学上学。

问：你家有多少地，几口人？

答：有 7 亩地，5 口人。

问：父亲叫什么名？

答：叫徐长子。

问：母亲叫什么名？娘家在哪个村？

答：叫徐赵氏，寺北柴赵村人。

问：你有几个亲兄弟？

答：我是老大，二弟叫徐满仓，三弟徐义子。

问：日本进攻中国的事，还记得吗？

答：（徐答我年小，不记得了；李答）我已记事，那年日本来时，村内人害怕都躲起来了。

问：当年日本人来村内搞调查，记得不？

答：知道这件事，详情不记得了。

问："土改"时，你家什么成分？

答：定为贫农，5 口人只有 7 亩地，土改时分到 5 亩地。

问：村内地主是哪家？

答：地主在县城北关。（看村内居住图）

问：开土改会议，你家谁参加？

答：我父亲参加。

问：土改后地够种吗？有农具吗？

答：平均每人 3 亩地，够种够吃了，有水车。

【"寒食会"、互助组】

问：徐家有"寒食会"吗？你吃过会吗？

答：有"寒食会"，过去每年清明搞一次活动，我年龄小，没有吃过会，但能分到一两个馒头。"吃会"的都是男的。

问：姓郝的、姓赵的，都有"寒食会"吗？

答：都有。

问："土改"后，你家参加了互助组吗？

答：参加了，徐孟祥组织的，有十多户，很快变为初级社、高级社了。

问：互助组的几户人家还记得吗？

答：有徐孟祥、徐长子、我家、徐小黑等。

问：村内有几个初级社？

答：不记得了。

【生产队队长】

问：你什么时候当干部的？

答：1965～1966年在六队当队长，那时是人民公社时代。

问：1958年"大跃进"时，你在哪个队？

答：大跃进时三队合并到二队，队长叫郝保国，我（徐丑小）也是队长。1957年有7个队。1958年二、三队合并，四、五队合并，全村有三个大队。后来，又一队、二队合并，三队、四队合并，五、六、七队合并，仍为3个大队。

问：你当队长都在什么时间？

答：1963年以前当队长，1963年不干了，1964～1966年又当队长。

问：1963年为什么不干？

答：那时的口号"让高山低头，让河水让路"，结果选举把我选掉了。

问：1964年为什么又当队长了？

答：1963年选的队长干不了，又把我选出来。

问：队长是谁？为什么干不了？

答：叫徐丑祥，年岁大，脑子糊涂，干不了。

问：徐丑祥不行，社员为什么选他？

答：他当时喊了"让高山低头，让河水让路"的口号，所以大家就选他了。

问：你当队长时，工作好干吗？

答：好干。

问：那时你在哪个队？

答：1966年全村分为10个队，我在六队当队长。

问：其他队长是谁？

答：一队队长郝老丑，二队队长郝连元，三队队长？（记不清），四队队长郝宝贵，五队队长崔长胜（当兵回来的），李连群是会计，六队队长徐丑小，还有徐孟祥（另外一个孟祥，是小孟祥），七队队长郝物件，八队队长赵修路（记不准，可能是他），九队队长刘老歹，十队刘喜毛。

问：崔长胜是本村人吗？

答：不是，是承德人，复员落户到本村的。

【"文革"、"四清"】

问：1966年"文化大革命"开始了吧？

答：1966年春搞"四清"，整顿干部，清理贪污、多吃多占的事。

问：有工作队吗？

答：有，是从石家庄、县内派来的工作队。

问：工作队任务是什么？

答：反对贪污盗窃、反对投机倒把等。

问：你挨批判没有？

答：挨批了，主要说我多吃多占，说是贪污，那时十个生产队的队长都挨批了。

问：搞"四清"是在什么时间？

答：我们县是1960年春天，1965年冬在赵县搞"四清"，赵县搞完了，工作队撤到我们县。

问：" 文化大革命"什么时候开始的？

答：搞完"四清"，接着就是"文化大革命"，大概在1966年七八月份。

问："四清"结束你还当队长吗？

答：不当了。

问："文革"中村内有"红卫兵"吗？有武斗吗？

答：没有，外地"红卫兵"，没有发生武斗。

问：有大字报吗？

答：大字报有，都是村内的小事，贴在街内墙上，这个村比较团结，没有什么大事。

问：那个时候各队生产情况怎样？一个工分值多少钱？

答：各队工分值的情况不一样，一、二队较差，一个工分值只有三毛多钱到四毛钱，五、六队能到四毛到五毛钱，七、八队好些，达到七毛钱。

问：为什么有差别？是土地多少的关系吗？

答：土地都是一样多，一、二队孩子、老人多，劳力少，另外病号也多，所以工分值就低。七、八队劳动力多，生产搞得好，工分值也就高。

问：是否土质、水利条件不一样？

答：土质和水利条件都是一样，关键是劳力多少的问题，壮劳力多，田间管理也就好些。

问：你和你弟弟是什么时候分家的？

答：1963年分的家。

问：你什么时候结婚的？

答：1961年结的婚，1962年老大出生。

问：结婚时花多少钱？

答：50～60元钱，买点布，做几身新衣服就行了。

【春节习俗】

问：正月初一早晨先拜年，还是先上坟？

答：初一起得早，四五点就起床，先给长辈们磕头拜年，然后到自己家坟地上坟，在太阳出来以前；过去有老坟，现在没有了，就上自己家的坟了。上完坟回来后吃饺子。

问：给村东头或其他姓氏拜年吗？

答：先给本家族的长辈拜年，然后给东头不是本家族的长辈们也磕头拜年。

问："文化大革命"时过年磕头吗？

答：不让搞，那是封建迷信。那时过年，正月初一，全大队社员到一起，开个会，叫团拜。改革开放后，才让群众磕头拜年，信仰自由。

问：初二、初三，老百姓干什么？

答：儿子、媳妇回娘家给老人拜年，同样女儿、女婿也来娘家拜年，都是当天回来。

问：初四、初五有什么活动吗？

答：初四还可以拜年，初五休息，也不到各家去拜年，因是"穷日子"，忌讳到别人家串门，所以这一天休息。

问：初六干什么？

答：是迎接新结婚的女儿、女婿来家过年，可以在家住几天。从初六到初十，走亲戚，串串门。

问：初十干什么？

答：初十烧纸火，去百病，亲戚多的还继续串门走亲。

问：十五、十六有活动吗？

答：十五、十六，送天地上天，一般在傍晚太阳落下，由家庭主妇上供、烧香、磕头。到这个时期，过年就过完了。

【纪念花神、闹填仓】

问：二十日花神生日是怎么回事？

答：这是过去的习俗，种棉花的多，纪

念花神，现在没有了，种棉花的也少了，没有什么活动了。

问：二十五日有活动吗？

答：正月二十五是填仓节，叫闹填仓，也就是给家内装粮仓库之神烧香上供，保佑粮仓平安。一般在中午进行，还放鞭炮。

【一年中主要节日】

问：二月有什么节日？

答：二月初二，龙抬头，各家吃点好的。二月十九，老母生日，老母庙会有活动，有人去烧香、磕头、上供，家内吃点好的。

问：三月有节日吗？

答：三月三日，在县城东关有个大的庙会，年年唱戏，大伙去逛庙会。三月份还有就是清明节，一般在阴历初四、初五，这一天过去有"寒食会"的活动，清明节这一天，各家都上坟，用纸剪成一条一条的，象征着"头发"，压在墓顶上，在一条条纸上压上一块土，坟上盖上新土，烧纸、上供，这就是扫墓了。"寒食会"一般在清明节前三四天进行。

问：上坟有女的去吗？

答：一般女儿都回娘家去上坟。

问：四月份有活动吗？

答：没有什么活动。

问：五月份有活动吗？

答：五月初五端午节，包粽子吃。

问：买的，还是各家自己做？

答：都是自己包粽子，用江米、黄米、小枣、糖、粽叶包在一起。粽叶，也就是苇叶。

问：六月初五给雨神上供听说过吗？

答：没有听说过，六月份没有什么节日。

问：七月份有节日吗？

答：七月七日，天上牛郎会织女，不是什么节，不吃什么特别的东西。

问：八月份有什么节？

答：八月十五中秋节，家家吃月饼，是一个大节。晚上月亮上来的时候，全家人赏月，供上月饼、苹果、梨、核桃等。

问：十月有什么活动？

答：十月初一，"送寒衣"，就是给去世的亲人送御寒的衣服，把五色纸，即红、黄、蓝、白、黑五色纸，剪成衣服形状，到傍晚时，全家男女老少到坟上烧，同时买点纸印的票子（冥钱）一起烧。

问：十一月有节日吗？

答：没有。

问：十二月有什么活动？

答：活动可多啦！十二月初八，是"腊八"，家家吃腊八粥。

问：有什么作料？

答：有大米、小米、豇豆（红小豆）、绿豆、小枣、糖等做成的腊八粥。

问：吃粥是什么意思？

答：祝老年人健康长寿。另外有句俗语："腊七腊八，出门冻着（煞）"，意思一年中最寒冷的时候。

问：腊月二十三是什么活动？

答：送灶王爷上天，烧香，供灶糖（糖瓜）。

问：吃糖什么意思？

答：让灶王爷上天汇报，"好话多说，赖话少说"。意思多汇报人间好事。

问：什么时候把灶王爷请回来？

答：腊月二七、二八日就把新买的灶王爷贴上，腊月三十日灶王爷"就回来了"。

问：什么时候杀猪宰羊为过年做准备？

答：腊月十五以后，就杀猪宰羊，过了二十日，各家开始蒸馒头、年（粘）糕了。以上这些东西，一直吃到正月十五、十六日。

问：腊月三十日晚，是除夕之夜，有什么活动？

答：三十日晚就是过年了，全家一起喝酒，守夜（守岁），一直喝到夜里两三点，再过一段时间就开始拜年了。

问：什么时候大扫除，什么时候贴对联？

答：腊月二十日以前大扫除，要在蒸馒头以前把屋内清扫干净。二七、二八日贴对联，二九日贴也行。年三十前，过年的一切都安排好。

问：送灶王爷和请灶王爷，是男的的事，还是妇女的事？

答：是女的管，由家庭主妇送和接。

问：冬至和夏至，都有什么活动？

答：这是节气，没有什么活动。

问：对节气有什么俗语？

答："正月十五雪打灯，八月十五云遮月"。

问：家家什么时候挂灯笼？挂到什么时候？

答：腊月三十日一直挂到正月十五日。

问：挂灯什么意思？

答：表示明亮、好看，过去点蜡，现在用电灯。

问：关帝庙什么时候有活动？

答：关帝庙早就没有了，所以也没有活动。

徐孟祥

时　　间：1995 年 2 月 23 日上午
访 问 者：中生胜美
访问场所：徐孟祥家

【丧葬习俗】

问：今天请你介绍一下村内的风俗习惯，先介绍一下白事情况。

答：过去村内死了人，到栾城县内去买棺材，质量、价钱都不一样，其名称有"三度"、"四玉"、"八仙"，这些都是用柏树做的棺材，都是有钱人家买。

问：什么时候给老人买棺材？

答：有钱人家都是人活着的时候就把棺材买好，一放几十年的都有；没钱的都是人死了后，由家族中凑钱买个棺材给埋上。

问：村内有专管白事的组织吗？

答：组织是没有，但有人管。管白事，主要是本家族中长者、有威望的、有活动能力的人出面组织，都是临时召集本族中热心的人来操办白事。

问：人死了以后，停放在什么地方？

答：人死了以后，不管原来住在哪个房间，一律都停放在正屋正厅的地方，是先给死者穿好衣服再抬到正厅停放。

问：给死者洗脸洗手吗？

答：简单地擦干净就行。到了把死者往棺材里放时，由其子女给"净面"，就是用棉花泡着水，把死者脸面擦一下。一般都是由亲儿子，或者是亲女儿给"净面"。

问：有没有让老伴"净面"的？

答：没有，因为死者老伴悲伤，痛哭，一般不让看死者的遗容，另外怕眼泪掉在死者的脸上，是很不吉利的，所以不让老伴"净面"。

问：一般死者停放几天后埋葬？

答：一般停放三天就出殡，叫做"排三"。但也要看出殡的日子，是否是单日，双日不出殡，这是老风俗习惯。还有儿子在外地工作，却不回来的，可以停放七天的，主要让子女到齐再出殡。

问："净面"后，才把死者放置在棺材内吧？

答：出殡以前，先把死者放在棺材内，然后由子女"净面"，然后把死者生前喜爱的物品也放在棺材内，作为殉葬品，如死者爱抽烟，就把烟盒当成殉葬品，最后盖上棺材盖，周围亲戚大哭一场。

问：出殡这一天，怎么请人帮忙？

答：出殡这一天，包括人死后，族内的人，和关系不错的人，听到消息后，都自动来帮忙，叫做"红事叫，白事到"。

问：这个消息怎么传出去？

答：人一死，家属就放鞭炮，村内的人就知道"哪家死人了"，家族中的人就自动来帮忙了。

问：来帮忙的都是本族人吗？

答：不一定，有本族的，也有外姓的，主要看这一家社会关系如何，一般邻居帮忙的多。

问：外村亲戚由谁去报丧？

答：由本族中管白事的人派人去报丧。如果是长辈去世，比如母亲去世，给娘家舅报丧，往往由儿子带着白布去报丧，一进舅舅家门，就磕头，这就是报丧。到女儿家报丧，由族内派人去就行了。一般老人死以前，女儿都来到身边了。

问：现在村内管白事的有哪些人？

答：姓郝的是郝傻小；姓徐的，是我和徐小眼；姓赵的，赵车桥、赵球子；姓刘的叫刘玉合。

问：管白事的人怎样帮助操办？

答：先由管白事的人同死者家属商量，"准备花多少钱？"根据家属提供的钱数，由管白事的人确定是"大办"、"中办"，还是"小办"，钱多时，白事就办隆重些；钱少的，白事就办得简单些。管白事人都有一套经验和一帮人给出主意。

问：亲戚来奔丧时，带来什么东西？是否要给钱？

答：一般不给钱，来时带一些点心就行，不管点心多少，都必须分成四包，叫做"神三鬼四"。这是去世的那一天，亲戚来时给死者磕个头，带一些点心。到出殡这一天还要来，带来的东西就多了，一般管白事的人就负责登记，哪家送什么东西等。

问：出殡时，儿子们穿什么样的衣服？

答：戴孝帽（在原帽子缝上白布，或者全白棉布做的帽子），穿孝服，白布做的衣服；穿孝鞋，原鞋子上缝上白布。旧社会村内有出租孝服的，现在没有了，经济条件好，都自家买白布做。

问：女儿、儿媳都穿孝服吗？别的亲戚也穿吗？

答：都穿孝服，尤其是出殡这一天。别的亲戚不要求穿，但是要戴上白布条。

问：人死后停放在屋内有什么说法？

答：一般北屋、南屋停放时，死者头朝东；在西屋、东屋停放时，头朝南，说法是不让死者见阳光。另外，死者停放的位置，不在房子的大梁底下，要错开大梁，图个吉利。

问：给死者前面放什么东西？

答：在死者停放的正厅放一张桌子，放几个碗和碟子，碗里放上土，插上几根草棍子（草编织的棍子），在草棍子上挂上一些面疙瘩，白面和杂面做成的小疙瘩，用火烤黄了。这叫"打狗棒"；另外用面烤几个小饼，放在碟子上，叫做"喂狗饼"。意思死者去阴间路上能顺利通过。如果死者生前爱喝酒，还放点酒等。在死者手里，一手拿草棍，一手拿小饼。

问：什么时候开始给死者烧纸？

答：人一死，儿子就到村内五道庙（过去村内有庙，现在没有了庙，人们还到那个遗址的地方）烧"到头纸"，因为五道庙是管"死人"的，烧"到头纸"表示其老人已"到头"了。以后每天黄昏去烧"黄昏"纸，到了死者成殓时，就不烧了。在成殓前一天晚上，时间是12点前后，烧纸车、纸马等，表示要让死者"上路"了，要坐马车去阴间。这一天烧纸应是单日，如果是单日就 12 点以前烧；如果是双日就 12 点以后烧。

问：入殓后，抬棺材怎么抬法？

答：过去抬棺材专门有副架子，一般都是 16 人抬，前边 8 人抬，后面 8 人抬；也有用 32 人抬的。在 60～70 年代时，土葬时一般已不用抬架子，改为用马车拉到地里，80 年代普遍实行火葬了，也有火葬后，做个小棺材，把骨灰盒放在棺材里然后到地里埋起来。这小棺材用胶皮车、小车就行，方法比过去简便多了，也有用拖拉机或马车的，都有。

问：出殡时有什么仪式？

答：出殡以前，把棺材抬到院子当中，亲戚中男的围绕棺材转三圈，正方向转着走三圈，女的按相反的方向也转三圈。然后由次子摔盆、摔碗，是死者生前常用的碗、盆，什么说法，闹不清，反正都是这个风俗习惯，然后放鞭炮，抬棺材出发。长子在最前，扛着"引魂幡"，写上"童子引路"；如果没有长子，长孙也行。其他儿子也跟在前面。撒纸钱，叫做"买路钱"，一般由族内上年岁人撒，叫"挎斗的"。

问：除了亲戚送葬外，村内邻居、本族的人也跟着送葬吗？

答：关系好的邻居、族人、朋友听到鞭炮后也来送葬，也有一直跟到地里的。有些亲戚出殡这一天来时，先送"灵帐"，就是一块白布，有一丈的，也有一丈五的不等。"灵帐"是古时候传下来的，是对死者的敬意。出殡时，长子、次子走在棺材前面，女的走在棺材后面，儿子穿上孝衣，手里拿着"哭丧棒"，什么意思不清楚。

问：亲戚都跟着下地吗？

答：不一定，一般晚辈，如外甥、侄子、外甥女婿等都跟到坟地，亲戚中同死者同辈的，一般就不到坟地了。

问：坟坑是什么时候挖好？

答：一般出殡这一天早晨，派几个人去挖，有一个小时就可以挖好。

问：坟地安葬时有说法吗？

答：旧社会的坟地都是请风水先生确定的，并跟死者的身份来安排墓地，如果是一夫一妻，一般要用"排葬"，男左女右的排法安葬。如果是一夫多妻的，或者后续的，就采取"夹葬"，男的在中间，大老婆在左边，小老婆在右边；也允许一夫多妻的采用"挪葬"的，最左边是男的，紧靠男的是大老婆，小老婆又靠着大老婆那样排着安葬。是采用"夹葬"，还是"排葬"，都由风水先生来确定。

问：现在还有风水先生吗？

答：有，本村没有，外村有。过去本村有，叫徐二锡，早已去世了。

问：引魂幡放在什么地方？

答：坟埋好，插在坟上。插引魂幡还有个说法，先插深一些，然后往上拔一节，表示发财的意思，再往上拔一节，如果是三兄弟，就往上拔三次。

问：埋葬时有什么说法？

答：棺材放在墓穴后，请风水先生再看一次，头朝什么地方，脚朝什么方向，都对了，然后由儿子们先填三把土，接着女的也填三把土，女的填完后就大哭一场，其他埋土任务都由帮忙的去做。埋好后就可以回家了。

问：埋葬好，是否死者家属要请客招待帮忙的？

答：在旧社会，简单些，请人抬棺材的留下来吃顿饭，主动帮忙的本族人、邻居由死者儿子们给磕头"感谢乡亲"帮忙，就算完了，各回各家吃饭。在旧社会，中等人家安排吃饭，也很简单，烧点白菜、豆腐、粉条，蒸点饽饽就算一顿饭，也没有肉，也没有酒，叫做"有嘛吃嘛"了。现在经济条件好了，请人帮忙，回来吃饭有菜、有肉、还喝点酒。

问：把死者安放进墓穴后还有什么事情要做的？

答：出殡三天后，自己亲戚上坟扫一次墓，把"引魂幡"放倒，要注意"倒"的方向，"倒"向哪个亲戚住的方向，哪个亲戚今后就"发财"。死后的第一个七天，叫做"一七"，傍晚要到坟上烧纸，每逢七天都烧一次纸，一共烧七次纸，叫做"七七四十九天"，也叫"净七"，以后就不烧纸，也没有别的事了。

问：过去死人，有没有请和尚、老道做白事的？

答：有，有钱的人家搞过，赵球子父亲去世时，就请人吹喇叭、念经的，后来就没有了。现在有些人家死了人，埋人后请人来唱戏的，还有的请人来放电影。

问：需要多少钱？

答：没有多少钱，放电影便宜，有100元就行了。

问：有红白喜事，帮忙的是家族的人多，还是邻居的人多？

答：一般大姓的是家族人多，小姓的是邻居帮忙的多。总之是互相帮助，今天人家帮你忙，人家有事时，你也得去帮忙，这是风俗习惯。

郝老艳（79岁）

时　　间：1995年2月18日下午

访问者：小田则子

翻　　译：孙雪梅

访问场所：郝老艳家

问：今天是想了解郝姓一家的情况。你有几个兄弟姐妹？

答：弟兄就我一个，两个妹妹已出嫁了。兄妹3人。

问：他们叫什么名字？

答：郝喜梅、郝冬梅。

问：你是老大？

答：对。

问：你有几个孩子？

答：4个闺女两个儿子，共6个。

问：现在家中几口人？

答：5个人。

【春节习俗】

问：春节的时候他们都来了吗？同族的人都来了吗？

答：都来了。

问：都谁来啦？

答：冬梅、喜梅的孩子来拜年。

问：你有其他亲戚吗？

答：儿媳的娘家，两个妹妹家和我的闺女们，过年都来。也就是这些亲戚。

问：初一那天谁来啦？

答：村里比我辈小的都来磕头啦，乡亲们都来。

问：不都是姓郝的吗？

答：姓郝的与不姓郝的都来。

问：过年家里有供品吗？

答：有。

问：怎么摆的。

答：馒头、杀的猪、羊、年糕、过年吃的东西都供上，这是祖宗传下来的，别人怎么办咱就怎么办。

问：墙上有贴的东西吗？

答：贴着。贴着天地（神像），神像上边印着好几个人。

问：你自己买的？

答：每年过年都买，三十日那天贴在这里，现在还贴着。

问：这要贴到什么时候？

答：正月十六日下午。烧上香，上上供，烧掉就算啦。

问：过年时郝姓挂祖先画像一类东西么？

答：没有，这里不兴。这村过去穷，都没有家谱。

问：没有家谱，郝姓有没有挂写着字、画着图的东西？

答：没有。

【郝姓祖坟、清明节】

问：在其他村姓郝的有吗？

答：有。城西王村一姓郝的，同这村一姓郝的是亲兄弟，王村有家谱。

问：王村离这里远吗？

答：不远，离这里十来里。

问：近年时王村姓郝的与这村郝家有来往吗？

答：没有，前几十年，王村郝家过十月一寒食、清明节来烧纸。

问：现在还搞寒食、清明节这样的活动吗？

答：有。寒食和清明节到祖坟上烧纸。

问：那时候姓郝的都来吗？

答：到坟上去烧纸。十月一，日落的时候烧纸，寒食吃完早饭去烧纸。

问：上坟只有男的去，女的不去吗？

答：是，女的不去，只有男的去。

问：一年上几次坟。

答：3 次。

问：一族中谁主持上坟的事呢？

答：家里主事的人管。如我家，我岁数最大，两个孩子不管，我就得管，所以一家人中岁数大的人管这事。

问：是一家一家的去上坟还是郝姓一起去？

答：姓郝的户很多，这村如 1000 人中有 800 人姓郝，一家一家的各上各的坟，谁家老（死的意思）了人在谁家地埋着。

问：姓郝的人清明节在一起吃饭的事有吗？

答：现在没有。

问：郝姓的坟在什么地方？

答：解放后把坟都平啦，没有坟了。以后公社管得松了，人们把坟又堆起来啦。一家一处坟地，什么地方都有。我家的坟在正北。

问：不是郝姓一大家的坟在一起，只是你家的坟在北边吗？

答：是。只有一个儿子的，他父亲的坟就不搬了，有两个儿子的，分家后有的搬，有的不搬，坟就多了。

问：郝姓家族各上各的坟吗？

答：初一早晨互相拜年，然后各上各的坟啦。寒食清明节全村姓郝的上祖坟，之后就各上各的坟了。郝姓有一块共同的地，地里有坟头，让一户种着，到寒食时大家都到他家去吃饭，共同上祖坟。坟很大，比窑大。

问：这是解放后的事吧？

答：解放后地都平分了，也没有他的地了。解放前这块地里收些棉花或粮食，卖些钱，到清明寒食时同姓的人到他家吃一顿。这是解放前。

问：什么时候平坟的？

答：解放后把地分到各户了，把坟就平啦。

【私塾】

问：你上过私塾吗？

答：上过。我十岁上学，在道南的大门里，那时还小。念《三字经》、《百家姓》、《千字文》，是小学。

问：学了几年？

答：六七年。

问：那时候村里有多少上学的？

答：七八个人。

问：那时郝姓闹矛盾的事有吗？

答：有。什么时候都有。

【纠纷的调解】

问：如果小辈对长辈不尊重，长辈会不会责怪他的？有没有人管这件事？

答：有人管。如吵架，有人管，有的找大队。

问：不是同族的人呢？

答：不是同族的也管。

问：你举个打架的例子。

答：我小的时候，我们对门兄弟俩打架，用叉叉着肋骨啦，有管的，也有多一事不如少一事，不愿管的，有的看不公就管。

问：负责调解的是同族的长辈吗？

答：这村没有别的姓，大部分姓郝。这一条街只有几户姓张的，其余都姓郝。

问：家里找长辈的事，经常有吗？

答：家里闹意见不合的，自己又解决不了，就找大队调解。

问：经常调解的那个人辈分高吗？

答：辈分大。辈小的你说他，他不听。辈大的说他，他若不听可以骂他、打他。

问：调解时有没有拿小鞭子打的？

答：都是说理，我说的那是个比方。是为别人调解，调解了更好，调解解不了，再想别的办法。

问：郝姓家族有族长吗？

答：有。

问：刚才说的，辈分高的能调解别人矛盾的人，是族长吗？

答：是。那时候谁也不找官，都是找一家子的人和大队的人，找族长不找村长。

问：家里产生矛盾或分家都找族长吗？

答：是，都找族长。

问："土改"的时候有事找同族的人还找族长吗？

答："土改"以后就解放了，村里有干部啦。解放后就没有村长了，是大队长。

问：还有族长吗？

答：有也不管事啦，有事就找村干部。姓郝的有几百年啦，记不得啦。

问：不都在这里住着吗？

答：老的都死了，年轻的不知道，一辈传一辈；现在知道的都是传下来的，知道的人越来越少。

问：姓郝的是什么时候来这个村住的？

答：记不清，好几百年啦。

问：郝姓同族的除王村有之外，其他村还有吗？

答：同族的没有。别的村也有姓郝的，都与这村郝姓不是一家子，只有王村是。

【建老母庙】

问：村里建老母庙的事你知道吗？

答：不知道。建庙已几百年了。

问：最近再建你知道吗？

答：最近这是在两三年前，在老母庙的地方盖了间平房，原来的老母庙早拆啦。

问：请你讲一讲再建的情况。

答：解放后把庙拆了，现在没有人管了，有几个老太太张罗着这件事，他们行好。当时的村长是我的大孩子，村里有砖和木料让他们用，盖了一间小屋。

问：谁提的这头儿？

答：苏春英老太太提倡的。她已60岁。

问：村里人都同意了吗？

答：都同意。每人都出了点钱，每人大约0.8~1元。为的是过庙时用，如化缘的来了得管他吃饭。

问：画神像用钱吗？

答：是。

问：谁收的钱？

答：就是老太太们收的。

问：还有谁？叫什么名字？

答：还有一个人，不大管事。那个人姓张，名字不知道，她是城里人嫁到这里来的。

问：她也是老人吗？

答：50 多岁。

问：建的时候村里的年轻人都出力了吗？

答：村里派了几个人盖的庙。老太太们张罗张罗，村里派人盖。

问：修庙时村里的干部都干了些什么？

答：村里的干部谁也没管。党员们不信，更不干。

问：盖庙的钱全部是收的钱吗？村里没出钱吧？

答：村里没出钱，都是收的钱。

问：年轻的女人也出钱吗？

答：出钱。向谁收谁都给。

问：不是每人一元钱吗？

答：自愿的出钱，向谁收谁都给，向他收他不给也行，不强迫。

问：最多的出多少钱？

答：没听说谁多出了钱，可能有。那几年不像现在人们钱多，出多少钱都能拿得出，那几年还差点，钱还紧。

问：重修老母庙你有什么意见？

答：都同意修老母庙，可以到庙里求男求女，到庙里烧香上供。这月二十六要唱戏，原来是二十三日老母庙唱戏，因为你们来，我们向后推迟了。

问：谁带头组织庙会？

答：干部们没有组织，都是管水塔的徐小眼搞的。他 60 多岁了，还有郝全福、郝咕捣、赵傻子、郝冬群。

问：都是男的。

答：是。

问：都是自愿的？

答：是。他们每年都参与，张罗唱戏。

问：建庙时他们都出力了吧？

答：没见到他们出力。

问：去年的庙会是什么样的？

答：十月十五、二月十九都有庙会。去年十月十五天气不好，总阴天，把十月十五给错过了，临年近就没有唱成，准备正月十五唱戏，又感到太紧，又改在二月二十六，最后又改到二十五，还没有唱。去年没有搞（说的都是旧历）。

问：谁去烧香？

答：还有庙的时候，离庙近的年三十日夜里去烧香上供。现在三十日夜里没有人烧香了，过庙会时有烧的。庙会这几天，那里开着门，有向里面扔 3~5 元的，也有 8~10 元的，谁愿给多少就给多少，苏春英他们张罗着管，还有住在附近的一位老太太打扫卫生。

【解放前的生活】

问：你小的时候长辈人发过火吗？

答：有。

问：严厉吗？

答：我爷爷奶奶没有很厉害过。

问：你什么时候结婚的？

答：周岁 14 岁，虚岁 15 岁。

问：是你父母决定的？

答：是。

问：是不是得经老人同意？

答：老人给张罗的。我出生后第五天母亲就死了。爷爷奶奶管我，在外村寄养，4 岁时才回来，8 岁时我爷爷奶奶也死了，并与我叔叔分了家。14 岁就结婚了。我大女儿比我小 16 岁，她今年 63 岁，我 79 岁啦。

问：你是家里的长子吗？

答：我父亲只有我一个儿子，我大伯家有儿子。俺院里就我大。

问：你父亲活着的时候，什么事都是他决定吧？

答：是。

问：你从什么时候管家里的事？

答：我26岁时我父亲死了之后，我才管家里的事，有他时都是他管。

问：你很不容易？

答：我父亲死时我家有4个孩子。

问：你有4个孩子？

答：这4个孩子不都是我的，我有3个妹妹。

问：你不是两个妹妹吗？

答：我大妹妹早死了，所以还有两个妹妹。我父亲在的时候大妹妹还在，我父亲死后她出嫁，两年后就死啦，所以不算她了。

问：你妹妹们结婚都是你张罗的？

答：是，我小妹妹才6岁，二妹妹8岁，大妹妹11岁时我父亲死的。我大闺女7岁上没她爷爷了。这不4个孩子吗。那年我家的粮食被人偷走了，还剩下2斗，一年都没有吃的，全家7口人4个孩子，3个大人，还有我母亲。没有我父亲了，两个叔叔种着我们的地，他们管着我们。秋后，一个给了2斗荞麦，一个给了500斤山药，7个人吃饭。后来我就把地要回来自己种啦。

问：其他人还帮助你吗？

答：孩子的姥姥家也帮助，我岳母帮助。后来我又买了牲口，买了水车，我真不容易。

问：你家里有多少地？

答：与我叔分了十八九亩，又当了点差的地，70亩地，都是当的别人家的地，秋后给人家粮食或棉花。用钱当地，秋后一亩地给一布袋粮食，或十几斤棉花。

问：当了多少亩地？

答：我当了70亩，我叔叔他们，包括我

父亲都在外边干事，一个人平均捎庄地60亩（捎庄地即租地）。

问：靠谁的介绍当的地？

答：有的用钱，如过年过节没有吃的没有钱花就找中间人向外当地。日本人来前一亩地当30元（大洋），日本人军来后，用一个鸡蛋就可以租一亩地或抓一把糖也可以当一亩地，地不值钱。日本人走后的地又值钱啦，当的地用粮食计算，不用钱计算了。一亩地一石粮食，也有的二石一亩的，我又当了60亩地。解放后地也没啦，钱也没啦。解放后就组织起来了，地都入社啦。你们问俺分了多少地，俺的地都扔了，又分了11亩地。

问：你扔的地是在解放前还是解放后？

答：解放后入社地就没啦。我家有铁水车，骡马和大车，都入社啦。我家有18亩地又分了11亩地，按地纳产量，这是以后的事情。

问：70亩地就你一个人耕种吗？

答：全家人共同种。当时家里有马、大车、水车，什么都有。

问：当时全家几口人？

答：7口人。

问：租用土地的费用怎么出？

答：租一亩地给他多少钱。一亩地一角钱，当时一角钱一斗粮食。这一毛钱就是上税的钱。

问：你租一亩地给多少钱？

答：地分好坏，如果地不好又急着用钱，一亩地只值20～30元（大洋），好地又不急着用钱的户的租金就贵。

问：你收了粮食给他吗？

答：我当他的地给了他钱，我不种地，他还种着，他收了粮食给我。

问：你租他的地打了粮食给你几成？

答：他打五口袋，他得四口袋，给我一口袋。如果他只打粮食一口袋，给我的粮食就更少了。

问：我们还没听清楚，你当了别人的地，收成给各人几成？

答：平均分，如一亩地打了三口袋粮，一人一口袋半。收两口袋他一口袋我一口袋。我再说一遍：我当了他的地，可这地我没种他本人还种着，我只给他当地的钱，地里收获的粮食对半分。

问：有合同吗？

答：没有。经过公家公征的有契约，如契约上规定当给咱两年，咱给了两年的当钱，两年期满后地还给咱如数的钱，如果到两年了他不还给咱给他的当钱，这地就归咱啦。这就是当地的规定。（注：这与租地不同，这是典当的地。）

问：没当别人的地之前你家是不是只有18亩地？

答：是。我们共80亩地，俺父亲的地没人种。分家以后一个人20亩。

问：你家18亩地，其他地是当的别人的吧？共当了多少？

答：分两次当的地，我父亲当过70亩，我当过60亩，共130亩。我当的那些地都给了当地的钱，并没有得到什么东西就解放了，地也平分啦，钱也没有收回来，落了个钱物两空。

问：你是不是说你们当的地，因为物价上涨，人家用一个鸡蛋就可以把地收回去啦？

答：是。我们典当时花的钱，到赎回地时因物价上涨，用一个鸡蛋就收回啦。原来花30元大洋当一亩，后来这30元钱只能买一个鸡蛋，等于把钱扔啦。另一部分当地"土改"时也没了。"土改"时俺家还有18亩地，共7口人，一个人3亩可得21亩，还欠俺家几亩地，有11亩地就让我种了。"土改"时共29亩地。

张仲寅（82岁）

时　　间：1995年2月19日上午
访 问 者：小田则子
翻　　译：孙雪梅
访问场所：张仲寅家（张仲寅三子张文英在座）

【家族、辈分、排行】

问：你有兄弟几人？

答：3人。我是老大。

问：你叫张仲寅吗？

答：是。

问：你弟弟叫什么？

答：叫张雪梅，已死了，他是老二。老三叫张云生，现在承德市教育系统。就我们三兄弟。

问：还有一个弟弟叫张雪弟？

答：没有啦，就我们三个弟兄。没有张雪弟这个人，有个妹妹叫张小洁。

问：你父亲有兄弟姐妹几人？

答：他们弟兄3个，连姐妹5个。

问：你父亲的兄弟姐妹叫什么？

答：我父亲的大名叫张老卿。他的姐姐，一个叫张莲，一个叫二妮。他哥哥叫张芹，另一个哥哥叫张藻。我父亲最小。

问：谁最大。

答：张芹最大。老二叫张藻。

问：你爷爷叫什么？

答：张书申。

问：你奶奶的名字记得吗？

答：记不得，姓李。

问：你父亲的爷爷叫什么？

答：张坤。

问：奶奶的名字呢？

答：不记得。她是十里铺的，姓房。

问：再往上你知道吗？

答：我爷爷的爷爷叫张子功。我们家一辈一个字，一辈两个字。我这辈两个，我父亲这辈一个字，我祖父两个字，我太祖父又是一个字，我高祖是两个字。

问：你家有家谱吗？

答：没有。我们村没有。这个县只有三个村有家谱。

问：你家各辈名字的"字"你记得吗？

答：记得。

问：每辈子的名字有规定的字吗？

答：有。我们家的名字一辈一个字，一辈两个字。到我这儿是第五辈，又成两个字啦。

问：关于起名字只有几个字之分，没有他叫雪梅、他叫雪丛的规定吗？

答：没有。名字有几个字之分，便于记住辈分。两个字时，中间的字一般都相同。

问：中间字相同的规定有吗？

答：不讲那个，没有定格，有一个字相同就行了。

【张姓同族】

问：姓张的全村有多少户？

答：十几户。准确的是 20 户。

问：郝姓有多少户？

答：姓郝的多，占1/3户。

问：郝姓的占全村的 1/3，全村有多少户。

答：352 户。

问：姓徐的多少户？

答：60 户左右。

问：姓刘的多少？

答：同姓徐的差不多。

问：姓赵的？

答：也是 60 户左右。

问：姓王的多少户。

答：9 户。

问：姓李的？

答：12 户。

问：姓张的都是一个祖先吗？

答：是。

问：张姓的祖先是从哪里迁来的？

答：山西省洪洞县。

问：什么时候迁来的？

答：明朝永乐年间迁来的。日本的山本先生当年到山西去过。

问：山本他们那次调查都有谁跟你谈过话？

答：有山本滨、佐野利一、杉之原舜一。

【村的起源】

问：从山西洪洞县迁来的说法你是听谁说的？

答：老人们传下来的。这个村叫寺北柴村，这个县有三个柴村，一个南柴村，一个东柴村，一个寺北柴村。

问：为什么这么叫呢？

答：我们村南边原来有个寺，因为这个村在寺的北边，所以叫寺北柴村。刚迁来时这个村的人都姓柴，后来姓柴的都迁到南边去了，现在这个村没有姓柴的了。

问：其他村有同族姓张的吗？

答：没有。这村姓郝的与王村姓郝的是一起从山西洪洞县迁来的，他们是一个祖宗。

问：这村郝家与其他村的郝家同时迁来的有吗？

答：有。王村郝姓与这个村的郝姓原本一家人。过去王村姓郝的还到这村烧纸来呢。

问：徐家有吗？

答：记不清。

问：姓刘的呢？春节时姓张的都聚到一起吗？

答：相互拜年，不在一起聚。

问：初一拜年吗？

答：拜。

问：你大爷张芹有几个孩子？

答：6 个闺女，没有男孩。

问：他们都叫什么名字？

答：大妮、进子、供子、玉子、星子、最小的叫九子。

问：他有养子吗？

答：我家的老二张雪梅过继给他了。

问：张雪梅的爱人叫什么名字？

答：张桂子。同姓。她是城内的，住在栾县西门里。

问：他们有几个孩子？

答：两个男孩；一个叫张文秀，另一个叫张大眼。

问：他们有大名吗？

答：大名就叫这个，小名就是大名。

问：张文秀结婚了吗？

答：已婚。

问：他妻子的名字？

答：王春梅。

问：他们有几个孩子？

答：三个：两个男的、一个女的，老二是女孩。

问：他们叫什么名字？

答：老大叫张建理，老二是女孩叫张建华，老三叫张建斌。

问：张建理的妻子叫什么？

答：不知道她叫什么，下一辈我们不去问。

问：他们有几个孩子？

答：一个男孩，叫张权。还小，不到一周岁。

问：张建斌结婚了吗？

答：已婚。

问：他妻子的名字你们也不知道？

答：不知道。去年腊月才结婚，还没有小孩。

问：张大眼的妻子叫什么？

答：王瑞英。

问：他有几个孩子？

答：两个男孩。老大叫建坤，老二叫建鹏。

问：建坤妻子的名字知道吗？

答：还没有结婚。现在在高中上学。

问：在哪里上学？

答：栾城一中。

问：建鹏在初中吧？

答：是。暑假升高中。

问：张建理的妻子是哪个村的？

答：正定县。离这里 100 里。

问：建斌的妻子是从哪里嫁来的？

答：栾城西宫村。

【秀才张藻】

问：张藻有几个孩子？

答：没有孩子。

问：以后怎么办？

答：我过继给他了。

问：听说张藻很有学问？

答：是。他是秀才。清朝的秀才。很聪明，24 岁就死了，我没有见过他，一点记忆都没有。在 14 个县里他考第一。

问：张藻家有多少地？

答：那时候还没有分家，我们家到我这里已 5 辈了，没有分过家。

问：为什么不分家呢？

答：弟兄们和睦。

问：你是不是感到四世同堂很好？

答：是。

问：这种情况解放前多些？

答：我们家解放后也没有分。

问：你们现在分了吗？

答：现在没分。我父亲和我叔叔没有分

家。我弟弟在外边工作也算没分。

问：你们家有多少土地？

答：最兴旺的时候有 110 ~ 120 亩。

问：有长工吗？

答：有。2 ~ 3 个。短工也雇过，农忙时到市场上找。

问：当时你家的地都在本村吗？

答：都在本村北边，外村没有。

问：别人有当你地的吗？

答：有。

问：什么时候？

答："七七"事变以前。

问：你小的时候家里就拥有土地？

答：我 22 岁时倒霉啦，3 年中死了 4 口人，死了 5 头牲口，不景气啦，把地都当出去了。

问：为什么死了那么多人？

答：都是因病死了。牲口也是得病死的。还死了 200 多只绵羊，就不景气了。倒霉，说不清为什么了。

问：你家雇两三个长工时，养着多少头牲口？

答：4 头骡子，没有马和牛。还养着 100 多只羊。

问：你家雇人放羊吗？

答：雇人。

问：雇的哪里的人？

答：杨村的，离这里 50 多里地。他是长工。

问：长工和短工都是本村的吗？

答：有本村的，也有外村的，本村的多。

问：他们都是从哪里来的？

答：一年一换。

问：你那些长工都是什么地方的？

答：周围村的。有十里铺的，朱家庄的。一年一换，也有二年的，不是固定的。

【"文化大革命"和古书】

问：你家里有很多书吗？

答：多，"文化大革命"时都弄走了，烧的烧，毁的毁啦。

问：怎么没收啦？

答："红卫兵"抄走了一部分，我们也烧了一部分。我们用的书都抄走了，像《诗经》、《左传》等好书都烧了，当时认为是"四旧"。

问：张藻是秀才，他是不是很有教养？

答：是。他活得岁数很小，很聪明。10 岁时考第一名，15 岁时又考了第一名。老师问他这文章是你自己做的吗？他回答：是。他都背下来啦。24 岁就去世了。

问：他什么时候中秀才的？

答：15 岁。在 14 个县里他考的第一名。他梳着一条小辫子，因为是清朝时代。

问：他做的文章你们还有吗？

答：没有了，"文化大革命"时烧啦。我们家的人都有文化，我们这一辈耽误了。我父辈都行，下一代学习也好。我高中毕业时要考大学，下放了。

问：15 岁中秀才，有祝贺的东西或证件吗？

答：有。现在都没有啦。我小的时候还见到过，国家给的衣服和证件，秀才帽子，还有门上挂的匾。

问：那些东西你们保存到什么时候？

答："文化大革命"以前就没有啦。有的"文化大革命"前还有，后来因社会的变迁就丢失啦。

【家庭教育】

问：张姓家都比较有文化又和睦，你们有家训吗？

答：没有。我们都教育后代好好学习，现在上学的孩子晚上一律不许看电视，以前教育孩子在学校不许跟别人打架。都重视学习。

问：是平常这么教育下一代，还是过年时这么说？

答：平时就经常这么说，光过年说一次也不行。教育孩子们好好上学，将来为国家服务。都得有文化。孩子们学习成功不成功家里教育很重要。

【家族情况】

问：你有几个孩子？张大爷。

答：三个男孩，一个女孩，共四个孩子。

问：老大是男孩吗？

答：是，叫张平文。

问：老二？

答：是女孩，叫妮儿。

问：老三？

答：是男孩，叫张文英。

问：最小的？

答：叫张文寿。

问：老大平文？

答：已死五六年啦。

问：他有孩子吗？

答：有 4 个孩子。二个男孩二个女孩。老大叫张力，男孩，老二是女孩，叫张力芳。老三是男的，叫张建刚。

问：老大为什么叫一个字的名字？

答：头一个吧。

问：最后的小女孩叫什么？

答：张力杰。

问：张力结婚了吗？

答：没有。

问：张建刚结婚了吗？

答：已婚。

问：他有几个小孩？

答：两个，老大叫张青（女），老二是男孩，叫亮亮。

问：张力芳出嫁到什么地方啦？

答：尽阳村，离这里十来里路。

问：力杰结婚了吗？

答：已婚。

问：嫁到哪个村？

答：小周村。

问：张妮结婚了吗？

答：结啦。

问：嫁到什么地方？

答：高家庄。

问：张文英结婚了吗？

答：结婚啦，已有两个孩子。

问：都是男孩吗？

答：老大是男孩，叫建强，女孩叫建英。

问：他们结婚了吗？

答：都没有。

【拜年】

问：张大爷，今年过年来拜年的人都是刚才说到的这些人吗？

答：家里的人都来，村里乡亲们也有来的，都是小辈给长辈拜年。

问：都是谁来啦？

答：我们张姓的小辈都来。我们家辈小，辈大的不给辈小人拜年。

问：首先来的是谁？

答：首先来的是我们这一家子，有大眼他们。

问：你去谁家拜年啦？

答：我去给比我辈大的家拜年。所有姓张的比我辈大，我都去啦。

问：你去的家的户主叫什么名字？

答：全贵、二贵、双贵、贵发。

问：你与他们家有什么关系？

答：他们是我的长辈。

问：他们跟你父亲、爷爷有什么关系？

答：都是一个祖宗。

【春节习俗】

问：你们贴土帝爷的像吗？春节时你们家都有什么活动？

答：这是传统，庄稼人靠土地生活。

问：还贴别的吗？

答：还贴天地。

问：什么样的东西？现在看看行吗？

答：现在没啦，正月十五天地已上天啦。

问：是什么样的？请你形容形容？

答：跟土帝像一样，人头多点。

问：有多大。

答：有这么长，这么宽，上边有关羽、玉皇大帝等很多人头像，都画在上面了。

问：是买的吗？

答：是的。

问：在哪里买的？

答：集市上。

问：全家人集中在一起在天地前举行什么仪式吗？

答：三十日晚上给"天地"上供、烧香、烧纸、磕头。

问：供品是什么？

答：四盘肉、卷子（馒头）。

问：什么时候吃掉供品？

答：不规定哪天吃，哪天吃都行。

问：春节有其他活动吗？

答：除贴神像、画以外别的没有。

问：烧天地的时候有亲戚来吗？或全家人聚在一起时才烧？

答：不用，一个人烧就行。灶王爷和土帝爷不烧。

问：灶王爷和土帝爷腊月三十日换新的吗？

答：灶王爷腊月二十三日烧了旧的。烧的时候有说讲，那天要用糖果祭灶，把糖摆上。"糖果祭灶，新年来到，闺女要花，小子要炮，不识好歹，老娘要裹脚"。这是民间的顺口溜。

问：现在腊月二十三还有给灶王爷上供的吗？

答：有。灶王爷是一家之主，管着全家。灶王爷旁边印着一些小孩，给灶王爷供糖果为的是粘住孩子们的嘴，不让他们说这一家人的坏话。

问：不让谁说？

答：灶王爷带着家属，他的家属们。

问：十五日烧天地在什么地方？

答：把纸卷起来就地烧。

问：贴在哪里？

答：天地在院里，灶王爷在锅台旁边。

问：二月份有活动吗？

答：没有。到二月份用灰撸墙根。有句顺口溜说：二月二撸墙根，蝎子蛐蜒不上身。二月二早晨起来不让打水，二月初一晚上就把水打好了。二月二是龙抬头，太阳出来就可以了。这都是传说。

【上坟】

问：现在是怎么个形式上坟？

答：各户上。一家一家的上坟。

问：什么时候上？

答：有好几天时间都可以上坟，不是非在哪一天，根据自己的时间。有的地方叫清明节，我们这里叫寒食。从晋文公时叫下来的。为什么叫寒食？十天不让点火冒烟。谁家的烟筒冒烟就处分谁。晋文公和晋惠公是兄弟俩，介子推保了晋文公。晋文公逃宫，介子推协助他逃了，晋文公受不了，介子推把腿上的肉割下来给他吃啦。以后他登基啦，介子推回到家里啦，晋文公又叫他去了，介子推不出来。介子推说，我当初把腿上的肉都给你吃了，你登基后威风了，别人都封了，没有封我为功臣，我不出来，邻居劝他他也不出。后来介子推背着他娘靠在一棵大树上，被火烧死了，为了纪念介子推，寒食节就产生了。寒食节时十天不让点火做饭，只喝点水。

问：这故事你是听谁说的？

答：古文上有。介子推是晋文公的大臣。

问：你给你的孩子讲过吗？

答：都知道，历史上载着呢。

问：清明节时有顺口溜吗？

答：没有。

问：四月份呢？

答：五月端午。

问：五月端午有顺口溜吗？

答：没有。

问：别的节有顺口溜吗？

答：没有。五月节包粽子，为了纪念屈原。

徐小眼（67 岁）

时　　间：1995 年 2 月 19 日下午

访 问 者：小田则子

翻　　译：孙雪梅

访问场所：徐小眼家

【徐氏家族】

问：你今年多大岁数？

答：67 岁。属龙的。

问：你妻子叫什么？

答：没有结婚。

问：那你和谁住在一起？

答：一个侄子。

问：你有兄弟姐妹吗？

答：有。弟兄 4 个，姐妹 3 个，共 7 个。

问：老大是男的吗？

答：是。

问：他叫什么名字？

答：徐碗。

问：老二呢？

答：老二是男的，叫宽子。

问：老三？

答：我是老三，叫徐小眼。

问：老四？

答：老四叫徐侯，男的。

问：三个女姐妹叫什么？

答：老大叫静，老二叫云子，老三叫莲。

问：你父亲叫什么？

答：叫郎子。

问：你母亲叫什么？

答：新。

问：你爷爷叫什么？

答：小名小猪，大名记不得。

问：你奶奶呢？

答：不知道叫什么。

问：你的太爷爷叫什么名字？

答：记不得。

问：你父亲兄弟姐妹几个？

答：7 个。

问：他们都叫什么？

答：老大叫混账，老二叫淘气，老三就是我父亲，叫郎子，老四叫一群，老五叫一德。两个女孩子，我大姑叫什么不清楚了，二姑叫俊。

问：老大嫁到哪里了？

答：承上村。

问：俊呢？

答：韩家庄。

问：都是栾城县的吗？

答：是。

问：混账的妻子叫什么？

答：不知道。

问：他有几个小孩？

答：2 个男孩 2 个女孩，4 个。

问：老大叫什么？

答：长子。

问：老二？

答：叫黑货。

问：女孩叫什么？

答：大的不知道叫什么，老二叫满子。

问：老大出嫁到什么地方？

答：坻家庄。

问：谁介绍的？

答：记不得，他们比我们大得多。出嫁也早。

问：长子结婚了吗？

答：结婚啦，他有四个小孩。

问：几个男孩？几个女孩？

答：三个男孩，两个女孩，共五个。

问：叫什么名字？

答：大男孩叫丑小，老二叫意子，老三叫满仓。大女儿叫银，老二叫爱。

问：丑小结婚了吗？几个孩子？

答：四个：二男二女。大的叫瑞海，老二叫川子。大女孩叫凤子，一个叫瑞兰。

问：瑞海结婚了吗？

答：已婚。

问：他有几个孩子？

答：两个小孩：一男一女。

问：叫什么名字？

答：男孩还小，不知道叫什么名字。

问：你二伯淘气结婚了吗？他有几个孩子？

答：五个小孩：三女二男。

问：老大男的叫什么？

答：老大叫生。

问：老二？

答：老二叫祥子。

问：老三是女孩吧？

答：大的叫妮子，二的叫花儿，三的叫三子。

问：淘气多大结婚？

答：他是我大伯，不知道。

问：生结婚了吗？

答：已婚，但没有孩子。

问：他有养子吗？

答：没有。他在敬老院。

问：祥子结婚了吗？

答：没有，年轻时已去世。

问：妮儿嫁到哪里了？

答：西董铺。

问：花儿嫁到哪里？

答：南关，都在本县。

问：三子嫁到哪里？

答：岗头村。

问：你哥哥徐碗结婚有几个孩子？

答：他结婚了，他妻子死得早，没有孩子。

问：宽有孩子吗？

答：他（指徐玉身）就是宽的孩子。

问：噢，你有几个兄弟姐妹？

答：两个。我是徐玉身，还有个妹妹，叫徐秀锦。

问：你几个孩子？（问徐玉身）

答：两个男孩。一个叫洪亮，一个洪超。

问：洪亮结婚了吗？

答：都还小。

问：你妹妹嫁到哪里去呢？

答：北关。

问：你没结婚是吗？

答：是。

问：徐侯结婚了吗？

答：结婚啦。

问：他有几个孩子？

答：5 个。

问：男孩老大叫什么？

答：景身。

问：老二呢？

答：徐春身。

问：老三呢？

答：老三是女的。

问：这几个女孩叫什么？

答：老大叫秀景，老二叫景秀，老三叫春秀。

问：景身结婚了吧？

答：已婚。有三个孩子。

问：这三个孩子叫什么？

答：老大是女孩叫红翠，二女儿叫红珊，老三是男孩，叫洪浩。

问：他们都多大岁数？

答：红翠今年 11 岁。

问：洪浩还小吧？

答：他最小。

问：春身结婚了吗？

答：结婚啦，已有两个小孩，大的叫龙波，老二叫宁波，都是男孩。

问：秀景嫁到哪里去啦？

答：北五里铺。

问：春秀呢？

答：北十里铺。

问：景秀？

答：景秀在本村。

问：他们结婚时的介绍人是谁？

答：景秀是淑珍介绍的。淑珍是本村人。

问：淑珍姓什么？

答：淑珍姓刘，是五里铺姑娘嫁到这村的。

问：春秀呢？

答：珍芳，她姓什么不知道。她是十里铺的人，介绍的。

问：一群有后代吧？

答：有。两个男孩，老大叫黑旦，老二叫黑球。

问：黑旦结婚了吗？

答：已婚，没有小孩。

问：他多大岁数了？

答：70 多岁。

问：他有养子吗？

答：没有养子，黑球的大女儿跟着他。

问：黑球几个孩子？

答：7 个。

问：给黑旦的那个女儿叫什么？

答：黑球的大女儿跟着黑蛋，等秀兰结婚后又要了她的大儿子。

问：二女儿呢？

答：秀田。

问：老三？老四？

答：秀荣。老四叫秀英。

问：老五？

答：秀娥。

问：男孩呢？

答：秀青。

问：第二个男孩？

答：秀军。

问：秀青有几个孩子？

答：一个女孩，叫什么名字不知道，她还小。

问：秀军结婚了吗？

答：结婚啦，他有两个男孩。

问：他们叫什么？

答：老大叫桥桥，老二叫腾腾，他们都很小。

问：一德几个孩子？

答：7 个，6 个男孩，1 个女孩。

问：他们叫什么名字？

答：老大叫全夫，老二叫二夫，老三脏人，老四叫小人，老五叫娃子，老六叫猫生。

问：谁给他们起的名字？

答：老人们随便起的。这些都是小名。

问：女孩子呢？

答：香子。

问：全夫结婚了吗？

答：没有结婚，也没有孩子。已去世。

问：二夫呢？

答：三个男孩，大的叫林江，三的叫林春，二的叫林河，二夫在黑龙江。

问：他们都还小吧？

答：不小了。他们都不在家。二夫不在家，已去世。

问：其他兄弟都在本村吗？

答：都在本村。

问：二夫怎么到黑龙江啦？

答：他过去当兵复员到那里。

问：脏人有几个孩子？

答：1个男孩，3个女孩，共4个。

问：他的孩子们叫什么？

答：男孩叫书斌。大女孩叫书青，老二叫书春，老三叫书什么记不清了，这个还没有出嫁。

问：书斌结婚了吗？

答：刚结婚，还没有孩子。

问：书青呢出嫁了吗？

答：出嫁了，她婆家是叶海村。

问：书春？

答：她出嫁到张村。

问：小人结婚了吗？

答：结婚了，有两个孩子。一男一女。男孩叫利坤，女孩叫利娟。

问：请问村长（玉身）刚才大爷说的书斌是哪个书？

答：书本的书。叫书斌。（书青，书存）

问：三个女孩的书也是这个字吗？

答：对。

问：书春是哪个春字？

答：不是春，是存。

问：老三呢？

答：三女儿叫书蕊。

问：小人的孩子叫立某某，是哪个"立"？

答：胜利的利，就是利坤，利娟。

问：利坤结婚了吗？

答：已婚。有个孩子刚出生。

问：男孩女孩？

答：女孩。还不知道叫什么名字，刚出生两个月。

问：利娟出嫁吗？

答：出嫁啦，出嫁到南苛村。

问：书青嫁到"叶海"去了。哪两个字？

答：冶河村，不是叶海。

问：娃子也结婚生子了吧？

答：他有4个孩子，老大叫书堂，老二叫书宗，女儿叫书丽，二女儿叫书娟。

问：书堂有几个孩子？

答：两个孩子。

问：刚才说的脏人、小人、娃子与你是同辈，他们的孩子为什么有叫"利"什么，有的叫"书"什么，为什么中间的字不一样？

答：不按字来排，我和我叔叔的孩子基本上是按字排的，都是"身"字辈的。

问：以后为什么没有了？

答：他们又是一辈了。

问：书珍、书堂的字是怎么规定的？

答：没有规定。随便起的，家里习惯了就按一个字排，不习惯，也就不排啦。

问：书宗有几个孩子？

答：也是两个小孩，一男一女。大的叫正，女孩还小，不知道叫什么。

问：书丽结婚啦？

答：结婚了，嫁到邯郸。

问：为什么嫁那么远？

答：学校分配去的，大学毕业后分配去的。

问：书娟呢？

答：嫁到北五里铺了。

问：猫生有几个孩子？

答：两个男孩；老大叫利伟，老二叫

利尧。

问：利伟结婚了？

答：是，刚生了一个女孩，腊月三十日生的。

问：过满月了吗？

答：生下后第十二天庆贺，不兴过满月。

问：怎么庆贺？

答：所有亲戚朋友都来，他们带着吃的。

问：都是哪些亲戚？

答：姥姥家的姨姨，奶奶家的姑姑，舅舅。

问：小孩的叔叔伯伯来吗？

答：叔叔伯伯们家里人都去一下，拿给小孩穿的衣服。

问：吃红鸡蛋吗？

答：不吃，亲戚们送鸡蛋给小孩家，也送挂面，给产妇补身体。

问：半岁呢？

答：半岁不过。

问：一周岁过吗？

答：以后什么都没有啦。

问：利尧结婚了吗？

答：没有。

问：徐姓中还有上大学的吗？

答：没有。黑旦家的秀兰是大学毕业。

问：黑旦呢？秀兰是大学毕业？她住在哪里？

答：石家庄市。

问：徐家有几个门？

答：全村姓徐的分两门。按东院、西院，道南、道北分的。我们属于道北，还有一户属于道南，像过去的弟兄俩一样，分成两门。道北这一门就多得很啦，不是一户两户。道南这门人口不旺，现在只有两三户。道北的户就多了。

问：道北有多少户？

答：俺们道北也分好几门。按大户说按小户说？

问：什么是"大小户"？

答：按我家说吧，我父亲他们兄弟 5 个，都分开啦。按什么说？

问：平常算小户吧？

答：平常我们说户就是兄弟俩分开了，就是两户，兄弟三个分开就算三户，如果按这种算法，户就多啦。

问：按小户算吧。

答：道北有 60 多户，道南 10 户，共 70 户。

问：以前道南户多吗？

答：不多。

问：道北这 60 户归多少大户？

答：4～5 户。

问：道南 2～3 户是大户吧？

答：道南大户只有 2 户，小户有 10 户。

问：道北 4 大户？

答：对。

问：这一大户多少小户？

答：不一样。

问：刚才说的是你们一个大户吗？

答：是。（一大户分出 60 户）这一大户还没有说完呢。

问：上边说的这一大户是 4 大户中的吗？

答：是。

问：一大户就是一门吗？

答：是，一大户就是一门。

问：还有其他说法吗？就叫一门？

答：这一家算一户，这一户代表几家子，一户就是一门。

问：有一门、二门、三门……的说法吗？

答：没有这个说法，有东西两院的说法。院就是一家子。

问：东院、西院就是指一家子？

答：如我们弟兄俩分家啦，他下边一大堆，我下边一大堆，或道南、道北的说法也有。

问：还是按兄弟分的？

答：对啦。

问：一门一门的是指大户吧？

答：是。

问：院是指一大家子一大家子吧？

答：对。

问：小户是指一小家一小家的？

答：对。

问：你这一家子算什么院？

答：我这一辈还没有分出东院、西院呢，还是一大家子呢。我爷爷分两个门。我爷爷兄弟俩，分家之后叫前院、后院。

【庙会】

问：准备庙会是一个人吗？

答：一个人可不行，得 5~6 个人。

问：你也是其中的一人吗？

答：我也算一个。

问：还有谁？

答：徐小眼、郝全福、赵傻子、徐丑小、郝咕捣。就我们 5 个人。

问：怎么准备的？

答：我们村比较苦，大队没有收入，从群众手中收点钱。

问：一个人收几元钱？

答：一个人收 2 元多。

问：是自愿的吗？

答：是自愿的。

问：有多出的吗？

答：有。有收入好的，做小买卖的就多出。

问：是谁？

答：不少，有刘玉合出 400 元，郝同顺出 500 元，郝瑞甴 150 元，郝孟珠 100 元，郝发水 100 元。没有啦，就这些人。

问：一个人 2 元是按人头吗？

答：按分地时的人数拿钱，没地的不拿钱。

问：分男女吗？

答：不分。

问：一家拿多少钱？

答：一般都拿 15~16 元。

问：办这庙会从什么时候准备？

答：阴历十月十五是庙会。去年办了几天就下雪啦，没办成，推到现在啦。从 9 月份就开始准备了。

问：这 5 个人谁总负责？你们是怎么凑到一起的？

答：大家都关系不错，又愿意办这事。

问：你们以前办过别的事吗？

答：没有。我们住在一个村里，互相了解。

问：大家都住得近吗？

答：不近，有在东边的，有在西边的。

问：地都在一起吗？

答：没有。

问：准备的时候把大家都召集在一起商量是吧？

答：对。

问：在你们家吗？

答：不一定在谁家。

问：一个人收几元钱是谁提出来的？

答：我们大家商量的，办庙会需要花多少钱，收多了大家拿不起，收少了也不够用，以够花为准。

问：办庙会需多少钱是怎么算出来的？

答：如庙会唱戏需要多少钱，吃饭要多少钱，花钱多的地方是唱戏，别的花钱不多。

问：戏团从哪里请的？

答：有从河南请来的，有从市里请来的。今年是从河南请来的唱豫剧。

问：住在哪里？

答：住在户里。

问：你们怎么与剧团联系？

答：县里成立了演出公司，专管村里唱戏，是他们请的，不是我们自己请的。

问：其他还有什么计划？

答：没有。

问：演几天？

答：最少 4 天，有时候多两天，看剧团有没有时间，这村唱戏，别的村也有唱的。

问：最多唱几天？

答：最多 4 天。前年唱了半个月，他们走不了啦。

问：白天唱还是晚上唱？

答：白天，晚上也唱。

问：唱一次多少钱？

答：唱一次 450 元。

问：管吃饭？

答：不管。

问：前年唱了半个月从哪天唱起？

答：从十月十四日开始，天下雨，下边也没有接着请唱的了，走不了。从河南来的，只好在这里唱十几天，最后不唱了，只好住在这里。

问：大前年唱了几天？

答：4 天。

问：大前年的大前年唱了吗？

答：唱。

问：1991 年唱了几天？

答：6 天。

问：1991 年是第一次吗？

答：是。

问：今年是第 5 次吗？

答：第 4 次。

问：去年？

答：去年没唱，因为天气不好，没有唱，今年是顶去年的。这是第 4 次。

问：你从第一次开始就干？

答：是。

问：一直是这 5 个人干吗？

答：换了几个人。

问：第一次都有谁？

答：第一次 8 个人：刘连生、刘同曾、王老胖、郝咕捣、郝全福、张双贵、徐志兰。

问：都是老人吗？

答：最小的 50 多岁。

问：第二次多少人？

答：6 个人。

问：还是你负责吧？

答：是。

问：除了你还有谁？

答：还有郝咕捣、郝全福、郝同顺。

问：第三次有几个人？

答：有我、咕捣、傻子、徐志兰、全福，共 5 个人。

问：第四次还是 5 个人？

答：对，还是我们 5 个人操办这事。

问：你们共筹集了多少钱？

答：收了 3000 多元。花的比这多，不够的部分村委会补助。

问：村委会补助多少？

答：现在还没有花，具体多少还不知道。

问：怎么办这庙会呢？

答：筹划好以后，订戏，通知村里的人们什么时候办庙会，什么时候唱戏。

问：是你们 5 个人一家一家的收的钱吗？

答：是。

问：你为什么愿意操办庙会？

答：为大家办事行好。

问：是为大家都高兴吗？

答：是。让大家活动活动，热闹热闹。

问：谁发起的办庙会呢？

答：庙会早就有啦，说不清多少年了。

问：是不是"文化大革命"不让搞啦？

答：是。原来我们的庙不是这样子，原来有两间大房子，还有院，周围都是神像，后来"文化大革命"破除迷信，就不搞庙会了，改革开放后开始又搞，1991 年是恢复后的第一次。

问："文化大革命"前有庙会吗？

答：解放以前就有。

问：50 年代有吗？

答：没有。

问：以前有庙会的事只有老人才知道，其他人不知道？

答：对。像我们这岁数以上的人知道，破除迷信时暗地里还有人去烧纸烧香，所以有些人还知道有庙会。

问：现在重新办庙会是上级有精神，还是自动的？

答：自动的。

问：剧团来后，村里有人帮忙或搞接待的人吗？

答：就我们这几个人帮忙。

问：第一次办庙会，大家觉得怎么样？

答：办得不错。几十年没有唱过戏，过过庙会，大家很高兴。

问：有其他村的人来看吗？

答：有，附近村的人都来。

问：第二次办得怎样？

答：第二次也不错，这几次都不错。

问：都是哪些村的人来看？

答：十里八里地的村都有人来看戏。哪个村的人都有。

问：其他村的人怎么知道咱村办庙会唱戏？

答：各家各户都通知亲戚们来村看戏，就都知道啦。

【老母庙重建】

问：老母庙重建的事你记得吗？

答：不记得。

问：现在这个老母庙盖的时候你知道吧？

答：这个知道。

问：重建老母庙你也参加啦？

答：参加了。建庙不是我张罗的，郝丑子和他老婆还有几个老太太搞的。

问：是苏春英吗？

答：对。

问：还有谁？

答：有好几个人，不记得他们的名字。

问：有几个人？

答：3 ~ 4 个人。是他们组织起来收钱的。

问：他们什么时候想搞这个的？

答：不知道。

问：是重建前的一年还是半年提出来要重建？

答：就在那一年。

问：哪一年建的？

答：1990 年。

问：你帮他们的忙了吗？

答：盖老母庙时我帮助啦。

问：除你之外还有其他人吗？

答：有。忘记谁啦，盖得很简单。

问：建老母庙的钱是怎么来的？

答：各户自愿出的。出多少钱的都有。

问：有多出的吗？

答：有。共收了 600 ~ 700 元。

问：谁出的最多？

答：不知道。

问：谁收的？

答：春英他们。

问：谁买砖准备材料？

答：都是那几个老太太。

问：瓦工、画工都是老太太找的？

答：对。盖这房只需 2 ~ 3 个人。

问：画画的人谁找的？

答：春英他们。画画的是南关的人。

问：就是写字的这个王志水吗？

答：对。他也会画。

问：给了他多少酬金？

答：给了几十元。50～60元。1990年的钱值钱。

问：给老母庙烧香磕头的多吗？

答：多。初一、十五多。

问：为什么初一、十五多？

答：这是习惯，这个日子吉利。

问：外村有人来吗？

答：过庙会唱戏时来，也有烧香烧纸的，拜佛的。

问：女的多吧。

答：是。有年轻人，也有老人。

问：他们求什么？

答：祈求神不生病，好运气，也有求子的。庙里挂红布的匾就是求成了。

问：谁管扫卫生？

答：有个女的叫让子，不知道她姓什么。

问：她是自愿去干的吗？

答：自愿的。

问：老母庙还有其他活动吗？

答：没有。

刘文生（65岁）

时　间：1995年2月20日上午

访问者：小田则子

翻　译：孙雪梅

访问场所：刘文生家

【刘氏家族】

问：现在刘姓大概是多少户？

答：大概60户。

问：分成多少门？

答：像我们家分成三户，就是一门，现在的60多户是分开以后的数。

问：这60户分多少门？

答：原来是40户，现在是60户。

问：你父亲叫什么名字？

答：刘英。

问：你爷爷叫什么？

答：刘老达。50年前日本人来调查时与他座谈过，地图上有这个名字。

问：你听你爷爷说过日本人来访问的事吗？

答：知道。

问：都有什么事？

答：1942～1943年期间，日本人来时还有翻译。把几个人叫到一起问问题。

问：你爷爷是干部吗？

答：不是。

问：采访过他家吗？

答：去过，有人介绍这是谁家，那是谁家，都照了相，划在地图上了。

问：你太爷叫什么？

答：刘老存。

问：你爷爷的爷爷叫什么？

答：不知道。

问：你太爷有兄弟姐妹几个？

答：我还小，不知道。

问：你小的时候有没有把你们刘姓家族的名字写在一张纸上贴起来的事？

答：没有。

问：刘老达兄弟几个？

答：三个。我爷爷叫刘二小，刘老达是他的官名。

问：有姐妹吗？

答：没有。

问：他们叫什么名字？

答：大的叫狗蹄，另一个不知道名字了。

问：他们谁是老大？

答：刘狗蹄是老大，老二是我爷爷。

问：刘狗蹄有几个孩子？

答：弟兄三个：刘生兰，男孩。女孩叫

刘春姐。老二是男孩，叫刘生玉。

问：老大结婚了吗？

答：已婚，他有个养子。

问：从哪里要的？

答：就是这个村的，也姓刘。跟我们是一家子。

问：刘生玉也结婚了吧？他有孩子吧？

答：有。一个男孩四个闺女，共五个。

问：男孩叫什么？

答：刘一心。

问：女孩叫什么？

答：一个叫刘心梅，老二叫刘秀梅，老三叫刘冬梅，就这三个女孩，共四个孩子。

问：一心结婚了吗？

答：已婚。

问：他几个孩子？

答：2 个男孩 2 个女孩，共 4 个。

问：男孩叫什么名字？

答：一个男孩是残废，叫刘石青，老二叫刘长青。大女儿叫刘素敏，老二叫刘娟敏。

问：石青多大啦？

答：27 岁。

问：结婚了吗？

答：已婚。有一个男孩，还很小，不知道他的名字。

问：长青结婚了吗？

答：这就是说的老二，老大傻不会说话。

问：素敏结婚了吗？

答：已婚，她是大学生。

问：刘狗蹄的后代有在外边上班的吗？

答：一心教学，已多年啦。

问：在什么学校？

答：县城子弟学校。

问：其他人都在本村吗？

答：是。

问：刘生兰的养子叫什么？

答：刘福生。

问：他结婚了吗？

答：已婚。有两个孩子；一男一女，男孩叫刘志军，女孩叫刘红霞。

问：刘志军结婚了吗？

答：已婚，有两个孩子：一男一女。

问：他们叫什么名字？

答：男孩叫小波波，女孩叫聪聪。

问：他们都小吧？

答：都小。

问：你父亲有兄弟几个？

答：两个。刘英是老大，老二叫刘老贵。

问：有姐妹吗？

答：有个姐姐叫刘黑妮。

问：你兄妹几个？

答：三个。老大叫刘喜茂，老二是我——刘文生。姐姐叫刘新姐。

问：你哥几个孩子？

答：两个男孩，4 个女孩，共 6 个。

问：他们叫什么名字？

答：老大是女孩，叫刘春娥。老二叫刘书，女孩。老三是男孩叫刘书堂，老四是女孩，叫刘芹。老五是男孩，叫刘书伟。老六女孩，叫刘书凤。

问：书堂结婚了吗？

答：已婚。有个女孩叫刘孝敬，男孩叫刘孝凯。

问：哪个"孝"？

答：这个"晓"。晓凯和晓敬。

问：晓凯还小吧？

答：今年 16 岁。

问：刘书伟今年结婚了吗？

答：已婚，有个女孩，叫刘晓展。

问：晓展多大啦？

答：3 周岁。

问：你几个孩子？

答：我两个男孩，两个女孩。

问：男孩叫什么？

答：大的叫书斌，老二叫书忠。大女儿叫书华，老二叫花蕊。

问：书斌结婚了吗？

答：已婚。有个男孩，叫飞飞。

【庆贺孩子诞生】

问：生飞飞的时候家里庆贺了吗？

答：庆贺啦，大庆贺啦！生他的时候全村都来啦。办了 8 个桌子，有来的，有走的，交错进行，数不清来了多少人。

问：生后第几天办的酒席？

答：第十二天。

问：你们怎么邀请的这些人？

答：十二天的时候，有好闹事的人到家里来玩，最后弄到街上喝喜酒。

问：他们都送钱来啦？

答：这里兴这个，喝酒不是要多少钱，这个人拿 3 毛，那个人拿 2 毛，目的是为闹热闹，大家高兴，咱也高兴。

问：在哪里办酒席？

答：就在院里。

问：来的这些人有本村姓刘的，还有小孩姥姥家的人，刘姓中谁先来的呢？

答：来的人多。

问：姓刘的都来了吗？

答：姓刘的每家都有一个人来。

问：100 多个人办了 8 桌？

答：这些人不总在这里，一部分人喝几盅就走了，跟着又来一部分，桌里的人总是换。桌子少，人多。

问：女孩子也搞吗？

答：前几年重男轻女，有老思想，村里也有这种习惯，听说谁家生了男孩都来祝贺。现在好点啦。

问：书忠结婚了吗？

答：咱们刚说的是书忠，不是书斌。

问：书斌结婚了吗？

答：已婚，他生了一个小女孩，叫沛沛。

问：刘老贵有几个孩子？

答：5 个。男孩叫刘秀子，老二叫刘连生，老三叫刘三秃。老四是男孩，叫刘元生。老五也是男孩，叫刘福生。福生继给别人了，就别说了。

问：刘福生是刘生兰的晚辈吧？

答：是。

问：刘三秃结婚了吗？

答：他没结婚就得病死了。

问：什么时候去世的？

答：1959 年。他当过兵，参加过抗美援朝，后来得病死了。

问：刘连生呢？

答：2 个男孩 3 个女孩。大女儿叫书芹，老二叫书军，老三叫雪芹，老四叫同军，老五叫书果是女孩。

问：书军结婚啦？

答：已婚。有一个男孩，叫刘进，17 岁。

问：同军结婚啦？

答：也结婚啦，刚结婚，去年结婚还没孩子。他是大学生，在外边旅行结婚。

问：他不在这里住吧？

答：在邯郸钢厂。

问：刘三秃几个孩子？

答：3 个男孩，1 个女孩。4 个。

问：刘元生几个孩子？

答：3 个：一男二女。

问：刘三秃家的男孩结婚了吗？

答：两个结婚，一个未婚。

问：结婚的叫什么？

答：一个叫增军，他有 2 个孩子：一男一女；另一个叫增发，他只有一个男孩。

【刘姓高学历子女】

问：刘家除了上边说的，在外工作的以外，还有在外边上班的吗？

答：有。刘连生家的刘雪芹也是大学生。她在石家庄三院。还有刘书军，也是大学生，在郊马中心学校当校长。书果也在石家庄工作。刘书堂在栾城某厂当厂长。刘三秃家的女孩刘书敏在石家庄二医院工作，也是大学生。

问：是大学毕业后分配的？

答：是。

问：还有吗？

答：秀社也在外边工作。

问：秀社是谁呀？

答：刘连玉的孩子。刘连玉是刘狗蹄的男孩子，刚才漏掉啦。

问：刘狗蹄4个孩子？

答：对。

【家庭构成：前院、中院、后院】

问：今年春节你到谁家拜年啦？

答：我岁数不小了，我到刘秀社的母亲家拜年啦，她是我婶子。其他家没有去。平辈们就不拜年了。

问：你的老二书忠结婚时都有谁来啦？

答：家里的人都来了。

问：其他姓刘的来了吗？

答：来啦，我们这里兴这个，姓刘的家家都来一个人。近门的全家人都来。

问：60户40门是怎么划分的？

答：刘家有3大户，有前院、中院、后院，三个祖坟。这是老辈的事，怎么划分的我不知道。

问：前院、中院、后院都住在什么地方？

答：刘老达是我爷爷就住在这个地方。我们是前院，就是指这个地方。后院就是过道后边。刘德元是中院，刘洪山是后院。现在都分开啦？

问：为什么分开？

答：嫌地方小，人多了。

问：从什么时候开始分开住啦？

答：这时间可长了。这是解放前住的地方，后来人口增加啦就分开了，户就搬迁了。我1982年搬迁到这里来的。

问：最早的一户什么时间搬来的？

答："文化大革命"前还没有搬，1976年是第一批搬走的。

【"土改"时的土地】

问：解放前姓刘的地都什么地方？

答：村西与村南。大部分在西南。

问：土改时你们刘姓分的地都在西南吗？

答：开始的时候住在东头的分东边的地，住在中间的分中间的地，住在西头的分西边的地，根据居住的远近分的地。

问：你分的哪里的地？

答：我分的村南和村西的。

问：那你也不住在那里。

答：地都在村边，也不远。

问：有没有就近把你原来住的地分给你的？

答："土改"时分土地本村的地很少，栾城县都知道寺北柴村最穷。这村只有300亩地，没有地主，都分的栾城王老乐的地。土改时不到700人，人平均3.5亩。

问：土改时你家多少地？

答：9亩。6口人，又分了10亩地，共19亩。

问：村哪边的地？

答：村南一块，村西一块，共两块地。

问：分地时考虑离自己家远近吗？

答：尽量考虑。

问：1958年这村有5个生产队？

答：5个大队——5个生产队。

问：哪个队姓刘的多？

答：五队。

问：一队呢？

答：姓郝的多。

问：二队？

答：一部分姓郝的，一部分姓徐的，姓郝的多。

问：三队？

答：二队还有部分姓张的。三队姓张的，姓李的，还有几户姓徐。

问：四队？

答：大部分姓徐，占 90%。

问：五队？

答：姓刘的多，还有姓赵的。

问：怎么分的 1～5 队？

答：最早是 5 个队，后来变成 7 个队啦。最后是 5 个队。我刚才说的是 7 个队的时候的情况，1958 年大跃进是 7 个队。1959 年困难时期又从 7 个队变为 5 个队。直到现在。

问：什么时候是 5 个队？

答：我退休前是 5 个队，回来后才是 7 个队。

问：重新说一下吧？

答：一队姓郝的，队长郝成林。二队姓郝的多，队长郝丙子。三队姓郝的多，姓张的，姓李的，两户姓徐，队长郝锁芹。四队姓徐的（多），队长徐丑小。五队姓郝、赵、有两户姓王的，队长赵赤脚、郝物件。六队姓赵的多，没有其他姓的人，队长赵修路。七队姓刘的多，没有其他姓的人，队长刘老呆、刘喜茂。

问：怎么分的？

答：居住得近的在一个队。

问：7 队队长是怎么选出来的？

答：投票。先议论，最后选举产生。

问：他们是辈分大的人吗？

答：不讲辈分，有指挥能力的，有威信的就可以。

问：困难的时候怎么又变成 5 个队了？

答：七队和六队合并啦。六队的人向五队拨了几户。四队保留，三队拨到二队，一队保留。

问：合并后队长是谁？

答：一队队长郝更生；二队队长郝锁芹和郝黑头；三队队长徐领群、徐丑小；四队队长赵修路、郝物件；五队队长刘喜茂、刘老呆。

问：五队和六队合并，是你姓刘的当队长，姓赵的没有意见吗？

答：大伙选的，又不是指定的。姓赵也选姓刘的。被选人大家信得过，矮子里拨将军，有什么意见呀！

问：生产队以后还有变化？

答：以后就没有变化了。

【村委会与“组”】

问：现在村下面是什么？

答：下面是组，共 23 组，村委会直接领导组。组员按井划分的。

问：分成队是按住的地方？

答：是的。现在井和浇地有关，和住处没有关系。

问：组什么时候出现的？

答：1978 年。

问：一个组大约 10 户吧？

答：不是，有 15 户左右。

问：一组 15 户在一起和刘姓的有什么关系？

答：和浇地有关系。

问：一队的地在什么地方？

答：村东；二队在村南，村北也有一部分；三队在村南，村北也有部分。

问：二队村南的地多还是村北的多？

答：二队村东的多，北面有一点，不太多。

问：（看图）这是咱村？上北，这是北。

上北下南左西右东，一队（指"组"下同）的地在什么地方？

答：东边。一队的地大部分在东边。

问：其他地方没有吗？

答：没有。

问：二队在东北角最多？

答：是。其他地方没有。

问：三队呢？

答：在村南。

问：四队？

答：在村北，偏西，西北。

问：五队？

答：在村西。

问：六队？

答：在村西占一小部分，村南占一大部分。

问：七队？

答：在村西。五队和七队都在村西，我们村村西的土地多。

问：现在 23 个组在水井附近。那么这些井都在什么地方？请你画出来，在这上边标井的位置。

【刘姓新居分布与往来】

问：你刚才说你们刘姓分前院、中院、后院，一个院有多少户？

答：我们这个院——前院的户数比较多。

问：前院有多少户？解放前。

答：有 4 户。

问：中院呢？

答：中院就是我们这里，共 8 户。

问：后院？

答：4 户。共 16 户。

问：一个院还分吗？

答：现在有几十户了。孩子们多。

问：从地图上说你处于什么院？

答：前院。

问：刚才说到的刘狗田、刘老贵等，谁属后院？

答：这都是前院的。

问：还有谁属前院？

答：刘东乐、刘大喜、刘三喜、刘三成、刘胜兰。

问：现在有没有前院的人都在一起的时候？

答：红白喜事的时候都在一起。

问：你儿子结婚时来了吗？

答：都来了。这是一个祖坟上的后代。

问：中院和后院的人都来了吗？

答：过白事的时候不来，结婚的时候只有我们一个院的来。过白事时除我们这个院内人来外，中院、后院来一个人。结婚时他们不来。

问：其他还有活动吗？

答：没有。

问：中院和后院来往的少了，慢慢就分开啦？

答：结婚的时候那个院的小孩们都来热闹两天或一天。这白事的时候一个族的都来，穿孝服，那两个院的只出一个人，帮忙或吹喇叭，管接待、挂幛子的事，家里的人因穿孝服，就不管这事了。

苏春英（54 岁）

时　间：1995 年 2 月 21 日上午

访 问 者：小田则子

翻　译：孙雪梅

访问场所：苏春英家（苏春英丈夫郝丑子在座）

【女性的劳作】

问：今年多大岁数？

答：55 岁，属蛇。

问：在什么地方出生？

答：在东西营，离这里有 20 多里地。

问：你家里有几口人？

答：生我时就我，下面有一个妹妹，一个弟弟。

问：你父亲叫什么名字？

答：叫苏成德，去年刚去世。

问：母亲叫什么？

答：叫付丑妮。妹妹叫苏记珍，弟弟叫苏同君。

问：你是和爷爷奶奶在一起吗？

答：不一起生活。

问：你家有多少土地？

答：约一亩多地。

问：你母亲除自己地外还给别人家种地？

答：没有，她是家庭主妇。

问：你们还租别人家土地吗？

答：租别人家土地约 4～5 亩。

问：你们家有牲口和农具？

答：家里喂一头牛，浇地时借人家的水车。

问：你小时你母亲教过你什么？

答：妈妈去世早，我当时三四岁，靠奶奶抚养。

问：你们弟妹？

答：弟妹是后娘生的。

问：你父亲再婚后的后妈叫什么？

答：她叫巧玲，姓芷。

问：从什么地方嫁过来的？

答：从南宫县张家庄来的。

问：你生母从什么村来的？

答：段干村，也是属栾城县。

问：你奶奶教你什么？

答：教我做活，我 13 岁就会做，会纺纱、织布。我是从 8 岁开始纺棉花的。

问：家里的衣服都是你做的吗？

答：是的，自己做，自己裁。

问：什么时候不做了？

答：我现在还是自己做。现在不织布只纺花已十多年了，由于生活提高了，不干了。

问：你一天能织布多少？

答：能织 2 丈（1 丈 10 尺），约合 6 米多。

问：你纺的棉花是自己种还是买的？

答：社里分的，自己种的。

问：从合作社分棉花是什么时候？

答：记不清了。

问：是结婚前，还是结婚后？

答：在结婚前后都有。分棉花是结婚后，1958 年以后的事。

问：织了以后还染吗？

答：染，从城里买颜色自己染。

问：一次能染多少？

答：不一定，一次染几丈布，须钱一元多。

问：这样的工作都是女人的工作吧？

答：是的。

问：你们是只有等到冬天才有农闲？

答：春天织的多，冬天冷，织得少。

问：你做鞋吗？

答：做，现在十多年不做了，得了一场病，做不动了。

【女性的信仰】

问：除此外，你奶奶还教什么？

答：教和别人处好，信佛行好，有要饭的人来，要给吃的。

问：有庙会，你和奶奶一块去吧？

答：不出去赶庙会，家里有神。

问：你们家供养什么神？

答：土地、灶王爷。有事奶奶就问灶王爷。

问：她怎么问？

答：烧香，要用筷子绑上，奶奶做了一个，叫我做一个，两个人划，（被访人做示范动作）看筷子能不能碰上。说祈祷的话，它就自动划起来，如果不是，筷子就会摇摇，如果是，筷子就会划起来。

问：谁先叫它动的？

答：是神仙。现在不用筷子，只烧香就知道有什么事。

问：你每天都拜吗？

答：半个月一次，逢初一和十五。

问：现在光老人做，年轻人还做吗？

答：年轻人也跟着做。

问：你小的时候村里有庙？

答：有，和奶奶一起去。

问：过去庙搞什么仪式？

答：庙可大啦！是奶奶庙。

问：有什么活动？

答：光烧香磕头。庙里画的像，如果行好有金山银山，如果干坏事，上火山下油锅。

问：你小的时候，看过庙会吗？

答：我小时候没有赶过庙会，奶奶老了，也不敢让她去。

问：你小时经常去庙吧？

答：初一和十五都去。

问：你们村没有办过庙会吗？

答：没有，那个村穷。现在好了，明天是庙会；是我娘家那个村，正月二十三日（旧历）。

问：庙会什么时候又有的？

答：有了三四年了。

问：你小时候你做饭吗？

答：做，奶奶教我。

问：是不是女人主要干这些？

答：是的。

问：奶奶教你女孩该做什么不该做什么？

答：教，女孩子不要外出。

问：你种地吗？

答：种，看水。

问：你什么时候结婚？

答：我 18 岁。

问：你爱人叫什么？

答：他叫郝丑子。

问：你们怎么认识的？

答：范马村一个男的给说的。

问：那个男人和你们什么关系？

答：他是铁厂锻工。

问：结婚前你们认识吗？

答：不认识。介绍人认识我父亲。

问：从介绍到结婚有多长时间？

答：十多天。

问：你们是 1958 年结的婚吧？

答：是的。

问：你们怎么办的婚事？

答：我坐汽车来的。他当时在栾城做事，我去的栾城。

问：有没有吹吹打打？

答：正好是 1958 年"大跃进"，大家忙得很，没有搞什么形式。

问：有没有一起吃饭？

答：吃饭了。

问：你自己来的，娘家没有来人？

答：没有，是后娘。

【婚后生活】

问：你俩结婚时，大爷家的情况？

答：我们没有老人，就是他兄弟两人，我们的哥哥和两个侄子。哥哥叫郝胖小，我结婚时嫂子去世了。哥哥有两个孩子，大的叫郝铜锁，小的叫郝金锁。

问：你有几个孩子？

答：4 个（二男二女）老大是女儿，叫荷花；大儿子是老二，叫郝连锁；老三叫金锁；二闺女叫金花。

问：什么时候生的男孩？

答：唐山地震那年（1976 年）生的。

问：不是唐山地震吧？

答：是六几年（不是唐山地震，而是邢台地震——注）。我先生的荷花（1959 年）；金花是 1963 年生的；金锁是 1966 年生的。

问：结婚时家里有这个（指神像）吗？

答：没有。

问：你结婚前家里有什么？

答：光有灶王爷。

问：结婚时有吗？

答：有。1959 年以后没有了，当时拆庙。

问：村里偷偷地供养的多吗？

答：不多。这庙是我想法建起来的。

问：什么时候才有了神像？

答：已有 20 多年了，画像 10 多年。

问："四清"时烧香吗？

答："四清"以后有。

问：你偷偷烧香，被别人看到怎么办？

答：晚上烧。

问：你说供养四代了吧？

答：是的。

问：你爷爷有没有和你说过这事？

答：我爷爷去世早。

【重建老庙】

问：你说庙是你发起建起来的，想请你讲讲这事。

答：一家 2 元，也有的不给，也有的给 1 元多，共捐了 400 多元。

问：谁拿的最多？

答：郝金堂拿了 6 元，郝锁元拿了 7 元。

问：再建这个庙不单你一个人，还有别人帮忙的吧？

答：还有二人，我找的人盖的。我儿子在建筑队，一天挣好几十元，我叫他回来盖庙的。

问：另二人是谁？

答：一个叫张莲芝，一个叫二妮。

问：你们怎么想建这个庙的呢？

答：咱们为了行好，别的村比咱们建得早。

问：你们和村委会说了吗？

答：我找了郝同顺，他是干部。我告诉他庙建在什么地方，他说那你就盖吧，在水塔边上。

问：郝同顺和村民说了吧？

答：没有，我就盖上了。干部人家不给你做主。人家没有挡你，说行了就可以了。

问：庙是你们收钱了？

答：是我们三人。

问：你们光嘴说，没有写什么报告单子？

答：没有。我们收的钱写了单子，向大家公布的。

问：你们留了底子吗？

答：没有。这二年没有收钱了，去年人家放了 60 多元，前年放了 80 多元。我没有文化，找别人写的。

开庙时，我花了 100 多元，加上其他开支，共花去了近 300 元。

问：第一个庙会？

答：第一次庙会是我办的，共花去 200 多元。第一次是开庙门。十一月唱戏，我就没有管了。

问：开庙门谁来了？

答：参加的人，有做饭的，看庙和烧香的，全村家家户户都来的。

问：开庙门具体搞什么？

答：打小鼓，念佛。头一天下午到第二天。黑夜，我在庙里上了一夜的香，睡在那里。

问：你和张莲芝的关系？

答：我们很要好，她住的地方离我不远。

问：400 元怎么花的？

答：建庙时用 100 元，老母画像 35 元，供品红绸 8 元，吃饭和烟花共 100 元。

问：建庙人从什么地方来的？

答：我找的，是本村的，有徐小眼、徐连东、郝群坠、郝连锁，我一家在庙里。

问：年轻人是谁？

答：郝连锁和郝群坠，别的人岁数都大了。

问：还有？

答：开庙门花了 150 元，庙里画像用去 200 多元，庙的灯钱。

问：什么人来？

答：都来，别的村也来，如孟董庄，远的地方王村，有 20 里地。

问：来了怎么拜？

答：烧香，念佛，唱。

问：他们拜什么？

答：路远的保佑一路平安，上学的保佑上大学。他们不会说，找我帮助说。

问：你给他们拜的都有什么内容？

答：有病的给看看。

问：什么病？

答：什么病也有。

问：村子里有卫生院吗？

答：有。

问：他们不去卫生院而到这里来？

答：有些小病到这里来。

问：庙只有初一和十五才去吗？

答：不是的，有的求小子（男孩子），什么时候都可以。

问：你建庙为什么问问郝同顺？

答：人家是干部，要和人家说说。

【家庭状况】

问：你一家多少人？

答：共 6 口人，我和我爱人，两个小子，还有孙女，儿媳妇（老大的）。

问：儿媳妇叫什么？

答：叫赵慧英。

问：金锁今年 29 岁？

答：28 岁。

问：他没有结婚？

答：他结婚又离婚了，离了两年。

问：为什么离婚？

答：女的四川人。

问：怎么找四川人呢？

答：人家自己来的。

问：她来干什么？

答：咱又不知道她干什么。她来就是找婆家的。

问：现在种多少土地？

答：6 亩地。

问：除种地外还干什么？

答：打铁。

问：谁种地？谁打铁？

答：我种地，儿子打铁。

问：打铁做什么？

答：农具。打铁拿到市场去卖。

问：从什么时候打铁？

答：好几年了，儿子是跟父亲学的。

问：打铁挣钱还行吧？

答：1 年 1 万元的收入。

刘玉合（49 岁）

时　　间：1995 年 2 月 21 日下午

访 问 者：小田则子

翻　　译：孙雪梅

访问场所：刘玉合家

问：你什么时候开这个煤厂？

答：干了两年，即 1993 年。

问：你主要做什么煤？

答：民用蜂窝煤。

问：你家现在几口人？

答：现在还有 5 口人，已分出 6 口人。

问：你和你的爱人，还有谁？

答：还有父母亲，还有一个孩子，我一共 4 个孩子，三女一男。

问：结婚的是谁？

答：女儿会立出嫁，出嫁已有 3 年了；增光已结婚，增坤也结婚了，还有增乐没有结婚。

问：增光有没有孩子？

答：有两个孩子（一男一女）。

问：男孩叫什么名字？

答：男的叫鹏鹏，女孩叫克克，最近这几年小孩的名字别扭呢。男孩 6 周岁，女孩 3 周岁。

问：增坤结婚有几个孩子？

答：两个孩子（女孩），大的叫娅娅，小的叫什么还没有定下来，就叫玲玲吧。娅娅 4 岁，玲玲 2 岁。

问：会立三年前结婚谁给做的媒人？

答：是我的妹妹，她姑姑做的媒。她的对象是一般关系，不是自由恋爱。

问：你的妹妹玉兰结婚到什么地方？

答：在徐营村，会立也是嫁到这个村。

问：现在你家的煤厂谁在干活？

答：依靠我和我的小儿子，同时雇了 3 个人，一共 5 个人。

问：雇的人是本村的吗？

答：外村 2 人，本村 1 人。

问：和你是什么关系？

答：有一个是亲戚关系（外村的，是小孩的姨父）。

问：还有一个是什么关系？

答：他是从承德到这里落户，他们是兄弟关系。

问：本村是谁？

答：是徐三。

问：他的兄弟叫什么？

答：叫徐五。

问：徐三是本村人？

答：按理说他已落户，应是本村人了。

问：他是承德什么地方人？

答：是围场人。他是养子，属孤家寡人迁到这里来的，到这里照顾老人。因为他们那里比这儿贫穷。

问：原来是没有关系，通过别人介绍来的吧？

答：是的。我们这个县别的村还有。

问：你刚开始办厂需要多少资金？

答：2 万多的，钱是我自己的。

问：你们的原材料从什么地方来？

答：从山西来，山西的阳泉煤，是无烟煤。

问：是你自己去买吗？

答：有人用车子送来。

问：你和他们认识吗？

答：这是属买卖行业，有人干这个就有人干那个。此事有人做中间人。

问：刚开始是怎样联系上的？

答：由西羊市村的郭英民介绍过来的。

问：你和他是什么关系？

答：做买卖的关系。

问：你光做煤厂吗？

答：这一个就行了，5 个人一年很累的。

问：1993 年以前你还做过买卖吗？

答：开汽车，拉货，个体的。两三人凑在一起，也不方便。我是 1984 年开车，开了 10 年。由于一个车，三户主，你今天干，他明天不干，拧不成一股绳，所以赚不了什么钱。本来买车贷的款，到卖时车又不值钱，反而赔了钱，去年才将钱还清。

问：1984 年开车前干什么？

答：在栾城县二建公司。从 1979 年开始的，我跑业务，跑了不少地方，南通到海南岛、广东、广西，飞机、火车、轮船都坐了，我是跑木材的。

问：你现在每月能做多少煤？

答：春节后刚开始，一个月 100 吨煤。

问：夏天不太忙吧？

答：差不多。

问：卖到什么地方？

答：主要送到县城，我有两辆手扶拖拉机送到居民家里，本村居民也用。

问：卖给县城占多少？

答：30% 本村，70% 送到县城。农村现在还不太习惯用这。

问：本村用户每户每月多少？

答：半年用 1～1.5 吨。

问：1 吨是多少？

答：2000 市斤。

问：1 吨多少钱？

答：按块算，一吨是 1240 块，一块 0.1 元，一吨 134 元。

问：买进 1 吨煤多少钱。

答：有时 115 元或 120 元？

问：1 吨赚 10 多元。

答：不是，还要掺土。掺 20% 的土。

问：那么一吨能赚多少钱？

答：50 元左右，一是掺土，二是分量不足。做买卖就是这样，不赚钱是不干的，买一吨煤可打一吨成品。

问：还可以？

答：凑合，就这么回事。

问：卖给县城的主顾怎么认识的？

答：最初是找来的，后来，就有人打听，只要出了村，不愁没人买。我们是送货上门。

问：本村还有干的吗？

答：还有四户。但他们四户顶不上我一户，他们时间短，因我出了名，人家来找我，我没有货才到他们那里去。

问：你当初怎么想干煤活呢？

答：蜂窝煤才兴起三年，过去从石家庄拉。当初也不知道能赚多少钱。1993 年是合伙干，干了一年分开。赚钱没有问题，所以想做煤，但能赚多少不清楚。后来干得不错，就下决心干这个了，就在去年下半年雇了人。买煤的人多了，做不过来，所以就雇人了，而且是长期的。一天 11 元，按日干活计算。

问：现在你还种地吗？

答：还种五亩，由我们抽时间干，浇地有时还晚上干。我和老伴一起干，做农活主要还是我。我和儿子分开了，他们也来帮忙浇地我出点化肥。

问：你做煤忙时儿子来帮忙吗？

答：一般他们不来，老大在这儿做，老二没有。老大按雇工对待，去年我给他 5300 元。

问：5 亩地能收入多少？

答：净赚 3000 多元。

问：还是做煤赚的多呀？

答：当然了。

【农作物收入】

问：3000 多元还要上交吗？

答：已经除去了。

问：5 亩地上多少税？

答：农业税每亩 2.8 斤。国家照顾，农业税低。从去年才要上果树税，也不多。

问：肥料、电费用多少钱？

答：化肥、水电在一起，每亩需要 50 元，一共 300 元就够了。

问：种地什么时候最忙？

答：现在没有事，到小麦一返青，就忙一段，浇完水又不忙，即 3 月 15 日开始忙，忙不到几天，轮流浇水，轮一次一个月。一到 6 月 6 日，小麦收了，点下玉米，又不忙了。现在种地不累。秋天收了玉米种小麦就不忙了。

【种棉减少】

问：以前种过棉花吗？

答：种过，在大集体时，即承包之前。1980年承包。

问：1980年以后不种棉花是什么原因？

答：几个方面原因：一是棉花地不需要土地肥沃；二是种棉费时。

问：现在每户规定种多少棉田？

答：规定一分地，必须种，如你种不了扣钱，宁愿扣也不种。由于我们这里土地肥沃，不适合棉花而适合小麦、玉米。

问：为什么规定一分地？

答：因为国家需要棉花原料，保证出口任务的完成；另外，从电视上看，穿化纤不如穿棉织品好。

【农耕小组农业经济】

问：你们浇地和谁在一起？

答：一个组，浇70亩地。我们组有7户，赵增居、赵银贵、赵喜半、赵连群、刘更瑞、赵巧芬，还有我。

问：赵巧芬为什么是女的当户主？

答：她丈夫是"倒插门"，从内蒙古来的。他们在那里搞对象不容易。

问：浇水的水费呢？

答：一年一清，井上有个电表，由组长记下来，按每户用数缴钱。每度电平均0.55元，比国家规定高。我浇一次一亩地5元多，一年浇7次。

问：组长是谁？

答：轮流当组长，一年换一次。

问：你们靠在一起吗？

答：不，地在一起。

问：组长干什么？

答：就是收电费，谁先浇谁后浇由他安排一下。没有办公室。

问：电费交到什么地方？

答：交到大队，然后交到乡里。

问：听说你们村要修道路，有意见是不是通过组长反映到村里？

答：不一定，组是自由组合，很松散，不是一级干部，一般直接找村委会，不找组长。

【乡村副业】

问：村里做买卖的人多吗？

答：不多。栾城县南面和北面差距很大。

问：村里不种地干别的工作多吗？

答：做小买卖的不少，如卖衣服、布，还有男的到外面去打工，到县城搞建筑。

问：做买卖的原料从什么地方来？

答：从石家庄来，到县城1、6，3、8集上去卖。

问：去一次石家庄弄多少货？

答：一次5~6天，不一定。一年能赚个五千六千元，要三轮车和自行车去贩货。

问：光在县城，还去不去别的集市？

答：也去，还有庙会时也去卖。

问：你们的车是由谁开？

答：我和另外一个人开。

问：3个人怎么做买卖？

答：很不理想，开车没有赚钱，反而赔了钱。

【贷款引来的法律纠纷】

问：你们三个人，那两个是什么人？

答：一个是我老伴哥哥家的孩子；还有一个是哥哥家闺女的女婿。

问：车是新买的吧？

答：新车；花了3.3万元。当时是贷的款，3人负担不等，是贷款。

问：您贷多少？

答：这个事咱不明对你说，因咱对此事

很苦恼。这个事最后告状，打官司。最后，事没有搞好，落了一批货款。如贷3.3万，加利息7万元。这样，我的小孩舅舅起了怀疑，以后还了一部分，尚剩2万多元未还，这样起了纠纷，打官司。最后，我拿1万多，他们出1万。我们要求银行能不能将利息少算点，目前还正在办着呢。公检法的事，现在也很难说，送点东西给你办，拿着手铐来威胁，我将他们顶回去了。所以，不想详细说。是县法院。我想找石家庄的一个亲戚，给我将这情况向上反映。

问：现在村里这样的事多吗？

答：打官司的不多，但这样的情况有。

问：不打官司的该怎么解决？

答：明里打官司，下边私了，我这事也是半私半公。可以这样说，多一事不如少一事。

【庙会】

问：说村里办庙会，你拿了不少钱？

答：我当了4年书记，现在的书记找我，面子过不去，所以我多拿一点。村里唱唱戏，大家热闹热闹。

问：如果村里不来找您，会多拿钱吗？

答：不来也得拿，当然不会这么多。一般说80%是自愿的。庙会是留传下来的民俗。

【原任书记】

问：你什么时候当书记的？

答：1969年当，到1973年。到1976年一直在村里。

问：1976年到什么地方去？

答：到乡里办副业，是一个厂子。

问：也是干活吗？

答：我是当销售员，到1979年去县城建筑公司。

问：你当书记的情况？

答：那时和现在不一样，是大集体。那时比现在好管，但利润不高，即效益差。

【"四清"运动】

问：1966年，村里搞"四清"的情况了解吗？

答：村里没有大的震动，和保定不一样，还有杀人的事。

问：工作组来搞什么？

答：开始搞经济，主要是请当时的干部。工作上朝着干部们来的。后来，又从政治上搞，一个是成分，二是解放前有没有干过什么坏事。这是解放后最后一次清理。还有在社会上有没有干什么坏事。

问：开不开群众大会？

答：开。当时进行批判，不管事大小，情节也不一样。过去老书记徐孟祥，在"四清"受到批判，说他有经济问题，还有西头的刘宝贵、刘文生、赵球子。

问：他们是坏人？

答：也不是，主要是经济问题。

问：同族之间有没有矛盾？

答：没有搞起来。当时讲他们多吃多占，当时钱数很少，也受到批判。全村两个食堂，集中到一起吃饭，有多有少，实际上他们多吃点。由于他们是管这个的，库就在会计家。

【刘姓一族拜年、上坟火葬】

问：你们姓刘的是一个族吧？过年都来拜年吧？

答：是一个族，一般都来拜年。我的辈分大，都来给我拜年。

问：现在除拜年外，还有什么聚会在一起呢？

答：过去有，现在忙于个人的事。如有时村西到栾城县赶集，路过时到我这里来，打打气，谈谈。

问："四清"时还拜年吗？

答：我是 1987 年搬过来的，还是在一起聚聚。搬到这里就不经常在一起了。后面也有一家是姓刘的。

问：您哪一年出生，属什么？

答：我 1945 年出生，属狗。

问："大跃进"还兴拜年吗？

答：拜年。比现在还兴。"文化大革命"有一段不兴，断了一二年。是 1965、1966 年。

问："文化大革命"不让拜年，上坟还上吗？

答：上坟还上。

问：坟地在什么地方？

答：在村西。

问：坟地不是平了吗？

答：平了以后又拣上。1961 年平坟，自己都记得自己家坟地，后来都还知道坟地在哪里。

问：上坟一直没有停过？

答：一直有，"四清"时说过，但大家还是上，又不是犯罪。

问："文化大革命"时有没有命令不准上坟？

答：没有。有时说不需要上坟、走亲，又不是什么大事，谁也不管它。

问：什么时候搞火葬？

答：1968 年开始，过去土葬。开始提出，慢慢就普遍，提倡一年半载还有土葬，1970 年以后就没有土葬了。

问：老人不愿意，有没有提出抗议？

答：没有。

问：火葬费需要多少钱？

答：200 多元，包括骨灰盒。

问：是不是因为钱多不愿意？

答：不是的。

【婚丧嫁娶】

问：如有红白事，姓刘的都来吧？

答：一家来一人，白事到，红事请。

问：办白事需要花多少钱？

答：不好说，看你家里的经济情况（我的老公公，三个孩子都在外工作，花了 3000 多元——插话），喜丧花钱更多。我父亲 87，母亲 81，现在身体都很好。

问：以前有没有会的形式，如结婚办喜事时钱不够，你家拿一点，我家拿一点，将钱凑起来，我要用从这里借？

答：有，一般是临时借，但没有用会的形式。借一般是亲戚朋友之间，互相没有什么组织。

问：现在农村结婚需花多少钱？

答：不好说，要看你的经济条件，最少也得 5000 元。

问：你二儿子结婚时花多少？

答：他结婚时是两年前，花了 4000 多元；现在可不行了，老小子我已存了 1 万多元，可能结婚时还不够。过去买黑白电视，现在都要彩色的。去年我外甥女，体格不太好，花了 1.3 万元，女方为了表达心意。

问：现在离婚的多吗？

答：不多。现在年轻的比老的亲密，年轻的男的做家务活。我不做，回来吃现成的。

【扩大生产】

问：你今后想扩大煤场吗？

答：今年冬天想扩大，8 月 15 日以后。

问：扩大多少？

答：再买一台机器。

问：刚才我们看的机器需要多少钱？

答：我那台旧的 1 万元，新的要 1.5 万元。我还要扩大品种，做 250 的蜂窝煤，现在 140。

问：规模再扩大，人手不够了？

答：还要雇工人。

问：决定下来了吗？

答：决定下来了。

问：人找好了吗？

答：人还没有找好呢，到时再找。

问：扩大还要投资多少钱？

答：3 万元，到 8 月 15 日，可攒 2 万多元。

问：一年需要多少税？

答：缴点税，现在还不很重视，一年约 1000 多元。

问：纳税有什么标准吗？

答：没有什么标准。不是国家企业，拿点就行了，刚开始还照顾照顾。

问：税由谁来收？

答：由县里的税管员，三月份来收，三个月来一次。

问：一次收多少？

答：有时 200 多元，有时 100 多元。

徐领群（67 岁）

时　　间：1995 年 2 月 22 日下午

访 问 者：小田则子

翻　　译：孙雪梅

访问场所：徐领群家（村会计郝小江在座）

【徐姓家族构成】

问：大爷，你叫徐领群对吧？

答：是的。

问：今年多大岁数？

答：68 岁（虚岁），属龙。

问：你父亲叫什么？

答：叫徐老先，是老先（音，以下的名字均是听的音）。

问：爷爷叫什么？

答：叫徐老善。

问：太爷的名字？

答：弄不清。

问：你母亲叫什么？

答：叫张顺姐。

问：奶奶叫什么？

答：不知道。

问：你爷爷辈有兄弟几个？

答：一共有 5 个（三男二女），名字记不清了。

问：徐老善是老几？

答：是老三。

问：他妹妹姐姐的名字知道吗？

答：不清楚。

问：你父亲兄弟姐妹几人？

答：兄弟两个，两个妹妹。

问：你父亲是老几？

答：是老大，老二叫徐物件。姐姐叫瑞子，老三是林。

问：徐物件有几个孩子？

答：6 个男孩。老大志兰，老二志顺，老三志文，老四文江，老五叫五子，老六叫志贵。女的叫栾姐。

问：为什么文江和五子前面没有志字？

答：我们不讲这个。

问：志兰结婚？

答：结婚，有二男二女。大男叫建军，二男叫建辉；女孩叫蓉芬（大），小的叫蓉君。

问：建军多大？

答：已结婚，有一男一女，名字弄不清。

问：建辉也结婚了吗？

答：结婚了，有一个女孩，名字不清楚。

问：志顺有几个孩子？

答：他没有孩子。

问：志文有几个孩子？

答：3 个孩子。男孩叫建超，女孩叫俊凤，二的叫俊素。

问：志文和志兰的孩子，家有红白喜事，他们都一起来吧？

答：一起来。有事就见面，聚到一起不多。过春节聚会，其他不聚会。

问：建超结婚了吗？

答：他很小，没有结婚。

问：文江结婚有几个孩子？

答：有两个男孩。一个叫建昭，一个叫建华。

问：建昭结婚了吗？

答：结婚了，有一个女孩，名字说不清。

问：建华呢？

答：没有结婚。

问：五子呢？

答：有两个孩子。男孩叫威威，小的叫晓晓。

问：五子的孩子们住在什么地方？

答：住在村的东南头，1976 年就搬过去了。

问：志贵有几个孩子？

答：3 个。一个叫建磊，一个叫建斌，一个叫建发。

问：他们过年串几家门？

答：姓徐的家都串门。

问：你父亲徐老先，你们兄弟姐妹几个？

答：我是老大，我有兄弟五个。一个弟弟叫徐胖；一个弟弟叫徐俊；一个弟弟叫冬发；还有姐妹三个女孩，一个叫珍，一个叫栾珍，一个叫秀。

问：你父母是什么时候结婚的？

答：我父亲岁数大。

问：这儿有没有女的比男的岁数大的？

答：我们家族没有。

问：你什么时候结婚？

答：1956 年，即 28 岁左右。

问：你爱人多大岁数？

答：她比我小，小 10 岁，当时结婚她18 岁。

问：你有几个孩子？

答：两个男，一个叫徐军恒，一个叫徐军波；三个女，一个叫徐荣菊，一个叫徐香菊，一个叫徐香萍。

问：徐军恒几个孩子？

答：一个，叫亚男。

问：军波几个孩子？

答：也是一个，是女孩，叫黛琳。

问：徐胖有几个孩子？

答：三个女孩，大的叫心菊，二的叫心艳，三的叫心娥。

问：都是女孩，没有找个养子吗？

答：没有。

问：女孩都嫁出去，跟谁生活？

答：有嫁在本村的，心艳嫁在本村。

问：徐发子有几个孩子？

答：两个：男的叫国军，女的叫国辉。

问：徐冬发有几个孩子？

答：一个叫华子（男），一个叫超子（男），他们都上学。

问：发生呢？

答：两个：一个叫军卓（男）一个叫红红（女）。

问：女孩都嫁到什么地方？

答：嫁到娄坻村（珍），栾珍嫁到孟董庄。秀嫁到北留营。

问：她们一年回来几次？

答：奶奶生日时回来，有时过庙会回来，一般一年来个五六次，带着孩子回来。

问：你到姑姑家呢？

答：也是过节时去。

问：你爷爷有 5 个兄弟姐妹，他们孩子的情况呢？

答：老大老二都没有孩子，只是老三有

孩子。老大结婚，没有孩子，老二没有结婚。

问：你们这一大家，有没有在外村工作的？

答：俊风上大学，在苏州上大学。

问：姓徐的出了大学生，是不是感到骄傲呀？

答：是。不赖（好）。

问：徐春梅是不是你们一个系统的？

答：不是一个祖宗，只是同姓。

问：你们姓徐的分道南、道北？

答：不分道南、道北，而是分前院、中院、后院。

问：你们一家属中院？

答：是的。

问：徐春梅是什么院？

答：是中院。

问：那为什么不是一个祖宗？

（被访者经过研究说还是一个祖宗，上的一个老坟。）

【"寒食会"】

问：一个祖先，你们是一起去上坟吧？

答：对。

问：除此而外，还有别的一起去活动吗？

答：解放前，每到"寒食"一起去。

问：那时一起去上坟，有没有"寒食会"？

答：有"寒食会"，没有什么父子会或徐家会的称呼。

问：上坟是不是前、中、后院都是一起去？

答：是一起去。

问：那时只去男的，女的不去吧？

答：男的去，女的不去；不是一户去一个，而是随便去；男的小孩也可去，一般13岁以上，到那里给个馒头，在会里吃饭。

问：你们办寒食要花钱怎么办，是不是靠坟地呢？

答：靠坟地（三亩）种的粮食，作为"寒食会"活动的钱。

问：谁种？

答：没有固定，今年你种，明年也许我种。

问：种坟地的人都是姓徐，是不是特别穷的人？

答：不是。

问："寒食"的钱，靠坟地收入够了吗？

答：够了，不要到每户家再收钱。

问：除了"寒食"以外，姓徐的还有一起去的时候吗？

答：没有了。

问："寒食"时什么时候去上坟？

答：清明前后。

问："寒食会"里有没有谁的辈分高说话算数的呀？

答：有负责人，每年有一个负责人。

问：咱们姓徐的一家人，发生矛盾顶嘴时，有没有人出来调解呀？

答：说的不多，现在说也不顶事。解放前，老人说了还顶事。

问：有没有长辈出来说教，你应该这样做，不应该那样做？

答：有说的。

问：没有族长吗？辈分大年龄大的人可不可当族长？

答：没听说过。

问："寒食会"，解放后还有吗？

答：没有了。

问：你小时参加"寒食会"吗？

答：去过。

问："寒食会"的具体情况？

答：上午吃过早饭去，我们姓徐的都去，在大街上聚集一起去。

【坟地】

问：坟地在什么地方？

答：公路北有五里地。现在没有了，解放后平了，哪一年记不清了。

问：平了以后还上过坟？

答：没有。

问：坟地在土改时怎么办？

答：归小队了。小队没有分，谁种还是谁的。

问：那时还有坟吗？

答：有。

问：平坟以前有坟吗？

答：有，那时坟地没有人种了，毛草长得很高。

问：刚刚解放时还上坟吗？

答：不去了。寒食会也没有了。地荒了，也没有人种，也就没有收入。1958 年坟平掉。

问：平坟时，老年人怎么想？

答：没有人管了，爱怎么样怎么样。

问：平坟后，死了人埋到什么地方？

答：各家在各家坟地里埋了。

问：姓徐的一家一家坟地在什么地方？

答：到处都有。

问：姓徐的坟地大概在什么地方？

答：祖先的坟地在村正北，现在在村西北。

问：离你家多远？

答：很近，不到一里地。

问：其他姓徐的坟地在什么地方？

答：（看图指出地方）徐小眼、徐栾祥家坟地……

问：你们家北面的坟地是和姓徐的共有的吗？

答：是的。

问：大约占地多少？

答：共有三个坟，老爷爷坟没有了。占有一分地。

问：什么时候埋的？

答：1958 年以后。

问：现在还上坟？

答：现在只是春节上坟，各自小家庭去上坟。

问：你们这一家指什么范围？

答：就是我们这一代下面的人。

问：是不是以你为中心？

答：我不去上坟了，孩子们去。

问：你年轻时上坟吧？

答：年轻时上，在春节、寒食时，还有十月一，一年三次。金秋上坟一起去，寒食上坟，解放后上过三次。解放前一次是给很久远的祖先，解放后没有寒食会，是靠近自己的祖先，每年去上三次坟？

问：解放后每年都上坟吗？

答：一直上坟的。

【徐家各支的居住地】

问：姓徐的前、中、后院原来在什么地方？

答：（看 1941 年的图，指位置）

问：你们徐姓住在村的中间？

答：是的。

问：徐姓从什么地方来？

答：不知道。

问：原来你们有姓徐的，后来有没有姓徐的再到这个村来？

答：没有。

问：其他村有没有姓徐的？

答：有，但不是同族的。

问：前院、中院、后院有几家？

答：前院是徐碗、徐老亨、徐长子、徐黑旦。中院是徐喜子、徐老七、徐白子、徐洛部、徐小毛、徐老四、徐付已、徐四。后院是徐炕洞、徐检子、徐全柱、徐坑子、徐金祥。

问：以前采访有大户小户之分，你听说过吗？

答：有三大户，按前、中、后分的。经常记的是前院、中院、后院。每个院是一大户。

问：什么时候用大户？

答：不用。

问：现在上坟的是和你们一个坟的一起去吧？

答：是一个坟一起去，否则不去。

问：今年春节谁上坟呢？

答：今年是咱们一家，一个院分好几个呢。

问：今年春节是怎么组织去的？

答：吃午饭前去，回来再吃饭。女的不去。

问：你家的孩子去了吗？

答：13 岁以上的男孩都去。

问：上坟买什么？

答：买的纸，自己拿钱买，不烧香。

问：烧纸是不是辈分大先烧？

答：是的。我没有去，徐胖去了。

问：现在这样是从哪一年开始？

答：祖坟平了以后，一直就是这样。

问：有没有没有上坟的？

答：1963 年洪水也没有影响上坟，因为这里地势高。

问："大跃进"、"四清"运动是不是不上坟？

答：还上坟，当然也有不去的。

问：不去的话会不会被人议论？

答：没有人议论。

问：上坟什么时候去的人最少？

答：一年当中十月一去的人少。一般是差不多。

【困难时期】

问：在公社时，60 年代困难时期有饿死人的情况？

答：有，不多。当时有饿死的，也有病死的。

问：那时也一年上三次坟？

答：也有。

问：困难时期饿死、病死的有多少人？

答：弄不清。

问："大跃进"吃食堂全村有几个？

答：一个食堂。那时村没有现在这么大。

问：家里不做饭？

答：是的。

问：在一个食堂吃饭，住不是住在自己家吧？

答：是的。

问："文化大革命"时，村里庙拆了？

答：拆了。

问：那时有没有破"四旧"、破迷信的活动？

答：将庙拆了，其他没有什么。家里贴什么灶王爷不让贴，在家里房子里还偷偷贴关公、观音和老母等。"文化大革命"时不贴，最近几年贴这些也不怕了。每年还是上坟，上坟的人还是现在这个范围的人。

问：1976 年人口多了，搬到什么地方住的都有了？

答：是的。（看图）

【农业与副业】

问：你们家有多少亩地（指承包）？

答：共 13 亩地，按人口分的。

问：13 亩地，一直是这样，以后人口变化怎么办？

答：人口变化 13 亩地不变。

问：13 亩地是什么时候定下来的？

答：1984 年定下来。16 年不变，16 年以内，生死不管。

问：有没有家里人口少地多的或人多地

少的情况？

答：有，不多，但也不能动。

问：有意见，怎么样提出呢？

答：私下议论，就是不能变。16 年不变是经过全村讨论通过的。

问：当时开过会吗？

答：这是上级决定的。

问：我们听郝老艳说是经过讨论通过的，现在村长也说是讨论通过的。

答：我没有参加。

问：（会计来，问会计）16 年不变是经过讨论的吗？

答：经过讨论通过的。

问：那时参加的人都是谁，怎么选代表的？

答：一户有一个人参加。

问：讨论了几天？

答：没有几天，一商量就定下来。早有酝酿，讨论时就基本上有个一致的意见了。后来按人口分，现在女的嫁出去，地也不能动。

问：有的人口越来越多怎么办？

答：粮食够吃，也可做买卖。

问：最近做什么买卖？

答：有搞建筑的，有做小百货的，有到集市上做买卖的。

问：由石家庄贩东西到栾城县城卖的多吗？

答：多。咱们村里有。还有搞运输，做蜂窝煤的。

问：现在愿意不愿意种地？

答：看怎么说，做买卖不行的他愿意种地，做买卖能赚钱的就不愿意种地。

问：你家有什么副业？

答：我们家搞运输。

问：种地和运输哪一个收入多？

答：运输收入多。

问：你弟弟买汽车（货车）花了多少钱？

答：花了 3 万多元。

问：3 万元是贷款还是借来的？

答：借来的，兄弟姐妹之间借的。刚买，去年还没有赚到钱，今年就要赚钱。

问：搞运输收入多的能是种地收入的几倍？

答：太多了，不是几倍。

问：种地一年收入多少钱？

答：3000 元，开车运输一年 2 万～3 万元（纯收入）也就是 10 倍。

刘凤书（79 岁）

时　　间：1995 年 2 月 23 日上下午

访 问 者：小田则子

翻　　译：孙雪梅

访问场所：刘凤书家

【刘姓的家族】

问：爷爷辈再往上推能推得出来吗？

答：不知道了。

问：你爷爷辈兄弟姐妹几个？

答：我知道他们弟兄两个，有没有姐姐妹妹弄不清了。

问：他们的名字知道吗？

答：弄不清了。

问：你爷爷是老几？

答：他是老二。

问：老大叫什么名字？

答：不知道。

问：你爷爷有几个孩子？

答：有 3 个女儿 4 个男孩，兄妹 7 个人。

问：你父亲是老几？

答：老大。

问：老二呢？

答：我叔叔叫刘连山；我爸爸老大叫刘洪山（号叫老清）。又说，刘洪山叫小名，刘老清叫大名。

问：老三呢？

答：叫刘雪山。女孩叫刘小梅，还有个叫刘层，还有个叫莲花。还有个男孩叫老黑。

问：你父亲是什么时候结婚？

答：我父亲结过两次婚，现在的这一个就留下一个女孩，叫刘小用。

问：第一次结婚的女的叫什么名字？

答：叫刘小用。父亲什么时候结婚不知道。

问：大娘您这样年纪，一般什么时候结婚？

答：一般二十二三岁，我是 25 岁结婚。也有 18 岁结婚的。我结婚是解放后，所以结婚就晚了，在旧社会结婚早。

问：你哥几个？（问刘凤书）

答：弟兄 4 个。

问：有姐姐妹妹吗？

答：有。

问：你是老几？

答：我是老大。老二叫刘凤林，老三叫刘凤琴，老四叫刘明琴。

问：男的还有吗？

答：没有了。

问：女的叫什么？

答：叫文，还有叫妮，还有叫小用。

问：你有几个孩子？

答：6 个，3 个男 3 个女。

问：老大叫什么？

答：叫国军，老二叫国庆。国军今年 31 岁（1964 年出生）。大的女孩 1960 年出生。我是 1959 年结婚的。

问：你大儿起名叫国军，那时村里起这样的名字多吗？

答：就两个。其他带军的有，但带国的就不清楚了。

问：带建、带红的多不多？

答：带建的也不少，挂军的也不少。

问：老三叫什么？

答：三的叫庆会。

问：女孩叫什么？

答：大的叫秀英，二的叫秀兰，三的叫会敏。

问：国军有几个孩子？

答：两个女孩，大的叫刘静，二的叫刘超。大的 6 岁，二的两岁。

问：国庆有几个孩子？

答：也是两个女孩，大的叫刘宁宁，二的叫换换。

问：什么时候改用大名？

答：以后就不改了，就叫这个名字。也许上学时改个名字。

问：换名有没有什么手续？

答：一般说不换，要换就登记一下。从法律上说不能随便换名。

问：刘庆会有几个孩子？

答：就一个，叫刘曼。

问：刘凤林有几个孩子？

答：他没有娶上媳妇。

问：为什么不结婚？

答：我的孩子多，家庭过的累（困难的意思），他有了我这几个娃子，就跟着侄子们过。

问：刘凤琴呢？

答：两个男孩，大的叫惠存，二的叫惠哲；两个女孩，大的叫惠玲，二的叫玲娟。

问：惠存他结婚了吧？

答：没有，他还小呢。

问：明琴有几个孩子？

答：有 3 个（二男一女）。男孩叫刘惠义，女孩叫惠霞，还有叫惠欣。惠义没有结婚呢。

问：你叔叔刘连山有几个孩子？

答：他结婚没有孩子。

问：刘雪山呢？

答：他的孩子多，有两个男孩，大的叫家队，二的叫凤珍。

问：刘家队结婚了吗？

答：结婚了。他有一个男孩，叫刘梦江，他有51岁，有3个孩子，二男一女，男孩大的叫俊岭，二的叫俊彩（女），三的叫俊晓。

问：俊岭结婚了吧？

答：结婚了，有3个孩子（二女一男），大闺女叫囡囡，二闺女叫留留，男孩叫可可。

问：刘俊晓有几个孩子？

答：还没有孩子，还没有结婚呢。

问：刘凤珍（同增）有几个孩子？

答：有8个孩子（四男四女）。男孩，大的叫梦海，二的叫梦河，三的叫梦山，四的叫梦桥。女孩叫芝子，二的叫芸子，三的叫芸霞，四的叫群子。

问：刘梦海结婚了吗？

答：结婚了，有两个孩子，大的叫俊兰（女），小子名字忘了。

问：梦河有几个孩子？

答：两个，男的叫俊生，女孩叫然然，小子名字忘了。

问：梦山有几个孩子？

答：两个小子。大的俊旺，小的记不清了。

问：梦桥呢？

答：有3个孩子（一男二女），名字不知道，太小了。

问：刘老黑有几个孩子？

答：两个男孩，一个叫格英，一个叫宝玉。格英死得早，宝玉也死得早，这一户绝了。

【阴亲】

问：他们多大死的？

答：十几岁就死了。

问：这样年轻人的丧葬有什么特殊的形式？

答：没有。在他家的老人未死前，将其暂时埋在地头上（坟地边上），等他家的老人死了，再将其迁到老人那里去。

问：如果死的是女孩也一样吗？

答：不一样。女孩死了，要找个婆家，即阴亲。现在还有这样习惯。女的死了，另外一个村死了一个男的，不论他多大年纪，就可以结婚，女的埋到男的坟地里。

问：你们这个地方有具体的例子吗？

答：有。两三年前，有个王老庞的男孩死了，和北关死了的女孩结成阴亲。中国古老的习俗，不能有孤女坟，所以要结阴亲。

问：为什么说孤女坟不好呢？

答：是一个迷信说法，孤女就孤独，这样不好。

问：孤女坟没有人去烧香吧？

答：家里人去烧。这儿没有孤女坟。

问：如果女孩死了，当时没有男孩死，以后也可以结成阴亲吗？

答：没有时间限制，30年也行。只要有死去的男的未结婚的就可以。

问：你爷爷刘成德的哥哥叫什么名字？

答：说不上来。

【上坟】

问：你们刘家是一个大家，在过年时是不是凑到一起去上坟？

答：春节、寒食、十月一聚在一起上坟。

问：春节在一起上坟有什么？

答：拿着香、供品、纸上坟去。

问：今年的春节你们上坟了吗？

答：十几岁以上的都可以去，女孩不去。

问：为什么女孩不去？

答：我说不上来，当然，有男孩的男孩

去，如果没有男孩，女孩也可以去。

问：除了上面说的刘家，其他还有去的吗？

答：中国有这样的习惯，出五服的就远了，一般五服以内的在一起上坟。五辈以内的一个祖爷爷的一起去上坟，五辈以外的就到他们的爷爷坟上去上坟。

问：五里铺姓刘的和你们是什么关系？

答：五里铺村姓刘的老娘家是这个村。他们弟兄回来到这个村，所以以后这里就有姓刘的。

问：什么时候分开的？

答：140年前两村刘姓就是亲戚。

问：别的村还有刘姓吗？

答：没有了。

问：有没有记载？

答：据说过去有家谱，解放前打仗烧了。

问：与五里铺有没有一起上过坟？

答：出了五服就没有了。

问：五服以内除了上坟外还有什么时候聚在一起呢？

答：在结婚时，不出五服的都叫来，庆贺一番。

【服丧】

问：人死了，不出五服的人都有戴孝吗？

答：是的。

问：戴多长时间？

答：戴3个月黑纱，不过实际上戴不到100天。100天内不能理发。人家结婚不能去。

问：现在还有这习惯吗？

答：还有，这个不能改。

问：你父亲死后，有什么人戴孝？

答：亲人都戴孝，我们哥三，姐姐们，以及我的后代。如果有钱，都戴白布孝，戴3天。住在本村的人不戴黑纱，在外地工作的戴黑纱。

问：解放以前，长辈亲人死后，戴多长时间孝？

答：解放前严重。如母亲死了，从头到脚要穿白布，脚上的鞋要穿破为止，要戴三年重孝。

问：如果有孙子也要这样吗？

答：孙子不要求，亲闺女有这样的要求。其他人就不管。孙子辈要戴花花孝，也穿红颜色。

【刘姓坟地】

问：姓刘的五服以内坟地在哪儿？

答：老坟在五里铺，还有村西。

问：坟地有几亩？

答：五亩地。

问：五亩由谁种？

答：分给谁就谁种。

问：解放前五亩地谁种？

答：是我的叔叔。

问：上坟的纸、香由谁买？

答：个人买。

问：怎么规定由你叔叔种？

答：咱们分家时将地分给我叔叔了。

问：这五亩地，解放后土改时怎么办？

答：合了，归国家所有。

问：解放后是哪年平的坟？

答：1958年平的。是国家政策，因为坟地占耕地太多，为了扩大耕地面积，毛泽东说的。我的父亲也只要留个坟的标志。

问：现在坟有标志？

答：有很小的标志，就是小土堆。

问：平坟时你们有什么看法？

答：有感觉，我爷爷在哪儿找不到了，但这是国家的法律。

问：你父亲当时不在世吗？

答：平坟时还在。将爷爷的坟平了，当然难过，但是国家法律没办法。后来分土地，土地给别人，我们去立个小牌子，人家也没有意见。

【风水先生】

问：现在人死了，要埋在什么地方？

答：要变，我死时就要变。

问：为什么？

答：因为埋不下了，埋在什么地方要看风水。

问：到什么地方去请风水先生？

答：现在不知道哪里有，到时去找。

问：其他人也找风水先生？

答：也找，他们以前找的有好的有不好的，现在好的风水先生几乎没有。

问：你们村有风水先生吗？

答：没有，别的村有，如尽阳村。找的时候还要有关系，不认识他不来。

问：请风水先生要多少钱？

答：不要钱，请吃个饭。

问：解放后一直有风水先生吗？

答：不，才三四年。解放后不提倡，毛主席管得严，邓小平不管了。

问："文化大革命"时将庙拆了，你们老人家有什么想法？

答：不敢说，拆庙是找年青去的，老人不想拆也不敢说出来。拆庙时心里反对，但不敢说。国家的法律你有什么办法。

问：庙是"文化大革命"时拆的吗？

答：毛泽东革命，走到哪里，拆到那里，不是"文化大革命"时拆的。

【火葬】

问：什么时候开始火葬？

答：是 1960 年开始，1962、1963 年以后多起来。

问：你们村第一个火葬是谁？

答：不清楚。

问：那时是不是不愿意火葬？

答：当然接受不了，穿的好好的都烧了，愿意土葬。周总理还火葬，咱们老百姓还有什么说的。

【中国劳工】

问：你说中国人到北海道去当劳工，听了以后，感到难过，他们在那里受苦啦？

答：那是过去的事。日本人一来，我才知道，他们拿照相机，照的坟，才知道是日本人的坟。这是"七七"事变之前，干什么咱也不知道。一般中国人都不知道。坟在苏丘这个地方，即栾城县油桐乡苏丘村。日本侵略中国是昭和年代。

问：火葬开始的情况？

答：当时不愿意，但国家有法律。心里不愿，不过还说好好。

问：大队有没有下指标，一定要火葬呀？

答：有，有手续。上级有指示，都得按照执行。

问：偷偷土葬的有没有？

答：咱村没有，别的村有，咱村比较老实。别的村土葬有揭发的，县里有人去，将老人挖出来，拉到县里火葬。

问：有没有罚款？

答：没有罚款。

问：有埋了两三个月，还挖出来吗？

答：有两三个月还得挖出来，一年以上的没有。这都是离县城远的村。咱们这个村是先进村，让做什么就做什么。

问：1962 年火葬很少吧？

答：有了火葬场，咱们村改革就很快，我们靠近县城。

问：这个县城的火葬场什么时候建立的？

答：火葬场是在华国锋当主席时建的。

问：那怎么在 1962 年呢？

答：开始建立了火葬场，人们不习惯，推动不开。不是华国锋的时候。我们村第一个火葬是刘小水。

问：刘小水是什么时候死的？

答：记不清了。

问：你们想一想，是"文化大革命"前还是后？

答：在之后，刘小水家没有人了。

问：他死时怎么搞丧事？

答：他家没有人，我和他同辈，简单地将他火葬后埋了。他也没有后代，他弟弟又在外工作。

问：姓刘的没有出五服的也都来？

答：没有都来，当时非常简单。

【宗族丧葬、祭祀活动】

问：现在办丧事没有出五服的来，出五服的呢？

答：出五服的一般不来，本村不姓刘的不来。外姓不错的，在吃晚饭后，过来问问有没有需要帮忙的事。

问：虽然是五服以内的，但也不来，这样的事有吗？

答：有小的隔阂，人一死也就不论仇了，也来，几乎没有人不来，吵架的很少。吵了架的不来。

问："大跃进"时，五服内的人都来？

答：那时人紧张，忙得很，在外边工作的，但知道的肯定来。

问：五服以外的人？

答：也来，其他姓的也来。来问问情况，要不要帮忙。

问：在60年代困难时，办丧事怎么办？

答：一样。

问：五服以内（1960年）的人还上坟吗？

答：上，一样的，这不改。

问：1965年"四清"时也还上坟吗？

答：上坟。

问：让上坟吗？

答：允许。不过当时学习紧张，国家提倡不要搞迷信活动。大家这是偷偷地上坟，在1964年"四清"时。

问：怎么偷偷去？

答：就我个人去，不要大家一起去，我去磕个头。当时心里有点怕，怕别人知道，我要作检讨。

问：在什么时候不怕了呢？

答："四清"过了以后就不怕，因为知道"四清"搞什么内容，所以就不怕了。偷偷上坟，不算坏事。

问：破除迷信破的什么？

答：烧香到庙里去，过春节不准拜年、磕头。因为"四清"时不让互相串连，所以也就不准拜年。

问：这样持续了几年？

答：时间不长。三四年，"四清"过后就可以了。

问："四清"时有没有火葬？

答：已经开始火葬。"四清"时不敢不火葬。

问：火葬时老人不愿意怎么办？

答：不愿意也没有办法。

【"文化大革命"与古书】

问：你们有没有供祖先的牌位？

答：我们家有，有的人家没有。家里比较富的有，穷的没有。现在没有了，从"文化大革命"开始就将牌位烧了，还烧了老书，对社会不利的都烧了，如古书、万年历、皇历，《遇侠记》、《四书》、《五经》、《左传》。

问：咱村谁家有古书？

答：我父亲文化不错，有两包书。有好些治病的书，有时外出时看看历书行不行。

问：是别人来烧，还是你们自己烧的？

答：有"红卫兵"到家里找，如找到就不得了，所以我们自己偷偷地烧了，这样他们来找就什么也找不到了。他们来了，你也不敢说，否则他们要拳打脚踹。

问：你们村有"红卫兵"？

答："红卫兵"没有组织起来，是民兵。有一位叫刘生源，他在外读书，他是"红卫兵"。

问：民兵乱翻书，你们姓刘的辈分大的不生气吗？

答：生气也不敢说。我父亲的药书都烧了，怕说把人治死了，所以，他们害怕，就将其烧掉了。

【乡村家庭文化教育】

问：现在年轻人大多不知道五服这种问题吧？

答：不一定，要根据个人的知识来决定。有的人有文化，有的人没有文化。

问：跟你这样的年龄差不多都知道五服吧？

答：差不多都知道。大人会教给我们，你老娘是哪个村的和有关知识，什么叫五服。

问：你们小时候，大人是不是教你们应该这样干和那样干？

答：教。在小时候快上床睡觉前教，一般从会走路时就教。

问：具体教你什么？

答：光教数字一、二、三、四……

问：教你们应该怎么做，有哪些内容？

答：如到人家先叫人家奶奶，奶奶不在叫爷爷或叫叔叔，讲礼貌问题。要借人家的东西，先要有礼貌地称呼，再说借东西。还有不要与别人吵架，要好好过日子，要勤快，要多干活。对男女都这样教，对女的也一样教得严，女的要出嫁到别人家去，否则说你家教不好。

问：有没有念过私塾？

答：上过，念《三字经》。

问：你现在不能说出来？

答：说不全了。三字经开头是"人之初，性本善，性相近，习相远……""融四岁，能让梨……"现在三字经和过去不大一样。

问：为什么？

答：内容写的还是那些，但现在人要做到就不容易。

【宗族管理的变化】

问：以前刘姓同族人有没有吵架？

答：不断地有。如果吵架，会有和吵架双方都好的人出来和解。

问：是同族还是同村的人？

答：不管姓什么。

问：分家时由谁来主持？

答：在我分家的时候，由辈分高的人，我们的大伯，他说话我们听。

问：对这些人有没有特殊的叫法？

答：没有。

问：辈高的人有什么其他特殊的权利？

答：没有。

问：如果没有孩子，要从别人家过一个养子来，他管不管？

答：有。一般不管，他也管不住，因没有法律的效力。解放前还行。解放后人们脑子开化，有法律管，你说话我可不听。

问：你印象深的事，由长辈出来管的是什么事？

答：我父亲识字，有文化，与我父亲同辈的一般没有文化。如他们买了地，要我父亲给他们写个契约。

问：解放后辈分高的说了不算了？

答：是的，不灵了。分家有的也不找他了，说他老了，还找他干什么。

问：现在有分家和吵架出现，由谁调解呢？

答：靠村委会。

问：村委会有人管这事吗？

答：大村有调解委员会，咱们村小，就由村书记村长来管。

问：最近还有没有出现吵架的？

答：有。具体讲就省了。

问：找村干部主要是找谁呀？

答：找村委会都行。现在的如郝元增、徐玉身（外号老汉）。

问：有没有这样的情况，不找大队长，找姓刘的有吗？

答：比方说，我们吵架了，有来问你们为什么事，说说这说说那。这是关系好的人主动来。

问：姓刘的这一大家，有人吵架了谁来调解？

答：这个如果我和他家不赖（好），我就去问问，如果两家不好，你们怎么吵也不过去问。没有固定的人。

【现实生活】

问：想问问你现在家里的生活情况如何？

答：生活不错。

问：你现在和谁一起过？

答：我和庆会在一起过。

问：光种地吗？

答：有一台拖拉机，有9亩地。

问：9亩地能收入多少？

答：除去成本外，去年收入千八百。

问：你买的拖拉机花了多少钱？

答：7000多元，已有3年了，由儿媳妇开。

问：拖拉机搞运输，在什么地方？

答：石家庄、栾城、怀柔这一带。

问：拖拉机能收入多少？

答：一天下来有四五十元。

问：天天去吗？

答：天天去，拉沙子和土。

问：那你们不怎么种地，去开拖拉机了？

答：不种地吃什么。

问：还有什么副业？

答：没有了。

问：庆会哪年结婚？

答：三年前结婚的。

（三）1995年9月

徐锁成（74岁）

时　　间：1995年9月7日下午

访 问 者：三谷孝

翻　　译：王健娆

访问场所：徐锁成家

【家族】

问：打扰你了，想问问你过去农村的事。你的眼睛不好吗？

答：不好，旧社会生活不好。

问：你叫什么名字？

答：徐锁成

问：你生于哪年？

答：今年74岁。不知道哪年。

问：你属什么的？

答：属狗。

问：你爸爸叫什么？

答：徐二伯，号老万。我父亲兄弟4个，我大伯叫大伯。

问：你有几个兄妹？

答：3个。一个弟弟，一个妹妹。

问：你弟弟叫什么？

答：徐小孩。

问：妹妹呢？

答：徐妮子。

问：这是大名吗？

答：是。

问：你妈妈叫什么名字？

答：她姓牛。

问：你父亲务农吧？

答：是。

问：你们有多少土地？

答：我父亲兄弟 4 人，每人分 15 亩地。

问：都是自己的土地吗？

答：是。

问：你是儿童的时候就帮助你父亲做活吧？

答：做活。下地，干农活。

问：你一直都住在这个村吗？

答：一直住在这里。

问：你知道解放前的事吗？

答：知道。

【日军侵华】

问：日本军来中国的事你记得吗？

答：记得。那是民国二十六年。

问：你知道日本人来后都做了些什么事吗？

答：我又不懂日本话。他们来这里干的事就多了。日本人来了见到人就打。

问：当时你家里受到什么损害了吗？

答：我们离城近，损失不大，南北高损失大（即南高、北高村）。

【“满铁”惯行调查】

问：日本人来你们村调查过吗？

答：调查过，“满铁”调查。每天找一户问情况——问旧社会的情况。

问：什么时候来调查的？

答：他们进中国以后。

问：你说的是解放前吧？

答：日本占进中国以后。

问：你们的亲属和家人中有没有接受调查的？

答：老人们去世，年轻人没有去的。

问：这个村有谁接受过调查？

答：多啦，把我们村都画成图啦，谁家挨着谁家图上都有。

【私塾】

问：你上过学吗？

答：上了两天私塾就不上了。念《三字经》、《百家姓》、《千字文》。

问：是在这个村吗？

答：是。得交点粮食，没有钱。

问：老师是谁？

答：何常禄。是个秀才。

问：你上了几年？

答：一年。

问：为什么退学？

答：地里忙，上不起学。

问：以后你一直做农活？

答：是。

【参加治安军】

问：你为日本人做过事吗？如被迫的。

答：做过。我 16 岁时日本人进中国，18 岁时城里成立治安军，我参加了。

问：是日本人的军队吗？

答：日本人成立的。

问：你参加了多久？

答：2 年。

问：你在军队干什么？

答：当兵。保护地面，为日本人干的事。

问：你接受过打枪的训练吗？

答：训练过。一个团 4 个日本人：营里一个，团部一个，一个教官。

问：一个团有多少人？

答：一二千人。

问：是在城里吗？

答：在正定府。离石家庄 30 华里地，在石家庄东北边，“府见府二百五”，保定府离正定府 250 里。

问：那时你有工资吗？

答：有。刚去时挣 13 元。

问：这与务农哪个收入好？

答：当兵剩不下钱，每月 13 块钱，除了吃的只剩下 4 块钱。这比不上务农，因为养不了家。

问：打过仗吗？

答：就是保护地面，从正定到无极这块的公路，由我们保护，也打过仗。

问：你们跟谁打仗？

答：日军进攻中国后，中国的军队种类很多，有民军，十三支队、27 团。我们跟民军和 27 团打过。

问：民军和 27 团是一个军队吗？

答：不是，他们不是一个领导。

问：你为什么参加了日军治安军以后退出来啦？

答：因为家里忙，跑回来了。

问：当时你父母和你弟弟都干农业？

答：都干农业，当时我母亲已不在了。我十来岁时她就死了。解放前。

问：你父亲什么时候死的？

答：80 多岁才死的，1960 年。

问：是生病吧？

答：是。

问：你被日本人打过或被抢过东西吗？这个村有没有被日本人打死的？

答：没有被打死的。

问：有被抢过东西的吗？

答：没有抢东西，他们来后要鸡和鸡蛋。

问：你抽烟吗？

答：我有烟。这是从你们国带来的？这不是中国烟吗？！中华牌的。

问：你见过日军吗？

答：见过！城里住着几百人，每天都出操。

问：你见过他们抢东西吗？

答：他们来了捉鸡要鸡蛋，别的没有，在街里转。

问：捉鸡给人们打招呼吗？

答：打什么招呼？！

【日军抓劳工、戒严沟】

问：你知不知道日军抓老百姓挖沟修路啊？

答：没有修过什么路，只是挖戒严沟。一个县周围挖上沟。如赵县城周围挖了沟，人们只能从大门进城，别的地方进不去。

问：满铁调查时你是 20 岁的人了吧？

答：就是 20 左右

问：你接受过调查吗？

答：我没有去，年轻人不去，我父亲他们上岁数的人去了。

问：你父亲接受过调查吗？

答：接受过。

问：满铁调查的人也到每户家里去？

答：不，把人叫到城里去。县城里离这只有 3 里地，半天给一块钱。

【结婚、家庭】

问：你什么时候结婚的？

答：13 岁时就结婚了，17 岁时有了个孩子，18 岁就当兵走了。我在外当兵时，妻子就死了。

问：你妻子叫什么名字？

答：第一个妻子叫赵坠儿，她死后我又娶了妻子。

问：谁介绍你们结婚的？

答：有媒人。

问：你妻子是哪个村的？

答：孟家庄。

问：你有一个孩子？

答：前妻生有一个男孩，死了。我当兵回来又娶的这个。

问：你大儿子叫什么？

答：前边那个孩子 18 岁就死了。叫徐

冬至。

问：是有病吗？

答：是。他得了破伤风。

问：你与第二个妻子什么时候结婚？

答：我 21 岁时。

问：你第二个妻子叫什么？

答：巩桂儿，姓巩。

问：你与你第二个妻子共几个孩子？

答：6 个。

问：你妻子还活着吗？

答：前年死啦。

问：你的孩子都住在这个村吗？

答：是。3 个儿子 3 个女儿。

问：请告诉他们的名字？

答：长女叫月兰，次女月花，长子叫月旺，次子月书，三女月英，三子月强。

问：你儿子在村吗？

答：长子在兰州当兵，现在已转业到栾城；次子考入北京大学，现在分配在二机部工作（国家第二机械部——注）；三儿子在县粮食局当司机，开车。

问：去美国留学的是第二个儿子吗？

答：是。

问：是北大毕业后到美国留学的吗？

答：不是。毕业后分配到二机部工作，后到美国留学。

问：现在在北京吗？

答：在美国还没有回来。他们夫妇俩都在美国。

问：他们在美国工作吗？

答：当时在治癌医院，现在还在那里。

问：你二儿子多大啦？

答：属虎的，32 岁。

问：这是你长子的家吗？

答：是。

问：你长子除务农外还干什么？

答：他当过兵啦。

问：你长子也是大学毕业吗？

答：高中毕业。

问：第三个儿子也务农吗？

答：他学开汽车，现在县粮食局当司机。

问：你二儿子上大学是他自己选择的吗？

答：是。他自己考的。

问：你也同意吗？

答：同意。

问：上学需要钱吗？

答：没有用自己的钱，他有奖学金，要钱我还交不起。

问：学习好才能得奖学金吧？

答：是。

问：他脑子好使吧？

答：他脑子很好。

问：他妈妈死的时候他回来了吗？

答：回来啦。

问：他是哪国国籍？

答：不知道。有绿卡。

问：有孩子吗？

答：美国允许生孩子，他们不要。

【失明】

问：你除眼睛不好还有其他病吗？

答：没有。孩子多，不容易养大，生活受屈不少。这是雷管炸的，所以眼睛不好。

问：是因为打仗吗？

答：解放元氏时炸的，解放石家庄时，从元氏县往石家庄拉手榴弹等。

问：眼睛也是那时炸的？

答：对。

问：你参加的什么军队？是解放军吗？

答：我没有参加军队，解放石家庄时出官车，赶车时炸的。

【解放前的“红枪会”】

问：你知道抗日战争时的“红枪会”和

"佛教会"吗？他们都是什么组织？

答：什么组织呀？你说他抗日，可后来又去保护飞机场，给站岗。

问：是日本的飞机场吗？

答：石家庄西有个大格村，大格村属获鹿管辖，飞机场就在大格村。

问："红枪会"在这个村吗？

答：这村没有。

问：那你是怎么知道的？

答：我们村东边有个邸家庄，邸家庄有"红枪会"的头儿。

问：你认识他们的头儿吗？

答：知道他的名。成立红枪会时在我们村北边一个村里，让各村年轻人参加。戴着红兜兜，画着符，让喝下去，说喝了符就不中枪子了，枪就打不着啦。

问：这是"红枪会"还是"佛教会"？

答："红枪会"。

问：这村没有？

答：没有。这村离城近，城里有日本人住着。

【祖籍、家庙】

问：你的祖先是从哪里来的？

答：据说是从山西太原老鸹窝迁来的。不知道多少辈子。也就是洪洞县老鸹窝村。

问：你有家谱吗？

答：没有了。原来有几本呢。

问：什么时候没有的？

答：解放以后没有了。

问：烧掉了吗？

答：解放以后烧掉了。

问：我去年访问的时候很多人家"文化大革命"后又续了家谱啦？

答：现在没有人张罗这事啦。有有家庙的：如俺这家老祖有家庙，家庙里有灵牌——牌位。

问：你具体解释一下。

答：如一户有30家或50家，为老祖盖了家庙，家庙里供着牌位，一辈一辈向下排，根据牌位写在家谱上。

【"土改"】

问：你知道"土地改革"的事吗？

答：知道。我家是下中农。

问：那时候你家有多少地？

答：14～15亩，"土改"时又分了几亩地。

问：当时你家有多少人？

答：6口人，一个人平均3亩地。

问：这个村有地主吗？

答：有100亩地就算地主了，这村没有。

【张老乐和郝国樑】

问：张仲寅是富农吧？我去年看到过他。

答：他有100亩地，他也算误划啦。

问：他们家人也多，也不算富。

答：是。

问：张老乐？

答：张老乐是他的号，他叫黑丑，是张仲寅的父亲。

问：据说他父亲知道很多事情，是吗？

答：当过乡长。

问：他怎么当上乡长？是选举的吗？

答：不是，他有门子，也就是后门。

问：都有什么门子？

答：他小孩的舅舅是县的秘书。

问：是张仲寅的舅舅吧？

答：是。

问：乡长有一定的利益，工作也很繁忙吧？

答：他管一个区：城关区，一个大乡，是乡长。

问：也很累吧？

答：不累。

问：日本有文字记载，说张老乐家来过土匪，他曾经被抓过。

答：被砸过明火——绑票，没有进他家，也没有抓走他。

问：张老乐是个什么样的人？

答：念过书，有点文化。

问：人品怎么样？

答：也就是一般人。他是个中医，会诊脉看病。

问：你知道郝国樑吗？

答：解放前是村长。

问：他怎么样？

答：他刮地皮，不好。城里向他要一块，他向村里要十块。

问：这是什么时候的事？

答：解放前的事。

问：是他当村长的时候吧？

答：是。

问：这个人很穷吧？

答：穷。他 5 个男孩子，生活过得很紧，光凭村里养着他。

问：为什么他这么穷还当村长？

答：好人不干这事。

问：你眼睛不好，手也负伤啦，还做农活吗？

答：做。拉车，推水车。

问：你干到多大年纪？

答：干到 50 多岁。

【"文化大革命"】

问：你干活直到"文化大革命"结束吧？

答：对。"文化大革命"后孩子们都长大啦，我就不干了。

问：听说徐孟祥当村里干部，干了许多年？

答：他以前干，不过最早的是冯永新，

"文化大革命"给冯永新戴上了当权派的帽子，以后又摘了帽，他以后就不很好地干了。

问：他与你是亲戚吗？

答：不是。

问：徐孟祥是造反派吗？

答：是，做的也不多。

问："红卫兵"是什么样的人呀？

答：都是年幼的学生。

问：是这个村的学生吗？

答：对。

问：都是 10 ~ 20 岁的学生？

答：是

问：他们的领导是谁？

答：没什么领导，就是临时选的代表。

问：代表是谁？

答：李领群。

问：你与"文化大革命"没有关系，是吗？

答：没有关系。

问：你是党员吗？

答：不是。

问：毛主席逝世的时候你是什么心情？

答：挺难过。人家干革命，打江山，平分的土地，打倒地主，推翻了三座大山。

问：这个村进行了什么悼念活动？

答：都悼念了。

【生活感受】

问：你现在每天都过得快活吗？

答：快活。

问：你这七十多岁的生涯中最痛苦的是什么时候？

答：旧社会，旧社会 90% 的人都吃不饱饭。

问：你生活最幸福的时候是什么时候？

答：新社会。刚解放时也不行。刚解放的时候平分给大家土地了，可种不起，没有水车。

问：你家几亩地？

答：共 9 亩地，给他俩分了，每人 4.5 亩。我们共 6 口人。

问：那 9 亩地同谁分啦？

答：俺弟弟。

徐锁成

第二次访谈时间：1995 年 9 月 13 日上午

【中人】

问：你提供的材料很有价值，所以想再访问你。

土地买卖过程中的中间人。以前村里买卖土地是以什么样的形式进行的？

答：找一个人介绍，你的土地一亩要多少粮食（由于票钞贬值，用粮食计算）以前是讲钱。介绍人就是说客人。

问：中间介绍人，你们这儿叫中人吗？

答：是的，叫中人。

问：一般当中人都是什么样的人？

答：好管闲事的人，也是热心人，公道人。

问：当中人有没有钱？

答：有。

问：中人是怎么得到钱的？

答：中人从买户中得到好处。

问：保人有吗？

答：没有，中间人要写文书，买卖双方签字。

问：你有没有像以前这样的文书留下来？

答：没有了，都失掉了。

问：你们村以前经常做中人的是谁？

答：有，如郝小红，西头的王庆之。

问：只有二三人吗？

答：也有别的人，不过他们是经常当中人的人。

问：徐小和是你的弟弟？

答：是的。

问：你们分家时有没有清单这类东西？

答：那时有，写清你有多少房子多少地。现在没有了，不时兴这个，也不保存它。

问："分家单"是自己写的，还是请别人写的？

答：有一个见证人，分家能弟兄俩分呀？

问：是村里有知识的人？

答：是的，有文化的人。

问：一般充当中人的是亲属吗？

答：不是，一般是自己一个姓的人。

问：你和弟弟分家是谁当中人的？

答：我和弟弟没有分家。我弟弟过继到叔叔家，即三叔没有孩子，我弟弟过继。我父亲兄弟 4 人。

问：解放前你们村民之间经常互相交换使用牲口和农具吗？

答：那个有。交换没有固定的称呼，而只是借用。

问：我的这个资料有搭套的记载？

答：没有。

问：借用是亲戚之间还是近邻之间，哪一个多呢？

答：就是乡亲们，你不浇地水车借给我用用等。

问：解放前，你爸爸有没有养着牛、马、羊呀？

答：有，养的是骡子，两头。

问：那时骡子贵吧？

答：一头 100 元。

问：当时驴子有多少钱一头？

答：驴子贱，一头 40、50 元。

问：是不是骡子有力气，所以贵？

答：是的。

问：你是从什么地方买来的骡子？

答：有集市，在集市买的。

问：那时有没有人问你们家借骡子，你们借给他们吗？

答：有，借给人家。

问：借骡子需要多少钱？

答：白借，没有钱。

问：没有信用的人，你们也借给他们吗？

答：一般使用半天。

问：以前这里是不是种棉花？

答：种过，那时种的多。

问：现在棉花种的少了。

答：现在少了。虫害厉害，过去没有什么虫子。

【"维持会"】

问：日军来后，你还记得成立过维持会吗？

答：有，得欢迎"人家"，"照管人家"（指日本人）。

问：当时是干部做这事吗？

答：不是，是普通老百姓。

问：他们是被迫还是自己愿意做的？

答：乡亲们叫他们做的。

问：他们自愿做是否有些利益？

答：有。

问：你还知道他们的名字吗？

答：都死了，有郝因和、徐二平。

问：张老乐没有参加吗？

答：没有。

问：这些人照管日本人，是不是从乡亲们收取些粮食？

答：那时，就是煮些山芋给他们吃，他们不吃。

问：为什么不吃？

答：他们没有吃过这东西。

问：小山芋就是红薯？

答：对，红薯，好得很。

问："维持会"一共存在多长时间？

答：时间不短呀！九月到我们县城，一直到年底，三个月。

问：是日本人来了以后三个月吗？

答：是的。

问：是 1937 年夏天的事吗？

答：是的。

问：为什么以后"维持会"消失了？

答：不是消失，他们住到城里，不到村里来，第二年开春不怎么到村里来了。

问：1937 年 9 月份以后，日本人经常到这个村来是吧？

答：是的，三四个人，四五个人，来村住着。

问：这个村有人被杀死吗？

答：有一个被打死的，叫郝丑训，被打死在西关。

问：为什么打死他？

答：没有什么原因。

问：我们前几天在别的村访问，有说日本人查你的手掌，没有茧子，就说明你不是农民，要处理你。是不是这个原因？

答：不是。日本人在西关，见到人来扛活，开枪打死的。

问：战争初期吗？

答：在 1937 年九月初八（阴历）。上面说的"维持会"时间也是指的阴历。

问：别的还有被打死的吗？

答：这村没有了。

【皇协军】

问：你知道有皇协军吗？

答：有，在县里成立。第二年先成立警察局，然后成立皇协军。

问：有很多人吗？

答：人不少。

问：都是中国人吗？

答：可不都是中国人。

问：他们在县城？

答：是的。

问：来过这个村吗？

答：少不了来，来催粮，要东西。

【八路军区小队】

问：这个村有没有被皇协军迫害的人？

答：有一个，叫王小宝，被打死在村东。

问：为什么打死他？

答：他是八路军的"模范班"里人。他搞地下工作。

问：区小队和"模范班"是什么关系？

答："模范班"刚成立，他当个头子。以后八路军才成立区小队，县大队。区小队，一共有4个区小队。

问：王小宝是真的八路军，还是被皇协军怀疑的？

答：就是做地下工作，他带着枪。

问：在村里活动？

答：在这一片。

问：做情报活动？

答：就是这个。

问：在这个村周围有支持共产党的人？

答：有。

问：抗日战争开始时就有支持共产党的人吗？

答：那时没有，到了1938、1939年才有的。

问：除了王小宝以外，还有其他人参加地下活动吗？

答：有，还有叫张固（音），以后在区里当区长。

问：有些村民支持共产党，他们有些什么具体行动？

答：他们秘密活动，有区小队，区长张固他们进行地下活动。

问：村民对此有什么具体支持行动？

答：村民没有什么，就是劳动吃饭。

问：我们在别的村调查，他们说八路军夜晚来村，天亮就走了。你们这里也有这样的情况吗？

答：有。那时王小宝就是黑夜来的。

问：王小宝经常去谁家呢？

答：他去伪保长家去，叫郝宁宁（音），他的号叫郝贵良（音）。

问：王小宝去伪保长家干什么？

答：来催粮食，到北关抢地主棉花。王小宝领着穷人去抢棉花，他到伪保长家去要布。通过伪保长向村里人要。

【被日军杀害的王小宝的身世】

问：王小宝被杀时有多大？

答：20多岁。

问：王小宝年轻被杀，他家里的人呢？

答：家里没有人了。

问：王小宝的父亲叫什么？

答：他父亲叫王老秋。

问：他是本村的人吗？

答：是本村，他哥哥叫王连赢（音），兄弟叫王秋赢（音），都已死绝了。

问：王小宝比你大吧？

答：比我大一点。

问：王连堂是谁？

答：王连堂和他们姓王的是一家，已死了。

问：王苟印（音）？

答：不知道。

问：王老秋有多少土地？

答：有20多亩，后来卖给地主了，没有土地了。

问：王秋赢和王连赢都死了？

答：都死了，他们是弟兄3个。

问：他结过婚吗？

答：没有，穷。

问：王小宝的文化程度？

答：没有文化。

问：他怎样参加八路军的？

答：他在东边揽活干，后来闹呀闹呀就成立"模范班"了，他是个头。

问：你知道王小宝当"模范班"的地方吗？

答：不知道。他们是黑夜回来。

问：王小宝的人格怎么样？

答：他是受苦人，是揽活的。

【日军以"新民会"垄断棉花】

问：有没有日本人购买大批棉花运走的？

答：棉花大批大批收走了，没有要过粮食。

问：他们付钱吗？

答：付钱。他们给棉花种子，给农药、化肥，我们要拿钱买。

问：他们提供的种子是好种子吗？

答：种子不错，是大洋花籽。

问：提供种子和农药作为交换，然后将棉花拿走。

答：都收走了，付给钱。

问：你听说过棉花改进社吗？

答：好像是什么会，我记不清，是"新民会"吧。

问："新民会"你记得吧？

答：我说城里收棉花似乎是"新民会"。

问：你记不记得县城有"新民会"？

答：有。

问：他们有什么活动？

答：他就是收棉花，给你点补助，给你农药、种子、喷雾器呀，还有大锄。

问：他收棉花要付钱吗？他提供的东西要拿钱买吗？

答：收棉花付钱，他提供的东西，有的要拿钱买，有的不要钱。

问：这个村有加入"新民会"的人吗？

答：没有。

【"满铁"调查】

问：当年"满铁"调查员他们都问的些什么问题？

答：那时年幼，今天叫这个，明天叫那个，老人记得，咱们都不记得。

问：来了几个人？

答：人家没有到家里，我没有去过。人家不到村里，只同伪保长说，今天叫这个去，明天叫那个去。张仲寅知道。

问：都是叫到县城采访的吗？

答：是的。

问：你父亲去过吗？

答：我父亲和叔叔都去过。

问：大约一个人要一天吧？

答：得，半天给你一块钱，我记得。

问：那时这个村治安如何？

答：那时平和的。

问：战争时，除了日军以外还有其他的军人来吗？

答：到 1939 年以后就有好几百人来，是民军。

问：我要问的是除日本军队外还有没有其他的日本人来？

答：没有。就是城里的宪兵队，有一个日本人其余是中国人，他们很厉害。

【村庙、风水先生】

问：解放前这个村有几个庙？

答：5 个庙。

问：现在都没有了吗？

答：都推倒了。

问：是破除迷信的时候？

答：是的。

问：以前村里有没有巫婆神汉呀？

答：没有什么。

问：邻近的村有吗？有没有风水先生？

答：有。

问：这个村有吗？

答：有看风水的。

问："维持会"给日本军煮红薯招待他们，是不是怕不欢迎他们以后村子里要倒霉呀？

答：就是怕的这个，刺刀弄到你头上，又不通话。

问：有没有发生村民被刺刀捅了的？

答：这个村还没有。刚才我说的是吓唬你。

问：你说风水先生，徐二平是不是盖房子时将他请来？

答：盖房子不看，埋葬要看风水。

问：这个村风水先生就徐二平一个吗？

答：就他一个人。

问：请他看风水要不要给钱？

答：不要钱，但要请吃饭。

问：他什么时候死的？

答：五几年死的，是解放后。

问：这个人由于参加过"维持会"有没有受到批判？

答：没有，是个有文化的人。

问：有文化？

答：有文化。

问：他在什么地方上的学？

答：记不清。他死时90多岁。

【私塾先生】

问：他当过这个小学的老师？

答：不是，那时是私塾先生，念四书，没有洋校。

问：张老乐（乐卿）也教过私塾？

答：是的，后来他当伪保长。

问：他们二人谁水平高？

答：徐二平水平高。

问：徐二平的孩子在这个村里吗？

答：在，小子都死了，就是他的孙子们。

问：叫什么？

答：一个叫徐栾祥，一个叫徐丑祥，还有是重孙，四五辈了。

问：你家以前有灶王爷像吗？

答：有，供灶王爷。

问：什么时候不供的？

答：就解放后。

问：现在有吗？

答：现在又有了，咱们家没有。过年贴个对联，贴个写着天地神字就行了，没有像。

【农家子弟的教育】

问：你的孩子都很优秀，你是怎么培养的？

答：没有嘛，教育他走好路，即走正路。

问：他们是上村里的小学吗？

答：在公社里也上过，栾中也上过，小学在村里上的。

问：上次没有问你孩子的年龄，你有3个男孩，3个女孩。

答：长女叫徐月兰，43岁；次女月花，属羊；长子月旺，39岁；次子月书，35岁；三女月英，属小龙，30岁；三女月强，属猪，24岁。

问：他（她）们学习都很好吧？

答：3个中学毕业，3个初中毕业。

问：3个人初中毕业是吧？

答：是的。

问：你在美国的孩子经常回来吗？

答：去年8月回来的。

问：带着他的夫人和孩子吗？

答：是的。

问：他两三年回来一次？

答：他上学，所以时间要长。

问：你去美国的孩子有几个孩子？

答：一个闺女。

问：现在接受美国教育（他指孙女）？

答：可不是。她不会说咱的话，近一段在家住一个月，会说一点了。

问：回来一次住多长时间？

答：一个月。

问：住在家里还住在外边？

答：住在家里，和我聊聊天。

问：妈妈呢？

答：70 岁了。

问：日本也有这种说法，叫"衣锦还乡"呀。

答：对，对。

问：他给你带来什么礼物？

答：就是美国的一些东西。

问：你的儿子远在美国，你不感到寂寞吗？

答：年轻的在外蹲几年，反正要回来的。

问：邓小平离开故乡就再也没有回去过，咱们这儿也有这样的吗？中国这样的多吗？

答：不多。

问：你们村上北大的除你儿子外还有别人吗？

答：没有。

问：去别的大学人还有吗？

答：有。

问：去什么大学？

答：他走那年，咱村考上两个，他是第一名，我叫他第一志愿填北大，第二填天津南开。第二名是考上省里的学校。还有考上的，但我也不打听。

问：你儿子在家学习刻苦吗？

答：刻苦。

问：他从学校回来，也还在桌子上学习吗？

答：是的。

问：买书花不少钱？

答：花钱没有向家里要钱，他享受助学金。

问：你儿子怎么挣钱，打工吗？

答：他在大学里有补助，就是助学金，伙食费都在里面。补助过他一次，是照顾困难户。

刘生银（46 岁）

时　　间：1995 年 9 月 8 日上午

访 问 者：三谷孝

翻　　译：王健娆

访问场所：刘生银的新居

【家庭】

问：你叫什么名字？

答：刘生银。

问：今年多大？

答：46 岁。

问：你父亲叫什么？

答：刘元德。

问：这里有一个刘德元。

答：他们是兄弟，刘德元是我的叔叔。

问：你父亲只做农业？

答：是。

问：你父亲有多少土地？

答：我记不清了。解放时我还小。

问：你是哪年出生的？

答：1950 年，解放时还没有我。

问：你有几个兄弟？

答：一个哥哥，一个弟弟。

问：有姐妹吗？

答：两个姐姐。

问：你哥哥叫什么名字？

答：刘金祥。

问：他也在这个村吗？

答：在。他退休了。

问：他退休前干什么？

答：原来参军，后来转业到县的一个工厂。1954 年参军的。

问：他今年多大啦？

答：他比我大 17 岁。

问：他现在健康吗？

答：健康。

问：你姐姐叫什么？

答：大姐叫刘瑞子，二姐叫刘秀庭。

问：你姐姐多大啦？

答：我大姐比我大 24 岁，二姐比我大 10 岁。

问：你这两个姐姐都嫁到哪里啦？

答：都在本县。一个在圪塔头，一个在邵家庄。

问：你爸爸还在吗？

答：已去世啦。

问：哪年？

答：与毛主席一年。

问：你母亲呢

答：1990 年去世。

问：你母亲叫什么？

答：张辛子。

【上学】

问：你上过学吗？

答：在本村上学。初中毕业。

问：是在这里吗？

答：这儿才盖了几年。这是小学。

问：小学学了几年？

答：4 年。

问：中学呢？

答：高小二年，初中三年。小学到初中

共九年。

问：高小到中学共 5 年吗？

答：是。

问：在哪里上中学？

答：孟东庄。

问：中学毕业以后你在干什么？

答：在干农业活。

问：你多大中学毕业？

答：17 岁。

问：是"文化大革命"的时候吗？

答：是。

问：你童年的时候记得这村里发生过什么事情吗？

答：按时间走过来的，没有什么事情。

问：自然灾害有吗？

答：1963 年发生水灾，当时我还小。

问：水有多大？

答：我们这里地面较高，城西 40 里以外，地面低水大，这里的地面大部分没有上水，记得很多房因下雨倒塌了，当时土房很多。

问：你小时候的朋友都是哪些人？

答：同学。

问：你小时候玩什么？

答：农村里什么都有，打秋千、赛跑。

问：还有什么？

答：多啦，还有捉迷藏。

问：有玩纸片什么的吗？

答：玩，用纸做成这样，用手一拍，拍成这个样子就算赢啦。

问：你在学校学些什么？

答：过去学的比较简单，有语文、数学。现在学的就多。我们还学珠算。

问：没学外语吗？

答：没有。

【"土改"、人民公社】

问：你家"土改"时是什么成分？

答：贫农。

问：那时你家有几口人？

答：我记不清，我还小。如果有我是 6 口人，没有我就是 5 口人。50 年前没有我。

问：你家分了几亩地？

答：我知道分了，几亩地不清楚。

问：你知不知道你父亲较好的朋友？

答：有。

问：知道他们的名字吗？

答：这村有一个，已死啦，记不清他的名字。

问：你爸爸除做农活外，还干别的事吗？

答：听说在村里卖过豆腐。没有干过其他的。

问：你知道人民公社的事吗？

答：记得一点，那时我才 8 岁。人民公社刚开始搞的比较热闹，"大跃进"。刚解放人们比较听话，生产不管搞的对不对，但热火朝天。详细的不记得了。

问：有大锅饭吗？

答：有，大家吃一个食堂。

问：村的食堂在什么地方？

答：全村一个食堂，搬过几次地方。开始一个队一个食堂，后来成了一个，以后又分成小食堂。

问：你知道食堂的地址吗？

答：在市场的后面。

问：你家属于哪个队？

答：可能是八队或九队，反正最后一个队，记不太清了，我还小。

问："大跃进"结束后生活是不是又苦啦？

答：1963 年生活比较苦。

问：有没有生病的人呀？

答：生病的人肯定有。

问：有外出挣钱的吗？

答：有到内蒙古的，有到黑龙江的，现在都已落户在那里啦。

问：有多少人？

答：一家子。

问：只有一家为什么又去内蒙古又去黑龙江啊？

答：到黑龙江干小活儿的，后来又回来了。

问：你说的那一家是在内蒙古定居的？

答：是。

问：去黑龙江的人现在还在这个村吗？

答：已死了，后代还在。

问：叫什么名字？

答：徐二福去过，一二年后就回来了，已死啦。

问：你知道去内蒙古的人的名字吗？

答：郝庚辰。

问：这村有没有他的亲属？

答：没有。

【"文化大革命"】

问：你上学的时候参加过"文化大革命"吗？

答：参加呀，上边让怎么做就怎么做。

问：当过"红卫兵"？

答：学生时代都是"红卫兵"。

问：当"红卫兵"时都做过什么事？

答："文化大革命"时不能正常上课，只搞运动。

问：具体有什么事情吗？

答：破"四旧"立"四新"，消除迷信活动。

问：有砸寺庙的吗？

答：咱这里没有。

问：具体地说"四旧"指什么？

答：旧思想……具体的说不清了。

问："红卫兵"的头是谁？

答：老师。

问：年轻老师吧？

答：30 多岁的老师。

问：在学校里有批判校长的吗？

答：没有这种现象。

问：这村有"红卫兵"的头吗？

答：这村没有。这村没有闹起来。

【改革开放后】

问：这村什么时候搞承包的？

答：1983 年或 1984 年。

问：那时你家里承包了多少土地？

答：按人承包，那时的承包与现在不同。当时按劳动力承包，我只承包了一个人的地，孩子们还小，我在外干别的，也没有我的地。

问：你干什么？

答：承包了一个厂子。

问：你家只承包了 1.5 亩地，是吗？

答：一个人的，还合不到 1.5 亩，一亩多地吗。

问：你中学毕业后在工厂还干一段时间？

答：是，只干了一段时间，两年。

问：是在栾城县吗？

答：是。

问：什么样的工厂？

答：社队企业。木器家具厂。

问：你是怎么进这个企业的？

答：村里派去的。社队企业是县乡办的。

问：这是哪年的事？

答：1981～1983 年。

问：你在工厂一个月挣多少工资？

答：47 元，当时工资低。

问：1983 年又回到这个村？

答：1984 年回到这个村。

【结婚、子女】

问：什么时候结婚的？

答：1972 年底。

问：你夫人叫什么？

答：郭俊芝。

问：你与你夫人是怎么认识的？

答：经人介绍的。朋友介绍的。

问：你夫人是哪个村的？

答：岗头村的。

问：你有几个孩子？

答：两个。一男一女。

问：他们多大啦？

答：大的 20 岁，女孩，叫刘慧亚；小的是男孩叫刘伟浩。

问：两个孩子都上学吗？

答：都不上学了，工作。

问：他们都干什么工作

答：大的因家里盖房现在没有干，原来在县城鞋厂。男孩在商店卖东西。

问：他们住在这个村吗？

答：晚上回来住。

问：骑自行车？

答：是。

问：你现在正在建房？

答：是。

问：新房建好后，旧房怎么办？

答：交给大队。

【家庭收入】

问：现在你们家一个月收入多少？

答：如果大家都干，一个月收入 1000 元。

问：加上孩子的？

答：是。

问：你与你夫人和孩子们赚的钱加在一起吧？

答：夫人不挣钱，她在家干活。

问：你靠农业收入一年挣多少钱？

答：赚钱不多；因为投资较大，大概 4000 元吧。这是当下的价格，因为价格不断的变。

问：你种什么？

答：小麦、玉米。

问：你现在家里有多少地？

答：5.5 亩。

问：你的农业收入除交给队里（应为缴税）外，都归自己吗？

答：是。

问：你女儿一月挣多少钱？

答：她挣不多，一个月 250 元。

问：你儿子呢？

答：也差不多，250 元吧，因为他刚开始干。

问：你这房子得花 6 万元，钱够多的。

答：我攒十来年的钱。

问：借钱了吗？

答：没有。

问：日本土地非常贵，攒一辈子也买不起。

答：我们这里地方大，地多。

问：你这地花钱了吗？

答：花钱。县里定的价。

问：东京就这么两间房每月租金就得 10 万日元。

问：你的生活很安定吧？

答：安定。

问：你今后有什么打算？

答：把房子盖好，帮助孩子们结完婚。

问：孩子们结婚花钱很多吗？

答：也不算多，因为工资高了。结婚得花 1 万元了，钱不值钱了。

问：去年在天津访问时得知，男孩子结婚时需要男方解决房子、电视机、冰箱、录音机等。你们这里怎么样？

答：同样有，这里要的少。女方也得花些钱，买嫁妆，只是多少的问题。

问：你妻子做农活吗？

答：干。她是主要劳动力，因为我们都不在家。

问：你有拖拉机吗？

答：现在还没有。

问：那收割怎么办？

答：村里有，用时给报酬。

问：租拖拉机多少钱？

答：收割一亩地 6 元，如果是联合收割机收和脱粒在内每亩地 30 元。

问：你们用的生活用品在哪里买？

答：石家庄、栾城县城。

刘金祥（62 岁）

时　　间：1995 年 9 月 8 日下午

访 问 者：三谷孝

翻　　译：王健娆

访问场所：刘金祥家

【少年时代】

问：上午我们访问了你的弟弟刘生银。你叫刘金祥？

答：是。

问：你多大岁数了？

答：62 岁。

问：你是哪年出生的？

答：1933 年。

问：你知不知道日军来这里？

答：那时我还小。

问：你的爸爸妈妈受没受到日本人侵害？

答：没有。

问：你上过学吗？

答：上过小学，在本村。

问：你记得老师的名字吗？

答：知道。他叫赵老翠。

问：你在小学学的什么内容？

答：《三字经》、《百家姓》、《千字文》。

问：学算术了吗？

答：没有。

问：一个班有多少学生？

答：没有几个，都很穷，上不起学，我只上了二年也就不上了，只有十几个人上学。

问：你上完小学后干什么？

答：务农。

问：你小学毕业时多大？

答：16～17岁。

问：帮助你爸爸干农活吧？

答：是

问：当时你爸爸多少地？

答：9亩地。

问：你爸爸除务农外还干什么？

答：没有。

【家族、"土地改革"】

问：当时除你父母外还有谁？

答：一个姐姐两个弟弟、一个妹妹，弟弟也是当兵转业在城里上班。

问：两个弟弟叫什么？

答：一个叫生银，一个叫银生。

问：你们共5个兄弟姐妹？

答：对。

问：你小学毕业时日本已战败了吗？

答：没有。

问：你记得"土地改革"的事吗？

答："土改"时我没有在家。"斗地主"时在家，我还小，那是1949年。

问：1949年你当兵去了吗？

答：我1955年当兵，1949年在家。

问：你记得是1949年的事吗？

答：记得。

问："土改"时你父亲是什么成分？

答：贫农。

问：当时你家几口人？

答：有我、我姐姐和父母亲。

问：有你妹妹吗？

答：还没有

问：当时你们有多少土地？

答：9亩地，这是1949年。

答：是土改的时候吗？

答：不是土改时，1949年9亩地。

问：土改后你们有多少地？

答：每人3亩，共15亩。

问：你记得土改的时候都干了些什么事情吗？

答：我还小，只记得"斗地主"，我们是贫农，分了点东西和吃的麦子、洋钱。

问：听说城里有个姓王的，村里人种他的地？

答：是，这个人叫王乐子，村里人都种他的地，没有别人的。

问：你爸爸去了吗？

答：去了，贫下中农都去，我们小，我们不去。

问：那时候共产党的干部是谁？

答：有李老高。

问：这村没有地主吗？

答：我们村好过的叫张仲寅，他有100亩地。

问：我们去年调查时见到张仲寅啦。

答：我们村贫农多，他比较富一点，从贫农中拔出来的地主，比外村的地主财产少多了。

问：你知道张仲寅的爸爸吗？

答：知道。

问：他是什么样的人？

答：他叫张老乐，教过书。

问：张老乐在村里的人缘怎么样？

答：就是一般人，没有什么事。

【郝国樑当村长】

问：你知道做过村长的郝国樑吗？

答：知道，国民党时期，也是日本侵略

中国时他当村长。

问：他是国民党吗？

答：他不是。

问：日本的资料中有郝国樑的名字，说没人当村长，郝国樑才干。

答：是，没人干。这村有个郝国樑，北边村有个刘老爱，王庄有个姓王的，就这三个人干，别人都不干。

问：他多要东西是吗？

答：他要东西时总多要，上边要 100 斤，他要 200 斤。

问：听说他当村长很危险？

答：是很危险，因为有国民党，有日军，有共产党，三方都有。村长叫三派人物，哪派人来了都得应付，城里国民党来了，要粮食他给，日本人要他给，夜间八路军来要他也给，都得找他。

问：那为什么他还干呢？

答：他不干没人干，总得有个挑头的。

【土匪】

问：中日战争的时候，这一带有土匪吗？

答：这一带土匪多，国民党 27 团，咱们村大部分人参加过 27 团。

问：27 团就是土匪呀？

答：他不是正规部队，他们黑夜来要你的东西，这个村大部分参加过。

问：他们不都是土匪吗？

答：他们有没有参加抢劫，咱不清楚。

问：这个村有没有被土匪袭击过？

答：没有。咱们这儿编个顺口溜，穷八路，富民军（指 27 团）。

【参军】

问：你什么时候参军的？

答：1955 年。

问：1955 年以前你一直在农村工作吗？

答：是的。

问：你参加过互助组合作社吗？

答：我们没有参加过，我是 1955 年走的。当兵一年回来。

问：你参加过互助组合作社吗？

答：没有赶上。

问：初级社呢？

答：也没有。

问：1955 年时，互助组已成立？

答：我走时没有成立。我记得 1956 年去山西援兵，那时才成立公社。1954 年 12 月我参加人民解放军。

问："土地改革"是 1949 年吧？

答：我记得解放时就"土地改革"了。

问：那就是说从解放、"土地改革"到你当兵之前，你们家就是你爸爸和弟弟入社？

答：是的。

【解放前后农作物产量】

问：那时的情况如何？

答：给别人种地，是解放以前，后来分了土地自己种，一亩地约打 40～50 斤。没有粪，没有肥料，什么也没有。

答：一亩地只打 40～50 斤？

答：是的，最好的打 80 斤，打不了多少粮食。

问：那时你种什么？

答：种谷子、高粱、红薯、玉米、麦子。

【结婚、子女】

问：你什么时候结婚的？

答：我是 1959 年结婚的。

问：退役以后？

答：没有，还在当兵呢。

问：你在哪里当过兵？

答：在天津。

问：在天津结的婚？

答：回家结的婚。

问：你妻子叫什么？

答：叫岳秀梅（音），她是北安庄人。

问：你们是通过别人介绍的吗？

答：是的。

问：是谁？

答：是我们村的老乡。

问：结婚要费钱的。

答：不花什么钱。

问：以前中国的习惯上，新娘是坐轿子来，你们呢？

答：那时不兴这个。

问：你有几个孩子？

答：5个。这是我的孙子。

问：请说一下你几个孩子的名字。

答：大孩子叫刘慧萌（女）31岁；二的叫刘慧娟（女）29岁；三的叫刘卫乐（男）27岁；四的叫刘文娟（女）25岁；五的叫刘卫昌（男）23岁。

问：这是你姐姐的孩子吗？

答：是。

【现在的家计】

问：现在你们家承包多少土地？

答：共9亩。

问：你现在还做农活吗？

答：我已退休了。

问：你当兵当了几年？

答：1955年起到1969年11月12日。

问：你现在有没有固定的薪水？

答：我们部队到地方，在工厂当工人，现在退休。

问：每月工资多少？

答：300元。

问：现在你妻子和你，就靠这300元生活？

答：现在孩子还挣钱。

问：你和你的长子一起生活吗？

答：和小的一起生活，大的已分开。

问：就是3个人？

答：是的。不过分开还在这儿。

问：你们一年有多少收入？

答：现在也收入不多，小孩花的多，几千元。

问：估计一下？

答：一年收入8000~9000元。

问：你干农活的收入和退休金差不多吧？

答：是的，差不多。

【任村干部的经历】

问：你做过村里干部吗？

答：做过。我当大队长。

问：从什么时候至什么时候？

答：从部队回来，在村里蹲了两年，当了两年。

问：你说的大队长就是现在的村长吧？

答：是的。

问：你当时做什么工作？

答：在村当大队长，管生产和畜牧。

问：去年我来访时，听现在的村长说，现在做村长最难办的有两个，一个是怎么划分住宅的占地面积，另一个是管计划生育。你当村长时，什么最困难呢？

答：我当村长时是集体，现在包产到户。我们当时按照上级的指示，按指示执行。当时最不好干的也是计划生育。

问：与你同期做干部的你还记得有谁吗？

答：郝同顺是会计，郝锁珍是支部书记，张二贵是民兵连长，刘文生是大队长，王淑芝是妇女主任。

问：刘文生是大队长，你不也是大队长吗？

答：他管生产，我是管畜牧方面的。

问：你做了两年大队长，后来呢？

答：1969 年回来当大队长。当时我们是一律回农村。回来两年，落实政策后，又重新工作。

问：你当完大队长以后又在什么地方工作？

答：在铝制品厂，在栾城县城。

问：你在厂里几年？

答：去年（1994 年）才退的。

问：工作了 20 年？

答：是的。

【退休后的生活】

问：你刚才说，你们这儿实行承包制，你们家承包了 9 亩土地吧？

答：是的，当时没有我的地，6 个人共分了 9 亩地。

问：是谁？

答：我家属（妻子）和 5 个小孩，每人1.5 亩。

问：这个村有没有遭受过自然灾害？

答：1963 年闹过洪水。

问：你们这里土地承包，由个人种，可是我去年访问另一个农村，他们是实行农场制经营，大多数人都到外边去工作，只留下很少的人耕种村里的土地，你们没有这样的计划？

答：是的。

问：为什么不实行农场制呢？是不是因为自己种自己的土地，做起来才有劲呀？

答：要因地制宜，根据上面的政策，你说的那村，可能是上面培养的典型。

问：你除了农活以外，还做什么别的工作吗？

答：我们家属做买卖衣服。

问：你们的衣服是从什么地方批发来的？

答：从石家庄和天津进。

问：是自己做，还是买现成的？

答：我们租了一个摊位。

问：你那个地方有多大？

答：有两米。

问：两米需要多少租钱？

答：每月 40 多元。由市场管理委员会收。

问：那么租那摊位要多少租金？

答：是占那个地方的位置，由市场管理委员会每月收点钱。

问：你说的是不是在集市时才卖，还是每天在卖？

答：我们现在是每天在卖。

问：这 40 元是交给县里？

答：交给工商管理局。

问：你从天津进货是通过什么公司？

答：我们直接到石家庄批发市场进货。

问：是天津？

答：是石家庄，在南三条，新华批发市场，是全国十大批发市场之一。

问：在这个村还有别的人卖衣服吗？

答：不少。

问：是不是顶能赚钱呀？

答：是的。

问：你现在的生活就是早上起床，白天干点活，晚上看看电视？

答：别的没有事。

问：你身体很好？

答：顶好的。

问：冬天没有农活，你做什么？

答：没有活，也和在部队一样，该起床就起来在外走走。

问：日本人，退休后有的人一年去温泉两回，去旅游。这个村也出去吗？

答：我们也叫旅游，我不去，因为去过了。如南京、上海，我们在武汉部队学校学习时去过。

问：你们工厂也组织？

答：工厂组织，我们二轻局统一组织，

负责出车。你若不去他发给你钱。

问：你有什么别的爱好？

答：我们没有事时打打扑克，农村没有别的，打球也没有球，什么也没有。

问：日本也是，到了过年时，大家都从外边回来，一家人团圆在一起，这儿也是这样吗？

答：是的。

问：日本在过年时还有压岁钱，这儿也是这样吗？

答：是的，小孩生下来就给钱。

问：上中学时还给压岁钱吗？

答：上中学时还给。我弟弟的孩子上班后就不给钱了。

问：你们给压岁钱大约给多少钱？

答：不一样，根据家庭的情况。像我们家小孩，一般给 10 元钱。

问：你女儿结婚时花了多少钱？

答：花了 1 万多元。

问：你在招待所工作的女孩，还没有结婚？

答：已结婚了。现在就是一个最小的孩子尚未结婚。

问：你小儿子结婚时还要盖新房子吗？

答：不盖房子，和我们住在一起。

【清明节】

问：我在访问山东时，他们在清明节都要上坟。

答：是的，我们也要到祖坟去上坟。

问：祖坟在什么地方？

答：就在地里埋着呢。

问：有没有什么标志呢？

答：有。现在要盖纪念堂，目前要盖还没有盖。我的爷爷由我父亲负责，有石灰的有石头的，埋到地下。

问：在表面上还有标志吗？

答：多少有一点。在平坟时，有的坟在别人家的地里，我就做一个记号，插个记号，一般没有什么标志，就是有一个小石碑。

问：有没有土堡？

答：没有，就是一个小碑。

问：你家里挂着毛主席像，这是怎么想的？

答：现在我们家里都信仰这个，始终我们要保持这个，不但这个要保持，好多像都保持着。

问：你们村在毛主席去世时，举行过什么追悼活动？

答：都举行。

郝软子（57 岁）

时　　　间：1995 年 9 月 9 日上午
访 问 者：三谷孝
翻　　　译：王健娆
访问场所：郝软子家

【家族】

问：你叫什么名字？

答：我叫郝软子。

问：你今年多大岁数？

答：我今年 57 岁。

问：你是属什么的？

答：我属兔。

问：哪一年出生？

答：1938 年。

问：你的爸爸叫什么？

答：叫郝老垂（遂）。

问：你妈妈叫什么？

答：郭小凡，她已去世。

问：你爸爸什么时候去世的？

答：去世十多年，83 岁死的。

问：你妈妈呢？

答：去世 14 年了。

问：都是因为生病去世的吧？

答：是的。

问：你有几个兄弟姐妹？

答：我有两个哥哥，有一个妹妹早已死了。

问：请说说你哥哥的名字和年龄。

答：长兄叫郝福运，68 岁；次兄叫郝福辰，65 岁，已去世；妹妹叫郝淑珍，31 岁，已去世。

【解放前的家庭生计】

问：你爸爸以前有多少土地？

答：解放前有 3 亩土地，租别人 10 多亩地。

问：你爸爸除了干农活，还干别的什么？

答：搞点小生意，农村叫大杂货。

问：是拉着车子去做吗？

答：那时是小平板车。

问：日本调查人员有记载，你爸爸卖酱油和小杂货。

答：我们搞点手工业，编筐和篮子。

问：你记不记得，日本人在这儿的情况？

答：我不记得。

问：日本人是什么时候到这儿的？

答：当时我还没有出生，不知道。在我四五岁时，见到过日本人骑着大洋马。

【就读小学】

问：你上过学吗？

答：上过。

问：几年？

答：六年级。

问：是小学和中学？

答：我没有上过中学，是小学毕业。

问：是这个村的小学吗？

答：一至三年级在本村，四年级到北十里铺上的。

问：上过中学吗？

答：没有。

问：小学毕业后在村里务农？

答：是的，一直务农。后来到工厂学过徒。

【土改】

问：土改时你们家是什么成分？

答：是下中农，也可以说是贫农。

问：当时你们家有多少人？

答：土改时 7 口人，一人分 3 亩土地，共 21 亩。

问：你记得互助组吗？

答：记得。

问：当时，你们和谁在一个互助组？

答：咱们一个队在一块，一个队一个互助组。

问：你还记得谁吗？

答：那时人太多了，五六十户呢，后来都入了社，从低级社到高级社到人民公社。

（以上加答的互助组，似乎不是互助组，而是初级社，互助组开始不可能有五六十户一个组——整理者注）

【拖拉机工厂人、大跃进】

问：你在工厂工作时多大？

答：24 岁，在石家庄。

问：是什么工厂？

答：拖拉机制造厂。

问：到什么时候？

答：到 1963 年就回来了。从 1958 年进厂，到 1963 年回来的。

问：你去工厂是经人介绍还是自己直接去的？

答：石家庄那时招工。像我这样的文化

程度还是比较少数的。听说后，我们到栾城县去报名，成功了。

问：和你一起去这个工厂，你们村还有别人吗？

答：还有郝小寿（音）、郝生贵（音）、郝发子（音）。现在都回来了，都不干了。

问：在工厂干活比干农活收入要高些吗？

答：好一点，但当时正处在1960～1963年，生活困难，所以就回来了。

问：你记得"大跃进"的事吗？

答：我在工厂里。

问：在工厂也搞"大跃进"吗？

答：正好碰上1958～1960年大炼钢铁的时候，一工作就十多个小时。那时和现在不一样。

问：1960年生活困难时期的情况？

答：生活困难，在工厂吃不饱，所以回来了。

问：你回到村以后成立公社？

答：1958年后就成立公社了。

问：你回来后干什么？

答：回来务农，还到社办工厂。

问：什么时候到社办工厂？

答：1969年。

问：这个工厂干什么？

答：以修农具为主。

问：你这个工厂在哪个位置？

答：在孟董庄。

问：你在那儿工作多长时间？

答：17年，到1979年。

问：1979年以后又干什么？

【副业】

答：务农，同时搞点小生意。

问：做什么生意？

答：卖筐和簸箕。

问：你就在家里干吗？

答：有时候在家里，有时在外面。

问：你是从什么地方进的原料？

答：好几个地方，从赵县、深泽、曲阳。

问：你不是用竹子吧？

答：不是竹子，是荆条柳杆编的。

问：这有什么用？

答：放土豆，背棒子（玉米）。

问：是在这个县的什么市场上卖吗？

答：在一个村里，叫赵兰庄。

问：你到那里卖去吧？

答：是的。

问：你的筐子还到什么地方卖？

答：到县城卖，当时卖1.5元一只，现在卖4元一只。

问：你卖后能赚多少钱？

答：加工费是2元，过去一只赚5角，现在赚2元钱。现在已不做这个了。

【结婚、子女】

问：你是什么时候结婚的？

答：结婚已有30年了。

问：你是在村里结婚的吧？

答：是的。

问：你夫人叫什么？

答：叫张美菊，今年52岁，她是柳林庄乡人。

问：你有几个孩子？

答：3个，二男一女。大孩叫瑞霞（女），26岁；二孩叫茂生（男），24岁；三孩叫震生（男），20岁。（都是虚岁）

问：女儿已经出嫁了吗？

答：已出嫁，在八里庄。

问：你长子娶的媳妇是哪个村的？

答：是圪塔头（孟董乡），她叫李淑格（音）。

问：她多大？

答：虚岁24。

问：那是你孙子呀？

答：是的，一个孙子。

问：郝茂生干什么？

答：做买卖，搞服装，在石家庄市。

问：是个体吗？

答：是个体。

问：他在石家庄什么地方？

答：有一个摊位，在中山路。

问：什么时候去？

答：过节去，八月十五日中秋节。

问：平时呢？

答：有时在石家庄，有时回来。

问：这房子是你们夫妇俩的吧？

答：是的。

问：你的长子住什么地方？

答：长子住这边，他在东屋。

问：现在你们是三个人干农活吧？

答：两人，他上学，我去，孩子妈妈去。

问：你们几个人有土地？

答：5 个人，这个（指儿媳妇）户口没有来。

问：5 个人分多少土地？

答：共 8 亩。

问：你们的生活是靠农业和你挣的钱是吧？

答：是的。

问：靠干农活，一年能赚多少钱？

答：能挣 2000 元（纯收入）。

问：你们种什么？

答：主要是小麦和玉米，还有少量的菜。

问：除了农业收入外，还有什么别的收入？

【个体经营服装】

答：其他收入主要做生意，头几年赚钱，这两年可算不赚钱，由于卖服装的太多了。现在也就赚钱 3000 元。

【扫盲教师】

问：你做过村里的干部吗？

答：我在农村当过扫盲教师，那是 1965 年。

问：在什么时候教？

答：当时村里又没有文化，都是在业余时间晚上教，都是些成年人。

问：你们还有什么别的活？

答：除了做服装买卖，在工厂里外，其他没有干什么活，主要是在工厂蹲的时间长。

【"四清"运动】

问：你记得"四清"运动吗？

答：这个记清了。我正在村里卖盐、烟、酒、糖。一个大队就有一个小摊。

问："四清"运动时，你们这个村都有些什么活动？

答："四清"时，国家派来工作队，发动贫下中农代表打击"四类"分子和贪污干部，清他们的账，清仓、清库，清理阶级队伍，还有清什么贪污之类。还有一清是什么，我记不清了。（还有一清应是清政治——整理者注）

问：这个村当时有没有受批判的人？

答：当时受批判是干部和"四类"分子。

问：具体的人是谁？

答：干部是支部书记，大队会计，徐孟祥，赵球子。

问：以什么理由批判他们？

答：经济上事搞不清，主要是搞经济。群众认为他有贪污。就是你们一来时去的那一家。

问：除这二人外还有别的吗？

答：还有"四类"分子，地富还在。现在活着的就是张仲寅（富农），其他人都死了。

问：有没有戴高帽子？

答：没有戴高帽子。"四不清"干部戴过帽子，叫他们戴个帽子游街。

【困难时期】

问：1962年是生活困难时期，你们有没有人到外地去？

答：1963年，大部分从城市回到农村，因为城市粮食定量特别低，不如回到农村。

1962年，有到东北和内蒙古的，现在基本上都回来了。现在我们这里生活比较好些。

问：1960年时有多少人出去，大约占人口的比例？

答：大约20%左右，1959～1960年时出去的，大部分都回来了。

问：1960年生活困难时，有没有人因病致死的？

答：不只是因病呀，反正生活不好。那时我也不在家，上岁数人都知道。

【"文化大革命"】

问："文化大革命"时，这个村都发生过什么事？

答：主要是捍卫最高指示，捍卫毛泽东思想。

问：有什么活动？

答：在农村没有什么活动。当时分两派，一个捍卫最高指示，一个捍卫毛泽东思想，都是保卫毛主席，也没有打，也没有闹，批判"四类"分子。

问：你刚才说的两派是指"红卫兵"的两派吗？

答：是的。

问："红卫兵"的头是谁？

答：我记不太清了。

问：这两个派别有什么区别？

答：他们主要是辩论，后来都不行了，

没了，消灭了，没事了，上级说不要闹这个。

问：这两个派有什么区别？

答：没有什么区别！最后没有了。都是捍卫毛主席。

问：有没有武斗？

答：没有。

问：还是批判村里的干部？

答：批判"四类"分子，都捍卫毛泽东思想，四类是敌人。

问：一些旧的书籍，比如家谱这些在"文化大革命"时都烧掉了吗？

答：从"四类"分子家里搜出来的都烧了。

问：张仲寅家里有很多书吗？

答：他是富农，到"文化大革命"时他家里基本上没有什么书了。以前他有书，平分时他的书就弄丢了。现在他80多岁了。

问：这里有没有寺庙也被烧毁？

答：过去有个老母庙，在"文化大革命"时被平了。

【老母庙的再建】

问：老母庙在现在哪个方向？

答：现在又修起来了，是在1964年修的，是个小庙。

问：修这个老母庙，钱是从哪里来的？

答：是村民出的钱，要钱不多，一般一元两元。

问：是自发拿的钱吗？

答：不是自发的，有人组织这个，向各户募钱。一户一元钱，谁拿不起？不拿也不好看。

问：你家拿了多少钱？

答：我也记不清了。（老伴回答：一户两元。）

问：今年二月份，河南省的剧团来过这儿唱戏？

答：来的，咱们交了 13 元。不交钱也可以看戏。

问：每年都请剧团来吗？

答：这两年是年年请。

问：一般都是二月份来吗？

答：过庙时来，是十月份。去年由于下雪，所以移到今年二月份。

问：大约每年是十月份？

答：每年是阴历十月。

问：每年都是河南剧团吗？

答：不一定。

【农村干部】

问：解放以后，你认为这个村有能力的干部是谁？

答：解放以后换了十多人，其中有能力的干部，怎么说？他们都是干个两三年。好的说来是郝同顺，干的比较稳些，群众反映好些，没有贪污，也没有其他事。

问：还有吗？

答：其他都是贪污下来的，他们多要宅基地，因为多占，群众有反映而下来的。

问：你们认为好的干部应该是什么样的呢？

答：一般为群众办事，他自己不吃私不贪污，不多占，这就是顶好的。有的多吃多占，群众对他就有意见。

问：现在农民的负担怎么样？

答：按土地负担，现在比较合理，都是按国家规定的标准来拿。现在的干部也不错，为群众办事。

问：现在你们的书记是新的？

答：他新上任，二年了，他干的也不错，群众有点难处帮助解决。

问：村长是通过选举产生的吧？

答：是的，选举。一般说来，上面指定，征求下面的意见。

【改革开放后的感受】

问：你对现在生活有什么不满意的地方？

答：顶好，也比较富裕些。根据我的情况，生活上也差不多。

问：你一生中你感到最难过的是什么？

答：最难的是生活上痛苦，那是在 1960 年困难时期，那时生活比较艰苦，确实无法生存。

问：你最快乐在什么时候？

答：现在比较好，生活比较好。最近 7 年日子过得舒服些，有吃有穿，每年储存的粮食吃不了，卖给国家了。现在生活好。

问：你们村许多外国学者来访问，除了我们以外，还有什么人访问过你？

答：没有，我是第一次被访问。

问：有没有人调查过你家庭经济情况？

答：没有。

问：这个房子是什么时候建的？

答：1986 年。一共花了 8000 元。我那边还有一处房子，花了 3 万多元。在西边，靠公路旁边。生活上差不多。

问：你有两处房子？

答：是的，我有两个儿子。

问：你有两个儿子，就可以给你两块地皮盖房？

答：是的，男孩到 18 岁，村里才给地皮盖房。

问：你们对毛主席怎么看？

答：领导好，为穷人办事，为了纪念他，将像挂起来。

问：邓小平呢？

答：邓小平扭转了经济，对人民生活还是有点好处，他对老百姓比较好些。因为他这样弄解决了老百姓的温饱问题。粮食收获归个人，你可自由处理。他在经济上搞得比较好的，将经济搞活了。过去你搞生意又不让你搞。

问：在日本认为，1976 年以前，是毛泽东时代，1976 年以后是邓小平时代，而且认为他们俩都很杰出，代表亚洲的领袖，政治家。你们是否担心，邓小平过去以后会发生变化？

答：我看经济上不会逆转，扭转不了。

李树立（28 岁）

时　　间：1995 年 9 月 9 日下午
访 问 者：三谷孝
翻　　译：王健娆
访问场所：李树立家

【家族】

问：你叫李树立？
答：是的，我叫李树立。
问：哪年出生？
答：1967 年，今年 28 岁。
问：你爸爸叫什么名字？
答：叫李俊子。
问：你爸爸现在还健康吗？
答：健康，他 63 岁。
问：住在这村里吗？
答：住在这村里。
问：你母亲呢？
答：也在这村里，她叫张小芬，今年 59 岁。
问：你还记得你爷爷吗？
答：记不得了。
问：你有几个兄弟？
答：兄弟 3 个，姐妹 3 个。大姐叫李树华，42 岁；二姐叫李树英，39 岁；大哥叫李树深，34 岁，属羊；二哥叫李树心，32 岁，属龙；我，李树立；妹妹，叫李树萍，25 岁。

问：你的姐妹已出嫁了吧？
答：出嫁了，大姐嫁到沿（？）村；二姐姐嫁到岗头；妹妹嫁到张辛庄。
问：你哥哥都娶了妻子？
答：是的。
问：大哥的媳妇叫什么？
答：叫冯心芬，属虎，比大哥小一岁，她是尽阳村人；二哥妻子叫温淑霞，温家庄人，32 岁。

【就学】

问：你什么时候上学？
答：8 岁。
问：上了几年学？
答：上小学，上到初中就不上了。
问：是这个村的小学吗？
答：小学在本村，中学在岗头。
问：小学是 6 年吗？
答：小学 5 年，中学 3 年。

【工厂工人兼干农活】

问：初中毕业以后呢？
答：初中毕业就去上班了，在栾城县化肥厂。
问：现在还在那儿吗？
答：现在放假了，不干了。我去工厂是 17 岁开始，到 24 岁，共干了七年。
问：你去工厂是经人介绍的吗？
答：托人介绍，是大姊夫，介绍后经过验试。
问：验试难吗？
答：一般平常的数字。
问：你姐夫和工厂有关系吗？
答：他在那儿上班。
问：是干部吗？
答：是工人。
问：他当时多大？

答：29 岁。

问：你在工厂拿多少工资？

答：每月 150～160 元。

问：你一进工厂就拿这么多钱吗？

答：刚一进少点，徒工，只有 100 元左右。徒工以后拿到 150～160 元。

问：你结束工作时拿多少钱？

答：也是 150～160 元。

问：你在工厂做什么？

答：看设备。

问：晚上也干吗？

答：三班倒，看机器。

问：有奖金吗？

答：有时有，有时没有，生产好时才有。

问：你在工厂是每天从家去还是住在那儿？

答：每天从家去。回家还可以干农活。

问：你在工厂干活，家有多少土地？

答：二亩四分土地。

问：你在工厂工作时成家了吗？

答：在工厂干到后半截结婚了。

问：你结婚之前，你们大家族有多少土地？

答：一共 9 亩土地。

问：那时有几口人。

答：有 7 口人。不，是 8 口人。

【结婚】

问：你什么时候结婚？

答：1989 年，22 岁。

问：你夫人叫什么？

答：叫任素丽，30 岁，宋北村人。

问：你们是经人介绍？

答：是介绍，是一伙子人（一伙子意思是乡亲们）介绍的。

问：村民们也认识她家吧？

答：是的。

问：你将两个孩子名字介绍一下。

答：这个不是我们生的，我们只有一个孩子。

问：是不是你哥哥的孩子。

答：不是，是我侄女家的。

问：这孩子叫什么？

答：叫李松松，3 岁了。

【豆腐坊】

问：你辞了化肥厂工作后做什么？

答：做豆腐。

问：一直到现在吗？

答：是的。

问：做完豆腐卖吗？

答：是的。

问：就在家里做吗？

答：是的，没有工厂。

问：一个人？

答：是的。

问：原材料从哪儿来的？

答：从县城的自由市场买来。

问：你做好豆腐在什么地方卖？

答：卖给外村。

问：骑自行车去卖吗？

答：是的。

问：到哪些村去卖？

答：到南留、东客、南客等村去卖。（看图）

问：不到邻近的村去卖吗？

答：这儿邻近的村有做的，所以到远一点的地方去卖。

问：这个村还有其他人做豆腐卖的吗？

答：有。

问：能赚钱吗？

答：一个月能赚 300 多元。

问：比在工厂干活钱要多一些吧？

答：要多一些，也自由。

问：你小家现在有多少土地？

答：二亩三分。是我父亲的，和我家里的地。

问：没有你妹妹的土地吗？

答：咱弟兄三加上父母。老人不种地，由我们几个孩子分。即大哥分地，二哥和我分地，妹妹出嫁了，她的地咱们给她种着。

问：农业的收入一年有多少？

答：小麦是自家吃，玉米卖了赚点钱，收入不多。除去化肥、电费，大约纯利也就300～400元（每亩）。

问：你做什么工作？（问李树立妻）

答：她弄着两个孩子，没有工作。

问：你一家三口人生活，靠种地和卖豆腐，卖豆腐的收入比种地收入高吧？

答：是的。

【建房与结婚的花费】

问：这个房子是什么时候建的？

答：建了已有六年，是结婚后建的。

问：花了多少钱？

答：当时便宜，花了6000多元。

问：是你在工厂赚的钱？

答：是的。盖完房存钱都没有了。

问：这是你们家住的房子，那边是什么？

答：北屋我父母住着呢。

问：这个房子都是六年前新建的吗？

答：不，北屋盖的早，这儿盖的晚。

问：你结婚花了多少钱？

答：那时便宜，大约花了2000元左右。

问：来了多少人？

答：亲戚们来，有20多人。

问：就在这儿结婚？

答：在我老家，结婚后搬来的。这儿的房子有十多年了。

问：现在你爸爸还做农活吗？

答：不做了。

问：他身体好吗？

答：他身体不错。

问：母亲呢？

答：也不做农活，领着孩子呢。

【供养父母】

问：由你们供养老人了？

答：是的。

问：我们知道，在中国其他农村有几个孩子，轮流供养，你们呢？

答：我们是永远在这儿。

问：现在由你们照顾了？

答：他们能自立，光给他们生活费，3个儿子都给他们生活费。

问：每月给他们多少？

答：没有固定，需要就给他们，不记数。

【三兄弟的家计】

问：你哥哥做什么工作？

答：在石家庄卖鸡蛋；二哥哥在别的地方，给人家发货，是批发市场。

问：他卖鸡蛋是自己家养的鸡下的蛋吗？

答：有自己鸡下的，也有贩来的。

问：你们兄弟仨最有钱的是谁？

答：都挣不多少钱。二哥盖的房子，也是别人家帮助。三家底子都穷。

问：现在你们和父母住在一起，有没有谈过去的事？

答：没有，他们有时间在外边走走，没有时间聊天。

问：你一起早就做豆腐吗？

答：不，下午做，第二天早上卖。

问：在日本，做豆腐的人是起得最早的，然后是做面包的，再是卖牛奶的。在你们这儿是不是做豆腐也是很早？

答：是很早，一般五点。

问：中午回来？

答：回来。

问：一般做豆腐需要多长时间？

答：有两个小时可以了。

问：吃完晚饭就没有事了？

答：是的。

问：看看电视，和夫人聊聊天？

答：是的。

问：日本也一样，普通人家吃完晚饭以后，看看报纸，然后看看电视，然后睡觉。

问：你们两个打架吗？

答：（笑笑）（似乎没有——整理者注。）

问：在日本，夫妻俩打架，就将饭碗甩出去？

答：这儿也有，但咱们没有。

问：我们看看你做豆腐的地方好吗？

答：就在这门后面。

【童年朋友】

问：你小的时候，都玩什么游戏？

答：小时候分两部分人玩土疙瘩，打三角。

问：你小时候的朋友现在关系还好吗？

答：好。

问：现在还经常来往？

答：还经常来往。

问：是什么样的来往。

答：没事，在一起喝喝酒，聊聊天。

问：到小店还是在家里喝？

答：在家里喝。

【村干部与姓族】

问：你觉得现在村里的村干部做法怎么样？

答：为本村做好事。

问：你觉得谁比较好。

答：咱又没有什么来往，这怎么说呀。干部们到时叫交公粮交公粮，别的又没有什

么。我们一般又不怎么打交道。觉得不错。

问：这个村姓李的不多呀？

答：对。

问：这个村的干部姓郝的比较多？

答：是的。

问：有没有姓郝的当干部，对你们姓李的有不好的地方？

答：没有。

问：姓李的一般分布在这个县什么地方？

答：这个咱不打听，不清楚。

问：50 年前日本人在这儿调查，这个村有三家姓李的，李亭、李俊子和李晚。

答：咱不知道，可能是落户的。李俊子是我的父亲。

问：这个村姓赵、姓刘、姓郝、姓徐的比较多。

答：是的，姓郝、姓徐的最多。

问：李胡（音）是你的亲属吧？

答：是的。

问：刘姓也很多呀。

答：是的。

崔天义（71 岁）

时　　间：1995 年 9 月 10 日上午
访 问 者：三谷孝
翻　　译：王健娆
访问场所：北五里铺村崔天义家

【解放前的农村家庭】

问：你叫什么名字？

答：我叫崔天义，共产主义的义。

问：你今年多大？

答：71 岁。

问：这是谁？

答：这是我的儿子。

问：想请你介绍过去的事情。

答：过去什么时候？

问：你是哪年生的？

答：1925 年，属牛。

问：你记得抗日战争的事情吗？

答：记得。

问：日本军队来这个村子了吗？

答：大批人没有来过，只有两个人来村看看，路过这里。

问：来村子有没有做什么坏事情？

答：没有。

问：尽管我是日本人，你完全可以客观地谈谈，不要有什么顾虑。

答：有什么说什么。

问：例如说，日本人来了有没有抢你们的鸡？拿你们的鸡蛋呀？

答：没有，没有大批来过。

问：有没有强制村里的人到外面去劳动？

答：没有，做工是县里来人，叫干什么。

问：在周围村有没有干什么坏事？

答：没有，因为这里离县城近。

问：这一带有没有打过仗？

答：没有。

问：有没有土匪？

答：有，晚上有来人。

问：这个村有没有遭受过土匪袭击？

答：没有，但有入户绑架的。

问：这个村有地主吗？

答：没有大的地主，只有 50 亩（小地主）。

问：那是富农？

答：是的。

问："土改"时有多少富农？

答：两户。富农与外村相比，还比不上贫农呢。是穷的。

问：解放前你家有多少土地？

答：有七亩多土地。

问：家里有几口人？

答：十多口人。

问：是谁？

答：有我哥哥、嫂子、父母。我有三个哥哥，两个嫂子。

问：解放前，你们家除了农业以外还有其他收入吗？

答：没有别的收入。

问：你们家有没有人去东北或石家庄干活的？

答：没有。去石家庄干两三天，临时的，很快就回来了。打短工。

问：是不是为县城地主打工？

答：没有，有也是租地主的土地。

问：你过去给谁种地？

答：给城里李菊庭，他是北门里人。

问：你们这个村给地主种地的人多不多？

答：大部分给地主种地。

问：你一直在这个村生活吗？

【上小学、学徒生涯】

答：我十多岁出生去学做小买卖，当徒工。

问：在什么地方？

答：栾城南门里。

问：是什么店？

答：卖酒店。

问：你上过学吗？

答：上小学，4 年。

问：是这个村小学吗？

答：那时这个村还没有学校，在北关的小学上的，好多村的小孩到那里上学。

问：北关小学是寺北柴村和北五里铺合建的学校吗？

答：是的。

问：有多少人？

答：不多，几个村一共四五十人。

问：你小时候有没有寺北柴村的朋友？

答：现在都老了。当时认识，称不上朋友。

问：有没有女孩上学？

答：没有。

问：你们学什么？

答：语文、常识、算术。

问：你小学毕业以后就去当学徒是吗？

答：小学毕业，在家蹲二年，我十五六岁到南门里学徒。

问：你学徒几年？

答：学了三四年。

问：有工资？

答：一年 10 元 20 元。不叫工资，人家掌柜给你多少就多少。

问：做徒工时很辛苦吧？

答：辛苦，不辛苦人家不叫你干了。早上起来，扫地，抹桌子，整理床铺，倒尿桶。

问：有没有休息日？

答：没有。

问：过年呢？

答：休息到初五。

问：你学徒时住在那里吗？

答：住在那里。

问：你学徒时有伙伴吗？

答：有，三四个人。

问：从这个村去的吗？

答：不是，有外村外县的。

问：你凭什么关系去的？

答：我有个表兄在这个店当伙计。

问：日本也有一种说法，家里人口很多，饭不够吃，就让孩子出去做工，给不给钱不要紧，只要孩子吃饱就行。你们当时是不是也这样？

答：我们学徒除吃饭，一年给你三元五元或十元八元的，和白吃饭一样。

问：你为什么辞掉那里的工作，又回到村里来呢？

【小生意】

答：我从那里出来，做了两年小买卖，卖烟酒，然后才回来。

问：是国民党时代还是日本时？

答：日本时候。

问：县城里有日本军队吗？

答：有。

问：大约有多少？

答：咱还不知道。

问：有伪军吗？

答：有。

问：伪军做什么坏事？

答：打骂人是经常的，做别的事咱不知道。

问：你卖烟酒有多少收入？

答：一年有百儿八十元。

问：烟从什么地方进来的？

答：从石家庄。

【结婚、子女】

问：你什么时候结婚？

答：18 岁，在做徒工时。

问：是 1942 年吗？

答：那记不清了，反正是 18 岁。

问：你夫人是哪个村的人？

答：是城东聂家庄人。

问：叫什么？

答：叫董兰，和我一样大。

问：你们是怎么认识的？

答：是经别人介绍的。

问：是什么人？

答：是工人，在卖酒时那里认识的人介绍的。

问：你夫人还在吗？

答：不在了。她 30 多过去的，去世已有 41 年了。

问：你有几个孩子？

答：一个儿子和两个女儿。老大叫崔金桂，男孩，50岁；老二叫崔桂英，女孩，45岁，出嫁到寺北柴村；老三叫崔琴娥，女孩，42岁，出嫁到正定县八方村。

【"佛教会"】

问：你还记得解放前，栾城县有"佛教会"吗？

答：我们没有参加过，有是有，但不知道名字。

问：知道"红枪会"吗？

答：没有见到过人，听说过，和八路军打。

问："红枪会"是什么样的组织？

答：不知道。

问：这个村有没有？

答：没有。

问：这一带哪个村有？

答：不知道。

【村庙】

问：解放前这个村有庙吗？

答：没有大庙，有小庙，逢年过节人们去烧香。

问：关帝庙？

答：是的，一间小房子。

问：有土地庙？

答：没有。

问：有老母庙吗？一共有多少庙？

答：有老母庙、关公庙、真武庙、龙王庙，有个六七种。

问：现在都没有了？

答：在"文化大革命"时破坏了，现在又建了几个。

【农村"土地改革"】

问：你在"土改"时是什么成分？

答：中农。

问：又分了多少土地？

答：分了七八亩，共14亩多地。

问："土改"时这个村发生过什么运动？

答：就是"土改"，平分土地，划成分，进行复查。

问：有工作队来吗？

答：有工作组，来领导"土改"，教怎么做。

问：来的是学生吗？

答：弄不清，反正是工作队。

问：这个村"土改"时头头是谁？

答：老线也死了，栾子（音）也死了，还有陈老强。

问：这个人还活着吗？

答：死了。

问："土改"后，你一直务农吗？

答：不，我以后参加了公私合营，在供销社工作。

问：你现在承包多少土地？

答：八亩地，家里有六口人。六口人只有四口人的土地。

问：除了农业以外还有别的收入吗？

答：别的收入没有，我孙子在药用玻璃厂，我有退休金。

问：退休金每月多少？

答：290元。

问：一年收入大约有多少？

答：农业纯收入3000元。一年纯收入合计1万多元。种的苹果地2亩，收入还不够支出呢。

问：主要收入靠什么？

答：靠粮食。

徐喜子（72 岁）

时　　间：1995 年 9 月 10 日下午
访 问 者：三谷孝
翻　　译：王健娆
访问场所：徐喜子家

【家族】

问：您叫什么？

答：我叫徐喜子。

问：今年 70 岁？

答：72 岁，属牛（虚岁，整理者注）。

问：你爸爸叫什么？

答：叫徐老高。

问：你母亲呢？

答：叫吴冬姐。

问：他们俩都过世了吗？

答：都过世了。我爸爸是日本进中国以后去世的，我当时 13 岁。母亲是 1960 年去世的。

问：大概的时间？

答：我 20 岁时他去世的，我母亲是 1960 年去世。

问：你妈妈死时的年龄？

答：50 余岁，她在困难时期挨饿。

问：你有几个兄弟姐妹？

答：兄弟姐妹三个，妹妹死得早。哥哥叫何贵子，为什么他姓何，因为他的生父姓何，他父亲死后，其母又嫁给我的父亲。弟弟叫徐傻子。妹妹叫徐妮，小时就死了。

问：这是你夫人？

答：是的。

问：叫什么名字？

答：叫孙辰姐，60 岁，出生于栾城县城的西街。

【结 婚、子 女】

问：什么时候结婚？

答：我（其妻）18 岁结婚，丈夫 30 岁。

问：你们有几个孩子？

答：三个儿子一个闺女。长女，徐荣新，42 岁，嫁给北十里铺；长男，徐建新，39 岁；次男，徐志新，31 岁；三男，徐忠新，28 岁，属猴。

问：他们都娶媳妇了吗？

答：娶了，大儿媳妇，是大斐村的；二儿媳妇是小周村人；三儿媳妇是东牛村人。

问：你哥哥还活着吗？

答：没有了。

问：弟弟住在什么地方？

答：弟弟住在栾城县城南关。

问：他在南关做什么？

答：他落户在南关，姓也改了，改姓刘。他在南关打烧饼。

问：解放前你爸爸有多少土地？

答：有三四亩地。

问：这么少土地，家里生活困难了？

答：生活困难。

问：你们家还做别的活？

答：没有，就是务农。

问：有没有给地主种地？

答：没有，而是当长工。

问：长工是经常做吗？

答：是经常做。

问：给谁家做长工？

答：叫赵黑子（本村）。

问：他是土地最多的人吗？

答：他是二地主，从城里的大地主手中租来的土地。

问：他是替栾城县里的大地主管土地？

答：是的。

问：你小时候上过学吗？

答：上过，日本进中国那年，上了一年，是 13 岁。

【日军入侵、惯行调查】

问：日本军队来了把学校破坏了吗？

答：来了没有破坏，但不敢念，怕上洋学不行。

问：日本人来过这个村吗？

答：来过，经常来。

问：他们来做什么？

答：日本人叫给他杀鸡。

问：你看到过吗？

答：看到过。

问：来了多少人？

答：三五人，有时多的，十多人。

问：他们从县城来的吗？

答：是的。

问：你们村民有没有被打被杀？

答：没有见过。

问：有没有强制去劳动干活？

答：没听说。

问：你记不记得日本人"满铁"来村调查的事？

答：来过，没有到我家。

问：你看过调查员吗？

答：没有见到过。

问：1942年调查，上面写着你当时16岁，有两口人。

答：记不清，没有来咱家，我们就两人。

问：你结过一次婚？

答：我29岁结婚。

问：你听没听说在别村干过坏事？

答：听说来栾城把房子点着了。来人要什么东西，将城隍庙里的树叶子烧了，他们当时住在县城里面国民党的兵营。

【"佛教会"】

问：你知道佛教会吗？

答：知道。

问：是什么组织？

答：在县里，一会儿干这个，一会儿干那上，杀人，在乡村里。

问：这个村有"佛教会"的人吗？

答：没有。

问：他和"红枪会"有关系吗？

答：他们不一样。

问：怎么不一样？

答："红枪会"拿着红缨枪，佛教会咱弄不清。

问：你见过"红枪会"和"佛教会"？

答：没有，我还小呢。

【日本投降后被雇为国民党兵】

问：日本战败时情景你知道吗？

答：记得。

问：当时你们是什么心情？

答：咱也弄不清。日本进中国，他投降，咱是老百姓也没有什么。

问：然后国民党军队来了？

答：是的。

问：听说有个27军，你知道吗？

答：知道有个27军，是国民党时期，我还不知道他在什么地方，弄不清，可能是国民党军队。

问：你参加过军队吗？

答：参加过国民党军，没有打石家庄就跑回来了，几个月时间。

问：是什么时候？

答：解放石家庄头一年。

问：你是被迫参加的吗？

答：是地主拿钱雇的，一年跑回来，替地主当兵，地主不愿去。

问：替哪个地主？

答：是城里西街地主，名字记不清了。

问：解放前八路军来这个村吗？

答：没有见过。

【"土地改革"】

问："土改"时你是什么成分？

答：我是贫农。

问：那时有几口人？

答：两口人，我和娘。

问：当时你的弟弟呢？

答：他在南关。

问：分给你多少土地？

答：分给我五六亩地。"土改"时两人分一亩多地。

问："土改"时，听说一人分 3 亩地呀！

答：我们原来有四亩地，加上一亩半，共有五亩半土地。以后又卖了。

问：有土地证吗？

答：有，现在没有了。

问：什么时候没有的？

答：弄不清，反正不用它了。

问：这个村地主是谁？

答：地主没有。

问：富农是谁？

答：叫张仲寅，他用长工。

问：还有别的人吗？

答：记不清了。

问：你知道张仲寅的爸爸吗？

答：知道。

问：他是一个什么样的人？

答：是旧社会的村长。他成分高。

问：张老乐这个人的人缘怎么样？

答：我还小呢，记不清。

问：你知道不知道郝国樑？这个人怎么样？

答：解放前是村长。向地主要东西，和穷人一条心。

问：解放初村里的干部是谁？

答：解放栾城时是浪子，还有的死了，好多人。

问：刚解放时是谁？

答：赵老侯。

问：这个人做什么？

答：咱还弄不清。

【村干部】

问：你当过干部？

答：我没有。我在生产小队当过队长。

问：什么时候？

答："四清"前后。

问：你是第几小队？

答：第四小队。

问：大队长是谁？

答：是郝同顺。

问：你做了几年小队长？

答：干了一年，换了，后又干了两年。

问：小队长干什么？

答：生产队长。

问：抓生产是什么意思？

答：领着人们去干活。

问：四队有多少人？

答：200 多人。

问：除小队长外还当过什么？

答：没有当过别的。

问：你是党员吗？

答：不是。

问：现在你还务农？

答：务农。

问：你承包多少土地？

答：有 13 亩地，共 5 人。现在有 15 亩地。

问：现在有多少人口？

答：6 个孩子。

问：你们两个单过，还是在一起过？

答：我们俩与他们分开过，还带一个孙子。

问：去世的儿子是谁？

答：是老三，没有写他的名字。

问：三个人大约有多少收入？

答：种了一亩多地，三个儿子每人一个月给 10 元，一年 120 元，是每个儿子给的。

问：你们干农活一年有多少收入？

答：一年能收入 2000 元。

问：你种的什么？

答：麦子和棒子。

问：你儿子做什么？

答：一个开车的，两个在工厂。

问：当司机是谁？

答：第三个儿子。

问：你三个儿子都住在附近吗？

答：是的。

问：在你们 70 多年当中，你们印象最深的是什么？

答：解放以前不行，以后就强了，最好是这几年，那几年也不行。

问：现在有存款吗？

答：有点，2000 元。

问：存在农业银行？

答：是的。

问：你认为最痛苦是在什么时候？

答：解放前后日子难过。

王庆海（64 岁）

时　　间：1995 年 9 月 11 日上午
访 问 者：三谷孝
翻　　译：王健娆
访问场所：王庆海家

【家族】

问：你叫什么？

答：王庆海，64 岁，属猴。

问：这是你夫人吗？

答：是的，她叫张栾芝，龙化村人（属

南法乡）。

问：你有几个孩子？

答：五个。长女，叫王秀金，40 岁，出嫁到栾城县城；长男，叫王秀山，36 岁。

问：他的媳妇是什么地方人？

答：本村的，叫徐京秀，36 岁。次女，叫王秀花，30 岁，出嫁到孟家园。次男，叫王秀峰，28 岁，未结婚。三男，叫王秀杰，25 岁，他的媳妇是北十里铺村人，叫赵明花。

问：现在这个房子是你夫妇两人住的吗？

答：是我两个小子，和儿子一起住。6 口人住，4 个大人，2 个小孩。

问：还有一位没有结婚的儿子呢？

答：有两处，这是小儿子，住在这儿大院是 7 口人，包括秀峰。

问：你们 7 口人有多少土地？

答：共 9 亩。

问：秀峰做什么工作？

答：他上学毕业，在石家庄。

问：他是什么大学毕业？

答：石家庄的一所大学。

问：在石家庄什么单位工作？

答：河北省第三印刷厂工作。

问：这个村大学生不多吧？

答：有几个。

问：秀杰上过大学吗？

答：他高中毕业，现在栾城县城水利局工作，住在县城。

问：你们家除农业外还有其他收入？

答：我们有农业、退休工资等收入。

问：一年大约有多少收入？

答：小小子（指秀杰）分开过，上学的刚毕业，跟着我，一年大约收入 1 万元，大女儿和小儿子都在水利局。

问：这个村姓王的不多，你爸爸叫什么？

答：叫王立海。

问：母亲呢？

答：叫张小五。

问：你有几个兄弟姐妹？

答：就我一个人。

问：父亲什么时候去世？

答：逝世 23 年，母亲逝世 13 年了。

问：你有没有听说过王姓从什么地方迁过来的？

答：这村七大姓：张、王、李、赵、郝、徐、范。现在姓王的少了，姓范的已没有了。我们王姓从什么地方来说不清了。

问：你说这个村张、王、李、赵最多？

答：是的。

问：父亲死时多大岁数？

答：80 岁，母亲 78 岁。

问：资料上有王庆子，和你们是亲属吗？

答：他家绝了，不是亲属，而是两个家族人。

问：他们家没有孩子吗？

答：没有。

问：你父亲还有别的称呼吗？

答：叫王一儿、王老顺，是号，一个小名，一个号。

问：你爸爸的爸爸和你老爷爷从什么地方来？

答：不清楚。

问：有没有家谱？

答：没有。

问：这是 50 年前的日本调查，当时有 6 家王姓。

答：六家可能是咱们，老真、老堂家没有了。那时多，现在都绝了。

问：现在两家除你一家还有谁？

答：王瑞忠（音）。

问：解放前你家有多少土地？

答：没有土地。

问：解放后有多少土地？

答：有 14 亩土地。

问：王老现不知是什么人？

答：是我们家的爷爷。

问：王连堂呢？

答：绝了。

问：王大保呢？

答：没有了。

问：王可辰？

答：绝了。

问：王大典呢？

答：不知道

问：王苟印呢？

答：绝了。

问：王医？（前面说王一不对，而是王医——注）

答：是我们家。

问：王三妮？

答：也绝了，王三妮是男的。

问：王瑞忠与你们是亲属？

答：不是的。

【少年时代、私塾】

问：你记得抗日战争的事？

答：记不清。

问：有没有听人说过？

答：我上班走了，也没有听说。

问：你上过学吗？

答：没有，上过私塾，念《三字经》、《百家姓》，上过几个月，在本村。

问：老师是谁？

答：张老乐。

问：他是什么样的老师？

答：他是个医师，人品不错。

问：上私塾要花多少钱？

答：300 多斤米。

问：是一年吗？

答：是的。

问：张老乐做过村长？

答：是的，他为什么被选为村长，记不清。

问：你从小就帮助父亲做活？

答：是的。

问：有没有为地主家干过活？

答：有。

问：给哪家地主种地？

答：不是种地，而是拔草，13岁就学徒了。

问：你没有种过地？

答：是的。

问：14亩地谁种？

答：有个弟弟，已死了。

问：你叔叔叫什么？

答：王二黑

问：你被谁雇用？

答：到外村去拔草，不知道是谁。

问：你学什么？

答：我是锻工，打铁。

问：在县城吗？

答：在南齐马（言），属齐马公社。向北靠正定县。

问：你当了几年学徒？

答：3年。

问：你当学徒在中日战争期间，还是在抗战结束之后？

答：抗战结束后。

问：3年后又做什么？

答：在城里自己做，参加工作了，成了集体。我在工厂里，叫红光铁业社。

问："土改"时你在哪里？

答：在县城学徒。

问：当时只有你父亲、母亲和小叔叔吗？

答：是的。

问：你小叔叔没有结婚吗？

答：没有。

问："土改"时你们家是什么成分？

答：贫农。

问："土改"时你们分了多少土地？

答：还是家里那么多土地。

问：在红光铁业社干了多少年？

答：干一段又转到铁木农具厂和农机厂。铁木农具厂下马，回村，后上马我又回去。回去是1957年。

问：你从铁木农具厂回村是哪一年？

答：1966年，在村蹲了5年。

【结婚】

问：你们什么时候结婚的？

答：40多年了。

问：结婚时你正在红光铁业社工作。

答：是的。

问：你们怎么认识的？

答：是朋友介绍的。

问：当时结婚住在什么地方？

答：住在这个村别的地方。

【大炼钢铁、人民公社化运动】

问：20世纪60年代，农村发生的事情你还记得吗？

答：结了婚后就入土地社（农业社）。

问：是人民公社吗？

答：不是，是土地合作社，以后才成立人民公社。

问：你在人民公社做什么工作？

答：我在外边呢，我在铁业社。

问：1960年生活非常困难是吧？

答：是的，就是那时回来的。

问：当时吃饭问题怎么样？

答：那时就是几个孩子，和他爷爷奶奶，挣工分吃饭，没有回来，他们挣分不够吃的，我才回来的。

问：你干多少，就给你多少粮食吗？

答：是的。

问：那你原来也在人民公社里吗？

答：是的，挣工分。

问：记得大食堂吗？

答：记得。那时一户给一个饼子，一个也就二两。

问：他是你的孙儿？

答：是的。

问：他多大？

答：5岁。

问：当时有没有人生病？

答：死多了，都是饿死的。

问：大约死多少人？

答：详细咱也不知道，我老爷就是那时死的。

问：那时也大炼钢铁吗？

答：将锅弄走了。

问：在自己院子里也做熔炉吗？

答：家里不做，到豆妪镇去炼。

问：村民都是到很远的地方去炼吗？

答：是的。

问：男人去？

答：女的也去，有小孩不去。

问：这个村是不是也将锅拿去炼？

答：是的，锅都弄走了，铁的都弄走了。

问：炼的那个铁有用吗？

答：咱不知道了，那是国家的事。

【工厂劳动、退休】

问：1966年你到工厂，干了多长时间？

答：一直到退休，是1990年退休，5年了。

问：你在工厂做过干部吗？

答：车间主任。过去干的时间不算工龄，从1966年算起，以后的工龄给了钱。我是从铁木农具厂退的休。

问：铁木农具厂在县城里？

答：是的，早就下马了。后来到木器厂，

还是在城里。一个单位换换牌子。

问：你是来回跑吗？

答：来回跑，骑自行车。

问：这个村还有别人在那里工作吗？

答：还有一个，叫郝根锁（音），现在还在那里，他年轻。

问：你退休时工资多少？

答：100多元，现在200多元，260元。

问：退休金是一次性？

答：不是，每月给，直到死。

问：有保险吗（指生病）？

答：公费医疗。

【改革开放、住房责任制】

问：改革开放后承包土地你们承包了多少？

答：承包了9亩地。

问：有了孙子后你们土地有变化吗？

答：没有变化。

问：你搬到这里是什么时候？

答：已有9年了。

问：你的房子是村里规划的土地？

答：是的，按照村里的规划自己盖的。

问：村里规划有没有不公平呀？

答：反正一个儿子给你一处。一处大小为横13米，长19.5米，3个儿子给了3处。

问：你大儿子在别的地方？

答：是的，不算远，隔两排房子，往东。

问：建这房子花了多少钱？

答：原来有的，加上买的料。

【村干部工作】

问：你们觉得村干部怎么样？

答：这个干几天，那个干几天，你也弄不清。

问：会不会因王姓少而受歧视？

答：不会。

问：你觉得有能力的干部是谁？

答：人家来要公粮咱就给，这个村谁干也干不好，道路也弄不通，你再有能力也有刁难的人。

问：你的意思是说没有是吧？

答：对。

问：你认为好的干部是什么样子呢？

答：好干部，为社员们尽心的干。

问：你心目中最好的干部是什么样子？

答：我看都不赖，不像别村争这个争那个，这个村的干部都平稳得很。

【现在村民生活】

问：现在你们生活情况怎么样？

答：不错。

问：在你64岁期间，最苦是在什么时候？

答：就是1960年困难时期。

问：最快活轻松是在什么时候？

答：一直没有轻松过，孩子们要盖房子。

问：现在你们家除二儿子外，别的都成家立业了。

答：是的。

问：从早到晚干什么？

答：看孩子，聊聊天。

问：你们有存款吗？

答：存不上，要盖房子，还上学，但够花的，也不缺钱。

问：你们万一得病时，谁来供养你们呢？

答：3个儿子都管。

问：你有没有在本村当过干部？

答：没有。

问：以前家里有灶王爷，什么时候没有的？

答："文化大革命"时。现在又有了。

问：贴在什么地方？

答：灶外面。

问：从哪里来的（灶王爷）？

答：从集市上买来的。腊月买来的。春节前才有卖的。

刘脏羊（72岁）

时　　间：1995年9月11日下午
访 问 者：三谷孝
翻　　译：王健娆
访问场所：北五里铺村刘脏羊家

【家族】

问：你叫什么名字？

答：我叫刘脏羊，72岁，属鼠。

问：你父亲有多少土地？

答：解放前有17亩土地。

问：你父亲叫什么？

答：刘老密，61岁去世，死了30多年了。

问：你妈妈叫什么？

答：叫韩群妮，她比我爹晚过世3年，去世时六十四五岁。

问：你父母年龄一样大吗？

答：母亲比父亲小一岁。

问：你有几个兄弟姐妹？

答：一个兄弟，一个妹子。兄弟叫刘二羊，64岁，在本村；我妹妹叫刘江连，在岗头村，她今年67岁。

【少年时代】

问：你上过学或私塾吗？

答：上过4年，在北关小学上2年，在寺北柴村上2年。

问：你小学上完干什么？

答：在家务农。

问：你有没有做过除农业以外的其他

的事？

答：我做过生意，在解放以后卖过鸡蛋、粉条。

问：到县城里去卖吗？

答：是的。

问：那是 50 年代的事吗？

答：是的，一直干到四五年前。我一边干农业兼做点小生意。

问：解放前你有没有被人雇佣过？

答：帮助地主种过地，我当时 20 多岁，然后到作坊里去帮助做粉条。都是在县城里。

问：你在作坊里做了多少年？

答：做了 3 年。

问：有工资吗？

答：有工资，每 4 个月给 50 元。

问：大概是抗日战争时候吧？

答：在抗日战争以后，快解放了。

问：你给县城地主种地？

答：是的。

问：地主叫什么？

答：他已死了，叫四儿，不知道姓什么。解放以前给北十里铺地主种地，解放后给没有劳动的人种。

问：十里铺的地主叫什么名字？

答：叫侯老路（音），他小子叫程浩（音）。

【结婚、子女】

问：你什么时候结婚？

答：13 岁。

问：你夫人叫什么？

答：叫张妮儿，她是乏马村人，她今年 76 岁。

问：你有几个孩子？

答：共六个。老大叫刘秀芝（女），50 岁，出嫁到乏马村；老二叫刘秀校（男），48 岁，他妻子叫彭俊英，47 岁，是南赵台人；

老三叫刘华芝（女），46 岁，嫁到乏马村；老四叫刘华云（男），36 岁，他的媳妇叫冯瑞云，是大周村人，也是 36 岁；老五是刘芝萍（女），34 岁，嫁到乏马村；老六叫刘兵武（男），30 岁，他的媳妇叫杨素贞，31 岁，从小焦家庄嫁来的。

【"土地改革"】

问："土改"时你们家是什么成分？

答：中农。

问：当时有几口人？

答：共 7 口：我和孩子娘，加我兄弟和兄弟媳妇，还有父母，还有大闺女。

问："土改"时你们分了多少土地？

答：我们没有分地，原来 17 亩地，也没有分出去。

【与寺北柴村的关系】

问：你小学上学时，寺北柴村有朋友吗？

答：有，郝傻小，大名郝常德（音），我们是同学。

问：这个村（指北五里铺）和寺北柴村的关系很密切吧？

答：是的，我的同学还有好多。

问：你说的这些朋友是什么关系的朋友？

答：我们是同学。

问：解放前这个村和寺北柴村有没有过联合行动这一类事？

答：我们是一个公社，在一起修过公路。这是解放以后，解放以前有两个村的人在一起做过买卖。

问：解放后过年时两个村有没有在一起搞过什么联合活动？

答：没有。

【解放前后的庙会】

问：这个村解放前有多少庙？

答：有 5 个：关帝庙、真武庙、龙王庙、老母庙、五道庙。

问：这些庙是在什么时候被破坏掉的？

答：1963 年发大水时，五道庙被冲了；关帝庙，是解放战时被炮弹打坏了；老母庙，是"四清"时，在 30 年前搞的；龙王庙和真武庙，在我小时就被破坏了。

问：现在重点的庙只有三个，是吗？

答：对。老母庙、龙王庙、五道庙。

问：老母庙是最大的吧，花了多少钱？

答：由几个人搞，没有花什么钱，信仰的人们义务搞的。

问：什么时候重建的？

答：有 6 年了，时间不是很长，也许是 5 年。

问：老母庙只是女人去拜是吗？

答：是的，男人也去。

问：男人去祈拜什么？

答：叩个头，烧烧纸，求身体平安。

问：老母庙的庙会在什么时候开？

答：二月十九日（阴历）。

问：庙会搞些什么？

答：打善鼓。

问：自古以来就有的吗？

答：解放前没有。

问：是新的吗？

答：是为了求一个小孩，打打善鼓，具有报恩性质的。

问：是村民自己做的吗？

答：是外村。

问：要花钱的吧？

答：不花钱，自愿的。

问：是哪个村的？

答：是南客村。

问：来多少人？

答：有十多人。

问：都是男的吗？

答：女的多，都是 60～70 岁的老太太。

问：寺北柴村请河南剧团来唱戏，你们这个村有吗？

答：咱们村也唱过，头几年唱过，这几年不唱了。等将街道修好后再唱。

问：老母庙庙会时别的村也来吗？

答：不来。

问：龙王庙的庙会是什么时候？

答：我记得没有庙会。

问：龙王庙是什么时候建的？

答：才建 20 多天。

问：什么人建的？

答：老婆婆是为烧香，很简单的弄几块砖搭起来的。

问：龙王庙主要是祈求下雨，祈求天气有利于农业发展呀。

答：我记得还没有人到龙王庙去求过雨。

问：龙王庙起什么作用？

答：老年人传下来的，在那烧纸，在日军过来时，曾求过雨，50 多年了。

问：当时，50 年前，龙王庙是不是大些？

答：不大，也很简单。

问：现在有没有管理庙的人？

答：没有，有老太太操劳，扫扫地，过年贴个对联，就是老母庙，正月初五有人来，很热闹。

问：五道庙什么时候建起来？

答：也有四五年了，早先这个庙大，现在小多了，那时一间屋子大。大道关帝庙也是一间房子那么大。

问：过去 5 个庙中，最大的是哪个庙？

答：是关帝庙。关帝庙就是关羽，三国时的关羽。

问：在日本一到过节到寺庙去烧香，这边也是这样吗？

答：是的，一样。

问：大多数居民去吗？

答：去的有一半，一般是老年人去。

问：过去中国农村在家里都贴灶王爷，你们家有吗？

答：有。

问：什么时候才有，以前"四清"运动时不是没有了吗？

答："四清"时、"文化大革命"时不贴了，又重新贴起来有 20 年了。"四清"运动过了七八年又贴了。

问：有没有土地爷？

答：有。

问：在什么地方？

答：你们进门那个地方，土地爷对着门。

问：这也是和灶王爷一起兴起来的吗？

答：是一样。

问：你贴这些神像能获得什么利益呢？

答：求神保佑，保家庭平安吧。

【抗日战争时期】

问：现在我想问一问抗日战争的事。日本军队有没有到过这个村？

答：到过。

问：他们来时干什么？

答：没有抢人家东西，日本人来看咱们村人的面色，有的脸色不像劳动的人，目的在于检查。

问：是这个村的人吗？

答：是的。

问：你知道叫什么名字？

答：知道，叫冯田深和刘群二人。

问：他们当时是年轻人吗？

答：有 20 多岁。

问：另外还干什么？

答：别的没有，也没有抢人家的东西，也没有要钱，就是看到他们村里推水车（当时浇水是用手拉的水车），靠牲口拉和人推，不是机器。城里日本兵来牵牲口。

问：这个村附近有没有过战争？

答：没有，我们离城近，凡是打仗的地方都离城远。

问：抗日战争时期，除日军外还有伪军、国民党军和八路军，有没有向你们村要东西？

答：国民党要过粮食，要过人去当兵。

问：有一个 27 团你知道吗？

答：知道。

问：他们是什么样的军队？

答：在国家不安定的时候，有枪就集中在一起，先是土匪，后来聚集得多了就成为军队。

问：这个团伙很大吗？

答：有几百人，七八百人。

问：他们在什么地方活动？

答：他们在山里活动，在齐排马分水河（音），在平原地方他们站不住。

【"佛教会"】

问：你知不知道"佛教会"、"红枪会"一类的组织？

答：听说过。"佛教会"也是个群众性组织，想成立一伙就成立一伙，向别的村请一个穿个红兜兜，别着枪，说刀枪不入的人。

问："佛教会"的人也到过这个村子吧？

答：是的，时间短得很。

问：这个村也有人参加吧？

答：有参加的，十天半个月，以后就散了，也不起作用。

问：这个村有多少人加入？

答：有十来个人。

问：那些人都做过什么活动？

答：光成立了一下，烧点香，到村外弄个柳树枝，放在地上，说能避着枪刀，结果又不顶事，也就散了。

问：我在山东访问时，有一个村子，他

们也有这样的组织，他们晚上活动，烧烧香，开开什么周会，你们这儿是不是也是晚上开会呀？

答：咱村没有实行起来，就是成立十天半月，看不起作用，就散了。

问："红枪会"是什么组织？

答："红枪会"就是"佛教会"，"佛教会"就是"红枪会"。

问：你说这个村以前最大的是关帝庙，上面有什么匾这一类的东西？

答：咱们村没有，五道庙也没有，就是老母庙挂过红布上面写着"有求必应"。

问：我听说在五道庙有挂着"你也来了"。

答：我们这没有，年轻人记不住这事。

郝老艳（79 岁　原生产队长）

时　　间：1995 年 9 月 7 日下午

访 问 者：浜口允子　魏宏运

翻　　译：齐秀茹

访问场所：郝老艳家

【村干部情况】

问：人民公社的时候，村内干部情况还记得吗？

答：1955 年村内高级社，我担任社长，村内分五个队，我是第一队队长。我们这个队有 217 人，分了 110 亩（听不清），分到水车 10 多辆。

问：村内有多少户？队长做什么工作？

答：管生产，该种嘛种嘛。每天晚上给社员派活，你去种嘛，他去种嘛。

问：活那么多，就你一个人管理吗？

答：还有一个队长，叫郝德子（听不清），现在没有了。

问：他是副队长吗？

答：那时没有正队长、副队长，都是队长，就是管生产，第一天把地里活看好了，晚上开会把活分给社员，第二天该干嘛干嘛。

【分派活及分配酬劳】

问：一天都怎么分派活？

答：那时，在黑夜都先开干部会，有两个队长一个会计，一个保管，两个组长，一起开会商量。根据队内活的情况，看谁干得了，干不了。有些人干不了，所以根据各人情况，谁干嘛，谁干嘛的。有些活，是三天一调整，每天快收工时，我们看地里还有什么活，需要多少人，所以天一黑，我们干部就商量明天派谁去干嘛。

问：分小组吗？

答：不分小组，派谁去，就得去。按劳分配。你不去，就没有报酬，没有粮食，到秋天就分不到粮食，所以没有不去干活的。

问：全队 217 人都下地干活吗？

答：不全干活，有小孩的，女的，老人的。小孩、老人都不能干活。下地干活的，也只有一百多人。

问：如果派活，社员不去怎么办？

答：不去，你就下来，从别处抽人去干。多干活的，可以多挣工分，你不干活，就没有工分。一家有四个劳力的，秋天分得就多，一家一个劳力，工分就挣得少。那时分配原则是人七劳三。有劳力的，多干活，就分得多，不劳动，就没有工分。那时有些人不干活，都走了。所以分配时，有分多的，有分少的，还有往内贴钱的。你挣不了这么多分，所以劳动多的分就多，劳动少的得分少，不劳不得，不分给你粮。那时一个队 400 多亩地，共使用了多少劳动，施了多少肥，一一算出了一个劳力多少钱。

【生产队】

问：生产队分多少组？

答：现在有小组了，那时就是生产队，20 多年了。

问：没有小组，谁领着干活？

答：那时活一派，队长就领着去干活。干什么活，谁干了，队长心里有数。干部还有会计、保管。

问：4 个干部怎么管生产，有问题怎么联系？

答：天一黑就开会商量。白天都很忙，晚上开会，一百多劳力也来开会。

问：不来开会怎么办？

答：不来的，通过其他社员转告他。

问：分配活时，还征求社员意见吗？

答：派活不征求社员意见，讨论一下，怎么干，如果征求意见，有不干的就不好办，有意见也得去干，不然就不办了。因为干部是大家选出来的，办事代表大家意见。

问：选出的干部权力很大，是否都由队长决定？

答：选出的是小队长，上面有大队，还有公社呢。那时公社经常开会，要各队报生产数字，都瞎吹，你报 500 斤，他报 1000 斤。实际上能收 300 斤的硬报 500 斤，后来公社就根据你报的数，要粮食。除下口粮，全交了也不够。

问：你是否也虚报了？

答：我是小队，上面有大队，到公社开会报生产量，是大队干部去的，小队生产的粮食都交给大队。社员吃粮食到大队去领。多报了，粮食上交，社员口粮也少了。所以那时挨饿的很多。那时地里不是粮食多了，什么 500 斤，1000 斤，没有那么多。我知道那几年地里粮食少收了。

问：小队的事都由队内干部决定吗？

答：主要管生产，队内干活由小队决定。粮食打下后就交给大队，队内分配，上缴粮食多少，由大队决定。公社开会，大队干部报多了，就得多交粮食。粮食紧张，大队干部黑夜分粮食，社员分到的粮食减少了。就那么多地，公社、大队要求下面多种些棉花，等棉花收上后，他又不要了，社员有意见。

问：在分配粮食时，大队和小队干部是什么关系？

答：大队经常通知小队开会，或者下午两点开会，三点开会，也有晚上开会的，给你布置任务，该完成什么活，做什么活，几天完成。公社来人也由大队接待，小队就管生产。公社也是布置任务。

问：大队叫小队开会，在什么地方？

答：在队办公室。

问：多少天开一次会？

答：不一定。公社也找大队开会，三点开会或两点开会，回来后就开小队干部会。

问：会议都有哪些内容，布置什么工作？

答：就是生产上的事，布置生产任务，要求什么时候完成。

问：具体说布置什么生产任务？

答：比如说，有的生产队牲口多，有的牲口少，有的完成早，有的完成晚，有的地好，有的是洼地，生产任务完成不一样。

问：大队是否布置种粮食多少？种棉花多少？

答：因为土地多少不一样，劳力也不一样，五个队的任务布置也不一样，不是土地一半种粮，一半种棉花，要看各队土地特点来决定。

问：五个队的土地面积是一样多吗？

答：不一样多，有人口多的，人口少的，土地也有大，有小。如三队人多，五队人少。

问：一个队有多少地种麦子，多少地种棒子，多少地种棉花？比如说 1958 年是怎么布置？

答：开始分任务是按土地多少分的。但那几年棉花收入大，都愿意种棉花。因为种粮食不值钱，所以种棉花多了，种粮食的少了。后来粮食紧张，社员、队长反映意见，上面就叫多种粮食。种棉花的又少了，产量也自然减少了。

问：你当队长时，是怎样布置种粮、种棉，各占多少比例？

答：哪一年种多少粮食，种多少棉花，我说不好，都由会计管，他清楚。我是1955年到1958年当队长的。1958年大跃进，1959年我就不干了，让别人当队长。别人干了一年，又让我在队内当管理员了。那时有食堂，当管理员就要算好队内多少人，有大人多少，小孩多少，一天吃多少粮，多少油。有时我也做饭。干了几年管理员，1966年又让我当大队长了，一直到1970年，老了，我不干了。但是队长不干了，还要当保管，又干到1977年。我从1955年当干部，到1977年下来，整整干了22年，其中在大队干了13年。

问：那时当队长，一个月能参加几次会？

答：不一定，有十次或八次的。不是经常开会，有紧急事才开会。

问：谁主持开会？

答：那时没有高音喇叭，就派人上房用喊话筒通知开会。（问：这个人是什么干部）他不是干部，是队里跑腿的。开会召集是由大队支部书记徐孟祥主持。

问：每次会有多少人参加？

答：有二三十人，每个队有4~5人，加上大队干部。小队参加的有队长、会议保管、治保主任等，都参加。每小队有7个干部，真正管事的是两个队长会计和保管。

问：小队有妇女队长吗？

答：大队有一个妇女队长。

问：经常开会是7人参加，还是4人参加？都布置哪些事情？

答：经常是4人参加大会，其他去的人少。开会内容，主要布置什么时候种棉花，需要多少人，施肥多少人，几天完成任务等。

问：是由大队长布置任务吗？

答：对。大队长规定各小队任务，什么时候耕地，什么时候播种。我们回到小队后，再往下布置任务。

问：小队开会在什么地方？

答：小队也有个办公室，领回任务后，小队干部先商量，谁能干，谁不能干，都商量好了，大队就布置一下任务。真正落实谁去完成，还是小队的事。小队开会是商量怎样完成任务的。

问：5个生产队都有什么特点？

答：哪个队好，哪个队差，哪个队长负责，哪个队长不负责，大队都不知道，还经常填一个表。比如1955年成立高级社后，有些队没有钱。1956年有些队，地里粮食收不上来。有一队长，自己就不干，自己顾不上自己，不好好干，所以完不成任务。有的队社员打架闹事，队长不敢管，干几天不干的，经常换队长，对生产不利。

问：5个队，哪个队大？

答：一队人数多，最大；二、三队也较大，同一队差不多；四、五队人数少，差一些。

问：哪个队富些？

答：五队小，好整，工作好搞些。队大人多，不好整。

问：一、二队生产怎样？

答：一队平常，二队差些，主要是地太赖，土地不平整，有高岗，高低不平。

问：三队怎样？

答：三队平常，也差不离，土地稍好些。四、五队的地较好。五队干得好，主要是人少心齐，都干活。像我们队，人多，有干的有不干的，所以不好整。

问：一队种什么庄稼产量好，产量高？

答：现在都不种高粱、谷子了。那时大公社时都种棉花、谷子、山药，是上面公社分配下来的任务，你种多少，他种多少，公社分到村内，村内分到小队。

问：生产队时，各队土地有好、有赖，是否不平均了？

答：好地、坏地算法不一样，好地一亩算一亩，差地一亩二分地算一亩，还是平均的。

问：大队除了开分配会，还有什么会？

答：下雨时，有防洪会议，还有征兵会议，种麦、种棉花、积肥、交爱国粮等，都开会，其他想不起来了。冬天修水利，小队出工也开会讨论。

【"文化大革命"后村里的变化】

问："文化大革命"以后，村内有什么变化？

答：过去是 5 个队，1960 年左右又分为 10 个队，后来又分为 7 个队。这个村变化比较大，干几年后又重新分为 5 个队。到现在全村分若干组，我们一队分成了 3 个组，其他队怎么分组，我记不清了。

【60 年代的产量】

问：60 年代生产队产量怎么样？

答：60 年代产量都低，一亩地平均只有 300~400 斤左右，后来产量多了些。分成 10 个队时，我到二队当队长，二队亩产才平均 70 来斤。承包以后，那一年记不清了，大队规定每亩承包者交 500 斤粮，其余生产归自己，有愿意种的，有不愿意种的。后来大队把承包地又收回，分到各小队，按人头把地分到各户，规定每亩地，每年交大队粮食 500 斤，其余仍归自己，调动了社员的积极性。

那时，分地每人一亩半，我家四口半人，分到了 7 亩地。3 亩种果树，4 亩种粮食。

【现在的产量】

问：现在产量多少？

答：现在一亩地种玉米可收到 800~900 斤，两季收入加到一起，一亩地超过 1000 斤。

问：苹果收入怎么样？

答：去年刚挂果，收了 1000 多斤苹果，卖了 2000 多元，都是外地来车拉走的，今年收入要比去年多。

问：苹果地纳税多吗？

答：苹果地不单独纳税，共纳地亩税，7 亩地共纳 100 多元税，不多。现在人们都富了，都盖新房了。

问：种的粮食够吃吗？

答：够吃，不用买粮，还有余粮，喂了两口猪，粗粮都不吃了，用来喂猪。两口猪卖了，卖了 2000 多元，增添了农用车和收割机等设备。

问：这张照片是什么时候照的？

答：前不久，加拿大客人来访问时照的，还有美国客人照的。（看照片）

【60 年代亩产收入】

问：60 年代每亩地能收入多少钱？

答：100 多元钱。

问：你每年买肥料花多少钱？

答：买点磷肥、尿素和粪肥，加在一起一年得买肥料钱在 2000 元左右，没有肥，不长庄稼。

【队长的选举】

问：你们其他干部是谁？

答：会计是郝加林，保管是郝贵。

问：二队长是谁？

答：和子。其他队都记不清了。

问：为什么选你当队长？选什么样的人当队长？

答：我是队内开会推选的。选什么样的人，老好人不行，怕得罪人不行，光能说会道的不行。人家有事问你，你能拿主意，要有办法。

问：有没有这种情况：干了一段时间，不想干了，想换一换？

答：有，开始大家听话，工作好干；后来有的就不听话了，工作越来越不好干，就不想干了，然后开会再选举。如果大队谈话，让你干，你就得继续干。

刘书京（共青团书记、村支部副书记、民兵连长）

时　　间：1995年9月8日上午

访问者：浜口允子

翻　　译：齐秀茹

访问场所：刘书京家

【个人成长情况】

问：你在哪儿出生的，上小学在本村吗？

答：就在本村出生的，在村内上的小学，上到五年高小；上初中在北关，两年；上高中在孟董乡。1973年毕业后，留在大队工作。中学毕业时，我已21岁。

问：上中学时间有多长？

答：我上小学时已八九岁了，那时没有育红班，上学晚；另外上中学时，赶上困难时期，家内穷，我休学一年半，所以21岁时中学才毕业。

问：困难时期的情况你还记得吗？

答：记得，吃大食堂，吃不饱，放学后还到地里挖野菜，交给食堂。

问：那时你家几口人？

答：有父亲、母亲、哥哥、姐姐、我、妹妹、弟弟等七口人。

问：家内吃什么？

答：吃山药、红薯，也吃不饱。

问：现在父母还在吗？

答：父母还在，我们不住在一起，父亲叫刘继晨。我弟兄4个，除我搬出外，其余都跟着父母住，我是1981年搬到这儿住的。

问：你什么时候结的婚？

答：1976年结的婚。

问：1973年毕业干什么工作？

答：在村内干青年团工作，当时正是"批林批孔"的时候，写写大字报。

【"文化大革命"时期村内情况】

问：1973年以前的村内情况知道吗？

答：那时"文化大革命"，我正在上学。年岁大的学生都串连去了，我岁数小不让去。

问：你参加"红卫兵"了吗？

答：我上高小，岁数小，没有参加。那时半天上学，半天劳动，学不到什么东西。

问："文化大革命"村内批判什么？

答：批判"四类"分子，批判地主张维汉，张仲寅。我们学生都参加，喊口号"打倒地主分子张××"。主持会的是上级派来的工作队，是一个姓杨的。

问：在什么地方开批判会？

答：就在村内药房东面的旧街上。

问：什么人决定让你们参加批斗会？

答：老师，本村的李老师，他说了不算，是工作队决定的。

问：当时还上课吗？

答：批斗会时，不上课了。不是经常开会，主要还是上课。

问：让几年级学生参加会，有高中生吗？

答：我们村没有高中，只有小学四年级。参加会的是三、四年级。

问：当时你们了解为什么要批斗吗？愿意不愿意参加？

答：我们年龄小，工作队让参加，就参加，让喊口号，就喊口号，没有什么认识。

问：村内搞"四清"，你参加了吗？

答：不清楚，年龄小，不懂事，工作队叫参加就参加会。

问：徐春梅当书记，搞过夜校，还记得吗？

答：记得，夜校好像主要学《三字经》，学习农业技术，别的记不清了。

问："文化大革命"时你上初中了吗？

答：已经上高中了，在孟董乡高中。

问：村内有"红卫兵"吗？

答：有，我没有参加。

问："文化大革命"时村内发生哪些重大事情？

答：生产不行，生活还比较困难，但比以前要强些。

【家庭情况】

问：你哥哥、姐姐比你大几岁？

答：哥哥属羊，姐姐又比哥哥大几岁。

问：你哥哥上过高中吗？

答：没有上过高中，也没有上过初中，但上过小学。

问：为什么不上中学？

答：家内条件差，没有人干活，所以哥哥从小就参加劳动了。我上学时，一方面家内条件好些，我个人愿意学习，素质好些。

【政治面貌、团支部】

问：哪方面素质好些？

答：在初中时当过班长，学习一般能跟上，高中时入了团。

问：毕业当团书记，村内有多少团员？

答：有 28 个团员。

问：男团员、女团员各有多少？

答：男的多，女的少。

问：入团具体条件是什么？

答：有团章、有标准，具体说不清，反正要求劳动好，工作积极，能听话的。

问：入团是自己申请吗？

答：是自己自愿申请。

问：你是怎样当上团书记的？

答：由村党支部和工作队商量提名，团员选举的。

问：当时村干部有谁？

答：有郝常子、刘文生等。

问：团干部还有谁？

答：有副书记李永志，组委郝小江（现大队会计），宣传委员郝家顺，一般委员郝同和，全村团员 28 人。

问：委员中都是男的，有女的吗？

答：女的少，在团支部中有一名妇女委员叫王秀芹，主管哪方面工作，我记不得了。

问：村内还有什么群众组织？

答：还有妇联、民兵连。

问：为什么王秀芹是一般委员？

答：不是一般委员，也有具体分工，比较多的管妇女方面的工作。

问：她是妇联主任吗？

答：不是。

问：你当团书记以后，做哪些工作？

答："批林批孔"，写黑板报。全村五个黑板报一个队一个，还有大队一个。

问：谁负责写黑板报？

答：开始我写的多，后来分工，大家一起写。有的负责这个队，有的负责那个队。

问：有漫画吗？

答：没有，不会画，都是写的字。

问：黑板报是什么样子的？

答：在墙上抹上灰（四方形），然后上黑漆，同学校黑板一样。

问：还有什么工作？

答：表扬生产队的好人好事，大队的黑板报主要表扬哪个队生产靠前，哪个队靠后。小队黑板报内容，问生产队长，了解情况，然后写稿表扬谁。大队还通过喇叭（扩音器）来表扬。

问：受表扬的，都是团员吗？

答：不是，有团员，也有一般青年、老人。

问：那时，村内有大字报吗？

答：有"批林批孔"的大字报。

问："批林批孔"是批判谁？

答：批林彪，批"孔老二"。

问：批林彪的什么内容？

答：批林的篡党夺权。

问：黑板报写的也是这些内容吗？

答：是的。（听不清）

问："批林批孔"的口号有多长时间？

答：大概一年左右，时间不短，具体记不清。

问："批林批孔"是否结合本村情况进行？

答：那时候光搞批判，工作队已经不整人了，主要号召干活，落实到生产上。

问：团支部在"批林批孔"中起什么作用？

答：号召团员、青年带头搞好生产。

问：在推广农业技术方面，团支部起什么作用？

答：推广农业技术，主要由农业技术员进行，团支部也配合宣传。

问：技术员是本村的吗？

答：不是，是干部下乡。那时下来3个干部，有一个叫张尚顺，是研究棉花的，大学毕业，住在本村。还有一位是任凤，男的，下来任公社书记。

问：住多长时间？

答：时间比较长，一年两年记不清了。

问：还有一位叫什么名字？

答：叫吴俊生，任团委书记，也住在本村。

【村内棉花种植】

问：你们村那时生产棉花不错吧？

答：不错，乡内在我村还召开了现场会，那年皮棉产量每亩达到210斤。过去产量三四十斤，六七十斤就算不少了。

问：有什么新技术吗？

答：从选种、播种，都是用新技术给社员讲解。全村召开大会，由技术员讲解改进植棉方法。

问：大会在什么地方？哪些人参加？

答：会场在大队办公室，全体都参加听，我也参加听。

问：讲解几天？

答：按计划讲解。

问：全村种多少地棉花？

答：那时种得多，大约有500多亩棉田，棉花丰收，社员都沾了种棉花的光。

问：是在哪一年？

答：是在70年代，七几年忘了。

（当天下午继续访问）

问：后来村内种棉花是否继续高产？

答：那一年是丰收，同技术推广有关系。后来棉花产量没有那么高，也就是每亩140～150斤左右。

问：现在产量有多少？

答：现在种子不好，种棉的很少，很多人家都不种棉了。

问：产量那么高，收成那么好，为什么社员不种棉呢？

答：种棉太费工，现在都算经济账，种棉不合算。

【书记工作】

问：你当书记多长时间？

答：干了 3 年，后来当大队会计 1 年。

问：你不干了，谁接替书记？

答：由王秀芹当团书记，接替她的是徐春兰。

问：你当书记时，大队会计是谁？

答：徐小三。

问：1977 年以后，你担任什么工作？

答：民兵连长，兼村党支部副书记。

问：干了几年？

答：干了十多年。

问：副书记管什么工作？

答：主要抓民兵工作。

问：那时正书记是谁？

答：郝同顺。

问：在他前面谁任书记？

答：郝全福。

问：你担任副书记干到什么时候？

答：1980 年我不干了，郝同顺一直干到 1991 年。

问：为什么不干了？

答：因为我家生了第三胎，超生了，所以不能干了。

问：那时计划生育很严格吗？你被罚款了没有？

答：非常严格，有的 60 岁还做了绝育手术。我被罚了 260 元钱。

【砖窑工作】

问：不在大队工作，以后又干什么工作？

答：上窑地干活，在村南的窑地，我和另外一个人承包烧窑（烧砖），那年赔钱了。

问：另外一个人是谁？赔了多少钱？

答：是郝东群，他过去干过烧窑任务，我们每人赔了 4000 元。

问：砖窑不是很赚钱的吗，为什么会赔钱？

答：那一年老是下雨，把土坯都泡坏了，损失太大造成的。

问：最初资金怎么解决的？

答：从银行贷款，每人贷了 2000 元。

问：你们承包砖窑时，村内还有其他副业生产吗？

答：其他副业不多，基本上没有，大队只有个汽水厂。

问：后来还继续烧窑吗？

答：不干了，承包合同也到期了。

问：承包时，每年交大队多少钱？

答：每年交大队 800 元。我和郝东群每人交 400 元。

问：赔款那年，靠什么收入来维持生活？

答：向亲戚们借款来解决，后来都还债了。

问：那时需要借钱，到哪儿能借到钱？

答：如果需借钱多的，可以向银行贷款，现在不行了。

【重返大队】

问：你什么时候又到大队工作了？

答：1983 年，我又到大队担任副书记了。

问：大队干部工分怎么算？

答：按一般劳力中上等工分计算。

【民兵】

问：民兵连长干哪些活？

答：组织工作，每年征兵、训练等。在每次训练中，合格的就用；不合格的就下来了。

问：青年都愿意留在村内吗？

答：愿意。

问：青年都想参加训练怎么办？

答：做工作，要符合基干民兵条件，有的合格，有的不够条件，训练期间也挣工分。

问：训练多长时间？

答：半年训练一周，一年是半个月训练。

问：从早到晚都训练吗？

答：不都是，还有科目学习，由部队里回来的人给讲解。每天早晨 5 点起床、跑步。

问：进行考核吗？

答：由乡内来考核，不定期地抽查。

问：参加训练每次多少人？

答：十几个人，不是所有基干民兵都参加，但我每次必须参加。

问：你每次都参加训练，你什么都学会了？

答：可以，射击，使用手榴弹等。

【合作医疗】

问：不干民兵连长以后，干什么工作？

答：1992 年以后，我干合作医疗。

问：在什么地方学的医？

答：在县医院学习几个月。

问：你为什么学医？

答：自己愿意，大队也缺这方面的人。

问：大队原来有治病的吗？

答：1991 年以前有两个人。

问：原来治病的都是个体的，不是生产队？

答：后来不让个体干，要他们合起一块干。我参加了县文教卫生会议，了解精神，我就去干合作医疗了。

问：合作医疗有几个人？谁管治病？

答：有王志时、赵贵娥。管治病的是赵贵娥，她也在县医院学习三个月，后来又到乡卫生院学习一个半月。还要通过县内统一考试，考试合格后，就发给"医士"证明。

问：现在就 3 个人干了？

答：现在又分开干了，王大夫不干了。我们这里都是简单的医疗，大的病治不了。

【村内其他工作情况】

问：你对现在的工作满意吗？是否还愿意到大队当干部？

答：我很满意，不想到大队去当干部。过去在大队工作，一年下来，才得 1000 元，1986 年那年才得 500 元。

问：为人民服务，让你干，你是否还干？

答：不想干了，毕业后一直在大队干工作，感到当干部最"头痛"，涉及人事关系不好处理。如计划生育工作阻力很大，村内文化素质不高，就希望要生男孩，如果严格了，社员就不高兴。

问：除了计划生育以外，什么工作最难办？

答：社员要盖新房，要好的地皮，你分配给村边，他不愿去，所以这项工作也最难办。

问：下来耕地是否挣得多？

答：要看是否劳动多，郝老艳下来后，搞果园，比在大队挣得多。

问：你认为过去村干部谁受欢迎？

答：郝春元工作不错，徐孟祥不错，办事认真。

问：郝同顺怎样？

答：此人能吃苦，待人诚恳。在农村，做工作要讲关系，都是家务事，如计划生育工作很困难。

问：为什么说工作难做？

答：工资低，工作又难做，关系复杂，没法处理。

问：什么关系，城市里讲关系，农村也讲关系？

答：农村也讲关系，指户与户之间的关系。好多事都涉及个人利益，处理不好，就影响了关系。

【打倒"四人帮"后，村内的活动及变化】

问：打倒"四人帮"以后，村内发生哪些大事，指开展了一些什么活动？

答：那时，我正在大队当会计，毛主席就是那一年 9 月 8 日逝世的，村内正是种小麦时。毛主席在人民心目中有很大影响，大队放电视，让社员去看。那时家家户户都没有电视，就是大队有一台。在这以后，生活水平比过去有变化。

问：农村搞整党了吗？

答：搞过，村内党员没有大问题，哪一年整党，也记不清了。

问：怎么整法？

答：因为党员没有问题，上面派人来，领导党员学文件、讨论。

【党员情况】

问：你什么时候入党的？那时有多少党员？

答：我是 1972 年入党的，有 8 个党员，其中两个是年轻的，有我和另一名部队复员下来的。

问：现在有多少党员？

答：有 60 多名党员，我从大队下来那年是 68 名党员。

问：其中女党员有多少？

答：有 7 名女党员，比率很小。

问：党员中年轻人占多少？

答：有七八名，都是部队复员回来的党员，其他年龄都比较老，大约有 45 以上到 55 岁之间的党员占 2/3 的比率。

问：现在年轻人愿意入党吗？

答：不一样，有愿意入党的，也有退党的，各人想法不一样。我在大队工作时，就办理了一名女党员退党，主要原因，她家务事多，晚上不愿参加开会。六个多月不交党费就等于自动退党了。

问：党员要交多少党费？

答：那时候很少，一季度（三个月）每人交 0.05 元；一年交 0.2 元。现在是一个月交 0.1 元，一年交 1.2 元。

问：党费怎么使用？

答：党费交给乡内，由乡内订"党员杂志"，分发下来，让党员学习。

问：现在青年愿意入党吗？

答：个人考虑问题不一样，主要看青年的政治觉悟。因为入党以后，会涉及个人利益。譬如带头交公粮、带头搞好计划生育等。如果考虑个人利益，他就不愿入党了。

刘玉合（团委书记、党委书记）

时　　间：1995 年 9 月 9 日上午
访 问 者：浜口允子　魏宏运
翻　　译：齐秀茹
访问场所：刘玉合家

【农村行政】

问：我关心中国农村行政关系的变化，请你介绍一下你哪年当干部的？

答：1965 年在小队当保管员。（五队）

问：1964 年以前，干什么工作？

答：已经不上学了，在家内。

问：保管员都管哪些事？

答：那时收入少，事情不太多，就是保管小队的粮食。

问：保管员同队长是什么关系？

答：都是队里的干部，有事一起商量，也都是大家选举产生的。我记得那一年选举了好几个队，有郝腊月、郝老丑、郝物件。有的干了半年不干了，有的干了一年不干了。总的说，小队干部同大队干部不一样，小队经常换，群众一看这个不行，就另选一个，不像大队干部时间长，还有连选连任的。

问：全队社员都参加选举吗？

答：都参加选举。

问：你当保管时，队内有哪些干部？

答：有两个队长，叫郝丈二（？）、郝老丑，还有会计叫郝生（已死）。

问：队内有多少户？

答：有40多户，具体记不清。

问：选举是怎么选的？

答：很简单，选谁，在纸上一写就行。

问：为什么有人不当干部？

答：组织纪律性不强，嫌工分挣得少，自己一宣布就不干了。还有的是得罪了人，大家不满意，也就不干了。

问：什么情况下容易得罪人？

答：都是在生产上发生的事，干活好，干活差，队长要说说，就容易得罪人。另外，村内家族关系复杂，你说本族长辈的，就得罪了本族人，你说了外族人，说你闲话的就更多。有时家内父亲也不让你干，"不干了"，就不干了。因为那时当队长也好，当保管也好，同社员挣分一样，工分不多拿，所以说不干，就不干。

问：工分是怎么定的？

答：一般男壮力一天十分，具体说：早晨二分，上午四分，下午四分。女劳力一天八分。不上学的学生工分更少，最多一天给七分。

问：工分由谁来决定？

答：由生产队4个干部开会决定的。

问：干部不想干了，还有别的事情吗？

答：没有别的事情，没有什么特殊的事，都是小事情多，主要是家内不让干，就不干了。那时大队也不管。

问：你干保管多少年？

答：从1963年闹大水，一直干到1965年。

问：你在当干部过程中，有哪些事情不好干？

答：譬如买化肥，运到地里不管了，也不上账。那时从大队到小队，都要看账，看谁买的，谁经手的，谁运到地里。

问：是否因为这个原因你不干了？

答：不完全是，后来搞"四清"，工作队也把这个问题搞清楚了。我是大队调去工作的。

问：你到大队干什么工作？

答：搞副业生产，打铁，做生产工具。

问：五队有副业吗？

答：小队没有，大队有副业，干了一年多。

问：打铁原料怎么解决？

答：依靠国家收回的废铁，再买些煤就行了。

问：你什么时候当的团书记？

答：1968年。

问：你什么时候出生的？

答：今年虚岁50，1946年生人。

问：团工作干些什么？

答：那时团工作同民兵一起工作，传达上级精神，组织学习，要求团员、民兵在生产上起积极分子作用。

问：你是民兵连长吗？

答：开始不是，后来也当了民兵连长。那时青年好发动。现在不行了，团组织也好党组织也好，都发动不起来。

问：民兵连长干什么工作？

答：一般都是兼职，在民兵方面，以民兵连长为主；在团员方面，以团书记为主。我这里有一张照片，是1969年当大队干部时照的（大家看照片指照片上的人）：一个是原村支书，一个是民兵连长。村支书，是学习"毛选"积极分子。从报纸上看到，前些日子他们被害了。被害以前，他们都在栾城工作。

这位书记以前，我是书记，我交给了他。那个民兵连长，我当队长时，他当会计。

问：你当了几年团书记？

答：一年半。我当团书记时，徐春梅当党委书记，她有钱，又是粮库主任，职业好，在妇女中，她是很能干的。

问：当年你村的干部都很年轻吧？

答：都是 20 多岁，比较年轻。如郝同顺，也是年轻的大队干部，他去年才不干的，也下来搞副业了。最近几年干部经常换，就是工作太复杂了，什么计划生育、什么房屋宅地等，太复杂了。县内、乡内来人做计划生育工作好办，说什么，干什么；本村干部就难办，动员结扎、罚款，都是得罪人的。

问：后来你又干什么工作？

答：徐春梅不干了，我又当了党支部书记。

问：那时大队有哪些干部？

答：我，刘文生（大队长），民兵连长刘孟山，会计郝振江，副书记郝唐（？），他也当过民兵连长。那时，当干部没有记载，也没有历史，干完了就算了，所以谁也记不清。

问：党支部书记干什么工作？

答：平时解决老百姓的生产问题，上级布置什么工作，给大队传达。计划生育最难办，贯彻了 20 年了，一直制止不住超生。

问：现在哪方面工作比过去好？

答：生产方面比过去好，如小麦过去每亩 400 多斤，现在达到 800 多斤。过去 400 多斤时，大队往上虚报是 600 多斤，这是浮夸；直到现在上级给收购指标，也按那时虚报 600 斤来征购。我村生产一直不错，像县城北关问题就严重了，他们也浮夸 600 斤，加上土地逐年被占用，老百姓就吃不上饭了。

【虚报】

问：对虚报，老百姓不反感吗？

答：老百姓不知道是浮夸造成的后果，只知道分到的粮食少了，吃不饱。

问：谁知道虚报实情？

答：大队干部知道，明明知道虚报要吃亏，但也得报，不虚报，上级不让通过。本村产量始终不错，是县内典型。

【干部会议及工作】

问：大队干部每月开多少次会？

答：每月 10 次会，都是晚上开，那时干部有积极性，一通知开会，都来。到秋收完成后，进入冬季，会议更多。春、秋两季是大忙季节，会议少。有时忙时，公社三天两头就通知开会，那时大队有值班员。

问：公社开会在什么地方？

答：就在孟董乡的大院内开。

问：公社有多少大队？

答：13 个大队（即村）。

问：公社分片吗？召开片上的会吗？

答：公社分东片、西片，但不单独召开片上会。因为公社范围小，开全体会就行了。东片、西片这是为了检查工作方便，如果公社规定上午检查东片，下午检查西片，所以"片"不是行政单位。西片有：五里堡、十里堡、岗头、寺北柴村。

问：片里各村在兴修水利、公路、生产等方面有关系吗？

答：关系不大，因为兴修水利、公路等，都由公社出面、组织、规划等，如 1975 年修通五里堡至寺北柴村直通县城的一条土路，也是公社出面的。

问：13 个村一起开会都平等吗？

答：都一样，平等的。

问：公社书记、社长经常下村看看吗？

答：平时经常下来转转，看看；农忙时，公社干部分工下村蹲点，住一段时间，等任务完成了才返回公社。他们往往下来两人，有时县内也派下工作组来蹲点。

问：村内的种子、化肥是怎样取得的？

答：由乡内往下分指标，种子多少，化肥多少，都很便宜，通知各村去取。

问：团书记的工分怎样解决？

答：干部工分一律由大队决定，大队所有干部的工分，分摊到各生产队身上，往上抽。大队干部原则上是不脱产，实际上会多，有些人懒，也就成了脱产了。

问：小队干部脱产吗？

答：小队干部一律不脱产，但也有偷懒的，以办事为名又去打打扑克的。过去很多事好办，一是大家有觉悟，二是开会记工分，所以让社员开会都能来。

【一平二调】

问：过去公社搞"一平二调"，你知道吗？

答：过去年年公社往上抽调，现在乡内也抽调。不抽调，公社吃、喝、穿怎么解决。现在抽调少了。

【农业税】

问：现在农村税多吗？

答：税不重，就是农业税一种，叫国税，每亩地每年上交 2.6 元；另外，就是乡内抽一点教育费等。

问：你种的粮食够吃吗？

答：秋天玉米下来吃不了，就卖出去，反正放在家内，老鼠也吃，怪麻烦的。

【干煤厂】

问：现在你干煤厂，同农业相比，哪个收入多？

答：煤厂收入多，按现在说，今年纯收入约在 3 万元左右。

问：几个劳力？

答：我、老伴、3 个儿子、1 个儿媳，共6 个人。

问：煤块怎样卖出去？

答：主要往县城送，我有 3 辆车供运输用。

问：干煤厂是否影响农业生产？

答：农业活，一年干不了几天，我们每天在吃晚饭前后就把地里的农活干完了。农业活一年的纯收入也在 1 万元左右。

问：现在蜂窝煤每块多少钱？

答：大块 0.17 元，小块 0.12 元，现在需要量大，做不出来，忙时一天干 20 小时。

问：原料从哪儿来？

答：从山西拉来的煤，由当地煤贩子给联系，买煤很省事。

问：村内干煤厂还有吗？

答：有，去年增加了 3 户，今年又增加3 户。

问：生产煤的户增加了，是否竞争厉害了？

答：用煤的户也增加，不影响生产。过去我干了几年运输，没有赚到钱。

问：下一步，你有什么发展计划？

答：下次想搞大型煤块，因为现在城内人冬天取暖，都烧"土暖气"，小煤块不行，需要××厘米的大块煤（听不清），我准备投资买机器、盖厂房。

问：劳动力怎么解决，是否从本村招工？

答：我准备招河南商丘的农民来干活，因为干煤活，又脏，又累，1 小时 1 元钱（工钱），1 天干 15 小时，挣 15 元，管他们吃、住，他们很满意。外地工，事少，好办。本村人不行，太娇气，脏、累活不愿干，事也多。一般情况，我不用本村人。

【干部与群众的关系】

问：是否本村邻居关系紧张？

答：不是，邻居关系都不错，招工问题，不是关系好坏问题。如上半年，我在本村雇了一个人干了 4 个月，每天给 13 元，他嫌少，还要增加，我就不用了。现在我家属干活，都规定工资，大儿、大媳每天 20 元，小儿每天 15 元，年终赚了多给一些，矛盾小。

问：赚了钱主要用于扩厂吗？

答：我还有两位老人，他们后事，也需要花钱，我还有两个儿子没有结婚，这也需要一大笔钱。不管怎样，建厂是大事。以建厂为主，等厂址定下，马上动工修建。

问：后来你为什么不当干部呢？

答：现在当干部难，要有互相关系，还要有人，还要有帮手。干部本身有人，做出的决定没有人敢反对。

问：你那时做工作，没有帮手吗？

答：有，但都不是自己的人。别人不行，差点事。譬如现在我不在厂子，我的两个儿子都在厂子，凡对外的事，他们就做主了。盖房子也是如此，我把他们派进去，可以了解情况，出出主意。

问：那时郝书增有 56 岁吗？

答：有，那时别人在背后讲干部的闲话，我们都听不见。

问：刘姓大家族，是否帮助你说话呢？

答：都住的太远，又是个大家族，不起作用。真正起作用的是自己的直系亲戚，叔叔、大伯、侄子等。

问：自己家内的人起作用吗？

答：家内的两儿子、儿媳、儿媳的娘家人等都起作用，但外面的闲话也听不到。

问：是否亲戚多，是当干部最好的条件？

答：是这样的，最好的条件，有人有势，耳朵多，能听到各方面的意见，有事好办。

问：当好干部，有其他条件吗？

答：以上说的是一个条件，其他条件，要看干部是否有能力，看他是否做什么事，都能办好，好的事，坏的事，都能过得去，也就是说都能处理好。

问：是否公开的事好办，下面的事不好办？

答：关键看干部是否带头干，让大家服气。搞计划生育时，我的家属先做了结扎手术，是把医生请到家内来做的，别人讲不出什么话，也都去做了手术。那年有十多个妇女做了手术。总之，自己周围人多，没有人敢说闲话；人少了，人家就敢在会上说你。

郝全福（56 岁）

时　　间：1995 年 9 月 9 日下午
访 问 者：浜口允子
翻　　译：齐秀茹
访问场所：徐孟祥家

【个人基本情况】

问：你多大年岁？什么时候生人？

答：1939 年生，今年 56 岁。

问：你上过学吗？

答：上过，在栾城中学，上过初中一年级，没有毕业。

问：上小学什么时候？

答：8 岁上小学，是解放那年上的小学，上了 6 年小学，高小毕业。

问：毕业时，家中有多少人？

答：8 口人，有祖父、祖母、父亲、母亲、叔叔、婶子、姐姐和我。

问：土改时家内分到多少地？

答：分到 24 亩地，每人 3 亩地。

问：你家什么成分？

答：贫农。

问：解放前，你家有地吗？

答：只有 6 亩地，不够种，租地主土

地种。

问：新中国成立后，你们怎么生活？

答：分到了土地，还是种地务农。

问：你什么时候结的婚？

答：1966 年。

问：你妻子是什么地方人，叫什么名字？

答：叫李贞，1966 年结婚。

问：你们婚前就认识吗？

答：不认识，是亲戚给介绍的。

问：结婚后同父母在一起住吗？

答：结婚以前在一起住，结婚后，父亲还活着，同我们一起生活，没有分家。

问：你什么时候当的干部？

答：1957～1959 年担任团支部书记。那是 1958 年入的党，同年选为支委兼治保主任。1962 年又担任了村党支部副书记。

问：那时书记是谁？

答：徐侯。

问：你任团书记时，党发部书记是谁？

答：徐孟祥。

问：为什么要换上徐侯呢？

答：徐孟祥病了换下来的。

问：你当了几年副书记？

答：4 年，1962～1966 年。

问：这 4 年徐侯一直当书记吗？印象怎样？

答：工作不错，后期调到城关乡担任副乡长，在这以后，因赌博犯错误，又回本村当干部。

问：他回来后还当书记吗？

答：开始没有，大家都知道他犯错误，后来乡内安排让他当大队长，徐孟祥又当书记了。

问：你当书记时，"四清"运动是否已经开始？

答：有"四清"了，干部都参加，也都被整了。

问：批评干部由谁决定？

答：中央有文件，群众揭发，自己交代，主要整贪污的，通过查账，进行批判。

问：在什么地方批判？

答：就在村内群众大会上批判。

问："文化大革命"时也批了吗？

答：也批判了。

【村内"文化大革命"情况】

问：你谈谈村内"文化大革命"的情况吧？

答：当时有 7 个干部：书记、副书记、治保主任、民兵连长、大队长等。都挨批了，都"戴上帽子"，有的定为"流氓"，有的叫"贪污分子"，有的叫"地、富、反、坏、右"，都是名义上的"帽子"。

问："文化大革命"时比"四清"时批判厉害吗？

答：不，"四清"批得厉害，"四清"完了给干部"戴上帽子"，"文化大革命"就不整他们了。"文化大革命"时挨整的是"四清"后新上台的干部。

问："四清"后换上了哪些干部？

答：有贫协主席李领群，有新成立的革命委员会，五个委员：李振德、崔长胜、我、李领群、郝奋成。李领群是主任，我还是负责民兵工作。

问：有女干部吗？

答：没有女干部，也没有党支部书记，是"革委会"掌握一切。

问：有多长时间？

答：大约有一年多时间，后来党支部恢复了，徐春梅当书记。

问：徐春梅当书记时，你担任什么工作？

答：我是民兵队长兼支部宣传员。

问：那时有多少民兵？

答：有一百多人，我每次先到乡武装部

学习，然后回来组织学习，教育民兵。

问：学习什么内容？

答：学习毛主席指示，当时全村有 50 多名党员，集中学习，进行讨论，联系实际，研究怎么干工作。

问：那么多人，就你管学习？

答：就我管学习，我也是从县委宣传部学习回来的。

问：各村都派人到县内学习吗？

答：每村去 1 人，共有 200 多人学习。

问：你村有"红卫兵"组织吗？

答：有，有几个组织，都不是党员，也不是干部，都是不怎么样的人。

问：那时"红卫兵"干什么？

答：也学习毛主席著作，没有人管，他们说走社会主义道路，拥护毛主席。

问：有多少人？

答：有 20～30 人的；也有 40～50 人的。

问：他们有头头吗？

答：没有头头，有的小头头叫郝金义的，只管几个人，别的人我都记不清了。他们也开会，都是年轻人，但我没有看见过他们学习。

问：他们召开批判会吗？

答：没有，批判会是后来的事。

问：那时村内很乱吧？

答：不乱，这个村一直不乱。

问：有外面来的"红卫兵"吗？

答：没有。

问：你担任支部宣传委员到什么时候？

答：到 1969 年，我就调出去工作了。

问：调到什么地方工作？

答：下乡当贫下中农宣传队去了，是村内派去的。

问：是什么地方组织的？

答：是县内组织的"毛泽东思想宣传队"。

问：你去哪个村，住了多长时间？

答：出去有两年多，先去康家庄一年，后来又去圪塔头村以及束丘村一年多。

问：宣传队干什么工作？

答：管理好"地、富、反、坏、右"，清查有没有"现行反革命"，或反对毛泽东思想的人，我是宣传队长，宣传队四五十人。那时，这几村工作难搞，我们都是县内派去的。

问：到村内住在什么地方？

答：住在户内，一户住两三人，每个生产小队去四五名宣传队员。康家庄有 4 个队，束丘村大，有 7 个队。

问：你们村抽出去多少人当宣传队？

答：不清楚，我已调到康家庄工作了。那时我们村也来了宣传队，开始十多人，后来有二十多人。

问：在三个村时，都是你当头头吗？

答：都是我当队长。

问：在这村的宣传队头头是谁？

答：不清楚，我已去别村了。

问：每个村都去宣传队吗？

答：有去的，也有不去的，不去的少。工作难搞的村，派人去的多。

问：你什么时候回来的？

答：1971 年底回来的，任村书记。回来前，县内已安排到别的公社去当头头，是村内把我要回来的。

问：你回来以前，谁当村书记？

答：郝锁珍。

问：不是刘玉合也当书记吗？

答：他在郝锁珍以前当过书记。当时徐春梅也调出去到宣传队了。我回来后，当了两年书记，又给了刘玉合了。

问：在这以后，谁当书记？

答：郝同顺。

问：你为什么不当书记了？

答：刘文生当大队长时（1974～1975

年)，到上面告我，给我扣帽子，说我有"作风问题"，我就不干了。公社也不让我干了。后来，公社搞清了事实，给我平反，要我继续干，我高低不干了。

问：刘文生为什么要说你坏话？

答：他想当书记。

问：你当书记时，谁是大队长？

答：张二贵。开始他是会议兼大队长，我下来，他也下来，1975 年刘文生下来，张二贵又当大队长了。

问：你当书记时，大队有什么变化？

答：那时农业学大寨，我们村在农业上、粮食和棉花的生产上都是全县第一。

问：产量多少？

答：棉花每亩收到 170 公斤，过去 80～90 公斤；粮食每亩 670 斤。

问：丰收原因是什么？

答：我们干部一起为公，不谋私利。通过学大寨，请来农业技术员指导生产，他住在本村半年，另外从外边买来化肥，县内、公社也下来人出主意。

问：学大寨活动怎么搞？你去过大寨吗？

答：我没有去过大寨，县内干部去过。那时是集体生产，干部要带头生产，组织劳动竞赛，如妇女突击队、青年突击队、老人突击队等，都以每个小队为主。

问：学大寨不是 60 年代的事吗？

答：70 年代也在学大寨。

问：怎么学法？

答：表扬好人好事，由大队写黑板报表扬。

问：70 年代同 60 年代相比，学大寨有哪些变化。

答：更强，劲更大，多劳多得。

问：群众很累，满意吗？

答：没有怨言，满意，都是年轻小伙子。

问：得过奖励吗？

答：得过五次奖励，每年一次，一面红旗和四块奖匾，上级写着"农业学大寨先进单位"。

问：谁给的奖励？

答：是县内给此奖，是县"革命委员会"发下的。

问：五个奖旗放到哪里去？

答：都在大队办公室放着，乱七八糟，现在办公室也没有了。

问：什么时候没有办公室的？

答：分地以后就没有办公室了。

问：原办公室在哪里？

答：原址已拆掉了，都盖房子了，后来办公室搬到小学了。

【书记工作】

问：你认为书记工作好干吗？

答：好做，上级有政策，做什么工作要有分工，妇女工作，就找妇女队长；民兵工作，就找民兵连长。

问：当书记最难办的工作是什么？

答：最难办的是计划生育工作，其他都是小事。

问：为什么？

答：有的人旧思想，就是要生个男孩，有了两个女孩，还想要生个男孩。上级不让超生，就得去做工作，得罪人，还记你的仇。

问：你认为当书记需要什么样的条件？

答：大公无私，不计较个人利益；另外要刻苦钻研；第三，要做好民兵工作。

问：本村有这样合适的人吗？

答：有，具体的不好说。

问：现在你干什么工作？

答：种地，也搞点副业，孩子们不争气。

问：有多少地，搞什么副业？

答：有 9 亩地，是我、妻子和女儿的地；

有两个儿子，早已分家另过了。现在女儿也出嫁了。原来开过"罐头厂"。两个孩子都搞副业，搞什么不清楚。大儿子叫郝振发，老二叫郝振柯。

冯金相（北五里铺大队长，57 岁）

时　　间：1995 年 9 月 10 日上午
访 问 者：浜口允子
翻　　译：齐秀茹
访问场所：冯金相家

【个人经历】

问：请你讲讲你个人经历，在村内担任过什么工作？

答：我今年虚岁 57 岁，1937 年生人。15 岁入团，1954 年参加初级社，是比较早的合作社，在县内也是比较早的。1956 年成立高级社，我是团支书，又是高级社委员。

问：社委会有多少人？

答：有 11 名，有政治社长、技术社长、会计、治安委员、青年委员、妇女委员等。1958 年 12 月 28 日，我被抽调到县内培训，培训当社长。在县内一年半，1960 年回村的，那时还吃食堂呢。1961 年我担任了村副书记、兼正大队长。一直干到 1966 年，当了几天书记。后来又调我到公社参加修水库，担任连长。回来后，留在乡内搞副业，办过乡办农场，一年以后，又办了个磷肥厂，任副厂长。

问：磷肥厂在什么地方？

答：在乡政府大院。

问：后来又干什么工作？

答：磷肥厂干了两年，又调去搞农具修理厂，干了六年，到 1986 年又调去搞乡办化工厂，任厂长，一直干到去年。现在我在乡政府工业公司工作。

问：担任什么职务？

答：没有任职。我以前是干农业的，后来走"五七"道路，办厂子了。

问：1960 年以前村内情况知道吗？

答：知道情况不多，那时我调到公社工作了。

【高级社】

问：1956 年高级社的情况怎样？

答：1956 年是高级社的第一年，全村分为 5 个生产队，共 100 户，800 多人口，耕地有 1140 亩。

问：谁提出要办高级社的？

答：是上面提出的，初级社是自愿的，到高级社，都参加，没有个体户。

问：有没有不参加的？

答：有，个别的，动员他参加。

问：为什么不参加？

答：害怕把牲口、农具都合进去，怕吃亏。另外，土地有好、有坏，合在一起也吃亏，有这种思想的人，就不愿参加合作社了。

问：你为什么要参加？

答：我年轻，有政治觉悟。

问：高级社按劳分配了吗？

答：初级社时，分配是按劳动力和土地入股情况而定，大体上劳动占 60%，土地占 40%。高级社时，没有土地价格问题，都是靠挣工分吃饭了。

问：对不愿参加合作社的人怎么动员？

答：给他讲走社会主义道路的好处，你上半年不参加，下半年也得参加，今后机械化了，个体劳动不方便了，讲两三次，很快就做通了。

问：牲口、农具都入社吗？

答：都入社，对牲口、农具进行折价，算固定资产，那时有公益金和储备粮。

问：入社以前有无宰杀牲口、破坏农具

的现象？

答：没有，因为都给折价付钱。

【"大跃进"、人民公社】

问：1958 年"大跃进"的情况你知道吗？

答：有一段时间，我不在家，调到岗南修水库了。"大跃进"时，群众干劲大，不分黑夜白天的干活，当时口号是："千斤粮，万斤薯，百斤皮棉。"那一年是大丰收，群众收入也多。

问：岗南在什么地方？

答：在西边山区，叫平山县。

问：修水库，公社抽多少人去？

答：全公社抽出 33 个人。

问：那时公社叫什么名字？

答：那时几个县合并为一个大县，如武邑、藁城、栾城合并为一个县，叫藁城县。原栾城有三个人民公社，名字分别为"东风"人民公社，"红旗"人民公社，"卫星"人民公社。我们大队属"东风"公社，归藁县管辖。那时公社很大，一个公社管 50 多个村子，三个公社管 170 多个自然村。在公社下面设有管理区，如"东风"公社下设五个管理区，有城关、城郎、南高、辛安庄、孟董庄等五个管理区。在区的下面是大队（即自然村）。

问：你们村属于哪个管理区？

答：开始属城关管理区，1961 年以后，撤去管理区，分成若干小公社，我村归孟董庄公社管理。

问：管理区同大队是什么关系？

答：管理区负责对大队进行行政、生产、学习等方面的指导，是上级领导单位。

问：管理区设在什么地方？

答：开始设在城内南关，有办公室；后来办公室移至东大街。

问：城关管理区下属多少大队？

答：有 17～18 个大队。

问：寺北柴村属于哪个管理区？

答：属于孟董庄管理区。1958 年高级社成立时，我们村同寺北柴村、聂家庄合在一起，成立"联社"大约有一年左右时间。

问："联社"叫什么名字？

答："联社"没有名字，就叫第几号联合社。

问：其他村有"联社"？

答：有教育联合社。1959 年栾城这一片，在行政上脱离藁城县，归石家庄市桥东区管辖，成为石家庄市的郊区。

问：当时城关管理区有多少村子？

答：记得有东关、辛集、东街、北关、高家庄、任家庄、王家庄、北五里铺、赵家庄、南关、榆林道，刘家庄等。

问：寺北柴村那一片有哪些村庄？

答：有田家庄、南洼村、北洼村、朱家庄、卢家寨、孟家园、南柴村等。原来这一片也归城关管辖，后来分开了，归孟董庄管理了。记得是 1961 年成立小社时，归孟董庄公社了。

问：成立小公社时，大公社还存在吗？

答：开始还有大社的"公社委员会"，原管理区都改为"工委"（即工作委员会），工委在公社委员会的领导下，管理各小公社。譬如城关工委就负责管理南辛庄公社及其他公社。1960 年又恢复了栾城县制。

问：原管理区是怎样领导大队的？

答：主要是传达、布置上级指示和开会精神，检查工作。

问：1961 年你当大队长时，村内有自然灾害吗？

答：1961 年没有，1963 年闹水灾。

问：生活最困难是哪一年？

答：1960 年最困难。那时地里收入少，村内不富裕，吃的粮食少了。1963 年也困难，是因为闹大水，村内 40% 的房屋都倒塌了。

水是西面怀鹿山里下来的，当地又下了一星期雨，很多土坯的房屋都泡塌了。以后根治海河后，再也没有发生过大水灾。

问：你村搞过"四清"吗？

答：搞过，工作队来到村，组织贫下中农委员会。一切由贫农协会决定。

问："四清"指什么？

答：反对贪污、浪费，反对干部多吃多占。

问：1966 年以后你干什么工作？

答：我 1961～1966 年一直干大队长，在这以后也干了一段时间书记。

问：那时你同寺北柴村干部有来往吗？

答：都认识，经常开会在一起。那时，他们书记是徐孟祥，以后是刘文生，他是大队长，最后是郝同顺、刘玉合，同我村干部关系都很好。我在乡内办农场时，他们同我也经常有来往。后来郝同顺也调到乡内办厂，就住在我的化工厂。

问：郝同顺办的什么厂？

答：他办的塑料厂，有一年时间，我们接触比较多。和现在的书记也打交道（录音不清），他那时跑运输，常用他的车拉货，也在一起喝酒。

问：两个村还有什么关系？

答：1954 年寺北柴村还是乡政府的所在地，那时就叫寺北柴乡，乡长叫刘物件，不脱产。这个乡包括北五里铺、寺北柴、孟家庄、董家庄、呼家庄等。

问：寺北柴村是怎样的一个村子？

答：咱们两个村，过去都穷，他们村大些，人数有一千七八百人。开放以后有些变化，最近几年，比咱村差些。但盖楼房的，也有四五十家，还是少数人富了。什么原因，我认为他们村干部，只为自己子女谋利。

（以下录音不清）

郝元增（书记）

时　　间：1995 年 9 月 10 日下午
访 问 者：浜口允子
翻　　译：齐秀茹
访问场所：郝元增家

【家庭状况经历】

问：你兄弟姊妹几个？

答：兄弟姊妹 7 个，有两个姐姐，一个妹妹。

问：他们都在本村住吗？

答：都住在本村。

问：你父亲兄弟几个？

答：老哥儿俩，有个叔叔，还有个姑姑，现在姑姑没有了。

问：你什么时候当的书记？

答：我 1994 年开始当书记，以前是副书记。

【副业】

问：当干部以前，做什么工作？

答：1991 年以前，我跑运输，开始用拖拉机跑运输，后来买了汽车拉货，从 1982 年一直干到 1991 年，后来不干了，把汽车也卖了。

问：运什么货？

答：运送面粉，给栾城面粉厂运送面粉到石家庄市内。每天早上走，晚上回来。

问：农业还干吗？

答：农业也干，农忙时，运输停几天，不忙时，就去干运输。

问：那时你家几口人？

答：3 口人，夫妻俩，有一个小孩。

问：搞运输工作你愿意干吗？

答：愿意。

问：为什么后来不干了？

答：面粉厂后来不行了，没有活，就去拉砂子，那几年收入太低，出一趟车，来回才40元，活也太累，所以不干了。

问：你什么时候买的汽车？

答：我1982年买的拖拉机，1985年买的汽车，汽车挣钱多些。

问：为什么要同别人合伙干呢？

答：我们从小关系不错，他当过会计，有管理办法。

问：是一个队的吗？

答：不是一个队，我是四队的，他是一队的。

问：是亲戚吗？

答：也不是。

【当书记】

问：卖掉汽车，你就当书记了？

答：是这样的。

问：你是怎么当上副书记的？

答：原来副书记刘书京调到药房工作了，就让我干副书记，我同意就干了。当时书记郝同顺也同意我干。

问：你当副书记愿意吗？

答：愿意。因为大家愿意让我干，我也同意干。

问：副书记都干哪些活？

答：抓组织，抓党员学习，我兼民兵连长，抓民兵工作。

问：书记与副书记工作上有分工吗？

答：人员少，不需要分工。基本上书记是管全面工作，我是协助书记工作，做一些具体工作，譬如管好党员学习等。

问：你什么时候入党的？

答：1979年在部队入的党。

问：在什么地方？

答：在张家口部队，我是通讯连的。

问：当兵多长时间？

答：4年。

问：书记和副书记，谁的工作最忙？

答：书记工作最忙，因为全村干什么事他都要管，上级会也多，回来要布置，村内一般有事也都找书记。当然书记、副书记基本上工作是一起干。

问：你1994年当书记，工作是否增加了？

答：工作增加了，当副书记时，书记让干啥就干啥，比较轻松；当书记后，要管全面工作，生产也要布置。

问：当时你想当书记吗？

答：想当不行，看党员是否拥护你，是否选举你，不是想当就能当书记的问题。

问：1994年郝同顺为什么不当书记？

答：他调出去搞副业生产去了，他到乡内办工厂去，可以多挣些钱，村内工作就顾不上了。我们之间关系一直不错（录音不清）。

问：你当书记，有遗留下的问题吗？

答：有遗留问题，如村内盖房，有几户就是不搬迁，影响村规划。为什么不迁走？我上台后，就要去问清楚，才好处理。又如有些经济账目也要查问清楚，是否欠外地的债，有多少积余等，也要弄清楚。

问：村内有什么经济账目？

答：譬如车子有些收入，不多。主要收入是盖房子押金，每一处房子，如果占耕地要上交大队4000元，占村内老房基地，要交3500元，等房子盖好后，标准一致，水平统一，大队返回各户2000元，其余作为大队收入。

问：村内还有什么收入？

答：就是从村民身上搞"提留"，也叫"乡统筹"，规定每年每亩地12元，平均每人交18元，作为五保户费、烈军属费、民兵训练费、教育集资、战备工资等。这部分钱款一部分上交乡政府使用；另外一部分留本村使用。如今年全村 1400 人，共上交乡内 73000 元，本村留用 20300 元。大队没有副业，其他收入没有。

问：村内个体企业向大队交钱吗？

答：一般不向大队交钱，如果村内有重要公共事业，也可以要一点。个体企业还是支持的，他们都是自愿交款，如支持修建小学，一说就行。

问：你有事找谁商量？

答：找过去书记郝同顺、现在的大队长和会计一起商量。

问：在什么地方商量？

答：在大队办公室，有时就在家内商量。

问：你每天去办公室吗？

答：不是每天去。有事或者开会才去办公室。

问：每月开几次干部会？

答：闲的时候开会多，秋天开会多，农忙时开会少。村内有事，我同村长天天见面，碰头商量一下就办了，不需要经常开会。

问：都商量什么内容？

答：主要是关于村内规划，道路维修，如何把村子建设好。

问：讨论时大家意见一致吗？

答：经过讨论，差不多意见都一致。

问：你们讨论、决定的事向群众公布吗？

答：一般都公布，通过本村广播、黑板报来公布，让大家知道。

问：修路问题也讨论吗？

答：讨论过，商量要用多少工，多少料，多少钱，而且把讨论情况，记录下来，写在纸上，保存好，以后不易忘记。有些事，该公布就公布，不该公布的就不公布。

问：村内每天广播吗？

答：不是每天广播，有事才广播，我村没有值班的，别的村有值班的，可以天天广播。

问：你们决定事，公布后群众有意见怎么办？

答：大队决定的事，群众一般没有意见，80% 以上是同意的，只有少数人不同意，但不愿意反映，等于没有意见。

问：群众给干部提过建议吗？

答：有，如修路问题，群众中提出了不少好意见。现在我们村有两大任务：一是修路问题；另一个是修建小学校问题。要计划今年 9 月，把村内的路修好，因为下雨，加上资金没有到位，所以推迟了。

问：修路的准备工作做好了吗？

答：施工已准备好了，钱的问题也跑了几个单位，村内资金不足，修路共需花三四十万元，仅靠社员筹集还不行，还要到上面跑跑，争取乡、县拨款。小学也是如此，需要三四十万元，今年不见效，明年准见效。

问：其他村的路怎么修的？

答：也是找熟人，到上面要点钱，找不到人，也得自筹修路。

问：这些大事你们开会商量吗？

答：召开过群众代表会，大家商量同意群众自筹一部分资金。群众反映，一次拿钱，负担太重，建议分两次、三次筹款。

问：准备每次筹多少钱？

答：计划分三次筹款，每次每人交 50 元，每次可筹到五六万元，再到县内要个十万八万的就可以干起来了。

问：什么时候筹款？

答：准备今年秋收一结束，就筹钱。

问：上级什么单位能给拨钱？

答：乡内也管，但乡内没有这笔钱，找乡长到县内活动，县委有个"建委"机构，是管农村建设的，也包我们这一片。应该资助我村建设。

问：现在你们开会都到什么地方开会？

答：到乡内开会。

问：每月开几次会？

答：没有准，有任务时，经常开会，没有事就不去。本月已开了两三次会了，主要布置计划生育工作和粮食征购任务。有时去学习县委文件。乡内开会，以夏季征购、秋季征购会最多，一般两三天就开一次会，要汇报情况。

问：开征购会，村内谁去？

答：书记、村长都去。

问：书记工作占你全部时间多大比例？

答：我除了自家事情以外，其余时间都花在书记工作上了。

问：你搞副业吗？

答：书记工作忙，没有时间搞副业，平时要为村内的事跑跑。

问：平时在村内有什么事要跑跑？

答：对盖房子要督促检查，看是否超标准，是否多占房地基等，主要抓村建设。

问：没有副业，是否会影响你的收入？

答：收入是少了，但有点工资，每年大约给书记两三千元，包括奖金在内，另外，主要靠农业收入了。

问：村内人你都认识吗？

答：都认识，村子小。

问：村内有矛盾，管吗？

答：管，尽量帮助解决。不过这类事现在不多，思想觉悟都提高了。遇小事，一般不闹也不吵。

问：家庭矛盾怎么解决？

答：各户之间矛盾少，过去生产队事多，矛盾也多，现在有点事，家内人自己就解决。

问：有共同水利建设任务吗？

答：全村有23个小组。

刘孟江（51岁）

时　　间：1995年9月11日上午
访问者：浜口允子
翻　　译：齐秀茹
访问场所：刘孟江家

【个人简历】

问：您哪年出生的？

答：今年51岁，属鸡的，1945年生人。

问：小时候上过学吗？

答：上过高小，小学4年在本村小学，高小在聂家庄小学读的。那个时候正是"大跃进"，大炼钢铁的时代，也没有学到什么。

问：你几岁小学，几岁毕业的？

答：8岁上的学，15～16岁毕业了。

问：毕业后，做什么工作？

答：就在本村务农，没有做什么工作。

问：你什么时候当干部的？

答：1969年一直干到1984年，开始不是队长，叫排长，在这中间，我担任了四队生产队长，因为队长经常换，我年岁最小，所以经常选我。我是1986年不干的。

问：为什么不干了？

答：因为生产队解体了，牲口、农具都分了，地也分了，所以就不干了。

【当小队长】

问："批林批孔"时，你是小队长吗？

答：是小队长，是队内最年轻的队长，我原来是七队队长，一般干几年就换一次队长，所以我前后干了四个队的生产队长。我先在七队当队长，后来7个队又并成5个队，我又担任了第五生产队队长，我是七队调来的，又从原四队调来一个队长，我们两人一起干的。

问：为什么要两个队长？那个队长叫什么名字？

答：那时一个队都是两个队长，也不分谁正，谁副，那个队长叫赵车小。

问：什么时候合并为5个队的？

答：1977年分为5个队。

问：为什么要重新分队？

答：主要是要调换地，因为过去分队时，按人数划分土地，过几年了，各队人数不平均了，土地也不平均了，粮食分配就有了问题。另外，原来的队，由于户的发展，分家的多了，形成家族势力大，选举时，选票就多，家族势力大的户，容易掌握生产队的权利。重新分队，可以把其家族系统打乱，把几家分在这个队，把几家分到那个队，就可以使选票不集中在某家了。

【家族】

问：家族多对生产队有什么影响？

答：对生产没有影响，主要对选举队长有影响，会造成不公现象。因为谁当队长，对其直系亲属也是有利的。

问：同家族的人是指哪些人？

答：按原七队来说，姓刘的家族比较多，但有近有远，近的指叔叔、大伯等。

问：7个队合并为5个队是这个原因吗？

答：不是。因为七队人多，劳力少。人多指小孩多，老人多，种地都顾不过来，每年都荒十多亩地。由于劳力少，产量也不高。

问：同家族多有关系吗？

答：不是单纯为家族多的问题而合并的，主要七队人口多、劳力少，已影响吃粮标准。由于劳力少，人口多，分到粮食也少，粮食不够吃；另外别的队劳力多，地又不够种。分队问题，不是因为同家族问题，同家族的问题，哪个生产队都有，不能说工作就没法搞。

问：同家族指哪些范围？

答：叔叔、大伯、哥哥、弟弟、叔伯兄弟等，有近有远，按农村说法，近支的。

问：重新分队时，同家族的是否往各队分？

答：对，有分到这队的，也有分到那队的。

【重新分队】

问：重新分队是否就是把二、七两队分到各队？

答：不是，二、七两队是分掉了，但其他5个队也重新调配了，都有变动，不过以其他5个生产队为基础。这个重分方案是大队书记和干部制定的，然后开大会公布，谁归哪个队就清楚了。

问：分队到哪儿去了？分配时完全打乱吗？

答：分队变成5个队了，分配时基本不打乱，按住处靠近分，有利于小队工作。基本上是七队的人分到了后来的四队和五队了，二队的人分到了后来的一、二、三队，都很靠近，影响不大。

问：这样复杂的工作，由谁来决定？

答：由大队党支部开会决定的。当时有工作队，公社也来了干部，一起商量决定的。等研究好方案，就召开群众大会公布。

问：事先征求大家意见吗？如果有人不愿去新队？

答：不需要征求意见，这是大队决定的，一旦方案公布了，不能变动，自己不能随便挑选哪个队，也没有人提出变动的意见。也就是说，大队叫谁在哪个队，就在哪个队，基本不动了。

问：在公布方案前，征求社员意见吗？

答：没有，决定一下来就公布执行，不用征求意见。公布第二天，新的小队开会，因为没有新队长，由大队干部来召集，另外，让新社员们也互相认识认识。

问：大队制订方案前，是否征求小队干部意见？

答：我记得开过小队长会，我没有参加，因为我知道要分掉七队，我心里不好受，我们七队有房子、牲口、库房和发展事业，一下子分掉了，有点难过。小队长怎么研究的，我记不清了。

问：是否征求你的意见？

答：我也记不清了，反正当时书记包我们这个队，一切都了解，不用征求意见。

【财物分配】

问：当时牲口和队内其他财物都怎么分配的？

答：很简单，给四、五队平分了，东头二队的东西平分给一、二、三队了。基本上东头分给东头，西头分给西头。

问：原来七队生产怎样？

答：以种小麦为主，也种棉花、谷子。

问：种什么庄稼由谁决定？

答：种棉花是上级决定，种多少，都有任务，种其他庄稼由生产队长决定。

【产量】

问：你当队长时，产量怎样？

答：没有什么变化，开始是由老队长刘物件负责领导生产，后来由我负责。记得1971年粮食收得多，主要是种子好些。但是由于人口多，粮食仍然不够吃。

问：1973年你们队棉花产量怎样？

答：不错，达到三级品。

问：你见过当年棉花技术员吗？

答：见过，他在我们村住过，技术很好。他家是杨石村的（离这20多里），在北面。他的任务是指导我们种棉，在孟董乡公社住了一二年时间。他叫张正顺，是和公社姓任的书记一起来我们村检查工作的。他每天下地同社员一起对棉田进行管理。这个人不但对棉花技术指导，而且懂得很多，对小麦、谷子、玉米也指导。

【干部会议】

问：任书记是怎样的人？

答：工作比较深入，经常下地转转，检查，那时公社干部比较辛苦，不像现在干部。有一次我太劳累，就睡着了，他还亲自来看过我。

问：那时大队干部是谁？

答：大队长是刘文生，书记是郝同顺。反正大队一两年就换一次，就不干了。同城内工厂干部不一样，不干就没有饭吃。农村干部不干，就干活去了。

问：小队长工作怎样？

答：听大队领导安排，小队主要安排好生产。

问：公社开会小队长去吗？

答：经常参加，小队长很重要，是对大队书记工作的支持，小队长如果不听书记布置，那书记工作就没法干了。所以公社开会，有时就开"三干会"（即三级干部会），有公社干部、大队干部和小队干部。每年三夏时都召开"三干会"。

问：公社开会多，还是大队开会多？

答：不是所有会队长都参加。农忙时，生产队长是走不开的，外边的会一般不参加，找别的干部去开会。那时公社开会，是造声势，大队书记对书记挑战，"保证什么时候完成任务"等。书记回来后再开会，让小队对小队挑战。一般都是生产会议。

问：公社一年召开几次大会？

答：有十多次。有时会多，主要抓生产，那时计划生育工作开会不多。

问：公社开会各生产队长都去吗？

答：都去，有时涉及会计的事，同会计一起去，但生产的事就队长去。

问：开会地点在哪里？

答：孟董庄公社会议厅。

问：大队每月开多少会？

答：大队会多，经常在晚上开，农忙时，大队长、书记到地里一转，发现一些问题，回来后就通知各队开会，指出问题，要各队注意纠正等。

问：村内会在哪里开？

答：在村办公室开，现在盖房拆掉了。

问：小队每天开会吗？

答：一般每天在地头商量就行了，有什么事一说，大家都知道了。如果有大事，晚上就开"党员会"，队长、会计、保管一起商量解决。

问：小队内发生家庭纠纷怎么解决？

答：那时集体劳动，都挣工分，事情少，没有什么家庭矛盾，有些家庭小事，也不找队长。

问：你认为小队长最难办的事是什么？

答：最怕生产搞不好，有压力；另外，我队姓刘的多，我辈分小，派活时怕不公，怕长辈们有意见，也有压力。别的事都不难。

【派活】

问：为什么说派活最难？

答：活有脏活、累活，派谁去干，都是自己长辈。如早晨下地干活，有露水，就怕别人不愿干，只好自己带头先去干。（女方说：他只会自己带头干，累得很，晚上睡觉，说梦话，都是地里干活的事。）队长不好干，可是大家选你，你不干怎么行。派谁干活是最难的，合并为 5 队以后，有 100 多劳力，派活就更难了，顾不过来。怎么派活，社员也是有意见。（女方插话：干队长得罪人，现在老了，算了！）有时，锄杂草，我先去干一干，体会到活累，不好干，心里就想，派谁

去干呢？派谁来干也很难。

问：你当队长有什么成绩和变化？

答：都一样干活，没有搞出什么特殊成绩。每年夏收、秋收完成后，总是受到大队、上级的表扬。

问：人民公社同现在比较，哪个好些？

答：不一样，我看那时也不错，干活没有闲着的，集体生产劳动，大家有干劲，白天有白天的活，晚上有晚上的活，下雨有下雨的活，冬天有冬天的活，总是有活干。吃大锅饭，但干劲足，割麦子时，早晨三点大家就下地了。现在自由，愿意什么时候干就什么时候干。

张九东（62 岁）

时　　间：1995 年 9 月 11 日下午

访 问 者：浜口允子

翻　　译：齐秀茹

访问场所：张九东宅（北五里铺现书记在座）

【个人简历】

问：你哪年出生？

答：1934 年生人，今年 62 岁，属狗。

问：你上过学吗？

答：上过学，上过两年小学。

问：几岁上的学？

答：八九岁上学。

问：为什么两年就不上了？

答：家内穷，苦得不行。

问：学校在哪儿？

答：本村也学过，没有正式学堂，后来到寺北柴村学堂上一段时间，又到北关小学上了几天，在哪儿学习，时间都不长。

问：当时你家几口人？

答：7 口人，有父亲、母亲、奶奶、爷爷、哥哥、弟弟和我。

问：就 7 口人吗？没有姊妹？

答：以后多了，有妹妹。

【土 地】

问：你家种的地是自己的吗？

答：种的是地主的地，是栾城西李老七家的地。

问：你们村什么时候解放的？

答：1947 年底。

问："土改"时你家分到多少地？

答：15.5 亩，每人是 2.5 亩地。

问："土改"以后，家庭情况怎样？

答：解放后分到了地，后来农村出现两极分化，于是组织了互助组，后来又成立初级社。

【初级社】

问：你们村有多少初级社？

答：有 8 个初级社，我们社的名字叫"革新社"，记得还有一个社名字叫"先锋社"。

问：还有其他社呢？

答：其他都是互助组，互助组同初级社性质不一样。互助组土地、牲口都不动，产量归自己。初级社时，产量归社了，然后根据劳力多少分配。

问：什么时候入初级社？

答：1951 年组织互助组，1953 年就成立初级社了。

问："革新社"有多少户？

答：不记得了，是以我父亲名义入的社。

问：你什么时候结的婚？

答：18 岁结婚。

问："革新社"和其他初级社是什么关系？

答："革新社"是先进社，比较积极，后来初级社发展多了。

问：村内有地主吗？

答：有两户。

问：有哪些人没有入社？

答：思想落后的，想搞个体自由的。

【高级社】

问：到高级社时是否都入社了？

答：全部入社，对少数困难户，政府给予贷款。

问：高级社是按劳分配吗？

答：是按劳分配，没有土地分红的问题。但入社时，劳力多少，财物多少（农具）也算成股金，有这种情况。

问：初级社时，是否土地、牲口也入股？

答：也入股，但是后来有些户，劳力少，又穷了，所以政府给这些穷户贷款，帮助他入高级社，这样到高级社时，就拉平了。那时入高级社，要交股金，政府贷给的就是股金，拉平了；土地大家一样入股。

问：政府贷款以后要退还吗？

答：不退还了，政府不要了，这是国家救济性质的。

问：初级社时，牲口、农具不是已经折成钱了吗？

答：初级社入股是另外一回事，初级社股金已退还，而且每年年终结账也已算清。现在入高级社，股金得另算。

问：政府贷款怎样贷法？

答：从县政府贷款，是通过乡政府办的手续，鼓励社员参加高级社。

问：栾城县都这样搞吗？

答：我们乡都这样搞，都一样，对交股金困难的都给贷款，县内怎么搞，具体说不清。

问：是自己到县内去贷吗？

答：不用自己去，村内领导帮助办手续，缺多少，贷多少。当时贷款有多的，有少的，土地大家一样入股了，差别在牲口、农具、劳力多少上面，有的有，不需贷款，有的没有，需要贷款。

问：政府贷款后来全免了吗？

答：国家豁免，不要还了。记得当时一个社员的股金是 80 元，凡 18～45 岁的劳力都要交股金，小孩、老人就不交股金了。

问：当时高级社叫什么名字？

答：没有听到什么名字，就叫"高级社"。

问：高级社有多少年？

答：高级社有一年多时间，1958 年就成立人民公社了。

问：高级社时你当干部吗？

答：不是干部，一般社员。

【人民公社】

问：人民公社化时，这个村是一个大队吗？

答：先是两个生产队，后来又变为一个大队。

问：人民公社时你当干部了吗？

答：1958 年我担任大队民兵连长，还担任大队机务队长。

问：机务队长管哪方面？

答：管大队的机器，那时村内机器很多，有柴油机等。

问：后来又干什么工作？

答：我 1958 年入党，1960 年当党支部书记。

问：为什么选你当书记？

答：因为"大跃进"时，我管过食堂，后来书记老了，就选我当书记。

问：有多少党员？

答：有 5 个党员。

问：当了多少年书记？

答：干了 6 年，一直到 1966 年"四清"时不干了。

问：你当书记时，村内情况怎样？

答：1960 年困难时期，吃食堂，吃不饱，生产也不好。

问：1958 年"大跃进"丰收，为什么 1960 年没有粮食吃？

答："大跃进"时，粮食很多，但没有收上来，那时棉花也丰收，给棉站送棉花时，也不过称，送上去就算了，反正都人民公社了，有人管无人管也不问了。吃饭不要钱，浪费大，所以 1960 年就困难了。那时大家挣工分，积极性差，加上要还苏联的债，所以粮食不够吃了。

问：哪年最困难？

答：1960 年最困难。

问：1963 年闹大水时，村内怎样？

答：咱村没有事，有吃的。

问：1966 年村内发生什么事？

答："四清"开始了，我挨批判。因为在这以前，我做了两件事，一是把队上牲口下放到户内喂养；二是把队内的荒地，大约有 30 亩分掉了。"四清"开始，说我是走资本主义道路，批我"右倾"。

问：荒地是怎么分的？

答：按劳动力平分。

问：有多少荒地？

答：没有多少，大约有 30 亩地。

问：什么目的？为什么要分？

答：当时社员生活困难，没有吃的，荒地一直闲着，不如分掉让社员种粮食吃。

问：这不是自留地吗？

答：不是自留地，自留地是国家给的。

问：公社态度怎样？

答：公社后来批评说这是错误的，要求收回土地。

问："四清"挨整就是这两件事吧？

答：就是这两件事，挨了批评。当时社员跟工作队走，同意把土地收归大队，因为批我时，社员生活已好转了。

问：办这两件事公社干部知道吗？

答：下放牲口到户喂养，是上面让搞的，他们知道；分荒地的事，我们没有报告，他们不知道。

问：那时要汇报一下就行了吗？

答：要汇报，他们就不同意了。

问：后来公社什么时候知道的？

答：开始公社内有人知道，也有人拥护，后来搞运动了（录音不清）。

问：其他村子也有这样干的吗？

答：很少。把牲口分到户喂养，公社是知道的，分荒地，公社不知道。

问：村内其他干部知道吗？

答：知道，那时社员没有吃，生活困难，都同意分。

问：寺北柴村有没有分荒地的？

答：没有听说过，那时开会汇报，有些人思想不通。

问：30亩荒地在一起吗？

答：都是在村外边边沿沿上的地方。

问：什么时候不当书记了？

答："四清"时就下来了，1979年又让我当生产队小队长，一直当了10年。

问：你的问题平反了没有？

答：没有平反过，后来分队时，又让我当队长，我就干了。

问："四清"时，是把你的书记职务撤了吗？

答：大家不选我了，就下来了。

问：你当书记时，谁当副书记？

答：冯吉祥。

问：你经手办的这两件事，他知道吗？

答：知道，所以"四清"时，他也挨批，跟我一块挨斗。

问：你下来后，谁当书记？

答：王小飞。

徐春梅

时　　间：1995年9月12日上午

访 问 者：浜口允子

翻　　译：齐秀茹

访问场所：栾城县招待所

【生产计划】

问：你在公社当干部时，那时情况怎样？

答：我在公社工作13年，先到城关公社后转到聂庄公社工作。那时干部重视劳动实践，学大寨，上级规定劳动时间"一、二、三"，即每年县级干部劳动100天，公社干部劳动200天，大队干部劳动300天。要干部通过劳动，联系群众，发挥作用。我们公社干部在劳动200天中，实行同社员"同吃、同住、同劳动"的"三同"制度，我们就住在普通社员家内，一起下地劳动，了解情况。那时，集体化生产，经济效益不高。现在个人承包，自己干自己的，愿意什么时候下地干活都行，产生的经济效益高，但人的思想觉悟不如从前。

问：那时的干部同现在干部比较有什么不同？

答：我当干部，在大队一段时间，调到公社又是一段时间，最后调到县内工作。我在公社时，那时干部要求严格，党委领导一切，村委会也是在村党支部的领导下工作。公社决定做什么工作，布置什么任务，大队干部坚决执行，贯彻很好，不走样。

问：生产队种什么庄稼，是由公社决定的吗？

答：生产任务都是由县内有关单位下达指标，规定各公社要种粮多少，种棉花多少，公社坚决执行。根据上级规定的任务，公社召开党委会和革委会一起研究，也制定出哪个大队以种粮为主、哪个大队以种棉为主的具体方案，往下贯彻。我在大队当书记时，全村共 7 个小队，也召开村"革委会"，商量研究哪个生产队适合种棉花，种多少，需要多少劳动力，把上级任务落实到具体生产队。

问：公社一级是怎样研究的？

答：公社"革委会"主要根据县内布置的任务，结合本公社各大队的具体情况，布置任务，落实计划，确定在哪些村子种粮，哪些村子种棉花。

问：如果生产队由于遭灾等方面原因，要求变动种植计划，可以吗？

答：也有这样的情况，但必须是公社下去"蹲点"的干部，了解到这方面的情况。如我当公社书记时，我负责联系的那几个村子，发现生产计划有问题，群众有意见，我把村内意见带来公社党委会讨论，由公社开会进行调整计划。大队与生产队都无权变动生产计划。

【干部落实】

问：公社干部都要下到各村吗？

答：除了留日常值班的，基本上都下去。我在城关公社当副书记时，那一年下去 200 多天，深入到一个村子，同社员"同吃、同住、同劳动"。在下地干活中，同群众接触，谈话，村内什么情况都了解。

问：一个公社下属有多少大队？

答：不一样。孟董庄公社有 12 个大队，聂庄公社有 14 个大队，城关公社小，只有 10 个大队。

问：你每年下去 200 天，在公社只有 100 天吗？

答：我下到村内"蹲点"，参加劳动，在 200 天中，也不影响公社工作，公社内有事找我，或公社开会，我就回去。开完会把精神带回大队，传达贯彻。实际上到村内时间不到 200 天。有时在村内召开现场会，推广先进经验，散后又下去劳动了。

问：公社的干部都不在公社办公？

答：所有干部都要到村内参加劳动实践，如公社三个领导，各到一个大队，一边劳动，一边总结经验。其中一个有好经验，好方法的，立即召开会议，推广学习。每个村都去干部劳动，大村去两个，小村去一个，下去的干部有书记、社长、秘书、技术员等，平常公社留人值班。

问：你调到公社工作，对寺北柴村大队情况还了解吗？

答：都了解，什么情况我也能了解。我从小是这个村的，又在村内当了好几年干部，而且上公社后，也经常回到村内，所以什么情况，哪家有什么问题，我都了解。有些大队干部不了解的事，我也能了解到。

问：你都什么时候回村？

答：正月里回来多一些。但正月初五，公社干部就下到各村。冬天也下到各村。

问：冬天下村内干什么？

答：冬天下去搞水利建设，发动社员平整土地，运送肥料，修筑水渠，冬天有活干。

【蹲点】

问：你到村内找谁商量事情？

答：先找大队干部，他们有事情也找我商量。另外，我在村内"蹲点"，公社有什么急事要办的，他们来到村内找我商量，生产队有事，也找我商量解决，一般说大队干部找我商量的事多。

问：在村内，公社干部和大队干部谁说了算？

答：公社干部是领导，但不管村内具体事情；村内所有事情，大队干部决定，大队干部说了算。大队干部管理村内具体事务。

问：村内事情，由大队干部决定，还是公社干部决定？

答：一般由村干部决定，公社干部管大事，是管理全公社之间大的问题。村内都是具体事务，应由大队干部决定。但村干部是在公社领导下进行工作。

问：各村都有公社干部"蹲点"吗？

答：不一定，有的村有，有的村没有。有的村干部水平比较好，生产、各方面工作都做得好，就没有公社干部。村干部都按公社布置的执行，就不派人去了。有些生产队是落后队，去一个人还不行，有时去二三人到落后队工作。

问：有去的，有不去的，哪部分多？

答：一般去的队多，不去的队少，因为先进的队是少数，其他队得一步一步带起来（即帮助落后队，赶上先进队）。

问：寺北柴村经常有公社干部去吗？

答：我当村干部时，他们不经常来，村内事少，单纯，一般事情我做主决定，公社信任我，所以才把我调到公社工作。

问：后来情况怎样？

答：后来，干部情况不一样，任书记来大队时，我已经不在本乡，调到公社去了，可能是在聂庄公社。那时村内工作不先进，生产工作和计划生育工作都完成不好。

问：你认为寺北柴村有什么问题？

答：没有什么大事，主要是生产上的事，没有搞上去。因为对生产要管理好，产量就高，管理不好，产量就低。关键是村干部能力怎样。我去后，这村干部懒，所以生产和工作搞不好。要搞好村内工作，关键是领导班子要团结，也要懂得农业技术、化肥、农药等知识，不学习，就不懂。

问：公社召开各大队会时，公社干部参加吗？

答：一般大队长参加的会，公社干部都参加。

问：公社每月开几次会？

答：好几次，会议时间都不长，讲实事，布置完工作，就散会，回去劳动。

问：公社召开"三干会"，大队、小队干部都去吗？

答：都参加，有时在公社开，有时在县城开，也有时在农村开现场会。

问：大队干部同公社干部相比，哪个累？

答：公社干部管全面，大事情多，所接触的是大队干部，水平比群众高一些。大队干部接触实际，要解决社员吃、喝、拉、撒、睡的问题，很具体，直接接触社员群众，工作比较难做，容易得罪人。大队干部和小队干部为工作问题，也常常闹矛盾，这些问题由公社来解决，做干部的政治思想工作。

【矛盾】

问：村内人与人之间有哪些矛盾？

答：如生产队带人干活，干一天多少分，有的嫌工分少，有意见；在分配粮食、分钱时或派活时等，都有矛盾。如果村干部处理公平，"一碗水端平"，矛盾容易解决。有些是家庭矛盾，也闹到队上，如果队长有威信，压得住，问题解决了。如果压不住，就会影响生产。

问：近年来寺北柴村同周围村相比，有哪些差别？

答：我们村最穷，经济上太差，同邻村相比，特别差。如果有先进人领导，接受新鲜事物，是可以搞好的。村内没有好领导，不行，搞不起来。如果村干部公正，办事公平，对咱家人、对旁人都一样对待，就像公社干部一样公平，群众是没有意见的。有先进思想的人，会把本村穷的真实情况告诉群众，领导群众好好干，是可以搞好的。现在没有这样的人。我们村，要有人带着干，就能搞起来，现在村民心气还是不错的。

问："大跃进"时，寺北柴村群众有意见吗？

答：有意见，主要说干部是"好人主义"，怕得罪人，工作不大胆。

问：以后干部都有"好人主义"吗？

答：指现在干部，有这样的情况。干工作，就可能得罪某些人。如连村内道路都修不起来，这件事干不了，就是怕得罪人。

【分队】

问：过去 7 个生产队合并为 5 个生产队，你知道吗？

答：知道，70 年代 7 个队，我那时还在，后来改为 5 个队，我调走了。因为那时各队差距大，人员、粮食分配都不平均，所以要合并重分。重新分队是好事，不是坏事。

问：一个队内有姓刘的，姓徐的，姓张的，是否会产生派性？

答：咱村没有大的派性，在一般情况下，相处不错，都是一个村的人，没有什么矛盾。有些队有派性，但不突出。

问：在安排生产队干部时，是否考虑各姓都要有干部？

答：对，考虑干部组成时，各姓都要照顾到，有姓郝的，也要有姓徐的，但不是绝对的，主要看干部本身条件。

问：如果在一个队内，有姓赵的，也有姓徐的，干部都选赵姓的，群众会不会有意见？

答：会有意见的，一般情况下不会这样安排。当然如果一姓的干部处事公平，也可能没有意见，要看干部的条件：办事公平吗，群众是否拥护。一般来说要考虑各姓都有干部，有利于工作。

问：分队是根据住处远近、关系好坏来分吗？

答：主要根据住处近来划分，不能把住在东面，划到村西边，因为住处近，地也往往在一起。

问：村内社员有要事办，向谁求援？是向同族还是向邻居？

答：向同族、朋友、邻居求援的都有，涉及大的困难问题，如无法生活时，还可以向大队干部申报，家族内的事，如婚丧嫁娶，一般先找同族帮忙，也可以找其他亲戚、朋友帮忙。

问：你在城廊公社、聂家庄公社当干部，在工作上有什么不同？

答：差不多，没有什么变化。同现在比有变化，已经由计划经济改为市场经济了。

问：同公社时候相比有变化吗？

答：有变化，人员增多了，过去是公社，现在改为乡了，老百姓一般吃饭问题都解决了。

问：你在聂家庄公社后期工作有变化吗？

答：那时是一步一步地往前发展。

【80 年代以来的变化】

问：改革开放以后怎样？

答：市场经济活跃，有了发展，现在城市里的人到农村发展，农村里的人也可以到城市去发展。

问：后来干部还下地劳动吗？

答：1980 年以后，逐步变为一家一户生产了，干部也就不下地了。

问：1980 年就分地了吗？

答：没有，1983～1984 年才分地的。

问：你在聂家庄到什么时候结束的？

答：到 1981 年，我去县内工作。我记得 1978 年、1979 年，干部劳动就少了。干部劳动多，执行"200 劳动日"，是在农业学大寨的时候，那时一天劳动下来非常累，没有星期天。后来农业学大寨不提了，干部劳动也不要 200 天了。

问：是什么时候不提"200 天"了？

答：是农业学大寨停止以后，现在谁也不下地了。

问：1976 年还下地劳动吗？

答：后来县内不要求了，自然就不实行了。尤其分地以后，有些干部家里也分到地，农忙时，还要到自家地里去干。

问：你在聂家庄公社时下去劳动吗？

答：那时下去，正是农业学大寨的时候，劳动很多，在劳动中认识了很多社员，了解了很多情况。

问：现在干部不下地，怎么掌握下边的情况？

答：依靠大队干部反映情况，生产变了，工作方法也变了。现在的方法，县内向公社布置任务，公社向大队传达，然后听取汇报。

问：现在干部不下去，就在办公室吗？

答：有时开会，有时到县内开会，也有时到各大队转转，找村干部了解情况，总之，同过去方法不一样了。

问：现在干部还下地干活吗？

答：现在也要干，要求 100 天劳动日。

问：学大寨时，要求县内干部劳动 100 天，他们也下地吗？

答：是的，县委书记、县长都要下村包几个队。他们下去以前，选好公社，由公社安排他们到哪个大队"蹲点"，有时同公社干部一起到某村去，参加实践，了解情况，县内干部下来，主要抓总结经验教训。

问：公社干部一年要去几次村内？

答：过去每月要去一周，了解情况，向县内汇报。县内干部在农村，一年要调整一次，换换地方。（以下录音不清）

徐　侯（原书记）（66 岁）

时　　间：1995 年 9 月 13 日上午
访 问 者：浜口允子
翻　　译：齐秀茹
访问场所：徐侯家

问：我是了解中国农村历史情况的，想访问你，请谈谈村内过去的一些情况，可以吗？

答：可以。

问：过去有人访问过你吗？

答：没有。

问：你是哪一年出生的？

答：1929 年，属马。

问：你上过学吗？

答：没有。后来在外边学了一点文化，当了几年兵。

问：小时候你干什么呢？

答：务农。

问：你们家几口人？

答：原先人口多，有父母，有姊妹 7 个，一共 9 口人。我父亲去世早，我 5 岁时，父亲就死了，是生病死的。

问：父亲去世后，你家怎么生活？

答：有两个哥哥在外干活，大哥当长工，二哥当短工。后来日本打进来了，二哥当兵去了，当的是伪军，伪保安队。

【打工】

问：那时，你多大？

答：1937 年我才七八岁。

问：你大哥在哪里当长工？

答：东边的太楼村（？）。

问：当了几年长工？

答：有两三年当长工，以后回来打短工了。

问：打短工在什么地方？

答：有时在本村，有时到县内"人市"上去找活干。

问：短工都干哪些活？

答：都是农业上的活，要看季节，夏天主要是割草、锄地、收麦子等，秋天是收割庄稼。

问：短工能干到什么时间？

答：一直干到冬天，冬天就没有活干了。打工挣点粮食够家里人吃的。

问：你大哥什么时候结束打工生活的？

答：解放那年才结束。

【"土改"】

问：解放那年村内发生了什么事？

答：进行"土改"，分地，斗争地主，分他们的东西。

问：你家分到多少地？

答：分到 7 亩地，分两处，一块是 2.5 亩地，另一处是 3 亩旱地，1.5 亩水地，一共 7 亩，加上家里原有 3 亩地，一共 10 亩。

问：当时你家几口人？

答：6 口人。

问：6 口人怎么才分到 7 亩地？

答：这是 1947 年第一次"土改"，当时有人还不敢分地主地，分给他，他不敢要。

问：不敢要地的人多吗？

答：少数人不敢要。

问：第二次"土改"是什么时候？

答：解放第二年（1948 年），复查土地，又重新分了。1948 年 3 月我参加了八路军，村内怎么分地不知道了。

问：那时分地为什么有人不敢要？

答：第一次分地时，石家庄还没有解放，群众害怕地主回来反攻倒算。1947 年的夏天，石家庄的国民党军和地主武装来了两次，抄了农会干部的家，要回土地和财物。8 月份最后来的一批，到了我们村，后来被东面的八路军打跑了。10 月石家庄解放，大家都敢要地主的地了。

问：第二次"土改"什么时候？

答：我不在家，当兵去了。

【"土改"政权】

问：第一次"土改"，是谁主持分的地？

答：有"农会"主任、"武委会"主任、村长、贫下中农代表一起商量决定的。

问："农会"、"武委会"的干部叫什么名字？

答：农会主任，是我大哥，叫徐晚；武委会的干部有刘呼叫，张羊，郝八十，当时村长叫张歪子。刚才进来的徐小眼，是我三哥，我是老四。现在村长徐玉身是我二哥家的人。

问：武委会干什么工作？

答：管民兵、地方治安，通知开会，斗争地主都是武委会的工作。当时斗争大地主是北关的王骡子，他家有 2000 多亩地，大约有 600 多亩地在我们村，所以我们村很穷，都是种的地主的地。

【剥削】

问：你对地主怎么看？

答：仇恨他们。我 11 岁就给地主家做小工，到地里看水车，早晨下地，晚上才能回来，中午有人给送饭来，一放下就不管了，中午也在地里。中午热时，就躲在高粱地里。

问：送的什么饭菜，能吃饱吗？

答：米汤、窝头、咸菜，还有其他菜，能吃饱。

问：看水车几个人？

答：就我一个人，有牲口拉水车。

问：别的井有人看水吗？

答：有，别的井都是大人看水车，我家穷，我小时就打短工。人家中午天热时就不干，回家吃饭、休息；我中午也得在地里看水车。

问：看一天水车给多少工钱？

答：干的是月工，一共干了七八个月，总共给了100元钱。

问：100元钱当时能买多少粮食？

答：能顶事，买了五斗小米，不到100斤吧。

问：这个工钱给的高吗？

答：不高，因为我是小孩，当时给的钱不多。

问：不看水车，后来干什么？

答：后来打短工。没有工打，就没有饭吃，就去要饭吃。我什么都干过。

【当兵】

问：你1948年当兵，当了多少年？

答：一直当到1955年回来。

问：在部队干什么工作？

答：先在连队，后来当通信兵。

问：到过哪些地方？

答：在西北，到过陕西、甘肃，西安、延安，兰州是我们打下来的。后来抗美援朝，1951年我们部队调到北京，我当了警卫员，一直到回来为止。那时我才25岁。

问：你什么时候入党？

答：1949年1月1日。

问：什么时候结的婚？

答：1956年结的婚，是回来以后结婚的。

【乡级政府人员构成】

问：回来以后干什么工作？

答：开始没干什么工作，就在村内养病，后来当了一段时间村书记，不到一年，我调到小乡，当了代理乡长。

问：小乡有哪些村？

答：有五里铺、朱家庄、孟董村、寺北柴村等。

问：你去当乡长，村内干部是谁？

答：书记是郝腊月，初级社主任是徐孟祥。

问：乡内有多少干部？

答：一个乡长，一个副乡长（五里铺的）、一个书记（朱家庄的）、一个秘书（朱家庄的），就这些干部。

问：在小乡干了多长时间？

答：没干几个月，就合并大乡了，我调到大乡工作了。一直到搞人民公社时，我才回到村内。

问：1955年你在村内当书记时，有多少党员？

答：原来4个党员，加上我5个党员。原来的书记叫王补子，他老了，不顶用了，选我当书记。

问：四个党员叫党小组吧，王补子是党小组长吗？

答：不叫小组长，叫书记。

问：你是这村第几代书记？

答：第二代吧！我当书记时，村内已有七八个党员了，王补子变成了党小组长了。

问：王补子还活着吗？

答：早已去世了。

【初级社】

问：你从部队回来已经有初级社了吧？

答：我回来以后才成立初级社的。

问：是谁组织的初级社？

答：由我和村干部组织的，那时我们村组织了5个初级社，我是全村的书记，后来变为一个高级社了。

问：五个初级社都叫什么名字？

答：有"红旗"社，"建华"社，其他记不清了，我在红旗社，社长是徐孟祥。

问：初级社多长时间？

答：时间不长，很短。

问：你当多长时间书记？

答：不到一年，1956年1月我就调到乡内工作，不当村书记了。

问：你走后谁当书记？

答：郝腊月当书记。

问：什么时候小乡变为大乡的？

答：是1956年的夏天，我当小乡代乡长半年左右时间。

问：你在大乡当什么干部？

答：在城关乡当财政主任。当时有乡政府，是政府一级机构。

问：乡内还有什么干部？

答：有正副书记、正副乡长、青年团书记、公安员、妇女主任、武装队长、财政主任等。

问：干部从哪儿来的？

答：有的是从当地提拔上来的，有的是上级派来的。

问：你们乡有多少村？

答：共有36个村，是大乡，也是县内最大的乡之一。但村子都不大，都是城关附近的一些村庄。大乡成立后第二年，又分成了3个乡，即城关乡、聂家庄乡、张庄乡。原来是一个乡，现在分成3个乡。我分到张庄乡去工作了。

问：寺北柴村属哪个乡？

答：聂家庄乡。

问：聂家庄乡包括哪些村？

答：有15个村子，有朱家庄、小周庄、大周庄、邸家庄、东柴村、南柴村、黄庄、孟家园、郎头、寺北柴等。

问：你到张庄乡干什么工作？

答：担任武装队长。

问：这个乡的村子是在原大乡基础上平分的吗？

答：不是平分，有多有少，也有从外乡划进来的村子，如张庄乡从其他乡划进了6个村子，有闫村、李村、南北贾村等，都不是原城关乡的。聂家庄也从别的乡划来了4个村。这样一来，各乡村数大体差不多。

问：聂家庄乡干部有寺北柴村的人吗？

答：没有，都是县内派下来的干部。

问：你在张庄乡工作，住在什么地方？

答：就住在乡内，不带家属，离我村只有十多里地，我可以经常回去。

问：当时村干部是谁？

答：徐孟祥是高级社主任，郝腊月是书记。

问：为什么选郝腊月当书记？

答：他和我一样，是复员军人，他干了一段时间就不愿干了，当干部得罪人。

问：怎么得罪人？

答：说话多了，接触群众多了，有些事不合群众心意，就得罪人。他干了两年多书记，他有事要说说，人多，有人不愿听他的，他也感到不顺心，就得罪人了，"一人难称百人心"。

问：具体说，他怎么得罪人？

答：那时我没有在家，他脾气不好，"太倔"，工作能力也差些。

问：你当武装队长几年？

答：干了两年，1958年就回本村了。

问：回村干什么工作？

答：还当支部书记，不想干也不行，村内正缺人，乡内找你谈话，要你干，只好干。

问：为什么不当武装队长呢？

答：挣钱少，每月才30元钱，养不了家，不如回村工作。在乡内时一月生活费要9元，余钱就不多了。

问：你回来当书记，谁是副书记？

答：徐孟祥，他又是主任。徐小海是会计，刘生玉是保管。

问：你回来时是否成立公社了？

答：还没有成立公社。

问：你当村书记到什么时间？

答：到1963年，我干工作是最困难时期。

问：那时你身体怎样？

答：从部队回来得了胃病，病得不轻，后来在城关乡工作两年，经常看中医，吃中药，好多了。

【"四清"】

问：1963年你为什么不当书记了？

答：不让我干了，1963年搞"粗四清"，说我有问题，也就是工作中的问题，有人说我贪污，赌博，也就是"抓纸牌"，抓纸牌这个情况有，贪污问题，后来也一直没有查清。

问：你挨批了吗？

答：挨批了，我也不愿意干了，后来选举把我选掉了，在会上我表态，"不干了"。

问：为什么不愿干？

答：村内事，不好干，得罪人，后来又让我干两年小队长，这个工作更不好干，更得罪人，以后也不干了。

问：你下来谁当书记了？

答：徐孟祥接替我当书记。

问：你1955～1963年一直当干部，你认为什么条件当村干部最合适？

答：忠诚老实，要能力高，工作办法多。另外，要懂得农活，处处替群众办好事，不为个人谋私利。如果尽想为个人发财，什么事也办不好。我当干部时，不花队内一分钱，说我贪污，没有事实，后来也没有查出来。"文化大革命"时又整我，还是没有事实，我不服气，就开除我党籍。

问：什么时候给你平反的？

答：1977年、1978年给我平了反。我当干部时，经常挨整，一搞运动，就整我，辛辛苦苦白干工作，何苦呢，我不干了。

问：你为村内干了很多工作，群众意见怎样？

答：我们村群众对我不错，没有说我不好的。在最困难时期，有些家没有吃的，有些病了也没有粮食，我就到保管那里要些粮食给他们吃，所以群众对我反映不错。但运动一来，就搞我，没有办法。

郝栾芝（72岁）

时　　间：1995年9月7日下午
访问者：顾　琳　张利民
访问场所：郝栾芝家

【生产队长】

问：你今年多大岁数？

答：我今年72岁，属鼠的。

问：你当过小队长？

答：当过。

问：什么时候？

答：1961年以后。1961年以前也干过，因在北京几年中断了，从北京回来又在小队干。

问：干了几年？

答：干了很多年。

问："四清"时你干了吗？

答：干啦。

问："文化大革命"时呢？

答：没记得干过。1958年以前干了几年，1958年后半年我就去北京啦。1961年我回家来又开始干。

问：你到北京去干什么？

答：去建筑工程队三建五处，也就是第三建筑公司五处。

问：你是在哪个队？

答：1958年是一个大队，1961年在小队。

问：第几小队？

答：当时 5 个队，我可能是二队的。

问：干到 1965 年吧？

答：大概是。

【家族、生活】

问：你父亲叫什么名字？

答：死啦，叫郝连喜。

问：你母亲呢？

答：姓赵。

问：她是哪里人？

答：本村前街的。

问：你是老大？

答：是。

问：你兄弟姐妹几人？

答：共 7 个人：兄弟 4 人，3 个姐妹。

问：你小时家里有多少土地？

答：本业地 4 亩，另外租种王老乐的地。

问：租了多少地？

答：18 亩。

问：那时生活如何？

答：生活不好。秋后收的粮食人家用车拉走啦，那时庄稼长得差，收成不好。

问：地主收租收几成？

答：当时论斗，一亩地收 5 斗，以斗计算。不管收成好坏，租是死数，多打多留，少打少留。

问：地主下来收粮食吗？

答：地主不来，地主雇的狗腿子来收，管家收。

问：你看见过地主吗？

答：见过。

问：打完场来收？

答：打完场收到家里，他们从家里要走。

问：18 亩地交 90 斗？

答：1 亩地收 10 斗，地收租 5 斗。

问：你们够吃吗？

答：不够。

问：那怎么办？

答：吃带糠的粮食，最好的户也只能吃二八米，也就是二糠、八米。我们不行，只能是一半一半，谷子不脱皮直接磨在面里吃。这村的人基本上没有吃过纯米，都是带糠吃。

问：二八指什么？

答：二即二成糠，八即八成米。这里说的米就是谷子磨成的小米。吃得最好的户也只能吃八成米，还要吃二成糠。

【被卖劳工】

问：你几岁就跟你父亲干活？

答：我 13 岁就到天津去做小工。13 岁看水。13 岁时把我卖给东北一个姓马的了。

问：卖你的那年日军进中国了吗？

答：1937 年日本军刚进来。

问：谁卖掉你啦？

答：当时生活困难，我跟我爷爷到飞机场外出干了几天活，待住了。我爷爷回去扛被子啦，我在那里玩，招工的人说去天津挣钱，给钱，我认为行，就跟着招工的人去了，最后把我用 15 块钱卖啦。

问：15 元给你了吗？

答：没给！招工的人叫孙文（？），他得啦。他招了 120 人，都卖啦，钱他都得啦。卖掉我们，我们就上车走了，每人给 3 元钱，从 3 元钱里又扣除 1.2 元的被子钱，我们每人只得了 1.8 元钱。实际上那个人是给日本人招劳工。

问：招劳工的那个人呢？

答：他拿着钱跑啦。

问：他是中国人吗？

答：是中国人。

问：以后怎么样？

答：以后我在东北待到 17 岁才回来。那年修马路，冬天不行，买不起衣服，那个工头把钱都吃啦，我们就都跑掉啦。跑到喀山县给一个姓于的干活，那年润七月，前七月初二到的那儿，17岁回来的，干了3年。

问：在什么地方？

答：东北的喀山县，黑龙江省，离苏联很近。

问：那里的条件不是很好吧？

答：修了一个多月的路，我们就跑了。给人家干活，头一年每月给5元钱，做半拉子活，东北人叫半拉子活，第二年挣了100元，第三年挣了170元，跟家里也没有通过信。以后通的信，第三年腊月我就回来啦。

问：后来是给私人干活？

答：是。

问：半拉子是半顷地吗？

答：不是，如割庄稼，成人割6垄，我只能割3垄，这就是干半拉子活。也就是半劳力。

问：因为是小孩？

答：对。第三年我17岁时就挣整劳力的钱了，挣了170元，割庄稼大人割7垄，我割6垄。

问：带钱回来了吗？

答：带回来了。我在的那家人很好，把钱都为我存起来啦，我回来时除路费外还带回60~70元钱，当时60~70元很顶事，家里人非常高兴。

问：你在的那家管吃管住？

答：都管，我什么都不买，不花钱。

问：哪年回来的？

答：1940年底或1941年底，腊月。

问：回来的情况怎么样？

答：我回来时家里还不太好，我父亲在城里给人家当店员。

问：日本人还在县城吗？

答：在。

问：你爸爸在店里有多少收入？

答：我说不清楚。干了一段时间就不干

了，家里孩子多，自己推木轮车做小买卖。

问：回来时你家还种那么多地吗？

答：我跟着我爷爷种地，我父亲做小买卖干活少。

问：到胜利的时候都是这种情况吗？

答：是。

【县公安大队】

问：你什么时候结婚的？

答：我27岁才结婚，已解放啦，我今年72岁啦，1951年结婚。

问：从东北回来后一直在本村干农活吗？

答：在本县干过一段时间，在县公安大队干了几天，1948年去的。当时家里生活紧我去又不挣钱，只管饭吃。

问：是帮忙吗？

答：不。像现在的公安局下属的派出所一样。当时叫县公安大队，刚解放，还很乱。

问：干了多久？

答：“镇反”以后回来的，1953年。

问：你每天回村来吗？

答：有时回来，不能天天回来，晚上有任务，那时还乱，大部分时间在县里。

问：你干什么工作？

答：我当班长。

问：这村还有其他人去吗？

答：这个村只有我一个人，我是从村里的民兵中调走的。

问：日本没投降之前，你在村里是民兵吗？

答：不是。

问：也不是“佛教会”的？

答：不是。日本投降以后当的民兵。

问：那时的工作怎样？

答：那时的工作与现在不一样，真卖力气，又不挣钱，天天晚上出去，在村里派饭吃，走到哪儿吃到哪儿，村干部给派饭，公安局连车都没有，都是走路。

问：有自行车吗？

答：没有。专区设在辛集，离辛集 98 里地，带着文件去过三趟。

问：干什么都要走路吗？

答：对。那时跟现在不同，现在是汽车、摩托。

问：你说的战友就是那时的战友吧？

答：是。现在石家庄还有好几位呢。

问："土改"时你在村里吗？

答："镇反"后我就回来啦。土改时我是村的民兵，当时分的布和洋钱，我在村。

【民兵】

问：那时有多少民兵？

答：记不清。

问：你怎么当民兵？

答：村里让干的，夜里在村里转悠，带着一把土造手枪，用熟练后一甩就开，不熟的还得敲打它，就打一发子弹。

问：每个民兵都有吗？

答：不是，只有一把手枪。

问：当时的民兵队长是谁？

答：郝四妮。

问：他与你年纪一样吗？

答：比我大点。

问：那时的民兵是党员吗？

答：不是党员。

【"土地改革"】

问：你是"土改"的积极分子吗？

答：那时候不说这个，都是年轻人。

问："土改"时有从外边派来的人吗？

答：有工作队。

问：都是什么样的人？

答：记不清了。

问：在村里开会吗？

答：开会。经常开会。

问：本村有地主吗？

答：有一户。

问：叫什么名字。

答：俺村穷，这个地主还不如外村的中农，这个人叫张仲寅，这地主不怎么样。

问：开批斗会吗？

答：开。

问：他有多少地？

答：没有多少，70～80 亩地。这个村穷，都让王乐吃掉啦。张仲寅这地主是矮子里头拔将军，别的村的地主都比较大，这个村穷，是从穷中拔出的富户。

问：他解放前当过村长吗？

答：解放前当过几天乡长。

问：他教过书吧？

答：是。

问：土改时斗他，分王乐的土地？

答：对。

问：王乐到这村来吗？

答：没来，只把他在这村的地分啦，还分了他一部分东西，主要是布，每人分了七尺布。

问：你们到县城批斗他吗？

答：去过，我还去过呢。

问：你是作为民兵去的？

答：是。

问：不是民兵的去吗？

答：也去。

问：他以后怎么样啦？

答：好像走啦，他外头有买卖，有一年他跑回来了，我们去捉他，没有捉住，我当时在县公安队。

问：你爷爷还活着？

答：都活着。

问：你们分家了吗？

答：我父亲与我大爷分家了，我跟我爷

爷过。

问：分了多少土地？

答：4 亩地吧。

问：土改后多少土地？

答：14 亩地。

问：当时几口人？

答：有爷爷，奶奶已死。我在东北时奶奶就死了。

问：你奶奶死与你去东北没关系吗？

答：病死了。土改时有我爷爷，父母亲，我是老大，有的弟弟妹妹还没出生。我小弟弟比我小 30 岁。

问：一个人平均几亩地？

答：记不清啦。

问：你到县城去以后，主要是你爸爸劳动？

答：是，弟弟们还小。

【结婚、家庭】

问：是在县城时结的婚吗？

答：1951 年，我那年 27 岁，妻子 21 岁，她属马的。

问：你爱人叫什么名字？

答：王瑞姐。

问：她是本村人吗？

答：她是安乐人，比我小 6 岁。

问：你们结婚时规模大吗？

答：不大。

问：结婚前认识吗？

答：不认识。

问：相过亲吧？

答：相亲时见过面。那时与现在可不同啊。穿几件衣服就行啦。

问：你骑马接去了吗？

答：没骑马。用大车接过来的。

问：她来时带的东西多不多？

答：没有东西。家里条件不行。

问：你家里不行，工作可不错呀！

答：我一分钱也不挣，每月给六斤半小米，管吃。这六斤半小米就是工资，供给制，走到哪里吃到哪里。

问：你爱人家里穷吗？

答：更穷。

问：你们几个孩子？

答：一儿一女。

问：他们叫什么名字？

答：大儿子叫郝树新。

问：哪年生的？

答：1962 年生的。我这个孩子是要的，我爱人有子宫肌瘤，在石家庄第二医院做了手术，我这小女儿是从她妹妹家两个月时要来的。这两个孩子都是要的。

问：这个男孩是郝姓的吗？

答：外姓的。

问：女孩叫什么名字？

答：郝芬芬。

问：他们现在干什么呀？

答：都结婚啦，在门口卖土豆的就是我儿子。

问：女儿呢？

答：出嫁到热河乡贩马村啦，不是本县。

问：你大儿子也不大。

答：不大，今年 31 岁，周岁 30 岁。

问：女孩？

答：27～28 岁。

问：你与你儿子住在一起吧？

答：是。

问：你老伴现在身体还好吗？

答：好。动完手术就没事啦。

问：还能干活吗？

答：老了，也不干啦。

【到北京做工】

问：你为什么从县公安大队回来？

答：不愿干啦，因为不挣钱。

问：回来干什么？

答：种地。

问：你回来后是互助组还是合作社？

答：就是种地。1958 年当队长，合作社时候的事记不清啦。

问：是种自己的地还是种集体的地？

答：自己的地。

问：小队什么时候成立的？

答：记不清啦。

问：你干了几年以后人民公社成立了吗？

答：是。

问：你 1958 年到北京了是不是？

答：1958 年上半年我当队长，收完小麦后我同战友到北京去啦。

问：你跟谁一起去北京的？

答：我一个战友。他的姐夫在北京三建五处当管理员，我头天去第二天就上班了。我们在科学院住着。在北京中关村那边住，北京的八大学院我都去过。我干得不错，在三建五处干了两三年，先是合同工，后转为长期工。回家探亲时村里不让走啦，又让当队长。1961 年回到村里，我本来还要回北京干，可经村干部们动员，我当时没主意就留在村里当干部了，如果我在北京干，早退休啦。

问：在北京的收入怎么样？

答：当时我们还没有孩子，妻子也住在北京一年多。

问：够吃吗？

答：1961 年生活困难，她回来了。她在北京先当临时工，国家困难，临时工也不能当啦。

问：你与家人分开啦？

答：分开啦。

问：你自己生活还行吗？

答：也不强，可以凑合着过，当时国家处于困难时期。我在那里当生活干事，管生活，她来后给她配点粮食，也困难，买什么都没有。

问：你在北京与在家相比？

答：我在北京没有受过屈，我每月粮食 60 斤，后来减到 51 斤，我是壮劳力，家里不行。

问：你回来时国家困难已好转了吗？

答：好点啦，也不行。

问：你们在北京时，是不是看了很多地方？

答：故宫、西郊公园、北海公园我都去过。

【北京的国庆节】

问：国庆节呢？

答：国庆节游行、"五一"劳动节游行我都去过，看到毛主席那次，我在最北边那行，毛主席和刘少奇在左边，我们在右边，我们都喊"毛主席万岁"。我们在最北边第一行能看到，第三行就看不到了。

问：你们村还有在北京的吗？

答：没有，外村的人有。我战友的弟弟也在那里。

问：你们共去了几个人？

答：就两个，我和我战友的弟弟。

问：那个人回来了吗？

答：也回来了，他比我回来得晚。

问：你们在北京时与家人通信吗？

答：俺娘和小弟弟在北京住过，短期的。

【扫盲】

问：你小时上过学吗？

答：没有。我在县公安大队时，形势基本稳定，后去了一个教员，我们队里的人大多不识字，教员教我们认字，这个教员在石家庄当过记者，在烈士陵园旁边住。

问：当时叫扫盲？

答：对。我不识字，干那工作也不行啦。

问：你从北京回来，村里人不让你回北京，你没有法子？

答：俺妻子在家，户口迁不去，为迁户口与领导争论过，所以干着就没劲啦，回家后村干部又动员我留下，就留下来啦。

问：村里不让你迁户口吗？

答：不是，北京不让迁，一气之下我就不回北京了，在村里当上了干部。

【生产队长】

问：你回来后马上就当小队长啦？

答：是。

问：你们小队人多不多？

答：不少，100多人。

问：有多少户？

答：说不清了。

问：二队在村的什么地方？

答：共五个队，一、二、三、四、五队排着呢，一片地分成一个队。

问：住在一块吗？

答：基本上住在一起，有几户也是分散的。

问：你们二队多半姓郝吗？

答：多半郝姓，有两户张姓的。

问：一直是这些户一个队吗？

答：是。人多了。

问：你们队劳力多吗？

答：不少。当时的劳力都种地，没有干别的，与现在不同。

问：女的也参加劳动吗？

答：参加，都得挣工分，凭工分吃饭。

问：你回来时食堂还有吗？

答：有。还吃山芋干呢，都吃山芋干面饼子。

问：不好吃吗？

答：少吃好吃，吃多了不好吃，甜的。

问：你当小队长之前谁当队长？

答：记不清了。

问：1958年是小队吗？

答：不是，1958年是大队。我记得夜里转一个村子，看青，越困难越有人偷庄稼，人们吃不饱。

问：第二次当小队长啦？

答：是。

问：比较好当吗？

答：小队啦，比较好当。

问：小队长的工作是怎样的？

答：每天敲钟，派工，分配社员们干活，男的干什么，女的干什么都分配好，跟人多的地方共同劳动，人少的地方就不用亲自参加了。有时候各处转转，检查干活的情况。一个人干的活派老实人去干。干什么都不容易。

问：有人批评你派活不公平吗？

答：有！人多，难免有意见。

问：他们提意见怎么办？

答：没有大事，事后就算啦。

【种棉花、男女分工】

问：那时种棉花和麦子？

答：那时种棉花多，现在少了，玉米、麦子多了。

问：棉花什么时候种和收？

答：三月种，收棉花的时间长，现在的棉花还没有开，棉花最晚，其他庄稼都收完后，棉花还在开，十月开始收，一茬一茬的收，时间长着呢。

问：种棉花怎么分工？

答：女的摘棉花，回来入库，用秤称好每个人摘的斤数。

问：种是男的干吗？

答：是，男的种，用耧播种。

问：拔草呢？是男的干还是女的干？

答：用锄头除草，男女都干。重活男的干，轻活女的干，该怎么分配怎么分配。

问：棉花需要摘好几次才行吗？

答：是。地里棉花都白了才摘，再过几天又白了再摘。

问：摘完棉花后，地里还能种什么庄稼吗？

答：不能。棉花就是一季，小麦、玉米两季，如果麦子地里点种棉花，可收两季。

问：你们是每年都在一块地里种棉花吗？

答：不是，倒着种，今年在这块地里种，明年就得在那块地里种，不倒茬长不好。

问：不种棉花的地种什么？

答：种其他的，如小麦、玉米，今年这块地种的是棉花，明年这块地就不种棉花啦，种小麦，小麦熟了之后种玉米，过一两年后这块地还可以种棉花，倒茬种。

问：20 世纪 60～70 年代用什么化肥？

答：主要是人工肥，化肥很少。

问：用豆饼吗？

答：没有用过，那时用不起，队里没有钱。

问：用什么化肥？

答：尿素，与现在用的一样，还有氢胺。

问：是因为没钱不用好的吗？

答：是，没有钱。

问：那时亩产多少？

答：不多，与现在差多了，究竟多少记不清了。

问：除种棉花、玉米、小麦外，还种什么？

答：高粱。这种粮食打得少，种的也少。还种谷子。

问：种豆吗？

答：种得少，只在水沟边上种一些，地边也种。

问：有自留地吗？

答：给过自留地，不是从始至终都有。

问：收获的东西都给小队？

答：是。

问：留口粮、种子、饲料吗？

答：留种子和饲料粮，口粮都分啦。

【大队的管理】

问：每年交多少给大队？

答：大队有会计和保管。

问：种什么大队给指示吗？

答：大队也说要求种什么，种多少。但做主的还是小队，具体种什么，在哪块地里种小队做主。

问：大队分配种什么庄稼的数吗？

答：分配。小队也得按大队的分配数字种，不是绝对的。

问：分配给社员的口粮各队一样吗？

答：不一样，收的多的小队多分，收的少的少分，按人口分粮，按工分分钱。

问：分的标准是统一的吗？

答：是。多收成的也不能多分，大队里帮助过秤，不能随便分口粮，小队不能愿分多少分多少。

问：收成多的小队能多分点吗？

答：多一点，也有限，不能随便分。

问：这几个队差别大吗？

答：有差别。我没有在大队，具体情况不清。

问：你们二队在村里是什么水平？

答：都差不多。

问：你干到什么时候？

答：1965 年"四清"以后。

【"四清"运动】

问："四清"时对小队长有影响吗？

答：说我多吃多占。开始的时候，关系

不好的人提了些意见，让你出点丑，走上正轨以后，把这些人都弄起来啦，我就没事了。

问：提意见的人都是什么样的人？

答：戴帽的人提得多。小队里没有权，财产也不多，跟大队不同。

问：戴帽的人因为对现状不满借机提意见吧？

答：是。

问：60 年代经常有政治运动吧？

答：是。

问：小队长经常组织开会吗？

答：政治运动的会大队管，小队只管生产上的事，小队上没有那个权力。

【生产队的管理】

问：家庭不和的小队管吗？

答：大队有专人管，小队不管。

问：小队里有人出事后，小队帮忙吗？

答：有吵架的户，小队可以劝说他们，小队管不了的，由大队管。

问：红白喜事小队管吗？

答：管。

问：盖房子呢？

答：谁家盖房小队就管啦，大队不管。

问：小队的时候，人与人的关系是不是密切？

答：人很多，也复杂。

问：在一起干活，不干活的时候也在一起玩吗？

答：不按队说，按家族说，本家的与本家的人来往多，姓张的与姓张的，姓郝的与姓郝的，过年相互拜年。平时串门与小队也没有关系，一般是关系好的来往多。

问：本小队的年轻人有结婚的吗？

答：我们这个小队没有，别的小队有本队人结婚的。一个村的一个队的不是一个姓的本家人有结婚的，本家同姓的没有。虽然是很远的当家子也没有。

【做小买卖】

问：你不当队长以后一直在家吧？

答：做过几次小买卖，除此都在家种地。

问："文化大革命"时你也做买卖吗？

答：没有，"文化大革命"以后才干。

问：你干什么？

答：卖苹果。

问：卖土豆吗？

答：我不卖，儿子卖土豆。我在道口那儿卖，各卖各的，我只干了几天。我年纪大啦，身体不好，还在石家庄住过医院，农活不能干啦，就卖点苹果。

问：谁给你拉苹果？

答：我们有机动三轮车，他们替我拉或别人给送。

问：能赚多少钱？

答：有时多，有时少，没有准儿，孩子们再吃点，一天赚不了几块钱。

问：你整年在这里卖吗？有三五年了吧？

答：整年干，有几年了。

问：有专人给你送吗？

答：有。都熟了，送苹果的人熟啦，买苹果的人也熟，都知道我老头秤准。在道口这儿我盖了一个小屋，改革开放以后我就开始做买卖啦。

问：只卖苹果吗？

答：卖水果。

问：买东西的都是本村人吗？

答：我在十字路口，哪儿来的人都有，大概外村的过路人买的多，本村人少。

问：早晨几点到晚上几点？

答：早八点就开门。我有时到石家庄去驮香蕉。

问：骑自行车去呀？

答：是。石家庄有水果批发部，我都熟

啦，他们都照顾我。如香蕉1.45元一斤，只要我1.40元，还给我挑好的。

问：隔几天就去一次吗？

答：是。天热去得少，天凉后就去得多啦。天热容易坏。

问：一个礼拜去一次？

答：隔一天就去一次。

问：你一次驮多少？

答：两篓，共120～130斤。

问：你到石家庄去，店不开啦？

答：开。我老伴看着。

【家庭、收支】

问：你的收入够你老两口吃吗？

答：孩子们每天也得花我几元钱，不够吃。一个孙女，三个孙子。

问：都是这个儿子的吗？

答：是。

问：大的几岁？

答：3个孙子，大的10岁，老二8岁，老三6岁。

问：孙女呢？

答：最小的是孙女。

问：4个孩子？

答：4个孩子老伴给看。

问：儿媳干什么？

答：到地里干活，6.4亩地。

问：你和你老伴的，还有……

答：就我们4口人的地，儿媳和孩子们都没有。

问：儿媳是本村的吗？

答：不是，她是圪塔头的。

问：你们与儿子、儿媳住在一起吧？

答：都住在一起，伙着住。

问：你负担不轻啊？

答：是。要不还干嘛！原来我每天吃药，现在不吃啦，锻炼得不吃药了。

问：像你这样的家庭算富户吗？

答：人多，孩子们又小，不算富裕户。

问：这房子是什么时候盖的？

答：十来年啦。房子现在看来不强，当时都那么盖，孩子17岁时盖的，今年31岁啦。

问：8口人几间房？

答：5间北房，3间东房，西边没房。在一个院里。

问：如果没有孩子们拿你的钱，你老两口生活不错吧？

答：是呀。

问：一年他们花多少钱？

答：2000～3000元。孩子们太多，要不我们好过。

问：要那么多孩子干什么？

答：他们舍不得送给别人一个。

问：罚款了吗？

答：公社骑走了我一辆摩托车，等于罚了一辆摩托车钱——2200元。

问：这是第几个孩子罚的？

答：第三个，第四个孩子做了手术。

问：还打算生吗？

答：不生啦，做了绝育手术，已好几年了。

问：本村30多岁的人生这么多孩子的不多吧？

答：不多。第三个孩子时做的绝育手术，但当时已怀孕了，所以第四个孩子是因为手术失败造成的，就没有罚款。

问：现在家里只有一辆机动三轮车，没有摩托啦。

答：是，跑买卖用。

问：用三轮从石家庄拉东西吗？

答：不用，岁数大不敢骑，石家庄也不让进，在县里可去拉东西，除拉东西外，农忙时拉庄稼。

问：邻居比你好吗？

答：有好的也有坏的，水平不等。

问：你的水平在村里算中等吗？

答：算不上。

问：比你差的户是什么原因？

答：难说。干什么都一样，有赚钱的，也有赔钱的。

问：你儿媳娘家的地能拨过来吗？

答：拨不过来，我女儿的地在这里，这就平啦。

问：你很能干，撑着家里一半。

答：不能干怎么办，他一个人撑不住。我供这几个孩子吃和花，还有学费，以后就不行啦，四个孩子上学供不起，靠儿子吧。

问：能存钱吗？

答：存不了。

问：你们家谁当家？

答：地里的事家里人管，我挣点钱弥补家用，做买卖的事他们不管。

问：在一起吃饭吗？

答：在一起，我在马路边的店里也生着火，自己做着吃，过年过节回家同大家一起吃，就一个儿子不分家。

问：儿子和儿媳的关系好吗？

答：孩子多，也断不了有点小矛盾。他们也得干，不干也不行。

问：孩子也帮忙吗？

答：帮忙。

问：几岁的孩子帮忙？

答：两个孩子上学，还小，帮不了忙。

问：上二年级吗？

答：三年级。

问：是周岁还是虚岁10岁？

答：周岁。

【现在的生活】

问：你感到生活最好的是什么时候？

答：现在吃得不缺，孩子的零花钱也不缺。

问：现在比过去好吗？

答：现在不错，儿子种地有粮食吃，我挣点零花钱。

问：你挣的钱能占全家收入的一半吗？

答：一半多。

问：除过春节外，都是干这事吗？

答：是。

问：郝大爷不像70岁的人。

答：我在进医院以前一直在干，住医院后有一段时间不干，身体不行，后来我到石家庄又干起来，现在锻炼得不吃药了。

问：喝酒吗？

答：不喝，一直不喝，烟也戒了，吸烟没有好处。

问：什么都吃吗？

答：什么都吃，吃得不错。

问：跟你年纪一样的人都干活吗？

答：没有到石家庄去干这事的啦，我一趟驮香蕉130斤，别人没有，他们都不干活啦，都在街里一蹲，晒太阳。

问：谁算账？

答：我算，我不识字，口算，如1斤0.8元，2斤就1.60元。

问：记账吗？

答：不记账。

问：用现金买香蕉吗？

答：是。现钱买，现钱卖。

问：本村有不给现金的吗？

答：不给也不记账，心里记着，以后他们再给。

问：上税吗？

答：我上岁数啦，不是大摊儿，不上税。

问：有几百元的本钱吗？

答：有1000～2000元的本钱。

问：你开始经营时的本钱是怎么来的？

答：一点一点攒的，肯定有本钱，没本儿不能干。

问：自己有窖吗？

答：没有窖，坏不了。

问：卖青菜吗？

答：有时也卖点，不多，主要是卖水果，苹果、香蕉、桔子。

问：现在是卖大苹果吗？

答：是，有很多品种呢。

张俊义 （现任职栾城县志办公室，1973 年~1985 年任县生产办公室农业专家。）

时　　间：1995 年 9 月 8 日上午
访 问 者：顾　琳　张利民
访问场所：县招待所

【统计资料、县志编写】

问：各县有档案资料吗？

答：藁城、赵县有，河东有。以河为界，档案资料都弄不来。分县以后的资料都丢失啦。

问：现在"土改"的资料多吗？

答：也不多。有些"土改"的资料在省档案馆。1958 年以后的资料有一部分，1958 年以前与藁城合县，藁城有 1958 年以前的资料。

问：民国时期的有吗？

答：没有。咱们所用的民国时期的资料都是从省档案馆弄来的，费了很大劲。

问：你们搞县志，县是怎么统计的？是以现在县的地域统计吗？如农产的单产。

答：以当时县地域的范围计算，历史上的东西好办。比如发生重大的事，像这县西北部是六几年划分过来的，有些资料已丢失

了，只能把重大事记下来。

问：请写你的名字。

答：我也姓张，过去咱们是一家人（采访者张利民）。你需要什么东西，我可以向你们提供。

问：你们写的农业部分很细，尤其是农业技术的引进。

答：原来的农业资料长编还要细，但是由于字数的限制，又删去了一部分，原来计划全书 120 万字，现在突破了，近 150 万字，经济部分分了三块：一是农业经济，包括农林牧副渔；二是工业经济，包括县、乡、镇企业，农村副业；三是综合经济，包括商业贸易市场等。这三块文字占全篇的 1/4。过去修志不注重经济，现在增加它的比重，从整个看来，咱们国家的经济部分都没有系统，现在为弥补不足查了民国时期档案资料，甚至更早的时间的东西，如晚清时期有点东西，现在把它系统起来，这样研究整个中国的农业能看出一个系统性来。现在只能说民国和晚清这段时间可以看出来，系统地看还是新中国成立以后的多。

【农业生产管理机构】

问：你原来干什么工作？

答：县里有个生产办公室，一开始我就在这儿工作。

问：是现在的经委吗？

答：主要管农业生产，是农业生产综合管理部门。

问：与乡里的管理站一样吗？

答：不一样，这是属政府直接领导的，统一管理全县的农业生产。

问：乡和村级是什么机构？

答：直接统归乡政府，没有相对的机构，有专管农业的副乡长。经委是抓工业的，与生产办公室不同。

问：抓计划吗？

答：计委是抓计划的。

问：乡里的经管站是什么机构？

答：它是管经营的。这里不管经营，光管农业生产。

问：跟现在的农业局不一样吗？

答：中国的体制是这样的，局与乡是平行的，农业这一块是大农业，包括水利、畜牧、农业。

问：包括副业吗？

答：有专门管副业的。

问：请画一个图。

答：这是县政府，县政府下边现在是农委，过去是生产办公室，这个办公室不是常设机构，是个综合部门。现在的常设机构有农委、计委、科委。

问：县志上能反映出这种机构的沿革吗？

答：没有。下边设着一个，过去叫生产办公室，现在叫农委，是个综合部门。下边又分农业局、林业局、畜牧局、水利局。再往下统着乡镇。这个县有 16 个乡镇。县政府有个综合部门，因为农业局与乡镇是平级，谁也不好领导谁，有个综合部门——生产办公室。

问：这个办公室与局是平级吗？

答：级别是平级，但它是个综合部门，它又不管经营部门，经营部门由农村经济政策管，下边有经管站。过去有农村经济政策研究室，乡里有农经站，全名叫农村经济管理站。

问：农经站管技术吗？

答：还有农机局——农业机械局。这属于政府职能部门，这属于农业经济综合管理部门。它属于农业协调部门，如农业离不开水利、畜牧、农机这些部门，这些由谁协调，这就需要一个部门，这个部门就是综合部门生产办公室。乡里还有农业技术管理站，属

农业局管，现在农业和林业局合并了，过去林业局下边没有机构，有专门人员管。农机局下边有农业机械管理站，简称农机站。水利局下边有水管站，现在分片建水管站了，可能是四个。

问：管农业的乡里是农业技术站？

答：不光是农技站，到下边没有单独组织，有个专管农业的副乡长，副乡长管农业技术站，过去还管治安。

【村年度报告】

问：村里的年报向谁报？

答：分着报，如果是农业生产这一部门的日常生产进度，种植安排，由乡里报给县生产办公室。

问：村向乡什么部门报？

答：乡里有专门的人抓这项工作。乡里有分工，几个人抓农机，几个人抓农业生产。

问：我们到别的县的农村的年报表有人口的，村的基层组织的……

答：刚才我们说的只是农业生产这一块，年报现在分的比较详细。还有月报，县里要求村里有月报，实际上村里没有月报，只有年报，这是国家统一规定的。村里把季报或年报上报到经管站。经管站再统一整理后再上报到县统计局，这个数字是县的统一数字，经过县长许可，可以公布，咱们生产办公室只管生产进度，不管其他。比如现在正播种小麦，播种到 10 天，生产办公室就要掌握这个进度的数字，播种结束后，全县播种 30 万亩，就报到县里，整个统计数字由统计局下发数字，下级向上报每年年报前都搞培训。

问：我们在寺北柴村访问时，发现他们没有报表，所以我们想了解他们的农业发展变化情况。

答：是要寺北柴村的还是要全县的数字？

问：村里没有，想了解全县的农业发展

进度，从中了解寺北柴村的变化。我们在国外，只能看到报纸上公布的数字。我们看到过很早以前全国分县的统计数，1965～1978 年的数没有。

答：寺北柴村有间断的，想要连贯的？

问：是。

答：寺北柴村的有，但要查那些资料很难。农村的资料不好找，会计经常换。

问：我们需要的不是全部资料，只是村的一部分。一个是播种面积，如粮食和棉花的播种面积，单产、总产、人均收入、人均口粮，有这些数字就行啦。

答：粮食、棉花的播种面积、亩产、总产都有，人均收入可从 1949 年提供到目前。农业的发展受多种因素的影响，政治、经济条件、气候国内国外的形势。我们有解放以来阶段的划分，发展变化是波浪式的。

【农业的波浪式发展】

问：这个发展是怎么划分的？

答：根据本县农业发展的特殊情况划分的，我们县有特定的条件。

关于农村经济收入这块，抱歉的是只能提供部分年度，1949～1993 年的全部情况没法提供，上边有规定，不许提供，抱歉。

县志马上就出来啦，前段南开大学有位老师问过县志马上出不出来，因为受出版社、印刷情况的限制，估计近期可出。县志出来后，你们要的资料就可满足啦。

新中国成立以前的资料很少，尤其是民国时期，中国多灾多难，影响中国的经济，尤其是对农业的影响大，整个经济不好。

栾城属于经济情况较好的县，水利、气候、土壤条件都好，基础比较好，民国前栾城县是个养人的地方，也就是这个县的人出去的少，种地的多，小农意识。

粮食产量在全国比较高，谷子能产到两

布袋，共 200 多斤。小麦单产 100 来斤，在全国属于不错的地方。这个县有个特点，直到解放——1947～1948 年，棉花种植很多，在清末民初棉花种植面积占 60%，民国后期占 50%；粮食中谷子和山芋种植面积也较大。

问：山芋（红薯）种的面积较大是为了吃吗？

答：是。农村中因棉花种植面积大，得种些粮食够吃，所以种些单产比较高的作物，谷子、红薯产量都高。这县的东、西、北部粉条加工多，主要原料是红薯，种得多的原因也就在这里。民国初年栾城县种的粮食不够本县人吃，主要是用卖棉花的钱买粮食吃。由于棉花种植多，所以经营棉花的商业也多，土布业也较发达。栾城县花行较多，本县的人不多，外地来的多，河南、天津的到这里买棉花，贩粮食进来。

【土布生产】

问：没有看到土布市场？

栾城县的土布比较发达，《文史资料》中有篇文章专门介绍栾城的土布生产情况，是用手织的。

答：当时栾城县的北关有个土布市场，外省市的商人来此购布。到民国的时候在北关还有土布市场。

问：我（张利民）是研究市场的，顾琳先生是研究土布的。

答：据资料记载，同治年间，栾城已有土布市场。棉花种植时间还久远。1870 年以后栾城已有土布生产，光绪初年达到鼎盛时期，北关有土布市场，除本县的人以外，藁城、赵县、赞皇等县人都来交易土布，好像是个集散地。山西、河南省的商人在集市上收购。据资料记载，集市上市量达到两万尺，一日市集上市量达到这么多。

问：最高的吗？

答：平均日上市量。

问：土布是本地生产的？

答：是。棉花多了，轧棉，轧好后，农村妇女把棉花纺成线，织成布。当时的尺子比现在的尺子小。民国初年栾城县的土布店铺有十多家，1936 年有 14911 架纺车，织布机 2865 台（木机）。

问：有铁机吗？

答：没有。是窄面幅的，生产土布 11.4 万尺。1945 年全县生产 6.28 万尺，1948 年解放以后纺车 18979 架，织布机 3525 台，年产 15.83 万尺。这县 1947 年解放时，生产彻底崩溃，困难得很，县委狠抓了一下土布生产，县的代表参加了全国的会议，从 1947 年底到 1948 年 10 月土布生产发展起来了，解决了农民的生活。当时是生产自救。

问：大城市还没有解放，农村还需要土布？

答：对。栾城县比较早点，一直有土布。解放以后到 60 年代一部分人还穿土布。我上初中时还穿土布。"文化大革命"前期，1980 年以后基本上没有了。现在极个别的户还织布，木机还有。《文史资料》中记载，现代、古代的机器都有，由于栾城棉花种植面积大，带动了棉花的加工业和商业。

【棉花种植、套种】

问：现在种棉花的不多了？

答：是。

问：请您提供一些从 1949 年到现在的棉花生产情况。

答：1949 年建国初期，种棉面积不小，由于战争，经济、生产条件有限，亩产皮棉只有 20 多斤，超不过 30 斤，27～28 斤。但是老百姓还依赖棉花生产，有历史原因，这是主要的经济收入。1949 年、1950 年到 1965 年全县棉花种植面积有 15 万亩，占全县 47 万亩种植面积的 31.9%。

问：最高是哪一年？

答：1951 年最高，23.81 万亩，占 50%。从 1965 年以后，因强调计划经济，一直到 1978 年，层层下达计划，按计划每年都种 13 万亩棉花。1978 年以后农村逐步实行联产承包责任制，农民有自主权了，棉花逐步减少。到现在只有两万来亩，基本上不种了。为什么？一个是棉花价格政策，虽然国家几次调整棉花收购价格，但总的说来还是不够合理。据说现在国家又采取扶持棉花种植的政策，再把棉花恢复起来，但需要时间。农民觉得种棉不合算，不如种粮省时省力。种棉投入大，收入小，不如粮食。农民有自主权啦，就种的少了。另一个是从 70 年代以后棉花的病虫害较大。造成的原因是 60 年代后期 70 年代中期，栾城在棉花种植上搞了两大改革：一是粮棉间作套种，小麦和棉花套种。

问：为什么这样做？

答：因为计划经济，间作套种开始时也发挥了优势，60 年代后期，栾城的粮食，尤其是小麦产量高，产量高了，给国家贡献大，贡献越大对农村的压力越大，只能增不能减，当时的口号是力争小麦产量多少多少万，上缴给国家的占一半，为了保粮，就要增加复种指数，一亩当一亩半或二亩地种。过去棉花的行距是 1.2×2.4 尺，1960 年后期要求在大的行距间种植早熟作物，如扁豆、豌豆，后来种小麦，种豆类的时候不太影响棉花，后来种小麦就影响棉花了。小麦头一年播种 6 月份成熟，棉花 4 月份播种，秋季成熟，棉花和小麦的共同期很长，虽然粮食上去了，增加了粮食的产量，但是影响了棉花的产量。后来县里又采取了点措施，搞三七、二八。这就是说虽然是套种，算面积时棉花七分粮食算三分。种棉花的时候，正是小麦吐穗的时候，对棉棵的照晒造成影响，所以棉花产量低。

问：这种办法是上边下达的，还是自己搞的？

答：我们自己搞的。间作套种还有一个弊病就是，棉花是喜旱的作物，小麦是喜水的作物，相互矛盾。因此，县里又改革，搞棉花高起垄。把土垄起来种上棉花，棉花种在高处，小麦中间的土垄高，种棉花，这叫棉花高起垄。

问：这是哪一年？

答：七几年的事，刚开始没有提倡高起垄，麦棉间作种植有两个影响：一个是对棉花高度的影响，再一个是棉花产量低。当时棉产低还没有找到间作之间的影响，认为是种子不好，于是换种，那年换种最多，13 万亩种棉花，23 个品种。由于乱换种，棉产低，粮棉套种，两者争光、争水、争肥，棉花高起垄又影响了大面积的耕种，杂草多，病虫害多，于是换种。换种后又出现了新问题，当时由于缺乏必要的检测手段和条件，带来了枯萎病、黄萎病等许多病害，有多方面减产的原因。当时县里采取了一些措施，如棉花高起垄就是一个，解决与小麦共生期当中的矛盾。再一个就是采取硫酸脱绒，就是把种子表面的病菌用硫酸脱掉。

问：硫酸是农药吗？

答：不是农药，是一种化工原料。棉花籽表面有了层绒，用硫酸把棉籽表面的一层绒烧掉，因为这层绒里带有病菌。采取了这些措施后，还没有解决栾城县棉花上不去的问题。

问：为什么？

答：没有从根本上解决问题，也是没有找到棉花产量低的原因，盲目地找原因。病害多，搞硫酸脱绒，粮棉共生有矛盾。搞棉花高起垄，还搞了减少共生期，还搞了营养钵，还引进抗生品种等措施，但还没有解决

棉产低的问题。这是一个问题，再一个影响是气候病害，从 1970 年以后，棉铃虫的危害比较大，棉铃虫很难控制，现在更难了，种的面积小了，虫的密度大。

问：虫子跟污染有关系吗？

答：对棉铃虫还没有研究透，今年的面积小，更严重，不好活。

问：棉产最高是 1983 年吧？亩产最高 65公斤，总产最高也是 1983 年，共 749 万公斤。这是昨天从表上看的。

答：是，1983 年，年景不错。

问：1984 年还是 13 万亩吗？

答：11.5 万亩。对棉花影响的一个是国家的棉花政策，一个是间作套种，另一个是棉花的病虫害，棉花的投资比较大，但收益较少，所以影响了棉农的种植积极性，种植面积越来越小。

问：寺北柴村的农民说土地太肥，棉花不向上生长。

答：与气候有关系，棉花喜欢旱，不喜欢大水，麦收以后，正好是蹲棵的时候，有连雨。不是因为土壤，棉花喜欢沙软土，有一部分地是黑碱土，对棉花不利，从科学技术上讲，这几年对棉花的控制差不多。当然与土壤有点关系，不如沙软土好，现在与以前不同，现在的粮食施的化肥多一点，地肥一点，对棉花不利，有这个因素，但不是主要因素。如棉铃虫，人可以控制它，除治时间不太及时，控制不了。有个别户不愿种，过去全县种 13 万亩棉花，规定 6 月 23～25 日这三天突击，基本上把棉铃虫消灭了。当时面积大，投入的劳力多。现在种一点，把精力投入别的地方。

【棉花种植与市场】

问：跟市场经济有关吧？

答：刚才不是说了价格不合理吗？就拿

玉米和小麦来说，收 800 斤小麦，1000 斤玉米，不太费劲，这一亩地两季收下来可卖 1000 多元，小麦每斤 0.85 元，亩产 800 斤，可卖 700 元，玉米亩产 1000 斤，每斤 0.75 元，可收入 750 元，这样一亩地可收入1400～1500 元。而棉花现在不行，按 40 公斤算（平均数），每斤 20 元，可卖多少钱？就按 50 公斤算，才收入 2000 元。玉米市场价 0.84 元，每亩产量 1000 多斤。可棉花投资多大呀，纯收入棉花不如粮食，粮食投资小，投入少，省劲省力。

问：粮食两季能收 2000 斤吗？

答：收不了。麦子每亩产 800 斤，玉米收 1000 斤。两季收入 1700～1800 斤。棉花成本太大，粮食的成本下来了。粮食成本每亩 200 元，而棉花就高啦。

问：多少？

答：没有统计，根本没法弄，农药对虫害不起作用。改革开放以后，市场经济的发展，农民认为种棉花费力，种粮食省心，种上以后，家中的妇女或辅助劳力就可以管理啦，其他人就可以抽出来经商或做其他工作，而棉花就不行了，两三个劳力如果种二亩棉花，就得整天在地里管理。

问：将来栾城就不多种棉花啦？

答：这得看今后的发展，现在国家正调整对棉花的价格政策，国家号召种棉花，今年就好点，国家政府部门搞些补贴。

问：1983 年棉产为什么高？

答：棉花种植很大程度上决定于气候条件，当然其他条件也有作用。1983 年推广了新品种，最新的品种，代号是"321"。近一两年我还发现有的地方种这种棉花，这种棉花的棵 60～70 公分高，棉桃多，长得紧凑。1983 年种了一部分夏播棉，割了麦子才种。

问：那才生长几个月？

答：现在有夏播棉。1983 年产量高是因为搞了联产承包责任制以后，恢复了棉花平播。棉花平播是 70 年代后期开始的，经过几年的恢复，1981、1982、1983 年棉花基本上稳定了。恢复了平播以后，对生态平衡有好处。再加上棉花的倒茬轮作，优良品种，农户对棉田的管理也比较细心。我 1983 年种了一亩二分棉，亩产皮棉 170 多斤。

问：听农民说 1983 年或 1985 年棉花丰收，国家不全部收购，或收购后赊欠款，农民以后就不愿种了。

答：棉花一般没有出现过打白条或不收购的现象，因为棉花是一类物资，都统购。粮食和生猪出现过这种情况。在我的记忆中棉花没有出现过打白条或不收购的问题。

【粮食和棉花生产】

问：请你谈谈粮食的情况，耕地面积变化大吗？

答：变化不大，那几个村有点变化。

解决棉花产量低，采取过一些措施，影响棉花生长的不是一个因素，很复杂。这几年气候不太好，病虫害多。农业受自然条件的制约相当厉害，比如玉米，现在对玉米有了一个比较好的管理模式，还好一点，过去一年与一年不一样。如今年玉米的播种，按农民的种植习惯和研究得出的结论，6 月 5 号左右播种，今年这样做了，正好玉米扬花的时候，连雨三四天，授粉受到影响。虽然不是大的风灾雹灾，大的虫害也没有，但授粉不好，玉米也会减产。这不是灾害，如果是大的灾害国家有救济，这不是，这只是减产。去年的玉米产量全县平均亩产 500 多公斤，今年可能只有 400 多公斤。总起来说，农业还不能完全抗拒自然灾害。工业就可以，农业就掌握不了，受自然条件限制，现在科学技术发展了，好多啦。

问：1963 年亩产才 8.1 斤？

答：1963年栾城有特大水灾，有特殊情况。

问：听农村农民讲1973年、1974年，他们的棉花产量是全县的第三名，那时是套种呀？

答：1973年我记得最清楚，我是1973年到的生产办公室。那年棉花产量是较高的，亩产90多斤，种植面积也最多。

问：这一年种植面积是最多的一年？

答：13万亩，不算最多的，按计划那几年都是13万亩左右，上下差不了多少。80年代以后才逐渐减少。那一年有个特殊情况，老天爷帮了忙，天气比较好。1973年比较旱，旱地对棉花有利，入伏之前底下的棉桃特别多。棉花桃有伏前、伏中和伏后三个阶段，一般的年份伏前桃容易烂，因为靠近底部，不主张留下来，1973年天旱，伏前桃留下来了，到伏天雨水又不多，但也不旱，基本上能满足棉花生长的需要。

水大了不行。棉花中后期雨水大了不行，不利于棉花生长。长棵的时候需要水。老百姓讲，秋雨多，天气比较凉，天气凉秋桃容易长。1973年气候比较好。

问：看看粮食的情况，你情况比较熟。

答：我家在农村，1973年到生产办公室抓这些工作，直到1985年。粮食和棉花相比，粮食产量下落的情况不太多，粮食下的工夫小，比棉花好种。

解放前粮食产量也就是上边说的。产量不高，但在河北平原还算高的。新中国成立初期，也就是国民经济恢复时期，当时从县来说，财力贫困，三年恢复时期主要是以解决老百姓的吃饭穿衣问题为主。这时期粮食产量比解放前稍有提高，但提高不大。三年恢复时期基本上是停滞的，因为农业也需要恢复，县政府采取的措施是贷给农民种子、水车、打井，把农业逐步恢复起来，战争结束后，栾城的农业跟倒闭了一样。

【农业技术、灾害】

问：那时的机器跟解放前一样吗？

答：没有什么变化。从50年代中期到后期的1958年全国大跃进，有"左"的影响。这段时间有几段，如1954年大水灾，1956年水灾，到1958年这一年农业确实是大丰收，风调雨顺，但是也很严重，咱不回避这个问题。那年玉米种植面积比较大，红薯也好，但收获时浪费也大。那时已有拖拉机啦，用机器收红薯没有完全收回来，机器在前边收，人在后边拾，但拾也不行。1958年后半年开始大跃进，到1959年，紧接着1960年、1961年、1962年、1963年这几年灾害不断，也由于大跃进的影响，这几年农业生产下滑。总的说来是下降的。下降的原因很多：一个是大跃进"左"的错误影响；二是灾害较多，1963年是大水灾，连续下雨多日，墙房倒塌严重。

问：你记得1963年的水灾吗？

答：记得。我今年43岁，属虎的。影响农业产量有一个原因就是计划经济的模式。农业真正发展起来是1963年以后。一是半机械化，农村办电，推广化肥，到1967年又开始"文化大革命"，实际上"文化大革命"是1966年，但影响农业收入的是1967年。

【李如双县长的农业政策】

问：这影响到1970年吗？

答：到不了。1966～1969年吧。李如双县长1968、1969年当县长，这是栾城人心目中比较有作为的县长。他来了之后，正是农业学大寨，当然在学习中有"左"的东西。他资格比较老，是高干。

问：他以前干什么？

答：石家庄市哪个部门不知道，他来这

县之后抓栾城的农业。当时栾城的生产也上来了，国家要求粮食上纲要。1965 年已上纲要了，上纲要是亩产 400 斤。栾城在北方是比较好的。他来时纲要虽然上了，但农民的生活还没有上去。自然条件和生产条件都比较好，无沙无碱，土地肥沃，水利条件也好，不怕涝不怕旱。虽然上纲要啦，但产量还不高。老百姓的生活条件也不太好，他就在农业上下了一番工夫，当时他采取的措施有：一是顶着逆风上，调动农民积极性，三斤粉条五斤豆，我们县志上有详细记载，意思就是让农民多吃点，调动农民生产积极性。这三斤粉条五斤豆不在口粮之内。当时有"私分"之说，他不在乎这种说法，完全是为农民。在这方面他还允许农民用粗粮换细粮。农民分的口粮是玉米，可以用玉米换小麦，可以用麸皮换小麦。

问：从粮店换？

答：从生产队换。这是落实政策，调动农民积极性；另一个是他抓了农业技术，使用磷肥，农业上不去，他对土地进行化验，结果土壤缺磷，开展普遍使用磷肥。缺磷的发现还早，是老谭发现的。老谭原来不知道土壤缺磷，他在地里上了磷肥后，庄稼长得很壮，他就推行。李如双来后抓了这项工作，到磷肥厂买磷肥，产量上去了。还有一个抓了养猪积肥，猪多肥多粮多，采取了一些养猪的鼓励政策。他们采取的这些做法与当时的国家政策是不一致的。他奖励养猪，除国家给卖猪户奖励外，生产队还奖给粮食——饲料粮。繁殖一头小猪也给多少粮。总之，向农民方向倾斜，农民手中的粮食多啦，农民思想稳定了，生产积极性上来了。再一个是抓耕作制变的改革，最大的一个问题是，过去栾城棉花种得多，粮食种得少，小麦的面积更少。比如今年来说，今年的秋季到明年的春季，栾城县在这段时间是灾害最少的季节，基本上没有灾，有个别的时候有点。所以适宜小麦的生长。因此，他就扩大小麦的种植面积。从他任职开始，小麦的种植面积逐渐多起来。

问：他任职多少年？

答：大概 5 年吧。1973 年是韩荣基任县长，李如双可能任职三四年。总之，小麦面积的增加是从他那时开始的。从 1970 年开始小麦的单产逐年上升，现在种到 36 万多亩，扩大了很多，主要是这段气候好，种上小麦保险。

总之，他在寻找农业粮食生产的出路上进行了一些改革。他还搞了增加复种指数的三种三收，更换优良品种。从这开始，栾城的农业生产逐步发展起来，1970 年过黄河，1972 年跨长江。

【跨长江的目标】

问：跨长江是多少斤？

答：达到 400 公斤就达到长江地区的产量啦，这是当时国家订的指标：上纲要，过黄河，跨长江。

问：就是现在的小康？

答：对。当时有《农业发展纲要》，规定的产量是，黄河以北地区到哪年达到规定的粮食生产指标。上纲要是 200 公斤，黄河以南地区是 250 公斤，跨长江是 400 公斤。所谓跨长江就是跟长江地区生产的粮食一样，这是这一段时间的情况。

栾城的农业生产受粮食征购政策的影响，粮食生产逐年发展，个别年份收成不好是受自然灾害的影响，那是另一回事。增长有个问题，这一阶段直到 1978 年，栾城的粮食生产比较好，在全国比较有名，全北方的农业生产会议在这里开，全国的小麦会议也在这里召开，全国 20 多个省市都在这里参观过，栾城比较有名气。这就出现了一个问题：有名之后，农业上的压力很大，对农业的投入也大，粮食上采取一切措施，不惜一切代价，保粮食。这样成本很高，以后你们从县志上可以看到，因为成本高，粮食产量也高，栾城成了高产穷村。投入大，成本高，纯收入小。

【征购】

问：那时的征购有比例吗？

答：中国的征购任务有个主渠道，征购有一定的任务，而且这个任务数字几年不变。60 年代末 70 年代初栾城县的任务是 2600 万斤，一订就多少年不变。这是国家规定的数字，但是高产区就不一样啦。有低产区、灾区。从一开始到 70 年代初农业丰收，栾城给国家分忧，自动出售爱国粮，给国家做贡献。这就是说除留足口粮外，多余的粮食也卖给国家，国家不收也不行，这是农民的积极性。可这种积极性不属于国家的任务，是省内的调剂。按理说国家应该保护这种积极性，但只引导啦，缺乏保护，农民交的粮食多，这个数字下不来啦，征购任务增加。征购任务是 2600 万斤，实际上我们交了 8000 万斤。我们一个乡交的等于赞皇一个县的数字。这是当时的具体情况造成的，不是一个方面的原因。上去了就下不来啦。如今年粮食减产，减产都减产，给谁减任务呀?! 所以到 70 年代后期这个数字没有多大变化。这是这一阶段的情况，除此还有别的情况。当时是集体生产，集体生产有好的地方，壮大了集体经济，增强了抵御自然灾害的能力，农民个人解决不了的问题，如种子、化肥，农民个人买不起，集体可以办到，对农业发展有一定的促进作用。组织起来力量大，但它对农村经济的高度发展也有制约作用，管理不善，这里与全国一样，也出现了吃大锅饭情况，这属于管理上的问题。所以 1978 年以后全国实行承包，咱们县比较早，1976 年就开始了联产

承包责任制。解决生产队的管理问题，划分成小组，或按专业承包。规定时间，规定产量，规定报酬。

【联产承包】

问：全县都这样做了吗？

答：不是，个别的村，一开始不是政府部门抓的，是农民自发的，后来发现了，认为这种形式很好，政府才开始抓，搞试点。大面积的推广是十一届三中全会以后，全国开始实行。联产承包责任制实行之后，农民积极性高了，管理也细了，科学技术也发达，种子也好了，农民也认识了科学技术的重要性。在生产队时只有生产队长和技术员重视这项工作，地分了以后，农民自觉地考虑，种什么产量高，怎么管理。县里这几年总结出一套小麦、玉米种植的经验，基本上没有多少灾害。根据地质，种什么庄稼，上什么化肥，水量大小，都有一定的模式。科学化管理，农民也容易掌握。一是农民生产积极性提高，一是科学化管理，产量逐年增长，一度出现过农民的粮食卖不了的情况。这与棉花不同，棉花国家统购，粮食出现过除征购外，其他粮不收购的现象，有一两年的时间，这怎么办，开始实行少量的议价收购，到现在粮食价格都放开了，粮食价格逐渐趋于合理。总之，大的发展是从 70 年代中期开始，到 70 年代末没有什么大的变化，这一段从思想认识上解决了科学技术、种子、化肥重要性的问题，尤其是施磷肥。从水利上看，在原有基础上打井，办电，机械化都有了一定基础。十一届三中全会改革开放后，农民的积极性更高了。从 80 年代初到现在农业有了大发展。

【90 年代生产状况】

问：这表上还有一个，从 1992 年开始又

一个大的发展。

答：1990年以前粮食发展就这个水平。要想再发展，全国的科学家们在研究如何解决这种徘徊现象。现在还没有很好的办法，1992年、1993年、1994年包括1995年，在农业上搞了种良田建设，亩产1000公斤（两季），但这还没有看出规律性的东西来。这几种粮食品种更换比较频繁，按国家对种子的要求变化比较快，很频繁也找不出规律。园田建设上也下了一定的功夫，投了些资。但整个时间短，还没有看到规律。小麦亩产1000斤的不多，小麦的前景不好预测，因为解决不了两大问题：一个是小麦的密度问题。没有更多的穗，就很难再高产，但是小麦太密，后期防倒解决不了。这是实际问题，太密了一倒一片。再一个是品种问题，生长期长的小麦产量就高，但是生长期长对后期灾害没法办，因为后期灾害多。该熟不熟，风把它刮干啦，就减，相反如晚熟的拿高产很难，还掌握不了气候的变化。为什么现在1000斤的小麦不好拿，1000斤的玉米不费劲？现在的玉米投入大，一亩地的追肥分两步进行，一亩地施肥250斤。原来南部是落后地区，现在玉米产量比北部还好。差的地亩产也产800多斤。所以说1000斤一亩地的小麦不好拿，玉米不费劲。

河北省是粮食基地地区，对粮食的投入、人力、物力，加上科技，产量有所提高。但总的说，这段还没有找出规律来，时间还短，粮食就差不多了。

问：灾害多吗？

答：有。问题不算大，旱涝保丰收。涝还不敢说，因为近几年水利上出现错误倾向的农村规划，排水设施差了。将来发生水灾就会涝，不可能发生像河南那样几米深的水漫过去了，但积水多了也会涝。咱们县1963年发生大水，有的口子排水排不出去。

问：人均口粮是固定的……

答：李如双县长搞的奖励办法，开始与国家的政策不符，后来就默认啦，没有事啦，当时生活条件还不行。

问：上纲要的口粮是多少？

答：360斤。过黄河400多斤。

问：这是市斤？

答：这是死规定，有个大概的轮廓，在这范围以内。过黄河时按国家计划讲是400斤，过长江是500来斤。

问：现在的口粮呢？

答：现在可多啦，除了上缴国家的留下的都是自己的。人均粮食1000多斤。

问：普通人吃不了可以卖吗？

答：80年代粮食市场放开啦，吃不完可以到市场去枭。

问：一年吃多少斤粮食？

答：一天一斤半，一年一个人有450斤就够了，因为副食好，吃粮少。

问：现在还种山芋吗？

答：种，种的少。

问：还吃吗？

答：吃。过去是主粮，现在吃新鲜。过去小米、山芋是主粮，现在都吃细粮，玉米也不吃啦，当牲畜的饲料。合作化初期吃的多。

问：山芋怎么吃？

答：晒成干，磨成面，吃面条、饸饹，怎么吃都行。

问：怎么加工？是自己加工吗？

答：自己加工，过去有石磨，现在没有了，现在是机磨。过去种山芋是为解决产量问题。

问：现金分配是怎么计算出来的？

答：劳动记工分，按工分分粮，粮食的价格是国家的价格，不是市场价。如全县小麦120斤。玉米和谷子多少，还有杂粮，每人

360 斤，现金分的越多，说明今年的效益越好。粮食这部分是死的，口粮 360 斤，其他的收入多少，是看生产队收入的多少，收的越多，生产队的生产越多，反之，越少。生产队搞点其他副业，除开支外，生产队留下公积金、公益金之后，剩余的现金越多，工值就越高，农民收入就多。这村离石家庄近，生产队都有副业，收入些现金，当时的副业规模很小，有的生产队搞点小作坊，加工醋、香油等，还有粉房。

问：这表上有，最高 1986 年是 550 斤口粮，1990 年 1300 斤，1993 年更多。

徐孟祥

时　　间：1995 年 9 月 8 日下午
访 问 者：顾　琳　张利民
访问场所：徐孟祥家

【村的农业生产】

问：全县的粮食生产状况（1949～1993 年）摸了一下，粮食总产、耕地面积、亩产都知道了。知道了全县农业发展的状况。棉花从 1949 年到现在的单产、总产和产量好坏的年份都摸了。查了几年的数字（1987、1988 年以后的数），想了解刚解放和你任书记时的粮食产量，能回忆起几年的吗？看看咱村农业发展情况。

答：记不清了。

问：你记不记得这村哪年产量最高、哪年最低？总产、单产的情况，包括粮食和棉花，种植面积是多少？

答：单产有的年份记得清，有的不记得了，这是全县登记的吗？

问：是，很全，每年都有。是全县的，不是这个村的。从 1949 年到现在的数都有。

问：你哪年开始当大队书记？

答：先当合作社的社长，后当书记，一直在村里当干部。1955 年、1956～1966 年都干，"文化大革命"中没干，1982 年又开始干，1982～1986 年都当干部。

【50 年代粮食生产和产量】

问：当大队干部从哪年开始？

答：高级社时就开始干，那是 1955 年。

问：那时生产怎样？

答：不如现在。1957 年产量不错，小麦是丰收年，亩产 250 多斤。

问：那时种棉和种粮的比例？

答：70% 的地种粮，30% 种棉，跟现在差不多。

问：这村的产量在全县算高产了吧？

答：不算高产。1957 年 257 斤。

问：1957 年是一季还是两季？

答：一季，就是春季的小麦。

问：1957 年全县小麦平均产量 370 斤。

答：那年我们村麦子产得很多，上边要得不多，坏了很多麦子，烂的很多。

问：种玉米了吗？

答：种红薯多，还有豆子，杂粮多，种玉米少。

问：收麦以后种什么？

答：红薯、谷子、豆子、黏米，还种一部分玉米、高粱。

问：这都是粮食吗？

答：豆子不算粮食。1957 年我们村 257 斤不算高，其他村还有 300 斤的，可是城南的地薄，打粮更少。在乡里来说不算低。

问：在全县你们的产量是中等？

答：高于全县的平均数。从亩产说有比我们村高的，也有低的，皮棉 60 斤，1958 年棉花产量更高，但都丢烂糟蹋啦，数字统计不出来。

问：1958 年的产量有多少？

答：比 1957 年高得多，但都浪费啦，后来是估计的数。粮食和棉花长得都比较强，丢在地里的不少。

问：收了多少麦子？1958、1957 年。

答：麦子记不太清了，大约 30 多万斤。那年丰收啦，脑子里还有印象，平常年景就记不住了。

问：那时有多少土地？

答：2089 亩。

问：后来有变化吗？

答：现在没有那么多亩了，光说有多少亩，实际是虚数，那年是实数。

问：这 2089 亩地的 70% 种粮食？

答：是。70% 的地种麦子，30% 的地种棉花，600 多亩棉花，1400 多亩地种粮食，再减去种菜的地，1200～1300 亩的粮食作物。

问：1200～1300 亩地的亩产 250 斤对吗？

答：30 多万斤粮食，亩产 257 斤，我记得清。

问：这是 1957 年？

答：是。

问：1958 年更好吗？

答：1958 年的粮和棉产量高，但糟的很多，有数字也是浮夸数，不实。当时谁说的多谁就是先进。

问：1958 年吃的东西跟 1957 年差不多吗？

答：收得多，交得不多，记不得上交多少了，吃得不多，1958 年吃得不错。那年天气不好，捂的不少。

问：有 35 万斤粮吗？

答：有 32～33 万斤。1250 亩地，总产 33 万斤，亩数记不太清，单产 257 斤不错。

问：1957、1958 年上交的差不多吗？

答：1958 年没变。

问：上报的多吗？

答：不知道多少，那年糟践的不少，那年报了多少不知道，忘记那个数了。

问：全县的情况跟这个村差不多，都是 1957 年 1958 年产量高。

答：全县也是 1958 年比 1957 年高吧？

问：粮食单产高了 20 斤。那两年丰收的原因是靠天气吗？

答：主要是气候好。刚入社人们干劲也大。

【60 年代后粮食生产、水灾】

问：产量最低的是哪年？

答：1963 年。

问：亩产是多少？

答：记不清了。

问：全县棉花是 16 斤（皮棉），粮食 163 斤？

答：1963 年是水灾，产量低。这村比 163 斤多。这个村亩产 200 多一点，两季的数加起来 230～240 斤，这村的地势高一点，水淹得少一点。

问：水大到什么程度？

答：村北有个大沟，大沟的水都满啦。

问：村里淹了吗？

答：这儿淹不了。这是运粮河，咱们在的这个地方都流过水，只不过是流过去了，水没有存在这里，村里没有流水，东边的地也过了水，低洼的地方存了水，高的地方没有存住水，这个村没有淹。

问：什么时候发的水？

答：8 月 10 日淹的。8 月 5～6 日开始下雨，一连下了好几天，到阳历 8 月 10 日发大水啦。

问：没影响小麦，影响的是玉米、谷子？

答：小麦已收割了，秋季庄稼收得少。

问：棉花呢？

答：棉花收得也少。

问：棉花产量多少？

答：30 斤左右（亩产）。

问：影响种麦吗？

答：这村没有影响，种麦的时候水已过去了。

问：第二年产量比平常年景高吗？

答：高。高多少记不清了。

问：第二年的产量比平时的高一点。

答：这村高的不少，那年年景不错。

问：全县的数字，1962 年 280 斤（两季），1963 年 163 斤，1964 年 290 斤？

答：这村高，怎么也有 400 多斤，记得那年钱分得多。

问："四清"的时候单产怎么样？

答：1964 年、1965 年、1966 年产量就高了。1964 年 400 多斤，1965 年 500 多斤，我说的都是两季。1966 年比 1965 年更高，这个村每年的亩产都高于全县的平均数。

问：这是什么原因？

答：这村的条件好，南边产量低，他们地多，管理不过来，地薄，不好，这村土质好。北边贾村、唐村的产量更高。

问：那时用拖拉机了吗？

答：没有。都是用牲口犁地，使用拖拉机也不是大面积的，我们村没有，有农机站，用农机站的机器耕种。机站耕不过来，用牲口。一个机站照顾好几个村，照顾不过来。那时牲口也多。

问：那时的肥料主要是牲口粪吧？

答：那时主要是养猪的肥料，农家肥。

问：1968 年 1969 年来了一个李县长，1970 年已达 600 多斤啦。过黄河 500 斤，咱们村什么时候过的黄河？

答：1970 年左右。听说 1970 年以后这村已过长江啦，过长江是 800 斤。

问：县过长江是 1972 年，咱们村还早吗？

答：早点，1970 年左右。

问：为什么产量那么高？

答：化肥多，施磷肥，管理也细，精耕细作。

问：从全县看 1970～1980 年逐年向上长，但速度不快，全县 1977 年亩产已到 1000 斤，咱村到了吗？

答：这村没闹过什么大灾，每年都增产，在全县不属差的村，属于上等的。

【生产小队的差别】

问：你们小队生产比较好，经常受表扬吗？

答：受表扬！我原在第三小队住，1963 年以后我才搬到这里来啦。你们昨天采访的那个人，他们是落后队。我是三队，那一年我搞得不错。1966 年开始"文化大革命"，我就又搬到那里去啦。

问：你搬到这儿还是三队吗？

答：不是三队，是二队，我本身家住三队，后全家搬到这里来啦，在这里挣工分，分粮食，干部下放到落后队。

问：为什么三队好，二队不行？

答：好坏都在领导，有个好队长，好领头的，生产就好。多开会，多教育，队长计划高点，指挥好点。

问：那时候好的队长的区别在哪儿？

答：农村生产队与厂子不一样，领导抓得不紧，下边生产就不行，领导抓得不紧，下边就不好好干啦，社员懒散。领导抓得紧，多检查，做得不好的就批评，做得好就表扬，这样社员们就好好干啦，生产也就上来了。如庄稼苗，得经常锄草，如果苗也长，草也长，苗就长不好了，如果草锄得勤，锄得细，草没了，苗就长好了。教育社员多积农家肥，地里多上粪，庄稼就好了，精耕细作。

问：领导抓得太紧社员不也有意见吗？

答：懒人有意见。秋后分得多啦他们就

高兴了。别人分一块，你分两块，你不就高兴了。一家五口人两个劳力，年终分了200元，另一家也是五口人两个劳力，分了500元。懒人喜欢马马虎虎的队长，不懒的人喜欢认真的领导。领导得好，收入多，分的钱就多。

问：好队长干的时间长吧？

答：是。队长是社员选的。干得好，下年还让你干，你干得不好，下年就不让你干了。

问：每年选一次吗？

答：一年选一次。干得好啦社员们也就不说另选了。干得好，接着干，干得不好，大队也发动社员选新小队长。

问：这村小队长中，特别好的是谁？

答：看干什么事。你们昨天采访的那个队长就不错。

问：他们队不是不好吗？

答：以前不好，后来就好了。1964年干得不错。

问：还有好的吗？

答：有，郝老（洛）丑就不错。

问：还有一个我听说当了二十年小队长，叫郝老（洛）寅，郝小六的爸爸。

答：郝祥群的爸爸。

问：他干的时间长吗？

答：我不记得他干呀?! 他什么时候干的？干了几年呀，他什么时候干的？

问：从60年代到80年代，有那么长吗？他是一队的。

答：一队长是郝成林，不是他。

问：郝成林之前是郝老寅，郝成林1973～1974年就不干了。

答：郝老寅干了几年。

问：一队队长有几个你回忆起来了吗？或你那个队的队长都有谁？哪个干的时间长？

答：有的已死了，崔常胜干得不错，是

复员军人，死了。郝锁琴干的时间也长。

问：这是你们三队的？

答：是。

问：他身体还好吗？

答：好。

问：他干得好吗？

答：也不错。

【70年代后生产状况】

问：1970年以后粮食亩产达到800斤啦，从800～1000斤，是什么时候？

答：1980年以后亩产就1000多斤啦。

问：全县从1977年就1100斤，1978年也1100斤，1979年1000斤，1980年近1200斤啦，咱村比这高吗？

答：高。什么时候都比全县平均数高，1982年麦子就700～800斤，全年1400～1500斤。所以我说1979年以后就达1000多斤啦。

问：1975年全县是1000多斤（1010斤），1976年800多斤。你们也是1976年少吗？地震的那年？

答：那年差。毛主席逝世的那年，年头差。

问：原因在哪里？

答：年景差，气候不好，庄稼丰收不丰收，主要看气候。

问：毛主席逝世后搞运动了吗？

答：没搞运动。我听说毛主席逝世后，就开始平反啦。

问：我们听说1973～1974年来了一个棉花技术员，有吗？

答：有。棉花粮食生产，技术员抓的不错，那个技术员很好。

问：他叫什么名字？

答：忘了。

问：1982年产量多少？

答：1300斤左右。每年都高一点，不是

大幅度的高，庄稼长到一定程度就很难增产了。

问：1987年产量低，亩产低于1000斤？

答：这个村从1987年以后没有向下滑过，多少，忘了。老会计知道。

问：耕地亩产是指什么？

答：耕地亩产是两季的，播种亩产是一季的。

问：再以后就没有大的增长啦？

答：没有。再多上化肥，增产也只有100～200斤。

问：每年耕地的数有多少？

答：记不清了。过去种棉花占1/3，现在土质不好，棉花种的少啦，有技术员在的时候也是种1/3。

问：你在任的时候也是种那么多吗？

答：差不多。

【棉花生产量计算】

问：1985年种棉少了吗？

答：少啦。1985年少啦。

问：1983年是棉花最好的一年吗？

答：1983年不错，亩产量皮棉100多斤。一家一户的种地有好有坏。那年棉花卖的钱不少。我种了一亩不到110斤。

问：全县130斤？

答：一百挂零。

问：分地以后怎么上报？

答：那时上级也怕交的少，也一户一户地查产量，看一棵棉长多少桃，多少桃一斤，一亩地有多少，就算出来啦。村里你的120斤，他的130斤，我的140斤，找平均数。

问：上边来人查，谁决定找哪块地？

答：他选地。一平方有多少棵，有多少桃，就算出来啦。

问：现在还是用这个办法吗？

答：有时得测，有时候不测，他不一定

都在一个村测，今年在这儿，明年可能到城西啦。

问：收农业税与测有关系吗？

答：他测的与农村报的数差不多，如他测为1200，村里报1180，他测的也不一定准，上下差不多，如果你说1000斤，他测为1500斤，这就差多了。

问：1983年全县亩产是最高的，总产也是最高的，两年之后种棉花的就少了，能少一半吗？

答：少。1983年摘的很多，1984、1985、1986年收的少了，种的也少了。

问：1983年以后还有征购任务吗？

答：有任务。

问：1984、1985年的任务少吗？

答：1985年棉花种得少就没任务了，粮食一直有任务。每年50多万斤，这么多年没变过。

问：今年的棉花有任务吗？

答：一个人一分地的棉花，有任务。

问：都种了吗？

答：有种的，也有不种的，今年不收，去年收得好，今年虫害大，种的少，管理也差了。从前种1/3的棉花，小队里有技术员，大队有技术员，县里也派来技术员，专业队专管这事。

问：你1982年上任时种多少亩棉？有1000亩吗？

答：没有。最多600亩，1983年没有600亩，超不过500亩。

问：1985年呢？

答：少了。可能有200亩。

问：上级鼓励种植棉花吗？

答：上边也催种棉花，但不收，农民也就不种了，一亩地种一季麦子，一季玉米，收1000多斤，如0.60元1斤，可卖800～1000元。如种棉花一亩一季50斤皮棉，7～8

元1斤，才卖400元，农民就不种了。

问：棉花种得越来越少吧？

答：是。你看今年只在地边地角种一点，还不收。

问：全县的是1985年比1984年差一半，1984年1万亩，1985年5000亩，1986年2000多亩，到1987年还有1700亩。他们说现在有2万亩，1993年是4万亩。这村有多少？

答：我不知道。说一个人一分地。

问：是按分地的人给任务吗？

答：对。不按现有人，按分地时的人。

问：你还记得棉花哪年收入最低吗？

答：1963年低。

问：1976年低吗？

答：低是低，但不是十几斤。

问：全县低了40斤。亩产30斤，1975年是73斤，1976年30斤。这村怎样？

答：这村不这么低。

问：最高还是1983年，分钱分粮的数你还记得吗？

答：记不清。

问：最好是哪年？分多少斤？

答：最好的那年全年人均口粮500多斤，这是我第一次当书记时。

问：1970年来了一个好县长——李如双，他看大家生活不好，多留了点吃的？

答：李如双，他当县长不错。他在这里抓得不错。

问：他有几个办法……

答：多分些豆，用麸子换面。一个人多分几斤豆保养身体，多留点饲料粮。

【“四清”后的劳力和分配】

问：收入最好的是哪年？

答：记不太清了。

问：“四清”以后，你不当干部了，你分多少？

答：记不太清了。分点这个，分点那个。夏收后分麦子，秋季分点玉米、豆子，秋后再分谷子、红薯，分钱的情况是这样的：劳力多的分的多，如一家五口人，三个劳力，另一家五口人两个劳力，三个劳力的就分的多。三个劳力的，一个劳动日一元钱，三个劳动力的全年可分300元，除去200元的口粮，剩下100元。

问：一个整劳力最高分多少？

答：队与队不一样。有一天挣10分的，有挣8分的。

问：为什么不同？

答：有的劳力干活干得好，还有技术，使牲口使得好，人也老实，思想还先进，挣得就多。

问：你当干部一天挣10分，不当干部了也是10分吧？

答：是。

问：18~50岁都算整劳力吗？

答：是。整劳力的工分都差不多。有差点的，也差不多，这个人10分，大部分是10分，也有9.8分的，差距不大。

问：整劳力都是10分吧？

答：也有8分的，看社员们怎么讨论啦。

问：整劳力都是10分吧？各队一样吗？

答：有的队也有低的，社员讨论规定8分，就是8分，全队的分都小，有的队最好的劳力10分，有的队则是8分，队与队不同。年终分配一样。

问：为什么，订得低吗？

答：怕订高了分毛，不值钱。

问：大队不管？

答：不管。

问：这村有8分的吗？

答：有。忘记哪个队啦。

【生产队】

问：还有哪些队长比较好？

答：还有郝老代，三队队长。

问：别的队有吗？当队长时间长的。

答：干得不好的年年选，郝元增也当过队长。

问：二队复杂吗？郝元增当队长时间长吗？

答：不太长。也是三队的。因为队有变化，这个村有时 5 个队，有时 10 个队。

问：那是什么原因？

答：有时上边说队大点好，队就合并了，有时说小点好，队小的就多啦，这跟人民公社时一样，最大的时候全县 3 个，以后又多了。

问：是上边说的？你们自己也考虑吗？

答：上边说的，我们自己也搞不清大点好还是小点好。

问：从你自己的经验说，大的好还是小的好？

答：太大了不太好，不好领导。最好的时候是这个村 5 个队，这种情况持续时间比较长，这个村 5 个队，也分过 10 个队，也分过 7 个队。还有分 3 个队的时候，5 个队比较好。按住的远近分成 5 个队。

问：一个队有 200 个人左右吗？

答：70 多户，不到 300 人，200 多人。

问：你当书记时跟大队商量，也跟小队商量吗？

答：先跟大队商量，意见一致了，再跟小队商量。

问：书记与小队长的关系怎样？

答：村里有书记，也有大队长，下边有小队长，分工不那么清。像现在有村委会主任，不是你干你的工作，他干他的工作，农村分的不那么清。

问：书记和队长把小队长叫来商量问题吧？

答：对。像种什么庄稼，买什么东西，都商量。

问：小队长是党员吗？

答：有的是，有的不是，不是党员的小队长干得也很好，有工作能力。

【出河工、义务劳动】

问：你当书记时有河工吗？外边派工多吗？

答：村里修路挖沟不太多，乡里也不多，1958 年调工多。

问：是干农活吗？

答："大跃进"，拆房，用老房土施肥，往地里拉，深翻地，把生土挖上来，庄稼长得也不太强，深耕，干农活为主，修水库时一个村要几个人。如岗南水库这村就要人去了。

问：挖河出工多吗？

答：挖河到河间去过。

问：是"文化大革命"中吗？

答："文化大革命"以后，1980 年以前，我还没当书记。

问：你去了吗？

答：我没有去，一个村只要几个人，修水库村里也是要几个人。

问：修路出工多吗？

答：没出工，这路是公家修——县里修的。

问：没让村里派工吗？

答：没有。有一年修石家庄的大马路村里出了很多工，一个村分一段。

问：是修还是要钱？

答：出工。一个村修一段。

问：这是哪一年？

答：1980 年以前。就是栾城到石家庄的路。主要是加宽路。

问：你去了吗？

答：我当时不是干部，也去了一天。

问：出工就不用出钱了吗？

答：不出钱，只出工。自己带着吃的，中午吃。

问：给你们钱吗？

答：给我们记工分，不给钱，上边给没给村里钱，就不知道了。

问：还是人民公社时期吗？

答：是。

问：分地之后，这样的义务工还有吗？

答：没记得有。没分地之前修这条路、挖沟渠还出过工。

问：本村的人愿意出工吗？

答：有任务，就得去，不管你愿不愿意。

问：记分高吗？

答：上边分到县，县分到乡，乡里再分到村，村分到队，队里派人去，记10分，不管饭。

问：根治海河你们去过吗？

答：根治海河就是修水库，水库也是记工分，比如家里记10分，那里就记12分，分高一点，小队出点粮食，管饭，个人不带粮。谁也不愿去，那里活重。

问：都是年轻人吗？

答：是。

问：这些年不出工让你们出钱吗？

答：这些年没有修过什么，没有出过钱。

问：修公路、安电线出过钱吗？

答：没有出钱。都是县电力局安电线，挖坑还给钱。

问：从县城来的路不平，修这路也是县里出钱？

答：是。

问：县里的钱是从哪里来的？

答：县里有公路局，公路局有养路费。

【村的负担】

问：村里税的负担大吗？出教育费吗？

答：收农业税，别的税没有。

问：村里修路得个人出钱吗？

答：村里的路说修，还没有修，说每个人要出钱。

问：小学校呢？

答：也没听说怎么修。

问：村里出钱也不多？

答：不多。

问：村里的路和学校要修，人们愿意吗？

答：愿意，出钱多，也不愿出。

问：你不当干部了，村里还找你商量事情吗？

答：如修路等事，村里也找去商量，参加意见。

问：事前找你吗？

答：他们决定之后找我去参加意见。

问：你跟其他老人也做工作吗？

答：也做。

问：谁家打架找你吗？

答：家里闹意见，本家人劝架，有大的事找大队。临着近的我也劝，姓徐的有事，我岁数大点也找找他们说说。大事如打离婚的，得找大队。

郝锁芹（58岁）

时　　间：1995年9月9日上午
访 问 者：顾　琳　张利民
访问场所：郝锁芹家

【家族、青少年时代】

问：你是几队的？

答：三队。

问：你的名字？

答：郝锁芹。

问：你多大岁数？

答：58 岁，属虎的。

问：你父亲的名字？

答：郝老本。

问：母亲？

答：赵香芝。

问：她是本村人吗？

答：东牛村人。

问：你有几个兄弟姐妹？

答：8 个。我是锁芹，老二是锁珍，老三叫丑小，老四叫丑京，老五叫振京，老六叫连京。还有两个妹妹，一个叫荣华，一个叫荣珍。

问：你的兄弟们在本村吗？

答：老二没在本村，在县化工厂，连京也在化工厂，他是合同工，老二是正式工。

问：最小的多大？

答：最小的今年 33 岁，属兔的。

问：你出生的时候日本人还没有到中国？

答：我七岁时日本人走啦，他们来的时候我还记不清，还小。

问：你小的时候家里怎么样？

答：我记事的时候有我父母、爷爷。

问：你家多少地？

答：十几亩地，给地主捎着种，秋后给人家粮食，就是租别人的地。我家只有 6 亩地。十几亩地包括租别人的地。

问：你小时候生活怎么样？

答：不好。过年过节才吃点馍，平时吃饼子，玉米饼子。

问：你父亲……

答：租别人的地种，就不能干别的啦。我 12 岁赶牲口，赶驴浇水车，几家合养一头驴。我家用，别人家也用，用完后给点粮或钱。

问：你爷爷有你父亲兄弟几个？

答：有大伯，他死得早，20 多岁就死啦。

问：你爷爷跟着你父亲生活？

答：是。

问：你还有叔叔吗？

答：没有，就俺爸爸和我爷爷，我二爷已分家了。

问：那时分家有字据吗？

答：与现在一样，分的时候你要这个，我要那个，有分单。

问：还有分单吗？

答：没啦！我父亲已 80 多岁了。那东西根本不留着，那是 70 多年前的事啦。分的时候是个凭据，没什么用，一般是当家子说合着，写个字据，分后谁过谁的日子，就不要了。

【"土改"与上学】

问：你小时候上过学吗？

答：解放后上了两年学。解放后分了地，我是老大，我父亲种不了，我就种地。

问：你爷爷还活着？

答：是。

问：你们分了多少地？

答：8 亩。原来自己有 6 亩，再分点，共 8 亩。

问：你们什么成分？

答：下中农。

问：几口人？

答：爷爷、奶奶、父母、我和我妻子，6 口人。

问："土改"时开会的事你记得吗？

答：11～12 岁的孩子，不记得了。

问："土改"后你上了两年学，是在本村吗？

答：本村。

问：你的老师叫什么名字？

答：记不住了，老师也死啦。

问：学习什么内容？

答：认字。上了两年就不上了，我爷爷老了，家里没人干活，我帮助干活，我 12 岁就干活了，12 岁就赶着牲口拉水车，浇地。

问：上学是全年都上学吗？

答：家里有活就不让去了。

问：你兄弟姐妹也上了两年学吗？

答：老二和最小的上了几年，其他人没上过。

问：郝锁珍初中毕业了吗？

答：毕业后就不上了。连京也是初中毕业，参加军队转业后当临时工。

问：还有当兵的吗？

答：丑京也当过兵。

问：从哪年走的？

答：他先走，去了几年回来后就结婚分家另过了。

问：他上学了吗？

答：上了几天，也不行，就老二和最小的上学啦，其他人都不行。我是老大，脑子不行，家里事也多。

【互助组、合作社】

问：你们互助组是哪几家？

答：有保群、徐孟祥、郝明芹、郝大顺，大概这些家，十来户一个互助组。

问：什么办法？

答：地在一起种，牲口共同使，打了粮食共同分，按人口分粮。

问：干了几年？

答：记不清啦。

问：互助组的产量比单干好吗？

答：不如自己干，人多了心就不齐啦，跟个人干差得多。

问：从互助组到初级社的过程？

答：从互助组到生产队，我们村有 7 个队。

问：合作社的时候有 7 个队？

答：合作社的时候是大锅饭，还没有分队，分为几个片。具体的事记不清了。还小，只知道让干啥就干啥。

【“大跃进”出民工】

问：1958 年大跃进的时候？

答：1958 年我不在家，炼钢铁，我在外两年。

问：哪里去啦？

答：石家庄钢厂。

问：谁派的？

答：公社，一个公社要多少民工去的。

问：大炼钢铁去两年呀？

答：去了一年半，钢厂的煤炭窑要人，我又去了两年。实际是在煤厂干了两年。

问：是工人吗？

答：民工。公社组织的。在那里吃，不带粮，给钱。

问：是村里组织的吗？

答：上边从村里要的。

问：村里去了几个人？

答：七八个人，现在都死啦。

问：那时你结婚了吧？

答：我 24 岁结婚，当时未婚。

问：你回来后就结婚了吗？

答：我 23 岁回家，24 岁结婚。我 1961 年回家，我不愿干啦，下煤窑不习惯。不愿干就让回家。

问：在哪里？

答：井陉煤矿。家里人要我回家干活，老人们老啦，劳力少，弟妹们还小。

问：在井陉够你自己吃吧？

答：够。在那里挣钱多，一个月 60 斤口粮，住在矿里。

问：过年回家吗？

答：有时回有时不回，离不开就不回

来了。

问：最困难的时候你在家吗？

答：不在家。

问：你给家里钱吗？

答：给。有时买成馍馍往家里捎，当时家里生活不行，与现在不能比呀。

问：你回来时本村的情况怎样？

答：比我在矿时村里好些了，人们开荒种地，粮食多点啦。

问：你回来时还有食堂吗？

答：没有食堂了。可以自由买卖点东西啦。

【结婚、家庭】

问：你回来就结婚了吗？

答：第二年才结婚。当时生活也不好。

问：你爱人叫什么？

答：刘金娥。

问：是本村人吗？

答：五里铺村人。

问：他们家怎样？

答：跟我们村差不多，门户相差不多。

问：婚礼怎么样？

答：那时不行，我们去辆车，接她回来就行了。大家吃点饭，亲戚们给我们点布，也不吃饭就走啦。

问：婚前你们见过面吗？

答：见过，相亲。

问：是别人介绍的吗？

答：是。

问：从介绍见面到结婚，多长时间？

答：将近一年。见几次面，差不多就结婚了。

问：你们有几个孩子？

答：四个。老大叫郝更晨，33 岁，现在卖布，在农村集市上卖，有人到家里来也可以卖，没有固定的点。

问：上学了吗？上了几年？

答：五六年，小学毕业。当时生活已好了，他不愿上学，不是家里不让他们上。

问：他与你一起过吗？

答：他一结婚就分开过了，已 11 年啦。

问：老二？

答：郝明晨。他今年 29 岁，属羊的，他们中间还有个姐姐。

问：明晨也是小学毕业？

答：是。他学习后当了四年兵，转业后结婚就分家了。分开家，孩子们干劲就大了，也自由了，对大家都好。孩子们也孝顺。

问：他在家吗？

答：在家。

问：干什么？

答：盖房搞建筑。

问：是自己干还是合着干？

答：几个人合着干。

问：闺女出嫁了吗？

答：早出嫁了，她叫明淑。她比老二大三岁，属蛇的，31 岁。24 岁结婚的。

问：她小学毕业吗？

答：初中毕业。毕业后在家干了几年活，在生产队缝制衣服，扎毛毯，搞生产队的副业。

问：不是生产队组织的？

答：不是。你自己找活干，挣了钱向生产队买工分，参加年终分红。生产队效益好的，所交的钱与工分值正好，相反，自己就吃亏了。

问：现在干什么？

答：也卖布。

问：是本村吗？

答：不是，是南柴村的。

问：还有一个吗？

答：还有一个女儿，叫淑敏，属狗，今年 26 岁。

问：结婚了吗？

答：已婚。

问：什么学校毕业？

答：初中没有毕业就不上了。

问：结婚前干什么？

答：卖布，跟着他哥哥学的，自己卖。

问：她嫁哪村？

答：李家庄，现在还卖布。

【卖布】

问：本村卖布的多吗？

答：多，有十几家，从外边买来再卖，一尺赚几毛钱。

问：从石家庄进货？

答：石家庄、正定，石家庄多。

问：多大的本钱？

答：2000～3000元。

问：还能赚点钱吗？

答：能赚钱，一米赚四五毛钱，一天挣十几元，有时10元，有时20元，有时也可能5元，平均十几元。都没有点，赶集卖，每天都很忙。

问：到什么地方去卖？

答：最远超不过20里地，都是马路，骑三轮一个小时就到了。最远骑一个小时。有大集小集，所以每天都有集。

问：他们雇人了吗？

答：没有。一个人就可以卖啦，不用雇人。

【生产队】

问：你什么时候当小队长？

答：我27岁时当队长，"四清"还没有完，干了一年之后搞"四清"，是三队队长。

问：你们队有多少人，多少地？

答：250～260人，300多亩，30多户。

问：你开始干时队里都有什么？

答：我开始干时，队里一头牛，一头驴，一辆胶皮车，有一辆小四轮拖拉机。

问：都有什么小队干部？

答：两个队长，一个会计，一个保管。

问：有妇女队长吗？

答：有。两个队长中就有一个妇女队长，有好多事男队长不能介入，妇女有特殊问题。

问：每个队都这样？

答：都这样，哪个队都有妇女队长，没有妇女队长不好干。妇女队长带领妇女干活，同时解决妇女的特殊问题。

问：你队的妇女队长是谁？

答：当家子——按乡亲说的，已死好几年了。比我岁数大。我是年轻的队长。我干的时间最长，不偷不摸别人和队的东西，哪里活苦在哪里干，也不多要队里的东西，所以我干的时间长。

问：你们种什么东西？

答：麦子、玉米、棉花。种80多亩地的棉花，是麦地里种的棉花，麦子成熟后就只剩棉花了。其余200亩地种麦子、玉米等粮食，还有18亩菜。

问：那时亩产多少？

答：500多斤。

问：一季还是两季？

答：麦子亩产400多斤，玉米600多斤。这是1964～1965年的时候。两季1000斤，棉花（皮棉）80多斤。

问：你队在本村属于高的吗？

答：一般，南边有沙地，麦子产500斤多一点，玉米1000斤。我们地质差、收入小，但让别的队的人干产量更低，我们队的人干劲大，我们队在村里占中等。

问：县里讲从1965年后，农业渐渐好了，你们也是这样？

答：我说的是头一年，以后逐年产量就更多了。

问：什么原因？

答：人们认识到了打粮多，分粮多。有吃 600 斤的，有吃 400 斤的。干得好口粮多，收入也多，干劲也就大了，我记得麦子产量 600 多斤，玉米 700 多斤。

问：这是什么时候？

答：这是上边说的产量之后的两三年。

问：你当队长时最高是多少？

答：分田到户以后，我们队麦子 600 斤，玉米 700 斤。

问：那时你们小队的会计是谁？

答：死啦。

问：会计换得多吗？

答：不多，账目搞得不错。

问：你从 27 岁干到什么时候？

答：一直到分田到户。

问：妇女队长也没有换？

答：基本没换，大都是已婚妇女，她管妇女的事多。活都是男队长派活，女队长只帮忙和管妇女的事。

【李县长】

问：你记得 1970 年有个姓李的县长给你们多分豆吗？

答：我记得有一个县长不错，关心农村的事。哪一年我记不清。

问：对你们怎么好呀？

答：关心村里的事，给化肥农药多，在生活上给农民多，事先已讲清啦，农民们干劲大，收成好了一给国家，二给集体，剩下的就是社员的，多分口粮。

问：原来分得少？

答：也不少。他提倡多种点菜，一年的菜半年粮。

问：生产队多留一点口粮和饲料粮吗？

答：是。生产富裕了老百姓口粮就多了。有的口粮不够吃，还借给点，队里的东西

多了。

问：那时产量多少？

答：最不行的时候亩产 400～500 斤，最高的时候麦子 600 斤，玉米 700 斤。

问：这是分田之后吧？

答：不。分田之后更高，像麦子 800 斤，玉米 900 斤。现在大部分是吨田（2000 斤），我们现在的麦子 800 斤，玉米 900 斤，这是平常，好的时候更多，两季一吨。

问：李县长在时亩产多少？

答：记不住了，我们不识字，时间长就忘了。

问：小队总产多少？

答：一亩地打多少我记得，总产记不得，我不识字。

问：小队有账留下来了吗？

答：农村三年之内保存，三年之后就不保留了。分队之后已很多年啦，根本没有人保留账。

问：棉产最高多少？

答：最高的时候 170～180 斤，分地之后。

【技术员、棉花生产】

问：我们听说 1973～1974 年县里来了一个棉花技术员，姓张吗？

答：小张。我当干部的时候他来这里，他是地区科学院的。那几年棉花都是 120～130 斤，最好的时候 160 斤，产量高。

问：他怎么办的？

答：他指导，什么时候种，什么时候治虫，都做具体指导，产量就高啦。

问：与你们的关系怎样？

答：好得很，当时村里 7 个队，他住在这里，吃在农村，干在农村，那个人好，给我们技术指导。他真有技术，按人家的技术种收成好。社员们不愿种，按他的办法种收入高，咱们一般人种上不管啦，他到什么时候

都管，花桃多。麦子间种棉花就是他发明的。棉麦间作，割了麦子就只留下棉花啦，麦子400斤，棉花一点也不少收，一亩多收400斤麦子，产量多高啊！

问：他在的时候给的肥料多吗？

答：都一样，不是说他来之后就给得多，是因为人们看着长得好，干劲大。

【生产队管理】

问：你们三队还是中等吗？

答：上中等。我们队主要是地不好。

问：7个队不是分为5个队吗？

答：是。七队和二队分开啦，三队没动，增加了几户。

问：是因为三队办得好才没动吗？

答：上中等就不动啦，三队、六队、一队三个队比较好，人们齐心合力地干，产量高，牲口、拖拉机、磨面，什么都有，人们吃面不用花钱，有钢磨磨麦子，也有粗的，什么都有。

问：是现在吗？

答：那个时候，分地之后没啦，开放啦，愿干什么干什么。

问：队上有副业吗？

答：没有，就是磨面。谁出去干活给队里交钱，就算副业。

问：养猪吗？

答：有，养五六十头。过年杀一两头分给社员。这也算副业，这是集体养猪，各户也有猪。

【外出、买工分】

问：外出干活向队里交钱的人多吗？

答：不多。一个队就是十来个人，一般都在家种地。

问：年轻人多吧？

答：都是二三十岁的男女青年，老的不去，一个队走个十个八个不算数，队里也不缺这些人，但他得向队里交钱买工分。

问：买工分是为得到口粮吗？

答：是。口粮是先平均按人头分，分完后再按工分分点，工分越多，分得越多，工分少的分口粮就少。

问：一个人口粮多少？

答：400~500斤，平均400多斤，工分多的多拿点。各队情况不同，有450~460的，有500多斤的，按人七分口粮三分，挣工分多的吃得多，分的也多。小孩们工分少，吃得也少，平均数就够吃啦。壮年吃得多，平均数不够吃，再按工分分点也就够吃了。

问：在外边干活交钱买工分的也一样吗？

答：一样。

问：在外边干活不给队里钱不要工分行吗？

答：不行。如果这样行，都得出去。有规定，给多少钱记多少分，不给钱的不分给粮食，都出去了家里没人干活了。

问：拿多少钱买工分？

答：五毛一个工分值，也许6毛，也许7毛。如果你交多15元，分红时如果一个劳动日5毛，这15元正好，如果是7毛，队里就赔啦。

问：比方说一个整劳力一天5毛，一年就150元，是吗？

答：是。

问：年底分钱还有他们的事吗？

答：没有。

问：在外边干活一天挣1元钱不容易吗？

答：过去一个工人一个月就挣30多元，40多元，能挣45元的就是壮劳力，如果挣30元，他就得向队里交15元，其余的钱自己花。

问：一订就订一年的吗？

答：是。今年队里可能是5毛，明年好了也可能是6毛。

问：你的两个男孩有几个小孩？

答：这是老二的，就这一个。老大一儿一女，两个，他们都大了，我两孙子一个孙女。

问：外出干活交钱买工分的是当时交，还是年终交？

答：是这样的，你在外一个月交一个月的钱，在外半年交半年的，回来劳动后就不交钱啦。不是交整年的，如果交了一整年的，他在外干了半年，还得退给他。干一个月给一个月的钱，一个月一交，一个月记一次工分。

问：先交钱还是后交钱？

答：交了钱就给记工分，不交钱不记，如果他不交钱也就不让他在外边干啦。

问：你三队的整劳力有多少？

答：70 多人，男女都在内，在外干活的 10 个左右。

问：每年都出去 10 个人吗？

答：不一定，今年出去 10 人，明年可能 12 人，也可能 8 人，他们在外的时间也有长短。

问：工分合多少钱？

答：有时 5 毛，有时 6 毛，最高 6 毛多，不一样。

问：这是哪年？

答：分地之前。工分值 5 毛是最低的，7 毛是最高的，这是我们队。有的队高，有合 1 元的。

问：你们队一个整劳力合 7 毛是哪年？

答：快分地到户的时候。临分地前几年。

问：是种棉花很好的那年吗？

答：是 1973 年吧。小张在的时候我队能达到 8 毛钱。

【分地、生活】

问：分地后人们还有密切的关系吗？

答：一家一户，你种你的地，我种我的地，乡亲的关系都很好。

问：你分了多少地？

答：分了 8 亩地，我的孩子们都没有结婚。6 口人 8.4 亩地。

问：现在这地都是你自己种吗？

答：都分给他们啦，我种的是我和我父亲的地，我父亲老了，共 4.5 亩地，包括两个闺女的地和我父亲的三分地以及我老两口的，近五亩地。给两个儿子的地比平均数多点。

问：这是孙女？老大？

答：是。今年 11 岁。

问：你的地种什么？

答：玉米、麦子和菜。

问：种棉花了吗？

答：种啦，种了三分地的棉花。

问：收入多少？

答：五亩地除了吃之外，还剩 3000 多元，还用化肥。

问：都除去外还剩 3000 多元？

答：都除去之外，还剩 2000 多元，再种点菜，基本上一年收入 3000 多元，还有养猪，一年收入 3500～3600 元。

问：你还干别的吗？

答：不干。我近 60 岁了。种 5 亩地就不能干别的了。

问：孩子们给你们钱吗？

答：他们给就要，不给也不要，我们自己有钱。他们地又少。现在我还能干，不要他们的钱，将来老了，孩子们就该尽义务了。

问：现在生活还可以吗？

答：生活不错，我们两个只用于买菜和油的钱就有 150 多元，最少 150 元。比特别好的还差，我们还有老人。老人自己过，我们兄弟 6 人平均负担。

问：老两口一年得花 3000～4000 元吧？

答：得花那么多，我还有两个妹妹，8 个

人负担。富裕的多给，不富裕的少给，我们一年越不过300元。我们弟兄们都不讲谁给的多，谁给的少，都和睦。

问：没有什么规定吗？

答：没有。家庭和睦了就不用啦。老人们一生不容易，你有了多给点，没有少给点。

【村干部补贴、修路、租地】

问：村里上交给乡里的多吗？如出工多吗？

答：不多。一般不出工，一亩地一年交多少粮食——农业税，也就完成任务了。

问：村里干部们的工资？

答：不多。干部们有误工补贴，钱不多，给人家买点笔墨纸砚的，不能白干。

问：一年给大队多少？

答：大队的人一年一个人1000多元，算误工补贴，他们也有地。

问：听说村里修路？

答：村里党员讨论过几次，村里经济条件薄弱，需要30万元，一个人平均100多元，上级不补助我们，光社员拿得好几年。

问：今年不能完成吗？

答：完不成。一口人100多元，一次收不容易，分几次收还好些，党员们在一起商量过，在不影响生活的情况下还得收。现在的道不能走，一下雨就难走啦。

问：村里在外边干事的人多吗？

答：不少。年轻人大部分都在外边干点事，农忙的时候就都回来啦。

问：有出租土地的吗？

答：少。有这样的，咱俩不错，你今天没有空我帮助你干吧，这是关系。把地租给别人的少，全村过不了8~10户。养猪的户开着厂子，把地租给别人，一年给点东西。她丈夫在工商局工作。

【党员的活动】

问：你是党员吗？

答：我们兄弟六人四个党员。我、老二、老三和最小的。

问：你是哪年入党的？

答：22岁时入党，结婚之前。

问：现在党员活动多吗？

答：村里有事找党员商量，一般没有事。大事找党员和群众代表开会。

问：过去多吗？

答：与现在差不多，过去也是有事找党员商量，没事不开会。

【生活、家庭收支】

问：你的收入在村里不算高的吗？中偏下？

答：不高，下中等。只靠地，喂了两头猪，我负担也轻，人多，光我一个人也就不行啦，父亲半身不遂，一天吃药费三四元。

问：干点活计的人收入多吗？

答：多！就拿我的孩子说，他们两个，一个小孩，一个人卖点布，一个人有磨坊，光他就500元，他们俩一个月800元的收入。

问：他媳妇在家？

答：在家卖布，一年收入就得5000元，大部分收入靠副业。

问：老二干什么？

答：他卖布，媳妇有病，不如这个收入大，家里还吃着药。

问：二儿媳妇有病？

答：大儿媳妇有病，大儿子卖布。

问：你二儿子呢？

答：他当包工，一天挣十四五元钱。老二收入多，老大收入少，一年只收入3000来元钱，还有两个孩子，老二两口子都挣钱，一个搞建筑，一个人卖布，就一个小孩，收入较多。

问：这样的情况在村里比较普遍？

答：大部分都这样。

【买布、办厂】

问：本村做布匹买卖是从什么时候开始的？

答：有几年了。开放后的第二年。

问：谁先开始干的？

答：记不太清啦，都差不了多少。

问：谁干得最好？

答：都差不多，如你一尺 0.30 元，我的也差不多，价格高了没人要。

问：有开店的吗？

答：有两个办厂的：一户开化工厂，当头儿；树堂也开了个厂，在外办的厂；郝同顺也弄了个厂。他们都是承包的厂，与干买卖一样。

问：你二弟弟办厂时间长吗？

答：锁珍，就是他干的时间长点，开放以后就开始干啦。他在公社当书记来，退了后就办厂啦。他现在马庄化工厂，上麦子的药就是他们厂生产的。我二弟原来是化工厂的正式工人。他从村调到公社，从公社到化工厂，这是开放以后的事。

问：他原来是从村里走的？

答：郝同顺接的他。锁珍原来是村的书记，同顺接他当书记，他到公社去啦。

问：是咱公社吗？

答：在咱公社待了两年，后到马庄公社待了两年。当畜牧书记，管牲畜。他现在包了一个厂。

问：他不是咱村的人了吧？

答：户口不在村，是干部，快退休了。

问：他在县城吗？

答：是。

问：还有一个人办厂，与这个一样吗？

答：不一样。他在西头住，不知道怎么干的。

问：他原来也是干部吗？

答：不是，他才 30 多岁，在外边承包了一个厂。

问：你弟弟哪年当公社书记？

答：1958 年吧。在村里时同顺是民兵连长，他是书记。

【盖房】

问：你的房子哪年盖的？

答：13 年啦。

问：用多少钱盖的房？

答：3000 元。那时东西便宜，现在得 1 万元。那时候挣 30 多元，现在就挣 100 元。小张来我们这以后我盖的房，分地以后盖的房。

问：你老二富裕了，他家里有摩托吗？

答：他有三轮车。他一个孩子想将来盖楼。

问：他上班骑自行车，你儿媳骑三轮？

答：对。她骑三轮卖货。他们有钱，也不能都花了，将来还要养我们，自己要盖楼。

郝老艳

时　间：1995 年 9 月 9 日下午

访问者：顾　琳　张利民

访问场所：郝老艳家

【生产队状况、计划】

问：大队每年的生产，如粮食棉花情况怎样？

答：过去的事我知道，现在的事不知道，1955 年成立社时我当队长时的事知道，我们从建社到现在干了 40 年。我干了 22 年。

问：我们想知道从 1987～1992 年的每年

生产情况？

答：1970 年以后他就干啦，我就不知道了。入社时候的事我知道。

问：1958 年你是小队长吗？

答：是。一队的队长。

问：一队有多少土地？

答：420 亩。

问：一队有多少人？

答：217 人。

问：整劳力多少？

答：整劳力男女都算 100 人。

问：有多少户？

答：40 多户。

问：那时种的什么东西？

答：谷子、高粱、棉花、山芋和麦子。

问：有玉米吗？

答：国家要求种玉米时户里才种玉米，那时候国家还没有要求，种玉米的不多。

问：国家有计划吗？

答：刚入社时国家没有计划，自己愿种什么种什么。

问：到什么时候才有计划？

答：1955 年以后人民公社时有计划。

问：初级社时有吗？

答：初级社时没有，高级社时公社让种什么就种什么，一个公社开会分配任务到村。

问：公社是 1958 年收麦后成立的吧？

答：1955 年入的社。头一年让我当队长。

问：那是初级社还是高级社？

答：初级社只有一年半就归高级社了，由孟董乡管。

问：进高级社时有计划吧？

答：刚入社时上级管得松，后来公社管得越来越紧，种什么都给任务，要求有一定的产量。原来只规定种什么，后来连产量都规定了。

问：1960 年困难的时候计划紧不紧？

答：困难时期干部们到公社去开会，规定玉米、谷子、棉花产多少斤，大队干部也没有调查，随便向公社报产量，这个数不一定能完成。

问：这是"大跃进"的时候吧？

答：对。1955 年入社前，个人家里都有东西，因为地里产的粮食都收到自己家里去了，不在乎产量多少，入社后的社员散，不好管。

【困难时期生活】

问：1958 年这村收成不错？

答：收成不如以前啦，社员干活不使劲了，队长让他干，他不干。1959～1960 年挨饿。比方说他自己家的地亩产 500 斤，可入社后才产 200 斤，东西少了，种的少收的少。1960 年挨了饿。为什么挨饿？因为公社要的产量高，大队干部报的也高。我们村那时有 1000 多人。

问：1960 年 1000 多人？

答：1960 年死了点，也因挨饿外出了一些人，村里还有 1000 来人。

问：1958～1959 年村里有 1050 人吗？

答：1050 多人。1960 年这村死了 200 多人。连病死和饿死的 200 多人，准数咱也弄不清。

问：1962 年这村有多少人？

答：1000 多人，那时生的孩子少，光死不生。死的人数近 200 人。

问：外出的有多少？

答：外出的人的户口还在村里，那时也不办户口。

问：死了之后销户口吗？

答：那时管得不紧，也不马上销。

问：实际有 900 人吗？

答：有。

问：在村里住的有多少？

答：800～900 人。

问：年轻人多，还是老年人多？

答：中、壮年多，小孩少。

问：互助组时你那个组有 420 亩地？

答：1955 年入社后分为 5 个队，每个队有 400 多亩地。一队有 420 亩。

【棉花种植】

问：种棉花多少？

答：一队有一百几十亩。

问：1958 年棉花亩产多少？有 30 斤吗？

答：比 30 斤多。那时候给化肥少，1960 年以后产量就低啦，1960 年以前产量还高。

问：最高产多少？

答：丰收的那年亩产皮棉 100 多斤，300 多斤籽棉，入社后的两三年内亩产连续 100 多斤，我队每年都种 110 亩。以后逐年减产，1960 年以后亩产 100 斤左右的籽棉（30 多斤皮棉）。当时编的顺口溜：叫你偷花不偷花，布票给你一尺八（即每人一年国家发给一尺八布票），不够穿。人们为什么要偷呢？给的不够吃，从地里挖一两块山芋装在口袋里或藏在腰里，不偷没得吃，队里又不分给他，怎么办？地里产量少，人们也边摘边偷，所以地里的棉花产量就低啦。另外，人们拔草不连根拔下来，不费力地拔一下就行啦。"锄草不锄根，锄根不能挣分"，锄了根地里就不长草了，不长草挣的分就少了。可是草锄不完，地里的庄稼长得就不好，年终分的粮食就少。

问：那时候偷偷地拿队里东西的有多少？

答：多啦，参加劳动的有 100 多人，他们走后地里的庄稼就少了，谁知有多少。

问：棉产最低多少斤？

答：60～70 斤的籽棉，有时产得更少，三斤籽棉合一斤皮棉，亩产 20 多斤皮棉，棉花产得少了，国家发布票也少了。你没交棉花，国家还能多发布票吗？不能怨国家给的少，原来国家每年发给一个人一丈多尺布票，后来棉花产得少了，只发一尺八寸。

问：最低是哪年？

答：1962 年或 1963 年，产量最低，亩产皮棉 20～30 斤。

【大食堂】

问：这是你当队长的时候？

答：我 1955 年开始当队长，1958 年就换年轻人啦，我当管理员，那时已开始吃大食堂。40 户的人口有大有小，有吃得多的，也有吃得少的，我得算出来每户吃多少。大食堂有 5～6 个人做饭，我一户一户地给算账。

问：你当的是小队食堂的保管吧？

答：对。

问：一年一个人的口粮有多少？

答：山芋 5 斤合 1 斤粮食。吃集体食堂的时候每人每年 360 斤口粮，实际上吃 200 斤都没有。说是每人 360 斤，给不了那么多，不足 200 斤。

问：不是吃食堂吗？

答：吃了一段食堂后就不吃了，吃食堂的时候粮食还够吃。

问：那时的口粮是多少？

答：定的口粮 360 斤，可在食堂随便吃，人们吃得多，五斤山芋合一斤粮，如果每人半斤粮就是两斤半山芋。大队不收山芋，都在小队保存着，吃多少没有准儿，人们都能吃饱，以后粮食产量低啦，吃食堂吃不起啦，就分到户里去。分到各户的粮食，一个人 100 多斤。

【大跃进时虚报产量】

问：有 160 斤吗？

答：有。多了多吃，少了少吃。国家订的 360 斤，可地里没有收成，大队干部们又虚报产量，如地里亩产 200～300 斤，他们上报 500 斤，大队报得多，公社要的就多，社员们口粮就不够了，1960 年、1961 年、1962 年人们就挨饿了，是因为这个原因人们才挨饿，不是上级不让吃。一个公社 12 个村，别的村上报得多，你这个村不上报多也不行。干部们估计的数，估计得多了上交的多，社员们也就没吃的啦。

问：是大队干部们自己多报的吗？

答：是。你这个大队报 500 斤，他那个队报 600 斤，我这个队报得就更多。报得多上交的多。

问：他们去报之前定了数吗？

答：没有。他们到上边后，才根据外村报的情况报本队的数。经过困难之后才报实际产量，所以越来越富，1966 年"四清"之后地里产的就多了，人们也认识到不干也不行，不干活不分给你东西。像我家，入社时共 7 口人，就我一个劳力，孩子们小，不让挣工分。

【粮食产量】

问：你刚入社时粮食亩产多少？

答：那时不如现在化肥多，只产 400 斤左右。

问：一季还是两季。

答：小麦之后种山芋，两季。麦子 300 多斤。

问：1958 年多少斤？

答：1958 年 400 来斤。

问：有 450 斤吗？

答：有，麦子产 450 斤，收麦之后还有高粱，什么产量高让种什么，多穗高粱亩产可产 1000 斤，玉米也只有 700～800 斤。

问：两季加起来能产多少？

答：600～700 斤，大食堂之后就少了。

问：1962 年的粮产多少？

答：200～300 斤一季，两季 400 多斤。

问：你刚才说的棉产低的原因有两个，其中一个是地力差了，粮食也是这个原因吗？

答：是。

问：1959 年产量还可以吗？

答：可以，但也不如以前高了。

问：那时有偷拿的吗？

答：1960 年以前，农户家里还有东西，1960 年以后人们就开始偷了，产量就低了，亩产 200 斤。实际上比 200 斤多，偷拿剩下的 200 斤。向上级报的就 200 斤。

【"四清"运动】

问：报高产几年？1962 年还报吗？

答：1962 年报虚数呢。1965～1966 年"四清"队到村后产量才上去啦，我们村来的"四清"工作队有 100 人，每队都有人，我们队有四个男的，一个女的，共 5 人。

问：全村多少？

答：全村有百十来人，"四清"队来了 40 人，部队还来了些人。

问：是"文化大革命"还是"四清"？

答："四清"。1966 年，来了不到一百人，有好几十人。村里还找了办公室，专供"四清"工作队办公，吃饭不在户里吃，他们自己做饭。

问：来了几个月？

答：正月十七日来的，八月走的，收完麦子了。阳历是九月走了。

【棉花种植和产量】

问：互助组的时候 110 亩棉花，其余的地种小麦、玉米、山芋吧？

答：还有高粱、谷子。现在不种谷子了。那时种谷子吃小米。

问：1960 年时棉花还种 110 亩吗？

答：上级让种那么多，但实际上没有种

那么多，种粮食多了。

问：以后呢？

答：以后棉花产量低啦，亩产皮棉 60～70 斤。

问：还种 100 多亩吗？

答：没有。大队分给我们的数是那么多，实际没有。共种 60～70 亩。

问：那按什么算？

答：大队上还按 100 多亩算，小队交不了那么多，最后按实际亩产算。

问：60～70 斤是按 60～70 亩地算的吗？

答：是，这是实际产量。

问：公社派人来检查种的亩数吗？

答：干部们到大队去了解情况，他们不管，种多少他们不管。

问：你们种的棉花少，是为解决吃的问题吗？

答：是为保证吃粮。

【互助组和初级社时产量】

问：互助组和初级社哪一阶段产量高？

答：1955、1956、1957、1958 年产量最高，按户的收入，是以前高，入社之前收的还多。

问：你那时多少地？

答：20 多亩地。

问：产量多少？

答：1954 年还没入社时，我们收的东西多，村里开会要我们卖余粮，当时不愿卖，卖了给不给钱。村里、县里都来干部开会，我们的粮食都藏起来啦，外边看不到粮食，让我们卖粮，我卖得多。

问：你有多少粮食？

答：种山芋多，20 多亩地，种 15～16 亩山芋，晒山芋干。

问：种棉花多少？

答：1/3 的地种棉花。

【轮种、倒茬】

问：你有三块地？

答：三块地，一块地种一行棉花，种一行粮食，一块地也得倒茬。

问：这一块地今年种棉花，明年就不能再种棉花了吗？

答：是。三块地来回倒茬，今年这块地种棉花，明年就可能种麦子，但三块地不一样多。

问：如这块地今年种了棉花，还要几年才能再种棉花？

答：隔一年就行了。

问：收棉花以后还可以种麦子吗？

答：不种。1960 年上级来了个技术员，他大学毕业，他有技术。他指挥着棉麦间作，麦垄里种棉花。

问：今年收完棉花啦，明年是不是不能种麦子？

答：能。第二年种谷子或高粱，收完谷子或高粱就可以种小麦了。

问：今年十月收完棉花，是不是就不种其他庄稼了？

答：不种，什么也不种，第二年春天才种。

问：第二年春天种什么呀？

答：谷子、高粱。种山药的地第二年可以种棉花。今年种谷子的地，收了谷子就可以种麦子。

问：谷子和高粱阴历几月份种？

答：棉花三月份种，按二十四节气种田。谷雨之前种棉花，谷子和高粱四月份种。

问：什么时候收？

答：八月。

问：红薯什么时候种，什么时候收？

答：五月种红薯。用山芋块培养秧子，山芋块上长出芽子，用芽子栽，这是旱山芋；

还有晚山芋是收麦子后才种。四月后半月或五月前半月收麦子，收了麦子种山芋，山芋是插秧。

问：什么时候收山芋？

答：阴历八月底和九月初收。

问：山芋地第二年种棉花吗？

答：山芋地闲一冬天，第二年春天才种棉花。都是这么种。棉花地闲一冬天，第二年再种其他庄稼。

问：那1/3的地种小麦吗？

答：是。长期形成的倒茬习惯。

问：你们自己安排的？

答：什么产量高、收入高种什么，产量低的就不种了。

问：种什么用写出来吗？

答：不用，哪块地种什么我们都熟。

【地力与产量】

问：你们小队的质量都差不多一样吗？

答：不一样。大队分给一队多少地，二队多少地，地好的要的产量高，比方好地定的要500斤，哪块地差定的450斤。大队分地时都是好坏地搭配。现在分给户里的地办法变啦。好地一亩顶一亩，差的地一亩二分地顶一亩，我们的地好，地也少。

问：公社的时候你们一队的土地在什么地方？

答：在村北和东南角。

问：是比较好的吗？

答：是。五、六队的地较差。

问：入社之前棉、粮产量多少？

答：我家找了一个有技术的人，亩产皮棉100斤，籽棉300斤，比别人的产量高。我定的棉花苗少，一亩地1000株，他们定的多，一亩地3000株，种密了棉花不结桃。

问：你种多少棉花？

答：有时5～6亩，有时7～8亩，亩产皮棉100斤。

问：粮食呢？

答：400多斤，有小麦、山芋。

问：两季加起来能产500～600斤吗？

答：能。

问：从县里知道，1965年以后的生产都好啦？

答：是。"四清"以后生产就好了。

问："四清"以后哪年产量高？

答："四清"以后一年比一年产量高。

问：那时你在大队还是在小队？

答：我没有在大队呆过，一直在小队。

问："文化大革命"中棉花种植占1/3吗？

答：那时不种那么多了，因为产量小，收入低。棉花只产60～70斤皮棉。

问：种50～60亩棉花吗？

答：没有那么多，都不种了，或种一点，为了应付上交。

问：能种十来亩吗？

答：有。

问：地都种小麦和玉米吗？

答：上级让种玉米，种了四五年多穗高粱。

问：到哪年就不种多穗高粱啦？

答：小张来时还种呢，小张1973～1974年来的，那时还种多穗高粱，以后就不让种了，让种玉米。

问：1972～1974年种多穗高粱和麦子，玉米种得少？

答：是。

问：这段时间两季亩产多少斤？

答：600～700斤，小麦亩产最高400斤。

问：上纲要了吗？当时有上纲要、过黄河、跨长江。

答：记不清啦。

问：1973年亩产有700斤吗？

答：两季有。

问：1969 年、1970 年县里来了个好县长，你知道吗？他姓李，用麦麸换小麦，多给豆子，有吗？

答：知道，队里换过。向队里交一斤麸子，换一斤麦子。

问：那几年产量好？

答：是，差不离，也没现在好。

【技术员作用】

问：1969 年、1970 年上去点，1970 年以后又下来啦，小张来后又上去了，是吗？

答：是。小张技术高，都不愿让他走，上级调走他啦。他在这里待了两年，从此，产量一年比一年高。那年我们种的 10 亩麦子，长得很高，因为在沟边，可小张让翻地，社员们想不同意，小队管不了，上级的指示。当时的地已冻了，翻得一块一块的，第二年春天才把麦地又轧平了，社员们想不通，小队干部们做工作。经过轧的地，麦子长得非常好，亩产比平时高得多，比如说平时的麦子一棵长 3 个穗，经过一轧长出了 10 个穗，小张走时社员们不让他走。

问：小张在的那两年棉花亩产多少？

答：记不清了。当时亩产 300 斤，一年比一年高，后来就降下来啦，不种了。小张来后在棉花档里种点麦子。收完麦子棉花长得也很好，大家都赞扬小张。

问：我们在县里找小张。

答：不在栾城县，在石家庄。他大学毕业，也有技术，原来社员们恨他，后来粮食打得多了，吃的用的都多了，还可以换一换新衣服。高是高了，但还不如现在。

问：他走了之后还用这个办法吗？

答：不用了。

问：为什么不用了？

答：少数服从多数，队长听大伙的，大伙说怎么种怎么种，队长不愿用强迫的方法种地。

问：他走之后产量下降了吗？

答：也没有下降，他走之后环境好了，产量就逐年上升了。

问：小张是下放来的吗？还有一个书记吗？

答：从前不知道他在哪里，住在村里也不在一个队。

问：他是本县人吗？

答：不是。是河北人。

问：他住在这个村吗？

答：吃住都在村里。

问：结婚了吗？

答：没有带家属。

问：是刚毕业的吧？

答：刚毕业的。

问：他住在谁家？

答：不知道了，忘啦，大概是在五队。

【生产队长】

问：你干小队长到什么时候？

答：1955 年我当队长以后，当管理员，干了几年，接着"四清"，"四清"时我在大队查账，共几个月，后来又去搞调查。1966 年"四清"之后我又当队长了。从 1966 ~ 1970 年当小队长，1970 年又去当保管，直到 1977 年。我共干了 22 年。后来我儿子接着干了。

问："四清"时的账在哪里？

答：农村的账保留十年就销毁了。

问：是销毁了吗？

答："四清"后我就不在大队了，把账都交给贫协主任啦，后来又交支部了。"四清"后第一任书记是徐春梅。

问：她手里有账吗？

答：她是支部书记，她不管账。之前的

账徐小孩管，以后的账换的是赵球子。赵球子一直当会计，已40年啦，估计没有账了。

问：小队的账还有吗？

答：小队的会计经常换，谁当会计谁保管自己的账，"四清"时收过账，十年以后也就丢失了。

问：一队的会计是谁？

答：郝春林。

问：他还活着？

答：活着。

问：他当的时间长吗？

答：我当队长时，他当会计，我不当队长，他也不当会计了。

问：以后的会计是谁？

答：郝晨山，经常换，他下去以后是郝振玉。

问：他们都活着吗？

答：活着。

问：你说"四清"时的账交给谁啦？

答：给贫协主任啦。"四清"时大队的账在赵球子手里。

问：他说交给工作队啦。

答：郝锁子当时是贫协主任。

问：徐春梅有账吗？

答：可能也没有，她就当了两年书记就走啦。

问：她是没结婚的女孩子？

答：是。她现在才50多岁。

问：你家里有账吗？

答：没有。

问：有土地证吗？

答：有。

冯加德（52岁）

时　　间：1995年9月10日上午

访问者：顾琳　张利民

访问场所：北五里铺冯加德家

【创办冶炼厂】

问：你叫冯加德？

答：对。

问：你今年多大岁数？

答：52岁。属猴的。

问：你的厂子是承包的还是自己办的？

答：我自己办的。

问：叫什么厂？

答：吉成冶炼厂。

问：你什么时候办的厂？

答：1987年开始建厂。

问：是与朋友合资办厂吗？

答：我个人的钱办的。

问：刚开始有多少钱？

答：五万元，固定资产和流动资金加在一起。

问：生产什么产品？

答：化铝。

问：在哪里？

答：在家里。1987年开始化铝，原来没有。

问：办厂之前干什么？

答：在太原上班，办厂的时候停薪留职，现在退休了。

问：在太原干什么？

答：在山西太原变电公司。

问：你什么时候去太原的？

答：20岁时去的，1965年去的。

问：怎么到太原去啦？

答：栾城县属华北地方管，华北地区在栾城招了一批工人，当建筑工人。

问：直到1987年才回到老家？

答：是。回来的时候，太原变电公司与变解铜厂是邻居。我与电解铜厂关系不错，他那儿有个铝合金厂，我跟厂长关系不错，我回来办厂时这个厂来的技术工、技术员，帮助我建的厂。

问：有几个技术工人吗？

答：开始 6 个。

问：他们是河北人吗？

答：有两个技术员是山西人。

问：现在还在吗？

答：现在不在啦，现在就剩我自己啦。我基本上掌握了技术。

问：技术员在这里几个月？

答：不到一年，十个月。

问：他们的工资是多少？

答：我出的产品发往山西省外贸，开始工资高。

【原料、产品、交易方式】

问：原料呢？

答：也是从山西厂来。产品通过山西外贸到贵国——日本，他要的产品叫 adg12，我的产品全部出口。

问：这是山西省外贸？

答：是。设备，如模型和化验设备，全部由他们提供。

问：山西什么厂？

答：山西电解总厂。这个厂很大，它里边有个铝合金厂。

问：是给他们加工吗？

答：不是，自己的厂。从太原运来原料，在本地加工，产品通过山西外贸出口。

问：原料是用现金买吗？走账吗？

答：用现金买，不走账，因为我是个体的，我自己办的，他们从技术给予指导。

问：现在你有账号吗？

答：我自己有本账，工商行有账号。

问：现在你与山西还用现金吗？

答：大部分用现金。

问：对方也给你现金吗？

答：他们汇款。我买他们的原料付现金。从去年起才开始搞锌铝。有一年国家不让有色金属出口，我们产品出来销给长钢，长钢在炼钢时加少量的铝。一年我给他几百吨，我的产品不出口日本后，就给长钢了——长钢即山西省长治钢铁厂。现在搞锌铝是从天津弄来的原料。天津有个大的镀锌钢管厂，这个厂一个月出 60 吨废料，从钢管里推出来的，叫锌粉，拉回来通过八罐炉，咱们叫蒸馏锌。这个八罐炉有八个罐子，把粉放进去，它就变成了气体，通过铁管，再变成固体，一块一块的，通过钢管再提炼一下，搁上锌剂，就成产品了，这产品销路较好，因为咱们这边搞管子的比较多，像石家庄藁城和栾城大部分都用咱们的锌铝，价钱低，也好用。如果用别处的一万多，咱们才 9200 元。

问：现在销路主要在本地，是吗？

答：是。原来的 adg12 主要销往日本。

【工人】

问：有多少工人？

答：不多。现在三班倒，从点着火到熄火烧 70 天，两个人一班，6 个人。

问：一套设备？

答：是。

问：共多少人？

答：6 个人，跑原料和销产品都是我自己干。我有一个儿子已 20 多岁，另一个儿子 18 岁，他们也在厂，搞管理，实际上厂内有 8 个人。

问：6 个人都是本村人吗？

答：是。

【设备、投资】

问：这套设备多少钱？

答：没有多少钱，盖房建路共花 1.5

万元。

问：原料贵？

答：对，流动资金有 30 万元。

问：当时花 1.5 万元，现在多了吗？

答：现在也不多，因为都是耐火砖，耐火材料。房子是简易的，钢罐也是耐火材料，90 元一个，都不贵。

问：是新设备吗？

答：新的。

问：从建厂到现在已是第二套设备了吗？

答：不，开一次火就得进一次钢罐。如一年开十次火就得进十次，旧的不能再用。一次就得八个钢罐。钢罐是低值易耗品，不是固定资产。

问：90 元一个可用 70 天吗？

答：对。只要开了火，下次再开火就得用新的。一次换 8 个，我们烧炭多，这次开火 70 天就烧 110 吨炭。

问：烧炭不用煤和电？

答：就是烟煤不用电。有 20 多米的大烟囱用电照明。

问：70 天烧多少？

答：110 吨，一炉一吨炭，190 元一吨。光烧炭两万多元，一次。

问：70 天用的？

答：是。70 天用两万元的炭。

问：去年的产值多少？

答：不是固定的，上一锅烧了 40 天，出了 11 吨，这一锅烧的时间长，出了 24 吨，有时罐坏了就得停火，时间缺的就赔钱了。

【产值、利润】

问：近几年的产值是多少？

答：一年的产值 100 万。

问：利润是多少？

答：近两三年每年的纯利润四五万元，除了工人的工资，交的税金和管理费。

问：你盖工厂的时候村里提供帮助吗？

答：我盖厂房的时候村里提供的地，修的路，那边的大烟囱就是我的。

问：你每年交土地管理费吗？

答：交。我建厂时交了 1300 元的土地管理费。

问：每年都交吗？

答：每年都交，一年交几百元，交得很少。

问：有多少地？

答：6 分地。

【其他冶炼厂】

问：村里鼓励盖工厂吗？

答：村里比较支持，现在全村有 11 家这样的厂子。

问：你是第一家？

答：我是第二家，原来有一家干着。

问：他做什么？

答：他原来做硫酸锌，给华北制药。他们哥俩在一起干，后来分开啦。原来有人干赔钱啦，他们把它买下来了，现在哥俩各办一个厂，我是第二个办厂。我们建起厂后又办了 11 个，共 13 个。都是炼锌的。

【工人与工资】

问：工人的工资多少？

答：一天十元。

问：一炉炼完后工人可以回家吧？

答：回家。我们的工人都是长期的，不开炉也给，给他们安排其他的活。都是固定工，换新手技术不过关出不了东西。工人是最主要的。

问：他们都是男的吗？

答：都是男的，除每天十元的工资外，出十吨以上的还奖励 100 元，一次性的。

问：除工资外，70 天还可以得到 100

元吗？

答：也不一定是70天，一炉出够十吨以上给奖金，不够十吨不奖。鼓励工人有责任心。也因为十吨以上利润才大，出不够十吨不赚钱，甚至赔钱。

问：雇本村的人没问题吗？

答：没问题。

问：都很年轻吧？

答：有一个40多岁，其余都二十七八岁。

问：他们干几年啦？

答：一般都在两年。去年和今年没有换过，至少两年。有建厂到现在的老工人。

问：吃住你都不管吗？

答：吃住都在他们自己家里。

【扩建计划、资金积累】

问：你打算扩大再生产吗？

答：有这个打算，天津镀锌钢管厂废料比较多。

问：是大无缝下属的厂吗？

答：在天津南郊——红利集团。

问：是国家的吗？

答：不是，是股份的。

问：你打算怎样？

答：我打算再建一个厂，明年吧。

问：流动资金周转快吗？

答：快。没有积压过。当地销售都是现款。

问：一个周转期多久？

答：一个月。因为一面投料，一面就出成品了，也就销出去了。

问：你从银行贷款吗？

答：前几年贷过，现在没有啦，主要是流动资金贷款。

问：有短期的吗？一两个月的？

答：没有。

问：不需要？

答：是。贷款还得拿利息。

问：规模都一样吗？

答：第一个干的现在有两个炉子。

问：从头干用得了40万元吗？

答：不用，30万元就够了。

问：粉出来以后，是不是还可以做管子？

答：是，可以做，质量差一点。我跟他们谈判，把原料拉回来，经我加工后再拉回去，让他们化验，如合格就可以上马了，这样更方便些。

问：你很忙吧？经常在外面。

答：是。

问：用谁的车运？

答：咱村有两个运输户，用他们的车送货。

问：这对农业有污染吗？

答：有20多米高的烟囱，问题不大。

问：水有污染吗？

答：咱们不用水，对水没有污染。

【本村各厂竞争】

问：原来这村有铝厂吗？

答：没有。

问：各厂的原料来源不一样吧？

答：不一样。销路也不一样。

问：有竞争吗？

答：有。原来都从山西太谷进原料，那儿有镀锌原料，是全国的锌基地，废料比较多。一年的废料有两千吨，保定和石家庄地区都到那里去买。买的多了，价格就上去啦，后来我就去了天津，不到山西进料啦。

问：其他厂还到太谷进料吗？

答：是。

问：在哪里销？

答：也在山西。

问：太谷离这里近，费用小吧？

答：费用小，可原料的价格高。我前边

说的这村最早建厂的那个人，他也是从天津进料。天津有个劳改队，他的原料从那里进。产品又回到新生麻璜厂。

问：第一家是怎么开始的？

答：他开始也不做这个。他做硫酸锌，硫酸锌是做药的，石家庄华北制药厂要他们的产品。后来，兄弟两个发生了些矛盾，就分开啦，挨着他们厂北边有个炼锌炉，闲着没人用，他们就买下啦，他弟弟还干原来的厂，他本人就干我们这样的厂了。

问：他们原来是工人吗？

答：不是，农民。

问：他们的技术是从哪里来的？

答：是从天津来的，我们这儿有个王家庄，王家庄现在有 19 个炼锌炉，我们村建炉的技术都是王家庄来的，王家庄的技术是从天津来的，天津有两位老师傅。王家庄建的早，生产队的时候就开始啦。

问：他们村有在天津的工人吗？

答：不太清楚，只知道他们的技术是从天津来的。据王家庄人讲，现在的技术是比较落后的。

【技术上与天津的差距】

问：比天津的落后？

答：不，我们所有的技术都是比较落后的，已淘汰了。现在天津用得比较先进，我参观过天津的厂，他们从建厂到投产花 60 万。他们的产品能达到零号锌，1 号锌，像咱们的炉比较落后。

问：你们做的是 3 号吗？

答：对。最好是零号，杂质少。

问：产品还有销路？

答：是。

【工厂经营与农业】

问：你们还种地吗？

答：种。我种 3.9 亩地，我老伴种。

问：没有找人？

答：没有。我家除我吃商品粮外，还有 6 口人吃饭，每年打的粮食吃不完。

问：你老伴一直在家？

答：是。小孩们也在家。

问：你退休后小孩没有去的？

答：我让他们去，他们不愿去。

问：你原来也不懂化锌技术？

答：不懂。

问：从原来的炼铝到锌技术都差不多吗？

答：差不多。大体上差不多，产品质量不一样。

问：还请技术人员来吗？

答：王家庄干得早，有些难题，请教他们。现在基本上行了。

【成立协会】

问：你们村 13 个厂的厂长到一起聊聊吗？

答：也谈，聊聊。

问：是定期的吗？

答：有时碰到一起就谈谈。像原料的来源和产品的销路不谈，各有各的渠道。

问：成立协会了吗？

答：没有。前几天村的书记有这个打算，想在村里成立个协会似的组织，村里管起来，不过成立也没什么，无非是原料的来源和产品的销售，这些东西他们也帮不上忙，前些日子村里谈过，想在用地、用电上提供一些方便。因为村临城比较近，村里想把路修一修，不过他们也比较忙，顾不上这个。

问：办学校你们出钱吗？

答：村里上变压器像我们这样的户得拿钱，盖学校楼也得拿，这都是好事。

【财务与经营】

问：像你们的利润是滚进去一起花，还

是提出积金？

答：虽是我自己的厂，但账目也很清楚，如果我再建一个厂，就不行啦，流动资金比较大。

问：你自己有工资吗？

答：我不拿，账上有，不开支。

问：你的工资也打进成本了吗？

答：打进去啦。

问：你管理得不错，有的村的厂不提公积金，都滚在一起啦，会计是你自己干吗？

答：是。

问：向国家交钱吗？

答：我们是固定的，每月交 200 元。

问：这叫什么？

答：管理费。

问：上交给谁？

答：工商局。

问：还有什么？

答：土地管理费，给本村。

【工厂劳动与务农】

问：农忙时工人们停工吗？

答：种麦和秋收都停，像现在就停炉啦，等种完麦子才开炉。现在原料都有，种庄稼是关键的时候，必须把庄稼种好。

问：他们都有家吗？

答：有，老婆孩子都有。

问：一年能休息两个月吗？

答：有。这次开炉共 20 天，时间比较长，大部分都是 40 天，一年最多开 7 炉，其他时间种麦收割，我开炉也就是 270 天。

问：工人放假有两个月吗？

答：有，收麦子一个月，种麦秋收一个月，过年也放十六七天，今年初六开的炉，往年开炉晚。

问：这段时间工人没有工资吧？

答：没有。

问：其他厂的条件也是这样吗？

答：大部分都是这样。

问：工人的工资也是一样吗？

答：都一样，太少了没人干。

【合伙经营】

问：有合伙干的吗？

答：有，只有一家。

问：是亲戚吗？

答：不是，乡亲，合股干。这村有三家镀锌厂，用咱们的原料的不少。

问：是电镀吗？

答：不是电镀，火镀。

问：这不包括在 13 家厂之内吗？

答：不包括在内，他们是镀锌，我们的产品出来他们用。

问：他们的规模也一样大吗？

答：我们有个当家子，他的厂规模大，一年光用锌剂最少用一两百吨，他们镀的都是大件，给石家庄电力局供货。

问：多大规模？

答：工人比较多，厂房也比较大，两个厂房，其中有个提锌炉，不过他没有干，活多，干不过来。

问：有多少工人？

答：具体数弄不清，大约最多的 20 人。

问：固定资产有 30 万 ~40 万元吗？

答：差不多。具体的弄不清，咱不是干这行的。咱们村的工厂用的工人大部分是本村人，外村人不多，也有。

问：外村的是哪里的？

答：周围村的人。

问：有外省外地的吗？

答：没有。

问：他们到这里来干，学会了自己就能办厂了吧？

答：大部分都是这样发展起来的。

【村之间差别】

问：寺北柴村一个这样的厂都没有？

答：是。他们村有做粉条的。

问：离这么近，他们为什么不干呢？

答：估计这也是引进吧，像俺村的人看着别人干得行，自己也想干，没有干的，你不想干，我也不想干，他摸不进这个门。我们村的技术大部分都是从王家庄学来的，王家庄干得早，有生产队的时候就有。

问：寺北柴村离王家庄最多四里路，也没学这技术。

答：主要是不开放，往外跑的少，做小买卖的多。流通村（？）这个村你们知道吗？70% 的户都有厂，一个是罐头厂，一个是炼铝。

问：什么罐头？

答：有水果有蔬菜。

问：是这乡的吗？

答：是。

问：离这儿多远？

答：七八里路。像这村拿几百万没问题。

问：家家都有电话吗？

答：是。

问：你们村电话多吗？

答：我们村有十部电话，我家就有。我们安的时候十户联合起来，新栽杆子，每部5500 元，包括电线杆子和电线，现在 3500元，有电话方便联系业务，像我到天津后，如果原料便宜就向家打电话，我的大儿子雇车去拉。

冯任武（43 岁）

时　　间：1995 年 9 月 10 日上午

访 问 者：顾　琳　张利民

访问场所：北五里铺冯任武家

【个人经历】

问：你贵姓？

答：冯任武。

问：你多大岁数啦？

答：43 岁，虚岁 44 岁，属大龙的。

问：你办什么厂？

答：镀锌厂。

问：是大厂？

答：也不大。

问：你什么时候开始办厂？

答：1990 年。

问：以前你干什么？

答：在县的一个厂子干活。

问：是正式工人吗？

答：不是，临时工。

问：个体工厂吗？

答：县办厂。

问：1990 年以前吗？

答：1984 年就开始炼锌，现在镀锌，从1984 年开始搞化工，一直和硫酸打交道。

问：那冯家是你本家哥哥吧？

答：是的。

问：1990 年开始搞镀锌是吧？

答：是的。再早以前在县里上班。

问：在县里上班上了多少年？

答：15 年，搞铸工，给上海搞配件。

问：有点技术吧？

答：有，但和锌没有关系。

【镀锌厂状况】

问：1990 年你搞镀锌，工厂投入多少钱？

答：投了四五万元。

问：贷款占多少？

答：贷款比例大些，占到三万多元。

问：是信用社贷款？

答：是的，当时还好贷，贷一年期。现在不好贷，须有抵押贷款，那时不需要，鼓励建厂。

【产品出口】

问：刚开始规模有多大？

答：规模不大，是加工性质，主要是出口。

问：出口到哪里？

答：出口意大利和澳大利亚，即搞钢管的焊接，还到过法国。

问：通过河北省外贸出口？

答：是的，咱们属加工，也有北京外贸，也有市外贸。

问：你直接与他们联系？

答：不，我们直接通过厂家。为工厂加工，由他们交到外贸。我的关系户是河北铸造厂，在正定；石家庄马钢厂，在石家庄市；市供电局，搞电器上的东西。

问：你是怎么和客户联系上的？

答：最早，在石家庄属于专业，原来有，人家是配套的，但石家庄周围搞加工的不多，后来是逐渐扩大，咱们这质量也好，互相你串我，我串你，这样就连上了，一说栾城镀锌的都知道，前几天外贸打来电话，说有一批货，是美制的，即美国标准，出口英国。

【办厂原因】

问：你怎么想起要干这个的？

答：我原来是搞化工的，原来也打过交道，和山东一家，他是搞镀锌的，咱们间关系不错，保持了五六年，很好，他问我，石市搞镀锌的多不多？我说不多。他说我扶持你吧，现在还一直保持这个关系。

问：技术人员从山东过来的？

答：从山东济南过来的，他提供技术。

问：师傅来蹲几年？

答：在这儿住了一年多，后来他撤回去了。

问：他是国营大厂？

答：他也不是，但他承包了一个国营大厂。

【女工】

问：现在你厂有多少工人？

答：今年少一点，十七八人。都是本村人。

问：他们是男的？

答：大部分是女的。

问：镀锌不是特别累？

答：也累。

问：为什么要女工工作呢？

答：女工比较好找，男工工资也高，相对说来，有 10 元钱，能找到女的，而找不到男的。工艺上说，女的干起来比男的也不差。

问：她们多半是家庭妇女吗？

答：是的。

问：她们一般干多少年？

答：最初建厂就有来的，一直到现在，也有调换的。

问：她们的工资怎么样？

答：按小时计算，8 小时 10 元。女的 8 元，男的 10 元，有特殊情况需要加班，再加工资。

问：有没有奖金？

答：一般没有，不过在过节时给买工作服，过八月十五买点苹果月饼，过春节买点酒。

问：你的工人中有你的亲戚吗？

答：有。

问：谁介绍来的？

答：有小孩的舅舅做焊工。其他都是本村的，自愿干的，工人有流动性。

【休息日、农忙】

问：农忙时休息吗？

答：农忙就停工啦，今年秋季到了，马上就要停了。

问：星期日休息吗？

答：不休息，农忙放假。

问：他们倒班吗？

答：只有一班，忙时加点班，晚上没有班。

问：有加班费吗？

答：有加班费，除工资外按小时增加钱。有时工人愿意加班。

问：一小时多少加班费？

答：如平时一元，加班就一元多，按比例上升。

【规模、资金】

问：现在规模多大？

答：十多万元。

问：流动资金大吗？

答：固定资金不多，流动资金大。

问：都是现金交易吗？

答：说是这么说，达不到，越是熟人越拖欠。张三拖，李四拖，现在已有好几户了，你拖一两万，他拖三四万，一拖就得十来万。

问：刚才说的炼锌厂就没有这问题。

答：炼锌的行情好一点。

问：你压的资金比较多？

答：是。

问：你的原料是买来的？

答：买的。买的有锌原料，酸、炭都需要钱。

问：从银行贷款吗？

答：不贷款。我是为别人加工。

问：你与外贸的来往都是现金吧？

答：支票，转账支票。

【管理人员责任和收入】

问：管理人员几个？

答：我是厂长，脱产的人不多，我算半脱产，有四五个技术人员，也算不脱产的，一边管技术，一边参加生产。

问：会计呢？

答：我兼管，税务也是我。

问：向外跑是你自己吗？

答：原来是我自己，后来找了个业务员。我跑占一半。

问：他的工资比工人高吧？

答：高，他们的工资，月工资是固定的，年底再算账。

问：他们没投资吧？

答：没投资，也算高薪吧，这五六个人一年五六千元。

问：一个人？

答：对。

问：工资在内吗？

答：不等，有时高，有时低，最少五六千元。

问：算分红吗？

答：也算吧，他们一年最少不少于五六千元。

问：按什么分？

答：比方说，今年赚了十万，多分点，如赚了五万就少分点。

问：拿出多少来分？

答：这没有比例，一般使他们高兴了就行了，鼓励他们第二年更有干劲。

问：这四五个人都是本村人吗？

答：只有一个是外村人。

问：他们都没有入股？

答：对。

问：你这叫人股吗？

答：不是人股，他们都是骨干力量。工资是工资，年底发奖金，他们不担风险，赔了与他们无关，赚了就分点。

问：这几个人一直在这儿吗？

答：他们来得晚，原来就我一个人，技术、外边的业务、内部的管理就我一个人，忙不过来了，岁数也逐年大了，考虑到后继有人。

问：去年你拿多少？

答：去年挣了七八万元，大约数。

问：现在的固定资金十一二万，流动资金也不少，赚得不算多。

答：不多。

问：你的投资有 40 万吧？赚得不多。

答：有。利润不高。

问：炼锌行吧？

答：他们行，我是加工，比较稳定，我一吨里赚 100 也好，50 也好，风险不大，再不好的活，我可以不赚。

问：你的成本是按一吨的锌赚多少钱？

答：按件数。如加工一吨 1000 多元。

问：毛利吧？

答：不算毛利。加工费，一吨 1000 多元。

【同业竞争】

问：像你这样的厂本村就你一家吗？

答：后来又建了两家，规模小点，去年才开始。

问：怎么看规模？

答：看资金投入。

问：你们与他们竞争吗？

答：不竞争。我原来干的活，他们现在干，我现在干的活他们干不了。如我镀四米长的东西，他们只能镀到一米以下。

问：你将来的打算？

答：现在想生存就得研究社会，社会在不断的变革，如我原来镀小件，后来社会需要大件，我就镀大件了。

问：如那两家也能镀大件了，你怎么办？

答：将来再说，现在他们还达不到。

问：你的厂子占地多？

答：不多，还不到三亩地。去年又扩建了两亩地。实际厂房才有一亩地，另两亩还空着，准备上其他项目，上了半截啦。

问：上的什么项目？

答：我也开始炼锌，上了一个六米长的大锅，深加工。

问：你是逐渐投资？

答：有富余钱就投资。

问：你工作很忙吧？

答：忙。比上班忙，什么时间都有事，管理人员少，矛盾少。

【管理人员与外姓人】

问：管理人员姓冯的多吗？

答：一个姓冯，一个姓王，一个姓张，一个姓李，外村有一个。

问：用冯姓的人与用外姓的人有区别吗？

答：用外姓的人比用本冯性的人好。一家子，他有事好说也不好说，本村的人也有好的一面，也有不好的一面，好的一面是近，方便，不好的一面是怕得罪人，不好意思管深了，说八点上班，可他八点十分才来，也就马马虎虎算啦。

问：有车吧？

答：没车，有辆拖拉机，雇车，买车风险大，养不起。

问：原料是他们送吗？

答：有时送，有时去拉。

问：你现在的固定资产再加上现在扩大贷款，借钱了吗？

答：我已干了十来年啦，不用借、贷。我的利润都投入生产了，家里没有存款，消耗也大，应酬多，也不好干。

徐孟祥 郝国顺

时　　间：1995 年 9 月 10 日下午
访 问 者：顾 琳 张利民
翻　　译：王 键

【"文化大革命"中村干部更换】

问：（郝国顺）你是 1973 年后半年当书记的？

答：是后半年。

问：那年的报表是你做的吧？

答：不是，我已不干了。当时生活很繁杂，很乱的。

问：为什么那么乱，大队产量也不低，人们吃得饱？

答：那是动荡的时期，也说不清，干部换得那么频繁，反正说换就换了。

问：他们也说不清。

答：会计换，大队干部换得也很多。我们这里解放以后，当大队的干部就是他（指徐孟祥）和我，还有小刘，从 1983 年到 1985 年。我觉得当的时间长，1982 年年底在工厂蹲了几天，然后到乡里，后来我又回来，他和我时间最长。1973 ~ 1994 年的 20 年，1988 年到大队，大队民兵连长干过，生产队长也干过，干了好几样。

问：您当时基本没有变，可会计在变？

答：会计换了秦勤一。

问：大队长也变了吗？

答：大队长也变了。

问：就是书记没有变，是您选的，还是大伙选的？

答：是选的，二贵子不干，然后郝小六，后来我当村长了。

问：你一直在大队当干部，其他人总在换，换队长换会计。那时候小队长也常常换吗？

答：小队长换得多，每年一次，每年正月，过年那个月，起码和群众通过一下，由谁来主持工作，每年都是这样。

【生产状况】

问：1973 年时候生产最好，后来分地以后，其他年头基本上是平稳的，最不好是哪一年？

答：这几年棉花垮了，七八十斤，六七十斤，1975 ~ 1976 年粮食、棉花不行。

问：那是怎么回事？

答：现在的棉花桃就是不开，往年棉花该摘了，它不开瓣，是天命，咱们说是天气不好。农民讲从开花结果开始摘，不断地摘，共 48 天，可到现在 60 天也见不到花，主要是气候问题，去年差不多。

问：种棉花亩产开始少的是什么年份？

答：少在分地以后，逐渐开始少了。承包地以后两三年种的不少，在 1984 ~ 1986 年开始下降一半还多。

问：我看现在的统计好像 1976 年棉花不好，1977 年粮食不好，1978 年棉花不好。

答：1977、1978 年，那时还是集体。

问：1976、1978 年棉花产量低。1976 年棉花不好，1977 年 45 斤，粮食 800 多斤，到 1978 年棉花亩产才 28 斤。

答：你说的是公斤还是市斤？

问：就是 28 斤，没有注明是市斤还是公斤。

答：反正后来的棉花就不行了，到承包的时候又上去了。

问：1983 年棉花产量最高，1984 年一年还不错，可到 1985 年一下就下来，种棉花的特别少。

答：特别是承包以后，后来不行又下去了，是哪年不好回忆。

问：总的说平均数略比县高。

答：不低于县。

问：高出一成二成。

答：差不多。

问：能高出二成吗？

答：一年一年不一样，总的说来相差不多。

问：高出10%～20%？

答：对，对。

问：1983年县里棉花高产，这一年咱们这里也丰收；1975年、1976年两年，县里减产，咱们这儿也减产。

答：1975年咱们这140～150斤，县里也就100斤，反正高出一、二成，当时地委书记徐建中经常到村里来，好多地方的人到村里来参观。

【农业试点】

问：这村是个试点吗？

答：是的，叫我介绍，叫他介绍，棉花管理就是不一样。

问：那两年是不是粮食产量也上来了？

答：粮食产量也不低，差不多，但是有士气。

问：你们作为试点，他们是不是多提供一些化肥什么的？

答：也不太多，有点，我们看不行了，到县里去找，县里的主任批个条，弄个一亩地三斤四斤，或四斤五斤的，有支持的，咱们去跑，他就给一点。

问：那时上级来，常常和你们开会吗？

答：那时大队技术员和小队技术员，差不多几天就开一次会，开现场会，看出了什么问题，将技术员叫到一起，将情况说一说，怎么治。一个小队有七八个人专门干这事。其中有一个技术员。大队有大队的技术员，乡里有专人负责。

【李县长的农业政策】

问：1969年，李县长，多分豆，分菜多？

答：那是李如双提出的给三斤粉条五斤豆，不包括在社员的口粮内的鼓励政策，你产量上去，给你三斤粉条五斤豆，不算你的口粮。

问：我们从县里看，李县长来了以后这两年棉花和粮食上升了。

答：是的。

问：升上来没有这么快，但上升了。每亩多打120斤，不算少了。

问：县委书记到咱们村来过？

答：来过。他在三队蹲点，咱们打井，他们和咱们挨在一起。没在咱们村蹲点，在县城关公社西街三队蹲点，他们的土地和我们连在一起，打井照顾一些。

问：那两年吃得多一点，大家干劲大一点。

答：是的，调动了积极性。政治空气造得浓，听话。

【公社时代的副业】

问：那时大队有粉条加工吗？

答：有。粉条原料是地瓜，咱们多给。

问：有没有提倡搞副业？

答：早就提出来了，有搞起来有搞不起来的。离城和市近的搞起来，离城远搞不起来。咱们有搞成的，也有搞失败的。咱们的装卸队搞得好，一年收入钱不少，但时间不长。

问：工厂搞过吗？

答：也搞过，有饮料厂，其他没有。

问：后来搞粉条的多，是各家搞的吧？

答：那是小队上搞的，不属于厂里。冬天地瓜下来了，用原料加加工。

问：听说有一个雕刻工厂？

答：不属于咱们大队管，那是属县里的，占咱们地方。

问：有没有用村工人？

答：有，一部分是村里的，收入不是咱

们的。这里主要是农业，以后抓改革，一改革就开放了。

【开放后的村工业、运输业、服装加工】

问：现在像郝大爷这样在外面搞工业多吗？

答：咱们村不太多，做小买卖的多。

问：今天早上我们去五里铺看看，他们有很多工厂。

答：五里铺这一两年，有十几户搞联营。

问：咱们村有去干活的吗？

答：不多。

问：他们说有一个叫王家庄也有很多人这样？

答：王家庄不少。咱们四个人，有搞得好的，别人就有想法，也想搞一点，咱村没有这劲头，越有人搞越有劲头。如卖布卖服装，小百货的，一个向一个学。

问：咱们村工业就是搞蜂窝煤的比较多？

答：是的，有七八户。以拖拉机搞运输的有好几户，拉沙子，拉石灰，一个跟一个学。拖拉机有30多辆，投入搞运输。

问：汽车有多少？

答：现在40%的户有，差不多有车的80多户，有一部分是只搞农业的，加上这些有100多部车。

问：这是咱村的特点。

答：有搞运输，有搞服装加工，有搞百货的。

问：卖百货从什么时候开始？

答：有七八年了。改革开放以后逐渐多起来。

问：从谁开始的？

答：锁珍比较早。

问：还有比他早的吗？

答：丑京（音），是他兄弟，他搞得早。

问：刚开始比较挣钱？

答：锁芹是他哥哥。还有他兄弟也在干。

问：是不是丑小。

答：是的。块京在干，振京在自己干。

问：是一家都在干？

答：是的。桂芳、连生，多得很。

问：干得火红的？

答：干得都差不多。不赚钱不干。

问：有没有立门市的？

答：没有。

问：能赚2000元？

答：10元一米，打200米，就2000元，不只200米，刚开始少，越来越大。

问：干服装的是哪几家？

答：郝丑小、郝吉晨、赵京路。郝吉晨是信用社主任。他是国家干部，每天回来，他爱人在家做。

问：搞服装的？

答：他不是开大厂，而是来了服装，将布拿来进行裁剪加工，有50件，家里加工。

问：这咱没有访问过。

答：加工后，收回来，到市里批发。

问：他们在外面买布，拿到这里吗？

答：是的。丑小在干门市，在市里。他还到外地去进货，在新华路劝业场。

问：加工的在本村吗？

答：也有外村的。

问：本村加工有几家吗？

答：本村加工有吉田（音）和别人合干，张潮落（音）是自己干的。

问：他们加工就是裁，然后给别人？

答：是的，他们有技术。

问：他们的技术从那里学的？

答：现在办剪裁学校很多。他们见到好的样子，就可以拿来做。

问：咱们村干小买卖的是一种，另外服装加工，还有七八个煤厂。煤厂是谁办的，规模有多大？

答：加工蜂窝煤，刘玉合去年测算他能赚六万多，他说三万多，加工费去年还干了两千吨。纯收入拿三万多。

问：煤厂是不是要雇人帮忙？

答：他就是雇人，除了给雇的工人钱以外，都是自己的纯收入。

问：他们雇多少人？

答：忙时三四人。

问：是不是本村人不喜欢雇本村人？

答：也不是，有的本村人不在本村干，到外村去干。

问：他的本钱有多大？

答：资金有个万儿八千加上机器，原料钱就多了。他是一面卸一面打，流水作业的办法。

问：这儿本最大的是服装厂还是煤厂。

答：服装厂本钱大。

【养鸡户】

问：现在的村每家有什么副业？

答：养鸡的不少。

问：一家人养多少只？

答：有的养 1000 多只，养鸡 500 天出蛋，赚钱就养，不赚钱就不养。今年春到现在养鸡的不多，这几天价钱又高了。

问：一斤鸡蛋赚多少钱？

答：一角多钱。根据饲料的成本，现在一斤鸡蛋三块五六角，一斤鸡蛋就可赚几角钱。饲料王去年一斤赚几角钱，今年涨到八角钱。

问：本村家有只靠农业收入的吗？

答：淑琴就是，别的还有，什么都不干，就是种这几亩地的人不多。大约不到 11%，主要是上了岁数的人。

问：养猪场怎么样？

答：是这么个情况，他的猪出来，在一

年的正月，出栏时去卖这个猪，他赚不了钱，如果他宰了没有卖，现在才卖，就赚钱了，现在肉价高，他将肉冷冻起来。他喂 200 多头猪，大的 100 来斤。

问：养鸡没有这么大收入吧？

答：养鸡也不少，有一两千只，郝大顺、刘振坤养的比较多。

问：他们本钱也不少呀？

答：从小鸡开始到下蛋，成本须十多元。

【投资风险】

问：按 15 元算，也得 15000 元。什么行业也得一万元以上，不像郝大爷包了一个厂子。

答：我是冒险呀，不像他们，不过他们不如我这快，我投资大。

问：现在怎么样？

答：基本上差不多，到 12 月 27 日，整两年，设备齐，当然开工还得晚点。

问：这两年，包括设备，能赚二三十万。

答：是的，每人能分五六万元。

问：本村人他们看你们，为什么不愿办工厂？

答：这很难说。可要冒险，要投资 11 万，赚不了钱怎么办，赚了钱还好说。要有关系，还要有经验。

问：周围村都有工业吗？

答：周围村就是北五里铺有，还有王家庄，五里铺发展也是这两三年。

问：他们村也有干买卖的。

答：他们有卖布的，岗头也有副业，这两年不如前几年，这两年主要是压路（为将来铺路），家家干。我们干也冒险。原料涨价，开始一吨 5700 元，现在 11500 元，产品不涨价。如原料不涨价，咱们就更好了。

问：你们有没有打算扩大规模？

答：有这设想，我们这设备是 125，现在原料得我们订货，我们要上大的设备，正在考虑，还没有上马。

问：他们厂工人不多？

答：共八九人，基本上没有本村的人，他们主要看机器，不出故障就行了。因此，要不了多少人。

问：煤厂、布匹、机器、猪、鸡、运输，除农业外副业就这么多吧？

答：是的。

问：粉条呢？

答：粉条不行。

问：我们二月份来时也有蘑菇。

答：有几户，冬季到春季搞。他们的规模小。

问：菜地不多吧？

答：菜地不多，前几年发展菜地，这两年不多了。

问：是不是离城太远？

答：不单是，因为种菜地占工夫，还不如去当小工赚钱多。

【建筑队】

问：当小工是不是搞建筑队活？

答：前几年有几个建筑队，这几年散了，和别人合干了，有的当头了，有的替别人干活去，规模小，如果大，可包国家大的项目。

问：本村人盖房子要请什么地方人？

答：现在不一定请人了，一般承包，也不一定是本村人。前几年是互相帮助的，现在不是这样，专门找盖房的人承包。

问：你们本村有这样专门盖房的人吗？

答：没有建筑队，由队组织，现在是本村和外村的人共同组织。什么也干不成的人，也能拿个铁锹去干建筑小工。每天有五六十人去干小工，最没有办法去当小工。

问：这是年轻的还是年纪大的？

答：一般是年轻的多。

问：他们没有特别技术？

答：也就是砌墙抹灰。

问：按天和小时计算？

答：按天计算，一天 15 元左右。有的十几人 20 人，工头多拿，赚多多分，赚少少分，一般都是承包，也有为我干，一天 15 元，不一样。

问：本村有这样的工头吗？

答：有，郝晨山就是工头，郝明勤和他在一起。

问：现在县城有劳动市场吗？

答：现在没有劳动市场。工头来找我，或我找工头，不是在劳务市场上碰头。

郝吉晨（43 岁）　　赵书英（44 岁）

时　　间：1995 年 9 月 11 日上午
访 问 者：顾 琳　张利民
访问场所：郝吉晨　赵书英家
郝吉晨为乡信用主任

【家族、结婚、青年时代】

问：你今年多大岁数？

答：43 虚岁，属大龙。

问：赵书英，您多大岁数？

答：1951 年生人，44 岁。

问：你父亲叫什么名字？

答：叫郝致庆，小名叫傻小。

问：你兄弟姐妹几个人？（问郝吉晨）

答：我是老大，还有一个妹妹，她叫郝荣兰。

问：妹妹多大？

答：属猴，1968 年出生，28 岁。

问：你们什么时候结婚的？

答：1974 年。

问：你从什么村来的？

答：孟董庄。

问：你什么学校毕业？（郝）

答：当时各乡成立高中，我是乡高中毕业。

问：你呢？（赵）

答：小学。

问：你们结婚是怎样的方式？

答：和现在不能比，那时坐的马车，我是骑自行车去，也没有红的布放在马车上。也没有什么嫁妆，就是一个马蹄表。那时不送礼。我买了一个立柜，简简单单。

问：请客吗？

答：请客，一共请了娘家一桌，娘家来五六个人，村里一两桌，吃的简单，喝的也简单。

问：你们打了新家具？

答：打什么家具，都是旧的，互相还配不起来，颜色也不一样。

问：那时你们和你们的父亲住在一起吗？

答：没有，他们住在老家，但一起吃饭，没有分家。

问：妹妹在外乡，在什么地方？

答：在西马乡。

问：那时你做什么工作，是已经从学校毕业，结婚的时候？

答：已经毕业了，我是 1970 年毕业，我是四月生日，高中是两年。

问：那时在本村种地还是干什么？

答：我毕业以后，直接到乡办企业，是一个修造厂，还是农村户口，每天挣工分补助五角钱。是生产队派出去的。

问：修什么？

答：修农机，也改造，简单的脱粒机和水泵。

问：你们是经人介绍还是自己认识的？

答：是经人介绍，是我叔伯姐姐。她在孟董庄村，厂也在孟董庄村。

问：你们谈了两年？

答：是的，从介绍到结婚，谈恋爱达两年。

问：谈恋爱，是不是共同去玩玩，看看电影？

答：人与人不一样，我们比较保守，没有看过电影，去过石家庄公园。

问：你在村里干活，是妇女队长吗？

答：不是，在村里干活。

问：你们有几个孩子？

答：两个，一男一女。大的男孩，叫郝国政，现在 20 岁，上县高中三年级。

问：打算考大学吗？

答：打算考大学。

问：小的叫什么名字？

答：叫郝国丽（女），今年 18 岁，已上班了，在冶河乡信用社上班，她初中毕业。

问：她还没有结婚吗？

答：没有结婚，和我们住在一起。

问：每天回来吗？

答：不一定，值班时不回来。

问：离这儿多远？

答：离这儿十里（公里），她骑摩托。

【乡信用社主任、信用社业务】

问：在信用社不错？

答：也比较难。

问：你什么时候进的信用社？

答：1974 年进的，一直在那儿没有动，现在是乡信用社主任。

问：你权力不小呀！

答：有什么呢。

问：在乡有相当权力。你主要管什么？

答：我是城市户口，1975 年转的，是国家干部。

问：信用社的情况？

答：我已干了 21 年。当时才 3 个人，现在发展到 13 人，一部分城市户口，一部分农村户口，改为合同制，也有返聘的。有的吃商品粮，有的不吃商品粮。

问：年轻的多吗？

答：年轻的不少。

问：你是最老的？

答：也不是。

问：信用社的业务是什么？

答：将农民手中的钱集中起来，贷给农民。

问：贷款的对象？

答：都在本乡。有农业、工业贷款，一般是农业为主，现在情况变了，农业用不着，转成搞副业。

问：农田水利基本建设有吗？

答：没有。一个小组打个井，用不着贷款，农业贷款，是要花几万元的，需要贷款。

问：学校要盖房子，你们贷款吗？

答：不贷款。

【不良贷款】

问：多半是贷给个人吗？

答：是贷给个人，需要抵押，不是绝对的，也差不多。

问：抵押什么？

答：有价证券、支票、存单、债券。

问：要是不能还钱怎么办？

答：有一部分不还钱，原先是集体，后来一家一户经营，贷款向户里发放，当时不要求抵押，没有抵押财产，其实农民家里也没有什么东西，还不起也不能将他赶出家门。由于物价等因素，他亏损了，亏损就不好收回来。拆他的房子也没法拆，真正有财产的如汽车、拖拉机也就赔了。

问：那样的情况多吗？

答：有一部分。有的是由于盖房子娶媳妇将钱用了，一时半会生活困难，还不了。

问：延期多吗？

答：延期的有点。延期不加息，而是罚息，有规定罚 25%（指超出的部分）。

问：日本信用社，几个大的倒了。国家参与措施。你刚去信用社那时还没有改革是的吧？

答：是的。

【存款额和利息】

问：那时农家存款有多少钱？

答：全乡存款有 3 万元，1976 年上升到 8 万，现在达 2500 万元。

问：什么时候增加比较快？

答：1982 年以后。改革以后比较快，今年超过 2000 万，去年年底才 1955 万。物价涨，人们手头有钱，购买力强。

问：利息有什么变化？

答：联产承包时利息低，以后高了，改革开放后高了。

问：现在存款利息和贷款利息各为多少？

答：存款为 2.625 厘（活期），9.15 厘（一年定期），10.2 厘（三年），和人民银行一样，保值。国家银行、信用社不补贴，贷款一分多，所以信用社不存三年五年，因为信用社受不了。有的国有厂倒闭，银行真不好办，国家不给钱。

问：存款 2500 万元，贷款也在这个范围？

答：现在贷款 1250 万元。由于受保值的限制，不让你放，要是放开，就超过这个规模。今年增加 500 多万存款，放贷款 78 万元。信用社将钱存在农行，农行给我们利息低，贷款又不让你贷，我们是干赔，我们是靠贷款活。

问：多半是这样吗？

答：全国都是这样，国家是规模控制。

【贷款资格调查】

问：你们贷款时是不是去查一查贷款人

能否偿还？

答：要调查调查，看什么户，本乡的人，信贷员都知道他们的情况。

问：信贷员是专职的吗？

答：不是专职，而是代办。他们都熟悉本村的人员情况。大项要搞搞调查。现在乡镇企业也不好，个体企业发展，搞垮了乡镇企业，因为人家责任心强，国营的干两三年，人家走了，他们的自主权小，个人的企业，个人说了算，自主权大。

问：他们要贷款，你们给他们不给他们贷？

答：现在一般不增加贷款，由于他们不景气。乡镇企业搞得好，我们也扶持。

问：你作为主任，乡长、县长找你，你也不得不贷？

答：行政干预，我们这里干预不大。当然，有干预。我们是双重领导。

问：大队也有这个问题吗？

答：村办企业，这个乡不多，贷款的只有一个，现在也倒闭了。你贷款也收不回，也没有办法，他没有东西还。通过法院，也不容易，不好弄。现在来看，个体比集体责任心强，自主权大，集体养活着许多人，连吃带拿，个体没有包袱。

问：个人企业占贷款的比例？

答：能占 70%，随着时间推移，将越来越多。个体愿意贷，他不会不贷，现在抵押贷款，有人也不贷。

问：乡里存款都在信用社？

答：都在信用社，能占 80%~90%。

问：寺北柴村贷款是什么人贷？

答：开煤厂的，买拖拉机（搞运输）的，卖布的，也有盖房和结婚用，他不说结婚咱也不知道，反正不抵押就不贷。银行对国营企业也没有办法，都是国营企业，互相欠款，不贷款怎么办。担保人也没有用。

问：刚开始贷款的原因是什么？

答：是生产队贷款，主要是农业贷款，那时也有乡办企业，没有私人，都是集体的也好办。

【打会、个人间借款】

问：村里有"打会"的吗？

答：现在没有，原来也没有这习惯。工厂工人入工会。现在调剂资金主要靠信用社。

问：私人之间借钱的有吗？

答：有，但不清楚，差不多家家都有。有借大数，也有借小数，利率就无所谓，是互相帮忙，拿息的不多。

问：立不立契据？

答：不立契据，借个千儿八百，互相帮忙，坏良心的是少数。

【信用社业务和管理】

问：信用社的权限大吗？

答：不大，自主权不大，机制变不了，现在干得不好的，你也无权叫人家走，他要在这里拿工资，我赚的多，个人也不能拿，赔了也是国家的，人事制度也限制着，改不成。

问：贷款利息都一样？

答：是一样，信用社也是国家定的，略高于银行。贷什么利息都一样。

问：人们手里活钱多吗？

答：有，能吸收到 70% 以上。

问：普通的家里放在家里的不多吧？

答：很少放在家里的。

问：提款方便？

答：不限制，一万两万不要紧，多的要提前打个招呼。

问：定期的中间支取可以吗？

答：可以，要拿身份证，利息也要相应的变。

问：从全乡看，寺北柴村发展快慢？

答：他们经营发展快些，属中上。在全县也是中等水平。

问：好的是北五里铺、王庄？

答：王庄不属这个乡，北五里铺好，他们有好多厂，还有三个建筑队。

问：贷款是不是向他们倾斜？

答：也有限，因为钱太少。

问：贷款占申请人的比例？

答：过不了20%～30%，申请的多，贷出的少。有规模的也贷不了，由于他没有支票、证券，有抵押的也不一定能贷上。

问：如果国家不限制你们，你们愿意不愿意？

答：是的，我们愿意向外贷，愿意多放，因贷出比放到银行差到一半利息。

问：存款额，如果给你们自由，一般你们愿意贷取出存款额的多少？

答：能贷出75%左右，贷80%有危险。有人提款没有款了。

问：如钱不够到其他社去借一点有吗？

答：一般没有，现在就是新安乡钱多，他乡小人少，资金少，但他乡办企业特别大，有1200万，他存款也达1200多万，他全部用于乡办企业。帮忙是有利息的，超过银行利率。

【信用社和银行关系】

问：另外的银行和你们有关系吗？

答：我们属农行领导，需要他们也给予帮忙。现在准备分开，全国成立合作银行，有城市合作银行，农村也要分开，成立农村合作银行。由于体制不一样，农行是国营的，信用社是集体的，而信用社管理完全按国营的。分开会好些，自主权大些，农行也用信用社，他们资金不如信用社多。分开后，农行的业务量少多了。我们全县信用社有资金五亿多，农行过不了三亿元。

【服装加工与销售】

问：问你爱人的服装加工问题。你从什么地方学的技术？（赵）

答：今年没干，主要是冬天干，干这有七八年了，在分地以后。

问：你怎么想干这个？

答：先给人家加工，看到别人干，自己也会做活，做做就没有活儿了，到市里买的布，自己做。

问：有没有专门学过？

答：没有，仅在学习班里学了点。冬天做呢子服装。

问：自己出样子？

答：看到市场有什么样子，一是买回来，二是借回来，打个纸样子，自己裁剪自己做。

问：是你自己裁还是别人裁？

答：是自己裁自己做。一个人干不过来，我伙着干，雇了两个工人，按样子做。也有给别人做的，给他加工费。

问：卖出去的都是他订货后做的吗？

答：不是的，就是做好，放在市里的个人服装店代卖，主要做呢制服，半大衣，套服等。

问：能赚好多钱？

答：没有赔过。

问：积压资金多吗？

答：也是贷款。

问：周转快吗？

答：差不多，冬天两三个月卖掉。有的现在就做了，看不准也不敢做。市里有代销点。也用高阳的料子，现在没有了，现在有北京的清河呢。最多时十多万元。有一年呢子涨价，赚了不少。

问：平均一个冬天能赚多少？

答：大约多时一万，少也有三千、五千、八千时。

问：什么时候忙？

答：验货、送货、进货忙。

问：加工费什么时候给？

答：年底结算。由于副业少，加工费低。

问：加工费最多是多少？

答：15 元左右。

问：是大批卖？

答：一次送几十件。要是销得快，人家就进得多，有几个关系户。

问：多半是男装还是女装？

答：有男有女，过去穿便服，短大衣，现在是半大衣。看样订货。

问：资金主要用于买料子？

答：是的。都是现金。

问：代卖是什么时候给钱？

答：是卖了以后给钱。

问：郝丑小和你们是什么关系？

答：我和他媳妇一起干，男的往外跑，石家庄有个门市部。在石家市纺织中心，有一个服务员，共两个人。有个柜台，是零售市场。

问：他能卖到一半？

答：能卖一部分，主要在县里腊月卖的多。在家里也卖。最远可达 20 多里路，也有 30 里的，骑车给人家送。

问：怎么认识的？

答：有熟人介绍的。主要是近处，远处少。

问：加工工人多半是女的吗？

答：是女的，男的做下手活。

问：今年你打算还办吗？

答：还没有研究，因为行情还弄不准，现在服装不好办，市场变化太快。干这总是提心吊胆的。

问：机器是电的？

答：是脚蹬的。

冯吉宏

时　　间：1995 年 9 月 11 日下午
访 问 者：顾　琳　张利民
访问场所：北五里铺冯吉宏家

【干部的经验】

我们想了解农村解放以后，尤其是改革开放以后，农村经济发展的状况。分几个阶段：解放时——解放以后"土改"——合作化——"大跃进"以前——大跃进以后——1958 年——"四清""文化大革命"当中——"文化大革命"以后——包产到户以前——包产到户以后。

答：1958 年以前我上学，1962 年我从学校毕业，1964 年到 1973 年我任书记，对村里情况不太清楚。1962 年高中毕业以后回家，在生产队，从 1964 年在大队，一直到现在。

问：你已工作 30 多年？

答：我是乡里任职时间最长的了。当过村长，那时是革委会主任，后来 1973～1977 年任书记，后来又当会计。未到乡和其他地方去过。这里村长是去年才干的。从我当干部了以后，乡里干部换了好几次了，村里也换过六七届了，我始终没有换。

问：你终始没有换，可能是你文化程度高？

答：有些财务上不合理的事，咱不参与。上一届书记，县里派了工作组，他们有问题，将他们请下来了，村长、书记、连长都下来了，就剩下我一个人。我是坚持原则，不合理的我不参与，所以也没有出去，始终在这儿干。我们这个大家庭，多数在外面工作，就我没有出去。毕业以后，也没有打算出去，我哥哥在石家庄棉三厂，已退休了，都在外面。

问：你工作时"四清"尚未开始？

答：1964 年我在小队干，还没有来大队，1966 年开始"四清"，将大队干部集中起来，我任组长，因为我刚干，没有经济问题，叫我担任组长，是"四不清"干部组长。我有一个哥哥，当时，他是会计。

【生产状况】

问：那时，你们农村的生活水平如何？

答：真正大步向前发展，是改革开放以后，个体企业可以搞了，1978 年以前不允许你搞别的，只能种地，一亩地纯收入也不过 400 多元。联产承包，地不归个人，多打多得，后来发展成大包干，全部由你个人负责，1982 年分的。全县都是这样。

问：那时的亩产？

答：一般是夏秋两季 700 多斤，联产承包以前更低，亩产 500 多斤。

问：你们和寺北柴村相比怎么样？

答：寺北柴村不如咱们，全乡 13 个村，我们处于上等。

问：指现在？

答：现在也好，过去也好，咱们是全乡不错的。寺北柴村在咱们乡也属于上等，让他和我们比，他不如咱们。过去亩产差不多，从全县讲，也不太低。

问：如果全县亩产 700 斤，你们是比这个数字多吗？

答：要多，县往南的人平均土地多，产量低，咱们数中间偏上。

问：高时能高出一两成吗？

答：能高出一二成。

【棉花生产】

问：棉花呢？

答：在近两三年，没有人种，过去种时，咱们村种 300 多亩，亩产 80 来斤，最高 100 斤。

问：最高是不是 1983 年？

答：是 1981、1982 年，以后就不行了。现在国家不强调，更不重视。

问：那时植棉亩数能占耕地的 1/3 吗？

答：咱村 300 来亩，我们是 1240 亩，实际分给社员为 1030 多亩。

问：你报还是报 1240 亩？

答：是的。如国家占了你的地，修高速公路，可将总亩数减去，你个人建房，修道用地都不减。原来农业税 4000 多，还是 4000 多。

问：现在棉花还有多少？

答：加起来不到十多亩地。今年任务 3200 斤，一亩地种一分，去年少缴棉就多交粮 3200 斤，相当于 32 亩，按一亩 100 斤向你算账。现在一人相当一亩地。解放时一人分二亩多，大包干时是一亩三，现在又少了，建房、建厂和修路都要占地。

【技术员】

问：我们在寺北柴村访问，他们说，有位技术员将他们的棉花产量提高了，那时你们村也是这样吗？

答：1972 年，有一个技术员姓张的，现在到石家庄农业机构，叫张增顺，现在有 50 多岁，他是个技术员，技术确实不错，一个是棉花，一个是谷子，在咱这儿，他是乡技术员，现在石家庄农业所。

问：在这儿三年，在县里干过没有？

答：在县里干过，不是直接去石家庄的。在乡在县都属农林局管。

问：那时他也管你们吗？

答：也管，不过他坐镇寺北柴村，那是试点。

问：你们产量提高了吗？

答：从那开始，科学种地。他也到这里指导指导。

问：他走后，老乡们是不是还按他的办法？

答：按照，他走后，还有技术员，有接替他的。

问：在寺北柴村，后又在别的村？

答：是的。

问：你们这里有技术员蹲点的吗？

答：有，是县技术站的技术员，我们村的麦子，县技术员包的，去年他过来，是县农种站来我们村试点种麦子，北面有100亩，县长坐镇。乡长、石家庄市委书记也挂过牌子，但市委书记没有来过。现在小麦"126"，就是从咱们这儿发展出来的。现在退化了，又引进"163"。

问：种子是他们发的吗？

答：个人买的，收获时，他们来调走你的麦子，比一般商品粮价格贵些。

问：那他怎么包100亩？

答：所谓包，就是示范。他给予技术指导，可作为种子外调，价格就高了。他们是义务。

问：过去集体好办，现在怎么办？

答：过去好办，现在国家又没有规定种什么，自由种，开会也开不起来，也不开会，没有政治教育这一说，能赚钱就行了。

【农民收入】

问：你们村农民的收入农业占多少？

答：农业占21%。

问：分地时，农业收入的比例？

答：那时收入低，除农业别的也没有什么收入，以农业为主。

问：生产队有企业？

答：后期有，主要搞螺丝，是副业，不是企业，收入不超过20%。

问：你的经验，农民要富，不能光靠农业？

答：农业有限制，再提高产量不容易了，化肥价格比较高，干别的活，赚钱也不少。

问：你说人均收入200多元，是什么时候？

答：是合作化的时候，大包干以前。

问：1958年呢？

答：我不在家，弄不清。

问：1964年呢？

答：最多人均300多元。1960年、1961年、1962年是自然灾害，1964年也高不了多少。

问：那时口粮有多少？

答：一个人一年360斤多一点，够不够360斤。

问：三年自然灾害你在学校不在村？

答：是的，那时在校一天吃一斤粮。国家供应粮食，我上的师范学校，初中毕业考的师范学校。

问：你是老大？

答：我是老三，兄弟们出去了，我在家照顾老人。我下面是两个妹妹。

问：哪一年产量比较高？

答：在生产队时一年比一年高，到分地到户，猛一提高，各人种各人的地，积极性高，最高是大包干时。

【农业产量】

问：农业发展要上纲要？

答：经常讲，是口号。

问：1965、1966年过了黄河了吗？

答：那是喊，正上劲，要达到400斤，过长江800斤。

问：过黄河什么时候？

答：九几年，在我办公室有材料、年报表。1990～1994年，总的是1000斤左右。还要再增长，要大投入，成本就高，有钱不如做点买卖。

问：能看以前的亩产和人均收入、口粮吗。柴村没有资料，而主要是看年报表。

答：我那里还有。

问：看你们的，他们的情况也差不多知道了。

答：三五年前，我们两村情况差不多，在县都处于中等偏上。这几年没有口粮统计。

问：有粮食亩产吗？

答：有一个表，这是秋粮 879 斤。

赵云丽

时　　间：1995 年 9 月 12 日上午

访 问 者：顾　琳　张利民

访问场所：栾城县招待所

【栾城县工业发展状况】

问：你搞县志以前搞什么？

答：我搞了两年半教学。

问：是本地人吗？

答：是的。藁城人。

问：栾城县的工业发展情况？包括解放前和解放后的情况？

答：解放前乡镇企业在农村主要是手工业和副业，重点在农业合作化以后发展起来。

问：解放前手工业主要指什么？

答：食品加工和木加工。

问：食品包括哪些？

答：豆腐，还有烧砖、面粉、榨油。

问：解放后织土布的不多了吗？

答：解放时还比较多，在农业方面有记载，乡镇企业是 1978 年以后发展起来的。

问：1978 年以前称农村副业吗？

答：是的。

问：那时有县办企业吗？公社办企业？

答：公社有，但很少，那时主要是加工、棉纺织业，工业类方面生产如农机制造。

问：是公社办的还是县办的？

答：是乡办的，即公社。1984 年才正式成立乡镇企业办公室，有了乡镇企业的名称。

问：过去乡、县办企业放在县志什么部分？

答：大企业放在县办工业那一章。

问：县办工业有多少？

答：在"文化大革命"中，到 1970 年有国营企业 8 家，集体有 4 家。

问：主要做什么？

答：机械、食品、剪裁。

问：哪 8 家？

答：电机轴承厂、东方综合厂、广播器材厂、缝纫社等。

问：8 家规模有多大？

答：1970 年时，规模不大。

问：有多少人？

答：4 家共 181 人。

问：资产有多少？

答：没有固定资产数字。年产值是 53.5 万元。

问：县办企业有什么厂？

答：具体的不太清楚，有几个知道的，如机器修配厂，厂址在方村，第一机械厂在 1954 年成立时叫红光铁业社，是栾城第一家国营企业，国营拖拉机站、棉油加工厂、印刷厂、磷肥厂，还有两个是粮食加工厂和食品厂。1958 年，大炼钢铁，年产值 535 万元。

问：工人只有一部分是非农业户口？

答：是的，1990 年还有一部分副业工，现在是合同制。

问：你学什么专业？

答：我学中文。

问：1970 年以后有了发展，为什么？

答：不清楚。

问：是不是和李书记（李如双）有关？

答：不清楚。

问：1970 年以后到哪年为一段？

答：1978 年。1970～1978 年有发展，但不太快，而 1978 年"三中全会"以后，政策放开，有了发展。

【改革后工业发展】

问：1978 年或 1980 年工厂数多少？

答：有 1980 年的数字，1980 年全县 27 个，包括国营和集体，乡镇（社办）企业有 75 个，个体没有统计。当时总产值为 7833 万元。

问：工人的数量？

答：没有。

问：占全县总产值多少？

答：没有比。

问：企业最大的是什么？

答：还是机械一厂二厂。规模大也不大。

问：食品加工业是不是多些？

答：有制酒厂，还有化肥厂。

问：哪个行业最多？

答：主要还是机械，为农业服务，农机制造，拖拉机维修，脱粒机，播种机，玉米秆粉碎机。

问：都是比较小的机器？

答：是的，脱粒机大些。

问：纺织有吗？

答：有，县办纺织厂、针织厂。不赚钱。

【制药基地】

问：1984 年以后？

答：栾城成为制药基地，有华北制药厂分厂，开始叫栾城溶剂厂，开始生产的产品叫顶顶（音），以玉米做原料，对玉米进行加工。

问：规模有多大？

答：现在叫华北制药厂栾城分厂，1988

年 11 月改的。1984 年刚投产时，叫华北制药厂栾城溶剂分厂，1988 年改为华北制药厂栾城分厂。

问：是谁投资的？

答：是华北制药厂和栾城联合投资。

问：现在是最大的厂吗？

答：1993 年底数最大，后来成立神威药业公司。这个厂制药很好。

问：什么时候开始？

答：1971 年，它还不属医药基地，医药基地单独成立医药管理局，整个管 1984 年以后上的项目，这属经委管，纯县办企业，原来是一个校办工厂（南旺中学），上马后效益不错，县教育局要回来，由县教育局管，后来发展成县办工业。1970 年投资，到 1971 年建成，1973 年改为县办工厂，当时叫栾城县红旗制药厂，后来 1884 年规模大了，叫石家庄机制制药厂，到 1992 年，国家提倡股份制企业，改为石家庄神威药业股份有限公司，实行股份制。现在是县办工业。

问：他的工厂现在有多少人？

答：1993 年底，职工人数 418 人，其中工程技术人员 80 人。

问：建厂时的资本？

答：400 元起家，现在固定资产 2401 万元，产值是 4152 万元（1993 年底）。这是县办第一制药厂。

问：医药基地的兴建，是不是标志着栾城县的工业有了一个大的发展？

答：是的。

问：您编县志，分析有什么原因？

答：改变了工业的结构，过去只为农业服务。现在以医药为龙头，带动经济发展。

问：有什么政策和优惠？

答：不清楚。有措施，但没有记载。县的工业总的说来不行，医药基地发展了很多厂子，投资热电厂，与医药基地配套，还有一个咖啡因厂、栾城医药化肥厂，说是中外合资，实际上也没有。投资不少，可效益尚未出来。除农业以外，都属于工业。

问：集体企业还有吗？

答：到 1993 年底发展到全民 31 个，集体 14 个，股份制企业 1 个。乡镇企业 7500 个，其中乡办 122 个，村办企业 357 个，联户办 1111 个，个体 5910 个。不清楚他们分的标准。

【国营与乡镇企业比较】

问：如果将国营和乡镇企业加到一起，栾城县的产值多少？

答：从投资来看，乡镇企业投资比重比较大。1993 年乡镇企业工业产值占工农业总产值的 54.6%，工业总产值占工农业总产值的 76.74%。乡镇企业比县办企业要高，固定资产也高。固定资产 1993 年为 36446 万（乡镇）、县办的固定资产没有统计数字。

问：乡镇企业种类？

答：工业为主，如机械化工，建材，纺织，烟花，食品，缝纫等。最主要是机械。

问：冶炼属于哪一类？

答：电镀属于化工。

问：70 年代就有机械厂，现在的乡镇企业机械厂和原来的有什么关系？

答：没有。工人可能有。

问：栾城离石家庄近，发展有没有关系？

答：有关系。

问：医药化工产品？

答：医药没有，他们管得比较严，化工有。

问：化工乡镇企业多些，县办企业少些？

答：是的。

问：寺北柴村的塑料厂？

答：属化工，不属医药。

问：做小买卖属于哪一类？

答：属乡镇企业商业。乡镇企业五大行业：①工业，②运输业，③建筑业，④商业，⑤服务业。乡镇企业以工业为主。

问：商业中以什么为主？

答：以饮食为主。当然还有布匹服装、日用百货、烟酒。布匹服装不是很普遍，过年过节都是个体的。

问：乡镇企业很复杂？

答：是的。

问：三轮车上卖的百货、水果算什么？

答：他们是流动摊贩，也可算。

问：这个统计比较麻烦？

答：是的。因为他们流动性大，不好统计。

问：从业人数多少人？

答：到 1993 年底，参加乡镇企业有 41319 人，占农村劳力的 24.13%（指整劳力）。

问：县办工业人数？

答：没有统计。

【工业的大发展】

问：最近几年发展比较快？

答：是的。乡镇企业从 1984 年开始，这时已成立乡镇企业办公室。

问：什么时候有大的发展？

答：1984 年，国家有一个对外开放搞活的方针，这时我们乡镇企业的发展有大的促进。

问：石家庄市栾城县和邻县的发展比较？

答：不清楚，我们感觉属于中等，正定和藁城发展得比我们快。栾城以传统农业为主。当然，农业已到了极致，就必须发展工业。

问：县领导什么时候有这个转变？

答：县领导已有了考虑，说何时转变不清楚。

问：北五里铺是 1991 年以后发展起来的。

答：这不太清楚。

问：要看一看栾城工业发展的情况，70 年代以农业为主，工业服务于农业，80 年代开始。

答：以服务农业为主。

问：这也是用于农业产品。

答：是的，以农业的玉米加工。现在的思路是华药用玉米多，其他如化工就不是用玉米，制剂厂，明胶厂，不是以玉米为原料。明胶是做药的壳子。医药制品中的核黄素可能用玉米多。用玉米做原料的是华北药用分厂、葡萄糖厂、制酒厂。

问：一年用玉米原料多少？

答：没有这个数字。不久前县长讲，要搞一个粮食市场，栾城的玉米产量还不够用，需要从外地调。

【棉花种植】

问：1984 年棉花的耕种面积，到 1985 年减少一半，为什么，这与基地建设有没有关系。

答：没有关系，是受中国大气候的影响。棉花主要是收购政策，赚钱少。

问：是不是征购？

答：玉米也有征购任务。

问：纳完农业税后，可以到市场上去卖？

答：是的。现在正在建批发市场，市场价比征购价要高，去年是不到五角钱，现在卖到八角多。

问：制药需要大量玉米，从而将其价格提高了。

答：有这样的原因。玉米比棉花投入少，还赚钱多。有间接关系，没有直接关系。棉花种的少，不仅仅是栾城，周围其他县也都是这样。虫害厉害，投入大。邯郸地区种棉花比较多，以前这里种棉花也比较多，就是后来政策原因，强迫你种棉花，一人要种一分地。在生产队时种的特别多。现在国家调整棉花的收购价，调动农民种棉的积极性。

【编纂县志】

问：你们的县志是自己写还是工业局帮忙？

答：他们提供我们资料，自己写，不清楚到下面采访，写用了 4 年，加上搜集资料，用了 8 年。教育志已出来，现在水利志、供销志还在搜集材料。我们到南京档案馆查过民国时期的资料，还到北京，河北省、石家市图书馆、档案馆查资料。

问：外面搜集的资料多吗？

答：不太多。主要是利用县档案馆。

问：县档案馆多吗？

答：不清楚，因为每人只搜集自己写的部分，省档案馆有不少资料。

问：工业部分是你写的？

答：是的。工业还分邮电、交通、城乡建设、农业，这都属经济。分了三部分，第一是农业林业、畜牧业，我写的工业，工业和乡镇企业。我们是大工业。

问：这个地方，电多半是 60 年代初期吗？

答：从 60 年代开始，最早是 1959 年 11月，使用 60 年代。

张：1957～1979 年，工业基本上没有发展。

刘增利（31 岁）

时　　间：1995 年 9 月 12 日下午

访 问 者：顾　琳　张利民

访问场所：栾城县城内刘增利

【家族、初中】

问：你是 1964 年出生？

答：是的。

问：你的父亲叫什么名字？

答：叫刘吉辰。

问：你有几个兄弟姐妹？

答：6个，我是老四。3个哥哥，大哥叫宝京，比我大12岁，43岁，现在县建委工作；老二叫书京，在卫生所当医师，41岁，乡村医生，拿药的，也看病，在村的医疗所；老三叫书增，在家修无线电，34岁，在马路旁边有修理门面；老五叫俊燕，是妹子，28岁，已结婚，在孟董庄教小学；姐姐叫刘俊，在端固庄，45岁，她最大，在农村务农。

问：你几岁上小学？

答：8岁。

问：上村里的小学吗？

答：是的。

问：上了几年？

答：小学毕业，又上初中。

问：初中哪年毕业，在孟董乡乡中？

答：孟董乡乡中。

【临时工、务农】

问：初中毕业后呢？

答：初中毕业到县电机厂工作。

问：当工人吗？

答：是临时工，即天工。

问：临时工当了多长时间？

答：干了一年。

问：那时工资？

答：几十元，四五十元。

问：那时是集体，有耕地吗？

答：家里分地，1982年左右，刚开始包地。

问：当了工人以后怎样？

答：务农，有时出去干，有时在家干。干了一年多。

问：停了工厂工作是什么原因？

答：家里不方便，已分家，弄地不方便。

问：你们家有多少土地？

答：十多亩地。

问：也有你一份吗？

答：有，现在我还有一亩多。

【修表】

问：你不干临时工，回家务农一段后又干什么？

答：修表。

问：跟谁学的？

答：跟我们村的一个人，他叫郝胜利。

问：他和你年纪差不多吧？

答：比我大，今年有40多岁。

问：学了多长时间？

答：三个多月。

问：在什么地方修？

答：在县城，立个小摊，在外面。我当时二十四五岁。

问：干了多长？

答：干了四五年。

问：收入怎么样？

答：一般，基本上够花。

问：每天回家吗？

答：每天回家。

问：是一个小桌子上放些工具是吧？

答：是的。

问：修表是看一看它的毛病是怎么样的？

答：看有无毛病，什么地方有毛病，我修什么地方，看表蒙，换电池、擦油泥……

问：那时干这活儿的人多吗？

答：有十几个人，活也差不多，现在少了。

问：一天能收拾多少表？

答：四五个活。

问：一个月收入？

答：一个月十五六元。

【结婚、家庭】

问：你结婚时多大？

答：24岁结婚。

问：你的爱人叫什么名字？

答：叫贾荣珍。

问：她是什么地方人？

答：县城南关人。

问：是村里人还是县里人？

答：村里人。

问：你怎么认识她的？

答：经人介绍。

问：是什么样人？

答：她姐姐。她姐姐与我们村人结婚。

问：和谁结婚？

答：叫刘盛祥，是一大户。

问：那时给你介绍通过什么形式？

答：在姐姐家见的面，她去了，将我叫去，提前告诉我，也没有给照片。

问：介绍后到结婚有多长时间？

答：一年多。

问：怎么接触？

答：看几次电影，去过石家庄，逛逛商店，有三五次。

问：介绍后，是不是要确定保持关系，还是怎么样？

答：各自了解了解情况。当时都各自有工作，见面也不太多。

问：在日本见面后，要问一问以后还要不要继续。

答：基本上也差不多。介绍人要问我的印象，我们就可以自己联系，到她家看看。

问：结婚的方式？

答：用的汽车，是朋友的，两部小汽车去接她。嫁妆有一个立柜，一台电视（黑白），一辆自行车，其他就有衣服、被子、床、写字台。被子是咱们这儿的。

问：你结婚后还在寺北柴村吗？

答：是的。

问：刚结婚是和你们的父母在一起还是分家？

答：在一起，过了两三年分家。

问：你爱人现在干什么？

答：她和我一起干，家里还有房子，是结婚时盖的，现在分家分清。刚结婚时，她在乡办工厂，做电视底板，干了一年多，有了小孩在我们家住了。

问：你们现在有几个小孩？

答：一个孩子，八岁，女孩，叫刘晶。

问：上学吗？

答：在县城上学，户口还在这里，上学要多交点钱。

问：比寺北柴村小学要好？

答：也差不多。

问：修表时有多少本钱？

答：三五百元，买的零件、表带。

【经营复印打字店】

问：什么时候干复印的？

答：有三年了，1992年开始办。

问：你为什么决定要办复印店？

答：修表赚钱不多，干一段不愿意干了，带表的人大多带电子表。

问：开复印店到什么地方学的技术？

答：石家庄飞龙公司。

问：是复印机公司？

答：是卖复印机的。学习了一个月，不需要培训费，只要买他们的机器，学怎样用。机器是邯郸出的。

问：你们有几台复印机？

答：一台，当时花了2.6万元，现在也差不多。

问：除了机器还需要什么设备？

答：租了一间房子，当时我还没有在城

里住。现在搬到西边，比较远。

问：需要更大的屋子？

答：放下复印机就行了，租费每月 100 多元，150 元。

问：你干的时候是第一家吗？

答：是第二家。

问：生意怎么样？

答：差不多，比修表好一点。

问：每月获利多少？

答：没有算过，现在复印机本钱差不多收回来，一年差不多一万多元。

问：机器还能用多长时间？

答：销售店说 100 万张纸左右，估计还可用两年。

问：除机器外还有什么？

答：纸、墨，还有打字机，电脑，我们都会打。一版收费 8 元。

问：打一版需多长时间？

答：20 分钟。打字机一台 1.1 万多元。

问：钱是你们自己拿的，还是亲戚朋友帮忙的？

答：贷了一部分款，从村信用社。当时我父亲还在，现在还了，几个月就还了，还向朋友借了一点。

问：你贷了多少？

答：1.2 万元，贷款月息一分一厘四。每月 136.9 元。贷的早还少拿的利息。现在电脑钱也收回来了。我们是打字、复印店。

问：哪个是主要的？

答：差不多。

问：是什么人来？

答：有些是单位，单位比较多。用的是巨人程序，是电脑打字机，是 286。

问：在县里有多少？

答：现在有六七家，电脑是第一家。我们是简用机，都算在内 1.2 万元。

问：刚考虑这工作是看到别人有，别人

建议的吗？

答：是自己考虑的，我爱人考虑县城少，就买了一套，公司也推销。

问：你们小孩怎么办？

答：由奶奶看着，上小学到城里来，未上小学在村里上育红班。

问：现在你们的房子是自己的吗？

答：是租来的，住房离店不太远。

问：你开支不小呀？

答：我住的房花钱不多，门面二间，一个月租金 300 元。

问：你们去找活，还是别人找你们？

答：是别人找我们，也有关系户。

问：周末回家？

答：是的。

问：每天都有活？

答：都有。早上八点开始，晚上任务多也得干。以我为主，我爱人也打字。

问：打字复印收入？

答：详细没有算。每月能获利 1000 多元，没有账。

问：多余的钱存起来？

答：是的。

问：税钱？

答：一个月 60 元，还有管理费每月 30 ～ 50 元，其他没有什么开支了。

问：你们拿一部分钱给老人吗？

答：还没有向我们要，今年老人才不种地，我自己的地给老三了。

问：什么条件？

答：农业税，收多少他缴，给一点，基本上我们不管农活，忙的时候去帮帮忙。

问：你们想扩大吗？

答：准备增加打名片。

问：需要增加设备吗？

答：现在换了微机，过去是印，现在和打字一样。活不太多。

问：你们家除了姐姐外，都有一手技术。你们小时父母是不是给你们以特别的教育？

答：记不清了。我的兄弟姐妹都是高中毕业，大姐不是，一哥、二哥、老三都是，我是初中，因为没有考上高中。

问：你父亲的工作？

答：他就是务农，现在在村里打洋灰预制板。

问：是建筑用的吗？

答：是的。

问：你的同学们都怎样？

答：有的教学，联系的很少。好朋友不一定是寺北柴村人，初中有几个好朋友。

问：借钱向村里人借还是向朋友借？

答：向亲戚借。

问：是你母亲家里的人吗？

答：是我爱人家的人，当时已分家，借钱和父母没有关系。

问：你和你的兄弟姐妹常见面吗？

答：常见面。大哥在县城，常见面。他现在可能是科长，没有问他，有时也给他打字。

问：你办这个店时，机关和工厂有电脑吗？

答：有，不多。商店里没有。

韩君娥（46 岁）

时　　间：1995 年 9 月 13 日上午
访 问 者：顾　琳　张利民
访问场所：韩君娥家

【过继】

问：你丈夫是谁？

答：叫赵增贵。

问：你叫什么？

答：叫韩君娥。

问：你多大岁数？

答：46 岁，属虎。

问：你爱人多大？

答：48 岁，比我大两岁。

问：你是这个村人吗？

答：不是，我是孟董乡乔李庄人。

问：小孩的爷爷叫什么？

答：小名叫印（音），大名叫张福祥，过来（过继）给赵二丑，他爷爷不是这里人，从这里娶的媳妇。

问：张福祥有几个孩子？

答：两女两男。

问：他爱人姓张吗？

答：姓赵。奶奶姓赵，叫赵玉姐。

问：你爱人是老几？

答：是老二。

问：老大叫什么？

答：叫张小狗。

问：孩子两个姑姑呢？

答：叫张大群（琴）和张二群（琴）。

问：你的爱人过继在小时候？

答：小时候给舅舅，舅舅死了，以后回来跟亲娘亲爹，但姓没有改。（舅舅是二丑），二丑死后老伴又改嫁了。

问：他舅舅还有什么人？

答：他弟兄四五个呢。还有个大舅，咱们叫大伯，没有姑姑。我来后，他的弟弟死了。

问：没有女孩？

答：有一个，没来，也不知叫什么。

问：大伯的名字？

答：小名叫大丑。

问：二丑大丑还有父母吗？

答：没有了。还有两个姊姊。

问：他们生活由自己照管吗？

答：他有小子，咱们不管，和赵家没有

事，主要是张家。

问：亲生爷爷也不在了吗？

答：已死了四年了。

【结婚、家庭】

问：你哪年结婚？

答：24 岁时结婚。

问：是介绍的吧？

答：是介绍，是我村的人。介绍后到我家见面。

问：那时你爱人干什么？

答：开机子，浇田的机器，柴油机。

问：他小学毕业了吗？

答：高中，当时是"文化大革命"，回来也没有毕业，没有参过军。结婚时，在队里干活。

问：你们第一次见面，对他印象怎么样？

答：大人说么算么，大人说行就行，大人说不行就散。我自己没有主见，那时和现在不一样，我又不识字。

问：见面到结婚有多长时间？

答：半年。

问：有没有订婚？

答：介绍后四五个月订婚。我们结婚套了大车，拉的不赖。当时也有骑车结婚的。大人说行了，咱们就行了。现在可不一样了。那时不好也是这个样。

问：结婚时盖房子了吗？和家里合住过的吧？

答：合住过，大哥出去了，跟着两个老人。都是旧房子。

问：你们第一次见面后，以后还经常见面？

答：见面后，再见面就是结婚登记，一共见两回。一起登记一起买的东西，那时和现在不一样。咱娘四个闺女，根本不叫你做主。

问：嫁过来时害怕不害怕？

答：登记后还见了两次面，不害怕，知道有婆婆。

问：第一个孩子什么时候生的？

答：我 25 岁时生的。

问：你有几个孩子？

答：三个。

问：叫什么名字？

答：大闺女叫赵惠，22 岁，属虎，她是中专出来的，在乡里中学教书。二闺女叫赵红，属大龙，20 岁，她现在上中专，在正定县中专。

问：她学什么？

答：学化学。

问：第三个？

答：叫赵健波，男，他不识字，14 岁。

问：现在上小学吗？

答：小时老打针，弄得孩子智力差得很。现在家，不干活，买东西也不行，干活还小。不识数，智力低下，这两年好一点。

问：大闺女结婚了吗？

答：没有。老二离家远，过节回来。

问：大闺女、二闺女都是农业户口吧？

答：不是，她们上的中师，户口就不在农村了。

问：小的时候你让她们学习？

答：是她们自己学。

问：是他爸爸教吧？

答：他忙，不教孩子们。两个孩子愿意自己学。大孩考中专是第二名。

问：第二个孩子要学费吗？

答：要学费 9000 元。去年上的中专，三年学费 9000 元。每月还要饭费、买书费。

问：大闺女没有拿学费吧？

答：没有拿，她考得好。

问：大闺女现在工作，工资交给你吗？

答：交给我。

问：她有对象吗？

答：有了，在县城，是个工人。

问：嫁妆由你准备吧？

答：那个谁知道，他也刚毕业。

问：他们打算什么时候结婚？

答：也没说过。

问：有房子吗？

答：有房子基地，结婚时要弄新房。

问：她的对象上的中专还是中学？

答：可能也是中专。

问：是个工人还是个技术员？

答：可能是个工人。他姑姑给介绍，又不是大官，姑父在城里头。

问：谁的姑姑？

答：是我的姑姑。

问：大姑在县里呀？

答：她在教育局（县）。

问：你姑娘的对象怎么样，见过面吗？

答：经常来。他家在县城。他的父母也是正式工人，现在住房紧，他说等盖了房我们再来。到年底去看看，我们放心。

问：二闺女也在县城吗？

答：她在农村。

【农活、收成】

问：你爱人什么时候开始搞运输的？

答：分地以后。我们分了 6 口人地，共 9.6 亩。我们 5 口加爸爸共 6 口。

问：现在是自己种吗？

答：地是我种，农忙时小孩的爸爸就回来。

问：你们种小麦、玉米，也种棉花吗？

答：种。这两年没有种棉花，一个人干活，顶费事，所以不种了。

问：你不种棉花，需要交钱？

答：不交钱。

问：你们种的粮食，除了自己吃以外还到市场上去卖吗？

答：公粮交了以后，除了吃，还可卖四五千斤（玉米）。玉米留一点喂猪。

问：四千斤玉米能卖多少钱？

答：有时候两角多三角多，去年七角多。咱们卖过二角八分。

问：卖多少留多少，是你说了算还是你丈夫？

答：一起商量，钱谁花谁拿。

问：买大件由谁提出？

答：由丈夫说了算，衣服是我管。

【建新房】

问：你们是新盖的房子，什么时候盖的？

答：已盖了四年。我们盖时村里还没有楼呢。

问：有多大？

答：14 米地。

问：老房子不是在这儿吗？

答：将老房拆了，才让你盖。有的不拆，按规定要拆。

问：不拆要罚款吗？

答：不罚款。

问：盖这房子要多少钱？

答：当时 2 万多元。

【办运输】

问：需要贷款吗？

答：没有贷款。我们的收入主要是我丈夫搞运输的收入。他从包产到户就开始搞运输，我们是村里第二户。

问：第一户是谁？

答：是赵增诚。

问：他用的车是拖拉机？

答：是拖拉机，不大。现在还是用这个车。

问：车要多少钱？

答：当时 7000 多元，现在要 1 万多元。

问：有没有贷款？

答：没有，也没有借。

问：与姓张的联系多吗？

答：不多，与姓赵的之间联系的多。

问：活怎么找来的？

答：这几年用车多了，是别人找上门来，说要拉什么东西，从什么地方到什么地方。

问：是自己预先订好的吗？

答：若拉白灰，到哪拉，拉回来，按人家要求拉到人家指定的地方。现在也还是这办法，常常有两吨多。

问：你们运的是白灰、沙子、砖？

答：是的，主要是白灰。开始拉过沙子，后来就是拉石子和白灰。赚装和运的费用。

问：每天都有活？

答：开始有车的少，活干不完，有时也四五十天不回家，饭也不在家吃，冬天早晨三点多钟走了。

问：现在还是这样吗？

答：是的，去晚了就拿不到活了。

问：在什么地方装？

答：在井陉那边，都是山地，我也去过。离这儿有几百里。

问：刚开始，他怎么知道哪里有活干？

答：那边卖白灰，那儿有很多冒烟的地方，是石灰基地。

问：赚钱多不多？

答：每年赚 1 万多元。最多时，在我家盖房时，一天 100 元，40 天就得 4000 元。这几年，车多，价钱也低了，就赚不了那么多了。现在赚的钱够花的，剩下的就是卖粮食的钱。现在孩子大了，花销大了。

问：你们村与你们家盖的差不多的有几户？

答：少。刚开始少，现在多起来，他们下手晚，我们下手早。他们搞运输是短途，三五里路。

问：一年在外多长时间？

答：现在少，那几年，一年在外时间长。

问：你也是搞运输的吗？（问来客）

答：是的。

问：上什么地方去拉？

答：获鹿县。

问：你也是干了好几年？

答：是的。

问：那时你结婚了吗？

答：结婚了，当时刚分地，我当兵复员刚回来。

问：你搞运输顾不了家了？

答：也没有多少地。

问：一天到晚在外跑，媳妇没有意见？

答：过去有，现在晚上能回来，早出晚归。（他现在不干了，他会修车——插话）

问：有没有几个人在一起干运输的？

答：没有，都是个人干。合伙买车的少。

问：运输很累？

答：是的。又累又脏。

问：你的爱人还打算继续干吗？

答：过年后不想干了，年龄大了。

【家庭支出和生活】

问：他不回来，家里的事都是你干？

答：可不，现在活少，他也经常在家。

问：现在你大闺女已工作了，负担轻了。

答：那也不行，她们花销大，还不如小时候。

问：你们姑娘出嫁又花些钱吧？

答：花多花少，有条件可多花，没有钱少花。不一样，有 1 万、8000、6000、5000，不等。

问：老大是不是已准备出嫁的东西？

答：不准备，将钱存出来再说。

问：她每月工资有多少？

答：每月 260 元，去年刚毕业。钱都给我，她要花我给她。现在她在职带工资到石家庄上大专，需要钱我给她。从 11 月以后开始，上大专要了我 500 元钱。

问：石家庄什么学校？

答：不知什么学校。她是考上的，她热爱这一行。

问：她教什么？

答：不知道。

问：大专几年？

答：三年，住石家庄。我不识字，她说了我也记不清，他爷爷知道。我小学也没有进过。

问：现在白天就是你和儿子在家？

答：是的。我还得照顾小孩，他有时也外出，表面看不太出。

问：你们喂养猪吗？

答：喂一口，过年杀了吃。杀 200 斤肉。

问：家里是黑白电视，冰箱呢？

答：没有，用水冰。

问：你收入算多，但负担重。

答：是的，在外跑花销大，孩子上学，也要投资，最近花了 1000 元。

【妇女的劳动和生活】

问：问一问妇女的几个问题。你刚嫁过来时和现在相比，妇女吃穿、工作、家务有什么变化？

答：变化大了。我刚来，他家什么也没有，穿的也差，还是自己织布。

问：那时你们也纺线吗？

答：纺线，纺织布的线。

问：你们是秋天收棉花，冬天就纺线织布吗？

答：是的，春天也纺纱织布。

问：一天纺多少？

答：4 两，织布我算快的，一天能织半匹布，约合 14 尺。

问：什么机器？

答：要用手送，是老木机。

问：那时你们都穿土布吗？

答：是的。

问：到什么时候开始变化的？

答：穿洋布从衣服开始，先是上衣，后是裤子，土布织的是褥垫子布、床单。

问：孩子小时还织布吗？

答：织，有了第二个孩子就不织布了，有 20 多年了。当时织布不仅自己用，也到市上卖。

问：纺车和机子是带来的吗？

答：不是。

问：你什么时候开始纺织？

答：13 岁开始纺纱，到 16 岁就替别人家织布了。

问：是你母亲教的还是看会的？

答：母亲常干这个。我是老三，她们在干也就教会了我。

问：那时你自己干还是为队里干？

答：是自己干，与队里没有关系。

问：棉花从什么地方来的？

答：是偷来的，社里是大集体。当时谁都偷，你不偷饿你冻你。

问：偷出来籽棉怎么办？

答：脱籽后做成棉条，不强，不匀。

问：当时用纺车是不是？

答：用纺车。

问：那时老人还穿土布吗？

答：老人穿土布，我们十四五岁时还穿，外面罩个罩，我 16 岁里面还穿的是土布呢。

问：用什么样的染料？

答：买的颜色染的。

问：是一件一件染，还是积在一起染？

答：是自己家里染。

问：农村冰箱不少了吧？

答：不多。

问：洗衣机呢？

答：洗衣机多，咱们也有。

问：什么时候不做布鞋了？

答：现在还做，买的鞋穿上出汗，爱穿布鞋。

问：做一双鞋需要多长时间？

答：用打麻将的工夫就可做好。

【妇女的娱乐】

问：你常常打麻将？

答：不常打。

问：有输赢吗？

答：有，十五六元。主要是玩。

问：每天吗？

答：差不多。

问：赌大的有多少钱？

答：咱们没有大的，男的有赌大的。我的爱人不赌。

问：和你一起玩的是固定的吗？

答：不一定，都是周围的人，有时也玩纸牌。

问：大队时不会玩吧？

答：是的，这是近几年的事。

问：你娘家有人玩吗？

答：娘家没有人玩，村里有人玩，也不少。

问：有没有去县城看看电影？

答：回娘家时到县城去买点东西。

问：常去县城吗？

答：没有事不去，半个月去一次了不起了，骑自行车去。

问：和朋友去，还是和你爱人去？

答：和朋友去，很少和爱人出去，他没有空。

问：去石家庄吗？

答：咱没有去，我不能坐车，坐车头晕。

问：东岳庙去过吗？

答：不去。

问：村里唱戏呢？

答：不去，我不爱听，电影不看，电视也看的不多，主要是不识字，看了也不知道他说的什么。

问：你来时有没有扫盲？

答：有，我没有去过。

【妇女的教育】

问：你小的时候上过学吗？

答：我的哥哥和弟弟上过学，不叫女的上学。我们村与我年龄相差不多的人大多不识字。

问：比你们小几岁的就开始上学了吧？

答：是的。我们村小，特别穷，只有200多户。

问：那时你想上学吗？

答：我想上，家里不让上。不识字，我愿意让我的女儿上学，不识字不行。

问：你姑娘不带你出去玩玩？

答：带过，但我晕车。不上学，什么也不知道，浇地时，咱就不知道怎么弄那个机器。

问：你会开拖拉机吗？

答：我不会，大女儿会开。

张仲寅

时　　间：1995年9月7日下午

访问者：内山雅生　祁建民

翻　　译：祁建民

访问场所：张仲寅家

【水井】

问：首先问您一下，关于解放前农业方

面的情况。解放前，日本满铁调查部来过咱村调查吗？当时的村长叫什么名字？他们问过打水井情况吗？

答：当时村长叫郝国樑。当时水井分两种：一种是吃水井，一种是浇地用的水井。

问：当时的水井是怎么建成的？

答：那个时候还没入社，都单干，自己打自己的井，雇人打井。

问：雇什么样的人打井？有两家一块打的井吗？

答：专门有打井的班子，也有两家一块打的，但这种情况少，一般的都是一家打一眼井，自己雇人，自己打自己的井。

问：打井班子是哪儿的人？住在什么地方？

答：打井班子的人都是农民。他们会砌井，有砌井技术。

问：打井班子有多少人？砌井的是师傅吗？

答：有十几个人，砌井的人都在里边干。

问：打井班子是不是长年都打井？

答：不是长年都打井，他们也种地。

问：打井班子是哪里人？

答：是乏马村的人，离咱村有十二三里地，咱村里打井都雇那里的人。

问：解放前打一口井，要多少钱？

答：料和雇工加在一起，需要花现洋（银元）100元。时间得用四五天才能打完一口井。

问：您家那时在地里打几口井？

答：我记得那时候种100亩地，打了3个井。

问：解放前咱村浇地井共有多少个？

答：大概有100多眼井。

问：满铁来调查时，听说那时水井还不够用，是吗？

答：日本人在时，水井少，不够用，旧

井都不行了。当时日本人给砖，给大灰，还给几十块钱，咱村那时才又打了不少井，有几十口井。

问：当时让打井的是"新民会"搞的吗？还是什么人直接搞的？

答：当时县里有个"棉产改进会"，他们派人到咱村来鼓励大家打井。这个"棉改会"，是县里组织的，里边有一个外国人，他们都住县城。

问："棉产委员会"的人，是不是叫棉警？

答：他下边的人叫棉警。棉警是村里人，管跑道的，发治虫药、肥田粉、化学肥料、喷雾器，看看棉花有没有病，管跑道的，棉产会里主任有两个外国人，一个是翻译。

问："棉产改进会"日本人的名字叫什么？

答：记不清了。

问：日本人是什么样的？穿军装吗？

答：不穿军装，是懂技术的人。

问：日本人长的什么样子？有多大岁数？

答：长的瘦瘦的脸，有30多岁，他经常来咱村。因为咱村有实验田叫"棉种堡"，是个重点，叫种"实验田"，种"模范田"。我种了五亩，我掌握实验田，我是棉花指导员。

问：为什么让您当指导员？

答：因为我种棉花有经验，我种的棉花，长得最好。

问：是谁让您当的棉花指导员？是"棉改会"吗？

答：是县里，三瓶顾问和棉改会的洋人一块找我，亲自对我说，叫我管棉花，说我有知识，叫我干。

问：您家打井，钱是哪来的？

答：那时候打一口井，"政府"给三千砖，还给贷款。我家打井，就是"政府"给砖和"政府"给贷的款。

问：您和别人打井了吗？

答：没有和别人打井，都是自己打的井。

问：咱村的井打好后怎么用水？

答：用水车往上绞水，水绞上来以后，用龙口里的水浇地。

问：什么叫龙口？

答：比方这是地，地边上有龙口，往这浇水，回来再往那里浇水，这就叫龙（垄）口。

问：水车是什么样子的？

答：水车根据井的深浅，有 20～30 个水斗，有两个轮子，一个这么转，一个那么转，用牲口拉，两个轮子转，水就上来了。

问：用什么牲口拉？

答：用驴和骡子拉。

问：家贫打不起井，怎么浇地？

答：借井浇地，比方人家晚上不浇地，他可以用别人水井浇地。

问：水井在他地里，怎么往你地里引水？

答：地是平的，龙口在边上，水可以引过去。

问：邻居借你的井，给钱吗？

答：什么也不给，互相帮忙。

问：比如有几家同时问您借井浇地，您先借谁？

答：谁先问，先借给谁。

问：亲戚有没有地挨着的，借你的井的？

答：我的亲戚都离我两三里地远，没有借井用的。

问：你的兄弟们的地，有没有和你不挨着的？

答：兄弟们的地都在一块。

问：解放前和你们地挨着的这些人，经常向你借井吗？这些人解放后和你的关系怎么样？

答：关系还都不错。

问：土改后打井的多吗？

答：不多。互助组时，打井的也不多，就是日本时期，打井的多，土改后，井够用了，不用再打井了。

问：解放后有没有几家共同打井的？

答：没有共同打井的，有个人打井的。

问：有没有共同买水车，买水泵的？

答：没有。有个人打井的，也是国家贷的水车。

【看青】

问：解放前咱村有看青的吗？

答：没有看青的，有打更的，是雇的打更的。

问：雇打更的，是本村人吗？叫什么名字？

答：雇的打更的，一般是身体好，家庭生活困难，雇这样人打更。咱村打更，分两种：一种是打门更，村民轮流看牲口；另一种是雇专门打更的，当时村里雇 3 个专门打更的，叫郝合子，他 50 多岁，没有土地，每年旧历十月以后，到春天二月份打更，他平时当长工。

问：当时是谁让雇打更的？

答：当时是县政府让雇打更的，那时日本人还没来呢。

问：当时村里轮流打更是谁决定的？

答：村长找大伙商量，找喂牲口的人家商量，一个骡子打两次更，一个驴子打一次更。

问：解放以后有看青的吗？

答：土地归集体以后，才有看青的。

问：什么时候有？什么时候没有？

答：合作化以后，由生产队长指派看青的，每年过秋天就有看青的。包产到户以后，就没有看青了。

问：咱村合作化以后看青的，叫什么名字？

答：当时各小队都有，每小队两三人，由队长决定，不固定，当时全村共有五个小队，一般都看过青。

【解放前的"搭伙计"】

问：解放前咱村有搭套的没有？

答：没有搭套的，有搭伙的，叫"搭伙计"。

问：一般"搭伙计"有几种情况？

答：有三种情况：种地，耕地，浇地。种地你家有牲口，我家有犁；耕地，你家有牲口，我家有农具；浇地，你家有水车，我家有牲畜。

问："搭伙计"种地在一起吗？浇地是不是也在一起，是固定的吗？是亲戚吗？

答：一般关系都不错，在一起搭伙，不一定是亲戚，都是乡亲。

问：您和别人搭过伙吗？

答：我没有和别人"搭过伙"。

问：经常搭伙的，是什么样人？

答：一般是家里没有劳力。

问：有劳力没有牲畜，也能搭伙吗？

答：能。

问：搭伙是不是两家经济都差不多的？

答：也有穷的和富的搭伙的，比方穷的有劳力，富的有牲畜，没有劳力，也可以搭伙，这种情况不多，一般都是经济实力差不多才在一起搭伙。

问：您劳动力够吗？

答：我劳动力不够，雇长工。

问：雇长工和搭伙计一样，您为什么不搭伙计呢？

答：搭伙计不自由，人家地少，咱们地多，活多，必须雇长工，不能搭伙计。

问：解放前在一起搭伙计，解放后建互助组是不是还在一起？

答：不一定，因为解放后，平分土地，

地和地不挨着，不好在一起搭伙，互助组是自由挑选，自由结合。

问：解放后建互助组时，是不是用一个井的几家在一个组？

答：这样的情况多。

问：解放后建立互助组时，是政府号召前建的组，还是号召后建的组？

答：政府号召以后才建的互助组。

问：你觉得政府号召建互助组，是政府号召重要，还是群众确实需要？

答：建互助组是国家政策，政府号召重要。

【"社书"、"地方"】

问：解放前您听说过"社书"这个名字吗？

答：听说过，这是老词，清朝时，就有这个名词，社就是说多少个村，归一个社，书就是典当地亩买卖方文书。"社书"是一个机关，不在县城，在村里，发放契约，买卖地亩，都到他那儿去拿契约。契约是国家印的，一式三张，买卖各一张，"社书"留一张。

问：解放前咱村有"地方"没有？

答：有"地方"，一个村一个"地方"，"地方"归"社书"管，那时没有村长。

问："地方"是不是代表村长？

答：是代表村长，以后有了村长就没有"地方"了。

问："香头"您听说过没有？

答：没听说过。

问："会首"听说过没有？

答：没有。

【"保人"、"中人"、"五尺行"】

问："保人"、"中人"有吗？

答：有。典当地亩、买卖土地都得有中

间人。买卖土地不要"保人"，贷款要找连环贷"保人"。

问：您和您父亲都当过连环代保吗？

答：我父亲当过，我也当过，我是给郝国樑当过连环贷保，那时郝国樑做买卖，一个工钱50元，他把工钱花了之外，还花100元，八月十五，人家找我要钱，打官司了，县管法律的陈审官限我一个月还钱，一个月期限不还钱，就拘留我。后来找他亲戚给和解了，没还钱。

问：解放前找保人，是不是找亲戚？

答：也有不找亲戚，找关系好的，找有钱的，没有钱不行。

问：郝国樑贷保人，是找你父亲还是找你？

答：找的我，因为他不敢找我父亲，他知道找我父亲也不会给他担保，他不是办事人，我那时才16岁。

问：你当过中间人没有？

答：我没当过，后来我就不管事了。

问：常当"中间人"的是谁？

答："五尺行"就是中间人，管典当地亩。咱村没有"五尺行"，五里堡有"五尺行"，一个"五尺行"管四五个村，有了"五尺行"，就没有"社书"了，"五尺行"以后是村长。

问："五尺行"是干什么的？

答："五尺行"是管典当地亩，村里买卖地，找"五尺行"，中人归"五尺行"管。咱村没有"五尺行"，也没有中人，中人和买卖地都去找"五尺行"办手续，拿文书。

问：中人和买地的是朋友，对吗？

答：对，典当地人和保人是朋友。

问："五尺行"这个词是怎么来的？

答：因为他掌握尺，拿尺量地，他的尺是五尺长，就叫他"五尺行"。

【日军"棉产改进会"】

问：您名字是哪个仲？

答：立人一个中字，即仲。

问：解放前您爷爷在县里当过书记吗？

答：我爷爷没当过书记，我父亲当过乡长。

问：你叔叔当过吗？

答：我叔叔也没当过，我父亲弟兄仨，二叔记不清。

问：你的亲戚有在县里干过事的吗？

答：没有。我们姓张的，在县里人很少。

【张乐卿当乡长】

问：你父亲在县里怎么当的乡长？

答：我父亲当保长以后，中日战争时，日本人三瓶顾问和满铁调查组来乡里，和我父亲都很熟，他们提让我父亲当乡长，当时一个乡管8个村，这个乡叫栾武乡，有个栾武庙，3个柴村，有南柴村，东柴村，寺北柴村，我们村，叫寺北柴村。

问：你父亲是日本人来时当的保长吗？

答：是日本人来以前当的保长。

【"棉产改进会"、"新民会"】

问："棉产改进会"和"新民会"是什么时候建立的？

答："棉产改进会"和"新民会"都是日本来以后同时建立的。

问："棉产改进会"是属于"新民会"领导吗？

答：不属于，都属于县政府领导，"棉产改进会"是专管棉花的，"新民会"是管政府新精神。

问：两个会的会员都一样吗？

答：不一样。"棉产委员会"下边各村有一个人管棉花，是技术员并专管指导棉花生产，叫棉警。新民会下边叫指导员。

问：你昨天说你当过指导员？

答：我没当过指导员，我当过技术员，专门管种棉花。

问：你那时管棉花是叫会员吗？

答：不叫会员叫技术员。

问：县棉产改进会有几个人？

答：有四五个人，有一个日本人，各村有一个人。

问：乡里有"棉产改进会"吗？

答：各乡里有一个人管，没有"棉产改进会"。

问：你是归乡技术员领导，还是归县技术员领导？

答：县里常来人，乡里也常来人，我是属县里领导，和乡技术员是平等关系。

问：棉警和技术员是什么关系？

答：棉警是"棉产改进会"雇的，专门管送东西，送文件，"棉产改进会"在县里有两个人，管发农药、化学肥料、喷雾器。

问：你领导棉警吗？

答：棉产委员会领导棉警。

问：棉警送的农药是哪儿产的？农药叫什么名字？是粉还是水？

答：农药是日本的配剂，是日本大阪株式会社制造，农药是水，用铁罐装，一罐一公斤。

问：棉警送农药收钱吗？

答：送农药、肥田粉都是免费。

问：当时老百姓高兴吗？

答：开始老百姓不高兴，不敢用，听说农药有毒，把农药放一边了。后来有的人用了，看到庄稼长得好，用的人就多了，以后棉产委员会就不发了，农民到县里去买，开始两三元一罐，后来贵了，一罐五六元，以后就没有了。

问：棉花产量高了，品种变了没有？

答：原来种的是小花，后来种的是斯籽棉，叫大花，也叫洋花。

问：现在种的是什么棉花？

答：日本人在时"棉产改进会"在各村种苗圃，在我们村种 20 亩，在北关村种40 亩。

问：咱这村当时叫什么村？

答：叫北寺村。

问：现在种的是什么种子？

答：还是那个种子就是不纯了，原来一个叶，长四个桃，亩产百斤。

问：那时的产量比现在高吗？

答：那时产量没有现在高。

问：日本人来之前产量高，还是日本人来之后产量高？

答：日本人来之后，改良品种质量高了，比原来种小花品种产量高一倍，小花皮棉亩产 40～50 斤，大花亩产百斤。

【雇长工】

问：问一下解放前你家雇长工情况，你家雇几个长工，都叫什么名字？

答：我家雇三个长工：一个是本村的，名字叫郝喜儿；有两个是外村的，乏马村，朱家庄，共三个人。

问：三个人干什么活？

答：都干农活种地。

问：长工什么时间开始上工？

答：头年 11 月初开始上工到次年 10 月30 日下工。

问：雇用三个长工，有人介绍吗？

答：有人介绍。郝喜儿是本村郝瓜子介绍的，他和我父亲关系不错；两个外村人是我父亲通过村里一个关系比较好的人介绍的，介绍时主要说三件事：给长工做一身衣服，一年给长工买几斤旱烟叶抽，给工钱。

问：长工住你家吗？一年给多少工钱？

答：都住我家，本村人也住我家。都住

在我家草屋，喂牲口的小屋，每天晚上都得喂牲口。

问：每年给多少工钱？是和你们一起吃饭吗？

答：每年每人给30元工钱，吃饭是和全家人吃一样的饭，不在一块吃，长工是在草屋吃饭。

问：长工10月30日下工？

答：10月下工后，要连续干，一般都给长工钱。

问：怎样长工钱？

答：一般长工干活，干到两个月后，看他干活干得不错，又靠得住，就发给多半数的钱，比如一年应给30银元，就先给20元，剩下的钱过年给。

问：一般是不是过年发钱？

答：不一定，有的过年钱就不多了。对靠不住的人，就先少给发点钱。

【雇短工】

问：你家雇过短工没？

答：雇过，一年雇几百个短工。

问：是雇几百人吗？

答：不是，一年雇几个人，是一年雇了几百个工。

问：几百个工，是几个人？

答：活忙时，经常是锄谷子时，一天雇十个人，锄棉花时，一天雇四五个人，也有雇十人的。

问：雇短工是在"人市"上雇吗？

答：是在"人市"上去雇。

问：怎么雇短工？

答：到"人市"先挑壮劳力，不要年岁大的，看准以后，讲好工钱，每天三角，愿意干的，就把锄给我，我要雇他，就拿他的锄。

问：短工干一天多少钱？

答：干一天两三角钱。

问：管饭吗？

答：一天管三顿饭。

问：短工和长工吃一样饭吗？

答：吃一样饭，都在草屋吃。

问：上"人市"是不是让长工去？

答：也有的是让长工去，有时是我去。

问：雇短工，有没有提前约定的？比方锄谷子锄的好了，锄棉花再找他？

答：没有，干一天说一天，用工就去"人市"找。

问：雇短工有不带工具的吗？

答：有不带工具的，一般少给一毛钱。

问：短工是不是都拿锄？

答：夏天割麦子拿镰刀，锄地拿长锄。

问：到"人市"上选短工选年轻的，如果有本村的，也有外村的，是不是先选本村的人？

答：如果本村人先说算我一个，就先雇他，讲钱别人给讲。

问：你雇长工和短工，他们都认识了，第二年他们是不是就搭伙一块干了？

答：这样的情况咱村没有。

问：你们村地主王赞周，典地有没有穷人一块搭伙典他的地？

答：搭伙典地的没有，有搭伙买牲口的，你用五天，我用五天，也有搭伙买水车的，没有搭伙一块买地的。

【吃水井】

问：吃水井怎么打？

答：吃水井都是自己挖，自己打井，也有的去别人家井打水吃的。

问：打别人家井水吃，要不要钱？

答：不要钱，全村差不多都是一家一个井。

问：吃水井，用不用打井班子打井？

答：打吃水井，不用找打井班子，自己挖井。

问：打井是不是要找人看看什么地方有水？

答：不用找人看，打起来就有水。

问：挖井在哪儿挖？

答：没有固定地方，在院内不盖房子，不走人的地方挖。

问：村里吃水井，为什么好挖？地里井为什么不好挖？

答：吃水井用水少，挖的浅，浇地的井用水多，挖的深，不好挖。

问：昨天和今天找你谈的情况很有用，谢谢你！下次来，可能还来找你。

答：我欢迎你，我和日本满铁调查组是老朋友，前几年还通信。

赵喜凤（74 岁）

时　　间：1995 年 9 月 8 日下午

访 问 者：内山雅生　祁建民

翻　　译：祁建民

访问场所：赵喜凤家

【家庭】

问：您叫什么名字？

答：我叫赵喜凤，今年 74 岁，属狗。

问：你父亲叫什么名字？母亲叫什么名字？

答：我父亲叫赵脏群，母亲叫方二妮。

问：你弟兄几个？

答：我弟兄两个，一个妹，我是老二。我哥哥叫赵玉凤，我妹妹叫赵英。

问：你老伴叫什么名字？多大年纪？

答：叫郭富姐，75 岁，属鸡。

问：你老俩口几个孩子？都叫什么名字？

答：五个孩子，两个儿子，三个女孩，老大是女儿，叫赵金秀；老二是男孩，叫赵小朱；老三是女孩，叫赵英秀；老四是女孩，叫赵芝荣；老五是男孩，叫赵二朱。

问：你现在和谁在一起生活？

答：我们老俩口自己生活。

问：你的孩子都在本村吗？

答：大女孩在东牛村，老二在本村，老三女孩在孟董庄，老四女孩在乏马村，老五男孩在本村。

【少年时代】

问：您小时候念过书没有？

答：一天书也没念过。

问：你父亲是农民吗？

答：是木匠，也种地。

问：你家种多少地？

答：家种七八亩地。

问：你小时候没念书帮你父亲干活吗？

答：帮助父亲种地，也学木匠活。

【搭伙计做木匠活】

问：解放前搭伙计你听说过没有？

答：听说过，也干过，我和高庄村木匠一起搭伙干过木匠活，他到我家来给人家加工木活。

【水井】

问：解放前咱村浇地水井多吗？

答：多，是日本人来后，打井打得多。

问：打井，日本人给贷款、给砖吗？

答：有借款打井的，我没借，我是自己挖的井，自己买的砖，自己买的水车。

问：雇打井班子没有？怎样打井？

答：没雇，自己挖的，在地上挖个圆形，挖到露出水，底下放一个圆木盘，把砖砌到木盘上边再往下挖。

问：帮你挖井的都是什么人？

答：有家人，也有朋友。

问：打井花多少钱？向谁借的钱？

答：花 1000 元左右，找亲戚、邻居借的钱。

问：打井以后买牲口没有？

答：买一头驴拉水车，还是一架水车。

问：水车是你父亲买的吗？

答：不是，是我和哥哥买的，那时我们没分家，都在一起过，地也都在一起。

问：当时土地挨在一起的，有没有合伙打井的？

答：有合伙打井的，我没有合伙打井。

问：帮你打井的人，是不是用你的井浇地？

答：有用我井浇地的。

【解放前后的生产与生活状态】

问：解放后互助组是不是地都挨着的一个组？

答：互助组不一定地都挨着，主要是两家关系不错。

问：你参加过互助组吗？你们组有几家？

答：参加过。几家记不清了，我记得我们哥俩和我两个侄，还有一个叫赵新胜的，他和我们关系不错，他和我们的地不挨着。

问：你们一个组是不是都用你一个井？

答：是都用这一个井。

问：解放前日本满铁来，你见过没有？

答：听说过，我没见过。

问：解放前一会是共产党来，一会是国民党来，你干什么，是干木活吗？

答：我种地。

【"土地改革"】

问："土改"时你定的什么成分？

答：定的中农成分。

问：为什么定你中农成分？

答：因为我家有十四五亩土地，定为中农。

问：那时你还干木工吗？

答：不干木工了。

问：你小时候家里有七八亩地，后来是不是做木匠活挣钱买的地？

答：那时干木活挣不了多少钱，主要是种地卖粮，平时节省下来的钱买的地。

问：你那时买谁的地？

答：买谁的地记不清了，记得买王赞周二亩地。

问：咱村平分土地时中农的地动了没有？

答：中农的地没动，也没往里分，也没往外分。

问：农具分了没有？

答：分给点粮食，分的不多，还有点农具如犁，没有别的东西。

问：解放后什么时候成立的互助组？是政府号召的，还是群众自己想成立的？

答：土改后政府号召大家成立互助组。

问：成立互助组时你和你哥哥有十四五亩地，你侄子有多少地，其他别人都有多少地？

答：我侄子是我哥哥的儿子，我们一家一共有十四五亩地，赵新胜有六七亩地，别人也有六七亩地。

问：当时土地都差不多的人，成立一个组吗？

答：平均都是六七亩地。

问：你们的互助组叫什么名字？

答：记不清。

问：后来你们又参加合作社了，叫什么社？

答：参加的合作社叫什么名字，记不清。

问：建立小社有多少户？

答：当时分成队，我们是第六队。

问：成立大队以后，大跃进怎么搞的？

答：那个时候就是大干，白天黑夜干，主要是干农田活，拉粪、打井，在村北打了一个大井，能安三个水泵。

问：炼钢铁了吗？是叫高炉吗？

答：炼了，叫高炉。当时有两个炉子，用风箱拉。

问：打井以后，那个地方有井吗？

答：有井不够用，才打这口大井。井口一圈有一丈大，深度到底有三根大绳子深。是上级号召打的，安装三个水泵。

问：打井时上边来人没有？有技术员吗？

答：上边县长、干部都来了，亲自指挥，有没有技术员不知道。

问：解放前咱这有叫赵老乐的吗？

答：不记得，听说有个叫张老乐的。

问：他的儿子叫张仲寅吗？他有多少土地？

答：是叫张仲寅，有八九十亩地。

问：你在张家当过长短工吗？给别人家当过没有？

答：我没当过长、短工，就是种自己家里的地。

问：你们哥俩种十四五亩地，人力够用吗？

答：够用，农活忙时，家里所有的男女老幼都下地干活，平时就我们哥俩干。

问：建互助组之前，互相有帮忙吗？

答：有。咱俩关系不错，你帮我，我帮你，谁也不吃谁的。

问：经常在一起帮忙，这些人后来就成立一个组吗？

答：是关系都不错，成立一个互助组。

问：你和关系不错的人，一起养过牲口没有？

答：我自己养头驴，没和别人在一起养过牲口。

问：有人借你的驴用吗？

答：有借的。驴闲着就借用一下，这种情况很少，一年也就有两三次。

【看庄稼、看场】

问：解放前咱村有看青的吗？

答：自己看自己的。

问：生产队时怎么看？

答：生产队时各生产队看青，白天两三个人，晚上七八个人。

问：当时看青是全村轮流吗？

答：不轮流，是队长派。

问：你看过吗？

答：看过。是晚上，白天是老人和妇女看，晚上是男的、壮劳力看庄稼，因为第二天还干活。

问：咱这儿叫看青，还是叫看庄稼？

答：叫看庄稼。

问：冬天有看村子的吗？

答：有，是大队派的人，叫巡逻。

问：从什么开始看庄稼？

答：从四月份收麦子时，开始看半个月，秋天从八九月收庄稼后，种上麦子就不看了。

问：看庄稼地里搭小房子吗？

答：有搭的，不多。村内场上搭粮库，也搭小房子。

问：看庄稼还看场吗？晚上睡觉吗？

答：看场。看庄稼的，晚上在小道上睡，看场的就在场上睡，每天晚上有六七个人，分别有看庄稼的，有看场的。

问：小道在什么地方？

答：小道就是地里走人的小道。

问：晚上看庄稼记工分吗？一般都记多少？

答：记工分，一般记10分，最高分是10分。

问：从哪年开始看庄稼？

答：从大跃进以后，困难时期开始看庄
稼，社散了分田到户，责任制以后没有看庄
稼的了。地分给个人以后，白天自己到地里
转转，晚上半夜里十二点到一点到地里看看，
回来再睡觉，不看不行，庄稼给人偷了，一
家人吃什么。

问：你家里是谁看庄稼？

答：个人看个人的，我把地全交给他
们了。

问：是哥俩一起出去吗？

答：不是一起出去，个人管个人的。

问：有互相帮忙的吗？

答：没有。都是自己看自己的。

问：你的孩子今年都多大了？

答：赵金秀，55 岁；赵小朱，53 岁；赵荣
秀，51 岁，赵芝荣，49 岁；赵二朱，47 岁。

问：你大儿子在村种地吗？

答：在村种地，晚上也出去看庄稼。

【困难时期、"四清"、"文化大革命"】

问：咱村困难时期你还记得吗？

答：那时粮食少，大家都一块吃食堂，
粮食不够吃，后来食堂散了，把粮食分给个
人了，度过了困难时期。

问：咱村"四清"运动怎么搞的？

答：搞贪污，当时干部是徐孟祥，会计
是赵球子，咱们村子穷，这些人也贪污不了
什么，运动时把他家桌子、凳子都拿走了。

问："文化大革命"时，村里有运动吗？

答：有运动，也有红卫兵。

问：批斗干部没有？

答：那时说说就完了。

【小偷】

问：联产后，生活好了，还有偷棒子
的吗？

答：没有偷的了。

问：抓住偷棒子的怎么处理？

答：罚一天工，干一天活不给工分。

问：这个词叫什么？

答：叫罚工。

问：偷棒子的有外村人吗？

答：都是本村的。一般都白天偷棒子，
白天中午也有。

问：在日本都是晚上偷庄稼，咱这怎么
是中午偷呢？

答：中午下工时偷两个棒子回家给孩子
煮煮吃。

【中人、保人】

问：解放前买卖房屋都有中人、保人，
你当过没有？

答：我没当过中人也没当过保人。

问：你知道这个词吗？当中人一般都是
什么样人？

答：知道。一般都是认识字的人。

问：常当中人的是谁？

答：记不住。

问：解放前冬天有打更的吗？打更敲梆
子吗？

答：有打更的，一到晚上要敲两三遍。

问：都几点钟敲？

答：记不清。

问：今后你最大的希望是什么？

答：希望生活好，吃得好，有钱花，活
得高兴。

赵小朱（53 岁）

时　　间：1995 年 9 月 9 日上午
访　问　者：内山雅生
翻　　译：祁建民

访问场所：赵小朱家

【农村家庭的变化】

问：你叫什么名字？多大年纪？属什么？哪年出生？

答：我叫赵小朱，今年 53 岁，属羊的，1942 年出生。

问：你母亲叫什么？她是本村人吗？

答：我母亲叫郭富姐，是岗头村人。

问：你爱人叫什么名字？今年多大年纪？属什么？

答：叫郭辰姐，今年 50 岁，是岗头村人，属狗的。

问：你有几个孩子？都多大了？叫什么名字？

答：我有四个孩子，老大、老二、老三都是女孩，老四是男孩。老大叫赵惠琴，今年 30 岁；老二叫赵香琴，今年 28 岁；老三叫赵环琴，今年 26 岁；老四是男孩叫赵孟君，今年 24 岁。

【少年时代、困难时期】

问：你小时候念过书吗？

答：念过书，是在栾城西城小学上学，从 8 岁开始到 17 岁完小毕业，毕业后回家，在家待了两年，以后就出去干活，在栾城棉花加工厂加工棉花，干了三年就回村了。

问：你毕业时，是不是 1960 年困难时期，回村在哪儿吃饭？

答：我回村，村里人都吃食堂，两个生产队一个食堂。我们是五队和四队一个食堂，我在食堂吃饭，吃的是红薯面粥。

问：是打回家吃还是在食堂吃？能吃饱吗？

答：有时在食堂吃，也有时打回家吃，吃不饱做点汤喝。

【看青】

问：昨天和你父亲谈时，说从 1960 年起才有看庄稼的，你看过吗？

答：我没看过，见过，当时一块地就有两个人看青，一个生产队有 20 多个人看青。

问：看青是民兵还是社员？

答：有民兵也有老人配合。

问：看青是轮流看吗？

答：轮流看。

问：你父亲看过吗？

答：我父亲那时在水库，水库是在黄壁庄。

问：看青时为什么白天人少？晚上人多呢？

答：白天偷庄稼的人少，晚上偷的人多。

问：都哪儿的人来偷？

答：有本村的人，也有外村人。

问：昨天听你父亲说，抓住就罚一天工吗？

答：一般的就是干一天活白干了，不给工钱。

问：抓住外村人偷庄稼的，怎么办？

答：先把他的工具没收，然后通知他们村来人领人，给处分，本村的不给处分。

问：困难时期村里有饿死的吗？

答：有病死的，没听说有饿死的。

【棉花加工厂】

问：你是怎么去的棉花加工厂？

答：是招工去的，是临时工。

问：为什么让你去呢？

答：因为我有文化，家里生活困难，村里照顾我，小队派我去的。

问：全村去几个人？

答：先就我一个人去的。

问：棉花加工厂都干什么活？

答：就是籽棉加工，把棉籽挤出来，棉

花加工后打成包，送到纺织厂，加工后的棉花，叫皮棉。

问：籽棉挤出后有什么用？

答：棉籽挤出后打成油，顶国家任务交到石家庄。

问：打的油能吃吗？

答：能吃，打的油叫棉籽油。

问：一天工多少钱？你在哪住？有宿舍吗？

答：一天工1.2元，我下班后没什么事就回家住，有时在厂里宿舍住。

问：在那儿几年？

答：干了3年，因母亲病就回村了。

【"四清"运动】

问：你回村时是不是搞"四清"？

答：搞"四清"，搞贪污、盗窃的，批干部，开全村大会检查，让他们赔款。

问：当时村干部都有谁？

答：有徐孟祥、刘文生，其他记不起来了。

问：你参加过大会吗？都在什么地方开？

答：参加过，在大队办公室院内开大会，社员都坐着，干部在前边站着，"四清"工作队的人主持会议。

问：咱村有多少"四清"工作队？

答：有20多人。

【"四清"时农业变化】

问：你从棉厂回村后，看到村里农业生产有什么变化？当时村里搞"四清"吗？

答：农业上变化很大，科学种田，棉麦兼作，玉米和麦子套种。当时正搞"四清"。

问：棉麦兼作，种棉花地是不是比种麦子产量要高一点？

答：棉花地收入高一点。

问："四清"时有看青的吗？

答：有看庄稼的，一直到生产责任制以后才没有。

问：你从棉花加工厂回来以后，看过青吗？

答：我没看过青，回村四五年我又到乡棉花加工厂去了，一直干到去年闹心脏病才退职回村，在家里干点轻活。

问：听你父亲说，责任制以后，就没有看青了，现在晚上还去地里转转吗？

答：现在晚上也有转的，也有不转的，我每天早晨四五点转，晚上不出去，没有人偷。

问：你地里种的什么？

答：种的玉米和棉花。

问：我们在山东调查，种的都是果树和蔬菜，有人看青，种玉米就不用看青了吧？你们这里防什么？

答：我身体不好，去地里转转，这几年没有丢棒子。

问：你弟弟种地吗？

答：他干瓦工，种地也不看。

问：土地互相挨着，有没有互相帮忙看看的？

答：有，比方我去地里转，也有的人说，看看我庄稼长得怎么样？地里有没有草，不是看小偷。

问：我是研究解放前农村雇人看青的情况，现在有没有大伙出钱雇人看青的。

答：现在没有人偷了，用不着雇人看青。

问：在山东调查，看到果园里有搭小棚子，晚上在棚子里睡觉，来时路过咱村果园，是不是也这样？

答：果园也搭小棚子，是防止小孩的。

问：果树是谁家种的？

答：弄不清，这些果树是责任制以后种的，有7年了。

问：有多少亩？有多少户？

答：多少亩地搞不清，有七八户。

【目前家什】

问：现在每年收入多少？

答：现在每年能收入 8000 元左右，都是麦子和玉米卖的钱。儿子在上安电厂当临时工，一个月收入 1000 元左右，一年全家人加一起总收入 2 万元。

问：我在日本看电视，看到中国农村有万元户很羡慕？

答：现在村里万元户多了。

问：1986 年我来时，看到咱们生活没有现在好，那时还没有二层楼呢！你在乡加工厂时一个月收入多少？

答：开始时少，后来越来越多了，到退职时每年能拿 6000 元。

问：你家农活主要靠你爱人干吗？

答：农忙时，女儿来帮干活，平时靠我家里人自己干。

问：你现在看病在哪儿看？多长时间去看一次？

答：到县医院，一个月去一次。

问：在日本看病药费很贵，你看病要花多少钱？

答：我在乡里入保险了，一年药费 1000元，保险公司保 70%，我自己负担 30%。

问：日本上保险不生病每年都要交钱，咱这是不是都得每年交钱？

答：我们这是一次交清，几年前，我们一次交 1200 多元，乡里负担一半，自己负担一半。

问：今年庄稼长得怎么样？

答：长得好。

问：过去种的棉花都是生产队统一上缴，现在怎么卖？

答：现在国家也给订任务，到时候自己把棉花送到县收购点去。

问：你家每年订多少？

答：订 20 斤皮棉，我每年交 100 斤籽棉。

问：玉米有任务吗？

答：我订 1000 斤玉米，交 500 公斤，小麦订 2000 斤，剩余的粮食自己处理，卖给粮站小麦 1000 斤，玉米 4000 公斤，有两吨。

问：你卖玉米、小麦的 8000 元，就是订购和卖给粮店的粮食钱吗？

答：就是卖粮的钱。

问："文化大革命"时你在村里吗？

答：我在乡里建厂。

问：你是厂长吗？

答：我不是厂长，是厂里的技术员。

问：那时厂里乱吗？

答：厂里不乱。

问：之后，实行农业生产责任制，你们怎么搞的？

答：那时我不在家，弄不清楚。

问：你家土地离村近吗？

答：近处有一块地，远处有一块地。

问：想到你地里看看庄稼长得怎么样，行吗？

答：行！行！

郝小六

时　　间：1995 年 9 月 9 日下午
访 问 者：内山雅生
翻　　译：祁建民
访问场所：郝小六家

【果树园】

问：你的果园是什么时候种的？

答：是 1989 年种的果树。

问：责任田你分多少地？

答：分两块地，共 7 亩，有 3 亩地一块，种果树了，已经种 7 年了。

问：当时你种果树时是自己想种的还是别人建议？

答：和别人一块种的，有郝晨山、郝同顺。

问：是和你一家子吗？

答：不是一家子。现在都是一个生产组，承包以前是一个队。

问：现在还有组吗？

答：有组，一个井一个组，我们 21 户有两口井。

问：当时你们种果园开始有多少户？

答：开始有我和郝同顺、郝晨山、郝恒、郝连恒、郝贵山、郝玉山、郝发水、郝平、张二贵、郝小江、郝生贵、郝庚辰共 13 户。

问：当时你们组 21 户都有多少地？你 3 亩别人多少？

答：一个人两块地，这边每人六分六地，每个人多少都不一样。

问：当时种果树你是组长吗？

答：没有组长，我是村长，郝同顺是书记。

问：村长、书记种果树当时是不是起个带头？

答：不是，当时郝恒和郝连恒找我们说种果树吧。

问：他俩懂技术吗？

答：不懂技术，就是说麦子、棒子收入少，当时我们也提倡种果树。

问：你们村原来都种棉花，开始种果树是不是怕种不好？

答：这 21 户有 10 户不愿种，有 11 户愿意种。

问：不愿种是不是怕种不好？

答：不是，以前也有种果树的，收成都

不错，有的不愿种果树是没劳力，我弟弟就没种，他的地靠边，怕不好看守。

【看守果园】

问：以前在山东调查时，果树特别多，果园里都养两条狗用铁链子拴着，咱这是不也这样？

答：咱这没有，因为咱这面积小，白天各家各户都有人除草，晚上在果园睡觉，没有发生偷果的，听说南高村有抢果的，离咱村 15 里地。

问：咱村这 12 户是不是轮流看呢？

答：不是，是个人看个人的，晚上这 12 户都有人，也都带狗去，有人来，狗就叫，把狗拴在树底下。

问：咱这有偷果的吗？

答：没发生过。

【看园窝铺】

问：咱们从天津来时，路过各地看到果树都搭小棚子，解放前有吗？

答：听老人说，那时看青就有小屋。

问：人民公社时有吗？

答：有，都是搭小屋，叫窝铺。

问：过去建窝铺在哪里建？

答：都是在西瓜地的中间建，种菜也有建窝棚的，公社时建窝棚也是在瓜地，菜地建窝棚，麦田地不用建。我当小队长时，种 30 亩地西瓜搭四个窝铺，一个角搭一个。

问：西瓜地是不是叫搭棚子？

答：叫搭窝铺。

问：用搭棚子这个词吗？

答：不用。

问：你种 30 亩西瓜，是"文化大革命"前还是"文化大革命"后？

答："文化大革命"以后，还没分地以前，是生产队时候。

问：生产责任制以后，种西瓜晚上看吗？

答：也得看看。

问：是你种的，还是孩子种的？

答：是我种的。

问：你看西瓜，一般晚上几点去？

答：西瓜没熟时不用看，西瓜快熟时开始看，需要看 20 多天，每天晚上 8 点去窝铺睡觉。

问：晚上起来转吗？敢睡吗？

答：不用转，睡一夜觉，敢睡。

问：早晨几点回家？

答：早晨六点回家。

问：山东种果树、种西瓜都是全家人在地里吃饭？

答：咱这面积小，离家近，都回家吃饭。

【看苹果园的时间】

问：什么时候看苹果？

答：苹果有早熟的苹果，每年 7 月 15 左右到 10 月 15 左右，需看三个月。

问：苹果地都挨着，为什么不雇一个人或者轮流看着？

答：用不着雇人，轮流看，雇人也看不过来。

问：有没有果树挨着，互相帮忙看？

答：这种情况也有，像我们三两户，今天晚上我有事不去了，告诉他们一声，他们有事，也告诉我一声，互相帮看看，这都是关系不错。关系不好，就没这种情况。

问：除张二贵不姓郝，其他都姓郝，姓郝的是一家人互相看的多吗？

答：地挨着的，同姓的，晚上也都去窝铺睡觉，郝建恒、郝恒他们是亲兄弟，是我堂兄弟。

问：以后果园再发展是不是就雇人了？

答：没有想雇人。

问：咱这苹果是什么品种？

答：有红星系列，黄元帅、烟青、国光、红富士，一个品种不受粉，都是蜜蜂受粉。

问：日本也是这样，蜜蜂是哪来的？

答：天然就有。

问：果树用什么肥料？怎样施肥？

答：用二胺，磷胺肥，根据树干多大，在底下挖个圈，然后再挖道沟上水粪。

【苹果栽培】

问：你看守果树一个人够用吗？

答：我和我爱人两个人，就是疏花时忙不过来，找亲戚帮忙。

问：你去年收成 1000 元，今年收多少？

答：今年已经卖了 5000 元，还能卖 3000 元，明年能翻一番，16000 元。

问：去年为什么才卖 1000 元？

答：去年刚开始结果，质量低。

问：苹果怎么卖的？

答：装箱后石家庄工厂拉走一部分，西头的就在果园地头卖了。

问：日本农民有个统一收购协会，咱这有没有收购的？

答：咱这也有收的，不固定，因为种的面积小。

问：以后果树多了，你会不会号召大家用汽车统一拉走？

答：到苹果上万斤时，就可以统一收购了。

问：你弟弟会不会种果树？

答：种果树时间太长，七年才见收成，前七年不见收效，责任田 20 年就调地了。

问：重新分土地时，你们就要受损失，有替种果树的人说话的吗？有领头人吗？

答：没有领头人。

问：你家这条狗看样子好厉害，是买的吗？

答：是亲戚家的，在外村。

【技术员】

问：你们果树技术怎么解决的？

答：全村统一雇一个技术员，附近的几个村他都管，管喷药、施肥、剪枝，技术员是定州人，他经验也不足，一棵树一年给他七角，他技术不高，明年不用他了。

问：这个人是谁介绍的？

答：我们去南台村参观，看他们的果树时，看到这个技术员了，当时他们就介绍给我们用了。

问：这个人以前是怎么来的？

答：不知道，知道他是定州农民，我们去过他家，离咱这200里地。

问：再找一个新的，也不好找吧？

答：县农林局有个林果站长，叫李恒瑞，是高级农林师，种果树时他来找过我们，我们也找过他，他和我们关系不错，过去他是义务指导，经常来我们这，现在老了，已经退休了，不怎么下来了，以后有什么事找他也可以。另外我们都有技术书，有问题自己找书看。

【今年收成】

问：今年你的地里收成多少？

答：今年我没收入，那块地家里种了，去年我是种别人五亩地，今年不种了。

问：今年你收入主要靠果树了吗？

答：我还有个大收割机，是四个人伙用的，全村就这一台，叫"康拜因"。

问：今年收多少？

答：今年每人分不到3000元，比去年多点，这是毛数，没计算成本，今年我家的地，全家人都吃了，交了1000斤订购粮。

问：是叫国家任务粮吗？

答：就叫国家订购粮。

问：你说你买技术书自己看，与别人一块看吗？

答：他们都有书，我有一本是果树病虫防治技术书，是农业出版社出版。

问：谁看书最多？

答：大家一块看，都看，都有书，我和郝生贵、郝庚辰一起看，一起商量。

问：我们五点就回去了，想去你们果园参观一下可以吗？

答：可以。

冯修文（67岁）

时　　间：1995年9月10日上午
访 问 者：内山雅生
翻　　译：祁建民
访问场所：冯修文家

【家庭】

问：你叫什么名字？

答：叫冯修文，1928年出生，属蛇的。

问：你父亲叫什么名字？你母亲叫什么名字？

答：父亲叫冯锁成，母亲叫校精子，她是北长村人，离这七八里地。

问：你兄弟几个？

答：兄妹七个，大姐冯修珍，今年81岁；大哥冯修德77岁；二哥冯修身75岁；我是老三，妹妹冯修荣64岁；还有个妹妹冯修武62岁；小妹妹冯八姐，59岁。

问：你妻子叫什么名字？

答：乔小景，今年70岁，王家庄人。

问：你几个孩子？

答：有七个孩子，老大男孩冯长寿50岁，在冶金厂；老二男孩叫冯小胖46岁，在养猪场工作，有五六十头猪；老三是女孩，叫冯增菊，44岁，在冶河镇；老四女孩，冯双菊，

39 岁，在北长村；老五女孩，冯菊妹，32 岁，在石家庄建筑设计院工作，是重庆建筑工程学院毕业的；老六是男孩，冯振亭，31 岁，气电厂搞冶金；老七男孩冯振国 28 岁，在上海铁道学院毕业，现在保定铁路局工作。

问：你念过书吗？在哪儿念？

答：念过四年，北关小学毕业。

问：解放前日本满铁来过吗？

答：来过寺北柴村。

【看青、打更】

问：解放前有看青的吗？有打更的吗？

答：没有看青的，都是自己看的，有打更的。

问：咱解放前自己看青搭棚子吗？

答：不搭，下雨天不好办。

问：晚上打更，全村轮流吗？

答：不是，雇一个人打更，是本村人，家里特别穷。

问：打更的叫什么名字？

答：叫陈老丑，冯老山，王群成，他们都打过更。

问：给钱吗？

答：不给钱，到过年随便给，有给小米的，也有给馒头的，各家给多少也不一定，没有规定，随便给。

【土改后 8 个单干户最早成立初级社】

问：解放时你多少土地？定什么成分？

答：兄弟四个人，30 亩地，定为中农。

问：你们土改是哪年？

答：1948 年。

问：土改不久就成互助组了吗？

答：我们兄弟四个人没参加过互助组，到 1954 年成立初级社时，我们 8 个单干户，成立一个初级社，最早成立的。

问：怎么成立的初级社，当时有多少个初级社？

答：当时就我们一个社，我们成立最早，到 1955 年人就多了。

问：全村人都参加了吗？

答：也有单干的，到 1956 年成立高级社，全村都参加了。

【地主、富农】

问：咱村地主、富农有几户？

答：地主两户，富农一户，咱村是个穷村。

问：地主、富农都叫什么名字？

答：地主叫刘秀兰，60 余亩地，冯喜德 13 亩地，富农叫刘贞子，有 50 亩地。

问：冯喜德 13 亩地怎么划地主了？以后改变了成分吗？

答：因为他本身不劳动，家里也没有劳力，就定为地主成分，以后也没有改变成分，因为冯喜德在旧县政府干事，他是管收农业税的，叫县粮，家里地雇长工，剥削量大。

问：刘秀兰根据什么划地主？他的地是怎么来的？

答：劳动少，雇长工雇短工，他的地是祖上留下来的 60 亩地。

【初级社】

问：咱这参加初级社是全村吗？

答：不是全村都参加，高级社时全村人都参加了。

问：高级社叫什么名字？

答：红旗人民公社。

问：党组织什么时候有的？

答：1947 年 4、5 月份来的县工作队，当时解放军走了。

问：工作队员名字记得吗？

答：记不得。

【"大跃进"】

问："大跃进"时都干什么活？

答：深挖土地，大炼钢铁。

问：打井没有？

答：没打井，那时村里派人去榆林道拉土，别的村帮咱们，咱们也帮人家，用人力拉车。

【困难时期、看青】

问：困难时期咱们建食堂没有？

答：1958 年 6、7 月建的食堂，开始建五个食堂，五个队一个队一个，1958 年 11 月以后，改成两个食堂。

问：当时食堂吃什么？

答：吃红薯。1958 年交国家 18 万斤粮食，1959 年、1960 年最困难。

问：1959 年、1960 年交公粮吗？当时食堂吃什么？

答：我 1958 年 8 月就出去了，我到外地炼钢去了，不在家，食堂我弄不清。当时都吃棉花壳。

问：困难时期有饿死的吗？

答：那年，死了有七八个人。

问：从什么时候开始有看青的？

答：从 1959 年开始有看青的，是生产队派人看青，1958～1960 年有两个人看青，白天晚上都是两个人。

问：在山东调查时，困难时期有拿棒子的，也有拿棉花回家给孩子做衣服的吗？

答：咱这没有拿棉花的，就有拿棒子的。

问：专门看青怎么记工？

答：那时不记工分，工资制。

问：看青是不是比别人工资高？

答：不一定比别人工资高，一个月计算一次，弄不清给他多少钱，一般农业劳动力干一天活给六七块钱，看青的也差不多。

问：到年底还有钱吗？

答：年底就没有钱了。

问：有的地方看青，找老人去看。

【"四清"、"文化大革命"】

问：困难时期，1966 年以后就搞"四清"了，咱村来过工作队吗？

答：咱村"四清"时，来了十五六个人的工作队，主要是整干部。

问：当时咱村都整谁了？

答：主要批书记张九东。

问：主要批他什么问题？

答：批他贪污问题，给他带上"四类分子"帽子。

问：村长、会计挨批没有？

答：都没批。

问：咱村地富都叫"四类分子"，张九东和他们一样吗？

答：和他们都一样，就是他不扫地了，还有一个人投机倒把的，也给戴"四类分子"帽子，他叫刘同金，倒卖电气，化肥，药品。

问：倒卖什么药？

答：人吃的药。

问："文化大革命"开始了，还是那个工作队吗？

答："四清"工作队走了，又派工作队来了。

问："文化大革命"开始，咱村乱不乱？

答：乱不乱?! 但乱得不大，有十几个"红卫兵"，都是本村青年。

问："红卫兵"夺权没有？

答：没夺权。

【生产责任制】

问：咱村哪年搞生产责任制？

答：1981 年冬天，咱这儿比较晚。

问：你种多少地？

答：我种 6 亩地，和老三、老四、小女

儿、妻子一起种这几亩地；老大，老二都分家了。

问：你大儿子、三儿子是哪年建的厂？

答：1991 年建的厂。

问：投资了吗？

答：投资了，开始是硫酸锌厂，后来改为皮垫厂。

问：1981～1991 年，你儿子干什么工作？

答：务农，种小麦、玉米，没种果树。

问：生产责任制以后，你自己分的地，5 个人种，收入多少？年收入多少？

答：1982 年小麦亩产六七百斤，玉米亩产六七百斤，我去县城卖菜的钱都算上，年总收入 3000 元。

问：哪年分的地？

答：1981 年分的地。

问：你孩子哪年考的大学？

答：姑娘 1984 年考上大学，儿子 1987 年考入大学。

【现在的生活】

问：孩子考上大学后，就你们老俩口生活了？

答：就我们老俩口生活了，我不种地了，地都给老大、老三种了，他们给我粮食吃，我靠卖菜子生活。

问：你现在还卖菜子吗？一年收入多少？

答：现在还卖菜子，一年收入 1000 元。

问：三儿子每年收入多少？

答：他两个炉子，一年收入多少，我弄不清。

问：现在你老俩口生活吗？

答：我们老俩口生活，孙子、孙女常来玩。

问：你现在最大的希望是什么？

答：希望儿女双全，多活几年。

问：卖菜子每天什么时候去卖？怎么去？

答：每天早晨是七点去县城，下午一点回来，回来就不出去了，骑自行车去。菜子用自行车驮，每天能驮三四十斤，夏天品种少，五六种，春天有 20～30 个品种。

问：怎么卖？菜子从哪儿来？

答：用秤卖，菜子从种子批发公司批发来的，然后我零售。

徐栾祥（72 岁）

时　　间：1995 年 9 月 10 日下午

访 问 者：内山雅生

翻　　译：祁建民

访问场所：徐栾祥家

【家族】

问：你叫什么名字？哪年出生？属什么？

答：我叫徐栾祥，72 岁，哪年出生记不住，属鼠的。

问：你父亲叫什么？你母亲叫什么？母亲是哪儿的人？

答：我父亲叫徐城德，母亲靳景子，县南流村人。

问：你兄弟几个？

答：就我一个。

问：你老伴叫什么名字？是哪个村人？

答：老伴叫焦栾，县城西焦钟村人，离这五六里。

问：你有几个孩子？都多大了？叫什么名字？

答：我有六个孩子，老大男孩，叫徐胡叫，49 岁；老二男孩，叫徐关如，47 岁；老三男孩，叫徐同如，42 岁；老四男孩，叫徐同社，40 岁；老五男孩，叫徐同建，31 岁；老六女孩，叫徐惠兰，27 岁。

问：你这六个孩子都在哪儿工作？

答：老大吃商品粮，在城里木器厂工作；老二在石家庄省工商局工作；老三在栾县城里干个体户；老四在石家庄，个体户；老五在本村木材厂；老六是嫁到十里堡。

问：老五常年干木活吗？

答：干农活，种地，也干木活。

【少年时代】

问：你小时候念过书吗？老师叫什么名字？

答：在本村小学校念过四年私塾，老师叫张老乐。

问：念完小学以后你干什么了？

答：我念完小学，15岁，在家干农活种地，因为我父母去世早，我没出生，父亲就去世了，我没见过父亲。父亲死后两个月我出生的。我25岁时，母亲又去世了。

【棉产改进会】

问：解放前日本满铁来调查，你知道吗？

答：我那时种地，什么也不知道，也没听说有满铁来调查。

问：那时你种多少地？

答：我种七八亩地。

问："新民会"你知道吗？

答：听说过。干什么的不知道。

问：解放前日本人来时有个棉产会你知道吗？

答：知道。那时叫种棉花，我第一年就种了。当时棉产会是指导种棉花的，他们贷给农药，贷给化肥，当时不要钱，到收棉花时再扣钱。当时化肥很便宜，化肥是从日本来的。

问：后来农民用化肥的多了，是不是就贵了？

答：后来是贵了点，是中国产的，叫"肥田粉"。

问：棉警听说过没有？给你们送化肥的是谁？

答：没听说过有棉警。当时是村里管事的给化肥，上边把化肥给村郝国樑，由他发放。

问：棉花指导员有吗？

答：叫技术员，县从棉产会派来的，住咱村。

问：张仲寅是棉警吗？

答：他是指导员。

【搭伙计种地】

问：解放前有搭伙计的吗？

答：我那时就搭伙种地。我和我大伯搭伙计。大伯叫徐坑（炕）洞，他有一头驴，我养一头驴，我们地挨着。有一口井，两家用。一块种地，一块耕地。

【土地改革】

问：咱们这什么时候土改的？

答：1948年土改。当时我有七八亩地，定为下中农成分，我的土地没动，也没往里分，也没往外分。

问：成立互助组时有多少户？

答：都参加了，多少户我记不清，是个大互助组，有300亩地，有二三十个牲口，这是最早的一个互助组，我参加了。

问：徐坑（炕）洞和你是一个组吗？

答：是一个组。

问：你们这个组是解放前搭伙计这些人吗？

答：是这些人。

【看青】

问：解放前咱村有没有看青的？

答：有看青的，是个人看个人的。白天也到地里转转，晚上有睡在地里的，也有不睡在地里的。

问：搭小房吗？

答：搭小房。

问：解放后有看青的吗？从什么时候开始有的？

答：从高级社以后，专门派人看青。

问：为什么以前没有看青的？

答：因为土地都归集体，偷的人多了，也怕有人祸害。

问：初级社时地有一半归自己吗？

答：都归集体所有。

问：高级社粮食够吃吗？

答：够吃。也有偷的，要防备。

问：高级社时你看过青吗？

答：我看过青，一个队两个人。白天看青，晚上也看青，睡在地里。

问：几点起来看青？一天一夜记多少工分？

答：几点起来不好说。隔一会，出去转转，每天记 10 分，和劳动力一样。

问：什么时候开始搭小棚子的？

答：种西瓜地，什么时候都搭棚子，白天黑夜都得有人看着；菜地、棉花、玉米、小麦都不用搭棚子，有时间到地里转转就可以了。

问：人民公社时，玉米，小麦地搭棚子吗？

答：都不搭。

问：解放前有打更的吗？

【打更、巡逻】

答：有打更的，是固定的人，不是轮流的。

问：打更给钱吗？

答：打更是村长雇的，比较穷，不给钱，大家给点粮食。

问：村长专门给打更人钱吗？你们给多

少粮食？

答：村长不给他钱，我们大家给多少粮食，也没有规定，多少给他点吃的。

问：打更一晚上转几次？

答：夜深了，满村子转转，转几次不清楚。

问：解放后有打更的没有？

答：没有打更的，每天都有民兵巡逻队，冬天也巡逻。

问：每天晚上几个人？带枪吗？

答：每天晚上有五六个人，没有枪。

【水井、水车】

问：解放前地里水井多吗？

答：水井多，日本人来时打了不少井，那时都是雇打井班子的人打井的。

问：你家的井是什么时候打的？

答：是我父亲在世时打的。

问：日本人来时，村里人打井给贷砖吗？

答：不给贷砖，贷水车，三年给 1200 斤小米。

问：水车是从哪拉来的？水车是什么样的？

答：水车是从县政府拉来的。水车是一个大圆盘，横一个轮子，竖一个轮子，带个水嘴。

问：拉水车用什么拉？

答：我们用一条小驴，配一个人拉，别人家也都不一样。

问：拉一天水车，能浇完吗？一天能浇多少地？

答：拉不完，因为水往上涨，一天能浇一亩多地。

问：一年是不是都用水井？

答：冬天不用井，下雨天不用井；春天、秋天用井。

问：你村有没有互相借用水车、水井的？

答：有。以前我没有水车，到外村我姑娘家借用，用完还回去。

问：给什么报酬，送礼吗？

答：用完还回去，什么也不给。

问：咱村互相借用的多吗？你的水车别人借过吗？

答：有借的，不多。我的水车没有人借用。

【机井】

问：解放后还用水车吗？

答：1950 年打深井就不用水车了，用水泵浇地。

问：全村打几口深井？

答：开始每个生产队打一口深井，后来地多浇不过来又打了。

问："大跃进"时打井了没有？

答：咱队 300 亩地，先打一眼井，三块地打了三眼井。

问：每个井都有水泵吗？

答：有水泵。电不够用，不叫开。

问：现在咱村有多少机井？

答：机井多了，我数不清有多少，浇地都够用。

问：水井归谁？

答：归集体使用，集体轮流浇地，一块地一块地的浇。

【现在村民生活】

问：你跟五儿子一块生活吗？

答：我们老两口过，我的地都给大儿子和三儿子种，他们每年都给我粮食和钱。

问：一年给你多少钱？

答：没有数，够花就算了，我有心脏病不能种地。

问：木器厂的儿子，一年能挣多少钱？

答：我不打听，我心里不愿装事。

问：生产责任制以后，农民生活有什么变化？

答：都比较有钱了，比以前强多了。

问：在别村调查，农民能干的就富得快，不能干的就没钱花是吗？

答：现在咱村生活普遍都提高了，像过去真正吃不上饭的没有了。咱村穷，贫富差距不大，没有特别穷的。

问：有没有生活过不去，要村里人大伙都帮助的？

答：这样的事不多，生活都差不多，不像 1960 年时，谁也顾不上谁，现在都能过得去。1960 年都穷，谁也没有办法。

问：现在家里没钱找谁？是找朋友借，还是找信用社呢？

答：村里有的有事，找银行贷款。别的我也说不清。

郝老艳

时　　间：1995 年 9 月 11 日上午
访 问 者：内山雅生
翻　　译：祁建民
访问场所：郝老艳（郝小六）家

【家族】

问：想了解你祖父的父亲的情况，你能知道一些情况？

答：我祖父的情况知道一些，曾祖父的情况我就不知道了。过去没钱，上不起学，到了我们这几代，才一步一步都认识一点字了。

问：你祖父的父亲，过去在农村务农吗？

答：务农。我祖父有兄弟两人，我祖父小，大爷爷早死了。当时他们兄弟俩有 80 亩地，在我大爷爷死了以后分的家。

【祖辈分家】

问：怎么分的家？

答：我大爷爷去世后，有大奶奶，她还有个小孩，年岁小，就分给她 30 亩地，一辆大车，一个骡子，让他们自己过吧！我祖父剩下了 50 亩地，还接受一些地契和财物，这些东西后来又交给了我父亲，父亲老了又转交给我保存，代代相传。

问：你爷爷的地都是自己种吗？

答：自己种一部分，忙的时候雇过短工。有一部分地种不过来，约有十多亩地典出去了。典地价格是每年每亩地（粮田）五斗谷子，棉田每亩是 20 斤籽棉。

问：你家地典给谁家了？

答：当时我家缺钱，人家有钱，借钱给我们，我家就把地典给他。每年到秋收完了，我家又把地收回来了。

问：谁家借钱给你们，是本村的吗？

答：谁家借的钱，记不清了，是本村的，跟好几家借的钱。

问：你祖父念过书吗？

答：不知道，记得没有念过书，我爷爷有四个儿子，我父亲是老二，也不识字，我叔叔念过书，识字。

问：你听说过"守事人"这个名词吗？

答：没有听说过。

【家产纠纷】

问：你家地契文书是怎样传下来的？

答：老人到了不管事时，就交给下一辈保管，三百来年，都传了十多代了。传的办法是，老人临终之前，在炕上躺着，安排后事，往往要把有用的东西，包括地契、文书传给后代。

问：有一张文书上写的"尚子"（?），是否就是法律说的"保护人"？

答：不是，写在纸上是我大伯郝白子，他是寺北柴村生人，后来随母亲嫁给别人了。

问：那"尚子"的父亲叫什么名字？

答：叫郝来子。

问："尚子"的继父叫什么名字？

答：叫张宝和，记不清了，大概叫张保海。

问：张保海是军队上的吗？

答：不是，不是国民党的兵，也不是共产党的兵，叫什么"团"，可能是"民团"吧。

问：是土匪吗？

答：没有听说是土匪，老百姓都叫这个团，那个团，也有叫"27 团"的。我们这个村子小，又是穷村，他们都是黑夜来，太阳一落，他们就来了。他们要什么，就得给什么。

问：郝白子、尚子因分家打架，是不是尚子打赢了。

答：尚子跟他妈妈走了，不在寺北柴村，后来他带人回来，打赢了。

【看青】

问：解放前村内有看青的吗？

答：因为那时土地归个人，看青是各家看各家的地。地主家由长工来看，在地头搭个小棚，地多的搭棚，地少的不搭棚，有时到地内转转、看看就行。

问：所有庄稼地都搭棚吗？

答：不一定，棉花地搭棚，小麦地不用搭棚，谷子地也有搭棚的。

问：你以前到地内看过青吗？

答：看过，一般都是晚上在场上看庄稼，住在场上的小屋。场上还有其他家也住在场上看粮食。

问：村内有多少场？

答：一般是几家合用一个场，地多的是

自家一个场，几家地挨近，就合搞一个场，但是各家盖各家的小屋。

问：场离村子远近？

答：不远，都在村边，或自己地里，在地头上。

问：村内有统一的看青吗？

答：解放前没有，解放后集体化了，有了统一的看青。

问：解放前地多的人家是否雇人看青？

答：地多的人家，都有长工或短工，他们一般派长工看青，没有雇短工看青的。我们村没有地多的户，地多的是城内北关王赞周家，他是大地主。

问：解放前各家有联合轮流看青的吗？

答：那时不轮流看，但都是村内人，互相都照顾，不用说，一般看自己的地外，自然也把邻居家的地看了，都互相关照，关系不错，也不用提前打招呼。

问：王赞周的地多，是怎么得来的？

答：他是地主，祖上传下来的地，他家有钱，在城内做大买卖，开当铺。

【"当"地与"典"地】

问：农村中的"典"和"当"是一个意思吗？

答：是一个意思，当然"卖"地和"当"地是不一样的，典地和当地是一个意思。所不同的，当地可以收回来，典地不到时间不能收回。

【水井的变化】

问：日本人来时，村内打了很多井吧？

答：以前井也不少，那时地下水多，井好打；日本人来后，水位下降，地下水少了，就得把原来的井加深，扩大井。井是比以前多了，但那时穷，合着打井的多，深井打不起。

问：几家合着打井，地不在一起也合着打井吗？

答：有打的，地不在一起，可以挖渠把水放过去，另外也可以帮助他再打一口井。

问：解放后互助组是否以几家一口井来组织的？

答：这样的情况很少，互助组时间很短，很快就入社了。参加互助组的地不一定在一起，地在哪里的都有。所谓互助组，都是你家有劳力，我家有牲口，或他家有水车等，互相帮助，就组织在一起了。

【借用、搭伙】

问：解放前，有些户没有牲口，借别人的牲口耕地，是否叫"搭伙"？

答：我们这里不叫"搭伙"，叫借用，这种情况的不少。

问：咱们村过去有"搭伙计"吗？

答：有，你家一头牲口，我家一头牲口，合在一起干活，就叫"搭伙计"。

问：过去在农村，是"搭伙计"的多，还是借用牲口的多？

答：借用的多。

问：借用，都是向本村人借吗？有没有向外村人借用的？

答：一般向亲戚借用的多，主要在本村借，邻居家、同族家。

问：在解放前，借东西用，应先向谁借？

答：先向亲戚借，主要看亲兄弟的活是否忙，有些不是亲兄弟，但农具、牲口闲着，也可以借用。首要条件，人家活不忙，要根据当时情况，不在远近的关系上。

问：有没有让长工去帮助人家干活的？

答：没有，凡是有雇工的人家，活都很多。如果是兄弟之间，派人来帮一两天忙，也是有的，干完就走。总之，亲戚之间，活忙时，派长工去帮忙有可能，一般的关系是不可能的。

问："五尺行"这个名词听说过吗？

答：没听说过。在我们这里，丈量土地时，有"五尺丈"的说法，是用来丈量土地时用的。在栾城县内有人家有，我们家当时也有，村内那家"排地"，就请我们去丈量。

问：当时政府内有管丈量土地的专职人员吗？

答：没有。有的人家要典地，自己丈不了，也算不了，就到我家来，请我们去帮他"排地"。

问："排地"给报酬吗？

答：不给钱，由买地的户，当天晚上摆酒宴，吃顿饭就算完了。

【解放前村长、更夫】

问：解放前村内有打更的吗？

答：有，是由村长、保长找四个人，住在办公室，两人一班打更。这些人，都是本村人，家内穷，给几个钱。每年冬天到各家敛钱，有给粮食的，也有给钱的，给的有多有少，也有些家不掏的。晚上两人一班，一个人手里拿着棍棒（工具），一个人打更叫喊。

问：给多少钱？村内有规定吗？

答：没有规定，随便给多少。一般过年时多给些，富裕中农以上的户多给些，没有标准。

问：有些户不给钱，是否由村长批准？

答：没有，不给钱的都是村内的困难户，一看就知道了。

问：由谁出面到各家要钱？

答：由地方上出人去要钱。

问：解放前村长是指定的，还是选举的？

答：是由大家选出来的。自日本人来了以后，村内有了保甲，村长就是保长，是由上面指定的。

问：日本人来以前，村长是怎样选出来的？

答：找几个代表一商量，不开群众大会。

问：选村长找富裕户吗？

答：是这样的。

问：国民党时代有村办公所吗？

答：有村公所，还有副村长；上面是区和县。日本人来了设保长，以前有闾长和邻长。

问：以前村长是谁？

答：是张老乐，他对村内情况熟悉，上面有什么指示，别人干不了，他行，他有文化，又当村长干了多少年了。

冯军五（58 岁）

时　　间：1995 年 9 月 11 日下午

访 问 者：内山雅生　祁建民

翻　　译：祁建民

访问场所：北五里铺冯军五家

【家族】

问：你叫什么名字？今年多大了？属什么的？

答：我叫冯军五，今年 58 岁，属虎的。

问：你老伴叫什么名字？多大了？属什么？

答：老伴叫徐俊，62 岁，属狗的。

问：你几个孩子？

答：我就一个女孩，叫冯爱莉，32 岁，属蛇，已经结婚了，嫁到贾村，离这十几里地，她和她丈夫都在栾城县工作，她中专毕业后在华北制药厂栾城分厂工作。

问：你父亲叫什么？母亲叫什么？

答：我父亲在我三岁时就去世了，他叫冯老东，母亲叫崔俊子。

【少年就学】

问：你小时候念过书吗？

答：念五年书。在小学念四年，在完小念一年。

问：你念完书以后干什么？

答：务农。

【看青、护秋队】

问：解放前咱村有看青的吗？

答：有看庄稼的，个人看个人的。地挨着的，一般两个人一块转，咱村地也有外村的。

问：两个人一块到地里转，还是一个人转？

答：不一定，有时在地里也能碰头。

问：解放后有看青的吗？

答：从初级社时就有看庄稼的，那时是队长派"护秋队"。

问：土改时你家多少地？定为什么成分？

答：有 17 亩地，定为中农成分。

问：土改时咱村有地主、富农吗？

答：没有地主，有三户富农，咱村是个穷村。三户富农的名字叫：刘云富、刘香兰、刘平子，他们主要是地多。

问：外村有没有向咱村的富农典地或租地的？地主的地都在哪村？

答：有种他地的，叫捎地，这些地有西宁的，东宁的，十里堡的，捎种地和租地不一样，捎地看收成，比方收 100 斤各分一半；租地是固定给他多少。

问：高级社成立时，有看青的吗？

答：没有，因为刚成立高级公社时人们都感到新鲜，普遍都提高了，地都伙种了，不用看青的，就是 1960 年困难时期才有看青的。

问：1960 年困难时期看青，是大队派还是小队派的？

答：大队派，当时是两个生产队，每个队每天出十来个人。白天一个队出四五个人，晚上一个队出十来个人，防备本村人偷也防外村人偷。

问：外村人有来偷玉米的吗？

答：那时候就种棉花和红薯，外村人有来挖红薯的。

问：种多少红薯？

答：那时大队种红薯占地的一半，那时种上麦子，下茬种红薯，棉花没人偷，现在种上麦子，下茬是玉米。

问：外村人来偷红薯，有赶车来的吗？

答：没有，一般就拿个布袋子，掰点就走了。

问：村里看红薯有盖小屋的吗？

答：没有专门盖小屋的，就在机井房里看红薯。

问：咱村看青到什么时候？

答：1962 年以后就散了，到秋天看场。没有看青的，生产队派人看场，场上有固定两人，别人走了，他在那里看着，一般都是上年纪的人看场。

问：现在生产责任制，村里人还有看青的吗？

答：没有人看青了，就是种苹果的有五六户，他们要看果。

【水井、机井】

问：解放前水井多吗？

答：不少，那时候三四亩地就得有一个水井。

问：全村有多少井？

答：这个数字我弄不清，知道有不少井。

问：各户自己打井还是几户打一个井？

答：不一样，有的户自己打，也有两三户打一个井，一般都是关系不错，地挨着，两户打一个井。

问：解放后还有那些井吗？

答：现在都不用那些井了，1960 年以前在归井底打个水管，有人用水车打，也有人用机械打水。1960 年以后，打机井是用钢管打的，每 40 亩地平均一个井，那时 1200 亩地，现在还是 40 亩地一个井，没有变化。

问：解放前井边的地是不是一家或同姓人的？

答：是一家子的，也有是大家族的，分家以后，生活有过穷的，也有过富的。穷的就把地卖钱了，井边的地就属于别人了。

问：生产责任制以后几户一个井？

答：分地时没分井，还按以前的方法浇地。

问：水井坏了怎么办？

答：按浇地收钱。

问：咱村解放前水车是什么样子？

答：水车有 32 个水斗，有个盖，有个方柱，有 32 个铁轴，比方这个图，这边代表轴，上边拉个横干，这个转他也转，你看轮子在上面转，下面斗也转（看图）。

问：斗是方的，还是圆的？

答：是方的，咱村年轻人没使过水车的，也不知道是什么样。

问：转时用骡子、驴拉吗？

答：用牲口拉。

问：水车能借用吗？

答：一般家家都有水车，谁要借说一声，人家浇完了，就借他用，牲口也有人借。

问：借水车，借牲口给报酬吗？

答：什么也不给。

【打更、巡逻】

问：解放前咱村有打更的吗？

答：听说有，没见过。

问：解放后有没有？

答：解放后也没有鼓梆子的，头几年入冬以后找几个人看夜，有时是民兵，也有时是社员。

问：晚上看夜叫什么？

答：叫巡逻。

问：你巡逻过没有？社员巡逻是年轻人吗？

答：我没巡过逻，社员巡逻，有年轻的，也有老的，咱村有个人看就行。

问：我是研究中国互相合作的，互相帮忙的，咱这多吗？

答：互相帮忙的事很多，因为咱村是冯、孙、刘三户，同姓户多，一家有事，都来帮忙。特别是盖房子，种庄稼帮忙的事多，比方看到谁家地里棒子没拉回家来，用拖拉机就给拉回来了。

问：帮忙的都是同姓的吗？

答：外姓的也一样帮忙。

问：开始办厂是不是同姓的？

答：办厂不分姓氏，主要看合得来，就在一起办，开始是这样，也有兄弟俩办厂的，办一段，经济发生矛盾了，一般都自己办厂。

问：这次主要是调查"满铁调查"的村庄的情况，顺便到咱村访问一下，看到这个村子两层楼房比寺北柴村多，咱村发展快是什么原因？

答：咱村办厂的多，在外边干活的多，在外边干建筑队的有三四摊，还有些装修队，咱村办的厂子，大部分都是用外村人。

问：你是咱村干部吗？

答：以前当过队长，后来调公社棉油厂当厂长，1993 年退休了。

问：你是吃商品粮的吗？

答：不是。

问：你哪年当的队长？

答：我是 1976～1978 年当的生产队长，当时"文化大革命"刚刚结束，还有"文化大革命"的影响，女劳力多，男劳力少，男劳力都在外边干活，1977 年我就把地分到户干了，县里、公社都来人调查，来看我也分了，分了，活就干出来了。

问：你哪年去的棉油厂？

答：1979 年咱村产量特别高，翻了一番，后来公社把我调到粮油厂工作，半年后我当厂长了。

曹振家（55 岁）

时　　间：1995 年 9 月 12 日下午
访 问 者：内山雅生　祁建民
翻　　译：祁建民
访问场所：栾城县招待所

【生产状态】

问：1986 年我来过咱县，1986 年和现在对比，有了很大发展，想看看你们的农作物产量有什么变化？

答：现在农作物的情况，全县土地总面积 47 万亩，小麦 36 万亩，今年每亩产量 429 公斤；玉米 23 万亩，去年亩产 580 公斤；棉花 1 万亩，亩产 40 公斤皮棉；经济作物共 11 万亩；果树 2 万亩，每亩收入 2000～4000 元左右。蔬菜 7 万亩；油料瓜类 2 万亩。蔬菜露地栽培每亩收入 2000～3000 元，共 55700 亩；地膜菜栽培每亩收入 4000～5000 元，7000 亩地；大、中、小棚菜收入 5000～7000 元，5000 亩；温室每亩 1 万元左右，共 800 亩地。

问：大、中、小棚和温室有什么区别？

答：棚子是用木头条搭的，温室后面有墙用塑料泡沫围起来的。

问：去年去北京顺义县访问时，他们为确保小麦产量，采取了农场集体经营方式，咱们怎么样？

答：咱们这不但自用充足，而且对国家贡献很大，今年小麦总产 1544 万公斤，交国家 8 万公斤。全县每人供应 300 斤，全县 33 万人。我没有准备这些数字，是根据我的印象。

问：今年比去年产量怎么样？

答：今年小麦产量提高了，玉米差点，因为阴雨天多，棉花开始不错，后闹虫灾，雨水太大，也受些影响，和去年差不多。

【农药】

问：现在用什么农药？

答：用化学农药，氧化乐果、甲胺磷和 1605，这三种农药是常用的，主要是给棉花治虫用。一般都不使用 DDT，剧毒农药不用了。以上农药禁用。有一部分使用生物农药。

问：生产责任制以后，怎样配合喷农药？

答：全县有十几个除虫专业队，一共有 150 人，有两种方法，一种是除虫专业队，另一种各户治各户的。

问：使用什么机器喷药？

答：专业队用散布器，带药，带发动机；每户都有喷雾器，背着喷，专业队打药收费。

问：日本喷药都是用小飞机，咱这是不是用小飞机？

答：有的地方发生蝗虫时使用。

问：解放前，是不是从日本人来以后才使用农药？

答：解放前我不清楚，50 年代初，开始有虫子时用晒干的红土法治，用烟杆面治虫，以后逐渐用国产的敌敌畏。

问：日本时期是不是用？

答：不清楚。

问：你想当时有可能用六六粉农药吗？

答：可能有，是日本产的。农药从 20 世纪 50 年代开始使用，也是使用六六粉。

【化学肥料】

问：咱们使用化学肥料什么时候开始的？

答：50 年代后期，当时主要使用肥田粉，实际就是硫酸胺，也有家积肥、畜粪、人粪。

问：寺北柴村每家都有个猪圈，是不是为了积肥？

答：那个肥也好，鸡粪也好，他们养猪主要也是为了效益，养一头猪，一年能卖 500 元，养两头猪每年能卖 1000 元。

问：在日本前些年，大量用化肥，出现很多公害问题，咱们国家限制没有？

答：咱们国家用肥，以用农家肥为主，配合使用化肥，种地这几年，用氮磷钾化肥，氮素、硫酸胺、胺水，基本这些是主要的。50 年代初，或者是以有机化肥为主，用 100 多斤化肥。60 年代用 200 多斤；70 年代用磷肥 400 ~ 500 斤；80 ~ 90 年代，用化肥产量逐年提高，在农业上用化肥起到一定作用。

【农业技术指导与家畜】

问：郝小六种果园，买好多技术书，咱这农民是不是也看农业技术书，县里有技术指导吗？

答：为了提高产量，增加效益，农民对科学种田都有一定认识，千方百计找资料。国家、县里技术部门，把先进技术传播下来，办培训班、电视讲座、发资料，每户发一份，用黑板报进行宣传。科技人员下乡，到地头指导，这样做，农民都很高兴。另外，农民自己也学到技术，有的农民已达到中专文化水平。

问：以前访问静海县时，看到他们养一些骡子、牲畜，咱县养牲畜的多吗？

答：咱县养牲畜的也不少，有骡子、马、牛，主要是干活，现在拖拉机也多了，用牲口的少了点。现在养奶牛的多，奶牛是为增加效益，养公牛是为干活。咱县有十几个村是养牛专业户，一头奶牛一年最少收入 2000 元，最多能达 4000 ~ 5000 元。

问：全县有多少牲畜？

答：数字我说不清。

问：骡子、马、牛这三种牲畜干活，农民最喜欢哪种？

答：最喜欢牛，牛干活最多，牛比较稳。

问：是不是黄牛是干活的？

答：是，黄色的牛是干活的，黑白花的是奶牛。

问：咱这有卖牛市场吗？

答：一般市场都有卖牛的。

问：一头牛多少钱？

答：骡子、马，3000 元，奶牛 5000 ~ 7000 元一头，公牛 2000 元。

问：1992 年去静海访问，一头牛才 1000 元，咱这是不是贵呢？

答：1992 年时咱这也是 1000 多元，现在物价上涨了，牲口也就上涨了。

【养鸡】

问：咱这有没有专门养鸡的？

答：我们县有 30 ~ 40 个养鸡专业户，现在我们县是养鸡专业县，养鸡的户比较多。

问：每户能产多少蛋？

问：一个村，一天能运出 5 辆汽车的鸡蛋。

问：有什么办法防治鸡瘟吗？

答：①预防为主；②对外来人通过消毒；③发现立即分离；④在饲料上加药预防。

问：预防为主，是不是给鸡打药？

答：每年春天给鸡打预防针，这几年没出现问题。

【苹果蔬菜销售】

问：农民种苹果、蔬菜怎样销售？

答：规模大的，县里帮助销售，先订合

同，以自销为主，蔬菜公司管收购蔬菜，规模小的价格随行走，重点供应石家庄大工厂、大单位。水果是由水果冷冻库收购，蔬菜公司不管。

问：我是研究农村互助合作的，咱这承包以后，还有没有雇人看青的、互相帮忙的事？

答：现在联产承包以后，虽然没有队了，也有专业组，雇人的事没有了，有什么事组里就解决了。

问：人民公社以后，联产承包小组是怎么形成的？

答：是自愿结合。主要是地连着，关系都不错的结合一个组，一般都不是亲戚关系。

问：日本现在有农民协会，咱这有吗？

答：咱这也有，有的是农民中间自发产生的，也有的是县里部门组织的。我县6月3日成立一个叫发祥协会，成员有农民，有瓜菜协会，是农民自发的。县里组织的，有农民协会、农村金融研究会，都有农民，是全县科协指导的。

问：从寺北柴村了解，近几十年水位下降，你们怎么想的？

答：从现象看，是存在这个问题的，我是1964年昌黎农学院毕业的，那时候水位才十几米。现在水位达到25.4米，海拔40～60米。现在平均70亩地一眼井，如果旱年地下水还往下降，就采取：①防填垄沟；②节约用水；③根据农作物发展需要，南水北调。现在不好调水，关键问题要节约用水。

【灌溉】

问：解放初期你见过水车没有？

答：见过，现在没有了，人家拆了我见过。

问：我们昨天根据一个农民说，我划3个图样，你看是这个样子吗？

答：这是个轮子，这是个横杆，有的水车用脚踩。

问：水车是哪儿产的？叫什么名字？水车轮子有多大？

答：我弄不清，我想是农民自己发明的。

徐孟祥

时　　间：1995年9月13日
访 问 者：内山雅生　祁建民
翻　　译：祁建民
访问场所：徐孟祥家

【看青】

问：我主要是研究解放前农村看青和互助合作的问题，解放后您长期作村干部，想了解一下，解放后咱村怎样看护庄稼的？

答：从1957年成立高级社以后，集体派人看青。

问：每次派几个人？

答：根据地块多少，一般白天两三个人，晚上也是两三个人，是固定的，每天这几个人，不换人，整个秋天都是他们看。

问：1960年困难时期也是这样吗？

答：从1957～1960年都是这样。

问：初级社时有看青的吗？

答：初级社以前单干，自己看自己的，初级社时几乎自己看。

问：去山东平原访问时，他们那里解放后都是干部看青，咱这干部看青不？

答：咱这大小队干部都不看青，都是派社员看，大队管生产的干部，有时到地里检查看看，检查看青的人在不在。

问：派社员看青，是派年纪大的还是派年轻的？

答：派壮劳力，30～40岁左右的。

问：工分怎么记？

答：和社员工分一样，有看白天的也有看黑夜的。

问：看青由谁来决定？

答：队长挑选，经过社员同意。

问：这个活是不是好干？

答：按道理说活是轻点，但有个责任问题，必须是责任心强，体力壮，思想好。

问：解放前有没有雇一个人给大伙看青的？

答：没有，解放前都是单干，自己看自己的。

【民兵巡逻】

问：解放后，有打更的没有？

答：解放后有民兵巡逻，一般的冬天有五六个人，从秋后开始到春节，这段时间每天都有巡逻的。

问：民兵巡逻晚上都住哪儿？

答：他们住大队。

问：民兵巡逻是固定这几个人吗？

答：民兵轮流。

问：咱们叫民兵巡逻，还是叫冬季保卫？

答：叫保卫工作，也叫民兵巡逻，实际是一个意思。

问：民兵除白天巡逻外还干别的吗？

答：黑天巡逻记工分，白天也就不干别的了。

问：咱村民兵是固定的吗？

答：民兵有年龄限制。

问：民兵集训吗？

答：集训，有时县里组织民兵训练，随时抽几个人去学习。

问：县里组织学习最长是多长时间？

答：最长时间是一个月，有时村里民兵连也组织学习。

问：当民兵由谁来决定？

答：民兵由年龄决定，国家规定 18～45 岁为民兵年龄，都是民兵。

问：有什么限制吗？

答：以前有成分限制，对地主、富农限制，也看表现。

问：民兵有女的吗？

答：有女的，年龄和男的一样。

问：现在有民兵巡逻吗？

答：现在有，冬天有民兵巡逻，不是每年都有，年头乱时就有。

问：报酬由哪儿给？

答：报酬由大队给。

【互助组】

问：解放后你参加互助组没有？和谁一个组？

答：参加了，我和徐小和、徐小眼、徐全福、崔长胜、徐其德，我们六户一个互助组。

问：你们怎么结合一个组？是地连在一起吗？

答：地不在一起，住的比较近。

问：你们都是什么成分？

答：都是贫下中农。

问：解放前你们都比较穷吗？

答：都比较穷。解放前我常和这几户在一起，有什么事，你帮我，我帮你，我有事找他们，他们有事也找我。

问：这是叫搭伙计吗？

答：搭伙计，帮忙，意思是一样的，也叫帮忙也叫搭伙计。

问：崔长胜帮忙吗？

答：帮忙，他的爱人是我爱人的叔伯姐妹，他很早就在这落户了。

问：解放前有互相帮忙的，有没有不参加这个互助组的？

答：没有，过去关系都不错，都参加了。

问：互助组的人关系都不错，自己就组织起来了？

答：是上级号召成立互助组的，关系都不错，这些人就都组织起来成立一个组；也有过去没有多少来往愿意参加的，也可以。一般是住的较近互相帮助比较多的，在一个组。

问：解放前有没有两家打一口井，后来就组成一个互助组了？

答：过去你有 2 亩地，我有 2 亩地，两家打一口井，解放后建立一个组了，这样的情况也有，看怎么方便。有时两户也不一定能建一个组，也得有别户参加，一般的是地挨着也都不远，共同用一个井，这样比较近，建一个组的也比较多。

【水井】

问：解放后打的井多吗？

答：打的多，那时上级号召打井，看到地多，井少的地方，井不够用就号召打井。打井时贷款，有无息贷款，也有有息贷款。

问：合作社时打井是集体打吗？你是书记你主张打吗？

答：我主张打。

问：贷款是从哪儿贷？

答：乡里有信用社就可以借款，没有信用社的，到县银行贷款，补助款是政府水利局发的福利金。

问：一般打一口井贷多少款？

答：看你困难多少。

问：贷款多还是补助多？

答：不一样，看上边有哪部分钱，有补助款就补助，没有补助款就贷款。

问：大跃进时挖一大井，安个水泵，你记得吗？

答：大跃进后，"文化大革命"不久 1967 年左右挖的大井。

问：土改后有没有两户共同打井的？

答：有两户打一个井的，也有你花钱打井，我花钱买水车的，都有。

问：几户共同打的井，共同参加互助组，有没有参加打井的要求参加这个组？

答：也让他参加这个组，因为建立互助组不是决定于水井。

问：有没有几户人家打井，有人要求进来，有人不同意让他参与进来，有这样的情况吗？

答：这种情况不多，因为这是上级号召，几户情况都差不多，没有发生这类问题，也用不着干部做工作。

问：有没有工作非常难做，调解有困难的？

答：因为互助组时间不长，后来就进初级社了，你说的这种情况不多，其实我们几户都差不多，有事一说就算了。

【农业合作化】

问：有没有这样，没有参加互助组，后来直接参加初级社了？

答：有这种情况，一般都是条件好的户。

问：入初级社，是原互助组人多，还是个体劳动者多？

答：是原互助组的人多。

问：不参加互助组的是不是家内劳力多？兄弟多？家庭兄弟可以帮忙吗？

答：家庭条件比较好的，劳动力多的户。

问：建立初级社，互助组时一般都是贫下中农，是不是响应号召首先参加了？

答：当时生活条件好的没参加，建合作社时都参加了，必须参加。

问：干部做工作吗？

答：不愿参加的动员参加，干部做思想工作。

问：当时有没有不愿意参加的典型人？

答：没有典型，不愿意参加，做工作就参加了。

问：互助组户很少，初级社户多了，有些户过去没有互相帮助，参加一个社矛盾多吗？

答：那时叫初级社，叫社长，内部有矛盾，矛盾不多。咱村五个初级社，时间不长，矛盾不太大。

问：是分配上的矛盾，还是人与人之间的矛盾？

答：主要是人事关系的矛盾，时间不长，一年时间就转高级社了。

问：人事关系出现问题是因为成分问题，还是因为你姓郝，他姓徐的矛盾？

答：这些都不是，是因为平时处事或者说话不对头的问题，才闹矛盾。

问：如果因为年龄，性格不合，你作为干部怎么做工作？

答：没有什么大的矛盾，看看什么事，弄清楚谁对，谁不对，批评说说就算了。

问：建互助组，建初级社，分配工作上作为干部对人事关系考虑的多吗？

答：在分配活上，先考虑他俩去是不是能合得来，如不考虑，工作就会受影响。比如派两个人浇地，他俩去不行就派别人去。

【看青和小偷】

问：解放后，集体化后派人看青拿武器吗？

答：有的人拿个铁锹，有的人拿个木棒，不拿武器。

问：抓住过小偷没有？

答：一般的破坏不多，白天有时小孩偷个棒子，都知道有看青的，晚上没人偷。

问：有了看青的，小偷就不敢来了吗？

答：队队都有看青的，他就不敢来了。

问：山东看青的，他们还在墙上贴个标语，地头上也有个牌子写个（看青）字，咱这有吗？

答：没有，一个队看一个队的，不用标志。

问：咱这解放前，解放后看青搭个小房吗？

答：各户看各户的，在田头上搭个小棚子。

问：蔬菜、水果地里搭棚吗？

答：蔬菜、瓜地里搭棚子，高粱地搭上也看不见，很少有搭的。

问：咱们管搭小屋叫什么？

答：叫窝棚。

问：他 1986 年来时听说叫瓜棚？

答：一般叫窝棚的多。

问：搭窝棚什么时候有的？

答：解放前，解放后，初级社、合作社、互助组时都有，高级社时也有，种菜也搭棚子。

问：建窝棚什么时间开始建？

答：春天有青菜时就搭。

问：菜农收获时搭窝棚吗？

答：是有菜时就开始搭棚子。

问：小偷偷不偷玉米和小麦？不用搭棚吗？

答：菜地面积小，搭个棚子能看得见，玉米小麦地面积大，搭个棚子也看不见小偷。

问：搭棚子一般都在哪儿搭？

答：看在哪儿搭方便，一般都在离道近的地方搭。

问：由队长决定还是看青的决定？

答：队长和看青的商量。

问：解放前互相帮忙，干什么活帮忙？

答：什么活都帮忙，比方说，我盖房子拉点土运点东西。

问：你解放前和谁互相帮忙？

答：就和前面说的那几户，那时我养 1

头驴。

问：借农具的、借驴的、盖房子的多吗？

答：有什么需要就干什么，没有固定的。

问：让你帮忙是不是提前和你商量？

答：先来说一下，说明天你有事没有，我修房子需要拉点土。我如果有事，就说明天我有要紧事，他再找别人。

问：有没有关系不好，不想帮忙的情况？

答：关系不好，人家也不找他，关系不错才找他帮忙。

问：明天我有事后天行不行？

答：他能找到人就找，找不着人帮忙，有人就把我的事往后推一推，或者把他的事往后推一推，商量好再办。

问：解放前互相帮忙，我帮你种半天地或者帮你家拉土，这样给钱吗？

答：不给钱，盖房子不管饭，干活看干到什么时候，干到中午在我这吃吧，看时间。

【雇佣劳动】

问：解放前你给人家当过长工没有，你父亲呢？

答：我父亲没当过长工，我也没当过长工，我当过短工。

问：你打短工上"人市"吗？

答：我没去过"人市"，就在村里打短工，我那时很小，后来就不干了。

问：你给谁家干过短工？

答：我给徐球子家干过短工。

问：他和你是什么关系？他家是什么成分？

答：他是中农成分，劳动力少，想雇人。

问：他家有多少地？

答：记不清有多少地，他家劳动力少，地里活多。

问：你给他家打短工用人介绍吗？

答：他直接找我，说有点活帮帮忙，我就去了。

问：工钱怎么办？

答：那时打短工都有规定，忙时 1 天 1.20 元，闲时一天 1.00 元，谁用人都是这个价钱。

郭宗路（寺北柴村小学校长）

时　　间：1995 年 9 月 8 日上午
访 问 者：签原十九司　左志远
访问场所：徐孟祥家

【个人简历】

访问者：首先请你将姓名写在本子上。

问：现在你是校长？

答：是的，今年开学刚来。

问：去年，我访问过你们的常校长。

答：现在她调走了。

问：调到什么地方去了？

答：调到岗头。

问：常荣珍到岗头当什么？

答：当老师，她回到她自己的老家。

问：这样的情况有吗，校长不当当老师，等于下来了。

答：这种情况有。

问：一般说来校长是干部。

答：一般由中心学校校长负责任命，她的工资没有影响。

问：你以前在什么地方？

答：我以前在河庄完小。

问：河庄离这里有多远？

答：不远，在这儿北面，有一华里。

问：完小是一到六年级？

答：一至六年级都有。

问：今年你多大岁数？

答：47 岁，出生于 1948 年。

问：你是本村人吗？

答：我是岗头人。

问：你的家在岗头吗？

答：现在都在岗头。

问：你每天都回去吗？

答：每天回去，放学就回去。离岗头近，一里多路。

【小学概况】

问：你们寺北柴村小学，有没有幼儿班？

答：有。

问：幼儿班的老师是谁？

答：赵云凤。

问：她多大岁数？

答：28 岁，已经结婚，本村人。

问：她是民办教师吗？

答：她是民办教师。

问：现在幼儿班的孩子有多少？

答：现在还没有招。刚刚开学，去年的幼儿班上一年级，幼儿班尚未招，准备下周开始招。

这里的老师大部分调换了，我也是才来的。

问：一年级的老师是谁？

答：侯彦萍（女），她今年 32 岁。

问：也是本村人？

答：不是，她是朱家庄人，离这里一华里。

问：一年级的学生有多少人？

答：42 名。

问：男女比例？

答：女的 23 名，男的 19 名。

问：一年级有两个班？

答：一个班。

问：去年我们访问时，是两个班。

答：去年的一年级，今年升入二年级。今年是一个班。

问：二年级有两位老师，他们叫什么名字？

答：一个叫赵会强（男），是孟董庄人，他有 26 岁，是民办老师。

问：侯老师也是民办吗？

答：是民办。

问：还有一位？

答：叫郭俊环（女），她 21 岁，也是岗头人。她是代课。

问：二年级学生共有多少？

答：46 人，分为两个班。

问：男女比例？

答：女的 30 名，男的 16 名。

问：三年级呢？

答：也是两个班。

问：老师呢？

答：一个叫张文然（女），19 岁，刚毕业的学生，是代课，她是河庄人。

问：还有一位？

答：是郭金华，现年 30 岁，她是县城东关人，是民办。

问：三年级有多少学生？

答：一共 53 人。

问：男女的比例？

答：女的 28 人，男的 25 人。

问：四年级的情况？

答：一个叫张秀杰（女），21 岁，河庄人。

问：她们是结婚后到这个村来的吗？

答：不是的，我说的是她老家。

问：现在有没有本村不要在本村教书的规定？

答：今年调动一个，一般本村的不要在本村教书。

问：什么原因？

答：这个原因是，在本村工作不好干，出村还方便些。

左问：我听说，由于民办老师，他们有土地，在本村他们有时间到地里去干活，不利于教学，而外村的民办老师，土地不在这里，就无法到自己的土地里干活。

不知是否也有这个原因？

答：是的。

问：我想民办教师的工资比较低，也是他们有理由用这个土地，这样，不是矛盾吗？

答：课余时间可以种地，上课时间不允许。

问：张秀杰老师也是民办老师？

答：她是代课老师。这学期又增加了五年级，去年没有。

问：四年级的学生有多少？

答：有 23 名，男 13 名，女 10 名。

问：二年级有两个班，一个班有多少人？

答：每个班平均 23 人。

问：三年级 53 人，每班多少人？

答：一个班 27 人，一个班 26 人，相差一人。

问：五年级的老师？

答：一个叫郭静（女），20 岁，公办老师，老家是岗头，刚从师范学校毕业，相当于中专师范，在井陉县城。

问：五年级学生有多少？

答：22 人。五年级从今年开始。

问：还有计划今后增加六年级吗？

答：计划从下学期开始设立六年级，即从明年暑假以后开始设立。

问：这由什么单位决定的？

答：由中心学区的中心小学校长决定。根据情况而定，以前寺北柴村五六年级到外村上，现在外村也接纳不了，所以他这里必须增加五六年级。

问：我想问问每位老师的文化程度。

答：赵云凤高中；侯彦萍，中专，上的是县里的高补班。

问：高补班是什么意思？

答：是进修，在职去学习。

问：赵会强呢？

答：高中。郭俊环也是高补班；张文然高中；郭金华是高补班；张秀杰是高中；郭静是师范毕业。

问：校长你是专门当校长？还代不代课？

答：要代课。

问：你代什么课？

答：我代五年级的地理。

【教师的调动】

问：我去年访问寺北柴村时，访问过张秀杰和郭金华，他们现在都调动了吗？

答：没有，她们现在还在，其余的老师调动了。

问：你知道她们调到什么学校去了？

答：常荣珍到岗头，杜秋姐到北五里铺，赵巧芬到东牛村。

问：调动除了上面讲的原因以外，还有什么原因？

答：工作需要。有的是自己要求调动。

问：一般来说，对老师讲，长时间在一个学校讲课，他了解学校情况，如果经常调动，是不是要影响教学质量？

答：不影响，时间长了处理关系不方便。到外村，就不会在工作时间到自己地里干活。

问：教师自己要求走的有多大比例？

答：自己要求调动的是个别人，多数人是上面调配的。

【寺北柴村建立完小的计划】

问：这里有中心学区，如果寺北柴村明年变成完小，中心小学还存在吗？

答：中心小学在北十里铺，我们变成完小还是要受中心小学领导，一个乡只有一个中心小学。

问：你调动到这里，有没有明年办成完小的目的？

答：调来的目的就是要将这个学校变为完小，我在河庄干了六年。

问：寺北柴村要变为完小，就这样一个目的吗？

答：对。

问：但是，寺北柴村的校舍有没有变动的计划？

答：准备盖新的小学校舍。

问：什么时候？

答：村里有这个计划，什么时候实现也很难说，因为现在经济状况不佳。中心学区管的小学，就属这个村差，其他地方都盖成新的小学。

问：假如改善这个小学，经费从什么地方来？

答：从群众中集资。

问：那很难吧！现在你是什么级的教师？

答：我是一级教师。

【教师待遇】

问：你是公办老师？

答：是民办老师。

问：你的工资现在是多少可以讲吗？

答：我不是公办，而是民办。这个乡当校长的有四个是民办。现在一个月工资 200 元。民办和国办工资差别比较大。

问：你家里有土地，谁种？

答：我爱人种，一般农活忙时放假，我可以帮助。

问：你有多少土地？

答：10 亩。到 2000 年，才能消灭民办教师。现在还在转着公办呢。

问：还有其他老师的待遇怎样？例如郭俊环老师。

答：他是代课，工资更低，每月 120 元，以前只有 100 元。

问：五年级老师郭静呢？

答：她刚分配来，工资多少还弄不清。刚开始过不了 200 元，随后可涨到 300 多元。

问：中国的物价上涨，你每月工资 200 元不够吧？

答：是的，还是靠家里的 10 亩土地养活。

【校长主要任务、学校经济来源】

问：请问校长主要任务是什么？

答：抓全面。一般校长抓行政管理，教学工作。

问：你和上级的关系？

答：中心校长领导咱们。

问：现在中心校长叫什么？

答：叫校云龙。

问：中心小学要经常开会吗？

答：规定一周一次例会，不过上面有什么任务来了临时召集。

问：你们学校的老师也开会吗？

答：每周有例会，每周五举行。例会是总结上周的工作，部置下周的工作。

问：你是今年 9 月 1 日开始当校长？

答：是的。

问：你在河庄小学干了六年，河庄完小的学生和寺北柴村的小学学生相比有什么差异？

答：这里办学条件差，河庄有新盖的教学楼，这里没有。河庄为二级学校，这里属三级或四级，一共分五级，一级全县共 9 个。

河庄小学是花园式的学校。

问：学生的质量呢？

答：刚来，还不太清楚，对老师也不太了解，属于了解情况阶段。

【村委会的关系】

问：你和村委会是什么关系？

答：我们是双重领导，什么事也不能脱离村，否则不好干，同时受中心小学领导。

问：你调来和村委会和支部有什么接触？

答：接触两次，一次谈增加五年级，另一次商谈盖新校舍事。

【学校经费】

问：学校的经费？

答：靠收学杂费，每个学生每学期 12 元。

问：上面有没有拨给经费？

答：没有。

问：学校的经费是很困难的？

答：是的，经费比较紧张。

【家庭状况】

问：现在想问问校长的经历。

你出生于哪一年？

答：1984 年出生于岗头。

问：你父亲的名字？

答：我父亲叫郭吉恒，在乡政府当收发员。

问：你的母亲？

答：母亲叫刘小辰，在家里务农。

问：你母亲是什么村人？

答：是北五里铺。

问：你有几个兄弟姐妹？

答：就我一个。

问：你现在和你父母住在一起吗？

答：住在一起，不能分。

问：你什么时候上小学？

答：8 岁，在岗头上小学，一至四年级；后来到河庄上完小，五至六年级；后又到孟董庄上中学，学了两年，初中毕业；随后在村里务农，到 1974 年。

1974 年参加工作，在岗头当小学教师，到 1984 年；1984～1989 年，在孟董庄小学任校长。

问：1974 年，你当教师，是谁邀请你的？

答：是村里干部要我当教师，原来在小队当会计。

问：1990 年以后呢？

答：1990～1995 年，在河庄当小学校长。1995 年到寺北柴村。

问：你当小学教师时间比较长，当了 10 年校长，按你的经历应当是公办教师？

答：上面还是照顾老教师，每年有指标，现在要文化考试，年轻的比较多，我们考不过年轻的。

问：教师的教学经验和时间长短分不开的。你们怎么考？

答：出题考，我现在是高补班，原来我只是初中毕业。

问：你到过孟董庄、岗头和河庄小学，他们之间比较一下各有什么特点？

答：还是河庄好。孟董庄不行，比寺北柴村好。岗头，我在的时候也不行，去年刚盖的教学楼，今年刚搬进去。

第一是河庄，第二是孟董庄，第三是岗头，第四是寺北柴村，这里的教学质量也差。

【对农村教育的感受】

问：你当了 20 年的教师，按照你的经历，对中国农村教育主要感受是什么？

答：一般说农村与城市不同，农村见世面晚，接触社会少，条件也不如城市，老师配备也不如城市，现在八个教学班配备九个教师，而城市编制大。不过这几年农村教育比前几年要上的快。

问：就是说县城的小学与农村小学也有差异？

答：是的。主要是条件不同。

问：还有呢？

答：其他没有了。

问：农民对他们的孩子怎么样？

答：现在经济主要靠学生，家长对学生学习特别关心、重视。这样很不好办，下面对上面要求特别高，而学校条件差，教师待遇又低，教学仪器没有，这是主要矛盾。受教学环境的约束。

问：农村小学要进一步发展主要问题是什么？

答：主要是经济问题。

问：河庄的经济条件要好些？

答：河庄条件好，村委会向小学拨款，这里的条件差，要什么没有什么。

问：听说许多家长要求老师严格管理，具体是什么？

答：希望学生德智体全面发展，最关心的是学习成绩，在别的地方开家长会，这儿还没有开过家长会。

问：在河庄你们家长会开几次？

答：一个学期开一次，有临时的，通过学生叫家长来。这个地方，我想走访家长，了解他们有什么要求，现在工作比较多，人员刚刚调全。

【儿童状况和问题】

问：你觉得你当初上的小学和现在的小学学生有什么不同？

答：现在的学生难管，是社会风气造成的；另外现在孩子少，家长比较娇生惯养。

问：学习态度怎么样？

答：现在的学生玩性大，和我们那时不一样。由于社会风气和家长惯，要什么给什么。你管理的严，家长会来找你。虽然是少数，但影响大。

问：你当了 20 多年教师，你感到什么时候是好的时候，什么时候是较差的时候？什么时候变化大？

答：最近几年变化大。

问：变化大的具体内容是什么？

答：过去我们当学生时好管好领导，现在的学生不好领导。另外，学校的费用和民办老师的工资要从学生中来，这样增加了老师和家长之间的矛盾。再有，学生家长对其子女娇惯，也使学校不好管理。

郭金花（32 岁寺北柴村小学民办教师）

时　　间：1995 年 9 月 8 日下午
访 问 者：笠原十九司　左志远
访问场所：徐孟祥家

问：首先请你写下你的姓名。

答：郭金花。

【班级简况】

问：你是本村人吗？

答：不是，我是河庄人。

问：你是三年级的老师吗？

答：是三年级的老师。

问：你当这个小学的老师多少年？

答：11 年，在这个学校 6 年（1989～现在）。

问：以前在什么村？

答：在圪塔头村，从 1984 年开始，到 1989 年。

问：圪塔头村离这里有多远？

答：有 7 里。

问：现在新学期刚开始吧？

答：刚开始，从 9 月 1 日开始，已有一周了。

问：三年级有几个班？

答：有两个班。

问：你的班有多少人？

答：26 名学生。

问：男女的比例？

答：男的 8 名女的 18 名。

问：男的为什么这么少？

答：分班是如此，另一个班男的多：女生 12 名，男生 14 名。

【老师调动情况和年度教学安排】

问：去年我访问时，我访问过常荣珍，她现在到岗头去了？

答：是的。

问：杜老师也调走了，调走了一半多人，为什么？

答：有的是工作需要，他（她）们不是一年走的，有的是去年调走，有的是今年调出。

问：你们老师经常调动吗？

答：不是全部，很少，几个人，过去就有，年年暑假都有调动。

问：但是，老师经常调动对建立安定的关系不利，稳定对教学和村民、村干部的关系有利。

答：调走的人已在学校四五年了，不是每年调动。

问：一半多人都调走了，我感到惊奇。

答：今年要求本村的人出村，不要在本村教，怕搞家务活，影响教学。

问：一般说来，本村人在本村教书，和老百姓的关系应好些？

答：被调来的老师，时间长了，也要去进行家访，刚开始生疏些，过一段就熟悉了。

问：请介绍一个学年度的具体活动？

答：小学一般以上课为主。一年的具体活动：9 月 1 日开学，上 20 天到 1 个月，就放秋假，放 15～20 天，根据秋收的情况。

问：学生放假时要帮助家里劳动吗？

答：不去劳动，因小孩子，可在家里看看门，也得根据家庭的情况。

问：一年放秋假后放什么假？

答：秋假后，放寒假，在春节期间。一般寒假在 1 月或 2 月，春节前五六天开始放，一般从阴历腊月二十五日放到正月十五日，有时 21 天，有时 22 天。

从 9 月 1 日开学到放寒假是上学期，从寒假后到暑假为下学期，也有叫第一学期和第二学期。

问：在第一学期有没有运动会？

答：这个少，在小学很少，一般就是上课，有个期中和期末考试。

问：期中考试的规模是乡还是县负责？

答：一般期中是乡，期末是县里负责。

问：考试的课目是什么？

答：根据各个年级情况，低年级是数学、语文，高年级是数学、语文、自然、历史、地理，全部都考。

问：请介绍具体的考试方式？

答：期中考试，有时是全部学生参加，有时也有抽一部分学生参加（每班抽），由乡里确定，有时按一个班百分之多少来抽，有时全部参加。

问：由谁命题？

答：不一定，乡考试一般由师导员命题，也有不是他一个人，由几个人共同出题。

问：期中考试是集中一天时间吗？还是两天？

答：期中考试一般就是一天时间，有时也有抽考，抽考几个班，或抽考哪几个年级。

问：课程也是这样吗？

答：课程有时也是按比例抽，一般 50%。这些情况根据上面说，说全部就全部，说 50% 就 50%。期末是全考。

问：期中考试是同一天？

答：是同一天进行，乡里同一天。

问：考试题目由谁决定？

答：就是乡指导员。

问：他是教师还是乡里管理教育的人？

答：是乡里管理人员，不是教师，是管考试成绩，负责怎么样进行考试及一学期的活动。

问：他是乡政府的教委吗？

答：我们乡里就是中心校长和师导员，还有一个会计和管勤工俭学的。

问：乡里有一个副乡长管教育吧？

答：是有一个副乡长管教育，下面有几个人：一个指导员、一个中心校长、一个会计、一个勤工俭学，还有一个抓义务教育的。

问：勤工俭学管什么？

答：管校办工厂，为学校搞点福利。义务教育，负责扫文盲。校办工厂，不一定每个学校都有，小学没有，而是中学里有。

问：乡里没有教育局或乡教委吗？

答：我们知道的乡里就是这么几个负责人。

问：期末考试由县里负责？

答：是的。

问：县政府有教育局？

答：有教育局。

问：统一考试后成绩优秀的有没有奖励？

答：有，分一、二、三等奖。

问：对学校、教师和学生分别有什么奖励？

答：学校有奖状；个人奖物品，如床单、石英钟等，发什么是不固定的；对学生也是奖励物品，如铅笔、笔记本等。

问：去年期末考试你的学生怎么样？

答：中等，没有得上奖品，去年是第六名，共 15 个班。有一门得第六名，有一门得第十名。获得一、二、三名才有奖。

问：15 个班是全乡的吗？

答：是的，县里负责，由乡里评。县里只评六年级升初中，初中毕业升高中。

问：春节后，过了正月十五日，农历十六或十七开学，为第二学期？

答：是的。

问：有没有春假？

答：没有。

问：到收麦子怎么办？

答：收麦子放一周，叫麦假。时间在阳历六月中旬放假。再上三周至四周，又放暑假。

问：暑假几月份

答：7 月份，放 43 天。也可能放 40 天。

问：学生除了上课外，还有没有到校外去搞一些活动？

答：一般没有，除了运动会和庆祝“六一”儿童节，不上课，五月份有个运动会。

问：运动会怎么开？

答：先在乡里开，然后再到县里开。4 月底至 5 月初召开运动会。

问：运动会的具体内容？

答：在学校里选拔，比赛的项目有田径，如跑、跳。

问：有没有集中在一起跳舞？

答：没有，只是在“六一”儿童节有表演、跳舞，运动会没有。

问：县里有运动会吗？

答：有，乡里选拔后到县里，参加县里运动会。

问：每年都有吗？

答：每年都有。

运动会，小学里没有，小学里只是锻炼，选出代表去乡里参加运动会，乡里再选拔到县里。

问：县里运动会在什么地方开？

答：在栾城一中。

问：去年你们小学有没有得到名次？

答：咱不知道，由校长负责。

【民办教师家庭】

问：你是民办教师？

答：是的。

问：你当民办教师，要一面教学，还要一面参加劳动？

答：是的。

问：今年你多大岁数？

答：虚岁 32。

问：有孩子吗？

答：有两个孩子。

问：老大多大？

答：10 岁（虚岁）。

问：老二？

答：5 岁。大的是男孩，小的是女孩。

问：你的丈夫做什么工作？

答：他在储蓄所工作，在建设银行，地点在冶河乡。

问：你家有多少土地？

答：有一亩三分，孩子没有土地，我丈夫也没土地。

问：你丈夫叫什么？

答：叫张继安。

问：是什么地方人？

答：县城东关人。

问：你家在什么地方？

答：在河庄村。我的土地也在河庄。

问：你的土地由谁种？

答：由我弟弟种。

问：你还参加种地吗？

答：我不种，由我弟弟种。

问：听说民办教师工资低，因此民办教师都有土地，解决生活问题？

答：我们是买粮食吃，不是靠土地，我的丈夫有工作。

问：河庄到这里需要多少时间？

答：骑车需要 15 分钟，下雨天需要 20 分钟。

问：你现在每月工资多少？

答：每月 155.5 元。

问：你丈夫的收入？

答：他每月 430~500 元，完成任务就高，完不成任务就低。

问：你和你的丈夫工资加在一起？

答：六七百元。

问：你有两个孩子，需要教育费，二位的收入还有没有困难？

答：没有困难，在县城东关我还有两个门面租出去，每间 80 元，共 160 元。

问：小孩小的时候，你们俩都上班，谁照顾小孩子？

答：大的已上学了。

问：在小的时候？

答：由姥姥管。

问：你们住在东关，你孩子的姥姥在河庄，怎么办？

答：将孩子送到河庄姥姥家。

问：东关到河庄有多远？

答：过去 6 里地，现在修上公路，不到 6 里路。

问：你早上上班前先要送你的孩子到河庄？

答：不是每天，而是每周，每周一送到我母亲那里就不接了，到周六才接回来，天天接就很紧张了。

问：你的第二个孩子上幼儿班了吗？

答：还没有上幼儿班，现在由奶奶带。

问：现在你们没有困难了，你婆婆也住在东关？

答：婆婆在山西铁路上。孩子没有在身边，今年才接回来，原来在山西西南运城侯马，现接回来了。

【家长会与家访】

问：去年你开了家长会吗？

答：去年没有开。

问：不是一个学期开一次吗？

答：学校里学生事情多的话就开家长会，有时个别的谈谈就行了，或针对几个孩子的家长说说。

问：你当六年教师，有没有专门开过家长会？

答：没有，都是个别访问。孩子有问题，就去访问家长。

问：你们能做到每个学生的家长都进行访问吗？

答：没有。有问题才去访问。

问：从家长方面说，有没有要求开家长会的？

答：没有。也是学生有了事，家长到学校来找老师。

问：一般说老师与家长没有特别的联系活动？

答：没有。有问题进行个别联系。

问：学生的成绩如何使他们的父母知道？

答：有学生手册，每次成绩登在上面，家长有什么意见可写在手册上，要签字，开学时带回学校。

问：有没有家长访问你，向你提出要求的？

答：几乎没有。

问：那么家长对你们没有压力了？

答：没有压力。

【个人经历和家庭状况】

问：问问你个人的经历。

你出生于河庄，父亲叫什么？

答：郭栓柱，在家务农。

问：你的母亲叫什么？

答：叫田更，她的老家在任家庄。

问：你有多少兄弟姐妹？

答：姐妹兄弟六个。老大是姐姐，叫郭金妹，现在家务农，家在岗头；老二是哥哥，叫郭汉民，在家务农；老三是姐姐，叫郭金凤，务农；老四是姐姐，叫郭金香，务农；老五是我；老六是弟弟，叫郭建新，在外经商，承包建筑，个人承包。

问：你出生于哪一年？

答：1963 年。

【读小学】

问：哪里上小学一年级？

答：7 岁上小学，在河庄小学。

问：你同一年级有几个班？

答：一个班，有 34 名学生。

问：那时河庄小学是完小？

答：那时没有六年级，只有一至五年级，也是完小。

问：你上学期间，老师有变化吗？

答：没有变化，老师叫张云海（男），20 多岁，还没有结婚。

问：你对张老师的印象怎么样？

答：和蔼可亲。

问：你最喜欢的科目是什么？

答：是数学。

问：对语文怎么样？

答：对语文不如数学。

问：你在小学时，最喜欢的课余活动是什么？

答：表演节目，有时唱，有时跳，爱好文艺。

【孟董乡中学】

问：你毕业于河庄小学以后在什么地方上学？

答：在公社中学（孟董庄公社），就是现在的孟董乡的乡中学。

问：上了几年？

答：上了两年，那时是初中二年，高中

二年，小学五年，一共九年。

问：这儿有没有高中？

答：没有。过去孟董公社中学有高中，我一直在孟董庄公社中学上学。

问：你们有多少班？

答：多了！我记得有8个班，因小学都集中到这里学。

问：寺北柴村也有人到孟董庄公社中学上学吧？

答：有，全公社12个村都在这儿上学。

问：你班的老师是谁？

答：叫张群生，男，现在还当老师，在乡中，即孟董乡乡中。

问：你上学时他多大岁数？

答：30多岁，现在有50多岁。

问：你在中学学外语吗？

答：在高中时才学外语，学的很少。

问：在初中你最爱好的课程？

答：数学和化学。

问：那你是理科型的。还是爱好文艺吗？

答：喜欢唱歌。

问：现在你喜欢卡拉OK吗？

答：喜欢，不过不大唱了。

问：你那时的班有多少学生？

答：四十多人，四十五六人。

问：你初中毕业后呢？

答：在孟董庄公社中学上高中。

问：初中入高中有考试吗？

答：有。一般都能上。

问：初中毕业升高中有多大比例？

答：96%的同学能升高中。

问：你上高中有几个班？

答：有6个班，有时班里人数不固定。

问：初中和高中在一个地方？

答：是的。

问：孟董庄公社的12个村都在公社中学上高中吗？

答：都是在公社中学上高中。

问：他们有的离得很远，怎么上？

答：也是走，骑车的很少。最远是圪塔头，约五六里。孟董庄在中心，周围有12个村，所以不算远。

问：高中你班老师是谁？

答：是张文狄，女。

问：她当时多大？

答：当时她小孩15岁，她也就30多岁。后来在石家庄市教学，现在可能退休了。

问：毕业后你干什么？

答：在工厂里打工，就在孟董庄"五七"工厂。

问：你具体做什么工作？

答：我当会计。

问：工厂做什么？

答：做编织袋，是塑料制品。

问：你毕业多大？

答：17岁（1980）。

问：会计工作你感觉怎么样？

答：不费力，因为是个小厂。

问：当会计多少年？

答：当了4年，即1980年至1984年8月16日。

【执教小学】

问：谁邀请你到圪塔头庄当小学教师的？

答：当时是招聘，我参加考试应聘去的，同时还要面试，合格就聘请。

问：那你是自己愿意去的吗？

答：是的。

问：请介绍你愿意的理由是什么？

答：我没有想那么多。在厂里干也没有多大意思。我1984～1989年在圪塔头当教师。

问：你什么时候结婚？

答：1985年。

问：是在当教师以后？

答：是的。

问：你和你的丈夫是怎么认识的？

答：经人介绍的，李双介绍，是我们的乡亲，他是河庄人。

问：你当民办教师的工资？

答：42 元。

问：当会计时呢？

答：一百零几。

问：你为什么愿意当教师呢？

答：当会计没有意思。

问：你刚当教师，没有教学经验，是谁教你的教学方法？

答：有人教我，是学校的老教师，向他们请教，一边请教一边教学。

问：他们怎么指导你呢？

答：有时请他指点，有时听他的课。

问：有经验的老师有多少？

答：数学、语文老师都有，共有 11 位教师。

问：圪塔头小学几个年级？

答：一至六年级，是完小。

问：当时你教哪一个年级？

答：我教二年级的数学、语文和品德。

问：1989 年你到寺北柴村，有什么原因？

答：离家近，到圪塔头要骑 40 分钟，现在靠近家里。

问：你自己愿意吧？

答：是我主动提出来的，我愿意调到寺北柴村工作。

问：那时寺北柴村小学就在现在的地址吗？

答：是的。

问：1989 年你到寺北柴村教哪个年级？

答：一年级。

问：那时有幼儿班吗？

答：有。

问：1989 年时一年级有几个班？

答：一个班，32 人。

【寺北柴村和圪塔头村小学比较】

问：寺北柴村和圪塔头小学比较起来，你有什么感受？

答：这里的学生不如圪塔头。这里的学生智力不如圪塔头，也不如那里学生好学。

问：请你谈谈看法？

答：刚来时，教他们比圪塔头费劲。由于这里干买卖的人多，家长比较忙。

【1989 年的寺北柴村小学校教师】

问：请介绍 1989 年时的教师？

答：一年级是我；二年级是赵巧芬（女）；三年级是李增申（男）；四年级是杜秋姐（女）；幼儿班是刘颜军。

问：李增申老师调到什么地方去了？

答：调到岗头小学去了。

问：他走后谁顶他？

答：三年级有两个班，一个是我，还有张文然，四年级是张秀杰，五年级是郭静。

问：1989 年你负责一年级，1990 年你负责二年级，1991 年负责三年级，1992 年你负责四年级，1993 年又负责一年级？

答：是的。

【教师职业的选择】

问：老师跟着年级走吧？

答：是的。从一年级到四年级，然后再从一年级开始。

问：你们这样对同学的情况更加了解？

答：是的。

问：我想民办老师的工资低，但是你1984 年后选择了当教师，你对教育问题的看法？

答：教师的工资低，但还是一年比一年强，现在想一下改变是不可能的，农民负担太重。

问：你感到农村教育应注意什么问题，除工资外还有什么值得注意的问题？

答：我谈不出来。

问：我感到农村的老师虽然工资低，但他们的工作还勤勤恳恳，这说明你们对教育事业的热爱。

答：是有这样的心情。

问：这是一种什么力量？

答：我还是愿意进行这项工作。

问：请介绍愿意的原因？

答：看到这些孩子，心里就想把他们教好，总的说来还是热爱这项工作。

问：你有没有进高补班？

答：进过，是在1992年，进修了两年。

问：一般说来，进修后能由民办改为公办？

答：还要通过考试。

檀凤菊（32 岁，寺北柴村小学校长）

时　　间：1995 年 9 月 9 日上午

访 问 者：笠原十九司　左志远

访问场所：徐孟祥家

问：请先写下你的姓名。

答：檀凤菊（手书）。

【本人简历】

问：你是本村人吗？

答：我婆婆家在这个村，娘家在范台村。

问：范台村离这儿有多远？

答：10 多里地。

问：今年你多大岁数？

答：今年 32 岁，属兔。出生于 1963 年。

问：你现在在什么学校当老师？

答：在河庄小学。

问：什么时候调去的？

答：刚刚调去，就是今年开学以前。

问：调动以前在寺北柴村？

答：是的。

问：在这个学校当教师多长时间？

答：一年时间，1994～1995 年。

问：在寺北柴村之前在什么地方？

答：在岗头，当了五年，即 1990 年～1994 年。

问：以前呢？

答：以前上了两年学。

问：在什么学校？

答：中等师范学校，校址在正定。

问：你在寺北柴村小学教哪一年级？

答：我是校长，兼教自然课（四年级）。常荣珍调走我来，我到这里实际上不到一年。常一月份走的，我接替她，我实际是半年。

问：她调到什么地方去了？

答：她到岗头。

问：你是去年 1、2 月份来的？

答：我是在家里生孩子，照顾我到这个村来。

问：你什么时候生孩子？

答：去年冬天，到现在已 9 个月了。

问：你是民办还是公办？

答：我是公办教师。

问：你生孩子有没有产假，多长时间？

答：我休息了 3 个月，其他人都是半年，我是去年 11 月生孩子，是阳历 1995 年 1 月。产假从 1 月开始，休息到 3 月份。

问：常校长呢？

答：开学时她在这里当了几天，我没有上班，有 10 多天，后来叫我来的。

问：常校长调走的主要原因是什么？

答：主要原因是为了照顾我，小孩喂奶方便，因我生孩子在寺北柴村，在岗头上班喂奶不方便。

问：你到寺北柴村当小学校长，你当二年级的老师？

答：不是的，又从外面调来一位老师，我上四年级的自然。二年级是赵会强老师，他调来一年多了。

问：从去年3月以后当校长，你就调到寺北柴村？

答：我是今年调来的。

问：你当寺北柴村校长时间很短，为什么经常调动？

答：河庄小学在公路边，不走泥路，而寺小柴村小学没公路，还要走泥路。

问：你为什么要调到这儿，不方便吗？

答：我本也不愿意调来，这里小学破、简陋，河庄小学比这儿漂亮，我并不想来，不过为了照顾孩子，所以只好来。

问：现在谁照顾你孩子？

答：我丈夫的母亲。

【河庄小学概况】

问：你在河庄小学当校长？

答：不是，我是当教导主任，那个学校大。

问：主任的任务？

答：配合校长管教学，协助校长。

问：可不可以说是副校长？

答：可以，不过没有副校长。

问：请介绍河庄小学的规范，有多少老师？

答：13名。

问：一年级有几个班？

答：一个班，都是一个班。

问：老师这么多？

答：一、二年级都是一个老师，其余年级是两个老师，还有幼儿老师，还有专职体育老师。一、二年级2名，三至六年级共8

名，幼儿班1名，专职体育教师1名。

问：有多少学生？

答：共206名学生，不包括幼儿班，每班有多少，我还不清楚。

问：河庄小学校长是谁？

答：是李淑芝（女），也是刚刚调去的，比我小一岁。

问：她的文化程度？

答：与我一样。

问：幼儿班的老师是谁？

答：叫张月芳（女）。小学女教师多，这里只有一个男老师。

问：张月芳多大岁数？

答：也是30多岁，高中毕业。

问：校长是公办？

答：是公办。

问：幼儿班是民办？

答：是民办。

问：一年级老师姓名？

答：姓杨，叫什么记不清，今年50多岁了。岁数大的一般不好问她的名字，都称她杨老师。她的文化程度不清楚，是公办教师，小学高级。

问：你是几级？

答：我是小学一级。

问：杨老师是高级，你是一级，而你是领导，这样的情况有吗？

答：有。她岁数大，有什么事与她商量，尊重她。

问：二年级教师？

答：叫刘俊彦（女），二十六七岁，她是本村人，她婆家在孟董庄。

问：刘是民办公办？

答：她是代课，她以前在医院工作，干教师才一年。她的学历是高中毕业。

三年级两位老师。一位叫张新月（女），50多岁，民办，初中毕业，没有进修高补班；

一位叫刘红伟（女），19 岁，50 岁的教师带着她，她刚刚高中毕业，代课。

四年级是两位，一位叫卢荣爱（女），31 岁，中师毕业，公办；一位叫朱文娟（女），25 岁，中师毕业，公办。

五年级是两位，校长李淑芝和我负责。

六年级两位。一位叫董慧敏（女），31 岁，中师毕业，公办；一位叫李全贵（男），25 岁，中师毕业，公办。

专职教体育的老师姓杨，30 多岁（女），中师毕业，公办。

问：河庄小学这么多公办教师。

答：河庄小学老师强，这里条件差，公办教师一般不愿意来，现在只有我一个人是公办，其余均是民办或代课。

问：坦诚的说，应该上面命令老师来，加强这个学校。

答：不会命令来。都加强好的学校，人家大队投资多，上面也就重视，下面不投资，上面也不会加强。调配也不是加强落后的学校。

问：为什么这个大队不愿投资？

答：没有钱。

问：这是一个很大的矛盾。河庄是不是钱多一些？

答：河庄学校，村委会重视，村民们投一部分资金，村委会贷一部分，另外还办一个厂，厂里拿一部分钱。村里的村民按亩收钱，每亩 20~30 元，为建校用的，一次性的。

【寺北柴村小学的条件状况】

问：这个村也可以这样收费吗？

答：村委会要有决定，也可以这样收费。

问：现在为什么不收呢？

答：谁知道，大队有大队的想法。

问：这里的村民是不是比河庄的村民收入水平要差？

答：也不差。我来这里也找过村委会，要求他们将学校的房子盖起来，结果他们表示计划要盖，这也不是说一句话就能盖起来的，需要一大笔钱。

问：我看这个村有些人有钱，盖的房子是楼房，但他们为什么不愿意投资盖学校房子呢？

答：大队没有号召这个，而是计划修公路。还是对学校重视的问题，盖学校后，我也想回来。盖好学校和修好路，这是两大项工作。现在我从这里（指公路旁的一家人）向河庄小学走，是公路。可从本村小学走，是泥路，很难走，还不如去河庄。

问：为什么不修路？

答：还是钱的问题，村里又没有办工厂。

问：你在寺北柴村小学当教员……还有一个问题，说这个学校明年计划要成为完小，但他们还没有打算明年盖学校怎么办？

答：明年校舍不够用，不盖房子，六年级还得到外村去读。五年级本来也不在村里读，就是修盖了房子后，今年才增加了五年级。所谓修盖，是在原来旧房的基础上修了一间房子，也只有这一间，再没有旧房子修，不增加新房，明年六年级还得到外村去读。

问：是不是孩子们愿意到外村去上？

答：不愿意，去外村读是没有办法。

问：今年你来寺北柴村小学有多少学生和老师？

答：有学生 153 名，不包括幼儿班。

问：你来时幼儿班老师是谁？

答：是宋荣格。

问：一年级呢？

答：有两个教学班，杜秋姐已调走，调来侯彦萍，还有原来的赵会强。

问：二年级呢？

答：有两个教学班，由郭金华和张珍英负责。

问：三年级呢？

答：赵巧芳，三年级是一个班，她已调往牛村去当老师了，她是本村人。

问：她是本村人，在这儿不是方便吗？

答：工作需要。还有本村的老师原则上不在本村当老师，因为有土地，就不能全心全意搞教学，还有关系多，到另外一个村，就容易一视同仁。

问：上面说的是不利的方面，但也有有利的方面？

答：目前考虑，不利的因素大于有利的因素。

问：四年级呢？

答：也是一个班，由张秀杰负责。我来时，为了照顾我调进两个老师，二年级的张珍英和体育老师张雪芳。张珍英是代课。我来时张雪芳在，现在已调到北丈村初中当老师，张珍英代课半年，要调她出村，她不干，现在家不当老师了。

问：张雪芳老师是女的？

答：是女的，中专毕业，公办，调去教语文。今年刚刚毕业分配从中师来，来了一看，这里条件差，回家就哭了，不愿意来，在做工作。这两位一个叫郭静，还有一个名字不知道，可能不来了。

问：不来，可以另找工作吗？

答：到中心小学，找校长说情，请求分配到其他学校去。刚分配这两个人，是一个村里的人，岗头村，校长愿意叫他们来，结果他们来了一看房屋不好，人家回家哭了，校长在做工作。

问：河庄小学的教具怎么解决？

答：由大队解决，办公桌办公椅，村委会负责拿钱买。

问：河庄村委会有专门管教育的？

答：有一人专门管，是书纪，他经常到学校看看，有什么要解决的问题。教师节，去学校征求老师的意见，给每个教师送了毛巾被。

问：你在寺北柴村时，这个村的书记怎么样？

答：不太管。

【河庄与寺北柴小学生的差别】

问：河庄小学的学生和寺北柴村小学的学生他们之间各有什么特点？

答：河庄小学，教育局和中心校经常有人去检查，学生见识广，这个村一般没有人来。县教育局和乡中心校比较重视河庄小学。

问：寺北柴村和河庄村的家长对小学教育的态度？

答：家长都很重视，希望改变寺柴村小学的状况，吸收好的教师来。

问：河庄小学经常开家长会吗？

答：我刚去，以前在岗头小学开家长会。岗头小学校舍刚刚盖起来，去年盖好的，今年搬进去。周围村小学都盖了新校舍，而寺北柴村还没有。

问：家长会怎么开法？

答：校长将家长召集来，有的是学生学习成绩不行，由校长亲自召开。

问：不是每个家长都来？

答：不是每个家长都来，而是把调皮、成绩不好的学生家长请来，共同商讨管理好这个学生，家长配合学校。

问：今天是中秋节，明天你回娘家？

答：是的，和爱人小孩一起去，带着月饼、苹果、梨。

问：你的孩子是男孩女孩？

答：是男孩，我有两个孩子，还有一个女孩。

问：生第二个孩子没有罚款吗？

答：大的岁数大，间隔够了，那时允许生第二个，现在不允许了。有一方是农村户口就可以，我爱人是农村户口。

【中心小学和中心校长】

问：校长的上级负责人是谁？

答：中心校长。中心小学和中心校长不是一回事。中心小学就是乡下面的一个小学，而中心校长负责乡里所有学校。

有四、五个人管全乡的小学，叫孟董庄乡中心学区。

问：现在的中心校长是谁？

答：叫校云龙（男），大约 50 左右，他是北丈村人，由别的乡调来的，因他家在北丈村。

问：校长是不是经常到中心学区开会？

答：经常去开会。

问：具体的内容？

答：各方面都管，行政、教学、师资培训，评定职称等。

问：孟董庄乡有几所中心小学？

答：就是一所，一般的小学有 12 所。

问：中心小学叫什么？

答：北十里铺小学叫中心小学。计划将河庄小学改为中心，因他离中心远。

问：中心小学和完小有什么关系？

答：没有关系。

问：中心小学起什么作用？

答：起示范作用，各项工作走在前面，他们的条件也优越，但不是领导被领导关系，他们属学区领导，中心也受学区领导，只是对其他小学起示范的作用。

问：整个乡的孩子都愿意到中心小学上学了？

答：由于远，还是愿意在本村上。

问：如骑自行车去上行不行？

答：由于孩子们小，一般不去，原则上不离村。

【小学校】

问：请问你个人的经历。

1963 年你出生于范台村，上哪个小学？

答：在范台村小学，8 岁（1971）开始上学。这个小学一至五年级（当时五年制）。

问：你同班同学有多少？

答：21 人，男的 13 人，女的 8 人。

问：你一年级老师是谁？

答：叫檀小元。

问：是你的亲戚吗？

答：不是，我们村大部分姓檀，是本家。

问：是女的？

答：是男的，当时大约 30 多岁。

问：你对你的老师印象如何？

答：他个子不高，胖胖的。人很正直，管理很严格，当时特别怕他。

问：你很活跃？

答：我性格不太活跃，见老师特怕，在校外见到赶快避开。

问：二年级老师是谁？

答：一至五年级都是他教。

问：你上小学最喜欢什么课？

答：语文。

问：你爱好什么活动？

答：乒乓球，在学区拿到过第三名。

问：你现在还打吗？

答：打得少了。

问：还有什么爱好？

答：羽毛球。

问：你们小学属孟董乡学区吗？

答：不属，我们是柳林屯乡中心学区，在北边。

问：你在学习期间有要好的同学，现在还有联系吗？

答：要好的是女的，她们出嫁已到别的村，和她们没有什么联系了。

问：你回娘家时可见到她们？

答：在春节时她们也回娘家，可以见到，谈谈心，平时没有机会。

【初级中学】

问：1976 年小学毕业后在什么地方上中学？

答：在辛李庄上初中。

问：辛李庄一年级有几个教学班？

答：两个班，一个班 40 多学生，当时好几个村的都在那里学。

问：你初中的老师叫什么？

答：叫李兴。

问：李兴老师当时大约多大岁数？

答：20 多岁。

问：你对这个老师的印象怎样？

答：这个老师很活跃，爱好体育，教我们数学，还教体育。学生敢接近他，和他谈心。

问：你学了几年？

答：学了两年。

【高级中学】

问：你以后……

答：上高中。

问：还在辛李庄吗？

答：不是，在北屯上的高中。

问：一年级有多少学生？

答：由于全乡集中在这里，共有 4 个班，每班 50 多学生。

问：你上初中学外语吗？

答：学，学的是英语。

问：你认为好学吗？

答：学的都忘了。

问：高中的老师是谁？

答：是李陈须，40 多岁，男。

问：你对李老师的印象？

答：这个老师比较和蔼可亲，很和气。

问：你上初中、高中最高兴的事情是什么？

答：我们那时学习的时间少，经常去劳动，如摘棉花、铲草等，我们基本上学的东西不多，和生产队挂钩，讲拖拉机，学习原理，不能驾驶。

问：你希望那样劳动？

答：不希望，希望多学点东西，"文化大革命"结束后才改变。那时学的知识特别少，经常参加劳动。

【恢复高考】

问：什么时候改变的？

答：恢复高考以后，大约 1978 年，我当时已毕业，恢复高考后，我又重新上了初中三年，重新上了高中一、二年级，又读了三年。当时年龄小，恢复高考前才 16 岁（虚岁），不能参加劳动。我一共读了 12 年。

问：学历比较长？

答：重读，这两年才学了点东西。

问：你愿意上大学？

答：愿意。

问：你考了吗？

答：考了，没有考上。

问：你原来想上什么大学？

答：我想学文科的中文。我没有考上，就当了民办老师。教了 4 年，要当 3 年教师以后才允许你考中师进修班，这样才考中师，当时已结婚有了孩子，在中师学了 2 年。

问：你在哪个地方当教师？

答：在柳林屯乡辛李庄小学教语文、数学，什么都教。

问：中师在什么地方上的？

答：在正定。我毕业后，公派，就当上公办教师了。

问：在正定中师学了两年？

答：是的。

问：中师一年级有多少学生？

答：一个班50多人，栾城县和正定县合办，因栾城原来的中师当时已没有，所以到正定县去学习。

【家庭出身】

问：你的父亲叫什么？

答：叫檀脏孩儿（小名，没有大名），在家里务农。

问：母亲呢？

答：叫王雪姐，是北安庄人。

问：你有几个兄弟姐妹？

答：5个。老大是我；老二叫风山，男，在栾城县城搞电气焊；老三叫莲菊，女，没有出嫁，去年刚毕业，27岁，她是美术学校毕业，学的是装潢专业，教美术；老四文菊，女，在家务农，已结婚，婆家在圪塔头。

问：你中师毕业后到什么地方当教师？

答：刚毕业在辛李庄小学当教师。

问：你中师什么时候毕业？

答：1990年。毕业后到岗头小学任教。

问：你不是刚毕业就在辛李庄吗？

答：那是在中师毕业前，我当民办教师时在那里教书，中师毕业，公派，我到岗头当小学教师。我是1988年从辛李庄那里考上正定中师。在岗头一直到1995年，1995年到寺北柴村。

【教师职业的选择】

问：你想成为教师的理由？

答：现在的教师地位提高了。当初我干了一段服装，在服装厂特别忙。学校在1984年招聘老师，都去考试，是考上的。

问：你是自己愿意当教师，为什么愿意？

答：愿意培养孩子，觉得教师职业被人尊重，光荣，虽然工资低。

问：有多少人应聘？

答：40多人，招聘了10人。

问：你到岗头当教师有多少老师？

答：11名教师（包括幼儿班），小学是10名老师。一至六年级，共200多名学生。

【岗头、河庄、寺北柴村三校的异同】

问：岗头小学、河庄小学和寺北柴村小学，三个小学，岗头有什么特点？

答：在条件上有差别，学生的素质都差不多，特色也不突出。

问：和寺北柴村比较？

答：这里的学生比较老实，那儿的学生比较调皮，难管理。我教五、六年级，轮回一次，共四年。

问：条件呢？

答：以前不如寺北柴村，现在盖上教学楼，比寺北柴村要好。

问：岗头村的村委会关心不关心小学教育？

答：以前我在时，1984年换了4个校长，第一任校长、第二任校长都因条件差走了，第三任校长坚决要把这个楼盖起来，找村委会，发动群众，讲盖教学楼的好处，一年多就盖好了，比寺北柴村要好。

【婚姻】

问：你哪年结婚？

答：1986年。

问：你们怎么认识的？

答：是介绍的，由寺北柴村服装厂的同事介绍的。

问：介绍前见过面吗？

答：没有，介绍以后才认识的。

问：你的丈夫干什么？

答：在铸造厂工作，在孟董庄。

问：你大孩子什么时候出生？

答：1987年。

问：民办老师有产假？

答：有，休息 3 个月。

问：你现在的工资？

答：一共 357 元，我因年限短，工龄长的可达 500 多元。

问：你丈夫有多少？

答：他不固定，一般 400～500 元左右。两个加起来 700 多元，扶养两个孩子。

【教师的愿望】

问：你当教师期间，你觉得什么时候最好？

答：1990 年。这一年教的学生成绩特别好，我教的六年级语文在中心学区考第一名。

问：最困难是什么时候？

答：最困难，我觉得在柴村。刚来，学校条件差。

问：对中国农村小学教育有什么感想？

答：调动教师太频繁，按理说应稳定，而现在一二年就调走了，如能一直教下来，各方面都熟悉，有利教学，你刚熟悉又调到新的地方，又要重新熟悉，不利于教学提高。

另外，现在有音乐、美术课，而没有专职老师。我们上学时，没有专职音乐老师，就什么都不会，毕业后又会教音乐。现在本乡大部分小学都没有专职音乐、体育老师。学生由于没有上过体育课，走步子都不会走，也不会唱歌，乐谱更不懂。

还有音乐教材特别缺乏，美术也没有专职老师。有教材，没有老师。家长会不满意，叫买教材，但没有老师教。国家规定的课程，到了下面落实不了，没有专职教员，课开不全。

宋荣格（37 岁）

时　　间：1995 年 9 月 9 日下午

访 问 者：笠原十九司　左志远

访问场所：宋荣格家

【幼儿班教师的调动】

问：请将你的名字写上好吗？

答：宋荣格（并手写）。

问：你是去年在这个村的幼儿班当老师的吧？

答：今年去岗头村了，在这个村蹲了 4 年了。

问：你今年去岗头？

答：刚去，暑假后刚去。今年大部分教师调动。

问：你今年多大？

答：37 岁，属狗。

问：哪一年出生？

答：1968 年 11 月 16 日（阴历）。

问：去年你是寺北柴村幼儿班的老师？

答：是的，我在幼儿班干了五年了，从 1990 年到 1995 年 7 月 20 日，暑假后就去岗头村了。

问：1990 年以前在哪里？

答：以前在马家庄乡柴赵庄，先在工厂里工作，后回家务农。

问：结婚是哪一年？

答：1982 年。

问：1982～1990 年在做什么？

答：务农。

问：现在调到岗头小学？

答：我调去做学前班的老师。

问：为什么调到岗头去？

答：是工作的需要，全乡幼儿班老师经常调动的。是中心统一调动，有民办调的，代课老师也有调的，公办老师也有调的。

问：过去几年曾调过？

答：以前没有，今年幼儿班老师也开始调了。过去是民办、代课、公办的老师调动，今年幼儿班老师也调动，一个也没有剩。

问：岗头离这儿有多远？

答：2华里，走10多分钟。

问：你住在这里，对你来说寺北柴村更熟悉？

答：是的，在这儿蹲了好多年了。今年基本上都换了，头儿（校长）也走了。

问：为什么调呢？

答：这是上面要调，中心做的决定。工作需要，你不想调也得调。牛村到咱村，有10多里路，这个村有从牛村、岗头、河庄、东关等处调来的老师。

问：调动有自愿的？

答：有自愿的。一般在本村比去外村要方便，但要服从领导。如果有困难，干一段也可调回来。调动的范围就在孟董乡的13村之内。

【岗头与寺北柴幼儿班的条件】

问：去年你当寺北柴村幼儿班老师教几个班？

答：就是一个学前班，有65人，一个老师。今年我到岗头，打算办一个小幼儿班和一个大幼儿班，即小学前班和大学前班。去年学前班80多人。岗头报名达131人，准备分两个班，两个老师。

问：几岁？

答：小班的是五六岁，大班是七岁。

问：这是岗头的情况？

答：是的。

问：在岗头幼儿班你教哪一个班？

答：我当大班的老师，小班在村里找一个。要在本村找一个，尚未找到，作为代课。今年，我们刚搬进新的教学楼。

问：幼儿班什么时候开学？

答：过了教师节（9月10日）才上课，明天就是教师节。有100多个学生报名，收完费就上课，有好些是报名时说上呀上呀，到真上时就不来了，他们总觉得上一年还不是小学一年级，受什么罪呀。

问：这个村没有小班吗？

答：没有，这个村没有教室，岗头村教室前后都有门，教室大，有小桌子，1米1长，坐着三个孩子。

问：幼儿班的孩子是几岁到几岁？

答：从五岁到七虚岁。

问：有这样的情况吗，同一个班上三年？

答：五六岁，七岁小学都不收，八岁上小学，八岁在8月20日后生的也不让你上，八虚岁不行。这个村八虚岁都叫他上小学一年级。

问：五岁上你这个班，要上好几年？

答：六岁才上小班，因教室不够。今年，我们那的幼儿班五岁六岁有60人，只抽七岁就40多名，再加一年退学班，就到40多人了，教室装不下。

问：是同一位老师教？

答：是五岁上一年，六岁上一年，七岁一年，八岁再上一年，到了暑假就上一年级，在幼儿班要蹲三年。还有小的，不知自己叫什么名，教他们做游戏，讲讲故事，跳跳绳，踢个毛毽子，适当地学个汉语拼音。这个村有的孩子太小不同意让他上，家长天天找你，外村这样的事不多。只好叫他们拿户口本来，没到年龄不叫他上，大班不要，小班有时可以要。小班适当的多加收10元，年龄太小太费劲。在本村工作不好做，所以调到外村，工作好做。当然，到外村是紧张，七点半就要赶到，早早就得吃早饭，才能赶到。

问：孩子们自己也愿意上幼儿班？

答：愿意上。

【代课教师】

问：你是民办教师？

答：代课教师，到这儿叫幼儿教师。

问：你工作 5 年了，还是幼儿教师吗？

答：是的，我不愿教一年级，教幼儿教熟了。

问：和民办教师的区别是什么？

答：代课的工资低。你不要看教这些孩子费劲，可工资还低，一个月才 100 元，太低，一天才 3 元。民办教师教了 12 年或 13 年，一个月工资也只有 130 多元。这几年代课，民办的老师都涨一点，不过民办涨得多一些。现在涨 100 元钱也不算钱。冉庄（音）去年涨 70 元。

问：你在寺北柴村的工资是多少？

答：80 元。工作很费心，你上厕所都不放心，他们会打起来。教室里一个挨一个，小学一般一个班 20 多人，而我这儿多达 80 多人。

问：你家里有多少土地？

答：有 3 亩地。

问：谁种地？

答：丈夫种地，一早一晚，他也没有正式去地里干活。他是修家电的，修电视、收音机、录音机。

问：你的丈夫也有土地？

答：我们一人一亩半，共 3 亩地。

问：你种什么？

答：种玉米、小麦。棉花种不了，没有时间去修理它。

问：务农的收入一年有多少钱？

答：收入不多，玉米一年 2000 多元，地里最多收 3000 元。

问：小麦呢？

答：小麦够咱吃的。交交公粮，剩下来自家吃了。玉米交了。

问：你丈夫修电器一年收入多少？

答：一年大约能收入 1000 元左右。农村修理费便宜，收费少。一天干活不少，收的钱不多，在城里，拿台电视来修，都得百儿八十元，咱们这里 20～30 元。大件不论修不修，打开来检查也得要 20 元。当然，还比当工人强，当工人一天攒 10 元，挣 20 元。修理电器也不是整天干，早上干一阵，下午干一阵。

问：你丈夫当过电工吗？

答：也没有当过电工，学过这个，学过家用电器维修。在城里学的。

问：幼儿班上班的时间？

答：早上 8：00，上午 11：20，下午 3：00～6：30。

问：家长来接？

答：开始有接的，上过几天后也就不需要接了。

【幼儿班课程】

问：请介绍课的内容。

答：上面规定有幼儿学前班用书。

问：学生每人都有一本吗？

答：有，七岁都有，小的没有，只听听。

问：你的课程上午与下午不一样吗？

答：上午安排计算，做题，上午孩子们脑筋好使，学数学，加减法，如 1＋1＝2。

问：有没有一周的安排？

答：由咱安排，孩子们上了一节计算，再学一节画画。

问：是不是上午都要学计算？

答：一般上午都是计算，下午学语文，都是这样安排。

问：你计算怎么教？

答：用黑板，上面有熊猫、米老鼠、唐老鸭，拿一个问孩子，再拿一个，加在一起是多少。用磁黑板，一放上就行了。

问：还有什么方法？

答：还在黑板上写。学拼音，在黑板上写。

问：下午呢？

答：下午一般学拼音，画画，思想品德课，问学生，如"八一"，这是解放军什么节日？这是什么？"六一"，这是儿童节。一般在下午上课。上午学计算，不是一直上，如上一、二节，叫孩子出去做做游戏，一般在第三节，叫他们跳绳、踢踢毽子、踢球。

问：一天多少节？

答：6节，上午3节，下午3节。做游戏，也有丢手绢。

问：做操和游戏在外面？

答：在教室外面的操场。

问：有乐器吗？

答：没有，只有跳绳、毽子、手帕。

问：没有乐器，你怎么教他们唱歌？

答：我唱一句，他们学唱一句。

问：下午有什么？

答：汉语拼音，学画画。

问：语文你怎么教？

答：拿书本内的内容问孩子是什么？这是妈妈；这是什么，这是儿童，是男是女；这个妈妈干什么？这是老师，一面问一面回答；这是雷锋叔叔做好事，送大嫂回家，讲故事。没有什么规律，教孩子说话。有的家长不愿意买书，说上面就是一些画，他们不知道意义。一般我们订购了，不要也得要。

问：星期三上午也是这样？

答：一般上午都是计算。下午上一节课，夏天还叫孩子睡一小时觉。

问：人多可以睡觉吗？

答：一个挨一个睡，能睡一小时，醒来后再学一节。

问：那样每天上两节计算一节游戏；下午拼音画画？

答：是的。这是一年级的书，如这是熊猫、这是粉笔……用黑板或用手来助教。教小孩顶费事，这是织毛衣，这是刺猬，这是

树，这是房子，教他们学会。

问：这是一年级的课本？

答：这是新教材，就是八岁小孩上学念的书，我现在教他们，到小学一年级上半年就不费劲，因为打了基础，为上小学一年级做准备。

问：一周基本上就是上面说的内容？

答：是的，夏天下午多一个睡觉，咱灵活掌握。下午3:00～3:45上课，3:50～4:30，睡觉，睡后醒来就有精神。

问：有没有唱歌的时间？

答：有，通常在下午第三节课，4:50上课。唱歌颂毛主席，有时学学儿歌。

问：没有乐器怎么教？

答：没有，岗头没有，河庄有。

问：请你谈谈唱歌时的教法？

答：就是唱歌颂毛主席，还有"日落西山红霞飞"，"战士打靶把营归"，教孩子们，或教"小小螺丝帽"，简单的。书上都是儿歌。

问：怎么教？

答：我唱一句他们唱一句。

问：学生最喜欢的是什么课？

答：学生最喜欢做游戏，他们愿意玩。

问：五岁、六岁、七岁孩子的座位？

答：按岁分开，五岁坐在后面。作业看七岁的，五岁的就不看。七岁的每个人的作业都要看，否则家长要问老师干什么了。

【幼儿班学费】

问：上幼儿班的学杂费要多少钱？

答：一学期要50元，不包括书钱。老师工资也从学生中收，这几年集资，每个小孩40元，集资是为中心集。民办和代课教师的工资都要从学生中拿。去年由村里拿，我们的工资经常兑不了现，后来改为从学生中收，即集资，一年40元。这个集资的钱，上面还

要一些。

问：学杂费交了以后，还要拿钱吗？

答：不拿了，当然还有书本钱。

问：一共要多少钱？

答：六本书 8 元。还有方格本、拼音本 2 元。加在一起 10 元。这还不算多，一出村，我的女儿去岗头上小学，寄读费要 100 元，其他费用仍然要出，100 元是一个学期，一年需 200 元。

问：小学一至六年级学杂费不是 12 元吗？幼儿班为什么贵？

答：不知道什么原因，我的小孩也是这样。

问：一个幼儿班学生要拿 50 元，一共要 3000 元，你应该多拿？

答：集资钱集到乡里去了。实际上是老师最辛苦，拿钱少。我的 100 元工资，乡里拿 90 元，学校里觉得我们带孩子们也不易，增加 10 元，共 100 元，工资多低呀！有的家长与老师也不配合，叫他们给孩子洗干净，他们说容易感冒，当老师真着急，而家长还骂我们。我丈夫让我不要干了。

【幼儿班教师的辛勤与待遇】

问：暑假放几天？

答：放 40 多天，不给工资。我是觉得在家没有意思，愿意和孩子们混在一起，否则我才不干呢！我在家也不缺这几个钱花。这次去岗头，家里说什么也不叫我干，我说干了再说。

问：一年放假多长时间？

答：年假 15～20 天（指春节），这个假给钱，麦假 7 天，这也给钱，秋假 10 多天，也给钱，就是暑假不给钱。一共假期是 80 天左右，约两个多月。

问：暑假不给钱是不合理的。

答：是不合理，如果不用你不给可以，而我们假期过后还要用，不给钱就不合理了。公办教师拿 500 多元，休长假，教一门课，最多 10 节课；而我们加在一起 35 节，干的不涨钱，不干的、少干的拿的钱多。拿钱多少无所谓，就是因生气不干，家里也叫我不干，但咱觉得对这些小孩要负责，耽误一天咱承担不了这责任，咱心里不踏实，怕让孩子们打架。我没有迟到过，也没有早回家过。

问：你们幼儿班有没有国办老师？

答：没有，全是代课。国办拿 500 多元还干这个？一般育红班都是本村的人教，今年调了一下，调外村的，人家嫌不挣钱又搞不了家务，可不就不愿干了吧。要是修电器，一件多要一元钱，就将你这点工资挣回来了。干这费事，还要张罗东西，做饭。在本村还不耽误事，在外村就不行了。前几天下雨，自行车骑一段泥堵得走不了，着急没法办，所以不愿意干了，路太难走，要是公路就好了。

问：你有医疗保险吗？

答：没有，什么也没有。骑车的磨损费也没有。民办有自行车磨损费，代课有班主任费，幼儿教师没有 6.5 元的班主任费。

问：你们没有到乡里反映过这个问题？

答：反映过，谁管你呀！再说，你不愿意干找别人干。我们不愿意调动，岁数也不小了，要照顾家里，不想挣这点钱，但也不听，还是调了。不合理多了，说了也不顶用。

问：代课老师有产假吗？

答：没有，民办教师可能也没有，有也不给钱。中心校长在会上也讲，民办老师是铁身子，国办老师是纸身子。国办的休了 100 天也照给钱。咱有病也不能休，一休就不给你钱。婚丧假一般给三天，代课的本校的校长不给你报，奶奶爷爷的死了休两三天还给你钱，还不向上报，要一报就不给你钱了。可严格了！我干一段不干了，还到外村。我不干马上就有人干，小闺女，考不上学的，她们愿意干，不管挣多少钱她们也愿意干。她们看到有缺人的地方，向中心校长送礼，争着干呢。所以，工资涨不上。

问：这是一个深刻的矛盾。

答：咱教育红班，在本村了解情况，下雨天也耽误不了，下大雨到外村，我就去不了。

【幼儿教师进修】

问：从1990年到现在，在寺北柴村你进修过吗？

答：叫咱去进修，咱没有去，因为总觉得没有前途，否则就去了。我去进修要拿500元，我丈夫也不让去，他说你还不知你哪一天就不干了。400元学费，80元书籍费，20元报名费，共500元。咱觉得没前途，所以不去了。

问：进修费应学校里拿。

答：学校不拿。

问：乡里的幼儿老师一个月开一次会吗？

答：不一定，有时全体开，有时光幼儿老师开。

问：你有没有计划成为小学的老师？

答：去年就叫我教小学，我不愿意去教，愿教幼儿班。教课要备课。有听课，上面还来检查，好多的事，这样拿100元，加班主任费6.5元，这么点钱，事情那么多，我不干。考试差了，上面还要批评你，所以我愿教幼儿班。那6.5元，必须学生人数在23人以上，否则5.5元，咱教一至四年级也没有问题，又不涨工资，没有前途，所以咱不愿去教。

【个人经历】

问：你出生于1958年，在什么地方？

答：在马家庄乡柴赵村。

问：离这里有多远？

答：13里地。

问：你父亲叫什么？

答：叫宋连山，务农。

问：你母亲叫什么？

答：叫张娘子，务农。

问：有多少兄弟姐妹？

答：6个，我是老三。

问：老大叫什么？

答：老大是姐姐，叫宋荣芳，务农。老二是姐姐，叫宋荣秀，务农。老三是我，叫宋荣格；老四是妹妹，叫宋荣兰，在县里邮电局送报送信。老五是弟弟，叫宋华晨，打蜂窝煤，也是务农。老六是弟弟，叫宋丙晨，务农，有时开拖拉机。

问：你几岁上小学？

答：8岁，在马家庄乡柴赵村小学，高中在栾城中学。

问：在柴赵村小学上了几年？

答：上了7年。毕业后到栾城中学上了两年。那时九年毕业，柴赵是五年小学，两年初中。当时叫戴帽小学。

问：栾城几中？

答：就是一个中学，叫栾城中学。

问：栾城中学高一有几个班？

答：11个班，高二11个班。

问：你最喜欢是什么课程？

答：爱好数学、化学。

问：你参加大学考试了吗？

答：我们那时还没有高考，后来想考。我是1974年12月毕业，还没有恢复高考。毕业后上班。

问：你毕业后干什么？

答：在马家庄乡造纸厂上班，当时叫马家庄公社。

问：哪一年？

答：1975～1982年，干了8年，做纸箱

子。我在厂抓质量。

【家庭】

问：1982 年呢？

答：1982 年年底结婚，就不干了。

问：你和你爱人怎么认识的？

答：是这个村在造纸厂的人介绍的。农村 80% ~90% 都是介绍的，这几年自由恋爱多了一些。

问：婚后你到这个村？

答：到这个村务农。

问：有多少土地？

答：我们结婚时已开始联产承包，1984 年 8 月开始承包，有 3 亩地。

问：3 亩地？

答：分地时和爸爸在一起，现在 3 亩地是我们两个的。

问：你爱人叫什么名字？有几个孩子？

答：有 4 个孩子。

我的爱人叫张树增。老大 12 岁，叫刘晓玲（女）。老二 11 岁，叫刘晓明（女）。老三是女的，叫刘晓改，9 岁。老四是男孩，叫刘晓梦，7 岁。

问：第二胎就要罚款了吧？

答：当时罚得少。由于重男轻女。

问：生老二时罚了多少钱？

答：200 ~300 元，当时规定 1000 多元。

问：老四罚了多少？

答：罚了 3000 元。

问：你父亲还能帮助你一点吗？

答：去年还顶壮呢，今年身体不行了，因闹了一场病。

问：1982 年结婚后做什么？

答：有了孩子不能上班了，直到 1990 年才到育红班上班？

问：谁邀请你上班的？

答：教育局的局长和我丈夫熟悉，通过熟人帮助解决，一上班就在本村，今年才到岗头村。

【学前班老师、家长】

问：1990 年以前，是谁教育红班？

答：是外村五里铺人，叫刘彦君。

问：你开始当幼儿班老师时，没有教过怎么教？

答：有书，在中心学了一点，没有困难。学前班要求不严。城市里要求幼师毕业，将来有可能上面往下分配幼师毕业生，代课教师要逐步淘汰。

问：从 1990 年当老师到现在，你最高兴的是什么事？

答：我把孩子哄好，我就很高兴，愿意教他们，他们能注意地听，我也就很高兴，如果没有人管孩子，我心里就不踏实。咱还是很有事业心的，不能凑合。

问：比较困难的时期有没有？

答：都没有困难，就是每年孩子们要升级，家长来找。考试时有的孩子考得好，有的考得不好，他们家长不分析孩子本身问题，而找你麻烦。到 8 岁就可以上小学了，哪个孩子如果学得不好，跟不上，就只好再学一年。这样就没有困难。他们到一年级上，考试不合格，家长们不找我了，找一年级老师。

赵书贵（46 岁）

时　　间：1995 年 9 月 10 日上下午

访 问 者：笠原十九司　左志远

访问场所：上午在北五里铺小学　校长室，下午在赵书贵家

【北五里铺小学】

问：请你写下你的姓名。

答：我叫赵书贵，赵三是我的小名。

问：你的太太也是老师吧？

答：是国办老师，她叫杜秋姐。

问：你爱人原来也是在寺北柴村？

答：我是寺北柴村的，2 月份调到这里来的。

问：今年你多大岁数？

答：46 岁，出生于 1949 年九月（阴历）。我的老娘 80 多，都不识字。

问：你什么时候调到北五里铺？

答：1986 年，以前在寺北柴村小学。

问：在寺北柴村小学是哪一年到哪一年？

答：1969～1986 年，在寺北柴村。

问：这个小学有多少老师？

答：7 位老师，包括幼儿班老师。

问：幼儿班的老师名字？

答：叫赵春枝（女），刚调来。

问：她多大岁数？

答：31 岁。

问：幼儿班有多少学生？

答：7 岁的 31 名，11 名男童，20 名女孩。

6 岁的还正在送，不清楚最后有多少，现在已报名的 8 名，其中男孩 2 个，女孩 6 个。

问：一年级老师？

答：叫郝会颜，今年 19 岁，刚调来。

问：赵春枝的学历？

答：由于我刚调来，还不清楚。

郝会颜，高中毕业，现正在培训。她是代课。

问：一年级学生多少？

答：30 人，男 14 名，女 16 名；

二年级两个班，甲班老师是徐新力（男），外村人，他 31 周岁，民办，中师水平，高补班毕业；甲班有 22 名学生，10 男 12 女。

乙班老师是邢晓娜（女），19 岁，代课老师，高中毕业，正在培训，即高补班；乙班学生 25 名，男 12 女 13。

三年级老师杜秋姐，一个班。杜秋姐 46 岁，中师。

问：什么时候调来？

答：1995 年 2 月调来。

问：你爱人的老家？

答：马家庄。

问：你爱人调动的原因？

答：她工作踏实，把她调来，工作也方便，村里要她来，寺北柴村不放。

问：你现在住寺北柴村？

答：是的。

问：三年级学生人数？

答：29 名，男 12 名，女 17 名。

问：四年级？

答：老师是张瑞利，男，23 岁，代课老师，高中水平，也在培训。学生 24 名，男 8 名，女 16 名。没有五年级，五年级要到北十里铺去读。

问：五六年级都到北十里铺？

答：是的，因这个村规模比较小。

问：北十里铺离这儿多远？

答：2 里地。

问：你是校长？

答：是的，不够格。

【村委会和小学校】

问：你们村委会谁管教育？

答：由冯广波负责，他是副书记。

问：副书记和校长的关系？

答：我们是协商关系，我们有什么和他联系，关系密切，大小事找他，不是领导关系。

问：村委会对小学主要帮助解决什么问题？

答：这个楼是 1990 年盖起来的，村委会特别支持，学校的桌椅板凳需要解决，村委会全力支持。我们能不麻烦村委会尽量不麻烦，如学杂费购买的用品，不够用时村委会支持。

房子他们支持，他们计划还要扩大，在 12 个村中，村委会特别支持学校的要数这个村，经常表扬他们。我们有什么问题，有什么矛盾，村委会及时协调，当然，这些事不是很多。

问：村委会在经费上对你们支持吗？

答：经费问题，只要需要，村里就投资。最近换了凳子，花了 198 元，从一至四年级的凳子全是我们做的，不是由学生带。

村委会去年给我们 800 元，差不多每年给 1000 元左右，在不张口的情况下，小数我们自己解决。

问：你们和村委会的关系非常密切？

答：是的。

【民办和国办教师工资】

问：你现在的工资有多少？

答：我是民办，爱人是国办，我比爱人少，我每月拿不到 200 元，按乡里讲还算高的。

问：赵老师干这工作比较长，为什么还是民办？

答：我头几年没参加考试，因为从我的角度说，我不愿耽误教学管理。有同学劝我，你应该巩固你的文化（指高中水平），考合格就可以变了，但我考虑自己的事特别少，所以今年参加考试差 20 多分。民办转国办，要参加考试。我将自己的主要精力放在教学上，不愿意拿出时间自己补习文化。

问：你已经当了这么多年的老师，应该说教学经验丰富了，不需要考试了。

答：现在教师考的是高中、初中的课程，我们过去念的差不多也忘了。

问：考什么？

答：考高中一部分内容，初中一部分内容，大部分是初中的，考语文、数学、政治。我没有这么多精力，我得把精力都放在孩子身上，所以考不好，但教的学生成绩好。学生在搬到这教学楼后考试成绩差了，我心里很不踏实，是受到了搬家的影响。

问：代课老师的工资？

答：125 元，按目前形势也不算低，因为上级也没有这么大的力量。

问：你爱人的工资？

答：她是高级老师，480 多元。

问：中国民办老师条件不是那么好。我一方面对你们表示尊敬，一方面对你们表示同情。

答：人们应该体谅到国家的难处。我们也不会去埋怨。

【学校经费】

问：北五里铺学生一个学期拿多少学费？

答：按上级的文件，学生一至四年级，一个学期拿 12 元。

问：这个小学一年的经费有多少？

答：经费上级拨不下来，上级拨重点学校，如栾中、子弟学校，或乡初中，小学得不到，上面只给烤火费，我们主要靠村委会，一般每年 1000 多元，另外就是靠收学生的学杂费。

问：你们这个教学楼什么时候盖的？

答：1990 年开始盖，1992 年冬搬进这个教学楼。

【新建教学楼】

问：盖这个房子谁提出来的，谁主持的？花了多少钱？

答：这个由咱们书记说说。

（村支书说）1990 年旧班子决定盖教学

楼，我们从 1991 年接的班子，从 1990 年盖起房子的主体，但没有装修，1991 年装修好，1992 年搬进去。经费由我们村里拿的，建好后，县教育局给了 3500 元。这个房子一共花了 7 万多元，主要是我们村拿的钱。

问：村民如何负担？

答：不是每个人拿，而是集体拿的，靠个体企业，同时从社员统筹中拿一部分。国家统筹，按上年收入生活平均数不得超过 5%，一个人抽 5 元，地每亩抽 5 元，人地各占一半，共 10 元。

问：我访问过的地方，一般没有这样的教学楼，其他都是平房，说明你们重视教育。

访问过寺北柴村，那里小学非常简陋。

答：现在就是寺北柴村没有改变，其他地方都改变了。

问：这里比寺北柴村有钱吗？

答：也差不多。村里的收入没有我们多，我们个体企业有 20 多家。

【家长会】

问：这个学校有家长会吗？

答：举行，一般情况一个学期举行一次，当然，出现个别问题，还要进行家访。

问：请介绍家长会的具体内容？

答：根据学校的情况，如个别学生学习差，或不遵守纪律，以班为单位召开。开会时，老师先介绍学生学习情况，家长对教学、老师有什么意见提出批评指正，改进工作方法。具体内容不是死的。

问：村民对家长会的态度？

答：不是对立，比较融洽，家长也是心平气和，老师如实反映教学情况，家长对老师评价比较高。当然，也有个别人提意见。

【个人经历】

问：你 9 岁时上学，那时你的老师是李修身吗？

答：是李修身，一至四年级都是他。

问：那时一位老师同时教两个年级吧？

答：是的，有时一个老师教三个年级，称为复式教学。

问：李修身老师怎样教课？

答：好多年了，回想起来当时是按传授的教学法进行，启发式是这几年的事。

问：你最喜欢什么课？

答：我喜欢语文课。

问：你对李修身老师的印象？

答：按我个人以及村里的老人们的印象对他评价特高，上课时很严格，下课后和普通老百姓一样，我现在就是效仿李老师的办法。我上课时也很严，他们比较怕，不过下课后和同学的关系很好，说说笑笑，关系融洽。我就是走这样的路，可能是仿效，一个师傅一个传授，什么师傅带什么徒弟。上课时要求都比较严，下课后打个乒乓球、篮球，说个笑话，评价很高。

问：你的同班同学中你的成绩处于第几位？

答：我基本上是一二名。

问：你上学时课外喜欢什么？

答：喜欢打乒乓球、篮球，单杠不行。

问：这个学校什么时候迁到这儿来的？

答：具体哪一年我说不清，因为当时我在栾城中学上学。大约是 1964 年或 1965 年时迁的。我是 1963 年高小毕业上栾城中学，现在的一中。当时，我住校。

【校友集会】

问：你同班同学中有好朋友吗？

答：都不错，说到知己，我不善于去交际，我同谁都差不多，没有特殊的你来我往的。

问：现在这个村里，还有与你同过学

的吗？

答：现在县宣传部当头头的，是我同班同学；寺北柴村没有。我们一共只有 4 个人去栾中上学。

问：你们毕业后，同班同学有没有在一起聚会过？

答：有过。一共聚会 3 次，我参加过一次，我不好动，前两次我没有参加，第三次在北十里铺，那是我们同班同学，他现在是马家庄中学的校长，离我这儿近，我们 20 多人在一起聚会，叙叙旧。最近两三年没有，第三次是在 1993 年聚会。

问：第三次是谁发起的？

答：在栾城上班的那几位同学，他们经常见面，通信组织的。农村离城比较远，组织聚会不容易。

问：你们聚会有没有老师参加？

答：没有，都是同学。同学参加的也齐不了。

问：李修身老师还在吗？

答：他 1978 年去世了。这我记得清楚，当时生我的大女儿，在医院里知道的。

【困难时间】

问：你几岁上小学？

答：1958 年。

问：你二年级、三年级是 1960 年，那是困难时期，你有什么体验？

答：经常吃不饱，当时老人节省下来给我们吃。那时小，总感到饿得很，这已经过去了。当时参加劳动，摘棉花，饿了在山芋地里挖山芋吃，找野菜吃，或掺在玉米面里。

问：吃不饱还能上学吗？

答：上学一天也没有耽误，一早就去了。

问：你家有没有饿死的人？

答：那时我小，反正有老人死的，肯定有，但我弄不清是病死还是饿死的。

【河庄小学】

问：你上五、六年级在什么地方？

答：在河庄小学上的。

问：你同班同学有多少人去河庄？

答：除了两三人外都去了，当时也是考，大部分去了，大约 18 人。全班共 22 人。我当时是班长，还有印象。

问：河庄小学五年级有多少学生？

答：那时有柴村、岗头、河庄三个村的学生在一个班里。

问：河庄离寺北柴有多远？

答：二里多地。

问：一个班有多少人？

答：共四十三四人。

问：河庄的老师是谁？

答：叫赵国良，去年退休了。他是陈村乡人。

问：离这儿远吗？

答：有十七八里地。

问：赵国良老师的特点？

答：他上课特别严，我就挨过训，训得我掉泪，不大一会儿，又揪揪你耳朵，把你逗笑。我现在上课也是这样。我们对赵国良老师印象特别好。前几年，在县城开会见到他，握握手，坐在一起，现在他已退休了。

问：你在栾中上学是第几名？

答：我还是第一、二名。

问：你小学毕业于哪年？

答：1963 年毕业于河庄小学。

【栾城初中】

问：毕业后上栾中？

答：我毕业后考上栾中（现栾城一中），河庄小学共考上 15 人，我们班有 40 多人，寺北柴村只考上 4 人。

问：你们在栾中上学是走着去吗？

答：夏季天长时，我们走读，到天短时，老师要求我们住宿。

问：栾中有学生宿舍吗？

答：有，有宿舍和食堂。

问：在栾中学的课目有什么？

答：数学、语文、俄语、物理、植物、政治、地理、音乐、体育。化学是初三才学。

问：当时你学习成绩？

答：在初中一年级占前五名，到初二因生病，跟不上课，成绩下降，再赶就费劲了，因课程多。

问：栾中是两年吗？

答：三年，上初三时"文化大革命"开始，1966年。

问：初中一年级老师是谁？

答：李勇，是我的班主任。

问：从一年级一直到三年级？

答：不是的，一年一换。二年级班主任是孟凡林。三年级开始"文化大革命"，不设班主任。

【"文化大革命"时的栾中】

问：1966年以后？

答：1966～1969年，上了高中。当时不考试，吃饭后学政治，斗私批修，学习毛主席著作，紧跟形势，批林批孔。1969年3月回到家里。

问：当时没有上课？

答：不上文化课，吃了饭后学习，开小会。

问：你们学生对老师有什么行动？

答："文化大革命"开始时，我是班里的干部，比较同情老师。批判老师也有，我也参加批判，当时形势不批判也不行，但我是同情老师的。虽然老师好，但也要批判修正主义路线。在教室里挥着拳头跺着脚，你表

现不好就将你踢出去。我们是同情老师的。

问：你们学生中有"红卫兵"组织吗？

答：有，栾中有"毛泽东主义红卫兵"，是"保皇派"，保干部一类，一开始就建立了，咱们都是，因为都是红五类，我家是下中农，还有一个"毛泽东思想红卫兵"，这是"造反派"。这个组织人数多。

问：两个组织有矛盾？

答：有矛盾，经过思想教育，"毛泽东主义红卫兵"倒向"毛泽东思想红卫兵"，我也退出"毛泽东主义红卫兵"，加入了"毛泽东思想红卫兵"。回想起来，那时幼稚，才十七八岁。我开始是"保皇派"，后来经过教育，站到"造反派"一边来了。重新站队，反戈一击。

问：你参加过串连？

答：参加过。第一次是班里组织，去北京住了5天，第二次派代表，一个班3人，我是代表之一，到北京见毛主席。

问：见过吗？

答：见过。11月3日没见到，11月4日也没有见到，11月11日见到，见不到不回家。毛主席离我们很近。以后就没有出去过，在家里印个传单。

问：你什么时候毕业？

答：1969年3月。

问：有毕业证书吗？

答：当时没有。栾中解散，叫我们回乡闹革命。我回来叫我入本乡中学，我没有去，在家蹲了20天，就到寺北柴村小学教书了。这是1969年4月。

【寺北柴村小学】

问：那时寺北柴村大队队长是谁？

答：书记是徐春梅（女），当时叫革委会，由十多人组成，我也弄不清谁是主任。

问：1969年，寺北柴村小学校址在什么

地方？

答：就在小学的路南。

问：当时有多少老师？

答：可能是 5 名。校长叫刘一心，教师郝景密（女），郝小寿、杜秋姐（女）。有的有一年后就走了，如赵青芳（女）、校云龙（现在是咱们的领导）、刘春娥（女）。

【校址搬迁、复式教学】

问：这个学校就是盖的新的吗？

答：咱们去时就是新房子，原来都是木结构。

问：是哪一年？

答：大约是 1985 年，我 1986 年走的。

问：为什么 1985 年搬出来？

答：由于房顶坏了，漏雨，掉下土来，所以要搬迁。

问：1969 年，你在寺北柴村小学教哪一年级？

答：我教的四、五年级（复式）。

问：有那么多老师，为什么还用复式？

答：我说的是好几年的老师，不是同时在这儿。

问：1969 年你开始当老师有多少老师？

答：共 4 人。现在寺北柴村小学是一至四年级，而我们当时是一至六年级，我还教过初中一年级，一共七年，叫戴帽中学。

问：4 个老师的姓名？

答：刘一心、郝景密（女）、郝软子（男），还有我。后来又增加徐淑珍（女）。他们都是本村人。

问：他们还在本村吗？

答：刘一心在栾城子弟学校管总务；郝景密出嫁，在太原；郝软子在家，我来了一年多，他就不干了。

问：1969 年你就是民办教师，有多少工资？

答：是民办，现在还是民办教师。当时工资上面补助 4 元，其余是记工分。以后 6.5 元，9 元，11.5 元，16.5 元。以后出村，给工资了。工分按生产队的前 8 名工分给。

问：1969～1986 年，你培养多少学生？

答：我教的几批学生还整齐，有考上大专班的，这当然和我没有直接关系，我教的是小学，初中、高中是别的老师教的，这几批学生不少考上大专班，和咱也不能说有关系，是从我这里培养开始，关键在于人家本人努力，我是启蒙老师。如徐月书现在美国，他跟我上了好几年学。他上三、四年级时，好哭，但学习成绩很好。

问：他还在美国吧？

答：还在美国。

问：你是这个村许多青年人的老师了。

答：我直接教的学生成材还比较多，有的不是我班的，当然也有不好的。功劳应归功于高年级的老师。

问：一般说小学是基础。

答：是启蒙教育。我也没有本事，不过事业心强，对孩子负责。

问：上面讲的有公办老师吗？

答：原来没有，后来有转的。1972 年，刘一心老师转为国办的，徐淑珍可能也是 1972 年转为国办的，现在石家庄。

【革委会与村小学】

问：1971 年，小学和大队的关系？

答：我当时是普通老师，村里有什么政治活动叫我们去参加，关系不差。

问：经费有什么支持？

答：那时学校需要什么，就由大队里出钱，开条子去领。学生也缴学杂费，一人一个学期 1 元到 1.5 元，最多 2 元。

问：1969 年有复式学习班，什么时候发生变化？

答：第一年有，第二年就没有。当时我这个班50多学生，没有办法采取复式，第二年找了一名教师，复式也就取消了，那时变化特别大，人员流动大，有的不教学，去当工人，一时又换上新人，工资、用人权全在村里，添老师、去老师都在村里革委会。

问：村革委会负责人是谁？

答：徐春梅下来是郝全福。换教师是村革委会管，不像现在由中心校长负责。现在村委会没有调动人事权，只能反映你干的好坏，提出要求。

问：这个村革命委员会哪年开始，哪年结束了？

答：哪年开始我记不清了，什么时间解散也记不清。

问：1968年孟董乡成立革委会。

（左插话：我记得他们介绍说是1982年取消革命委员会，成立乡政府。）

这个村革命委员会对学校老师有没有政治上的压力？

答：在我干的那几年，我觉得没有，因为我们上午、下午上班，村里一般没有管我们。只是在三夏时，我们搞三夏战报和三秋战报，对学校还是比较支持，没有挑学校这不好那不好的毛病，对学校比较重视。

问：那时革命委员会的主任，一般就是党的支部书记吗？

答：不是，有的是兼，但一般是分开的。

问：寺北柴村的革命委员会和村党支部谁对小学影响大？

答：在农村里，我的想法，不代表别人，我认为是党支部影响大，是党领导一切。刚才来的村长也当过老师，还有王信英和王付珍老师，现在有些老师，我也不认识，因教师调动频繁。我所说的是我参加工作后二三年内的老师。

问：为什么老师变动那么大？

答：因为以前村里有权力，以前县、乡不管。有的是本人不干，要是一走，就要换一些老师，女的出嫁，要调换人，有病也要换，不是你干的好与坏。

有这样几种原因：当兵走了；女的出嫁；当工人去了；考上学去上学。

权在革委会里，一般也不管教师流失不流失，对老师没有限制。

问：那时老师的地位不高？

答：现在更不高。

问：老师的地位应该高。

答：说好说，做起来就难，由于这个队伍是庞大的队伍。

【小学教学正规化与党支书】

问："文化大革命"结束后寺北柴村小学有什么变化？

答：地方没有变，但对学生的业务抓得比较紧，过去农村参加劳动的比较多，村里有什么活叫学生去，一干就是半天。也不注重考试。从1976年以后，注意业务考查，听课、检查比较正规了，教学秩序好了，教材统一了，以前一个村一个样，有的是市教材，有的是省教材，有的是山东省的教材。

问：哪一年开始正规化？

答：是从1978年开始，考老师，考学生，大体上是这样，有的时间记不那么准了。

问：郝同顺与学校的关系怎么样？

答：他比较关心。

问：对教育重视吗？

答：重视。

问：请具体谈一谈？

答：因为我不是头儿，而是普通的教师，他常到学校来，详细情况不太清楚，反正上课桌椅凳子都有，不用从家里拿了。这个村比较穷。以后徐孟祥又当了书记，他更加重视，一般学校的要求他能支持，但他要你抓好教学质量。

【知识青年】

问：现在的校址就是以前下放知青住的地方，你知道他们的情况吗？

答：是的，是知识青年住的地方。

问：知青和学校的关系？

答：没有关系，因为 1980 年以前知青都回城了，这儿空了，空了以后学校才来的。

问：知青在这里，对农村小学教育有什么帮助？

答：我的爱人就是 1969 年下放的知青，从石家庄来的，她舅舅是寺北柴村的人。他们当时干活，和我们小学没有什么关系，只是搞宣传活动时予以协助，如搞三夏、三秋战报时，他们用广播配合，我们刻钢板。我和郝小寿负责，因为我们字写得好。

问：你们什么时候结的婚？

答：1974 年冬结的婚。

问：你们都是小学的老师？

答：是的，没有人介绍。

问：可贵。

1981 年还有什么变化？那时人民公社取消土地承包，对学校有没有影响？

答：队里承包土地不给我们土地，1984年给工资。我的一亩三分地，是承包的土地。责任田，我们不参加分地。但承包土地时，给我们土地一亩三分。责任地是一个队的，承包地是个人的。

【民办教师的待遇】

问：承包以后农民的经济条件发生变化，对教师有没有影响？

答：我认为有，但是也没有办法。1986年我向这儿调时工资 58 元。不干吧，已经干了好多年了，干吧，工资太低，没有时间搞自己的土地和从事别的经济活动，去搞怕影响教学。因此，不想干也得干，因此又干了 20 多年教师。你看，我们房子也不怎么好。

问：现在国家重视，但我想还是有矛盾。

答：应该解决这批老教师的待遇，他们对教育事业心强，不是从我个人考虑，确实对老教师是损失，不干，已献身了；干了，工资太低。如我刚才将女儿送到正定上师范，都需要花钱，所以条件不行呀！没有办法。我若撒手不干，出去干其他的比这强。

【北五里铺小学的校长和老师】

问：1986 年你调到北五里铺，是谁要求你来的？

答：北五里铺当时只有 4 位年轻的老师，经常不上课，村里反映比较大。后来我的一位同学，他在北十里铺当校长，他知道我的情况，我有事业心，他和中心小学校长卢建国说了，将我推荐到这里来。我的同学张秀林，去年到北十里铺小学当校长。

问：1986 年到现在干了 9 年校长？

答：当时不叫校长，叫负责人。

问：请介绍徐淑珍以后还有哪些老师？

答：有王信英，国办老师，是北丈村人，已退休了；王付珍，国办老师，是徐营村人；刘一心，我在时当校长，民办；赵瑞花（女），嫁到西东铺，民办；郝秀花（女），嫁到北十里铺，民办；徐月华，民办；徐月旺，民办；张秀发，民办。

【教师的感受】

问：你当教师 20 多年，什么时候是你最好的时候？

答：我本想当一个兵。在工作中不让群众说不是，我感到最高兴。

问：你觉得什么时候好，什么时候差？

答：我还没有想过，还没有想过什么喜欢的事，最经受考验的是在学生考试时，怕成绩考不好，到五里铺当头头，对我压力比较大。

问：最困难的是什么？

答：这个问题我也没有想过，因为教小学，业务上没有问题，压力大，怕没有把学生教好。想到最多的是经济问题，与年轻人比，相差太远，因为我们拉家带口的。这也不是个人问题。

问：中国是农业国家，农村教育是最基本问题，我想问一下你对中国农村未来教育的感想。

答：这个问题很重要，学校搞好搞不好和基层有关系。但反过来说，基层干部也重视学校，但经济力量太差，从社员身上抽取有困难，由国家补助，国家现在也有困难。将钱用到国防建设和其他建设，对教育方面重视的不够好，农村得不到这个补助、那个补助，农村摸不到这个钱。现在就是冬天给点煤费，一班20元，也不够，大部分还是靠村里拨。我认为基础教育、农村教育特别重要，没有文化不行，可基层干部也不好干，总之还是钱的问题，心有余而力不足。

改善学校的条件，提高教师的待遇，是非常重要的，还有提高教师的素质，当然很重要的是事业心。

赵会强（23岁）

时　　间：1995年9月1日上午
访 问 者：笠原十九司　左志远
访问场所：寺北柴村小学职员室

【出身与家庭】

问：今年你多大岁数？

答：23岁。

问：你是民办教师还是代课教师？

答：代课。

问：你出生于哪一年？

答：出生于1972年。

问：你是本村人？

答：我是孟董庄（镇）人。

问：从哪一年开始当老师？

答：1992年。

问：就在寺北柴村？

答：1992年在乔李庄，离这儿4里地（2公里）。1993年到北五里铺当小学教师，1993年8月到寺北柴村小学。

问：一共有两年多了？

答：是的。

问：你现在是二年级一班的教师？

答：是的。

问：你现在的工资？

答：每月100元。

问：太少了。

你到乔李庄、北五里铺和寺北柴村三个小学，你比较一下他们之间的特点？

答：乔李庄的条件一般，老师之间和睦，互相关心；北五里铺条件好，有教学楼；寺北柴村在本乡条件最差。学生的水平，寺北柴村要差些，比较普遍，比较好一点是北五里铺。

问：你父亲叫什么？

答：叫赵同新，农业技术员，在孟董乡政府，搞科技。

问：你母亲呢？

答：叫檀贵珍，在家务农。

问：你有多少兄弟姐妹？

答：有两个妹妹。大妹妹叫赵会茹，在河北省青年干部管理学院上学，专门培养干部。二妹妹叫赵会景，在河北经贸学院化工系读书。我的大妹妹是学计算机的。

问：她们都在石家庄住校吧？

答：是的。

问：你几岁上小学？

答：我 8 岁上一年级。

【小学校、老师】

问：在什么地方小学？

答：在孟董庄小学。

问：孟董庄小学有一至五年级？

答：是的。

问：一年级老师是谁？

答：一至五年级是一位老师，跟班制，他叫陈庆申，当时二十七八岁。

问：当时你有多少同班同学？

答：30 多名。

问：一年级一个学习班？

答：是的。

问：男女的比例？

答：各占 50%。

问：你学习课程中最喜欢哪一门课？

答：数学。最不喜欢的课没有。

问：你是模范学生。上学时你最喜欢的课外活动？

答：喜欢打乒乓球。

问：有什么比赛？

答：没有。

问：还有什么？

答：小时候跑过步，比赛过，但不快。比一般人快。

问：陈庆申老师给你的印象？

答：印象很好，平时关心学生，教学严格。现在春节时还去拜年。

问：你们是不是经常去？

答：每年过年去。

问：你的老师是什么地方人？

答：是孟董庄人。

问：你们春节时同班同学有多少人去拜年？

答：有十几个人。

问：除你们外别的学校的学生也到老师家去拜年吗？

答：也有。

问：你的老师是民办还是国办？

答：是民办。

问：现在还当老师吗？在什么地方？

答：还当老师，在孟董庄小学。

问：你们 30 多人，你的成绩处于什么名次？

答：我是第二名。

【栾城镇初级中学】

问：你小学毕业后在什么地方上学？

答：到栾城镇镇中上学（镇中只有初中）。

问：那时你们同班同学上初中的有多少人？

答：全部都上，有的在乡中，只有我一个人到镇中。我是第二名，第一名在乡中。

问：你们小学只有五年级，没有六年级？

答：只有五年级。

问：你是 1985 年上五年级？

答：是的。以前小学只有一至五年级，没有六年级。

问：在栾城镇中学学了多少年？

答：学了四年。

问：初中只有两年呀！

答：初中是三年，我初三又读一年，即三加一，三年级学完后又复习了一年。

问：为什么要加一年？

答：复习，为了考高中。

问：三加一的人有多少？

答：一般第一年考不上的都参加学习。

问：三年当中你学习哪些课目？

答：数学、语文、英语、化学、物理、生物、政治、音乐、体育和美术。

问：你最喜欢的课是什么？

答：物理。

问：除英语外还有其他语种吗？

答：没有。

问：初中时你在同班中的成绩？

答：我处于中上水平。

问：你在初中又学了一年以后考上高中？

答：是的。

【高级中学、技工学校】

问：上什么高中？

答：我在栾城第二中学。

问：第二中学一年级有几个班？

答：6个班。

问：你当时的成绩？

答：中等。

问：在高中学了多长时间？

答：我学了半年，又考石家庄市劳动局办的技工学校。

问：什么原因？

答：当时市向县要11名去学技工，凡初中以上都可以考。许多同学考上中专了，自己想早点上班，因从那里毕业以后就分配工作，分配在市内。

问：你没有想上大学？

答：觉得自己成绩不行，怕考不上。

问：在技工学校学了多长时间？

答：学了半年。

问：学什么课目？

答：质量检测。

问：你没有毕业呀？

答：我上的时候，没有读完，由于眼睛近视，不能检测。我们是看一个大屏幕进行检查。

问：很遗憾，你中途退学。

答：由于视力不行，要求严格。

问：离开后，你到什么地方去？

答：回来后，在家里待业。

问：你为什么不回到二中？

答：不行。

问：待业多长时间？

答：一直到1992年。

【代课教师】

问：在家待业两三年。1992年是什么单位邀请你去乔李庄当小学教师的？

答：是推荐，由我老师推荐。

【教师进修】

问：你的学历就是高中毕业吗？

答：我现在是高补班毕业，相当于中师毕业，才能允许你教小学。

问：你已经过进修，现已合格了？

答：是。

问：在什么地方进修？

答：在栾城县的教师进修学校。

问：在进修学校学了多长时间？

答：两年。

问：你是一面当教师一面去学习吧？

答：是的。

问：什么时间去进修？

答：定期，一个礼拜去一天，是每周六。每星期不一样，也有定在周四或周三，以后定在周日。

问：1992年当教师时的工资？

答：70元。

问：你已结婚了吗？

答：已结婚，1993年。

问：你爱人叫什么？

答：校俊彦，也是老师。

问：中心学区的校长也姓校。她现在在什么小学？

答：孟董庄小学。

问：你爱人是民办还是公办？

答：是代课。

问：你有孩子吗？

答：没有。

问：你们的工资是不够生活的？

答：是的。

问：那怎么办？

答：靠父亲帮助。

问：还有什么经济来源？

答：我母亲开了一个礼品店，我们放假时可去帮帮忙。

问：如果你爱人生孩子的话，可以利用产假。

答：代课老师生孩子，有没有产假或给多长，还不知道。

问：你们医疗保健有规定吗？

答：没有，不享受公费医疗。

问：听说在放假期间，代课老师就没有工资了？

答：暑假没有。

问：生活的来源？

答：靠自己去想办法。

问：你第一次当老师，在乔李庄时，谁给你教学法的训练，有谁帮助你？

答：中心学区有一个教导处，有一位老师帮助，如何进行教学，传授教学方法，时间是一周。代课老师集中到那里，进行培训。

问：中心学区在什么地方？

答：乡中。以后不断看教学录像，也是中心区组织的。

问：你在小学时，其他老师有没有进行帮助？

答：有的，是一面教一面学。

问：你第一次当老师，没有遇到什么困难？

答：没有，我教的数学。

【代课教师的调动】

问：你在乔李庄当老师，为什么要调到北五里铺去当老师？

答：因工作需要。

问：是他们要你，还是你要去的？

答：是中心学区调去的，是统一调动的。

问：不是你自己提出的吗？

答：不是我个人的要求。

问：1993 年 9 月，在寺北柴村有什么老师？

答：我是 1994 年调来寺北柴村的。

问：去年有哪些老师？

答：校长是常荣珍。

问：幼儿班是谁？

答：是宋荣格。

问：二、三年级都有两个班，为什么这两个年级学生这么多？

答：这两年结婚的多，生的孩子多。

问：有什么历史的原因？

答：主要是这两年结婚的多。

【代课教师的问题】

问：中国农村教育就是基本的重要的问题，因为中国是农业的国家，大部分是农民，应该培养农民的人才。但是，实际上农村老师们劳动情况不那么好，特别是代课的老师条件很差，我对于代课老师一面感觉尊敬，一面感觉很深的同情。

我最后问问代课老师，你有什么感受？

答：条件差一点，不过习惯这一行也就没有什么，我喜欢这项工作，所以也愿意干。

问：你觉得你成为民办、国办老师的可能性有没有？

答：有。国家要分批地解决这问题。

校云龙（中心学区校长）

时　间：1995 年 9 月 11 日下午

访问者：笠原十九司　左志远
访问场所：徐孟祥家

问：你们两位领导这个乡的全部学校，包括中学和小学？

范副乡长答：校长叫校云龙，教导主任叫任明信。

【孟董庄乡学校概况】

问：孟董庄乡有多少小学？

答：12 所小学。

问：请介绍小学的名字？

答：①圪塔头小学；②赵村小学；③康家庄小学；④乔李庄小学；⑤东牛村小学；⑥北长村小学；⑦孟董庄小学；⑧河庄小学；⑨岗头小学；⑩寺北柴村小学；⑪北五里铺小学；⑫北十里铺小学。

问：这 12 所小学哪些是完小？

答：圪塔头、东牛村、北长村、孟董庄、河庄、岗头和北十里铺小学。

问：老师的人数？

答：共 122 位，其中公办教师 57 人，民办教师 41 人，代课教师 24 人。

问：男女的比例？

答：男 72 人，女 50 人。

问：我看过的小学是女的多男的少。

答：从全乡总数来看民办老师中还是男的多。

问：122 位老师，不包括幼儿班的老师吗？

答：不包括幼儿班的老师，他们有 14 人，都是民办。

【孟董庄初级中学】

问：孟董庄乡有中学？

答：有一所初级中学，在孟董庄。

问：孟董庄中学一年级有多少人？

答：共 285 名，所有的小学都上这个中学。

问：孟董庄中学有多少教职工？

答：50 人。

问：现在小学升初中的 100%？

答：今年已达到 100%。

问：是哪一年达到的？

答：今年达到的。小学升初中，不参加升学考试，直接升初中。

【栾城的高级中学】

问：初中毕业后有高中吗？

答：没有。

问：他们上高中怎么办？

答：到县栾城一中、二中、三中、四中，高中都在县里，这四所中学，除四中有初中班外，其他三所都没有初中，只有高中。

问：去年毕业于孟董中学的学生升高中的比例？

答：约占毕业人数的 70% ～ 80%，包括升高中、职中、农中、中师、中专等学校。

问：职中全称？

答：栾城县职教中心，不仅有栾城县的学生，也有外县的。

问：这些学校都在县城里面？

答：是的，各乡都没有。

问：这个县除小学、中学外，还有其他学校？

答：有。如成人教育，属县里管。我们乡有管理成人教育的人，平时主要根据需要办长短班，传授技术，为农业服务。

问：你们管吗？

答：中心有一位干部管。乡长和乡技术员管，中心也有一位管理此项工作的干部。

中心区有校长。师导员、管业教的干部，管成人教育。师导员专管教育的。

问：你们的办公室在哪儿？

答：在乡中。

问：不是乡政府？

答：不是乡政府，而在乡中。

问：你们学区一共有三个人，上级是谁？

答：县教育局主管业务，乡政府也有一位主管教育。

问：请介绍县教育局的机构？

答：有股室。如办公室、人事股、普教股或职教（成人职业教育）、计财股、招生办、中小学教研室、督导师、勤管股（勤工俭学管理股）。

【中心学区职能】

问：有这么多机构。你们中心学区校长、师导员、业教干部统称叫什么？

答：孟董乡中心学区。一个乡有一个学区。这个区是指区域，它不是一级行政单位，受县教育局和乡政府双重领导。

问：乡里的谁管？

答：乡政府有一个主管教育的副乡长。

问：乡长和中心学区的关系？

答：我们受乡政府的领导，各村小学有什么问题，需要乡里帮助的，要请乡政府和村里的村委会联系解决。

问：小学的经费与你们有关吗？

答：公办老师的工资由县教育局往下发，民办老师工资由乡政府发。

问：他们的工资都通过你们中心学区吗？

答：都要发到中心学区来，再发到下面去。我们有一个会计主管。

问：中心学区一年有多少经费？

答：经费和工资在一起，民办、代课、国办在一起，说不清。

问：你们有没有征收城乡教育事业费？

答：乡里统筹。

问：怎么统筹？

答：乡政府按农民收入的1.5%（国家规定）统筹，其中包括教育经费。中心区不管统筹。

问：中心区有没有对小学的经费和教具的支持？

答：都在乡政府，中心学区没有，中心学区属于抓业务的单位。乡里给一点，村里给一点，给多少不清楚，盖教学楼是村里盖，乡里补助一些。以村为主，乡为辅。

问：教师的教学业务和培训由你们中心学区负责，其余的由乡里管吗？

答：是的，经费由乡、村负责。

问：中心学区校长的任务？

答：中心学区校长对整个区教育负责。具体有：①人事调动；②师生的思想教育；③党组织的建设；④改善办学条件；⑤协调各学校之间的工作。

问：党组织建设主要是党支部工作？你是不是也负责党支部的工作？

答：书记是校长兼。

问：改善办学条件指的是什么？

答：如盖教学楼、图书和仪器，学校的东西由村里出，我们进行协调。

问：寺北柴村小学的校舍不好，有没有计划改善？

答：我们和村里协商了几次，他们计划要盖教学楼。本乡就这个村条件差些，从1990年开始12所学校校舍都有改变，教学楼有8个。

问：8个指哪些村？

答：北十里铺、北五里铺、岗头、河庄、孟董庄、东牛村、北长村、圪塔头，其他学校是平房。

问：赵村、乔李庄等小学呢？

答：他们是1990年以后盖的平房。现在就是寺北柴村尚未盖新的校舍。

问：为什么寺北柴村还没有盖？

答：他们的经济条件差些，干部换的频

繁，现任这一届要盖。他们是新上任的。

问：请教导主任，也叫师导员任明信讲一讲任务。

答：主要是负责教学业务。具体说：培训教师，分析和研究教材，对学生质量检测。

问：你指导老师的方法是经常到学校去指导？

答：该集中就集中，该下去就下去。有时将老师们集中到乡里进行指导，有必要就下去分别指导。

问：县统一考试由谁组织？

答：县一般不搞大型的考试，主要搞质量检测。根据教材的要求，大纲的要求，出一些试题，由下面进行检测，看能不能达到大纲的要求，不进行统一考试。

问：听说县在每学期有集中测验？

答：是乡里而不是县。一般是一个学期搞一次，由我们学区来管。

问：12个小学去年考的名次如何？

答：大部分学校能达到大纲的要求，按100分说学生平均能达到80分，比较好的学校是孟董庄小学。

问：寺北柴村小学是什么水平？

答：他们不稳定，有时好一些，有时差一些，从去年的考试成绩看，属中游。年级不同，有完小和初小，他们属于初小。

问：122个老师中，现在有中共党员多少？

答：中共党员有12人。

问：小学的老师调动比较频繁？

答：这是需要，一般不调动。今年暑假个别调整了一些老师。寺北柴村今年调动比较多，和换校长有关，不调动就不协调，调换一些人便于校长和老师们合得来，好协调，能配合好。别的学校动的不多。

问：对老师的调动，中心学区有什么权力？

答：在本乡范围内，我们有权决定。

问：你们有权下达命令？

答：我们就叫调动，也开干部介绍信。我们协商和命令也差不多。

问：你们采用新的老师有没有考试？

答：有考试。从上面下来的老师，一般都是经过正规学校教育，这样就不需要考试，因为他已达到学历要求。如果不是这种情况，主要指代课，进行考查试用，既要看学历也要看他的能力，一般试用一个月。

问：试用后决定权在哪儿？

答：经过中心学区批准。

问：你们进行不进行面试？

答：必须进行面试。

问：我访问这里，民办老师比城市郊区比例大，你们有没有考虑要解决这个问题？

答：民办教师比例也不算大，我们要督促他学习，由民办转为公办。每年师范招生和自然减员就可以解决。主要是他们自己创造条件。每年有指标，由县里掌握，不向乡里下发，由县里统一考试。

问：关于教师的培训，县里有培训学校吗？

答：有，有教师进修学校。

问：孟董庄小学的老师要进修，都需要到县里去？

答：都要到县里去培训。

问：决定谁去也由你们决定吗？

答：都可以去，因为有个要求，小学教师必须达到中师毕业，中学教师必须达到中专毕业。不达标必须去培训。培训不受限制的。他们需要交钱去培训。

【个人经历】

问：下面我想访问你个人的历史。校长今年多大岁数？

答：今年我55岁，属兔。

问：你出生于 1939 年。你的老家在什么地方？

答：北长村。

问：你几岁上小学？

答：8 岁，上学比较晚。

问：你的父亲叫什么？

答：叫校德山。

问：你们姓校的很少，你的祖先从什么地方过来的？

答：据说从山西洪洞县过来的，河南也有姓校的。

问：你父亲干什么？

答：务农。

问：你的母亲叫什么？

答：叫李玉子。

问：你有多少兄弟姐妹？

答：我有四个兄弟姐妹，我是老二。老大是姐姐，叫校荣花，务农；老二是我本人；老三是妹妹，叫校花蓉，务农；老四是弟弟，叫校雪年，务农。

问：你 8 岁上北长小校，学了几年？

答：学了四年。毕业后在东牛村完小上学。

问：你在北长村小学同班同学有多少？

答：那时少，有 20 多人。

问：你们村哪一年解放？

答：我上小学就解放了。我们这里 1947 年解放，我是在解放以后上的学。

问：东牛村小学毕业后？

答：我上栾城中学，现在的一中。

问：小学有多少同学上中学？

答：90% 以上，这所小学质量高，县里排第二。还有县城西街完小出名，第一名。

问：在栾城中学学了几年？

答：学了三年，毕业后到藁城中学，当时城、栾城、无极三县合并。当时我们上的叫城一中，无极是二中，栾城是三中。在城

一中也上了三年。

问：藁城高中毕业于哪一年？

答：1962 年毕业。

【困难时期】

问：1962 年，你上高中时，是困难时期，你个人有什么体验？

答：在学校还可以，当时主要学习，学校的生活还可以。

问：农村的口粮有困难？

答：当时我们住校，不回家，对农村的情况不打听。

【民办教师】

问：高中毕业干什么？

答：毕业在家劳动一年，当上民办教师，即 1963 年。

问：在什么学校？

答：在本村——北长村。

问：你当时一个月的工资？

答：当时是生产队记工分。

问：是生产队的队长邀请你当教师？

答：是的。

问：然后在哪些小学当教师？

【由代课教师转正为国办教师】

答：从北长到孟董庄小学当代课教师（当时民办和现在民办不一样，当时民办不如代课，现在是代课不如民办。那时是民办定编，代课由县派，就算定了编制，代课由县发工资），1971 年转正。

问：转正要考试？

答：由上面批准就可以，以后要考试。1971 年我又回北长，转国办教师，调县城东关小学（此时三个县又分开），当主任教师（校长）。以后又回到孟董庄当校长。

问：听说你在寺北柴村当过校长？

答：我是帮忙，在 1970 年干了一年，1971 年初回到北长。

问：我访问寺北柴村时，老百姓提到你，对你的印象非常好，我以为你在村里干的时间一定很长。当时小学校址在什么地方？

答：在现在的小学路南。

问：和你在一起的老师有谁？

答：有以下几个人：刘一心，寺北柴村人；赵书贵，寺北柴村人；刘贵芳（女），现在山西。还有临时代课的，记不清了。

问：你对寺北柴村小学的印象怎么样？

答：当时印象是，教学质量不错。当时高中下放到乡（公社），寺北柴村办了初中，考试不错，学生都考进乡中，文娱活动也不错，大队对老师很关心。

问：什么时候到中心学区？

答：从北长村到苏邱乡（属栾城县）的苏邱村小学当校长，当了两年，然后又到中心当师导员。从苏邱乡到郄马乡中心学区当主任，当了六年，1989 年回到孟董乡，当中心学区校长到现在。

问：从 1963 年起，一直当教师，后半部分当教育管理干部。这么长的时间，你感到中国农村教育什么时候变化大？

答：变化不太大。下面办了一年高中，当时是普及高中，即 1976 年，有两三年，由乡里办高中，到 1979 年结束，又回到县，共三年时间。

问："文化大革命"中，你有没有遇到困难？

答：没有，当时我当民办教师（1963），"文化大革命"期间还是民办老师。刚参加工作不久，没有受到批判。

【教师地位的变化】

问：你感到什么时候教师的地位有了好转？

答：记不清了，可能是 1977 年，大的变化在十一届三中全会以后。

十一届三中全会以后，1979 年以后。工资是从 1986 年开始变化，我们这里从 1987 年以后，评定职称，工资也发生变化。

问：现在你的工资每月多少？

答：每月 530 多元（全部加在一起）。

问：任主任你多少？

任答：396.5 元。

问：你今年多大？

答：我 33 周岁，我的年龄不如他（指校长）他的工龄长。

问：你毕业于什么学校？

答：栾城师范学校。

问：从什么时候开始当师导员？

答：1992 年。

问：你是未来的接班人。你是什么地方人？

答：郄马乡宋北村人。

范春路　范俊刚

时　间：1995 年 9 月 12 日上午
访问者：笠原十九司　左志远
访问场所：徐孟祥家

（被访者均为孟董庄乡副乡长。前者负责教育、民政，后者负责农业、财政、贸易）

【孟董乡乡政府机构组成】

问：（问范春路）今年你多大岁数？

答：40 岁。

问：你是什么村人？

答：小梅乡石板桥村人。

问：哪一年当副乡长？

答：当教育副乡长是 1994 年，去年抓教育。

问：请介绍一下乡政府管教育有哪些机构？

答：乡里有主管教育的副乡长，管全乡教育。乡里有教育委员会。

问：有几个委员组成？

答：中心学区由 6 人组成。

问：教育委员会除中心学区外还有什么？

答：没有别的机构。

教育委员会有主任，主任委员是副乡长，还有中心学区的校长、乡中校长、师导员（教导主任）、业教干部等人。

问：没有会计吗？

答：有，但他不是教委会的成员。会计是乡里的会计，他管学区的会计。

问：教导主任就是学区的师导员吗？

答：是的，就是师导员。

问：中心学区的人员和教育委员会的成员有重复的？

答：是的，乡里挂帅，具体工作由中心学区负责。

问：教育委员会是行政机构，党的机构呢？

答：乡有乡党委，中心学区有个党的支部，校长是党支部书记。中心学区党支部属乡党委领导，还有村支部和部门职能支部。

问：乡党委内有没有分工负责教育的？

答：有一位副书记负责。

问：教育委员会的办公室在哪里？

答：在中心学区。

问：中心学区办公室和乡政府办公室是分开的吗？

答：是分开的。乡政府办公室权限比中心学区办公室要大。

问：要开会，是学区办公室负责？

答：是的。

问：你们教委会有什么会议？

答：有，不定期召开，根据任务决定。比较大的问题需要研究的，就不定期召开会议。

问：教委会的办公室在中心学区，而乡的副乡长，主管教育的副乡长的办公室与中心学区不在一起，你领导方便吗？

答：离得很近，不影响。有重大事情，中心学区的校长可直接找乡长，或者乡长在县里开会回来可直接找中心学区校长，很方便。办公室之间只有半里路，互相有电话。

问：乡中校长是谁？

答：是赵明锁，24 岁，是北十里铺村人。

问：哪一年当校长的？

答：1993 年担任校长。

问：业务干部是谁？

答：芦增江，38 岁，是北十里铺村人。他们都是男的。

问：业务干部的任务？

答：主要是扫盲、社会培训、技术等各种培训。

问：现在有没有业余学校？

答：有，有一个扫盲班，现在已结束。今年主要是各种技术培训。业余学校在乡中，利用乡中的地方。

问：业余学校的老师？

答：有固定的经常性的老师，也有从外面招聘来的，如蘑菇专家，是县里的，也有乡里的，也有村里的，将他们请来讲，根据需要而聘请。

问：固定的有几个？

答：有两个。

问：你们扫盲教育是什么时候结束的？

答：1994 年冬天。

问：你们乡有多少副乡长？

答：现在有 4 个。

问：你们两位：范春路、范俊刚。

答：（范俊刚），我们政府工作人员没有

名片。我主管农业和财贸；范春路主管教育和民政。

问：民政的具体内容是什么？

答：拥抚、社会照顾、孤寡老人、敬老院、结婚登记，军人家属和残废军人。

问：第三位副乡长是谁？

答：韩更喜，他主管乡镇企业。

第四位副乡长是格生存，他主管计划生育。

问：他是女的吧？

答：他不是女的，他主管计划生育，其中有关妇女节育等由一位女的助理员负责。

问：乡长是谁？

答：他叫李德胜。

问：会计怎么样？

答：会计不是乡领导，他是下属的财政所，里面有会计。

问：乡里的机构有哪些？

答：有财政所、农机站，农技站、经营管理站，民政所、土地所、计划生育办公室、妇联乡政府办公室（是部门）、司法所（政法所由政法副书记管）。

问：会计呢？

答：会计由财政所管。

问：乡政府里有多少会计？

答：财政所由4人组成。

问：4个的分工？

答：会计就是一个，他们财政由4人组成，其中有一个会计。

【教育经费和教育委员会的任务】

问：去年乡政府的预算中，教育经费占多少？

答：没有统计，没有会计，我们还弄不清楚。

问：你们估计一下有多少？

答：不太清楚。学校没有说这事。乡统

筹不能超过人均生活水平5%，这是所有费用在内，不单是教育经费。

问：据我们了解，在5%里，教育经费不超过1.5%。

答：我们没有详细计算过。

问：副乡长中谁领导？

答：是我（范俊刚）。

问：老师的工资都由你们乡政府负责吗？

答：不是。是由两部分组成，国办老师由县财政直接拨款；除了国办，民办和代课老师由乡政府负责。

问：乡政府负责民办、代课老师的工资以外，还有什么经费要负责？

答：有，办公用品由我们乡负责。学校修缮也由乡政府负责。各小学由村委会负责。

问：小学校你们不管，那你们的办公用品费和修缮费给谁？

答：给乡中。现在是分级办学和管理。

问：我想寺北柴村小学的条件不太好，你们乡政府有没有计划改变这种状况？

答：有计划，你们下次再来，学校就会发生变化。

问：现在盖成新的教学楼，需要多少钱？

答：20多万元。已考虑材料费的涨价因素。

问：北五里铺盖的新教学楼花了7万元。

答：那时物价没有现在这样贵。一个是原材料，一个是工钱。

问：请介绍副乡长领导的教育委员会的具体任务？

答：主要是协调村委会与学校的关系，这是其一；第二，督促检查落实学校的硬件（指办学条件，房屋维修），如村里要盖新的教学楼，乡政府要督促村委会和鼓励村民们改善办学条件。这就属硬件。还有软件，指教学上的仪器、图书等；第三，提高教学质量，老师之间的互相调动。

问：老师的调动必须经过乡教育委员会？

答：是的。

问：最近村委会与小学校有没有发生过什么矛盾？

答：没有。

问：以前有没有？

答：从我们接管以来还没有。所谓协调，如改善办学条件，村里在资金上有点问题，由乡里去协调，该由乡统筹拿多少，你们村里拿多少。冬天要烤火煤，学校提出，村委会给解决了，这样也就无须协调了。有办不了的，我们才去协调。本乡的干部和教师之间的大矛盾没有，小矛盾他们之间自己解决了。

问：寺北柴村要盖新校舍，你们也得协调吧？

答：要协调，由于硬件花钱太大，需要全社会来办，这样就要乡政府来协调办。

问：你们三个任务，现在哪一个最重要？

答：这要看从什么角度说，如咱们抓教育的，从乡政府方面说，主要是改善办学条件；从学校来说，委员会包括各方面的人，他们任务不同；从学校来说，主要是提高教学质量。

问：你不光管小学和乡中，业余学校你也管吧？

答：也管，因为包括业余的教育。

【乡村教育发展的课题】

问：从孟董乡小学看，向前发展要解决什么问题？

答：教育主要任务是提高教学质量，师资最重要，必须加强师资的力量，有了好老师，教学质量就能提高上去。中心问题是师资问题。其他就是次要的问题，包括多方面的，如修路，从乡中到乡政府不是公路，下雨走路很困难，我们打算修路。有些国办老师不是本乡人，由于路不好走，他们也就不愿意来，很难吸引质量高的人才。当然县教育局调你，你也得来，即使不自愿也得来，所以它是次要的，如果达到自愿的话，那么修路就成为主要的了。

问：你们要提高业务水平，在乡里有没有提高的地方？

答：主要在县里，乡里没有。

问：除了到县里去进修外，在乡里面还有什么措施来帮助他们提高业务？

答：乡中不定期地对各小学老师进行培训，将他们集中到乡中来。

问：培训时由谁来领导？

答：由乡中的校长和师导员负责。

问：孟董乡有多少自然村？

答：13 个自然村。

问：昨天中心学区校长说有 12 个小学。

答：为什么 13 个自然村只有 12 个小学呢，原先，你们去年来时是 12 个村，经过上级批准乔李庄分为乔家庄和李家庄，所以成为 13 个村。乔家庄和李家庄很近，这样学校还是一个，小学在乔家庄，李家庄的学生到乔家庄小学上学。分开是经过省政府批准的。

问：这 13 个村的规模差不多吧？

答：我们没有具体统计。

问：可分为大中小。

答：圪塔头、北十里铺、岗头，属于大的；小的有乔家庄、李家庄、赵村；其他的是中等的。

问：有的村有完小，有的没有完小，要到其他村去上学，这样不是有了矛盾，你担负着这项任务，这矛盾如何解决？

答：由乡统筹解决，主要问题不在房子，而是经费，由乡政府统筹解决。

问：最近有没有出现这样的矛盾？

答：这不叫矛盾，而是正常的业务，因为由乡政府统筹解决了，而且已形成一种制度，乡统筹的目的，在某种程度上说，除了教师的工资外，还包括其他一些经费。

问：义务教育，什么时候达标？

答：今年已达到了，现在都可以达到 9 年义务教育。

问：什么时候达到。

答：孟董庄乡和国家规定一样，我们是去年达到的。

【出身与家庭】

问：问问个人的历史，你（范春路）今年多大岁数？

答：40 岁，出生于 1955 年。

问：你的母亲叫什么？

答：叫李冬连。

问：父亲呢？

答：已去世了，他叫范增章，1981 年去世，去世前是三中校长。

问：你有多少兄弟姐妹？

答：5 个，我是老大。老二，范新路，弟弟，务农；老三，范文亮，弟弟，务农；老四，妹妹，范清秀，已出嫁，务农；老五，妹妹，范文秀，已出嫁，教师，在聂家庄乡乡中。

【小学校】

问：你们是教育家庭。你什么时候上小学？

答：7 岁上小学。

问：你上学是 1960 年，中国是困难时期，你个人有饿的感受吗？

答：不太清楚。

问：你在西板桥村上的小学吗？

答：是的。

问：西板桥村小学有多少老师？

答：是完小，老师多少记不清了。

问：你同班同学有多少？

答：30 多人。

问：老师是谁？

答：班主任是薛玉香（女），大约二十四五岁。

问：你还记得她上课的方法吗？

答：没有。

问：对这位老师的印象？

答：上课严格。她后来考上天津化工学院，被分配到元氏县，现在不知她干什么了。

问：你在小学时期，最喜欢什么课？

答：喜欢语文课。

问：你在小学还爱好什么？

答：篮球。

问：运动外还喜欢什么？那时候有篮球比赛吗？

答：没有。

问：你上中学在什么地方？

答：在小梅村，当时高中下放乡办。小梅村是乡政府所在地。

问：小学上几年？

答：六年，是完小。

问：小学时你的成绩属于什么位置？

答：我是中上游。

问：上中学有没有考试？

答：有考试。

【初级中学】

问：你小学同班同学上中学有多少？

答：是全体上的，当时乡办高中，当时要求都要上。

问：小梅村中学，初中一年级有几个班？

答：两个班。

问：班主任是谁？

答：赵纪晨。

问：你学了什么课？

答：语文、数学、化学、地理、自然、音乐、体育。

问：历史没有吗？

答：有。

问：外语有吗？

答：没有。

问：你最喜欢什么课？

答：数学和语文。

问：你喜欢文科还是理科？

答：我喜欢文，但当时还说不上，因为没有分。

【高等中学半工半读】

问：你上了几年高中？

答：初、高中均为两年，共 4 年。

问：你们两年初中毕业有多少上高中？

答：全盘端（指全体）上高中。我们是在"文化大革命"中。

问：高中还是在小梅村？

答：是的。

问：高中还是两个班吗？

答：是的。

问：高中的班主任是谁？

答：郝永贵。

问：那时郝老师多大？

答：三十四五岁。

问：你上初、高中是"文化大革命"时，对你们有什么影响？

答：有影响，光下地，半工半读，对专业学习有影响。

问：你们参加什么劳动？

答：主要是在农村参加劳动，下地干活。

问：劳动和学习的比例？

答：上午学习，下午劳动，一半一半。

问：那时你们学生对老师有没有批判？

答：没有。

问：你们高中有没有"红卫兵"？

答：有"红卫兵"，我没有参加，没有红袖章。

问：学校"红卫兵"有多少组织？

答：我们参加红卫兵的不多。

【小学民办教师】

问：高中毕业以后？

答：在村里教小学 1 年，在西板桥村。

问：你是民办？

答：是的。

问：你的工资？

答：当时记工分。

问：你当小学教师是大队邀你去还是你自己要求的？

答：是大队让去的。

问：你教哪个年级？

答：是五年级，我教语文和体育。

问：刚开始当教师，有没有遇到困难？

答：没有。

问：谁教给你教学法？

答：向老教师学。

问：你教了几年？

答：教了 1 年，又到小队当记工员。

问：你是自愿去的吗？

答：自愿的，因当教师记工分少。

问：记工员的具体任务？

答：每天要给社员记工分。

问：当记工员多长？

答：两年。

【河北农业大学】

问：记工员以后干什么？

答：上学，到河北农大上大学。河北农大在保定，我读的畜牧专业。

问：学几年？

答：学三年。

问：毕业以后？

答：分配到栾城县畜牧局当技术员。

问：当到什么时候？

答：1989年到孟董乡，直到现在。到孟董乡当副乡长。

【孟董乡科技副乡长】

问：谁邀请你当副乡长？

答：我是科技副乡长，当时每个乡都要配备科技副乡长。

问：你是党员吗？

答：是的，我是1984年入党的。

问：现在还有科技副乡长吗？

答：有，我（范俊刚）现在兼管着。

问：你现在可说是科技副乡长？

答：是，我管的包括这一块。

问：从1989年到什么时候当科技副乡长？

答：到1994年管教育。

【出身与家庭】

问：现在问范俊刚副乡长。你今年多大？

答：38岁。

问：什么地方人？

答：我是西安庄乡小寺安庄村人。

问：你父亲叫什么？

答：叫范五祥，务农。

问：母亲？

答：魏小就。

问：多少兄弟姐妹？

答：兄弟姐妹四个，我最小。

问：老大叫范瑞格，姐姐，务农；老二叫范瑞英，哥哥，县检察院工作；老三叫范俊英，哥哥，县电机厂工作。

【栾城中学】

问：你上学后上什么中学？

答：栾城中学。

问：栾城就一个中学？

答：就是一个中学。

问：有高中也有初中？

答：是的。

问：高中毕业后干什么？

答：在生产队当技术员，一年后，当大队会计，再后是副书记、民兵连长。我对基层工作比较熟悉。

【任职副乡长】

问：什么时候当副乡长？

答：1988年。

问：什么村的大队会计？

答：就是我们村小寺安庄的大队会计。

问：你一直当领导人？

答：我毕业后一直在乡村当干部。

问：你哪一年入党？

答：我是1976年入党。

问：1988年当副乡长的任务是什么？

答：我管农业。

范云雪（41岁）

时　　间：1995年9月12日下午

访 问 者：笠原十九司　滨口允子
　　　　　左志远

翻　　译：王　键

访问场所：栾城县第一中学校长办公室

【栾城县一中概况】

范校长介绍一中情况：

我们学校全称：河北省栾城县第一中学，是咱们河北省第二批162所装备的重点中学之一。河北省有首批重点中学，首批装备的市有一、二所，像石家庄市有新立中学、石家庄市一中、二中，师大附中，正定中学。

现在学校占地90.3亩，有教学班32个，教职工196人，学生1860人。这个学校是1951年建校，现已有44年历史。

学校机构设置：有校长，是我，原来有书记，现在退了，我现在是代书记。有两个副校长，一个负责教学，一个负责后勤；有一个办公室，办公室主任，岳春文、刘吉波。还有三个处：教导处，一位正主任，三位副主任，他们都兼课；政教处，主任是一正二副，刚成立的；还有一个总务处，是一正二副，负责后勤工作。

学校有教学楼（北边），共四层，32 个教室，后边是试验楼（共二层），有两个物理试验室，一个仪器室，还有化学试验室两个，一个仪器室；另外，有两个语音室，各 70 个座位；还有校长办公室，有一台计算机；男生、女生宿舍楼各一栋，家属宿舍楼，73 户，两侧是学生的操场，有 400m 跑道，这个楼算行政办公用，下面还盖一个车棚，两层，北面还建一个食堂。学生大部分住校。

基本情况就是这样。

问：老师们中的男女比例？

答：男的略多一点，约占 60%，女的占 40%。

问：32 个班，包括初中？

答：只有两个初二，没有初一，初一在乡中学习，每年从初二招 30 个运动员。

问：从学习完课程的初一学生中去挑选？

答：初一学完应进初二，我们从那里招 30 名，专门培养体育运动员的。

问：你今年多大岁数？

答：41 岁。

问：老家在什么地方？

答：我老家是城县，与栾城县是邻居，在东北方向，在城关。

【校长个人经历】

问：想问问你个人的历史。你父亲叫什么？

答：叫范大枝，务农。

问：母亲？

答：叫马秀琴，她 1991 年去世了。

问：你出生于哪一年？

答：1954 年，属马。

问：你有几个兄弟姐妹？

答：就我一个人。

问：你是独生子。你的父亲现在住在哪里？

答：就住在藁城。

问：谁照顾他？

答：他身体还可以，天稍冷，我将他接到学校来，我有一个三室一厅的住房。现在还暖和，他愿在家活动。在家熟人多，有共同语言，这儿人生，他愿意在家。

问：你父亲多大？

答：78 岁，健康。

【小学校】

问：你几岁上小学？

答：8 周岁，1962 年。

问：在什么小学？

答：在城关完小。

问：你在 7 岁时，中国是困难的时期，你个人有什么感受？

答：那时生活困难，在集体食堂打饭，记得我去打饭，用一个小桶。

问：你个人有饿的感觉吗？

答：记不清了。

问：你家或亲戚有饿死的吗？

答：没有。

问：你上完小，一年级有几个班？

答：4 个班。

问：你的老师？

答：叫苌荣芬，女，无极县人。这个老师要求很严格，是我们很好的启蒙老师，要求非常严格，做不好做业不行，对我们教育很好。

问：给你留下了很深的印象？

答：是的，我当时是班里学习委员，对我很信任。她家是无极的，写信，都是我去给她寄，在她忙的时候。

问：她当时多大？

答：20多岁。刚教我们尚未结婚，后来才结婚，她爱人是个军人。

问：你同班同学在春节时有没有去拜访她？

答：由于她家在无极，离我们县很远，但每年春节放假时，都让我们送她一段路。

问：一年级苌老师？

答：从一年级到五年级都是她。

问：你学的什么课程？

答：有语文、数学、体育、美术、音乐、手工劳动（折纸）制作。

问：有没有劳动？

答：参加学校劳动，手工劳动，搞些制作。

问：到高年级呢？

答：高年级有劳动课，但不多。

问：你最喜欢的课？

答：算术。当时外校老师来听课，都叫我到黑板上去演算。

【小学老师的启发式教学】

问：苌老师上课的教育方法特色？

答：注重启发式，叫你动脑筋，最后由你自己总结出答案。

问：不是填鸭式？

答：她不是采取完全灌输的方式，她常讲要举一反三，举一个例子要叫你反三。

问：她毕业于哪个学校？

答：由于我们年龄小，记不清了。

问：我想知道她怎么学到这一套方法？

答：她可能是师范学校毕业的，哪一个师范学校记不清了。

问：你在学校爱好什么？

答：体育活动，最喜欢练练武术。现在每天早上打太极拳，24式。

【小学的运动会】

问：你在小学有运动会吗？有请介绍具体情况。

答：有运动会。当时我的运动成绩不是太好，一年一次，一般在春季，有时也在秋季。

问：运动会有什么比赛项目？

答：田径，100m跑，200m，投手榴弹，跳远和跳高。

问：有没有学生在一起跳舞？

答：在大课间有跳舞，集体舞，带有游戏性质。还有广播操。

【“文化大革命”与小学】

问：你六年级老师是谁？

答：由于苌老师生小孩，休产假，换了一位老师，叫许明眉，对其印象不深，他是学校教导主任，是临时性的，这时已开始“文化大革命”，六年级上课时间不长。

问：“文化大革命”对小学有什么影响？

答：有一定影响，停了一段课，上也上不太好，我们出来散发传单。

问：对老师的教学态度有没有影响？

答：老师们没有什么变化，学生的学习态度受到外界的影响。

【生产队办的初中】

问：你上初中在什么地方？

答：初中是大队办的，当时初中下放，我在城关三大队办的初中上的学，叫城关三大队初中。

问：一年级有多少学习班？

答：有两个班。

问：你们的老师是谁？

答：叫白建国，教语文课，他有 30 多岁，男；数学是女老师，叫李秀芝。

问：你们的班主任是谁？

答：是白建国。

问：你对这位老师的印象？

答：他很忠厚，和善，很厚道。

问：初中是二年吧？

答：是二年，高中也是二年。

【乡办中学】

问：高中在什么地方？

答：在城关公社，是乡办高中，高中不放到公社办，一共有三个班，学习两年。

问：你上初、高中正是"文化大革命"中，对你们教育有什么影响？

答：就是在 1966、1967 年有些影响，到 1968 年基本上又恢复学习了。

问：有些什么影响？

答：有时候就停课，传达最高指示。

问：你参加过串连？

答：由于年龄小，没有去。

问：高中有红卫兵？

答：有，记不清，他们叫什么名字记不清了。因为不在一个学校。

【任生产队干部】

问：高中毕业后呢？

答：我在城关三大队，当小队干部，我们是 12 小队，即三大队 12 小队，兼任出纳员。

问：你是小队长吗？

答：我是负责生产的，也不叫队长。我们小队那一年正好选举，选举选上我们几个，进行了分工，我负责生产。

问：这是哪一年？

答：1973 年。

问：你们高中毕业的同学到小队当干部的多不多？

答：还有一个，是我的同学，他是管库的，负责技术，我们是在一个小队，是一起被选上的。

问：谁推荐你当的？

答：是选上的。小队一共选上六七人，由大队安排分工，是大队的会计给我们分的工，过去会计由出纳兼，这不符合会计制度，所以将出纳分出来。人们为什么不愿意当出纳呢？因为钱老是碰不对，亏了，所以没有人干，一直由会计兼着，所以，大队会计说，你脑子清楚，兼管出纳，我那位同学，叫他管技术。到 1974 年 11 月，大队办了小学班，叫我去当老师。

【民办教师】

问：小学叫什么名字？

答：叫三大队小学。干了一个月，城关初中增加民办老师，这个学校的校长是许明眉，小学时的代课老师。他教过我们课，他非要我去，1974 年 12 月当了民办老师。

问：那时你的工资？

答：记工分，另外每月补助 6 元。

【高考恢复】

问：你是共产党员吗？

答：是共产党员，我是 1984 年入党的。当了三年民办老师，到 1977 年恢复高考以后，我第一届考上大学——河北师范学院。当时在张家口的宣化市，上了四年，到 1982 年，我们是冬天考的，到 1978 年 3 月 16 日入学。

问：你为什么要考大学？

答：由于我成绩好，从小学到高中，我一般都是第一、二、三名，总是在前三名，我的数学成绩比较好，又是物理课代表，化学也顶爱好，语文也可以，当时我写的作文，老师总是作范文念给同年级同学听。由于成绩比较好，1977年刚恢复高考，谁都可以考，老师、同学都动员我去考，我们班主任动员我，我的同学在部队，给我写信，写了好几张纸，动员我无论如何要去考。

问：你上的什么系？

答：我上的是物理系。

【毕业分配】

问：你是理科的。在河北师范学院学到什么时候？

答：一直学到1982年，我们是1977年考试，1978年入学，1982年3月毕业，毕业后直接分配到这个县。我家在栾城，由于没有指标，石家庄只有六个指标，所以我到栾城报到。

（注：指标，指的是学生分配，当时实行国家统一分配，都有一定的指标下达。有指标的地方才能去，没有指标的地方，就不能分配去。——整理者）

栾城离我家比较近。栾城有一个指标。当时没有双向选择。

1982年毕业生是恢复考试后的第一届毕业生，国家口号提出到农村去，一竿子插到底，从学校一直到县。

【栾城中学任教】

问：你到栾中当教师？

答：是的。

问：1982年，还没有栾城一、二、三、四中吧？

答：是的，只有栾城中学，即现在的栾城一中。现在的二中是原来的冶河中学，三中是原来的陈村中学，四中是原来的方村中学。

问：二、三、四中都在栾城县城吗？

答：不是，冶河中学（二中）在冶河镇；陈村中学（三中）在陈村乡，以村名和乡名命名的。

问：什么时候改变的？

答：1988年，县委的胡书记说将其变一变，一听说冶河、陈村中学，好多学生不愿意去，就改为二中三中。

问：改后有效果吗？

答：没有什么效果，还是想上一中。

【河北省最年轻的中学校长】

问：1982年到现在，你一直在这儿？

答：是的，我教了一年初中，一年初二，教了半年高中，然后当了教研组长、教导处副主任、副校长、校长。1984年任职。1984年当教导处副主任，1985年1月，当副校长，1985年6月任校长，已10年了。

问：那时你31岁，很年轻的校长。

答：当是，我是河北省最年轻的校长。

【栾城一中概况】

问：你刚当教师的1982年，到现在，什么时候变化大？

答：就是最近几年。1988年以后变化比较大，那个教学楼是1988年开始建的。

问：栾城中学的上级是谁？

答：县教育局。

问：还有什么人直接领导？

答：局长。

问：这个学校一年的经费？

答：不包括工资在内，一年约10万元左右。

问：与小学的经费完全不一样。

答：不一样。经费包括体育器材、图书等。

问：栾城中学领导其他中学吗？

答：不领导。由局长领导，他管县里的所有学校。

问：县教育局领导的具体内容？

答：具体内容包括：人事工作、财务和制定一些教学政策，如搞些军训，上级有什么精神向下传达。

问：你有没有遇到困难问题？

答：困难就是经费紧张。

问：关于教育内容有什么困境？

答：没有，我们要什么人就给我们什么人，首先保证我们这里。

问：学生一个学期拿多少钱？

答：每一个学期拿 160 元，其中学费 100 元，杂费 60 元，共 160 元。

问：教职工平均年龄？

答：教职工共 196 人，平均年龄 30 多岁，比较年轻。

问：你当校长 10 多年，你认为学校进一步向前发展，需要解决什么突出的问题？

答：关键问题要从教职工入手，教职工积极性上来以后，能将学校质量提高，其他问题就好解决了，我们准备用 3 年时间，即到 1998 年，将本校建成市县比较好的学校，共 17 个市县，我们争取进入前几名。我们创三个一流：绿化美化创一流，明年要进一步搞得好一点，一年上一个台阶，要成为最好的；办学条件创一流，我们自行车棚其他学校没有，我们的学生食堂其他学校也没有这样高的标准，职工食堂东边要继续建，准备三年完成；教学质量创一流。

问：这样的改变，需要钱的，你们要向教育局要钱吧？

答：我们采取多方面集资，向省里要一点，向县里要一点，向好一点单位要一点，再收点自费生。通过多渠道来解决经费问题。

问：你的学校未来很有希望。现在的学生价值观和你年轻时比较起来，有什么特点和变化？

答：现在学生思想比我们那时活跃，接受新事物比较快；我们上学时思想比较单纯，接受外界信息也少些，现在信息来源比较广些，学生接受起来也比较快，反应比较快。

问：活跃是不是指各种思想？

答：有这方面的意思，但也不完全，总之想得多一些。

问：对国家、对社会、对集体他们怎样对待？

答：对国家，学生还是爱国的，有一些集体活动，还是非常积极的，如举办亚运会，学生非常高兴，有时看电视，看到各种比赛，成绩好一些，他们心情非常激动。

问：当今的青年，在价值观念上有什么变化。

答：有些变化，过去我们上学受计划经济影响，思想单纯一些，现在受社会主义市场经济的影响，学生们观念有些变化。

问：对国际形势他们有兴趣吗？

答：有兴趣，他们看看报，我们设有报栏，在课外活动时他们看看，关心国际形势。

问：他们对自己的将来有什么样的希望？

答：农村中学的孩子们，他们希望考上一所大学，他们考上大学，户口就发生变化，成为国家干部，所以农村的学生向往考上大学，这种思想占主导地位。

问：但是，现在大学生毕业后，大概是自由选择职业，过去你问他们，他们一定说服从国家分配，如果现在问他们的话，他们现在将怎么样回答？

答：现在，我估计他们也会服从国家分配，绝大多数学生还是服从国家分配的。可能个别的现象也能出现，这不好估计。少数学生想从事自己愿意从事的工作，找一些好的工作，这种思想可能有。

现在是双向选择，你自己可以找工作，但如果找不到，仍由国家按需要进行分配。服从分配，基本上是你从哪里来还是到哪里去。

问：栾城中学，从农村来的学生和从城市来的学生之间的比例是多少？

答：农村来的学生多，城市是指县城，还是少。

杜秋姐（47 岁）

时　　间：1995 年 9 月 13 日上午

访 问 者：笠原十九司　左志远

访问场所：赵书贵家

【个人经历】

问：听说你和你的丈夫是同一个年龄？

答：是的。

问：46 岁？

答：47 岁。

问：你的老家在哪里？

答：马家庄乡内营村人。

【民办教师转公办教师】

问：你什么时候当教师的？

答：民办教师从 1969 年开始，1978 年转为公办。

问：在什么村当教师？

答：在寺北柴村。

问：哪一年成为公办教师？

答：1978 年转为公办教师。

问：1969 ~ 1994 年一直在寺北柴村当教师？

答：没有，我是知青到这儿，进城后又回到这里。

问：你什么时候回城（石家庄）？

答：1978 年回城，回到石家庄。

问：回城干什么？

答：当了一段工人，不到两年，到 1980

年又回到寺北柴村。

问：当什么工人？

答：在环卫处。

问：是工人还是干部？

答：是以工代干，以工人代干部。

问：1980 年回寺北柴村还是当教师？

答：是的。

问：你是回城以前当公办教师？

答：不是，是回来以后。

问：那你不是 1978 年转为公办教师的？

答：1980 年回来，又上了中师。我回来又是公办，就是还没有拿到中师的文凭。还是 1978 年转为公办教师的。

问：你上的是教师进修学校吗？

答：是的。

问：1985 ~ 1994 年，在寺北柴村当教师？

答：是的。

问：你第一次到寺北柴村，小学的校址在什么地方？

答：在现在学校的南面。

【1964 年的寺北柴村小学】

问：1969 年有多少老师？

答：有 6 位老师。

问：有几个年级？

答：一至五年级，后来撤又去五年级，只办了两年，将五年级取消了，只有一至四年级。

问：老师的名字你还记得吗？

答：记得。那时的校长叫王信英。

问：他当时有多大岁数？

答：四十二三岁。

问：男的？

答：男的。

问：他是什么村人？

答：北长村人。

问：还有几位老师？

答：还有郝小寿（男），本村人；郝景密（女），本村人；刘春娥（女），本村人；杜秋姐，赵书贵。

问：1969年时的规模，请你画一下。

答：1969年安上门没有？门向北，有两个教室。这又是两个教室，这是门，中间是院子；这儿是墙，这中间是办公室，共两间；从这儿到这儿三个教室，这又是墙。

（图略）

问：那时的规模和现在小学相比？

答：比现在的小，因为学生也少。当时有五年级。

问：1969年，当时学校还是比较新的吧？

答：是的，当时盖起来还时间不长。

问：这个小学幼儿班从什么时候开始有的？

答：我回来就已经有了，但记不太清，可能是1980年以前。

问：六位老师，在1969年以后谁调到别的村去了？

答：有个女的结婚后就走了，就是两位女教师，郝小寿后来不干了，改行干别的，还在这个村。

问：替她们的老师是谁？

答：记不准，因流动性大，有第二年走的。走了以后的老师记不清了。

问：1969年，第一次当教师是哪一年级的班主任？

答：二、三、四年级的班主任，五年级班主任没有当过。

问：那时的学生人数？

答：记不清。共约100人，我的这个班有30多人，三年级有二十八九人，四年级也是二十八九人。

问：其他年级都差不多二三十人？

答：是的，共有130余人。

问：1969年以前你干什么？

答：1958年上小学的。一至六年级，我上到1962年小学毕业。

问：1967年你在什么地方？干什么？

答：1967年我上初中。初中毕业后下乡，1969年来的。

【下乡知青】

问：毕业于什么中学？

答：石家庄二中，当时叫工读二中，现在改为二十几中，记不清了。

问：你毕业后作为知青上山下乡的？

答：是的。

问：那时你们同班同学都下来了吗？

答：都下来了。

问：那时你同班同学有多少到寺北柴村？

答：原先叫我去获鹿县，我没有去，我舅舅在这儿。他们集体去获鹿了。我到寺北柴村，是投亲靠友。

问：你舅舅叫什么？

答：叫徐小眼，是我母亲的哥哥。

问：到这儿你们学校就你一个人？

答：是的。

问：下乡你干什么？

答：1969年来到村，到地里干活，时间不长就当民办老师了，是考上的。是乡里考的。

问：你参加什么劳动？

答：地里活什么都干，干的时间不长，干了一二个月。

问：你是不是不那么喜欢？

答：喜欢劳动，假期也干。

问：1978年回石家庄是什么原因？

答：去石家庄当工人。

问：你为什么又想回到石家庄去？

答：那一年是统一都回去。“文化大革命”结束，上面有政策叫回去。

问：为什么又回来？

答：走时我们已结婚了。

问：哪一年结婚的？

答：1974 年结婚的。

问：你 1974 年结婚，为什么 1978 年你还回去呢？

答：那时都走了嘛！我也希望到城市里去。

问：你刚来这个村，当时的生产大队长是谁？

答：是村里的支部书记，叫徐春梅。我刚来也不太熟，大队长记不清，小队队长是徐领群。

问：1969 年你当民办教师记工分？

答：记工分，还补助钱，一开始是 4 元、5 元，后来又是 8 元，后来又 10 多元。

问：你第一次当老师，以前没有教学的经验，有没有遇到什么困难？

答：也没有什么大的困难。刚开始不太熟，管理学生没有经验。

问：1969 年开始教书，有没有人帮助你，传授给你教学法？

答：有人帮助，国办老师帮助民办老师。

问：王信英是国办？

答：是国办，其余老师是民办。

问：你当教师时学生的情况和现在的学生有什么差别吗？

答：农村的孩子，思想比现在的孩子单纯点。

问：学习态度？

答：那时课没有现在这么多，现在学生的负担重。

问：学生对老师的态度有什么变化？

答：总的说对老师的态度还是尊敬的。

问：还有什么差异？

答：说不上来，他们还小。现在就是课程比以前多。

【1980 年的寺北柴村小学】

问：1980 年在寺北柴村当老师吗？

答：是的，当老师。

问：当时寺北柴村小学一至几年级？

答：一至四年级，没有五年级。

问：1980 年，你回来时小学还有哪些老师？

答：有刘春娥，还有王富珍（男），是校长。

问：他（王富珍）是什么村人？

答：他不是这个乡的，什么村记不准了，是外乡了。

问：还有谁？

答：刘春娥、郝秀花，是本村人，女，校长是公办教师。刘是民办。郝秀花是本村人，结婚后走了。赵书贵在不在我记不准了。

问：还有你本人，还有一位呢？

答：换了，记不准了。

【教师进修】

问：你怎样达到中师而取得文凭的？

答：是进修，在栾城师范学校，带工资脱产去学习。

问：你学习时，工资还是照拿吗？

答：是的，照拿。

问：多长时间？

答：两年。这两年不在学校讲课，专门学习。

问：在栾城师范学校里你上的什么课？

答：教育学、心理学、物理、化学、数学、语文、政治、教学法、音乐、美术、体育。

问：你上学拿学费吗？

答：没有学费。

问：你的丈夫还是民办教师，他怎么没有这样的机会？

答：我是公办教师，进师范学校无须考

试，他是民办，要经过考试，而且有年龄限制。年龄超过就不让考了，他那时可能超过了。

问：为什么？你们年龄相同，而他为什么不能去？

答：他是民办，我是公办教师，没有条件限制，他是民办就要考试，又有年龄限制。

问：听说寺北柴村小学是1985年移到现在这个地方的？

答：我记不清了。

问：你回来已搬过来了吗？

答：我回来已搬到这里，我是1985年八九月回来，可能是八九月份以前搬的。

问：你中师资格达到以后，1985年9月你回来有什么老师？

答：李增身是校长，老师有陆荣爱。

问：李校长是什么村人？

答：是羊市村人，是公办教师。

问：陆荣爱老师呢？

答：她那时是民办，现已公办。

问：还有谁？

答：王翠霞，女，民办。

问：陆荣爱是本村人吗？

答：她是北十里铺人。

问：王翠霞是什么地方人？

答：她是圪塔头人。还有军芳，姓什么记不清了。

问：你的丈夫还在？

答：还在，加上我共6人。

问：你学完师范学校，回来后你的教学方法有什么变化？

答：从思想上进了一步，在方法上也比以前有进步，主要表现在管理学生方面。

问：你毕业了，你对学生管理有勇气了。

答：是的。

【最近十年间变化】

问：你1985年当老师时就是现在这个学校，从那时到现在校舍有没有变化？

答：基本上没有变化，不过将房顶重新修理。

问：听说现在的学校是知青住的地方？

答：我们来得早，没有住这儿。是石家庄铁路学校集体来的知青住的，时间不长。

问：听说现在的学校搬来之前，知青已走了，大队的办公室在这里，那么，你们来后，大队办公室在哪里？

答：大队办公室还在，靠近学校的门口。

问：你们搬到这儿，大队办公室还在这儿？

答：是的。

问：你原来在路南校址教过，也在搬迁以后的校址教过，你觉得原来好还是现在好？

答：比原来好些，原来房顶是木头的，现在是水泥。

问：你1985年获得中师资格，到1994年，将近10年，这个学校什么时候变化大？

答：没有多大变化，一直是比较稳定。

问：我想，老百姓的生活水平越来越好，这种变化对学校有什么影响？

答：民办老师少了，公办老师多了，师资提高了。

问：中国政府重视教育，政策的变化对你个人有没有影响？

答：从思想上适应这个形势，（在生活上）工资提高了。

问：学生对老师尊敬的程度有没有变化？

答：和"文化大革命"时相比有明显变化。

【教师的调动】

问：1985～1994年，老师调动的变化情况？

答：李增身走后由常荣珍（女）代理校长，现在又从河庄到岗头。

问：1985～1994 年，校长就是李增身？

答：是的。

问：去年变动（指调动）比较大？

答：是的。

问：陆荣爱什么时候离开的？

答：她上了两年中师，回来当了二三年离开。

问：她走了谁到这儿来？

答：是赵巧芬。

问：她是不是又调到其他学校去了？

答：去年走了。她是民办教师。

问：王翠霞呢？

答：她不当教师了，到石家庄第四工厂去了。

问：谁接替她？

答：是郭金花。

问：军芳走后谁接替？

答：忘记了是谁。

问：你丈夫 1986 年调到北五里铺是谁接替他？

答：记不准了。

问：1986～1994 年，除上面说的以外，还有什么老师？

答：还有刘彦俊，是幼儿老师。

问：还有？

答：记不准了。

【家庭】

问：问问你的家庭。你出生于 1949 年？

答：是的，1949 年 8 月。

问：出生于石家庄？

答：出生于马家庄乡内营村。

问：你父亲叫什么？

答：叫杜书魁，务农。

问：你母亲呢？

答：叫徐连。

问：你有多少兄弟姐妹？

答：有 8 个，我是老大。老二是弟弟，叫杜秋林，务农；老三是妹妹，叫杜秋花，务农；老四是弟弟，叫杜春秋，务农；老五是妹妹，叫杜春花，务农；老六是妹妹，叫杜秋萍，务农；老七是妹妹，叫杜文红，务农；老八是弟弟，叫杜小林，务农。

问：你毕业的石家庄新华路第一小学是一至五年级？

答：是的。

问：你老家离石家庄比较远？

答：我爷爷、奶奶在石家庄当工人，我住在石家庄。

【石家庄半工半读学校】

问：你小学毕业后？

答：在石家庄工读二中上学，现在是二十几中。

问：在小学一年级有多少学生？

答：两个班，一个班 40 多人，共 90 余人。

问：在工读二中读了几年？

答：应该 3 年毕业，但由于搞了"文化大革命"又蹲了一年多，共 4 年多，快 5 年。1969 年到寺北柴村。

问：工读有什么特别的意思？

答：工读就是半工半读。

问：那时你参加什么劳动？

答：在阀门厂劳动，还有在国棉二厂劳动。

问：劳动和学习的比例？

答：上两周课，劳动一周。

问：你们拿工资吗？

答：不拿。

问：你们去劳动，工厂对你们有什么好处？

答：是义务劳动，自己带饭去。

问：1969 年到寺北柴村。

答：是的。

【教师生活】

问：1969 年到现在，你一直当老师，你感到什么时候是最好的时候？

答：说不上来。改革以后是好的。

问：当教师以后，最困难是什么？

答：改革以前不如改革以后，

问：你有两个孩子，老大叫什么？

答：老大 18 岁，叫赵炳，女孩，现在正定中师上学。

问：老二呢？

答：赵哲，现在上小学六年级，13 岁。在河庄上小学。

赵球子

时　　间：1995 年 9 月 7 日下午

访 问 者：中生胜美　张洪祥

访问场所：赵球子家

【赵氏家族】

问：你叫什么名字？

答：赵球子。

问：姓赵的分几个院？

答：不分院，分股，这一股，那一股。

问：村内姓郝的，分两个院，姓赵的怎么办？

答：他们分南院、北院，我们姓赵的分好多股。

问：这两个股都叫什么名字？

答：没有名字，凡是一个爷爷传下来的，就是一股。我家是一股，（看辈份图）赵春子是一股，赵小孩又是另一股。

问：你爷爷叫什么名字？

答：叫赵二白。

问：你父亲兄弟几个？

答：4 个（看图），赵东子是我的大伯，赵印子是二伯，从小过继给大爷爷了。

问：你和赵歪子是什么关系？

答：从辈分上说，是兄弟关系。

问：赵歪子出五服了吗？

答：没有出五服。

问：姓赵的同族有"寒食会"吗？

答：过去有，现在没有了。

问：什么时间有"寒食会"的？

答：记不清了，大概解放后就没有了。

问：多大岁数可以到"寒食会"吃馒头？

答：不清楚，我没有参加过。那时听说过这件事，一户交一升麦子。

问：现在还有人记得吗？

答：有，赵小孩比我大，他今年有 70 多岁了。

问：他是族长吗？

答：对，他年龄大，辈份也是最大的。

问：你大哥比你大几岁？

答：大 4 岁。他解放时就去世了。

【农村葬礼】

问：那时丧事是怎么办的？

答：死了就埋了，年轻人死了，白事简单。

问：那时你父母都在吗？

答：都在。

问：他们去坟地参加埋葬了吗？

答：不记得了，一般都劝他们不要去。

问：叔叔、大伯可以去坟地里埋葬吗？

答：一般不管这些事，去不去都可以。

问：年轻女子去世，有什么说法吗？

答：如果是 20 来岁死了，要想法"寻出去"（即寻对象），也就是找个已经死的年轻男的，找人去说说，把女方的棺材埋到男的坟地，叫做"做阴亲"。

问：由哪方拿钱买棺材？

答：一般由女方拿钱买棺材的多，而且女方家内得托人去男方家说说，男方家同意了才行。小孩死了无所谓，埋了就算了。

问："做阴亲"的事现在还有吗？

答：在三四年前还有，是别的村的，没有出嫁的女的死去，找到一家叫王老塘。

问："做阴亲"要摆酒席吗？

答：不搞这一套。

问："文化大革命"时不让搞了吧？

答：这是老习惯，经常有的，我见过多次了，解放前后都有这样的事。

问：怎么去办这件事？

答：死了男的，这家就要去找已死的女的；同样死了女的，就去找男的家说说，说好了，找人一埋就算了。

问：要给对方钱吗？

答：不给钱，两家愿意就行。

问：买棺材谁出钱？

答：哪方钱多，哪方拿钱。但一般都是女方死了去找男方的多，女方拿钱。本村、外村都一样，这是风俗习惯。

问：找死者同姓的行吗？

答：不行，一般都找外姓。

问："做阴亲"的两家有往来吗？

答：活着的人没有往来，没有交往关系。

问：你和赵歪子一家在一起吗？

答：分家了，不住在一起。

【春节拜年】

问：春节拜年是挨家挨户去吗？

答：全村都拜年，尤其住在这一片的亲戚、邻居家都去拜年。

问：初一早晨先上坟还是先拜年？

答：先拜年，拜完年再上坟。

问：上坟是否要赶在太阳出来以前？

答：我们这里没有这个规矩，有早有晚，

随便去，一家子都去上坟。

问：是在早饭前还是早饭后去上坟？

答：在吃早饭以前去，回来吃早饭。

问：上坟是男的去，还是女的去？

答：是男的去，小孩也跟着去。

问：村内初一早晨吃什么？

答：吃饺子。

问：解放前是怎样去上坟？

答：我们一家子有两户，一叫"上坟去啦"，两户人家的人都去上坟，是上爷爷的老坟。

问：解放前上坟时，你已上学了吧？

答：那时我还小，不怎么去上坟。

问：初一先向谁拜年？

答：先给自己家老人拜年。如我们家，孩子们都先到我这里给我拜年，然后我们给长辈们拜年，给邻居和乡亲们拜年。拜完年就给老人们上坟。

问：拜年方式同从前一样吗？

答：是一样，都是磕头。

问：赵歪子给你拜年吗？

答：他比我大，我去他家拜年。

问：赵春子家怎样？

答：他早死了。

问：他家晚辈是否给你拜年？

答：是这样的，给我拜年。

问：去赵小孩家拜年吗？

答：姓赵的都给他家拜年，他辈分最大。

问：赵小孩父亲叫什么名字？

答：赵载宽。

问：孩子们给你拜完年，然后先到哪家拜年？

答：先到最近的一支去拜年，即叔叔、大伯家。然后到赵小孩家拜年。其余到各家拜年就不讲究了，谁家先拜、后拜，无所谓了。

问：村内赵家还有辈分比你大的吗？

答：有，我拜年去不了几户，就是三四

户，比我大的都得去。

问：村内姓郝、姓刘的辈分比你大的，你去拜年吗？

答：一般不用去，如果关系处理得好的，也去拜年。

问：现在辈分比你大的还有谁？

答：赵小孩，还有赵二丑，也 80 岁，已糊涂了。

问：辈分比你大的男的已去世，老伴还活着，去不去拜年？

答：去拜年，是长辈，都得去拜年。

【中秋节】

问：八月十五中秋节吃月饼，自己做的？

答：现在都是买的月饼。

问：中秋节，在外工作的人是否都要赶回来过节？

答：一般不回来，有时间就赶回来，具体情况不知道。

问：中秋节晚上给月亮上供吗？

答：上供。在院子里放桌子，放上月饼、梨、其他物品，然后烧香。

问：中秋节吃饺子吗？

答：过年吃饺子，中秋节不吃饺子，都是在晚上搞活动，同过去一样。

问：有没有拜兔爷的说法？、

答：就是拜月亮。

【亲邻相助】

问：邻居间互相帮助的事有吗？

答：有，这种情况很多，哪家有困难，或者盖房子，都是互相帮助。

问：如果借钱用，是向亲戚借，还是向邻居借？

答：谁有钱，关系好就向谁借。一般先向亲兄弟借的多。

问：你家借过钱吗？

答：我家老四盖楼房就借了不少钱，具体先向谁借，我也不知道，也不过问。

问：兄弟间借钱还不还？

答：如果兄弟说不要了，可以不还；如果人家提出要，也得还钱。

问：村内姓赵的如有家庭纠纷时，是否请族长赵小孩出来调解？

答：谁有调解能力出来说说，赵小孩不管这类事，具体应该找谁，我也没有打听过这些事。

问：你父亲兄弟几个？

答：兄弟四个，老二过继出去了。

【子女过继】

问：什么时间分的家？

答：我记事的时候就分家了。我大伯叫赵东子，没有小孩，我过继过去，跟他过。

问：是在什么时候过继的，有没有写过继单？

答：是我结婚后才正式过继过去的，没有写单子，就是两家人家在一起吃顿饭，说一说，就算过继了。一般的是要写过继单的，我们没有。

问：你家为什么不写过继单呢？

答：因为我从小就同大伯一起生活了。

问：你叔叔赵小盆有孩子吗？

答：没有。北关有个外甥过继给他，当养子。

问：原来姓什么？

答：原来姓什么闹不清了。

问：你过继后对赵东子怎么称呼？

答：一直叫大伯，没有改口。一般过继后要改口的，但我年岁大了，改口不习惯。所以叫我生父还是叫爹。

问：你上过学吗？

答：解放前上过私塾。

问：过继问题在旧社会是很被重视的

事吗？

答：很重视，但过继后叫不叫"爸爸"，这个事不太重视，反正都在一起过了。

问：老人去世后，家内放灵牌吗？

答：我们这里不搞牌位。

问：上坟时，是否先给爷爷上坟，然后再给大伯上坟？

答：都一起上坟，烧点纸，说明来上坟了，不分着上坟。

问：继父死了，继子也戴孝吗？

答：要戴孝，要打灵幡，孝子打灵幡，这是传统。

问：解放时，你家有几口人，多少地？

答：有20亩地，那时没有分家，划了个中农。

【分家】

问：农村分家，是否有矛盾才分家？

答：也不是，穷了，大家生活都顾不上了，就分家另过了。解放前分家的情况少些，现在一结婚就分家了。分家多数为生活问题所引起。

问：为什么解放前分家的少？

答：那时也没有什么家产，也没有房子，就在一起过吧。现在年轻人一结婚就都有房子住。

问：你家孩子分家时，给各家多少钱？

答：就是一家一套房子。

问：村内有没有因为打架打得厉害分家的？

答：没有。

问：现在分家写分家单吗？

答：有单子，我家没有写单子，由族长来主持一分，谁是谁的，都很清楚。

【认干亲】

问：现在农村有认干亲的吗？

答：不多了，过去干亲多。我老了，也不大过问。

问：为什么要认干亲？

答：孩子"缺"（即孩子少），怕有些什么毛病，认个干亲好养。

问：找怎样的人认干亲呢？

答：找小孩多的人家去认，特别是男孩多的人家去认干亲。

问：认干爹的多，还是认干妈的多？

答：一般都找干爹。

问：村内有人找你认干爹吗？

答：有一个，叫刘书堂，今年已三十七八岁了。

问：他父亲叫什么名字？

答：刘喜毛。

问：他认你干亲什么原因？是身体不好吗？

答：不是身体有病，他家男孩少，找我认干亲，在二三岁时就认了。

问：认干亲，是谁找谁？

答：他家找的人来说说，介绍人是谁忘了。

问：两家关系怎么样？

答：不错。

问：是在一个生产队吗？

答：不是。

问：认干亲需要请吃饭吗？

答：不用，说说就行了。

问：刘喜毛怎样称呼你？

答：他叫我哥哥。

问：刘书堂怎么称呼你？

答：叫我干老，我叫他干儿。

问：他对你孩子们怎么称呼？

答：哥哥、弟弟。

问：你孩子们称刘喜毛呢？

答：叔叔。

【街坊辈】

问：你怎么称呼郝物件？

答：他比我大，我称他哥哥。

问：丑子同你是同辈吗？

答：比我大一辈。

问：郝傻小怎么称呼你？

答：闹不清。

问：你怎么称呼郝长喜？

答：同辈，我称他大哥。

问：郝同生呢？

答：也是同辈。

问：不是一姓的，辈分称呼是否乱一些？

答：这种情况会有的，叫乱了，有些是按年龄大小排的，岁数大称大哥。同姓乱不了，不是一姓的，辈分乱不好说。

问：干儿结婚，你家是否要派人去？

答：都去，送个被面，经常有来往。我儿结婚他们也来。

问：你家孩子们去也送东西吗？

答：送红幛子，农村都是这个。

问：以前是这样吗？

答：以前也是这样。

问：如果老人去世时，干儿来治丧吗？

答：我家老人去世早，那时还没有认干亲呢。

问：如果干老去世时，干儿是否也穿孝服？

答：同儿子们一样穿孝服。

问：现在有丧事还穿孝服吗？

答：有，男的上身穿白衣服。

问：在红白喜事上，干儿同儿子有区别吗？

答：都一样，没有区别。

问：打灵幡是亲儿子打，还是干儿子打？

答：亲儿子打，没有让干儿子打的。

问：农村认干亲，现在是多还是少？

答：现在少了，前几年多。什么原因我也不清楚，也不打听这个事。

问：农村中有结拜兄弟吗？

答：从前有，现在不多了，县城内还有结拜兄弟，也有叫干兄弟的。

【农村庙宇】

问：村内有真武庙吗？

答：有，比过去小一些。

问：有老母庙吗？

答：有，就在附近。

问：现在又有庙了，你有什么看法？

答：没有看法。

问：你去拜老母庙吗？

答：我不去，老伴有时去，烧烧香，烧烧纸。

问：什么人去的多？

答：妇女去的多。

问：老母庙唱戏，你去了吗？

答：对唱戏我没有兴趣。

问：唱戏，一家交多少钱？

答：我家四口人，共交 10 元钱。

问：你们家还有个 30 多岁的儿子，结婚了吗？

答：没有，给他介绍，也不要，我们也没有办法。

郝老丑

时　　间：1995 年 9 月 8 日上午

访 问 者：中生胜美

访问场所：郝老丑家

【郝氏家族】

问：郝老中知道吗？

答：不清楚。（看辈分图）

问：郝傻小辈分大吗？

答：他辈分不小，最大。

问：郝老江是谁？

答：是我大哥，老江是他大号，小名叫小偏子。我的大号叫老丑，小名叫廷伦。

问：老江有几个孩子？都叫什么名字？

答：有四个男孩，三个女儿。

问：你二哥叫什么名字？有几个孩子？

答：二哥叫老雄，有一个孩子，叫发子。发子有两个男孩，大儿叫增顺，二儿叫增须，还有一个女儿叫秀菊。

问：你家有几个孩子。

答：大儿叫书堂，22 岁时就死了，留下一个孩子叫增祥，今年 19 岁，在石家庄棉花市场工作，还没有结婚。

问：郝家辈分最大的族长是谁？

答：辈分最大，现在是郝发祥、郝小顺，过年时，都先到他家磕头。

【郝氏家族】

问：你们名字是按辈分排下来的吗？

答：郝家没有家谱，叫什么名字没有一定的规定。

问：王村的郝家有家谱吧？

答：王村姓郝的，同我村姓郝的是一个家族，他们有家谱，一辈一辈往下排，咱们村没有。

问：过去是不是也有家谱？

答：过去同王村一样，也是一辈一辈往下排下来，后来就没有了。

问：郝老林是同辈吗？

答：不是，他是爷爷辈的。

问：郝元春是同辈吗？

答：他已经不在世了。

问：郝同顺同你什么关系？

答：我叫他叔叔。

问：与郝建刚是什么关系？

答：同辈，他叫我哥哥。

问：郝老六见过吗？

答：见过，比我大，是长辈。

问：春节时，你是先到郝元增家拜年？

答：是这样的，按辈分去磕头。

问：郝元春出五服了吗？

答：出五服了，还是一个家族，春节或者红白喜事还得去。

【"寒食会"】

问：姓郝的有"寒食会"吗？

答：有。

问：有"会头"吗？

答：有两个"会头"，叫"大会头"和"小会头"。

问：叫什么名字？

答：一年一个"会头"。

问："寒食会"什么时候没有的？

答：日本人打来以后就没有了。

问：村内姓赵的、姓徐的也有"寒食会"吗？

答：我记得姓郝的有"寒食会"，其他姓有没有不知道。我们郝家有坟地。

问：坟地有名字吗？

答：叫老坟，有 3 亩地，租给别人种，打下粮食归"寒食会"。

问：坟地由谁种？

答：由本姓的人种，收了粮食，自己留一半，一半交寒食会。

问：南院、北院是否两个"寒食会"？

答：没有，全村姓郝的就一个"寒食会"，也叫吃伙饭。南北院的人都去，15 岁以上的男的都去吃。

问：在什么时间吃伙饭？

答：清明节那天。

问：吃伙饭要磕头吗？

答：不磕头，排排辈分。

问：怎么排辈分？

答：按辈分大小排桌子，老一辈坐在一起，同辈的坐在一起，小辈也坐在一起。

问：什么时间吃饭？

答：晌午（即中午）开始。

问：喝酒吗？

答："寒食会"不喝酒。

问：都一起来，人多，辈分是否会搞乱？

答：乱不了，谁是哪一辈都很清楚。

【日军侵华】

问：日本人打来时，你记事了吗？

答：民国二十六年日本人来的，我已 13 岁了，记事了。记得是九月初八打进栾城的。

问：你是哪年出生的？

答：民国十三年出生，我 8 岁就没有父亲了。

问：你家有多少地？

答：有三四亩地。

问：谁种地？

答：我大哥种地。

问：你上什么学校？

答：上的国办学校。

问：你的老师是张老乐吗？

答：不是，我是在河东上的学。

问：日本人打来时，你跑了吗？

答：没有跑，村内由老人们出来接待的。

问：是郝国樑吗？

答：不是，开始是郝国樑，不干了，他家穷，是村内一些老人出来的。

问：日本人来时，村内有被打死的人吗？

答：咱们没有，外村有被打死的。

问：当时村里人害怕吗？

答：害怕，都跑了。

【家庭矛盾】

问：家庭矛盾时，族长负责调解吗？

答：有找老一辈出来说说的。

问：家庭都有些什么矛盾？

答：一般都是分家引起的，你分得多了些，他分得少了些，家产分得不均的矛盾为多。

问：是找自己最近的一支长辈来调解吗？

答：不一定，找大一辈的人中有威望的、有能力的人来调解。

问：为什么有些去找舅舅来调解的？

答：有些家族纠纷，同族的长辈不愿卷入，就找舅舅来解决，主持公正。

问：家庭矛盾，是找本村长辈调解多，还是找外村的舅舅多？

答：本村解决多，找外村的少。

问：是否矛盾闹得厉害，才请舅舅来调解？

答：不是，过去很少请舅舅分家，现在多了。这种现象解放以后多了，尤其人民公社化以后。

问：你们什么时候分的家？

答：我 13 岁那年分的家，那是"七七事变"后，我爷爷死了，就分家了。

问：有分家单吗？

答：有，写过分家单，是两张纸，写上某年某月立字据，找辈分大的主持分家。

问：分单现在还有吗？

答：没有了。

【个人经历】

问：日本人来时，你干什么工作？

答：我 16 岁出去干活了。

问：干了几年？

答：两年多，不到三年。

问：后来到哪儿工作？

答：到杨岭工作，离咱村有 25 里。

问：你大哥在哪儿？

答：在本村种地。

问：种多少地？

答：种 15 亩地。

问：你在杨岭几年？

答：一直干到解放，1948 年。

问：解放时你回村了吗？

答：没有，又到何庄工作了，1956 年才回村。

问：你什么时候结婚的？

答：解放后就结婚了。

问："土改"时定为什么成分？

答：下中农。

问：1956 年为什么回到村内？

答：毛主席不让干小买卖了，回来从事农业生产。

问：回来种地习惯吗？

答：不习惯，那时已经是高级社了。

问：分在哪个队？

答：分在一队。

问：一队队长是谁？

答：郝多子。

问：你当过队长吗？

答：干过，1958 年以后干的，是小队队长。

问：小队有多少户？

答：开始 16 户，后来变成 50 多户了。

问：一队几个队长？

答：两个小队长。

【大炼钢铁】

问：你当小队长是大炼钢铁那年吗？

答：秋天开始的，麦子割完了。

问：大炼钢铁在什么时间？

答：1958 年秋天，黑夜白天地干活，"大跃进"时间很短，个把月的时间。

问：对农业有影响吗？

答：没有。

问：有反对的吗？

答：没有，不敢反对。

问：大炼钢铁妇女参加吗？

答：妇女不去，男的去。

问：解放前妇女下地干活吗？

答：不下地，解放后妇女也干活。

问：那时有食堂吧？

答：有，1958 年秋天开始的。

问：食堂什么时候结束的？

答：1961 年结束的。

问：你们队上都姓郝，同姓好组织吧？

答：好组织。

问："寒食会"中姓郝的都团结吗？

答：比较团结。

问："寒食会"同后来建立合作社的团结有关系吗？

答：没有关系。

问：生产队干活，队长能给辈大的人派活吗？

答：可以，队长有权派辈大的人干活，派了就得去。

问：派活时，对长辈怎么称呼？称"同志"吗？

答：不称同志，还按辈分称呼，说"叔叔"、"大爷"去那儿那儿干活。

问：凡南院、北院的人都住在一起吗？

答：不住在一起，很分散。

问：60 年代初生活是否困难？

答：是困难，没有粮食吃，主要是失盗（？），还还外债。

问：你后来为什么不当队长啦？

答：麻烦人，又得罪人，不愿意干了。

问：有哪些麻烦事？

答：管食堂，要解决吃、烧问题，什么都得管，小队长也难干。

问：谁都这样认为吗？

答：都这样，干个一两年就不干了。分粮食同社员一样多，但事情很多，又要搞生产，太麻烦了，所以不干了。

问：在"大跃进"中有什么麻烦的事？

答：群众思想不通，队长不好好干。

问：当时如果群众投票选你，你是否干？

答：投票选我也不干了。

郝香林（80 岁）

时　　间：1995 年 9 月 8 日下午

访问者：中生胜美　张洪祥

翻　　译：王　键

访问场所：郝香林家

【洪洞县移民】

问：您叫什么名字？多大年纪了？

答：郝香林，民国五年出生，今年 80 了。

问：郝家共分几院？

答：分三院，过去有个说法：叫"三大院"。南院小，没有动；北院大，后来分为两院。

问：郝傻小是属于哪个院的？

答：属北院，我家也属北院。

问：你们同王村的郝家是一支吗？

答：是一支，是古时洪洞县过来的，是兄弟两人，哪个村是兄，哪个村是弟，闹不清。

【清明节、寒食会】

问："寒食会"吃饭时，南北院分开吃吗？

答：不分开，三大院姓郝的都一起吃。

问：其他姓有"寒食会"吗？

答：也有，具体情况闹不清。

问：在什么时间吃会？

答：清明节当天就吃，先上坟，后吃饭。

问：上坟是一起去吗？

答：是一起去。上完坟后，15 岁以上的男子都留下吃会，吃馒头不限制，女的、小孩也都可以分到馒头吃。

问：现在还有"寒食会"吗？

答：没有了，一解放就没有了。

问：日本军来时还有"寒食会"吗？

答：那时还有，日本人不管这些事，"土改"时没有"寒食会"了。

问：是什么原因呢？

答："土改"时没有坟地了，土地平分了，也没有"寒食会"的粮食了。

问：原有多少坟地？

答：有三四亩地，打点粮食可供"寒食会"吃。

【家庭状况】

问：你父亲叫什么名字？母亲叫什么名字？

答：父亲叫郝国任，母亲叫朱三，何庄人。

问：你有兄弟几个？

答：有两个哥哥，一共弟兄三个。大哥叫喜林，二哥叫双林。

问：你父亲有兄弟吗？

答：有五个弟兄。我父亲是老大，老二叫三胖，老三叫五成，老四叫小小，老五叫国樑，也就是后来的伪村长郝国樑。

问：郝喜林有几个孩子？

答：有两个，一个叫法成，另一个叫法声。

问：双林有孩子吗？

答：没有。

问：你有几个孩子？

答：有三个男孩，三个女孩。三个男孩的名字是：大儿垂子，小名叫义斌；二儿叫二垂；老三叫连垂。大女儿桂荣，二女桂芳，三女桂雪。

【读私塾】

问：你几岁上的学？

答：10 岁上的学。

问：老师是张老乐吗？

答：我上学时，张老乐已不教书了，上课还是在他家，老师是南口来的。

问：你上了几年学？

答：从私塾一直上到 15 岁，16 岁我开始到县城当伙计了，是跟父亲一块去的。

【个人经历】

问：在什么单位当伙计？

答：在酒坊。后来 18 岁时，又去石家庄煤店当伙计，主要卖煤。

问：日本打来时，你在什么地方？

答：我在石家庄，日本三次轰炸石家庄，我都在，轰炸时间是那年的 8 月 10 日、15 日、28 日，共三次。

问：炸死多少人？

答：炸铁道的，死了一些人，其他就不知道。听说，炸死的人不多，但大家都很害怕。

问：当时你回栾城了吗？

答：没有，因为买卖是人家的，我是当伙计的，再说，回来也没有事干。

问：你什么时候从石家庄回来的？

答：解放以后回村的，回村住一段时间，又到南郊马镇做肥料工作。在当时这是怀鹿县的一个镇，现在已归栾城了。

问：日本人去了，你还在石家庄吗？

答：已到南郊马镇了，解放后我才回来的。

问：你回来后，分到哪个生产队？

答：那时有五个队，我分在第一队。

问："土改"时你在家吗？

答：在家。

问：解放前村内有"寒食会"，家族之间是否团结？解放后有什么变化？

答：没有变化，和从前一样。"寒食会"

我没有吃过，我不在家，知道这件事。

【结婚风俗】

问：结婚的旧风俗你知道吗？

答：知道，我 26 岁结的婚，那时还在石家庄。到"土改"时，我分到了 5 亩地。

问：那时结婚，女方坐轿吗？

答：坐轿，解放后有一段时间还坐轿，人民公社化以后没有了。

问：抬轿的有几个人？

答：4 个人抬。

问：一年中，什么时间结婚的人多？

答：冬天比较多，一般在阴历十月到十二月的 3 个月间结婚的多，因为是农闲时间。

问：当媒人的，是男的多，还是女的多？

答：女的多，女方找媒人的也多，一般由亲戚做媒的多。

问：过去结亲要"门当户对"，标准是什么？

答：也就是找合适的人家，双方条件都差不多的，比如女方是中农家，也找一个相当于中农、生活过得去的男方。这是一般人的看法，标准说不好。这件事由媒人打听、传递，因为双方都不能见面。

问：媒人打听什么？

答：媒人打听男方家庭情况和生活过着怎么样，女方要信任媒人，这事情就办成了。

问：女方家自己去打听可以吗？

答：也可以。

问：两亲家什么时候见面？

答：不见面，等到结婚时才能见面。

问：村内有专门做媒的媒婆吗？

答：有的村有，我们村没有。

问：过去结婚都是什么年龄？

答：一般是男的 15 岁，女的 17 岁的结婚的多。旧习惯说："女大一不好，女大二好。"别的就不分了，都可以。

问：媒人说好了，就算定亲吗？

答：对，但还需要男家给女家送一个"帖子"，女家也要给男子回送一个"帖子"，都是用红纸写的，由媒人转送，就算定亲了。

问：定亲时，是否送聘礼？

答：不送礼，就是换"帖子"。

问：帖子落款写谁的名字？

答：写父亲的名字。

问：什么时候决定结婚？

答：由男方提出，定出时间，然后给女方家送去"娶帖"。

问：要送财礼吗？

答：这不是男方家的事，而是女方家的事。过去女的出嫁，要准备很多陪嫁的嫁妆，女的没有向男方要钱的。过去风俗是：女方向男方家要钱，是个"灾害"，不好的事，所以一般女家陪嫁比较厉害，要花很多钱。

问：你家三个女儿，陪嫁要花不少钱吧？

答：那是过去的事，解放后变了，现在有要财礼的了。

问：陪嫁要哪些东西？

答：一对箱子，女的衣服，其他生活用品；男方一般要有房子，准备柜子；有的还准备床上铺的、盖的。

问：陪嫁的东西要写清单吗？

答：不用写单子。

问：陪嫁的东西怎么送到男方家？

答：由女方家派人送来，由女方当家人叔叔、大伯等陪同送来。

问：轿子从什么地方租赁的？

答：过去咱村也有，周围村子都有花轿，是租赁来的。一般是两顶轿子，一顶蓝色的，一顶红色的。去迎亲时，男的坐红轿去，回来时，女的坐红轿，男的坐蓝轿。

问：结婚都是两顶轿子吗？

答：也有一顶轿子迎亲的，去时男的坐着，回来时女的坐轿，男的跟着走。

问：你结婚时是本村的轿子吗？

答：在栾城县内租赁的。

问：过去用两顶轿子的多，还是一顶轿子的多？

答：用一顶轿子的多。有钱人家用两顶轿子，还有用三顶轿子的。张仲寅结婚时就是用三顶轿子，其中一顶是让"镇众"（指有威望的掌门）坐的。

问：什么叫"镇众"？

答："镇众"是男方村内最有威信的族长或其他长辈的人，也坐轿去。

问：接新娘，新郎一起去吗？

答：一起去。

问：男方去女方家接新娘，女方家请吃饭吗？

答：有管的，也有不管的。如管饭，来的人吃完饭就走；如不管，男方接了人就回来。按一般情况，都是把新娘接回来，由男方家请客。

问：什么时间接亲？

答：一般上午去，中午就接回来了；也有上午去，下午赶回来，看两村距离远近。

问：你老伴家在哪儿？

答：马家庄。

问：新娘要穿什么衣服？

答：要穿新袍子，头上盖上"蒙头凤"（红色），这是过去的事。

问：轿子来了，女方是否要先让小孩坐一下，有这个习惯吗？

答：有，这叫"顾包袱"。是女方上轿借来一个小孩（男孩）一同来到婆家，没有男孩，女孩也可以。小孩当天返回去。

问：媒人怎么来？

答：媒人同娘家人一起坐车来。

问：新娘上轿有什么讲究吗？

答：迎亲轿来后，女方家派人把新娘抬上轿，"脚不着地"；到了男方家，同样也有人把新娘抬到屋内，脚也不着地。

问：为什么脚不着地？

答：这是老习惯，意思：我是"抬来的"，不是自己走来的。

问：新娘过门后是否马上吃东西？

答：我们村的规矩，新娘是可以吃东西的，而且第二天就回娘家了。

问："蒙头凤"什么时候戴上？

答：上轿以前盖上。到了婆婆家，拜天地时才由新郎去揭"蒙头凤"。

问：结婚时，有吹喇叭的吗？

答：有，是男方家雇的。

【新娘过门】

问：新娘过门，娘家有陪同的吗？

答：有，女方亲兄弟、姐妹要去"送亲"；没有兄妹，找娘家旁人也行，一般2~3人即可。

问：是年轻人吗？

答：是年轻人。

问：新娘来到婆家，下轿有什么说法？

答：一般都是"放枪"，不放炮（放炮不吉利），然后男方用椅子把新娘抬下来，进屋，举行婚礼。

问：入洞房有没有说法？

答：洞房，就是新娘、新郎住的房间，新娘入洞房后，就坐在坑上，不下地了。女方陪嫁的东西也都放在洞房里。

问：什么时候拜天地？

答：轿子一到院子，就拜天地了，女的叩头，没有男的事，拜完天地，就可以吃宴席了。

问：吃席的是什么客人？

答：有男方的客人，也有女方的客人，包括陪亲的、送嫁妆的。

问：摆多少桌？

答：最少3~4桌，一桌8~9人。

问：上多少菜？

答：过去叫"12碗"，就是豆腐、粉条、白菜等，吃馍馍，不喝酒，比较简单。一般都在院子里放几桌，天冷就在屋内摆桌。

问：娘家人坐上席吗？

答：娘家人都坐上席，如果是四张桌子，最里边头上的桌子是上席，每张桌子也有上席。

问：什么时候挑新娘的"蒙头凤"？

答：新娘坐在坑上，由婆家长辈女的去挑"蒙头凤"，不是新郎挑的。新郎不在场，去陪客人吃饭、敬酒了。

郝香林

第二次访谈时间：1995年9月9日下午

问：陪亲的是女的还是男的？

答：陪亲的都是女的，送嫁妆是男的，叫"活伙"。

问：新娘什么时间见公婆？

答：结婚当天，先拜天地，然后就给公婆磕头，还要给叔叔和其他长辈磕头。

问：新郎什么时候见到女方父母？

答：去接亲的时候就见到女方父母。

问：新婚夫妇春节回娘家是在哪一天？

答：初二、初三、初四，这三天哪一天都行，就是去拜年。

问：新郎对女方父母怎么称呼？

答：叫"爹"、"娘"，随女方叫，一般不叫"岳父"、"岳母"。

问：叫女方长辈怎么称呼？

答：也随女方叫"叔叔"、"大爷"等等，女方的兄弟姐妹，也称"哥哥"、"姐姐"等，都一样称呼。

问：双方老人见面时怎么称呼？

答：称"亲家"、"亲家母"都可以。

【回娘家】

问：中秋节女儿回娘家送月饼，是由公婆送给月饼吗？

答：不是，公婆不送月饼，是本人送月饼。

问：新娘出嫁前，要到祖坟上去磕头吗？

答：是在结婚第二天回娘家时，去上坟磕头。

问：由谁带他们去上坟？

答：女方兄弟带去上坟。

问：新娘上坟有什么说法？

答：如果是老人当年死的新坟，要在坟头上用一张红纸盖上，以后就不用了。一般结婚第一年上坟。

问：为什么要这样做？

答：为什么，说不好，老习惯。一般说，新坟对新娘不吉利，"怕鬼魂吊去"，所以盖上红纸，避邪。过去，新娘上坟时，家内先派人去探路，遇到路边有"新坟"，就要绕道去，不让新娘看到"新坟"。

问：如果女方在结婚前去世，男方是否仍办理结婚仪式？

答：有这么办的，叫"娶骨尸"，也叫阴亲，是指男的也早已死了。也得"媒人"介绍才行。

【阴亲】

问：女的死了，必须要找一个做阴亲的吗？

答：到了结婚年龄死去的女人，一般都托媒人找一个死去的男的，是没有结婚死去的男的。

问：给阴亲说媒，是什么样的人？

答：凡是给阴亲说媒的人，以后就不能给活着的人说媒了，一般都是老婆婆给说阴亲。

问：如果定了亲的男方死了，女方还嫁过来吗？

答：过去有这种情况，定亲了，男方死了，女方就嫁不出去了，只得嫁到男方家守寡或者嫁给"小叔子"，这些都是过去的老一套。

问：如果定了亲的女方死了，活着的男方怎么办？

答：一般就不来往了。

问：村内同姓的男女能结婚吗？

答：不行，本村同姓都是同族，不能结婚，有亲戚关系的也不能结婚。

问：女方怀孕时是否需要避邪的东西？

答：结婚时，女方带来一个小镜子，叫"照妖镜"，是避邪用的，怀孕时没有听说过要避邪的。

【坐月子】

问：怀孕时女的需要吃什么？

答：吃些好的，有营养的。

问：是去医院生小孩吗？

答：过去生小孩请接生婆，在家内生小孩。现在有了医院，一般都去医院生小孩。

问：产后妇女要吃些什么东西？

答：产后女的要"坐月子"，娘家、亲戚、朋友等都来送东西祝贺，有送鸡蛋的，也送其他好吃的。

问：有什么仪式吗？

答：小孩生下来，12 天以后，娘家来人过"12 日"，带来 100 块小布头，给小孩做一个"百家衣"，意思是小孩长命百岁，好养活。

问：以后再生下的小孩也过"12 日"吗？

答：一样要过。

问：小孩满月有什么说法？

答：小孩满月后，女的要带着小孩回娘

家住，住多长时间没有准，有的住一个月，也有住几天。男的给送去，一般不住在那儿。

问：生下小孩什么时候给剃头？

答：我们这里有百日剃头，也就是 100 天可以剃头了，但是也有两个月剃头，没有说法。

问：谁给剃头？

答：找个双日子，夫妇俩给小孩剃头的多。

问：小孩一周岁时有说法吗？

答：不一样，一般亲戚、朋友都送一些东西来表示祝贺，特别是干娘要送东西来。

【认干亲】

问：怎样认干娘？

答：小孩生下后，找一家关系好、男孩多的人家去认干亲，干娘家的孩子就是干兄弟了。

问：过年时，干儿要给干娘拜年吗？

答：要去拜年，干娘过生日不用去。

问：认干娘在年龄上有什么说法？

答：同辈的，年龄不限。不是本家族的，干娘必须要有男孩，只有女孩的不能当干娘。

【入赘】

问：过去有没有男方嫁到女方家的？

答：有，叫"上门女婿"，或叫"倒插门"。

问：倒插门，男的要改姓吗？

答：一般要改姓，特别是生下的孩子，要随女方姓。

问：如果有两个孩子，是否有一个孩子姓男的姓？

答：一般两个孩子也得姓女方的姓，如果男方未嫁来前，已有孩子，可以姓男方的姓。

问：本村人有没有倒插门的？

答：也有，但同姓的不能倒插门。

问：你们同王村姓郝的家族有来往吗？

答：现在没有来往。解放以前，一到过年、清明节都有来往。

问：过年烧的香，从哪儿能买到？

答：县城集上就有卖的，平时也能买到。

郝二堂（71 岁）

时　　间：1995 年 9 月 9 日上午
访 问 者：中生胜美　张洪祥
访问场所：郝二堂家

【家族】

问：您今年多大年纪？

答：71 岁，属牛的。

问：你家属于北院还是南院？

答：我家属于西院，为什么这么说，我也记不清。

问：郝傻小属哪个院？

答：他同咱不远，应该是一个院的。

问：你父亲叫什么名字？

答：郝老展，有个叔叔叫郝一庆。

问：你兄弟几个？

答：哥儿四个，大哥叫大堂，我叫二堂，弟弟叫腊月，小弟弟叫荣堂。

问：你叔叔几口人？

答：他没有人，我过继给他，跟他一起生活。

问：你继父什么时候去世的？

答：解放以前去世的。

问：刚解放时你家有多少地？

答：有五六亩地。

问：大堂有多少地？

答：他没有地，也是解放前去世的，没有后代。

问：腊月有后代吗？

答：有两个儿子，两个闺女。大儿叫建平，二儿叫军平。大女儿相平，二女儿芝平。

问：荣堂有后代吗？

答：有，男孩老大叫相建，老二叫相军。大女儿叫相芝，二女儿叫相明。

问：你老伴叫什么名？

答：蓝桂芳。

问：你有几个孩子？

答：一个儿子叫国平，一个女儿叫玉芹。

问：你父亲分家时还有多少地？

答：有五六亩地，地不多，全家 8 口人，不够吃。

问：你姐姐叫什么名字？妹妹叫什么？

答：姐姐叫雪子，妹妹叫妮儿。

问：过去你们家怎么生活？

答：我母亲眼有病，看不见东西，全家都扛活。我哥哥比我大 3 岁，也扛活。

【当长工】

问：当长工还是短工？

答：当长工，一年一换，也可以继续干。当长工地点在瑞固庄，离这有五六十里。

问：是给大地主家干活吗？

答：不是，是给一家磨坊磨粉面子，做粉条，一干一个冬天。

问：有几个人工作？

答：有六七个人干活。

问：你什么时候结婚的？

答：我是在解放以后结的婚。

问：你在瑞固庄扛活时，日本军来了吗？

答：是日本军来了以后我去扛活的。

问：那时候的情况还记得吗？

答：马马虎虎，记不太清，就记得进县城要带“良民证”。

问：腊月干活吗？

答：他比我小 3 岁，也得扛活，干得少些。

【手工粉坊】

问：粉条是怎样做的？

答：用山药作原料，磨成粉，然后加上水，搅拌、沉淀，再加温，过筛，就出来粉条了。

问：现在做粉条也是一样吗？

答：一样，但是现在是机械化了，省劲了，用人工的活很少了。

问：村内寒食会你知道吗？

答：有，那时我年岁小，记得上过坟，吃过馒头。

【“老母会”会头】

问：你父亲当过会头吗？

答：当过，当的是过年“老母会”的会头，不是“寒食会”的。他什么时候当的，我记不清了，解放以后就取消了。

问：你上过学吗？

答：家里穷，没有上过学。

问：你父亲是怎么当的“老母会”会头？

答：大家一推选，就当了会头。

问：老母庙都在什么时候搞庙会？

答：过去在正月十五日和十月十五日都要搞，每年正月要唱一场戏。

【土地改革】

问：你参加土改吗？

答：参加了，分到 2 亩多地。

问：你家地在村子什么地方？

答：在村东南，成立合作社时，地就没有了。

问：土改时你高兴吗？

答：我是贫农，分到了地，拿到土地证时，非常高兴。

问：你现在还有土地证吗？

答：没有保存，我不识字，有的家保存了。

【婚礼和礼单】

问：（问长子国平）你什么时候结婚的？

答：有 6 年了。

问：结婚时花多少钱？

答：花了七八千元，买一个组装柜就 2000 多元。

问：结婚时摆几桌宴席？

答：有五六桌。

问：有送礼的吗？

答：俺亲戚、朋友们多，都来送礼了。

问：你记礼单了吗？

答：记了，没有保存礼单，因为欠的情我都还清了。

问：送礼的是乡亲们多，还是朋友多？

答：乡亲们多。

问：都送些什么礼品？

答：邻居们送幛子，亲戚有送钱的，也有送幛子的；朋友送钱的多，那时最多的送 20 元。

【经营饭馆】

问：那时你干什么工作？

答：我在县城内开了个饭馆。

问：现在还干吗？

答：现在不干了，吃的人多，欠账的人也多，所以不干了。

问：你的店转交给谁干了？

答：转给别人干了。

问：你今年多大？上过中学吗？

答：今年 26 岁。上到初中毕业，没有上过高中。

问：初中毕业以后干什么？

答：在家种地。

问：你开饭店时投资多少钱？

答：开始没有资本，都是朋友帮忙的，这个拿来桌子，那个拿来凳子。那时我才 22 岁。

问：你干了几年？生活怎样？

答：干了两年，生意还可以。

问：一开始你借钱了吗？

答：借了 1200 元，都是向县城朋友借的。

问：门面有多大？

答：租的楼上楼下三大间，不大。

问：给厨师多少工资？

答：月薪 800 多元。

问：厨师从哪儿请的？

答：他原在石家庄干活，是朋友介绍来的。

问：有合同吗？

答：没有合同，口头同意，我包吃、包住、给工资。

问：你有很多朋友吧？

答：有不少朋友。

问：有多少服务员？

答：店不大，有两个服务员。厨师是四川人，做的是川味。

问：当地人不喜欢吃辣的吧？

答：现在喜欢吃川味，换换口味。

问：当地还有四川饭馆吗？

答：没有。

问：客人多吗？

答：多，挤不下。

问：有会计吗？

答：我管账，朋友也管。我爱人有小孩在家，没有到店内去。有朋友帮忙。

问：开店需要多少证明？

答：要有工商行业执照、卫生证明、防疫证明、税务证明等。

问：三间房租金多少？

答：一年 2800 元。

问：在什么地方？

答：在城北的地方。

问：现在店转给什么人了？

答：转给朋友了，我不干时，他就干了。

问：饭店转给他要钱吗？

答：没有要钱，都给他了，是朋友，我开店，他也拿钱了。我的投资，已都收回了。

问：现在饭店同你还有关系吗？

答：没有关系了。

问：你开店时装修了吗？

答：没有怎么装修，简单地搞了一下。现在人家装修了。

问：采购谁干？

答：我去，有时厨师也去买。先开单子，要什么料。川菜料当地没有，石家庄专门有卖这种料的。

问：店名叫什么？

答："四川小酒家"。

问：现在呢？

答：人全换了，店名还是原来的。接替我的朋友一直干到现在。

【结拜兄弟】

问：你的朋友是同学吗？

答：是同学，又是结拜兄弟。这个朋友的叔叔是县委宣传部长。还有一个朋友的父亲是栾城县县长。

问：你的朋友比你大吗？

答：小一个月。

问：你初中在什么地方上的？

答：孟董庄。我朋友是县城的，那年没考上，就到孟董庄上学了。

【中秋节】

问：今天是八月十五中秋，家里有什么活动吗？

答：家庭聚会。

问：有月饼吗？

答：买了。

问：你姐姐来吗？

答：应该来送月饼，现在还没到。十五、十六两天，哪天来都行，中午吃顿饭。

问：你爱人是什么庄的？什么时候回娘家？

答：方林的，明天回去送月饼。

问：她一人去，还是全家去？

答：有时一人去，有时全家做伴去。

问：同过去一样吗？

答：一样。

问：（郝二堂老伴）是什么地方人？

答：承德的，过北京了。

问：为什么到这里来？

答：她娘家那旱，没有吃的，到这边来了。

问：你爱人回娘家，谁做饭？

答：我姐姐来了，她做饭。有时商订好了，错开时间。

问：晚上是否上供？

答：过去有，院内放个桌子，上供月饼、水果，现在还是有。

问：女儿出嫁后，都是什么时间回娘家？

答：正月初二、八月十六，平时回来就不好说了。

问：清明节回来吗？

答：如果父母去世，也回来上坟，给爷爷奶奶上坟，就不要求了。

问：你老伴有亲戚吗？（问郝二堂）

答：没有人了。

【干亲、结拜兄弟】

问：你有干爹、干娘吗？（问郝国平）

答：没有，孩子有。

问：孩子干爹是谁？

答：就是开饭店的朋友，关系好，愿意来往。

问：你有多少干兄弟？

答：8 个，每年正月聚会一次，我是老四。

问：结拜兄弟有仪式吗？

答：有，聚在一起，磕头结拜。毕业以后搞的。

问：在什么地方？

答：在老大家院子里结拜。

问：叫什么？

答：结拜兄弟初一拜年，初五聚会。

问：开店时都来帮忙吗？

答：都来帮忙。

问：女孩有干爹吗？

答：没有，女孩一般不认干亲。也有少数认的。

陈成福（73 岁）

时　　间：1995 年 9 月 10 日上午

访 问 者：中生胜美　张洪祥

访问场所：北五里铺陈成福家

【个人经历】

问：您今年多大年纪？

答：虚岁 73 岁，属猪的，民国十二年生人。

问：你上过学吗？

答：上过一年学，后来就不上了。

问：是学堂，还是私塾？

答：那时没有学堂，是私塾。

问：日本兵来的时候，你还记得吗？

答：记得，那时我已十四五岁了。

问：那时你干什么活？

答：在家种地。

问：你家有多少地？

答：有四五亩地。

问：家有几口人？

答：4 口人，我父亲、母亲、姐姐和我。

问：日本人来了以后，农村有什么变化？

答：让大家种棉花，从前我们是种的小花，后来就让种大花。

【新民会】

问：那时村内有"新民会"吗？

答：有，有管种棉花的，配给肥田粉。

问：你家种多少棉花？

答：我家种 2 亩棉花，村内有一半的地种上棉花。

问：当时棉花价格怎样？

答：1937 年时籽棉最好价格也只有 0.2 元多，差的时候 0.12～0.13 元。

问：你家其余的地种什么？

答：一半种小麦、谷子、高粱，那时没有玉米。

问：当时主食吃什么？

答：小麦。

问：卖棉花，有收购站吗？

答：村内没有，县城有收购站。

问：县城派人下来收购吗？

答：不下来，自己去县内卖。

问：怎么去卖？

答：很费事，日本兵占领栾城时，北门不开，我们要绕到南门或者东门进城去卖。

【日军】

问：进城要良民证吗？

答：要看良民证。

问：日本兵来时，村内有被打死的人吗？

答：这村没有打死人，但是日本来到这村抢过东西。另外，中国人进县城，要给日本兵行礼。村边有条大道，日本兵经常从这里走过。

问：八路军什么时候来的村？

答：一般都是晚上来。

【陈氏家族】

问：本村姓陈的有多少户？

答：有 10 多户。

问：你是姓陈的家族中辈分最高的吧？

答：是的。

问：你们祖先从什么地方迁来的？

答：听老人说，是从山西洪洞县迁来的。

问：村子里有什么民间传说吗？

答：没有文化，不知道这些。

【地主】

问：过去村内有地主吗？

答：本村穷，没有地主。外庄的地主在咱村有地，大部分是城内大地主王赞周、李老七的地，李老七的地最多。

问：种李老七的地，要有中人吧？

答：有中人。

问：中人是否同李老七有关系？

答：中人是了解这村情况的人。

问：本村同李老七有关系的人有吗？

答：没有密切关系的人。

问：土改时，你家分到的地是李老七家的地吗？

答：不是，是本村的地。

【农村白事】

问：现在办白事同过去办白事有什么不一样？

答：现在出殡放鞭炮，过去很少有。村内有一家下葬死了人了，今天上坟放鞭炮。

问：什么时候实行火葬的？

答：已有几十年了。60 年代就有火化了。

问：现在还有卖棺材的吗？

答：没有了。

问：过去买棺材贵吗？

答：比较贵，要到城内棺材铺去买，按现在价格说，一般要几百元，要买好一些，价钱就更贵了。

问：听说过去穷人死了，要卖地才有钱下葬，这里也是这样吗？

答：一样，当地、卖地来办丧事的不少。

问：当地和卖地一样吗？

答：不一样。当地，你有钱时地可以赎回来；卖地，就不能再赎回来了。

问：当地和卖地的价格相差多少？

答：一般一亩地当的价格是 20 多元；卖地，一亩地价格为 40～50 元。

问：当地规定几年可以赎回来？

答：一般是三年，过了三年就要加利钱。

问：你父亲是什么时候去世的？

答：解放以前去世的，是日本投降前一年去世。

问：你父亲死的时候，是否也卖地办丧事了？

答：没有，我们是借高利贷的钱办的丧事。

问：你父亲死的日子，是否要年年这一天去上坟烧纸？

答：三周年内，年年去上坟；以后就不用了。

【借高利贷】

问：借高利贷的利息是多少？

答：在本村借的，三分利，还的时候要多交 30%。

问：借了多少钱？

答：30～40 元钱。

问：高利贷怎么借法？

答：找一个保人，才能借到钱。

问：过去农村有"凑份子"的吗？

答：有，大家互相帮助的意思。

问：借钱写单子，要找字写得好的人吧？

答：过去村内有会写字的。

【墓地】

问：你家老坟在哪儿？

答：村南边，现在平掉了。

问：什么时候平掉了？

答：1958 年平掉的，把尸骨拣起来移到别处去了。

问：承包分地是什么时候？

答：我们村是 1984 年分的地。

【风水先生】

问：选坟地时请风水先生吗？

答：要请风水先生看一看。

问：请风水先生要花多少钱？

答：是外村的，花三四元钱就行。

问：风水先生是年纪大的，还是年轻的？

答：现在年纪大的少，年轻的多。

问：现在风水先生很少吧？

答：不少，现在会看风水的人不少。

问：解放前有风水先生吗？

答：有，都是外村的。

问：他们有罗盘吗？

答：有罗盘，我看见过。

问：现在有看风水的书吗？

答：有，书摊上就有。

问：过去卖地，地里有坟怎么办？

答：可以把有坟的那一块留下，不卖；也可以迁走再卖地。

问：陈家老坟有多少地？

答：有一亩多地。

【寒食】

问：姓陈的有"寒食会"吗？

答：没有，解放前也没有。

问：本村大姓姓刘、姓冯的有"寒食会"吗？

答：也没有，这一带有"寒食会"的村子不多。

问：每年姓陈的能在一起聚会吗？

答：有，红白喜事就在一起聚会，另外过年给各家拜年。

【民间信仰】

问：村内有看"八字"（算命先生）的吗？

答：有看的，我不懂。

问：看"八字"的是否就是风水先生？

答：不一样，看八字的，不一定就是风水先生，是两个行业，不是一回事。

问：看手相的多吗？

答：少。

问：村内房屋装有避邪的东西吗？

答：过去有，现在没有。现在妇女房间里都挂有"照妖镜"，老传统，都是结婚时从娘家带来的，是很小的铜镜。

问：集上能买到吗？

答：买不到。

问：村上有庙吗？

答：有小庙，叫老母庙、观音庙、真武庙、龙王庙、五道庙、三关庙。现在很多庙都没有。但村内死了人，还是到五道庙原来的旧址去烧纸。这村过去没有大庙，都是小庙。

问：村内现在有盖庙的吗？

答：没有，也没有庙会。

徐物件

时　　间：1995 年 9 月 10 日下午

访问者：中生胜美　张洪祥

访问场所：徐物件家

【徐氏家族】

问：你弟兄几个？

答：兄弟俩，大哥叫徐辰，我叫徐物件。

问：你大哥多大年岁？属什么？

答：今年 74 岁，属狗的。

问：有姐妹吗？

答：有，一个姐姐，一个妹妹。

问：你父亲叫什么名字？

答：叫狗宝。

问：母亲叫什么名字？娘家在哪儿？

答：叫刘氏，老家在县城榆林道。

问：你父亲兄弟几个？都叫什么名字？

答：大伯叫徐山，二伯叫狗奇，我父亲是老三，就哥儿三个。

问：爷爷哥儿几个？

答：爷爷哥儿一个，名字记不清了。

问：徐家共分几院？各院有多少户？

答：我们这一支，分两院，东院和西院，我在西院，有 6 户；我哥哥在东院，有 5 户。

问：东院和西院是怎么形成的？出"五服"了吗？

答：东院和西院是我父亲在时分成的，我哥哥是东院，我是西院，是亲兄弟。

问：徐山有后代吗？

答：没有。

问：狗奇有后代吗？

答：城内有个做饭的过继给他，也没有小孩，现在也绝了。

问：你有几个孩子？

答：我有 6 个孩子，五个儿子，一个女儿。

问：你大哥徐辰有几个孩子？

答：有 5 个孩子。

问：你们家西院在一起住吗？

答：不在一起住，西院是指过去的老房子，现在住的分散；东院也是这样。

问：现在西院谁是族长？

答：我是族长，有什么事就找我。

问：都有什么事情找你？

答：分家的事，找我出面，当个中间人。徐家一般闹矛盾，家庭纠纷不找我，找村内解决。

【分家】

问：分家同过去一样吗？

答：不一样，过去简单，地一分，自己过自己的，也不用找人，家内一说就行了，也没有什么东西。现在东西多了，分家时事情也多了。

问：你们家分家时，承包地怎么办？

答：现在老大、老二、老三都分出去了，地也分给他们种；我这里有老四、老五和女儿的地，一起种，女儿出嫁了，地还在我这里。现在我老了，种不了地，地给老五、老四种了，他们每年给我 500 斤粮食，没有种我地的几个儿子，每年给我 100 斤粮食。

问：分家时写分家单了吗？

答：没有写分家单，全家在一起商量决定的。

问：解放前，你和你大哥是怎样分家的？

答：我们分家是在 1947 年，我分到 17 亩 4 分地，大哥分到 21 亩地，但地质差些，我的地好一些。父母留下十几亩地，作为"养老地"。

问：1947 年你们家为什么要分家？

答：不分家不行，因为当时国民党统治，规定有 50 亩地的家庭要"交一支枪"，我家只有 46 亩地，也要交一根枪，所以只好分家了，可以免交枪了。

问：过去就有这种规定吗？

答：过去没有，1947 年才有的。

问：分家一般都是家庭矛盾引起的吧？

答：对，一般都是有了矛盾才分家的，我们家没有矛盾。现在分家也不完全是闹矛盾，有些是为了生活方便，孩子大了一结婚就分家。

问：这种分家情况从什么时候开始的？

答：解放以后就是这样分的，一结婚就分家了，因为妇女地位提高了。

问：1947年分家时，你们有几处房？

答：两处房屋，我一处，我哥哥一处。

问：父母亲住在什么地方？

答：父亲由我哥哥负责供养，母亲由我负责供养，一直管到老；老两口住在我这里，老人自己没有房，家庭生活比较苦。

问：分家时请族长主持吗？

答：没有，请我舅舅来主持分的。

【新一代人的分家】

问：过去和现在相比，分家请舅舅的多，还是请族长的多？

答：过去请舅舅的或本族长辈的都有，现在不用了，自己家老人一说就行了，因为现在小青年有些不愿分，还得父母动员："结婚了，你们自己过吧。"

问：你们分家有分家单吗？老人的零花钱谁给？

答：没有分家单，老人费用规定每人每年给200元。

问：子女们还给你们什么？

答：别的不用了。

问：你同你哥哥分家时有分家单吗？

答：有分家单，现在没有了。

问：你什么时候结婚的？

答：13岁就结婚了，家内地多，劳力少，早结婚，多一个干活的。

【"土地改革"】

问："土改"时你家有多少人？多少地？

答：日本人走时，我已有了大孩子了，1948年土改时，老二、老三也生了。土地自己的有17亩，还捎种李老七（地主）40多亩地。

问："土改"时划为什么成分？

答：上中农，大哥也是上中农。

问：全家在一起吗？

答："土改"前，全家地在一起，有八九十亩地，都是地主家当给我们种的，自己家只有17亩地，有18口人，划成分时，我家吃亏，不合理，划了上中农。

问：你家种人家地多少年？

答："土改"前一二年的事。

问：你家捎种的地，"土改"时归你们吗？

答：没有，都分给别人了，大地主已经跑了。

问：那时，你家生活怎样？

答：差不多。

问：你上过学吗？

答：上过学，跟张老乐学习，我太笨，学了四五年。

【日军侵华】

问：当年栾城有多少日本兵？

答：大约有几百人，不很多。

问：那时你学过日语吗？

答：学过几天，闹着玩的。

问：日本军进攻栾城的事还记得吗？

答：记得，我父亲留在村内，我们都跑了，过了几天我们又都回来了。

【土匪绑票】

问：那时村内来过土匪吗？

答：有，从大各村来的土匪，搞绑票，我们家也被绑过。

问：土匪绑的谁？

答：把我父亲和大侄子绑去了。是在日本走后，国民党时候，是71团和82团在这儿的时期晚上被绑走的。后来送来了"传票"，要我们拿出80块大洋去赎回来。

问：绑到什么地方去？怎么回来的？

答：土匪让我们把钱送到指定的地点，不让我们送到他们的驻地，是在半路上。我父亲和大侄子都被绑到河里，河里没有水，第二天钱送去，他们就被放回来了。

问：是怎样被绑去的？

答：土匪自称"民军"，带着枪，晚上到我们家把人给绑走了。

问：为什么绑你们家的人？

答：那时我家经济条件好些，买了土地，购置 3 头牲口、农具，吃的也好些。

问：80 大洋托谁送去的？

答：我们家请徐老固给送去的。

【坟地与"寒食会"】

问：徐家有"寒食会"吗？

答：有，我吃过"寒食会"的，小孩去给个馒头，大人可以吃饭。

问：有会头吗？

答：有，是辈大的人，轮流当会头，我吃会那年，是徐小四当会头，还有徐老固。

问：在什么地方吃会？

答：在会头家院子里摆桌，姓徐的男的都来吃，女的不来。

问：先上坟，还是先吃会？

答：先上坟，上完坟回来吃一顿饭。

问：喝酒吗？

答：不喝酒。

问：吃会在哪一天？

答：就在清明节这一天。

问：吃会粮食怎么解决？

答：徐家有 2 亩坟地，每年收下的粮食供吃会用。

问：坟地给谁种？谁管理？

答：谁愿意种，租给谁种，不一定是姓徐的。管理由辈分大的人轮流管理。

问：徐小四、徐老固有后代吗？

答：没有后代了。

问：徐小四同你父亲是同辈吗？

答：我家辈分也比较大，他叫我父亲是"哥哥"。

问："寒食会"有锅、碗、筷子等设备吗？

答：没有，轮到谁家当会头，会头家想办法去借。

问：怎么吃法？

答：有馒头，做点菜，也不用桌子，在院内就这么吃，很简单，一大锅菜，有豆腐、粉条。

问：解放以后有吗？

答：解放以前一年一次，解放以后就没有了。

问：为什么没有了？

答：坟地没有了，另外这是封建迷信，没有人搞了。

问：赵家有"寒食会"吗？

答：有没有不清楚，说不好。

问：吃会时做饭是谁来做？

答：找人来做，分馒头由徐小四和徐老固负责。

问：坟地租给谁种，写契约吗？

答：都是租给姓徐的家种的，要写单子。

问：你家种过坟地吗？

答：没有，我家地多，另外坟地都是杂草，地不好，没有地的人才愿意种。

问：吃会时，晚辈给长辈磕头吗？

答：上坟时，长辈、晚辈一起磕头，吃会时不磕头。

问：什么时间去上坟？

答：半晌午（上午九、十点）去。

【老坟与新坟】

问：女儿出嫁后，清明节回来上坟吗？

答：不上老坟，如果父母死了，回来单独上坟，给父母烧纸，在坟头压一张纸，表示是新坟。

问：现在徐家老坟在什么地方？

答：现在没有老坟了，"土改"时，那块地划给岗头村了。

【队长·与五里铺对比】

问：你当过干部吗？

答：合作化时，在三队当过小队长。

问：你当队长时，生产怎样？社员团结吗？

答：还可以，社员比较团结，比较齐心。

问：昨天访问五里铺，看到那个村变化很大，楼房多，修马路，对比寺北柴村，小学没有盖，马路没有修，是否群众干劲不大？

答：五里铺村社员心齐，过去就是这样，那个村现在富，我们村穷。

问：过去姓徐的团结比较好，现在怎样？

答：还行，过年互相拜年，红白喜事大家一起帮忙，有时盖房也帮忙。

【新建住家】

问：你家盖楼房没有？

答：老五盖了楼房。

问：你给钱吗？村内乡亲们帮忙吗？

答：没有，他们自己解决的，我去帮忙，兄弟们也去帮忙，乡亲们，特别是关系好的邻居也有去帮忙的。

李娇凤

时　　间：1995 年 9 月 11 日上午

访 问 者：中生胜美　张洪祥

访问场所：李娇凤家

【丧事与礼单】

问：办丧事时有人送礼，有礼单吗？

答：有，这几张你看看。（看礼单）

问：你公公哥儿几个？

答：我公公没有兄弟，婆婆有两个哥哥。

问：本村姓王的还有同族吗？

答：没有，就我们一户。

问：王姓的祖先是从什么地方迁来的？

答：不知道。

问：给你们公公办丧事的总管是谁？

答：赵明须、赵假妮。他们买东西，花钱跟我们要，然后写上账。有些东西是我们自己买的，也记上账了。

问：火化花多少钱？

答：250 元。

问：火化时什么人去？

答：亲属、总管都去，我没有去。

问：这张单子是开支的钱吗？

答：是由赵明须、赵假妮经手花去的钱，总花费是 665.30 元，剩余 129.80 元。

问：丧事什么时候办的？花钱不多吗？

答：今年 3 月办的，这是花费的一部分，是人死了以后，经总管手花去的。经我们自己手花去的钱，都没有登记。

问：来参加丧事事务的都是亲戚吗？

答：我婆婆家的亲戚多，本村的乡亲们多，还有就是我男人的朋友和我的亲戚。

【超生罚款】

问：你有几个小孩？

答：三个小孩，大的是女儿，叫明明，今年 10 岁，上小学 3 年级；老二是男孩，叫王正，今年 7 岁，上育红班；最小的是女孩，叫王行，今年 3 岁。

问：现在实行计划生育，生三胎是否罚款？

答：我已做了绝育手术，也罚了钱。

问：规定可以有两胎吗？

答：如果大的是女孩，规定间隔 7～8 年，可以再生一个。我不到 7~8 年，生了第二胎，所以也罚钱了。

问：一共罚了多少钱？

答：一共罚了 1000 多元，包括小女上户口的费用在内，罚款全部交给乡政府办公室。

问：什么时候做的手术？

答：生下第二个女儿的第二年做的手术。

问：做手术在什么地方？

答：在县内医院做的。

问：刚才放鞭炮，是否本村有人家死人了？

答：是前几天死人的，今天可能是上坟，这里上坟才放炮。是姓刘的家死了人。

问：是先上户口，还是先做手术？

答：是先做手术，然后再给上户口。做了手术上户口，可以少花钱，不做手术上户口，花钱更多。

问：做手术你愿意吗？害怕吗？

答：不害怕。不愿意也得去，这是政策规定，另外罚钱也罚不起。

【回娘家】

问：中秋节你回娘家了吗？

答：没有，家有小孩。另外下雨后，道不好走。

问：女儿都是什么时间回娘家？

答：正月初二、初三都行，五月初六也是回娘家的日子，再就是八月十六回娘家。

问：五月初五有什么习俗？

答：吃粽子，用江米、红枣包的。

问：回娘家带粽子吗？

答：家家包粽子，不用带，就带点心去。八月十六回去时带月饼和一些水果。

【农村信仰、老母庙】

问：你婆婆去老母庙烧香吗？

答：去，每月初一、十五都去，我在家烧香、烧纸，我也信仰。

问：你为什么信仰老母？

答：听老人说，老母给各家平安，小孩有病，烧香、烧纸就治好了。我家孩子多，我信。

问：你生下第一个女儿后，想要个男孩，到哪儿烧香保佑？

答：到老母庙给送子老母烧香、磕头。城内有个东岳庙比较大，有送子观音，很多人都去烧香，我没有去过。我婆婆建议我供个送子老母，所以我初一、十五在家给老母烧香磕头。

【认干亲】

问：你家小孩认干亲吗？

答：老二男孩认干娘了，干娘在别的村。因为我们家公公是独生子，我男人又是独生子，我的孩子要认干亲，干娘家有两个孩子。

刘增群

时　间：1995 年 9 月 11 日下午

访问者：中生胜美　张洪祥

访问场所：北五里铺刘增群家

【职业】

问：你承包砖窑几年了？

答：2 年多了。

问：现在买砖什么价钱？

答：一千砖 90 元。

问：你装电话了吗？

答：没有装。

问：你有几个孩子？

答：两个，大孩子 17 岁，上初中，小孩子 13 岁。

问：进村时看到一座小庙是什么庙？

答：村西头是三关庙。

【老母庙与庙会】

问：有龙王庙吗？

答：有，还有老母庙，都是刚搞起不久，不是公开的，都是暗地搞起来的。

问：有庙会吗？

答：村子小，没有庙会。

问：过去有唱戏的？

答：没有，村子穷，唱不起。最近几年唱了几场。老母生日是二月十九日，唱戏一般爱听河北帮子、丝弦（老调、地方戏）、豫剧。今年没有唱，去年唱了。

问：在什么地方？

答：办公室前场子。

问：唱一场戏要多少钱？

答：2000 元。

问：谁出钱？

答：农民自愿交款。

问：全村有多少人？

答：1100 人。

问：老母庙有主持人吗？

答：有主持人，是老太太们主持。她们还吃会呢。

问：什么时候吃会？

答：老母生日那一天。

问：吃会的都是什么样的人？

答：都是四五十岁的老太太，有 10 多人吃会。

问：吃会的有男人吗？

答：老母庙吃会的是女的，三关庙吃会的都是男的。

问：你父母还健在吗？

答：都没有了。

问：你有兄弟吗？

答：有两个哥哥都在外地。

问：吃会的粮食从哪儿来？

答：每年麦收时，就把粮食敛起来了。由会上大头和小头负责。

问：有几个大小头头？

答：一个大头，两个小头。

问：谁交粮食？交多少？

答：由入会的人交粮食，每人交两斤小麦，一年一次。

问：入会有婆媳同时入会的吗？

答：没有，一般户内都是一个人去。

【龙王庙】

问：龙王庙什么时候建立的？

答：今年刚建立不久。原来已没有龙王庙了，在解放前很早的时候有过，今年春天，有一家自动盖了龙王庙。

问：他家为什么要盖庙？

答：有不顺利的事，他原来的房子盖在龙王庙的旧址上，家有两个孩子经常闹病，所以后来他搬走了，在原龙王庙旧址上盖庙了，以求平安。

问：龙王庙内菩萨是泥塑的吗？

答：过去是泥塑的，现在是画像。三关庙的神像过去也是泥塑的。

【五道庙】

问：五道庙是信仰什么的？

答：村内人死了，就到五道庙去烧纸。

问：是出殡那天去烧纸吗？

答：村内死人当天晚上去五道庙烧纸，等于"报到了"，民间叫"烧到头纸"，到极乐世界去了。

问：前天村内出车祸的人，是你们本家吗？

答：是堂兄弟，前天出殡，选的日子，是单日；如果家内没有其他老人了，出殡就不管是单日、双日了。

问：去五道庙烧纸是晚上几点？

答：晚上 12 点去烧纸。

问：别的村内死了人，也到你们村五道庙烧纸吗？

答：别的村也有五道庙，外村人死了，到外村五道庙烧纸"报到"，等于阴间也有"户口"，各村五道庙管各村的"户口"。

问：五道庙同土地庙什么关系？

答：没有关系，各管各的事。

艾增子（50 岁东岳庙管理人）

时　间：1995 年 9 月 12 日下午

访问者：中生胜美　三谷孝

访问场所：栾城县城艾增子家

【东岳庙简况】

问：你叫什么名字？多大年纪？

答：艾增子，50 岁。

问：做什么工作？

答：搞壁画，就是给庙内画画。

问：这个庙是你管理吗？

答：是我管理，现在宗教信仰自由。我信仰佛教。

问：过去东岳庙有多大？占地多少？

答：现在只占地一亩，是在原庙址建立的。过去庙大，占地 6.7 亩。

问：有多少年了？

答：有 500 多年历史了。

问：有建庙碑吗？

答：过去有，现在没有了。

问：庙是什么时候毁掉的？

答：解放以后，破除迷信，把庙拆掉了。在人民公社以前，大约 1955～1956 年。有三个村来拆，有的村拉走大梁，有的拉走木料。过去庙内东、西墙上画的壁画很好。

问：哪三个村子管理？

答：有高家庄、任家庄、田家庄，还有小任家庄。以前没有人管。

问：过去庙里有僧人管？

答：东楼、西楼，住六七十人。是一座神学校，都是从小出家的，来学佛经的。

问：这是什么时间？

答：六七十年以前。

问：是道教吗？

答：不是，其中有出家的，也有不出家的，叫居士，现在有个活着的，90 多岁了。

问：长期住在庙内的僧人多吗？

答：不多，有两三个人。后来人少了，有时没有人看时，小任家庄有个女的来看守庙宇。到解放时，没有了。

问：看庙的和道士一样吗？

答：不一样，但他信仰这个。

问：现在上庙烧香都在什么时间？

答：初一、十五。

问：什么时间重建的？

答：1992 年重建。

问：恢复后同原来一样吗？

答：不一样，原来有个正殿，原来规模大。

问：大庙拆除后，庙地归哪庄了？

答：归高家庄了。

问：没有庙了，群众还来烧纸吗？

答：也有人来烧，有些家内有事的，闹病的，来庙的废墟上烧纸，求神保佑，这是习惯改不了。

问：过去庙内有藏书吗？

答：过去有，有经书，后来都没有了。

【东岳庙重建】

问：大庙是怎么重修重建的？

答：村内有些信宗教的人主动联系起来。有一个女的，她的丈夫叫林济世，在外地工作 15 年，积蓄一些钱，献出来修庙；另外又动员一些人捐献。又到石家庄找了一些资料，遇到隆尧的一个人，也信仰宗教，支持他干好事修庙，也捐献了 500 元。

问：实际来建庙的人是谁？

答：前面说的大伙捐资，建庙从设计、策划、管理、画画，都是由我负责。

问：庙地是不是由大队献出来的？

答：原来庙地在本村，分给了 3 户，庙管理委把地折成钱，由建庙者们支付的。庙委赔偿了 3 户的损失，一年支付一次。这件事由主管财务管理，我负责庙务管理，不管财务。

【庙会与打鼓队】

问：庙会是什么日子？

答：每年阴历十月初一是东岳庙会，各村老太太组织的"打鼓"队演出，中午由庙内管顿饭。

问："打鼓"叫什么名字？

答：叫善鼓。

问：善鼓是自己准备的，还是庙内的？

答：每户都有，来时自己带来的。打鼓的人很多人过去得过病，身体不好，打鼓是信仰，又是体育活动，身体都好了。会打鼓的，有三四十户。

问：每月初一都有打鼓活动吗？

答：不一定，十月初一庙会肯定有，平常有时有，有时没有。

问：庙会就是一年一次？

答：以前是两次，春天一次，三月初七；秋天一次，十月初一。

问：赶庙会的都是本县来的人吗？

答：过去，60 年以前庙会很大，赶会的除本县外，藁城和其他县也来人，北京、天津也有人来赶会。

问：来赶庙会的，都是得病的人吗？

答：不，有的是得病求治的，也有的没得病，信仰佛教来的。还有些孤寡老人，还有的是求神保佑生孩子的，还有保佑孩子升学的。这些事不少。

问：有些村老母庙会时，有"吃会"的习惯，一些老太婆交 2 斤麦子，那一天就在一起吃会，东岳庙也有"吃会"？

答：没有，东岳庙是在初一、十五给表演打鼓的人吃一顿中午饭，由庙内出钱，不用个人交麦子。

问：表演的内容是什么意思？

答：他们唱的都是佛经，是宣传教义。

问：内容听不清？

答：一炷香敬佛祖，二炷香敬南海（？），三炷香敬……会唱的有十多人。

问：这里唱的是道、佛会的曲？

答：不是，东岳是道教（？）庙。

问：唱歌的、打鼓的多少人有规定吗？

答：没有。

问：日本人来时到过这庙吗？

答：来过，听说有个日本僧人在庙后面种过"善众（缘）树"，离这一华里。

问：你买了不少佛教的书，看完了还有用？

答：给青年人讲。

问：这里有鬼的故事吗？

答：群众中流传的是"狐仙"、"蛇仙"、"牛仙"等传说，某人得疾病，是"狐仙"上身了。

问：怎么看出的？

答：通过烧香火红可以看出。

赵明须

时　　间：1995 年 9 月 13 日
访 问 者：中生胜美　张洪祥
翻　　译：王　键
访问场所：赵明须家

【料理丧白事】

问：村内王维忠去世时，丧事是你管的吗？

答：是我管的。

问：姓赵的白事你都管吗？

答：不一定，有我管的，也有别人管的。

问：村内姓郝的白事，你管不管？

答：看情况，一般不用管，郝姓是大姓，有人管白事；王姓在本村是小姓，所以我得去帮忙。

问：赵家分几个院？

答：祖先是老弟兄俩，分两门，我们这一门是老大的一门；还有老二的一门。

问：清明节上坟，两门后代一起上坟吗？

答：分开上坟，这一门上这一门的坟，坟也分开了。

【"寒食会"】

问：吃"寒食会"在一起吗？

答："寒食会"又是一码事。有坟地，坟地收下的粮食在清明节吃会。

问：老大、老二坟地各有几亩？

答：各有坟地 3 亩，都差不多，但吃"寒食会"在一起吃，不分大门、二门。

问：你吃过会吗？

答：吃过。

问：管"寒食会"的有几个人？

答：有五个人，大头一个，小头四个。

问：谁当过大头？

答：我爷爷、父亲都当过，赵小后、赵小顺也当过，差不多人都当过。

问：大头是长辈吗？

答：大头、小头，不分辈大小，看他家有没有条件，另外通过"抓阄"决定的。上一年就"抓阄"决定了，开始筹备一下年的"寒食会"。

问：是吃饭的时候决定的吗？

答：吃完饭"抓阄"，决定下一年的事。

问：赵二白、赵春德是老大这一门吗？

答：他们是老二这一门的。

问：他们也当过会头吗？

答：当过，差不多都当过。

问："寒食会"给族长磕头吗？

答："寒食会"不给族长磕头，每年正月吃会要给族长磕头。

【正月吃会】

问：正月吃会在什么日子？

答：二月十九日老母庙会的日子，寒食会简单，就吃馒头。

问：正月吃会粮食怎么解决？

答：一家交一升麦子，吃一顿饭，一升麦有三四斤粮食，够吃了，连吃的菜钱都计算在内。

问：老母庙会吃会喝酒吗？

答：喝酒。

问："老母会"吃会是否赵家在一起，还是"寒食会"的那些头？

答：不是一回事，"老母会"不按姓搞，按居住划分，我们是西头这一块，所有西头的人，各姓都可以吃会。另外还有东头片、中间片的。徐家街就是中间这一片的。

问：这么多人在什么地方吃饭？

答：都在大头家院子内吃饭，那时一般家庭院子大。

问：谁请你出来管白事？

答：由白事家的家人来请我出来帮忙，如王维忠去世，他儿子来请，我到那看看，同他们家子女商量一下，有钱闹大些，没钱闹小些。

问：村内有红白喜事委员会吗？

答：有，成立有四五年了。我们西头的有赵喜丰，王老胖（已去世）；中间片有徐小眼；东头是谁我不清楚了。我在西头帮帮忙，不在数。

问：现在老母庙还吃会吗？

答：现在不吃会了，但管理的人定期的还吃，靠上供给些钱来吃。

【"天地会"】

问：过去除了吃老母会外，还吃什么会？

答：正月十九日"天地会"也吃会。一进腊月，村内就搭神棚，挂灯笼，一直到正月十五六拆除，正月十九日吃一顿饭，年过完了。

问：在什么地方搭"神棚"，有多大？

答：在街上王老胖门前搭的，宽10多米，长7.8米，一般敲锣、打鼓、玩都在神棚，每年腊月二十八、二十九日搭好。

问：现在还有吗？

答：咱村没有了，现在岗头村还年年搭。

问：东头、中间都盖神棚吗？

答：没有盖，就我们西头有。

问：敲锣、打鼓是从外地找到的人吗？

答：不是，家家都会，群众自发地到神棚去闹闹。

问：神棚内挂的是什么神？

答：是天地神。有买的画像，也有自己画的像，是天地神。

问：神棚内的灯笼亮一夜吗？

答：由小头管，每天晚上去点蜡，三十、初一、初二、初三一直到十五日都是一夜到亮点着蜡。

问："天地会"有大头、小头吗？

答：有，也是大头一个，小头四个，同老母会、寒食会选出的人，不是一个人，各管各的会。老母会妇女多，天地会男的多。

问：吃会，一户去几人？

答：交一升麦子，去一人吃会；交二升，去二人，交多少，去多少，不限制。

问：王老胖去世了，谁管西头红白喜事了？

答：我管，有事时，我给别人分工干活，我指挥。

问：城内红白喜事委员会贴出布告，有若干规定，你们村是否也这样？

答：一个村，一个样，我们村没有。

【农村婚礼】

问：结婚时，女方还要财礼吗？

答：两家情愿，可以要，没有规定，不算买卖婚姻。这件事由媒人管，两家协商，只要男方同意给部分钱，就行。

问：你爱人做过媒人吗？

答：做过，看这村有没有合适的男的或女的，那村有没有合适的男的或女的，从中搭桥介绍。

问：过去很少听说要财礼，现在倒反而多了，什么原因？

答：现在经济条件好了，比过去富裕了。现在女方陪嫁的东西多了，价钱也贵，不够了，找男方要点，商量办，这样的事很多。现在陪嫁的有洗衣机、缝纫机、彩电、冰箱等。要花多少钱！男方花一点钱，到时东西还是到了男方家。

问：女方父母还单独要钱吗？

答：现在单独要钱的少，除非父母生活困难，一般都是男方送钱来，女方父母都把它用在买嫁妆上了。

问：村内人结婚什么时候开始不坐花轿了？

答：我记得赵假妮结婚时还坐花轿，是村内最后一个坐花轿的，大约是在1955年左右，以后就没有花轿了，在合作社以前。

问：为什么不坐花轿呢？

答：新时代了，不用人抬轿子了。关于过去本村使用轿子的情况，我家有文字记载，我父亲保留下来的。是我爷爷口述，我父亲记下来的。

问：（看保存的"万历年"记载）

答：我家还记载历史上本地的灾情，尤其是雹灾详情。

【求佛治病】

问：在东岳庙看到有治好病给送锦旗的，你知道吗？

答：知道，这是病人许的愿，治好了病，有送旗的，送匾的，还有捐资的。

问：村内人得病，给老母庙烧香，还是给真武庙烧香？

答：看他信仰什么，信仰哪个，给哪个磕头烧香求保佑。

赵明须

第二次访谈时间：1995 年 9 月 13 日下午

问：这里看风水的是老年多，还是年轻人多？

答：过去有，年轻人多。本村没有，到外村去请，找有名的，有经验的。

问：现在盖楼房还找风水先生吗？

答：现在都是统一规划，统一标准，不需要请风水先生了。

【"万历年"记载】

问：过去发生旱灾求过雨吗？

答：求过雨，在 1948 年、1949 年，一般在六七月份麦收熟了，搭棚子求雨。在万年历也有记载。下面是灾情记载：（都是本地的）

1952 年　雹灾。1954 年　6 月 18 日　雹灾。7 月 7 日　下午雹灾　5 分钟。1946 年 5 月 10 日 12 点　雹灾。1957 年　7 月 18 日

雹灾　16 个乡有 9 个乡遭灾。1965 年　7 月 26 日　雹灾。6 月 19 日　雹灾　下午 9 个公社 5～10 分钟。1983 年　雹灾

问：雹灾面积很大吗？

答：一溜一溜的（指一片地区）。

问：有水灾记载吗？

答：1960 年两龙治水。

问：什么意思？

答：雨水较足，从万年历上看到的。

问：1963 年怎样？

答：闹大水，地里、村内都进水了。

问：还有灾情记载吗？

答：有。1964 年　6 月 23 日　遭雹灾。很厉害。1977 年　7 月 26 日　遭雹灾。1978 年　雹灾。1983 年　6 月 29 日　雹灾　8 月 27 日　大风、雹灾。1984 年　6 月 23 日 10 点　雹灾。1985 年　收成好，三龙治水，三人七丙。

问："三人七丙"是什么意思？

答：看年景好坏，要看几龙治水，同时也要看几几丙。如"一龙治水，九人三丙"，说明这年雨水大，歉收，粮食不够足。几人几丙表示粮食是否够吃："三人七丙"，说明粮食收成好，够吃。"一人五丙"，说明大丰收，粮食多。"五人九丙"，粮食也够吃了。"九人三丙"，歉收，粮食不够吃。

问：一龙、二龙是什么意思？

答：是看年景，预测今年雨水大小。一龙治水，雨水多，二龙治水，风调雨顺，雨水正好。如果九龙治水，说明龙多不下雨，雨水少，干旱，年景不好。下面又是年景记载：

1984 年　五人九丙，够吃了。

1981 年　8 月 17 日　雹灾，风力 10 级。

1988 年　三龙治水，一人五丙，丰收。

1989 年　八龙治水，歉收。

1990 年　一龙治水，一人五丙，好年景。

1991 年　一龙治水，七人一丙，不够吃。

1992 年　七龙治水，三人七丙，够吃。

1993 年　三龙治水，九人三丙，不行。

1994 年　二龙治水，好年。

问：是怎样预测出来的？

答：根据以往经验，万年历上有记载。

问：你当过生产队长吗？

答：没有。

问：你一直在村内种地吗？

答：参加根治海河 15 年，王壁庄水库、献县等地。

问：在这以前干什么工作？

答：在栾城机械厂学徒，学锻工，三年半。后来转到轧花厂工作了一个时期。

董冬姐（62 岁）

时　　间：1995 年 9 月 7 日下午

访 问 者：韦次玲子

翻　　译：李　萌

访问场所：董冬姐家

【家庭状况】

问：我们想了解现在同 50 年以前有什么变化，特别想知道你们小时候的事情，你是哪年出生的？

答：今年 62 岁，1933 年出生的。

问：你姓什么，叫什么名字？

答：姓董，叫冬姐，因为是冬天出生的。

问：你丈夫叫什么名字？

答：徐孟祥。

问：你有几个孩子？

答：6 个孩子，3 个男孩子，3 个女孩；在我前面（指徐孟祥的前妻）还有 3 个孩子。

问：前面的 3 个都是男孩吗？

答：两个男的（问、答有误），老大叫徐保金，属虎的，今年 46 岁；老二叫徐保群，属蛇的，今年 43 岁；老三叫金荣（据徐孟祥叙此为其女儿），属龙，32 岁。

问：你 3 个女儿叫什么名字？

答：小儿子叫保梁，女儿一个叫兰荣，一个老大（即金荣），还有一个老生（即最小的女儿）叫秀荣，都结婚出嫁了。

问：你年轻时干什么活？

答：在家务农。

问：你是哪个村的人？

答：高家庄，也是大村子。

问：你家有多少地？

答：十多亩地。

问：你兄妹几个？

答：没有兄弟，只有两个姐姐。

问：你父亲、母亲叫什么名字？

答：父亲叫董成伟，母亲姓王。

问：你还做过其他工作吗？

答：就是种地，没有做别的工作。

问：你上过学吗？

答：上过 3 年小学。

问：那时女孩都能上学吗？

答：都能上学，后来就上不起学了。

问：你姐姐上过学吗？

答：她们没有上过学。

问：你母亲上过学吗？

答：没有。

【缠足与天足】

问：你小时候缠足吗？

答：不缠足。

问：你父亲是满族吗？

答：是，母亲是汉族。

问：高家庄女的都缠足吗？

答：不缠足，我姐姐也不缠足，70 岁以上的老人都缠足。

问：小时候家内对女孩子都怎么要求？

答：叫干什么就干什么，同男孩子一样教育。

【上小学】

问：你几岁上的学，在哪儿上的学？

答：8 岁上学，在栾城小学读书，因为姥姥家在栾城城内，她支持我上学。

问：姥姥是怎么样的人？支持你上学很不简单。

答：姥姥是挺好的人，我家姐妹 3 人，没有男孩，我最小，所以喜欢我。

问：班上有多少男生？多少女生？

答：不清楚。

问：你们村到栾城上小学有多少人？

答：有几个人。

问：你上学每天回高家庄住吗？

答：不回家，住在姥姥家。

问：为什么要住姥姥家？

答：我们姐妹多，姥姥喜欢我。

问：那时男女生同校吗？

答：是男女同校。

问：小时候还有什么印象吗？

答：没有什么印象了。

问：过去打仗的事还记得吗？

答：记得，解放栾城那年，我们都在家内。

问：日本人进攻中国还记得吗？

答：那时年岁小，不记得了。

问：你小学以后干什么活？

答：在家种地。

问：女孩子干什么活？

答：地里什么活都干，同男的一样干活，另外还要干些家务活。

问：那时种些什么庄稼？

答：有小麦、高粱、棉花、谷子等。

【纺线、织布】

问：生产出棉花做什么？

答：主要是卖出去，自己留一些做衣服。

问：留下的棉花怎么做衣服？

答：自己纺纱，自己织布，织的土布。

问：织一块土布要多少时间？

答：没有计算过，有空就织，农村没有假期。

问：你们一天能织多少布？

答：我姐姐会织布，我不会织布，我会纺线。一天能纺多少线，没有一定，纺完线就到县城去卖，那儿有收购站，我们都是晚上纺线、织布。

问：现在会纺线吗？

答：现在也会，但没有纺车了。

问：在解放前，女的就干这些活吗？

答：还要下地干农活，其他家务活也要干。

问：你结婚以前怎么生活？

答：住在外婆家，也下地干活，干农活。

问：结婚以前有什么理想？

答：没有什么理想，那时女的没有钱，也没有权，什么也不想。

问：你会写字吗？

答：现在不会写了，简单的字也能写写。

问：那时上学高兴吗？

答：高兴。

问：你上学时，班内有好朋友或男朋友吗？

答：没有。

【婚姻、《婚姻法》】

问：你结婚是别人介绍的吗？

答：是别人介绍的，我姐姐先嫁到这个村，是姐姐给介绍的。

问：你多大结的婚？

答：23 岁结的婚。

问：那时你知道有《婚姻法》吗？

答：知道，但内容记不清了，当时有

宣传。

问：当时反对包办婚姻知道吗？

答：知道，那时有女孩闹的，反对包办不吃饭的。

问：当时妇女有组织吗？

答：有，在县城有妇女会。

问：解放栾城你知道吗？

答：知道，解放军攻打栾城时，我们都在农村住着。

问：土改时，你姥姥家有变化吗？

答：有变化，我已回高家庄，什么也不管。我姐姐也不管，我母亲的侄子已过继过来，所以我们都不管了。

【财产继承】

问：女儿能继承家内财产吗？

答：可以，我们没有要。

问：《婚姻法》上不是规定女孩也可以继承吗？

答：当时我们知道："女大当嫁"，家内穷，也没有什么财产好继承的。母亲的侄儿已经继承了，姐姐和我都不管了。

问：你婚礼是怎样操办的？

答：坐马车来到婆家，很简单，也不放鞭炮。

问：有盖头吗？

答：有，是红色的盖头，还有绣花鞋，都是我姐姐给准备的。穿的衣服很普通，没有旗袍。

问：你结婚时，村内合作化了吗？

答：村内已经成立高级社了，还没有人民公社。

问：你挣工分吗？

答：挣工分，人人劳动，都挣工分。

问：孩子小怎么下地劳动？

答：我村没有托儿所，孩子都是自己带，不影响下地干活。

问：你弟弟过继了，你还住在高家庄吗？

答：我是结婚以后，弟弟才过继过来，我已不在高家庄了。

问：你父亲去世后，他才过继的吗？

答：是这样。

问：你父亲什么时候去世的？

答：是在解放以后。

问：当时下地干农活，男女有区别吗？

答：没有区别，地内活男女都一样干。

【1958年"大跃进"】

问：1958年"大跃进"是怎样干的？

答：男女都一样干，一直是这样。"大跃进"时日夜都干活，忙得很。

问：那时女的也到外地劳动吗？

答：到外边很远地方劳动是男人的事，女的在家干活，因为有小孩也需要照顾。

问："大跃进"时，你们村有"花木兰"队、"穆桂英"队吗？

答：有，所有妇女，不管结婚的或没有结婚的都参加劳动。

问：那时"花木兰"主任是谁？

答：郝云秀，我记得"大跃进"时，她是妇女主任。

问：现在住在哪儿？

答：在村西头。

问：她多大年岁？

答：同我差不多，比我小点。

问：她当时有孩子吗？

答：那时她还没有结婚。

【"花木兰"队与"穆桂英"队】

问：也有"穆桂英"队吗？

答：都有，大队、小队都有妇女主任，妇女队长。

问：你参加哪个队干活？

答：叫我参加哪个队，就参加哪个队干

活，在二队、三队都干过活。那时哪个队都有妇女劳动，就起个名叫"穆桂英"队。

问：有些地方"花木兰"队是没有结婚的女青年组成的，"穆桂英"队是结了婚的妇女组织的，你们也是这样吗？

答：我们这里不是这样，结了婚和未结婚的女的都在一起干活，也没有具体叫法。

问：到外地干活有女的吗？

答：有，是没有结婚的女青年，她们也跟着外出干活。

问：过去家里人的衣服都是你自己做的吗？

答：都是自己做，自己纺线，让人家织布，然后给大人、小孩做衣服。

问：你白天劳动，什么时候纺线做衣服？

答：都是在晚上干家务活，有时农闲时白天也做针线活。

问：谁帮助你织布？

答：孩子的姑姑会织布，也就是我爱人的姐姐帮我织布。

问："批林批孔"的事你知道吗？

答：知道，就是组织学习，时间不长。

问：全村妇女都一起学"毛选"吗？

答：村内大家一起学，妇女不单独组织。

问：你村男的有"大男子主义"吗？家内的事谁说了算？

答：家内的事都一起商量，一般家内事务由女的当家，主要事情还是男的说了算。（录音不清）

问：徐春梅是"四清"时当上妇女主任的，以后又是谁当妇女主任呢？

答：叫蒋竹青（听不清），当过会计。

【家务劳动】

问：现在你家做饭、买菜谁来干？

答：我家三女儿干这些活，我也洗洗衣服，缝缝补补。

问：家内谁管钱？

答：我也管，我爱人也管。

问：现在做饭烧煤怎么样？

答：很好，很方便。

问：村内水问题怎么解决的？

答：有自来水，有水塔，村内吃自来水已经有了七八年了。

问：原来是吃井水吗？

答：开始是吃井水，后来有了"压把井"，吃水就方便了，现在是自来水，更方便了。

问：村内什么时候有了电？

答：1962 年就有电了，原来点的煤油灯。

问：过去村内是男耕女织，现在还有这个特点吗？

答：没有了，男女都一样干农活了。

问：孩子们的婚姻大事谁做主？

答：现在是自由恋爱，由介绍人介绍，征求父母意见，然后由儿女们自己决定。要跟父母商量。

问：孩子们上学由谁决定？

答：由父亲决定，毕业后工作由自己决定。

问：村内男的文化程度高，还是女的高？

答：男的文化高。

【男女一样】

问：有不让孩子们上学的吗？

答：现在没有，都希望孩子们上学，识点字。有些孩子自己不要上学的。

问：既然男女都一样，为什么有了女孩还想要个男孩？

答：现在年轻人也有愿意要女孩的，但是老人都希望要个男孩。

问：现在你家两个小女孩是谁的？

答：老三宝深家的女儿，另外一个男孩是老大家的。

问：村内最大问题是否还是生男生女的问题？

答：现在变化了，有人喜欢女孩了，一样了。

王桂荣（69岁）

时　　间：1995年9月8日上午

访 问 者：末次玲子

翻　　译：李　萌

访问场所：王桂荣家

【家庭状况】

问：你小时候的事情还记得吗？

答：还记得，14岁日本进攻中国，15岁结婚到县城。

问：你今年多大年纪？

答：属虎的，1926年生，70岁。

问：你是什么村的人？

答：龙化村人，离这里15里多地。

问：你叫什么名字？

答：叫王桂荣。

问：你上过学吗？

答：没有上过学，从小当牛做马，好容易盼到现在。

问：不上学在家干什么？

答：家内穷，上不起，就在家内玩。

问：你们家种什么庄稼？

答：棉花、高粱、谷子。

问：你家有多少土地？

答：有20亩地。

问：地不少吧？

答：地不多，因为家内人口多，有两个哥哥，两个弟弟，一个姐姐，有父亲、母亲、爷爷、奶奶，加上我和两个嫂子，共12口人。

问：现在还有什么人了？

答：父母和两个哥哥、姐姐都先后去世了，活着的，我年龄最大，侄子们也有50多岁了。

问：你家种棉花，是出卖，还是自己留用？

答：是出卖，自己也留用一部分。

【纺纱、织布】

问：你家衣服都自己做吗？

答：自己纺纱，自己织布，自己做衣服。

问：你自己会做衣服吗？

答：会，会纺线，也会织布，留下来的棉花一人分一点，晚上纺线，自己做自己的衣服。有些人家不会织布，请人家织，要给点钱。

问：织一丈布要多长时间？你喜欢织布吗？

答：不喜欢也不行。

问：大家做衣服，织的布要多少天？

答：没有准，能织多少布，就做多少衣服。

问：做一件衣服，要用多少布？

答：一丈布可以做两件上衣。

问：女的一件衣服需要多长时间？

答：大约两个月做一件衣服。

问：你还干什么活？

答：那时什么活都干，下地浇水，用水车浇地。

问：你嫂子也下地干活吗？

答：也下地干活。

问：你一天能纺多少线？

答：一天能纺2两线。

问：2两棉花能织多少布？

答：一尺来布。

问：织出来的是布头吗？

答：不是，都是新布，纳鞋底才用布头，新布用来做衣服。

问：什么时候不纺线了？

答：解放以后不纺线了，公社时都得下地干活挣工分了。

问：后来就买布做衣服了？

答：有买布的，也有买不起布的，就在晚上自己织布，自己做衣服。

问：你爱人的衣服是买的，还是自己做的？

答：是自己做的。现在纺车也没有了，织布机也没有了，也买不到了。

问：有多少年没有纺车了？

答：有 10 多年了，现在种棉花也少了，不纺织了，有棉花就卖了。

问：你爱人叫什么名字？

答：徐宽子，现在不在了，去世已有五六年了。

问：他有兄弟吗？

答：弟兄好几个，有一个叫徐小眼。

问：有你爱人的照片吗？

答：没有。有一张照片是在苍岩山参观时照的，也没有他。

问：你 15 岁到县城住，你爱人在县城吗？

答：都在县城住，后来解放了。

【日军侵占县城】

问：你结婚时正是日本侵略中国的时候，你还记得吗？

答：记得，日本是九月份打来的，我们是第二年结的婚。

问：日本人来时是否都躲起来？

答：我们都跑到村内躲起来，听说日本人来要抢东西，就在家内挖了个地道，把东西主要是衣服、粮食都藏起来；我、婆婆、我妈，还有一个女的，也都躲进了地道，有个梯子下去的。

问：后来日本人拿走什么东西？

答：把吃的东西拿走了，面粉也拿走了，别的东西没有拿。

问：当时这个村有被日本人杀害的吗？

答：不记得了，因为离县城远。

问：你看见过日本军队吗？

答：看见过，后来都躲起来，我姐姐也不敢回家。那时，要见到日本人，不要跑，还没有事；要跑，就要出事了。

【定亲与结婚】

问：你什么时候订的亲？

答：刚记事，也就是六七岁时定的亲。

问：结婚前，你见过丈夫吗？

答：没有。

问：你结婚怎去婆家的？

答：是坐花轿去的。

问：你结婚时，日本人来捣乱没有？

答：日本人是看见了，但我们给当时为日本人干事的中国人说些好话，就没有为难我们，来看看就走了。

【杂货店】

问：你们家在栾城做什么工作？

答：做小买卖，卖些杂货。

问：开杂货店，就是你们夫妻俩？

答：还有婆婆。

问：在县城生活比农村好吧？

答：差不多。

问：那时生意好做吗？有饿死人吗？

答：生意不好做，生活很苦，但也没有饿死的。

问：你有什么病吗？

答：就是腰腿疼。

问：那时有什么灾害？

答：记不清了。

问：你什么时候回村的？

答：解放以后回村的，回来后就入合作社了。

问：那时有孩子了吗？

答：有四个孩子，三个男孩，一个女孩。

问：都叫什么名字？

答：老大徐振祥，老二徐金（振京，也叫丑）、老三是女儿，叫秀珍（"金"家系内作"锦"），老四是徐玉申（身），现任村长。老大有两个女孩，老二有一个男孩，女儿已经出嫁了。（注：王桂荣系徐玉身之母，访问者与其记录整理不是出自一人，因同音字或音字相近之缘故，出书各有不同发生错讹，此为其中一例，中文版整理者王黎）

问：生第一个孩子时，你多大岁数？

答：才18岁。

问：四个孩子都在县城生的吗？

答：前三个在县城出生的，最小的是回村以后出生的。

【农村接生婆】

问：在县城生孩子是在医院生的吗？

答：不是，那时城内还没有医院，是在家内接生的。

问：村内那时有接生的吗？

答：有，年岁大的老婆子都会接生。

问：接生婆带接生工具吗？

答：没有接生工具，小孩生下来，拿一块布一包就行了。

王桂荣

第二次访谈时间：1995年9月8日下午

【《婚姻法》】

问：解放栾城后，公布了《婚姻法》，你知道吗？

答：知道，可以自由结婚了。

问：《婚姻法》有什么规定吗？

答：规定女的18岁，男的20岁可以结婚，结婚晚。可以自由结婚，自由谈话，也可以男女见面。

问：有了《婚姻法》对妇女是不是好？

答：好，可以晚婚，后来结婚年龄又大了，女的23岁，男的25岁，还要计划生育，都有好处。

问：《婚姻法》公布，城里搞宣传吗？

答：有宣传，还贴标语呢。

问："土改"以后，你家有变化吗？

答：村内搞"土改"时，我们住在县城里。

【妇女会】

问：县城有妇女联合会吗？

答：有。

问：你参加妇女会活动吗？

答：没有，后来回到村内参加过妇女会的活动。

问："抗美援朝"的事你知道吗？

答：知道，就是打仗，还有人去过。

问：栾城妇联会是政府组织，还是群众团体？

答：不知道。

问：城内搞过"三反"、"五反"吗？

答：搞过，我们在县城，就是开会搞斗争。揭发坏人，批这个不好，那个不好，知道有这件事。

问：回到村内你家几口人？

答：有我和爱人，还有3个孩子，回来以后又生一个孩子。

【参加合作社】

问：为什么要回农村？

答：政府号召回村，都让回来。另外，城内也不让做小买卖了，生活困难，加上家里两个老人都病了，没人照顾，地里活也没人干。

问：你回来时，村内有合作社吗？

答：有初级社。

问：你们是怎样入社的？

答：家内老人找村长、队长说说，又出了一些钱，叫入股，就这样入社了，参加集体化了。后来就下地干活了。

问：村内有妇女队长吗？

答：有，想不起来了。记得有个妇女主任叫王雪的，今年也有 50 多岁了。后来是董云兰。

【妇女队长】

问：每个队都有妇女主任吗？

答：都有。

问：徐春梅是妇女主任吗？

答：是，她是村东头的。

问：徐春梅很能干吧？

答：很能干，东头的人知道。

问：徐春梅到过你们队吗？

答：没有。

问：小队妇女队长管事吗？

答：不管事，是男队长说了算。

问：那时候什么时间下地干活？

答：早晨 5 点起床，做饭。吃完饭，男的先下地干活，大约 8 点左右下地，干到 12 点回来吃饭，下午 1 点又下地，一直干到晚上 5 点收工。家内三顿饭都是女的做，抽空也下地干活。

问：能吃到面粉吗？

答：有面，是用碾子碾的面粉，这些活都在晚上干。

问：下地干活男女分开干吗？

答：都在一块干，不分开。

问：你们队队长是谁？

答：一年换一次，多了，有一个叫徐丑小，还有叫徐策的。

问：上面说的是什么时候的事情？

答：1958 年人民公社成立以前的事。

【人民公社、大食堂】

问：人民公社是怎么回事？

答：有了食堂，晚上也干活，拉谷子。

问：食堂是怎么搞起来的？

答：人民公社成立后，先是孟董庄建立了食堂，后来村内也搞食堂，开始一个村一个大食堂，社员都到食堂吃饭。

问：都到食堂吃饭，家内锅怎么办？

答：都收走，拿去大炼钢铁了。

问：有了食堂，你的活不忙了吧？

答：一样忙，食堂不够吃，自己想办法弄点野菜。

问：办食堂一开始好吗？

答：开始还有粮食吃，后来不够吃，就给山药吃。

问：谁给食堂做饭？

答：找的人做饭，有炊事员、管理员，都是固定的，到时候才换。

问：做饭的叫什么名字？

答：叫徐（权）祥、徐孟香，他们都做过饭，那时都是男的做饭。

问：都去食堂吃饭吗？

答：都去食堂吃饭，自己拿着碗，带着罐（放汤用的）去食堂大院打饭吃，不让回家吃。

问：孩子们在哪儿吃？

答：都去食堂吃。

问：在食堂吃能吃饱吗？

答：吃不饱。

问：办食堂有多长时间？

答：先办大食堂，后办小队食堂，加在一起有二三年时间。

问：小队食堂有什么变化？

答：小队食堂规定可以把饭打回家吃，到家内再加点菜，煮点汤，比在食堂吃得多些。

问：小食堂有多长时间？

答：小食堂时间长，有 2 年时间。吃食堂，1958 年没有饿着，那时有自留地，家内还有点粮，到 1960 年，就吃不饱了，家内也没有粮食了，食堂给得不够吃，闹饥荒，吃红薯叶子。

问：有饿死的吗？

答：有饿死的，都是老人和有病的，饿死有 10 多人。

【困难时期】

问：吃不饱饭有多长时间？

答：有一年多时间，主要是 1960 年。后来大伙就想点办法，弄点菜，加点面（玉米面），充饥度荒。食堂也把每天每人的定量 2 两粮食发放给大家，回家自己做。一家人家定量加在一起，加上一点菜，比在食堂能吃饱一些。

问：那时有人生气吗？

答：生气有什么用，没有人说，因为都一样挨饿。

问：国家怎样帮助大家？

答：国家也有困难，国家穷，管不起，还要还外债。

问：那时还有学校吗？

答：有学校，孩子们都上学。我的大儿子是回到村内才上学的。

问：困难时期还干活吗？

答：干活，不干活没有工分，不给饭吃。

问：对老人和小孩是否有些照顾？

答：老人和小孩不下地劳动，吃饭定量都一样，没有什么照顾。其他人都下地劳动，不下地在家待着，就没有饭吃。

问：不下地干活，可以不可以干点别的工作？

答：没有别的工作，都得下地干活。

问：村内什么时候才有电的？

答："大跃进"时还没有电，我家还点煤油灯呢，"文化大革命"前有了电。

问：刚才发言的妇女叫什么名字？

答：她叫严秀文，南宫县人，1965 年嫁到本村的。她来时，已经有电了。

【公社办工厂】

问：人民公社建工厂你知道吗？

答：有工厂，公社办工厂，村内没有工厂。

问：工厂内干活有女工吗？

答：有女工。

问：都有些什么工厂？

答：有轧花厂、榨油厂、纺线厂、织布厂等。那时自己不织布了，都是买布做衣服。

问：从哪年开始不织布了？

答：记不清了。

问：你多大年纪就不织布了？

答：我已经有 30 多年不织布，回村以后也不纺线了。

问：60 年代以后，干活还起早吗？

答：同从前一样。

【挣工分】

问：工分情况同过去一样吗？

答：一样，分整劳力、半劳力，一天一个整劳力是 10 分，女的也是，男女平等。上学小孩能参加劳动的给 2 个工分，大一点小孩劳动给 5 个工分。但是工分不值钱，干一天活，只能挣到几毛钱。

问：孩子们都上过学吗？

答：老大中学毕业，老二上到高小，女儿上小学，没上中学，我认为女儿上中学没用，长大了挣了钱也不给家。

问：孩子们都结婚了吗？

答：都结婚了。

问：是自己决定婚姻吗？

答：是自己决定，但都是介绍的，不是包办的。

问：结婚以前都见过面吗？

答：只见过一次，后来就不见了，一直到结婚才见面。没有事，谁也不上谁家去，见面多，人家笑话，说闲话。

问：现在开放了，还有人笑话吗？

答：现在思想变了，不管了。

问：清明节女的也上坟吗？

答：都去，男女都去上坟，烧点纸，我也去。

【"文化大革命"】

问："文化大革命"的事你知道吗？

答："文化大革命"就是整人，开会批斗人。

问：批斗什么样的人？

答：批过去食堂管理员，他多吃多占。

问："批林批孔"的事知道吗？

答：在地头搞批判，搞宣传，还扭秧歌呢。

问：现在结婚是否大操大办？

答：不让搞，就是本村人闹一下。现在花钱一年比一年多，太浪费了。

问：10年以前，你还做布鞋吗？

答：做布鞋，穿布鞋比买的鞋舒服。

问：你什么时候不织布的？

答：有8年了。

【妇女地位】

问：你家谁管钱？

答：由两个孩子管，我懒得管。

问：房子问题谁管？

答：商量着办。

问：1957年以前谁管钱？

答：我管。

问：计划生育的事知道吗？

答：知道，要一个孙子、一个孙女，只准生两个，中间要隔几年才准生。

问：听说有人能通过做B超，知道是女孩，就流产，是这样吗？

答：有这样的事，因为都喜欢有个男孩。

问：为什么都喜欢男孩？

答：农村要劳力，挣钱多，女的多了生活就困难，县城内生男、生女都一样。

问：家庭遗产有女儿的份吗？

答：没有，女的一出嫁就没有。

问：结婚登记同结婚是一天吗？

答：不是，应先登记，选好日子举行婚礼。

问：要多长时间？

答：没有一定，看好时间就行。

问：婚前男方还要给女方送礼吗？

答：要送，送这个，送那个，还有花钱。

郭　莲（70岁）

时　　间：1995年9月9日上午

访 问 者：末次玲子

翻　　译：李　萌

访问场所：郭莲家（郭莲丈夫刘吉辰在座）

【家庭成员】

问：您叫什么名字？

答：我叫郭莲。

问：今年多大了？

答：70岁。

问：以前调查的人跟您谈过没有？

答：谈过。

问：您老家在哪儿住？

答：我娘家在岗头村，离这儿一华里。

问：您有几个孩子？

答：我有 7 个孩子，4 个男孩，3 个女孩。

问：您小时候上过学没？

答：没上过学。

问：您结婚前干什么？

答：在地里干农活。

问：您小时候缠过足没有？

答：我没缠过足，我母亲缠过。

问：您姐姐缠过足没？

答：都没缠过足。

问：您兄弟几个？

答：两个兄弟，一个哥哥，一个姐姐，一个妹妹，共 6 个。

问：您是怎么结的婚？

答：有人说媒。

问：您结婚前见过面没有？

答：没见过，不让见。

问：您小时候男孩、女孩一块玩吗？

答：一块玩。

问：摘棉花是男的干，还是女的干？

答：摘棉女的干。

问：男的干什么活？

答：割麦子，锄地。

问：女的锄草，摘棉花，还干什么？

答：推车浇地，男的干，女的也干。

问：您是什么时候结的婚？

答：19 岁。

【农村婚礼】

问：您是怎么嫁过来的？

答：坐轿子，穿红衣服，带盖头。到这儿以后先不下地走。地上放一块一块砖，脚不能挨地。

问：有人闹洞房吗？

答：都是年轻人闹洞房。

问：你婆婆家几个人？

答：婆婆、公公、兄弟、妹妹，婆婆家一个兄弟，四个妹妹。

问：结婚第几天回娘家？

答：第二天回娘家。

问：结婚时盖头怎么掀？

答：掀下来后，先拜祖先，上供。解放以后就没有了。

问：您结婚时拜祖先没有？

答：拜，结婚时男女都拜。

问：那时您家吃什么？

答：什么都吃。

问：您那时除干农活，还干什么？

答：就干农活种地。

问：您纺棉织布吗？

答：和婆婆、妹妹一块纺线，织布我会织，婆婆、妹妹都不会织。

问：织完布卖吗？

答：不卖，自己用。

问：那块布是什么时候织的？

答：织有 30 年了，那时在地里回来，有时间就织布。

问：日本军来时你结婚没有？

答：我那时才十三四岁，没结婚呢。

【日军侵华】

问：当时日军进村没有？

答：进村了。

问：杀人没有？

答：没有，是蒙古人来了。

问：日军进村，有跑的没有？

答：也有躲起来的，以后就不躲了。

问：烧房子没有？

答：没有。是从栾县过来，在这儿没打仗，来时我们村"维持会"接待他们了。

问：当年日本军给中国带来这么多灾难，

作为日本人，我表示道歉，很对不起！我们这次来调查，也想了解日本军队当时在中国有什么罪行，回去向日本人民讲讲，也是个教训！

答：也不都一样了。

问：为什么说他们是蒙古人？

答：当时日军来时，说是蒙古人。

问：你怎么知道战争结束了？

答：那时村有国民党开会，说日本投降了。

问：开会女的去吗？

答：女的也去，日本投降时是国民党宣传会。

问：解放后《婚姻法》知道吗？

答：不记得。

【妇女解放】

问：你们这儿是哪年解放的？当时妇女主任是谁？

答：咱这是 1947 年解放的，妇女主任叫赵四姐。

问：她现在还在吗？

答：当时她没结婚，后来嫁走了。

问：她当妇女主任有什么活动？

答：开会，男的女的都去。

问：当时咱村有扫盲班吗？

答：咱村黑夜里有，我没去过。

问：是因为忙没去吗？

答：因为孩子小，顾不上。

问：婆婆、妹妹参加吗？

答：婆婆不参加，妹妹参加。

问：那时大妹妹有多大？

答：他大妹妹今年 69 岁，比我小一岁，二妹今年 66 岁。

问：当时怎样宣传《婚姻法》？

答：有扭秧歌的，有唱戏的。

问：《婚姻法》有什么规定吗？

答：弄不清。

问：那时公婆在吗？

答：当时都在，现在婆婆还在，那时都参加扭秧歌了。

问：大妹妹结婚，也有媒人吗？

答：都是媒人介绍，没见过面，登记就结婚。

问：三妹妹多大了？

答：三妹妹今年 64 岁，最小的今年 50 岁。

问：三妹结婚怎样结的？相亲没有？

答：也是坐轿子，没见面。最小的也没见面，结婚登记。

问：谁决定？

答：双方老人决定。

问：本人不同意怎么办？

答：本人也说说，没有不同意的。

问：最小的妹子结婚也坐轿子吗？

答：坐马车了。

【互助组】

问：互助组您还记得吗？

答：互助组以后，是初级社；初级社以后，是高级社。

问：成立互助组，女的干活和男的一样吗？

答：一样干活，不去就找。互助组时我们这组共有 6 户，是自己干活，以后队长叫干什么就干什么。

问：互助组时有没有专门看孩子的？

答：没有，那时候是大孩子看小孩子。

问：初级社时有什么变化？

答：都一起干活。

问：当时还织布吗？

答：从地里干活回来，就纺棉花。

问：初级社你家有几亩地？

答：有六七亩地。

【初级社】

问：初级社时是不是女的干家务？

答：女的也到地里干活，锄草、间苗。

问：初级社时，是不是按入股分成？到高级社时才记工分？

答：是这样的。

问：初级社不记工分，女的还干活吗？

答：干活。

问：初级社时，妇女队长是谁？

答：初级社、高级社妇女队长都是赵四姐，因为她没有孩子，她丈夫死了。

问：她丈夫叫什么名字？

答：叫赵七妮。

问：赵四姐是哪个村人？

答：离这不远五里堡人。

问：谁选的她？

答：初级社时大家选的。

问：初级社时男队长是谁？

答：初级社时小队长是赵秃子、刘吉辰。（刘吉辰说）初级社时，是我们两个人组织的。

问：高级社时你是队长吗？

答：我干保管。

问：初级社时妇女队长是一个人吗？

答：是她一个人，高级社时妇女队长也是她。

问：大队下边分小队吗？

答：分3个小队。

【妇女队长】

问：小队有妇女队长吗？

答：小队有妇女队长，管妇女。

问：您小队妇女队长叫什么？

答：叫赵秋芝。

问：别的小队妇女队长是谁？

答：别的小队妇女队长是谁，不知道。

问：赵四姐当时能干吗？

答：能干。特别能干，也能说。她自己没孩子，要了一个孩子。

问：有看孩子的吗？

答：没有，都是自己看自己的。

问：当时都尊重赵四姐吗？

答：尊敬。

问：有什么事找她商量吗？

答：找她商量，让她给拿个主意。

问：赵秋芝是个什么样人？

答：她带头领着妇女干。

问：赵秋芝有文化吗？

答：初小文化。

问：赵秋芝是党员吗？

答：是党员，1958年前入的党。

问：赵当时结婚没有？

答：当时结婚了。

问：现在还活着吗？

答：不在了。

问：当时还有别的活动吗？

答：领妇女干活，组织妇女开会。

问：当时村里离婚的多吗？

答：不多。

问：谁离婚了，举个例子？

答：有个姑娘，去年离婚了。

问：解放初期《婚姻法》颁布后有没有离婚的？

答：想不起来。

问：当时家庭闹意见，妇女队长管吗？

答：也管，谁家有事，去调解调解。当时都很忙，打架的也不多。

问：当时你们婆媳有没有不合的？

答：我们婆媳关系不错。

【"大跃进"】

问："大跃进"到外村干活吗？

答：都在本村干活。

问："大跃进"有没有专门做衣服的？

答：没有，都是自己做。

问：女的和男的一样到地里干活，家里活谁干？

答：回家来一块干。

问：大爷干什么活？

答：帮忙做饭、喂猪。

问：刚结婚时一块干吗？

答：一块干。

问：解放前男的是不是不干家务活？

答：做饭女的干，其他洗衣服、喂猪大伙干，解放前也是这样。

【入赘】

问：你们村有男到女家的吗？

答：刘明是个女的，从蒙古来个水兵是男的，到了女的家，有了孩子都姓刘。

问：村里男到女的家多吗？

答：有几个，水兵有个弟弟也到这个村了。

问：在日本男的到女的家，有点别扭。

答：咱这不。

【人民公社】

问：人民公社后有什么变化？

答：没什么变化。

问：有做衣服的工厂吗？

答：没有。

问：衣服、鞋都是自己做的吗？

答：都自己做。

问：哪年成立人民公社的？

答：1956 年成立人民公社。

问：你家什么时候通的电？

答：成立公社时通的电。

问：自来水什么时候有的？

答：1961 年，用手摇轱辘就来水了。

问：以前吃什么水？

答：吃井水。

问：每户都有井吗？

答：差不多。

问：用过压水机吗？

答：没用过压水机。

问：人民公社时妇女队长是谁？

答：叫李淑芝。

问：现在还在吗？她多大年纪？身体怎么样？

答：还在，有 50 多岁，身体不错。

问：人民公社妇女队长带大伙干活，还干别的吗？妇女有什么活动？

答：没有什么活动，就是干活，开会。那时妇女队长还有赵金娥。

问：她在吗？

答：在。

【困难时期】

问：1961 年自然灾害怎么样？

答：1959、1960 年最困难，吃大食堂，吃不好，特别苦，吃萝卜缨子、野菜。1961 年好一点，1963 年又闹水灾。

问："文化大革命"妇女有什么活动？领导是徐春梅吗？

答：她是书记，妇女主任是郝盘（盼），现在还在，她娘家是本村。

问："文化大革命"时有没有妇女起来搞批判？

答：没有单独组织，和男的一起搞。

问："批林批孔"是怎么搞的？

答：要批判村里大队犯错误的干部，"四清"搞完，就搞"文化大革命"，"文化大革命"完了就"批林批孔"。

问：批判男女不平等吗？

答：也批判。

问：都愿意参加吗？男的愿意参加吗？

答：愿意不愿意，男女都得参加。

王　冬（53 岁）

时　　间：1995 年 9 月 9 日下午

访 问 者：末次玲子

翻　　译：王　萌

访问场所：王冬家

【女子上学】

问：您是哪年出生的？今年多大年纪？

答：我哪年出生说不好，我周岁 53 岁。

问：你在哪儿出生的？

答：我是在西宫村出生的。

问：离这多远？

答：在城南，离这 12 里地。

问：你结婚前是务农吗？

答：结婚前上过学，也务农。

问：你上过学吗？

答：我上过 8 年学，初中没毕业，初中上两年就退学了。小学是在西宫村小学上的学，高小是在外村，初中二年就退学了。

问：你上小学时，村里其他女孩上小学吗？

答：上小学的少。

问：你上小学时已经解放了吧？为什么女孩不上小学呢？

答：已经解放了。那时候人们旧思想，女孩上学没有用，将来也是在家里看孩子。

问：你几岁上的学？

答：12 岁上才学，没上一年级，从二年级开始上学。

问：村里男孩子上学吗？

答：那时候一个季度 3 个月交学费 0.75元，因为交不起学费，男孩子上学的也不多。

问：你上学你父母都支持吗？

答：父母不太支持。那时不计划生育，我家姊妹多，我父母没有 0.75 元交学费。我跟我奶奶生活，我奶奶给我拿学费，我姐姐好，我姐姐在家劳动，她让我上学。

问：你姊妹几个？

答：现在是 1 个姐姐，3 个弟弟。原来多，我母亲生 10 个孩子，有的从小生病死了，剩下我们这几个。

问：你奶奶和你父亲在一起生活吗？

答：不在一起生活。我有两个叔叔，大叔在外边生活，我跟我二叔一起生活，当时我二叔愿意我在他家跟他玩，二叔比我大七岁。

问：你奶奶在西宫村住吗？

答：在西宫村住。

问：西宫村解放的事，你还记得吗？

答：我那时还小，记不清，只知道打仗。

问：村里打仗吗？

答：记不准，反正是有炮声。

问："土改"时情形你记得吗？当时有些什么政策？

答：记不准，我那时小，只知道斗争的很多。

问："土改"时您家分地没有？

答：我家分到 15 亩地。

问：您奶奶家分多少？

答：一共分 15 亩地。

【宣传《婚姻法》】

问：您记得《婚姻法》吗？

答：记不清，那时我很小，听说自由结婚，结婚登记，有问题可以自由离婚，自由结婚，我当时不懂那个意思。

问：怎么宣传的？

答：宣传《婚姻法》运动，有唱戏的，唱《小二黑结婚》，不化妆，总的意思是她母亲包办婚姻，她又自己搞一个，末了乡长给她做主，不让她跟她妈妈包办的那个，让她跟自己搞的那个。

问：是谁演的戏？

答：是县里来的人，不是村里自编自演的。

问：当时谁让你上学？

答：我奶奶让我上学，我年龄大点，叫我上我就上，我也愿意上学，学点东西。

问：成立人民公社后学校有什么变化？学校有什么活动？那时你还上学吗？

答：那时候学生演节目、唱歌，唱"人民公社好"。

【农村办食堂】

问：有了大食堂大家高兴不？

答：有了食堂，能叫你安心生产劳动，自己不用做饭了，省事。

问：你觉得大食堂好不好，吃的怎么样？

答：吃还行。一个食堂好多人吃饭，要求不一样，有的人说不如自己做饭吃；有的人说这多好，到时候吃饭，不用自己做饭了，吃完饭没事了。

【自然灾害】

问：1960 年自然灾害时小孩吃什么？

答：小孩也是在食堂吃红薯，那时我有病，妹妹也有病，我想吃面条也没有，没有菜吃，我母亲在食堂做饭。

问：那时村里饿死人吗？

答：老的、身体弱的，想吃什么也没有，死的人多，病的人也多，不完全是饿死的。

问：您上六年级时，村里小孩是不是都上学了？

答：那时上学的就多了，女孩也上学了。

问：从什么时候开始上学多了？

答：从 1954 年高级社以后上学就多了，自己家也没有地了，小孩就上学了。

【"四清"运动】

问：您上学那年是搞"四清"吗？

答："四清"时我就结婚了，我是 20 岁不上学的，21 岁结的婚。

问："四清"您参加什么活动吗？

答：我那时结婚了，户口还在西宫村，我还在西宫村劳动。"四清"开始我在西宫村参加贫协会，每天吃过晚饭，学习文件，叫你给干部提意见，干部有贪污的就提。

问：您是怎么和爱人认识的？爱人叫什么名字？

答：是经人介绍的，爱人叫郝同顺。

问：我以前和你谈过？

答：我爱人是村支书，去年不干了。

问：为什么不干了？

答：一个是岁数大了，他自己搞了个工厂，当时乡里也不愿意他不干，顶到 4 月份才不干的。

问：他不当书记，我感到遗憾。您是共产党员吗？

答：我不是党员，曾是共青团员。

问：您在西宫村搞运动当过领导吗？

答：没当过。

【小队会计】

问：您结婚后在大队当过会计？是给大队算账吗？

答：是小队会计，算工分。

问：男女工分一样吗？

答：男女工分一样。

问：您从哪年开始当小队会计？

答：1971～1973 年在小队当会计。

问：小队妇女队长是谁？

答：苏春英是小队妇女主任，小队长就是生产队大队妇女队长，叫王春（淑）芝。

问：苏春英还在村里吗？

答：都在村里。

问：结婚后当会计之前，这段时间您干什么？

答：干农活。

【纺线、织布】

问：您那时会织布、纺线棉吗？

答：我上学，也会纺，纺的不多，织布不会。

问：您纺完线谁给织布？

答：我婆婆会织布。

问：您家织布多还是买布多？

答：买的布多，买的布细，自己织的布粗。

问：您穿的衣服是买的多还是做的多？

答：买的多，做的少，穿的衣服都是买的。

问：鞋现在还自己做吗？

答：鞋现在也不做了。

问：从什么时候开始不做了？

答：从1990年以后就不做鞋了。

【家庭成员】

问：您有几个孩子？

答：有四个孩子：三个女孩，一个男孩，前边三个是女孩，后边一个是男孩。

问：孩子都叫什么名字？哪年出生的？

答：老大叫郝云清，1966年出生的；老二叫郝云秀，1969年出生的；老三叫郝云姗，1973年出生的；老四是男孩叫郝卫华，是1977年生的。

问：孩子的名字都是谁起的？

答：大孩的名字是大叔起的，大叔叫郝同海；老二是姑姑起名；老三是乡里书记给起名；老四是村里其他干部给起的名。

问：村里别人家也是这样吗？

答：不一样，也有爷爷奶奶给起名的。

问：当时你爱人是村干部？

答：是村干部，是从1973年开始当书记的，原来是村干部。

问：孩子小，干活怎么办？

答：他奶奶连看孩子带做饭。

问：你结婚后和婆婆一起过吗？

答：有公公、婆婆、叔叔，一起过。

问：现在公婆还在吗？

答：健在。

问：你公公叫什么名字？

答：郝全喜。

问：你父亲健在吗？

答：父亲没了，母亲健在。有时给点钱，手上富裕就给点，他们也不缺什么。

【妇女主任】

问："文化大革命"你参加什么活动？

答：我岁数小，没参加什么。当时村支部书记是徐春月（？），妇女主任是徐春梅。

问：徐春月是徐春梅的妹妹吗？

答：不是。

问：徐春月现在还在吗？

答：还在。不在咱村，她结婚了，"文化大革命"时还没结婚呢。

问：她当妇女主任经常搞活动吗？

答：徐春梅很能干，她是"文化大革命"时当的妇女主任，很能干，干得好。

问：为什么"文化大革命"时小队没有妇女队长呢？

答：妇女主任是大伙选的，经常有变化。

问：是不是无记名选举？

答：无记名选举，选的妇女队长叫张香子。

问：她还在吗？

答：她还在，今年76岁。

问：你参加过妇女运动吗？

答：我没参加。

问：为什么？

答：我不愿惹事，有孩子，我户口转来时，我就已经有孩子了，晚上开会婆婆也不愿让去。

【"批林批孔"】

问："批林批孔"时有什么活动？

答：开会，传达文件。

问：当时有这种活动你参加不？

答：这种会我参加，干部会不参加。

问："批林批孔"是不是主要宣传男女平等？

答：上级怎么说，下级就怎么办。中国妇女多点，说平等就平等了。

问：男女平等有什么变化？当时男女平等吗？

答：男女平等，那时活一样干，工分一样记，同工同酬，不分男女。

问：继承财产这方面怎么样？

答：一般都是男的继承，就一个女孩的也得继承。

【过继和上门女婿】

问：以前光有一个女孩，还过继吗？

答：也有过继一个儿子的。

问：为什么男的到女的家叫上门女婿？

答：这个村有两户。

问：以后男的到女的家，是不是越来越多？

答：可能要多。

问：您的孩子结婚没有？

答：有两个结婚了，老大老二都结婚了。

问：当时孩子结婚是谁决定的？

答：大家一块商量。

【婚姻介绍】

问：大女孩是自己搞的对象吗？

答：是介绍的，介绍完了就见面了。

问：什么时候结的婚？

答：大女孩是1988年22岁结的婚。

问：过去介绍完了，就见一次面就不让见了，从什么时候开始开放的？

答：从改革开放以后，就可以经常见面了。

问：你们结婚时是不是朴实，以后就大操大办了？

答：我们那时简单。

问：你女儿结婚时，男方给聘礼了没有？

答：也给。

问：聘礼越来越多吗？

答：也不一样。有的户要的多，有的户就是有多少花多少，没有就算。

问：你女孩那时简朴吗？

答：简单点好。

问：你有两个女孩，都这么想简单点吗？

答：家里人在一起吃顿饭。

问：您儿子结婚办宴席没有？

答：不请客觉得不大好，不大办，不好看。

问：您大女儿上的什么学？

答：大女儿初中，二女儿初中，三女儿高中，儿子是中专，明天就去石家庄学习，学机械。大女儿初中毕业后，在棉花收购站干了一年。

问：是结婚前吗？

答：是结婚前，转年又去县工具厂，结婚后就在家了。二女儿在县锣干厂（？）；她结婚后就在县医药基地物资处上班。

问：她有孩子吗？

答：有一个孩子。三女儿高中毕业后在石家庄棉纺二厂工作。

问：您觉得女孩子上班好还是在家好？

答：工作好，能赚钱。

问：我也是这么想的，现在这儿有托儿所？

答：村里没有。

【计划生育】

问：你的女儿都好吗？现在计划生育很严，你的女儿两个孩子罚款没有？（以下郝同顺答）

答：说实话我当了 20 多年书记，没犯错误，现在不干了，就有一个要求，把孩子户口给上上。

问：这个村有没有怀孕检查？

答：三个月检查一次。

问：如果怀孕了是不是要报告卫生部门？

答：自己想办法，有些人就躲起来了。

问：如果怀孕，不交罚款就不让生吗？

答：罚款，也不让生。社员就想办法也要生个男孩。

问：如果第三胎生下来，是否给上户口？

答：要给钱，有钱就好办。

问：以后上学有困难吗？

答：有户口没困难，没户口有钱也能上学。

【"传宗接代"观念】

问：现在农村还存在要男孩传宗接代的观念吗？

答：是的。生了几个没有男孩子，还是想办法生个男孩子。

问：是不是传宗接代思想是计划生育的最大障碍？

答：是这样的。

问：如果大儿子有两个女儿，是不是有过继问题。当时你们是怎么想的？

答：做手术，谁也不愿意。当干部的要带头，工作太困难。

刘巧曼（51 岁）

时　　间：1995 年 9 月 10 日上午

访　问　者：末次玲子
翻　　译：李　萌
访问场所：北五里堡

【妇女主任】

问：您贵姓？

答：我娘家姓刘，我叫刘巧曼。

问：您多大了？

答：51 岁。

问：您娘家在哪儿？

答：我娘家在饶阳县，离这儿 200 里。

问：您什么时候嫁到这儿的？

答：我结婚已经 26 年了。我结婚时，我丈夫在太原工作，现在在家。

问：您丈夫叫什么名字？

答：叫冯加德。

问：您什么时候当妇女主任的？

答：1983 年当的妇女主任。

问：当几年？

答：当 7～8 年。

问：您是不是改革开放以后当主任的？

答：对，我当主任时已经成立乡了。

问：这个村的妇女情况和您娘家地方的妇女情况有什么不同？

答：老年人都裹脚，把脚裹得很小，我母亲是半裹脚。

问：村里男女一样干活吗？

答：这边男的都到厂里干活了，女的在家看孩子种地，男的早晚回来干地里活。

问：女的除干农活外还干什么？

答：有十几个女的在村办工厂干活。

【村办工厂】

问：是谁办的工厂？

答：是姓刘的（录音听不清），都是个人办的。

问：几点上班？

答：早上 8 点上班，中午休息，下午 5 点下班，干 8 个小时活。

问：都回家吃饭吗？

答：回家吃饭。

问：星期日休息吗？

答：不休息，不是每天都干，有活就干。

问：您参加厂里干活吗？

答：参加我们自己办的厂子干活。我们厂是镀锌的，管炼，炼出来给他们用。我在家看孩子时，媳妇去厂里干活；媳妇在家看孩子时，我去厂里干活。

问：什么时候建的厂？

答：去年麦收建的。

问：厂里多少人？

答：我两个儿子，一个丈夫，雇 5 个人。

问：你们工厂是做什么？

答：镀锌，镀暖气片。

问：原料是什么样的？

答：炼灰渣子，提炼出来是锌。

问：您厂子在哪儿？

答：在村北。

问：种地吗？

答：种 3 亩地。

问：种的地收成怎么样？

答：还行。

问：工厂办的行吗？

答：差不多。

问：谁是厂长？

答：我大儿子是厂长，叫冯吉成，二儿子叫冯吉敏。

【雇工】

问：外雇的人是男是女？

答：都是男的，每天每人工资 10 元。

问：雇的人是本村人吗？

答：有本村的人也有外村的人。

问：他们家都有地吗？

答：都有地，老婆在家种地看孩子。

问：厂里干活的外村人多还是本村人多？

答：本村人多。现在村里男人没有干农活的，都到外边赚钱去了。有的在厂里干活，有的给人家盖房子，有的干化工，男的都出去了。

问：您儿媳妇去厂里干活给工钱吗？

答：都给工钱。

问：工厂谁管钱？

答：他爹管钱。

问：您女儿去厂里干活吗？

答：不每天去，隔三五天有活就去干。

问：现在有妇女主任吗？

答：现在妇女主任是男干部兼，叫刘同文。他是治保主任，兼妇女主任。

【计划生育】

问：您几个孙子？

答：两个，都是男孩。

问：计划生育只准生一个吗？

答：农村松点，生二胎罚点钱。

问：计划生育是不是经常检查？

答：经常检查，县里检查，村里检查。

问：一开始是个女孩是不是还想要个男孩？还有重男轻女思想吗？

答：没有这个思想了，现在工厂女孩子一样赚钱。

问：比方都生女孩嫁到别村了，老人怎么办？

答：可以招个女婿。

问：现在村里有几个招女婿的？

答：我自己的丈夫就是招来的。

问：改革开放以前有这事吗？

答：有。

【男女平等】

问：上学是男女平等吗？

答：都一样，谁考上谁上。

问：人们思想从什么时候开始开放的？

答：我当主任时就都想开了，有好多没有男孩的都做了手术。

问：您想要姑娘吗？

答：姑娘、小子一样。

问：生二胎罚多少钱？

答：罚 2000 元。

问：生第三胎是不是绝对不行？

答：不让生，生下来也不给上户口。

问：当时您是妇女主任，工作多吗？

答：事情不多，反正什么事情都得改革。

【妇女大会】

问：有妇女大会吗？

答：每年三八妇女节开会，选几个好的五好家庭去县里，公社开会，发给五好家庭奖牌，公社都给发奖，我参加过。

问：五好家庭是选的吗？

答：是选的。

问：每年县都开会吗？

答：都开。

问：北京有妇女大会你知道吗？

答：知道。咱们没去过，是县里去。

问：县里去北京开会，了解村里情况吗？

答：由乡里给县里汇报。

问：当时村里有运动吗？

答：那时我小，还在家里。

问：您当妇女主任是群众选的吧？

答：是大队书记把我从外边调来的。

【女子出外打工、上学】

问：这个村去外边工作的多吗？

答：女的有，都是 18 岁以上的姑娘，是外边工厂来招的，都是初中毕业生。县鞋厂，还有别的厂子。都是个体户办的厂。去工厂干活干净。国营企业招的都是高中毕业生。

问：这个村上大学的女孩有多少？

答：有两个，现在还没毕业。有个毕业的大学生，在石家庄搞建筑设计，是女的。

问：您觉得现在的年轻女孩有什么不好？

答：现在女孩好，都开放了，不像过去女孩扭扭捏捏的。

问：现在的媳妇经常回娘家吗？

答：经常回去，想回去就回去。

问：娘家父母病了回去照顾吗？

答：回去照顾。

问：父母给儿子赚钱，女儿嫁出去了给钱不？

答：也给。

问：儿子每年给老人钱，姑娘给不？

答：根据个人情况。

问：您嫁到这儿，您回娘家扫墓吗？

答：不去。死的那天年年都去扫墓（指忌日）。

问：过年扫墓您家姑娘去不？

答：都去，回来吃饭。一般都是男的去扫墓。

问：遗产、分家女的要不要？

答：女的不要。

王世新（23 岁）

时　　间：1995 年 9 月 10 日下午
访 问 者：末次玲子
翻　　译：李 萌
访问场所：王世新家

【家庭成员】

问：你叫什么名字？

答：王世新。

问：今年多大岁数？

答：24 岁，1972 年出生。

问：娘家住在哪儿？

答：这里是婆家，娘家离这儿不远，在南面的村子。

问：你什么时候结婚的？

答：20 岁结的婚，现在已有小孩了。

问：你父亲叫什么名字？

答：王元尚。

问：母亲叫什么名字？

答：靳春三。

问：他们都做什么工作？

答：在家种地，都是农民。

问：你兄妹几个？

答：姐妹三人，有一个哥哥，叫王世青，姐姐叫王世敏。

问：你姐姐上过学吗？

答：在石家庄上学，已经大学毕业，在石家庄工作和居住。

问：你姐姐结婚了吗？

答：结婚了。

【学校教育】

问：她在哪儿上小学？

答：在本村（指娘家）上的小学。

问：你们村女孩都上学吗？

答：都上学。

问：你几岁上学？小学上了几年？

答：六岁读育红班一年，七岁上的小学，上了五年小学。

问：初中在哪儿上的？

答：初中上了三年，在马家庄“社中”（即中学）。

问：初中毕业以后干什么？

答：到石家庄纺织厂工作。

问：你结婚时已经工作了吗？

答：在厂内工作了。

问：你姐姐学习怎样？

答：她学习好，比我大三岁。

问：你们姐妹关系怎样？

答：关系很好。

【服装加工厂】

问：你们厂做什么活？

答：是服装加工厂，做小孩衣服的。

问：加工一件衣服要多少钱？

答：一件小孩衣服加工费一元，一天每人能加工 20 件衣服。

问：怎样给人家加工衣服？

答：都是来料加工，衣料都已裁剪好，由我们加工。

问：来料是谁管？

答：赵银锁。现在不在了，到别处工作了。

【国棉四厂】

问：后来你干什么工作？

答：在家内自己加工衣服，后来石家庄国棉四厂招工，有一个名额，我又到工厂工作了。

问：你挣钱怎么花？

答：自己小，花钱不多，都给家内。

问：你家谁管钱？

答：我爸爸管，花钱跟我爸爸要。其实我挣的钱，我爸爸都给存起来了。

问：你哥哥对你怎么样？

答：挺好的，小时候就照顾我。

问：你是从寺北柴村去石家庄吗？

答：不是，是从我们村去的。一个星期有两天白班，两天夜班。

问：在厂子上班住在哪儿？

答：住在石家庄工厂职工宿舍。

问：白班上几个小时？

答：白班上午 8 点半到下午 3 点半，夜班下午 3 点半到晚上 10 点半。

问：到工厂上班习惯吗？

答：开始不习惯，尤其上晚班不习惯。

问：在家做衣服行吗？

答：在家加工衣服的时候，时间上比较自由，比较习惯。

问：在工厂除了上班外，还有什么娱乐活动？

答：有，工厂组织跳舞和其他文化活动。

问：工厂有管计划生育的吗？

答：厂内有专门机构管计划生育。

问：你们工厂叫什么名字？

答：石家庄国棉四厂。

问：厂里有多少职工？

答：10000 多人。

问：你在厂里干什么活？

答：装梭工（是织布梭子）。

问：有师傅带你吗？

答：有，这项工作好学。

问：师傅是男的还是女的？

答：是女的。

问：厂子有几个车间？

答：有 7 个车间，我们是织布车间，是最后一个车间。

问：你们车间还有什么工种？

答：还有档车工、档接工（管接线头的）、整洁工等等。

问：工厂男女职工比例怎样？

答：80% 是女工。

问：厂内男工干什么活？

答：管机器和体力劳动。

问：工厂有休假日吗？

答：有星期天，其他节日也休息。

问：你们厂生产的布出口吗？

答：都是出口的。

问：厂内有染布车间吗？

答：没有，厂外有染布车间。

问：是染布，还是先染线？

答：先织布，后染布。

【工资和奖金】

问：你每月工资多少？

答：每月 400 多元，有时多，有时少。

问：是固定工资还是计件工资？

答：是固定工资，干得好还有奖金。

问：都有什么奖？

答：按去年来说，有月奖、季度奖、年终奖等。季度奖三个月发一次，每季度 160 元，年终奖多发一月工资。

问：现在怎么样？

答：实施奖金改革，比过去严格了，取消季度奖，合并到月奖中，我现在每月能拿到 700 多元。

问：病假、事假是否扣奖金？

答：扣奖金，比过去严格了。

问：改革奖金还有什么变化？

答：误工一天，要扣当月一半奖金。

问：你有几个孩子？

答：一个女孩。

问：你还想要男孩吗？

答：想要，但计划生育不让。

问：你爱人和你一样想法吗？

答：一样想法。

问：你最初上班挣多少工资？

答：107 元。

问：那时有季度奖吗？

答：有，每季度给 90 元。

问：有年终奖吗？

答：记不清了。

问：工厂女工干到什么时候退休？

答：现在规定 45 岁退休。

问：新工人有合同吗？

答：有，开始都是合同工，干一天，给一天工资。

问：同过去临时工有什么不同？

答：过去临时工有生活保证，现在不一

样了，到时候可以辞退，这在招工时就说好了。

【医疗保险】

问：工厂有无健康保险？

答：有，看病药费可以报销，报 70%。

问：现外国说中国工人有失业的？

答：没有听说。

问：退休职工能拿多少退休金？

答：工资的 75%。

问：你的工资是交给家，还是自己保管？

答：自己保存。

问：过去在家做活，能拿到这些钱吗？

答：拿不到，另外工厂生活有保障。

问：你自己保存这些钱打算干什么？

答：准备盖房和小孩以后上学用，我们现在还同婆婆住在一起。

问：结婚以前挣钱怎么用？

答：交给家内，老人给存上，到结婚时用。

问：现在住在哪儿？

答：住在婆婆家，只有两间房。

问：你爱人叫什么名字？

答：徐军波。

问：你公公叫什么名字？

答：徐殿春，他参加过"抗美援朝"，去年接待过日本朋友。

问：现在你们分家了吗？

答：没有分家，一起过。

【跑运输】

问：你爱人干什么工作？

答：开汽车，买了一辆小货车，跑运输。

问：他多大年纪？

答：比我大两岁。

问：你爱人大哥叫什么名字？

答：徐军衡，是干部。

【结婚登记】

问：你同你爱人怎么认识的？

答：是别人介绍的。

问：结婚以前见过面吗？

答：见过面。

问：你同村内其他人有来往吗？

答：都很熟悉。

问：现在石家庄怎么样？

答：变化很大，发展很快。

问：村内青年自己决定婚事的人多吗？

答：也不少。

问：结婚前要先登记吗？

答：要先登记。我们是登记一个月后才结婚的。

问：结婚那一天，你是怎么来的？

答：坐汽车来的。

问：你穿的什么衣服？

答：有照片，你们看看。（看照片）

问：结婚时，村内人都来吗？

答：都来，就在家举行的婚礼。

问：村内其他青年找对象是否也要介绍人？

答：多数是介绍的，自由恋爱的少，现在也有。

问：自由恋爱村内人说闲话吗？

答：没有。

问：现在还有包办婚姻吗？

答：没有包办婚姻。

【婚假与产假】

问：结婚时工厂给假吗？

答：国家有规定，工厂给 18 天婚假。

问：生小孩给多少天假？

答：我休产假 14 个月。

问：病假怎么办？

答：必须由本厂医院出假条才行。

问：现在乡镇企业是否也有假？

答：也有假，请假比较自由一些。

问：乡镇企业有临时工吗？

答：有临时工。

问：乡镇企业休假扣钱吗？

答：也扣钱。

问：你的朋友中有在乡镇企业上班的吗？

答：有不少人，年轻人都到乡镇企业或者到石家庄找工作。

【乡镇企业】

问：在你朋友中是乡镇企业上班的多，还是到国营企业上班的多？

答：在乡镇企业的多。

问：在国营工作还有吗？

答：有，多少说不清。

问：在你同学中有多少到企业中工作的？

答：开始多一些，后来都结婚了，就不上班了。

答：像你这样有孩子还在国营上班的人多吗？

答：不多，都舍不得孩子。

问：你和你爱人经常在一起吗？

答：不经常在一起，我上班住在石家庄，他经常出车，也不能回家。

问：你生完孩子什么时候上班的？

答：休息 14 个月产假就上班了。

问：孩子给谁带？

答：由婆婆带。

【五好家庭】

问：婆婆反对你上班吗？

答：不反对，婆婆对我好。

问：你们是"五好家庭"吗？

答：是五好家庭，年年被评上，已经有二三年了。

问：谁给评的？

答：大队给评的，具体怎么评不知道，我不在家。

问：婆婆身体怎样？

答：很健康。

问：婆婆叫什么名？

答：王金玲。

问：婆婆也姓王，同你是亲戚吗？

答：不是亲戚，她是县城的人。

问：为什么婆婆对你好？

答：她心眼好，同周围邻居关系都处得好。

问：在日本，生了小孩让婆婆带，自己去上班，是不可想象的事，这种情况很少。

答：是这样吗！

问：你几天能回家一次？

答：我两天可以回来一次，因为有两个白班，上完白班就可以回家。

问：回来还干家务活吗？

答：没有家务活，婆婆都干了，回家就休息。

问：你给婆婆买点东西吗？

答：她不要，但我还是买点衣服给她。

问：公公是怎样的人？

答：也是挺好的人。

问：你上班娘家愿意吗？

答：愿意。

问：你姐姐怎么看？

答：她很高兴。

问：为什么都支持你上班？

答：在家带孩子，浪费时间，出去干活还能挣钱，主要是老人对我好，带孩子我放心。

问：你打算以后继续上班？

答：有时也想不去。

问：对孩子教育今后有什么打算？

答：让她上学，主要看她自己努力。

【计划生育】

问：没有男孩，是否还想生一个？

答：计划生育部门要罚钱的。

问：你认为有几个孩子最理想？

答：两个最理想。

问：实行计划生育，你家内有意见吗？

答：没有意见。

问：听说有人通过 B 超，看出是男孩还是女孩，要是男孩就留下，要是女孩就做流产，你是怎么看的？

答：这样不好。

聂秋芝（46 岁）

时　　间：1995 年 9 月 11 日上午

访 问 者：末次玲子

翻　　译：李　萌

访问场所：聂秋芝家

【家庭状况】

问：您贵姓？

答：姓聂，叫聂秋芝。

问：您今年多大了？

答：今年 46 岁。

问：哪年出生的？在哪儿出生的？

答：1949 年出生的，我在聂家庄出生的，离这儿近。

问：您哪年嫁过来的？

答：我 26 岁嫁过来的。

问：你爱人叫什么名字？

答：叫郝丑，45 岁，比我小一岁。

问：您几个孩子？

答：两个孩子，1 个男孩，1 个女孩。

问：孩子叫什么名字？

答：女孩叫郝丽霞，周岁 18；男孩叫郝力伟，周岁 13。

问：结婚没？

答：都没结婚。

问：聂家庄村子有多大？

答：比寺北柴村大，因为聂家庄离县城近，是个乡镇，咱们这是个公社，比这繁华。

问：您结婚是经人介绍的吗？

答：介绍的。

问：见面了吗？

答：见面了，认识一年互相了解了就登记结婚了。

问：您上过学吗？

答：上过五年级，完小毕业，因家困难就不上了，奶奶有病，我父亲当时是小队长。

问：您丈夫上过学吗？

答：他也是念完小学。

问：您念完书后干什么？

答：我下地干活，挣工分。

问：您父亲叫什么名字？

答：父亲叫聂顺子。

问：您兄弟几个？

答：一个哥哥，三个妹妹，兄妹五个。

【挣工分】

问：那时劳动，男女工分一样吗？

答：包工活不一样，干的多，挣的多，工分也是男的多，女的少，活轻重也不一样。如起粪圈活累，分就多，按活轻重定工分。

问：全家全年收入多少？

答：收入得多，分得就多。

问：按工分给钱吗？

答：给粮食，给一部分钱。

问：您孩子上学没有？

答：男孩子上初中了，女孩子没上学。

【"文化大革命"】

问：您在娘家时搞过运动吗？

答：我们聂家庄地主多，运动也多，全

国都来参观。

问：您念完小学，"文化大革命"就开始了吗？

答："文化大革命"时，男女都去开会，白天干活，晚上开会。

问：您家是地主吗？

答：我家是中农。

问：您哪年结的婚？

答：我1975年结的婚，运动快结束了。

问："批林批孔"开大会您去吗？

答：大会小会都去，"文化大革命"时我参加了"红卫兵"。

问：您什么时候参加"红卫兵"的？

答：四清后"文化大革命"时，我参加"红卫兵"了。

问："批林批孔"有什么要求？

答：农村人和城里有文化人不一样，农村主要是整人，批斗、整干部。

问：整谁？

答：不管是谁，谁不对就整谁。

问：批评过您吗？

答：没批过我，批过我爹和我妹妹，我爹是批斗对象。

问：为什么？

答：因为我爹是小队长，做事不合适，走的道路不对，话也说得不对，就挨批。

问：您认为"批林批孔"是好还是不好？

答：我认为不好，不分好坏人，本来人很好也批，别的村，我弄不清。

问：您觉得"批林批孔"比"文化大革命"厉害吗？

答：都是瞎闹。

问：你们亲戚之间也有不站在一个立场的吗？

答：立场不一样，一家一个样，亲戚不都一样。那时"四类分子"，干活都得划清界限。

问：头一次访问您，以前都访问70多岁的，访问年轻的少。我是考察妇女地位变化的，男女平等，男女是不是一样，"批林批孔"时有男女平等吗？

答：实际女的干活就是不如男的。

【破除旧习】

问："批林批孔"破除旧习惯，结婚是不是简单了。

答：特别简单，我那时就用马车送来了，身穿条绒制服。

问：有聘礼吗？

答：有，那时候我大点，劳动时间长，岁数大了，他有了孩子，我才结婚。我能干，丈夫对我特别好，没有什么聘礼，就花20元钱买身衣服。

问：这表是谁给的？

答：我娘给我的。男的家比我家穷。

问：婆家几口人？

答：有大姑、大伯（没结婚）、婆婆、外孙子，没有公公。我丈夫6岁时，他父亲就去世了。

问：大姑是谁？

答：是我爱人的姐姐，她丈夫在山里干活，她住娘家。

问：这个村和你娘家一样吗？

答：我有病，两年没干活，家里也有些矛盾。

问：您婆婆对您怎样？

答：不错。

问：您的病后来怎么样？

答：后来分家了。

问：您生了孩子就干活了？

答：下地干活了。

问：有几个月？

答：壮了就干了。

问：那时分家没？

答：没有分家。我生完男孩以后，做手术了，计划生育叫我上环。后来家内有房子才分家的。

【生二胎罚款】

问：那时罚款吗？

答：罚了，那时还挣工分呢！扣我工分了。

问：分家没有？

答：分了。那时嫂子当计划生育主任。

问：你不说哥哥没结婚吗？

答：这是又一个哥哥，河南一个哥哥，石家庄一个哥哥，村里一个哥哥，我们是最小的。

问：当时嫂子是妇女主任还卡了，没有照顾？

答：没有照顾。

问：生完二胎做手术了吗？

答：做了，那时都做手术。

【服装加工厂】

问：你妹妹在县城吗？

答：我妹妹在县里开个服装厂，当时我在我妹妹那儿做衣服。

问：孩子跟谁？

答：孩子跟我在县城。

问：当时是人民公社？地里活谁干？

答：是人民公社。种上麦子以后，农闲时去城里做衣服。

问：当时在城里做衣服有户口吗？

答：不要户口。

问：这种情况多吗？

答：不多。

问：生完二胎以后你去县城，老大怎么办？

答：我把两个孩子都带去了。

问：那时婆婆和你们在一起吗？

答：我们从城里回来就已分家了，不在一起。

问：在城里干多长时间？

答：干一个冬天，后来他在石家庄学裁剪，我在家干活、看孩子、劳动，他有病我能劳动，他回来后我就跟他学裁剪。

问：是哪个妹妹？她叫什么名字？

答：叫聂群芝。

问：你回来后，就妹妹自己在那儿？

答：后来我又去了。

问：10 年前您就做服装了？

答：我小儿子三岁时。

问：那时候是你妹妹一个人吗？

答：她和她丈夫。

问：你爱人在家看孩子？

答：他在家。

问：别人家都是男的干活，女的看孩子，您家很有意思，当时有人说闲话吗？

答：也不知道，不管别人说什么。

问：当时您爱人没有什么不愿意吗？

答：没有不愿意。

问：婆婆说不说？

答：不说，她有病。

问：你在妹家，给你多少钱？

答：当时买这买那，也没说钱的事。

问：您想家吗？

答：为了赚钱，后来我回家来了，和赵淑英一起干。

问：你做的衣服，是谁代卖？

答：石家庄有一个客户。

问：谁去买材料？

答：我丈夫管买材料、做饭。

问：你们是五好家庭？

答：是。

问：什么时候选的？

答：忘了是哪年，有个牌子丢了。

问：谁去石家庄送货？

答：找人做伴去。

问：坐汽车去吗？

答：坐车去。

问：一个星期去一次吗？

答：说不清，我裁，别人做。

问：让什么样人做，是村里人吗？

答：有个做衣服的叫王士新。

问：是咱村的吗？

答：不知道这个人。

问：赚多少钱？

答：没赚多少钱，干的时间不长，也不懂行。

问：农业收入亩产多少？

答：亩产 500 斤，每年粮食赚不多少钱，口粮够吃了。

问：做一件衣服多少钱？

答：根据料的好坏定价。

问：做一条裤子多少钱？

答：那时做一条裤子 8 角，现在一条裤子 2 元。

问：你自己干，后来不干了，多长时间又和赵淑英干了？

答：一个冬天，赵淑英来我家串门，和我合伙干了。

问：她借给你钱了？

答：借了。

问：是谁决定一块干的？

答：我们决定的。

问：赵以前干过吗？

答：没干过，合伙干以后，我教她做衣服。

问：合伙干以后，谁去买材料？

答：我和他丈夫去买。

问：一次买多少？

答：没一定。

问：买主有吗？

答：去商场看看，拿个样子，做好以后，联系卖，以后就常找这家联系。

问：有固定主顾吗？

答：没有，都是代卖。

问：一般一个月去买几次料？

答：没有准。

问：一般做什么衣服？

答：一般都做冬天衣服。

问：做男的？女的？

答：都做。

问：做大衣吗？

答：做大衣、棉裤、上衣，什么都做。

问：做衣服是本村人吗？

答：有两个本村人，外村人多。

问：现在做条男裤 2 元，50 元进料一条裤卖多少钱？

答：100 多元，一般都是批发价。

问：收入怎么分？

答：我们两个分。

问：今年多少？

答：没多少赚头。赵淑英是负责检查质量。

问：在哪儿检查？

答：在东屋。

赵金娥（48 岁）

时　　间：1995 年 9 月 11 日下午

访 问 者：末次玲子

翻　　译：李　萌

访问场所：赵金娥家

【家庭成员】

问：您叫什么名字？

答：叫赵金娥。

问：多大了？

答：48 岁了。

问：您娘家在哪儿住？

答：在北沟村，属栾城县，离这儿 20

里地。

问：您爱人叫什么？

答：徐胡叶。

问：您有几个孩子？

答：两个孩子都是女孩，大的今年 20 岁，老二今年 15 岁。

问：两个孩子都叫什么名字？

答：大的叫徐娜，二的叫徐佳。

【妇女主任】

问：您做什么工作？

答：以前在家种地，结婚后当过妇女主任。

问：刚才在这儿的妇女主任，您是她前任吗？

答：我当主任时，她是书记，我是妇女主任。

问：您是哪年到哪年当的主任？

答：我是 1981 年，说不准，到 1994 年当妇女主任。

【学 校】

问：您小时上过什么学？

答：初中毕业。

问：在哪儿上的学？

答：四年小学，两年高小在北沟上的学；初中在南沟上的学。初中毕业后在南沟供销社工作。

问：您几岁上的小学？

答：7 岁上小学。

问：在村里上的吗？

答：在村里小学上的。

问：您上学时村里女孩都上学吗？

答：女孩都上学。

【供销社工作】

问：您结婚前一直在供销社吗？

答：婚后还在那儿干了两年。

问：在供销社工作几年？

答：工作 10 年，后来我母亲病了就不干了。

问：在南沟供销社工作住在哪儿？

答：住供销社。

问：您结婚后两个人不住一起？

答：结婚后他在邯郸工作。

问：是您婆婆有病吗？

答：我母亲有病，我不干了。

问：什么时候结的婚？

答：1971 年。

问：南沟供销社有住的地方吗？

答：住供销社办公室。

问：在供销社干什么？

答：卖副食、家具等。

问：北沟和南沟近吗？

答：不远。

问：您多长时间回家一次？

答：不一定。

问：北沟属南沟公社吗？

答：属于。

问：结婚有人介绍吗？

答：经人介绍，见的面。他在邯郸工作，放假回来见的面，一年多结的婚。

【丈夫简况】

问：他在邯郸干什么工作？

答：原来参军，从部队转业回来到邯郸工作的。

问：在部队多长时间回来一次？

答：一年一次。他现在已调栾城县工作了，户口在栾城，我和孩子户口在这儿。

问：他什么时候调回栾城的？

答：从承包分田到户以后他回来的，有十几年了。

问：您过来以后，他还没回来呢？

答：是的。

问：您第一个孩子在哪儿生的？

答：在邯郸生的。我离开供销社以后，也去邯郸了。

问：在邯郸多长时间？

答：一年去一次，一次去几个月。

问：供销社出来后就回娘家了？

答：是在娘家时就去邯郸了。

问：结婚以后和公婆见个面，就不怎么来了吗？这种情况多吗？

答：不多，因我母亲有病。

问：结婚后您7年才到这村来？

答：是的。

问：您在娘家做什么？

答：在家里干活。

问：小的孩子在哪儿生的？

答：在婆婆家生的。

问：您生孩子时爱人回来了吗？

答：他已经回来了，在栾城县木器厂当厂长。

问：没参军前，他是什么文化？

答：高小文化。

问：您爱人从邯郸调到栾城，是自己提出来的？

答：自己提的。

问：您丈夫的土地都和您公婆在一起吗？

答：他户口没在家，没分地。

问：公婆和谁住？

答：他们自己住。我1980年回来时，他们就自己过了。

【供养老人】

问：一个月一家给老人多少钱？

答：给10元。

问：一年给多少粮？

答：我们给600斤，老二、老三各给300斤。

问：给钱方法，农村都是这样吗？

答：不都是这样。

问：什么时候选举你当妇女主任？

答：1983年选的。

问：这么多妇女为什么选的是你？

答：（没有回答，哈哈大笑。）

问：有候选人吗？

答：没有。

【农村副业】

问：刚刚开始搞副业效果怎么样？养猪收入算自己家的吗？

答：算自己家的，开始养1头母猪，2头肉猪。

问：一般每年买几头？

答：开始买。后来就不买了，母猪下7头小猪。

问：一般多长时间产小猪？

答：不一样。

问：小猪养多长时间能卖？

答：40～50天就能卖。

问：长大了，一头小猪能卖多少钱？

答：一个小猪能卖100元。

问：母猪一年能下几窝？

答：一年能下两窝。

问：您觉得养猪赚钱多还是种地赚钱多？

答：养猪在家里有时间就喂，干农活是下地干活。

问：喂什么饲料？

答：家里有玉米，再买点饲料。

问：一般一年买多少饲料？

答：喂猪少，买的少。

问：现在饲料从哪儿买？

答：在县里买。

问：您爱人天天回来吗？

答：天天回来。

问：养猪都是你的事？

答：他回来也帮忙。

问：您当妇女主任时宣传养猪吗？人民公社时工作要好干，分地以后工作是不是不好干了？

答：还是一样干。

问：公社时开会一说就去了，现在开会好召集吗？

答：现在不怎么开会。

【计划生育】

问：你当妇女主任时，这村工作最难做的是什么？

答：计划生育工作最难，和其他干部一起做。

问：计划生育工作是一件一件做，还是开会？你觉得这个村计划生育工作做得好吗？

答：差不多。

问：是不是都想要个男孩？

答：现在一般都知道只许生一个孩子，都不要。

问：现在这个村生完孩子到外边工作的有几个？

答：村里也不少。

问：您知道结婚的、没结婚的女的一块到外边工作的有多少？

答：不清楚。

问：现在和您当妇女主任时比，是不是在外边工作的多了？

答：一般有婆婆在家看孩子的就出去。

问：以前男的在外边干活的多，女的在家？

答：男的和女的都在外边干活的多。

【改革开放】

问：政策开放，女性也提高了？

答：改革开放以后，女的在外边干活的多了。

问：本村办的厂，是不是女的干活的多？

答：在本村加工的有，也有在外村搞副业加工，在外边的也不少。

问：去比较远的地方，到北京、天津打工的多吗？

答：一般都在石家庄。

问：改革开放后，在外边女的有多少？以前有多少？

答：改革开放以前不多，以后多了。

问：在个体买东西的多还是在店里买东西的多？

答：有在个体，也有在店里买。

问：你女儿做什么工作？

答：在县里。

问：一个月多少钱？

答：不一样，赚的多，分的多。

问：她是什么学校毕业的？

答：初中毕业，去年毕业的。

问：她是合同工吗？

答：是合同工。

问：二姑娘现在做什么？

答：现在上学呢。

问：你两个女儿，是不是因为你是妇女主任才没要第三胎？

答：一般都是两个。

问：您年轻时还有别的想法吗？

答：没有。

问：您将来老了怎么办？

答：我的两个女儿都入保险了，她们到 59～60 岁就可以拿到。

问：您做手术没有？

答：做了。

问：生育费用，社会保障制度您知道吗？给孩子上保险是谁决定的？

答：两个人商量的。

问：这也是女性变化，以前都是男的决定的，要是公婆有什么事也商量吗？

答：也是商量。

徐春梅（48 岁）

时　　间：1995 年 9 月 12 日下午
访 问 者：末次玲子　川田则子
翻　　译：李 萌
访问场所：徐春梅家

【幼年家庭生活模式】

问：你今年多大了？

答：我虚岁 49，周岁 48，1947 年出生的。

问：你母亲缠脚没有？

答：我母亲没缠脚，是大脚。

问：您母亲是做什么工作的？

答：是农村人，家庭妇女，做农活。

问：您母亲去过学校吗？

答：没去过。

问：您母亲在家里说什么你都听吗？在家里地位怎么样？

答：我姐妹 5 个，兄弟 4 个，共 9 个。我是老大，一般大的事情由我父亲决定。

问：您母亲在家管哪些事？

答：家里一般事我母亲管，我们学习，我母亲不识字，她不管，我爸爸识几个字。

问：您要钱找父亲还是找母亲？

答：找母亲要，父亲管钱。

问：您几岁上小学？

答：我 7 岁上小学。

问：上小学有什么感觉？

答：家里小孩多，让你看小孩，对学习不重视。

问：当时全村小孩上学的多吗？

答：有上的，也有不上的，有的上半截就不上了，上也可，不上也可。

问：女孩子不上学的比男孩多。

徐春梅点头表示是这样的。

【《婚姻法》】

问：当时贯彻《婚姻法》您知道吗？

答：当时贯彻《婚姻法》，主要是提倡晚婚，二十六七岁结婚。

问：那时村里宣传得多吗？

答：我刚毕业时，村里宣传得多。

问：你母亲在家里要做什么？

答：我母亲那时在家，一个是参加生产劳动，一个是家务劳动。

问：有的村宣传《婚姻法》多，有的村宣传《婚姻法》少，什么原因？

答：有的村重视，宣传就多；不重视，宣传就少。

问：您上小学时，正是合作社，人民公社，当时劳动和以前有什么不同？

答：那时妇女除参加劳动外，还得搞家务劳动，劳动强度特别大。

【纺线、织布】

问：当时你母亲纺线、织布吗？

答：纺线、织布。

问：你当时也帮助纺线？

答：我会纺线。

问：您会织布吗？

答：也织布，还在家里帮助做饭。

【男女平等】

问：公社化以后，女的发言权是不是大了一些？

答：在家里说话算数了，也改变旧习惯了，以前的男耕、女织彻底改变了，女的也下地干活了。

问：看到中国 50 年代的报纸上说，中国改变了男耕女织，现在女的也能到外边干活，男的从外边回来，也帮助做家务了，是吗？

答：我记事时，男的在外干活回来不管家务，女的在家搞家务劳动，还要带孩子，现在男的在外边干活回来，也带孩子了。

问：什么时候变化最明显？

答："文化大革命"时，男女同工同酬，工分一样。

【女童就学】

问：你小学在哪儿上的？

答：在寺北柴村上的小学。

问：高小在哪儿上的？

答：高小在聂家庄。

问：初中在哪儿上的？

答：在栾城县中学。

问：上高小时每天都去？

答：每天都去，中午带饭，晚上回来。

【"大跃进"时学校】

问：上小学时正是"大跃进"，有什么活动？

答：参加劳动。

问：在中学有什么活动？

答：当时口号是学生以学为主，工厂以工为主，兼学别样，学生也参加劳动，老师带着干。

问：当时你是干部吗？

答：是干部。

问：都有什么活动？

答：学生参加劳动，搞宣传活动。

问：你们村在栾城县中学上学的有几个？

答：就两个。

【男女同工】

问：你毕业回村，男女劳动记工分一样吗？

答：根据劳动量记工分。

问：男女同工是你当干部以后的变化吗？

答：我当干部以前就有，但不彻底，我当干部以后，男女平等就更明显了。

问：那时男的有什么反对吗？

答：（录音不清）

问：当时妇女主任是谁？

答：姚素梅。

问：她还在村内吗？

答：她在村内，都 50 多岁了，孩子也大了，现在不起作用了。

【"文化大革命"时期】

问："文化大革命"时村内有什么特别的地方吗？

答：与别处大同小异，县城离村子比较近，人们想搞点钱，大家有点意见。

问：当时当政的比较难吗？

答：比较难，人家不听你的。

问：听说聂家庄、马家庄"文化大革命"也搞得很厉害？

答：这两个村子阶级斗争搞得比较好，是全国的典型。

问：是你当村支书以后的事吗？

答：是，我当书记以后的事。他们村阶级斗争的弦绷得够紧的，斗"地、富、反、坏、右"很害怕，他们工作抓得扎扎实实的。

问：你在聂家庄当领导吗？

答：不是，我在我们村当支书呢。

问：你们村也是这样吗？

答："文化大革命"时我们村不厉害，我们特别穷，我们村的富农，要在外村，连中农都不够。

问：聂家庄地主叫什么名字？

答：聂长道。

问：他有多少财产？

答：他家内没有多少财产，在外边有些

财产，在村内算是个绅士。

问：你在寺北柴村当支书有些什么会议？

答：搞忆苦会，忆过去穷人的苦。

问：你对过去"批林批孔"怎么评价？

答："批林"和"批孔"是两件事，按现在来说，"批林"是必要的，"批孔"不对，还要尊老爱幼。

问：你是什么时候订婚的？

答：是 1971 年。

【家庭成员】

问：你爱人叫什么名字？

答：叫武明亮。

问：他在哪儿？

答：在栾城公社东各村。

问：怎么认识的？

答：介绍的，也是同学。他比我大一岁，他高二没上，去当兵了。我也是高二没上，都不上了。

问：您儿子叫什么？

答：武伟，今年 20 岁。

问：女孩叫什么？

答：女孩叫武坤平，今年 17 岁。

问：都上学吗？

答：上学呢，大的在石家庄师范专科学校，今年考大学。女孩在石家庄市粮食学校，中专学生。

问：大的今年考大学？

答：今年考大学。

【县粮库工作】

问：现在你做什么工作？

答：在栾城县管经营，粮食产销。

问：你是从公社调来的吗？

答：我爱人从石家庄调来的，我从公社调来的，原来我们一家人分四个地方。

问：你对现在的工作满意吗？

答：抓企业管理，抓粮食产销。

问：改革开放以后，副业有很大变化？

答：（录音不清）

【妇女地位】

问：听说你是很能干的，你觉得寺北柴村妇女在全国来讲，地位怎样？

答：都行，叫干什么，就干什么。妇女地位提高了，但是妇女干活也要行，干部要给妇女创造条件，让她发挥才干，妇女本身也要发展。

问：妇女除干农活外，还干别的，办工厂吗？

答：这个少。妇女除了家务，下地干活外，参加其他活动少，村内干部应给他们创造条件让她有就业机会。现在在农村，可惜妇女把很多时间白白浪费了，本来应该把时间用在如何挣点钱，下地好好干活，而是把时间白白浪费了。

问：现在计划生育，多生了，妇女就得去做手术，是否不利于妇女健康？另外她们想要男孩，是否影响男女的平衡？

答：现在农村有实际问题，生一个女孩，没有男孩，农村地里活很劳累，有些是妇女干不了的，必须有男劳力才行，也有传统思想。

【供养老人】

问：你父亲现在是自己过吗？

答：我有弟弟，他们在一起过，已经分家了。我四个弟弟轮流照顾，我有时回去看看。

问：你给他钱吗？

答：给钱，每年过生日、过年、过节，至少给 100 元，还买点东西带去。我四个弟弟特别好，也给老人钱，生活没有问题。

问：村里有不负担老人生活的吗？

答：也有，这种情况很少，有的因为家里穷，给老人钱少，或关系不好。

问：现在还有子女们专门吃老人的吗？

答：这种情况农村少，城市里多。农村老人有钱的少，城市里老人手头上有点钱，有些子女就要，吃老人的。但是也是自愿的。

问：现在村里老人穷的，都是什么样的情况？

答：自己子女少，或者不管的，自己还要去劳动挣钱养活自己。

问：年轻人有穷的吗？

答：也有，他懒，地里活也不好好干，管理不好，没有地里收入，又没有挣钱的本事，这样就穷了；还有就是人口多，三四个孩子，老人还要抚养，又没有别的收入，也就穷了。

【妇女病】

问：现在村里妇女一般容易得什么病？

答：一般都是妇女病，由于农村接生不好引起的，生孩子农村卫生条件不好，婆婆又没有卫生习惯，妇女容易得各种妇女病。

问：老人去世，遗产都是男孩的吗？女孩有继承权吗？

答：县城内有这样的情况：男方、女方都一样有继承权，农村中老人有遗嘱的，说给谁就给谁。一般说，女的出嫁以后，是人家人了，归那方了，自然在家内就没有继承权了。

焦桂芝（38 岁）

时　　间：1995 年 9 月 13 日上午

访 问 者：末次玲子

翻　　译：李　萌

访问场所：焦桂芝家

【家庭成员】

问：您叫什么名字

答：我叫焦桂芝。

问：您今年多大了？哪年出生的？

答：我今年虚岁 39，周岁 38，1957 年出生的。

问：您老家在哪儿？

答：焦家庄，是属于栾城县的。

问：您几个孩子？

答：我两个孩子，都是男孩。大孩子虚岁 12 岁，叫郝飞，今年念小学五年级，在北关小学上学；二孩子今年虚岁 9 岁，念二年级，在本村小学，叫郝明昌。

问：您娘家父母都健在吗？

答：都在。

【就学、劳动、结婚】

问：您什么学校毕业的？

答：初中毕业，小学在焦家庄上学，高小和初中都在马家庄上学。

问：您初中毕业后干什么？

答：下地干活。

问：您和爱人是怎么认识的？

答：介绍的。见面一年后结的婚。

问：你几岁结的婚？

答：20 岁前结的婚。

问：结婚前干什么？

答：干农活。

问：您嫁到这个村，觉得和娘家村子有什么不一样的，情况怎么样？

答：种地都一样。我们村物产比这个村全，副业好。

问：您娘家村搞什么副业？

答：我爹是小学教师。

问：您母亲呢？

答：母亲在家。

问：您父亲叫什么名字？母亲叫什么名字？

答：父亲叫焦雨林，母亲叫芦小婉。

问：您经常回娘家吗？

答：经常回去。

【婚礼和嫁妆】

问：您结婚怎么来的？

答：坐汽车来的。

问：当时您爱人去接的？

答：接的。

问：嫁妆怎么来的？

答：随我一块来的。

问：嫁妆都有什么？

答：有两个箱子。

问：那时这个房子盖起来了？

答：这是结婚时的房子。

【婚后家庭】

问：您结婚时婆家都有什么人？

答：公公、婆婆、3个小姑子，1个兄弟。

问：您娘家有兄弟几个？

答：两个弟弟，三个妹妹，我是最大的。

问：到这边您也是最大的？

答：有两个姐姐。

问：您到这儿来跟他们都住一起？

答：都住一起。

问：现在家里还有什么人？

答：公公、婆婆都没有了，小叔子结婚后分家了，妹妹也都结婚了，就剩我们一家人了。

问：您到这边来也下地干活吗？

答：干活。

问：生孩子时不干，生完孩子干活吗？

答：干活。

问：您爱人跟您一块下地？

答：一块下地。

问：您爱人干的活，您也干吗？

答：一块干。

问：生孩子多长时间下地？孩子谁看？

答：孩子婆婆看。

问：当时婆婆还在？

答：在。

问：婆婆什么时候过世的？

答：过世6年了。

问：公公呢？

答：公公过世4年了。

问：婆婆过世以后，公公跟你们一起过吗？

答：婆婆去世就分家了，公公跟小叔子过。

问：您婆婆过世以后，您带孩子下地干活吗？

答：那时孩子都大了。

问：这个村一般公婆跟哪个儿子？

答：公婆都在时都自己过，剩下一个老人跟大儿子的多。

【生育、育儿】

问：您怀孕时下地吗？

答：基本上不下地。

问：您怀孕去医院检查吗？

答：检查。

问：检查几次？

答：弄不清，都忘了。

问：到什么地方检查？

答：去县医院。

问：产妇有心脏病的多吗？

答：不多，一般都正常。

问：您在哪儿生孩子的？

答：在县医院生的。

答：顺产吗？

答：顺产。

问：是用自己的奶喂吗？

答：是喂自己的奶。

问：村里一般都喂自己的奶吗？

答：都喂自己的奶。

问：一般希望自己的孩子喂牛奶还是自己的奶？

答：喂自己的奶方便。

问：村里都是这样想的吗？

答：都是这样想。

问：您生孩子到下地干活一般中间休息多长？

答：平时不怎么下地，一般都在家里做饭。

问：您生孩子在医院多长时间？

答：五六天。

问：出院后休息多长时间？

答：一个月。

问：一天躺着？

答：也下地干活。

问：谁照顾你？

答：婆婆。

问：娘家妈来吗？

答：也来。

问：生男孩子以后有什么庆祝？

答：庆贺第 12 天。12 天亲戚都来。

问：生女孩呢？

答：男孩、女孩都一样。

问：原来是男孩庆祝吧？

答：这个农村都一样。

问：一般都送什么？

答：送挂面、鸡蛋。

问：娘家送什么？

答：都一样。

问：一般的不送鸡？

答：不送鸡。

问：生第二胎也去医院吗？

答：也去医院。

问：二胎 12 天庆贺吗？

答：庆贺。

问：为什么在第 12 天？

答：是老辈传下来的。

问：是不是 12 天前太早了？

答：对，对。

问：刚生的孩子，他爸爸看？

答：家人都叫看。

问：过去不叫看？

答：都叫看。

问：是新社会改进了吧！

答：旧社会也让看。

问：生女孩一样不一样？

答：都一样。

问：上香吗？

答：上香。

问：预祝以后孩子财源茂盛？

答：为了避邪。

问：您现在有什么副业？

答：没干什么。

【村办建筑队】

问：您爱人干什么？

答：搞建筑。

问：自己干，还是合伙干？

答：合伙干的建筑队。

问：几个人？您是头吗？（以下郝宝芹答）

答：10 个人，我不是头。

问：有活到这来找吗？

答：来人，到组里找。

问：是村里人来找，还是外村里人来找？

答：都是外村的。

问：盖房子是自己来找，是通过介绍人吗？

答：不用介绍人。

问：一般一个月干几次活？一年出去多长时间？每天回来吗？

答：一年加起来能出去干八九个月。每天晚上都回家。

问：农业赚钱多，还是副业赚钱多？

答：都差不多，赚点零花钱，各占一半。

问：农业收成都自己吃吗？

答：差不多都自己吃。

问：有几亩地？

答：有 6 亩地。

问：都种什么？

答：种玉米和小麦，小麦交公粮，玉米卖给国家。

问：种菜吗？

答：种菜自己吃。

问：卖的粮食主要是什么？

答：卖公粮剩下的玉米。

【家务劳动】

问：家务事谁干？

答：家务事我干，修房子男的干。

问：买东西谁决定？

答：两个人商量。

问：再想盖房子谁决定？

答：两个人商量。

问：什么时候开始搞建筑的？

答：搞 10 年了。

问：他决定的还是商量的？

答：两人商量的。

问：你们男女平等，你觉得你母亲是这样吗？

答：也是商量办，也都是平等。

问：您婆家呢？

答：也是商量，都平等。

问：当时你为什么要第二个孩子？

答：一个孩子太孤了，两个是个伴。

问：生两个有什么条件？

答：没有什么条件，生完二胎，罚款了，罚 150 元，生完第二胎做的手术。

问：您挺好，您爱人很幸福，吵过架吗？

答：打过架，打完就好了。

问：没有说分开？

答：没说分开。

【离婚现象】

问：这个村有离婚的吗？

答：这几年离婚的也有，是年轻的，离婚的不多。

问：村里盖房子一般都不把女儿的份算在内，女儿出嫁了离婚回来怎么办？分地分给姑娘吗？

答：分地按户口，户口在哪儿，就在哪儿分地。姑娘出嫁户口转走了，地收回来，嫁过来户口过来再分地。

问：村里一般多少年分一次地？

答：有 12 年没分地了。

【子女教育】

问：您希望孩子成长成什么样？

答：希望他上大学。

问：村里有上北大的，你们也希望把孩子培养成这样？去了以后不回来啦！

答：那也希望孩子念大学。

问：女孩呢？

答：女孩也一样，男女都一样。

问：这个村有女的上大学吗？

答：有。

问：上完大学以后一般都不回村？

答：都不回村。

问：上完大学不回来，离家远了，将来你老了没有人照顾怎么办？

答：那也愿意孩子上大学。

问：您老了怎么生活？

答：他们在外边赚钱，也得寄点来。

【医疗、保险】

问：在日本，年轻时就为老了打算，上保险，养老保险，有点钱。中国还不这样，希望老了孩子给点钱。在日本有公民健康保险，还有公司给上保险，在中国没有？

答：中国没有。

问：在县城机关有给员工上保险了吗？

答：农村没有。

问：现在生病了，药费怎么办？

答：自己拿钱。

问：有保险吗？

答：没有。

问：有病到哪儿看？

答：到村卫生所看病。

问：花钱吗？

答：花钱。

问：村卫生所是村里的还是个人的？

答：是个人的。

问：一般孩子病都到村卫生所吗？

答：村卫生所不行就到县里。

问：以前有没有不看病，求神的？

答：现在也有求神的，也好也不好。

问：哪个贵？

答：求神贵。

问：年轻人有去的吗？怎么弄？

答：没有。怎么弄，就是烧香。

问：做这个是什么人？

答：是老婆婆，病人到她家去，在她家烧香。

问：咱村有吗？

答：咱村没有，其他村有。

问：没有健康保险，生孩子自己花钱，钱多吗？

答：不一样，有多有少。

问：您生孩子花了多少？

答：花100多元。

【村小学】

问：这个村小学怎么样？

答：质量不行。

问：看您的孩子很聪明，小学开过家长会吗？

答：开过。

问：家长有什么想法和老师通气吗？

答：不通气。

问：有没有人提出来村里建个好点儿的小学？

答：没条件。

问：您做的衣服是给别人加工的还是自己穿？

答：自己穿。

问：您这是自己做的吗？

答：是自己做的，自己会裁。是自己学的。

问：孩子衣服也是自己做的吗？

答：自己做的。

问：您小时候纺线、织布吗？

答：我没干过，见过老人干。

问：您母亲织过布吗？

答：织过，这已有几十年了。里边有上鞋机，看看吧。

【加工布鞋】

问：都什么时候做鞋？

答：秋天刚做完，夏天也做。

问：雇的人是村里人吗？

答：也有外村人。

问：鞋帮是哪儿做的？

答：外面加工。

问：布谁裁。

答：厂里机器裁。

问：您这台上鞋机器多少钱？材料多少钱？

答：都是厂里的，我是给加工。

问：雇人上一双鞋给多少钱？

答：1 双给 1 角。

问：1 天能做多少双？

答：1 天能做 500 双。

问：1 个月能收入多少？

答：1 个月能收入 1000 元。刚开始不熟悉。

问：有没有检查出不合格的？

答：有。

问：不合格怎么办？

答：修理。

问：厂子叫什么名？

答：也是个体户厂子。

问：和这村有点关系吗？

答：是别的村的。

问：怎么想起来干这个？

（焦桂芝丈夫）答：原来我做鞋，做了四年。

问：收入归自己吗？

答：交管理费。

李俊子（64 岁）

时　　间：1995 年 9 月 7 日下午

访 问 者：小田则子

翻　　译：王　键

访问场所：李俊子家（李俊子三子李树
　　　　　立、三儿媳任素礼在座）

【家庭成员】

问：你叫什么名字？

答：李俊子。

问：今年多大岁数？

答：65 岁，属羊的。

问：你夫人的名字？

答：爱人叫张小芬。

问：有孩子吗？

答：有。

问：几个？

答：6 个。老大是女孩，叫李树华。老二也是女儿，叫李树英。老三是男孩，叫李树深。老四是男孩，叫李树心。老五叫李树立，男孩。老六是女孩，叫李树萍。

问：你父亲的名字？

答：我 5 岁我父亲就死了。他叫李万生。

问：你爷爷的名字？

答：他很早就死了，名字已记不得了。

问：你奶奶的名字？

答：记不清，一点都不知道。她不是这县的人。

问：什么地方来的？

答：不是这县的人。

问：你母亲的名字？

答：王军子。

问：她是哪个村的人？

答：东柴村。

问：离这儿远吗？

答：8 里地。

问：你有几个兄弟姐妹？

答：一个姐姐。

问：她现在哪里？

答：她嫁到乏马村啦，也在这个县。

问：你姐姐多大岁数结婚的？

答：20 岁吧。

问：过去的女孩子结婚早吧？

答：早。我姐姐比我大几岁。

问：大几岁？

答：十来岁。现在 80 来岁啦。

问：你父亲有兄弟姐妹吗？

答：有。都早死了。

问：他们的名字？

答：老大叫李万德，一个弟弟叫李小庭。他是老三。

问：老二是谁？

答：是我父亲。

问：你的三个男孩都成家走了吧？请你介绍一下他们的情况。先从老三开始。

答：李树深两个孩儿子，一个女孩，一个男孩。一个叫李纳，女孩。男孩子叫李毛。女孩 12 岁，男孩 9 岁。

问：老三的妻子叫什么？

答：叫冯芬儿。

问：你不知道她的名字？

答：就叫这名，都没有名字。大家都叫她芬儿，不带姓。

问：她是谁？（指另一妇女）

答：这就是树萍，她也出嫁啦。

问：那个男的是谁？

答：她爱人。

问：在一起住吗？

答：他来看她，下雨了走不了，住下啦。他们不住在这儿。

问：你叫你女儿过来好吗？树萍问你几句话。你丈夫叫你的姓还是叫你的名字？

李树萍答：叫名儿。

问：你的名字叫李树萍，就叫你树萍吗？

答：是。

问：你嫂子姓什么？

答：姓冯。叫芬儿。

问：老四，李树心有几个孩子？

答：两个男孩。老大叫李洋，老二叫李明。李洋 9 岁，李明 7 岁。

问：李树心的妻子叫什么？

答：温淑香。

问：老五李树立有几个孩子？

答：两个孩子，一男一女。男孩叫李松，3 岁。女孩叫李青，5 岁。

问：他妻子叫什么？（指李树立）

答：任素礼。

【婚　姻】

问：她什么时候结婚的？（指树萍）

答：已两年啦。

问：你们是什么时候认识的？

答：她大姐姐介绍的。

问：你姐姐是树萍他们村的吗？

答：他老娘（姥姥）是树华他们村的，都认识。

问：结婚前见过几次面？

李树萍丈夫答：一星期一次。

问：见面的时候有什么感觉？

答：觉得她很好。

【计 划 生 育】

问：有孩子吗？

答：有。今年生的。男孩。

问：还准备要一个孩子吗？

答：不要。

问：为什么不要了？

答：一个孩子就很好，再有孩子累赘。

问：你觉得孩子多好吗？

答：不好。

问：为什么？

答：上级管，咱就不说了，实际上也不好，太累。我在村里当了十来年干部。上级要求计划生育，不计划生育中国人口太多，日本人也不少。现在大多数人也不想多要孩子。

【生 产 队 状 况】

问：你从哪年开始在村里当干部？

答：小队大队都干过。“四清”以前干的。

问：哪年？

答：记不清了。

问：你还能记起当干部时的事吗？

答：不行了，以前的事都记不起来了，

脑子不行。

问：你当干部时，亩产棉粮多少？

答：皮棉亩产 70 多斤，玉米亩产 400～500 斤。小麦种得少，亩产 300～400 斤。这是"四清"前后的产量。

问："四清"以后当过干部吗？

答：当过。一直当到散队。

问：哪年散队？

答：记不清了。我闹病的那年。我有癫病病。

问：你当队长时，这村有几个小队？

答：开始 5 个队，以后经常变化，有时 7 个队，有时 10 个队。

问：最后怎么办？

答：分组啦。

问：1960～1961 年这里有水灾吧？

答：是。

问：你说的产量是 1960 年前，还是以后？

答：水灾以后。以前单干的时候玉米种得少，种谷子多。

问："四清"以前？

答：对。

问：你是哪队的队长？

答：二队。

问：二队的地在哪一片？你看得见吗？（似指图纸）

答：看不见。

问：你当了几年队长？

答：两年。

问：以后又干什么啦？

答：当二队的会计。

问：几年？

答：两年，之后就分组啦，生产队就解散了。

问：生产队没有了，村里是什么形式？

答：把队里的地，平均分配给每个人，再由几户组成一个组。

【家庭副业做豆腐】

问：你一天做多少豆腐？

答：做两个。

问：一个豆腐多少斤？

答：15 斤。一天做 30 斤豆腐。

问：原料从哪里买？

答：集市上买的。

问：集市离村远吗？

答：不远。离这儿 3～4 里。

问：一天买多少？

答：一天就是量（过秤叫"量"）一点，做完卖了再去量。

问：在什么地方卖？

答：十里铺。

问：一天赚多少钱？

答：十几元。

问：从什么时候开始？

答：两年啦。

问：多少钱买的机器？

答：800 元。

问：这 800 元是自己的，还是借来的？

答：自己的。

问：为什么做豆腐？

答：没有别的事干，也不能歇着。与老三一起做豆腐。

问：你什么时候结婚的？（指老三）

答：已七八年了。

问：初中毕业吗？

答：是。

问：你初中毕业后干什么？

答：为别人干点活。如织手套或编点东西。

问：在家里做？

答：外村有这种副业，我们村里没有，到外村干。

问：你织完手套卖吗？

答：我没有织过那个，我织过编织袋
（化肥袋）。

【结婚礼仪】

问：你是哪个村的？（指任素礼）

答：宋北村。

问：远不远？

答：十里地。

问：你们有介绍人吗？

答：有。

问：结婚前见过你的爱人吗？

答：见过。

问：几次？

答：有十来回。

问：结婚时是什么情况？

答：这边来人接，娘家的人来送，热闹
热闹就是啦。

问：你还没结婚的时候想将来怎么样吗？

答：不想。

问：你有什么理想？

答：在农村也上不了学，有什么理想，
在家待着吧。

问：怎么接你来的？

答：汽车。

问：什么时候接你来的？

答：上午 8 点钟。

问：谁接你去啦？

答：当家子们去了七八个人。

问：他们跟你丈夫的关系？

答：一家子。乡亲们。

问：与你丈夫是同辈人吗？

答：有同辈的，也有高的，也有低的。

问：他们到你娘家后说什么呀？

答：我们俩这时不见面，双方岁数大的
人在一起商量，双方都没有意见后，高高兴
兴地就来了。

问：什么时候动身？

答：10 点钟吧。

问：到婆家摆席吗？

答：摆席，吃饭，喝酒后娘家人就走了。
第二天娘家人来接，她还回娘家，以后他们
来走就随便了。（李俊子答）

问：摆席的时候来多少人？

答：帮忙的来十个八个的，不多。

问：你们的亲戚都来吗？

答：都来。

问：在哪里摆席？

答：就在这院里。

问：有多少桌子？

答：5～6 桌。就这样的桌子。

问：没有大圆桌？

答：没有圆桌。

问：那天磕头吗？

答：那天不磕头。第二天给辈儿大的人
行礼。不磕头。

问：闹洞房吗？

答：不闹，现在人们不闹洞房了，过
去闹。

问：什么时候不闹的？

答：像我们这年纪的人之后就不闹了。

问：你当新娘的时候穿的什么样的衣服？
（指任素礼）

答：红色的褂子，烟色的大衣。

【家务分工】

问：现在有两个孩子？

答：两个。

问：什么时候出生的？

答：结婚两年之后。

问：刚结婚的时候，家务谁干？

答：我回来，我们合着干。

问：你们俩有分工吗？

答：没有。

问：家务有做饭洗衣服……

答：家务事什么都干。

问：今天你们俩都干什么啦？

答：我俩起床后都去卖豆腐啦，一个人一个，各卖各的。

问：几点起床？

答：五点半。

问：谁做饭？

答：回来自己做饭，我们的灶也分着的。

问：做饭的时候你爱人帮助你？

答：帮助。谁回来得早谁就做饭。

问：大爷，你们做饭是大娘做还是你做？

答：她做的多。我们到时间啦，我们有时间规定，到点就得压豆腐。

问：对不起。

答：没关系。

问：你这样的生活好吗？你还想扩大你的豆腐房吗？你还有什么打算？

答：孩子们上学后，希望他们有出息，我们有能力供给他们上学。

问：还有什么打算？

答：今后过一天老一天啦，也没什么理想啦。

【婚姻、生育风俗】

问：对你来讲，印象最深的有什么事吗？是结婚吗？（指任素礼）

答：没什么印象。在农村里，男女见见面，双方家庭差不多就算啦，男方不傻不呆就行了。

问：还是应该挑选。你生孩子的时候家里喝喜酒了吗？

答：没有。现在不兴这啦。我们不大操大办。

【上坟祭祖】

问：过5点啦，再问问大爷，解放前你们李家的坟在什么地方？

答：都盖上房子啦。我是党员，在大队小队都干过。现在把坟也搬到很远的地方啦。

问：解放前李姓一起上坟？

答：是。

问：什么时候？

答：初一大清早就去啦。

问：是李家的人集合在一起吗？

答：是。

问：领头的是辈分最高的吧？

答：都去，一家人都去，天大也不如老人死了大。

问：上坟是烧纸吗？

答：烧纸、放炮。

问：烧纸放炮的钱哪里来？

答：各买各的。

问：是什么顺序？是辈大的先烧吗？

答：大家一起烧，坟多，如果一个人烧一天也烧不完。

问：上坟回来在一起吃饭吗？

答：不吃，各吃各的，都回自己的家啦。

问：除初一外，别的时候上坟吗？

答：都是初一这个时间。

问：清明节上坟吗？

答：上坟。

问：还是一起去吗？

答：是。

问：还有别的时间上坟吗？

答：不多。如果家里没有儿子，只有女儿，她比一般人烧得要晚一天。

问：这是解放前的事吧？

答：是。

问：解放后呢？

答：都是清明节去。

问：初一去吗？

答：现在上坟初一还是去。

问：清明节呢？

答：清明节也去，还有十月一，也去。阴历。这三个时间没有变化。

问：土改时还是这三个时间上坟吗？

答：对。这种习惯早啦，在我记事之前就这么办。

问："四清"运动时呢？

答："四清"时不让去，大家还是偷着去，毛主席活着的时候，不让搞这种迷信。

问：国家不让上坟，乡里和村里怎么规定？

答：我也当过队的干部，有时广播广播，不让烧纸，不让搞迷信。

问：1958 年"大跃进"时上坟吗？

答：也上。

问：那时候坟头都平啦？

答：是。平了，也去上坟，还去那个地方。

问：李家的坟也平了吗？

答：平了。后来又搬到远的地方去了。搬近的，远的都平了。

问：20 世纪 60 年代困难的时候上坟的情况怎样？

答：也上。去的时候拿着馍馍做供献。

问：馍放在坟上了吗？

答：不放在坟上，放在书包里就行了。把书包放在坟上。

问：这馍馍自己吃吧？

答：上完坟拿回来，馍馍还是自己吃。这很早啦。

问：拿馍馍是 1960 年的事吧？

答：到现在还是这样。1960 年没有馍馍，拿纸烧也行。

问："文化大革命"时呢？

答：还是上坟。一年三次。

问：你们李家的坟一部分在原来的地方，一部分搬走啦，不在一个地方了吧？

答：最近的，如爷爷和父亲辈的坟迁走

了，其余的都平啦。

问：不让上坟有多长时间？

答：有三四年不让上，人们也是去。

问：现在还是一年上三次坟吧？

答：是。

问：今年春节去了吗？

答：去啦。

冯新芬（女）（33 岁）

时　　间：1995 年 9 月 8 日上午

访 问 者：小田则子

翻　　译：王　键

访问场所：徐孟祥家另一住家

【家庭成员】

问：姓名？

答：冯新芬。

问：哪年出生？

答：1962 年。属虎的。

问：你爱人的名字？

答：李树生。

问：你爱人干什么？

答：做生意，在市里卖鸡蛋。

问：你公公叫什么名字？

答：李俊子。

问：昨天到你公公家，你知道吗？

答：知道。

问：你娘家是哪里的？

答：尽阳村，在本县。

问：你爸爸妈妈的名字？

答：我父亲叫冯俊子。母亲叫李芝英。

问：你有兄弟姐妹吗？

答：两兄弟，一个妹妹。

问：他们的名字？

答：大兄弟叫冯新社，二兄弟叫冯新建，

小妹妹叫冯新环。

问：你是老大？

答：对。

问：你父亲多大？

答：53 岁。

问：你母亲呢？

答：51 岁。

问：他们多大岁数结婚？

答：我不知道。大人们的事，我们不问。

问：你母亲是哪个村的？

答：河庄的。

【小学、初中、高中】

问：你什么时候上学的？

答：8 岁。1970 年上学。

问：在哪里上学的？

答：在尽阳村。

问：上中学了吗？

答：初中、高中都在端固村上的。

问：毕业后又上学了吗？

答：没上。

【棉花收购站就业】

问：毕业后干什么？

答：在孟董庄收购棉花。

问：单位的名字叫什么？

答：孟董庄棉站，是国营的。也就是孟东乡棉花站。

问：有多少人？

答：20 个人。

问：你具体做什么工作？

答：检查质量。

问：只收孟董乡范围的棉花吗？

答：是。一个乡一个棉站。

问：做棉检需要什么资格？

答：有机器，我学习过。看看棉花潮不潮，潮的不要。用机器检查。

问：你上高中了吗？你刚才不是说没上吗？

答：上啦，也在端固村。

问：在孟董乡干了几年？

答：5~6 年。

问：以后干什么？

答：结婚后就不干了。

问：什么时候有棉花站？

答：我高中毕业的 1979 年。

问：孟东乡有几个棉花收购站？

答：就一个。

问：你怎么学会的检查？

答：有师傅教。

问：为什么在每个乡都建一个棉花站？

答：棉花太多，县棉站收购不过来。

问：棉花站有 20 人，都是什么人？

答：有站长，会计好几个人，棉检 4~5 人。

问：几个会计？

答：4~5 人。

问：还有谁？

答：还有做饭的一个，过秤的，上垛的，共 20 人。

问：男的多还是女的多？

答：男的多。

问：棉检的男的多吗？

答：三女两男。共五人。

问：你是怎么去的？

答：我叔叔在县棉麻办公室工作，通过他去的。

【毕业后同学的走向】

问：你们村到外村工作的多吗？

答：不多。

问：与你一起毕业的多少人？

答：我们 30~40 人。我们一个村就这么多。

问：你的同学毕业后都到哪里去啦？

答：有在家的，也有在市里的，在哪儿的都有。

问：你讲几个人。

答：有在栾城上班的。

【兄弟的工作】

问：你有小孩吗？

答：有两个。

问：你大兄弟干什么？

答：在市里开车，小弟弟在河北省冶金研究所。

问：冶金研究所在什么地方？

答：石家庄市。

问：他上大学了吗？

答：没上。

问：他在那里干什么？

答：一般工人。我妹妹在城里做生意，批发布。

问：你妹妹结婚了吗？

答：已婚。

问：她结婚前干什么？

答：在冶河镇纺织厂上班。

问：叫什么厂？

答：冶河镇纺织厂。

问：她是当工人吗？

答：是。

问：你们同学参加工作都是有关系才去的吗？

答：一般都有关系。

问：你大弟弟是开的自己的车吗？

答：是公家的，不是自己的。

问：什么单位？

答：不知道是什么公司，他当兵转业在那里了。

问：他多少工资？

答：500 元左右。

【个体商业】

问：你妹妹在什么地方卖布？

答：在栾城开门市部。

问：她结婚后做买卖，他们什么时候有的店？

答：租的。

问：你妹妹什么时候结婚的？

答：22～23 岁，她孩子已 7 岁了。

问：她嫁到哪个村啦？

答：宋北。

问：她比你小几岁？

答：6、7 岁。

问：宋北离县城远吗？

答：12 里。

问：什么时候租的店？

答：去年春天。

问：租门脸多少钱？

答：一年 3000 多元。

问：她是怎么租的？

答：别人介绍的。

问：与介绍人是什么关系？与房主认识吗？

答：我妹妹他们认识房主。这房在县办公室门口，他们向外租，谁租都行。

问：县城的什么地方？

答：县中心，挨着县政府。

问：你妹妹租房的钱是哪里来的？

答：不知道。

问：他们赚钱吗？

答：她干她的，我干我的，不知道。

问：你回娘家能碰到你妹妹吗？

答：能碰着。

问：你们见面后问点什么吗？

答：家常话。

问：你妹夫租店前干什么？

答：也卖布。

问：他从哪里买来的布？

答：从广州买的，拿到我们这里来卖。

问：你妹夫从什么时候搞批发生意？

答：没结婚前就卖了。

问：他们生活很富裕吗？

答：差不多。

【土地承包】

问：你娘家承包土地了吧，有你的地吗？

答：有。

问：你娘家有多少地？

答：6~7亩

问：你弟弟他们都在家住吗？

答：住，下班就回家了。

问：都分家了吗？

答：大弟弟分出去啦，小的还没有。

【婚姻】

问：你结婚是经人介绍的吗？

答：是介绍的。

问：什么人介绍的？

答：我娘家婶子。

问：结婚前见过你爱人吗？

答：没有。

问：结婚时是第一次见面吗？

答：上班时见过。

问：他也在棉站吗？

答：不是，他在栾城，我在这里。

问：当时认识吗？

答：不认识。

问：第一次见面是什么时候？

答：一次吃中午饭时。

问：结婚前你与你丈夫什么时候第一次见面？

答：上班时。

问：现在老人们不同意能结婚吗？

答：不能结婚。

问：你娘家谁同意了才能结婚？

答：大人和子女都同意后，才能结婚，哪一方面不同意都不能结婚。

问：你结婚时带的什么嫁妆？

答：立柜、沙发。

问：花的钱谁给的？

答：家里。

问：在棉站上班挣工资吧？

答：挣。挣了工资除自己吃、穿外，都给家里。

问：你结婚时你父母给钱吧？

答：给。

问：你在棉站时零花钱多少？

答：花十几元。

【家庭副业】

问：结婚前你丈夫在哪里上班？

答：在县棉站上班。

问：你爱人在棉站干到哪年？

答：我们结婚后一年就不干了。开始做生意。

问：做什么生意？

答：摆摊。

【养鸡业】

问：刚开始你们养鸡需要多少本钱？

答：8000~9000元。

问：都买的什么？

答：买小鸡。

问：买了多少？

答：400只。

问：盖养鸡厂也要钱吧？共花多少钱？

答：8000~9000元。

问：你哪年开始养鸡？

答：到现在三年了。

问：怎么想起养鸡？

答：我婆婆家的姐姐养鸡。

问：看看你养鸡的地方行吗？

答：很远，村西边，路不好走。

问：有汽车吗？坐汽车去。

答：看那干什么？

问：日本人没有看到过养鸡的。

答：什么时间看？

问：现在看。

答：路上不好走。你们如果想看，这村里边有养鸡的，我养鸡的地方路不好走。

问：想看看搞点资料。

你养鸡的钱是从哪里来的？

答：不知道，忘啦。

问：养鸡的饲料从哪里买的？

答：孟东庄。

问：一个月的饲料花多少钱？

答：300～400 元。

问：都有什么饲料？

答：有玉米等十几种，还有药。

问：自己还搞饲料吗？

答：自己不搞，都是买的。

问：你种的粮食呢？

答：都卖了。

问：一只小鸡养到多大就能生蛋啦？

答：5 个月。

问：卖鸡蛋还是卖鸡？

答：卖鸡蛋。

问：一天下多少蛋？

答：200 多只。

问：卖后能赚多少钱？

答：十几元。

问：在哪里卖？

答：在石家庄。

问：是送给单位还是零售？

答：有时给单位，有时零售。

问：卖给什么单位？

答：不固定，谁买都行。

问：怎么找买主的？

答：他们看到我们的摊位，就让我们送去。

问：你们村有很多养鸡的，有竞争吗？

答：没什么竞争，各养各的。

问：你与你丈夫怎么分工干？

答：不用分工。

问：你们一起去卖鸡蛋吗？

答：一起去。

问：现在你们家添了新家具吗？

答：都有啦。

问：你结婚的时候拿电器来了吗？

答：没有。

问：什么时候买的？

答：结婚后买的。已三四年了。

问：一年你们养鸡收入多少钱？

答：2000～3000 元。

问：交税吗？

答：不交。

问：从没有交过税？

答：没有。

【家务分工】

问：你的孩子什么时候出生的？

答：婚后一年。老大是女孩，12 岁；老二是男孩，今年 9 岁。

问：照顾孩子主要是谁？

答：女的为主。

问：你又养鸡又干家务，很忙吧？

答：差不多。

问：你丈夫在家干什么？

答：种地，孩子大了，他不用管。

问：孩子小的时候呢？

答：小时候大家都尽力，谁能干什么就干什么。

问：做饭是谁？

答：我做的多。

问：买东西是谁？

答：都买。

问：衣服谁洗？

答：我洗。

问：开始养鸡你俩商量了吗？

答：商量。

问：谁开始先说养鸡的？

答：他先提出的。

问：你是怎么想的？

答：他姐姐养着呢。我们就养吧，我没有意见。

问：如果你俩意见不一致听谁的。

答：谁的意见对听谁的。

问：如果你俩有意见啦，找谁解决？

答：我们没吵过架。

问：一般来讲呢？

答：没有吵架的。

【生活、娱乐】

问：将来准备继续养鸡吗？

答：继续养。

问：你对你的两个孩子是怎么希望的？

答：让他们上学，尽他们的力，能上到什么程度就上到什么程度。

问：你今后还有什么想法？如生活。

答：想过得更好一点。

问：具体点讲。

答：家庭中的各方面都想好点。

问：比方说你们村，你们县有的人生活很富，你有打算赶上或超过他们的想法吗？

答：尽自己的力量。

问：你们养鸡有星期天吗？

答：没有。

问：除养鸡外，你有什么娱乐活动吗？

答：俺家的叔叔是京戏团的，在石家庄。我娘家的叔叔。我们经常去看戏。

问：他是演员吗？

答：是团长。

问：你们经常去看京剧吗？

答：我们出摊，就在剧团里住着。

问：一个月到石家庄去卖几次鸡蛋？

答：不下雨天天去，我每天住在那里。

问：你摊子就是租的台？

答：是市场上做的统一的台子。

问：租一个摊位要多少钱？

答：不要钱。

问：那怎么知道这摊位就是你的？

答：我们出摊这个地方是我们家亲戚的地方。

问：什么亲戚？

答：外甥。

问：你怎么和他商量？

答：我们摊位在河北贸易大厦，我外甥在那儿开车，所以在那儿摆摊。

徐小眼（67岁）

时　　间：1995年9月8日下午

访 问 者：小田则子

访问场所：徐小眼家（徐玉身、村长、
　　　　　徐小眼之侄在座）

【捐钱办庙会】

问：这次来想再问一问庙会、演戏和其他的事情。

答：行。谈什么都行。

问：上次访问了你们徐家的家谱。你现在与谁在一起生活？

答：与我的侄子景身在一起生活。

问：你们演戏演了几天？

答：4天。有时多，有时少，有演5天的。

问：戏台对面有一张大红纸，上面有拿钱人的名单，我们看了。有的贴了，有的没贴，没有全部贴。

答：多数的都贴出去了。你们去的时候堂屋已贴出去了。

问：贴的名单你还有吗？

答：没啦，有底稿还留着。

问：原稿在哪里？

答：在郝全福手里。

问：他与你们共同研究演戏的事吧？

答：是，他是记账的，买什么东西由他记账，收入他也记账。

问：他家离这里远吗？

答：不远。

问：到他家能看到原底稿吗？

答：能看到。

问：现在能到他家去看一看吗？

答：不知道他在不在。我去看一看，把草稿拿来，你们在这里等着。

问：这次庙会敲鼓的几个人？

答：没准，十来个人。

问：办庙会的几个人？

答：5～6个人。（郝全福、赵傻子、徐丑小、郝咕捣）

问：还有别人帮助你们吗？

答：没有。搭舞台和拆舞台时还找些人。

问：你们5个人怎么分工的？

答：没有分工。

问：郝全福写文告？

答：是。收入他记，买点什么他也记。

问：郝全福是会计？你们没有分工？

答：是。有事大家都干。

问：赵傻子是干什么的？

答：与我一起干。如找什么东西呀，敛点什么东西呀，都是我们这几个人。

【捐款方式与管理】

问：社员的捐款谁收？

答：我收，钱全部我拿着，全福记账，我拿着钱。

问：是挨家挨户收的钱吗？

答：是。我们几个人都一起去收钱。

问：村里的几个队是怎么分的？

答：现在没有了，敛钱按户口册，按分地人的数敛钱。如你家里有10个人，只有6个人分了地，也只能收6个人的钱。你家有一个人，分了5个人的地，也得收5个人的钱。按分地人数收，不按人数收。

问：现在开会按队找人吗？

答：现在不开会了，有其他事也不按队，按户口册办。

问：这是从户口本上抄下来的名单？

答：是。

问：这全村的户口村里有吗？

答：村委会有，这就是从村里抄的底。

问：户口上除写名字外，还写什么呀？

答：不知道。

问：全村收钱收了多少天？

答：3～5天就齐了，不难收。

问：户口本上的人数与实有人数不一样了吧？

答：不一样，现在户口本上只有分地时的人数。有的小孩和老人，有销的，也有添的，有结婚的生了小孩，户口上有了，可地没变，还是那么多地。户口有变化，地没有变化。

问：现在村委会有现在的名单吗？

答：有。没有名单还行啊？

问：交钱有规定吗？

答：没规定，自愿交多少都行。

问：是村委会告诉他们交钱的事吗？

答：村委会不管，我们这几个人管的。

问：交钱多的村里给予什么名誉吗？

答：就是为了个名，这是光荣。

问：这些大红纸上写着他们的名字，贴出去他们高兴吗？

答：高兴！有自己的名很高兴。

村的副业

氏　名	副　业	朝会的寄付金	店铺、工厂的地址	雇用人的有无	备　考
郝同顺 郝小寿	铸塑厂	450 元	栾　城	有	
刘玉合	蜂窝煤厂	200 元	本　村	数人	
赵增天	石灰厂	200 元	本　村	无（家族）	已数年
郝瑞仃	蜂窝煤厂	150 元	本　村	数　人	2～3 年
邓先水	电工焊厂	100 元	村　东	3～4 人	约 1 年
郝梦珠	蜂窝煤厂	100 元	村　东	无	
郝同锁	铁　工	100 元	村	无	
郝保文	蜂窝煤厂	60 元	本　村		
徐娃子	产品收购站	50 元	本　村	无	约 2 年
郝中锁	肉铺食品	50 元	栾　城	无	已数年
郝　贵	煤厂修理自行车	50 元	沿村道		
郝秀玉	饭　馆	50 元	沿公路	无	2～3 年
赵福顺	售货摊	30 元	本　村		
徐同建	木器加工	30 元	本　村		2～3 年
郝增须	电　工	30 元	本　村	3　人	2～3 年
李同江	食品销货点	30 元	本　村	无	3～4 年
刘孟桥	蜂窝煤厂	30 元	本　村	无	3～4 年
郝永利	电锯加工	20 元	本　村	无	5 年
郝吉锁	销货点	20 元	沿村道	无	
郝红芹	电锯加工	20 元	村　村	无	
刘增力	印刷厂	15 元	栾　城	无	
赵翠苹		10 元			栾城售货员
冯西水	饭　馆	10 元			
郝增顺	自行车修理	10 元	本　村		
郝永辰	电视修理部	10 元	本　村		

*　根据 1995 年 2 月庙会捐款名单中从事副业者访问整理。

【办庙会】

问：这么多人拿这么多钱，很敬佩他们。

答：他们出的钱不少。

问：全部收入 4781.82 元，其中副业交款 2910.5 元，其余是社员交的钱。花了 5027.20 元，可收上来的是 4000 多元，不够的部分怎么办呀？

答：不够的部分村委会补助了。我们敛的钱不够，缺多缺少大队给补。开支多少，收入多少，大队看过了账。

问：今年的庙会是第四次，第一、二、三次，村委会都拿钱了吗？

答：都拿了。

问：第一次给补助多少钱？

答：大概 1000 多元。

问：第二次呢？

答：也可能是 1000 元左右。

问：第一次你们敛了多少钱？

答：记不清了。

问：第一、二次村里都给钱啦？

答：哪年都给。第三年没给，但也算给了，不够用，村里也添了钱，给了 100 多元，不多。

问：第一次办庙会时，与村委会商量过吗？

答：商量。

问：你们怎么商量的？

答：我们村的庙会自古就有。解放以后好几十年没有过。现在又兴迷信了，又弄起来啦，有人张罗着把庙盖起来啦。所以还与以前一样，十月十五（阴历）过庙。

问：谁第一个提出来的，咱们开始办庙会？

答：二丑子（郝二丑）。他提出来的，也是他张罗着修的庙。过庙得花钱，在村里敛钱，他找我们几个人办。郝二丑这个人在村里威信不强，他敛钱村里人不掏，所以找了我们几个人。

问：郝二丑首先找你们商量什么？

答：商量敛钱的事，没钱什么事都办不成。

问：什么时候与村委会商量？

答：在同我们商量之前，先和村委会商量，村里同意了才能办，不同意也就不办了。

问：你与村委会谁商量。

答：与郝同顺、郝小乐商量。一个队长、一个书记。

问：是你们这几个人和村委会坐在一起商量吗？

答：是。

问：是不是说好了，钱不够村里给？

答：是。

问：郝同顺马上就同意了吗？

答：同意了。

问：村委会除给钱外，还帮助你们干别的了吗？

答：找车、找人帮助干。

问：开支花了好几万，是自己花钱吗？

答：是，亲戚朋友都来了，又吃又喝。如我家的亲戚都来了，这多厉害。唱戏只花几千元，问题不大，可户里的亲戚们都来了，负担太重了，受不了。

问：你家亲戚到你家来了多少？

答：十几个。尤其是庙会上，跟你沾点边的亲戚都来啦，平时不太来往的远亲都来了。

问：过庙会村里演戏，是不是各户的亲戚都来呀？

答：都来，家家户户都有亲戚来，每户都有。一般老百姓还好点，如果有在外工作的户，一个庙会连吃带花千儿八百的。花 1000 多元。

问：大家都高兴吧？

答：高兴，花了钱也高兴。

问：亲戚们来几天？

答：如果 4 天是庙会，亲戚们得住五六天。住五六天的少，当天来当天走的多。

问：庙会的几天村里人很多吧？

答：忙。

问：庙会的时候你的亲戚来后除看戏、吃饭外，还有什么高兴的事吗？

答：没有啦。

问：他们来带东西吗？

答：都带东西，带副食品的多。

问：比方你的亲戚都是什么亲戚？景身的姐妹都来吗？

答：都来。他家的姨，我孙子的姥姥家的亲戚都来。

问：他们都住在这个屋子里？

答：老亲戚们住在这里，一般亲戚来一天，晚上就走啦。

问：老亲戚指的是老人吧？

答：对。年轻人当天就走了。

问：你姐妹们呢？都来吗？

答：来。

问：景身的妻子的亲戚们？

答：对。

问：还有别人吗？

答：朋友们。

问：什么朋友？

答：我的朋友，景身的朋友，有朋友的来，没有朋友的户就不来。

问：景身的朋友从哪里来？

答：从家里来。外村的，离这儿不远的朋友来，很远的来不了。因为经常外出，外边有朋友。有亲戚朋友的，庙会前就通知他们了，请他们来赶庙会。

【家庭收入】

问：你现在有几亩地？

答：3 个人有地。我和他们两口子（景身和他爱人）共 4.5 亩，一个人一亩半。

问：谁种？

答：自己种。

问：除种地以外，他们干什么？

答：景身当瓦工，在外边盖房子。

问：什么时候干？干几年啦？

答：已三四年。

问：以前干什么？

答：种地。现在当瓦工，家里的地捎带着就种啦。地里的活儿顺便就干了。

问：在哪里当瓦工？

答：在栾城县周围。

问：挣多少钱？

答：没有准，干一天挣 10 多元钱。

问：景身的妻子干什么？

答：在家干家务，也干地里的活儿。

问：谁照顾你？

答：景身。

问：地里种什么？

答：一季麦子，一季玉米。

问：不种棉花？

答：不种。这一片不收棉花。

问：土地不适宜种棉花？

答：是。

问：以前不是种很多棉花吗？

答：生产队时，一个生产队就种 100 亩棉花，收得好，现在种的少不收。

问：上边有规定让种棉花吗？

答：有规定，但我们这里收不了。规定一个人种一分棉花地，如我一个人种一分棉花，不收。我种着点，长得不好，我已拔了。

问：种了棉花不收，政府赔钱吗？

答：没有。我们这儿要求一个人种一分地的棉花，收了也行，不收也行。

问：你们一年收多少粮食？合多少钱？

答：没准。前几年一斤玉米 0.3 元左右。现在 0.7 ~ 0.8 元。

问：收入多了吧？

答：是。

问：一亩地收多少玉米。

答：800 ~ 900 斤。

问：小麦呢？

答：700 ~ 800 斤。

问：收的粮食是自己吃还是卖？

答：小麦自己吃，玉米少留一部分，大部分卖掉。

问：景身干瓦工一年挣多少？

答：4000 ~ 5000 元。

问：纳税吗？

答：不纳税。

问：不管吗？

答：不管。

问：这个村有很多工厂，他们纳税吗？

答：国家要税，村里不管。

问：交到哪里？

答：县税务局。

问：税的事村里不管，那谁办工厂村里知道吗？

村长回答：告诉村里一声，因为他们要占用土地。

【村委会对庙会的态度】

（村长徐玉身来到徐小眼家）

问：正好你来了，请坐在这儿，问你几句话。

你是村长，你们村每年都演戏，你有什么想法？

答：哪有什么想法。有几个人张罗这事，为村里办点好事，村里就不管了。我们帮助。

问：除唱戏，村里还有其他娱乐活动吗？

答：没有。

问：这几个人张罗办庙会，向户里收钱，钱不够村里帮助？

答：不够的部分村里拿。

问：这部分钱是从哪里来的？

答：从社员手中提留上来的。一年提留干部的工资，义务用工，如水塔坏了，要修，用工，就提留。

问：每个人？

答：是。

问：每年提多少？

答：连乡里费用一年 2 万。

问：一年收一次吗？

答：对。一次收 2 万多。

问：每年 2 万，现在存到多少万啦？

答：不存！每年都花啦。村里一年开支多少收多少。

问：第一次办庙会村里给了多少钱？

答：500 元。（徐小眼插话：不是 1000 元吗？）

问：第二次呢？

答：我忘了。（徐小眼插话：1000 元，第三次贴了 100 元）

问：从社员手中提取钱，村里谁决定？

答：党支部和村委会共同研究的。

问：1990 年你们重修了老母庙，村委会怎么看？

答：他们是自发的，村委会不管。

问：村委会没给他们钱吧？

答：没给。

问：现在拜老母庙的多了，你怎么看？

答：社员们想信这个，挡也挡不住。我认为没必要信这个。

徐小和（68 岁）

时　　间：1995 年 9 月 9 日上午

访 问 者：小田则子

翻　　译：王　键

访问场所：徐小和家

【家庭成员】

问：你父亲的名字？

答：徐二白。

问：你母亲叫什么？

答：姓牛，名字不知道。

问：她从哪里来的？

答：南宫县。

问：你爷爷叫什么？

答：徐京子

问：你奶奶姓什么？

答：姓檀。

问：她家是哪里？

答：乔李庄。

问：曾祖父的名字？

答：不知道。

问：你爷爷兄弟姐妹几人？

答：三个。还有一个姑奶奶，共四人。

问：男的几个，女的几个？

答：两个兄弟，一个妹妹，我爷爷是老大。

问：你二爷爷有孩子吗？

答：一男一女。

问：叫什么名字？

答：记不清了。

问：三爷爷呢？

答：叫星子，我爷爷的第二个弟弟。

问：星子有孩子吗？

答：有一个儿子。

问：他有孩子吗？

答：有，好几个孩子。

问：他们的名字？

答：不知道。

问：你二爷爷不是有一男一女吗，他们有孩子吗？

答：他们没后代。他壮年时当兵没回来。

问：你父亲有兄弟姐妹吗？

答：有。我父亲是老二，他兄弟四个，还有一个妹子。共五个。

问：老大叫什么？

答：徐大白。

问：老三呢？

答：徐连子。

问：老四呢？

答：徐丑儿。

问：老五呢？

答：徐香儿。

问：徐大白有几个孩子？

答：没有。他家没有人啦。

问：他有没有养子？

答：我们家养他。我们弟兄三个共同养他，不是养子。

问：你有几个兄弟？

答：我有一个哥哥，那个哥哥是丑儿的孩子。所以说我们三个人供养大白。

问：大白结婚了吗？

答：没有。

问：为什么？

答：家里穷，给人家当长工，累得眼睛失明了，所以没结婚。

【巫医】

问：这村里眼睛失明的，或耳朵听不见的有吗？

答：现在有。

问：你说都有谁？

答：我亲哥哥的眼睛就看不见。

问：为什么？

答：解放战争时期，这里有地道，他从地道中拾了雷管，因他不懂是什么，就当烟袋使了，雷管爆炸把眼炸坏了。

问：像你哥哥这样眼睛看不见的多吗？

答：不多。

问：你大爷眼睛失明的原因？

答：他为人家当长工，白天晚上的干，累的。

问：当时因累眼睛看不到的村里还有吗？

答：有。那时候一是家里穷没有钱，二是技术不发达，治不了。

问：那时病了，求神吗？

答：我们家没有，村里其他人可能有求神拜佛的，因为还迷信。

问：村里有巫婆吗？

答：有。他叫傻八。

问：他姓什么？

答：姓刘，男的。

问：人们求他是给钱还是给东西？

答：当时给钱的少，如果病看好了，上供。

问：什么样的东西？

答：馒头、菜，上大供的给的多点，小

供给的少点。上完供，供品傻八就留下了。

问：有神吗？

答：有。

问：他还活着吗？

答：死啦。

问：他儿子叫什么名字？

答：他没有结过婚，没有儿子。他收了一个养孙。

问：他养孙子叫什么名字？

答：刘小喜。

问：现在还有吗？

答：有。

问：刘傻八家到哪年才不拜神啦？

答：拜到他死。

问：什么时候死的？

答：死得早啦。解放前二年。

问：还有别人当巫婆吗？

答：别的人不行。有烧香念佛的女的，不行，不如傻八名气大。

问：巫婆叫什么名字？

答：女巫婆的名字不知道，但是她儿子的名字知道。叫郝珠子。

问：郝珠子他妈干到哪年？

答：也是解放前。

问：解放后还有吗？

答：没啦。

问：现在有老母庙，有没有像巫婆一样的人呀？

答：没有。老母庙修之前是城南一个人让修的。这个村有个病人到他那里去看，城南那个人说，你们修个庙吧，病就好了。他回来在村里修了老母庙。

问：有病的人拜老母庙后，病好了的人有吗？

答：为病的人没有，为一家人保平安去求神仙的有，有病的人没有求神仙的。有病99%都耽误了。

【家庭成员】

问：你有兄弟姐妹吗？

答：有。一个哥哥一个姐姐。

问：你哥哥的名字？

答：徐锁成。

问：姐姐的名字？

答：徐妮子。

问：你是老三？

答：是。

问：你哥哥有几个孩子？他们叫什么？

答：3 个男孩，3 个女孩。大儿子叫月旺，老二叫月书，老三月强，女儿叫月兰、月花、月英。

问：他家还有没有未长大成人就死了的孩子？

答：有，死过 3 个孩子。很小的时候就死了。有几个月死的，也有 1 岁多死的。

【婚姻】

问：你大娘什么时候结婚？（注：应该是他嫂子）

答：先嫁过一个人，13 岁就结婚了。她跟我哥是第二次结婚，也就是徐锁成现在的妻子先跟别人结婚，后才跟他结婚。

问：你嫂子什么时候嫁给你哥啦？

答：16 岁。

问：为什么这么小结婚？

答：这是具体情况造成的，我 5 岁时母亲去世后，家里没有人做针线，早来了好做针线活。

问：你哥哥那时候一般多大结婚？

答：十六七岁。

问：周岁还是虚岁？

答：虚岁。

问：你姐姐嫁到哪里？

答：河庄。

问：你姐姐出嫁是谁介绍的？

答：街里一个男人介绍的，不是亲戚。他在我姐姐的婆家当长工。他了解情况。

问：一般讲亲戚介绍的多吧？

答：也有，也不多。有的人与双方关系不错的。为办好事才介绍。

问：你有几个孩子？

答：我的孩子更多，4 个男孩，5 个女孩，共 9 人。

问：他们叫什么名字？

答：老大叫建民，老二叫建立，老三叫胜利，老四叫建洲。大女儿叫春梅，二女儿叫栾梅，三女儿叫冬梅，四女儿叫秋梅，五女儿叫春花。

问：你爱人叫什么？

答：刘小训。

问：她什么时候嫁给你的？

答：她 20 岁，我 17 岁结婚的，比我大 3 岁。

问：大媳妇好还是小媳妇好？

答：那时候都是大媳妇。那时大媳妇好，现在是小媳妇好。

问：为什么过去人们都认为大媳妇好？

答：能干家务。

问：解放前大媳妇多吗？

答：多。大部分都是大媳妇。

问：一般大多少？

答：大 3 岁。特殊的也大多点，这村有个大 8 岁的。

问：现在的男孩愿找大的还是小的媳妇？

答：都愿找小两岁的。

【家庭关系与矛盾】

问：你有没有生下来没养大的孩子？

答：有一个。六天就得破伤风死了。

问："胜利"的名字为什么没有按"建"字辈排呢？

答：老人们给起的名字。

问：有人起"跃进"这类名字与运动有关吗？

答：不是因为解放和运动取名的，他生的时候跟胜利没关系。

问：徐连子有没有孩子？

答：他没有孩子，生过几个孩子，很小就死了。我是他的养子。

问：当养子的有从外边找来的吗？

答：有。

问：是从本家找养子多，还是从外边找的多？

答：外边的多。

问：为什么？

答：没有近人，兄弟们没有孩子的，找不上，就从外边找啦。

问：你当养子有什么说法吗？

答：没有。我过继给我叔叔了。养老送终是我的本分，他的家产和地归我。两个老人商量决定的。

问：有没有徐家辈大的人说合？

答：不用。

问：解放前怎么办？

答：也是这样，不用辈大的人说话，也不用什么手续。

问：分家的时候怎么办呀？

答：分家的时候找徐家辈大的，把家产和地搭配好，管事的这个人立上手续，像我们父亲他们兄弟 4 个，分成 4 股，立好手续，打上手印。这就是证据。

问：现在分家怎么分？

答：现在简单。我的 4 个儿子分家时，我把家产搭配好，把他们叫到跟前，征求他们的意见，认为哪块不合理再调整调整，没意见了，我做 3、4 个纸球，让他们抓阄。我从思想上没有偏谁向谁的事，谁抓到哪儿就要哪儿。

问：女的辈大的人也得允许吧？

答：不需要。现在分家的很多。孩子结婚的就分家了，不愿在一起生活，怕矛盾多。分家很简单。

问：你分家时有分单吗？

答：没有写。我的纸球上写着：一、二、三、四。他们没有口舌，因为已征求他们的意见了。

问：什么时候开始不要辈大的人管分家的？

答：解放后。解放前每家都有地，分家复杂点，解放后就没有地啦，家里只有几间房和简单的农具，所以分家简单了。

问：一般讲，有家庭矛盾时，谁帮助解决？

答：解放后，如果谁家有吵架的，村里大队干部们调解。村里有个调解员，解决家庭矛盾。

问：调解员是谁？

答：这村没有调解员，大队干部帮助解决。

问：假如孩子们结婚后不分家有什么矛盾？

答：大家在一起生活，他们不知道日子不好过，责任心不强，分家后就知道日子不好过了，过日子省俭点。如果在一起，年轻人轻闲啦。老人们不好过，依靠老人。

问：如果有矛盾了，长辈也说吗？

答：说。

问：年轻人听吗？

答：说到理上他们听，一般不听。

问：什么时候这样了？

答：解放后就开始了。红白喜事时，长辈们说话他们听。

问："四清"前后有什么变化吗？

答：没有大的区别。"四清"前历史不清的人，给找出来了。有这点区别。跟长辈没关系。

问："四清"前长辈们还能调解吗？跟"四清"后有区别吗？

答：没有变化，一解放情况就变化了。解放后和"四清"前后村里的干部多，谁家有事，他们去解决，大辈们就不出头管啦，大辈们作用不大啦。

【婚俗】

问：建洲多大？

答：28 岁。

问：闺女出嫁时花了很多钱吧？

答：没有。他们自己办的，很简单。

问：娶媳妇花了好多钱吧？

答：花了部分钱，在家里办的。也没有铺张，随大流吧。

问：建洲结婚大办的？

答：是。

问：热闹吧？

答：也不算热闹。

问：结婚的时候盖房了吧？

答：没有。这 4 个孩子都是在这个院。婚后又有结婚的了，就搬出去住。

问：还另外有院？

答：有。他们弟兄 4 个，4 个院。已盖好 4 处房了。有旧房，有新房。这个结婚了，在这儿住二年，另一个又要结婚，前边结婚的就搬走。

问：建洲摆了几桌席？

答：五六桌。

问：花了多少钱？

答：花了大约几百元，光吃饭。那时的钱还顶事。她娘家的人闹，两个席。

问：共花多少？

答：2000 元。

问：现在村里人结婚，一般都花 2000 多吗？

答：现在 2000 元不够了，4000 元都不够了。现在都要买彩电，一个彩电多少钱?! 组合柜就 1500 元。大部分都准备这些。光这些就需一万来元。

问：攒这么多钱要多长时间?

答：这要看具体情况，钱多的多花，钱少的少花，有钱的大办，没钱的小办，不一样。

问：如果用 4000 元办婚礼需要攒多长时间?

答：三年。

【银行存款】

问：你们攒钱存到很行吗?

答：少部分的钱存起来，大部分给孩子买被子什么的，结婚前为他们一点一点地买用品。

问：现在人们到银行去存钱的多吗?

答：多。

问：从什么时间多的?

答：一年比一年多。

问：一般存多少钱?

答：存一万元以上的多。

问：是好几年才存一万多元吗?

答：也不是好几年，一次就存一万多元。

问：存定期的多，还是活期的多?

答：各占 50%。长期的利息多。这村在外边干事的多。挣些钱不用存定期。赶集市时带着钱，不用时存活期。

问：存定期的是副业户多，还是农业户多?

答：这村里副业户多，他们存的多。

问：副业户一年存多少钱?

答：有 3 万的，有 2 万的。

问：他们存定期是不是准备为孩子结婚用?

答：有为孩子结婚存的，有为将来盖房

用的，有的准备做买卖用的。

问：你们存哪个银行?

答：钱多的存银行，钱少的存信用社。一般的户存钱找村里的信贷员。信用社下设一个信贷员。

问：一般的户都存在信用社吗?

答：是。

【辈分】

问：你叫丑儿什么?

答：他是我的叔叔。

问：他有孩子吗?

答：一男一女。男孩叫锁柱，女孩叫翠子。

问：锁柱结婚了吗?

答：已婚。

问：有孩子吗?

答：有 7 个孩子。现在已绝啦。6 个女孩，一个男孩，6 个女孩出嫁了，男孩死啦。

问：你说一下他们的名字?

答：老大叫喜贵，男孩。女孩，大的叫喜梅，老二叫梅枝，老三叫九枝，老四叫九娥，老五叫金娥，老六叫素娥。

问：喜贵多大岁数死的?

答：五六岁。

问：除喜贵以外，他有没有未长大死的孩子?

答：没有。

问：同辈中有"月"字的，有"建"字的，为什么不一样?

答：过去同辈人用一个字联起来，排下去，以后人们不重视啦，就按自己的心思为孩子起名啦。

问：如"月"字辈或"建"字辈，人家一看就知道是同辈人，现在这种排法不容易看出是同辈人，那怎么区分辈分?

答：不按字取辈，像我们徐家都记住谁

是什么辈啦。尤其是过年初一拜年，辈分分得特别清。

问：除春节拜年以外，还有什么节能分清辈分？

答：清明节上坟时也能分清辈分。后来祖坟平了，就不上祖坟了。

【上坟、平坟】

问：解放前怎么去扫墓？

答：有祖坟地，这地租给别人种，地里的收入，一半给管事的人，一半给租地人。过清明节的时候管事人把这些收入的钱买成东西，15岁以下的孩子可以得到两个馒头。上完坟后，都排好队，每人发两个馒头。15岁以上的人参加吃席，徐家的人轮流着办席或办菜。大家去他家里吃。

问：坟地有几亩？

答：5亩。

问：初一、十五去吗？

答：初一不去，就是清明节上坟、初一、十五上庙。

问：什么庙？

答：老母庙。初一、十五有些老年妇女去上庙，祈求平安。

问：解放前就是这样的吗？

答：是。

问：大家都去吗？

答：不是，一部分人，大约占1/3的人去。

问：清明节大家都去？

答：是。

问：什么时候平的坟？

答："四清"以后，"文化大革命"的时候。

问：土改的时候你徐家的坟地怎么办啦？

答：也分配给人啦。我们的坟地分给岗头啦。有东西公路，东西公路以南归这村，以北归岗头。

问：怎么上坟？

答：没坟啦，也没人上啦。

问：死人之后怎么办？

答：各户埋在各户的坟地里，不在老坟里埋了。以前也不在老坟里埋。老坟是徐家的祖坟，各户的坟已迁到别处了。

问：就一个坟吗？

答：是。坟地立着碑。有不成年的孩子死了埋在老坟的旁边。

问：男孩女孩死了都埋在一起吗？有没有小男孩死后再给他找个小女孩（死的）埋在一起的？

答：有。也是少数。

问：土改时徐家的祖坟没了，以后还有吗？

答：没有。

问：没有祖坟，各户有各户的坟地吗？

答：有。

问：比方说锁成他们家是月字辈的，你们家是建字辈的，如埋在一起，怎么区分？

答：锁成跟我是亲兄弟，我们的坟中有父亲、祖父，月字辈和建字辈的埋在这块，我和锁成埋在上边这一行。一辈一行。

问：别的姓徐的在另一个地方？

答：是。

问：你们姓徐的有几处坟地？

答：范围越来越小。一辈一行的坟地很少了，都是各家埋各家的。

问：什么时候这样分开的？

答：前几年。原来的坟地地面小了。埋不开了，再埋就到别人家的地里了。所以把自己的坟迁出来，埋在自己的地里。

问：比方说你们上辈的坟是怎么分的？

答：老人另立新坟啦，也是一辈一辈的埋下来的。

徐小和

第二次访谈时间：1995 年 9 月 10 日下午
访　问　者：小田则子

【姑娘婚嫁】

问：这村的妇女嫁到本村的人多，还是
嫁到外村的人多？

答：外村的多。

问：为什么本村的少？

答：本村的人谁都知道谁，外村有的条
件好，有人介绍就嫁到外村去啦。

问：过去有没有规定姑娘不许嫁在本村，
必须嫁到外村去？嫁到外村和本村的哪样好？

答：没有区别。本村和外村都有好的。

问：娘家和婆家都在本村，是不是矛盾
多呀？

答：有，但是少数，有一两家。两家都
在一个村，口舌多，是非多。

【起名习惯与户口】

问：一个人有几个名字？

答：小的时候小名起得好的，也用小名，
不好叫的另起名。

问：徐科峰、徐宝峰上户口也是这个名
字吧？

答：是。

问：多大时上户口？

答：一周岁上户口。

问：到哪里上户口？

答：乡里。派出所、计委生育办公室和
乡里管人事的联合办理户口。

问：上户口要钱吧？

答：生一个孩子的，或做了绝育手术的
不要钱，超计划生育的要钱。

问：超计划生育的什么时候才给上户
口呀？

答：不知道，没有规定。

问：一般情况怎样？

答：黑人，没有户口。

问：上小学怎么办？

答：也能上，得多花钱。另外小孩没有保
健证，有病治疗自己拿钱。如打预防针时有户
口的不拿钱，没有户口的孩子得自己花钱。

问：中学能上吗？

答：现在孩子还小，还没有到上中学的
时候。

【春节拜年】

问：今年春节都谁给你拜年来啦？

答：女儿们都来啦，还有女婿、外孙子。

问：除你的孩子以外，其他徐家还有
谁来？

答：比我辈小的姓徐的都来。

问：徐小眼他们家的淑娟都来了吗？

答：女孩不来拜年，男孩小的也不来。
自己的女孩来了，也不磕头，他们的丈夫来
了磕头。外孙子磕头，外孙女不磕头。

问：孙女呢？

答：与外孙女一样。

【族内辈分】

问：哪些人与你是同辈？你看一看。（徐
姓世系图）

答：这一行都是，有比我大的，有比我
小的。黑丑（球）、黑旦比我大，猴儿、眼儿
比我小。黑货他们都死啦。徐物件比我辈大，
是我爷爷辈的。

问：你这辈呢？

答：这一辈，建华、建昭他们都是年轻
的，辈大，岁数比我小。

问：除这上面（指图）有的，徐家人还

多着吗？

答：还有。这是一家，这是一家，还有好几家呢。这一家分前后院，他们人多。这是前院的，大的叫小珠子，老的叫二平，分到后院了，后院的人比他们的人也不少。这是两家，这是一家，这两个是前院的。这个辈大，他们是一家的。

问：这是哪个院的？

答：他们不分院，跟前后院的很近。这是单独的一家。

问：后院是谁？

答：后院的老人与这个是弟兄，徐小珠的弟弟叫徐二平。

问：有没有对后院的事知道得清楚的老人？

答：他们这一家子都清楚。后院里也是几十口人呢。

问：记得比你清楚的，岁数大的是谁？

答：栾祥。二平的孙子，叫徐栾祥。

问：他多大岁数？

答：72 岁。

问：还有谁？

答：徐丑祥。

问：他也是孙子？

答：是。

问：今年多大岁数？

答：71 岁。

问：还有谁。

答：只他们俩啦。

问：你们家分前后院吗？

答：没分。我们家前五辈与他家是一家人，以后分家啦。他俩是前后院的弟兄俩，我们是第五辈。

问：这与前后院有关系吗？

答：没关系。

问：没关系的拜年时来吗？

答：来。都是一个族的。

问：徐丑祥、徐栾祥家比你辈小的也来吗？

答：来。

问：除拜年外，你们徐姓族里的人还有集体活动的时候吗？

答：红白喜事的时候也来往。

问：都来吗？

答：也不都来，一家来一个男人，也有女的来做饭。

问：结婚时也都来吗？

答：需要的都来，一家来一个主事人，主要是男的，女的来的少，她们来也是做饭。

【族长】

问：徐家有族长吗？

答：物件就是族长似的人。

问：族长干什么？

答：什么也不干，他也干不了，就是辈分大，岁数也大。有个比他岁数小点的就算家长，也是他的同辈人。家长管事。

问：族长岁数大吗？

答：大。岁数大，辈也大。

问：家长有几个？

答：一个。

问：你所说的家长是全族的家长还是他自己家的？

答：全族的家长。族长如没有了，家长就顶替他啦。因为他辈大。

问：家长叫什么名字？

答：徐孟祥。你们来这儿坐的车就放在他家了。

问：徐孟祥是前院的还是后院的？

答：什么都不是。他在整个徐家属第二位。辈大岁数也大。在同辈中他岁数排在第二位，同辈中他也排第二。所以他是家长，整个徐家几十户，徐孟祥是第二。这上面没有孟祥一家的名字。孟祥有 6 个儿子，他家有好多人。

【坟地】

问：不出 5 辈的有几家？这些人都一个坟地吧？

答：对。

问：前院呢？

答：前院有好几处坟地。有的迁了坟，眼儿他们弟兄 4 个也迁出来啦。只剩下一处了。

问：这边的坟呢？

答：这边这个是一家的，是徐小猪的。他五个儿子，徐混账是长子、徐淘气是次子，还有三儿、四儿、五儿。都是埋在一个坟地，五个儿子家又有六个孙子，黑旦、黑球是老四的，有两房没有后代。

问：你家的坟呢？

答：我们家，我父亲还葬在老坟里，从这一代从老坟里迁出来了。

问：解放前上坟是初一、清明节和十月一，你们徐家什么时候去？

答：春节初一、清明。

问：是一块去还是各去各的？

答：清明和十月一都是各去各的，初一一起去。

问：初一怎么去？

答：初一大清早起来拜年，拜完年后一起去上坟。拿着纸、供献（品）和炮，一起去。

问：上坟只有男的去吧？

答：是。

问：供品是各买各的，还是大家凑钱一块买呀？

答：各买各的。

问：郝家的坟地租给别人种，收入的一半归种地人，一半归管事的人，是不是这样？

答：昨天我说过了这种情况，徐家有 5 亩坟地归一个人种。

问：是徐家的人种吗？

答：是。

问：徐家的什么人？

答：谁给的物件多就让谁种，谁都也可以干。

问：是先让最穷的人种？

答：也不是，比方说一个人种这块地给 500 斤粮食，另一个人给 600 斤，就让给 600 斤的人种。

问：种坟地的人几年一换？

答：规定几年种几年，有 3 年的，有 5 年的。

问：怎么决定的？

答：每户来一人开会决定。

问：什么时候开会决定？

答：清明节的时候。

问：初一上坟后开会吗？

答：不开会。

【徐姓的起源】

问：徐家的坟地什么时候分开的？

答：早啦。徐家的祖宗是从山西省迁来的。是从山西省洪洞县老鸹村迁来的。明朝开国时燕王扫北，把这一代扫平了，这里没人啦，从山西迁来的。也就是明朝的第二代小燕王从南京往北扫，叫燕王扫北。在北京建都。姓徐的也有这种传说。

问：你是听谁说的？

答：老人们传说的。从山西来的人还有个说法，凡是从那里来的人，小脚趾上都长两个小趾甲。没有两个的，不是从那里来的。

问：现在怎么样？

答：现在还是这样长的。

问：关于洪洞县迁来的传说还有什么内容？

答：没有别的啦。

问：徐家是直接从山西迁这村来的吗？

答：是。郝家与王村的郝家是一个家的。

问：郝家是从王村来的？还是王村的郝家来这村的？

答：不知道。

问：其他村有姓徐的吗？

答：岗头姓徐的也不少。

问：还有别的地方？

答：不知道啦。

问：岗头村的徐家与这村的徐家有来往吗？

答：没有。

问：解放前你们这两个村的徐家是一个坟地吗？

答：不是。

问：解放前这两个村的徐家谁的坟地大？

答：闹不清。岗头村姓徐的人也很多。

问：岗头与你们这里的徐家，有没有都是从山西来的说法？

答：没有。

问：有没有这是两兄弟的说法？

答：没有。我上边说的二平家的丑祥娶的岗头徐家的女的。二平认为姓徐的与姓徐的成亲不很好。有这种说法。实际两人也成亲了。现在都 70 多岁啦，下边也好几辈啦。

问：岗头徐家与你们是一个祖宗吗？

答：不知道，没有这种传说。

问：徐家的 5 亩坟地，土改时怎么办啦？

答：因为地在北边，都划归岗头啦。东西路以北的给岗头了。

问："土改"后出现了许多坟地？

答：是。一家一个坟地。

问：从"土改"以后到现在的坟地越来越多了吧？

答：不多。我们的坟埋了六七辈的人，后来都平啦，一个坟头都没有啦。现在俺家就一个坟。新坟多了，但占的地方少了。没

有大片坟地啦。

问：这是解放前的地图。这是徐家，这是郝家，这是徐家的谁？

答：这是我大伯的，这是我小叔叔的。

问：徐老增是谁？

答：徐老增就是徐丑儿，是我老叔。这是我们的老家，徐白子是我大伯。

【土 地 买 卖】

问：土改前卖土地卖给谁都可以吗？

答：是。愿意卖给谁卖给谁，谁给的钱多，就卖给谁。

问：有没有首先卖给徐家的说法？

答：一样的价钱，优先徐家。谁给的钱多卖给谁。

问：地可以卖给外村人吗？

答：可以。城里的有钱人都到这村买地。这村有 2000 亩地，城里一个地主就买去了 1000 亩，就是王乐子（即王赞周，整理者注）。

问：郝家的地在这块？（指村图）

答：对，这儿他们占多数，徐家的地在这块，刘家在这里，赵家在这里。

【生产队与土地配置】

问：小队是按住得近划分的吗？

答：是。住得近的地方是一个队。徐家是四队五队。

问："土改"的时候，主要是这片土地分给徐家了吧？

答：对。

问：郝家在这片？

答：对。

问：徐家主要在哪队？

答：三队、四队，村里的队变化了几次，开始成立 5 个队，后又改为 7 个队、9 个队，以后又成 5 个队了。二队在这块，一队在

正中。

问：最初的 5 个队什么时候开始成立？

答：1955 年，成立初级社时，5 个队就像 5 个小社。

问：你家是哪队？

答：三队。

问：徐家还有在别的队的吗？

答：有，少。主要在三队。

问：7 个队时你你们徐家是哪个队？

答：三队、四队。

问：7 个队的时候，是哪年分的？

答：1968 年。

问：9 个队呢？

答：两三年后。

问：9 个队的是在哪个队呀？

答：四队、五队。

问：最后 5 个队时呢？

答：又是三队。

问：3 个队时你们的土地主要在哪一块？

答：就在这块。

问：你们是三、四队时在哪儿？

答：就在这儿。不是往这边挪挪，就是往那边挪挪，没大变化。

问：土改后的地，徐家人一直挨着？

答：是。为的行走方便。

问：1978～1979 年承包土地，你们徐家还在这儿吗？

答：还在这儿。基本上还是承包这块地。

【水井】

问：一口井分一个组吗？

答：是。

问：解放前有多少口井？在什么地方？

答：井很多，三亩地一口井，五亩地一口井，两亩地一口井，户里自己打井浇地。这村里有 60 眼井。现在一口机井浇几十亩地。当然井就少了。由于地亩的变化，这些井原

来都在什么地方就记不清啦。

问：现在十户就有一口井，徐家是什么情况？有不同姓的人用一口井的吗？

答：一口井浇一片地，一片地的种户就组成一个组，不一定都是姓徐的。

郝秀玉（43 岁）

时　　间：1995 年 9 月 9 日下午

访 问 者：小田则子

翻　　译：王　键

访问场所：郝秀玉家（郝秀玉妻董金欢在座）

【家族、教育】

问：现在经营得好吗？

答：差不多。今天是八月十五日，没有开门。

问：星期六不开吗？

答：不是，今天是中秋节没开。

问：你爱人叫什么名字？

答：董金欢。

问：她是哪个村的？

答：栾城镇高家庄。

问：你们有孩子吗？

答：两个男孩，一个女孩，三个。

问：叫什么名字？

答：大的叫郝海震，二的叫郝海涛，女儿叫郝海丛。

问：你多大岁数？

答：44 岁，1952 年生人，属大龙的。

问：她呢？

答：我俩同岁。

问：你的孩子多大啦？

答：老大 20 岁，老二 15 岁，女儿 11 岁。

问：你的孩子们都与你一块生活吗？

答：在一起生活。老大订婚啦，还没有结婚。

问：什么时候订的？

答：今年6月。

问：什么时候给他们办事？

答：明年春节前。阳历一月。

问：现在准备好了吗？

答：明年准备也不晚。老大在石家庄河北制药厂上班，现在结婚不着急。

问：海震上的初中还是高中？

答：初中。

问：海涛呢？

答：上初中一年级。

问：他什么时候上学？

答：他先在镇中上学，到这儿上学都得退一级，应该上二年级的上一年，该上三年级的上二年级。

问：为什么退级？

答：城市的孩子学习比农村的好些。

问：他在哪儿上学？

答：在镇中。

问：那儿的中学比农村的好？

答：是。

问：你们俩谁决定让他到县中学上学？

女儿海丛答：都愿意，那儿学的好。

问：你上小学几年级？

海丛答：五年级。

问：你父母还与你们一起生活吗？

答：在一起。就我一个男孩子，一个姐姐和一个妹子都出嫁啦。我父亲已去世十来年啦。

问：你父亲叫什么名字？

答：郝贵子。

问：你母亲呢？

答：芦雪姐，大雪的雪。

问：你母亲多大岁数？

答：68岁，也属龙。

问：健康吗？

答：健康。

问：你哪年上学？

答：我9岁上的学。一开始就上一年级，那时没有育红班，现在六七岁的孩子先上育红班。

问：育红班是什么？

答：学前班。不够上小学岁数的孩子上的班。

问：9岁开始上小学？

答：是。

问：你上学的事还记得吧？

答：记得。1960年上的学。我1952年出生的。9岁，当时生活困难，村里庄稼收成不好。

问：当时是什么情况？

答：现在生活好了，小孩上学幸福，我上学的时候正是国家困难时期，没有蹦蹦跳跳的，大人小孩都吃食堂。

问：还有别的吗？

答：没别的啦。我上小学是在学校里吃饭。

问：学校有食堂吗？

答：没有，大食堂的饭。

问：集体食堂办了几年？

答：3年，从1958～1960年。我才9岁，闹不太清。

问：你家里当时的情况？

答：当时有我父母、一个姐姐和我，4口人，我父母劳动，我姐姐和我上学，家里没有什么事。

问：1960～1961年村里有水灾吗？

答：1963年有水灾。有些事记不清了。

问：你讲讲1963年水灾的情况。

答：当时国家给的粮食和蔬菜，好多事记不清，当时正贪玩。

问：有因水灾饿死人的吗？

答：这情况还没有，这县没死人。死人的事没听说过。

问：你小学的老师记得吗？

答：有的已死啦。有一个叫李秀身，男老师。

问：他是小学的老师？

答：是。

问：他是哪里人？

答：八里庄的人。

问：他的什么事使你印象深？

答：他教得很好，对我们也好。

问：你哪年小学毕业？

答：13岁上的五年级，在河庄上的，六年级14岁毕业。河庄是高小，二年。

问：你以后上什么学？

答：在孟董庄上农业中学，毕业。

问：上农中都能去吗？

答：不管成绩好坏，都能去上农中，让你毕业。

问：有百分之多少上农中？

答：90%以上的都能去。

问：有不上学的吗？

答：有。

问：男的多还是女的多？

答：男的多，当时生活条件差，靠挣工分吃饭，男孩子得挣工分。

问：在农中上了几年？

答：3年。我实际只上了两年多，大家都不上了。工作去啦。

【工作经历】

问：十几岁工作的？

答：17岁。

问：在哪里工作？

答：孟董庄供销社。

问：没读完农中就工作的多吗？

答：十几个人。我们村就有十几个人。

问：你干什么？

答：当信贷员，我干了11年。

问：11年以后又干什么？

答：在石家庄青年路市场批发服装，从此我辞掉了工作，干个体服装。

问：批发服装干了几年？

答：两年多。

问：以后干什么？

答：经营饭馆。因没有我父亲了，我母亲不让我干服装了，家里没有人，就回来了。

问：你怎么进了孟董庄乡供销社？

答：供销社招工去的。

问：供销社办的商店吗？

答：是。

问：是1975年去的吗？

答：是。

问：1975年村里有过什么事吗？

答：没有。听说你们来，村长告诉我少喝点酒。

问：你每天喝酒吗？

答：每天喝，喝的少。

问：中午喝吗？

答：就是中午喝，晚上不喝。每次喝1～2两。

问：你爱人喝吗？

答：不喝。一般女的都不喝。

问：你除喝点酒外，还有别的娱乐吗？

答：我不打麻将和扑克，我爱看书。

问：农村有什么娱乐？

答：打扑克、打麻将。没有别的，有的吃完中午饭打到晚上，我们家不打。

问：晚上你看电视吗？

答：看。

问：其他你还干什么？

答：没有。

【"文化大革命"情况】

问：上中学的时候正是"文化大革命"吧？你还记得吗？

答："四清"和"文化大革命"都记不得了，我家也没有受冲击。

问：你家是贫农吧？

答：是。当时讲成分，贫农没事。

问：富农呢？

答：批斗他们。

问：厉害吗？

答：不轻。

问：开会批斗吗？

答：开会。那时候整得很厉害。

问：怎么批斗？

答：戴高帽。

问：谁批判他们？

答：贫农批斗富农。

问：这村的富农是谁？

答：郝忠林、张忠寅、张贵子。

问：共有几个？

答：连"坏分子"有 7~8 个人。

问："文化大革命"时你们还能正常上课吗？

答：不能。开批判会多，劳动多。

问：在学校里开会吗？

答：上高小时就在学校开批斗会。

问：是批斗老师吗？

答：批斗过。

问：谁呀？

答：陈志忠、娄更五、李俊婷都是老师，都挨过斗。批斗是经常的事。

问：这是中学的老师还是小学的老师？

答：有初中的老师，娄更五是小学老师。

问：当时你们喊什么口号？

答："打倒谁……！"、"打倒×××！"，那个社会与现在不同。

问：初中有多长时间没上课？

答：有时上，有时不上。时间很久。

问：小学上吗？

答：小学上课。"四清"时还上课，没有停。初中时厉害。

问：上初中有多少课？

答：少得很，基本上没上课。

【个体商贩】

问：在供销社一个月挣多少钱？

答：开始挣 36 元，一个月。老干部才挣 80 多元。

问：为什么不在供销社工作啦？

答：供销社挣的钱少。

问：干了两年服装批发，需要多少本钱？

答：5000 多元。

问：你们怎么攒了这么多的钱？

答：家里自己攒的。

问：攒了多少年？

答：十来年。从挣工分的时候就攒下来啦。

问：你除在供销社当售货员以外，还干其他副业了吗？

答：没有。

问：你的服装是从哪里进的？

答：上海、常熟、福州、石狮。去的地方多啦。

问：在哪儿卖？

答：石家庄市青年路。我还去过广州、佛山。

问：你一年去几次？

答：没有数，光去上海半月就一趟。

问：一次进多少钱的服装？

答：我与我小孩的姨父两个人干的。

问：开始用 5000 元是你二人的吗？

答：不是，我自己就拿出了这么多，他还拿了。

问：他拿多少？

答：他也拿得较多，有时 5000 元，有时 6000 元，有时 7000 元。

问：你们出钱不一样多，那怎么分红利呀？

答：对半分，因为是亲戚就不分得那么清楚了，差不多就行啦，不按出钱多少分。

问：一次进货花多少钱？

答：有时一万元，有时 8000 元，有时 6000～7000 元，不定。有时和我新乐、宁津的伙计一起去进货，他们带的钱多，进货就多，花三四万的也有。

问：你们与供货单位有什么关系？

答：没什么关系，进货次数多了，就熟啦。

问：上海什么单位？

答：有时去工厂，有时在市场上进货。像我们到宁波进货时就到生产厂家。

问：为什么到上海进货？

答：上海的服装好卖。上海的服装好。

问：你卖服装是在市场上租的摊位吗？

答：是。

问：是露天的吗？

答：是。石家庄青年路 150 号。

问：你从上海一个月进两次服装，多少天就卖完啦？

答：没有准儿，有时一天就卖完了，有时卖好几天，三四天就销完啦。

问：能赚多少钱？

答：没有准，如一件衣服 10 元钱买的，可卖 25 元。有时候也可能卖 12 元，如果不卖就过季啦。

问：像这样一件衬衣进价多少？卖价多少？

答：像我们的一字衫 8 元一件，16 元批发出去。我们搞批发，没有零售过。

问：批发给谁？

答：小商小贩。

问：小商小贩就是石家庄附近的吧？

答：远啦，东北人都在我这儿进货。东北人很多。我们进的夹克，东北人都要走了，他们要货多。也有北京来进的。

问：还有远的吗？

答：山西、陕西的也有，多啦，满洲里的人都来。

问：石家庄附近的少，外地的人多吧？

答：是。

问：外地人一次进多少？

答：有多有少，他们喜欢的就要的多。

问：租摊位多少钱？

答：管理费一个月 135 元固定的，税是多少记不清了。

问：管理费交给谁？

答：市场管理所。

问：按什么交税？是固定的吗？

答：固定的。

问：税金交给谁？

答：青年路税务所和市场管理所。十年前的事，记不住了。

【婚姻礼仪】

问：你 23 岁结婚？

答：是。

问：你们怎么认识的？

答：介绍的。

问：谁介绍的？

答：徐孟祥。

问：徐孟祥与你家有什么关系？

答：徐孟祥的爱人是我的叔伯姐姐。（董金欢答）都是高家庄人。

问：你们订婚后多大结婚的？

答：21 岁订婚，23 岁结婚。

问：结婚前你们见过几次面？

答：见得不多，大家都忙着挣工分。最多见过 3 次。

问：第一次见面的印象怎么样？

答：害羞呀，不好意思。那时候也小，有什么印象也不知道。

问：大办了吗？

答：大办了，来了很多人。

问：是你们郝家的人吗？

答：她娘家的人，还有我们郝家的人。

问：外村的人来了吗？郝家以外的人来吗？

答：来，与我不错的朋友也来。

问：郝家的人多还是朋友多？

答：郝家的人多。

问：什么时候的朋友？

答：有学生时的，也有工作时的。

问：有多少朋友？

答：三十几个人。

问：几桌席？

答：十几桌。她娘家来的人多。

问：订婚后你给他们送什么礼物啦？

答：给三四件衣服，当时还不兴送礼。

问：他们家给你什么啦？

答：给了床单和席子。

问：订婚后结婚前还有什么习惯？

答：没有。

问：你讲一讲你们结婚的事？

答：当时简单。除了鞠躬，闹闹就没事啦。计划生育抓得紧，结婚登记是书记给办的。

问：是因为计划生育，结婚限制年龄吧？

答：是。我们 23 岁结婚，岁数较小不好办，有很多二十六七岁才结婚的就好办手续啦。

问：你们办结婚登记手续很难，找谁办的？

答：公社书记。

问：怎么找到书记啦？

答：书记下乡来俺村，我在生产队里当政工员认识了。就是小队长。

【生产队情况】

问：你当过队长？

答：当了一年。

问：你哪年当的？

答：22 岁。在供销社之前当了不到一年生产队长。

问：农中之后？

答：是。

问：你当队长时多大啦？

答：在去供销社之前。

问：你还记得生产队的事吗？

答：时间长了，不记得啦？

问：你是几队的队长？

答：一队。

问：你当生产小队长时，棉花、玉米、小麦亩产多少？

答：玉米最多 500 斤，小麦也是 500 斤，棉花多，皮棉 160 斤。

问：你办结婚是因为当队长吗？

答：我与书记不错。任书记，后来到县里去啦。

【计划生育】

问：海震是你们结婚后几年生的？

答：两年。

问：你们结婚后要求你们计划生育吗？

答：生第一胎后就不让再生啦。

问：还有什么要求？

答：没有别的。

问：他们经常来检查吗？

答：检查。

问：谁来检查？

答：公社计划生育办公室，一年四季检查。

问：怎么检查？

答：检查带上环了没有，那时候还没有
绝育的说法。

问：在什么地方检查？

答：孟董庄乡。

问：全部妇女都去检查吗？

答：在检查范围内的人都去。

问：如果不去怎么办？

答：罚款。干了活不给记工分。

问：有多少罚款的？

答：少数人被罚。最多罚 3 天的工分。

问：3 天的分多少钱？

答：一天才 0.3 元。

问：有被罚的吗？

答：很少。

问：要多生一个孩子罚款吗？

答：罚。罚 400 元，现在罚 3000 也不行。
挣工分时一年也挣不了 400 元。

问：有强迫做人工流产的？

答：有。

问：在什么地方做？

答：孟董庄公社卫生院。我们家里就做
过。做过两次。

问：是哪年做的？请董金欢回答。

答：记不住了，海震 3 岁时。

问：做人流要手术费吗？

答：不要钱，还给我奖励 20 元。在家歇
着，还给记工分。20 元是营养费。

问：一年村里做手术的有多少妇女？

答：不知道。

【个体企业】

问：问问郝秀玉饭馆的事。31 岁开的饭
馆吧？

答：是。

问：是因为你父亲去世，你才回来开饭
馆吧？

答：是。

问：现在与谁共同开饭馆？

答：跟我妹妹。

问：与你妹夫没关系吧？

答：没有。

问：你妹夫同你一起卖服装吧？

答：他没有。搞服装的是董金欢的
妹夫。

问：去饭馆的都有谁？

答：我和我妹妹。她不去，她在家里
种地。

问：开饭馆需要本钱吧？

答：要。2 万多本钱。

问：饭馆的房子是自己盖的吗？

答：自己盖的。

问：地是谁的？

答：岗头村的地。

问：怎么付酬？

答：一年 300 元使用费。

问：这 2 万元的本钱都是自己的钱吗？

答：是。

问：雇人了吗？

答：没有。如果饭馆忙，家里人去帮忙，
平时 2 个人。

问：都是什么人吃饭？

答：做生意的人多。

问：一天来多少客人？

答：6 张桌子。按销售说，一天卖 300 ~
500 不等，有多有少。

问：从哪里买的菜？

答：栾城县城。

问：有执照吗？

答：有。

问：什么样的人才能办到执照？

答：县工商局发的，开饭馆必须有营业
执照，没有执照就不能开。

问：日本开饭馆的必须达到一级、二级
厨师才行。

答：咱这里没有。我不懂，但炒的菜能吃就行。

问：办营业执照花钱了吗？

答：33元。月月都交管理费50~100元。

问：交给谁？

答：工商所。

问：还有税吗？

答：有税，也是交税务所。

问：每月交多少税？

答：有时多，有时少，不一定。根据营业额多少交税。

问：比方说一个月的营业额是3000元，交多少税？

答：150元。

问：1000元多少？

答：没有准儿，这个月拿50元，下月就有可能交100元。这里与县城不一样，不规范。

问：税务局对开饭馆交税有规定吗？

答：最少要利润的30%。我闹不太清。税务局的人要多少给多少。县城有规定。

问：有休息日吗？

答：没有。村长、书记知道，他们经常去。

问：他们中午去还是晚上去？

答：中午去的多。我们的关系都不错。

问：村里其他人也经常去吗？

答：经常去。

问：去喝酒吗？

答：是。

问：村长和书记也经常去喝酒吗？

答：他们也去。

问：会计和村委会的人也去吗？

答：他们一块去。

问：还有谁？

答：村里人经常去，喝酒的人都去。

【农业生产】

问：你现在有几亩地？

答：十亩来地。

问：谁干地里的活？

答：我们两口子干，主要是我爱人干。如下午饭馆人少，我就下地，晚上又去饭馆。

问：种什么？

答：玉米、小麦和菜。

问：种了多少菜？

答：几分地的菜，最多3分。

问：玉米呢？

答：9亩。还种了点棉花、花生。

问：种多少小麦？

答：现在没有小麦。春天是小麦，现在是玉米。一年两季。

问：种多少棉花？

答：最多4分地。

问：小麦？

答：收完玉米就种小麦，亩数差不多。

问：粮食卖多少钱？

答：1万元，今年卖得价钱高。

问：粮食卖给国家吗？

答：给国家，这定着任务呢。

问：卖了多少？

答：2109斤。按地按人定任务。玉米1000多斤。这是公粮。小麦2109斤，玉米少些。

问：卖了多少钱？

答：1300~1400多元。

问：玉米1斤多少钱？

答：去年光要的小麦，不要玉米。今年还不知道玉米多少钱。小麦0.60元1斤。去年1个人100斤小麦，其余什么也没有要。这每人100斤小麦中也不给钱啦，顶提留啦。

问：去年没交玉米，只交的小麦？

答：是。

问：以前交过玉米吗？

答：交过。那时候便宜，每斤才 0.30 元。

问：一年买种子、化肥等花多少钱？

答：没核算过。化肥很贵。

问：1 万元是总收入吧？

答：是。

问：扣除成本纯收入多少钱？

答：有一半吧，还有电费呢。

问：这房子是什么时候盖的？

答：9 年啦。

问：我们去看看饭馆，行吗？

答：行啊。

刘丑合（60 岁）

时　　间：1995 年 9 月 10 日上午

访问者：小田则子

翻　　译：王　键

访问场所：刘丑合家（北五里铺）

【姓氏分布】

问：你叫什么名字？

答：刘丑合。

问：多大岁数啦？

答：61 岁，属猪的。

问：这村刘家有多少户？

答：老刘家的坟，迁出去了不少，分家了，村里有 100 多户。

问：刘家占村里人家的多少？

答：近 50%。

问：第二个大户姓什么？

答：姓冯的。

问：他们有多少户？

答：30 多户，占 25%。

问：其次是什么姓？

答：姓张。他们也有 30 多户。

问：还有姓什么的？

答：还有姓陈的，15 户。另有 5 户姓崔的。大概就这些。

【祖坟、上坟、平坟】

问：刘姓是一个祖先吗？

答：是。

问：刘家有祖坟吗？

答：有。原来在那边，后来迁到这边啦，现在都平啦。

问：哪年平的？

答：1958 年。

问：现在祖坟迁出来啦？

答：搬到村东啦，这是第二代坟。

问：现在的刘家坟都在一个地方吗？

答：现在都分开啦，不在一起了。

问：刘家最早从什么地方迁来的？

答：从山西洪洞县迁来的。

问：是传说还是有记载？

答：有记载。后来这里发水丢啦。

问：什么时候迁来的？

答：传说，时间长了，清朝来的，距现在 200 年啦。

问：刘家的坟是不是这样排下来的？

答：是一代一代排下来。

问：解放前除你们的坟地外，还有没有刘家的公有田？

答：刘家的坟是一代一代往下葬，不管是谁家的地，只要需要，都可以向下埋。没有另外的公有地了。

【刘家坟地的演变】

问：刘家的坟地有多大？

答：30 亩。

问：这 30 亩地除坟头外，还雇没雇人种地？

答：没有。各人种着，解放前你一亩他一亩地种着，我那儿还有一亩多地呢。刘家的坟在那里，死了人后，不管是你的地，还是我的地，都得让埋人。也就是刘家各户种着这地，但不是公有的，埋人时就成公用的了。

问：怎么个情况？

答：如这是坟地，一家一块，一家一块地种。

问：你种的一亩地是你自己的吗？

答：是。

问：你一亩他一亩的，这是怎么定下来的？

答：上一辈分家分的，各户种着，不管是谁家的地，死了人就往那儿埋。一开始是 30 亩地，一个人种着，后来有兄弟俩了，就分成两半由两个人种，再往下一代人又多了。就再分，如此下去，越来越小，地块也就越来越多了。

【上坟】

问：过去有没有刘家的人集合起来一起上坟的？

答：有。阴历年初一早晨都去。

问：从什么时候开始去？

答：早晨五六点钟，拜完年后，各户都拿着纸、供品、鞭炮，集合起来，到祖坟去烧纸。

问：供东西时，是先从辈大的开始挨着来吗？

答：是。

问：刘家有族长吗？如刘家上坟他带领，有了矛盾他调解。

答：过去大辈的有。刘家有大事时，他主持安排，如红白事。

问：除红白事外，还在哪里起作用？

答：谁家有了矛盾，他去调解。像现在的干部一样。

问：分家呢？

答：也是谁辈大谁去管。

问：如你们刘家有人要收养一个养子，是不是先征得大辈人同意呀？

答：一般是同他们协商。族长一般不反对。

问：初一上坟回来后在一起吃饭吗？

答：不吃，刘家人太多啦。在我们记忆中没吃过饭。过年前三十晚上各家走走，喝杯酒，第二天初一。

问：上坟的供品是集体买的，还是各买各的？

答：各买各的。放的炮是集体买的。

问：钱是各家拿的？

答：是的。

问：这个钱是怎么去敛？

答：有族长，下面有一个管事的，每年换一个去敛钱。

问：敛钱按户还是按人敛？

答：不讲这个，到我家去敛，多少自愿。

问：每年敛钱的年轻人有什么条件？

答：没有条件，由族长指定。

问：是在初一或十五，或开会时族长指定他？

答：这个一般是初一上了坟回来吃了饭，在上午换人，当大家的面指定。

问：那时有没有你们刘家的家庙？

答：没有。

问：有没有家谱？

答：原来有，但后来发水丢了，在我爷爷那辈就丢失了。

问：现在有没有刘家人把家谱留下来的？

答：没有，都没有。

问：这个村就是你们刘家，有没有从外村来的？

答：从前听说寺北柴村那里有。听说王家庄有一支，现在也没有人了。

【寺北柴村的刘姓】

问：寺北柴村、王家庄的刘姓，是什么时候分出去的？哪一个是正宗？

答：我们是正宗。

问：什么时候去寺北柴村的？

答：据说第三代去的。

问：怎么听说的？

答：在一个老坟，向下分了三个坟，其中有柴村一个。

```
        寺北柴村
祖坟—北五里铺
        北五里铺
```

问：寺北柴村姓刘的是不是原来上坟时都来这里上坟？

答：来此上坟。原来在村东，现在已平了。1958年以前都到此上坟，埋人就不来了。

问：寺北柴村姓刘的什么时间来？

答：过年时。他们一起来，只上他们的祖坟。

问：有在一起祭祖的吗？

答：现在没有，我记事起就没有关系了。

问：解放前后有过一起活动吗？

答：没有。寺北柴村的人也知道他们是从五里铺村传下来的。

问："四清"和"文化大革命"时上坟还让不让搞？

答：还让上坟。有一年不让拜年，互相行个礼，不户户串了。

问：哪一年？

答：是"文化大革命"时，1967年。

问：解放前初一上坟，一年其他时间还有去的？

答：清明节，各户去；十月初一，也是各户去。

问：你们刘家上坟在一起，其他还有什么时间在一起？

答：就这一次，但红白事都去。

问：你们还记不记得族长有什么权力？

答：他说了算，如两家发生矛盾，他一说就谁也不吵了。

问：什么原因吵架？

答：如分家分得不均，大伯去说就这一样，什么谁多谁少。

问：结婚，族长管不管？

答：一般不阻拦。

【"土改"时对坟地的处置】

问："土改"时坟地如何处理？

答："土改"时留下来不分，地荒了。

问：30多亩土地呀!?

答：由于坟太多了，1958年平了坟才种上东西。原来刘家坟可大了，都荒着。

问：平坟时，地归公社了吧？

答：是的。

问：祖坟在什么方向？

答：西北方向，离我们村500米。

问：平坟后如何上坟？

答：不上老祖宗的坟了，各上各的了。当时还有两个祖坟，一直还有，平的是第一代的坟。

【村办企业】

问：有没有村办企业？

答：原来有，由于有矛盾，不搞了。主要原因是贪污和不负责任。原来有个油漆厂。

问：村办企业是什么时候有的？

答：1989年，干了两年，就不干了。

问：厂有多大规模？

答：不大，有20多人。

问：有几个干部？

答：有六七个干部。

问：是本村人，还有外村人吗？

答：都是本村人。

问：办油漆厂花多少本钱？

答：由大家集资，共 20 多万元。集资是自愿。

问：是入股吗？

答：不是，是借用。

问：还钱有利息吗？

答：有。

问：有技术员吗？

答：有，石家庄油漆厂的人，是工程师。

问：一个月给多少钱？

答：由于有关系，没有要钱。

问：什么关系？

答：亲戚关系，和原来村主任是亲戚。

问：以后有办村企业的想法吗？

答：有。

问：想办什么？

答：外出考察过，项目现在还没有想好。

问：村里人希望不希望？

答：少部分人想，大部分人不想。

问：你认为还应该有？

答：是的。

【火葬与土葬】

问：1967 年有一年不让拜年？

答：是的。

问：1958 年平坟，老人怎么想的？

答：不愿意让平，但国家有政策，做工作后老人们也同意。平坟后增加了一百多亩土地。

问：现在坟地有几处？

答：一共有 8 处。

问：这个村实行火葬吗？

答：火葬，我们这里实行比较早，从县里有火葬场就开始了，是 70 年代建的。

问：老人对火葬有什么想法？

答：也想不通，也做思想工作。中央干部都火葬，也就没有什么了。

问：土葬与火葬办葬礼有什么区别？

答：没有区别，与过去一样。

问：火葬后骨灰盒还埋在地里？

答：一样，埋后用砖砌起来。

问：火葬是通知后就执行了？

答：通知后就执行了。做思想工作，宣传火葬的好处，中央大干部还火葬呢。

一开始火葬不拿钱，现在是要钱的。需要 70 多元，给火葬场，包括化妆、消毒费用。

问：棺材过去一口要多少钱？

答：100 多元。火葬便宜了。

问：今年初一如何上坟？

答：与过去一样，4 点多钟起床，相互拜年。先在家里放炮，然后向长辈拜年，完了以后回家一起上坟。

问：上坟男女都去？

答：女的不去。

问：男孩有年龄限制？

答：没有，愿去都可以。

问：上坟按辈份吗？

答：是的。

问：带什么供品？

答：饼干、馒头、菜、酒、水果，什么样都有，主要是心意。

问：心意指什么？

答：是自己的祖先呀！

问：供品的钱谁拿？

答：各拿各的。

问：上完坟还有什么活动？

答：没有了，回来各家回家吃饺子。

问：你们刘家起名按辈字吗？

答：没有了。解放前有统一的字。

问：你记得你们父辈用什么字？

答：记不清了。

问：现在乱了，谁知道谁哪一个辈？

答：每年拜年就区分出来了。

【家族来源】

问：其他姓冯、张的从什么地方来的？

答：不知道。

问：听传说是 200 多年前从山西洪洞县来，是经过别的地方来，还是直接来？

答：是整体迁民，一个村集体搬过来。

问：为什么迁民？

答：在清朝时，这里发生战争死了很多人，国家决定从山西搬过来。

问：这是听谁说的？

答：有 200 多年，都是听传说。洪洞来人时吃饭住店不要钱，听老人说的。

【土地承包】

问：现在都搞承包，你们这里是哪一年？

答：我们是 1985 年，搞了 10 年了。

问：分地按什么？

答：基本上按人口，一人一亩二分地。

问：有没有规定几年一变？

答：20 年不变。地承包给你不变，20 年后按人口增减再分配。

问：主要农作物是什么？

答：主要是小麦、玉米。

问：棉花呢？

答：有部分。

问：听说解放前这里主要种棉花，现在为什么不种棉花？

答：因为用工太多，不好管理。有时间都去搞副业了。

问：公社时种棉花吗？

答：种，一般占 1/5。

问：你现在几亩地？

答：我家二亩地。我和儿子、老母一起生活，儿子在外面工作。

问：二亩地是怎么分的？

答：我在外工作，退休回乡，没有土地，原来在邯郸市，我是当兵去的。

问：多大当的兵？

答：22 岁。

问：这个屋除了你、大娘和你的母亲外还有人吗？

答：我在那上屋，儿媳妇在这个屋，老母住那个屋。这个屋我们老两口还有个儿媳妇，她现在回娘家了。

问：有几个儿子？

答：4 个男孩。和我住一起的是老四，都已分家了。

问：2 亩地，分完家就 2 亩地？

答：是的。

问：原来一共有多少土地？

答：6 亩多土地。

问：还有 4 亩分给谁了？

答：分给老二、老三。老大在外工作。

问：2 亩地能维持生活吗？

答：能。

问：小儿子在什么地方工作？

答：在浙江，干建筑工人。一年回家两三次。

问：儿子收入和土地收入哪个多？

答：儿子挣得多。

问：儿子一年大约能挣多少钱？

答：一个月四五百元。

徐栾祥

时　　间：1995 年 9 月 11 日上午

访 问 者：小田则子

翻　　译：王　键

访问场所：徐栾祥家（徐栾祥妻马栾在座）

【家族成员】

问：你的出生年月日？（访问有徐姓世系）

答：我记不得。

问：你父母的名字？

答：我父亲叫徐成德，母亲叫靳景子。

问：你父亲有兄弟姐妹吗？

答：有。

问：几个？

答：6 个。三个哥哥，两个姐姐。

问：你大伯叫什么名字？

答：康子。

问：二伯呢？

答：康栋。

问：三伯呢？

答：连德，他去世得早，我没见过。

问：你父亲是老四？

答：是。

问：你姑姑的名字？

答：大姑叫成儿；二姑叫日儿。

问：为什么叫这名？是有这种习惯吗？

答：瞎叫，带"儿"的多。

问：男孩是叫"子"的多吗？

答：乱叫。

问：你爷爷叫什么名字？

答：徐清华。

问：他有兄弟吗？

答：两个。我爷爷一个，我大爷爷一个。

问：你大爷爷的名字叫什么？

答：记不得。

问：你奶奶叫什么？

答：不记得。

问：你曾祖父的名字？

答：更记不得啦。

问：你们有家谱吗？

答：没有了，我小时候有。

问：你看过吗？

答：后来都烧啦。解放后就没了。

问：什么时候烧的？

答：记不得啦，也不把它当回事，有的

烧了，有的扔了。

【祖先牌位】

问：你看到的牌位是什么样的？

答：木牌。不是纸写的。

问：有多厚？

答：这么宽，这么长，这么高。

问：才这么大呀？

答：是。一个人一个名，一块木头。

问：一共有多少？

答：一个人一块木板。

问：是刻上去的，还是毛笔写的？

答：写的。

问：是这样的吗？

答：一块长条木板。

问：怎么写的？

答：这么写，一块板写一个人的名字。人死了之后写，共有五六块。

问：你写一下。

答：写好后，供着。与现在的碑一样，是牌位。摆在桌子上。

问：放在什么地方？

答：放在桌子上。

问：怎么供？

答：过年的时候我们徐姓一家子都到这里磕头，和上坟一样。

问：你有几个兄弟姐妹？

答：就我一个人。我出生前两个月父亲就去世了

问：你父亲是怎么去世的？

答：病死的。

问：谁把你养大的？

答：我娘（指徐栾祥妻）。

问：你姓什么？

答：焦。

问：叫什么？

答：焦栾。

问：你几个孩子？

答：6个。5男1女。

问：他们的名字？

答：大儿子叫虎叫，老二叫关如，老三叫同如，老四叫同社，老五叫同建，女孩叫惠兰。

问：他们怎么起这种名字？

答：同如、同社是因为快入社啦，叫起来的。

问：同如是老几？

答：老三。

问：这些孩子的名字是怎么起的？

答：瞎叫，没什么规律。

问：为什么叫虎叫？

答：上边扔了一个孩子，所以生了他就瞎叫了。

问：虎叫之前死了一个孩子？

答：是。

问：还死过孩子吗？

答：没有。

问：孩子们都成家了吗？

答：都成家了。

问：虎叫有几个孩子？

答：两个女孩。

问：他们多大啦？

答：大的20岁，小的15岁。

问：关如几个？

答：一个男孩子。17岁。

问：同如？

答：一男二女，3个。大的是男孩，17岁。大女孩10岁，小的8岁。

问：同社？

答：一个女孩。13岁。

问：同建？

答：两个。女孩10岁，男孩7岁。

问：惠兰？

答：两个孩子，一男一女。女孩4岁，男孩2岁。

问：关如的孩子叫什么？

答：少华。

问：同如的孩子叫什么？

答：严俊（男孩）。

问：同建的男孩叫什么？

答：小名叫少雄。

问：惠兰的孩子叫什么？

答：姓卢，叫卢丽寒。

问：徐康子有孩子吗？

答：四个孩子，死了两个。现在都没有了。

问：多大死的？

答：一个20多岁，一个50多岁死的。

问：为什么死啦？

答：病死的。

问：什么病？

答：我还小，不知道。

问：他有孙子吗？

答：有一个孙子。

问：孙子的名字叫什么？

答：叫秀深。

问：结婚了吗？

答：没有。已72岁了。

问：为什么不结婚？

答：穷，没钱。

问：过去因穷娶不上妻子的多吗？

答：也不算太多，有的娶上了，有的娶不上，少数。

问：秀深与你同岁？

答：是。

问：秀深家解放前有多少地？

答：没有地。

问：他怎么生活？

答：给别人打工。

问：打长工还是短工？

答：给人家捎点地种。

问：他有自己的土地吗？

答：有点，不多。

问：他现在靠什么生活？

答：他要了他妹子家一个男孩，成了家。

问：康子还有孙女？

答：有。

问：秀深的妹妹嫁在本村吗？

答：没有，十里铺。

问：秀深在这村吗？

答：在。跟他外甥在一起生活。

问：秀深家几亩地？

答：现在按人分的地，有七八亩，6 个人的地。

问：分地的时候有哪 6 口人？

答：有秀深的父母、妹子、秀深和他外甥，还有一个哥哥，也死了。他父母现在也死了，分地的时候都在。

问：秀深的父亲多大岁数死的？

答：70 多岁。秀深和康子之间，隔了一辈。

问：秀深的父亲多大？

答：秀深的父亲活到 70 岁。

问：康子有几个男孩？

答：4 个，有两个没有成家就死了，还有两个，其中有一个是秀深的父亲，现在都死了。

问：秀深的爸爸叫什么？

答：徐孟祥。

问：你们的书记叫徐孟祥吧？

答：同名。书记叫小孟祥，这个叫大孟祥。

问：秀深的叔叔叫什么？

答：徐曾祥。是孟祥的弟弟。

问：曾祥有孩子吗？

答：有一个孩子早去世了。男孩。

问：他的男孩叫什么名字？

答：秀元。

问：秀元的孩子叫什么？

答：三个男孩。大的叫寿儿，二的叫发水。

问：发水那年生的？

答：1963 年。

问：老三叫什么？

答：发船。

问：一般人有小名，有官名吗？

答：没有，我就没有官名，就是小名。

问：现在有小名、官名吗？

答：就一个名。

问：上学要另启用名字吗？

答：也有，少。名字不好听的也有起的。

问：秀元是怎么死的？

答：心肌梗塞。

问：秀元的三个孩子都结婚了吗？

答：结婚了。

问：寿儿有几个孩子？

答：两个，一个叫治国，一个叫治理。

问：都几岁啦？

答：治国 16 岁，治理 8 岁。

问：发水呢？

答：两个。一个叫国良，8 岁；一个叫国有，5 岁。

问：发船呢？

答：没有孩子。已结婚了。

问：发船结婚几年啦？

答：3 年。

问：为什么？

答：发船的媳妇怀孕时血压高，流产啦。

问：是人工流产？

答：不清楚。

问：这村做人工流产的多吗？

答：不多。发船的媳妇身体弱。

问：康栋是你的二大爷？

答：是。

问：他有几个孩子？

答：两个，一儿一女。

问：儿子叫什么？

答：徐丑祥。

问：女孩叫什么？

答：秀。

【新生儿户口】

问：国良8岁，国有5岁，他们生下来什么时候上户口？

答：上户口都晚，哪年上的不清楚，我什么事都不打听。

问：你的孩子同社什么时候上户口？

答：那时好上，生下来几个月就可以上了，3～4个月就上。

问：有没有上户口上得晚的？

答：有。现在多得很。

问：没有户口能上学吗？

答：能。

问：没有户口的孩子有麻烦事吗？

答：没听说过，因为孩子小没有什么。

问：有户口的孩子与没有户口的孩子有区别吗？

答：没听说过。

问：上中学行吗？

答：没有户口的多交学费。上小学也得多交学费。

问：上小学交多少学费？

答：不知道。上学前班的育红班交50元，一年100多。开始时交50元。

问：上中学没户口怎么办？

答：长大后就有户口啦，花个钱就上上啦。

问：花多少钱上户口？

答：不一样，有熟人的花得少。

问：最少花多少？

答：最少400～500元。父母绝育后花得少。

问：没有熟人的花多少？

答：也得花400～500元。去年有熟人的只花了50元。

问：咱村有没有开始孩子没户口，大了之后又办户口的？

答：有。过去上户口只花几元钱买本，现在要钱多啦。

问：你们村的妇女做计划生育手术的多吗？

答：多。

【家庭成员】

问：丑祥今年多大？

答：71岁。

问：他有孩子吗？

答：有。两个儿子，三个女儿。

问：他儿子的名字？

答：老大叫文明，老二叫同民。

问：他女儿的名字？

答：大女儿叫春月，老二叫春环，老三叫春双。

问：文明几个孩子？

答：一男一女。

问：男孩多大？

答：12岁。叫航，徐航。

问：女孩叫什么？

答：阳阳。大名叫徐阳。

问：几岁啦？

答：五六岁。

问：同民几个孩子？

答：3个女孩。

问：他们叫什么名字？

答：大的叫倩倩，10岁，老二叫展展，7岁，老三不知道叫什么，2岁啦。

问：春月她们结婚有介绍人吗？

答：有。

问：结婚前见几次面。

答：不知道，最少一次。

问：连德有几个孩子？

答：一个儿子。

问：叫什么名字？

答：金祥。

问：金祥有几个孩子？

答：两个儿子，两个女儿。

问：叫什么名字？

答：大的叫北晨，老二叫杰子。大女儿叫桂，二女儿叫珍。

问：北晨几个孩子？

答：一个男孩。

问：叫什么？

答：强子。

问：今年多大？

答：20 多岁。

问：杰子几个孩子？

答：3 个女孩。

问：他们的名字？

答：大的叫玲子，老二叫校，老三叫蕾。

问：强子成家了吗？

答：成家了。

问：有孩子吗？

答：有两个儿子。

问：他们叫什么？

答：老大叫亮子，老二叫二亮。

问：几岁。

答：亮子 4 岁，二亮 2 岁。

问：强子多大岁数？

答：二十六七岁。

问：你徐家的后院除你们以外，还有谁？

答：我们两大院，别的没有了。

问：就一个后院吗？

答：是。

问：徐家有前院、后院，有没有中院？

答：分家的时候，我只知道我爷爷弟兄俩，我爷爷是后院，我爷爷的哥哥是前院。

问：你们分为前后院，别的徐家怎么分的？

答：时间长了，记不清啦。

问：你与徐小和是什么关系？

答：很远啦。我弄不清我们之间的关系有多远。

问：徐家过年到一块去吧？

答：不到一块，家家都去。

问：比你辈低的过年都来给你拜年吧？

答：是。

问：你二大爷的孩子给你拜年，徐家其他人也来吗？

答：来。小辈的都来，比我辈大的就不来了。

问：现在没有家谱了，辈份还能分清楚吗？

答：都知道。

【婚　俗】

问：听听大娘的。你是哪年结的婚？

答：大爷 20 岁，大娘 15 岁结婚。

问：解放前就结婚啦？

答：是。

问：从订婚到结婚多久？

答：也许一年，也许半年，也许几个月，又不让见面。

问：你们订婚时写什么东西？

答：有婚帖。

问：你们讲讲订婚的过程。

答：经人介绍后，双方大人们都同意了，换完红帖就行啦。那时什么礼节都没有。

问：送东西吗？

答：没有。

问：红帖上写什么字？

答：记不清了。

问：结婚选吉利日子吧？

答：对。

问：订婚后谁来选好日子结婚？

答：让识字的看书，看哪天日子好。

问：大娘结婚坐花轿了吧？

答：坐啦。

问：你穿的什么花衣服？

答：穿的旗袍。

问：什么颜色的？

答：自己选，愿意穿什么的都行。我穿的是烟色的。

问：戴什么啦？

答：头上戴花。

问：是不是头上戴着盖头不让人看到？

答：戴。

问：什么时候用花轿去接你？

答：上午。12 点以前到婆家。

问：谁准备花轿？

答：婆家。

问：有吹喇叭的吧？

答：有。

问：抬轿的和吹喇叭的有多少人？

答：还有打旗的，有套马车的，两辆马车，共 20 人。

问：什么时候摘掉头上的盖头？

答：入洞房时。

问：你什么都看不到，有人搀着你进屋吧？

答：用椅子两个人抬进屋。

问：新娘进家不让踩地吧？

答：是。

问：为什么？

答：不知道，有这习俗。

问：把你抬进屋后拜天地吗？

答：拜。

问：你进屋后问候他的父母吗？

答：没有问。

问：你还记得办事的情况吧？

答：结婚第二天才拜公婆。

问：闹洞房吗？

答：有闹的，有不闹的。

问：你们闹了？

答：闹得不大。

【《婚姻法》】

问：什么时候就不兴结婚抬花轿啦？

答：解放后就没有了。

问：五几年颁布了《婚姻法》，你们知道吗？

答：知道。

问：大娘知道吗？

答：听说过。

问：《婚姻法》中有规定，年轻人的婚姻由自己做主，老人不许干涉，你听说过吗？

答：听说过。这之前都是包办，后来不让包办了。

问：你是开会听说的吗？

答：开会时讲的。

问：村里开了几次会？

答：经常开会。

问：村里开会有多少妇女参加？

答：都得去。

问：不管男女老少都去吗？

答：是。

问：关于《婚姻法》讲什么？

答：什么都讲，有提高妇女地位、婚姻自由。

问：抬花轿是讲《婚姻法》前的事吗？

答：是，后来就是新式的啦。

冯德峰（62 岁）

时　　间：1995 年 9 月 11 日下午

访 问 者：小田则子

翻　　译：王　键

【姓氏分布与上坟祭祖】

问：你叫什么名字？

答：冯德峰。

问：你今年多大年纪？

答：63 岁。属鸡的。

问：大爷请坐。你是他的什么人？

答：儿媳。这是孙女。

问：你们冯家从哪里来的？

答：传说是从山西老鸹迁来的。

问：为什么从山西迁来？

答：说不清，年代太久啦。

问：什么时候来的？

答：听老人们传说，为什么就弄不清了。

问：姓冯的除五里铺村之外，别的村还有吗？

答：有。

问：什么地方？

答：大周、孙杨。

问：还有别的地方吗？

答：别的地方闹不清。

问：这村有几户姓冯？

答：有几十户，有 30～40 户。

问：大周村和孙杨村比这村姓冯的多吗？

答：多。

问：大周多少户？

答：比这里多。

问：孙杨村呢？

答：这个村差不多都姓冯，更多。

问：这三个村的冯姓有关系吗？

答：不知道。

问：你冯家坟地有多少？

答：3 亩地。

问：冯家有共有地吗？

答：没有。

问：这 3 亩坟地种庄稼吗？

答：没有。

问：大周村和孙杨有这样的祖坟吗？

答：他们有他们的祖坟。

问：解放前你们姓冯的一起去上坟吗？

答：一起去上坟。

问：什么时候去？

答：过年，初一。

问：还有其他时间上坟的吗？

答：十月一、寒食都去上坟。一年三次，只有初一才一起去。

问：初一怎么组织去上坟？

答：初一磕完头后，各自拿着自己的供品，一起去上坟。

问：什么时间去？

答：刚天亮的时候。女的不去，小男孩去。

问：烧纸和磕头是按辈份大小，辈大的先开始吧？

答：不是。初一给长辈磕完头后，各自拿着供品去上坟。有先去的，也有后去的，到坟地时就都到一起啦。先去的先烧纸磕头，不分辈，各烧各的纸，放炮的时候一起放。

问：上坟后在一起吃饭吗？

答：不，各吃各的。

问：解放后还是这样吗？

答：是。现在还是这样。

问：姓冯的都住在一块吧？在村的哪面。

答：是。在西面。

问：刘家在哪面？

答：在东面。

问：张家？

答：偏西。

问：这个村是长方形的吗？

答：东西长。

问：请你画一下。

答：（略）。

问：陈家和崔家？

答：陈家在当中，姓崔的在这儿，张家在中间。

【家庭矛盾的调解】

问：解放前你们冯家 30 户，分前院、中院、后院吗？

答：没有。

问：你没听说过吗？

答：没有。

问：解放前冯家有族长吗？

答：没有。

问：解放前冯家有矛盾谁来调解？

答：辈大的。

问：你们不叫他们族长，那叫什么呢？

答：大辈。

问：你们也叫他们大辈吗？

答：不。我们该叫爷爷的叫爷爷，该叫什么的叫什么。

问：你们一个家族中有最大辈分最有权威的吗？

答：有。大辈不是族长，也许是爷爷辈。

问：有几个人？

答：三四个人。

问：这三四个人都是岁龄和辈大的？

答：是。

问：是按辈往下排吗？

答：年轻的，能说会道的人也能调解，不一定都是辈大的。

问：是解放前吗？

答：是。

问：你记得解放前家里有矛盾让大辈人调解的事吗？

答：记得。如分家找几个辈大的调解，还有年轻人会说的。

问：为什么事分家发生矛盾？

答：兄弟之间弄不到一起了，发生矛盾，吵架，就找大辈人调解。

问：如果兄弟俩吵架了，长辈怎么调解？

答：先说合，不要分，如果说合不成，就分吧。把房屋和东西搭配搭配。

问：如果家产分不均，他们还有矛盾，长辈怎样解决呀？

答：说合吧，你不要他就要，把财产尽量均分。

问：具体怎么说？

答：来后先说，训他们，实在不行再调解。这两间房好，那两间房差，用物再搭配。平均分家。

问：训他们什么？

答：喊叫（大声呵斥）他们，年轻人也不好说什么。

问：分家时写契约吗？

答：写分单。

问：现在还写吗？

答：写。

问：这几个长辈除分家吵架的事管以外，他们还干什么？

答：小辈结婚时，解放前使用轿，大辈坐马车，镇着，万一出了事，大辈们帮助解决。

问：马车干什么？

答：马车两个轱辘，有车梆，用马拉着，大辈人坐在上边。姑娘坐花轿。

问：长辈们还干别的吗？

答：没有。

问：收养养子时，经他们同意吗？

答：不用，个人决定。

问：解放前有人结婚是不是必须由大辈人同意？

答：不。

【土地买卖】

问：解放前你们冯家的地在哪里？

答：村北。

问：坟地在哪儿？

答：也在那儿。

问：解放前你们冯家如果有人卖地，是不是有先卖给姓冯的规定？

答：没有这种规定。

问：如果都出一样的钱，得优先卖给姓冯的吧？

答：对。

问：如果外姓的人比姓冯的人出钱多，就得卖给外姓人吧？

答：对。

问：也就是说先卖给本家的吧？

答：是。

问：卖地的时候是不是按这个顺序：先本家，本家不买，后本村，本村的人不买再卖给外村？

答：对。

问：别的人给的钱多怎么办？

答：谁给的钱多，就卖给谁。

【祖坟】

问：你们的 3 亩坟地还在吗？

答：还在。

问：土改的时候呢？

答：没动。

问：也没有把坟分开？

答：现在坟地中间修了一条公路，所以扒了。

问：什么时候修路？

答：六七年前。1987～1988 年。修的时间不长。

问：这 3 亩坟地留下来啦？没动？

答：是。

问：其他姓的坟地土改时也没动吗？

答：是。

问：土改时一个人几亩地？

答：二亩半。

问：土改时这个村共有多少地？

答：不知道。

问：坟地不在内吧？一个人二亩半。

答：是。

问：解放前后初一都上坟？

答：是。

问：土改后也是烧纸放炮吗？

答：是。

问：除修路平坟地外，1958 年"大跃进"有平坟地的事吗？

答：有。1958 年"大跃进"时坟都平了。我家的坟只剩下我爷爷和父亲这两代人的了。

问：除你爷爷和你父亲这两辈人的坟之外，你爷爷之上有多少辈？

答：十几辈。

问：留下来的坟多吗？

答：不多。每户都是留两辈人的坟地。

问：大周村和孙杨村的坟地有多少辈？解放前。

答：不知道。不是一个村的。

问："大跃进"时祖坟都平了，初一还上坟吗？

答：上坟，各上各的。

问：还一起去吗？

答：一起去。

问：后来分开几块？

答：还是一块坟地，分为七八个地方。

问：什么时候分开的？

答：修路的那年。

问：1958 年"大跃进"时没有动？

答：是。

问：1958 年以后有不让上坟的时候吗？

答：我不知道。让不让上坟都得去。

问：有不上坟的时候吗？

答：没有，都去。

【拜年】

问：解放前初一都拜年吧？

答：都拜年。

问：现在拜年吗？

答：拜年。

问：解放后每年都拜年吗？

答：拜年。每年都拜年。

问："四清"的时候有的村不让拜年，你们村呢？

答：我们村每年都拜。没有不让拜的时候。

问："文化大革命"时期呢？

答：也让拜。

问：从过去到现在一直这样拜年？

答：是，一直是这样。

【家庭矛盾调解】

问：现在分家由谁调解？

答：不分大小辈啦，关系好的去调解。

问：有村里的干部吗？

答：不多。

问：这村有妇女主任吗？

答：我不知道。没听说有妇女主任。

问：以前有妇女主任吗？

答：有。

问：过去的妇女主任给两口子吵架的调解吗？

答：妇女主任调解，别人也调解。

问：你说的关系好的调解是指冯家的人还是冯家以外的人？

答：姓什么的人都行。离不开本家的人。

问：家庭矛盾、分家吵架和小两口吵架这三种哪种多？

答：小两口吵架的不算多。婆媳之间吵架的多。

问：婆媳之间的矛盾谁调解？

答：邻居。

问：邻居主要是冯家的人吧？

答：是。

问：过去分家由长辈调解，后来就不依靠他们了，什么时候变的？

答：解放以后慢慢的老人们就不管了。

问：小辈不听话，顶撞老人的事，从什么时候就多啦？

答：解放后逐渐就多了。

问：小辈不尊重老人的事有哪些？

答：都是为家务事。

问：家务事中有什么事？

答：像老人向小辈要钱，达不到老人的要求，给的少。

问：是指孩子还没结婚吗？

答：是孩子结婚后。

问：还有什么事？

答：就这些事。各种各样的事，说不清。

问：改革开放以后搞副业的越来越多了，是不是小辈对长辈不尊重的事也越来越多了？

答：不多。

【上坟祭祖】

问：今年过年，初一上坟去了吗？

答：去啦。

问：怎么去的？

答：早晨起来拜完年，各人都回到自己家里，拿着供献，谁拿的早谁先去，到齐之后，各烧各的纸，各向自己的父亲磕头、烧纸。最后一起放鞭炮。

问：修路的时候3亩地都已埋上人了吗？

答：没有用完，剩下的地归十里铺啦。

问：从修路的那年开始？

答：是。

问：坟地有一部分修路啦，还有一部分归十里铺了？

答：是。

问：坟地还在吗？

答：没啦，所以现在分成七八个啦。

问：这七八处坟地在村的哪个方向？

答：都在村北。

问：不在一起吧？

答：不在一起。

问：那怎么到一起放鞭炮？

答：都在这一片，坟地挨得很近。

问：十月一、寒食时也一起去吗？

答：各上各的，不在一起去。

问：你们冯家起名字按家谱的顺序吗？

答：不用。"文化大革命"以前就没有家谱了。

问："文化大革命"前有吗？

答：有。在大辈人手里，丢啦。

【土地买卖】

问：你们刘家解放前卖地时，是不是先让刘家买？

答：不是。

问：怎么卖？

答：先让土地的邻居买。同样的价钱先让邻居买。然后才给别人。

【祖坟与平坟】

问：原来刘家不是有 30 亩坟地吗？为什么这么多？

答：从我爷爷记事就有，这个祖坟埋的人最多，也最早。

问：这 30 亩坟地是共用地，还是每家都有一份？

答：共用地。

问：各家的人都埋在一起了吗？

答：从北向南埋。

问：这地谁种？

答：没人种。

问：有人说，这 30 亩地雇了一个人种。

答：从我记事开始，没有人种过。

问：刘家的坟地要卖，谁决定？

答：不能卖。村里有十大户刘姓的，谁也没权卖。

问：比方说这块坟必须卖谁决定？

答：十大户必须共同决定，但这十户很难统一。

问：解放前必须族长说了算，现在是集体？

答：对。

问："土改"时这坟地动了吗？

答：没动。1958 年平坟时才平了，种上庄稼了。

问：地分给各家了吗？

答：没有。

问：这村的坟地"土改"时都没动？

答：是。都没有动。

问：1958 年平坟的时候，是不是只留下了两代人的坟？

答：就剩下了第二代的坟了。

问：第一代也平啦？

答：不。比如我家，我爷爷和我父亲的坟可以不平，新搬的新坟可以有爷爷和父亲的坟，其他人的坟都平了。最近的两辈的留下来了。

问：那 1958 年怎么上坟？

答：祖坟没人去了，光上爷爷和父亲的坟。我们村的风俗是先上爷爷和父亲的坟，最后才上爷爷以上的祖坟。

问：为什么只留下第二代的坟？

答：全部平了，不符合农村的习惯，所以留下了第二代的坟。

问：平坟的时候村里老人有不同意的吗？

答：有。

问：实行火葬时老人们怎么想的？

答：也不同意，不过村里有个政策——火葬自己不花钱。

李清彩（女 46 岁）

时　　间：1995 年 9 月 12 日上午

访问者：小田则子

翻　译：王　键

访问场所：李清彩家

【医疗】

问：你叫什么名字？

答：李清彩。

问：你多大岁数？

答：47 岁，属牛的，虚岁。

问：你家里几口人。

答：两个孩子，一个儿媳，他父亲去年死了。这是老二，当兵。老大在家。

问：你丈夫的名字？

答：郝振祥。他教书，去年死的，教了十六七年书，民办教师。去年腊月初六死的。

问：他多大岁数？

答：54 岁，他比我大 8 岁。

问：为什么死的？

答：肝硬化。

问：他的病早就得了吗？

答：去年二月份得的。以前他不知道。花了六七千元也没有治好。二月份才发现。

问：到哪里看的病？

答：石家庄等地，发现已是后期啦。

问：还在哪里看过？

答：在乡医院，石家庄的医院和石家庄空军医院，去了很多医院。

问：药费是自费还是上了保险？

答：他是民办教师，药费都是自理，其他也没有。死后给了两个月的工资——300元，一个月 150 元。乡里给的。

问：当时生活困难吧？

答：是。他花了几千元治病，大儿子刚结婚，二儿子去当了兵，家里困难，所以我什么活都干，不干不行。吃的没问题，零花钱少。当时老大结婚分了家，老二走了，家里只有我一个人干活。

问：医费借了别人的吗？

答：借了 2000 元。共余 4000 元都是自己攒的。

问：借的谁的？

答：乡亲中关系比较好的人。

问：住院了吗？

答：一直没有住过院。他十年以前得过肝炎，好了之后他喜欢喝酒，所以得了肝硬化。刚才领你们来的那人，是我丈夫的同母异父兄弟，也就是刚才送你们来的村长。

问：村长姓徐吧？

答：是。

【寡妇再嫁】

问：你婆婆最早嫁给谁啦？

答：最早嫁给姓郝的，生下了我丈夫，后来婆婆又嫁给了姓徐的。

问：你婆婆叫什么？

答：王桂荣。

问：她娘家是哪里的？

答：隆化村。

问：栾城县的人吗？

答：是。

问：离这里多远？

答：十几里地。

问：你公公的名字叫什么？

答：我不知道，我爱人 5 岁时他父亲就去世了。可能是郝宝玉，也可能叫宝恒。

问：王桂荣多大岁数改嫁的？

答：俺闹不清。她丈夫 22 岁时去世的。郝宝玉 15 岁结婚的，22 岁去世。

问：为什么结婚那么早？

答：旧社会的老习惯。

问：他们结婚时解放了吗？

答：没解放。王桂荣 70 多岁了。

问：王桂荣还在吗？

答：在。

问：后嫁给姓徐的啦？

答：是。

问：王桂荣有几个孩子？

答：两个。

问：你丈夫是老大？

答：是。老二也是男孩。

问：老二叫什么？

答：郝丑。

问：郝丑今年多大？

答：49 岁。

问：郝丑刚生下来他父亲就去世啦？

答：还没生下来他父亲就死啦。

问：王桂荣后来嫁给谁？

答：徐宽子。也死了。

问：过了几年才死吧？

答：是。几年我不清楚。我丈夫比我大 8 岁，他 5 岁时就死了。我就更不知道了。

问：丈夫死后过几年才许嫁人？

答：没有规定。过去与现在不同，现在有两个孩子能过，过去就不能过，生活没法过。

问：王桂荣改嫁为生活吧？

答：是，孩子们都小。

问：带着孩子过的吧？

答：是。带着孩子去人家了。因为改嫁给本村人啦。村长叫他徐宽子大伯，俺家的也叫他大伯，不叫爸爸。

问：为什么村长叫徐宽子大伯？

答：显得亲，与这两个孩一样。

问：他们关系不好吧？

答：好。郝振祥和郝丑不是徐宽子的亲生孩子，村长是徐宽子的亲生孩子，为了这三个孩子的和睦相处，他们三个都叫徐宽子大伯，不叫爸爸。

问：王桂荣嫁给徐宽子后生了几个孩子？

答：两个。一个儿子，一个女儿。

问：村长叫什么？

答：徐玉身。

问：闺女叫什么？

答：徐秀锦。

问：村长多大了？

答：43 岁。

问：闺女多大？

答：三十七八岁。

问：这四个人都叫大伯？

答：是。

问：你公公去世后王桂荣娘家谁帮的忙？

答：俺不知道。

问：再嫁有介绍人吗？

答：不知道。

问：王桂荣第二次结婚大办婚礼了吗？

答：我不知道。

问：一般来说再婚的人也经人介绍，商量几次再嫁吧？

答：可能是这样，我没有听说过。中国的情况是这样，中间得有人介绍，没有自己跑去的。

问：你公公因什么去世？

答：不知道。

【家庭状况】

问：你有几个孩子？

答：两个儿子，一个儿媳，老二当兵了。

问：叫什么名字？

答：郝胜斌（大）郝胜朝（二）。郝胜朝当兵。

问：在哪儿当兵？

答：在张家口市伟一东路 5150 部队二中队七分队。

问：这是老大？

答：老二写给老大的信，所以写郝胜斌的名字。

问：胜斌多大？

答：24 岁。他弟弟 21 岁。

问：胜斌有孩子吗？

答：没有。分家另过。

问：你儿媳叫什么名字？

答：刘淑霞。

问：什么时候结婚的？

答：1994 年。

问：刘淑霞从什么村嫁过来的？

答：小周村。

问：你讲讲他们办喜事的情况。

答：家里困难，简单地办了办。

问：他们结婚的时候他父亲还在吗？

答：在。但已病了。

【娘家家族】

问：你是从哪里嫁来的？

答：宁津县。

问：怎么过来的？

答：这里有熟人。我们县里有个人的妹妹嫁到这个村了，他介绍的。我们村太穷。

问：宁津县什么村？

答：北鱼台公社新队村。

问：你是 1949 年出生，对吗？

答：我不识字。我 22 岁结婚的。

问：你上过学吗？

答：没有。

问：你们村男孩上学，女孩不上学吗？

答：不是。我兄弟姐妹 8 个，家里穷，上学的少。有钱人不管男女都可以上学。

问：你父亲叫什么？

答：李栓祥。

问：母亲呢？

答：李小富。

问：同姓？

答：同姓不是一个村的。

问：你兄弟姐妹 8 人的情况？

答：3 男 5 女。老大叫李志刚，今年 62 岁，属鸡的；老二叫李志安，56 岁；老三李

志恒，今年 54 岁。这三个都是男孩。

问：你是老几？

答：我是老七。最小的是妹子。

问：你姐妹们的名字？

答：大姐叫李志苹，二姐志改，三姐志彩，四姐是我清彩。老五叫志敏。

问：为什么不叫"志"什么，而是"清"字？

答：我的婶子叫花志，所以我们的不能带"志"了，她不让带"志"字。可她生的孩子又带上"志"字了，所以我妹妹又叫志敏，带"志"字了。

问：谁的婶子？

答：我的亲婶子，不是婆家的婶子。我婶子嫁到我们家之后不久，生的我，所以我不能带"志"字，就改成"清"字了。

问：你的姐妹们多大岁数？

答：我大姐 60 岁。志改 58 岁，我们姐妹们都差两岁。我上边死了个哥哥，下边死了个妹妹。

问：没长大就死了吧？

答：小时候死的。

问：你二哥下边是谁？志彩多大？

答：49 岁，她比我大两岁。

问：你多大啦？

答：47 岁。

问：志敏呢？

答：42 岁。她最小。

问：你母亲生了 10 个孩子，身体很好吧？

答：很好。这是照片，74 岁死的。

问：你母亲多大结婚？

答：18 岁。我们兄弟姐妹都差两岁。

问：你们 8 个人中有上学的吗？

答：有上小学的，我二哥和小妹上过。别人都没上过。

问：他们上中学了吗？

答：没有。

问：你没上学，当时小学的情况你记得吗？

答：不知道，我没有去过学校。

问：他们上了几年小学？

答：小妹上三四年，我二哥上了几年我不知道。都没上完。

问：你父亲是干什么的？

答：种田。

【公共食堂情况】

问：你记得"大跃进"吃大食堂的事吗？

答：记得。大食堂，不干活就不让吃饭。有一回我父亲有病，让我到食堂打饭，一个人半斤的山药干和山药干水，我打后一边走一边吃，走到家吃完了。回到家我爹问我打饭了没有，我说打了，他一看只是一点水，我爹饿了一顿。我吃了，他就没吃的了。

问：你为什么只打你爹的，没有打你的那份呢？

答：我打了两个人的，都吃啦。

问：你们兄弟姐妹都出去干活吗？

答：都去。

【民办教师】

问：你 1967 年结婚吗？

答：我 22 岁结婚，哪年不知道，1971 年结婚的吧？

问：你嫁到这村与你娘家的村有什么不一样？

答：比我娘家的村好。

问：结婚的时候你丈夫是民办教师吗？

答：当时不是，三四年后才是。

问：那时候他干什么？

答：下地。他是石家庄河北交通学院毕业的。

问：他有毕业证吗？

答：有。他死后都烧了。

问：他是大学生吗？

答：是。

问：他没有分配工作吗？

答：没有。他回家后第二个礼拜就分配工作了，他没有赶上。他在农业社干了几年，就教学去了。

问：他算交通学院正式毕业吗？

答：差六天，如果在学校多待 6 天，就找到工作了。

问：为什么回家来？

答：在学校吃不饱饭，回家来开荒种地，只差 6 天就毕业了。村里人都知道，他没毕业提前回村了。

问：可能是"学校"？

答：交通学院。他有校徽，都埋了。

问：他还有当年的书和照片吗？

答：都没有了。都埋啦。现在的照片都有。

问：他从哪年开始当民办教师？

答：他在圪塔头教了十几年。一直到他死。共十几年。

问：他可是七几年当教师吧？

答：他当了十七八年教师，70 年代末开始。

问：开始他在哪里教书？

答：寺北柴村教了一年，在圪塔头教了二三年，后在岗头十几年。他在村教书时，村里让他当队长或会计，他不干。

问：是现在那个小学吗？

答：不是现在的地方，在南边。

问：原来的地方干什么用呀？没盖小学之前。

答：盖房子啦。办公室南边。

问：在寺北柴村当教师，一个月多少钱？

答：刚开始五六元，后来十几元。还挣工分，一个月 15 元。近几年才每月给 150 元。

问：在圪塔头多少钱？

答：五六十元。

问：岗头呢？

答：也少，每月 110 元。近一年才拿了 150 元。

问：圪塔头离这里远吗？

答：十几里地。孟董乡公社。

问：十几里？

答：十里不少。

问：为什么当寺北柴村的民办教师？

答：考上的。公社招民办教师，他考上了。文化高。公社知道，他当过多次代表。他家里的事什么都不干，一心干好教师工作。干什么都想干好，学校里没人说他不好。

问：为什么在寺北柴村只干了一年？

答：教师调动。后来调到岗头，要求调回村，那里不让走，一干十几年。

问：在圪塔头教的小学吗？

答：在圪塔头不知道教什么，在岗头教小学。他教五、六年级的毕业班，他教得好。

问：他在寺北柴村教书，几点上班？

答：他早晨 6：30 就走。每天都是6：30走。

问：中午回来吗？

答：回来。吃完饭就走了，晚上才回来。

问：在圪塔头也是吗？

答：在那儿住校，几天回来一次。礼拜回来。

问：在岗头也是吗？

答：岗头近，每天回来。

问：当民办教师很辛苦吧？

答：家里的活我不让他干，都是我干像盖房子的事，孩子们的事都是我管，他不管。

问：为什么不干？

答：不管家务事，地里的事也不管，一心干教学。

问：民办教师辛苦吗？

答：他当班主任，事多。他是脑力劳动，

我是干体力的，没法比。

问：他在寺北柴村干了一年，再也没有回来过吧？

答：没有。

问：他当民办教师有 20 年吗？

答：18 年。

问：让转公办教师了吗？

答：前十年就想转啦，他只有进修证没有毕业证。到交通学院找一找也就行了，县长葛中良也知道他的情况，可他不去找。如果有毕业证前十年前就转公办了。

问：有没有干几年民办教师就可以转公办教师的规定？

答：没听说过。

问：你丈夫回家后与你讲学校的事吗？

答：不讲，因为我不识字，说了也不知道。

问：人民公社的时候民办教师什么待遇？

答：一个月 16 元钱，每天 10 个工分。

问：你一天挣多少分？

答：挣满了 10 分，不满，8 分。

问：家务你都干？

答：什么都是我干。起粪都是我，他什么都不干。

【分家】

问：你与你婆婆王桂荣在家务上有没有分工？

答：我结婚后就分家了。腊月我来的，5月分家。我与他奶奶没有吵过嘴。

问：有的人不是一结婚就分家吧？

答：是。

问：你们为什么分家那么早？

答：娘家的人愿意让分家，怕女儿受气。其实也不是这样。现在的年轻人也愿意早分家。

【分田】

问：分田到户时你们分了几亩地？

答：6.4 亩地。

问：这 6.4 亩地，你大儿子分去了几亩？

答：他父亲活着的时候给了他 2 亩地。现在我与他一人一半。

问：老二不在家？

答：是。

【扛工】

问：你一个人种了 3.2 亩地，还干副业吗？

答：没有。别人卖炭膏，我给他们帮忙，一拖拉机给我 15 元钱。收废品的地方有泵，我给他们看泵，干了两个月，挣了几百元钱。

问：废品收购站是本村的吗？

答：是。每月给我 200 元，我干了两个半月。

问：现在还干吗？

答：不干了。

问：挣了多少钱？

答：两个半月挣了 500 元。

问：你还干别的吗？

答：人家卖炭膏，我帮他们把炭往水坑里放，再放上水。

问：你是装卸吗？

答：不装。他们卸车后，我们放到水池里去，再往池里放水，弄成炭膏，人家去卖。现在天热，我们晚上干，到夜里 12 点或 1 点才回家，一辆车的炭弄成膏给我们 15 元钱。

问：在本村干吧？

答：本村。

答：我一天挣 15 元，晚上下一点或十一二点才回来，我什么都干。

问：你在赵中田的窑上干过吗？

答：没有。

问：你给谁干？

答：徐秀叶。

问：他有炭窑？

答：没有，他卖炭膏。别人给他拉回来，我给他搭把手，他卖炭膏。

问：他干什么？

答：做买卖。

问：他还干别的吗？

答：不做买卖时，就在家里干活。

问：你干别的副业吗？

答：没有。

问：是临时的吗？

答：是。

问：是你自己找的吗？

答：邻居找我干。

问：是邻居吗？

答：是。

【农业生产】

问：你一年种多少天地？

答：种地没用多长时间，收的够吃就行啦。

问：你种地拿多少钱？

答：不知道。

问：地里种什么？

答：一季麦子，一季玉米。

问：种棉花吗？

答：不种，种了也不长。

问：除小麦和玉米外还种别的吗？

答：不种。还种点白菜。

【婚俗】

问：你老大结婚的时候，郝家的人都来了吗？

答：姓徐的、姓郝的都来啦。

郝青海（56岁）

时　　间：1995年9月8日上午
访 问 者：李恩民
同 席 者：郝新勇（郝氏之长子）
访问场所：郝新勇家

【家庭简况】

问：请问你叫什么？
答：郝老丑。
问：你的正式名字呢？
答：郝青海。
问：今年多大年纪了？属什么的？
答：56岁了。属龙的。
问：你老伴叫什么？多大年纪了？
答：高淑珍。比我小5岁。
问：她娘家是哪个村的？
答：高家庄的。
问：你们是什么时候结婚的？
答：26岁的时候。
问：有几个孩子？
答：三个，这是老大（指在座的长子）。

（直接向本人提问）

问：你叫什么名字？今年多大了？
答：郝新勇，24岁了。
问：什么时候结的婚？
答：1993年。
问：爱人叫什么？多大了？
答：叫郭秋玲，同岁。
问：她娘家是哪里的？离这里远不远？
答：王家庄。不远，只有3里地。
问：你现在干什么工作呢？
答：在县建筑公司搞建筑。
问：那你是正式工人？
答：不是，户口还在家里。
问：那你有建筑技术？
答：是的，是大工。
问：你媳妇干什么工作？

答：在栾城县鞋帽厂做工。
问：是工人？
答：是合同制工人。

（再转向郝青海本人提问）

问：他下面是谁呢？
答：是他妹妹，郝新丽。
问：多大了？结婚了没有？
答：21岁了，还没对象呢。
问：现在干什么工作呢？
答：在角家庄给一个个体户做鞋。
问：最小的是二儿子吗？
答：是，叫郝新开。
问：多大了？
答：19岁了。
问：还上着学吗？
答：今年考高中没考上，现在在家复习，准备考个技术学校。

【当干部】

问：听说你当过大队干部？
答：我从1962年开始先当小队干部。
问：是哪个小队的？
答：刚开始是七队，后来合并了，成了五队，现在是四队。
问：担任的是什么职务？
答：当了一年保管，然后当队长，前后干了十三四年。
问：你当队长期间，干部都有谁呀？
答：经常换哩。
问：比如说最主要的成员都有谁？
答：如保管有张小狗，会计有赵付京，副队长有刘大增。
问：当时你们村共有几个小队？
答：7个。
问：你们队的人均收入在全村排第几名？
答：我们队基本上都是第一位，最低时

也占第三位，那时我们队搞得好。

问：为什么你们队搞得好呢？

答：人干活踏实。

问：有没有别的特殊的原因，如土地好，水车多等？

答：没，我们队的地还不如别的队呢，离村又远，又是薄地。

【工分】

问：当时的劳动是如何计算的？

答：一天一个工，一个工10分。

问：在最好年成，你们队一个工多少钱？

答：0.84~0.85元。这是最好的。

问：其他的小队呢？

答：0.2~0.3元是普遍的。

问：当时人们年纯收入一般多少呢？

答：百八十块钱吧。

【大队干部】

问：你什么时候当的大队干部？

答：大概是1974年、1975年。

问：干了多长时间？

答：4年。

问：担任的是什么职务？

答：村委会委员，主管机务。

问：当时村里的党政干部都有谁？

答：郝同顺是书记，徐孟祥是主任，我是委员，主管机务，还有王淑芝主管妇女工作，王老鹏主管治保，会计是刘淑芹，民兵连长是刘书京。

【农副业】

问：你们家有几亩地？

答：7.5亩地。

问：有没有喂牲口？

答：没有。

问：那耕地怎么办？

答：大队有两台拖拉机，请人家来耕。

问：耕一亩地，你需付多少钱？

答：5~6元钱。

问：你家农副业收入都有哪几项？

答：当农民的主要就是卖些小麦和玉米。

问：小麦能产多少？

答：一亩地800多斤，一共是五六千斤。

问：你卖多少斤？

答：除了定购粮交1500多斤之外，再卖2000多斤，也就是2000多块钱。

问：玉米能产多少斤呢？

答：去年收成好，一亩打了1000多斤。

问：那你能收七八千斤，都卖了？

答：我这几年没有卖过玉米。

【养猪专业户】

问：为什么？

答：我喂了十几头猪。

问：是吗？成了养猪专业户啦。你现在具体喂了多少头？

答：20多头。

问：你是卖猪肉还是卖小猪？

答：都卖。我喂了两头老母猪，每年下好几窝，一部分留下养，大部分卖了。

问：小猪的行情如何？

答：小猪少了就贵了，今年正月时，行情特别好，一头小猪能卖250多元钱，一斤都到了7元多了。

问：卖小猪也是按斤算吗？

答：是的。

问：今年正月你一共卖了多少头？

答：14头。

问：大猪的行情怎么样？

答：卖活猪的话一斤能卖4.1元、4.2元，或4.2元、4.3元。

问：大猪一般是多大时卖呢？

答：200多斤的时候。

问：你卖给什么人呢？

答：在县城开肉铺的，给石家庄送的，他们常来村里收。

问：这是你家的主要副业收入来源了？

答：对。

问：这一项，一年下来大致能收多少钱？

答：好的话能挣 1 万多元钱。

问：养猪多了之后，关键的一点就是要防止病疫，你是如何防止的呢？

答：一般打了防疫针之后不出问题，万一猪病了，就请兽医站的人给看一看。

问：猪打防疫针是在什么时候？

答：小猪出生以后。

问：这几年有没有发生过猪瘟？

答：没有，现在这种病都少了。

【生活收支】

问：你还有别的收入来源吗？

答：没有了，就靠孩子们干活了。

问：新勇结婚都两年了，现在还和你们一起生活吗？

答：是的，没有分开。

问：婆媳关系还好吗？

答：还可以。

问：新勇一年给你交多少？

答：5000 多块钱吧。

问：儿媳妇给交多少钱？

答：没交过。

问：给你们要过吗？

答：也没有。

问：你家每年开支需要花多少？

答：现在钱毛的不行。

问：开支的主要项目是什么？

答：就是买菜、买油、买化肥、衣服以及电费、水费等，大的开支就是建房、娶媳妇。

问：这儿不是你们老两口住的地方吧？

答：这是他们小两口（指郝新勇夫妇）的家。

问：这房子是你给他们盖的，还是他们自己盖的？

答：前年我盖的。

问：当时花了多少钱？

答：2 万多块钱。

问：家里的这些家具，如电冰箱、洗衣机、电视机都是他结婚前买的吗？

答：是的，是男女双方两家合买的。

问：他结婚花了多少钱？

答：两家各花了 1 万多吧。

问：你把剩下的钱要存入银行吧？

答：是。

问：你愿意把钱存到哪个银行呢？

答：就是本村赵付京那里，他是乡信用社的信贷员。

问：存取都方便吗？

答：方便，比如要取的钱多了，他暂时没有，就说"你稍等会儿，我去取"，然后他就到乡信用社取回来了。

问：你现在有多少钱的存款呢？

答：没多少，有几千块钱。还得准备给老二盖房子。

问：你们家的生活在村里是个什么水平？

答：中等吧。

问：这个村最富的都有谁呢？

答：总的来说这个村的人都不富。

问：生活最困难的是谁？

答：恐怕是郝保柱吧。年纪大的，就挣钱困难，只能靠地生活了。

问：好，时间到了，谢谢你。

郝振山（40 岁）

时　　间：1995 年 9 月 8 日下午
访 问 者：李恩民
同 席 者：田秋月（郝氏之妻）
访问场所：郝振山家

【家庭简况】

问：我知道你叫郝振山，你是哪年生人？
答：1955 年生人。
问：你爱人叫什么？
答：田秋月。
问：今年多大年龄了？
答：和我一样。
问：你们是哪年结婚的？
答：25 岁的时候，大约是 1978 年。
问：有几个孩子？
答：两个。
问：这是（指身边的小男孩）大的吧？
答：不是，这是小的，叫郝跃。
问：几岁了？
答：7 岁。
问：他上面是个哥哥还是姐姐，叫什么？
答：姐姐，叫郝静贤。
问：今年多大了？
答：15 岁，1980 年出生。
问：上中学了吧？
答：是，在栾城县镇中上学。
问：你父亲叫什么？
答：郝保明。
问：今年多大年纪了？
答：68 岁。
问：你什么时候和父母分的家？
答：结婚后两三年。

【开饭店】

问：听说你在县城开饭店，什么职务？
答：我是坐柜的。

问：就是老板的意思？
答：是。
问：你一年的收入能有多少？
答：我们经营饭店，成本很高，还要支出服务员的工资，收入不是很高，一年下来，也就是 2~3 万块钱。
问：这是纯收入吧？
答：对，这是纯利。
问：也不算多嘛。
答：因为这饭店不是我个人的，我姐姐、哥哥、侄子都在那里干，他们按股分红，比一般服务员的工资高多了。

【兄弟姐妹】

问：你兄弟姐妹共有几个？
答：5 个，有哥哥、姐姐，两个妹妹。
问：你哥哥叫什么？
答：郝振玉。
问：你姐姐呢？
答：郝振英。
问：你的两个妹妹呢？
答：郝振雪和郝振霞。
问：你的最高学历是什么？
答：初中毕业。
问：哪年毕业的？
答：那时上学晚，可能是 17 岁。

【当工人】

问：毕业之后干什么去了？
答：回到农村务农了。
问：在农村干了几年？
答：两三年吧，后来我就去当工人了。
问：你是怎么当的工人呢？
答：托人说的。
问：户口转了吗？
答：没转，当的是合同制工人。
问：去的是哪个厂？干的什么工种？

答：栾城县农机二厂，当铸工，主要是做拖拉机配件。

问：在农机二厂干了多少年？

答：干了七年。

问：七年之后呢？

答：改革开放了，我就不干了。

问：是自己不干了吗？

答：是。我说不干了的时候，厂里还给了 200 块钱的退职费。

问：当个工人不容易，为什么要辞呢？

答：那时改革开放了，厂里工资还没提；干别的可以多挣些钱。

【做买卖】

问：那么你退职之后干什么去了？

答：我和老书记郝同顺、郝寿三人在村里搞电焊，那时叫钢木加工。

问：这在农村有市场吗？

答：有，当时时兴钢管床，钢管圆桌腿，折叠椅子等，生意还挺好。

问：干了几年？

答：干了三四年。

问：后来呢？

答：你也知道，后来钢材老涨价，利润低了，我们就不干了。

问：当时你们的固定资产呢？

答：三个人分了，你看院子里放的气泵，就是那时分的，现在没用了。

问：在这之后你干什么去了？

答：当时正兴东风三轮，我买了一辆车，在县城里搞出租。后来出租车多了，不太好干了，我就不干了，到饭店去了。

问：那是哪一年的事？

答：1984、1985 年。

问：你的饭店的名称叫什么？

答：叫北楼饭店。

问：坐落在县城的哪里呢？

答：在大桥路，你不是每天去政府招待所吗？在招待所的东边有一个剧场，从剧场再往东走 50 多米，在路北。

问：北楼饭店是什么时候创办的？

答：刚开放的那一阵，说不上是哪一年。

问：应该有个创业日期吧？

答：刚开始我还在厂里上班呢，不在那里。

问：那这个饭店是谁创办起来的？

答：我父亲，还有我哥我姐。

问：你父亲是做什么工作的？

答：在公私合营那阵，他是一个手工业工人，按现在的话说是服装厂的工人。60 年代初，下放的时候，回到了农村。

问：他创办饭店的契机是什么？

答：我们家从我爷爷开始，一直就住在县城，这里按农村的说法是我的老家。我们家在县城里有房子，过去很多机关想占，都没让他们占。

问：面积有多少呢？

答：过去很大，后来修路占了一半。现在东西向有 13～14 米，南北向有 14～15 米。

问：是平房？

答：刚开饭店的时候是平房，后来栾城搞统一规划，要求临街的房子都盖成三层楼，所以，现在临街有一座三层的楼房。不临街的还有二座，叫西楼和北楼，都是二层的。

问：盖这些楼房要花多少钱呀？

答：当时还比较便宜，前楼（那座三层楼）花的还不到 2 万元。

问：现在这三栋楼都开的饭店吗？

答：不，前楼和西楼、北楼的一层都是饭店，二层是我父母占着呢。

问：听说你也在开旅馆？

答：对。前楼的上面二层是旅馆。

问：共有多少客房？

答：二层共有 8 间。

问：旅馆也是你父亲创办的吗？

答：是的。栾城县城比较小，旅馆很少，我父亲办这个旅馆时，全县城只有政府招待所和国营服务社两家，我们是第三家。

问：你父亲又开饭店，又办旅馆，是需要很多资金呢？

答：开放之后，他是挣了一些钱。

问：现在旅馆是你经营吗？

答：不是，旅馆由我父亲经营，收入全部归他。我和我哥哥只管饭店。

问：旅馆现在雇用了几个服务员？

答：旅馆现在没有服务员，因为上面两层楼都被县公安局承包了。

问：是作为公安局的办公处吗？

答：不是，是作为拘留所。去年成立了正式机关，叫法制教育中心。

问：在饭店，你和你哥哥谁是大老板？

答：我俩是一人一年，轮流干。在我们饭店，赊账比较多，比如去年我干了，今年是他干，今年我的任务就是专门要账。到了明年，该我干了，他就专门去要账。

【雇工】

问：你们的厨师是高薪聘请的吗？

答：不是，是我哥哥的儿子，郝文辉干着。

问：他多大了？在哪儿学的手艺？

答：今年有 28 岁了吧，他的手艺是跟城里的一个老师傅学的。

问：没上过烹饪学校吗？

答：没有。

问：你们的雇工有多少人？

答：一般情况下有五六个人。

问：都是服务员吗？

答：其中有一个帮灶的。

问：你一个月给他们开多少工资？

答：一人一天 3 元，一个月 150 元。

问：是从农村雇的吗？

答：从农村雇的，都是从河南来的，这里愿意干这活的不多。

问：都是女的吗？有多大岁数？

答：都是 18～20 岁左右的姑娘。

问：她们的吃住怎么办？

答：我们都管了，吃饭就在饭店，至于住嘛，我们在附近给他们租了个民房。

问：你的饭店每个月购入原材料的基本费用是多少？

答：现在肉、菜之类的东西都很贵，一般来说，每天买这些材料至少需要 200 元。

问：饭店每个月的平均收入有多少？

答：现在外欠太多，一天的收入大部分是外欠，得不到现款。

问：包括外欠在内，一年纯收多少？

答：一年 4～5 万元。因为我们是干一年，跑一年账，等于是挣一年钱，供两年用。

【交税与捐款】

问：你们交的税都有哪些？

答：有营业税、所得税等。

问：这些税都是多少钱？

答：营业税一个月一般来说是 170～180元左右，工商管理费每个月 150 元左右。

问：所得税呢？

答：所得税都包括在营业税里面了。不过到 3 年底要来查账，根据营业情况让补税。现在管饭店的机关比哪个行业都多，有卫生防疫、动物检疫、物价局、计量所、公安派出所、城建等。

问：城建部门是负责什么的？

答：让交卫生费、水电费等。

问：有没有人来拉捐助？

答：有。县城里每年一次庙会，工商所到时就来找，让捐款。

问：大概每次捐多少？

答：40～50 元。

问：还有其他的吗？

答：有。比如说，修建剧场让捐款，修建县医院也让捐款。

【要账】

问：今年你没在饭店干，专门负责要去年的账。一年之内能把账全部要回来吗？

答：差不多。因为赊账的一般都是机关，到了能给的时候就都给了，不赖账。

问：国家机关怎么能没钱支付饭费呢？

答：今年花的钱超过了财政拨款，出现了赤字了嘛。

问：你有没有采取什么措施鼓励人们用现款支付？

答：有，措施很多。比如，客人用现金结账时，给他两盒烟；应该付 150 元，因为是现金，给 130 元就可以了等等。

【租赁钢木架】

问：今年你专门跑账，等于没有收入，请问你还干点别的吗？

答：也没干什么。你看，院子里不是有钢木架吗？那是我搞租赁用的。

问：那能做什么？

答：盖房子的时候，做水泥板用的，就是合子板。现在租用的人特别多，我光出租这个东西，一年也能收入 4000～5000 元。

问：你最初买这套东西时用了多少成本？

答：这是我买角铁，自己做的，还比较便宜，一个大约需要 30 元。

问：你一共有多少个？

答：300 个。

问：盖一幢房子最少需要用多少个？

答：盖楼房的话，就需要这么多。

问：你爱人去不去饭店帮忙？

答：不去。她就干家务、农活，管孩子。

问：你家有几亩地？

答：6 亩地。

【生活收支】

问：你家的农业收入一年大致能有多少？

答：农业收入主要就是玉米，玉米收上 5000～6000 斤，能卖 3 千多块钱。

问：你们家每年最少需要支出多少钱？

答：我们不记账，没数。去年支出了大约有八九千块钱，我买了一个摩托车。

问：是什么牌子的？哪儿产的？

答：建设牌，重庆产的。

问：你这房子是什么时候盖的？

答：1988 年。

问：一共有多少间？

答：这儿（指正房）有 3 间，那边（指西房）有 2 间，共 5 间。

问：盖这些房子一共花了多少钱？

答：16000 元。在农村，盖房子是最大的支出项目。

问：现在银行很多，有建行、农行、人行等，你愿意把钱存入哪个银行呢？

答：这没人管，是自由的。从我来说，我愿意利用农业银行。

问：为什么呢？

答：离我们近，方便，人都认识，差错少。存折丢了，别人拿去也支不出来。

问：你们家的生活水平在全村来说，能不能算上等？

答：一般水平吧。现在村里能挣钱的人多着哩。

问：现在人们挣钱的路子都有哪些？

答：现在路子多种多样，从这个村的情况来看，主要的副业有搞建筑，跑车（搞运输），打蜂窝煤，卖大灰、卖布、养鸡养猪，别的就是卖菜之类的，挣不了多少钱。

问：好，今天主要了解了你经营饭店的

情况，我也长了不少知识，谢谢你。

徐保群（43 岁）

时　　间：1995 年 9 月 9 日上午
访 问 者：李恩民
同 席 者：贾为素（徐氏之妻）
访问场所：徐保群家

【家族成员】

问：我知道你父亲是徐孟祥，你叫徐保群，请问你今年多大了？

答：43 岁。

问：哪一年生的？属什么的？

答：可能是 1952 或者 1953 年，属蛇的。

问：你爱人叫什么？今年有多大岁数了？

答：叫贾为素，45 岁了，比我大两岁。

问：娘家是哪里的？离这儿有多远？

答：赵县，有 40 多里路。

问：这么远呀，是自由恋爱的吧？

答：不是，是经人介绍的。

问：你们是什么时候结婚的？

答：23 岁的时候。

问：有几个孩子？

答：两个，一男一女。

问：这是大的吧？叫什么？多大了？在哪儿上学？

答：叫徐会凯，18 岁了，在栾城上学。

问：这位就是你的儿子吧？

答：是，叫徐会朝，14 岁了，在乡中学上初一。

【个人经历】

问：你什么时候上的小学？

答：10 岁的时候。

问：小学上了几年？

答：4 年，14 岁时小学毕业了，然后到乡里上了二年初中。

问：初中毕业后呢？

答：回村里来了。

问：从那时起一直在村里干活吗？

答：不，我 1972 年出去了，上了几年班。

问：在哪儿上班？做的什么工作？

答：在陈村中学做饭。

问：陈村离这里有多远？学校很大吗？

答：离这里有十五六里吧，陈村中学比较大，现在叫栾城第三中学。

问：你专门学过做饭？

答：没有，到了那里跟着别人慢慢学的。

问：你在那里干了几年？

答：到 1980 年就回来了。

问：为什么？

答：孩子多，不让干了。那时对上班的，计划生育抓得紧。

问：在农村，两个孩子还是比较普遍吧？

答：对，两个孩子，不用罚款。

【跑运输】

问：回来以后，你就一直从事农业？

答：是的。

问：没有做点副业？

答：买了一辆四轮拖拉机，跑跑运输。

问：你哪一年买的拖拉机？当时多少钱？

答：1985 年买的，当时花了 4000 多元，现在要买得 9000 多。

问：拖拉机是哪儿产的？

答：山东聊城。

问：当时你自己有 4000 多元吗？

答：一部分是借别人的，自己有一部分。

问：你搞运输，主要是运什么？

答：主要是拉沙子、拉土，什么都干。

问：是给建筑队拉的吗？

答：是的。

问：你有没有参加哪个建筑队？

答：没有。有人盖房子时，我也给人家拉。

问：沙子是到哪里去拉呢？

答：这附近就有。

问：要钱吗？

答：要。

问：多长时间就把拖拉机成本挣回来？

答：有两年时间吧。

问：这时间够长的了。

答：我干的稳当，利小。像到山里拉大灰，有一年成本就回来了。

问：你为什么不去呢？

答：危险。

问：那么，你的活就不多了吧？

答：还凑合。

问：你们家现在承包了多少亩土地？

答：7 亩地。

问：你跑运输，农活就是你爱人做了？

答：基本上是她做。农忙了，我就停了运输，合伙做。

【农业收入】

问：我想了解一下你家的农业收入有多少，比如说粮食，经济作物。

答：粮食主要是小麦和玉米，小麦每亩一般是 600 多斤，共能收入 4000 多斤。

问：你家公粮要交多少斤？

答：1100 多斤小麦，还有玉米呢。

问：玉米交多少？

答：四个人交 560 多斤。

问：这些粮食是卖给国家的吧？

答：是的。

问：你每年所收的粮食，除了留足自己用和卖给国家的以外，还有剩余吧？

答：有，剩余的也都卖给国家和私人了。

问：卖给私人比卖给国家价钱高些？

答：高些。买的人到村里来买，卖起来方便。

问：你们一家四人，一年需要多少粮食？

答：1500 多斤，基本上每年除了交国家的粮食之外，我还要粜 2000 多斤。

问：你们家有没有备荒的准备？

答：有。家里每年常有 3000 多斤粮食，够两年吃的。基本上是今年收下了，才卖去年想卖的粮食。

问：你这种想法比较稳妥。

答：家和家不一样，有的人缺钱时，也就不管明年什么收成，把多余的粮食都粜了。

问：这样，从你们家的情况来看，仅卖粮食一项，大约每年能收入多少钱？

答：价格不一样，差的也很多。

问：比如今年小麦一斤多少钱？

答：今年是 0.8 元多，去年是 0.56 元，前年才 0.4 元多。

（其妻插话说：今年春季达到了 0.9 元多，行情老在变化）

问：这里玉米的亩产有多少斤？

答：800 ～ 900 斤，最多能达 1000 斤。

问：你们家种多少亩？

答：6.5 亩的样子。

问：据此看来，你们这里是收完小麦就种玉米，地不休息是吧？

答：是的，收完小麦种玉米，收完玉米又种小麦，准备过冬。

问：你家的玉米能收 4000 多斤或 5000 多斤，这些都卖了吗？

答：留一小部分，大部分都卖了。

问：今年的价格怎样？

答：当时我是按 0.69 元粜的，现在都涨到 0.8 元了。

问：去年一斤玉米是多少钱？

答：0.8 元。

问：玉米最高一斤能卖到多少？

答：0.84元。

问：也就是说和小麦差不多？

答：差不多，所以大家愿意种玉米，玉米产量高嘛。

问：你估计今年玉米的亩产能有多少？

答：不会太高，今年雨太多了，没能好好授粉。

问：棉花是重要的经济作物，你家不种？

答：现在种棉花的人很少，没什么收入。

问：像你们家，今年种了多少？

答：今年没种。

问：那国家的任务，怎么完成呢？

答：交钱。

问：棉花一斤能卖多少钱？

答：15元。

问：皮棉还是籽棉？

答：皮棉。自由市场上还要贵些。

问：那为什么大家都不种棉花呢？

答：成本太大。比如要用塑料薄膜覆盖，农药挺贵，却不管用，治不了虫。再说产量低，以前亩产能收150斤，现在不过七八十斤，要不，人们种的心劲不大了。

问：除了上面所说的，你在农业方面还有什么收入吗？

答：没有了，主要就是搞运输。

问：你是不是除了农忙之外，几乎每天都在外跑运输？

答：一般是这样。

【跑运输情况】

问：你的活是怎样找的？

答：我干的时间长了，人们一般都上门来找。没活的时候，我也自己去找活干，比如有人盖房子，我就去问人家要不要拉砖、拉沙子，和做买卖一样，说好拉一次或拉一车多少钱，就干开了。

问：你有没有比较稳定的运输工作，如

一次可以连续干3~4个月？

答：那都是给建筑队干的。建筑队有时候经济上不太景气，干完了给不了现钱。要是赔了，说不给了，就不给了，所以不给他们干。给个人干，干完了当场就给钱了。

问：你运输每年收入大概是多少钱？

答：大概六七千元。

问：这是纯收入吧？

答：是的，成本都刨开了。

问：院里的那辆车，还是你10年前买的那辆吗？

答：不是了，我已经换了三个车了。

问：你为什么总换车呢？

答：车旧了，就得换新的。因为它老坏，老得修理。比如今天挣了30元，车坏了，修理用了30元，等于今天没干活。车坏了，还误事。

问：你现在的车是多少马力？

答：12。以前的车也都是12马力。

问：一天耗油是多少？

答：5斤或6斤。

问：一斤柴油多少钱？

答：1公斤是2.5元。

问：你们家的收入主要是农业和运输这两个方面。还是运输的收入多一些吧？

答：哎，这方面比较多。

问：要维持最基本的生活，包括孩子们上学，你们买菜、买衣服和红白喜事，你们家一年至少需要多少钱？

答：大概需要五六千块钱。

问：那么你的全部收入能有多少呢？

答：不好说。

问：至少要比这个数字大吧？

答：对。每年要存一些钱，积累几年之后，才能办大事，如盖新房子等。

【存款】

问：现在银行很多，除了人民银行之外，

还有建设银行、农业银行等，你愿意把钱存在哪个银行？

答：存在村里信贷员那里了。

问：存在那里，你放心吗？

答：放心。比如说小偷偷了我的存折，他到信贷员那里把钱支不走，因为我们和信贷员都认识，别人拿我的存折来取我的钱，他不会给的。如存在栾城，银行认存折不认人，只要有存折，谁都可以把钱拿出来。

问：在村里，你可以随时存取吗？

答：可以，非常方便。

问：现在，村里的信贷员是谁？

答：赵付京。

问：赵付京收了存款后怎么办呢？

答：他在自己家的保险库里保存一小部分，大部分都交到乡信用社了。

问：也就是说，他是代办业务。

答：对。

问：他是信用社的正式干部吗？

答：不是，他也是村里的。

问：信用社为什么选他担任信贷员呢？

答：弄不清楚，可能是有点文化吧。

【盖房】

问：你每年能在银行里存500块钱？

答：我这几年没存多少钱，主要是盖了这栋房子了。

问：这栋房子是什么时候盖的？

答：1992年秋天。

问：当时花了多少钱？

答：18000多吧。现在不行了，这房子28000也盖不出来。

问：为什么呢？

答：主要是物资涨价。

问：你这个宅基地有多大？

答：长是17.75米，宽是12.5米。

问：全村各家的宅基地都是这么大吗？

答：不是，这是旧基地，新规划的地方比这大。

问：你这房子有几间？

答：四间房的地方我盖成三间了，为的是让房间大一点。

问：你那座西房是几间？

答：两间。

【女儿的学业】

问：你姑娘会凯在栾城上学，花费很大吧？

答：对，她是在栾城职教中专上学。

问：毕业之后是教师？

答：是的，三年之后毕业，是国家正式的工作人员了，当小学教师。

问：她是哪年上的？

答：去年9月，整整一年了。

问：是初中毕业后直接考上的吗？

答：是，是考上的，但还要交钱。

问：既然考上了，为什么还要交钱？

答：因为考不上的，想交钱，人家还不要呢。

问：交了多少钱？

答：12000元。

问：这是个不小的数字啊？

答：所以，我说这几年没存下钱。

问：既然考试合格了，还要交这么多钱，让人不可理解。

答：县里穷，可能要建校舍等。

问：有点集资办学的意思？

答：估计他们有这种想法。

问：除交了这笔钱之外，还交别的钱吗？

答：学费、书费和住宿费都要交，今年刚交了150多块钱。

问：会朝上学花钱多不多？

答：花不了多少，比如这次刚开学，一次交了120多块钱，书费、学费都在里头了。

问：他住校吗？

答：每天都回来。

问：你们家的财政全是你管吧？

答：就我们俩人，互相都管管。

问：你们家有多少存款，能告诉我？

答：可以说，我现在没有存款，去年孩子上学都花完了。

【贫富差距】

问：在全村范围内，你们家生活水平是属于什么样的水平？

答：这也是估计，我想像是中上等水平。

问：在这村里，公认最富的是谁呢？

答：别人发了财，咱也不知道。

问：但谁家生活得比较富裕，大家还是能看得出来吧？

答：这倒是，比如搞企业的。

问：能不能举个例子？

答：比如说刘玉合搞蜂窝煤出了名。

问：你们村贫富差别大不大？

答：也不小。

问：比如说，谁家最穷？

答：具体我也弄不清楚，反正人们都说郝保柱、郝军这兄弟两人生活上比较紧张。

问：他们弟兄两人在一起生活吗？

答：是的。

问：两人都没结婚？

答：没有。

问：是因为穷，结不起婚吗？

答：日子比较苦吧。

问：他们都有多大年纪了？

答：小的也 50 多岁了。

问：他们只从事农业吗？

答：是的，没干别的副业。

问：根据你的估计，你们村贫和富平均年收入能差多少钱？

答：这不好说，相当大的。

问：如果只干农业，一个人能收入多少钱？

答：只能勉强维持生活，如盖房子就干不了了。人们在农业上的收入，差别不大。

【包产到户】

问：你们这里的地是什么时候分的？

答：刚开始是小分，每家的地都是这里一小块，那里一小块，1983 年大分了一次，把地都调到一起来了。

问：你所在的组里有多少户？多少人？

答：一般四十四五户，顶多 120 多人。

问：在组里，各户之间有无集体活动？

答：没有。地都是自己种自己的，除了水泵是大家共用之外，其他都是自己干自己的，也没有必要帮忙。

问：村里有没有大家共用的农业机械？

答：有，有一台耕地拖拉机，过了秋之后，给大家耕耕地。

问：这拖拉机是大家共同买的？

答：是的。

问：有固定司机吗？

答：有。

问：是谁呢？

答：今年是郝建锋、徐建子。

【农业税、费】

问：1983 年分地之后，你家的农业税要交多少？

答：记得是二十四五块钱。

问：去年呢？

答：去年没收现钱，而是每人交 100 斤麦子，连农业税和大队提留等都包括了。

问：今年呢？

答：今年交了 50 多块钱。

问：有没有收据让我看一看？

答：可以。

（看收据《1995 年粮食定购交售证》，知他在 1995 年 7 月 1 日交农业税 52.90 元）

问：除农业税外，还有其他税或费吗？

答：还有乡的统筹款，今年交了 72 元，其他的就没有了。

问：乡统筹款是干什么的？

答：是大队提取的，用于补助军烈属、五保户和村干部的补贴。

问：好，今天就到这里，谢谢你。

郝须晨（36 岁）

时　　间：1995 年 9 月 9 日下午

访 问 者：李恩民

访问场所：郝须晨家

【家族成员】

问：请问你叫什么？

答：郝小七。

问：这是你的小名吧，大名叫什么？

答：郝须晨。

问：为什么叫小七呢？

答：我们姊妹七个，我排第七。

问：你是哪年出生的？

答：1959 年，今年 37 岁。

问：你的文化程度是什么？

答：高中毕业。

问：你爱人叫什么？比你大还是小？

答：叫倪惠芬，同岁。

问：娘家是哪个村的？离这里有多远？

答：藁城县堤上村，离这儿有 12 里地。

问：你们是自由恋爱还是经人介绍的？

答：介绍的。

问：你们是什么时候结婚的？

答：23 岁的时候。

问：当时结婚时共花了多少钱？

答：那时经济条件还不好，花的不多。我家花了 2000 多吧，她家也花了 1000 多。

问：这三位都是你的孩子吗？

答：是的。

问：大姑娘名叫什么？多大了？在哪里上学？

答：郝文灵，13 岁了，在本村上小学，五年级了。

问：二姑娘呢？

答：叫郝文娟，11 岁了，也是五年级。

问：姐妹俩相差两岁，为什么能在一个年级呢？

答：大的上学晚。

问：儿子的情况呢？

答：叫郝飞虎，10 岁了，三年级了。

问：孩子们的学习成绩怎么样？

答：平常。

问：关于孩子们的学习情况，你有没有去学校问过老师？

答：问过，说是一般。

问：老师有没有来家里做过家访？

答：没有。学生多，老师顾不过来，再说老师也不是这个村的，上课时来了，下了课就回去了。

问：你刚才说你有姊妹 7 个，是吧？

答：是的，有 5 个姐姐，1 个哥哥。

问：你哥哥叫什么？

答：郝锁晨。

问：是不是当过村长的那位？

答：是的，他去年春节之后才不干了，徐玉身接他的班。

【个人经历】

问：你什么时候上的学？

答：7 岁的时候。

问：在本村上的小学？

答：是的，上了 5 年。

问：然后呢？

答：然后到岗头中学上了 3 年初中。

问：高中在哪儿上的？

答：栾城中学。

问：那是哪一年？

答：1974～1975 年吧。

问：毕业之后你干什么去了？

答：在孟董乡中学教学。

问：教什么课？

答：物理。

问：教了多长时间？

答：10 年。

问：10 年之后呢？

答：我自己不干了。

问：那是哪一年？

答：1984 年。

问：那个时候，当老师还是人们比较羡慕的职业，你为什么不想干了呢？

答：我是民办教师，工资太低，一个月只有 50 块钱，养活不了家。

【做买卖】

问：你不当教师后，干什么工作呢？

答：然后就是做生意，跑点买卖。

问：具体是做什么买卖呢？

答：食用油的买卖。

问：你怎么买到油，又是如何卖的呢？

答：我们省外贸从新加坡进口了食用油，我从省外贸买来，然后卖给用户。

问：你怎么有了做食用油买卖这个念头呢？

答：在学校时，我好看报纸，从报纸上知道省外贸正在卖新加坡油，而我们这里正需要油。

问：难怪你信息灵。为什么说这块需要食用油呢？

答：因为人们基本上都不种棉花了，食用油不够，可以说相当缺。

问：你是有了这个信息，才决定不当老师的吧？

答：是的。

问：做这个买卖，最初需要多少资本？

答：这是看你干的大小哩，干的买卖大，就需要的多；干的小，就需要的少。

问：比如你刚开始时，投入了多少钱？

答：当时，一桶油是 360～380 斤，值600 多元，我一次买了三四桶。

问：这就是说，你至少需要 2000 多近3000 块钱。

答：是的，我没那么多现钱，就找人借。

问：有没有到银行贷款？

答：没有，那时还不知道银行能贷款。

问：你在石家庄买油后，运输怎么办？

答：刚开始就是租小拖拉机往回运。

问：这三四桶油，运费需要多少钱？

答：30 多元钱吧。

问：把油运到你家之后，你怎么个卖法，是在家里摆摊卖？还是走街串巷地叫卖？

答：我主要是骑上自行车去找那些用油户，如食品厂、工厂和学校食堂、油条摊等，这些都是大买主。

问：你的想法很好，还是和有文化有关。

答：总的来说，有文化总比没文化强。

问：如果有人要买的话，是人家到你家取还是你送去？

答：一般是我送去。

问：当时你有运输工具吗？

答：有脚蹬三轮。

问：这样，大致每个月你能卖多少桶？

答：卖不了多少桶。

问：一年能卖多少桶呢？

答：具体的不能说。我们老百姓做买卖不容易，一年卖多少桶，收入多少，是和工商局的工商税有关的。

问：我理解你的意思，这个问题就到此为止吧。现在油涨价了吧？

答：涨了。现在一桶都到 15000 元钱了。

问：还是新加坡的油吗？

答：是的。

（访问结束后，郝氏让访问者看了他新购进的食用油，食用油的名称是：海皇牌精炼食用棕榈油，出口公司是新加坡郭兄弟粮油私人有限公司）

问：我还不知道，我们国家一直在从新加坡进口食用油。

答：咱们国家主要是从新加坡和马来西亚进口食用油，从日本也进口一部分。

问：你到省外贸买油时，需要证明吗？

答：说是要营业执照，现在都承包了，只要你有钱，就卖给你。

问：需不需要拉关系，走后门？

答：不需要。

问：现在，你的油能不能很快就卖出去？

答：还可以，因为人人都要用油。

问：在这块儿，有没有也做这个生意的人？也就是说，有没有竞争？

答：搞这个的，栾城县也没有几个。

问：国营粮店也卖油吧？

答：是的。像县粮库，各乡粮站都有油，不过，他们的买卖做得被动。他们不给客户送，坐等人们上门来买，这样，在价钱同样的情况下，人们就不去他们那里了。

【农活与粮食】

问：我们换一个话题，你家有几亩地？

答：8.5 亩地。

问：农活主要是你爱人做吧？

答：对，我平时太忙。农忙时，帮忙干。

问：管孩子呢？

答：主要也是她。

问：你有文化，经常检查孩子的作业吗？

答：有时看一看，有时不看。跑买卖跑上一天，晚上回来就累了。

问：你们家的地主要种什么呢？

答：主要是小麦和玉米。

问：种不种棉花？

答：基本上可以说是没种，今年才种了一分多地。

问：玉米现在还没成熟，今年你家小麦收了多少斤？

答：记不得了。

问：你家给国家交多少定购粮？

答：1000 多斤吧。

问：能不能让我看看你家的粮食定购单？

答：可以。

（以下看粮食定购单，1995 年郝小七家粮食定购任务是：小麦 1657 斤 ［每斤 0.60 元］，玉米 809 斤，大豆 4.7 斤，油 13.5 斤，农业税交 75.2 元）。

问：在交完定购粮和留足你们自己食用之外，剩下的粮食怎么办呢？

答：卖了。

问：今年小麦一斤多少钱？

答：0.9 元。

问：每年你们家能卖多少斤？

答：3000 斤。

问：你们家存的粮食，是只留够一年吃的，还是够二三年吃的？

答：我家只留够一年吃的。

问：万一明年因天灾歉收了，怎么办？

答：没考虑过。从我记事到现在，没闹过大的灾荒，上了岁数的人，都留余粮。

问：你家 5 口人，一年需要多少小麦？

答：1600 斤左右。

问：你家去年玉米的亩产有多少？

答：1000 斤，去年是好年成。

问：你们收下玉米怎么办呢？

答：粜了。

问：自己不留一点吗？

答：我养了两头小猪，那吃不了多少，一年有 700 斤左右就够了，剩下的就全桀了。

问：一斤玉米能卖多少钱？

答：今年是 0.85 元。

问：这样算来，你们家一年下来，农业收入能有多少钱？

答：玉米能卖 5000 多，小麦能卖 3000 多，合起来也就是 8000 多块钱。

问：据你看来，现在在这个地方，只靠农业能不能维持生活？

答：可以，但不会富裕。

【收支情况】

问：现在我们看看你家的支出情况。每年你家 5 口人的生活平均需要多少钱？

答：没记过账，弄不清楚。

问：你这宅基地有多大？

答：13 米乘 19.5 米。

问：这房子是什么时候盖的？

答：去年。

问：这是（指正房）几间房子？

答：我盖成了三间。

问：这是两层吧。

答：是的。

问：东房有几间？

答：两间。

问：盖房子花了多少钱？

答：60000 多。

问：三个孩子上学需要花多少钱？

答：孩子在本村上学，花不了多少钱，一次一个人交 30 多块钱就够了。

问：在人们心目中，做买卖的人都比较富一些，有没有人来你家拉捐款或集资？

答：没有。村里没这样的人。

问：村里庙会时也没有吗？

答：庙会按人头摊派，村里人都交。

问：今年你交了吗？

答：交是交了，交了多少我记不得了。

问：你挣下钱后，是用于扩大你的买卖呢？还是存入银行？

答：主要是扩大买卖。

问：你这么多年一直是一个人单干？

答：是的。

问：没有雇个人？

答：没有。

问：那你如何扩大你的买卖？

答：这种买卖和别的生意不一样，不需要人多。只要你能多进了货，就行了。

问：你刚开始一次买三四桶，现在呢？

答：现在一次就拉 20 多桶。

问：规模是大多了，运输如何解决呢？

答：我雇汽车拉。

问：汽车一趟可以拉完吗？

答：可以，汽车一次可以拉 24 桶。

问：运费需要多少钱？

答：100 多块钱，这里离石家庄近。

【存　款】

问：现在银行很多，你在存钱之前，有没有考虑选择一个比较好的银行这个问题？

答：没有。

问：那你愿意把钱存在哪个银行呢？

答：就是村里的信贷员那里。

问：为什么？

答：因为万一存折丢了，别人也取不走。

问：没有考虑过去别的银行存款？

答：如果在村里存的实在多了，不容易保密，就只能考虑到别的银行存了。

问：银行有义务为客户保密？

答：对。

问：村里的信贷员是赵付京吧？

答：是的。

问：为什么让他当信贷员呢？

答：我上学的时候，他就干着哩，时间很长了。

【民办教师】

问：最后我们再回到你当老师的问题上。你喜欢老师这个职业吗？

答：刚开始时喜欢。因为上高中时，赶上"文化大革命"，没学到什么东西，我在学校教一年学，胜过在学校上 10 年学。

问：对，教学相长嘛。后来呢？

答：后来就不喜欢了。

问：为什么呢？

答：工资太低，养活不了家。

问：但当民办教师，时间长了，有可能转成公办教师呢？

答：当时我也考虑这个事了，即使转正之后，工资也不会太高，就决心不干了。

问：现在都在说要提高教师的地位……

答：每年都喊要提高教师的政治地位、经济地位，其实都是口头上的，没有实惠。

问：当时和你一起当教师的，还有没有仍在乡里教书的？

答：有。他们大都转正了。过去一个月挣 50 多块钱，现在提高了，能挣 300 多块钱了，挺高兴，挺满足。可是，他们就没有考虑，别人干别的工作，一个月能挣多少钱。

问：还有没转正的吗？

答：有，没转正的，一个月才 100 多块钱。

问：现在看来，你对当年辞掉教师工作一事不后悔吧？

答：不后悔。

问：好了，今天麻烦你了，谢谢。

冯老九（64岁）

时　　间：1995 年 9 月 10 日上午
访 问 者：李恩民
同 席 者：张妮子（冯老九之妻）
访问场所：冯老九宅（北五里铺）

【家庭简况】

问：请问你叫什么名字？今年多大年纪了？

答：冯老九，今年 64 岁了，属猴的。

问：这位是你老伴吧？叫什么名字？今年多大年纪了？

答：叫张妮子，比我小一岁。

问：她娘家是哪个村的？

答：南客村，离这里有 8 里地。

问：你们是哪年结婚的？

答：21 岁的时候。

问：你们有几个孩子？

答：男的有两个，女的有三个，给了他大伯一个，算是两个吧。

问：能介绍一下他们的情况吗？

答：长子冯俊彦在乡铸造厂开车，次子冯彦锋在村里镀厂当技术员。长女叫冯俊平，次女叫冯艳丽，三女冯新丽给了他大伯了，在乔家庄。

【日军暴行】

问：你小的时候，有没有听说过日本人在这一带搞过杀人放火的事？

答：在这个村还杀了两个人呢。

问：那是哪一年的事？

答：1930 年吧，我才几岁。

问：那两个人叫什么名字，是干什么的？

答：一个叫冯天身（申），是县救济院院长，另一个叫刘群，好像是在县城里搞计量。在日本人进这个村之前，他们专门从城里回来，带上袖章，迎接日本人，结果被杀了。

问：为什么呢？

答：咱也不知道。反正冯天身被毙了，刘群被砍死了。

问：1945 年日本战败投降了，当时你知道这个消息吗？

答：听说了，不是美国在广岛扔下了原子弹，日本投降了吗？

问：对，你知道的还挺多。日本人从这里撤走的情况你还记得吗？

答：日本投降前，在这一块儿，几乎就见不着日本人了。

【土改】

问：解放前你家有多少亩土地？

答：7～8 亩。

问：你家的成分是什么？

答：下中农。

问：北五里铺有没有大的地主、富农？

答：这个村小，很穷。

问：土改的时候，你家有几口人？分了多少亩地？

答：连我伯父、大哥在内，三家 11 口人，分了 20 亩地。

问：你们分的是谁的地？

答：是十里铺和西街的地。解放前，在城里和十里铺有几户大地主，我们都租人家的地种。

问：高级社时，又把土地交上去了吧？

答：连牲口、水车一起都交给了集体。

问：当时你愿不愿意加入高级社？

答：从内心来说不愿意，但社会主义走到了这一步了，就必须入了。

【当工人】

问：你一直在农村务农吗？

答：我在城里上了 20 年班，去年 4 月 8 日才回来。

问：你是哪年出去的？

答：1970 年。

问：你是怎么有这个机会的呢？

答：队长派的，说："你孩子小，劳力少，在队里挣不了多少工分，生活困难。现在有一个名额，你去吧。"因为是队里派的，所以每个月还给队里交 10 块钱。那时我一个月的工资是 36 块钱。

问：你在哪个单位上班，干什么工作？

答：是在栾城县棉油加工厂，当木工。

问：你以前就有木工技术？

答：有，要不然，早就让回来了。

问：后来呢？

答：在那里干了两年半，1973 年 6、7 月份，厂里给了我 100 块钱，让我回来了。

问：在村里又待了多长时间呢？

答：只待了一个多月，8、9 月份，让我回厂里了。我没文化，但干活老实，靠得住。

问：厂里是以什么形式雇用你的？

答：合同工。

问：你第二次去厂里后，工资和以前的一样吗？

答：比以前的少了两块，成了 34 块钱了，不过，这次我已经不给队里交钱了。

问：从那以后，你就一直在棉油加工厂当木工吗？

答：不。1986～1987 年，我到了造纸厂，在那干了五六年之后，又转到了玻璃氧气厂，在那里直到去年才不干了。

问：后来你的工资长了吧？

答：在造纸厂的时候，长到了一个月 60元，去年不干之前是 130～140 元左右。

问：包括不包括各种补助？

答：不包括，该发的劳保福利，都给我发。

问：你说的不干了，是不是退休的意思？

答：不是，我也不是退休，因为我一直

是合同工，没有转正。

问：可能属于退职吧，厂里没有给你退职费？

答：没有。

问：你今后的生活，厂里有安排吗？

答：没有，我还是农村户口，不是正式工人，不干了就完了呗。

【生活收支】

问：你家现在共有多少亩地？

答：连两个儿子在内，三家7口人，8亩多地。

问：不多呀？

答：二媳妇和她的孩子没有地。

问：你家的地，主要种什么？

答：小麦和玉米。

问：有没有经济作物，比如苹果树、葡萄树、梨树之类的？

答：以前有苹果地，现在没有了。

问：你家的农业收入，一年能有多少钱？

答：没多少钱。

问：非农业收入呢？

答：主要靠两个儿子，他们收入多少，我不知道，我们的生活是由他们管的。

问：儿子、儿媳对你们还好吗？

答：好。

问：这座房子是什么时候盖的？

答：1987年。

问：当时盖这房子花了多少钱？

答：3000多块钱。我有拖拉机，自己拉沙子，拉大灰，花不了多少钱。

【搞运输】

问：你家什么时候买的拖拉机？

答：1985年吧。

问：在村里搞运输？

答：对，给人拉沙子，拉大灰，挣几个钱。

问：当时买拖拉机花了多少钱？

答：3000多块钱。

问：搞运输，多长时间成本就能回来呢？

答：一年的工夫就回来了。

问：拖拉机由谁开？

答：冯俊彦开。现在家里没有拖拉机了。

问：从贫富的角度来看，你们村在孟董庄乡处于什么水平？

答：属于中上等。

问：和柴村相比呢？

答：比柴村强。这个村做买卖的、办企业的很多。企业多了乡亲们也跟着沾光。

问：村里的主要企业有哪些？

答：镀锌厂有四个，炼锌锭的厂也有十几个呢。

问：今天就到此为止吧，谢谢你。

赵广兴（31岁）

时　　间：1995年9月10日下午

访 问 者：李恩民

同 席 者：赵素艳（赵氏之妻）

访问场所：赵广兴家

【家庭简况】

问：我们这次来你们村访问，主要是想了解农民的生活提高了多少。

答：和过去相比，提高了不少哩。

问：请问你叫什么名字？今年多大了？

答：赵广兴，1964年生，今年32岁了。

问：你是什么文化程度？

答：初中毕业。

（面向其妻直接提问）

问：请问你叫什么？哪年生人？

答：赵素艳，1965 年生人。

问：也是初中毕业？

答：不，我是小学毕业。

（再转向赵广兴本人提问）

问：你们是哪一年认识的？

答：1985 年。

问：经别人介绍认识的吗？

答：是，在农村都是经人介绍认识的。

问：她娘家是哪个村的？

答：东牛村，离这儿有四五里地。

问：你们是哪年结婚的？

答：1986 年。

问：这两个是你们的孩子吧。

答：是的。

问：女儿叫什么？上学了吧？

答：叫赵盼，8 岁了，上一年级。

问：儿子叫什么，几岁了？

答：赵蓬勃，6 岁了。

问：你父亲还健在吧？

答：健在。

问：叫什么？今年多大年纪了？

答：赵福寿，60 多岁了，一辈子务农。

问：你母亲叫什么？今年多大年纪了？

答：叫李训子，50 多岁了。我母亲是残疾人，聋哑，干不了什么农活。

问：你兄弟几个？

答：两个，我是老大。

问：老二叫什么？多大了？

答：赵广伟，比我小两岁。

问：干什么工作呢？

答：是个木工。

问：老三呢？

答：老三是个妹妹，叫赵伟霞，25 岁了，已结婚了。

问：嫁到哪里去了？

答：张村。离这儿有七八里地。

【读书】

问：你是哪年上的学？

答：七八岁的时候。

问：在本村上的？

答：在本村上 5 年，后到孟董庄上初中。

问：你是哪年初中毕业？

答：1978、1979 年左右。

问：为什么没上高中？

答：没考上。学校让我再复习一年，但家里经济条件不沾。

【学木工】

问：回到村里后，干什么工作呢？

答：那时地都分到各户了，农闲时，我就开始学木工了。

问：你有没有上过正式的木工学校？

答：上过。

问：在哪里上的？

答：石家庄六营村木工学校。

问：那是在什么时候？

答：大概是 1980 年吧。

问：在那里学了多长时间？

答：三四个月。

问：那时学费交了多少？

答：130 元。

问：吃住都在那里吗？

答：是的。

问：用不用交费？

答：住不用交钱，吃是自己付。

问：你主要学的是做什么的？

答：床、立柜、课桌等，属于家具类吧。

问：这么说你做木工至少有 10 年了。

答：对，10 年了。

【木匠生意】

问：你做家具需要木材，从哪儿买呢？

答：栾城县有木材厂。

问：听说木材也在不断涨价？

答：对。比如松木，1980 年一立方米是 400~500 元，现在到了 1000 多块钱了。

问：你打的家具是自己去卖吗？

答：有时候是有人来订货。比如结婚的让给他做一套家具。没事的时候，自己做，然后自己到会上去卖。

问：我刚才看见你已经做了很多课桌，这是哪个学校订的货吧？

答：是，是郄马的一个学校来订的，让做 200 个课桌。

问：你每天能做几个？

答：他们提供的材料不太好，都是小块的，做得慢。一天也就是能做三四个。

问：做一个课桌给多少钱，说好了没有？

答：说好了，一个课桌 13 块钱。

问：你做木工的收入等于是非农业收入了，这一项，你一年能收入多少？

答：也就是 4000~5000 元钱。

问：上不了万吗？

答：上不了，要是能到了一万的话，就能看出生活条件好了。

【农活状况】

问：你家有几亩地？

答：只有 2.5 亩地。

问：你家为什么只有这么点地呢？

答：只有我一个人 1.5 亩地，他们几个都没地。后来父母让给我 1 亩地，成了 2.5 亩地。

问：他们三个人为什么没有地呢？

答：我们结婚晚，没赶上分地。

问：你们结婚都快十年了，村里也没有调整过土地吗？

答：没有。

问：这样，农业收入对你来说就很少了？

答：几乎没有，只能够四口人吃饭。

问：你也是种小麦种玉米吗？

答：是的。

问：小麦一亩地产多少？

答：700~800 斤。

问：这样，你每年也就能打 2000 斤小麦，这些小麦，你全部留下来供自己生活吗？

答：除了上交的定购外，全部留下了。

问：让我看一看你的粮食征购单吧？

答：可以。

（以下看粮食征购单上记：1995 年 4 月 1 日赵广兴家全年上交任务粮 819 斤，其中小麦 550 斤，玉米 269 斤，大豆 1.6 斤，油 4.6 斤，农业税 24.80 元）

问：你家玉米亩产能有多少？

答：千十来斤。

问：你的玉米大部分是喂猪还是卖了？

答：大部分都卖了。

问：自己留一部分吗？

答：留一点。

问：现在在你们的主食中还有玉米吗？

答：主要是有时做点粥喝。

问：你一年能卖多少斤玉米？

答：卖 1000 多斤。

问：每斤玉米能卖多少钱呢？

答：这没准。比如说去年，我们把玉米卖给了栾城酒厂，卖得早，便宜，一斤才 0.5 元多钱，后来涨到了 0.7~0.8 多元。

问：现在一斤多少钱呢？

答：一斤 0.8 多元，和小麦价格差不多了。

问：你家种不种棉花？

答：今年没种。

问：去年种了吗？

答：去年种了一点。因虫子太多，中间拔掉了，没收成。

【副业收入】

问：你家的农业收入的确有限，看来主

要要靠你的木工收入了。你家还有点别的收入来源吗？

答：她喜欢做点衣服。

问：她自己会设计、裁剪吗？

答：不会，她只给人加工。

问：她的收入能有多少呢？

答：这年年不一样。前年活多，一个月能挣500多元，不过只干了两个多月，去年一年才挣了300多元，今年干脆没干。

问：为什么不干呢？

答：没活可干。

问：你没有到各地去找一找？

答：找也没用，现在竞争挺激烈的。

【盖房】

问：这房子哪一年盖的？

答：1986年5月。

问：当时花了多少钱？

答：4000多元。

问：还比较便宜吧？

答：这种房子和平房、楼房不一样，它用的水泥、钢筋少。

【计划生育】

（转向其妻赵素艳提问）

问：生完第二个孩子，想再要第三个？

答：（笑）没有，做完结扎手术了。

问：这是政策吗？

答：是的。

问：生第二个孩子罚款吗？

答：罚。

问：罚多少钱？

答：当时是1990年，罚了1500元。

问：是不是做了手术就不罚款了？

答：不行，先罚的款，后做的手术。

问：如你交完罚款，不去做手术呢？

答：那不行，要加倍罚款了。

（再转向赵广兴本人提问）

问：从内心里讲还想再要一个孩子？

答：不想了，有两个孩子就够了，现在人的观念都变了。

问：在这个村里有没有生第三胎的？

答：有。比如说前面两个都是女孩，就让多罚款，不做手术了，生第三个。在农村，人们都还是希望能有一个小子。

问：村里搞副业搞得比较好的是谁呀？

答：赵增晨，据说他搞运输搞得不错。

问：在人们看来，村里需要救济的人有哪些？谁生活得比较困难？

答：现在只要干活就能挣钱，要救济的人几乎没有。年老没孩子的，不能干活了，乡里有养老院。

问：好，谢谢你。

刘小平（67岁）

时　　间：1995年9月11日下午

访 问 者：魏宏运　李恩民

同 席 者：张秋林（刘氏之三子）

　　　　　李冬娥（张秋林之妻）

访问场所：张秋林宅（北五里铺）

【家族介绍】

问：大娘，听说你娘家是柴村的？

答：对。

问：你叫什么名字，今年有多大年纪了？

答：刘小平，属大龙的，今年67了吧。

问：你是什么时候结婚的？

答：15岁。

问：你老伴叫什么？今年多大年纪了？

答：张老本，今年73岁了，他是属猪的。

问：你们一共有几个孩子？

答：5个小子，1个闺女。

（面向在座的张秋林说）

问：就请你给介绍一下你兄弟姐妹的情况吧，包括姓名、年龄和工作。

答：大哥叫张芝林，属狗的，今年50岁了吧，在农村务农。大姐叫张凤芝，属龙的，今年45岁了吧，现在北十里铺务农。二哥叫张富林，今年41岁，在这个村从事农业，会木工。二哥下边就是我。

问：请介绍一下你的情况？

答：我叫张秋林，今年39岁，在村里以搞企业为主。

问：你的企业属于什么行业？

答：有色金属、化工等。

问：你的主要产品是什么？

答：我们是搞冶炼的，主要产品是锌锭。

问：听说你们村搞这一行的人很多？

答：对，有十来家，我们是其中之一。

问：你下面的弟弟妹妹的情况如何？

答：老四叫张春林，34岁，会开车，在村里搞运输。老五叫张生林，27岁，在村里搞工艺品制作。

问：这位是？

答：我媳妇，叫李冬娥，今年40岁。

问：娘家是哪个村的？

答：西东铺。

【抗战记忆】

（再转向刘小平提问）

问：大娘，你小的时候，有没有听说过日本人在栾城这一带做过什么坏事，比如说杀人放火，欺负妇女之类的事。

答：那时我还小，大人都不给我们说。

问：听说日本人来时，人们都很害怕？

答：是的，都吓得跑了。

问：往哪里跑呢？

答：我们是往南柴村跑。

问：南柴村比较安全吗？

答：也不安全，在那里呆上两三天，就又回来了。

问：日本人在咱们这个村抓过人吗？

答：断不了有人被抓去过。

问：比如说有谁被抓过？

答：那时老人都不让我们出家门，具体的就不知道。

【缠足】

问：你缠过足吗？

答：我八九岁的时候，裹过两三天，痛得不行，就不裹了。

问：可是，以前老人们都认为女孩子不缠足不好看，连婆家也找不着呢。

答：那时都不这么想了。

问：其它女孩子也不缠足吗？

答：大部分都不缠了。

问：咱们栾城这块儿是什么时候开始放足的？是在日本人来前，还是在日本人走后？

答：日本人来前还兴裹脚呢？自从日本人来了之后，大部分人才不裹了。

问：那是为什么呢？

答：害怕日本人，为了能跑得快吧。再说，大人都让在地里干活，谁还裹脚。

问：日本人走后还有人缠足吗？

答：没有。

【婆家、娘家】

问：你结婚的时候，这个村和柴村相比，哪个村富一点？

答：这个村小，人少地多。我们那个村大地少。

问：那时你婆家的生活怎么样？

答：穷得很。

问：有几亩地？

答：只有二三亩地。

问：你娘家呢？

答：娘家更穷了，只有 1 亩多地。

问：你父亲叫什么名字，是不是农民？

答：叫刘积德，给人扛长工的。

问：你兄弟姐妹有几个人？

答：三个。有个哥哥，属狗的，死了。下面还有个弟弟。

问：你家当时有没有租别人家的地？

答：没有。没牛没水车，没法给人种地。

【婚龄】

问：你结婚那阵，村里的姑娘们一般都是多大年龄结婚？

答：那得看家里的条件好坏。条件不好的话，养活不起，八九岁就让嫁人了。也有十八九岁才嫁人的。

问：一般是多大年龄结婚呢？

答：16 岁、17 岁和 18 岁的比较多。

问：一般是男的大还是女的大？

答：一般都是男的大。

问：当时人们认为男的比女的大几岁比较理想呢？

答：一般都大 2~3 岁，同岁的也有。

问：你结婚之后，管不管家里的财政？

答：不管，我只管干家务。

【日常生活】

问：那时你们吃的是什么盐？

答：大盐。

问：大盐就是海盐吗？

答：是海盐，但又粗又脏。

问：从哪里可以买到呢？

答：到城里去买的。

问：那时照明用什么呢？

答：洋油灯。

问：这个村是什么时候有电灯的？

答：大概是 1961、1962 年左右吧。

问：你有没有听说过栾城解放时的情景？

答：听说晚上打的栾城，别的不知道了。

问：1949 年新中国成立时，这个村举行过什么庆祝活动吗？

答：那时，他奶奶管得严着哩，哪儿也不让去，什么也不知道。

问：1950 年新中国颁布了《婚姻法》，提倡婚姻自由，那时村里搞过宣传吗？

答：我不知道这事。

问：你上过学吗？

答：没上过学，一个字不识。

问："土改"的时候，你家分了多少地，多少牲口？

答：我成天忙着管孩子、做家务，没人给我说过家里分了多少地。

问：北五里铺这个村有没有地主、富农？

答：这个村比较穷，说是地主，其实还不如别村的中农。

问：他的名字叫什么？

答：叫刘香兰。他家当时有 8 口人，40 多亩地。

问：此人还健在吗？

答：不在了，20 多年前就死了。

问：自从你结婚以来，你出去做过工吗？

答：没有，就是下地干活、做家务。

问：过去，全家人的衣服、鞋、袜都是自己做吗？

答：从纺花、织布到做衣服都自己干。

问：现在人们都买成衣穿了。请问你是什么时候开始不织布的？

答：有十多年了。"文化大革命"前就有布票了。后来织布就不是为做衣服，而是做门帘、擦碗布之类的东西。

问：刚才你说过，以前婆婆管媳妇很紧，遇上唱戏赶集时，他奶奶让不让你去？

答：不让去。

问：从什么时候开始才让你自由行动呢？

答：他奶奶去世了之后。

【婆婆的死】

问：她是哪一年去世的？

答：1958 年还是 1960 年？闹饥荒的时候。

问：是不是饿死的？

答：不是，是生病死的，她平时吃不好，有了白面等好吃的东西，她都给孩子们吃，自己舍不得，生病死了。

问：可能是营养不良吧。你还记得 1958 年大炼钢铁时的事吗？

答：不怎么记得了。我孩子多，队里为了照顾我，让我在村里做饭哩。

【工分】

问：人民公社的时候，你每天下地干活吗？

答：是，我让孩子在家学着做饭，自己一前晌都下地干活。

问：当时你家属于几队？

答：现在是三队，以前是二队。

问：你们队在"文化大革命"期间，最好的年成一个工能有多少钱？

答：有过两块四五，队有副业，比较好。

问：最差的年成一个工有多少钱呢？

答：四毛多。

问：一般的水平是什么呢？

答：四五毛、五六毛是普遍的。他爸爸当过多年队长，知道这些。

问：你每天挣的工分和他爸爸一样吗？

答：干的活不一样，挣分也不一样。

【晚年生活】

问：过去有三从四德束缚妇女，妇女的社会地位很低。现在你认为妇女的地位如何？

答：现在都平等了。

问：你现有几个孙子？

答：4 个。

问：想不想让他们多生几个？

答：都不生了。人的想法不一样了。

问：你现在还干家务吗？

答：不干了。

问：你们老两口现在和谁住在一起？

答：他二哥家。

问：你们的生活费怎么办？

答：一个儿子一个月给 10 元钱，一年给 200 斤麦子、20 斤肉。

问：有没有规定让女儿也给？

答：没有。不过她们也常给东西。

问：婆媳关系怎么样？

答：好得很。到现在为止，我没和 5 个儿媳吵过一次架。

问：好，今天就到这里，谢谢你。

郝锁生（37 岁）

时　　间：1995 年 9 月 13 日上午

访 问 者：李恩民

同 席 者：张淑芳（郝氏之妻）

访问场所：郝锁生诊疗所

【家族介绍】

问：请问你叫什么名字？

答：郝丑儿。

问：正式名字呢？

答：郝锁生。

问：今年多大了？

答：38 岁了，1958 年出生。

问：你爱人名字叫什么？

答：张淑芳。

问：她比你大还是比你小？

答：比我大两岁，今年 40 岁。

问：她是哪个村的？

答：大裴村。

问：离这里有多远？

答：五六里地。

问：你们俩是自由恋爱的还是经人介绍结婚的？

答：介绍的。

问：哪年结婚的？

答：1980 年。

问：现在一家几口人？

答：5 口人，3 个孩子，一男二女。

问：大的叫什么？多大了？

答：叫郝鹏，14 啦，在乡中学上初一。

问：这是你长男啦？

答：是的。

问：长女叫什么？在哪里上学？

答：叫郝倩，12 岁，在本村上学，小学四年级。

问：最小的叫什么？也上学了吗？

答：叫郝桥，今年 10 岁了。他们几个都差两岁，小学三年级了。

问：你父亲叫什么，还健在吗？

答：郝物件，去世了。

问：哪年去世的？

答：1990 年。

问：母亲叫什么？

答：苏惠，也去世了。

问：何时去世的？

答：也是 1990 年，和父亲差 6 个月。

【个人经历】

问：你的文化程度到什么程度？

答：高中毕业。

问：你几岁上学的？

答：8 岁上学，在村里上五年小学，后到岗头村上初中，再后来到栾城中学上高中。

问：高中毕业后干什么了？

答：毕业后，去唐山搞抗震救灾。

问：是 1976 年？

答：是，是华国锋上台当主席的那一年。

问：在唐山做什么具体工作呢？

答：当时是公社派去的，说是做民工呢，但到了那里后分配做保卫工作，拿上枪转悠，防止偷盗等。

问：干了多长时间？

答：一个月。

问：后来回到村里了？

答：对，回到村里，在村办公室干了五六个月。

问：具体干什么工作？

答：作通讯员，收发报纸、信件，看守办公室等。

【学医】

问：后来呢？

答：干了几个月通讯员后，就当了医生了。1977 年就去县医院学习去了。

问：当医生的时候，你有医学知识吗？

答：没有，那时高中才毕业不久，没学过。

问：在栾城县医院学习了多长时间？

答：学习了一年。

问：当时教学是如何进行的？

答：速讲带实习。

问：也就是说，一边讲理论，一边让你们去实践。

答：对，理论和实践相结合。

问：这一年对你来说收获很大吧？

答：收获不小。

（有病人来看病，访问暂时中止）

问：在县医院期间，学习什么专业？

答：内科、外科、儿科、妇科都学。每个科室基本上都学习一两个月。咱农村医生必须全面，和大医院不一样，人家是专家。

问：学完之后，你有什么感受？

答：收获很大。因为高中刚毕业，对医学一窍不通，通过学习掌握不少专业知识，算是进入了医学大门。但医学还是得靠实践，在实践中摸索。

问：是否可以说这一年的学习奠定了你这一辈子从医的基础？

答：对，就是这样。

【村医生】

问：在县医院学习完之后，又回到了村里吗？

答：对，回到村里，在村卫生所当医生。

问：当时你们村卫生所有多少人？

答：只有 3 个人。

问：都是谁？

答：有徐保金，我，还有一个女的，叫王秀计。

问：现在徐保金和你都还在从医，王秀计呢？

答：她不干了，现在主要种蘑菇。

问：你在村卫生所一共干了多少年？

答：从县医院学习回来一直干到去年。

问：去年的几月？

答：麦收之后，大约是 6 月。

问：从去年 6 月开始，你就单独行医了？

答：是的，去年 6 月，我从村卫生所中分出来了，单独干了。

问：也就是说，徐保金现在行医的地方仍然叫村卫生所，你这里叫什么名字呢？

答：按乡里说的，名称都还是村卫生所，牌子只有一个，行医执照也是一个，只是分开干了。

问：去年刚开始时，你的医疗器械和药品都是自己买的吗？

答：分了一部分，买了一部分。

问：大概分了有多少？

答：有 1/4。

问：为什么是 1/4，不是 1/3？

答：分前几个月，刘书江也来了，村卫生所成了 4 个人。大家在一起干了大概三个月，因徐保金和王秀计闹意见了，就分开了。现在徐保金和刘书江还在村卫生所一起干，我分出来了。

问：刘书江为什么到了卫生所？他懂医吗？

答：他是一大队干部，不懂医，主要是给人拿拿药。

【私人诊所】

问：你去年单独开诊的时候，投资了多少钱？如买注射器、药品等？

答：10000 多块钱。这主要看你存药多少，你存的多的话，20000 元也不够。我这里是能够周转开就行了。

问：盖你这个诊所花了多少钱？

答：10000 元。

问：从去年开始到现在，你单独开诊开了一年多，成本花了 20000 多元，你对你这一年多的工作有何感受？

答：还比较理想。我自己干在各方面都能够优待村里的患者，有的费用可以不要了，有时可以便宜些，这样，来这里看病的患者就多了。4 个人在一起干时，却不能这样，这费不要，那费便宜些，就分不下钱了，一个人干，花销也少。

问：你在哪些方面优惠了患者？

答：比如说出诊费，上面规定，白天0.40 元，晚上加倍，这也不是额外要求，合理的，我们合伙干时，就照章收了。我现在基本上就不要了。我是这么想的，能多看几个病人就多挣几个钱。

问：这一点很难得。

答：大家觉得我这里便宜些，就多来我这里，有两个地方看病就有了竞争。

问：你对病人能否做到随叫随到，即使是在深更半夜？

答：能，能。我就睡在这个屋，有时候，一晚上被叫四五回出诊，有时候整个晚上都睡不成觉。吃不了苦，怕麻烦，干不了这个。

问：能举个例子吗？

答：那年给刘小喜孩子看病就是一例。他那孩子当时四五岁，一发烧就抽风，孩子失去知觉了。他害怕，一黑夜叫了五回，有时候我刚回来，他又叫来了。

问：你干了一年多，共挣了多少钱？成本是不是回来了？

答：成本怕是还没回来。我们合伙时，一个月一盘货，挣了多少钱，利润是多少，心里明白。我一个人干，也不盘货了，随挣随花，没数了。

问：一个人干，也应该有个收支账目？

答：太麻烦了。一个人干，挣多了多花，挣少了少花，没有关系。如两个人干，就必须盘货了。

问：在优惠患者方面，你除了不要出诊费之外，还有什么呢？

答：像外科，基本上是赔钱的，给人包个小伤呀，上点药呀，一般都不要钱了。包扎大点的外伤，要点本钱就算了。

【赊账】

问：我知道，在农村，一般人们口袋里不装多少现金，你这里是不是赊账？

答：赊账，卫生所和商店都赊账，农村有这个风气。有时候，他家里没什么钱，给不了；有时候，他有钱，但还想干别的买别的，所以，看完病就让先记账。

问：你这里并不是当下必须付现金？

答：是的，都是村里乡亲，谁家也不是常有钱，一时没钱，你不能不让人家拿药，有病了就得先看病，钱以后再说。

问：有没有赖账的？

答：这里还没有。因为当时他没钱就给他药了，再赖账，他就不好意思了。

问：这些赊的账，一般是你去要呢，还是他们主动送来呢？

答：百分之七八十都主动送来了。有少数的家里比较紧张的，如还不了，就说"今年给不了你了"，会来说一声，到了腊月，还没来还或者还没说过的，我就去他那里转一转，如实在没有，就明年再说，有的就算了。

问：你除了从医之外，还搞别的副业吗？

答：不搞，做医生不能出门，你出了门，病人来找，怎么办？

问：这样，你每个月大致能收入多少钱？

答：这不好说，有时多有时少。如村里有流行性感冒，病人就多，现在是淡季。

问：比如说在淡季的收入能有多少呢？

答：我也不盘货，真不知道每个月能收入多少。家里需要钱时，如买化肥、烟酒，随时就来拿去了，也不记账，收支就不知道了。

【声誉】

问：你的药品都是从哪里买的？

答：在县药材公司。有时候去厂家买，厂家便宜，像栾城神威药业股份有限公司，那里产的药不少，有西药和成药。

问：听说，现在假药挺多的，你有无办法鉴别？

答：有。

问：如何鉴别？

答：有的用眼就能鉴别出来，如红霉素，咬开后，里面的颜色不一样。

问：如不小心买进了假药，对你的影响是什么？

答：主要是荣誉上的损失。农村和城市不一样，荣誉非常重要。在城市，他在你那里看病不顶用，不去了，但有其他的病人来。在村里客户就是这些，要是坏了名声，就不能干了。要不，常讲"信誉第一"。

问：你这里使用药品主要是中药还是西药？

答：主要是西药，还有中成药。

问：有没有草药？

答：没有，现在农村人对草药都不太感兴趣了。在城里有中医院，专开中药，让慢性病人吃中药。这会儿，各村用草药的都少了。

【兼做农活】

问：你家有几亩地？

答：5亩多地。

问：这是你们5口人的地吗？

答：不是。我们这里一个人1.5亩地，我家3个人有地，一个姑娘没赶上分地。我老的有3亩地，我们弟兄3个，每人种1亩，合起来有5亩多地吧。

问：农活主要是你爱人干吗？

答：是的，平时主要是她干。农忙时，如过秋收麦时我们合伙干。

【行医资格】

问：你在县医院学习完了之后还在什么地方进修过吗？

答：在城郎公社卫生院学习过两个月。

问：那是在什么时候？

答：1978年左右吧，记不清了。

问：在你单独开诊所之前，县里或乡里对你进行考试吗？

答：考，年年考。今年是6月份考的。

问：合格了吗？

答：证明还没下来呢，可能合格了吧。

问：考试怎样进行呢？

答：和考大学一样。大家集中在一个教室里，在规定的时间内答卷，答完之后交上去，人家把卷子装到袋里，拿到市里去批，合格了会通知你。

问：不合格的呢，是不是就不能继续行医了？

答：不合格的让重考。

问：考试是由县里统一进行的，还是市里统一进行的？

答：是石家庄市统一进行的。

问：这就要求你平时还得不断学习，提高自己。

答：我没事了，就看看书。新的病症总是不断出现的，这项攻破了，又出现了另一项，有的在国际上都是解决不了的。咱治不了，但多少得知道点，不看书不行。

问：你干了一辈子医生，对于孩子，你的期望是什么？

答：希望他们好好学习，将来上大学。

问：是不是希望孩子上大学后能学医，像你一样做个医生？

答：当然，如果他能上医科大学更好了，关键是他要努力。干别的也可以，干一行爱一行就行。

问：好，今天就到这里，谢谢你。

答：不客气。

三

寺北柴村相关资料

（一）住宅配置图（见插页图）

（二）主要家系图

前院

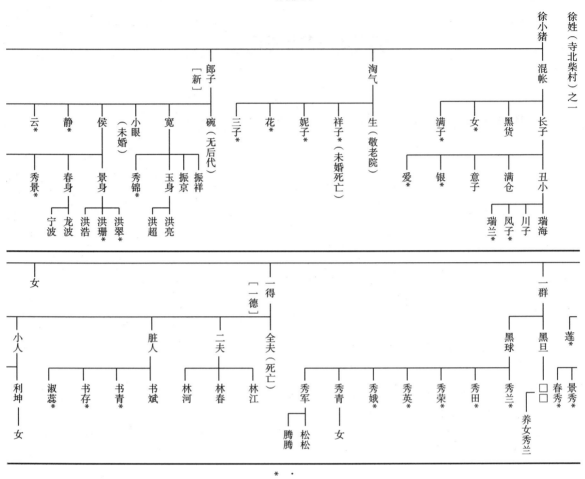

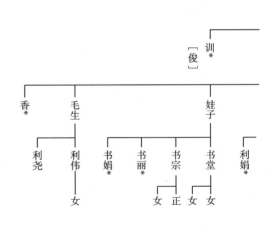

*　为女性。

·　一九九五年二月一九日，根据徐小眼叙述整理。（义子与满仓，谁大谁小，各有说法。整理者注）

中院

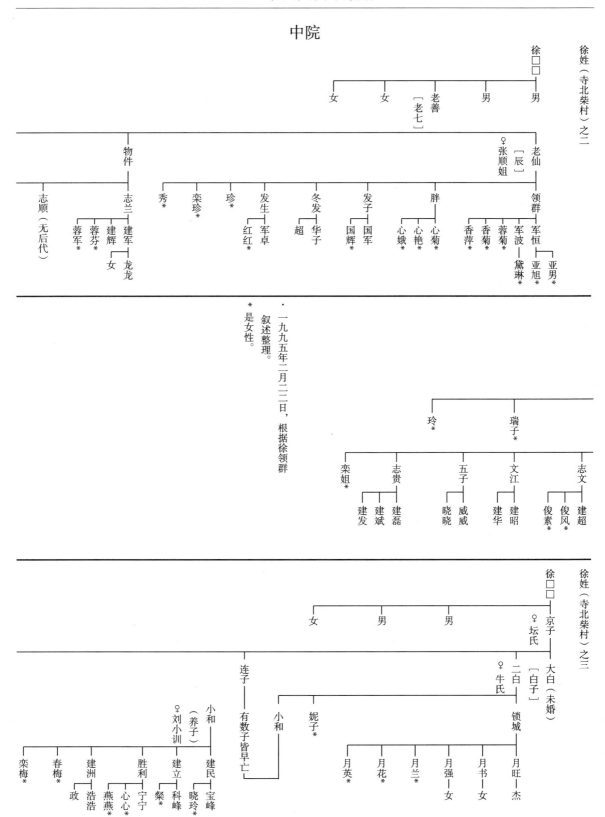

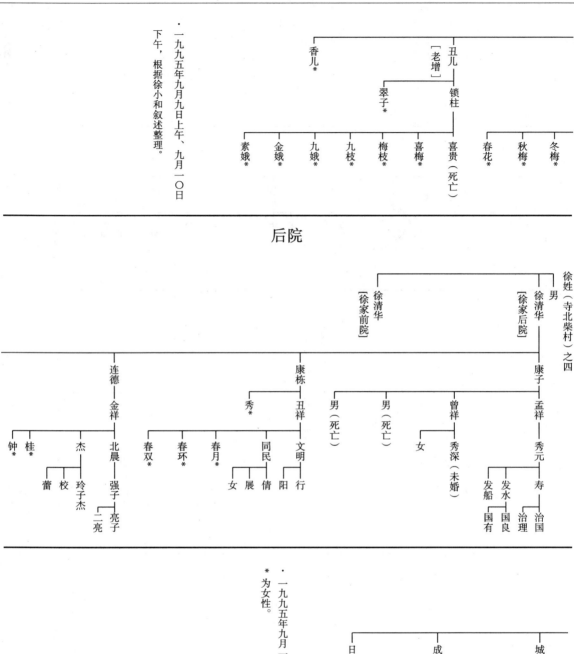

· 一九九五年九月九日上午、九月十日下午，根据徐小和叙述整理。

后院

· 一九九五年九月一一日上午，根据徐栾祥叙述整理。

* 为女性。

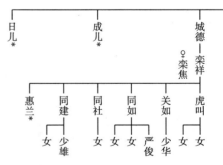

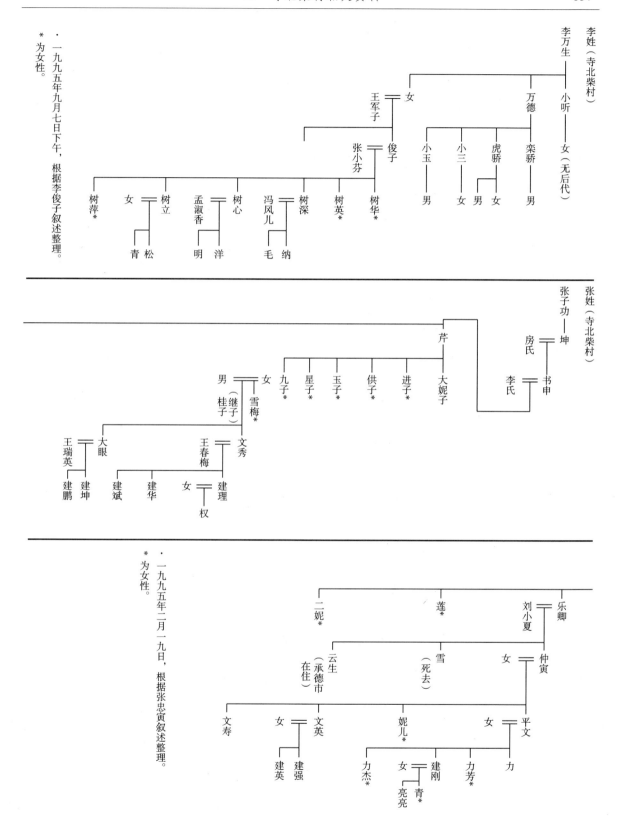

刘姓（寺北柴村）之一

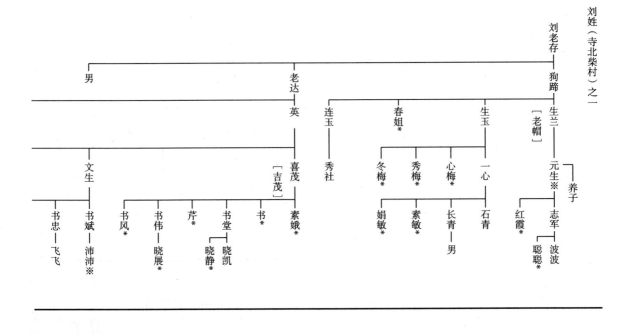

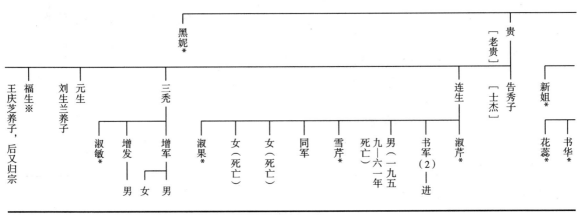

· 一九九五年二月二〇日，根据刘文生叙述整理。

＊ 为女性。

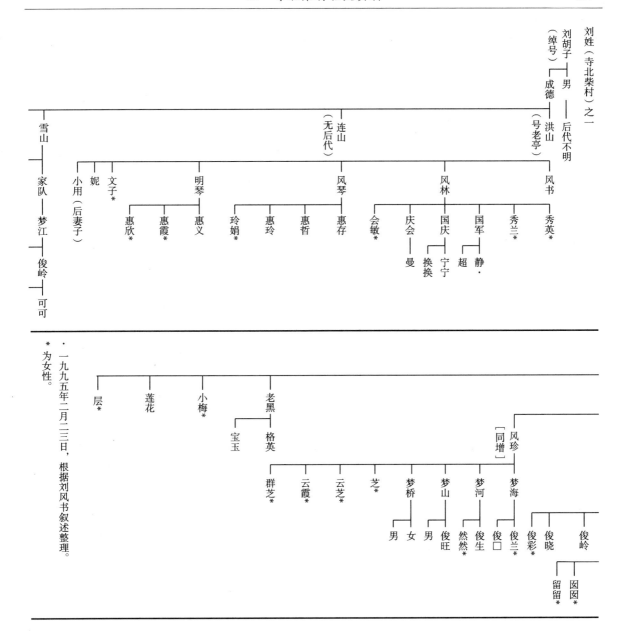

刘姓（寺北柴村）之一

刘胡子（绰号）—男—后代不明

成德

洪山（号老亭）

刘风书、风林、风琴、连山（无后代）、雪山

文子、妮、小用（后妻子）

惠欣*、惠霞*、惠义、玲娟*、惠玲、惠哲、惠存、会敏*、庆会、国庆、国军、秀兰*、秀英*

曼、宁宁、换换、超、静·

家队—梦江—俊岭—可可

· 一九九五年二月二三日，根据刘风书叙述整理。

* 为女性。

层*、莲花、小梅、老黑

宝玉、格英

群芝*、云霞*、云芝*、芝*、梦桥、梦山、梦河、梦海、风珍[同增]

男、女、男、俊旺、然然*、俊生、俊□、俊兰*、俊彩*、俊晓、俊岭

囡囡*、留留

（三）寺北柴村庙会捐款账单

寺北柴村 1994 年 10 月 15 日庙会收社员款收付款账

表 1　1994 年第一次社员交庙款

	姓　名	人　口	交　款	姓　名	人　口	交　款
一　队	郝洛丑	4	10.00	郝小义	4	10.00
	郝增顺	6	15.00	郝秀林	3	7.50
	郝成群	5	12.00	郝发水	4	10.00
	郝振玉	4.2	10.00	郝　恒	3.3	7.00
	郝文辉	1.4		郝秋贵	4	10.00
	郝朝辉	1.4	4.00	郝黑棍	6	15.00
	郝保金	4	10.00	郝振山	4	10.00
	郝保芹	4	10.00	郝二垂	5	12.50
	郝元增	3.6	10.00	郝录子	1	
	郝建刚	1.2	3.00	郝发成	3	7.50
	郝建立	1.2	3.00	二丑子	5	12.50
	郝福贵	3	5.00	郝连俊	3	7.50
	郝连坠	4	10.00	郝福印	5.5	13.00
	郝双坠	1		郝根发	3	5.00
	郝保贵	7	17.50	郝分成	3.5	8.00
	郝　贵	6	15.00	郝吉辰	5.61	13.00
	郝根锁	4	10.00	郝小七	5.5	14.00
	郝进堂	2	5.00	郝小六	4.5	10.00
	郝全福	5	12.50	郝连恒	5	12.50
	郝增顺	4	10.00	郝义山	4	5.00
	郝吉锁	4	10.00	郝贵山	3	8.00
	郝小春	4	10.00	郝中义	4	10.00
	大五生	5	5.00	郝中海	2	5.00
	郝辰山	5	12.50	郝丑旦	2	5.00
	郝小锁	5	10.00	郝小江	4	10.00
	郝秀玉	6	15.00	郝软子	5.5	13.00
	郝丙海	1	3.00	小五生	5	12.50
	郝丙彦	7.9	15.50	郝年子	5	12.50
	郝同锁	2	5.00	郝黑旦	1	2.00
	郝吉春	3	7.50	郝增力	1	2.50
	郝　会	2		郝孟辰	1	2.50
	郝连垂	2	5.00	郝永辰	1	2.50
	郝垂子	2	5.00	郝会力	1	3.00
	郝振贵	5	12.50	郝会强	1	2.50
	郝小寿	4	10.00	郝贵停	1	2.50
	郝保平	3.3	7.00	郝君子	1	
	郝　丑	4	10.00	郝建辉	2	6.00
	郝同顺	7	17.50	合　计		622.00

	姓 名	人 口	交 款	姓 名	人 口	交 款
二 队	郝明芹	2.5	9.00	郝大顺	5	12.50
	徐宝金	4	10.00	郝秋福	2	3.00
	郝振京	3	8.00	郝同合	3	7.50
	郝侯子	6.5	15.00	郝生旺	2.67	7.00
	张连玉	4.5	11.00	郝同生	2	5.00
	张香玉	6.5	12.00	张文秀	3.67	10.00
	郝锁珍	5	12.50	郝五京	3.67	10.00
	郝冬群	5		郝吉英	3	7.50
	郝发锁	3		郝保住	2	
	郝红芹	1.5	5.00	郝群坠	4	10.00
	徐九娥	2	5.00	郝同心	3	7.50
	郝摊子	1	2.00	郝三成	4	10.00
	张大眼	4	10.00	郝晏子	3	7.50
	郝瑞峰	3		郝丑子	4	10.00
	郝瑞旗	3	8.00	郝红旗	4	10.00
	郝黑豆	5	12.50	郝丑孩	7.5	15.00
	郝心生	3	7.50	郝吉文	7	17.50
	郝贵发	2	5.00	郝洛歹	4.5	10.00
	郝保文	6	15.00	郝会刚		2.50
	郝瑞山	3	7.50	张瑞玲	1	2.50
	郝 停	4	10.00	郝会义	1	2.50
	李胡叫	3	7.50	郝增艮	6	15.00
	李栾叫	2		张增法	5	12.50
	郝小三	2	5.00	张秀法	6	15.00
	郝小五	1		李中秋	3.33	8.00
	郝二丑	1.5		李中锁	1.34	
	张双贵	6.34	16.00	李俊子	2	5.00
	郝胜利	6	15.00	徐连冬	2	
	郝古倒	3	7.50	郝洛本	3	7.50
	郝连胜	3	7.50	徐孟祥	3.6	8.00
	郝保福	2		徐保刚	1.7	
	郝振川	2	5.00	徐五子	1.7	4.50
	徐宝辉	4	10.00	徐保玉	2	4.00
	郝振海	4	10.00	郝丑小	5	12.50
	李中福	3.33	8.00	郝振河	3.34	8.00
	郝锁芹	5	12.50	郝书民	3	7.50
	郝更晨	1	2.50	李书深	3	7.50
	郝作民	3	7.50	李书新	2	5.00
	郝会义	1	2.50	张二贵	5	12.50
	张 立	3.5	8.00	郝吉祥	5	12.50
	郝建刚	1.17	3.50	合 计		605.50

	姓　名	人　口	交　款		姓　名	人　口	交　款
三　队	徐小眼	1	2.50		徐志贵	4	10.00
	徐连祥	5	12.50		徐满仓	4	10.00
	郝　丑	5	12.50		徐芝文	5	12.50
	徐小人	4	10.00		徐丙辰	3.5	8.50
	徐书堂	3	7.50		徐文明	5	12.50
	徐赃人	5	12.50		徐五子	5	12.00
	徐　侯	4	7.50		徐芝兰	3	2.50
	徐景申	2	5.00		徐建军	2	5.00
	徐茂生	3	7.50		徐杰子	5.5	13.00
	徐辉子	5	12.50		徐建新	3	7.50
	徐球子	3	7.50		徐文江	4	10.00
	徐义申	5	12.00		徐二旦	4	10.00
	崔天增	5	13.00		郝六州	2	5.00
	徐　胖	5	12.50		徐建周	2	
	徐法子	4	10.00		徐建立	2.5	10.00
	徐　寿	3	7.50		徐建敏	3.5	
	徐同民	5	12.50		徐胜利	2	5.00
	郝建敏	2	5.00		徐军恒	3	7.50
	郝锁子	7	17.50		徐同建	3	7.50
	郝栾芝	2	5.00		徐书崇	3	7.50
	郝书心	2	5.00		徐建辉	2	5.00
	郝振祥	4	10.00		徐发水	2	5.00
	徐建子	4	10.00		郝建法	2	5.00
	徐秀叶	3	7.50	合　计			555.50
	张文寿	3	7.00		姓　名	人　口	交　款
	张文英	3	7.50	四　队	刘玉良	5	12.50
	郝孟珠	5.34	15.00		赵明校	4	10.00
	徐锁成	5.34	13.00		刘增路	2	5.00
	徐丑小	4	10.00		张小狗	7	17.50
	徐瑞海	3	7.50		赵福寿	4	7.50
	赵金娥	5	12.50		赵光兴	1.25	3.50
	徐义子	3	7.50		赵光为	1.25	3.50
	徐芝顺	2	5.00		赵心乐	3	7.50
	徐　三	2	5.00		郝赃人	3	7.50
	徐中文	1	2.50		赵明月	4	10.00
	徐喜子	5	12.50		赵明云	1	10.00
	徐发明	2	5.00		赵明太	4	10.00
	徐秋玉	6	12.00		赵修路	5	12.50
	徐六旦	4	10.00		赵修江	4	10.00
	徐发生	3	7.50		赵增贵	6	15.00
	徐东法	3	7.50				
	徐领群	5	12.50				

	姓　名	人　口	交　款		姓　名	人　口	交　款
四　队	赵大元	4.5	11.00		刘一心	4	10.00
	赵成军	1.5	4.00		刘增发	1	2.50
	刘庆路	3	7.50		刘国军	1	2.50
	赵明德	5	13.00		刘国庆	1	2.50
	赵明须	6	15.00		王秀杰	1	2.50
	赵福京	4.5	45.00		合　计		552.00
	赵福顺	1.5	10.00		姓　名	人　口	交　款
	赵锁元	3	10.00	五　队	刘连生	3.5	7.50
	郝路子	5	12.00		刘文生	5	12.50
	刘秀舍	6	14.00		刘孟山	5.34	13.00
	刘小秃	2	5.00		刘孟江	7	17.50
	刘更申	6	5.00		赵锁芹	4.5	11.00
	刘欢心	2	5.00		赵艮锁	4.5	11.00
	赵假妮	4	10.00		刘书京	4	10.00
	赵云姐	2	6.00		赵云付	5	
	郝二堂	3	7.50		赵金良	3.5	
	郝腊月	4	8.00		赵孟芹	4	10.00
	郝荣堂	6	15.00		赵孟彦	1	2.50
	刘孟河	4.5	11.00		赵孟力	1	2.50
	郝双锁	5	12.50		赵艮丑	5	12.50
	刘孟桥	2.5	6.00		赵金子	1	2.50
	刘孟申	4	10.00		赵五十	3	6.00
	刘孟海	4	5.00		赵二珠	3	7.50
	刘风明	5	12.50		刘吉辰	3	5.00
	刘风书	4	10.00		刘书增	2	10.00
	刘小喜	4	10.00		赵二巴	5.65	15.00
	刘三秃	4.5	11.00		刘付生	3	7.50
	刘秋志	5	12.50		赵艮增	4.67	12.50
	刘连瑞	6	12.50		赵小四	3.6	5.00
	郝小狗	4	10.00		王元生	5	12.50
	郝三子	3	7.50		刘德元	4	5.00
	郝增岐	2.5	6.00		刘大贵	5	10.00
	郝生元	4.5	10.00		赵低拉	4.7	12.00
	郝丑人	3.7	9.00		刘生艮	4.33	8.00
	郝八人	3.7	9.00		赵东角	5	4.00
	郝小丑	1.7	4.00		赵小珠	6	15.00
	郝洛丑	5	12.50		赵小六	2	5.00
	郝天增	2.5	6.00		赵瑞生	2.17	5.00
	郝元增	3.5	7.00		赵瑞海	2.5	5.00
	王庆海	5	10.00		赵瑞河	2.5	5.00
	王秀山	3	8.00		赵海辰	1.5	
	赵国强	2	5.00		刘创子	6.47	5.00

续表

姓　名		人　口	交　款	姓　名		人　口	交　款
五　队	刘同建	1	2.50		赵艮贵	6	15.00
	王洛胖	4	8.00		赵美玉	9	20.00
	赵栾生	6	15.00		刘玉合	6	15.00
	刘吉山	5.67	14.00		刘喜毛	7	17.50
	赵　三	1.7	3.00		刘保贵	5	12.50
	赵小七	4	10.00		刘志景	3	7.50
	刘花贵	3			刘艮生	2.66	6.00
	刘洛丑	6	15.00		刘凤芹	3	7.50
	赵艮良	3.5	9.00		刘仁山	6.66	10.00
	赵孟心	1.5	3.00		刘金祥	4.4	10.00
	赵孟须	1.5	3.00		李水兵	3	7.50
	赵修身	6	15.00		刘　三	4	10.00
	王瑞中	2	5.00		刘吉金	1.4	4.00
	刘更瑞	3	7.50		赵增辰	6	15.00
	刘荣刚	3	7.50		刘增力	1	
	赵荣福	3	7.50		刘同力	1	2.50
	赵荣其	2			刘增坤	2	15.00
	赵连群	1			刘建设	1	3.00
				合　计			575.50

表 2　收副业款

郝同顺				刘增力	印刷厂		15 元
郝小寿	铸塑厂	捐款计	450 元	赵翠苹			10 元
刘玉合	蜂窝煤厂	捐款	200 元	冯西永	饭馆		10 元
赵增辰	石灰厂	捐款	200 元	郝增顺	自行车修理部		10 元
郝瑞停	蜂窝煤厂	捐款	150 元	郝永辰	电视修理部		10 元
郝发水	电气焊厂	捐款	100 元	1994 年 10 月 15 日庙会收油款			50.32 元
郝孟珠	蜂窝煤厂		100 元	郝秀玉　饭馆		50.00 元	欠
郝同锁			100 元	收款总计数：			
郝保文	蜂窝煤厂		60 元	收社员戏款			2910.50 元
徐娃子	收废品站		50 元	收副业摊款			1871.32 元
郝中锁	肉铺点		50 元				
郝　贵	煤厂		50 元	上计总计			4781.82 元
郝秀玉	饭馆		50 元	1995 年正月 26 日收庙油款		37.00 元	
赵福顺	销货摊		30 元				
徐同建	木器加工		30 元	总计			4818.82 元
郝增须	电器焊厂		30 元	出款总计数：			
李同江	销货点		30 元	1994 年找戏共付出			
刘孟桥	蜂窝煤厂		30 元	1995 年正月 26 日唱戏共付出款			
郝永利	电锯加工		20 元				
郝吉锁	锁货点		20 元	总计			5027.20 元
郝红芹	电锯加工		20 元	亏款			208.88 元

表3　打善鼓开支款及其他

卷子			35.00	合计款	盐		1.00	合计款
粉条	10斤	1.75	17.50		车费		10.00	
豆腐	10斤	0.80	8.00		香、纸		2.80	88.60
豆油	1		4.00		灯泡		4.00	
果子			4.00		找戏车费		32.00	
醋料			2.50		找戏饭费		10.00	
烛	2合		1.60		毛笔	3支	7.10	53.10
瓜子	1斤		2.20		合　计			141.70元

表4　总支出细目

庙会付福顺款			176.00元
正月二十六日	冰柜		20.00元
小春	白菜	150斤	30.00元
	肉		30.00元
	戏卷子	50斤	60.00元
	庙卷子	20斤	20.00元
	粉条	8斤	15.00元
	金贵干柴		35.00元
	油盐酱醋		6.50元
	冰糕	40	8.00元
	永利干柴		16.00元
	徐三干柴		15.00元
	饭费戏		5.00元
	犒台款		325.00元
正月二十日	红表红纸墨汁		11.50元
	担召子烛、红纸		4.20元
二月二十五日	古倒打针狗咬		9.00元
正月二十三日	担召子4人饭费		16.00元
	糊窗户纸	10张	3.00元
正月二十六日	豆腐		35.00元
	秀申鸡犒戏	5斤　5.50　1斤	27.50元
	孟辰红表	2张	0.60元
	犒戏饭费		17.20元
	租戏台崇北		300.00元
1994年找戏车费庙开支款			141.70元
戏款			3600.00元
共付			4927.20元

表 5　1994 年收社员戏款

1 队	622.00 元	4 队	552.00 元
2 队	605.50 元	5 队	575.50 元
3 队	555.50 元	合计	总收社员戏款　2910.50 元

（四）清代契约文书

寺北柴村收集文书目录：

①买卖文书（土地）：雍正六年：红契·无契尾

②买卖文书（土地）：乾隆三年：红契·无契尾

③买卖文书（土地）：乾隆四年：红契·无契尾

④买卖文书（土地）：乾隆二十年：红契·有契尾

⑤买卖文书（土地）：乾隆二十年：白契

⑥买卖文书（土地）：乾隆三十一年：红契·有契尾

⑦买卖文书（土地）：乾隆三十七年：红契·无契尾

⑧交换文书（土地）：乾隆五十八年：白契

⑨买卖文书（土地）：嘉庆七年：白契

⑩买卖文书（土地）：嘉庆十二年：白契

⑪买卖文书（宅地）：道光十五年：白契

⑫买卖文书（宅地）：道光十六年：白契

⑬买卖文书（土地）：道光二十一年：红契·无契尾

⑭买卖文书（土地）：道光二十三年：白契

⑮买卖文书（土地）：咸丰七年：白契

⑯买卖文书（土地）：咸丰十年：白契

⑰买卖文书（土地）：咸丰十年：白契

⑱买卖文书（土地）：咸丰十年：红契·有契尾

⑲典当文书（土地）：同治四年：白契

⑳买卖文书（土地）：同治九年：红契·不清楚是否有契尾

㉑告示（正定府知府的意见）：光绪三年

①**买卖文书（土地）：雍正六年：红契·无契尾**

立文约人郝贞元因为无钱使用今将自己庄户一分二厘东至郝廷元西至买主南至卖主北至郝仲元四至明白今凭中人郝秀玉说卖与郝福元永远为业言定时值价钱　壹千　其钱当日交足外不欠少恐后无凭立字为证

共价钱壹千文

　　计开内有过道一条

雍正六年七月初九　　　　　　　　　　　　　　　　　　　　　日立

注：画线部分是稍大的字体，该部分盖有官印。

②买卖文书（土地）：乾隆三年：红契·无契尾

立字人徐文瑞因为无银使用今将村北白地一段计地一亩九分三厘系南北□□□大道西至徐云河南至道北至郝振学四至明白今凭中人张炳说卖与郝□□永远为业言定共价银五两七钱九分其银当日交足外无欠少恐后无凭立文约存证。

共价银伍两柒钱玖分

乾隆三年八月　　　　　　　　　　　　　　　　　　　　日立

　　　　　长活三丈二尺

　　　　　横活一丈一尺五寸

　中人张炳　长活十七丈

　　　　　北活七丈三尺五寸

　　　　　中活六丈五尺二寸

　　　　　南活六丈

注：画线部分是稍大的字体，该部分盖有官印。

③买卖文书（土地）：乾隆四年：红契·无契尾

立字人郝秀玉因为无银使用今将村北白地一段计地二分系东西畛东至大道西至郝福元南至郝福元北至郝振学四至明白今凭中人张炳说卖与郝福元永远为业言定价钱六百文其钱当日交足外无欠少恐后无凭立字存证

共价钱陆百文

乾隆四年正月　　　　　　　　　　　　　　　　　　　　日立

注：画线部分是稍大的字体，该部分盖有官印。

④买卖文书（土地）：乾隆二十年：红契·有契尾

立文约人张忠因无钱用将自己村北地一段计地一亩二分系南北畛东至王金保西至本主南至小道北至本主四至明白同中人郝进说卖与郝进府永远为业言完共价钱三千其钱三面交足并不欠少恐后无凭故立文约存照

乾隆二十年正月　　　　　　　　　　　　　　　　　　　日立

　　　　　长活二十三丈七尺

　　　　　北横活二丈五尺

　　　　　中横活二丈六尺一寸

　　　　　南横活二丈六尺一寸

注：第三行"共价钱三千"上文书右中央盖有官印。而且贴契尾的文书左端有骑缝印。契尾损伤严重，预先印刷的文面无法辨认。被粘贴的契尾中央有能读的日期"乾隆贰拾肆年"（肆字是不同笔写），所以可以推测该文书签立后不久在栾城县办理的登记手续。

⑤**土地买卖文书（乾隆二十年：白契）**

立文约人徐云河因为无钱使用将自己村北园地一段计地一亩四分九厘五毫系东南北畛东至卖主西至张六南至大道北至郝□四至明白同五尺行王寅说卖与郝进喜永远为业言定每亩价钱五千共价钱七千五百其钱面交完外不欠少恐后无凭立字存证

乾隆二十年正月　　　　　　　　　　　　　　　日立

　　　　长活二十丈三尺

　　　　北活五丈三尺

　　　　中活四丈四尺

　　　　南活四丈二尺八寸

⑥**买卖文书（土地）：乾隆三十一年：红契·有契尾**

□□□人王金保因无钱用村北旱地一段计地三亩九分系南北畛南北同至小道□□□进西至买主四至清楚凭中人王升说合卖与郝进喜名下永远为□□□每亩价钱六千共价钱拾捌千伍佰肆拾文其钱同中交足不欠恐后无□□□字存证

□□□十年十一月　　　　　　　　　　　　　日立

　　　　长科四十五丈四尺五寸

　　　　北横科三丈九尺四寸

　　　　中横科四丈一尺

　　　　南横科四丈一尺九寸

注：第三行的"拾捌千伍佰肆拾文"卖价上文书的右面中央部分盖有官印。贴付契尾的文书左端盖有骑缝章，此文书的日期已经无法读，但被贴付的契尾中央有另外笔迹写的"乾隆三拾壹年四月初九"看得清，故把本文书定为乾隆三十一年。

⑦**买卖文书（土地）：乾隆三十七年：红契·无契尾**

□卖契人郝进亮有自己庄夥一所系南北畛东至过道西至郝进喜

□至过道北至郝进喜四至分明凭中人郝自省王□休说卖与郝进喜名下永远为业言定价钱□拾千□其钱当面交足不少恐后无凭立□契为证。

　　　计开

庄夥南头东边有郝进喜三尺七寸一分□厘许在□居住

□往来行走不许郝进亮堆土堆粪亦不许郝进喜堆土堆粪

乾隆三十七年正月　　　　　　　　　　　　　日立

注：第三行的"价钱□拾千□"部分中央盖有官印。

⑧**交换文书（土地）：乾隆五十八年：白契**

立换契人郝西山克恭各有村东园地一段计地二亩一分四厘四毫九丝五忽情愿兑换中人郝早说合立字存照

乾隆五十八年十二月　　　　　　　　　　　　日立

长科二十九丈一尺五寸

东　　四丈六尺

中横科

西　　四丈二尺三寸

⑨买卖文书（土地）：嘉庆七年：白契

立卖契人王维有村北园地一亩六分九厘八毫五丝系东西畛东至郝勤修西至郝安南至郝潜修王粹北至买主四至分明同中人郝贵说合卖于郝三酱色名下为业言定卖价每亩大钱五千文交足不欠立字存照

东　　　　五丈七尺六寸

长科十七丈二尺　　横科

西　　　　六丈零九寸

嘉庆七年正月　　　　　　　　　　　　　　　　　　　日

⑩买卖文书（土地）：嘉庆十二年：白契

立卖契人郝进府有村北园地一亩〇六厘二毫系南北畛东至大道西至郝贵南至大道北至卖主四至分明同中人郝学说合卖于郝公名下为业言明卖价大钱三千文立字为证

南　　五丈六尺三寸

长科十丈六尺七寸　　横科

北　　六丈三尺七寸

嘉庆十二年正月　　　　　　　　　　　　　　　　　　日立

⑪买卖文书（宅地）：道光十五年：白契

立卖契人郝恒修有路北庄宅一所东至过道西至买主南至大道北至卖主四至分明同中人王维说合卖于郝振修名下为业言明卖价大钱柒千伍佰文立字为照

南北　　三丈二尺

科

东西　　三丈五尺

道光十五年十一月二十六日　　　　　　　　　　　　立

⑫买卖文书（宅地）：道光十六年：白契

立卖契人郝克明有路北庄宅一所东至卖主西至大道南至卖主北至卖主四至分明同中人郝温说合卖于郝振修名下为业言明卖价大钱共五千夕文其钱当日交足并不短少立字存照

计开西边流过道一条五尺

道光十六年十一月十二日　　　　　　　　　　　　立

⑬**买卖文书（土地）：道光二十一年：红契·无契尾**

立卖契人郝克生因乏用今将自己庄窝壹段余东西科三丈五尺东至夥过道西至郝南至郝北至郝四至分明今同五尺行赵老次说合卖与　郝　名下永远为业言明卖价大钱壹拾千零壹佰文其钱当下交清不欠立卖契为证

道光二十一年三月　　　　　　　　　　　　　　　　　　日立

注：第三行下部"卖价大钱壹拾千"部分盖有官印。

⑭**买卖文书（土地）：道光二十三年：白契**

立卖契人赫门窑因为不便今将自己村北园地一段计地三亩五分五厘八毫六丝系南北畛东至郝王西至赫王北至顶头南至小道四至分明同五尺行郝洛参说卖与郝名下承种言明卖价钱共肆拾捌仟叁佰陆拾贰文其钞当面交足恐后无凭立字为证

道光二十三年二月　　　　　　　　　　　　　　　　　　日立

⑮**买卖文书（土地）：咸丰七年：白契**

立卖契人李永成因不便今将自己村北园地一段计地一亩零五厘二毫八丝系南北畛东至王西至买主南至小道北至买主四至分明同五尺行郝振德说合卖与郝克信名下承种为业言明卖价共大钱壹拾陆仟伍佰文其钱当下交足不欠立字为证

咸丰七年十二月七日
　　　　　　长活三十二丈九尺
　　　　南　　一丈九尺二寸
　　　　　横活
　　　　北　　一丈九尺二寸

⑯**买卖文书（土地）：咸丰十年：白契**

立卖契人郝克生因为不便今将自己村东旱地一段计地四分零八厘六毫二丝一忽系东西畛东至大道西至郝南至郝北至买主四至分明同五尺行郝振德说合卖与郝克信名下承种为业言明卖价大钱四仟三佰文其钱当下交足分文不欠立字为证

咸丰拾年正月二十四日
　　　　西一活　　　　　　东一活
　　　　长活十丈　　　　　长活二十丈〇四尺五寸
　　　　西　一丈七尺　　　西　一丈二尺
　　　　　横活　　　　　中横活　　八尺
　　　　东　一丈二尺　　　东　　　七寸

⑰**买卖文书（土地）：咸丰十年：白契**

立卖契人郝克生因为不便今将自己村北园地一段计地四分二厘七毫六丝二忽系东西畛东至郝西至大道南至买主北至郝四至分明同五尺行郝振德说合卖与郝克信名下承种为业言明卖价大

钱柒仟伍佰文其钱当下交足分文不欠立字为证

　　咸丰十年正月二十四日

　　　　　　长活八丈二尺五寸

　　　　　　西　　三丈一尺五寸

　　　　　　　横活

　　　　　　东　　三丈〇七寸

⑱**买卖文书（土地）：咸丰十年：红契·有契尾**

　　立卖契人郝克生因为不便今将自己村北园地一段计地一亩一分六厘九毫

一丝六忽系南北畛东至大道西至买主南至买主北至张四至分明同五尺行

郝振德说合卖与郝克信名下承种为业言明共卖价大钱壹拾伍仟五佰文其钱当下交足分文不

欠立字为证

　　　　内有坟四个日后不许埋人添坟

　　咸丰十年十一月二十日

　　　　　　长活一十丈

　　　　　　南　　　六丈七尺八寸

　　　　　　　横活

　　　　　　北　　　七丈二尺五寸

注：第三行下部的"卖价大钱壹拾伍千五百"上盖有官印，日期及上部也盖有官印。而且贴付契尾的文书
左端盖有骑缝章，契尾损伤严重，文书上预印花纹及登记手续时记入的日期已经无法辨认。

⑲**典当文书（土地）：同治四年：白契**

　　立当契人朱　佩因为不便今将自己村北井地一段计地贰亩系东西畛东至顶头西至大道南至
郝北至道四至分明同中人郝老多说合当于郝名下承种言明当价双底大钱壹拾伍仟伍佰文其钱当
日交足恐后无凭立字为证

　　同治四年三月初十日

　　钱粮杂派每亩壹佰文

⑳**买卖文书（土地）：同治九年：红契·契尾有无不明**

　　立卖契人郝连昌连隆因为不便今将自己村北园地一段计十七亩二分六厘七毫零七忽系南北
畛东至本主西至张家南至王家北至大道四至分明今同五尺行郝振德说合卖与郝克信名下永远承
种为言明卖价共合价大钱捌拾肆仟捌佰文其钱当日交足恐后无凭立字为证

　　　　寺北柴村同治九年二月二十日　　　　　　　　　　　　　　　立

　　　　　　北一段　　　　　　　　南一段

　　　　　　长活九十丈〇六尺六寸　长活三十丈六尺四寸

　　　　　　南　　　四丈二尺二寸

　　　　　　　横活　　　　　　　　中横活　丈九尺九寸

北　　四丈四尺六寸

　　注：第五行上部的卖价上文盖有官印。日期及上部也盖有官印，而且"南一段"的"长活"的数值下部分有小的官印。

三告示：光绪十三年

钦加三品衔特用道署直隶正定府正堂随带加三级纪录十二次萧

　　　　　　　　　　　　　　　　　　　　　　　　　　　　　　为

晓谕事照得欒城縣捐存积谷六千七百六十七石五斗一升三合内除该前縣彭令禀明酌提变价买房建

倉外尚剩倉斗谷五千五百七十六石三斗六升二合分交城鄉富户收存上年该前縣柴令以此谷存储有年渐形

霉变一经连倉難免朽蠹設有折耗捐补不易遂做出陈易新之法饬令绅董变价发商生息遇有豐年

穀价平减将本利一並買谷还倉庶使谷石有盈无绌而于备荒之道不无裨益禀奉

督宪批准照办乃该县举人张俊德並文生孙邦彦郝景隆杨文焕王梦松等希冀免交谷价从中

阻挠捏词上控以致应交谷价之人均各观望前奉

督审暨

藩审行府提讯饬遵业经本府提集张俊德等讯饬张俊德等自知情虚俱各俯首乞恩情愿遵断

交价不敢再行阻挠因时届岁兰未便催交谷价拟请缓至本年由府出示自三月初一日起至闰四

月底止予限三月一律呈交倘再有观望延欠之人则是张俊德等暗中阻挠应唯张俊德等是问兹

于本年正月十二日详奉

督审李　　　批如详办理仰即饬遵如再阻挠即将张俊德等究办缴等因。蒙此除行县遵办外合

行出示晓论　为　此示仰欒邑存谷各绅民人等一体知悉尔等即将应交谷价按照该前县禀明每

市斗一石耀制钱二千三百文定断暨本府详定限期自本年三月初一日起至闰四月底止一律呈缴该县公

所听候发商生息毋得妄听张俊德等教唆观望延欠致干提究凛遵特示

　　　　　遵

　　　　　　　　　　　　　　　　　　　　　　　　　　右　谕　通知

光绪十三年二月　　二十一　　日

　　　　　　告　　示　　　　　　　　　　　　　　　　　寔贴寺

北柴村

　　注：单横线部分为主笔，双横线部分标有红点和红线，文书的右上部、左上部日期上盖有官印。

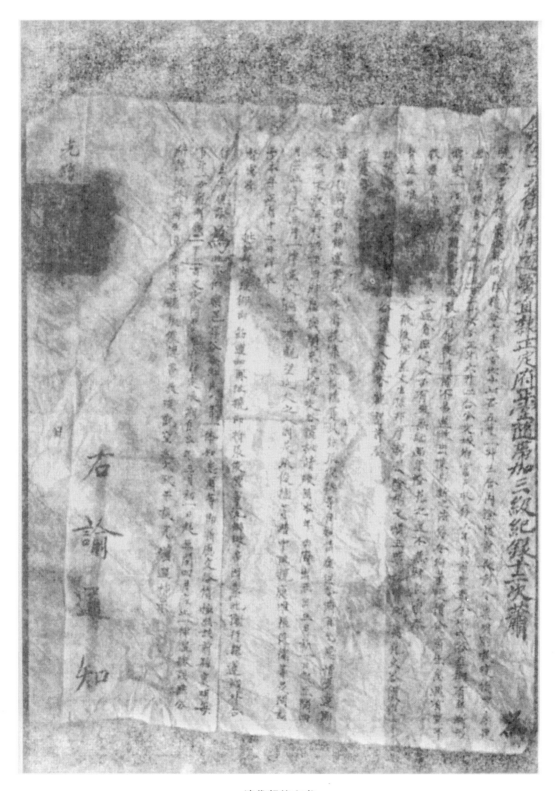

清代契约文书

（五）栾城县、北五里铺经济统计资料

表6　栾城县统计

产量单位：斤　　面积单位：100 亩

年	粮食/亩产	棉花/亩产	粮食/耕地	棉花/耕地面积	年	粮食/亩产	棉花/亩产	粮食/耕地	棉花/耕地面积
1949	123.4	15	3157	1421	1972	451	28.5	3055	1299
1950	131.4	21	2944	1935	1973	426.5	48.5	3050	1300
1951	166.4	21.7	2270	2381	1974	491.6	36.5	3047	1300
1952	180.1	26.1	2938	2080	1975	482.7	36.5	3037	1300
1953	197	24.4	3197	1673	1976	508.9	15	3035	1300
1954	171.8	20	2714	2004	1977	405.9	34	3032	1299
1955	182.2	28.7	2547	2336	1978	552.9	14	3041	1289
1956	151.4	17.6	2502	2336	1979	554.1	17.5	3164	1180
1957	185.3	30.5	2818	1786	1980	503.8	42	3143	1124
1958	196.9	33.1	3132	1600	1981	588.7	32	3095	1148
1959	164	27	3012	1500	1982	625.2	32.5	3039	1164
1960	145.5	18.7	2731	1486	1983	671	65	3063	1150
1961	105	13.5	2733	1472	1984	670.2	57	3136	1015
1962	141.8	16.6	2912	1472	1985	615.3	52	3441	589
1963	81.7	8.1	2699	1722	1986	670	54	3593	250
1964	144.9	17.7	2934	1515	1987	613.9	51	3621	177
1965	203.2	28.4	2976	1495	1988	680.1	45	3627	182
1966	218.6	25	3383	1198	1989	715.9	46	3648	157
1967	221.2	22	3271	1300	1990	733.1	41	3490	200
1968	237.1	36.7	3179	1314	1991	756	45	3493	297
1969	242	30	3155	1313	1992	948	18	3145	299
1970	320.5	40.3	3100	1271	1993	913.9	43	3234	43.8
1971	350.8	47	3100	1299					

表7　北五里铺村的统计资料

产量单位：斤　收入：元

年	粮食/亩产	棉花/亩产	人均粮食	人均收入	2分值
1969	480	55	379	59	
1970	576	73	462.5	66.3	
1971	810	84	490	82	0.585
1972	980	61	421	83	
1973	930	88	390	88	0.51
1974	1101	70	524	86	0.465
1975	1074	74.4	438.2	76.6	0.45
1976	1024	84.4	506	80	
1977	666	50	353	58.6	0.364
1978	1122	25	461	91.2	0.532
1979					
1980	1159	130	691	200	
1981	1235	92	615	85	
1982	1174	88	557	178.85	
1983	1163	1			
1984					
1985	1379	92		446.18	
1986					
1987	1656	100		642.8	
1988	712.1	30		650.31	
1989	841.5	50		677	
1990					
1991	988			685	
1992	914			1000	
1993				1210	
1994				1414	

*寺北柴村的统计表没有保存下来，所以列出邻村北五里铺村的统计表供参考。

（六）女性生活和意识的问卷调查

调查时间：1995年9月

调查对象：石家庄市栾城县孟董庄乡寺北柴村的已婚妇女中选定37人（其中70多岁9人，60多岁6人，50多岁6人，40多岁5人，30多岁4人，20多岁7人）。

调查方法：发调查表逐项填写。在调查人讲清楚要求的情况下，委托妇女主任等村干部选定调查对象，进行调查表的分发和收集。

表8　已婚妇女的生活情况和意识统计表

单位：人

调查项目		年龄段（岁）	70	60	50	40	30	20	合 计
有关婚姻	婚约	有	9	4	6	5	4	7	35
		无		1					3
		没回答		1					1
	相识途径	别人介绍	8	6	6	5	4	7	36
		在学校							0
		在工作单位							0
		其他							0
		没回答	1						1
	由谁决定结婚	父母	③	①	⑤	①	④	①	15
		自己本人		①				⑥	⑦
		父母决定自己同意	⑦	⑥	⑤	⑤	④	⑤	32
		自己决定父母同意	①		②			②	⑤
	结婚后的住所	丈夫的父母家	⑨	⑤	⑥	⑤	④	⑦	36
		娘家							
		独立	⑤	④	③	④	④	⑥	26
		没回答							
与娘家的关系（可以选两项以上）		不往来						1	1
		常往来	9	6	6	5	4	7	37
		经济援助	3		5		3	6	17
		接受经济援助	1		1	4	1		7
		支援劳力	6	5	5	4	4	7	32
		接受劳力支援	1	1	2	4	4	2	14
		没回答							0
生育		子女数（平均）	3.3	3.5	2.5	1.4	1.3	1	
	生产场所（可选两项）	婆家	9	6	6	5	4	7	37
		娘家							0
		医院	4	3	1	5	4	7	24
		婆家和医院							0
	出生后父亲	马上来见	9	6	6	5	4	7	37
		半月到1个月后来见							0
		以前不能马上来，现在可以							0
	出生后庆祝	男女一样	2	2	6	5	4	7	26
		男女有别		2					2
		以前有别，现在一样	7	2					9

续表

调查项目		年龄段（岁）	70	60	50	40	30	20	合　计
祭祀	神龛的神	男人拜祭	⑨	②	⑥	③	④	①	25
		女人拜祭		④		②	①	⑥	13
		男女都拜祭	⑥	⑥	①	⑤	④	⑦	29
		谁也不拜祭							0
	祖先的牌位	男人拜祭	⑨	⑥	⑥	⑤	③	⑦	36
		女人拜祭							0
		男女都拜祭	⑥	⑥	①	⑤	④	⑤	27
		谁也不拜祭							0
	上坟	男人	⑨	⑥	①	④	③	7	30
		女人							0
		男女都上坟	⑥	②	①	④	④		17
		谁也不上坟							0
养老保障（可填写两项）		依靠儿子	9	6	6	5	4	7	37
		依靠女儿							0
		儿子和女儿	9	6	6	4	4	7	36
		依靠国家							0
与妇联的关系		参加活动	⑨	⑤	⑥	⑤	④	⑦	36
		不关心							0
		有难办的事找妇联	⑨	⑥	⑥	⑤	④	⑦	37
		没回答							0

说明：用○围起来的数字，是在没有提示的情况下，被调查人选择了两个以上。

表 9　不同年龄层每天平均劳动时间统计表

单位：小时

调查项目		年龄段（岁）	70	60	50	40	30	20
农忙期		农耕	7.3	10	8.3	9.8	10	10
		饲养家畜	1.9	2.6	2.8	3.2	1.8	2
		其他业务	2.2	2.8	3.7	3.8	1.3	1
		家务活	2.6	2.4	2	2.4	1.5	1.9
		育儿	0.4	1	0	0	1	1.4
农闲期		农耕	4.4	3.6	5.7	1.8	6	2.3
		饲养家畜	1.9	2.6	2.8	3.8	2	2.1
		其他业务	2.8	2.6	4.7	5.2	1.3	1.3
		家务活	2.4	3.4	5	6.8	1	1.7
		育儿	0.2	1	0	0	1	1.4

表 10　不同性别承担家务的情况

单位：人

担当者的性别 ＼ 分担的家务	做　饭	收　拾	扫　除	洗　衣	针线活	房屋修理	财务管理
女　方	37	37	34	37	39	6	9
男　方			12			30	10
双　方							17
没 回 答			1		3	1	

（七）河北省栾城县寺北柴村概况

从北京沿京汉铁路线南下，通向山西省太原的石太线分叉处是石门（现在的石家庄），从石门向东南方向，沿清代的御路去赵县的途中大约 50 华里，乘拖拉机约一个小时的行程就是栾城县城。栾城县地处河北平原的西南边，与正定、获鹿、元氏、赵、藁城各县相邻，该县西部有京汉线经过，那里有个小站窦妪（也叫豆妪）。

根据县公所的资料及县吏员的说明，大致概况如下，中华民国 31 年（1942 年）1 月时共有 165 个村庄，约 22200 户人家，人口约 12 万，耕地面积约有四十二万九千亩。全县基本上是平原，县民也大部分从事农业，和宁晋、赵县等都属于河北的种棉区，耕地面积的七成左右种植棉花，其他种植谷子、小麦、豆子、红薯、玉米等。从以上数字看，每村的耕地面积平均 2600 亩，每户平均 19 亩多。另外，根据其他资料，拥有 100 亩以上的农户比例约 12%，拥有 50 亩以上的约占 24%，50 亩以下的约占 64%，而且，自耕农的耕地面积约占 70%，佃农的耕地面积占 24%，自耕兼租地的农户的耕地面积不到 6%。据说县内的大地主拥有五六百亩，一半住在县城，其他住在北京、石门、天津等地总共十户左右。

栾城县的社会构成与所调查的河北其他地区相比，明显的一点是同族部落色彩很浓。在本卷所编入的资料中，对栾城县的大部分村庄（143 个）的姓氏户数进行了统计，并对各村的姓氏最多的户数比例列表比较，可以看出有这种倾向。其超过 50% 比例的村庄有 60 个，其细目如表 11 所示。

表 11

单姓户的比例%	50～59	60～69	70～79	80～89	90～94	95～100	合　计
村　数	26	10	9	4	4	7	60

从 95% 以上的村庄分析，宋家庄（97 户）都姓宋，29 户人家的寺下村有 28 户姓董，68 户人家的八里庄有 67 户姓李，苏邱村（195 户）有 191 户姓崔，西董铺村（100 户）有 95 户姓李，康家庄（64 户）有 61 户姓刘，前岗头村（106 户）有 101 户姓郭。

寺北柴村是在县城北三华里约两公里的一个穷村。昭和 17 年（1942 年）日本调查团调查时有 140 户，710 口人（除不明 4 户外）。村西边有过去运粮河的旧迹，除去这部分约有 200 亩的低洼淹地和东边无法灌溉的 80 亩地外，大部分是平坦而且能灌溉的好耕地，但是，总耕地面积无法清楚掌握。据县公署的资料，该村的耕地是 1800 亩。本书卷末收录的昭和 17 年调查的户别表不完全，但是，大体从统计上看，除不详的人家外，140 户所经营的有关耕地细目如表 12，有关各种土地的户数及亩数比例情况如表 13。

表 12

项　　　目	亩　　　数
拥有土地	1277.1
出典地	627.3
佃耕地	1372.0
承典地	28.0
出租地	66.1
自耕地	682.2
经营土地合计	2074.2

表 13　各种土地情况表

拥有地				出典地				纯佃耕地（推定）				租佃耕地（推定）				
户数	%	亩数	%	户数	%	亩数	%	件数	%	亩数	%	件数	%	亩数	%	亩数段
6	4.3	0	—													0
39	27.9	109.4	7.9	27	38.0	70.3	11.2	9	19.1	25.0	2.8	17	35.4	44.0	9.1	0.1~4.9
38	27.1	268.7	19.5	21	29.6	140.0	22.3	9	19.2	66.0	7.5	12	25.0	84.0	17.3	5.0~9.9
24	17.1	273.0	19.9	14	19.7	166.0	26.5	5	10.6	50.0	5.6	12	25.0	145.5	29.9	10.0~14.9
8	5.7	127.0	9.2	3	4.2	49.0	7.8	6	12.8	98.5	11.1	2	4.2	33.0	6.8	15.0~19.9
11	7.9	242.0	17.6	4	5.6	102.0	16.3	6	12.7	132.0	14.9	1	2.1	20.0	4.1	20.0~29.9
6	4.3	210.5	15.3	2	2.8	100.0	15.9	8	17.0	281.0	31.7	2	4.2	60.0	12.3	30.0~49.9
2	1.4	146.5	10.6					4	8.5	233.0	26.3	2	4.2	100.0	20.5	50 以上
6	4.3	—	—													不　详
140	100.0	1,377.1	100.0	71	100.0	627.3	100.0	47	100.0	885.5	100.0	48	100.0	486.5	100.0	计

表 14　各种土地分配情况表

自耕地（包括承典地）				经营耕地			
户　数	%	亩　数	%	户　数	%	亩　数	%
				25	17.9	0	—
42	48.3	106.0	15.5	30	21.4	74.7	3.6
20	23.0	134.7	19.7	14	10.0	98.2	4.7
9	10.3	102.5	15.0	19	13.6	225.5	10.9
7	8.0	108.0	15.8	7	5.0	115.0	5.5
7	8.0	157.5	23.1	11	7.9	252.8	12.2
2	2.3	73.5	10.8	17	12.1	644.5	31.1
0	—	0	—	10	7.1	663.5	32.0
				7	5.0	—	—
87	100.0	682.2	100.0	140	100.0	2074.2	100.0

　　另外，村内的不同姓氏的户数和不同家族数的户数的统计分别如下表 15、16 所示。

<table>
<tr><td colspan="2">表 15　不同姓氏与户数统计</td></tr>
<tr><td>姓　别</td><td>户　数</td></tr>
<tr><td>郝</td><td>53</td></tr>
<tr><td>徐</td><td>24</td></tr>
<tr><td>刘</td><td>22</td></tr>
<tr><td>赵</td><td>20</td></tr>
<tr><td>王</td><td>9</td></tr>
<tr><td>张</td><td>8</td></tr>
<tr><td>李</td><td>3</td></tr>
<tr><td>于</td><td>1</td></tr>
<tr><td>合　计</td><td>140</td></tr>
</table>

<table>
<tr><td colspan="2">表 16　不同家族数与户数统计</td></tr>
<tr><td>家族数</td><td>户　数</td></tr>
<tr><td>1</td><td>6</td></tr>
<tr><td>2</td><td>23</td></tr>
<tr><td>3</td><td>19</td></tr>
<tr><td>4</td><td>15</td></tr>
<tr><td>5</td><td>22</td></tr>
<tr><td>6</td><td>11</td></tr>
<tr><td>7</td><td>13</td></tr>
<tr><td>8</td><td>8</td></tr>
<tr><td>9</td><td>7</td></tr>
<tr><td>10</td><td>3</td></tr>
<tr><td>11</td><td>2</td></tr>
<tr><td>12</td><td>1</td></tr>
<tr><td>13</td><td>2</td></tr>
<tr><td>14</td><td>3</td></tr>
<tr><td>15</td><td>1</td></tr>
<tr><td>不　明</td><td>4</td></tr>
</table>

　　6 户的 28 亩承典地，14 户的 66.1 亩出租地都是一些零散地，主要是在村内进行典租。

　　从以上情况看来，1 户平均不到 10 亩地，经营耕地 1 户平均也不足 15 亩，比该县的平均数还低得多。平常年份，家中每个人能够生活所需要的耕地，据说自耕地 5 亩，佃耕地则需要 10 亩。有人说不借钱能过上普通生活的，顶多也就 10 户左右。但是，本村每户平均 5 口多人，从前面列出的土地上看来肯定能生活。全村的情况是其土地 46% 主要出典给了北关的几名地主，该土地的约 78% 又以佃耕形式耕种，同样从北关以及县城内外的地主那里再佃耕 800 多亩补充耕地。好像这些佃耕地的相当一部分曾经是村民所有的，但是，由于交纳佃耕费用以及其他债务等原因典当卖掉而丧失了所有权。本村以及这一带所进行的典当佃耕等形式正说明了一部分农民丧失土地的过程。该县一户平均人口 5.4 人，平均耕地 19 亩多，这种情况河北农民还都说是人多地少，而该村情况更甚。不只是耕地不足，从前面土地所有、所经营的零散分布情况以及佃耕农与土地主的隶属关系看来，该村也称得上是本县数得上的贫穷村。与此相反，可谓本县最大的土地所有者王赞周（居住在北关），除了其儿子外，全家族把他们的所有地和大部分承典地都在这个村主要以包种形式签订定额佃耕契约，由该村的佃农进行经营。王家一家掌握该村的佃耕地达六成左右。该村的佃耕地面积一千三百多亩中，虽不清楚是否包括村民靠典租耕种的所有土地，但是佃耕地的 35% 是典租地，可以认为其他村民的出典地也大体被其他村民佃耕着。结果在村里不仅没有地主，村里被称为资本家的 3 个人除了自己的 30～40 亩土地外，也佃耕着 20～40 亩地，连拥有 80 多亩地的有名望的张乐卿家也典租着 50 亩。大部分村民是佃耕兼自耕，尤其是还不到十亩地的村民中也有相当一部分人不再自耕，而是出租，然后另谋其他生计；即使得到佃耕地耕作也多是不到 15 亩的零散地，40 户佃耕农也主要是指这些人。仅自耕的村民极少，而且大部分是不到十亩的零散地。

这样看来，村民的生活极其贫穷。村民们跟该县一般村民一样，多数种植经济作物棉花，因此，粮食作物很少，生活所需要的粮食大多是从东关的集市上购买。用卖棉花得到的钱不够交公租公粮和购买粮食的时候，一般就从亲戚朋友等借粮生活，第二年用粮食返还，或者借不到时就借钱。如果遇到干旱、虫灾以及其他天灾等，就更是雪上加霜，其结果加速典当、卖地等。尤其是事变后，物价猛增，赎回出典地的虽说有，但是，为了凑齐赎回地的钱，多数又要出典其他，所以，对减少出典地不太起作用。外出挣钱的，在外村干长工的有二十人左右，在石门当伙计卖苦力的有三四人，在县城有职务或者当警察的有十人左右。出外行乞的据说也有二十人左右。要说副业，男的有打短工、做小买卖、推脚车等，也有些人秋后农闲季节在集市上搞中介（当牙行）；女的有人纺线、织布等。

从前面列出的不同姓氏的户数看来，该村是杂姓集居的村落。最多的郝姓也只不过占全村户数的 35%。结婚主要是与其他村之间进行，各种不同事情的处理也分别各异。家族生活方面，与所调查的其他村相比，同族的制约性好像观念上更浓。

作为村庄与其他村的共同关系不太多，只是与北五里铺及北关有点共同关系。据说在北关有所小学，每年需要 100 多元，事变前还有十多名学生去上学，去年（应为昭和 17 年前后）有 3 名学生上学，今年本村没有学生。那大概是因为一方面前村长张乐卿办了私塾，教希望小学的几名孩子，另一方面是生活贫穷的村民对教育和文化的欲望很低的缘故。

从这些情况可以看出，村民中能读书写字的人少，因此，有文化水平，也有财产，又德高望重的村长、副村长等的人选就很少。作为处理村中公事的人，曾经由各姓氏的代表组成的十二人董事（或者公正）担当，不过从民国十七、八年开始，曾是邻闾制的邻闾长，到中华民国以后设置村长、副村长等职。邻闾制于事变后改变为保甲制。张乐卿担任村长一直到中华民国 28 年，前后十多年，以后是现任村长郝国栋。不过，在县与村民之间，进行麻烦事情的交涉，田赋的督促甚至有时更替等也要做，经济上不用说会受到损失，所以，即使靠选举，村长的更替也很难进行。

像棉花、粮食等在东关集市上进行交易一样，村民的生活必需品大体上也是在集市上购买，牲畜也在集市上进行交易。县城里当然也有店铺，不过很少去那里交易。

最后，说一下村名的由来，靠近县城的北边有个庙，原来叫柴武台，现在叫台东寺，那里是柴家的祖坟。以此为中心，东边有东柴村，南边有南柴村，北边就是寺北柴村。柴姓是村庄的开拓者，据说是大约 400 年前明代时期从山西省洪洞县搬来的，这种说法和在河北的各地方的传说如出一辙。不过，这里的柴姓已经一户也没有了，现在本村和东柴村、南柴村也都没有什么特殊关系。

（安藤镇正）

·附　　录·

郝小寿（右）夫妻　孙

郝吉祥

张仲寅

郝小六（左）夫妻　父郝老艳

王淑芝

刘文生

郝同顺

赵　球

刘得元

刘宝（保）贵

赵歪子

郝全喜

刘风书一家

刘玉合

刘继晨

常荣珍

郝老艳

郝孟辰

刘书增一家

徐玉身

郝元增

徐军恒

徐小眼

郝秋福

郝吉辰

苏小为（前中） 次男郝元增一家

徐小和

郝锁子（后右）一家

赵栓柱（后右）

郝志强　孙

赵明须

徐春梅

徐孟祥

刘连生

张菊婷

郝小红

徐丑小

赵瑞海一家

刘淑珍

徐锁成

苏春英

李俊德

郝软子

刘金祥

刘生银

徐喜子

崔天义

李树立一家

刘书京

刘脏羊

王庆海

刘孟江

冯金相

郝全福

郝栾芝

徐　侯

张九东

冯加德

郝锁芹

张俊义

赵云丽（左）　刘增利（右）

冯吉宏

赵小朱

赵喜凤

韩君娥

冯军五

徐栾祥

冯修文（右）

郭金花

郭宗路

曹振家

赵书贵

宋荣格

檀风菊

范云雪（右）

校云龙

赵会强

杜秋姐

范春路（右）　范俊刚（左）

郝二堂　家族

郝香林

郝老（洛）丑

李娇凤

徐物件

陈成福

董冬姐

艾增子

刘增群

王冬（左二） 家族

郭莲（左） 家族

王桂荣

聂秋芝

王世新（右） 家族

刘巧惯

李俊子

焦桂芝

赵金娥

郝振山

郝青海与长子

李清彩

冯老九

郝须晨一家

徐保群（后右）一家

郝锁生

刘小平

赵广兴与妻

杨庆余

张昆（左）　张荣（右）

刘振海

杜　江

邢永利与妻

张树德

张麟友

张麟炳

何　权

李广明

张长清

郭素兰

杨庆忠

周永兴（右）与妻

杨艳玲

史庆芬

董玉英（左）　杜爱军（右）

张麟富与妻

张麟云

杨 福

孙桂芹（左） 李德英（右）

刘士元

张守俊

冯瑞芬

张麟书

李景春

程文忠

李凤鸣

靳茂恒一家

刘士环

高继福

阎永旺

张瑞（左）　李广志

马淑敏

图书在版编目（CIP）数据

二十世纪华北农村调查记录：全 4 卷/魏宏运，（日）三谷孝，张思主编.
—北京：社会科学文献出版社，2012.2
ISBN 978-7-5097-3103-1

Ⅰ.①二…　Ⅱ.①魏…②三…③张…　Ⅲ.①农村经济-经济体制改革-
调查研究-华北地区-20 世纪　Ⅳ.①F327.2

中国版本图书馆 CIP 数据核字（2011）第 282393 号

二十世纪华北农村调查记录（第一卷）

主　　编 / 魏宏运
　　　　　〔日〕三谷 孝

出 版 人 / 谢寿光
出 版 者 / 社会科学文献出版社
地　　址 / 北京市西城区北三环中路甲 29 号院 3 号楼华龙大厦
邮政编码 / 100029

责任部门 / 人文分社（010）59367215
电子信箱 / renwen@ ssap.cn
项目统筹 / 宋月华
总 经 销 / 社会科学文献出版社发行部（010）59367081　59367089
读者服务 / 读者服务中心（010）59367028

责任编辑 / 魏小薇　赵慧芝　段景民
责任校对 / 刘兴静　宁 雪
责任印制 / 岳 阳

印　　装 / 北京盛通印刷股份有限公司
开　　本 / 787mm×1092mm　1/16
版　　次 / 2012 年 2 月第 1 版
印　　次 / 2012 年 2 月第 1 次印刷
书　　号 / ISBN 978-7-5097-3103-1
定　　价 / 1980.00 元（共四卷）

本卷印张 / 57.25
插图印张 / 0.5
本卷字数 / 1417 千字